5e

서비스운영관리

Service Operations Management

Robert Johnston · Michael Shulver · Nigel Slack · Graham Clark 지음
성백서 · 권영훈 · 김대철 · 박진한 · 이인태 · 이평수 · 임병학 옮김

Pearson

한경사

서비스운영관리 (5판)

역자 성백서, 권영훈, 김대철, 박진한, 이인태, 이평수, 임병학

발행일 2023년 9월 4일

발행처 **한경사**

발행인 이계남

등록사항 제10-1951호 2000년 4월 14일

주소 서울시 마포구 신수로 59-1 (3층)

전화 02_717_7264~5

팩스 02_717_7226

홈페이지 hankyungsa.co.kr

이메일 hankyungsa@hanmail.net

ISBN 978-89-6844-462-3 93320

가격 38,000원

| 차례 |

|역자 머리말|

오늘날 서비스는 선진국 경제의 80% 이상을 차지하며 이 경향은 점점 더 증대되고 있다. 또한 서비스는 매우 광범위하며 다양하다. 즉, 가장 기본적인 B2C 서비스는 물론 기업 간에 이뤄지는 구매 또는 컨설팅 서비스, 기업 내부에서 제공되는 정보 기술 또는 인사 지원과 같은 내부 서비스, 복지, 소방 등의 정부 기관에 의해 제공되는 공공 서비스, 구호단체 및 종교 단체의 비영리 서비스 등 매우 다양하다. 서비스는 제조 부문과 다른 여러 독특한 특징도 가지고 있다. 서비스의 이러한 광범위하고 다양하고 독특한 특성이 서비스의 효율적 운영을 어렵고 복잡하게 만든다. 비록 본격적인 관심을 받기 시작한 것이 인터넷의 도입과 함께 등장한 닷컴기업들에 대한 관심으로 인한 것이었으나, 그 이후 서비스 운영 관리는 점점 초기의 제조 기업 생산 관리에 뿌리를 두었던 측면에서 별도의 경영 지식 영역으로 발전하고 있다. 이 책은 서비스 운영 관리를 이해하는 근본적인 틀을 많은 사례를 통해 쉽고 재미있게 제시하고 있어, 미래 서비스 운영을 이해하는 디딤돌의 역할을 충분히 담당하고 있음은 물론 현장의 경영자가 운영의 성과를 기획, 실행, 평가하고 개선하는 데 활용할 수 있는 도구 및 방법도 제공하고 있다. 특히, 다음과 같은 이슈와 관점은 이 책이 가지는 매우 뛰어난 속성이라고 할 수 있다.

첫째, 서비스에 대한 운영적 관점뿐만 아니라 고객 관점에 대한 조명.

서비스 운영 관리 관련 기존의 대부분의 교재는 운영 관리자의 서비스 생산 및 제공과 관련된 역할을 중심으로 내용을 구성하고 있다. 그러나 서비스 운영 관리자는 서비스 창출 및 제공 과정에 대한 노력뿐만 아니라 동시에 이 노력이 어떻게 고객을 위한 가치를 창조하는지 그리고 그것이 궁극적으로 어떻게 조직을 위한 가치를 창조하게 되는지를 인식할 필요가 있다. 고객이야말로 조직이 생성하고 전달하는 가치의 궁극적인 판단자이다. 또한, 고객은 서비스 운영 프로세스 어딘가에 참여하여 그 프로세스에서 능동적 또는 수동적인 어떤 역할을 맡는다. 결과적으로 서비스 운영 관리는 일반적인 투입 자원과 프로세스 관리는 물론 궁극적인 대상이며 서비스의 존재 이유인 고객을 이해하고 그들이 서비스 현장에서 어떠한 경험을 하며 무엇에 어떻게 반응하는가를 알고 대응하여야 한다. 서비스의 고객 관점에 대한 논의는 이 책의 1장에서 제시한 이후 장을 거듭하여 강조하고 있는 점으로 아무리 강조해도 지나치지 않은 것이다.

둘째, 운영의 전술적 특성과 전략적 관점에 대한 조명.

서비스 운영 관리는 조직의 고객에게 전달할 서비스를 설계하고 관리하고, 조직의 자원 대부분을 관리하며 고객에게 최종적으로 서비스를 전달할 책임이 있기 때문에 조직의 경영과 성공에 중요한 역할을 담당하고 있다. 전략은 운영의 미래와 경쟁력을 목적으로 하는 행위로, 낮은 가격에 신뢰성 있는 서비스를 전달하거나 넓은 범위의 다양한 서비스 제공, 또는 전달 속도에 집중하거나 공급 네트워크 개발, 또는 지속적인 품질 향상 및 새로운 서비스 혁신 등을 포함한다. 당연히 운영은 전략에의 주요 공헌자이며 주도적이고 중요한 역할을 하여야 한다. 이 책은 운영이 단기적이고 일상적인 실행뿐만 아니라 전략에도 공헌되도록 만드는 것과 서비스 개념 및 운영의 성과 관련 비즈니스 케이스에 대한 이해 등을 포함하는 운영의 전략적 측면의 중요성을 강조하고 있다.

셋째, 다양한 서비스 조직의 운영상 공통 및 고유 이슈에 대한 균형적 조명.

이 책에서 소개된 일반적인 이론과 사례의 많은 부분이 모든 서비스 조직의 운영에 공통적으로 적용 가능하지만 서비스 경제의 각 부문은 그 부문만의 고유한 이슈를 가지고 있다. 이 책에서는 B2B 서비스, B2C 서비스, 내부 서비스, G2C 서비스, 비영리 서비스 등 다섯 유형으로 분류하여 각 서비스의 특징 및 차이점을 기술하고 있다. 분야별로 각각의 특징을 갖는 것처럼 동일 부문 내에서도 서비스 운영 간의 차이가 발생한다. 이러한 차이는 각 조직이 경쟁하기 위해 선택한 방법 또는 고객 그룹의 차이에서 기인한다. 따라서 운영 관리자는 운영스타일, 프로세스에 대한 의사 결정, 인력과 기술을 조직과 일치시키는 능력이 필요하며 이 책은 이러한 이슈를 균형적으로 다루고 있다.

운영을 관리하는 것이 흥미로운 것은 직접적으로 다양한 고객의 욕구를 다루고, 직원을 관리하고, 적절한 품질의 서비스를 적절한 비용으로 전달하기 위해 많은 전술적인 실행상의 결정을 내리기 때문이다. 결과적으로 운영 관리자는 일상적인 이슈에 집중하는 경향이 있다. 운영 관리자는 많은 업무에 속박돼 있어서 장기적인 계획 수립에 참여할 여유가 없는 경우가 흔하게 발생한다. 결과적으로 전략적 의사 결정에 공헌하기 위해 요구되는 영향력은 제한적일 수 있고 따라서 운영의 현재와 미래의 능력에 대한 조직의 이해는 약할 수도 있다. 이 책에 제시되는 운영의 기본적인 이론과 원리에 대한 이해 및 적용, 운영적 시각 및 고객 관점의 시각에 대한 이해, 다양한 유형의 서비스 형태 및 이들의 특징에 대한 이해뿐만 아니라 다른 경영 기능과 함께 하면서 발생하는 전략적 부분에 대한 이해를 통해서 전술과 전략의 균형적인 시각과 이의 필요성을 인지하고 운영에 대한 입체적이고 총체적인 지식을 갖출 수 있기를 희망한다.

이 번역서의 원서인 Service Operations Management(5e)는 총 17개의 장으로 구성되어 있으나, 번역서는 국내의 상황과 거리가 있는 17장을 빼고 16개장으로 정리하였다. 5판의 번역은 여러 사람의 노력으로 출간되었다. 1·2·4장은 한양대 김대철 교수, 5·6·7장은 경기대 이평수 교수, 8장과 총괄 리뷰 및 서문은 건국대 성백서 명예교수, 3·9·11장은 부산외대 임병학 교수, 10·12장은 경남대 이인태 교수, 13·14장은 경남대 박진한 교수, 15·16장은 경남대 권영훈 교수가 수고하였다.

전문적인 내용을 부드러운 구어체로 서술한 것을 우리말로 옮기는 것은 아주 어려운 일이다. 이를 위해 많은 노력을 기울였다고 생각하나, 책의 내용을 이해하는 데 어려움이 있거나 오류를 발견하면 역자들에게 피드백하여 주기 바란다. 독자의 질책과 관심을 바탕으로 더욱 좋은 교재로 만들어 갈 것을 약속한다.

끝으로 이 책이 나오기까지 도움을 아끼지 않은 한경사의 모든 분에게 감사드린다.

2023년 7월
역자 일동

|저자 머리말|

이 책은 서비스 조직에서 어떻게 운영을 관리하고 개선하는지에 대한 내용이다. 서비스 부문은 대부분의 경제에서 가장 큰 부분이면서, 성장하고 있는 중이다. 게다가 서비스는 서비스 부문에만 국한되는 아이디어가 아니라, 모든 유형의 조직에서 중요한 의미를 가진다. 그리고 서비스의 모든 측면에는 운영 활동이 각별히 중요하다. 그들이 서비스를 만들어 고객에게 전달하는 조직의 부분이다. 서비스는 다른 기능 부서 직원과 같이, 조직 내에서의 고객에게 전달되는 그것일 수 있거나, 혹은 공공 부문 조직, 자원봉사 조직, 대량 운송 서비스, 전문 서비스, B2B 서비스, 소매점, 인터넷 서비스, 여행 및 접객 등에 의해 전달되는 것일 수 있다. 이 책에서 우리는 어느 특별한 유형의 서비스에 집중하지 않지만, 모든 조직에서 운영 관리자가 직면하는 많은 의사 결정을 망라하려 시도한다. 이러한 다양성을 예증하기 위해, 전 세계의 많은 부분에서 그리고 서비스 조직의 많은 다른 유형으로부터의 사례를 제공하였다.

서비스 운영 관리는 중요하다. 운영 관리자는 종종, 조직 내에서 대부분의 비용과 대부분의 수입을 책임지는 사람들이다. 결국, 그들이 대부분의 사람과 물리적 자산을 관리한다. 운영 관리자들이 "수익"(금전적이든 "사회적"이든)을 전한다. 이 책에서, 우리는 단순히 수익만이 아니라 "비즈니스 성과"의 많은 측면을 참조한다. 많은 조직이 수익에 의해 동기부여 되지만, 대부분의 운영은 또한 장기 비용, 수입, 위험, 예산 고수, 고객 충성도 및 기술 리더십과 같은 보다 더 넓은 기준에 의해 평가되어야만 한다.

서비스 운영 관리는 또 아주 도전적이다. 우리는 운영 관리자가 매일 직면하는 많은 도전을 알게 되었으며, 그 도전을 어떻게 다룰 것인가를 중심으로 책을 구조화하였다. 운영을 관리하는 것은 그것이 많은 전통적 분야를 건너기 때문에 또한 흥미진진하다. 서비스 운영은 흔히 직접적으로 고객을 다루어야 하며, 현실에서는 흔히, 그 흥미의 일부가 운영의 즉시성에서 온다. 연속 고객의 니즈를 다루고, 직원을 관리하며 나아가 적절한 비용으로 적절한 품질의 서비스 전달을 보장하는 운영 의사 결정을 한다.

이 책의 목적

이 책의 목적은 서비스 운영 관리의 분명하고, 권위 있으며, 잘 구조화된, 읽기 쉬운 그리고 재미있는 처리를 제공하는 것이다. 그러나 전통적인 경영 분야와 기능적 경계는 어느 정도 인위적이다. 이것이 독자가 전통적인 운영 관리와 마찬가지로 마케팅, 전략 및 인적자원 관리로부터 오는 아이디어와 이론을 발견해야 하는 이유이다. 우리가 이 책을 쓰는 목적은 학생과 경영자들로 하여금 서비스 전달과 연관된 경영 이슈들을 학습함으로써 어떻게 서비스 성과가 개선될 수 있는지를 이해하도록 돕고자 함이다. 서비스 전달이 이 책의 초점이나, 우리는 성공이 분명히 프로세스와 자원을 관리하는 운영의 영역에 달려 있을 뿐만 아니라, 운영 관리자가 어떻게 조직의 전략, 서비스 개념, 조직의 문화, 그리고 종업원과 고객이 동기부여 되고 관리되는 방법의 측면에 포함되어야만 하는지를 이해하는 데에도 달려 있음을 인정한다. 서비스가 얼마나 잘 전달되는가는 이들 모든 가닥을 한데 합치는 조직의 능력을 반영하여, 조직의 이해 관계자들의 요구를 충족시키는 서비스를 제공하고, 요구되는 재무 목표를 만족시키면서 고객에게 적절하고 달성가능한 서비스를 제공한다.

Covid-19 팬데믹

이번 판은 Covid-19 팬데믹이 세상에 영향을 미치기 전에 쓰였다. 그리고 이 책에는 심각하게도 많은 서비스 조직의 본질에 대해서 쓰여 있다. 우리가 출판을 진행함에 따라, 팬데믹이 얼마나 서비스 운영에 영향을 미칠지를 어느 정도의 신뢰성으로 예측하는 것은 불가능하였다. 상당한 영향이 있을 것임은 확실하다. 정확하게 그 영향이 무엇일지, 혹은 그것이 얼마나 운영 관리자의 일상생활에 영향을 줄지는 확실하지 않다. 당신이 이 글을 읽을 즈음에는 많은 서비스 운영 실무가 변해 있을 수 있다. 책을 쓰는 시기에, 근본적이라고 가정하였던 어떤 생각들이 조절되었다. 어떤 유형의 운영은 옛 모습의 형태로는 더 이상 존재하지 않을 수도 있다. 그래서 우리가 쓴 내용과 현실 사이에 이따금씩 "차이"가 있다면 용서해 주시기 바란다. 그래도 서비스 운영이 어떻게 운영되어야만 하는지에 대한 바탕의 철학과 서비스 부문의 중심적 중요성은 바뀌지 않을 것이다.

누가 이 책을 읽어야 하나?

이 책은 교재로써 운영 관리의 기본적 원리의 지식에 세우기를 원하는 사람을 위한다는 의도로 만들어졌다. 이는 또한 서비스 조직의 운영 관리자가 운영 전략을 개발하고 실행을 추구하는 데 핸드북으로써 운영 관리자에게 도움을 줄 것이다. 특히, 이 책은 다음을 염두에 두었다.

- 학부생으로서 서비스 운영 관리에 대한 이해를 높이고자 하는 자. 경영학 전공 혹은 결합전공자로서 예를 들어, 병원, 여행 혹은 공공 부문의 전공자.
- MBA생으로서 서비스 조직을 운영하면서 분야에 대한 이해를 확장하며, 자신의 운영을 평가하고 개선하고 싶은 자.

- 이사로서 자신의 조직에 도전하여 변화시킬 목적으로 고객 경험, 프로세스 디자인, 능력 관리, 개선, 고성과 팀의 개발, 성과 측정, 세계적 수준의 서비스 혹은 서비스 전략 개발과 같은 서비스 전달의 확실한 측면에 초점을 두고 싶은 자.

특별한 특징

- 운영 초점: 이 책은 분명한 운영 초점을 가지며, 운영을 관리하는 데 관심이 있다. 이는 운영에 기초한 이슈, 문제 및 의사 결정들을 탐색한다. 이는 학생에게 서비스 운영 관리자가 직면하는 문제를 노출시키며, 실무자가 이 이슈들을 다룰 수 있게 돕는다. 각 장은 특별한 문제와 도전을 어떻게 다룰 것인지를 설명한다.
- 프레임워크와 도구: 각 장은 학생과 경영자를 도와 기존 운영을 분석할 뿐만 아니라 운영 관리자가 직면하는 이슈를 어떻게 다룰 수 있는지를 보다 더 잘 이해하게 하는 도구, 프레임워크 및 기법들을 제공한다. 프레임워크, 접근 방법 및 기법들은 주제에 따라 달라질 것이며, 예를 들어, 다음을 포함한다.
  - 특정 영역에서 의사 결정할 때 기억해야 할 핵심 포인트 목록
  - 운영의 위상 결정을 돕거나 관계의 본질을 규명하게 돕는, 두 변수 혹은 변수 집합 간에 관계를 보여 주는 도표
  - 상황에 적용될 수 있는 질의, 체크 혹은 테스트 목록
  - 질적 변수를 계량화하거나 평가하는 방법
  - 특별한 활동을 수행하는 데서의 핵심 단계
- 현실 세계 예시: 운영 관리는 응용 주제이어서, 각 장이 전 세계로부터 모은 다수의 짧은 예시(사례)를 포함하고 있으며, 이들은 조직이 토론되고 있는 특정 이슈를 어떻게 규명하거나 다루는지를 보여 준다,
- 국제적: 현실 세계 예시(본문 내의 예시, 사례 박스, 사례 문제 등)는 운영 이슈와 활동의 다양성과 국제적 본질을 보여 주기 위해 많은 국가로부터 추출되었다.
- 이론에 의한 보강: 적절한 이론적 보강과 개발이 포함되었으며, 우리는 겸손하고 이해하기 쉬운 방법으로 그것을 설명하려고 노력하였다. 특별한 영역에서 보다 더 작업하고자 원하는 누구에게라도 참고문헌, 웹 링크, 추가 문헌에 대한 제안을 제공한다.
- 사람 관리하기: 운영 관리자의 핵심 과제는 사람을 관리하는 것이어서, 이 책은 중요한 "사람 관리하기" 요소를 포함한다. 여기에는 종업원은 물론 고객도 포함되며, 전체로서의 조직 문화를 관리하고 바꾸는 것도 포함된다.

- 기술 기반 서비스: 기술이 서비스에 끼친 영향은 굉장하여, 정보 및 커뮤니케이션 기반 기술 서비스가 교재에 통합되었으며 이것의 운영 의미가 탐색되었다.
- 정상 수준: 교재는 특별히 세계 수준 서비스, 성과 관리, 서비스 개념, 고객 경험 및 서비스 프로세스를 망라하는, 가장 최근의 아이디어와 정보를 일부 담고 있다.
- 요약: 각 장은 주요 장의 하부 제목을 이용하여 구조화된 핵심 포인트를 요약하는 검토 목록으로 끝맺는다.
- 토론 질문과 연습문제. 각 장의 끝에는 학생과 실무 경영자들을 향한 질문이 있다. 우리의 희망은 이 질문이 독자를 자극하여 각자의 이해를 데스트하고 동시에 장의 내용을 응용하는 것이다.
- 추가 문헌: 주제는 계속 개발 중에 있으며, 그래서 우리는 주제의 기초를 개발하는 동시에 그 범위를 확장할 추가 문헌 제안을 일부 제공하였다.
- 사례 문제: 각 장은 클래스 토론에 적합한 사례 문제로 끝맺는다. 사례는 짧으나 주제에 초점이 맞추어져 있으며 논쟁과 개발을 위한 내용의 풍부한 원천이다.
- 강의자 매뉴얼: 이 책을 사용하는 강의자는 강의용 매뉴얼을 이용할 수 있다. 이는 www.servops.net에서 다운로드할 수 있으며 사례로 들어가는 상세한 질문과 질문에 블릿형 답을 제공한다. www.servops.net는 또 강의자들에게 일련의 강의계획과 핸드아웃 디자인들을 제공한다.
- Servops.net는 이 책의 강의자의 동료 웹사이트이다. 강의자 매뉴얼 이외에, PowerPoint와 Keynote 형태로, 일정 범위의 티칭 스타일, 경험 및 시간 제약에 맞는 일정 범위의 프레젠테이션을 제공한다. 사이트에는 저자들이 각 주제를 가르치는 자신의 접근 방식을 설명하는 일련의 비디오 뉴스가 이용 가능하다.

피드백과 아이디어

우리는 이 책을 발전시키는 데 도움이 되는 피드백과 제안을 환영한다. 특히, 우리는 귀하가 이 책을 어떻게 사용하는지를, 그리고 귀하가 웹 링크, 문헌 및 사례 예제들에 어떠한 제안이 있는지를 알고 싶다. 망설이지 말고 michael.shulver@me.com로 Michael Shulver 혹은 nigel.slack@wbs.ac.uk로 Nigel Slack에게 연락주기 바란다.

5판의 새로운 특징

이 책의 4판 출간 이후, 슬프게도 우리의 친구이자 동료인 Bob Johnston이 죽었다. 함께 일했던 모두는 그의 영감과 지원과 함께 그를 그리워한다. 그러나 그의 서비스 운영 관리에 대한 열정과 사랑은 이 새로운 판에 반영되어 있다. 우리는 일부 새로운 주제를 짜 넣으며 여러 방법으로 내용을 갱신하였는데, 이의 많은 부분을 Bob이 적극적으로 작업하였다.

이 책에 큰 도움이 될 Nigel Slack 교수가 이 책의 저자 팀에 합류하였고, 우리 모두는 크게 환영하였다. Nigel은 수년 동안 Bob과 일했으며 운영 관리와 운영 전략에서 자신의 시장을 리드하는 교재를 저술하는 데 풍부한 경험을 가져왔다.

이 교재의 이전 판은 2012년에 출판되었고, 서비스 운영 관리와 서비스 경영의 주제들은 이 시기에 발전하였다. 결과로, 우리는 이 판에 몇 가지 변화를 만들었다. 특히, 우리는 장의 순서를 바꾸어 보다 최근의 논리적인 구조를 반영하였다. 아직 4판을 사용하고 있는 클래스에는 미리 용서를 구한다. 이는 우리로 하여금 특히 이전 판 이후로 보다 더 두드러진 주제에 대하여, 적용 범위를 확장하게 해 주었다. 우리가 미래 판에 하고 싶은 것은 더 많으며, 우리가 받았던 피드백을 환영하고 항상 감사한다. 피드백이 우리가 만든 많은 변화를 이끌었다. 요약하면, 변화들은 다음과 같다.

- 주제를 네 개 그룹에 기반하여 새로운 장 구조로 구성 — 서비스 운영의 틀, 서비스에서의 사람, 서비스 전달, 서비스 운영 개선
- 새롭고 보다 도움 되는 구조 다이어그램
- 토론되는 주제가 어떻게 서비스 조직에 특별히 적용되는지에 대해 보다 강조
- 일반적으로 서비스 부문의 성장을, 그리고 다양한 유형의 서비스 조직을 망라함
- 서비스 혁신에 대한 새로운 장
- 이전 판에서 몇 개의 보다 관련된 사례를 유지하였지만, 대부분의 사례는 새로운 것이며, 다른 것들은 갱신되었음
- 우리는 개념이 어떻게 적용되는지를 이해시키기 위해, 대부분의 장에 "WORKED example"를 추가
- 대부분의 장에서 "다른 견해" 기능을 추가하여 전통적인 이론이나 실무에 대한 코멘트 혹은 비판 제공
- 장의 마지막에 14개의 새로운 사례 문제
- 새로운 모습과 포맷

1부 | 서비스 운영의 틀

1부의 목적은 이후 이 책에서 다룰 주제들의 근간을 이루는 서비스 운영의 기본 개념 일부를 소개하는 데 있다.
이 파트는 4개 장으로 구성되어 있다.

1 서비스 운영 개요 | 2 서비스의 세계 | 3 서비스 전략 | 4 서비스 개념

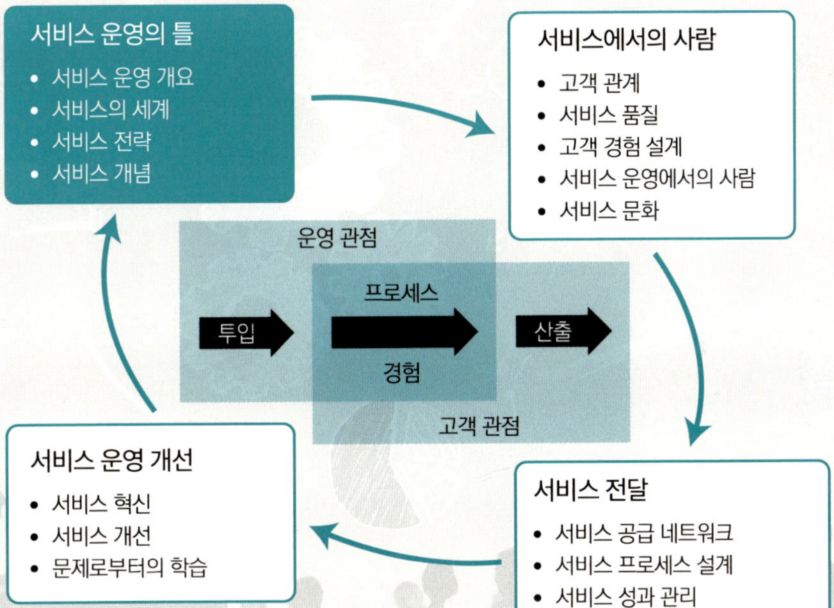

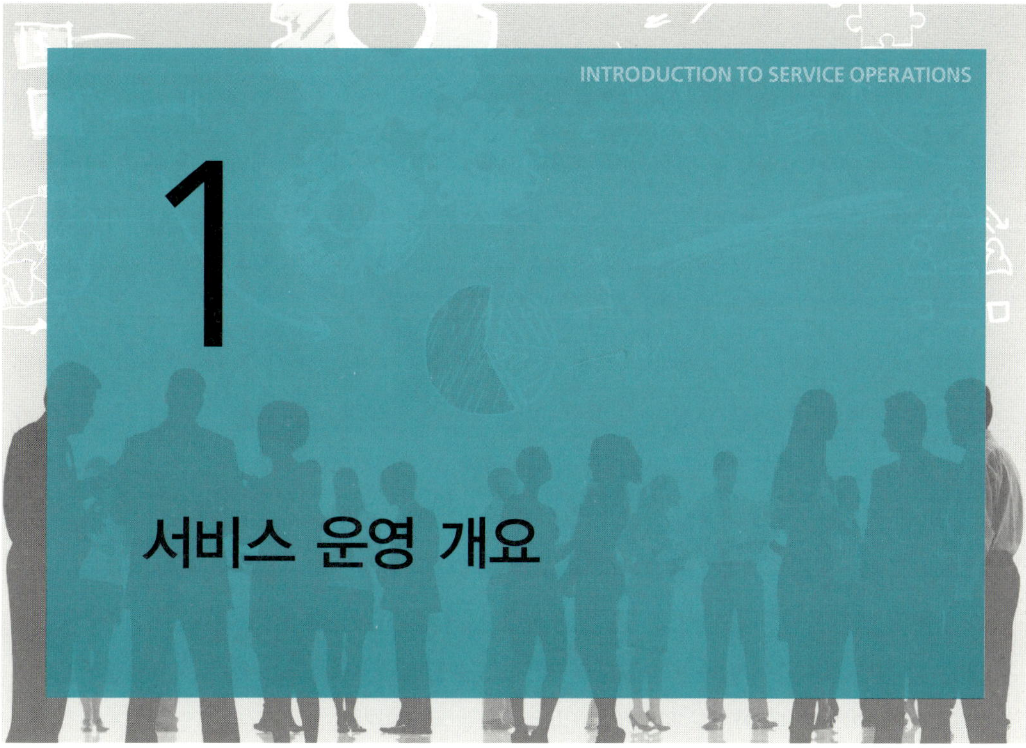

INTRODUCTION TO SERVICE OPERATIONS

1

서비스 운영 개요

이 장은 물리적 제품의 제조와 구별되는 서비스가 의미하는 바를 탐색하는 것으로 시작하며, 서비스 조직에 있어서의 운영 관리의 특징과 책임이 무엇인지, 왜 그렇게 중요한지를 살펴보기 전에 운영의 일반적인 내용을 먼저 살펴볼 것이다.

학습 목표

- 서비스의 특성을 정의하고 이러한 특성의 의미와 한계를 이해한다.
- 서비스 운영 관리가 무엇인지 설명할 수 있다.
- 서비스 운영 관리의 중요성을 이해한다.
- 서비스 운영 관리에 대한 다양한 관점을 이해할 수 있다.
- 서비스 운영 관리자가 직면하는 도전을 이해한다.

서론

우리 모두는 서비스 운영과 밀접하게 관련돼 있다. 우리는 서비스를 매일 사용하고, 서비스는 우리의 삶에서 중요하다. 서비스 운영은 우리가 아플 때 우리를 치료하고, 우리가 가야 할 곳 어디든지 데려다 주고, 우리에게 식사를 제공하고, 우리에게 물건을 팔며, 우리를 소셜 미디어에 연결시켜 주고, 우리를 즐겁게 하며, (바라건대) 우리를 교육시킨다. 서비스 운영은 어디에나 있으며, 우리는 그들의 고객이다. 우리 중 많은 사람은 또한 다른 사람들에게 서비스를 제공할 책임이 있는데, 그것은 우리의 직업이 서비스 분야일 경우뿐만 아니라, 우리의 친구들과 가족들을 위한 일상의 일부로서 서비스를 제공할 책임이 있기도 하다. 예를 들어, 요리 및 청소하기, '택시' 서비스, 휴가 계획 수립하기, 그리고 필요할 때 정서적 지원을 아끼지 않는 것들이다. 하지만 서비스가 광범위하고 중요하다면, 고객으로서 우리가 소비하는 서비스가 더 나은 서비스가 되지 못하는 이유는 무엇일까? 왜 우리는 의사의 진찰을 받기 위해 너무 오래 기다려야 하는가? 동일한 기관에서 동일한 정보를 두 번(또는 그 이상) 요청하는 이유는 무엇일까? 소포가 도착했어야 하는데 아직도 도착하지 않는 이유는 무엇인가?

고객으로서, 우리 모두는 서비스에 실망했던 적이 있다. 우리는 또한 서비스가 우리를 기쁘게 했던 때도 있다. 좋은 서비스와 나쁜 서비스의 차이는 서비스가 얼마나 잘 설계됐고, 조직됐으며, 서비스 전달 작업이 잘 운영되는가에 달려있다. 서비스가 형편없는 경우가 종종 발생하는데 이것은 서비스 창출 및 제공에 책임이 있는 사람들이 자신의 조직이 보유한 자원을 효과적으로 사용하지 못했기 때문이다. 즉, 서비스 운영 관리 원칙이 제대로 반영되지 않았기 때문이다. 이것이 바로 이 교재에서 다루고 있는 내용이 서비스 운영 관리의 본질, 특성 그리고 당면 과제인 이유다. 본 교재에서 설명하는 서비스 운영 관리의 원칙은 모든 유형의 서비스 조직, 실제로 어떤 형태의 서비스를 제공하기 위해 자원을 사용하는 모든 조직에 적용된다. 우리는 서비스 운영 관련 주요 이슈 및 해결 과제에 대해 자세히 다룰 것이며, 관리자가 운영 성과를 이해하고 평가하고 개선하는 데 사용할 수 있는 도구와 프레임워크를 제공할 것이다. 분야로서의 운영 관리의 발전은 생산 관리에 그 뿌리를 두고 있지만,[1] 이 교재에서는 특히 서비스 운영과 관련된 운영상의 이슈에 초점을 두고 있다.

그러나 예외 없이 모든 조직은 어느 정도 서비스에 관여하고 있으며, 따라서 서비스 운영 관리에 대한 지식과 이해는 그들의 성공에 실질적인 차이를 가져올 수 있다. 모든 제조 회사가 애프터서비스 및 고객 교육과 같은 서비스를 제공하고 있고, HR 또는 IT 지원과 같은 내부 서비스를 제공하기 때문에 서비스 운영 관리가 지닌 개념의 많은 부분이 제조 조직에 동등하게 적용된다. 또한, 제조 기업은 자사 제품의 서비스 측면을 강화함으로써 차별화를 꾀해야 한다는 압박감을 점점 더 많이 받고 있다. 교재의 뒷부분에서 다루어지는 내용들이 바로 이러한 도전 과제들이다. 먼저 '서비스'가 의미하는 것이 무엇인지부터 시작해서 몇 가지 핵심 개념을 소개하겠다.

1.1 서비스란 무엇인가

쉬운 질문처럼 보일지 모르지만, '서비스란 무엇인가'에 대한 대답은 상당히 어렵다. 누군가는 합리적으로 '반대되는 것과 대비'해서 대답할 수 있다. '서비스'의 가장 초기 정의에 대한 질문은 '서비스가 제조된 제품과 다른 점이 무엇인가?'라는 질문에 대한 의미로 받아들여졌다. 1980년대 초부터, 서비스와 제품의 주된 차이는 서비스가 다음과 같은 특징을 가지고 있다는 것이다.

- 무형성(**I**ntangibility), 물리적인 물건이 아니라는 점에서
- 이질성(**H**eterogeneity), 표준화하기 어렵다는 점에서
- 비분리성(**I**nseparability), 생산과 소비가 동시에 이루어진다는 점에서
- 소멸성(**P**erishability), 저장될 수 없다는 점에서

서비스의 이 네 가지 특징은 비록 상당한 학문적 논쟁의 주제가 되었음에도 불구하고 공부할 가치가 있다.

1.1.1 무형성

서비스와 달리 제품의 가장 분명한 특징은 자동차와 컴퓨터같이 우리가 직접적으로 만질 수 있는 물리적 형태를 가지고 있다는 것이다. 대조적으로, 극장 공연, 의사와의 상담, 재정적 조언과 같은 순수한 서비스는 그렇게 만질 수 없다. 이러한 서비스를 수행하는 자원은 유형적이고 느껴질 수 있으며 물질적일 수는 있지만, 그들이 제공하는 서비스는 그렇지 않다. 어느 대가의 표현대로, '서비스는 사고 팔 수 있지만, 당신의 발에 그것을 떨어뜨릴 수 없는 무엇이다'.[2] 확실히, 물리적 제품과 비교할 때, 서비스의 '경계'를 정의하기는 어려울 수 있다. 제품인 것과 아닌 것은 비교적 명확히 구별할 수 있지만, 어디까지가 서비스에 속하는 것인가에 대한 것은 지속적인 수정 및 보완이 필요할 수 있다. 그렇기 때문에 서비스 운영은 서비스로부터 기대할 수 있는 것과 없는 것에 대해 고객에게 교육할 때 자주 어려움을 겪는다.

그러나 모든 서비스가 무형이라는 생각에는 몇 가지 문제가 있다. 첫째, 많은 서비스가 그

들이 제공하는 것의 일부로서 유형적인 요소를 가지고 있다. 자동차 서비스는 종종 (물리적) 교체 부품을 포함한다. 식사와 음료는 항공 여행의 필수적인 요소이다. 교육 서비스에는 책과 같은 물리적 보충 자료의 제공이 포함될 수 있다. 둘째, 서비스를 제공하는 자원이 무형적이지 않더라도 서비스가 무형이라는 주장을 수용한다면, 그 주장을 수용한다고 해서 고객이 서비스를 보는 방식에 물리적 자원이 중요하지 않다는 것을 의미하는 것은 아니다. 병원의 중환자실에 있는 생명 유지 장비는 항공 여행의 항공기 상태와 마찬가지로 제공되는 서비스에 필수적이다. 셋째, 그리고 마지막 요점과 관련하여, 고객들은 서비스의 무형의 요소와 유형적인 요소를 구별하지 못할 것 같다. 사실, 일부 소매 서비스와 같은 많은 서비스의 경우, 서비스의 품질은 대부분 서비스의 유형적 요소에 의해 판단될 수 있다. 마지막으로, 서비스가 고객(또는 소포와 같은 그들의 소유물)에 대한 어떤 종류의 변화를 수반한다고 주장할 수 있으며, 이때 고객은 확실히 물리적이다.

1.1.2 이질성

이질성은 서비스가 제공될 때마다 고객의 요구와 행동이 어느 정도 다르기 때문에 서비스가 달라질 수 있다는 것을 의미한다. 고객의 행동은 결코 완전히 예측할 수 없다. 아무리 서비스가 잘 설계되더라도 고객은 여전히 서비스 제공자의 한계를 넘는 서비스를 요청할 수 있다. 은행의 고객 센터(콜센터) 또는 기술 지원 센터 또는 응급 서비스 운영자에게 문의해 보면 고객이 서비스 범위를 훨씬 넘는 서비스를 요청한다는 사실을 알려줄 것이다. 이러한 요청된 서비스는 반드시 처리되어야 한다. 더욱이, 어떤 서비스의 제공이 서비스 직원과의 상호작용을 수반할 때, 접촉의 적확한 본질이 상호작용이 일어날 때마다 불가피하게 달라질 것이다. 상당한 직원 교육이 있었더라도 직원마다 아마도 다른 방식으로 다른 고객 및 고객의 요청을 처리할 것이다. 사실, 고객이나 서비스 직원의 행동은 완전히 예측 가능하거나 통제할 수 없으며, 이 모든 것은 표준화를 달성하기 어렵게 만든다. 그러나 어느 정도의 표준화를 달성할 수 있다면 어떤 운영에도 상당한 비용 효율성이 있다. 그러나 이질성은 서비스의 독점적 특성은 아니다. 많은 물리적 제품이 그 다양성으로 평가받고 있다. 맞춤 제작 제품은 표준화가 되지 않아 가치가 있으며, 공예품이나 예술품은 본질적으로 색다르다.

물론, 서비스 운영은 가능한 상호작용의 범위를 줄이려고 시도할 것이다. 서비스 운영에서는 서비스가 할 수 있는 것과 할 수 없는 것을 게시하고, '비표준' 고객을 더 적절한 서비스로 전환하며, 완전히 제거할 수는 없지만 다양성을 감소시킬 수는 있도록 하는 지침을 직원들에게 제공할 것이다. 이러한 이질성은 서비스의 완전한 표준화를 특히 어렵게 만든다. 하지만 기술은 서비스를 표준화하는 데 도움이 될 수 있다. 예를 들어, 수년 전, 금융 서비스는 (제한된 방식으로) 서비스를 표준화하는 데 있어서의 ATM의 가치를 깨달았고, 그 후 온라인(인터넷) 뱅킹의 사용은 부적절한 요청에 대한 일부 범위를 걸러낼 수 있었다. 또한 일부 서비스에서는 서비스의 잠재적 발전을 위한 수단을 제공할 수 있기 때문에 이질성을 환영한다는 점도 주목할 필요가 있다. 예를 들어, 고객 요청은 조직의 서비스 제공에서 새로운 변형에 대한 자극을 제공할 수 있고, 심지어 완전히 새로운 서비스의 개발도 제공할 수 있다.

1.1.3 비분리성

이러한 맥락에서 비분리성은 서비스의 생산과 그 소비가 동시에 발생한다는 것을 의미한다. 즉, 서비스 제공자(서비스를 '생산'하는 사람)는 고객에 의한 소비가 발생할 때 종종 물리적으로 존재한다. 교육 서비스에서는 강사가 개념을 설명하고, 학생이 개념을 이해하고, 의사가 환자의 말을 듣고, 진단하고, 환자가 있는 상태에서 치료를 권고하고, 컨설턴트가 고객에게 분석과 지도를 직접 제공하는 등의 방식으로 진행된다. 이는 먼저 생산이 된 후 고객이 소비할 수 있는 물리적 제품과 확연히 다르다. 이는 물리적 제품과 달리 서비스 생산 후 소비하는 방식으로 사용할 수 없다는 것을 의미한다. 즉, 서비스에 대한 모든 수요를 충족하고자 하는 기업은 수요 발생 시 해당 수요를 충족할 수 있는 충분한 능력을 보유하고 있어야 한다.

그러나 이러한 비분리성은 일부 유형의 교육, 의료 및 컨설팅과 같은 개인 서비스에서는 사실이지만, 서비스의 '수혜자'가 고객의 소유물 또는 자원인 서비스에 대해서는 사실이 아니다. 따라서, 예를 들어, 화물 운송, 의류 세탁 또는 일상적인 청소 수행과 같이 널리 사용되는 많은 비즈니스 또는 소비자 서비스는 고객이 없을 때 가장 일반적으로 수행된다.[3] 게다가, 기술은 많은 서비스에서 이러한 특성을 줄이는 데 작용했다. 교육에서 강의는 실시간으로 실행중인 강의와 무관하게 녹음되고 볼 수 있으며, 학생 질문은 온라인에 게시되고 나중에 답변될 수 있다. 의료 웹 사이트는 고객이 자신의 상태를 이해하고 추가 진단 또는 치료에 대해 조언하는 데 도움이 될 수 있다. 대부분의 조직은 이제 서비스의 정보 기반 요소의 생산과 소비를 분리시킬 수 있는 FAQ의 힘을 이해하고 있다. 많은 서비스에서, SMS와 이메일과 같은 비동기 통신 도구의 존재는 이전에 직접적인 대면과 즉각적인 통신이 이제는 서비스 제공자와 고객의 상호 이익을 위해 시간적으로 분리된다는 것을 의미한다. (비동기 통신매체는 수신자가 정보를 수신할 준비가 되었는지 여부에 관계없이 언제든지 전송할 수 있다.)

1.1.4 소멸성

서비스 저장의 어려움과 비분리성 개념의 또 다른 결과는 소멸성의 특성이다. 사실상 서비스의 '유통기한'이 매우 짧다는 뜻이다. 서비스는 심지어 그들이 창조되는 바로 그 순간에 사라질 수도 있다. 스탠드업 코미디언의 공연에서의 농담은 말하는 즉시 사라진다. 다음 날 밤 같은 농담을 해도 공연과 반응은 다를 수 있다. 마찬가지로, 호텔 객실이 특정 밤에 판매되지 않으면 소멸된다. 다음 날 밤에 동일 객실을 판매하는 것은 다른 서비스이다. 즉, 객실 수를 수요와 일치시키거나 수요를 객실 수에 맞게 관리하는 것이 자원의 활용도를 높이고 수익이 손실되는 것을 방지하기 위해 특히 중요하다. 종종 '동적' 가격 책정은 수요를 관리하기 위해 사용된다. 그래서, 예를 들어, 호텔들은 비수기 시간에 요금을 할인하거나, 코미디 공연장은 저녁의 이른 시간에 수요를 채우기 위해 할인된 음료를 제공하고 입장료를 줄이거나 한다.

하지만 또한 이 특성에 대한 비판이 있다. 소멸가능성의 개념을 받아들일지는 부분적으로 '저장된 서비스'가 무엇인가 하는 것에 달려 있으며, 부분적으로 서비스의 소비를 어떻게 보는가에 달려 있다. 먼저, 서비스를 저장할 수 있는지에 대한 문제를 다루어 보자. 예를 들어 호텔의 '하룻밤의 호텔 객실'은 저장될 수 없지만, 객실들의 '저장'을 제외한다면 호텔은 무엇인가? 모든 서비스 운영은 그들의 서비스를 생성하는 데 사용되는 많은 자원을 '저장'한다. 자원이 반드시 '소멸'하는 것은 아니다. 병원은 의료 기술을 '저장'하고 대학은 지식을 '저장'한다. 둘째, 서비스의 '소비'는 무엇을 의미하는가? 스탠드업 코미디언의 공연을 '소비'하는 것이 단순히 공연의 순간을 경험하는 것이라면, 그 특정한 서비스는 정말로 소멸한 것이다. 그러나, 만약 누군가가 공연의 효용성을, 예를 들어, 그것이 어떻게 사람을 느끼게 만드는지에 대해 다룬다면, 공연의 효용이나 가치는 더 오래 지속된다. 그것은 몇 주 또는 몇 달 동안 기분을 나아지게 할 수 있다. 그것은 심지어 한 사람의 인생을 영원히 바꿀지도 모른다. 의학적 치료는 몇 시간 또는 몇 분 안에 끝날 수 있지만, 그 효과는 훨씬 더 오래 지속될 수 있다. 따라서, 소멸 가능성은 그것이 시간적으로 정의된 문제로 취급되는지 아니면 서비스로부터 지속적인 편익으로 판단하느냐에 따라 달라진다.

〈표 1-1〉은 서비스의 네 가지 특성을 요약한 것으로, 각 서비스의 의미와 서비스를 정의하기 위해 각 특성을 사용하는 것에 대한 정의상의 비판의 일부를 설명한다. 이것과 이전 논의로부터 다음 두 가지 요점이 명확해진다.

- 네 가지의 특징 중 어떤 것도 서비스에만 국한되는 것은 아니다. 그들은 모두 어느 정도 정의상 논란의 여지가 되고 있는데, 이것이 왜 이 특성들이 매우 상당한 양의 학문적 논의를 생겨나게 했는지를 설명해 준다. 그러나 서비스가 물리적 제품과 어떻게 다른지, 그리

〈표 1-1〉 서비스의 네 가지 특성 요약

특성	의미	예	특성 정의에 있어서의 문제
무형성	물리적 형태가 아님	교육 서비스(예: 대학교)는 학생들의 (무형적인) 지식을 강화시킨다	• 많은 서비스는 무형뿐만 아니라 유형의 요소를 포함한다. • 서비스를 제공하는 자원은 중요하며 유형적이다. • '유형적인' 고객은 서비스에 의해 변화된다
이질성	모든 서비스는 다르고 표준화하기 어려움	기본 의료 서비스는 각 고객의 (환자) 개별 요구 사항에 대응하고 그에 따라 치료/상담해야 한다	이질성은 서비스만의 특성이 아니다
비분리성	생산과 소비가 동시에 이뤄짐	라이브 연극 공연에 참석할 때, 그 가치는 그 공연의 '현장감'에 있다	개인 서비스에는 해당될 수 있지만, 서비스의 '수혜자'인 고객의 소유물 또는 자원에 대한 서비스의 경우는 해당되지 않는다
소멸성	상대적으로 짧은 시간 후에 서비스의 가치가 종료됨	여객 열차 서비스가 절반 비어 있는 상태로 운행 중이라면, 사실상 해당 서비스의 절반이 '사라진' 상태이다; 만약 사용되지 않았다면 사용될 수 없다	• 서비스를 수행하는 활동을 저장할 수 없는 경우에도 자원들은 저장될 수 있다. • 서비스의 가치는 서비스의 소비보다 훨씬 더 오래 지속될 수 있다

고 그러한 차이의 의미에 대해 '대략적으로' 그리고 '일반적으로' 알고자 한다면, 이들 특성을 살펴보는 것이 합리적인 출발점이 된다.

- 기술은 네 가지 특성이 적용되는 범위와 서비스 운영에 부과되는 한계를 극복할 수 있는 방법에 상당한 영향을 끼쳤다. 특히 정보통신기술의 발달로 많은 새로운 유형의 서비스 제공이 가능하게 되었다. 그리고 이러한 기술이 네 가지 특성의 적용 가능성을 희석시켰을 수도 있지만, 훨씬 더 중요한 것은 서비스 개발에 제공하는 잠재력이다. (우리는 7장과 11장 모두에서 서비스 기술을 다룬다.)

1.2 서비스 운영 관리란 무엇인가

운영 관리의 원칙은 (서비스 조직이든 아니든 어떤 형태의 조직에서도) 대체로 동일하다. 기본적으로 운영 관리는 입력물을 산출물로 변환하는 것이다. 이것은 일반적으로 〈그림 1-1〉과 같이 입력-변환-산출 모델로 설명된다. 사람(직원), 기술 및 지식과 같은 이러한 입력물 중 일부는 '변환시키는 자원'이며, 이들은 '변환되는 자원'인 재료, 정보 및 고객과 같은 다른 입력물에 작용한다. 이 변환 프로세스의 목적은 상품과 서비스의 조합을 생산하는 것이다. 변환 프로세스(일반적으로 단순히 '운영'이라고 함) 내에서 변환시키는 자원은 상호 연결된 프로세스 네트워크 내에 조직되며, 이를 통해 변환되는 자원에 대한 변환이 진행된다.

그러나 운영 자원에 대한 두 가지 중요한 점을 주지해야 한다. 첫째, 운영 자원에는 내부

〈그림 1-1〉 일반적인 운영 관리의 투입-변환-산출 모델

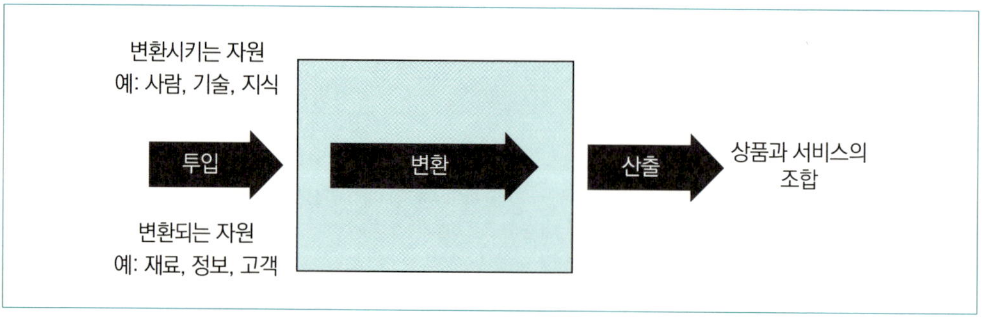

자원뿐만 아니라 편리하게 접근할 수 있는 자원(일반적으로 공급 업체를 통해)도 포함된다. 이것은 운영이 사용하는 리소스를 반드시 소유할 필요는 없다는 것을 의미한다. 필요할 때 자원에 접근할 수 있는 공급 계약을 체결할 수 있다. 둘째, 운영의 자원은 건물, 기술, 장비 및 운영의 물리적 구조를 형성하는 시설보다 더 많은 것을 포함한다. 여기에는 운영에 종사하는 인력의 물리적 존재 이상의 것도 포함된다. 여기에는 공급 업체 및 고객과의 관계에서 개발된 관계 및 이해, 그리고 본질적인 능력과 함께 스킬 및 지식과 같은 모든 무형의 요소가 포함된다. 다시 말해, 기술, 시설, 직원 등 쉽게 정량화된 자원도 분명히 중요하지만, 그 자원들이 구현하는 지식, 스킬, 역량이 훨씬 더 중요할 수 있다. 서비스 자원의 중심성과 이들 자원이 가치를 창출하는 방법에 대한 이러한 개념은 다음 장에서 설명할 서비스 중심 논리(Service Dominant Logic: SDL) 아이디어의 기본 원칙이다. SDL은 변환에 영향을 주는 자원(일반적으로 보이지 않고 무형인 스킬 및 지식)과 영향을 받는 자원(유형 자산)을 구분한다. SDL은 지식과 스킬을 기업의 경쟁 우위의 주요 기반으로 보고 있다.

자원과 프로세스

자원과 프로세스는 모든 운영의 두 가지 중요한 요소이며, 운영 관리의 대부분은 자원과 프로세스가 관리되는 방식과 관련이 있다. 자원과 프로세스는 기업이 가치를 창출하는 방법에 있어서 중요하다. 그러나 모든 운영의 효과성에 핵심적인 것은 자원과 프로세스 간의 상호작용이다. 이들은 물리적으로 분리돼 존재하는 것이 아니다. 이들은 단지 운영에서 일어나는 것에 대한 생각의 한 방식일 뿐이다. 더 중요한 것은 자원과 프로세스가 서로 영향을 미친다는 것이다. 운영의 자원은 해당 프로세스가 수행할 수 있는 작업을 제한한다. 마찬가지로, 운영 프로세스에서 시간이 지남에 따라 얻은 경험도 해당 자원의 역량을 향상시킨다. 이러한 자원과 프로세스의 상호 의존성은 시간이 지남에 따라 운영이 역량을 어떻게 향상시키는지 이해하는 데 도

움이 되는 특히 중요한 포인트이다. 이는 또한 서비스 운영 개선을 검토할 때 다시 언급해야 할 사항이다(15장 참조).

원칙이나 모델을 실제로 적용하는 방법은 원칙이 적용되는 상황에 따라 달라진다. 일반적인 원칙(예: 제품/서비스의 품질은 의도된 고객에게 어떻게 영향을 미치는지에 따라 판단되어야 한다는 것)은 서비스 대상 고객의 특성(예: 고객의 기대, 이전 경험 등)에 따라 매우 다른 방식으로 해석될 수 있다.

1.2.1 서비스 운영 관리가 일반적인 운영 관리와 어떻게 다른가

입력-변환-산출 모델은 서비스 또는 제조에 관계없이 모든 유형의 운영에 광범위하게 적용되는 일반 모델이다. 그렇다면 서비스 운영이 다른 점은 무엇일까? 간단히 말해서, 그것은 변환 프로세스에 대한 다양한 입력의 상대적 중요성에 있다. 일반적인 운영 관리 모형에서, 변환된 투입변수는 재료, 정보 및 고객의 조합으로 분류되는 반면, 서비스 운영 관리는 변환 과정에 대한 중심 투입변수로서 고객(또는 고객의 소유물)의 중요성을 특징으로 한다. 따라서 엔터테인먼트, 의료, 교육, 여객 운송, 은행 콜 센터 및 미용과 같은 서비스 운영은 그들의 고객을 직접 '변환'시킨다. 고객은 서비스가 '생산'될 때 그 현장에 대개 '존재'해 있다. 이러한 서비스는 고객의 마음 상태, 신체적 또는 정신적 건강, 지식, 위치, 안전 또는 외관과 같은 고객 자신에 대한 어떤 것을 변화시킨다. 또 다른 서비스 운영은 여전히 고객에게 가치를 더하지만, 고객의 소유물에 대해 작용(변환)함으로써 가치를 더한다. 예를 들어, 은행의 운영 노력은 대부분 고객의 재무 정보에 대한 작업으로 구성되며, 우편 및 소포 배달 서비스는 고객의 편지와 소포를 옮기고 차량 수리점은 고객의 차량을 수리한다. 고객의 소유물에 대한 작업이 서비스를 덜 제공하지는 않기 때문에 고객은 보다 직접적인 서비스와 동일한 방식으로 여전히 운영 성과를 판단할 것이다. 그럼에도 불구하고 고객이 받는 서비스의 '가시성' 정도는 서비스 관리 방식에 있어 중요한 요소이며, 우리는 이 문제를 다시 살펴볼 것이다.

서비스 운영 관리를 일반적인 운영 관리와 구별되게 하는 것이 운영에서 고객의 존재의 중요성이라면, '서비스'는 서비스를 받는 고객의 유형과 제공되는 서비스의 성격에 따라 다른 것을 의미하게 된다. 지역 레스토랑이나 체육관에서 제공하는 서비스는 마이크로소프트와 같은 대형 클라우드 컴퓨팅 서비스가 기업 고객에게 제공하는 것과 상당히 다를 것이다. 따라서, 서비스 운영은 운영 자원과 프로세스 자체의 관점뿐만 아니라 서비스를 받는 고객의 관점에서도 고려하는 것이 유용하다. 즉, 일반적인 운영 관리 입력-변환-산출 모델은 운영과 고객의 관점, 그리고, 동일하게 중요한, 이들 사이의 겹치는 부분을 모두 반영하도록 재구성해야

〈그림 1-2〉 서비스 운영 관리의 높은 고객 접촉 특성을 반영한 운영 관리의 투입-변환-산출 모델

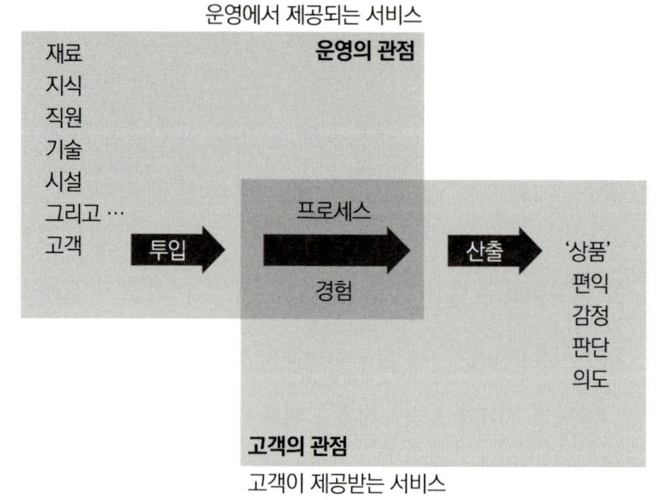

한다. 이 아이디어는 〈그림 1-2〉에 나와 있다. 우리는 각각의 관점과 어떻게 그것들이 겹치는지 다룰 것이다.

1.2.2 서비스 - 운영 관점

모든 운영은 복잡한 경향이 있다. 서비스 운영 관리자는 모든 다양한 투입 자원 간의 상호작용을 관리하고 프로세스로 구체화해야 한다. 예를 들어, 병원은 청소부에서부터 이식 외과 의사 등 다양한 스킬을 가진 많은 직원을 고용하고 있다. 병원은 각각 다양한 치료를 제공하는 다양한 전문 부서를 통해 매일 수백 명의 환자를 돌볼 것이다. 이러한 유형의 서비스 운영을 관리하는 것은 관리자들이 매 시간 생사를 건 상황을 처리하고 있기 때문만이 아니라 운영의 복잡성 때문에 매우 어렵다. 복잡성은 부분적으로 환자의 수와 광범위한 범위의 사용 가능한 치료에 기인하기도 하지만, 많은 서비스 조직과 마찬가지로 병원은 서로 조정되고 연계되어야 하는 다양한 서비스 프로세스로 이뤄진 내부 '생태계'로 구성돼 있기 때문이다. 사실, 병원은 서비스와 프로세스의 확장된 네트워크이다. 병원의 경우, 이러한 프로세스에는 접수 서비스, 스캔 및 진단 서비스, 약국 서비스, 수술실(프로세스가 수행되는 곳), 급식, 물리치료 등이 포함된다. 또한 고객(환자)을 직접 상대하지 않을 수 있지만 병원의 원활한 운영을 위해 간접적으로 기여하는 지원 프로세스가 있다. 이러한 지원 프로세스에는 정보 시스템 지원, 장비 및 건물 유지보

수, 인적 자원 서비스, 교육 및 금융이 포함된다. 외부적으로, 병원은 지역 구급차 서비스, 사회 복지 기관, 자원봉사 기관, 전문 실험실 등과 같은 다른 서비스 기관들과 상호작용한다.

서비스는 다른 특성을 가지고 있다

고객(또는 소유물)이 서비스 내에 존재하며 따라서 운영 활동에 대한 어느 정도 가시성을 갖게 되는 것으로 인한 결과는 앞에서 설명한 네 가지 특성에 의해 다음과 같이 요약될 수 있다.

- 무형성, 물리적인 물건이 아니라는 점에서
- 이질성, 표준화하기 어렵다는 점에서
- 비분리성, 생산과 소비가 동시에 이루어진다는 점에서
- 소멸성, 저장될 수 없다는 점에서

그리고 이러한 특성들이 서비스가 제품과 다른 몇 가지 방식을 나타낸다.

〈표 1-1〉은 서비스의 네 가지 특성을 요약한 것으로, 각 서비스의 의미와 서비스를 정의하기 위해 각 특성을 사용하는 것에 대한 정의적 비판의 일부를 설명하였다. 〈표 1-2〉는 이를 확장하여 서비스 운영에 미치는 영향과 각 특성에 대한 잠재적 부정적 영향이 어떻게 제한될 수 있는지를 보여 주고 있다.

그러나 모든 서비스가 이러한 특성을 동일한 정도로 나타내는 것은 아니다. 사실, 동일한 운영에 의해 제공되는 서로 다른 서비스는 네 가지 특성을 준수하는 방법에 있어서 상당히 다

〈표 1-2〉 서비스 운영 관리에 미치는 네 가지 특성의 몇 가지 의미

특성	의미	서비스 운영 관리를 위한 의미	해결 방안
무형성	물리적 형태가 아님	서비스의 무형적인 요소의 경계를 정의하기 어렵다	서비스에 대한 고객의 기대를 관리
이질성	모든 서비스는 다르고 표준화하기 어려움	• 고객은 예측하기 어렵고 운영 능력 밖에 있을 수 있는 서비스 요소를 요구할 수 있다 • 어느 정도의 표준화로는 상당한 비용 효율성 달성이 어렵다	• 고객 기대치 관리 • 다양한 요청에 대응하기 위한 직원 교육 • '비표준' 고객을 보다 적절한 서비스로 이전
비분리성	생산과 소비가 동시에 이뤄짐	• 서비스는 쉽게 저장될 수 없음 • 모든 수요를 충족시키려면 수요 발생 시 그 현장에서 수요를 충족할 수 있는 충분한 능력/용량이 있어야 한다	• 기술의 사용은 생산과 소비를 분리할 수도 있음 • 고객 안내를 통해 접촉의 필요성을 줄일 수 있음(예: 웹 사이트의 FAQ 사용)
소멸성	상대적으로 짧은 시간 후에 서비스의 가치가 종료됨	• 서비스를 쉽게 저장할 수 없음 • 능력/용량을 수요와 일치시키는 것(또는 그 반대)은 불충분한 자원활용 또는 수익 손실을 방지하기 위해 중요	• 정확한 수요 예측으로 서비스 능력/용량 계획 지원 • 능력/용량 및/또는 수요 관리를 통해 능력/용량과 수요를 일치 지원 (예: 동적 가격 책정)

를 수 있다. 예를 들어, 대학은 고객(학생)을 교육하기 위해 다음과 같은 다양한 '학습 경험'을 사용할 수 있다.

- 비교적 많은 수의 학생이 강사의 강의를 듣고 학생들이 강의를 들으면서 필기를 하는 전통적인 비토론형 강의.
- 전문가가 '카메라와 대화하는 방식'으로 녹화된 사전 녹화 강의. 학생들은 그들의 편의에 따라 이 세션들에 온라인으로 접근할 수 있다.
- 강사의 안내를 받아 학생들이 연습 문제를 해결하고 그들끼리 토론하는 소규모 그룹 튜토리얼.
- 개별 '상담' 튜토리얼. 개별 학생이 학습 내용을 강사와 함께 토론하고, 강사는 학생의 이해가 부족할 수 있는 부분을 탐색한다.

이 네 가지 서비스의 특성은 <그림 1-3>에 나와 있다. 비록 일부 학생들이 인쇄하는 것을 선호할 수 있는 유형적인 노트를 온라인에서 이용할 수 있을 지라도, 유형적인 요소를 많이 내포하고 있는 서비스는 별로 없다. 그런 점에서 서비스마다의 서로 다른 점은 별로 없다. 그러나, 다른 나머지 특징에 있어서는, 서비스별로 크게 다르다. 한 가지 극단적인 경우, 개별 상담 튜토리얼은 전혀 표준화되지 않으며 학생과 튜터가 함께 있을 때 발생하며 저장할 수 없다. 그것들은 맞춤형 경험이다. 대조적으로, 미리 녹음된 각 세션은 완전히 표준화되어 있고, 학생들은 원할 때 언제든지 경험할 수 있으며, 항상 온라인에서 '저장된' 상태로 이용할 수 있다. 그것은 '제품과 같은' 서비스이다.

〈그림 1-3〉 대학에서 제공하는 네 가지 학습 서비스에 대한 서비스의 네 가지 특성의 적용

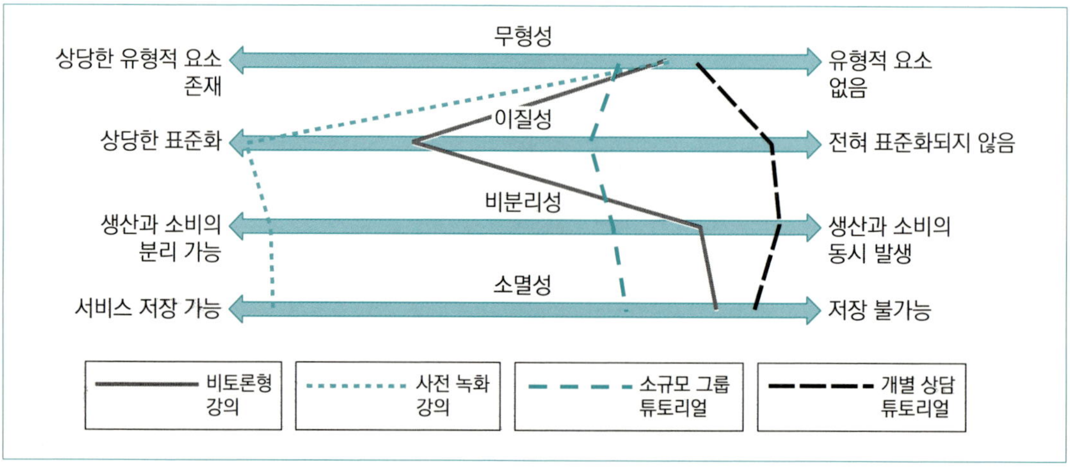

이러한 유형의 분석에서 중요한 것은 단순히 서로 다른 서비스가 다르다는 것이 아니라 이러한 차이가 의미하는 바가 중요하다는 것이다. 이 경우 사전 녹화된 강의는 제작 및 편집 기술을 제공할 뿐만 아니라 언제 어디서나 세션을 볼 수 있는 기능이 필요하다. 이와는 대조적으로 개별 '상담' 튜토리얼은 기술이 거의 필요하지 않지만 튜터에게 상당한 진단 및 상담 기술이 요구된다. 사전 녹음된 강의의 가용성을 계획하는 것은 주로 학생들이 볼 수 있는 적절한 시간에 접근성을 예약하는 문제이다. 그러나 개별 튜토리얼을 계획하는 것은 더 복잡할 것이다. 많은 튜토리얼은 사전에 학생들과 함께 일정을 잡을 수 있지만, 문제가 있는 학생들을 위해 항상 '긴급' 튜토리얼을 허용해야 할 필요가 있다. 서로 다른 서비스의 요구 사항이 겹칠 경우 이를 관리하기 위해 운영 관리자가 참여해야 하는 업무에는 적절한 기술과 시설의 선택 및 구현, 운영 인력 선발 및 개발, 일정 수준의 수요를 충족할 수 있는 충분한 능력/용량이 있는지 확인, 고객에게 서비스를 제공하는 프로세스 설계, 그리고 일상적인 활동 수행 등이 포함된다.

CASE example

사례

Sara Davies는 Scarlet Rugby Club 의 팀 매니저 – 서비스 운영 관리자[4]

그것은 수백만 명이 즐기지만, 소수의 사람에 의해 관리된다. 스포츠는 다른 서비스처럼 관리가 필요한 대규모 서비스이며, 이의 고객(팬)은 그들이 응원하는 팀이나 개인에게, 때로는 광신적으로, 헌신하는 가장 관심도가 높고 열정적인 그룹들 중 하나이다. 이러한 유형의 서비스를 관리하려면 헌신적인 노력이 필요하다.

Sara Davies는 Scarlets Rugby Club의 팀 매니저이며 서비스 운영 관리자이다. 그녀는 부분적으로 스포츠 발전과 코칭 관련 학위뿐만 아니라 '젊은 농부들'[5]에서의 초기 경험을 통해서 요구되는 역할에 대한 준비가 된 상태다.

Gruffydd Thomas/Sport/Alamy Stock Photo

나는 11살 때부터 '젊은 농부들'의 일원이었다. 그래서 그곳에서 대중연설, 원고작성, 대회출전 등에 대해 배운 것들이 많은 도움이 되었다. 또한, 나의 대학 럭비팀의 클럽 회장이 된 것은 나의 정규 교육만큼이나 도움이 되었다. 나는 럭비 발전 관련 관리자가 되고 싶다고 생각해서 스포츠 개발 및 코칭 학위를 위해 책을 읽었지만, 내가 프로 럭비에서 일하게 될 줄은 꿈에도 몰랐다. 대학시절을 통해 발전하면서 현장 밖의 역할들을 더 많이 수행했고 그것들을 정말 즐겼다. 내가 그 직업에서 가장 좋아하는 것은 압박감이다. 나는 겉으로는 잠잠할지 모르지만 속담에 나오는 백조처럼, 내면에서는 미친 듯이 노를 저어 간다. Brad Mooar 코치와의 초기 미팅에서 Brad는 왜 우리가 하는 일을 하느냐고 물었다. 대부분의 사람들이 돌아와서 '내가 그것을 사랑하기 때문에'라고 말했고, 나에게도 그것은 사실이다. 우리가 하는 일을 사랑하지 않는 한, 압박감과 긴 시간을 다루는 것은 불가능할 것이다.

Scarlet팀은 Wales의 4개의 프로 럭비 유니온 팀 중 하나이며, South Wales의 Llanelli라는 도시의 Parcy Scarlets 경기장을 연고지로 하고 있다. 그들은 '프로14'와 '유러피언 럭비 챌린지 컵 대회'에서 경기하고 있다. 스칼렛의 54명의 선수단은 수석코치와 그를 보조하는 경기운영 코치, 체력 및 컨디션을 책임지는 코치, 물리치료사 그리고 분석가 등의 지원을 받고 있다. 경기 선수단, 코치, 지원 직원, 의료진 및 장비를 책임지는 인력이 모두 하나로 단결돼 모두 좋은 컨디션으로 경기할 준비가 되어 있는지를 확인하는 일은 Sara에게 맡겨진다. Sara의 역할의 가장 큰 부분은 여행 계획과 로지스틱스, 그리고 일반적인 행정에 관한 것이지만, 그녀는 또한 선수 복지, 예산 통제, 경기일 및 경기 계획 수립 업무, 그리고 팀과 개인 선수들을 위한 선수 출전 일정도 담당한다.

로지스틱스는 특히 중요하다. 영국 북부, 아일랜드 그리고 남아프리카에서 주로 치뤄지는 '프로14' 경기와 함께 클럽의 경기 중 약 50%는 (홈 경기장이 아닌) 타 경기장에서 치뤄진다. 유럽 챌린지컵 경기는 유럽 본토에서 주로 열린다.

거의 모든 항공편이 일반 민간 항공사를 이용하지만 필요하다면 전세기도 활용할 것이다. 다행히도 우리가 '프로14'에서 경기하는 대부분의 클럽들은 꽤 좋은 공항과 인접해 있고, 우리는 Cardiff에서 이들 공항에 쉽게 접근할 수 있다. 우리는 항상 '높은 성과'을 최우선 목표로 하고 있으며, 여행 관련 문제가 그 목표를 훼손할 수 있는 것이 있다면, 우리는 전세기와 같은 대체 방안을 모색할 것이다. 분명히, 원정 경기의 또 다른 측면은 숙박 예약, 식사 예약, 특정 식사 제공 등이다. 해외 경기의 경우, 모든 장비는 항공기에 실을 수 있도록 포장되어야 하며, 장비와 함께 비행하는 것의 중요한 의미는 항공사나 공항 보안 기관이 어떤 특정한 가방을 검사하기를 원하는 경우에 대비하여 모든 것이 적재되어야 한다는 것이다.

Sara는 몇 개의 예산을 관리하는데, 그중 가장 큰 예산은 경기장으로의 이동과 관련된 것이다.

나는 여행 예산이 있지만, 정확히 내가 그것을 어떻게 쓰느냐 하는 것은 여행과 물류 측면에서 나에게 달려 있다. 나는 또한 시즌마다 상당한 차이가 있는 직원 및 선수 급여와 의료 예산에 대해서도 조심스럽게 살피고 있다. 예를 들어, 지난 시즌에는 경기와 관련된 부상이 엄청나게 많았는데, 대부분은 예측할 수 없었다. 다만 어느 정도 예상할 수 있는 부상의 종류가 있고, 이를 막기 위해 개입하려고 한다. 이러한 부상에는 훈련 기반 근육 당김과 긴장 등이 있다. 우리 선수들이 최적의 신체 상태를 유지하도록 하기 위해, 우리는 비경기 시즌과 경기 시즌에 동일한 패턴과 수준의 활동을 반영하려고 노력한다.

1년 내내, Sara의 많은 시간은 '선수 출연'을 조정하는 것에 쓰인다. 선수 출연 관련 업무는 범위가 넓고 복잡하다. 선수들은 TV 인터뷰, 대중 연설 행사, 어린이 캠프, 지역 자선 행사, 상업적 (환대적) 행사, 악수하기, 아기에게 키스하기, 마스코트와 함께 경기장에 등장하기 등과 같은 행사에 나타날 수 있다.

매 경기 당일에 우리는 아이들을 만나고, 사진에 사인하고, 셀카를 찍는 팬들을 위해 포즈를 취하고, 상업상의 파트너를 만나고, 경기 전 행사에서 말하는 것에 관여하는 '경기 날 23'(선수와 코칭 스태프의 혼합)을 가지고 있다. 선수의 출연에 대한 대중의 기대는 도전적일 수 있다. 거리의 거의 모든 사람들은 그들이 선수들을 알고 있다고 생각하고 있으며, 선수들도 자신들을 알고 있다고 생각한다. 많은 선수들이 팬들의 이름을 잘 외우지만 전부는 아니다. 미소는 종종 충분하지 않고, 셀카 요청에 대한 '지금은 안 된다'는 것은 무례한 것으로 인식된다. 이러한 팬들과의 상호작용은 팀이 졌을 때 특히 어려울 수 있다.

Sara와 팀이 하는 모든 일은 신중하게 계획되고 일정을 잡아야 한다.

Google 캘린더는 우리의 공유 스케쥴링 도구이다. 나는 말 그대로 일상적으로 모든 스케쥴링 정보를 캘린더에 수동으로 입력한다는 것을 알게 되었다. 놀랍게도, 경기 시즌에는 매 주가 매우 비슷하기 때문에 스케쥴이 더 간단하지만, 프리시즌에는 더 다양한 활동들이 계획되어야 한다. 우리는 이 모든 데이터를 입력했고 모든 사람의 핸드폰에 일정이 뜬다. 보통 우리는 경기 당일을 기준으로 역으로 일정을 정한다. 그래서 우리는 경기시작 전 1일, 경기시작 전 2일의 일정이 존재한다. 예를 들어 경기시작 전1일은 팀의 주장이 이끄는 훈련시간('캡틴 런')과 팀 식사가 있다. 경기시작 전 2일은 경기에 출전할 명단과 후보 명단을 확정하고, 경기시작 전 3일은 회복과 휴식일 등이다.

경기 당일에는 심판에게 '경기 카드'를 공식적으로 건네 준다. (각 팀은 선수의 이름과 교체 선수 이름이 나열된 매치 카드를 작성해야 한다.) 경기 카드는 경기 시작 전에 심판에게 지급되며, 경기 중에 네 번째 심판이 보관한다.) 하프타임 동안, 그리고 때때로 경기 중에, Sara는 생방송 TV 해설 팀에 의해 경기 진행에 대해 말하기 위해 호출될 수 있다. 경기가 끝난 뒤에도 Sara의 일은 끝나지 않는다. 주로 의료 문제를 살펴보는 경기 후 관리 사항과 모든 사람이 괜찮은 지 확인하는 '회진'업무가 남아있다. 이 정보는 다음 주에 있을 Sara의 계획에 영향을 미치기 때문에 중요하다. 그녀는 또한 선수들이 경기 후 식사를 하고 스폰서를 만나는 것 등 확인해야 한다. 경기 당일에는 경기 시작 시간에 따라 오후 11시 또는 이후가 돼야 마침내 퇴근할 수 있다.

1.2.3 서비스 - 고객 관점

서비스 운영 관리에 필수적인 특성을 부여하는 것은 고객 경험이다. 고객 경험이란 서비스 프로세스와 그 결과물에 대한 고객의 참여와 상호작용에 대한 고객의 직접적이고 개인적인 해석과 반응을 의미한다. 이 경험에는 고객이 일련의 접점 및 프로세스 단계를 통해 이동하는 과정이 포함된다. 경험은 순수하게 개별 고객의 관점에서 인식되며 본질적으로 개인적이며 고객의 마음에만 존재한다. 이것은 어떤 두 사람도 같은 경험을 할 수 없다는 것을 의미한다. 또한, 고객은 종종 사회 또는 작업 그룹에서 서비스를 경험하지만, 그 경험은 본질적으로 개인적이다.

고객 경험은 다양한 측면으로 구성되어 있다. 부분적으로, 그것은 서비스 직원과의 개인적인 상호작용의 정도와 성격에 대한 반응이다. 그러나 개별 고객은 서비스를 받는 사회적 또는 작업 그룹의 반응에 기초하여 서비스를 해석할 수도 있다. 작업 그룹이 서비스를 좋아하는 경우 서비스에 대한 자신의 반응에 영향을 미칠 수 있다. 고객은 또한 고객 대면 직원의 대응성과 유연성에 대한 인식에 반응한다. 고객 경험에 대한 또 다른 영향은 서비스에 대한 친밀도의 인식이다. 정보 기술에 의해 매개되고 인터넷 기반 서비스와 같이 비개인적으로 보이는 서비스 설정조차도 친밀감과 서비스에 대한 설득력 있는 환상을 촉진하려고 할 수 있다. 마지막으로, 고객이 서비스 조직에 의해 가치 있다고 느끼는 정도는 서비스 경험에 큰 영향을 미칠 수 있다. 가치는 직원의 예의와 유능함과 같은 '적절한 행동'을 통해 입증될 수 있지만, 고객에게 서비스를 제공하는 데 있어 친근감과 기쁨의 신호로도 입증될 수 있다. 간단한 '안녕하세요 필립스 부인, 다시 뵙게 되어 반갑습니다!'는 긍정적인 서비스 경험을 쌓는 데 큰 도움이 될 수 있다.

서비스 성과

고객의 관점에서 서비스 성과는 처리된 결과이고 고객의 경험에 의해 그들의 '상태'(정신적 및/또는 신체적)가 변경된 결과를 나타낸다. 성과의 주요 범주는 '제품', 편익, 감정, 판단 그리고 의도이다(그림 1-2 참조).

- **제품.** 서비스 성과로서의 자격을 갖추게 하는 것은 프로세스 및 경험의 '기능적' 결과이다. 제품은 레스토랑에서 제공하는 음식 및 음료, 또는 스프레드시트를 작성하는 교육 과정의 담당자의 능력, 또는 이식 환자의 새로운 심장 등과 같은 결과물이다. 제품이 기준선이나 임계 수준의 성과까지 제공되지 않는 한 다른 결과는 대부분 무관해진다는 점에서 자격 조건이 된다.
- **편익.** 서비스 제품이 사양에 따라 자신 있게 제공된다면, 고객이 서비스를 판단하는 다음 결과는 제공되는 편익이다. 편익은 고객이 서비스 제공자를 선택하는 주요 이유 중 하나이다. 편익은 제공된 서비스에 대한 경험, 그리고 제공된 '제품'에 대한 '수익'이 있는지, 어느 정도까지 얻었는지에 대한 고객의 인식이나 판단을 알려준다. 고객은 자신의 요구 사항과 요구가 얼마나 잘 충족되었는지 판단한다. 궁극적으로, 편익에 대한 인식은 꽤 광범위한 가치 개념에 대한 판단이다. 심장 수술을 받은 환자는 더 길고 활동적인 삶으로부터 편익을 얻을 것이다. 학생들의 편익은 더 나은 직업 전망이나 더 높은 급여 및/또는 새로운 능력과 기술이 될 것이다. 컨설턴트 회사를 사용하는 것의 편익은 비용 절감 및/또는 더 큰 상업적 성공일 수 있다. 편익에 대한 판단에는 서비스에 의해 발생되는 금전적 비용, 고객이 부담하는 시간, 그리고 상대적으로 때로는 장기적으로 누적되는 이익에 대한 고려가 포함된다.
- **감정.** 서비스를 경험하면 고객이 감정을 느끼게 되는데, 그중 기쁨, 놀라움, 사랑, 두려움, 분노, 수치심, 슬픔 등 수백 가지가 있다. 병원에서 환자는 고통과 불편을 최소화하면서 내내 편안하고 안심할 수 있는 잘 관리된 입원을 경험하기를 바란다. 대학생은 기억에 남는 강의와 세미나, 신나는 과외 활동과 함께 즐겁고 도전적인 경험을 할 수 있다. 컨설턴트로 구성된 회사를 고용하는 고위 관리자는 특정 전략을 추구할 수 있는 자신감이 높아짐에 따라 확신을 가질 수 있기를 바란다. 후자의 예는 기업 대 고객 서비스의 맥락에서만 감정을 고려하는 것이 너무 쉽기 때문에 매우 중요하다. 내부 서비스 및 기업 간 서비스 제공자는 서비스 제공자에 대해 감정을 가질 수 있으며, 이는 다시 그들의 경험에서 파생된다.
- **판단.** 편익에 대한 이전 논의에서 지적되었듯이, 고객의 관점에서 본 서비스의 결과는 제공되는 서비스, 경험 및 획득된 편익에 대한 고객의 의식적 또는 무의식적 평가이다. 고객

은 제공받는 서비스의 인식된 가치뿐만 아니라 공정성(또는 공평)과 같은 문제에 대해서도 판단을 내릴 것이다. 가치에 대한 개념은 복잡하지만, 여기서는 제공되는 서비스에 대한 고객의 평가, 고객의 경험 및 도출된 편익 등을 모든 관련 비용과 비교하여 평가하는 것으로 정의한다. 의식적이든 무의식적이든 이러한 평가와 느낌은 서비스의 개별적인 요소뿐만 아니라 전반적인 서비스에 대한 만족감 또는 불만족감(감정)으로 나타날 것이다.

- **의도.** 좋든 나쁘든 무관심하든 고객의 판단은 재구매 또는 불매 의사, 제공받은 서비스를 타인에게 권할 의향, 또는 불만 의향 등의 의도로 귀결될 것이다. 이러한 의도는 행동으로 이어질 수도 있고 그렇지 않을 수도 있다.

위에서 설명한 성과는 상호 배타적이지 않다. 고객의 성과 중의 한 요소에 대한 평가는 다른 성과에 영향을 미친다. (이는 제품을 성과의 자격요건으로 보는 것에 함축된 의미와 동일하다.) 성과 간에 계층 구조가 존재하며, 한 영역에 대한 고객의 판단은 다른 결과에 대한 판단을 강화하거나 다른 성과의 판단을 약화(또는 균형)시킬 수 있다. 예를 들어, 영감을 주는 학습 경험은 학생들이 그들의 과목 자료를 더 잘 이해하도록 도울 수 있고, 따라서 더 큰 지식과 자신감으로부터 이익을 얻을 수 있다. 그러나 성과 간에 상충이 발생할 수 있다. 예를 들어 환자가 수술 결과가 성공하지 못했다고 실망할 때(환자에게 아무런 이득이 되지 않음) 그럼에도 불구하고 환자는 입원 기간 동안 치료받은 방식(경험)에 매우 만족한다. 종종 고객들은 (이 환자의 경우처럼) 특정 성과에 대해 정보에 입각한 판단을 내릴 수 없다. 고객은 자동차 수리 서비스 시 자동차의 후드 아래에서 '적절한' 일을 하고 있는지 여부에 대해 불확실성을 느낄 수 있다. 대부분의 사람들은 그들의 차량 내부에서 무슨 일이 일어나고 있는지 거의 알지 못한다. 따라서 고객이 이해할 수 있는 그러한 것들이 종종 성과의 판단에 정보를 준다. 자동차 수리점의 경우 대기실 소파의 편안함이나 커피머신에서 나오는 커피의 질일 수 있다.

위에서 논의된 성과는 고객이 직접 인지하거나 경험할 수 있는 것이다. 고객이 볼 수 있고 이해될 수 있는 아니면 그렇지 않을 수 있는 또 다른 성과도 있는데, 이들 성과가 만족스러운 수준에 도달되지 못할 경우에는 보다 직접적인 고객 성과도 달성되지 못할 수 있기 때문에 중요하다. 예를 들어, 병원에는 대기 시간, 수행할 수술 수 및 회복 속도와 같은 임상 목표가 있을 수 있다. 그들은 또한 수술실 활용율과 같은 운영 목표와 예산 준수와 같은 재정적 목표를 가질 가능성이 있다. 조직의 가장 중요한 이들 성과는 목표와 목적을 달성하는 것과 관련이 있다. 성공적인 운영을 위해서는 고객이 원하는 성과와 조직의 성과를 모두 충족해야 한다. 서비스 운영 관리는 이 두 가지 목표를 모두 달성하는 데 중요한 역할을 한다.

1.2.4 운영과 고객 관점이 중첩되는 지점

운영 및 고객 관점에 대한 이해는 서비스 운영 관리자에게 중요하다. 그러나 대부분의 서비스의 핵심은 이 두 가지 관점이 만나는 곳이다. 실제로, 고객 참여는 서비스의 본질이다. 서비스 운영 관리의 가장 중요하고 흥미롭고 어려운 측면 중 하나는 (특히 제조의 운영과 비교했을 때) 서비스 운영이 고객이나 그의 소유물을 '프로세스' 한다는 것이다. 테마파크는 고객이 나타나지 않으면 물리적으로 놀이기구를 제공할 수 없고, 간호사는 환자가 물리적으로 같은 장소에 있지 않으면 주사를 놓을 수 없다. 이는 고객의 경험이 업무 프로세스의 본질적인 부분이라는 것을 의미한다(그림 1-2에서 암시하는 것처럼). 결과적으로, 고객은 프로세스의 많은 부분을 보게 되고, 많은 경우 서비스를 받는 것뿐만 아니라 프로세스 자체에서 핵심적인 역할을 하게 된다. 따라서 서비스는 운영과 고객 사이의 양방향 흐름이다. 그러나 고객이 전체 프로세스를 보거나 경험할 수는 없다는 점에 유의해야 한다. 고객은 '프런트 오피스'(그림 1-2의 겹치는 부분)에만 참여할 수 있다. '백 오피스'는 식당에서 음식을 조리하거나 공항에서 수하물을 처리하는 등 평소 고객이 보지 못하는 업무를 담고 있다. 이러한 프로세스와 고객의 경험의 중복은 고객이 많은 서비스에 직접 참여하는 것과 함께 서비스 운영 관리자라는 직업을 특히 어렵고, 흥미롭고, 때로는 좌절하게 만든다.

공동 생산과 공동 창조

'공동 생산'과 '공동 창조'라는 용어는 가치를 생산/창조하는 데 있어서 고객이 서비스 운영과 협력하는 상황을 나타내기 위해 사용된다. 이것은 40여 년 전에 이상 전에 등장한 아이디어로, 원래는 시민이 공공 부문 서비스에 더 많이 참여할 수 있는 방법을 나타내고 있다.[6] 고객이 자신이 받는 서비스에서 중심적인 역할을 하는 것은 드문 일이 아니다. 그들은 슈퍼마켓 진열대를 돌아다니며 물건을 고르고, 계산대로 가져가기도 하고, 때로는 스캔해서 포장하고 차로 운반하기도 한다. 그렇지 않으면, 그들은 참여의 범위를 줄이고 소매업자가 상품을 고르고 포장하고 배달할 수 있도록 하는 택배 서비스를 이용할 수 있다. 비록 고객은 여전히 온라인 주문에 관여해야 하지만 말이다. 마찬가지로, 몸이 아파서 의사를 방문하는 환자들은 그들의 증상을 설명하고 대체 치료에 대해 논의해야 한다.

사실상 '생산자'와 '소비자'의 전통적 역할의 구분이 모호하기 때문에 고객 참여라는 이 아이디어는 중요하다. 공동 창조라는 용어는 무언가를 존재하게 하는 것을 의미하는 동사 'to create'와 단순히 다른 것 또는 다른 것들과 함께 하는 것을 의미하는 'co-'에서 왔다. 그러나 이러한 용어가 사용되는 방법에는 상당한 혼란이 있다. 서비스 저자는 공동 생산과 공동 창조이라는 용어를 다양한 방식으로 사용한다. 일부 저자는 서비스 프로세스의 한 단계 또는 모든 단계에서 모든 유형의 고객 참여 또는 서비스 제공자와의 협업을 설명하는 용어로 서비스의 '공동 창조'를 사용한다.[7] 다른 저자들은 서비스 개발의 설계 단계에 대한 고객 참여를 공동 창조라고 부르고 이후 단계를 공동 생산이라고 부르는 등, 공동 창조 및 공동 생산이라는 용어를 단계상의 위치를 나타내는 용어로 사용한다.

서비스의 개발/제공의 다양한 단계는 다양한 방식으로 표현될 수 있다. 〈그림 1-4〉에는 서비스의 본질에 대한 아이디어 구상, 제안된 서비스의 평가, 서비스 프로세스의 세부 사항 설계 그리고 고객에게 서비스가 소비되기 전에 실제 서비스의 생산 등의 단계가 나타나 있다. 이러한 각 단계는 고객의 적극적인 협업으로 수행될 수 있다.

- **아이디어화** 단계에서, 고객이 자신의 필요에 기초해 독창적인 서비스 아이디어에 기여할 수 있다. 예를 들어, 의류 소매상의 온라인 고객 포럼에서, 고객은 선호하는 옷 디자인에 투표하거나 또한 그들 자신의 디자인을 제안하기도 한다.
- 고객은 또한 새로운 서비스에 대한 아이디어의 **평가**에 관여될 수 있다. 측정 소프트웨어를 개발하는 한 회사는 온라인 고객 커뮤니티를 사용하여 자사의 측정 소프트웨어 서비

〈그림 1-4〉 공동 창조/공동 생산은 운영 및 고객 관점의 접점에서 발생한다

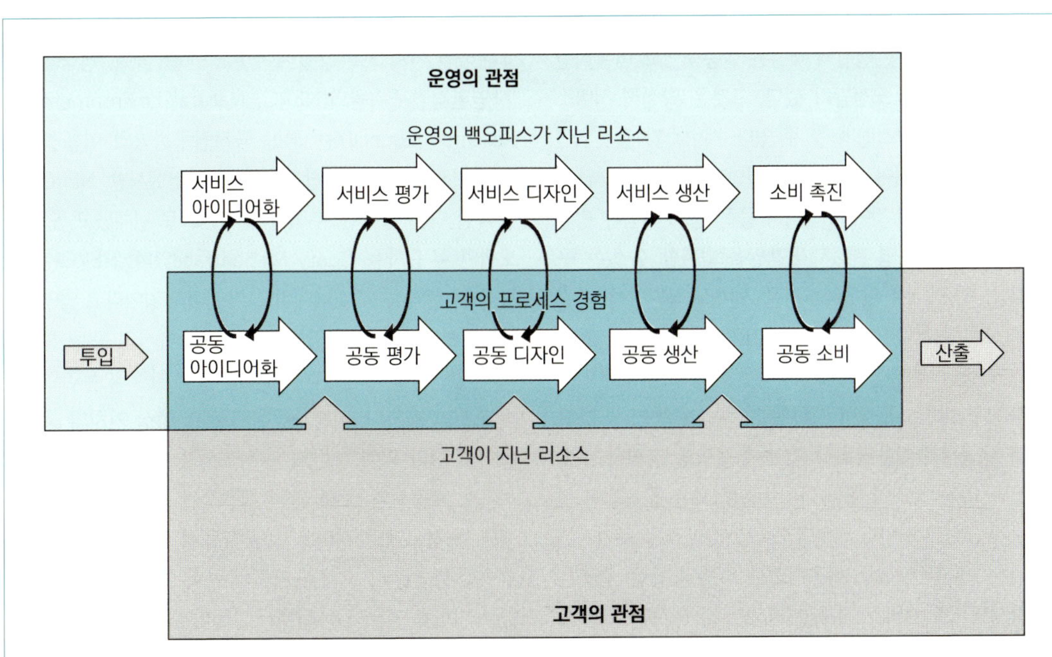

스가 회원들의 문제를 얼마나 잘 해결할 수 있는지 판단하기 위해 협력한다.

- **디자인** 단계에서, 상세한 서비스 프로세스에 대해 고객들은 논평을 부탁 받을 수 있다. 예를 들어, DHL(우편 및 물류 회사)은 고객과의 공동 창조 워크숍을 운영한다.
- 서비스 경험의 **공동 생산**과 관련하여, 물리적 제품과는 달리 서비스는 항상 '공동 생산'된다는 것이 서비스 운영 관리의 핵심 원칙이다. 서비스의 이 독특한 특성과 이것의 의미를 인지하지 못할 경우 서비스 제공 개선을 위한 어떠한 시도도 한계에 부딪힐 수 있다.
- **'공동 소비'**는 약간 더 어려운 개념으로, 용어적 혼란이 뚜렷하게 드러난다는 점에서, 그리고 개인과 개인 간의 활동과 밀접하게 관련된다는 점에서 그렇다. '협력적 소비', '공유 경제', '군중 기반 자본주의(crowd-based capitalism)', '접근 기반 소비(access-based consumption)' 등을 포함한 여러 용어와 정의가 '공동 소비'를 설명하려고 하고 있다. 이러한 활동의 대부분은 임대, 공유, 대여, 또는 선물하기 등이 가능한 플랫폼을 통해 발생한다. 그러나 또한 상업적 서비스 제공자들에게는 차량 공유 서비스의 사례와 같이 공유를 증진시킬 수 있는 서비스를 개발할 수 있는 기회가 된다. 가구 및 가정용 제품 소매 업체인 IKEA도 '공동 소비'에 관여하고 있다. IKEA는 일부 고객이 중고 소매점을 통해 중고 가구를 팔고 있는 것을 알게 됐고, 그래서 IKEA 중고 가구를 판매할 수 있는 IKEA 자체

다른 견해

공동 창조, 공동 생산의 개념은 실용적이고 이론적인 수준에서 모두 도전받아 왔다. 그것은 확실히 서비스 '소유권'을 혼란스럽게 할 수 있다. 서비스가 잘못되면 누가 책임을 져야 하는가? 운영인가, 고객인가? 답은 아마도 '운영'일 것이다. 그러나 공동 창조 개념은 형편없는 서비스 운영 관리자가 책임을 회피할 수 있는 구실을 제공할 수 있을까? 전문 서비스 직원만큼 숙련된(또는 경험이 있는) 고객은 거의 없을 것이다. 서비스의 상당 부분을 고객에게 의존하면 효율성이 떨어지거나 서비스 품질이 저하될 가능성이 높아진다. 고객은 심지어 이용당하는 것에 충성도를 인식할 수도 있다. 공동 창조에 대한 다른 비판으로는 급진적인 혁신을 줄이고 서비스 직원의 업무 스트레스를 증가시킨다는 것이다.[8] 또한, 성공적으로 수행된 공동 창조는 잠재적으로 서비스 결과를 개선할 수 있지만, 구현에 실패하면 가치가 손상될 수 있다. 예를 들어, 영국의 '자연환경연구위원회(NERC, Natural Environment Research Council)'는 최신 극지연구선박의 이름을 찾기 위해 공개 공동 창조 대회를 운영했지만, NERC 온라인 여론 조사는 부적절한 제안으로 넘쳐났고, 압도적인 우승자는 Boaty McBoatface였다. NERC는 결국 이 선박을 RSS 데이비드 아텐버러 경이라고 명명했다.[9] 보다 이론적인 차원에서, 서비스에서의 공동 창조의 필연성에 대한 전체 개념은 가치 창조의 논리로써 도전받아 왔다. 비평가들은 고객이 항상 가치의 공동 창조자가 되어야 한다는 점에서가 아니라, 오히려 서비스 제공자와 고객 간의 직접적인 상호작용이 존재하는 경우에만 서비스 제공자로서 기업이 업무를 수행할 때 기업이 고객과 가치의 공동 창조자가 될 수 있는 기회를 얻는다는 점에서 그렇다라고 한다.[10]

사이트를 개발하였다. 직접적으로 수익이 되지는 않더라도, IKEA는 자사 제품에 대한 '중고 커뮤니티'에 기여함으로써 고객 가치를 창출하고 있다.

모든 단계를 고객의 참여로 수행할 수 있으며, 고객으로부터 떨어져 '뒤에서' 작업을 수행하지 않아도 된다. 하지만 그럴 가능성은 낮다. 협업 프로세스에서 운영 및 고객 모두 자원 (시간, 노력, 지식 등)을 공동 작업에 제공하지만, 운영은 거의 확실하게 협업에 있어서의 주도권을 쥐거나, 협업을 관리하게 될 것이다. 또한 협업이 어느 단계에서든 이루어질 수 있지만 대부분의 서비스의 경우 서비스의 생산 단계에서는 고객의 참여가 없이는 거의 어렵다. 이발, 의료 상담 또는 콘서트와 같은 서비스에서의 참여의 경우는, 서비스가 성공적으로 전달되기 위해 필요한 정보를 제공하기 위해 고객의 물리적 존재가 요구되기 때문에, 일반적으로 고객이 참석한다.

1.3 서비스 운영 관리자의 역할

전반적으로 서비스 운영 관리는 가치를 제공하는 자원 및 프로세스의 제어와 관련이 있다. 그리고 비록 모든 물리적 '제품 생산'을 배제하기 위해 주제의 범위를 제한하고 싶은 유혹이 들기도 하지만, 우리가 이전에 주장했듯이, 서비스는 유형재가 주를 이루는 환경에서도 존재하기 때문에 그렇게 하지 않는다. 따라서 서비스 운영 관리는 서비스를 제공하는 모든 조직의 관리자의 활동, 결정 및 책임을 포함한다. 그러나 서비스 운영 관리자는 컨설팅 회사의 매니징 파트너, 병원의 수간호사, 학교의 교장, 운송 회사의 차량 관리자, 콜센터 관리자, 고객 서비스 관리자, 레스토랑 매니저와 같은 다양한 직함이 사용되지만 종종 '운영 관리자'라고 불린다는 점에 주목할 필요가 있다. 서비스 운영 관리자는 '프런트 오피스' 운영(고객이 볼 수 있는 프로세스 부분) 또는 '백 오피스' 운영(고객이 볼 수 없는 운영 부분) 중 하나 또는 둘 모두를 관리할 책임이 있다. 프런트 오피스와 백 오피스 운영의 이러한 구분은 중요할 수 있으며 우리는 다시 이 문제에 대해 언급할 것이다. 예를 들어 리조트 호텔의 백 오피스 운영에는 수처리장, 세탁소, 케이터링 등 다양한 활동이 포함될 수 있으며, 이 모든 활동은 대부분 투숙객의 시야에서 가려진다. 예를 들어, 프런트 오피스 운영에는 레스토랑, 숙박 및 수상 스포츠가 포함된다.

보다 구체적으로 말하면, 서비스 운영 관리자는 다음과 같은 여러 가지 공통적인 책임을 지고 있다.

- 다양한 산업에서 서비스가 어떻게 발전하고 있는지 동향 파악(2장 참조),
- 운영이 발전할 수 있는 건실한 전략적 방향 설정(3장 참조).
- '서비스 개념'을 명확히 하고 서비스 개발에 활용(4장 참조).

- 조직의 고객 (고객, 사용자, 환자 또는 학생 등이라고도 함) 또는 그들에게 속한 것 (예: 그들의 소포 또는 주문)에 대해 학습(5장 참조).
- 어떤 서비스를 받을지에 대한 고객의 기대치를 형성하고 고객의 지각을 형성함으로써 서비스 품질 관리(6장 참조).
- 서비스 운영의 자원 설계 및 이러한 자원이 고객의 경험에 미치는 영향 (7장 참조),
- 서비스 직원의 개발 및 복지 보장(8장 참조).
- 혁신과 개선을 장려할 뿐만 아니라 윤리적 틀을 제공하는 방식으로 조직의 문화 구축(9장 참조).
- 공급망에서 공급 업체 및 고객과의 관계 발전 방안(10장 참조).
- 고객에게 서비스를 제공하는 서비스 프로세스의 상세 설계(11장 참조).
- 운영 성과의 지속적 관리(12장 참조).
- 기업의 고객 서비스 역량과 서비스 수요 간의 매칭(해당하는 경우) 관리(13장 참조).
- 조직의 다른 부분과 제휴하여 새로운 서비스 개발의 혁신(14장 참조).
- 운영이 고객과 조직에 제공하는 가치 개선을 위한 지속적 노력(15장 참조).
- 서비스를 개선하기 위해 지속적인 활동 학습(16장 참조).

서비스 운영 관리자의 모든 다양한 책임을 이해하기 위해 이 교재에서는 〈그림 1-5〉와 같이 네 가지 항목으로 분류한다.

- '서비스 운영의 틀'은 서비스 유형, 서비스 운영의 특성 및 동향, 서비스 전략의 의미와 역할, 서비스 개념과 개발의 본질에 대한 내용이 포함된다.
- 서비스를 제공하는 직원과 서비스를 사용하는 고객을 포함한 서비스 인력 및 서비스 인력 간의 관계를 이해하는 것이 '서비스에서의 사람'의 주제이다.
- '서비스 전달'은 서비스 프로세스의 설계를, 그리고 모든 서비스가 자신들의 네트워크, 서비스 성과에 대한 지속적인 관리의 중요성, 그리고 서비스 자원 능력/용량의 맥락에서 어떻게 보여야 하는지를 보다 자세히 살펴본다.
- '서비스 운영 개선'은 새로운 서비스 개발의 아이디어와 지속적인 개선의 원칙을 검토함으로써 개선되며, 또한 문제에서 배운 것과 다른 운영에서 학습한 것을 통해서도 개선된다.

백 오피스 및 프런트 오피스

이 교재의 몇 가지 사항에서 계속 언급하게 될 것은 '백 오피스'와 '프런트 오피스' 서비스 운영 또는 프로세스 간의 차이이다. 간단히 말해서, 백 오피스 프로세스는 전체 운영이 효과적으로

〈그림 1-5〉 서비스 운영 관리 업무는 서비스 운영 구성, 사람(직원 및 고객) 이해, 서비스 제공 및 서비스 운영 개선 업무로 분류할 수 있다

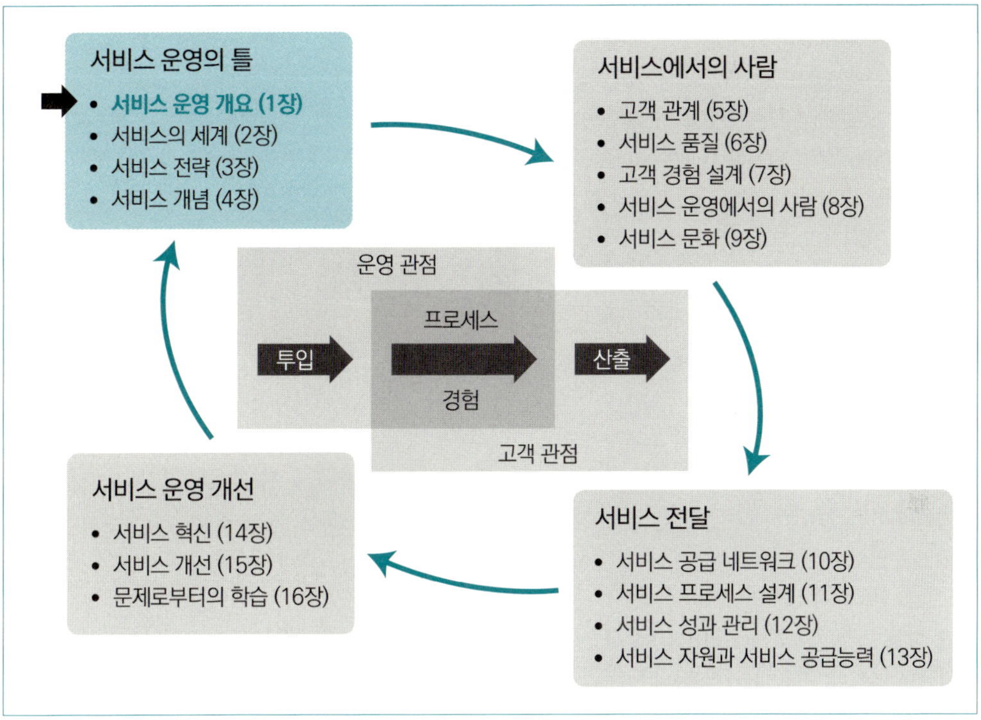

작동하기 위해 필요하지만 일반적으로 고객에게 전체가 모두 보이지는 않는 프로세스이다. 프런트 오피스 프로세스는 고객이 볼 수 있는 프로세스이다. 거의 모든 서비스 운영에는 백 오피스와 프런트 오피스가 모두 있으며, 서비스 운영 관리자는 대개 두 가지 모두를 담당한다. 영국 국립 오페라 내의 다양한 서비스 운영이 이에 대한 좋은 예를 제공한다(사례 참조).

1.4 서비스 운영 관리의 중요성

지금까지 서비스 운영 관리자는 중요하고 책임감 있는 역할을 하고 있다는 것이 분명해지고 있는데 왜냐하면

- 그들의 고객에게 서비스를 설계하고 제공하는 것을 관리할 책임을 맡고 있기 때문이며, 따라서 조직의 수익 창출 또는 사회적 목표 달성의 성공에 책임을 맡고 있기 때문이다.
- 조직의 대부분의 자원을 관리하며, 따라서 비용과 투자에 책임이 있기 때문이다.
- 조직의 혁신 및 성과 개선 능력에 중대한 영향을 미치기 때문이다.

CASE example

사례

영국 국립 오페라[11]

영국 국립 오페라(ENO)는 런던에 본부를 두고 있으며, Covent Garden에 있는 Royal Opera와 함께 런던의 두 주요 오페라단 중 하나이다. 이 회사는 클래식 오페라 레퍼토리뿐만 아니라 다양한 쇼를 공연한다. 라이온 킹을 포함한 몇 개의 브로드웨이 및 다른 뮤지컬 쇼를 제작했다. 보통 한 주에, 3개의 쇼가 무대에 오르고, 3개는 리허설을 하며, 2~3개의 쇼가 디자인 및 개발 중에 있을 정도로 이 회사는 바쁘다.

ENO의 예술 감독은 정확한 작품을 선택한 다음 각 프로젝트의 프로듀서를 임명한다. ENO에서 프로듀서는 프로젝트 매니저에 가깝고, 기획 초기부터 공연 첫날 밤까지 전체 개발 과정을 보기 위해 예술 감독과 함께 작업한다. ENO에 오는 고객은 공연 자체를 위한 것이 분명하지만, 백 오피스 서비스의 전체 네트워크가 함께 작동하지 않으면 제작물은 결코 무대에 오를 수 없다. 이들 서비스는 모든 기술 및 생산 부서를 책임지는 ENO의 기술 감독이 담당한다. 그의 팀은 현재 운영 중인 작품을 위해 기술 서비스와 지원을 제공하는 것은 물론이고, 새 제작물의 구상부터 첫 공연까지 안내한다. 이러한 '백 오피스' 프로세스에는 무대 관리, 소품 설계 및 시공, 아티스트 및 스태프를 위한 음식 및 음료 제공, 조명 설계 및 설치, 의상 제공 및 기타 많은 활동 등 이 모든 것이 고객의 시야에서 숨겨져 있는 광범위한 활동이 포함된다. 다음은 그중 몇 가지이다.

모델 제작 사무소. 회사의 필수적인 부분이다. 그들은 최종 생산 환경의 모델을 제작하는 것뿐만 아니라 제작 워크숍에 대한 계획을 작성한다. 모델은 감독과 디자이너가 각 장면에서 원하는 것을 시각화할 때 참고하기 위해 사용된다.

세트 디자이너. 일단 모델이 구축되면 기술 제작 팀은 사내 팀 및 외부 제작사와 협력하여 감독의 요구 사항에 맞게 디자인이 구축되도록 한다. 디자인은 예산에 맞아야 하고 극장에 맞아야 한다!

조명. 작품의 조명은 각 장면에 대해 설계되고 관리되어야 한다. 조명 디자인은 솔리스트, 코러스, 소품을 고려해야 하고 물론 음악에 반응해야 한다. 조명은 관객의 마음속에 작품의 분위기를 조성하기 때문에 작품을 만들거나 깨뜨릴 수 있다.

Robbie Jack/Corbis Entertainment/Getty Images

무대 관리. 4주에서 6주간의 리허설 후에, 쇼의 첫날이 다가온다. 첫날 밤은 신나지만 무서운 시간이 될 수 있다. 만약 어떤 하나라도 잘못된다면, 그것을 바로 잡을 수 있는 시간이 아주 적기 때문이다. 기술적으로 일어나는 모든 일과 관객이 라이브 공연에서 보는 모든 것은 무대 매니저에 의해 '줄서기'되는데, 이는 백 오피스 업무에서 심한 압박을 받는 것 중 하나이다. 그들은 높은 압박에서 일을 성공적으로 수행하고 일이 잘못될 가능성에 대처할 수 있어야 하며, 일이 잘못됐을 때 신속히 해결하는 사람이어야 한다.

음향 디자인. 작품에서 대부분의 소리를 내는 것은 독창자, 합창단, 오케스트라이지만, 무기, 폭발물, 새소리, 파도 등의 소리와 같은 다른 음향 효과도 필요하다. 음향 디자인 팀이 이 모든 것을 제공한다. 점점 더 많은 쇼가 멀티 미디어와 결합하고 있다. 예를 들어, ENO의 "The Magic Flute" 제작에는 음향 효과 아티스트(맞춤형 사운드 음향 효과 아티스트라고 불림)와 이례적으로 라이브 비디오 효과를 담당하는 비디오 효과 아티스트가 있었다.

소품 제작 팀. 소품 제작 팀은 자체 제작자와 프리랜서 제작자로 팀을 구성하지만, 하청 제작사를 부를 수도 있다. 사내 제작 팀은 하청업체와 조정하고 모든 사내 부서(디자이너, 소품 감독자, 아트 디렉터)

와 소통해야 하며, 현재 공연되고 있는 작품뿐만 아니라 개발 중인 것도 지원해야 한다. 소품 제작 팀은 더 오래된 소품의 재분류 및 배포 또는 재사용도 담당한다.

쇼 팀. 가장 큰 백 오피스 서비스 팀이다. 쇼 팀은 거대한 소품을 무대 위나 밖으로, 그리고 때때로 무대 주변에서 옮기는 그룹이다. 오페라 '빌리 버드(Billy Budd)'라는 작품에서, ENO는 한 장면에서 한 세트를 옮기기 위해 25명의 사람이 필요했다. 오페라에서 매우 극적인 전투 장면이 나왔을 때는, 무대 제작진은 완전히 의상을 갖추고 공연의 일부로 참여하기도 하였다.

가발과 메이크업. 가발과 메이크업 팀은 또한 예술가들이 사용하는 가발을 다룬다. 몇몇 영구 고용 미용사, 메이크업 아티스트, 가발 디자이너, 컬러리스트가 포함되어 있다. 그들의 핵심 업무인 가발을 만드는 것 외에도, 미용사들은 또한 대인 관계 서비스 상담과 예술가 지원도 제공한다.

장신구(모자). 놀랍게도 규모가 큰 기술 부서 중 하나는 모자뿐만 아니라 마스크와 소품 의상까지 관리하는 장신구 부서이다. 소품 제작 팀이나 의상 부서처럼, 장신구 팀은 라이브 공연에서 지속적인 서비스를 제공하고, 공연 설계와 개발에 참여하며, 습도가 조절된 보관소에 보관된 방대한 모자 및 마스크 보관 및 돌보는 작업도 제공한다.

의상 부서. 의상 팀은 의상 제작, 사용, 재사용 및 보관 관리의 모든 과정을 감독한다. 이 부서는 작품 디자이너가 제공한 도면을 바탕으로 작업하며, 의상에 들어가는 천과 옷감의 개별 품목의 소싱을 담당한다. 여기에는 디자인 팀을 위한 원단 샘플을 검사하고 얻기 위해 많은 공급 업체를 방문하는 것이 포함된다. 이러한 공급 업체는 전통적인 직물 제조 업체에만 국한되지 않는다. 예를 들어, 테이블 램프와 식탁보는 한 '아이다' 공연에서 머리 장식과 어깨 패드에 사용되었고, 감자 자루는 다른 '아이다' 공연에서 재킷을 만들기 위해 사용되었다.

모든 팀의 공동 노력은 ENO 직원들에게 복합적인 감정을 불러일으킬 수 있는 행사인 공연 개최 첫날 밤에 드러난다. 드디어 첫날 밤이 왔다는 안도감과 함께 그들의 모든 노력이 마침내 성취된 것에 대한 흥분도 있다. 제작진이 특히 2년 동안 작품 제작에 힘쓴 후 그 순간의 종합적인 감정에 젖어 눈물을 흘리는 것은 드문 일이 아니다.

서비스 운영 관리의 특성 및 서비스 운영 관리자의 광범위한 책임을 고려할 때, 그들의 성공은 단순히 학생 교육, 제시간에 프로젝트 완수 또는 휴일 제공과 같은 기술적 업무에 있어서의 높은 성과에서 비롯된 것이 아니다. 우수한 서비스 운영 관리는 우수한 기술적 성과에 크게 좌우되지만, 마찬가지로 중요한 것은 좋은 경험 제공에 달려 있다. 좋은 경험은 서비스에서 제공되는 기술적인 부분, 아니 사실상 서비스의 모든 부분을 고객, 직원, 조직, 그리고 사회와 환경 관점에서 더 좋게 만든다.

1.4.1 우수한 서비스 운영 관리는 고객을 더 좋게 한다

기대했던 서비스, 좋은 경험 그리고 원했던 결과가 제공된다면 고객은 만족하고 심지어 기뻐할 것이다. 그러나 서비스 관리자의 한 가지 문제는 가치를 나타내는 것이 무엇인지에 대한 고객의 생각이 고객마다 크게 다를 수 있으며 시간에 따라, 심지어 날마다 변화할 수 있다는 것이다. 예를 들어, 검소한 고객들은 그들이 지불한 것에 대해 더 많은 것을 얻는 것을 가치라고 생각할 수 있다. 다른 고객들은 아마도 더 높은 사양의 서비스를 받기 위해 더 많은 돈을 지불할 준비가 돼있을 것이다. 또 다른 사람들은 자신이 높은 수준의 서비스(비록 더 저렴한 서비스보다 별로 나을 것 같지 않은 서비스라 할지라도)의 고객이 될 수 있는 여력이 있다고 사람들에게 드러날 수 있는 사회적 지위 향상 이미지에 여전히 높은 가치를 부여할 것이다. 서비스 운영 관리자는 고객의 가치 평가에 미치는 영향과 실제로 가치 정의 자체에 미치는 영향의 모든 범위를 알고 있어야 한다. 이러한 이해를 얻는 데 중요한 요소는 고객에게 전달되는 서비스 브랜드 가치와 고객 경험의 현실 사이의 관계를 이해하는 것이다. 서비스 운영 관리자는 전달된 브랜드 가치와 실제 브랜드 가치와의 잠재적 불일치에 대해 주의를 기울여야 한다.

1.4.2 우수한 서비스 운영 관리는 직원을 더 좋게 한다

우수한 서비스 운영 관리 및 고객에게 적합한 서비스, 경험 및 결과 제공은 또한 서비스 직원에게 더 나은 경험을 가져다 줄 것이다.

- 고객이 만족하고 서비스와 경험이 그들의 요구를 충족한다면 그 반대의 경우보다 고객은 더 친절하고 다루기 쉬울 것이다. 행복하고 친근한 작업 환경을 원하지 않는 사람이 있을까?
- 서비스 운영이 잘 작동하고 올바른 결과를 창출할 때, (결과적인 재작업으로 인한) 문제가 줄어들 것이고, 따라서 직원의 번거로움과 혼란이 줄어들 것이며, 처리해야 할 (불쾌한) 불만도 줄어들 것이다.
- 일반적으로 만족한 고객은 더 관용적인 경향이 있기 때문에, 일이 잘못될 때 그들은 다른 경우보다 훨씬 더 많이 받아들이고, 다시 한 번 직원의 삶을 더 편하게 만든다.
- 만족한 고객과의 원활한 운영은 일이 잘 진행되고 있다는 분명한 신호를 보내는 것이고, 따라서 직원들은 자신이 하는 일과 자신이 일하는 조직 모두에 더 자부심을 가질 가능성이 있다.

1.4.3 우수한 서비스 운영 관리는 조직을 더 좋게 한다

우수한 서비스 운영 관리를 통해 올바른 서비스와 경험을 제공하면 다음과 같은 많은 조직적 이점을 얻을 수 있다.

- 서비스를 통해 가치를 인식하는 만족한 고객은 재방문할 가능성이 더 높다. 또한 이러한

고객은 긍정적인 입소문을 타인에게 추천하여 더 많은 수익을 창출할 가능성이 높다. 비영리 부문에서, 긍정적인 입소문은 정부 보조금과 자선 기부와 같은 건전한 자금 흐름을 보장할 수 있고, 또한 조직의 합법성과 '운영 허가'를 강화할 수 있다.

- 우수한 서비스 운영 관리는 보다 효율적이고 따라서 실행 비용이 더 저렴하고, 결과적으로 조직의 비용을 절감하는 향상된 프로세스를 의미한다.
- 수익 증가 및/또는 비용 절감은 조직의 수익성 및/또는 성공 가능성을 향상시킨다. 비영리 부문에서, 조직의 서비스에 대한 수요 증가는 수익을 증가시키는 것이 아니라, 자금 조달 증가에 대한 논쟁의 강력한 요소가 될 것이다. 마찬가지로, 자원의 효율적이고 효과적인 사용은 부족한 자금에도 견딜 수 있는 조직임을 신뢰시킬 수 있다는 증거를 제공하여 장기적인 생존 가능성을 보장한다.
- 더 나은 서비스는 거의 항상 조직에 경쟁 우위의 원천을 제공한다. 이 교재의 많은 영역에서 실제로 서비스가 경쟁 제공물 중 가장 중요한 차별화 요소라고 주장하고 있다.
- 더 좋고 효율적인 서비스는 조직의 평판과 브랜드를 향상시킬 것이다. 마찬가지로, 형편없는 서비스는 확립하는 데 수십 년이 걸릴 수 있는 명성을 빠르게 손상시킬 수 있다. 많은 형태의 위험이 완화될 수 있고 종종 보험으로 보장되지만 브랜드와 평판은 그렇지 않다.

1.4.4 우수한 서비스 운영 관리는 사회와 환경을 더 좋게 한다

다른 유형의 운영과 마찬가지로 서비스 운영도 일상적인 활동이 사회와 환경에 어떤 영향을 미치는지 고려해야 할 책임이 있다. 그들은 사회에 미치는 영향에 대한 책임을 받아들여야 하고, 그들의 행동이 초래하는 외부의 '사회적' 결과와 이익과 같은 보다 직접적인 내부적 결과와의 균형을 이뤄야 한다. 운영이 사회적 순익 성과에 긍정적이든 부정적이든 영향을 미칠 수 있는 몇 가지 방법은 다음과 같다:

- 서비스로부터의 고객 안전(직간접적)
- 운영 지역에서의 고용 영향
- 고객에게 과도한 판매, 또는 부정확한 정보 제공
- 서비스 직원의 반복적이거나 소외감을 갖게 하는 업무
- 직원들의 직장에서의 스트레스
- 운송 관련 에너지 감소
- 소음 공해, 연기 및 오염 배출
- 불평 처리 등과 같이 서비스 실패의 영향을 최소화하기 위한 회복(불만 처리 포함)

올바른 서비스와 경험을 제공하면 조직이 목표, 목적 또는 임무를 달성할 수 있고, 따라서 조직의 전략적 의도 달성을 지원할 수 있게 된다. 서비스에 대해 반응적이고 능동적으로 생각하는 우수한 서비스 운영 관리는 조직의 미래 의도를 형성하고 발전시키고, 조직의 미래 발전을 지원할 스킬과 역량을 개발하는 데 도움이 될 수 있어야 한다.

1.5 서비스 운영 관리의 도전 과제

관리의 모든 측면에는 도전 과제가 있다. 마케팅 관리자는 종종 본질적으로 혼란스러운 시장을 이해하기 위해 시장 세분화 관점을 갖추고 있어야 한다. 회계 관리자는 투자 수익을 현실적으로 반영할 수 있도록 비용과 수익을 할당해야 한다. 그리고 IT 관리자는 기술적 복잡성을 다뤄야 한다. 일반적으로 운영 관리자는 자신이 갖는 책임의 폭과 복잡성과 관련된 문제에 직면한다. 서비스 운영 관리자가 직면한 문제는 다른 모든 운영 관리자가 직면한 문제와 유사하지만 서비스 자체의 특성과 관련된 특정한 특징을 가지고 있다. 서비스 직원은 종종 고객을 '대면'해야 하고 고객의, 때로는 불합리한 요청에 예의와 효율성으로 대처해야 한다. 서비스 관련 기술은 빠르게 발전하고 있을 뿐만 아니라 고객을 당황하게 할 수도 있다. 서비스 프로세스는 고객에게 올바른 경험을 제공하는 동시에 고객('제품', 혜택 및 감정)과 조직(수익, 비용 관리, 전략적 목표 달성 등) 모두에게 올바른 결과를 창출하도록 설계되어야 한다. 이번 절에서는 서비스 운영 관리자가 직면한 주요 문제 및 과제에 대해 다룰 것이다. 각 운영에는 고유한 요구 사항이 있지만, 서비스 운영 및 서비스 운영 관리자가 전부는 아니더라도 대부분 당면한 여러 가지 주요 과제가 있다. 이러한 과제는 다음과 같다.

- 운영과 고객 관점의 균형
- 다양한 고객 그룹 관리
- 전술적이고 전략적 관리

1.5.1 운영과 고객 관점의 균형

모든 업계의 운영 관리자는 고객의 견해를 무시할 수 없다. 그러나 서비스 운영에서는 고객이 어떻게 운영의 자원과 프로세스를 경험하고 이에 반응하는 가가 고객 접촉에 의해 결정되므로 고객 접촉 친밀도가 다시 한 번 강조된다. 서비스 운영에서 많은 관리자의 핵심 과제(때로는 어려움)는 내부적인 조직적 관점에서 사물을 본다는 것이다. 그들은 조직 내부에서 고객을 향하고 있다. 운영 관점을 취하면 제공되는 서비스의 '기술적' 특성을 이해하는 데 도움이 되지만 관리해야 하는 투입에 지나치게 집중할 수 있다. 투입물에는 고객이 포함되며, 이는 종종 사람으로서라기 보다는 처리해야 할 단순한 '입력물'로 간주된다. 고객의 감정이 배제된 채로 모든 프로세스가 제대로 작동되는 데에만 너무 많은 초점이 맞춰질 수 있다. 관리자는 당연히 자원 및 프로세스 관리, 능력/용량 관리, 인력 스케줄링, 성과 목표 및 재무 목표 달성에 대해 고민하며 시간을 보낸다(10~13장 참조).

그러나 고객은 매우 다른 '외부' 관점에서 (같은) 사물을 보게 될 것이다(그림 1-6 참조). 고객은 받은 서비스, 경험 그리고 자신이 어떻게 느꼈는지, 받은 '제품'은 어땠는지 서비스로부터의 혜택은 무엇이었는지 등의 결과에 관심이 있다. 서비스 고객은 자원 및 프로세스 관리에 대한 관심이 적다. 고객은 좋은 경험을 원하며, 좋은 결과를 얻고 서비스의 혜택을 누리기를 원한다. 이러한 인식의 차이는 서비스 운영 관리자가 조정해야 하는 운영 관행의 갈등을 초래할 수 있다. 예를 들어, 보육 시설의 교직원은 자신의 주요 활동을 아동발달과 교육으로 볼 수 있는 반면, 부모(고객)는 보육 시설을 직장 내 고가의 보육 서비스로 생각할 수 있다. 이러한 서로 다른 관점으로 인해 갈등이 발생할 수 있다. 예를 들어, 부모가 일 때문에 아이를 제시간에 데리러 갈 수 없게 되는 경우, 그들은 보육 서비스가 자신을 위해 잠시 기다려 줄 것으로 예상할 수 있는 반면, 직원들은 (합리적으로) 부모가 스스로 적합한 대안을 마련하기를 기대한다. 보육 서비스는, 예를 들어, 고객이 제시간에 오지 못할 가능성이 있을 때 직원들에게 알리도록 교육하고, 추가 시간을 청구하는 등의 방식으로 이러한 갈등을 관리하려고 할 수 있다. 그러나

〈그림 1-6〉 서비스 운영 관리자는 운영과 고객 관점을 조정해야 한다

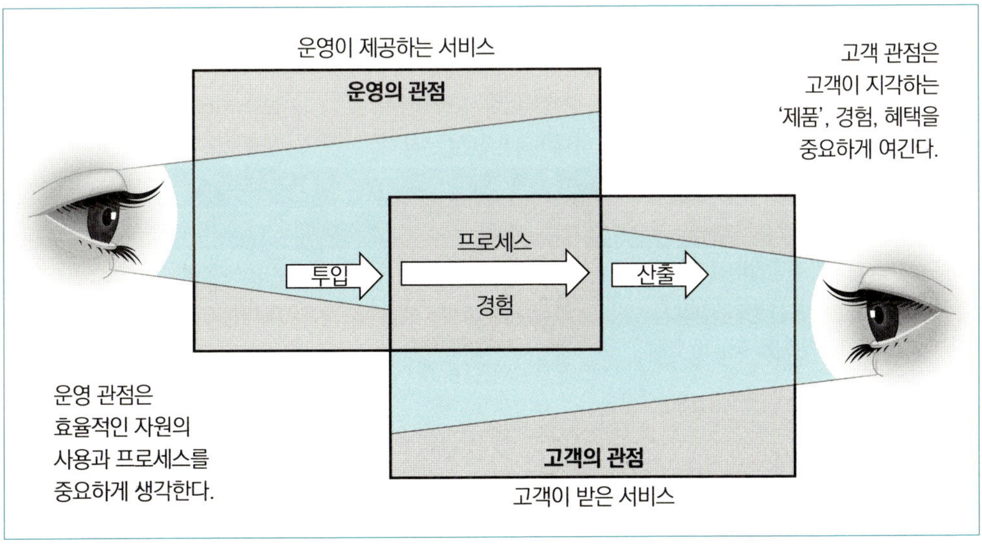

어떤 '솔루션'을 채택하든 서비스 운영 관리자는 고객과의 관계를 이해하고 관리하며(5장), 고객의 기대와 인식을 관리하고(6장), 고객 경험을 제공해야 할 책임이 있다(7장). 모두 서비스 운영 관리에 있어 중요한 과제들이다.

고객의 관점에서 사물을 보는 것은 의외로 놀랄만하며 서비스 조직에서 감춰진 부분을 밝힌다. 〈표 1-3〉은 고관절 치환 수술, 교육 및 컨설팅의 세 가지 서비스에 대한 이 두 가지 관점을 설명한다.

이 두 가지 관점을 인식하는 것은 중요하다. 운영 관리자는 서비스를 창출하기 위해 운영을 관리해야 한다. 공급 업체, 인력, 시설, 프로세스 및 테크놀로지를 관리해야 하지만(8, 10, 11장 참조), 동시에 자신의 노력이 고객에게 가치를 창출하고, 결과적으로 조직에 가치를 창출하는 방법을 인식해야 한다. 실제로, 어떤 사람들은 고객이 조직이 창출하고 제공하는 가치에 대한 궁극적인 결정자라고 주장한다. 가치는 프로세스와 서비스를 통해 전달되지만, 가치는 고객의 경험과 서비스 결과에 있다.[12]

'고객 중심'을 개발하는 것과 '고객 지향'이 되는 것에 대해 이야기하는 조직이 많아졌는데, 이 프로세스를 시작하는 확실한 방법은 고객 관점에 대한 이해를 높이는 것이다. 그러나 어떤 서비스 운영도 고객과 운영 관점을 어떻게 조화시켜야 하는지에 대해 자유로울 수 없다. 조직의 전반적인 전략이 이에 대해 중요한 영향을 미칠 것이다(다음 사례 참조).

〈표 1-3〉 운영 및 고객 관점

서비스	운영 관점		
	투입	프로세스	결과
외과 수술	인턴, 간호사, 외과 의사, 병상, 수술실	진단, 수술, 사후관리	고관절 치환술
교육	강의, 도서관, 컴퓨터, 세미나실	시간표, 강의, 시험, 채점	정보, 학습한 자료자료, 학위
컨설팅	컨설턴트, 정보, 스킬, 지식	데이터 수집 및 분석	프레젠테이션, 보고서
서비스	고객 관점		
	경험	'제품'	혜택
외과수술	쉽고 공감하며 통증 없는 치료	기동가능한 고관절	이동성 향상
교육	기억에 남고 유용한 강의/세미나	지식, 자신감 및 스킬	더 나은 일자리 전망 및 역량
컨설팅	유용하고 시기적절한 토론 및 조언	솔루션	비용 절감 및 상업적 성공 증대

CASE example

사례

서로 다른 전략을 가진, 수상에 빛나는 두 항공사[13]

사람들은 항공 여행에 대해 강한 의견을 가질 수 있고, 그것은 새로운 현상이 아니다. 영국 최초의 민간 항공기는 100년 전에 미들섹스(Middlesex)에 있는 영국 최초의 공항인 하운슬로 히스 에어로드롬(Hounslow Heath Aerodrome)에서 출발했다(켄트주의 Lympne까지밖에 가지 못했다). 영국의 첫 정기 국제선은 파리 근교의 르 부르제(Le Bourget)였다. 그때도 불평이 있었다. 파리 비행 중 한 번은 너무 덜컹거리고 불편해서 두 명뿐이던 승객은 긴장을 가라앉히기 위해서 브랜디 한 병을 모두 마셨다. 그것은 또한 비쌌다. 개조된 쌍엽기 폭격기를 타고 2시간 30분 동안 여행하는 데 21파운드(오늘날 돈으로 약 1,000파운드)가 들었다. 그리고 오늘날 항공사의 성공을 좌우하는 것은 여전히 서비스의 질과 비행의 가격이라는 두 가지 요인이다. 승객 설문 조사에서 각각의 카테고리에서 '톱 10' 순위에 정기적으로 등장하는 두 항공사는 이지젯과 캐세이 퍼시픽이다. 그러나 이들의 전략과 운영 및 고객 관점 간의 균형은 매우 다르다.

이지젯(EasyJet)

이지젯은 영국의 저가 항공사로 1995년 그리스계 키프로스인 사업가 스텔리오스 하지오아누(Stelios Haji-loannou)가 설립했다. 이 회사는 에어버스 A320 계열 항공기를 운용하고 있다. 미국 사우스웨스트 항공이 처음 개발한 현재 잘 구축된 저가 모델을 사용한다. 그것은 한 가지 유형의 항공기(또는 제품군)를 사용하여 운영 및 유지 보수 혜택을 얻고, 이른바 '가벼운 상태를 유지하기 위해 중요하지 않은 것들을 도려내고' '프로세스를 쉽게 가져가는 것'을 기반으로 한다. 이것은 연결 항공편을 팔지 않거나 기내에서 무료 음식을 제공하지 않음으로써 비용을 낮게 유지하는 것을 의미한다. 그것은 또한 높은 항공기 활용도를 유지하고 지상에서 빠른 회전 시간을 달성하는 것을 의미한다. 비교적 신형 기종(소유 비용과 유지 비용을 절감)들인데 이들은 일부 동등한 항공사보다 항공기당 좌석 수를 더 많이 제공하는 구성을 가지고 있다.

Vytautas Kielaitis/Shutterstock

이지젯이 효율성에 초점을 맞추고 있다는 것은 서비스 운영 관리의 운영 관점을 강조한다는 단서다. 끊임없이 효율성을 높이고 '고객과 직원에게 가장 중요한 곳에만' 투자한다. 물론, 이것이 그 회사가 고객이 자사의 서비스를 어떻게 보는지 무시하는 것을 의미하지는 않는다. 결코 그렇지 않다. 고객 충성도의 중요성을 매우 잘 알고 있다. 이지젯은 고객이 선택의 폭이 넓어지고 기대치가 높아지고 있다는 점을 이해하고 있으며, 이에 따라 고객에게 설득력 있는 고객 충성도 프로그램을 제공하는 등 이지젯에 더 많은 비용을 지출해야 할 이유를 제시하기 위해 노력하고 있다고 말한다. 그러나 '고객의 변화하는 요구를 충족시키면서 운영 효율성을 높이는 고객 솔루션을 개발하면서 효율성에 계속 투자할 것'이라는 점도 강조한다.

캐세이퍼시픽 항공(Cathay Pacific Airways)

캐세이퍼시픽 항공은 홍콩에 본사를 둔 국제 항공사로, 53개 국가 또는 지역의 약 230개 목적지에 정기 여객 및 화물 서비스를 제공한다. 이 항공사는 드래곤에어(Dragonair) 항공사를 소유하고 있으며 아시아 지역에서 운항하는 화물 항공사인 에어 홍콩(Air Hong Kong)의 대주주이기도 하다. 캐세이퍼시픽과 그 자회사 및 제휴사는 전 세계적으로 32,400명 이상의 직원을 고용하고 있으며, 홍콩에는 약 20,000명의 직원이 근무하고 있다. 이 항공사는 전 세계 150개국의 거의 700개 목적지에 서비스를 제공하고 있는 'oneworld' 글로벌 얼라이언스의 창립 멤버이다. 에어버스와 보잉의 여러 기종을 포함한 혼합 기단을 운영하고 있다. 이 회사의 비전은 캐세이퍼시픽을 다음과 같이 하여 세계에서 가장 존경받는 항공사로 만드는 것이다.

- 안전을 확보하는 것이 우선이다.
- '진심에서 우러나온 서비스'를 제공한다.
- 서비스 리더십을 장려한다.
- 보상이 되는 경력 기회를 제공한다.

'풀 서비스' 항공사로서 고객 서비스는 캐세이퍼시픽에 특히 중요하다. '진심에서 우러나온 서비스' 전략이 이를 강조하고 있다. 캐세이 직원들은 능력이 풍부해야 하고, 고객의 요청에 대한 실용적인 현장 해결책을 찾을 수 있어야 한다고 강조한다. 그들은 탁월하고 고객에게 서비스를 제공할 수 있는 기회를 적극적으로 찾아야 한다. 직원들은 또한 최고 수준의 보살핌과 전문성을 보여 주기를 기대받고 있으며, 고객이 "환영하고, 편안하고, 감사하고, 무엇보다 안심할 수

Philip Pilosian/Shutterstock

있는" 경험을 만들기 위해 최선을 다한다.

캐세이의 '진심에서 우러난 서비스'의 추진은 서비스 운영 관리의 고객 관점을 분명히 표현한 것이지만, 이는 캐세이와 같은 항공사가 운영 관점을 취함으로써 발생하는 효율성에 관심이 없다는 것을 의미하는 것은 아니다. 실제로 캐세이가 2017년 사상 처음으로 연이은 연간 손실을 보고했을 때 고객 관리에 대한 평판을 위태롭게 하지 않고 비용을 절감하는 것이 중요하다는 점을 상기시켰다. 3년간의 '변혁 프로그램' 끝에 수익성을 회복하였다.

1.5.2 다수의 고객 그룹 관리

많은 서비스 조직의 고객 그룹은 동질적이지 않다. 그들은 종종 다양한 방식으로 다양한 유형의 고객에게 서비스를 제공한다. 다양한 고객 그룹의 요구와 기대는 복잡할 수 있다. 그들은 어떤 때는 단독으로 봉사를 받을 수도 있지만, 다른 때는 사교 모임이나 직장 모임 등의 그룹 형태로 서비스를 받을 수도 있다. 그들은 서비스 과정에서 때에 따라 다른 역할을 맡을 수도 있다.

고객의 다양한 요구를 분리하는 어려움은 모든 유형의 비즈니스에 공통적인 문제이지만 서비스의 높은 접촉 특성은 추가적인 어려움을 유발할 수 있다. 제조 업체에서 두 개의 제품을 생산하는 경우 각 제품에 필요한 기술에 집중할 수 있는 별도의 공장이나 부서에서 각각을 만들 수 있다. 서비스 운영에서 종종 동일한 자원으로 고객의 다양한 요구를 담당한다. 예를 들어, 런던의 자연사 박물관과 같은 주요 박물관은 박물관을 단독으로 또는 소규모 가족 단위로 방문하는 레저 방문객의 요구를 수용해야 한다. 또한 평일에 단체로 방문하는 학생들을 돌봐

야 한다. 저녁에는 방문객들이 화석화된 공룡 사이에서 즐겁게 지내고 먹는 기업 접대 행사가 있을 수 있다. 그런 다음 전문 직원의 관심이 요구되는 전문 과학자(고고학자 등)가 있다. 이러한 유형의 고객은 모두 요구 사항이 다르지만 모두 동일한 자원을 사용한다. 이러한 그룹의 기본적인 요구 사항은 비슷하더라도 '상위 수준'의 특정 요구 사항은 매우 다를 것이다. 모든 서비스 운영 관리자의 딜레마는 다른 그룹에 제공하는 서비스의 능력을 손상시키지 않으면서 특정 그룹의 특정 요구에 응답하는 방법이다. 매우 자주 이것은 서비스를 설계하고 실행하는 방법에 대해 어려운 선택을 해야만 한다는 것을 의미한다(다음 사례 참조).

WORKED example

사례

Long Ridge Gliding Club[14]

Long Ridge Gliding Club은 회원들이 운영하는 비영리 단체이다. 이 클럽의 위치는 능선 급상승과 크로스 컨트리 활공을 연습하기에 이상적인 장소이다. 클럽 관리자가 바와 기본 케이터링 서비스를 제공하고 숙박을 원하는 클럽 회원에게는 저렴한 막사를 이용하게 한다. 약 150명의 조종사로 구성된 회원이 있으며 그중 일부는 자가 활공기를 보유하고 있지만 클럽은 회원이 사용할 수 있는 자체 활공기가 있다. 또한 클럽은 종종 선물로 구매되는 '시험 비행 상품권'을 판매하여 일반 고객에게 시험 비행을 제공한다. 이들 일반 고객은 비행을 미리 예약하거나 또는 그냥 와서 선착순으로 비행하기도 한다. 클럽 웹사이트에는 다음과 같이 쓰여 있다.

친근한 분위기를 경험하고 Long Ridge의 극적인 풍경 위로 솟아오르는 스릴을 즐기십시오. 곧 공중에 떠 있을 수 있습니다. 지식이 풍부한 직원이 기꺼이 조언해 드리며 전문 강사 팀이 잊지 못할 경험을 선사할 것입니다.

조건이 맞으면 일반 고객도 비교적 긴 비행 시간을 가질 수 있다(바쁜 시간에는 강사가 또 다른 수업을 하기 위해 지상으로 돌아가야 한다는 압박감을 느낄 수도 있지만). 날씨가 좋지 않을 때도 강사는 고객의 비행을 위해 최선을 다하지만 '이륙, 즉시 한 바퀴, 그리고 착륙'으로 구성된 비행으로 제한된다.

활공기를 유지 관리하고, 발사 지점까지 견인하고, 발사를 위해 윈치를 돌리는 사람을 배치하는 것과 같은 필수 작업은 클럽 회원들이 자발적으로 수행한다. 한 대의 활공기를 발사시키려면 최소 5명의 숙련된 사람(클럽 회원)이 필요하다. 클럽 회원 중에는 클럽 회원과 일반인 모두에게 교육을 제공하는 자격을 갖춘 강사가 있다. 클럽 회원들은 활공 순서를 기다리는 동안 서로 및 일반 고객이 공중에 떠오를 수 있도록 돕도록 하고 있다. 비행이 사전 예약된 경우에도 당일 참석한 클럽 회원 수에 따라 일반 고객은 최대 2시간 동안 대기할 수도 있다.

일반 고객은 일상적인 작업을 돕도록 권장되지만 그렇게 하기를 꺼리는 것처럼 보인다. 이것이 일반 고객에게 서비스를 제공하면서 겪게 되는 많은 문제 중 하나이다.

클럽이 한 일

클럽 회장은 다음과 같이 말했다.

일반 고객으로 인해 회원이 하루에 비행할 수 있는 비행 수가 줄어들기 때문에 일반 고객을 위한 시험 비행을 중단해야 한다는 압력을 회원들로부터 받았다. 일부 회원은 때때로 하루의 대부분을 일반 고객을 공중에 띄우는 데 시간을 보내다가 스스로 비행하는 것을 놓친다고 불평했다. 그러나 일반 고객은 유용한 수입을 가져 왔다. 문제는 클럽 회원들의 요구와 기대가 일반 고객의 요구와 기대와는 전혀 다르다는 것이다. [우리의 분석은 <그림 1-7>에 나와 있다.] 회원들은 스포츠에서 자신의 기술을 개발하고자 열정을 지닌 자이며, 일반 고객은 일회성 스릴을 찾는 자이다. 클럽 회원은 비행하는 것을 계속하고자 하는 자이며 무엇을 해야 하는지 알고 있는 반면, 일반 고객은 고객 서비스, 즉 친절, 관심, 설명과 안심 등을 필요로 한다. 시험비행을 끝내고 싶지 않았지만 멤버들 사이를 멀어지게 하는 바람에 이대로 계속할 수 없었다. 또한 두 가지 유형의 고객을 돌보기 위해 두 개의 별도 자원을 만들 수도 없었다. 그렇게 할 수 있을만큼 우리는 크지 않았다. 우리가 한 것은 멤버들에게 과도하게 영향을 미치지 않으면서 일반 고객을 더 잘 처리할 수 있도록 프로세스를 변경하는 것이었다. '만나서 인사'할 사람이 항상 있는지 확인하고 철저한 비행 브리핑과 최소 비행 시간을 제공했다. 우리는 제공되는 서비스에 맞게 일반 고객들의 기대치를 관리하기 위해 웹 사이트를 변경했다. 우리는 그들이 기다려야 할 수도 있고 악천후에서 짧은 비행만 할 수도 있음을 분명히 했다. 우리는 또한 활공기 발사와 활공기 준비를 돕는 것이 '패키지의 일부'라는 생각을 '판매'했다. 우리는 클럽 회원들에게 일반 고객의 재정적 중요성과 그들에게 좋은 경험을 제공할 필요성을 강조했다.

〈그림 1-7〉 클럽 회원의 기대와 일반 고객의 기대 비교

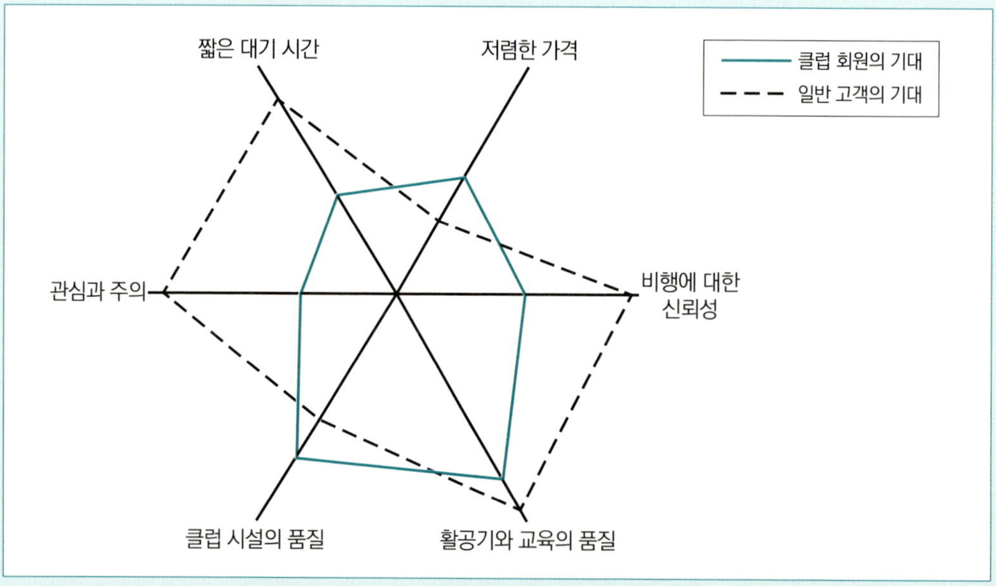

1.5.3 전술적으로 및 전략적으로 관리하기

고객이 서비스 프로세스에 참여하고 있는 대부분의 서비스 운영에서 높은 수준의 고객 접촉의 결과로서 운영 관리는 그 즉시성이 특징이다. 실제로 서비스 운영 관리에 대한 어려움의 상당 부분은 실시간으로 문제를 해결해야 하는 필요성이다. 고객의 요청이나 불만이 신속하게 처리되지 않으면 고객이 불만을 가질 수 있다. 즉각적인 여행을 위한 티켓을 구매하기를 원하는 승

객은 여행사 직원이 바빠 응대를 받지 못한 경우 이 여행사의 고객으로 남을 용의가 없을 수 있다. 장비가 서비스되거나 관제사가 휴식을 취하는 동안 착륙하려는 항공기 흐름은 쉽게 보류될 수 없다. 마찬가지로 유아원에서 관심을 끌기 위해 소리치는 아이나 위험에 처한 아이들이 무시될 수 없다. 게다가, 서비스를 접하는 동안, 그 순간에 행해지거나 말한 것을 취소하는 것이 항상 가능한 것은 아니다. 고객은 지킬 수 없는 약속을 기억할 것이다. 불량 제품을 폐기하고 재생산하는 것이 가능한 제조 조직과 달리 서비스에서는 '취소'나 '되감기' 버튼이 없다. 적절한 비용으로 적절한 서비스 품질을 제공할 수 있도록 고객의 요구를 처리하고, 직원을 관리하고, 운영 결정을 내려야 하는 지속적인 과제가 있다. 따라서 많은 서비스 운영에서 관리자가 이러한 일상적인 전술적 운영을 관리하는 데 시간과 노력을 집중하는 것은 당연하다.

첫째, 일상적인 서비스를 제공하기 위한 운영에 대한 압박은 중기적인 운영 개선 활동이나 장기적인 전략적 사고를 위한 시간이 거의 없을 수 있다. 예를 들어, 교장이 '지금'에 많이 관여하고 있을 때, 열악한 시설, 불충분한 자금 또는 높은 수준의 결석 등 주요 근본적인 문제를 해결하는 데 시간을 쏟기 어렵다. 주임 교사는 갑작스런 결근에 대비하기 위해 시간제 직원을 구하는 것, 빈자리에 새로운 직원을 모집하고, 매일 이메일로 받는 많은 질문과 요청을 처리하며, 학생들의 행동 문제를 처리하는 것과 같은 더 시급한 일에 정신이 팔려 있다.

둘째, 서비스 운영 관리자는 일의 본질과 그들의 배경 때문에 많은 단기 전술적 의사 결정의 모호하지 않고 합리적인 성격에 더 편안함을 느끼는 경향이 있다. 전략적 사고가 요구되는 보다 직관적인 프로세스는 상당히 다르며, 이를 한쪽으로 밀어내기 위한 변명을 찾는다. 교장은 지적 직업을 통해 승진했을 가능성이 커서, 이에 비하여 학생들과 교과 과정을 다루는 데 더 편안하게 느낄 수 있다. 그들은 데이터 수집, 분석, 보고서 작성, 그리고 근원적이며 더 장기적인 이슈를 해결하기 위한 여러 당사자와 가질 고수준의 논쟁과 토론이란 '흥미롭지 않고' '긴박하지 않은' 작업에 시간을 할애하려는 경향이 적을 수 있다.

높은 고객 접촉에서 발생하는 이슈를 즉시 처리하는 것의 위험은 그것이 배타적으로 단기적인 집중으로 이어질 수 있다는 것이다. 그 결과, 운영 관리의 개선 및 전략적 측면은 자주 무시되고 일상적인 운영 관리에 과도한 시간이 소요된다. 일부 조직에서는 선임 서비스 운영 관리자에게 이사회 자리(또는 그와 동등한 자리)를 제공하지 않음으로써 이 문제가 영구화된다. 그들이 조직의 자산, 인력, 비용 및 수익의 대부분을 책임지고 있다는 점을 감안할 때, 이 누락은 근시안적으로 보인다.

효과적인 서비스 운영 관리자는 전략적인 문제와 일상적인 운영 모두에 주의를 기울이고 시간을 창출할 수 있는 사람이다. 이는 그들이 둘로 나뉜 개성 같은 것을 가질 것을 요구한다. 그들은 세부 사항에 초점을 맞출 필요가 있다. 즉, 운영에서 무슨 일이 일어나고 있는지, 무슨 일이 일어나야 하는지 파악해야 한다. 그러나 동시에 보다 광범위하고 장기적인 맥락에서 운영 관리자 역할의 대부분을 차지하는 자원 및 프로세스 의사 결정을 설정하는 보다 전략적인 비전도 필요하다. 누구나 성공적인 운영 관리자가 될 수 있는 많은 부분은 이러한 전략적 및 운영적 관점이 어떻게 통합되는가에 있다.

다시 말하지만 운영 관리자가 단기의 업무에 지나치게 집중하는 경향은 서비스 운영에만 국한되지 않는다. 그것은 일반적인 것이지만, 서비스의 본성 때문에 서비스 운영에서 더 두드러진다. 서비스 운영 관리자는 운영과 고객 관점이 중첩되는 곳에서 일하기 때문에 장기적인 전략적 의사 결정에 의해 단기적인 문제가 어떻게 발생할 수 있는지에 대한 고유한 견해를 가지고 있다. 결국, 그들은 일을 성사시키는 사람들이고, 전략을 실행하는 사람들이다.

뿐만 아니라, 그들은 고객을 직접 다루기 때문에 현재 서비스 제공의 문제점을 가장 잘 알고 있는 사람이다. 이것은 프로세스 및 시장 혁신에 기여하는 서비스 운영 관리자의 잠재력은 상당하다는 것을 의미한다. 사실, 고객 불만족이란 일반적으로 고객의 요구를 충족시키지 못하는 징후만을 나타내는 것이 아니라 장기적인 서비스 혁신에 대한 자극이 된다(16장 참조).

1.6 요약

왜 서비스를 공부할까? 우리는 모두 매일 서비스 운영을 이용한다. 서비스는 우리의 삶에서 중요하다. 우리가 아플 때 우리를 치료하고, 우리가 다른 장소로 이동하는데 도움되고, 우리의 식사를 제공하고, 우리에게 상품을 팔고, 소셜 미디어에 연결하는 등. 우리는 직업의 일부로서, 또는 우리의 친구들과 가족들을 위한 일상의 일부로서 다른 사람들을 위해 서비스를 제공한다. 하지만, 서비스가 그렇게 중요하다면, 서비스가 종종 우리를 실망시키는 이유는 무엇일까? 그것은 서비스 운영 관리의 원칙을 구현하지 못한 것이 원인인 경우가 많다. 그리고 하나의 분야로서 운영 관리의 발전은 생산 관리에 그 뿌리를 두고 있지만, 서비스 운영 관리는 특히 서비스 조직과 관련된 운영 문제에 집중한다.

'서비스'란 무엇인가? 대부분의 '서비스'의 초기 정의는 제조업과의 차이에 초점을 맞추었다. 서비스와 제품의 주요 차이점은 다음과 같다.

- 무형성(Intangibility), 물리적인 물건이 아니라는 점에서
- 이질성(Heterogeneity), 표준화하기 어렵다는 점에서
- 비분리성(Inseparability), 생산과 소비가 동시에 이루어진다는 점에서
- 소멸성(Perishability), 저장될 수 없다는 점에서

이러한 서비스의 특징은 'IHIP' 특성으로 알려져 있으며, 다음과 같은 이유로 상당한 학술적 논쟁의 대상이 되었다.

- 물리적 제품과 달리 서비스에만 고유한 IHIP 특성은 없다.
- 기술은 IHIP 특성이 서비스 운영에 적용되는 범위의 정도와 이 특성이 서비스 운영에 부여하는 한계를 극복할 수 있는 방법에 상당한 영향을 미쳤다.

서비스 운영 관리. 모든 종류의 조직에서 운영 관리의 원칙은 대체로 동일하며, 여러 투입물을 산출물으로 변환하는 것과 관련이 있다. 이것은 일반적으로 투입-변환-산출 모델로 설명된다. 자원과 프로세스는 모든 운영의 중요한 두 가지 요소이며, 운영 관리의 대부분은 자원과 프로세스가 어떻게 관리되는지에 관심이 있다. 서비스 운영 관리를 차별화하는 것은 운영에서 고객(또는 고객 대리인)의 존재의 중요성이다. 따라서 서비스 운영 관리는 운영과 고객의 관점, 그리고 이들 간의 중첩을 모두 반영해야 한다. 모든 서비스가 동일한 정도로 IHIP 특성을 나타내는 것은 아니며, 동일한 운영에 의해 제공되는 다양한 서비스는 특성에 부합하는 방식에 따라 상당히 달라질 수 있다. 고객의 관점에서 '서비스 결과'는 처리된 결과와 경험에 의해 변경된 '상태'의 결과를 나타낸다. 결과의 주요 범주는 '제품', 이익, 감정, 판단 및 의도이다. 운영과 고객 관점 모두 중요하지만, 대부분의 서비스의 핵심은 두 관점이 만나는 지점이다. 이는 '공동 생산'과 '공동 창조'라는 개념으로 이어졌으며, 이 두 개념은 고객이 가치를 생산/창출하기 위해 서비스 운영과 협력할 때 이러한 상황을 나타내기 위해 사용된다.

서비스 운영 관리자의 책임. 전반적으로 서비스 운영 관리는 가치를 제공하는 리소스 및 프로세스에 대한 통제에 관한 것이다. 이것은 네 가지 주제로 분류된다.

- 서비스 운영에 대한 프레임워크 설정
- 서비스 인력에 대한 이해
- 서비스 제공
- 서비스 운영 개선

서비스 운영 관리의 중요성. 서비스 운영 관리자는 서비스의 설계 및 전달을 관리하고, 조직의 대부분의 리소스 , 비용 및 투자를 관리하고, 조직의 성과를 혁신하고 개선할 수 있는 조직의 능력에 상당한 영향을 미치기 때문에 중요하고 책임 있는 역할을 가진다. 우수한 서비스 운영 관리는 고객, 직원, 조직, 사회 및 환경에 더 좋다.

서비스 운영 관리의 과제. 전부는 아니지만 대부분의 서비스 운영 관리자가 직면하는 주요 문제들은 다음과 같다.

- 운영 관점과 고객 관점 간의 균형
- 여러 고객 그룹에 대한 관리
- 전술적, 전략적 관리

토론 및 연습

1. RTR(Rent the Runway)은 옷, 핸드백, 보석류를 임대하는 개인 소유 서비스 기업이다. 시간당 2,000개의 품목을 처리하는 세계 최대 규모의 드라이클리닝 창고를 보유하고 있다. 이 기업은 결혼식과 기타 행사를 위해 정장을 대여하는 것으로 시작했다. 결국 고객의 4분의 3이 결혼식 등을 위한 정장보다는 직장에서 입을 옷 등을 대여할 정도로 성장했다. 가입자는 한 번에 네 가지 옷을 빌릴 수 있다. 반품된 옷은 세탁하고, 필요한 경우 수리하고, 얼룩을 제거하는 등 신속하게 옷을 빌려줄 수 있는 상태로 준비해야 한다. 대부분의 아이템은 당일 내에 대여 및 임대가 가능하다. (a) IHIP의 특성 측면에서 이 서비스는 기존 의류 소매 업체와 비교했을 때 어떤가? (b) 이 기업의 가장 중요한 서비스 운영 관리의 역할은 무엇이라고 생각하는가?

2. 비즈니스에서 점점 더 인기 있는 서비스 모델은 기업이 제품이나 서비스를 하나의 '품목'으로 판매하기보다는 가입자로부터 수익을 얻어야 한다는 것이다. 이런 종류의 서비스의 장점과 단점은 무엇이라고 생각하는가?

3. 영국 국립 오페라 사례 예시를 다시 읽어 보고, 사례에서 백 오피스 부서의 목록을 참고하여 답하라. (a) 설명된 각 부서에 대해, 그들의 업무의 어떤 측면이 무언가를 직접적으로 '만드는' 것을 포함하지 않는가? (b) 각 부서에서 '비제조' 활동을 어떻게 분류하겠는가?

4. 이 장에서 소개한 IHIP 특성은 서비스와 상품 생산 운영을 구분하는 데 사용된다. 우리는 또한 IHIP 특성이 논란의 여지가 있고, 단순한 예/아니오 구분이 아닌 다양한 관점에서 볼 수 있다는 것을 분명히 했다. 이러한 특징을 모두 염두에 두고, 음악 산업의 주요 '상품'이 CD에서 음악 파일을 거쳐 스트리밍 서비스로 이동하면서, 지난 20~30년 동안 어떻게 발전해 왔는지 생각해 보라. 〈그림 1-3〉을 다시 참조하여 IHIP 특성 척도에 대해 이 세 가지 서비스를 배치해 보라.

5. 또한, 음악 산업에서, '라이브 퍼포먼스'는 척도의 어느 위치에 놓일까?

6. 다음의 세 가지 서비스를 생각해 보자. 첫째, 난방, 환기 및 에어컨 시설을 서비스하는 사업, 둘째, 비상 배관 서비스, 셋째, 재난 긴급 자선단체. 〈그림 1-3〉을 사용하여 각 서비스가 IHIP 척도에서 어느 곳에 위치하며 왜 그런가?

사례 문제: 유럽항공그룹[15]

유럽항공그룹(European Airlines Group)은 두 항공사, 에어랜더(Airandor)와 스카이(Sky Airways)의 합병에 의해 형성되었다. 스카이는 유럽의 주요 항공사로 주로 유럽에 취항하고 있지만 뉴욕, 요하네스버그, 뭄바이, 상트페테르부르크 노선도 매일 운항하고 있다. 합병 이전에 에어랜더가 매우 취약한 재정 상태에 있었기 때문에 스카이는 합병에서 자신을 최고 파트너로 여겼다. 에어랜더는 마드리드에 본사를 두고 있으며 유럽과 남아메리카에 취항하는 보다 지역적인 항공사였다. 그러나 두 항공사, 특히 에어랜더는 높은 운영 비용으로 어려움을 겪었다.

합병 이후 2년 동안 유럽항공그룹의 최고 경영자인 버니 윌리엄슨은 마드리드 본사의 인원 감축과 조종사, 객실 직원, 엔지니어링 직원에 대한 계약 재협상을 포함한 공격적인 비용 절감을 통해 에어랜더의 수익성을 이끌었다. 비용이 절감된 또 다른 분야는 단거리 및 장거리 식량 공급을 포함한 서비스 수준이었다. 비즈니스 및 일등석 음식 및 서비스 수준은 크게 변동이 없었지만 장거리 및 단거리 이코노미 클래스 모두에서 음식은 더 이상 티켓 가격의 일부로 제공되지 않았다. 승객은 이전에 제공된 '무료' 음식보다 더 높은 사양의 메뉴에서 원하는 대로 음식을 구매할 수 있었다.

비용 절감은 스카이에서도 이루어졌다. 모든 객실 직원과 조종사에 대한 계약이 재협상되었고 엔지니어링 직원은 유연한 계약직으로 전환되었다. 항공사가 최고급 슈퍼마켓 체인과 제휴해 프리미엄 샌드위치와 스낵을 제공하면서 단거리 이코노미 승객을 위한 '무료' 음식은 중단됐다.

두 항공사 모두 업계 평론가와 Skytrax와 같은 리뷰 사이트가 사용하는 모든 지표에서 낮은 점수를 받았다. 흥미롭게도, 에어랜더의 음식 품질에 대한 고객의 인식은 무료 음식에서 구매로 변경한 이후 약간 상승했으며, 이것으로 인해 항공사 평가 사이트에서 에어랜더의 전반적인 위치가 상승된 결과로 나타났다(5/10 on Skytrax). 서비스 품질과 일반적인 평가는 좋지 않았지만, 에어랜더는 적어도 이제 수익성이 있고 수익성과 서비스 품질 측면에서 상승하고 있는 상태이다. 이러한 개선은 새로운 항공기 또는 마드리드 허브의 시설 측면에서 제한적인 투자에도 불구하고 이루어졌다. 대조적으로, 같은 기간 동안 스카이는 새로운 항공기라는 측면에서 특히 단거리 노선에서 상당한 투자를 받았다. 그러나 불행하게도, 아마도 지난 몇 년간의 비용 절감의 결과로, 서비스 품질은 극적으로 저하되어 영국의 주요 소비자 옹호 단체 중 하나가 고객 만족도 순위에서 항공사를 '하위에서 3위'로 평가했다. Skytrax 리그 테이블에서, 스카이에 대한 고객 만족도는 5/10으로 떨어졌으며, 서비스 성과의 모든 측면에서 동등하게 낮은 평가를 받았다. 두 항공사 모두 식품 품질에서 별 5개 중 3개를 동일하게 받았다.

버니 윌리엄슨은 스카이의 이사회 회의에서 스카이가 받는 불만의 증가와 온라인 고객 평점의 하락에 대해 우려를 표했다. 저비용 사업자들이 단기적으로, 그리고 최근에는 장기적으로 공격적으로 경쟁함에 따라, 윌리엄슨은 가용 좌석 마일당 비용을 줄여야 한다는 압박을 지속적으로 받고 있었다. 일반적으로 연료는 스카이 운영 비용의 33%, 인건비는 약 23%를 차지했다. 항공기 현대화 프로그램을 통해 연료비 비율(즉, 가용 좌석 마일당 연료 비용)은 미래에 상당히 감소할 것으로 예측되었다. 또한 노동 관행의 변화, 인원 감소, 그리고 바라건대 노동 생산성 향상을 통해 인건비가 지속적으로 개선될 것으로 예상되었다. 그러나 윌리엄슨은 인건비를 절감하는 데 있어서 절충점이 있다는 것을 알고 있었다. 명확한 인과관계를 밝힐 수 있는 것은 아니지만 그는 인건비 개선과 고객 만족도 점수 사이에 연관성이 있다고 확신했다. 그러나 장거리에서도 무료 식사를 추가로 제거하는 것은 가용 좌석 마일당 매출을 증가시키고 비용을 절감하는 방법으로 간주되었다.

윌리엄슨이 고객 불만을 분석한 결과 스카이의 문제는 대부분 고객 서비스와 음식 품질 분야에 있다는 것이 밝혀졌다. 한편, 런던 허브에서 운항하는 다른 항공사들과 유사한 수준의 정시 출/도착으로 시간 엄수면에서 좋은 점수를 얻었다. 하지만 평가 회사들의 식음료 점수는 고객의 직접적인 불만에 동의하는 것처럼 보였다. 불만의 약 72%는 기내식에 관한 것이었다. 나머지 불만 사항은 수하물 분실, 지연된 수하물, 객실 직원의 서비스 불량과 관련이 있었다.

몇 년 동안 거의 변하지 않았던 가용 좌석 마일당 매출을 늘리고 가용 좌석 마일당 비용을 줄이려는 그의 열망을 고려할 때, 윌리엄슨은 그의 팀으로부터 서비스와 음식 품질 문제를 어떻게 처리할 수 있는지에 대한 아이디어를 듣고 싶어했다. 이것은 스카이의 최근 임명된 마케팅 디렉터인 안젤라에게는 기회였다. 안젤라는 약간의 비용 절감과 함께 수익 증대를 시도할 것을 제안했다. 그녀는 이코노미 클래스에서 무료로 제공하는 음식이 사전 포장된 후 재가열을 통해 고객에게 제공되는 스타일을 포기하는 것을 고려해야 한다고 주장했다. 이보다는 비즈니스 클래스의 서비스 스타일을 선호하여 미리 주문한 음식이 미리 요리됐지만 고객 앞에서 가열되고 준비되어 제공돼야 한다고 주장하였다. 그녀는 음식 가격이 조금 다를 것이라고 제안했지만, 단순하게 말하자면, 승무원의 시간이 더 많이 필요하다는 것을 의미하며 이러한 시간은 장거리 노선 비행을 할 때 확보될 수 있다. 버니가 프리미엄 요금 승객에게도 업그레이드된 서비스를 제공해야 한다고 그녀에게 상기시켰을 때, 여기에 대한 그녀의 대답은 더 많은 '문화를 고려한" 메뉴를 제공하는 것이라고 덧붙였다. 예를 들어, 뭄바이를 오가는 비행기는 인도 음식이어야 하고, 요하네스버그로 가는 비행기는 아프리카 특유의 맛이 있어야 한다. 그러자 모든 시선이 두 손으로 머리를 감싸고 신음하고 있는 운영 디렉터인 피터 그린우드에게로 향했다. 그는 '그것을 조사'하고 다음 회의에서 보고하겠다고 약속했다.

다음날 피터는 케이터링 하청 담당자인 크리스티나 타워스, 선임 객실 승무원인 저스틴 모드, 선임 게이트 관리자인 데이비드 고에게 증가하는 불만의 경향에 대해 이야기할 시간을 가졌다.

크리스티나 타워스는 다음과 같이 설명했다.

다른 케이터링 회사들과 마찬가지로 우리가 안고 있는 문제는 일관성이다. 비록 우리가 메뉴, 양, 그리고 비용을 명시할 수 있지만, 전 세계의 다양한 공항에서 적재되는 양과 품질에는 필연적으로 큰 차이가 있다. 우리의 본사가 있는 허브 공항에서는, 우리가 완전한 통제권을 가지고 있지만, 다른 곳에서는 지역 케이터링 기업에 의해 좌우된다. 우리는 가장 먼 목적지에서 가장 큰 문제를 안고 있다. 또한 비용을 절감해야 한다는 압박을 받고 있기 때문에, 우리는 낭비와 공간을 줄이기 위해 필요한 정확한 양의 식사만 적재하려고 한다. 승객은 웹사이트와 앱을 통해 식사를 주문할 수 있지만, 탑승 4시간 전까지 주문할 수 있기 때문에 우리는 예측을 해야 한다. 두 가지 모두에 대해 비행 전 예측을 하는 것은 쉽지 않다. 승객의 예측 이상으로 적재된 식사의 수를 크게 늘리지 않고는 100% 정확할 것으로 기대할 수 없다. 그것은 비용면에서 효율적이지 못하며, 다른 누구보다 자신이 첫 번째로 선호하는 식사를 제공받을 것으로 기대하는 비즈니스 클래스 승객을 위해서 매 식사 옵션 중 두 개를 모두 적재하는 것은 무게가 엄청나다. 솔직히 선택의 폭을 줄이면 불만이 줄어들 것 같다.

저스틴 모드는 다음과 같이 덧붙였다.

승객에게 식사처럼 간단한 것을 제공하는 것에 있어서 우리가 직면한 어려움은 믿기 어려울 것이다. 우리는 종종 모든 객실에서 승객에게 왜 그들이 먼저 식사를 할 수 없는지를 설명해야 한다. 심지어 그들이 사전에 주문하고 돈을 지불했을 때도 마찬가지이다. 이것은 많은 스트레스를 유발한다. 기내에 많은 식사를 적재할 수 있는 공간이 더 이상 없을 뿐이다. 탑재 공간은 매우 좁다. 승객의 좌석에서 이루어지는 식사 제공을 위한 준비는 더욱 어렵다. 이코노미 석에서는 그런 일은 일어나지 않지만, 비즈니스 클래스에서 준비를 하는 것은 충분히 빠듯하다. 우리가 안고 있는 가장 큰 문제는 종교적, 식이요법 또는 건강상의 이유로 특별한 식사를 주문하는 승객들에서 발생한다. 나는 다섯 명 중 한 명분의 음식을 비행기에 싣지 않았다고 생각한다. 때때로 음식에 견과류가 포함되어 있는지 물어보는 승객이 탑승하고 있는데 우리는 전혀 모른다. 우리는 안전을 위해 그들에게 물과 빵만 제공할 수 있다. 나는 케이터링 담당자들이 모든 식사의 내용물을 우리에게 알려 주고, 승객이 항상 사전에 음식을 예약해야 한다는 것을 기억하지 못하기 때문에, 여분의 채식주의자와 코셔 식사를 제공해야 한다고 생각한다. 견과류에 대해서, 왜 우리가 신경을 써야 하는가? 완전한 금지가 이치에 맞을 것이다. 또 다른 문제는 좌석을 채우기 위해 우리가 타기를 원하는 마지막 순간의 승객 때문에 발생하기 때문에, 우리는 종종 이륙 직전에 더 많은 식사를 요구해야 한다. 이것이 문제를 일으킨다는 것을 알지만, 레스토랑과는 달리, 비행 중에서는 추가적인 물품을 찾을 수 있는 곳은 없다. 선구매한 음식만 싣는 식으로 적재하는 음식의 수를 줄이면 준비 시간도 덜 필요하고 공간도 덜 차지하므로 승객이 늘어날 것으로 예상하여 조금 더 추가로 음식을 싣거나 특별식을 추가로 싣는 것이 가능해질 수 있을 것이다.

그리고 나서 데이비드 고는 다음과 같은 견해를 덧붙였다.

우리가 안고 있는 가장 큰 문제는 이륙 10분 전에 잘못된 수량, 품질, 식사 종류가 적재된 것을 발견하고 승무원들이 추가 식사를 요청해야 하는 것이다. 우리는 종종 음식 제공자가 추가로 요청한 6명분 정도의 여분의 음식 마련을 서두르는 동안 사전에 허가받은 이륙을 위한 공항 설비 사용 권한을 미뤄야 하므로 비행기를 지연시키게 된다. 나는 모든 사람이 실제로 식사를 원하는 것은 아니라고 확신한다. 그들은 단지 심심하기 때문에 먹는다. 나는 우리가 식사를 제공하는 것을 완전히 중단해야 한다고 생각한다, 특히 짧은 노선에서는. 어쨌든 관광을 목적으로 탑승하는 승객은 종종 공항에서 식사를 하며, 비즈니스 클래스 승객에게는 비즈니스라운지에서 우리가 이미 음식을 제공한다.

피터는 관광을 목적으로 하는 승객에 대한 서비스 방법을 바꾸고 비즈니스 클래스 승객에게 식사의 범위와 종류를 늘리는 것에 대한 생각을 감히 제기하지 못했다. 그의 생각은 이사회에 바람직한 것과 제공 가능하고 적절한 것의 차이를 어떻게 설명할 수 있는지에 초점을 맞추었다.

질문

1. 피터 그린우드가 직면해 있는 문제는 무엇인가?
2. 만약 당신이 피터 그린우드라면 이사회에 뭐라고 말할 건가?
3. 이코노미 클래스에 있어서의 무료 급식 서비스를 장거리 노선에서는 분리하여 적용하는 것에 대해 어떤 권고를 할 것인가?

심화 자료

Brodie, R.J. and Gustafsson, A. (2016) 'Enhancing theory development in service research', *Journal of Service Management*, 27 (1), 2–8.

Buell, R.W., Campbell, D. and Frei, F.X. (2010) 'Are self-service customers satisfied or stuck?', *Production and Operations Management*, 19 (6), 679–697.

Field, J., Victorino, L., Buell, R., Dixon, M., Meyer Goldstein, S., Menor, L., Pullman, M., Roth, A., Secchi, E. and Zhang, J. (2018), 'Service operations: what's next?', *Journal of Service Management*, 29 (1), 55–97.

Junginger, S. (2015) 'Organizational design legacies and service design', *The Design Journal*, 18 (2), 209–226.

Lewis, M.A. and Brown, A.D. (2012) 'How different is professional service operations management?', *Journal of Operations Management*, 30 (1–2), 1–11.

Michel, S., Bowen, D. and Johnston, R. (2009) 'Why service recovery fails: tensions among customer, employee, and process perspectives', *Journal of Service Management*, 20 (3), 253–273.

Oertzen A., Odekerken-Schröder, G., Brax, S.A., Mager, B. (2018) 'Co-creating services – conceptual clarification, forms and outcomes', *Journal of Service Management*, 29 (4), 641–679.

Radnor, Z. and Bateman, N. (2016) 'Debate: the development of a new discipline – public service operations management', *Public Money & Management*, 36 (4), 246–248.

Victorino, L., Field, J., Buell, R., Dixon, M., Meyer Goldstein, S., Menor, L., Pullman, M., Roth, A., Secchi, E. and Zhang, J. (2018) 'Service operations: what have we learned?', *Journal of Service Management*, 29 (1), 39–54.

Voss C., Perks, H., Sousa, R., Witell, L. and Wünderlich, N.V. (2016) 'Reflections on context in service research', *Journal of Service Management*, 27 (1), 30–36.

미주

1 For a discussion see Johnston, R. (2005) 'Service operations management: from the roots up', *International Journal of Operations and Production Management*, 25 (12), 1298–1308; and Johnston, R. (1994) 'Operations: from factory to service management', *International Journal of Service Industry Management*, 5 (1), 49–63.

2 Gummesson, E. (1987) 'Lip service – a neglected area in service marketing', *Journal of Services Marketing*, 1 (1), 19–23.

3 As pointed out in Lovelock, C. and Gummesson, E. (2004) 'Whither service marketing? In search of a new paradigm and fresh perspective', *Journal of Service Research*, 7 (1), 20–41.

4 We are grateful for the cooperation of Sara Davies, whose interview formed the basis for this example.

5 The National Federation of Young Farmers' Clubs is a rural youth organisation in the United Kingdom. The Federation covers various Young Farmers' Clubs throughout England and Wales, helping support young people in agriculture and the countryside.

6 See, for example, Brudney, J.L. and England, R.E. (1983) 'Toward a definition of the coproduction concept', *Public Administration Review*, 43 (1), 59.

7 Oertzen, A-S., Odekerken-Schröder, G., Brax, S.A. and Mager, B. (2018) 'Co-creating services – conceptual clarification, forms and outcomes', *Journal of Service Management*, 29 (4), 641–679.

8 See, for example, the work of Gustafsson, A., Kristensson, P. and Witell, L. (2012) 'Customer co-creation in service innovation: a matter of communication?', *Journal of Service Management*, 23 (3), 311–327; and Carbonell, P., Rodriguez-Escudero, A.I. and Pujari, D. (2012) 'Performance effects of involving lead users and close customers in new service development', *Journal of Services Marketing*, 26 (7), 497–509.

9 https://nerc.ukri.org/planetearth/stories/1855/

10 Grönroos, C. (2011) 'Value co-creation in service logic: a critical analysis', *Marketing Theory*, 11 (3), 279–301.

11 The information on which this case example is based is taken from: How To Stage An Opera, ENO (2014) YouTube video, added by English National Opera [Online]. Available at https://youtu.be/eCiD4BBAhkM [Accessed 16 April 2020]; Opera Jobs: The Stage Manager (2014) YouTube video, added by English National Opera [Online]. Available at https://youtu.be/0t5Ld-MxwChg [Accessed 16 April 2020]; Opera Jobs: The Sound Engineer (2014) YouTube video, added by English National Opera [Online]. Available at https://youtu.be/9FHuNXjDCSg [Accessed 16 April 2020]; Opera Jobs: The Prop Maker (2014) YouTube video, added by English National Opera [Online]. Available at https://youtu.be/IFN7O2X73mI [Accessed 16 April 2020]; Opera Jobs: The Milliner (2014) YouTube video, added by English National Opera [Online]. Available at https://youtu.be/7HDtj-79WJQ [Accessed 16 April 2020]; Opera Jobs: The Wigs and Make Up Manager (2015) YouTube video, added by English National Opera [Online]. Available at https://youtu.be/gpji1xtIAQ8 [Accessed 16 April 2020]; Opera Jobs: The Costume Department (part 1) (2018) YouTube video, added by English National Opera [Online]. Available at https://youtu.be/1HK1bm7TqTs [Accessed 16 April 2020].

12 Edvardsson, B. and Olsson, J. (1996) 'Key concepts for new service development', *The Service Industries Journal*, 16 (2), 140–164.

13 The information for this example is taken from the two airlines' respective websites.

14 This worked example is based on a case study written by Shirley Johnston and published in previous editions of this text.

15 This case is an updated and adapted version of the 'Sky Airways' case originally written by Robert Johnston and Bridgette Sullivan-Taylor, Warwick Business School, and published in earlier editions of this text.

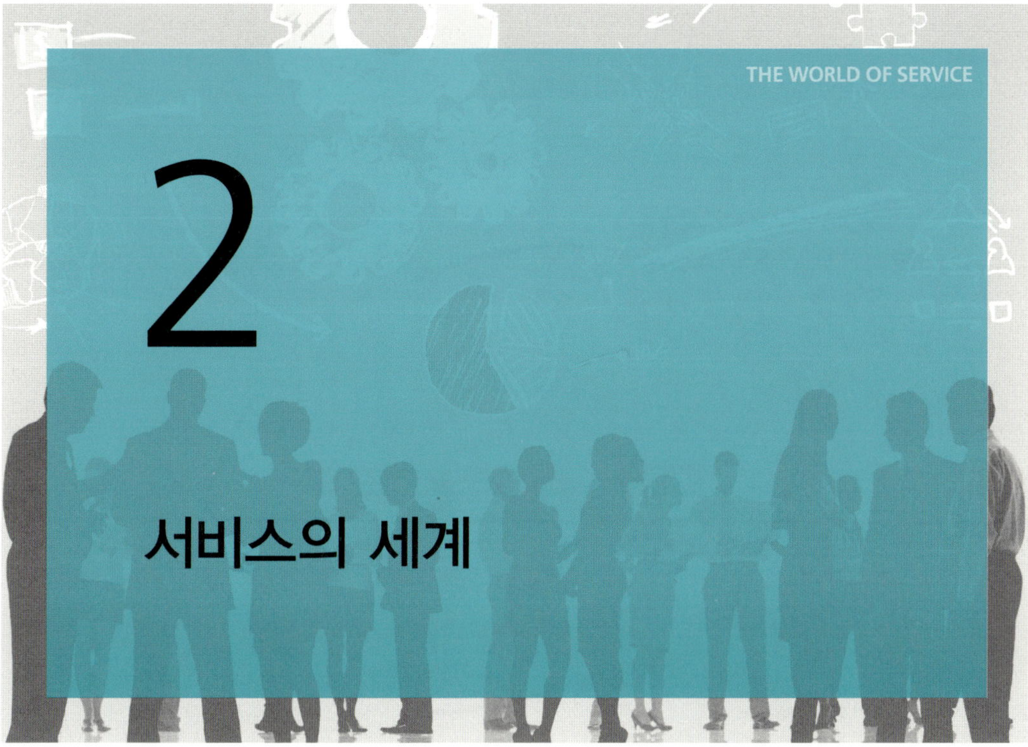

THE WORLD OF SERVICE

2 서비스의 세계

앞서 서비스 운영 관리가 무엇이고 왜 중요한지에 대해 알아보았다. 이 장에서는 현재 존재하는 다양한 유형의 서비스 조직, 대부분의 경제에서 서비스의 중요성, 서비스에 대한 우리의 생각에 대한 몇 가지 발전에 대해 살펴본다. 이 주제가 서비스 운영 관리 모델에서 차지하는 위치는 <그림 2-1>과 같다.

학습 목표

- 서비스 조직의 주요 유형을 파악할 수 있다.
- 경제 전반에서 서비스의 중요성과 증가하는 의의를 이해한다.
- 서비스를 어떻게 생각하는지에 대한 최근의 몇 가지 발전을 설명할 수 있다.

〈그림 2-1〉 이 장에서는 서비스의 세계에 대해 살펴본다

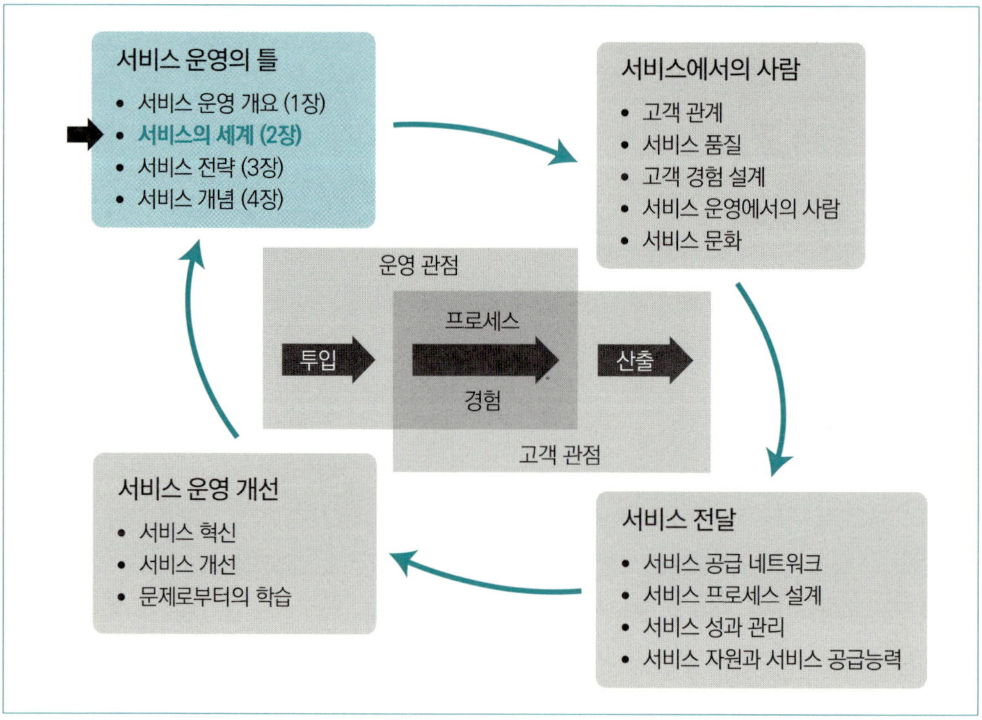

서론

만약 서비스 운영과 서비스 경제가 전반적으로 널리 퍼져 있고 중요하다면, 우리가 이전 장에서 확립했듯이, 오늘날 경험하는 서비스 산업을 형성하는 광범위한 추세는 무엇이며, 서비스 운영 관리자에 의해 관리되어야 하는 서비스 운영의 유형은 무엇이며, 서비스가 변해가는 것에 대해 우리는 어떻게 생각하는가? 서비스 운영에 대한 현재의 이해를 광범위한 역사적 맥락을 기반으로 한 것은 서비스에서 무엇이 변화하고 있는지와 그렇지 않은지를 구분할 수 있게 해주기 때문에 중요하다. 예를 들어, 20년 전의 종합병원과 같은 의료기관을 방문한다면, 일부 기술과 치료법은 매우 다르게 보일 것이지만, 서비스 경험은 기본적으로 매우 유사할 것이다.

그러나 먼저 우리는 일상 생활에서 서비스의 중요성을 이해하기 위한 전제 조건인 몇 가지 중요한 점을 설정할 필요가 있다. 이는 다음과 같다.

- 서비스는 **어디에나 있다**는 것이다. 경제에서 활동하는 서비스의 종류는 많고 다양하다.
- 서비스는 **우리가 행하는** 것과 우리가 소비하는 것의 **대부분**이라는 것이다. 서비스는 세계 대부분의 지역에서 경제적으로 점점 더 중요해지고 있다.

- 서비스가 **미래로 가는 길**이라는 것이다. 비즈니스가 어떻게 발전하고 있는지에 대한 많은 새로운 아이디어의 중심에 서비스가 있다.

2.1 어느 곳에서나 서비스가 존재한다

서비스는 어디에나 있다. 서비스를 피할 수는 없다. 우리 모두는 교육 서비스, 교통 서비스, 보육 서비스, 병원, 인터넷 또는 고가 소매점, 여행사, 레스토랑 또는 음악 스트리밍 등 상업적 및 공공의 광범위한 서비스의 고객 및 사용자이다. 우리는 매일 서비스 운영과 접촉하여 서비스를 지속적으로 경험하고 소비한다. 그러나 '서비스 운영'이라는 용어는 우리가 개인으로서 구매하거나 받는 이러한 '일상적인' 서비스나 우리가 서로에게 제공하는 '개인적인' 서비스보다 훨씬 넓은 분야를 포괄한다. 이 분야에는 조달 또는 컨설팅 서비스와 같이 조직이 서로에게 제공하는 서비스가 포함된다. 또 다른 분야의 예로서는 사회 서비스, 경찰 서비스 또는 소방 및 구조 서비스와 같은 정부 또는 기관이 제공하는 공공 서비스가 포함된다. 또한, 종교 단체나 국제원조 단체와 같은 비영리 및 자원봉사 단체에 의해 제공되는 다양하고 광범위한 서비스도 포함된다. 뿐만 아니라 정보 기술(IT) 서비스, 인적 자원(HR), 지원 서비스, 재무 및 회계 서비스 등 조직을 효과적으로 운영하기 위해 의존하는 모든 '내부' 서비스도 포함된다. 제조 업체에서 생산하는 것에도 서비스 요소가 있다. 물리적 제품을 생산하는 생산자도 핵심 제품의 배송 서비스 이외에 고객에게 어떠한 추가적인 서비스를 제공할 것인가를 중요히 여기고 있다.

이 절의 목적은 서비스 조직의 광범위함을 설명하는 데 있다. 그러나 다양한 유형의 서비스를 분류하는 것이 간단하지는 않다. 예를 들어, 체육관은 헬스캐어 서비스나 오락 서비스, 또는 데이트 서비스, 어느 것으로 분류되어야 하는가? 고객에 따라 다를 것이다. 그러나 분류의 모호성을 어느 정도 수용하여, 〈그림 2-2〉에서는 서비스 중심 경제(영국)에서 다양한 유형의 서비스가 차지하는 상대적 (경제적) 규모를 제시하여 이에 대한 일반적인 아이디어를 갖도록 하고 있다.

〈그림 2-2〉의 데이터는 상대적으로 발전된 경제, 즉 선진국에서의 상황을 보여 주는 것이지만, 서비스의 대안적인(그리고 더 명확한) 분류 방법은 누가 또는 무엇이 서비스를 수행하는가에 따라, 그리고 누가 또는 무엇이 그 서비스를 제공받는 가하는 서비스의 본질을 기초로 한 것이다. 이에 대해서는 다음에 다루도록 한다.

〈그림 2-2〉 영국 경제의 총생산액에 기여하는 각 서비스 분야의 비중 (2014)

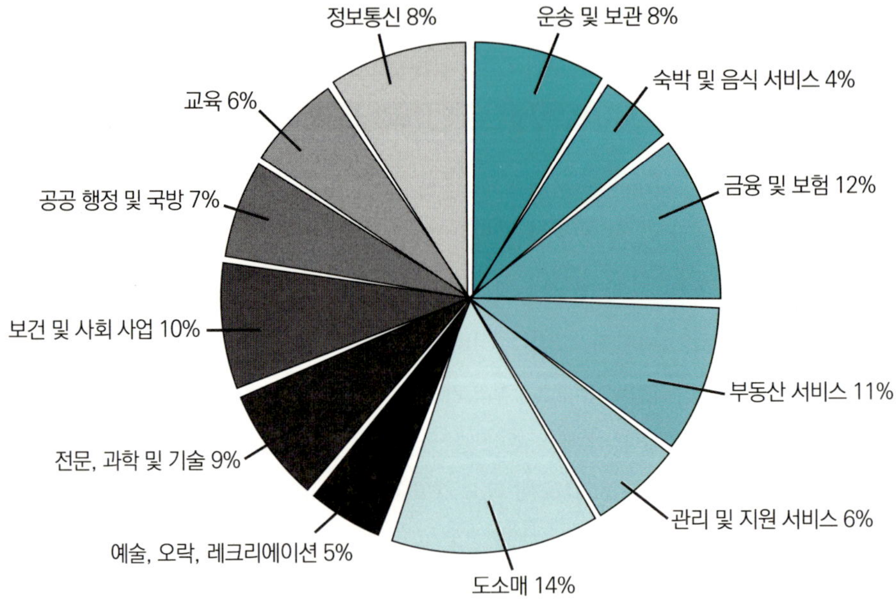

Source: Data from Black, A. (2018) 'Hard Brexit: passport to nowhere for British services', published by The Federal Trust for Education and Research.

2.1.1 서비스의 유형 - B2B, B2C 등

서비스를 분류하기 위한 일반적이고 유용한 프레임워크의 태생은 전자 상거래의 초기로 거슬러 간다. 이것은 서비스가 누구에 의해 생산되는지, 누구(기업, 정부 또는 정부 기관, 고객)를 위한 것인지를 기준으로 분류한다. 이 프레임워크는 〈표 2-1〉에 나와 있다. 각 기업이 어떻게 서로 상호작용하는지에 따라 9개의 서비스 범주로 나눠진다.

기업 대 기업(B2B) 서비스

B2B(Business-to-Business) 서비스는 기업이 다른 기업 또는 조직을 위해 서비스를 제공한다. 예를 들어, IT 기업 SAP는 엔터프라이즈 애플리케이션 소프트웨어 분야의 시장 선도 업체로, 고객(기업)이 시스템 및 의사 결정을 관리하는 데 도움이 되는 다양한 서비스를 기업 고객에게 제공한다. 기타 B2B 서비스에는 컨설팅 서비스, 아웃소싱 케이터링 서비스, 건물 유지보수 또는 임대 및 지원 장비, 비즈니스 여행 서비스, 금융 서비스 및 시장 조사가 포함된다. 일부 B2B 서비스 회사들은 서비스를 개인 소비자에게 직접 판매하기도 한다. 예를 들어, 마이크로소프

〈표 2-1〉 전자 상거래에서 도출된 서비스 분류

고객 / 서비스 주체	기업 (Business)	정부 (Government)	소비자 (Consumer)
기업 (Business)	B2B 기업 금융, 컨설팅, 택배 서비스 등의 서비스가 포함된다.	B2G 폐기물 처리, 경제 연구소 등의 서비스가 포함된다.	B2C 연예 오락 스트리밍, 소매(온라인과 중심가) 서비스가 포함된다.
정부 (Government)	G2B 법률 상담, 계획 안내, 환경 준수 등의 서비스가 포함된다.	G2G 정보 제공, 법률 안내 등의 서비스가 포함된다.	G2C 보안, 사법 및 의료 제공 등의 서비스가 포함된다.
소비자 (Consumer)	C2B 온라인 리뷰, 포커스 그룹, 역경매 등이 포함된다.	C2G 세금 납부, 정보 제공 등의 서비스가 포함된다.	C2C P2P(Peer-to-Peer) 서비스라고도 하며, 소셜 네트워크, 비디오 공유, 판매 사이트 등의 서비스가 포함된다.

트는 소프트웨어 제품으로 개인 소비자에게 알려져 있지만, 다른 기업들에 대한 B2B로 인하여, 세계적인 B2B 회사 중 하나가 됐다.

B2B 서비스에 대한 구매 결정은 대개 조직 내의 전문가가 내리지만, 실제 서비스에 대한 최종 사용자는 아닐 수 있다. 따라서, B2B 서비스를 판매하는 것은 종종 고객 조직의 여러 관련자와 접촉해야 됨을 의미한다. 예를 들어, 컨설턴트는 고객 조직의 다양한 부문의 직원과 협력하고, 다양한 직위에 있는 고객과 관계를 유지해야 할 수도 있다. 특히 서비스의 사용자가 구매자가 아니고 이 구매자가 서비스 표준을 명시한 당사자가 아닌 경우에는 관계가 복잡할 수 있다. 또한, B2B 관계는 장기간 지속될 수 있으므로, 고객이나 공급 업체가 당연시되는 것에 안주하지 않고 관계를 유지하는 것이 과제이다.

기업 대 소비자(B2C) 서비스

B2C(Business-to-Consumer) 서비스는 개인 고객이 서비스를 제공하는 기업으로부터 자신을 위해 또는 다른 개인을 대신하여 구매하는 서비스이다. B2C는 가장 큰 서비스 유형이며, 호텔, 레스토랑, 스포츠 제공과 같은 레저 서비스, 소매 서비스(온/오프라인 모두), 항공사 및 버스 회사와 같은 여행 서비스, 은행 및 보험 제공 업체와 같은 금융 서비스에서 부터 법률과 회계 등의 전문 서비스에 이르기까지 다양하다.

B2C 서비스에 대한 구매 결정은 일반적으로 서비스를 소비하는 개인에게 달려 있다. 개인은 모두 다르다. 문제는 다양한(그리고 종종 많은 양의) 고객에게 일관된 서비스를 제공하는데 있다. 각 고객은 제공되는 서비스에 대한 자신만의 특별한 요구와 기대를 가지고 있으며, 문제를 더 어렵게 만드는 것은, 이러한 요구가 같은 개인의 경우에도 매일 변경될 수 있다는 것이

다. 또한, 운영은 매우 많은 고객에게 서비스를 제공하기 때문에, 다음 신규 고객을 대할 때 서비스를 처음 접하는 고객을 대하는 마음과 자세를 유지해야 하는 데 큰 어려움이 있을 수 있다. 서비스 제공 직원에게는 각 고객이 그날 마주치는 수백 명의 고객 중 한 명에 불과할 수도 있지만, 그 고객에게는 그 서비스가 처음이자 유일한 경험일 수도 있다. 또한, 많은 B2C 서비스 운영은 고객과의 여러 접촉점에 걸쳐 일관성이 필요하다는 것과, 전국적(때로는 전 세계적)으로 확산된 지점에 대한 운영이 필요하다는 점 등으로 인해 복잡성이 추가된다. 예를 들어, 호텔 체인은 세계 모든 지역에 호텔을 보유할 수 있지만, 호텔 체인의 명성은 의도된 시장 위치에 적합하고 체인 전체에 걸쳐 일관된 서비스 표준을 달성하는 것에 달려 있다.

기업 대 정부(B2G) 서비스

B2G(Business-to-Government) 서비스는 상업 조직이 중앙 또는 지방정부 또는 그 기관에 제공하는 서비스이다. 일반적으로 이것은 정부 부처의 정상적인 업무를 용이하게 하는 서비스를 제공하거나 정부를 대신하여 대중에게 서비스를 제공하는 것을 포함한다. 이러한 유형의 서비스는 B2A(Business-to-Administration) 서비스라고도 한다. B2G 서비스의 일반적인 예는 계약된 쓰레기 수집 및 처리, 주요 건설 프로젝트와 대중 인식 광고 캠페인을 포함한다.

이러한 유형의 서비스에 대한 구매 결정은 종종 순수하게 경제적인 고려사항 이외의 다른 사항에 의해 영향을 받는다. 공공 기관은 대개 정치적인 문제에 의해 지배되거나 적어도 영향을 받는다. 게다가, 납세자의 돈이 (직간접적으로) 개입되기 때문에, 모든 거래는 완전히 책임지고 투명해야 한다. 공공 기관들은 그들의 구매가 납세자에게 높은 가치를 나타낸다는 것을 보여 주기를 간절히 원할 것이다. 따라서 정부와 거래하는 기업은 공공 정책을 준수할 뿐만 아니라 그들의 서비스가 어떻게 대중에게 가치와 이익을 예시하는지 보여 줄 필요가 있을 것이다. 동시에 기업은 공공 정책에 영향을 미칠 수 있는 전문 지식을 보유하기도 한다. 따라서 B2G 조직은 로비 또는 영향력 있는 역할을 할 수도 있다.

정부 대 정부(G2G) 서비스

중앙정부든 지방정부든 정부는 복잡하다. 일반적으로 그것은 많은 독립된 부서, 공공 기관 또는 기관을 포함하며, 각각 다른 초점과 책임을 가지고 있다. 그러나 이들 각각은 종종 다른 정부 부처에 G2G(Government-to-Government) 서비스를 제공하기도 한다. 예를 들어, 세무 당국은 출생, 사망 및 기타 개인 상황 변화와 같은 개인 정보의 정확한 제공에 의존하는데, 이는 일반적으로 별도의 기관에 등록되어 있다. 서비스를 제공하거나 제공받는 부서가 조직적으로 밀접한 경우(예: 동일한 지방정부 기관), '내부 서비스'로 분류될 수 있으며, 이러한 서비스에도 관련된 여러 문제가 있다(이 장의 뒷부분 참조).

이러한 유형의 서비스에는 일반적으로 '구매 결정'이 없다. 정부의 다른 부분들은 서비스를 어디서 받을 것인지에 대한 선택권이 거의 없다. 각 기관은 보통 사실상 내부 독점 서비스인 것을 제공하도록 위임되었다. 분명히 이것은 서비스가 적절하게 수행되지 않을 경우에도 서비스에 대한 제재가 이뤄지기 어렵다. 또한 모든 내부 서비스에는 공통적인 문제가 있다. 영국 정부가 자신의 서비스가 어떻게 제공되는지에 대해 수행한 연구에 의하면 사용자에게 동일한 서비스를 제공하는 정부의 서로 다른 영역 간의 '사일로'(조직 경계)가 좋은 서비스를 제공하는 데 큰 장벽 중 하나라는 결론을 내렸다. 이에 대응하여 정부 간 '서비스 커뮤니티' 프로그램을 확대하여 특정 서비스 제공에 관련된 모든 사람을 하나로 묶었다.[1]

정부 대 소비자(공공)(G2C) 서비스

정부 대 소비자(공공) 서비스 또는 정부 대 시민 서비스(Government-to-Consumer, G2C)는 중앙정부 또는 지방정부가 지역사회의 개인을 위해 제공하는 서비스이다. 자금 조달은 다양한 형태의 기업 및 개인 과세 또는 개인에게 직접 부과하거나 둘의 조합을 통해 이루어진다. 자금은 정부가 정한 정책에 의해 광범위하게 할당된다. 예를 들어, 군과 경찰을 통한 보안 제공, 법원과 교도소 서비스와 같은 사법 시스템, 병원 및 보건 진료(국가가 의료에 자금을 지원하기로 선택하는 방법에 따라, 이것은 개인적으로, 국가에 의해, 또는 둘의 조합으로 제공될 수 있다)와 같은 의료 서비스, 초·중·고등 및 대학 교육 서비스 등을 포함한다.

다시 말하지만, 일반적으로 이러한 유형의 서비스를 '구입 결정'하는 것은 아니다. 사실, 시민은 일상적인 선택권이 거의 없을지도 모른다. 서비스는 세금을 통해 자금이 지원되며, 자원 할당은 정치적 절차에 의해 이뤄진다. 해결해야 할 과제는 다양한 정치적 압력에 대해 균형을 유지하면서 수용 가능한 공공 서비스를 제공하는 데 있다. 일부 공공 서비스는 그것을 다루어야 하는 사람들에게 반드시 사랑받는 것은 아니며, 주로 사회의 선을 이루기 위해 제공된다. 교도소, 경찰, 세금 징수원이 이 범주에 속할 수 있다. 게다가, 공공 서비스는 '최고의 가치' 서비스를 제공하기 위해 지속적인 감독 및 감시를 받고 있다. 공공 부문 조직은 특히 필수 서비스에 대한 수요를 규제하기 위해 가격 메커니즘을 사용할 수도 없다. 공중 보건 서비스 기관은 심장 수술, 임산부 서비스 등에 얼마나 많은 자원을 할애할 수 있는지에 대한 정책 결정을 내려야 한다. 중환자실, 사고 및 응급처치, 매우 비싼 약품에 대한 지출은 생명이 위태롭기 때문에 특히 민감하지만, 필연적으로 수요가 공급을 초과하거나 비용이 예산을 초과하는 경우가 있을 것이며, 이는 서비스 공급에 대한 암묵적인 배급이 있음을 의미한다.

소비자 대 기업(C2B) 서비스

C2B(Consumer-to-Business) 서비스는 고객이 자신의 서비스를 기업에게 제공하는 경우이다. 아주 큰 서비스 범주는 아니지만 고객이 받은 제품이나 서비스에 대한 온라인 리뷰를 제공하거나 지원 포럼이나 포커스 그룹에 참여하는 경우 등이 있다. 세 가지 사례 모두에서 기업은 개인 소비자의 비즈니스 거래 지원 참여 의지에서 가치를 추출한다. 그러나 소비자는 더 넓은 집단에 공유된 지식으로부터 이익을 얻는다. 이러한 유형의 피드백은 보다 공식적일 수 있다. 예를 들어, 일부 회사는 온라인 커뮤니티를 조직하여 제품 개발에 대한 그들이 의견을 제공받는다. 때때로 기업이 소비자에게 수수료를 지불하기도 하는데, 예를 들면 블로거가 그 기업의 상품을 홍보하기 위해 '인플루언서'로 채용되기도 한다. 이러한 유형의 서비스에는 고객이 구매하고자 하는 제품이나 서비스에 대해 기꺼이 지불할 수 있는 가격을 게시하는 '역경매'도 포함된다. 일부 국가에서는 전력 소비자가 (태양광 패널 등을 통해) 자체적으로 일부를 생산할 수도 있으며, 잉여가 있을 때 에너지 회사가 이를 다시 사들인다. 더 논란이 되는 것은, 일부 소셜 미디어 기업의 고객은 자신의 개인 데이터가 다른 기업에 판매된다는 것과 그럴 경우 자신이 C2B 제공자가 되기로 동의했다는 것임을 깨닫지 못할 수도 있다는 것이다.

소비자 대 정부(C2G) 서비스

이것은 또 다른 비교적 작은 범주이다. C2G(Consumer-to-Government) 서비스는 개별 시민이 정부에 '서비스'를 제공하는 것이다. 종종 이것은 세금 목적으로 수익 정보를 제공하는 것과 같이 무보수이다. 이것 역시, 구매 결정은 없다. 시민은 서비스 참여에 자발적이거나(예: 운전면허 신청), 강요된다(세금 정보 제공). 그러나 이것은 그러한 서비스가 신중하게 설계되어서는 안 된다는 것을 의미하지는 않는다. 예를 들어, 운전면허증 발급을 담당하는 정부 부처는 하나의 웹페이지에서 필요한 모든 정보와 건물을 제공함으로써 시민의 삶을 더 쉽게 만들 수 있다.

소비자 대 소비자(C2C) 서비스

C2C(Consumer-to-Consumer) 서비스는 거래 자체보다는 개인 간 거래를 촉진하는 서비스다. 이러한 구분은 중요하며 이 서비스 범주가 더 중요해진 이유를 설명한다. 소비자 대 소비자 상호작용을 촉진하는 인터넷 기반의 '플랫폼'의 기능은 페이스북과 같은 소셜 네트워크, 링크드인과 같은 비즈니스 네트워크, 유튜브와 같은 비디오 공유 사이트 및 P2P 게임을 포함한 수많은 서비스의 개발을 가능하게 했다. 이베이는 C2C 거래를 촉진하는 초기 전자 상거래 플랫폼일 것이다. 이베이는 최근의 인터넷 기반 플랫폼의 경우와 마찬가지로 상업적인 제3자 사업자

〈그림 2-3〉 고객 간 거래를 용이하게 하는 두 가지 C2C 서비스

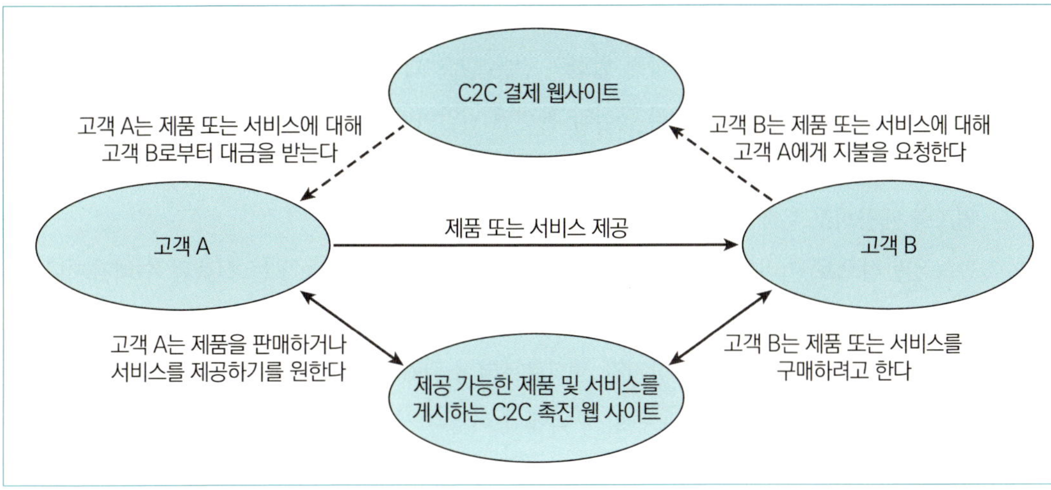

가 수수료를 받고 거래를 촉진하였다. C2C 서비스의 중요한 요소는 이러한 제3자 서비스의 사용에 있다. 사실상 C2C 플랫폼은 다른 서비스를 홍보할 수 있는 서비스를 제공하고 있다. 〈그림 2-3〉은 C2C 촉진 웹사이트가 판매 가능한 제품 또는 서비스의 세부 정보를 게시하고 다른 C2C 촉진 웹사이트가 결제를 준비하는 방법을 보여 준다.

이러한 유형의 서비스를 구매하기로 결정하는 것은 촉진 서비스를 사용하기로 선택한 개인에게 달려 있다. 부분적으로, 이것은 촉진 서비스가 구매자와 판매자가 서로를 찾고 평가하는 데 얼마나 많은 도움이 되는지에 달려 있다. 웹 기반 서비스의 재정적 성공은 종종 그 규모에 달려 있다. 사이트를 이용하는 소비자가 많을수록 선택할 수 있는 상품이나 서비스의 범위가 넓어지고, 거래당 사이트 이용 비용도 낮아진다. 그러나 C2C 촉진 서비스는 몇 가지 문제에 직면해 있다. 예를 들어, 그들은 그들의 사이트에서 판매되는 상품과 서비스의 품질을 보장하거나 통제하기 어렵다. 마찬가지로, 촉진 사이트의 명성에 위협이 되는 사기 거래 또는 의견 게시를 방지하기 어려울 수 있다.

2.1.2 비영리 서비스

앞서 전자 상거래에 기반한 분류에서 명확하게 다루지 않는 서비스 범주는 비영리 서비스의 범주이다. 이름에서 알 수 있듯이, 이것들은 (반드시) 장기적인 이익을 기대하지 않는 조직들이 제공하는 서비스이다. 그러나 이익이 주된 목적이 아니더라도 장기적인 목적과 운영을 추구한다.

서비스의 수령자는 개인, 기업, 정부 또는 기타 비영리 조직일 수 있다. 따라서 B2B, B2C

및 B2G 요소를 결합한 조직으로 볼 수 있다. 이러한 조직에는 구호단체 옥스팜(사례 참조)과 적십자 등과 같이 비정부기구(NGO)가 포함된다. 그외 비영리 단체로는 종교 단체, 자선단체, 스카우트 협회, 스포츠 클럽, 사진 협회와 같은 많은 작은 자발적인 클럽과 모임이 있다. 대부분은 기금을 모금하거나, 그들의 관심과 관련된 원인이나 문제에 대한 정보를 제공하고 사회적 행동의 형태에 참여한다. 옥스팜과 같은 조직은 기근 구제를 위한 기금을 모으고 필요에 따라 원조를 제공하고 분배하도록 조직한다.

일반적으로 이러한 유형의 서비스의 수혜자는 스스로 선택 또는 선택된 수혜자이다. 스스로 선택 수혜자는 자발적으로 자신이 필요로 하는 지원을 요청하는 고객(예: 시민 자문 기관)이다. '선택된' 수혜자들은 장기간 사회로부터 소외됐거나 재난의 영향을 받았거나 받은 사람일 가능성이 높다. 대부분의 관할 구역에서 비영리 사업체는 자선단체, 종교, 과학 또는 공공 안전 단체 등의 기능을 가져야 한다. 또한, 비영리 서비스는 자격을 갖춘 다른 자선단체에 전달될 수 있는 돈과 자원을 모으기 위해 존재할 수 있다. 그러나 그들의 목적이 무엇이든, 비영리 단체는 종종 상충되는 목표 조건에서 그들의 서비스를 제공해야 한다. 자원봉사자, 기부자, 수혜자의 서로 다른 목표에 대처하는 것은 의사 결정을 어렵게 만들 수 있으며, 특히 감정적이고 막대한 도움을 필요로 하는 자선일 경우 더욱 더 그렇다.

CASE example

사례

자선 서비스 관리에 있어서의 문제점 - 옥스팜 인터내셔널[2]

비영리 자선단체의 서비스 운영을 관리하는 것은 쉽지 않다. 상업적 기업과 달리 직접적인 경쟁자가 없는 것처럼 보일 수 있지만 영국에만 160,000개 이상의 일반 자선단체(대부분 소규모)가 있으며, 이들 모두는 370억 파운드의 기금에 대한 경쟁자이다. 자선단체의 서비스 운영 관리를 가장 잘 특징짓는 것은 여러 이해 관계자에게 서비스를 제공한다는 것에 있다. 그들은 상업적 조직의 정규 직원처럼 다룰 수 없는 자원봉사자에게 의존한다. 그들은 가치 있는 대의를 위해 일할 수 있는 기회를 자원봉사자에게 제공함으로써 '봉사'를 받는다. 그들은 또한 자선 목적을 달성하는 데 있어 효율성을 입증함으로써 개인, 상업 목적의 회사 및 정부 기관을 포함한 광범위한 기금 출처에 대해 '봉사'해야 한다. 더욱이 자선단체는 자신의 설립의 이유가 되는 근원적인 목적 달성과 이를 위한 필요한 자금 조달을 위해 투입하는 노력과 자선단체 자체를 계속 운영하기 위해 필요한 '백룸' 운영에 대한 노력 사이에서 이러한 활동의 균형을 맞춰야 한다. 자선단체가 운영하는 방식은 그들이 만드는 차이만큼이나 중요하다. 뿐만 아니라 운영 방식의 실패는 재앙적인 신뢰 상실로 이어질 수 있다. 자선단체의 활동을 받는 사람, 돈을 기부하는 기부자, 후원자 및 자원봉사자, 전임제 정규 직원 및 대중은 모두 자선단체가 최고의 윤리적 기준에 따라 운영된다는 확신을 가져야 한다.

전 세계의 빈곤과 고통에 대한 지속적인 해결책을 찾는 데 전념하는 주요 국제 개발, 구호 및 캠페인 조직인 옥스팜(Oxfam International)보다 이를 더 잘 보여 주는 자선단체는 없다. 옥스팜은 효율성을 극대화하고 전 세계 빈곤과 불의를 줄이는 데 더 큰 영향을 미치기 위해 함께 모인 20개 국제 조직(국가 기반 옥스팜)의 연합체이다. 그 비전은 사람들이 동등하고 가치 있게 대우받고 온전한 시민으로서 권리를 누리며 그들의 삶에 영향을 미치는 결정에 영향을 미칠 수 있는 빈곤 없는 정의로운 세상이다. 90개 이상의 국가에서 활동하고 수천 개의 지역 단체 및 시민 사회단체와 협력하여 옥스팜은 가난하고 소외된 사람들이 자신의 삶에서 보고 싶은 변화를 실현할 수 있도록 지원한다. 개인과 지역사회의 회복력을 강화하기 위해 권리 기반의 지속 가능한 개발 프로그램, 공공 교육 캠페인, 재난 및 분쟁에 대한 옹호 및 인도적 지원의 조합을 지원함으로써 이를 달성하려고 한다.

Geography Photos/Universal Images Group/Getty Images

매년 옥스팜은 지진, 폭풍과 같은 자연재해 또는 폭동, 전쟁과 같은 정치적 갈등 등 재난으로 생명, 건강, 생계가 위협받을 때 비상 대응을 시작한다. 2017-18년에는 전 세계적으로 2,300만 명이 넘는 사람과 직접 프로그램을 진행했다. 옥스팜의 지역 및 국가 사무소는 일반적으로 비상 프로그램을 운영하며 본사는 조언, 자료 및 인력을 제공할 뿐만 아니라 기술이 필요할 때 단기 임무를 위한 비상 지원 인력을 배치한다. 대피소, 담요 및 의복은 비상 창고에서 급하게 지원될 수 있다. 가볍고 휴대 및 운반이 간편하고 밀봉 가능한 뚜껑이 있는 '옥스팜 버킷'과 같은 용기뿐만아니라, 물탱크, 변기, 위생 키트 등을 포함한 위생 장비 및 엔지니어도 제공될 수 있다.

최근 자선단체들은 재난 등의 상황에 대응하는 데에만 국한하지 않고, 이러한 상황을 발생하게 하는 근본 원인으로 간주되는 문제를 해결하는 것이 자신의 역할이라고 생각하고 있으며, 이를 위해 적극적으로 캠페인을 벌이고 있다. 옥스팜의 경우, 그 목적은 빈곤의 불의에 대한 지속적인 해결책을 만드는 데 도움을 주는 것이며, 사람들이 안전하고 공정하며 빈곤으로부터 자유로운 미래를 만들 수 있도록 힘을 실어 주는 '변화를 위한 글로벌 운동'의 일부라고 말한다. 옥스팜은 빈곤의 구조적 원인에 도전하고 정부와 글로벌 기관이 빈곤 감소에 대한 약속을 실현하도록 촉구하는 것이 필수적이라고 말한다. 그러한 목표의 칭찬할 만한 특성에도 불구하고 필연적으로 자선단체는 노출되는 위험의 종류가 다양하게 변화되는 더 노골적인 정치적 영역에 속하게 된다. '정치적' 입장을 취한다는 것은 다른 견해와 이해관계를 가진 다른 그룹이 있다는 것을 의미하며 자선단체를 비판적인 조사에 노출시킨다. 더구나 정치적 영역에 진출한다는 것은 어떤 실패든 더 큰 충격을 받는다는 것을 의미할 수 있다. 옥스팜은 Haiti의 Port-au-Prince 인근의 옥스팜 거주지에 거주하는 남성 구호 담당자의 한 그룹에 의한 심각한 성추행 사건이 드러나면서 상당한 명예 실추를 겪었다. 지점장은 혐의 사실을 인정했지만 해임되는 대신 수사에 협조하면 1개월의 유예 기간을 두고 사임할 수 있도록 했다. 일부 옥스팜 지지자들은 이번 사건을 옥스팜의 비판자들이 '구호 반대' 목적을 가지고 이를 이슈화한 것이라고 비난했다. 그러나 옥스팜은 이 스캔들이 수년 동안 옥스팜의 명성을 더럽힐 것임을 인정하면서 옥스팜의 문화와 관행에 대한 독립적인 위원회를 출범시킬 것이라고 말했다.

2.1.3 내부 서비스

내부 서비스는 조직 내부의 개인과 조직 단위에서 서로에게 제공하는 많은 종류의 공식 및 비공식 서비스이다. 공식적인 서비스에는 IT 헬프데스크, 인사, 급여 및 보안 서비스와 같은 내부 서비스가 포함된다. 실제로 대부분의 관리자는 이러한 공식적인 내부 서비스뿐만 아니라 정보 제공, 조언 및 지원과 같이 서로에게 제공하는 일상적인 서비스도 포함하여 내부 서비스를 제공하고 제공받는 데 관여돼 있다. 조직을 상호 연결된 서비스 프로세스의 네트워크, 즉 각 프로세스가 다른 내부 프로세스로부터 입력을 받고 내부 '고객' 프로세스에 서비스를 제공하는 네트워크로 볼 수도 있다. 따라서 각 프로세스는 내부 공급 업체인 동시에 다른 프로세스의 내부 고객이다. 이 '내부 고객' 개념은 서비스 운영의 내부 활동을 분석할 수 있는 모델을 제공한다. 또한 내부 고객에게 외부 고객과 동일한 수준의 관리를 제공함으로써 전체 운영의 효율성을 개선할 수 있다는 점을 상기시켜 주는 점에서도 유용하다. 실제로 "외부 고객에게 제공하는 서비스 수준은 내부 고객 서비스 수준을 초과하지 않는다"라는 '내부 서비스 법칙'은 내부 서비스 제공의 중요성을 강조하고 있다.

내부 서비스는 중앙 예산을 통해 선택되는 경우가 많기 때문에 내부 서비스의 고객은 서비스 제공자를 직접 선택할 수 없다. 그들이 받는 서비스에 불만이 있다하더라도, 사실상 그들이 의지할 수 있는 내부 경쟁은 없다. 그러나 이는 내부 서비스가 외부의 가능한 대안 보다 더 가치있다는 것을 입증할 필요가 없다는 것을 의미하지는 않는다. 내부 서비스 제공에 발생하는 도전 과제는 다음과 같다.

- 조직 내의 사람들이 서로에게 제공하는 서비스와 서비스의 중요성을 인식하도록 하고, 그들이 외부 서비스를 다루는 것과 동일한 방식으로 서비스를 취급, 평가, 측정 및 개선하도록 하는 것.
- IT 및 재무와 같은 내부 서비스가 적어도 외부 대안만큼은 가치가 있다는 것을 입증하는 것.
- 내부 고객으로부터 인정을 얻는 것. 중앙에서 자금 지원된 서비스는 지역 운영 부서로부

다 른 견 해

내부 서비스를 별도의 서비스로 생각하는 데는 상당한 단점이 있다고 주장할 수 있다. 모든 서비스는 더 큰 네트워크의 일부이지만 특히 내부 서비스는 외부 고객에게 서비스를 제공하는 프로세스 전체의 중요한 부분으로 보아야 한다. 조직의 궁극적인 고객에게 적절한 서비스 성과를 제공하기 위해 프로세스 전체가 어떻게 작동하는가를 이해하고 나서야 비로소 내부 서비스는 자신의 역할을 완전히 이해하게 된다. 서로 다른 내부 '서비스 제공자' 사이의 '사일로'라고 알려진 것이 훌륭한 외부 서비스를 제공하는 데 가장 큰 장벽 중 하나가 될 수 있다. 하나의 특정 서비스에 대해 생각하는 것은 필연적으로 전체 내부 서비스 네트워크에 대한 이해로부터 멀어지게 한다.

터 의심의 눈초리를 받는 경우가 많으며, 업무를 효과적으로 수행하는 데 필요한 협력을 받지 못할 수도 있다('공유 서비스'에 대한 다음 내용 참조).

공유 서비스

많은 대기업과 정부 서비스에서 볼 수 있는 내부 서비스 조직의 특별한 유형은 '공유 서비스' 모델이다. 이는 한 활동(또는 일련의 활동)이 통합되어 동일한 조직의 여러 부문에서 사용되는 경우이다. 예를 들어, 한때 모든 글로벌 사무실에 독립적인 재무 및 회계 부서를 두었던 글로벌 석유 및 가스 대기업은 보다 복잡한 회계 업무는 각자의 지역 사무실에 맡기는 한편 모든 일상적인 청구서를 처리하는 단일 통합 센터를 설립하기로 결정할 수도 있다. 이 통합된 '청구서 처리' 센터는 공유 서비스 센터라고 알려져 있다. 이는 내부 백오피스 서비스를 조직하는 데 점점 더 널리 사용되고 있으며, 재무, 인사관리, 시설 관리 및 정보 기술 전문 지식과 서비스를 제공하는 데 자주 사용된다.

공유 서비스의 분명한 장점은 규모의 경제를 제공하고 불필요한 노력의 중복을 줄이는 동시에 비즈니스의 각 부문이 비즈니스 목표를 지원하는 핵심 활동에 집중할 수 있다는 것이다. 또한 표준화를 보장하는 가장 좋은 방법 중 하나이다. 정부 서비스에서와 같이 정책이 균일하게 적용되어야 하는 경우 특히 중요하다. 그러나 공유 서비스를 구현하기 위한 모든 노력이 성공적인 것은 아니다. 이전에 분리된 여러 센터의 다양한 관행을 통합하는 것은 특히 어렵고 일부 기업이 예상하는 것보다 오래 걸릴 수 있다. 또한 서비스를 중앙 집중화한다는 것은 거의 필연적으로 내부 고객과의 거리를 (실제 및 은유적으로) 늘린다는 것을 의미한다. 이에 따라 내부 고객의 실제 요구 사항을 이해하는 것이 더욱 어려워질 수 있다. 결과적으로, 내부 고객은 자신이 받는 서비스 품질이 저하되었다고 인식할 수 있다.

2.1.4 모든 서비스에는 고객이 있다

어떤 유형의 서비스가 관련되어 있더라도 변하지 않는 한 가지 점은 모든 서비스가 고객의 이익을 위해 수행된다는 것이다. 그러나 조직마다 고객에 대해 다른 용어를 사용하는 경우가 많다. 공공 서비스는 시민에게 서비스를 제공한다. 경찰 서비스에는 희생자와 범죄자가 있다. IT 서비스 제공 업체는 고객을 사용자라고 부른다. 호텔은 손님, 라디오 방송국은 청취자라고 한다. 우리는 조직이 서비스를 제공하는 모든 개인과 커뮤니티를 포괄하기 위해 '고객'이라는 용어를 사용하고 있다. 또한 서로 서비스를 제공하는 조직 내의 모든 개인 및 부서(내부 고객)와 그들이 서비스를 제공하는 외부 조직(예: 경찰이 사회 서비스 기관 및 법원과 협력하여 취약한 아이들을 돌보는 경우)을 포괄하기 위해 '고객'이라는 단어를 사용한다. 아이가 수혜자인 경우, 다른 기관들은 아이를 돕기 위해 서로에게 서비스를 제공해야 한다.

2.1.5 동일 부문 내 다양한 서비스

각 특정 부문에 고유한 과제가 있는 것처럼 부문 내 서비스 운영 간에도 상당한 차이가 있을 수 있다. 이는 조직이 경쟁하기 위해 선택한 방식 또는 어떤 고객 세그먼트에 서비스를 제공할 것인지와 관련이 있을 수 있다. 〈표 2-2〉에는 동일한 부문에서 운영되는 두 B2C 조직인 '저비용' 항공사와 '풀 서비스' 항공사 간의 몇 가지 주요 차이점이 요약되어 있다.

서비스 운영 관리자의 당면 과제 중 하나는 운영 스타일, 프로세스, 인력 및 기술에 대한 결정을 조직의 전체 전략에 맞추는 것이다. 이를 위해 운영 관리자는 운영 기능이 조직의 전체적인 성공에 어떻게 기여하는지를 명확하게 이해해야 한다.

2.1.6 다양한 서비스 유형 간의 차이가 줄어들고 있는가

이 절에서 설명하는 다양한 서비스 운영 유형 간의 차이를 이해하는 것이 중요하지만, 여러 면에서 서비스 운영 유형 간의 차이가 줄어들고 있다고 주장할 수 있다. 예를 들어, 상업, 공공 부문 및 비영리 조직 간의 구분이 모호해지고 있다. 공공 서비스는 경쟁 업체가 없지만 그들의 고객은 영리 조직과 비교하여 공공 서비스를 판단할 수 있다는 점을 인식하고 있다. 자선단체와 정부 기관은 종종 돈을 버는 무기를 가지고 있고 때때로 상업적 계약을 위해 경쟁한다. 예를 들어, 영국 동물 자선단체(RSPCA)는 동물들과 안전하고 인간적으로 일하는 것에 대해 영화 산업에 조언을 제공하기 위해 컨설팅 서비스를 개발했다. 대학, 자선단체 및 종교 단체는 시장 점

〈표 2-2〉 항공사 운영 비교

구분	저가 항공사	일반 항공사
사업모델	대용량, 저비용	글로벌 네트워크, 업무출장 고객 중심
운항 노선 네트워크	다른 항공사와 연결되지 않은 단거리 노선	글로벌 파트너 항공사와 연결되는 장거리 노선
기내 서비스	기본, 음식 없음, 부가적인 서비스 없음	이코노미부터 퍼스트 클래스까지 다양한 서비스
위치	덜 중요하고, 저비용 공항	연결편이 많은 중심 공항
운항 빈도	매일 노선당 여러 항공편 제공	하루 3번의 항공편에서 덜 인기 있는 목적지의 경우 주 1편까지 다양함
예약 시스템	자체 웹사이트 및/또는 자체 연락 센터를 통해 직접 예약	보통 중개인(여행사) 또는 웹사이트를 통해 예약

유율에 대해 공개적으로 이야기한다. 비영리 조직도 상업 조직과 유사한 방식으로 운영되고 있다. 그들은 최고 경영자, 전략 계획 및 마케팅 부서를 두고 있으며, 일상적으로 '고객'에 대해 언급하고 있다.

서비스 유형 간의 이러한 구분이 희미해지고 있다는 것을 받아들이는 것은 금융 서비스, 관광, 레저, 자선단체, 정부, 병원 또는 기업 간 서비스와 같은 개별 서비스 유형에 고유한 특정 상황이 있음을 부인하는 것이 아니다. 소수의 고액 고객을 대상으로 하는 영리 컨설팅을 관리하는 것은 재해를 입은 인구가 밀집된 개발도상국에 있는 원조 기관을 관리하는 것은 다르다. 그러나 모든 서비스 운영에 적용할 수 있는 일련의 지식, 일련의 기술 및 많은 프레임워크가 있다. 이것이 바로 이 교재가 다루는 내용이다. 이 교재에서 설명하는 대부분의 일반적인 이론과 방법은 서비스 경제의 어떤 부문에 관계없이 모든 서비스 운영에 적용된다.

2.2 서비스는 우리가 하는 일이고 소비하는 것이다

서비스 유형이 매우 다양할 뿐만 아니라 대부분의 국가의 경제에 미치는 서비스의 영향은 매우 크다. 우리가 하는 일과 소비하는 것의 대부분이 서비스이다. 게다가, 서비스로 인한 세계 경제 활동의 양은 서비스에 있어서의 국제간 교역과 마찬가지로 1세기 이상 지속적으로 증가해 왔다. 대부분의 개발도상국과 선진국 경제에서 서비스 활동은 중요하다. 대부분의 선진국에서 서비스는 GDP(국내총생산)의 약 80%를 차지하며, 개발도상국에서는 GDP의 50% 이상을 차지한다. 서비스 관련 산업이 대부분의 국가에서 노동 인구의 상당수에게 일자리를 제공하고 있다. 많은 국가에서 특히 관광 및 레저와 같은 서비스 부문은 새로운 일자리가 창출되고 있는 유일한 곳이다. 환대 및 교통과 같은 많은 서비스 조직은 노동 집약적이며 숙련된 노동력과 비숙련 노동력 모두를 필요로 한다. 또한 공공 부문과 자원봉사 부문 등에도 방대한 수의 사람들이 종사하고 있다. 교육, 보건, 소방, 경찰, 사회 서비스, 기근 구호 단체, 신앙 단체 및 자선단체와 같은 서비스를 관리하려면 민간 부문의 비즈니스 조직과 마찬가지로 많은 전문 지식이 필요하다. 정부는 이전에 국가가 직접 제공했던 많은 서비스를 자원봉사 부문에 하청을 주고 있다.

2.2.1 노동인구의 이동 – Clark 모델

경제학자들은 일반적으로 한 국가 내의 일을 세 가지 종류로 분류한다. 농업(농업, 원자재 채굴, 광업, 어업 및 임업), 산업(제조 및 건설), 서비스(관광, 소매 및 앞에서 설명한 서비스의 종

〈그림 2-4〉 각 부문의 고용에 대한 Clark 모델

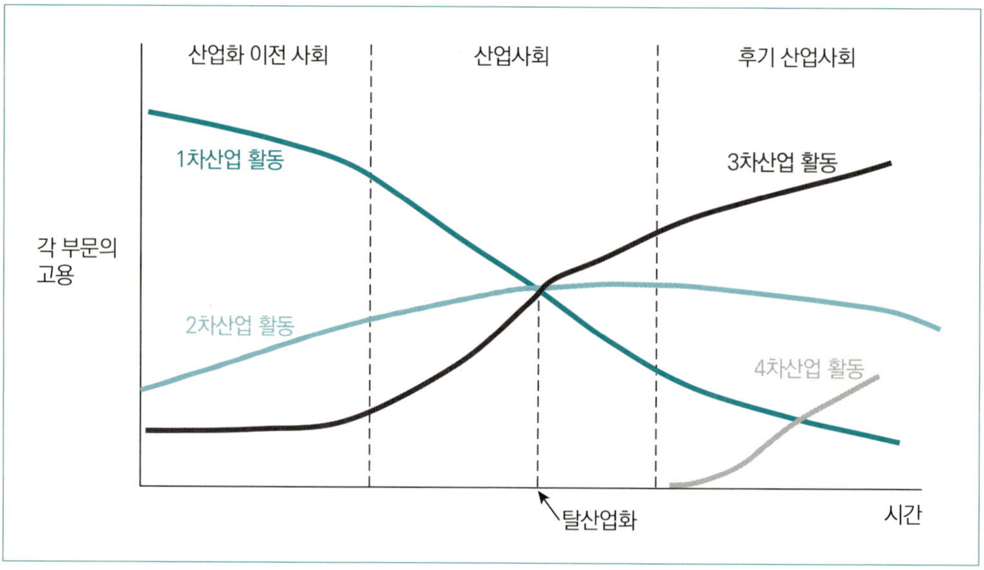

류). 1940년대에, 호주의 경제학자 콜린 클라크는 경제 부문 간의 균형의 변화를 경제에서 소비자 수요의 특성과 연관시켰다.[3] 한 나라의 경제가 성장함에 따라, 농업 생산량에 대한 수요가 감소한다고 그는 말했다. 처음에는 공산품에 대한 수요가 증가하다가 어느 정도 시장 포화 상태에 이르면 감소하기 시작한다. 그러나 서비스에 대한 수요는 지속적으로 증가한다. 각 부문의 상대적 고용 기여도가 어떻게 변화하는지 〈그림 2-4〉에 나와 있다. 이 이론에 따르면, 개발 단계가 다른 국가들은 각 분야에서 다른 수준의 고용을 보일 것이다.

따라서 경제가 발전함에 따라, 경제는 농업과 광업에 대한 과도한 의존에서 제조업 부문의 발전을 통해 보다 서비스 기반의 경제로 이동하는 과정을 따른다. 영국은 이 순서를 따르는 최초의 거대 경제국이었다. 다른 국가들도 때때로 '후기 산업' 서비스 기반 경제라고 불리는 것으로 영국과 유사한 전환을 이루었거나, 여전히 전환 중에 있으며, 이러한 전환이 더 빨라지고 있다는 증거가 있다.

지금은 선진국이지만 1800년대 중반에는 노동 인구의 약 70%가 농업에 종사했다. 1900년에는 이것이 40%로 감소했고, 오늘날 농업의 고용률은 약 2%에 불과하다. 대조적으로 이러한 경제에서 서비스 부문은 1930년대 GDP의 약 절반을 차지했지만 1980년대에는 3분의 2 이상, 1990년대에는 4분의 3 이상으로 성장했다. 그리고 성장은 계속되었다. 2017년에 서비스 산업은 영국 GDP의 80%, 고용의 83%를 차지했다.[4] 오늘날, 매우 산업화된 모든 국가는 적어도 서비스 산업에 고용된 노동력의 비율로 측정하면 사실상 '서비스 경제'가 되었다. 〈그림

〈그림 2-5〉 각 국가의 GDP에서 서비스 부문이 차지하는 비율

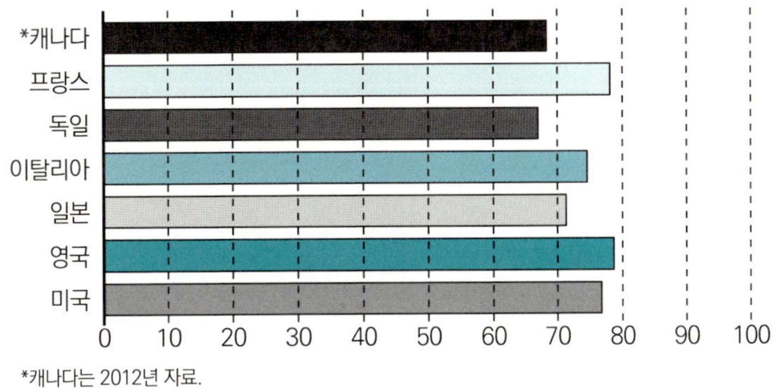

Sources: Data from OECD and UK Office of National Statistics (2014).

2-5〉는 일부 주요 경제국에서 서비스가 차지하는 GDP의 비율을 보여 준다.

4차산업 부문

원래 클라크 모델은 경제를 3개 부문으로 나누지만, 3차(서비스)산업 부문을 2개로 나눠 총 4개로 나누는 것이 일반화됐다. 이 분류에서 소위 4차산업 부문은 지적 및 지식 기반 활동(지식 경제라고도 함)과 관련된 서비스를 포함한다. 예를 들어, 일반적으로 정보 통신 기술(ICT), 컨설팅, 연구 개발, 극장, 디자인, 중개 회사, 미디어, 문화, 엔터테인먼트 및 지식 서비스와 관련된 서비스가 포함된다. 4차산업 부문 서비스의 주요 특징은 그들의 활동이 반복적이기보다는 지식적이라는 것이다. 미용사나 택시 회사와 같은 3차산업 부문의 더 일상적인 서비스는 대체로 반복적인 반면, 세무 계획가나 초상화 화가와 같은 4차산업 부문의 서비스는 더 불규칙하고/또는 다양한 활동을 수반한다. 그러나 모든 작업이 쉽게 분류되는 것은 아니다. 예를 들어, 선생님들과 의사들은 그들의 시간의 일부를 지적이거나 연구에 기반을 둔 활동에 사용할지도 모르지만, 그들의 시간의 일부는 더 일상적인 일에 사용된다.

2.2.2 왜 서비스로 옮겨 가는가

서비스로의 이동에는 몇 가지 이유가 제시되었으며, 어떤 이유가 이를 가장 잘 설명하는지에 대한 논쟁이 있어 왔다. Clark는 원래 매슬로의 '욕구 단계설' 가설에 근거하여 그의 이론을 세웠는데, 이는 공산품이 농산품보다 '높은'(기본적이지 않은) 단계의 수요이고 더 나아가 공산품보다도 훨씬 더 높은 단계의 수요를 충족한다는 것이다. 즉, 경제가 더 부유해지면 농산품 소

CASE example

사례

애플의 서비스로의 이동[5]

BigTunaOnline/Shutterstock

애플(Apple)은 지난 세기 말에 확립된 실리콘 밸리 기술 혁명의 성공 신화 중 하나이다. 그것은 (당시) 개발 중인 컴퓨팅 및 통신 장치 시장에 진정으로 중요한 것이 무엇인지에 대한 인식을 바탕으로 설립되었다. 제품 디자인은 깨끗하고 스타일리시하며 매력적이었고 기능은 고객의 요구 사항에 훌륭하게 부합했다. 그리고 제품에 내장된 운영 소프트웨어가 많은 찬사를 받았지만 여전히 서비스가 아닌 제품으로 분류된다. 제품이 지닌 문제는 소비자가 제품 교체의 속도를 늦추면 시장이 점점 더 어려워질 수 있다는 것이고 운영 소프트웨어도 이에 영향을 받게 된다는 것이다. 2020년까지 애플의 핵심인 아이폰 제품 판매는 여전히 성장하고 있지만 둔화되고 있었다.[6] 아이폰 판매로 인한 매출 점유율은 48%로 지난 몇 년 동안의 주요 스마트폰 중 가장 낮았다. 많은 제품이 저렴한 비용으로 유사한 기능을 제공하는 (비록 애플의 디자인 리더십에 필적할 수 있는 제품은 거의 없었지만) 스마트폰과 컴퓨터가 넘쳐나는 세상으로 인해, 이 시장의 경쟁이 심화돼 가고 있다.

그러나 애플의 서비스 사업은 약 13% 성장하고 있다. 이 회사의 앱스토어, 음악 및 비디오 스트리밍, 게임, 라이센스 거래 및 기타 서비스는 모두 미래의 성장 잠재력을 제공하는 것으로 간주되었다. 또한 아이폰 판매가 둔화되더라도 자신의 기기를 소유하고 있는 강력한 애플 소비자층은 애플 관련 서비스에 매력적인 시장을 제공했다. 이전의 다른 기술 회사와 마찬가지로 애플은 장치 판매에서 콘텐츠 및 서비스 판매로 전환하기 시작했다. 몇 년 전 IBM은 컨설팅, 소프트웨어 및 서비스를 제공하는 회사로 전환하여 컴퓨터의 필수품화를 상쇄하려고 했다. 그리고 수익성은 남아 있었지만 이 부문을 이전 수준에 훨씬 못 미치는 규모로 축소해야 했다.

비에서 잉여의 부를 공산품을 사는 데 점점 더 많이 사용할 것이고, 그리고 나서, 나중에는, 서비스를 소비하는 데로 수요는 옮겨 간다는 것이다. 이 아이디어에 의문을 제기하는 경제학자들은 2차(제조) 부문이 발전되지 않은 상대적으로 덜 개발된 국가 중에서 농업에서 곧바로 서비스로 고용을 전환한 사례가 여럿 있다고 지적한다. 예를 들어, 일부 카리브해 국가들은 관광 및 금융 서비스 산업을 성장시켰지만, 중요한 제조업 부문은 가지고 있지 않다.

서비스 산업의 성장에 대한 또 다른 설명은 2차 산업과 3차 산업 간의 상대적인 생산성 증가 때문이라는 것이다. 물리적 제품의 생산은 점점 기계화되어 자동화와 같은 프로세스 기술의 발전으로 더 적은 수의 작업자가 더 많은 제품을 생산할 수 있게 되었다. 한편, 서비스는 어느 정도 기계화가 가능하지만 자동화가 더 어려울 수 있다(서비스 기술의 발전이 이에 영향을 미칠 수도 있음).

다른 견해

신기술로 인해 4차산업 부문의 성장이 저해될 수 있을까? 어떤 지지자들은 인공지능(AI)의 증가하는 정교함이 일부 전문가들에 의해 현재 예측된 것보다 더 빠른 속도로 지식 기반의 일자리도 대체할 것이라고 추측한다. 이 분야의 일부 권위자들은 로봇이 물리적 제조 작업에 관련된 '근육 노동'의 상당 부분을 대체한 것처럼, 이른바 '뇌 노동'은 인공지능 주도 자동화로 대체될 것이라고 주장한다.[8] 기술은 더 저렴할 수 있으며 종종 지식 기반 진단 작업(예: X선 영상에서 질병 징후 검사)도 더 잘 수행할 수 있다. 따라서 기술은 사람들을 대체할 뿐만 아니라 '기술이 지속적으로 향상되고 있다'는 것이다. 기술에 의해 대체되기 어려운 몇 가지 유형의 직업이 항상 존재할 것이다. 대개는 판단과 통찰력에 기반한 의사 결정, 어린 아이들을 가르치는 것, 독창적인 예술 작품을 만드는 것 등과 같은 표준화된 요소로 분해되기 어려운 작업이다. 하지만 이제는 이런 직업이 기술로 대체되지 않을 것이라는 보장이 희미해지고 있다. 데이터 수집 및 분석의 편의성이 향상되고 프로세스 지식이 증가함에 따라 더 많은 유형의 작업을 일상적인 구성 요소로 세분화하는 것이 쉬워지고, 이를 통해 작업을 자동화할 수 있다. 심지어 인공지능에 의해 파괴될 사람들의 직업이 제안된 것보다 더 적다고 주장하는 연구들도 기술이 프로세스가 설계되는 방식에 영향을 미치면서 사람들의 직업을 크게 바꿀 수도 있다는 것에 대해서는 부인하지 않는다.

아웃소싱으로의 전환은 서비스 부문의 고용 점유율 증가에도 영향을 미칠 수 있다.[7] 이것은 부분적으로는 고용이 어떻게 분류되는지에 대한 문제이다. 대부분의 고용 통계는 회사의 주요 산출물에 따라 분류한다. 즉, 제조 업체 내에서 수행되는 서비스 활동은 제조업 고용으로 분류되고, 서비스 업체 내에서 수행되는 동일한 활동은 서비스 고용으로 분류된다. 예를 들어, 제조 회사가 재무 및 회계 활동을 전문 회계 회사에 아웃소싱하기로 선택하면, 한때 제조 부문에 속하는 것으로 분류되었던 회계사는 현재 서비스 부문에 속하는 것으로 분류된다.

서비스 분야만큼 다양하고 역동적인 분야에서 기대할 수 있듯이, 중요한 것 또는 중요하게 될 수 있는 것에 대한 새로운 아이디어가 지속적으로 등장하고 있다. 다음 절에서는 이러한 아이디어 중 일부를 살펴본다.

2.3 서비스는 미래로 이르는 길이다

3차(및 4차)산업 분야의 부상에 대한 논의 결과는 서비스가 앞으로 더욱 중요해질 것이라는 것이다. 그러나 서비스 조직의 수적 우위와 경제적 영향을 넘어 서비스 사고가 모든 비즈니스의 생각하는 방식에 영향을 미칠 수 있다. 이 절에서는 비즈니스 관점에 영향을 미친 세 가지 서비스 아이디어, 즉 경험 경제, 서비스화 및 서비스 중심 논리(Service Dominant Logic: SDL)에 대해 살펴본다.

2.3.1 경험 경제

1998년에 Joseph Pine과 James Gilmore가 Harvard Business Review에 '경험 경제'라는 용어를 사용하여 사람들이 '상품' 대신 경험에 돈을 쓰는 현상의 증가에 대한 논문을 발표했다.[9] 그들은 모든 기업이 고객을 위해 기억에 남을 만한 이벤트를 관리해야 하는 새로운 시대를 예측했다. 이 아이디어는 우리가 소비자로서 개발한 방식을 기반으로 한다(앞에서 논의한 욕구 단계설 가설의 계층 구조와 유사함). 음식이 풍부하지 않고 안정되지 못한 보금자리를 지닌 지난 세기에는, 이처럼 기본적으로 필요한 것을 제공하는 것이 행복의 기초를 제공하는 것이었다. 그 후에는, 증가하는 물질적 상품의 공급이 일상 생활의 수준을 변화시킨 소위 '소비자 혁명'으로 이어졌다. 하지만 물질적 상품의 양이 진정한 행복을 가져다 주는데에는 한계가 있다. 그리고 그 한계 이전에도, 우리가 소유하고 있는 '물건'의 양이 증가할 때마다 만족도 측면의 증가는 감소한다. 일부 논평가들은 이 현상을 'peak stuff', 즉 성장 한계라고 불렀다.

하지만 경험 경제의 개념을 지지하는 사람들은 더 나아가 일반적인 서비스와 경험을 구분한다. 사실, 그들은 서비스와 제품이 다르듯이 서비스와 경험은 다르다고 말한다. 게다가, 그들은 경험이 물질적인 상품보다 더 큰 만족을 가져올 수 있는 능력을 가지고 있다고 주장한다. 이에 대한 증거는 논란의 여지가 없는 것이 아니다. 하지만, 경험이 상품보다 비교하기 어렵기 때문이라면, 그 아이디어에는 직관적인 해석의 노력이 요구된다. 따라서, 예를 들어, 한 사람이 신형의 페라리 자동차를 가지고 있고 다른 사람은 10년 된 작은 세단을 가지고 있다면, 누가 더 좋은 차를 가지고 있는지는 분명하다(두 번째 사람이 자신의 오래된 차에 만족하더라도). 하지만 두 사람에게 있어서 휴일의 경험을 비교하는 것은 더 어렵다. 두 번째 사람은 첫 번째 사람의 값비싼 휴가만큼, 혹은 그 이상으로 자신의 저렴한 휴가의 경험을 즐겼을 수도 있다.

기억에 남는 경험을 제공하는 방향으로 더 나아가는 것은 전통적으로 고객과의 높은 수준의 접촉에 의존해 온 서비스에 분명히 적용 가능하다. 예를 들어 온라인 소매 업체의 위협을 받고 있는 오프라인 소매 업체는 매장에서의 경험을 개선하고 고객 참여를 촉진하며 고객의 관심을 활용하기 위해 모든 것을 재설계함으로써 경험 경제를 수용하려고 시도할 수 있다(애플 스토어의 사례 참조). 예를 들어, 아웃도어 의류 및 장비 매장은 맞춤형 제품뿐만 아니라 매장 브랜드가 지닌 경험과 환경 관련 지식을 활용하여 각 고객의 열정에 맞는 '아웃도어 모험 계획' 상담도 제공할 수 있다. 또는 미용 제품을 판매하는 상점은 고객이 매장에서 제품을 가지고 '장난'하며 놀 수 있도록 환경을 조성하고, 미용 서비스와 수업을 제공하며, 미용 팁 관련 워크숍을 개최하고, 고객이 집에서 사용할 수 있는 가상 기술을 개발하기도 한다.

이러한 예에서는 매장이 무대가 되고, 고객과 서비스 운영 간의 상호작용은 연극과 같다.

심지어 사용되는 언어도 그들이 시도하는 강조의 변화를 반영한다. 그들은 '서비스를 제공'하는 것이 아니라 '무대 경험'을 제공한다. 그들은 고객에게 '혜택을' 제공하기보다는 '손님의 감정'에 초점을 둔다. 그들은 연극 공연에서처럼 각자의 경험이 그들에게 개인적인 것이고 동시에 '기억에 남을 수 있고 개인적인 경험'이 된다. 왜냐하면 이 경험이 그들이 경험과 상호작용할 때 그들의 마음의 상태에 따라 달라질 것이기 때문이다.

CASE example

사례

애플 스토어에서의 경험[10]

20여 년 전에 첫 번째 소매점을 연 이후로 애플(Apple)의 제품 다양성과 매장의 지리적 확산은 급속도로 확장되었다. 그러나 애플이 항상 자체 매장을 통해 제품을 판매한 것은 아니다. 1990년대까지 일부 기존 컴퓨터 소매 업체는 애플 브랜드가 너무 약하다고 주장하면서 맥(Mac) 컴퓨터 취급을 달갑잖게 여겼다. 그러나 애플의 공동 창업자인 고 Steve Jobs가 애플 스토어를 오픈하기로 결정하면서 고객 경험을 매장 디자인의 중심에 놓을 수 있는 기회를 제공했다. Jobs는 이전에 애플 제품을 판매했던 타사 소매 업체가 제공하는 것보다 더 나은 고객 경험이 필요함을 인식했다(애플의 소매점 네트워크는 이후 24개국에 걸쳐 500개 이상의 매장으로 확장되었다). 원래 경험 기반 디자인을 채택한 의류 소매 업체인 갭(Gap)은 애플 매장 디자인에 상당한 영향을 미쳤다. 실제로 많은 갭 직원이 애플로 옮겼으며, 이를 빗대어 자신들이 'Gapple'에서 일한다고 농담을 할 정도였다. 그러나 숙련된 갭 직원들을 보유했더라도 애플은 자체 아이디어를 개발하기를 원했다. 그 결과 캘리포니아 본사 근처에 '실험 매장'을 만들고 첫 번째 애플 스토어를 열기 전에 1년 동안 소매점 콘셉트를 테스트했다. 이 초기 학습 기간이 중요했다. 이를 통해 애플은 고객이 매장 내에서 갖게 될 경험이 특히 중요할 것이라는 결론에 도달할 수 있었다.

애플은 사람들이 경험을 위해 애플 스토어를 방문할 의사가 있고 그것에 대한 비용을 기꺼이 지불할 것이라고 생각했다. 그리고 그 경험의 모든 구성 요소 중에서 아마도 가장 중요한 것은 직원이 물건을 파는 데 집중하지 않고 관계를 구축하고 사람들의 삶을 더 좋게 만드는 데 집중한다는 것이다. 애플은 자사 직원이 굉장히 잘 훈련되어야 하고 수수료에 의존하지 않도록 해야 한다고 결정했기 때문에 고객에게 값비싼 새 컴퓨터를 판매하든 이전 컴퓨터를 더 잘 작동하도록 도와주든 그들에게 아무런 차이가 없도록 하였다. 그들의 임무는 고객이 필요로 하는 것이 무엇인지 파악하고 애플이 취급하지 않는 제품이더라도 고객이 그것을 얻을 수 있도록 돕는 것이다. 애플은 고객이 원하지 않거나 필요하지 않더라도 더 많이 구매하도록 독려하는 데 중점을 두는 다른 소매 업체와 분명한 차이를 만들고 싶었다. 중요한 점은 고객 경험을 창출하는 것이 우연의 문제가 아니라 애플의 전략으로 신중하게 설계되었다는 것이다. 직원들은 철저한 교육을 통해 냉철한 자신감을 키울 수 있었다. 또한 판매를 추진해야 한다는 압박이 거의 없을 때 직원이 고객에게 다가가기 쉽고 침착하기가 더 쉽다. 교육에서는 판매보다는 문제 해결의 중요성을 강조하고 고객을 예의 바르게 대할 것을 가르쳤다. 예를 들어 직원들은 고객이 제품 이름을 잘못 발음한 경우에도 그것이 고객이 그렇게 발음하는 것이 맞다고 알고 있는 것으로 여겨질 경우 절대 시정하지 말라고 하고 있다.

B2B 서비스에서의 경험 경제

고객 상호작용을 '경험'으로 취급하는 것이 B2C 서비스 비즈니스에서 어떻게 유용할 수 있는지 이해하는 것은 상대적으로 쉽지만, 이 개념이 B2B 비즈니스에도 과연 유용할까? 소매 업체나 호텔과 같은 B2C 서비스는 인지된 브랜드 가치를 기반으로 개인 소비자에게 마케팅하는 경우가 많기 때문에 고객의 경험에 따라 판단될 수 있다. 그러나 B2B 기업은 다르다. 그들의 판매 단위는 일반적으로 더 크고 더 길고 더 복잡한 구매 거래를 포함하고 각 고객 조직의 여러 개인

WORKED example

사례

고객 경험에 집중하는 ZPZ Systems

ZPZ Systems(업계에서는 단순히 Zeepee라고 함)는 공공 및 민간 의료 기관에 IT 서비스 및 소프트웨어를 제공하는 기업이다. 덜 맞춤화되었지만 더 저렴한 시스템을 제공하는 경쟁 업체와의 경쟁으로 인해 점점 더 우려를 느끼고 있다. 뿐만 아니라 고객 만족도 순위는 저가 경쟁 제품보다 높지 않았다.

> 고객의 시스템 채택 경험을 향상시키면 고객 만족도가 높아지고 평판이 향상되어 매출이 증가할 것이라고 우리는 믿고 있다.

회사 CEO의 말이다.

> 그러나 우리는 여러 문제에 직면해 있다. 고객의 요구 사항을 평가하기 위해 구축해 준 IT 시스템은 기술적으로는 타당했지만, 이를 사용하는 고객 조직의 일부 비 IT 직원은 혼란스러워 했다. 동일한 문제는 원가 계산 시스템에서도 발생했다. 시스템을 설치하고 테스트한 후에도 고객은 우리가 '가짜 문제'라고 부르는 것을 보고하는 경우가 많았다. 고객이 문제로 보았지만 실제로는 단순히 고객이 새 시스템을 이해하지 못해서 발생하는 문제였다. 꽤 많은 경우, 우리가 상대한 고객 조직의 기술 인력은 구축된 시스템을 만족했지만 실제로 이를 사용하는 그들의 내부 고객은 그렇지 않았다.

그들이 한 일

출시 당시 Zeepee의 고객 경험 혁신 프로그램에는 여러 요소가 포함되었다. 첫째, 고객 조직의 모든 부분과 관련된 모든 주요 프로세스를 재설계했다. 응답 시간부터 직원의 마음가짐에 이르기까지 고객 경험의 모든 측면을 비판적으로 검토하는, 즉 고객이 경험하는 '고객 여정'의 시작과 끝까지 모든 과정에 초점을 맞춤으로써 이를 수행했다. 둘째, 회사는 비전문적인 언어로 설명된 시스템 작동 방식에 대한 설명서를 포함하여 고객이 중요한 리소스에 쉽게 액세스할 수 있는 포털을 고안하여 고객 참여를 장려했다. 이것은 단일 고객 조직을 위한 대면 워크숍과 고객이 'Zeepee 커뮤니티'의 일부로서 경험을 공유하도록 장려하는 보다 '개방적인' 이벤트를 촉진하여 큰 성공을 거두었다. CEO가 말했듯이 "이해하기 어려운 첨단 기술에서 고객 참여는 더 깊은 감정 수준에서 사람들과 연결할 수 있도록 기술을 인간화하는 경험을 제공하는 것을 의미한다." 고객 경험 혁신 프로그램의 세 번째 요소는 고객과의 정서적 연결을 구축하려는 시도였다. 여기에는 Zeepee의 시스템이 의료 전문가의 업무 생활에 어떤 영향을 미칠 수 있는지 보여 주는 여러 비디오 사례 연구 제작이 포함되었다. 이러한 '그들을 도울 수 있도록 지원'하는 사례는 고객 직원의 공감을 얻었을 뿐만 아니라 Zeepee 직원이 고객의 우려 사항에 공감하는 데 도움이 되었다. CEO의 말에 따르면 '서비스가 사람들에게 판매되고 있으므로 모든 고객 경험 전략의 중심에 사람을 두어야 한다는 점을 기억하는 것이 중요함을 보여 준다.'

이 관련될 수 있다. 이러한 상황에서 '경험'이란 무엇을 의미할까?

여러 면에서 B2B는 B2C 비즈니스에서와 마찬가지로 감정적인 수준에서 고객과 연결된다. 그러나 B2B는 자신만의 고유한 문제를 갖고 있다. 첫째, 일반적으로 각각의 판매에 여러 고객이 있다. 고위 의사 결정자와 기술 직원부터 판매된 모든 것을 '사용'하게 될 직원에 이르기까지 다양할 수 있으며 각자는 모두 다른 관점, 요구 사항 및 의견을 가질 수 있다. 둘째, 고객 측에 여러 의사 결정권자가 있을 가능성이 있을 뿐만 아니라 판매 회사에도 고객과 접촉할 여러 직원이 있을 수 있다. 셋째, B2B 고객은 '사슬의 끝'이 아니다. 그들에겐 그들의 고객이 있다(그 고객도 자신의 고객이 있을 수 있음). 이러한 문제의 의미는 종종 복잡하고 다면적이며 모호한 요구를 염두에 두고 경험을 설계해야 하며 경험을 준비하는 사람들이 잘 조정되어야 한다는 것이다(ZPZ Systems 예 참조).

2.3.2 서비스화

'서비스'는 '순수한' 서비스업에만 국한되지 않는다. 실제로 제조와 서비스 사이의 전통적인 경계는 점점 더 모호해지고 있으며, 그 결과 제조 산업에서 가치를 제공하는 서비스의 역할이 더욱 중요해졌다. 이것은 부분적으로 제품과 서비스가 병합되고 있기 때문이다. 점점 더 많은 제품 제조 업체가 고객 서비스의 서비스 요소를 강화하여 수익성을 높이거나 보호하기 위해 노력하고 있다. 따라서 다양한 (이로 알려지게 된) '서비스화' 전략이 등장했다. 이는 서비스에 제품을 혼합하거나 그 반대로 제품에 서비스를 혼합하는 등의 개발에 대한 접근 방식이다. 서비스화는 제품 기능이 시장에 전달되는 방식을 변경하려는 모든 전략을 의미하게 된 일반적인 용어이다. 이것은 실질적으로 강력한 개념임이 입증되었으며 경쟁 압력을 받고 있는 많은 제조 업체에게 생명줄을 제공하는 것으로 보인다. 서비스화의 가장 초기이자 가장 많이 논의된 예 중 하나는 항공 엔진 제조 업체인 롤스로이스에서 찾아볼 수 있다. 고객(주로 항공사)에게 엔진을 판매하는 대신 엔진당 비행 또는 작동 시간당 가격을 지불하는 옵션을 제공했다. 가격은 필요한 지원에 따라 그리고 필요한 성능(예: 항공기 수, 운영 시간, 정밀 검사 및 수리 양, 재고, 위치, 운송 등) 및 필요한 성능 보장(예: 엔진 가용성, 수리 소요 시간, 신뢰성 등)에 따라 달라진다. 롤스로이스는 원래 이 서비스를 '시간당 유지관리 프로그램'이라고 불렀다. 업계에서는 이를 서비스화의 본질을 포착하는 문구로 보고 있다.

서비스화는 왜 생겨났는가

서비스화는 관리에 있어서의 유행 그 이상이다. 얼마나 많은 산업이 개발하려고 하는지를 나타내는 중요한 지표이다. Clark 모델에 나타난 경제 동향을 반영한다고 주장할 수 있다(이 장 앞부분 참조). 그러나 개별 비즈니스 수준에서 고유한 전략으로서 서비스화의 출현에 대한 단일 이유는 없다. 오히려 다음과 같은 여러 요인의 조합에 의해 설명될 수 있다.

- 서비스를 제공함으로써 수명 주기가 긴 제품의 설치 기반에서 상당한 수익을 창출할 수 있다. 특히 자본재 설치 기반이 높은 회사(예: 기차 제조 업체, 건설 차량 제조 업체 등)는 예전의 고객을 개발할 가치가 있는 시장을 대표하는 것으로 여긴다.
- 서비스는 자본 장비 구매를 주도하는 경제 주기에 저항하기 때문에, 즉 고객으로 하여금 주기적으로 자본 장비를 구매하지 않아도 되도록 서비스를 제공하기 때문에 보다 안정적인 수익원을 제공하는 경향이 있다. 서비스 제공에서 안정적인 수익원을 보장하는 장기 계약에 서명할 수 있는 가능성은 서비스화의 주요 이점으로 간주된다.
- 서비스화는 성숙한 제품의 상품화에 대한 헤지 수단이 될 수 있다.
- 서비스화는 어떤 형태로든 새로운 비즈니스 기회를 제공할 수 있으며 종종 고객이나 다른 서비스 공급 업체가 과거에 수행한 작업을 대체한다.
- 서비스화는 혁신적이고 경쟁력 있는 서비스를 창출할 수 있는 기회를 제공할 수 있다. 이 아이디어는 '우리보다 우리 제품을 더 잘 아는 사람은 없습니다'라는 문구로 대표된다. 다른 공급자가 모방하기 어려운 서비스를 더 잘 만드는 사람들임을 나타낸다.
- 서비스는 고객과의 관계를 개선할 수 있다. 결국, 고객을 알지 못하는 상태에서 고객에게 서비스를 제공하는 것은 어렵다. 특히 서비스 제공은 고객의 요구를 이해할 수 있는 기회를 제공하고 제품 및 서비스 디자인을 통해 이러한 요구를 해석하도록 동기를 부여한다.

요약하면, 서비스화는 어떤 비즈니스에서는 서비스가 경쟁 전략에서 훨씬 더 큰 역할을 할 것이라는 인식 증가를 반영한다. 서비스화에 대한 열정은 비용을 절감하고 서비스 품질을 향상시키려는 욕구에서도 비롯된다. 이를 통해 고객은 핵심 비즈니스에 집중하고 주변 활동을 아웃소싱할 수 있으므로 공급 업체가 달성할 수 있는 규모의 경제뿐만 아니라 공급 업체의 전문성을 활용할 수 있는 잠재력을 제공한다.

2.3.3 서비스 중심 논리

서비스의 중요성이 점차 인식됨에 따라 이 분야의 일부 권위자가 모든 비즈니스 활동을 서비스의 한 형태로 보기 시작한 것은 놀라운 일이 아니다. 이를 제안하는 아이디어 중 가장 중요한 것은 "서비스 중심 논리(service-dominant logic: SDL)"의 패러다임이다.[12] "서비스 중심 논리" 지

CASE example

사례

미쉐린 – 타이어 판매에서 타이어 관리 서비스 제공으로[11]

Joaquin Ossorio Castillo/Shutterstock

미쉐린은 150억 유로 이상의 매출, 19개국에 72개의 생산 시설, 약 100,000명의 직원을 보유한 타이어 산업의 세계적인 리더이다. 한때는 개인 고객과 상업적 목적의 고객 모두에게 단순히 타이어를 판매하는 데에만 집중했다. 그러나 상업 고객은 대부분의 개인 고객과 다른 요구 사항을 가지고 있다. 그래서 회사는 '미쉐린 솔루션'을 만들었다. 현재 계약 중인 약 400,000대의 차량 계약 관리를 담당하고 있으며 트럭, 버스, 코치, 자동차 및 밴 차량을 위한 설계, 개발 및 상용화 솔루션을 제공한다. 이 솔루션은 글로벌 맞춤형 방식으로 효율성, 생산성 및 환경 영향을 개선하고자 하는 차량을 대상으로 한다. 회사는 고객이 타이어 관리(차량을 더 오래 사용하면서 CO_2 배출량 감소)를 아웃소싱할 수 있도록 허용할 뿐만 아니라 서비스 제공을 용이하게 하기 위해 도로 운송 산업을 위한 네 가지 디지털 서비스(앱 형식)를 출시했다. 힘든 작업을 쉽게 하고 직원에게 인센티브를 제공하여 효율성을 극대화하도록 설계되었다.

MyInspection 앱은 각 차량 유형에 대해 차량 엔지니어가 정의한 체크포인트 목록에 따라 차량 검사를 통해 운전자를 단계별로 안내한다. 이상 현상을 보고하는 데 사용되며, 사진의 도움으로 유지 보수 작업장에 자동으로 알릴 수 있으므로 수리를 신속하게 계획할 수 있다.

MyRoadChallenge 앱은 도로에서의 기술 향상과 모범적인 운전에 대한 보상을 통해 트럭 운전자에게 인센티브를 제공한다. 운전자의 성과에 점수를 매기고 순위를 매긴다(운전자만 데이터에 액세스할 수 있음). 이 알고리즘은 운전자 스마트폰의 GPS가 감지한 가감속을 통해 운전의 질을 분석한다.

MyBestRoute 앱은 차량 운영 관리자가 경로 및 모든 관련 비용을 계산하는 데 도움이 된다. 다른 경로의 사용했을 때의 비용, 배출되는 CO_2 양을 확인하고 대체 차량 간의 비교를 제공한다.

MyTraining 앱을 사용하면 트레이너는 자신이 작성해야 하는 양식에 주의가 산만해지지 않고 운전자에 집중할 수 있다.

지자들은 우리가 서비스(그리고 일반적으로 '서비스'는 제조와 구분된다)에 대해 생각하는 방식이 여전히 제조 지배적인 '제품 중심 논리(goods-dominant logic: GDL)'에 너무 많이 의존한다고 주장한다. "서비스 중심 논리"의 의도는 이 서비스 중심 전망을 위한 프레임워크 설정을 위한 10가지 기본 전제(foundational premise: FP)에 담겨 있다. 각각의 의미에 대한 간략한 설명이 〈표 2-3〉에 나와 있다. 그러나 이 기본 전제가 "서비스 중심 논리"에만 독점적이라고 주장하지 않는다는 점은 주목할 가치가 있다(많은 것은 "서비스 중심 논리"가 공식화되기 전에 몇 년 동안 논의되었다). 그러나 이 기본 전제가 "서비스 중심 논리"가 나타내고자 하는 것을 전달하고 있다.

〈표 2-3〉 서비스 중심 논리의 FP

FP	FP의 의미
FP1 서비스는 교환의 주요 기반이 된다	기업이 함께 거래할 때 본질적으로'서비스'가 교환되며, 지식 및 스킬이 활용됨을 의미한다. 즉, 상품을 거래하는 본질적인 목적은 그 상품을 통해 제공되는 서비스 가치를 획득하기 위한 것이고, 그러한 가치를 얻기 위해서는 지식 및 스킬을 활용해야만 한다. 즉, 자동차 거래를 통해 가치를 창출하기 위해서는 자동차라는 상품 자체가 아닌 그 자동차를 사용하는 것이며, 이러한 가치를 얼마만큼 창출하는 가는 이에 관한 지식과 스킬의 정도에 달려있다. 여기서 복수형의 'services'가 아닌 단수형의 'service'를 사용한 것은 프로세스 또는 활동으로서의 서비스 개념을 강조하기 위한 것이다
FP2 간접 교환은 교환의 기본 기반을 가린다	전통적으로, 거래를 돈과 개별 서비스 그 자체의 복잡한 조합으로 보기 때문에 그들이 교환하고 있는 것이 지식 및 스킬의 활용을 필요로 한다는 것을 항상 인식할 수는 없다
FP3 상품은 서비스 제공을 위한 유통 메커니즘이다	상품은 사용되기 때문에 가치가 있다. 즉, 제공하는 서비스가 사용될 때 가치가 있다 ('사용 가치'라고 함)
FP4 무형적인 주체적 자원(operant resource)은 경쟁 우위의 근본적인 원천이다	경제학자들은 때때로 무형의 주체적 자원(operant resource)과 유형의 객체적 자원(operand resource)을 구분한다. 주체적 자산은 유형 자산인 객체적 자원과 달리 일반적으로 눈에 보이지 않는 무형의 지식과 스킬 등이다. "서비스 중심 논리"에서는 지식과 스킬을 회사 경쟁 우위의 기본 기반으로 보고 있다
FP5 모든 경제는 서비스 경제다	모든 교환의 기반이 서비스이고 서비스가 지식과 스킬의 응용이라면 전체 경제 관점에서 모든 경제 활동은 서비스를 기반으로 한다고 할 수 있다
FP6 고객은 항상 가치의 공동 창조자다	"서비스 중심 논리"가 '사용 가치'에 관한 것이라면 이는 필연적으로 어떤 종류의 상호작용을 의미하며 이는 다시 고객이 가치창출에 참여해야 함을 의미한다. 즉, 실질적인 가치창출은 고객이 사용할 때 창출되며 이것은 고객이 사용하는 상품과 상호작용하면서 경험할 때 발생한다
FP7 기업은 가치를 제공할 수 없고 가치 제안만 제공한다	이것은 다시 고객 공동 창조라는 아이디어에서 나온 것이다. 고객이 가치 창출에 참여해야 한다면 기업이 할 수 있는 일은 고객에 의해 활성화되어야 하는 가치의 가능성을 제공하는 것뿐임을 의미한다
FP8 서비스 중심 관점은 본질적으로 고객 지향적이고 관계적이다	공동 창조가 가치 창출의 중요한 요소이므로 교환 프로세스는 고객 중심적이어야 한다
FP9 모든 사회적 및 경제적 행위자는 자원 통합자이다	지식의 적용을 통한 가치 창출은 서비스 교환의 모든 행위자가 보유한 지식이 통합되어야 함을 의미한다
FP10 가치는 항상 수혜자에 의해 독특하고 상황적으로 결정된다	고객은 개별적인 필요와 개별적인 상황을 가진 개인이다. 따라서 그들만이 자신의 맥락에서 서비스 경험의 가치를 판단할 수 있다

명백한 것은 "서비스 중심 논리"가 서비스 운영을 실행하기 위한 일련의 처방이나 실용적인 도구가 아니라는 것이다. 그러나 이러한 이유로 "서비스 중심 논리"를 버리는 것은 잘못된 것이다. 이것은 일반적으로 비즈니스의 특성, 특히 서비스의 역할(아마도)을 생각하는 방식으로서 여겨진다. "서비스 중심 논리"는 서비스의 본질을 모든 경제 활동의 중심에 두는 마음가짐이다. "서비스 중심 논리"는 서비스의 본질에 대한 학문적 토대 형성에 큰 영향을 미쳤으며, '서비스 과학'의 발전을 위한 개념적 토대를 제공하는 것으로 볼 수도 있다.

서비스 과학

"서비스 중심 논리"에 이어 서비스 과학은 서비스, 서비스 제공 시스템 및 서비스 기반 기술에 대한 연구와 관련이 있다. 알려지기로는 서비스 과학은 2004년 컴퓨터 소프트웨어, 하드웨어 및 서비스 회사인 IBM의 임원인 Jim Spohrer가 적절한 여러 지식을 겸비한 적합한 구직자가 거의 없다는 사실을 인식하면서 시작되었다.[13] 필요한 것은 단일 분야가 아니라 수학적 모델링, 운영 관리, 컴퓨터 과학, 공학 및 사회 과학을 포함하는 다학제적 접근 방식이라는 것을 그는 깨달았다. 서비스 과학을 이해하는 열쇠는 바로 이러한 학제 간 관계이다. 서비스의 한 가지 특성이 아니라 사람, 기술 및 비즈니스를 포함하는 요소의 상호작용 시스템으로서의 서비스에 중점을 둔다.

서비스 중심 논리와 마찬가지로 서비스 과학은 도구도 처방도 아닌 집중이다. 기존 분야를 함께 가져와 서비스 세계에 적용한다. 서비스의 중추적 특성을 인정하고 서비스 연구에 과학적 접근을 하도록 동기를 상기시켜 준다. 또한 서비스 시스템을 설계, 개선 및 운영하는 데 있어 과학적 규율, 공학적 방법 및 관리 관행을 사용하여 서비스 혁신을 장려한다.

2.4 요약

서비스는 어디에나 있다. 우리 모두는 매일 서비스 운영을 사용하며 대부분 사람의 삶에서 중요하다. 또한 우리 모두는 업무의 일부로, 그리고 친구와 가족을 위하여 우리의 일상 생활의 일부로 다른 사람에게 서비스한다. '서비스란 무엇인가?'라는 질문에 간결하게 대답하기 어려울 수 있다. 대부분의 '서비스' 정의는 '제조된 제품과 대조되는 관점에서의 서비스를 의미한다. 서비스를 분류하기 위한 공통 프레임워크는 서비스 창출 주체와 서비스 소비 주체인 기업, 정부(또는 정부 기관) 또는 고객에 따라 서비스를 분류한다. 그 결과 B2B, B2G, B2C, G2B, G2G, G2C, C2B, C2G 및 C2C의 아홉 가지 서비스 범주가 있다. 또한 서비스 유형에는 비영리 서비스 및 내부 서비스가 포함된다.

서비스는 우리가 제공하고 소비하는 것이다. 서비스에서 비롯되는 세계 경제 활동의 양은 지속적으로 증가하고 있다. 대부분의 선진국에서는 서비스가 국내총생산(GDP)의 약 80%를 차지한다. Clark 모델은 경제가 발전함에 따라 제조업 부문의 발전을 통해 농업 및 광업에 대한 높은 의존도에서 서비스 기반 경제로 이동하는 과정을 어떻게 따르는지 보여 준다.

서비스는 미래의 길이다. 세 가지 개념은 서비스 부문이 어떻게 발전하고 있는지 보여 주고 있다. 이들 세가지 개념에는 경험 경제(서비스를 '기억에 남는 경험'으로 재구성), 서비스화(서비스가 지원하는 제품과 패키지화되는 방식을 강조하여 제품 기능이 제공되는 방식을 변경), 서비스 중심 논리(서비스를 모든 비즈니스 활동의 기반으로 봄) 등이 포함된다. 서비스 과학은 서비스 중심 논리와 관련이 있으며 수학적 모델링, 운영 관리, 컴퓨터 과학, 공학 및 사회과학을 포함하는 다학제적 접근 방식이 요구된다.

토론 및 연습

1. 네스프레소(Nespresso)는 '방문하지 않고 이용하는 스타벅스'로 묘사된다. 가정용 또는 전문가용 캡슐 등에서 커피를 추출하는 커피 머신을 공급한다. 이 회사는 Nestlé Group 내에서 자율적으로 글로벌하게 운영되는 기업이다. 스위스 로잔에 본사를 두고 있는 네스프레소는 60개국 이상에 진출해 있으며 전 세계적으로 12,000명 이상의 직원이 근무하고 있다. 이 회사는 에스프레소, 라떼, 카푸치노를 한 번에 한 컵씩 추출할 수 있는 유비쿼터스 커피가 채워진 캡슐과 기계를 제공하며 '세계 최고의 카페는 집에 있다'는 웹사이트를 자랑한다. 네스프레소를 조사하고 (a) 회사가 제품을 홍보하기 위해 경험 기반 서비스 및 '서비스화'의 개념을 사용하는 방법과 (b) 사회적 및 환경적 책임을 이행하기 위해 노력하는 방법을 살펴보라.

2. 국내 시장에 판매하는 브랜드 주방 용품 공급 업체는 장비와 도구를 제품이 아닌 '요리 라이프스타일'로 제공하는 것을 기획하고 있다. 고객이 이러한 라이프 스타일을 경험할 수 있도록 요리 학교 네트워크를 구축하고자 한다. 이 아이디어가 어떻게 회사에 경쟁 우위를 제공할 수 있는지에 대한 정당성을 제시하라.

3. 대형 자동차 제조 업체가 다음에 대해 어떻게 반응할 것이라고 생각하는가? (a) 제품에서 서비스로의 전반적인 이동, (b) 차량 기술의 변화.

4. The Earthy Construction Equipment Company는 자사 제품(대형 토공 장비)을 전 세계의 건물 및 광산 고객에게 판매한다. 회사의 CEO는 '경험 경제'에 대한 아이디어를 읽었지만 그것은 기업 고객을 주로 하는 장비 회사가 아닌 소비자를 고객으로 하는 회사에만 적용된다고 생각하고 있다. 이러한 기업이 기업 고객에게 '경험'을 제공하기 위해 무엇을 할 수 있을까?

5. 패스트푸드 레스토랑, 의사의 수술, 인터넷 기반 패션 의류 소매 업체에 대한 고객 경험과 결과를 설명하고, 이 세 조직의 서비스를 비교, 대조해 보라.

사례 문제: Sterksteen에서의 서비스화[14]

시장은 정말 힘들었다. 우리의 주요 경쟁자들은 게임을 향상시키고 있었고 우리가 제품 판매에 의존하는 설치 업체와 조경 계약 업체가 제공하는 서비스 품질은 완벽하지 않았다. 우리에게 전환점은 'Sterksteen' 브랜드가 고객에게 큰 의미가 있다는 시장 조사 결과였다.

— Ambroos Becker, Sterksteen 서비스 이사

Sterksteen은 네덜란드에 기반을 둔 회사로 네덜란드뿐만 아니라 덴마크, 벨기에, 북부 독일에서도 운영되고 있다. 다음과 같은 네 가지 주요 고객 유형이 존재하며, 판매되는 제품은 다양하며 콘크리트 포장 제품, 조경용 및 장식용 석재 제품 등이 있다.

1. 소매 업체: 상대적으로 소량을 소비자에게 직접 판매하며, 소비자는 주로 자신이 직접 콘크리트로 작은 영역을 포장하려는 DIY(Do-it-Yourself) 고객.

〈그림 2-6〉 Sterksteen의 현재 공급망

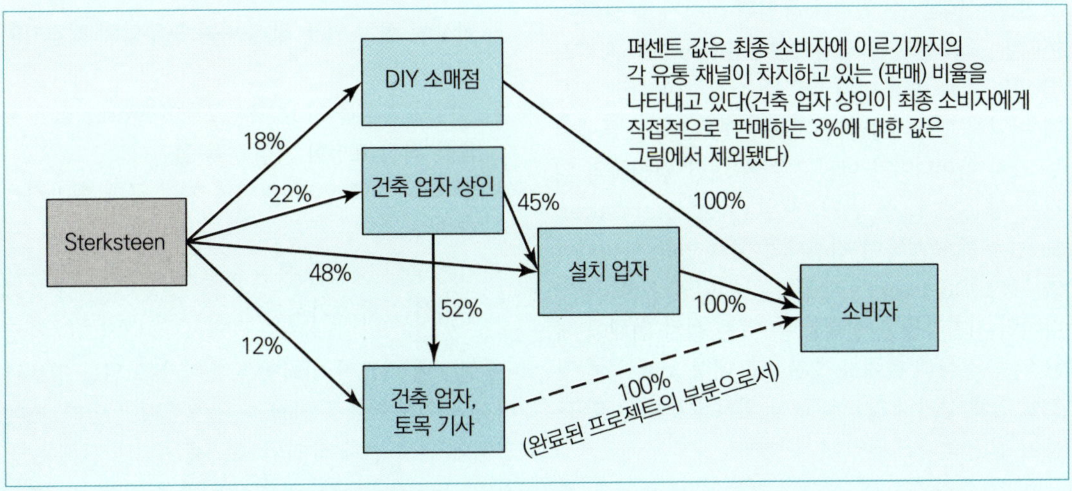

2. 설치 업자 및 조경 계약자: 일반적으로 소비자를 위한 프로젝트(예: 도로 포장 및 설치)를 수행하는 중소 규모의 대부분 독립 기업 및 개인 상인.
3. 설치 업자, 대형 건축 회사 및 토목 공학 회사에 공급하는 지역 및 지역 건축 업자 상인.
4. 주택 건설 업체, 토목 업체 등 대형 건축 업체.

Sterksteen의 공급망은 현재 각 채널을 통해 '흐르는' 판매의 대략적인 비율과 함께 〈그림 2-6〉에 나타나 있다.

지난 10년은 상당한 시장 하락으로 Sterksteen에게 힘든 시기였다. 여기에는 다음과 같은 여러 가지 이유가 있다.

1. DIY가 유행했고, 소비자는 콘크리트 포장 대신 설치가 더 쉽고 저렴한 대안인 목재 데크를 선택했다.
2. 사람들은 이사를 덜 했고 따라서 설치 업체의 업무가 줄어들었다.
3. 매우 작고 신뢰할 수 없는 일부 운영 업체가 사업에 참여하면서 설치 업체(Sterksteen의 주요 고객)가 제공하는 서비스의 평균 신뢰도 및 품질이 감소했다.
4. Sterksteen의 주요 경쟁 업체는 전국 건설 업체 상인들과 함께 적극적으로 자사 제품을 홍보하고 승인된 설치 업체를 위한 제도인 'The Register'를 개발했다.
5. 대형 소매 및 전국 건축업자 상인은 점점 더 강력해지고 공격적으로 협상할 수 있게 되었다.

판매 감소로 인해 Ambroos의 서비스 예산이 크게 삭감되었다. 그러나 그가 의뢰한 시장 조사는 Sterksteen 팀에게 새로운 희망과 새롭게 집중할 곳을 알게 했다. 시장 조사는 실제로 매우 긍정적이었고 최종 고객과 설치자가 Sterksteen 브랜드를 높이 평가한다는 사실을 확인했다. 서비스 품질은 좋은 것으로 보였고 Sterksteen의 영업 사원은 정직한 것으로 여겨졌다. 또한 Sterksteen이 설치 프로그램의 중요성을 무시해 왔다는 깨달음도 있었다.

조사 결과, 가치 사슬에는 우선 순위가 다른 다양한 영향력 요인이 있음을 파악했다. 건축 업자의 상인들은 개선된 마진과 신뢰할 수 있는 브랜드 및 제품을 원했고, 소매 업체는 유연한 주문과 빠른 배송을 원했다. 규모가 더 큰 건축 업자와 토목 기사는 신뢰할 수 있는 '간단한' 서비스를 원했다. 설치자는 주문을 생성하는 데 Sterksteen이 도움이 되기를 원했고 판매에 도움이 되는 마케팅 도구와 함께 강력한 브랜드와 연결되기를 원했다. 고객은 디자인에 대한 마음의 평화, 아이디어 및 영감을 얻고 또한 신뢰할 수 있거나 공인된 설치자를 원했다. 이러한 조사 결과를 바탕으로 Ambroos는 서비스 및 영업 팀과 여러 번의 회의를 소집하여 시장 조사에 어떻게 대응해야 하는지 토론했다. 이 토론에서 두 가지 아이디어가 나왔고 이에 대한 팀원들의 의견은 양분됐다. 첫 번째 아이디어는 'Sterksteen Secure'를 출시하여 경쟁사의 설치 인증 아이디어인 'The Register'에 대응하는 것이었다. 이 아이디어의 지지자들은 신뢰할 수 있는 설치 업체에 대한 인증을 통해 판매를 촉진하고 대형 소매 업체 및 건설 업체 상인의 강력한 협상 위치를 줄이는 데 도움이 될 것이라고 믿었다.

> 우리는 한동안 설치자 인증 체계를 개발하는 아이디어를 가지고 토론하였지만 경쟁사를 '따라하는' 제안을 원하지 않았다. — Ambroos Becker

두 번째 아이디어는 좀 더 급진적이었다. Ambroos는 다음과 같이 설명하고 있다.

> 우리는 여러 산업 분야에서 얼마나 많은 회사가 '서비스화' 개념을 채택했는지 알아차렸고, 우리가 비슷한 일을 할 수 있는 방법을 고려했다. 단순한 콘크리트 제품 제조 업체가 아닌 '서비스 제공자'가 되기 위한 첫 걸음을 누가 내딛지 않겠는가? 우리는 이 아이디어를 'Sterksteen install'이라고 불렀다.

두 가지 아이디어에 대한 기본 계획은 회사의 고위 경영진이 고려하도록 작성되었다.

Sterksteen Secure

Sterksteen Secure라는 아이디어는 설치자를 위협하는 것이 아니라 그들이 판매를 늘리고 힘든 상황 속에서도 Sterksteen 제품의 판매를 늘리도록 돕고자 하는 것이다. 포장 및 조경 시장에는 분명한 '유행'이 있으나 다른 많은 소비자 시장만큼 빠르게 움직이는 것으로 보이지는 않으며 현재의 설치 업체는 이러한 시장을 잘 이해하고 있다. 더욱이 소비자의 구매 패턴(어떤 제품이 사용되는지)에 영향을 미치는 것은 종종 설치자이다. Sterksteen Secure의 목표는 다음과 같다.

- 회사는 설치 업체 및 소비자 모두와의 직접적인 접촉을 늘린다.
- 소비자 인식을 향상시켜 그들이 Sterksteen 제품을 직접 요청할 가능성을 높인다.
- 소매 및 건축 업자 상인의 가격 구매 협상력을 낮춘다.
- 기존 공급 채널을 통한 Sterksteen의 판매량을 수익성 있게 증가시킨다.

연구에 따르면 인터넷은 소비자를 위한 정보와 영감의 원천으로서 점점 더 중요해지고 있다. 소매 업체와 건축 업자 상인의 소비자 인터넷 판매는 연간 약 15%로 성장하고 있지만 많은 조경가와 설치 업자는 이를 이용할 수 없다. 또한 대부분의 설치자는 소비자에게 제공하는 서비스를 크게 개선할 수 있는 컴퓨터 기반 조경 계획 및 추정 도구를 갖추고 있지 않다. 사실 극소수의 설치 업체만이 고객 관리, 브랜딩 또는 서비스 신뢰성과 같은 많은 기본 사항의 가치를 이해하고 있다. 평판이 좋고 잘 확립된 설치 업체의 주요 관심사는 평판이 좋지 않은 회사와 자신을 고객이 혼동하지 않도록 하는 것이다.

Sterksteen Secure에는 다음이 포함될 것을 제안하고 있다.

- 엄격한 채용 과정과 정기적인 서비스 품질 평가를 수반하는 조경 및 진입로 설치자를 위한 회원 제도.
- Sterksteen이 인수한 안전한 지불 시스템으로 설치자에 대한 지불과 소비자에 대한 만족스러운 설치 표준 보장에 대한 Sterksteen 보장 지불 시스템.
- 설치자에게 판매를 촉진하고 서비스 수준을 높이는 데 도움이 되는 판매 및 계획 도구 제공.
- 설치자의 웹 기반 마케팅 노력에 대한 기술 지원.
- Sterksteen Secure 작업복, 유니폼 등에 대한 브랜드화

명목상의 멤버십 지불액이 합의되어야 하며 이것이 Sterksteen의 계획 비용을 모두 충당하지는 못

하지만 판매 증가 가능성이 주요 보상이 될 것이다.

전체 서비스화 – Sterksteen install

Sterksteen Secure로서는 '서비스화'를 완전히 이룰 수 없다. 따라서 Ambroos 팀의 일부는 'Sterksteen install'이라는 훨씬 더 급진적인 아이디어를 선호했다. 처음에는 네덜란드에서 나중에는 회사의 다른 시장에서 자체 설치 및 조경 회사를 설립하는 제안이 포함됐다. 〈그림 2-7〉은 이 제안이 산업 공급망에 미치는 영향을 보여 준다. Sterksteen Install은 현재 Sterksteen 고객인 설치 업체 중 일부에 대해 직접적인 경쟁이 될 것이라는 점을 인식했지만 설치 및 조경 산업이 아직 상대적으로 원시적인 상태이므로 지금이 진입할 적기라고 느껴졌다.

이 제안의 근거는 다음과 같다.

- 제조 업체로서 Sterksteen은 소비자의 '여정'을 거의 통제할 수 없으므로 고객에 대한 인식과 이해를 파악할 수 있는 근거를 구축해야 한다.
- 이러한 방식으로 공급망 아래로 이동하면 최종 사용자/소비자와 더 가까워지고 시장에 대한 이해와 정확히 어떤 유형의 서비스가 가치가 있는지에 대한 이해가 높아질 것이다.
- 산업이 작은 규모로 나눠진 파편적인 특성을 감안할 때, 강력하고 신뢰할 수 있는 브랜드는 소비자가 우리를 보는 방식에 매우 중요한 영향을 미칠 수 있다.
- 다시 한 번 산업의 파편화 특성을 감안할 때 통합할 때가 무르익었다. 우리가 이렇게 하지 않으면 다른 누군가가 할 것이다.
- 설치 작업에 대한 일반적인 총마진은 매출의 약 30~40%이다. 그러나 우리의 제조 마진은 10%에 불과하다. 우리는 이 가치를 포착해야 한다.
- 설치 사업 운영으로 인한 향상된 효율성은 잠재적으로 이러한 수익 마진 수치를 크게 증가시킬 수 있다.
- 설치 시장에 진입하면서 규모의 경제와 더 나은 서비스를 사용하여 합리적인 시장점유율을 확보할 수 있다(정확한 예측을 조사해야 함).
- Sterksteen Secure 제안은 실행 가능하지만 여전히 '미투,' 즉 경쟁사를 따라하는 서비스이다.

이 제안은 준비하는 데 훨씬 더 많은 비용이 들고 더 많은 위험을 수반하지만 Ambroos 팀 중 일부는 이것이 앞으로 나아갈 길이라고 믿었다.

질문

1. 각 제안의 광범위한 장점과 단점은 무엇인가?
2. 각 제안의 비용 및 수익 추정치는 아직 사용할 수 없지만 어떤 제안을 선호하는가?

〈그림 2-7〉 제안된 'Sterksteen Install'을 포함한 Sterksteen의 공급망 개요

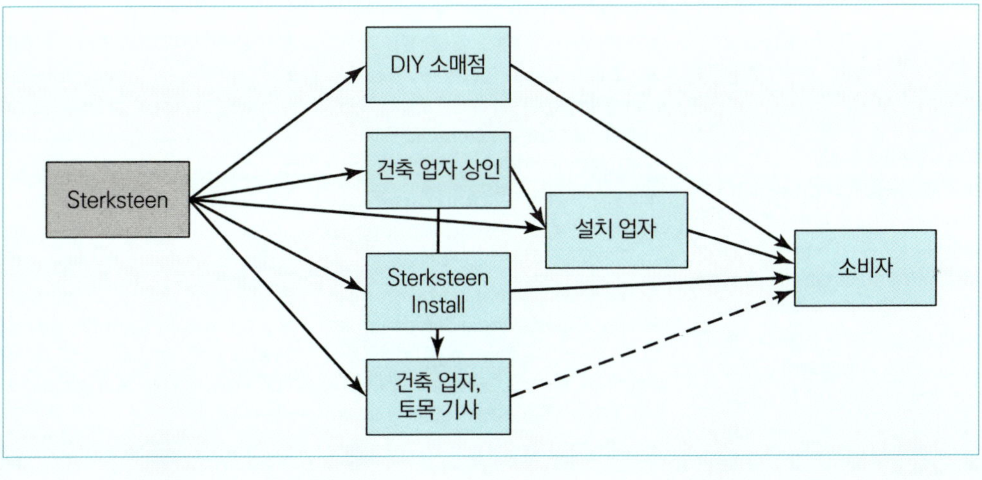

심화 자료

Baines, T., Lightfoot, H., Smart, P. and Fletcher, S. (2013) 'Servitization of manufacture: exploring the deployment and skills of people critical to the delivery of advanced services', *Journal of Manufacturing Technology Management*, 24 (4), 637–646.

Eriksson, E.M. (2019) 'Representative co-production: broadening the scope of the public service logic', *Public Management Review*, 21 (2), 291–314.

Johnston, R. (2005) 'Service operations management: from the roots up', *International Journal of Operations and Production Management*, 25 (12), 1298–1308.

Lilien, G.L. (2016) 'The B2B knowledge gap', *International Journal of Research in Marketing*, 33 (3), 543–556.

Lusch, R.F., Vargo, S.L. and O'Brien, M. (2007) 'Competing through service: insights from service dominant logic', *Journal of Retailing*, 83 (1), 5–18.

Pistoni, A. and Songini, L. (2017) 'The servitization of manufacturing: why and how', in Pistoni, A. and Songini, L. (eds) *Servitization Strategy and Managerial Control* (Studies in Managerial and Financial Accounting, Vol. 32), 5–36.

Raddats, C., Kowalkowski, C., Benedettini, O., Burton, J. and Gebauer, H. (2019) 'Servitization: a contemporary thematic review of four major research streams', *Industrial Marketing Management*, 83, 207–223.

Sampson, S.E. and Froehle, C.M. (2006) 'Foundations and implications of a proposed unified services theory', *Production and Operations Management*, 15 (2), 329–343.

Schafran, A., McDonald, C., Morales, E.L., Akyelken, N. and Acuto, M. (2018) 'Replacing the services sector and three-sector theory: urbanization and control as economic sectors', *Regional Studies*, 52 (12), 1708–1719.

Shaw, C., Dibeehi, Q. and Walden, S. (2010) *Customer Experience: Future Trends and Insights*, Palgrave Macmillan, Basingstoke.

Spring, M. and Araujo, L. (2009) 'Service, services and products: rethinking operations strategy', *International Journal of Operations and Production Management*, 29 (5), 444–467.

Storey, C., Cankurtaran, P., Papastathopoulou, P. and Jan Hultink, E. (2016) 'Success factors for service innovation: a meta-analysis', *Journal of Product Innovation Management*, 33 (5), 527–548.

Vargo, S.L. and Lusch, R.F. (2004) 'Evolving to a new dominant logic of marketing', *Journal of Marketing*, 68 (1), 1–17.

Vargo, S.L. and Lusch, R.F. (eds) (2018) *The SAGE Handbook of Service-Dominant Logic*, Sage, Thousand Oaks, CA.

미주

1 See https://gds.blog.gov.uk/2018/01/25/6-ways-were-helping-to-make-government-services-better-in-2018/ for further information [accessed 20 April 2020].

2 The information on which this example is based is taken from: Ratcliffe, R. (2019) 'Oxfam failed to report child abuse claims in Haiti, inquiry finds', *The Guardian*, 11 June; Doane, D, (2019) 'Oxfam's "hypocrisy" is not unique: the aid system is built on a power imbalance', *The Guardian*, 12 June; and the Oxfam website, https://www.oxfam.org.uk

3 The three-sector theory is usually attributed to Clark. See Clark, C. (1940) *The Conditions of Economic Progress*, Macmillan, London.

4 See https://commonslibrary.parliament.uk/research-briefings/sn02786/ [accessed 20 April 2020].

5 Some information taken from: McGee, P. (2019) 'Apple delivers upbeat outlook despite shrinking iPhone sales', *Financial Times*, 30 July; and Waters, R. (2019) 'How the Apple world is quietly changing', *Financial Times*, 31 May.

6 McGee, P. (2019) 'Apple delivers upbeat outlook despite shrinking iPhone sales', *Financial Times*, 30 July.

7 Schettkat, R. and Yocarini, L. (2003) 'The shift to services: a review of the literature', Discussion Paper No. 964, Institute for the Study of Labor (IZA), Bonn.

8 A popular YouTube video titled 'Humans Need Not Apply', created by CGP Grey, did much to popularise this idea.

9 Pine, J. and Gilmore, J. (1998) 'Welcome to the experience economy', *Harvard Business Review*, July–August

10 Webb, A. (2016) 'Inside the new Apple retail store design', *Bloomberg Technology*, Bloomberg L.P., 19 May, https://www.bloomberg.com/news/articles/2016-05-19/why-apple-is-building-a-town-inside-its-stores [accessed 20 April 2020].

11 Data taken from https://www.michelintruck.com/services-and-programs/michelin-fleet-solutions/ [accessed 20 April 2020].

12 Originally proposed in a developed form in Vargo, S.L. and Lusch, R.F. (2004) 'Evolving to a new dominant logic for marketing', *Journal of Marketing*, 68 (1), 1–17, (January); later modified and extended in Vargo, S.L. and Lusch, R.F. (2008) 'Service-dominant logic: continuing the evolution', *Journal of the Academy of Marketing Science*, 36, 1–10.

13 Although the original ideas came from Henry Chesbrough, a professor at University of California, Berkeley.

14 Although based on a real company, its name and some details have been changed for reasons of commercial confidentiality.

SERVICE STRATEGY

3 서비스 전략

이 장은 자원과 프로세스가 조직의 전략적 목표에 효과적으로 기여하기 위해 필요한 서비스 운영에 대한 네 가지 관점을 가지고 조직의 서비스 전략 구축 및 구현 방법을 살펴본다. 계속해서 성과 우선순위가 고객 및 경쟁자 입지를 평가한 운영 성과에서 어떻게 도출되는지를 탐구한다. 본 주제의 위치는 서비스 운영 관리 모델인 <그림 3-1>에서 보여 주고 있다.

학습 목표

- 서비스 전략을 정의할 수 있다.
- 서비스 전략의 중요성을 이해한다.
- 서비스 전략을 경쟁 우위와 연결시킬 수 있다.
- 서비스 성과 목표가 어떻게 운영 우선순위로 전환될 수 있는지를 이해한다.
- 서비스 전략을 지속할 수 있는 방법을 이해한다.

〈그림 3-1〉 이 장에서는 서비스 전략을 살펴본다

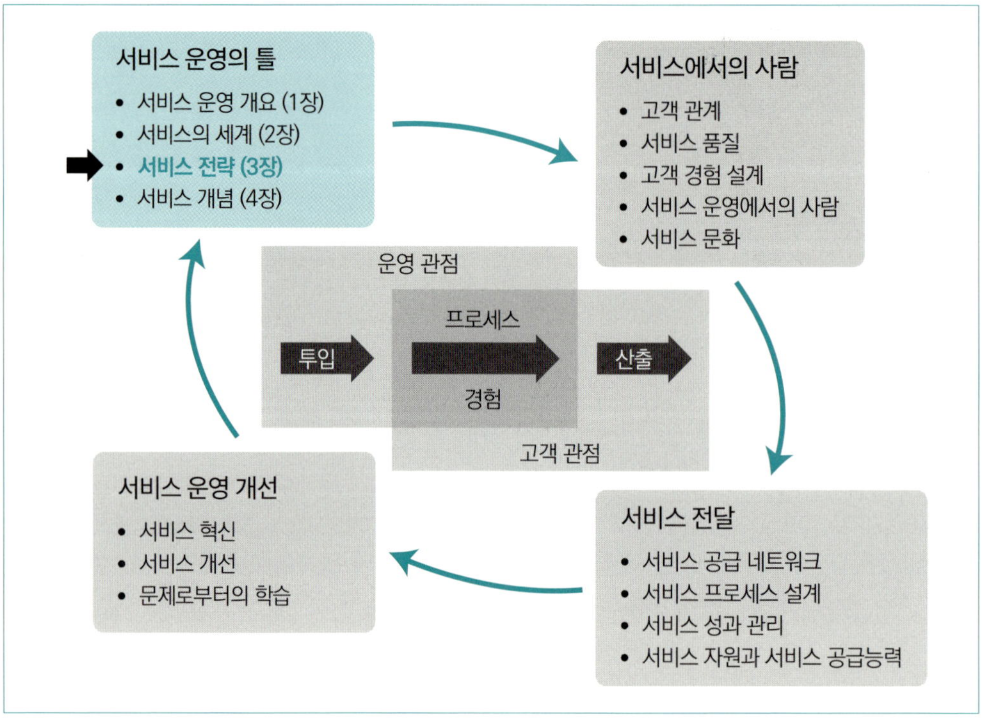

서론

앞에서 지적했듯이 '서비스'는 동사이다. 서비스는 '무엇을 하는 것'이며 일종의 개인적 상호작용을 포함하고 있다. 이 모든 것은 서비스 운영이 본질적으로 단기적이고 개별적이며 일시적인, 즉 '운영'을 다룬다는 것을 암시하는 것처럼 보일 수 있다. 그렇다면 '서비스 전략'은 용어의 모순인가? '전략'은 일반적으로 서비스 제공의 중심에 있는 일상적인 일과 활동의 반대 개념이다. 그러나 기업의 서비스 자원을 관리하는 방식은 점점 더 장기적인 전략적 성공의 핵심이 되고 있다. 서비스 관리는 전략적 역할을 가지고 있다. 또한 '전략적' 서비스 관리는 운영적인 일을 잘 수행하는 문제가 아니고, 또한 중요한 전략적 의사 결정을 지원하는 것도 아니다. 서비스 전략은 잘못된 운영 구현으로 인해 전략적 결정이 좌절되는 것을 확실하게 막아야 하지만, 서비스 자원 관리가 우위를 제공할 수 있다는 것도 보장할 수 있어야 한다. 전략적 포지셔닝에 기여할 수 있는 서비스 운영에 대한 조직의 열망과 서비스 운영 능력은 장기적인 성공의 원천이다. 이 둘은 명백히 전략적이라 할 수 있다.

이 시점에서 서비스 전략으로 간주되는 것과 서비스 운영 관리로 간주되는 것 사이의 경계가 명확하지 않다는 점을 지적하는 것은 가치가 있다. 사실 서비스 전략의 중요한 요소는 서비스 자원과 프로세스가 일상적으로 보여 주는 고유한 능력이기 때문에 반드시 명확할 수 없다. 그럼에도 불구하고, 서비스 관리와 서비스 전략을 완전히 분리할 수는 없지만, 이 둘은 서로 다른 특성을 갖고 있으며 서로 다른 방식에서 문제를 다룬다.

3.1 서비스 전략 정의

서비스 전략은 조직이 서비스 전달 자원 및 프로세스의 방향과 개발을 형성하는 방법과 관련이 있다. 이를 위해 기능전략 혹은 사업전략과 같이 서비스 전략은 〈그림 3-2〉에 나와 있는 네 가지 요소를 수행해야 한다. 이 네 가지 요소는 다음과 같다.[1]

- 사업의 전반적인 전략적 목표를 반영해야 한다.
- 기업이 제공하는 시장의 요구 사항을 충족해야 한다.
- 서비스 전달 방법의 실용성을 고려해야 한다.
- 조직의 서비스 자원과 프로세스의 역량을 개발해야 한다.

〈그림 3-2〉 서비스 전략은 (a) 사업의 전반적인 전략적 목표를 반영해야 한다. (b) 시장의 요구 사항을 충족해야 한다. (c) 서비스 제공 방법의 실용성을 고려해야 한다. (d) 조직의 서비스 자원 및 프로세스의 역량을 개발해야 한다.

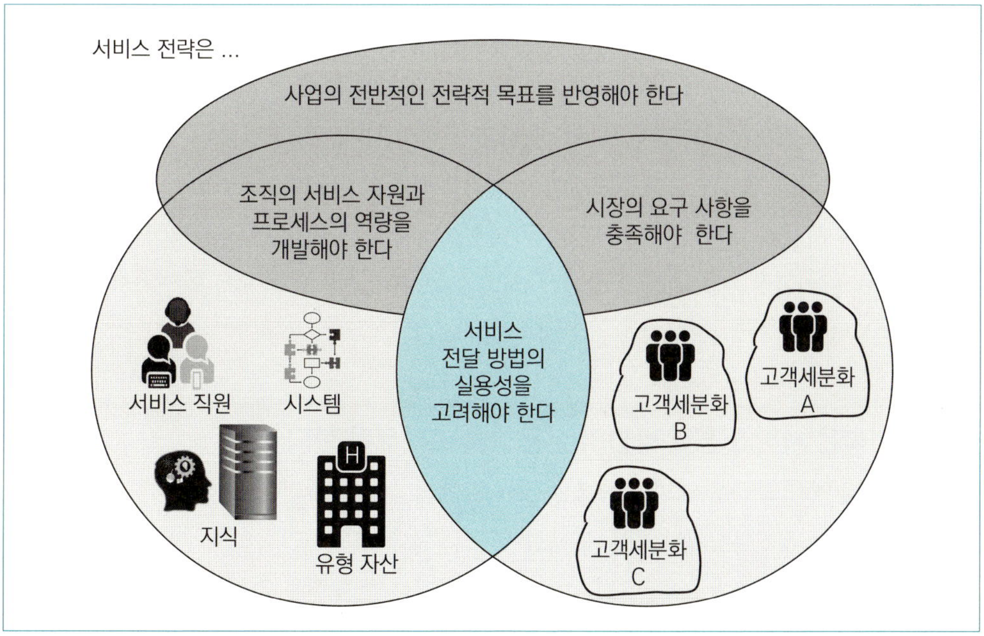

이들 각각은 서비스 전략의 중요한 구성 요소이며 좀 더 자세히 살펴볼 가치가 있다. 그러나 각각은 기업 서비스 전략의 일부일 뿐이다. 효과적 서비스 전략은 위 네 가지 모두를 반영해야 한다.

서비스 전략은 사업의 전반적인 전략적 목표를 반영해야 한다

대부분의 조직, 특히 조직이 크고 다각화된 기업인 경우 기업 전략은 그룹이 속한 사업 유형, 운영하고자 하는 지역, 인수하고 매각할 사업, 다양한 사업 간 현금 할당 방법 등에 대한 의사 결정으로 이루어진다. 기업 그룹 내에서 각 사업 단위는 사명과 목표를 설정하고 시장에서 경쟁 방법을 정의하는 사업 전략을 수립해야 한다. 마찬가지로, 기업 내에서 각 부문은 기업 전체의 전략 또는 경쟁 목표에 어떻게 기여해야 하는 지를 고려하고, 기업 내에서 해당 활동을 지원해야 한다. 이것은 때때로 전략의 '하향식' 관점이라 한다.

서비스 전략은 시장의 요구 사항을 충족해야 한다

시장을 이해하는 것은 일반적으로 마케팅 기능의 독점적인 영역으로 생각되어, 마케팅 전문가는 고객 및 소비자의 의견과 선호도에 접근하도록 설계된 도구와 기술을 사용한다. 실제로 마케팅 활동은 부분적으로 고객 요구 사항을 '식별하고 예측하는' 프로세스로 정의하고 있다. 이를 위해 마케팅이 사용하는 주요 접근 방식은 '시장세분화' — 주로 고객의 요구 사항에 기업의 마케팅 노력을 일치시키기 위해 시장을 이해하는 방법이다. 마케팅 기능은 이질적인 시장을 더 작고 동질적인 시장의 집합체로 간주하여 이러한 노력을 수행한다.[2] 그러나 서비스 조직의 특성은 서비스 전달 자원이 어느 정도 조직의 고객과 밀접하게 관련되어 있음을 의미한다. 더욱이 고객은 조직의 경쟁자를 어떻게 보는지에 따라 조직의 서비스를 판단하는 방식에 분명히 영향을 미친다. 따라서 시장과 고객의 특성과 영향력은 단순히 마케팅의 문제로 볼 수 없다. 모든 유형의 기업이 시장에 대한 이해를 마케팅 기능으로 한정하는 것은 좋은 관행이 아니다. 그러나 이는 서비스 기업의 경우에 특히 해롭다. 서비스 전략이 시장 요구 사항을 고려하도록 하는 것은 전략의 '아웃사이드 인(Outside-in)' 관점이라 한다.

서비스 전략은 서비스 전달 방법의 실용성을 고려해야 한다

대부분의 기업에서 놀라운 양의 전략적 논의는 앞에서 설명한 고전적인 '하향식' 관점으로 국한하지 않는다는 것이다.[3] 전략 개발에 대한 연구는 많은 효과적인 전략이 혁신적이기보다는 점진적임을 제시하고 있다. 또한, 효과적인 전략은 조직이 고객에게 서비스를 제공하는 일상적인 실용성에서 '출현'된다. 이는 기능적 전략을 하향식 방식과 결합되어야 한다는 정통적인 계층적 관점을 배제하려는 것은 아니다. 오히려, 이것은 서비스 조직이 실수하여 서비스를 제공하는 경험을 이용할 기회를 놓치고 있다는 점을 지적하는 것이다. 효과적인 전략은 전략적 아이디어의 중요한 '상향식'('창발') 자원을 인식하는 것이다. 이러한 전략적 아이디어가 창발하는 일상적인 경험은 사실상 조직의 서비스 자원 및 프로세스와 다양한 고객 그룹 간의 지속적인 상호작용에서 비롯된다. 다시 말해, 전략 수립에 내재된 정교한 전략 분석이 있는 경우가 많지만, 실제 전략은 내부 결정과 외부 사건이 결합하여 경영진의 주요 구성원 간 활동에 대해 널리 공유된 합의를 형성함에 따라 진화한다. 이것이 의미하는 바는 전략 개발의 주요 기여자는 시장 요구 사항과 지속적으로 접촉하는 사람들, 즉 고객을 대면하는 직원을 포함해야 한다는 것이다. 전략 개발에서 중추적인 역할을 하는 사람은 많은 소비자 서비스에서 종종 다소 어리고 낮은 급여를 받는 일선 직원들이다. 그들은 종종 고객이 좋아하는 것과 싫어하는 것, 그리고 고객의 취향이 변하는 방식에 대한 사전 정보를 가지고 있다. 결정적으로 이 직원들은 '전략을 실천하는 것'이라는 임무를 가지고 있다. 그들이 조직의 목표와 목적에 헌신하지 않는다면 모두가 볼 수 있는 평범한 것이 될 것이다.

서비스 전략은 조직의 서비스 자원과 프로세스의 역량을 개발해야 한다.

서비스 기업이 제공하는 서비스의 수준과 품질은 자원과 프로세스의 특성에 따라 다르다. 따라서 모든 서비스 전략은 시간이 지남에 따라 개발(개선)하는 방식에 관심을 가져야 한다. 이는 서비스 전략의 '인사이드 아웃(Inside-out)' 관점이라고 한다. 그러나 이것은 단순히 더 스마트한 기술을 사용하거나 더 유능한 직원을 교육하는 문제가 아니다. 자원 목록은 단지 서비스 운영을 이해하는 첫 번째 단계일 뿐이다. 서비스 운영이 어떻게 작동하는지를 이해하려면 우리는 다양한 자원과 프로세스 간의 상호작용을 탐구할 필요가 있다. 탐구해야 할 예는 직원이 업무를 구조화하는 방법, 기술을 채택하여 프로세스에 통합하는 방법, 공급자를 관리하는 방법, 새로운 서비스를 개발하는 방법, 시장 동향을 이해할 수 있게 해 주는 고객 관계를 개발하는 방법, 조직의 문화가 개선을 촉진하고 지원하는 방법 등이 될 수 있다. 서비스 제공을 구성하는 대부분의 요소들이 무형성이라는 것에 주목해야 한다. 또한 대부분의 이러한 무형 자산은 작업을 수행하는 방법을 아는 것과 관련이 있다는 것에 주목해야 한다. 다양한 자산 유형에 대해 아는 것은 모든 운영 자원에 포함되어 있다. 이 지식 중 일부는 기록되어 있지만 지식의 많은 부분은 직원의 머리 속에 있다. 실제로, 일부 지식은 이처럼 지식 자체로 인식되지 않을 수도 있다. 이러한 지식은 '우리가 일을 하는 방식'이다. 그러한 지식은 가장 중요하면서도 가장 적게 유형화되어 있다.

WORKED example

사례

Buxtain Security Services(BSS)

BSS는 다양한 고객에게 보안 서비스(직원 및 기술)를 제공해 주고 있다. BSS는 전략에 대한 네 가지 관점을 조사하여 서비스 전략을 검토하기를 원한다.

회사가 하는 일은 무엇인가?

<그림 3-3>은 회사가 서비스 전략의 네 부분에 대한 기여를 분석한 방법을 보여 주고 있다.

사업의 전반적인 전략적 목표를 반영해야 한다. 사업은 건물 유지 관리 및 환경 모니터링과 같은 서비스를 제공하는 여러 유형의 '시설 관리' 회사를 포함하는 그룹의 일부이다. 그룹 내에서 BSS의 역할은 사용 가능한 모든 새로운 보안 시스템 혁신으로 시장에서 선도자가 되어 수익성을 높이고 경쟁하는 것이다. 따라서 서비스 제공 자원과 프로세스는 지속적인 혁신이 가져올 변화에 대처할 수 있어야 한다. 회사는 새로운 기술과 시스템을 설치하고 운영하기에 충분히 유연한 프로세스를 개발해야 한다. BSS는 고객에게 최상의 자문을 제공하기 위해 기술과 시스템이 발전하는 방식을 이해할 수 있는 직원을 구성하고 교육해야 한다. BSS는 새로운 시스템을 설치할 때 고객을 돕는데 신속하게 대응할 수 있도록 기술 공급자와 관계를 발전시켜야 한다. 조직, 직원, 시스템 및 절차에 관한 BSS의 모든 것이 회사의 경쟁 전략을 지원하고 강화해야 한다.

시장의 요구 사항을 충족해야 한다. BSS 대부분의 고객은 두 그룹 중 하나에 속한다. BSS의 큰 고객은 이미 기존 보안 시스템과 인적 보안 직원을 보유하고 있으며 보안 서비스 회사가 사용하는 혁신적인 기술에 가치를 두고 있다. 그들은 주로 감시 기술이 제공하는 첨단 보안에 관심을 갖고 가치를 둔다. 작은 규모 고객은 기존 보안 기술이 없고 보안 직원에게만 의존하는 경향이 있다. 이러한 고객은 기술 역량에 가치를 두고 보안 직원을 부분적으로 교체하여 비용을 절감한다. BSS는 보안 기술의 서로 다른 유형과 혼합

〈그림 3-3〉 BSS 서비스 전략의 네 부분

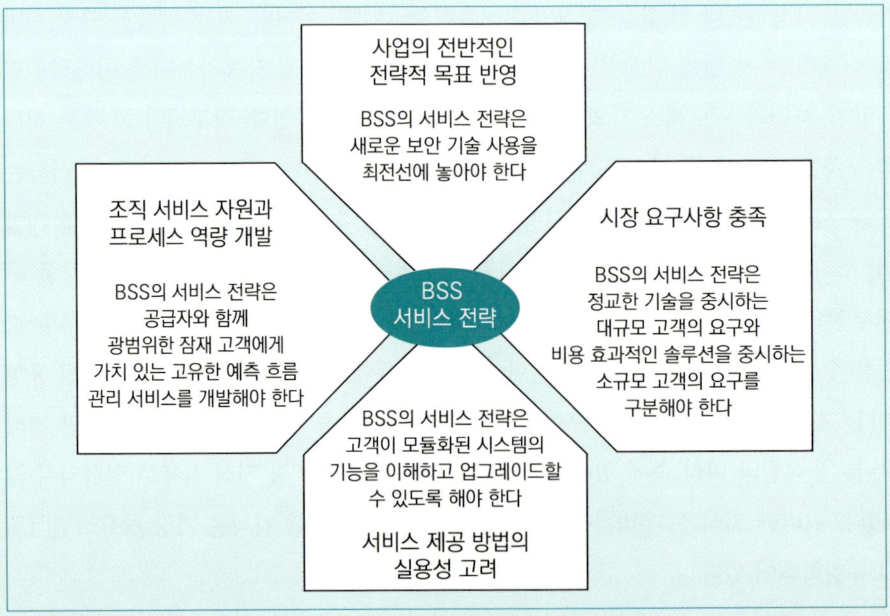

을 포함하는 다양한 서비스 패키지와 결정적으로 서로 다른 가격 책정 방식을 두 고객 그룹을 위해 개발하였다.

서비스 제공 방법의 실용성을 고려해야 한다. 설치 엔지니어에 따르면 BSS는 안면 인식과 관련된 일부 첨단 기술의 진정한 잠재력을 대기업이 항상 이해하지 못한다는 사실을 알게 되었다. 이에 대한 대응으로 회사는 고객이 각 모듈의 정확한 기능을 이해하고, 가장 적합한 시스템을 설치하고, 더 중요한 것은 필요에 따라 더 높은 기능의 시스템으로 업그레이드할 수 있는 방식으로 BSS 시스템을 '모듈화'하기로 결정하였다.

조직의 서비스 자원 및 프로세스의 역량을 개발해야 한다. 시스템 구성에 모듈식 접근 방식을 채택한 BSS는 운영을 확장하고 전문 보안 데이터 분석가를 고용하기 시작했다. 이 전문 분석가 직원은 안면 인식 및 추적 기술을 사용하여 사람들이 공공 건물 주변을 어떻게 이동했는지 분석하는 전문 지식을 결합하여 대중 교통 역과 같은 공공 장소에서 잠재적 과밀 및 병목 현상을 추정할 수 있는 예측 시스템을 개발하였다. 시간이 지나면서, 회사는 기술 공급자와 협력하여 광범위한 잠재 고객에게 가치 있는 고유한 예측 흐름 관리 서비스를 개발했다. 공공 기관, 교통국, 심지어 대형 슈퍼마켓 및 쇼핑몰과도 계약을 체결하여 운영을 모니터링하고 관리하고 때로는 레이아웃을 재설계했다.

3.1.1 서비스 전략 정의

서비스 전략의 네 가지 관점(하향식, 아웃사이드-인, 상향식 및 인사이드-아웃) 각각에서 서비스 전략을 고려한 후에, 기업은 전략을 명확히 할 수 있는 위치에 있어야 한다. 우리는 이 요약을 '서비스 조직이 목표를 달성하는 것을 목적로 하는 일련의 계획 및 정책'으로 정의한다. 이러한 계획 및 정책은 다음을 수행해야 한다.

- 조직의 환경이 어떻게 변화하고 있으며 현재 및 미래의 과제를 해결하기 위해 무엇을 해야 하는지 고려해야 한다.
- 전략이 참조하는 조직의 모든 부분에 어떻게 영향을 미치는 지를 설명해야 한다.
- 조직을 장기 목표에 어떻게 더 가깝게 이동시킬 수 있는지를 규명해야 한다.

하지만 '전략'은 단일 결정 이상이라는 것을 기억하라. 전략은 의사 결정의 전체 패턴이다. 따라서 기업의 운영 전략은 조직이 서비스 자원을 개발하기 위해 취하는 의사 결정 패턴으로 나타난다.

3.2 서비스 전략의 중요성

이 책에서 다루는 주제의 대부분은 서비스 조직이 효과적으로 기능하는 데 중요한 일상적인 문제와 관련되어 있다. 이들 중 대부분은 본질적으로 운영적이다. 이 주제들은 직접적으로는 전략적이지 않다. 이들은 효과가 상대적으로 즉각적이고 지역적이며 처리하는 방법에 대해 자세히 설명되어 있다. 이러한 운영적 문제에 대해 전략적으로 생각하는 것은 한때 생각했던 모순은 아니다. 조직이 서비스 운영을 관리하는 방식은 시장에서 성공적인 것을 제공하는 능력에 유효한 영향을 미친다고 인식한다. 서비스 운영은 자신의 일상처럼 편안하게 조깅하고 안전하게 지내는데 너무 중요하다. 회사의 경쟁 엔진이 되는 잠재력이 충분히 실현되기 위해서 기업은 전략적 방향을 필요로 한다. 따라서 서비스 전략이 왜 중요한지 강조하는 것은 가치가 있다.

분명한 이유는 서비스 조직이 모든 기업과 마찬가지로 비일관적이고 분절된 활동과 의사결정을 막기 위해 포괄적인 전략을 마련해야 하기 때문이다.[4] 우리가 지적했듯이 전략은 하나의 단일 계획이 아니라 개별 결정의 패턴이다. 더욱이, 이러한 개별 결정은 아마도 조직의 다른 부분에서 다른 시간에 다른 데이터에 접근하여 서로 다른 방식에서 전반적인 우선순위를 해석하는 관리자가 주도할 것이다. 이러한 개별 결정이 상대적으로 단기적이고 지역적일지라도 종합하면 장기적 성과에 지대한 영향을 미칠 수 있다. 운영 결정에 대한 '배경(back-drop)' 역할을 하는 일관된 서비스 전략이 없으면, 연결성이 없는 파편화된 의사 결정의 가능성이 높다. 효과적인 서비스 전달이 전략적 성공의 기본이라면 모든 기업은 서비스 전달 운영에 대한 전략적 관점을 취해야 한다.

CASE example

사례

IKEA와 '빅 박스' 소매 전략[5]

수십 년 동안 IKEA는 세계에서 가장 성공적인 소매 업체 중 하나였다. 성공의 대부분은 소위 '빅 박스' 전략이 고객에게 얼마나 잘 제공되었는 지에 기반을 두고 있다. IKEA의 전통적인 매장은 고객이 경쟁 가구 소매 업체보다 훨씬 긴 약 2시간을 소비하는 평균 약 25,000평방미터의 광대한 파란색과 노란색 미로 쇼룸이기 때문에 빅박스 전략이 고안되었다. 이 전략으로 IKEA는 가구 소매 부문에서 세계 1위가 되었으며 전 세계 49개국에서 400개 이상의 대형 매장을 운영하고 있다. 고객은 한 지붕 아래 다양한 가구의 이용 가능성, 카테고리별 그리고 객실 환경에 따라 전시된 제품, 매장 내 어린이 구역과 레스토랑, 특히 제품에 대한 품질, 디자인 및 좋은 투자 가치를 좋아했다. 그러나 세계 여러 지역의 소매 환경이 변화하기 시작했

Katharine Rose/Alamy Stock Photo

고 IKEA는 소매 전략 조정을 고려하게 되었다. 고객은 여전히 '빅 박스'에 대해 대체로 만족했지만, 일부는 매장에 도착하기까지의 긴 운전 시간, 고객이 매장을 통과해야 하는 '미로 같은' 여정, 고객 대면 직원의 부재, 매장의 일부 지점의 긴 대기열에 대해 불평했다. 일부

고객들은 IKEA 서비스의 기본 아이디어 중 하나인 가구 자체를 조립하는 데 전적으로 만족하지 않는다는 징후도 있었다.

이에 대한 대응으로 IKEA는 여러 가지 새로운 유형의 운영을 발표했다. 이와 같은 새로운 운영 유형들은 다음과 같다.

- 더 큰 매장을 보완하기 위한 소규모 매장. 하지만 모두 똑같지는 않았다. 신중한 전략으로 각각은 조금씩 다르기 때문에 IKEA는 새로운 벤처를 찾고, 설계하고, 관리하는 대안적인 방법을 테스트하였다.
- IKEA는 '긱' 경제로 알려진 선두 주자 중 하나인 앱 TaskRabbit을 인수했다. 앱을 사용하여 독립된 종업원 또는 '태스커'는 가구를 옮기거나 조립하는 등의 일을 하는 사람을 고용하여 맞춤형 서비스를 제공했다.
- 모든 시장에서 온라인 판매를 포함한 '다채널' 소매 운영에 전념했다. 많은 전통적인 '오프라인' 소매 업체와 마찬가지로 IKEA도 온라인으로 전환하는 속도가 느렸다. 부분적으로는 성공적인 '빅박스' 소매 운영을 방해하는 내부의 저항이 있었기 때문이다.
- 독립적인 '제3자' 온라인 소매 업체를 통해 IKEA 제품을 판매하는 것을 고려할 것이라고 발표했다. 일부 내부자들은 이를 회사 설립 이후 소비자들이 IKEA와 상호작용할 수 있는 가장 큰 발전이라고 말했다.
- 세계 최대의 목재 사용자 중 하나로, 일부 환경단체는 IKEA 가구의 '일회용' 특성을 비난했다. 자재 재사용, 재가공 및 재활용에 중점을 둔 재활용 회사를 수용하기 위해 IKEA는 가구에 제2의 삶을 제공할 수 있는 다음의 5가지 옵션을 고객에 제공하는 계획을 벨기에에서 시작했다. 매장에서 오래된 IKEA 가구 판매; 재패인팅과 재조립을 통한 갱신; 교체 부품 제공을 통한 수리; IKEA의 운송 서비스를 통한 오래된 가구 회수; 사회단체에 기부.

서비스 전략을 잘 설명하는 데에는 거의 철학적인 이유가 있다. 서비스 전략이 명확하고 설득력이 있다면 조직에 '존재 이유'를 제공해 준다. 뿐만 아니라 서비스 전략은 조직에 활력을 불어넣고 서비스 개념을 정의하며 전달 방법을 나타낼 수 있는 잠재력을 가지고 있다.[6] 서비스 전략은 관리자가 고객에게 가치를 창출하고 해당 가치를 이익 또는 예산 범위 내에서 제공할 수 있는 기회를 규명할 수 있도록 하는 지능적 프레임워크와 개념적 모델을 제공해 준다.[7] 1장에서 논의한 바와 같이, 서비스 운영 관리자의 역할은 전략 논의에 기여하고 운영, 자원, 인력 및 프로세스를 개발하여 조직의 미래 성공을 제공함으로써 가치를 창출하고 전달하는 것을 지원하는 것이다.

그러나 전략은 실행만큼만 중요하다. 조직은 효과적인 전략을 만들기 위해 최고 경영자 수준의 선견지명이 있는 사상가부터 고위 및 중간 경영진의 정책과 계획으로 해석하는 데 이르기까지 광범위한 능력을 필요로 한다. 명확한 전략을 수립함으로써 관리자는 승인과 거부 주도권이 무엇인지, 고객은 무엇을 기대해야 하는지, 직원은 무엇을 제공해야 하는지, 운영은 무엇을 어떻게 제공해야 하는지를 알게 된다. 그러나 이 교과서의 목적은 전략적 프로세스를 자세히 설명하는 것이 아니기 때문에, 우리는 서비스 제공과 직접적인 관련이 있는 한 전략의 생성, 의사소통 및 구현에 관심을 갖고 있다.

3.2.1 비영리 조직의 서비스 전략

우리는 이미 경쟁 우위, 시장 및 사업과 같은 용어를 사용했으며, 이 모두는 일반적으로 영리 조직의 기업과 관련이 있다. 문제는 서비스 전략이 소유주에게 재정적 이익을 주기 위한 이윤을 창출하는 것이 목적이 아닌 조직과 관련된 개념인지 여부이다. 동물 복지 자선단체, 연구 기관, 정부 부처 또는 대학의 서비스 자원을 전략적으로 관리하는 것과 관련된 문제가 이윤 창출 조직의 문제와 동일한가? 물론 대부분의 영리 조직이라고 해서 항상 수익성을 극대화하기 위한 독점적 서비스 전략을 고안하는 것은 아니다. 예를 들어, 실업이 지역에 미치는 영향을 고려하면, 기업은 강력한 경제 상황에도 불구하고 사이트 폐쇄에 꺼릴 수 있다. 그러나 여기서 우리는 단기와 장기를 구별해야 한다. 기업은 수익성이 떨어지는 순간 사이트를 폐쇄하지 않을 수는 있지만, 손실이 늘어남에도 불구하고 지속적으로 기업을 운영할 가능성은 낮다. 영리조직에서 그렇게 하는 것은 투자자들에게 무책임한 일이다. 반면에 비영리 조직은 다른 비경제적 목표를 추구하기 때문에 장기적으로 열악하거나 부정적인 경제적 수익을 유지하기로 선택할 수 있다.

서비스 전략에 대한 이러한 딜레마의 의미는 전략적 자원 옵션의 매력을 판단할 때, 더 복잡하고 순수한 경제적 목표, 조직의 사회적, 환경적 또는 정책적 목표와 관련된 것들을 종합적으로 고려해야 한다는 것이다. 결과적으로 서비스 자원과 관련된 의사 결정은 상충되는 목표(종종 경제적 대 가치 기반) 조건에서 내려질 가능성이 더 커질 수 있다. 이러한 갈등을 관리하는 것은 조직의 서비스 제공 부문에서 특히 중요하다. 왜냐하면 서비스 제공 수준에서 갈등이 분명해지기 때문이다. 예를 들어, 추가 사회 복지사를 제공하는 비용과 적절한 보호를 받지 못하는 아동의 위험 사이에서 갈등에 직면해야 하는 것은 아동 복지 부서의 직원이다. 서비스 결정과 전략적 목표 간의 갈등 사이의 직접적인 연결로 인해 의사 결정이 보다 공공연하게 정치적인 경향도 있다.

물론 모든 비영리조직이 같은 것은 아니다. 그러나 목적이 다르더라도 모두 영리 조직과 동일한 일련의 결정을 내려야 한다. 비영리조직은 운영 능력 수준을 결정하고, 기술에 투자하고, 일부 활동을 계약하고, 성과 측정을 고안하고, 운영 성과를 개선해야 한다. 본 교과서에서 다루는 서비스는 대부분의 주제가 비영리조직을 포함하여 모든 유형의 조직과 관련이 있다.

CASE example

사례

Ocado는 기술 서비스인가?[8]

Chris Ratcliffe/Bloomberg/Getty Images

영국의 대부분의 사람은 Ocado를 온라인 식료품점으로 알고 있다. Ocado는 영국 고급 슈퍼마켓인 Waitrose와 함께 브랜드 및 소싱 계약을 통해 영국 남부에서 현지 식료품 전달을 제공하는 것으로 시작했다. 그러나 Ocado는 계속해서 50만 명이 넘는 활성 고객을 보유한 세계 최대의 전문 온라인 식료품 소매 업체가 되었다. Ocado의 목표는 서비스, 범위 및 가격 측면에서 고객에게 최고의 쇼핑 경험을 제공하고 주주에게 장기적인 가치를 제공할 수 있는 강력한 비즈니스를 구축하는 것이라고 말했다. 그러나 Ocado의 서비스 전략은 단순히 새로운 지역으로 확장하거나 확장된 범위의 상품을 판매하는 것 이상이었다. 오히려 Ocado는 웹사이트, 정보 시스템, 유통 센터, 기술 및 시스템을 포함한 서비스 운영을 사용하여 서비스를 생산하는 단순히 '목적을 위한 수단' 이상이라는 것을 이해하게 되었다. 그것은 적어도 부분적으로는 '목적' 그 자체가 되었다. Ocado는 효율성과 높은 수준의 서비스를 모두 제공하는 통합된 첨단 공급 프로세스를 개발했다. 대부분의 온라인 식료품 매장은 지역 슈퍼마켓의 선반에서 상품을 수집한 다음 배달을 위해 트럭에 싣는 방식으로 웹 기반 주문을 이행했다. 대조적으로 Ocado는 온라인 소매 비즈니스 운영을 위한 독점적인 솔루션인 OSP(Ocado Samrt Platform)을 개발했다. 이것이 Ocado 전략의 핵심이 되었다.

OSP은 전체 사용자 입력에서부터 배송 주기를 관리하는 물리적 주문 처리 센터 자동화 및 배송 라우팅 시스템과 독점적인 통합된 소프트웨어 및 기술 시스템과 결합되었다. 이 회사는 오랫동안 자체 CFC(Customer Fulfillment Center) 기술에 대한 혁신적인 투자로 유명했다. 긴 컨베이어 벨트를 통해 점진적으로 컨테이너를 운송하는 일반적인 CFC 프로세스를 채택하는 대신 Ocado는 3차원 그리드 시스템을 사용하여 고객의 주문을 통합하였다. 로봇은 그리드 전체를 이동하며 제품을 픽업하여 Ocado 직원이 주문을 함께 처리하는 '픽킹 스테이션'으로 전달한다. 모든 움직임은 로봇, 컨베이어 및 주문을 조정하는 포괄적인 제어 시스템에 의해 통제되었다. 그러나 이 전체 통합 시스템이 회사 자체 운영과 점점 더 다른 소매 업체의 운영을 뒷받침하게 되었다. 더 중요한 것은 Ocado가 OSP를 다른 소매 업체에 서비스로 제공할 수 있다는 점이다. 이를 통해 다른 시장의 파트너가 고유한 서비스 운영 역량을 복제할 수 있었다. 이 기술을 통해 영국 슈퍼마켓인 Morrison's와 파트너 관계를 맺은 후 미국 최대 슈퍼마켓 체인 중 하나와 유럽, 호주 및 캐나다의 다른 슈퍼마켓에 이 시스템을 판매할 수 있었다.

3.3 서비스 전략 수립 과정

지금까지 서비스 전략이 달성해야 할 목표와 중요한 이유에 대해 설명했다. 그러나 서비스 전략의 본질을 완전히 이해하기 위해서는 서비스 전략을 구성하는 요소들과 이들이 어떻게 '전략 프로세스'를 형성하기 위해 결합되는지 검토할 필요가 있다. '전략 프로세스'는 서비스 전략을 수립하는 데 사용할 수 있는 절차를 의미한다.

3.3.1 서비스 전략의 6가지 요소

전략 계획은 조직의 다양한 측면을 활용하고 서로를 지원하고 조직의 목표와 일치하도록 해야 한다. 전략의 여섯 가지 중요한 요소는 다음과 같다. 전반적 사업 목표 구축, 시장 환경에 대한 이해, 환경에서 서비스 포지셔닝에 대한 설명, 적절한 서비스 개념의 개발, 적절한 운영 성과 목표 규명, 적절한 서비스 자원 및 프로세스의 개발(그림 3-4 참조).[9]

전반적인 사업 목표

이는 서비스 전략의 타켓 또는 목표를 제공해 준다. 전략이 목표를 달성하기 위한 일련의 계획이나 정책인 경우 해당 목표에 대한 설명이 있어야 한다. 예를 들어, 더 큰 자산 수익률, 확장, 축소 또는 다각화에 대한 이해 관계자의 열망이나 필요에 의해 추진되는 목표 변경에 대한 추진력은 조직의 경영진에서 올 수 있다. 부분적으로 목표는 변화에 대한 동기를 제공하지만 변화의 크기와 속도를 설정하기도 한다. 이러한 설정은 변경을 '공개'하여 직원들이 기대 수준을

〈그림 3-4〉 서비스 전략의 여섯 가지 요소

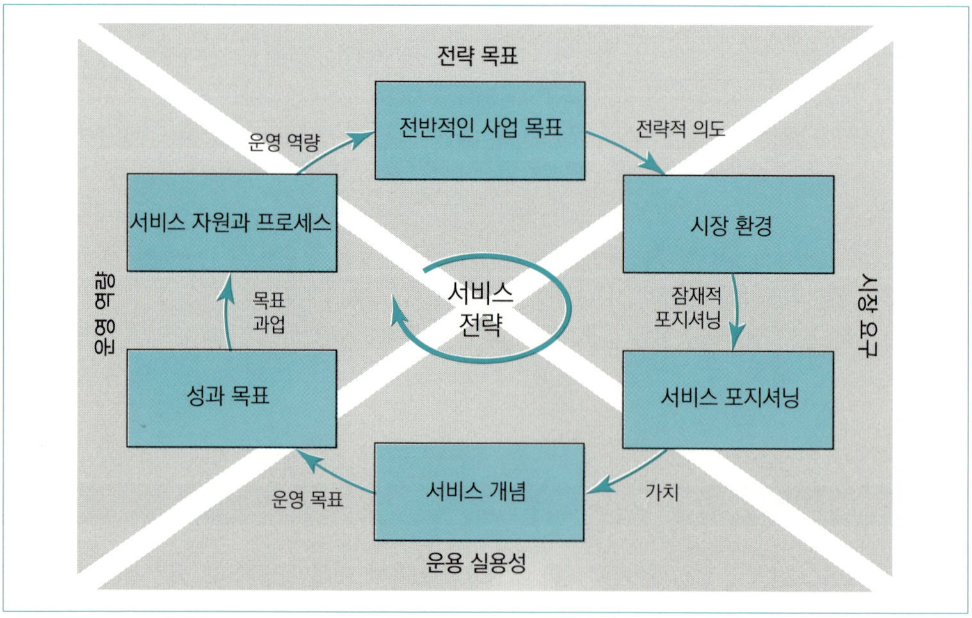

Source: Adapted from Johnston, R. (1989) "Developing competitive strategies in service industries", in P. Jones (ed.), *Management in Service Industries*, Pitman, London.

알 수 있는 중요한 단계이다. 본질적으로 전반적인 사업 목표는 변화의 방향과 모수를 설정한다. 이는 전략의 하향식 관점에 대한 우리의 이전 논의와 밀접하게 관련된 서비스 전략의 요소이다. 그러나 이는 서비스 전략의 명백한 출발점이기는 하지만, 명확한 일련의 목표를 수립하는 것은 항상 간단한 작업은 아니다. 서비스 전략은 때때로 안정적이거나 잘 이해된 재무 또는 시장 맥락의 혜택 없이 수립되어야 한다. 그렇기 때문에 전략이 존재하는 환경에 대한 분석을 통해 전략적 목표를 여과하는 것은 다음에서 논의하는 필수 요소이다.

사업 목표는 투자 수익율, 이익, 신규 고객 수 또는 시장점유율과 같이 일정 기간 동안 재정적 또는 경쟁적 용어로 잘 표현될 수 있다. 이러한 목표는 명확하게 명시되어야 하며 전략의 성공 여부를 측정하고 모니터링하는 수단을 제공해 준다. 사업목표에 답해야 하는 주요 질문은 다음과 같다.

- 목표는 무엇인가?
- 달성 가능한가?
- 어떤 투자가 필요한가?
- 기간은 어떻게 되는가?
- 어떤 검토 방법이 준비되어 있는가?
- 비상계획은 무엇인가?

시장 환경

사업 목표를 달성할 수 있으려면 조직이 현재 운영 중이거나 운영할 계획인 시장 환경에 대한 명확한 이해가 필요하다. '시장 환경'이란 전반적인 사업 목표를 달성하는 데 조직의 능력에 영향을 미칠 수 있는 모든 환경 요인을 의미한다. 이들 중 일부는 일반적으로 '거시 환경'으로 알려진 것에서 비롯된다. 이러한 요인들은 정치적, 경제적, 사회적, 기술적, 환경적(그린) 및 법적 요소(종종 PESTEL 요인라고도 함)와 같이 조직이 운영하는 폭 넓은 맥락을 설명한다. 이러한 범주에 포함된 많은 요인은 개별 사업 통제 범위를 벗어난다. 그럼에도 불구하고 이러한 요인들을 평가를 해야 하고, 가능한 시나리오가 영향을 미치는 방법에 따라 가능한 모든 전략적 옵션을 평가해야 하지만, 대부분 요인들은 모든 전략이 작동해야 하는 '자연 상태'에 있다. 그러나 시장 환경의 다른 부분은 완전히 통제할 수는 없더라도 최소한 조직의 행동에 어느 정도 반응적이다. 이들 중 가장 중요한 두 가지는 고객과 경쟁자이다. 핵심은 서비스 전략을 수립할 때 감당할 수 있는 기회뿐 아니라 다른 조직의 가능한 반응 그리고 변화에 대한 고객의 반응을 평가하기 위해서 모든 조직은 시장 환경을 이해해야 한다.

최소한의 이해 수준은 경쟁의 규모와 성격, 시장 또는 잠재적 시장의 규모와 성격, 기존 경쟁 제품과 보완 제품 및 서비스, 시장이 현재 시장세분화 방법, 경쟁의 예상 반응을 평가하는 것이다. 이러한 활동의 주요 결과 중 하나는 잠재 목표 시장을 정의하고 인지된 목표 고객의 요구와 기대치를 평가하는 것이다.
이를 위한 주요 질문은 다음과 같다.

- 시장 또는 시장세분화의 특성은 무엇인가?
- 전략이 목표 시장에 적합한가?
- 목표 시장에서 고객의 요구와 기대는 무엇인가?
- 조직은 이러한 요구를 얼마나 잘 충족시키고 있는가?
- 강점, 약점, 기회 및 위협은 무엇인가?
- 전략 변경에 대한 다른 경쟁자의 반응은 무엇인가?

서비스 포지셔닝

서비스 포지셔닝은 특히 기업의 잠재 고객 및 경쟁자와 관련하여 기업이 창출한 서비스가 시장에 얼마나 적합한지를 결정하는 프로세스이다. 서비스 포지셔닝은 두 가지 중요한 결정을 내리는 조직의 서비스 전략을 포함한다. 첫 번째는 서비스를 제공하고자 하는 시장 부분이다. 이것은 시장에 대한 이해(시장세분화)를 사용하여 시장의 특성과 구조를 분석한 다음, 이 분석을 기반으로 서비스를 제공할 세분화된 시장을 결정하는 것을 포함한다. 두 번째 결정은 선택한 시장에서 고객에게 서비스를 제공하는 방법을 선택하는 것이다. 즉, 이것은 선택한 세분화된 시장에서 경쟁하고자 하는 방식이다. 이는 종종 서비스의 '가치 제안'이라고 한다. 사실상 이는 고객 관점에서 서비스가 가지는 입지(position)이다. 때때로 이 가치 제안은 고객이 중요하게 여기는 2 차원의 이용 가능한 서비스를 배치하는 '포지셔닝 맵'에 자신의 서비스와 경쟁자의 서비스를 배치하여 요약할 수 있다.

〈그림 3-5〉는 BSS(Buxtain Security Services)에서 제공하는 두 가지 서비스에 대한 포지셔닝 맵을 보여 준다(사례_WARKED example 참조). 이 경우 다양한 서비스가 서비스의 연간 가입 가격과 서비스의 기술적 특성에 대한 인지된 정교함을 기준으로 매핑된다. 이러한 맵은 유용한 개념적 프레임워크이다. 이는 불완전한 시장 데이터와 두 가지 요소(여러 맵을 사용할 수 있음)를 기반으로 한 단순화이다. 그러나 이 맵은 경쟁 업체의 입지를 분석하고, 더 많은 시장 조사를 필요로 하는 시장을 정의하고, 시장에서 가능한 격차를 파악하는 데 유용할 수 있다.

〈그림 3-5〉 선택된 경쟁자의 제품과 비교한 Buxtain의 두 가지 보안 시스템 서비스 계약에 대한 포지셔닝 맵

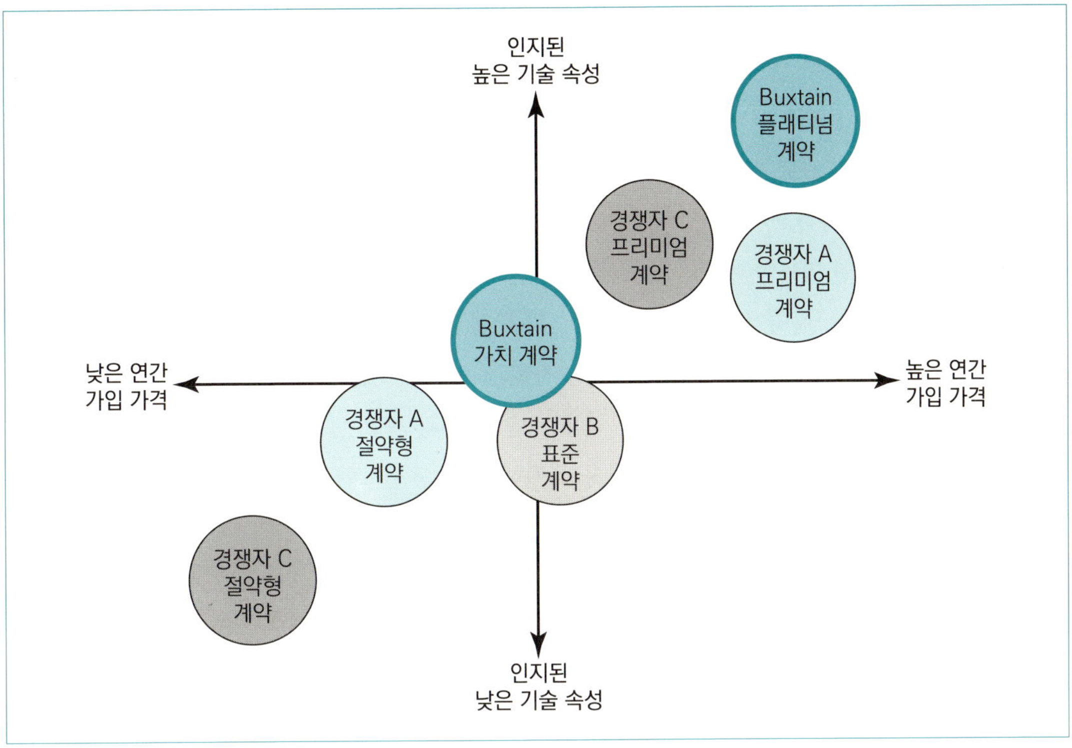

서비스 개념

서비스 개념은 서비스의 특성을 구별하지만 (4장에서 자세히 설명), 서비스 전략 맥락에서 얼마나 유용하고 얼마나 중요한지를 강조할 가치가 있다. 서비스 개념은 조직이 고객에게 제공할 수 있는 가치에 집중하는 데 도움이 된다. 서비스 개념은 서비스 특성에 대한 공유된 명확한 이해이며, 이는 고객 경험과 서비스 결과를 포함하는 아이디어 조직화, 전달된 서비스 그리고 받은 서비스에 대한 정보를 포착해야 한다. 서비스 개념은 고객이 무엇을 얻고 있는지, 직원이 서비스가 제공하는 것을 이해할 수 있도록 서비스의 특성을 포착하는 중요한 방법이다. 서비스 개념은 새로운 서비스를 개발하는 데도 사용할 수 있다. 주요 질문은 다음과 같다.

- 개념은 무엇인가?
- 특정 시장을 목표로 하는가?
- 시장에 적합한가?
- 고객과 공급자는 개념을 이해할 수 있는가?
- 고객과 공급자에게 어떻게 전달되는가?

- 운영은 개념을 전달할 수 있는가?

성과 목표

목표 시장을 식별하고 서비스 개념을 개발한 후에는 운영은 자원과 활동을 관리하는 방법에 대한 지침을 필요로 한다. 이를 통해 운영이 제공하는 서비스는 기업 목표와 목표 시장의 요구 사항을 충족하고, 경쟁 업체와 차별화되는 방법을 확립할 수 있다. 성과 목표와 상대적 우선순위에 대한 명확한 이해가 필요하다. 사실상, 성과 목표는 전략을 운영 언어로 전환하는 수단을 제공하고, 운영에 대한 경쟁 우선순위를 설정하는 데 도움이 되는 수단을 제공해 준다. 서비스 개념과 함께 성과 목표는 서비스 자원과 프로세스에 대한 작업을 지정해 준다. 서비스 개념은 제공될 서비스의 특성을 정의하는 반면, 성과 목표는 운영에 대한 경쟁 또는 전략적 우선순위를 정의한다.[10] 서비스 전략을 식별하는 것은 '필요한 일과 회사가 매우 잘할 수 있는 일 사이의 일치를 찾는 것'으로 요약할 수 있다. 성과 목표는 고객 기반 PUV(인지된 사용자 가치 — 이 장의 뒷부분 참조)를 어떻게 경쟁해야 하는지에 대한 조직의 관점과 함께 통합되어야 한다. 성과 목표는 또한 성과 측정 시스템 개발의 기초이자 운영성과 측정을 전략과 연결하는 핵심 방법이다.

조직은 잘 운영해야 하고, 경쟁력 있는 조직은 다양한 기준에서 경쟁해야 한다. 여기에는 다음과 같은 요소를 포함할 수 있다.

- 가격
- 품질
- 가용성
- 신뢰성
- 서비스 속도
- 유연성
- 서비스 다양성
- 새로운 서비스 개발
- 독특성

서비스 자원 및 프로세스

서비스 전략의 모든 변경은 확실히 조직의 자원과 프로세스의 변경을 의미한다. 사람, 기술, 물리적 자산, 구조, 프로세스, 성과 측정 시스템, 공급망 등 모든 것은 변경된 전략을 반영해야 한다. (12장에서 다룰 전략 맵은 적절한 성과 측정을 통해 전략을 운영과 연결하는 중요한 수단이다). 이러한 변경의 특징을 설정하는 것은 성과 목표와의 상호작용이다. 그러나 이것은 실제로 매우 복잡한 상호작용이다. 부분적으로 복잡성은 대부분의 조직이 성과 목표 간의 상충 특성이나 서비스 자원 및 프로세스의 특성을 명확히 하는 데 어려움을 겪기 때문이다. 기업은 자체 자원 및 프로세스의 가치, 능력 또는 성과를 항상 알지 못한다. 최근 몇 년 동안 '핵심 역량' 개념의 인기에도 불구하고 조직은 핵심 역량이 무엇인지, 핵심 역량이 될 수 있는 것은 무엇인지, 핵심 역량이 갖춰야 하는 것은 무엇인지를 정의하는 데 어려움을 겪는 경우가 많다. 더 중요한 점은 운영 내의 자원과 프로세스가 기계처럼 연결되어 있지 않다는 것이다. 즉 통제 수단을 조정하면 운영 행동이 예측 가능하게 그리고 정확하게 변화하지 않는다. 대부분의 운영에 대한 원인-결과 메커니즘은 기껏해야 부분적으로만 이해한다. 이 모든 것은 특히 새로운 투자나 기존 자원의 재배치가 필요한 경우 활동의 복잡한 특성을 강화한다. 그런 다음 운영 계획을 목표와 비교하여 전체 전략이 일관되고 설정된 목표를 달성할 수 있는지 확인해야 한다. 이러한 주요 질문에는 다음과 같다.

- 프로세스, 종업원, 고객 관리 및 인프라에 필요한 변경은 무엇인가?
- 변경은 어떻게 일어나는가?
- 어떤 자원을 필요로 하는가?
- 새로운 개념을 전달할 수 있는가?
- 목표 시장의 인지된 요구를 충족하는가?
- 성과 목표를 달성할 수 있는가?

반복적이고 지속적인 프로세스

모든 전략을 결합하는 것은 반복적인 프로세스이다. 핵심 구성 요소, 비즈니스 목표, 시장 환경, 서비스 포지셔닝, 서비스 개념, 성과 목표, 서비스 자원 및 프로세스는 모두 서비스 전달 및 전략적 목표 달성에 맞춰 조정되어야 한다. 이 프로세스는 목표를 달성할 수 있도록 모든 요소를 지속적으로 모니터링해야 한다. 전략 수립은 일회성 활동이 아니다. 기업은 조직에 작용하는 두 가지 주요 변화 요인인 외부 및 내부 환경에 대응해야 한다. 결과적으로 전략은 지속적인 평가와 필요한 경우 수정이 필요하다.

CASE example

사례

싱가포르 항공사의 서비스 전략[11]

조직이 시장에서 자신을 포지셔닝하는 방법과 관계없이, 고객에 제공하는 서비스의 특성은 항상 전략의 특징이 될 수 있다. 그러나 일부 조직은 서비스의 고유한 특성을 전략의 최전선에 두는 것으로 선택하기도 한다. 이러한 유형의 기업들 중 가장 잘 알려져 있고 가장 성공적인 사례 중 하나는 싱가포르항공(Singapore Airlines, SIA)이다. 여행과 여가 매거진에서 24년 연속 세계 최고 국제 항공사로 선정되었으며, Fortune 매거진에서 2019년 세계에서 가장 존경받는 기업 50위 안에 선정된 SIA는 서비스 우수성의 진정한 의미를 잘 알고 있다. 당연히 항공사가 서비스 우수성의 본보기로 그 위치를 유지하는 방법이 수많은 연구의 주제였다. 그리고 회사 전략의 다양한 측면을 강조할 수 있지만 일부 주제는 다시 반복되었다.

고객 서비스와 혁신에 대한 철저하고 체계적인 접근. SIA의 고객 서비스 노력의 핵심은 시제품을 포함하는 광범위한 연구, 시험 및 연구를 수행하여 변경 또는 혁신에 대한 고객 반응을 평가할 수 있는 서비스 개발 부서이다. 혁신은 호화로운 일등석 스위트룸, '모든 비즈니스 클래스' 항공편 및 개별 비행 전 식사 선택을 포함한다. 또한 필요한 경우 혁신은 현재 프로세스 변경을 효과적 운영과 지원을 확실히 하는 것이다. 또한 SIA가 누구와 경쟁해야 하는지에 대한 관점도 중요하다. 경쟁자는 단지 다른 항공사만이 아니다. 이것이 바로 모든 '최고 등급' 서비스 회사에 대해 방법과 성과를 벤치마킹해야 하는 이유이다.

인적 자본에 대한 투자. 서비스 우수성은 단순히 더 나은 시설과 식사 옵션에 관한 것이 아니다. SIA의 서비스 직원은 탁월한 것으로 널리 알려져 있다. 이에 대한 한 가지 설명은 직원에게 제공되는 매우 광범위한 교육이다. 예를 들어, 추론 훈련은 업계 평균보다 두 배 더 길 수 있다. 훈련은 고객 관리에만 국한하지 않고, 항공 산업의 경제와 비용 경쟁력을 유지해야 할 필요성을 이해하는 데 동등하게 가중치를 부여한다. 모든 직원이 서비스 절차를 수정하여 서비스와 비용

James D. Morgan/Getty Images News/Getty Images

효과성을 모두에 혜택을 주는 방법에 대해 잠재적 변경 사항을 적극적으로 제안할 수 있도록 하는 것은 광범위한 사업 평가이다.

시설 및 항공기에 대한 투자. 좌석, 객실 장식, 엔터테인먼트 시스템 및 라운지와 같은 시설은 모든 항공사에 중요하지만, SIA는 경쟁 업체보다 더 중요하게 고려하였다. 승객의 편안함, 안전 및 비용 효과성을 위해 더욱 중요한 것은 항공사가 운영하는 항공기이다. 일반적으로 항공기가 신형일 수록(신형 항공기의 비율이 높음) 더 좋다. SIA의 항공기는 세계에서 가장 최신 항공기 중 하나이다. 업계 평균 항공기 수명은 148개월이지만, SIA는 85개월에 불과하다. 또한 최신 항공기를 통해 SIA는 더 많은 프리미엄 서비스 혁신을 설치할 수 있으며 수리 및 유지 관리 비용과 연료 소비량을 줄일 수 있다.

더 많은 비용에 초점. 품질과 비용의 경계를 관리하는 것은 모든 서비스 전략의 우선순위이다. 경쟁이 치열하고 파산이 빈번한 항공 운영과 같은 산업에서는 잠재적으로 품질의 일부 측면을 희생할 위험과 비용 절감 사이에 끊임없는 긴장이 있을 수 있다. SIA는 이 긴장에 대해 분명한 견해를 가지고 있다. 고객에게 영향을 미치는 모든 것은 시장의 '최상위'라는 우수한 위치에 부합할 수 있을 정도로 품질이 높아야 하지만, 고객이 볼 수 없는 모든 것은 비용 효과성에 대한 철저한 조사를 해야 했다. 비핵심 프로세스는 가능한 저비용 국가에 아웃소싱하고 회사의 본사는 단순하고

기능적으로 내부 프로세스를 효율적으로 하였다. 이러한 방식으로 SIA 서비스 전략의 모든 관점은 일관성이 있게 하였다. 조직 전체에 대해 명확한 '하향식' 방향이 설정되어 있다. 제품의 '아웃사이드 인' 포지셔닝은 서비스 우수성과 혁신을 강조하였다. 직원의 기술과 경험은 개선을 촉진하기 위해 '상향식'으로 활용하였다. 지속적인 투자를 통해 운영 자원의 역량을 '인사이드 아웃'으로 강화하였다.

3.4 서비스의 경쟁 우위 창출 방법

제조와 서비스의 많은 영리 조직은 제공하는 서비스를 개선함으로써 시장에서 유의미하고 지속적인 이익을 창출할 수 있음을 인식하고 있다. 서비스와 서비스 전달은 점점 더 경쟁력 있는 무기가 되고 있다.

제조 기업 또는 제품 기반 조직이 특히 제품 차별화가 적은 시장이나 제품 개발이 늦고, 어렵고, 비싸거나 수명이 짧은 시장에서 운영될 경우, 서비스는 중요한 차별화 수단이 된다. 이용 가능한 서비스의 특성과 서비스 전달 방법은 경쟁력 있는 성공으로의 수단을 제공한다.

서비스 기반 기업은 높은 수준의 고객 서비스를 제공할 필요성을 인식하고 있다. 경쟁 증가, 판매 감소, 그리고 서비스를 인식하는 고객의 증가는 서비스 기업에게 서비스 수준 제고와 개선에 대한 압력이 되고 있다. 높은 서비스 수준은 기업의 가치 있는 고객 창출, 고객 유지와 충성도 증가, 신규 고객 유치 그리고 재정적 상태에 유효한 영향은 미치고 있다.

또한, 가격 경쟁하는 조직 또는 비용 감소를 목표로 하는 조직에서, 서비스는 초기 올바른 서비스 제공과 낮은 운영비 확보에 중요한 역할을 한다.

3.4.1 '제품'이나 경험에 대한 경쟁

1장에서 우리는 서비스 결과를 서비스 프로세스와 '제품', 혜택, 감정, 판단, 의도를 포함하는 고객 경험에 대한 고객의 결과물로 정의했다. '제품'은 제공되는 서비스의 '기능적' 결과이며, 이는 음식이나 음료와 같이 식당이 제공하는 제품, 스프레드시트 구축을 위한 교육에서 강사의 능력, 심장 이식 환자를 위한 새로운 심장을 포함한다. 일부 서비스 조직은 '제품'에 대해 경쟁하고, 또 다른 조직은 경험에 대해 경쟁하는 반면, 또 다른 조직은 제품과 경험 모두에 대해 경쟁을 한다(그림 3-6 참조).

〈그림 3-6〉에서 알 수 있듯, 서비스 조직이 경쟁자와 비교할 때 취할 수 있는 많은 입지가 있다. 이 분석은 자원 경쟁의 한 형태이기 때문에 공공 부문과 비영리 조직에도 적용될 수 있

〈그림 3-6〉 '제품' 또는 경험에 대한 경쟁

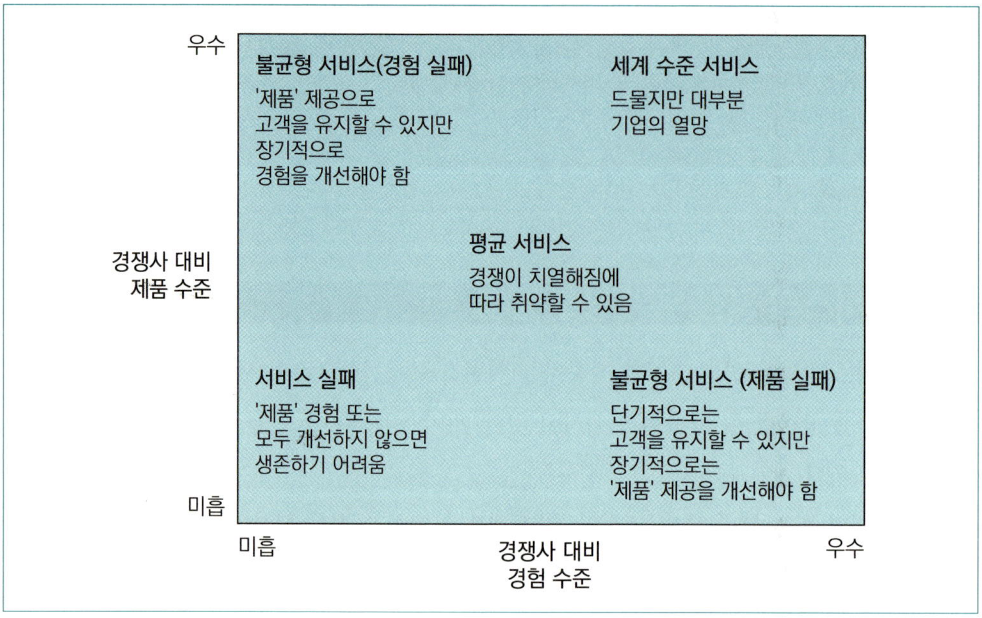

다. 즉 공공 서비스 부서는 국가 예산을 더 많이 확보하기 위해 경쟁하고, 자선단체는 기부금에 대해 경쟁한다.

〈그림 3-6〉에서 제시하는 다섯 가지 입지(포지션)는 다음과 같다.

- 서비스 실패. 조직의 '제품' 수준은 산업 기준 이하이며, 고객 경험은 미흡하다. 시장 트렌드로의 이동에 실패한 전통적 서비스가 이 위치에 해당된다. 전 세계적으로 패스트 푸드 산업에서 여러 지역 서비스가 더 높은 식품 수준과 더 빠른 서비스 측면에서 맥도날드에 뒤처져 있음을 발견했다.
- 불균형 서비스(경험 실패). 조직의 '제품'은 우수하지만, 고객을 다루는 방식이 미흡하다. 전문 서비스가 때때로 이 범주에 속하며, 고객이 오만한 것으로 인식한다. 전문가들은 고객보다 더 잘 알고 해당 분야의 기술 전문가일 수 있지만, 종종 불쾌할 수 있는 서비스에 대해 변명해서는 안 된다. 의료계는 종종 이 분야에서 환자를 인간이 아니라 치료해야 할 또 다른 상태로 대하는 것에 대해 비판을 받고 있다.
- 불균형 서비스(제품 실패). 좋은 경험을 통해 고객 충성도를 높일 수 있다. 그러나 '제품'이 기준 이하로 떨어지면, 고객은 상대적으로 짧은 기간 동안 유지된다. 서비스 경험이 우수하면 고객의 감정 전환 비용이 상당히 높지만 결국 고객은 떠나게 된다. 일부 컴퓨터 회

사는 이 전략을 사용하여 오래된 제품의 단계적 폐기와 새 제품 출시 사이에 고객을 유지했다.

- 평균 서비스. 이 영역은 대규모의 B2C(Business-to-Consumer) 서비스가 속한다고 여기고 있는 위치이다. 이러한 전통적인 서비스 부문에, 합리적으로 설립된 수 많은 경쟁자가 있으며, 이들은 모두 유사한 방식으로 사업을 수행하고 있다. 일부 국가에서 소매 은행이 종종 이 위치를 차지하고 있다. 상대적으로 선택할 수 있는 사항이 적은 시장에 많은 경쟁자가 있다. 그러나 경쟁이 치열해짐에 따라, 많은 경쟁자들은 고객을 대하는 방식을 통한 차별화를 선택했다.
- 세계적 수준 서비스. 이러한 조직은 일반적으로 모든 일에서 최고로 인정받고 있다. 이러한 조직은 몇 개에 불과하다.

대부분의 대규모 조직은 다양한 지점에서 서비스 범위를 포지셔닝할 수 있다. 일부 서비스는 세계적 수준일 수 있지만 다른 서비스는 실패할 수 있다. 각각 다른 전략적 접근이 필요하기 때문에 이들을 구별하는 것은 중요하다.

CASE example

사례

크루즈 회사를 위한 다양한 전략[12]

크루즈 산업은 규모가 큰 산업이다. 매년 약 2600만 명의 승객을 수용하고 있다. 크루즈 수요는 2019년까지 5년 동안 20% 이상 증가했다. 또한 크루즈 회사는 다양한 시장에 다양한 유형의 크루즈 선박을 제공하고 있다. 대부분의 크루즈 운영자의 전략은 선내 시설을 그들이 일하는 다양한 세부 시장에 일치시키는 것이다. 성인 전용 크루즈 선이 있고 가족을 위한 많은 명소를 가지고 있는 크루즈 선이 있다. 세계 어디든 갈 수 있는 크루즈 선(북극 해역을 위한 빙급 선체 포함)이 있고, 세계의 따뜻한 지역을 갈 수 있는 크루즈 선이 있다. 기본적인 서비스를 제공하는 크루즈 선과 가장 호화로운 시설과 서비스를 제공하는 크루즈 선이 있다. 사실, 대부분 크루즈 라인은 일반적으로 모든 유형과 크기의 선박을 보유하고 있으며, 선박의 크기는 크루즈 회사의 주요 결정 중 하나이다.

가장 큰 크루즈 선(작성 당시)은 로열 캐리비안 크루즈 라인이 소유하고 운영하는 18층짜리 심포니 오브 더 시즈(Symphony of the Seas)이다. 이것은 대부분의 주요 크루즈 회사가 운영하는 3,000명 이상의 승객을 수용할 수 있는 소위 초대형 선박의 함대이다. 실제로 심포니 오브 더 시즈는 최대 9,000명(승무원 포함)을 수용할 수 있으며 2,759개의 캐빈 또 더 고급스러운 '스테이트 룸'이 있다. 40개 이상의 레스토랑과 바, 2개의 대형 극장, 23개의 수영장, 자쿠지와 워터 슬라이드, 2개의 암벽, 아이스링크, 서핑 시뮬레이터, 박람회장 회전목마, 10층짜리 슬라이드, 미니 골프 코스가 있다. 스파, 체육관, 카지노 및 가장 열렬한 쇼핑 중독자가 원하는 이상의 더 많은 상점이 있다. 이러한 요인들은 대용량 선박의 개발을 주도하는 요인 중 하나이다. 선박이 크면 클수록 더 많은 다양한 공간을 제공해야 한다. 이들은 한 번만의 여정으로 여러 목적지를 볼 수 있고 마법처럼 밤새 움직이는 거대한 고급 리조트 호텔과 비교되었다. 그러나 이러한 대형 선박은 운영자에게 비용 이점이 있지만(따라서 고객에게 좋은 가치를 제공할 수 있음), 일부 소형 선박은 더 아늑하고 표준화되지 않은 호화로움을 선호하기도 한다. 대형 선박은 다양한 식사 경험을 제공할 수 있지만, 소형 선박은 미슐랭 수준의 레스토랑을 제공할 수 있다. 대형 선박의 서비스는 '좋지만 비인간적'일 수 있지만, 소형 선박은 종종 더 개인화된 서비스를 제공한다.

일부 가장 큰 선박의 규모는 다른 단점을 가질 수 있다. 매우 큰 선박의 경우 길을 잃지 않으려면 지도가 필요하다(일부 선박은 너무 커서 승객에게 GPS 추적기가 제공될 수 있음). 승객이 너무 많기 때문에 탑승과 하차가 매우 붐빌 수 있으며 매우 긴 대기열이 있을 수 있다. 초대형 선박의 안전성도 의문시 되었다. 2012년 Costa Concordia는 이탈리아 해안에서 좌초되었고, 선원들은 배가 전복되기 전에 완전히 대피하지 못했다. 아마도 가장 제한적인 것은 거대한 선박을 수용할 수 있는 항구의 수가 제한되어 있다는 것이다. 베니스와 같은 일부 도시에서는 항구를 호출하는 선박의 규모에 대해 주민들이 시위를 조직했다. 이러한 불경제 때문에 크루즈 업계의 일부에서는 크루즈 회

FRED DUFOUR/AFP/Getty Images

사의 전략이 천천히 변경될 수 있으며 미래 세대의 크루즈 선박이 작아질 수 있다고 생각한다. 또한 액화 천연 가스와 연료 전지로 구동되는 더 친환경적일 수도 있다.

부록

코로나19 팬데믹의 영향으로 크루즈 회사의 주가는 팬데믹 이전 수준의 약 20%까지 떨어졌다. 격리된 선박에 갇힌 휴가객들의 모습과 모든 주요 운항사에 대한 법원 소송이 가장 대담한 해상 관광객들조차 저지했기 때문에 이러한 하락은 놀라운 일이 아니다.

3.4.2 '세계적 수준' 서비스로 이동 — Chase와 Hayes의 4단계 모델

Chase와 Hayes[13]는 서비스 회사가 확실한 경쟁력을 갖추기 위해 할 수 있는 단계를 제시했다. 이들은 서비스 회사가 '세계 최고' 수준의 우수성을 향해 나아갈 수 있는 4단계 진행을 정의하는 모델을 개발했다(그림 3-7 참조).

1단계: 이용 가능한 서비스

가장 낮은 범주에 속하는 서비스 기업의 서비스 제공 자원과 프로세스로 기업의 경쟁력에 긍정적인 영향을 거의 주지 않는다. 사실 나머지 조직들은 자원과 프로세스를 '필요악'으로 여기고 있다. 서비스는 개선에 대해 적극적인 움직임이 거의 또는 전혀 없이 대체로 반응적이다. 이러한 기업은 경쟁자를 거의 탐색하지 않고 기업 외부에서 비롯된 혁신으로부터 학습하지 않는다. 기업이 서비스 운영에서 기대할 수 있는 최선은 '최악의 실수를 피하는 것'이다.

〈그림 3-7〉 서비스 운영이 전략적 경쟁력에 기여하는 Chase와 Hayes의 4단계 모델

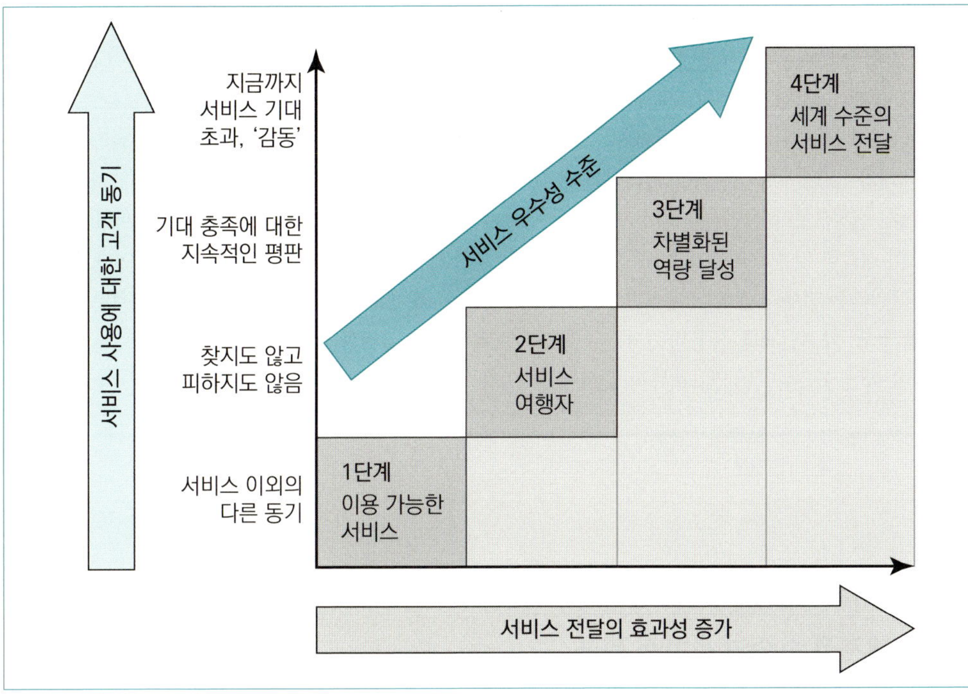

2단계: 서비스 여행자

이 범주에 속하는 기업의 서비스 제공 자원과 프로세스는 1단계의 부정적인 영향을 넘어 발전했다. 이 기업들은 외부를 살펴보고 자신의 성과 및 방법을 경쟁자와 비교할 수 있는 위치에 있다. 이들은 최고의 경쟁자만큼 뛰어나지는 않지만, 최고가 되기를 열망한다. '여행자' 서비스 운영의 목적은 경쟁자들을 따라잡는 것이다. 이들은 업계 모범 사례를 채택하고, 경쟁자에 대한 성과를 벤치마킹하고, 근본적인 혁신은 아닐지라도 개선을 중심에 둔다.

3단계: 차별화된 역량

2단계 기업이 경쟁자만큼 뛰어나고자 하는 열망이 있다면, 3단계 범주의 기업은 차별화된 역량을 구축한다. 이 기업들은 운영 자원과 프로세스가 고객 가치를 창출하는 방법, 명확한 비전과 가치를 제공하기 위한 전반적인 운영 설계에 분명한 초점을 두고 있는 경영을 통해 목표 지점에 도달했다. 마찬가지로 중요한 것은 이 기업들은 서비스 전략의 다양한 요소를 조정한다는 것이다. 예를 들어, 서비스 마케팅에 대한 접근 방식, 서비스 전달 성과 측정 방식, 서비스 직원 훈련, 적절한 역량 및 기술에 대한 투자, 그리고 운영 서비스 전략을 구축하는 모든 결정 간에

다른 견해

Chase와 Hayes는 4단계 척도에서 특정 기업의 위치를 판단하는 것이 항상 쉬운 것은 아니라는 점을 인정한다. 기업의 성과는 서비스 네트워크 전반에 걸쳐 달라질 수 있다. 99%의 서비스 상호작용에서 우수한 서비스가 거래의 100%에서 일관되게 합리적인 서비스보다 1%에서 진정으로 놀란만한 서비스가 더 나은가? 아마도 더 심각한 것은 이러한 유형의 '진보' 척도와 '세계 수준'이라는 전체 개념에 대한 비판일 것이다. 첫째, 진행 척도. 왜 4단계를 사용하는가? 다섯, 여섯, 일곱 등이 아닌 이유는 무엇인가? 특정 숫자에 대한 합리적인 이유는 없다. 더욱이 서비스 비즈니스 조직은 복잡하다. 일반적으로 회사의 일부는 다른 부분보다 나을 가능성이 높으므로 전체 비즈니스를 특정 단계에 있는 것으로 분류하는 것은 단순화해야 한다. 둘째, '세계 최고'라는 아이디어. 컨설턴트가 서비스를 판매하는 것은 분명히 매력적인 포인트이다. 모든 관리자는 '세계 최고'가 되기를 원할 것이다. 그러나 Chase와 Hayes가 '세계 수준'이라고 부르는 설명은 흥미롭고 일관성이 있지만 용어 자체가 특별히 의미가 없다고 주장할 수 있다.

일관성이 있다.

4단계: 세계적 수준의 서비스 제공

3단계는 모든 서비스 기업이 열망할 수 있는 최종점이라고 생각할 수도 있다. 그러나 Chase와 Hayes는 4단계의 추가 단계를 제시했다. 그들은 3단계와 4단계의 차이는 기업이 시장에 얼마나 적극적으로 서비스를 제공하는지에 달려 있다고 언급했다. 4단계 기업은 서비스 전달 운영이 단순히 고객의 요구를 이해하고 충족하는 것이 아니라, 요구를 창출하여 기대치를 설정하고, 이러한 기대치를 지속적으로 확장하는 수준까지 서비스 역량을 개발하는 것이다. 3단계에서 4단계로의 점프에 대한 한 가지 해석은 3단계 기업은 단순히 경쟁자보다 뛰어나서 성공했지만, 4단계 기업은 '게임의 규칙을 바꿨다'는 것이다.

3.5 성과 목표의 운영 우선순위 전환 방법

서비스 성과와 경쟁력 간의 연결을 이해하는 데 필수적인 단계는 서비스 운영이 달성해야 하는 목표를 명확한 운영 우선순위로 전환하는 방법을 수립하는 것이다. 그런 다음 이러한 우선순위를 사용하여 서비스 자원 및 프로세스의 전략 개발을 지원할 수 있다. 우리는 이를 수행하는 두 가지(매우 유사한) 방법을 살펴보겠다. 첫 번째는 인지된 사용자 가치(PUV)에 대한 아이디어이고, 두 번째는 중요도-성과 매트릭스이다.

3.5.1 인지된 사용자 가치

서비스를 사용하여 경쟁 우위를 확보하는 방법을 이해하려면, 고객이 중요하게 여기는 것을 이해하는 것이 필수적이다.[14] 여기에서 인지된 사용자 가치(perceived user value: PUV)라는 개념이 유용할 수 있다. PUV는 고객이 중요하게 여기는 기준이며 이를 기반으로 조직이나 서비스를 평가한다. 슈퍼마켓 체인의 PUV는 재고 가용성, 제품 다양성, 매장 위치 등을 포함할 수 있다. 〈그림 3-8〉은 두 슈퍼마켓 체인에 대한 PUV의 비교를 보여 준다.

〈그림 3-8〉에서 괄호 안의 점수는 고객이 각 기준에 부여하는 상대적 가중치를 나타낸다. 따라서 재고 가용성은 9/10의 가중치를 갖는 반면, 체크아웃 속도는 5/10의 가중치를 갖는다. 이 분석을 통해 운영 관리자는 조치의 우선순위를 결정할 수 있고, 운영이 조직의 전반적인 경쟁력에 어떤 방식으로 기여하는지 알 수 있다. 운영은 PUV의 일부 측면(재고 가용성, 체크아웃 속도 및 고객 서비스 조언)에 직접적으로 기여하고, PUV의 다른 측면에 간접적으로 기여할 수 있다(예를 들어, 서비스가 어떻게 전달되는지는 브랜드 이미지와 고객과의 관계 형성에 영향을 미칠 수 있으며, 이는 제품 다양성을 수정하기 위한 피드백을 용이하게 할 수 있다). 우리는 가격을 다른 PUV와 분리함으로써 현재 및 미래 전략을 정의하고 평가하는 데 유용한 프레임워크를 갖게 된다. 이를 통해 단순히 저렴하거나 차별화된 것 이상으로, 즉 두 가지 방식으로 경쟁함으로써 가능한 경쟁을 할 수 있다(그림 3-9 참조).

〈그림 3-8〉 두 슈퍼마켓의 PUV(인지된 사용자 가치)의 주요 구성 요소

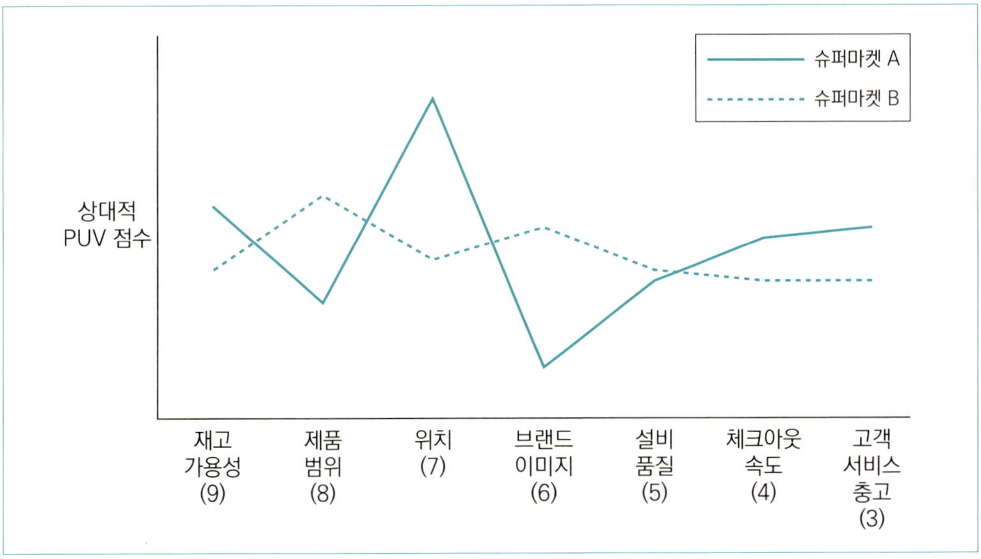

Source: Adapted from Bowman, C. (1998) *Strategy in Practice*, Prentice Hall, London.

〈그림 3-9〉 4개 슈퍼마켓의 PUV(인지된 사용자 가치) 및 가격

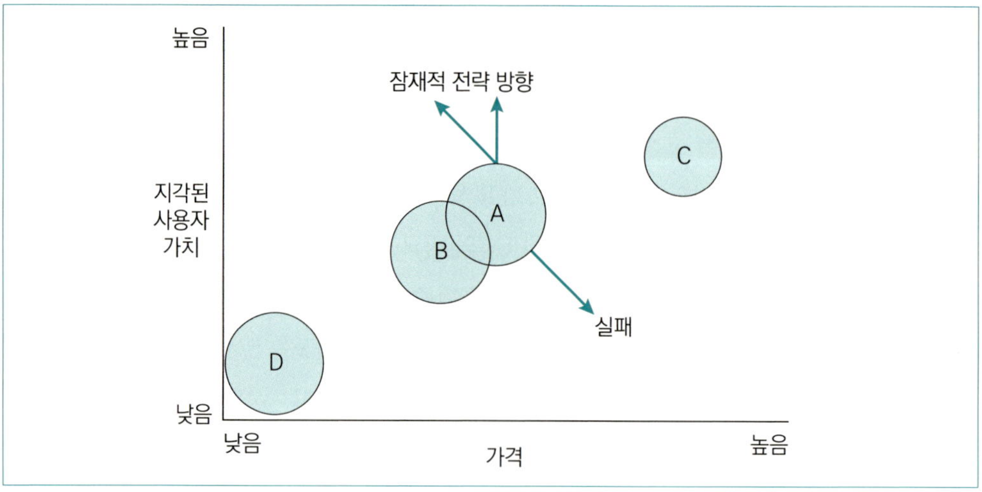

Source: Adapted from Bowman, C. (1998) *Strategy in Practice*, Prentice Hall, London.

〈그림 3-9〉의 의미는 슈퍼마켓 A가 슈퍼마켓 B와 크기(원의 크기로 표시) 및 전략적 포지셔닝(가중 평균 PUV)이 비슷하다는 것이다. 더 작은 경쟁자인 C가 더 높은 품질이지만, 매우 비싼것으로 인식된다. 마찬가지로 D는 이 시장에서 저가 공급자이며 A 및 B보다 약간 작다. 여기서 해결해야 할 문제는 채택할 전략적 방향을 이해하는 것이다. A가 가격 포지션을 유지하기를 원하지만 PUV를 높이고 싶다면, 〈그림 3-8〉의 분석을 살펴보는 것이 좋은 출발점이 될 것이다. 분명히 높은 재고 가용성과 제품 다양성은 PUV를 향상시킬 수 있는 기회를 제공해 준다. 이 전략을 채택하면 운영 비용을 증가시키지 않으면서 서비스 기준을 개선하는 측면에서 운영의 기여도를 결정할 수 있다. 선호하는 전략이 PUV를 높이고 가격을 낮추는 것이라면, 가격 감소를 단순히 마진 감소에 의해 달성하지 못하는 경우, 운영은 중요한 과제를 가지게 된다.

3.5.2 중요도-성과 매트릭스

중요성-성과 매핑은 고객의 관점을 정의하는 성과 목표에 대한 다음 두 가지 주요 영향을 명시적으로 포함하기 때문에 전략 개발 방향을 설정하는 데 특히 유용한 접근 방식이다.

- 고객 선호도의 필요성과 중요성
- 경쟁자의 성과 및 활동

중요도와 성과는 개선에 대한 상대적 전략적 우선순위를 평가하기 전에 함께 고려해야 한

다. 고객에 중요하다고 해서 즉각적으로 운영에 우선순위를 부여하는 것을 의미하는 것은 아니다. 이러한 점에서 운영은 이미 경쟁자보다 상당히 우수할 수 있다. 마찬가지로, 경쟁자 성과와 비교하여 운영이 그다지 좋지 않다고 해서 반드시 즉시 개선되어야 하는 것도 아니다. 고객은 이러한 성과 측면을 특별히 중요하게 여기지 않을 수도 있다. 따라서 개선 우선순위를 판단하기 위해서는 중요도와 성과를 함께 고려해야 한다.

그러나 우리는 중요도를 고객 관점과 성과를 경쟁자의 활동과 연관시켰지만, 접근 방식은 이것에서 벗어나도록 조정될 수 있다. 예를 들어, 기업은 고객이 중요하다고 생각하지 않는 경우에 운영 활동의 일부 측면에 중요도를 부여할 수 있다. 기업이 가까운 미래에 맞춤형 서비스를 제공하기 위해 노력한다면 기업의 시장 환경 변화를 인지하지 못하는 고객보다 유연성이 더 중요하다고 생각할 수 있다. 성과는 항상 경쟁자와 비교하여 평가되는 것도 아니다. 성과는 명백한 벤치마크일 수 있지만, 성과는 경쟁자의 존재를 전제로 한다. 많은 비영리 조직은 자체 경쟁자가 있다고 생각하지 않을 수 있다. 그러나 다른 유사한 조직과 비교하여 성과를 평가할 수도 있다. 또는 고객 인지 또는 고객 기대로 성과를 측정할 수 있다.[15]

상대적 중요도 평가

기업에서 성과의 모든 측면의 중요도는 고객(내부 또는 외부)에 대한 중요도 측면에서 평가할 수 있다. 높은 수준에서 요인은 세 가지 중요 범주—최소요인(기본요인), 우위요인(매력요인), 덜 중요한 요인—로 구분할 수 있다.

- **최소요인**(Qualifier)은 사업을 유지하거나 사업 활동을 유지하는 데 중요한 역할을 한다. 예를 들어, 이는 고객, 자금 출처, 직원을 유지하는 것을 의미한다. 다른 조직에 비해 성과가 일정 수준 이하로 떨어지면 사업/고객/자금/인력 손실이 발생할 수 있다. 예를 들어, 인터넷 서비스 제공 업체(ISP)는 네트워크에 대한 접근이 경쟁자보다 느리거나 더 어려운 경우, 고객을 잃을 수 있다. 연구 리그에서 잘 수행되지 않는 대학은 정부 지원금을 잃을 수 있다. 자선단체가 긴급 상황 시 기부를 받을 수 있는 전화선과 교환원이 충분하지 않은 경우 손실이 발생할 수 있다.
- **우위요인**(Order winners)은 조직의 새로운 사업, 자금 또는 고객을 유지하고 유치한다. 이는 조직이 다른 조직에 비해 우위 또는 차별화 요인을 확보하는 수단으로 사용하기 위해 전략의 일부로 선택한 특수 최소요인이다. 예를 들어, ISP는 우위요인으로 가격을 선택할 수 있다. 고객에게 서비스를 무료로 제공하거나 네트워크에 대한 무료 전화 접근을 제공함으로써 ISP는 경쟁자보다 상당한 이점을 얻고 고객 기반을 늘릴 수 있다. 대학은 직원이

다른 대학의 직원보다 낫거나 열악하지 않을지라도 뛰어난 시설을 갖추고 있기 때문에 임원 교육 과정을 유치할 수 있다. 자선단체는 가뭄 피해자를 위한 새로운 물 공급 서비스를 개발하거나 전쟁 지역에서 가장 먼저 현장에 있다는 평판을 개발하여 새로운 기부자를 유치할 수 있다.

- **덜 중요한 요소**는 상대적으로 중요하지 않지만 미래의 어느 시점에서 이점의 원천이 될 수 있으므로 무시해서는 안 된다. 은행의 경우 은행 매장의 편안함이 덜 중요한 요소일 수 있다. 인터넷 서비스 제공자의 경우 검색 수행 속도가 덜 중요할 수 있다.

개별 요인의 상대적 중요도를 판단하고 개선을 위한 우선순위를 선별하는 데 도움을 주는 도구로 9점 척도를 사용한 범주당 3점에 의한 측정 도구가 있다(표 3-1 참조).

〈표 3-1〉 개별 요인의 중요도 판단

우위요인	1	사업/고객/자금 등을 유치하는 데 매우 중요
	2	사업 유치에 중요
	3	신규 사업 유치에 유용
최소요인	4	고객/자금 유지 등 필수
	5	유지에 중요
	6	유지하는 데 유용
덜 중요한 요인	7	일반적으로 중요하지 않음
	8	드물게 중요하게 여겨짐
	9	전혀 중요하지 않음

Source: Based on Slack, N., Chambers, S. and Johnston, R. (2010) *Operations Management*, 6th edition, FT Prentice Hall, Harlow.

〈표 3-2〉 개별 요인별 성과 판단

다른 경쟁자 보다 좋음	1	다른 경쟁자 보다 상당히 좋다
	2	다른 경쟁자 보다 확실히 좋다
	3	다른 경쟁자 보다 약간 더 좋다
다른 경쟁자와 동일	4	다른 경쟁자와 비교해 근소하게 좋다
	5	다른 경쟁자와 동일하다
	6	다른 경쟁자와 비교해 근소하게 나쁘다
다른 경쟁자 보다 나쁨	7	다른 경쟁자 보다 약간 더 나쁘다
	8	다른 경쟁자 보다 확실히 나쁘다
	9	다른 경쟁자 보다 상당히 나쁘다

Source: Based on Slack, N. and Brandon-Jones, A. (2019) *Operations Management*, 9th edition, Pearson, Harlow.

상대적 성과 평가

성과 목표를 평가하기 위한 두 번째 차원인 성과는 다른 유사하거나 경쟁하는 이를 조직과 비교한 각 목표의 성과와 관련이 있다. 전통적인 의미에서 경쟁하든 기금, 직원 또는 명예를 놓고 경쟁하든 상관없다. 측정 도구의 9점 척도는 모든 요인의 상대적 성과를 평가하는 데 사용할 수 있다(표 3-2 참조).

중요도-성과 매트릭스 구축

각 경쟁 요인에 부여하는 개선 우선순위는 상대적 중요도와 성과를 비교하여 평가할 수 있다. 이는 이름에서 알 수 있듯이 각 경쟁 요인을 해당 기준에 대한 점수 또는 등급에 따라 배치하는 중요도-성과 매트릭스로 표시될 수 있다. 〈그림 3-10〉은 중요도와 성과가 모두 간단한 9점 척도를 사용하여 평가하는 중요도-성과 매트릭스를 보여 주고 있으며, 매트릭스는 개선 우선순위 영역으로 분할된다.

〈그림 3-10〉 중요도-성과 매트릭스

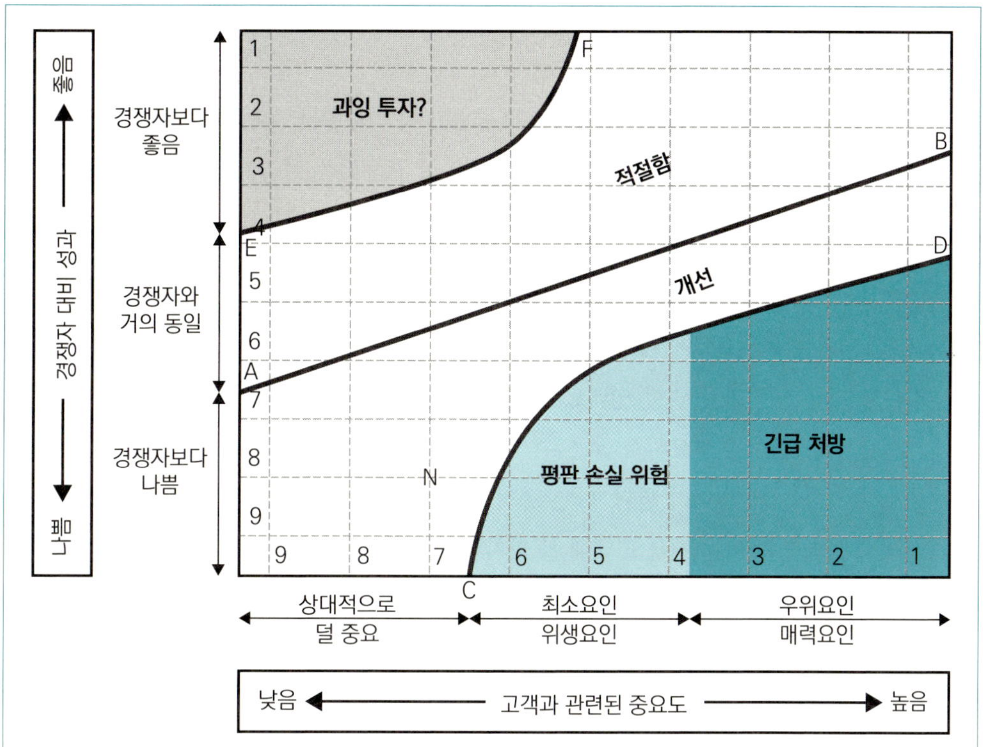

Source: Based on Slack, N. and Brandon-Jones, A. (2019) *Operations Management*, 9th edition, Pearson, Harlow.

첫 번째 영역 경계는 〈그림 3-10〉에서 선 AB와 같이 '허용의 하한 경계선'이다. 이것은 허용 가능한 성과와 허용되지 않는 성과의 경계이다. 경쟁 요인이 상대적으로 중요하지 않은 것으로 평가되면(중요도 척도에서 8 또는 9), 실제로 이 경계선은 낮아 질 것이다. 대부분의 운영은 중요하지 않은 경쟁 요인에 대해 경쟁자와 '동일한 영역(야구장)'에 있는(최저 등급에서도) 성과 수준을 용인할 준비가 되어 있다. 운영은 성과 수준이 경쟁자보다 분명히 낮을 때만 관심을 갖는다. 반대로, 높게 평가된 경쟁 요인을 판단할 때(중요도 척도에서 1 또는 2), 성과 수준이 낮거나 보통인 요인에 현저한 관심을 갖게 된다. 이러한 경쟁 요인에 대한 최소 허용 수준은 일반적으로 '경쟁자보다 우수' 등급의 하단에 있다. 이 최소 허용 범위(AB) 아래에는 분명히 개선이 필요하다. 이 선 위의 경쟁 요인에 대해서 개선은 시급하지 않다.

그러나 최소선(AB) 아래에 속하는 모든 경쟁 요인이 동일한 수준의 전략적 우선순위를 갖는 것으로 간주해서는 안 된다. 대략적으로 CD 선으로 표시된 경계는 긴급한 개선 우선순위 영역과 덜 긴급한 개선 영역 사이의 구분을 나타낸다. 그러나 최소요인의 특성을 기억하라.

성과가 최소요인 수준보다 분명히 낮은 요인은 고객이 적극적으로 사업을 철회할 위협을 나타낸다. 이 '평판 손실 위험' 영역의 모든 요인은 '긴급 처방' 영역의 다른 요인보다 훨씬 더 위협적일 수 있다.

마찬가지로 AB선 위의 모든 경쟁 요인이 동일한 우선순위를 갖는 것으로 간주해서는 안 된다. 다른 한편으로 선 EF는 '좋음' 또는 '적절함'으로 간주되는 성과 수준과 '매력적임' 또는 '과잉'으로 간주되는 성과 수준 간의 대략적인 경계로 볼 수 있다. 이러한 방식으로 매트릭스를 분리하면 매우 다른 전략적 우선순위를 암시하는 5개의 영역을 생성할 수 있다.

- '적절' 영역은 우위요인에 대해서는 다른 조직보다 성과가 우수하고, 최소요인에 대해서는 적어도 다른 조직과 동일한 영역으로 상대적으로 덜 중요한 요인이다. 이 영역의 요인은 개선을 위한 조치가 필요하지 않을 수 있지만 성과 측정 시스템의 초점은 요인을 통제 상태로 유지하는 데 있어야 한다. 다른 조직보다 우위를 유지하려면 이 영역의 일부 요인에 대해서 성과를 높이는 것을 고려해 볼 가치가 있다.
- '개선' 영역은 성과가 다른 경쟁자와 유사한 우위요인과 성과가 약간 나쁜 최소요인과 같이 약간의 주의가 필요한 요인들을 구분한다. 성과 측정의 초점은 통제가 아닌 개선에 있어야 하며 성과를 향상시키기 위한 전략을 개발해야 한다.
- '긴급 처방' 영역은 성과 개선을 위해 긴급한 주의가 필요한 요인를 정의한다. 이 영역의 요인을 적어도 개선 영역으로 이동하고 중기적으로 적절한 영역으로 이동하는 것이 즉각적인 우선순위일 것이다.
- '평판 손실 위험' 영역은 사업에 심각한 위험을 나타낼 수 있는 경쟁 요인를 구별하여 긴급하게 검토해야 해야 할 영역이다.
- '과잉 투자' 영역은 필요 이상으로 성과가 높을 수 있는 요인을 포함한다. 다른 경쟁자보다 훨씬 더 나은 성과는 최소요인과 확실히 덜 중요한 요인에 대해 자원 낭비일 수 있다. 반면에 이러한 요소가 떠오르는 최소요인이나 우위요인으로 간주되는 경우, 이러한 투자는 적절할 수 있다.

운영 관리자는 중요도-성과 매트릭스를 적용함으로써 전략적 의도를 명확한 우선순위로 변환하고, 조직의 전략적 의도를 지원하기 위해서 제한된 자원을 가장 잘 사용할 수 있는 영역을 발굴할 수 있다.

WORKED example

사례

Amfring Transport

Amfring Transport(AT)는 빠르게 성장하는 서비스 중 하나인 냉장 식품에 대한 야간 온도 조절 배달 서비스를 검토 중인 성공적인 물류 회사이다. AT는 특히 고객에게 제공하는 서비스 수준을 개선하는 데 열심이다. 개선 프로세스의 첫 번째 단계로 AT는 운영 성과의 다양한 측면 목록을 고안했다.

- 가격/비용 – 고객에 대해 실현할 수 있는 할인과 서비스 제공의 실제 내부 비용을 포함하는 가격.
- 운송 품질 – 손상되지 않은 상태로 상품을 배송할 수 있는 능력과 차량 및 운전자의 외관에 대한 고객의 인식.
- 주문/배송 품질 – 고객을 대면하는 콜센터 직원의 예의와 효율성.
- 질의 리드 타임 – 신규 고객이 문의한 후 지정된 제안을 충분하게 제공하기까지의 경과 시간.
- 전달시간(Drop time) – 매일 아침 배달이 가능한 가장 빠른 시간.
- '시간대' 견적 – 배송이 이루어져야 하는 전달 시간 주변의 보장된 시간대.
- 배송 신뢰성 – 인용된 '시간 대' 내에서 이루어진 실제 배송의 비율.
- 배송 유연성 – 배송 목적지를 변경할 수 있는 기능.
- 문서화 서비스 – 각 납품과 함께 제공되는 온도 제어 차트와 같은 문서의 신뢰성.

고객과의 논의를 기반으로 실험은 1에서 9까지의 각

〈그림 3-11〉 AT의 '야간 온도 제어 서비스'에 대한 중요도-성과 매트릭스

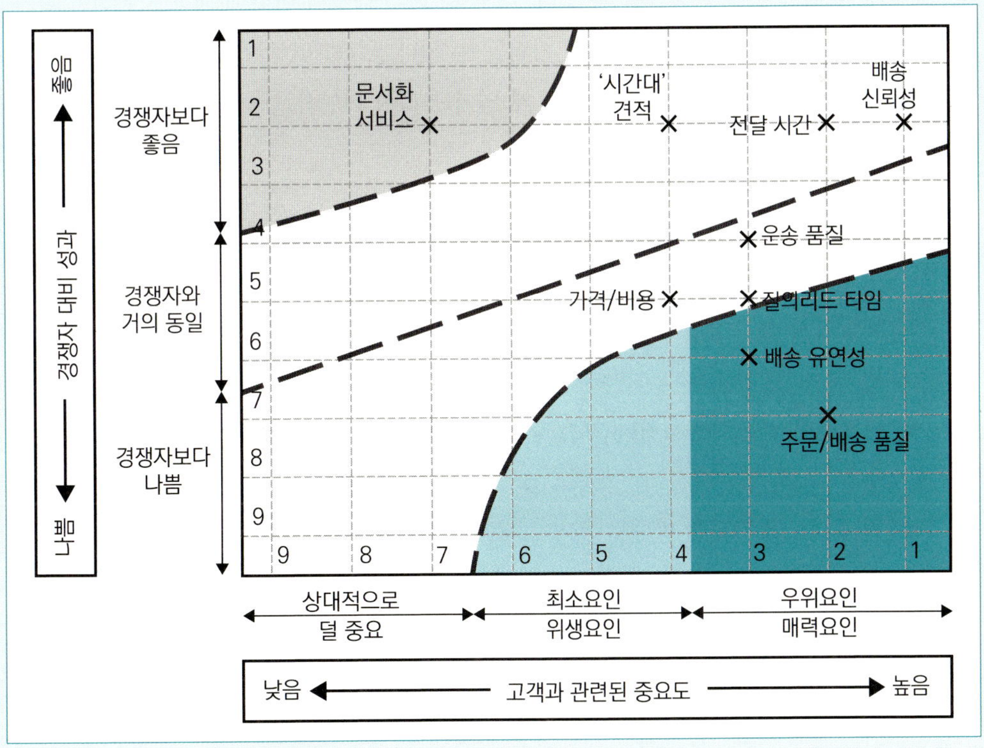

요인에 점수를 할당하였다. '중요도'에 대해 1점은 해당 요인이 고객에게 매우 중요함을 의미하고, 9점은 중요하지 않음을 의미한다. 성과의 경우 1점은 AT가 경쟁자보다 지속적으로 상당히 우수함을 의미한다. 9점은 어떤 경쟁자보다 훨씬 나쁘다는 것을 의미한다. AT는 중요도-성과 매트릭스에 성과의 각 요인에 부여한 중요도와 성과 평가를 표시했다. 이것은 <그림 3-11>에 나와 있다. 가장 중요한 요인인 배송 신뢰성 역시 경쟁사 대비 좋은 성과를 내고 있다는 것을 보여준다. 그러나 몇 가지 요인은 개선이 필요하며 시급한 세 요인을 보여 준다. 질의 리드 타임, 주문/배송 품질 및 배송 유연성은 모두 상대적으로 중요하지만 회사는 경쟁 업체에 비해 낮은 점수를 받고 있다. 마지막으로 프로세스 문서화에 대해서는 과도한 성과가 있음을 보여 주고 있다.

3.6 전략 유지 방법

전략은 장기적인 문제이므로 모든 서비스 전략의 중요한 측면은 전략이 얼마나 지속 가능한지에 대한 질문을 포함하고 있다. 그러나 '지속 가능'이 '불변'을 의미하는 것은 아니다. 이러한 맥락에서 '지속 가능'이 의미하는 바는 전략이 필요한 경우 변화를 관리하는 방법에 어느 정도 안정성을 제공하는 것이다. 앞서 설명한 서비스 전략 사이클의 모든 요소(그림 3-4 참조)는 기업 전략의 조정을 촉발할 수 있다. 내부 및 외부 환경의 변화에 대한 지속적인 평가와 그에 따른 전략 조정이 없으면 조직은 쇠퇴할 수 있다. 이러한 현상은 '제도적 쇠퇴(institutional rusting)'라고 한다.[16] 전략을 유지하는 데 있어 조직이 직면하는 보다 일반적인 운영상의 어려움은 다음과 같다.

- 상품 유형 서비스 제공만 할 수 있는 기존 프로세스를 사용하여 맞춤형 제품을 제공해야 하는 필요성과 같은 상충되는 목표.
- 적합하지 않은 장비 및 미숙련 직원과 같은 부적합하고 융통성 없는 운영 프로세스 및 자원.
- 필요한 자원을 제공하거나 기존 자원을 개발하는데 불충분한 투자를 포함하는 부적절한 투자.
- 원래 의도한 것과는 반대로 운영이 제공하는 서비스 개념에 대해 감지하지 못하는 변화 - 예를 들어 관리자와 종업원이 고객이 요구하는 개념을 이해하기 쉬운 방식으로 재해석하는 방법을 감지하지 못하는 것임(개념 오해).
- 원래 하나의 서비스를 위해 설계된 서비스 프로세스에 여러(유사한) 서비스 추가는 모든 서비스에 걸쳐 기준의 잠재적 손상을 초래할 수 있음.

〈그림 3-12〉 비전 리더십

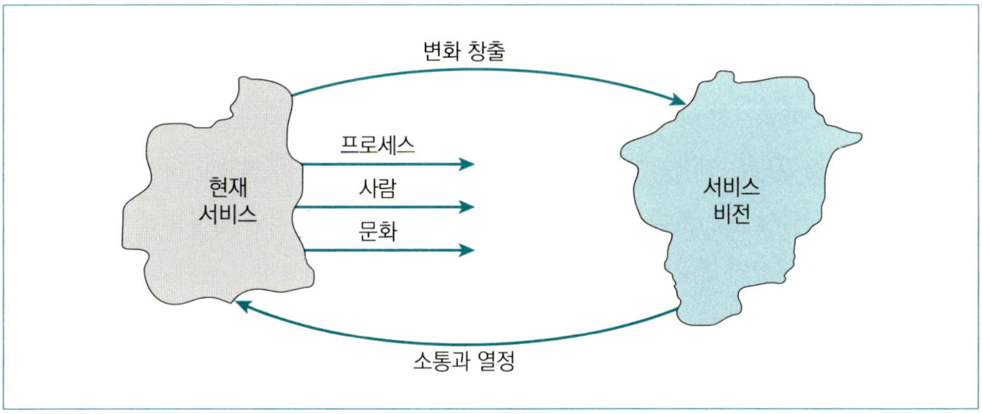

따라서 서비스 전략은 지속적으로 변화하는 환경의 관점에서 방향, 진행 및 결속을 위한 조직의 계획을 지속적으로 확인하는 프로세스를 포함한다. 중요도-성과 매트릭스를 사용하여 운영 우선순위가 전략에 맞춰 조정되고 전략의 변경 사항을 반영하는지 확인할 수 있다. 또한 목표를 통한 전략을 성과 측정에 연결하기 위해 전략 맵을 생성, 사용 및 갱신하는 것은 운영이 전략을 구현하고 유지하기 위한 중요한 수단이다(12장 참조).

비전 리더십

서비스 전략 지속성에 큰 영향을 미치는 것으로 자주 인용되는 한 가지 조건은 비전 있는 리더십이다. 이는 대개 기업 수준에서 개인이 제공하는 경우가 많다. 때로는 전략 개발을 책임지고 핵심 역할을 하는 운영, 마케팅 또는 재무 부문 내의 경영자는 모든 힘을 하나로 모아 올바른 방향으로 움직이도록 돕는 역할을 한다.

비전 있는 리더는 현재 조직과 조직의 서비스(예: 프로세스, 사람 및 문화)를 이해하고 미래에 대한 매력적인 비전을 만들 수 있다. 비전 있는 리더는 또한 다른 사람들에게 비전을 전달하고 설득시킬 수 있어, 조직 전체에 활력을 주어 비전을 실현할 수 있다(그림 3-12 참조).

3.7 요약

서비스 전략이란 무엇인가? 서비스 전략은 조직이 서비스 제공 자원 및 프로세스의 방향과 개발을 형성하는 방법과 관련이 있다. 서비스 전략은 다음의 네 가지를 수행해야 한다. 서비스 전략은 사업의 전반적인 전략적 목표를 반영해야 한다. 서비스 전략은 사업이 제공하는 시장의 요구 사항을 충족해야 한다. 서비스 전략은 서비스를 제공하는 방법의 실용성을 고려해야 한다. 마지막으로 서비스 전략은 조직의 서비스 자원 및 프로세스의 역량을 개발해야 한다. 이것들은 모든 조직의 서비스 전략의 네 부분이다.

서비스 전략이 중요한 이유는 무엇인가? 기업이 경쟁 엔진으로서 잠재력을 완전히 실현하기 위해서 서비스 운영은 전략적 방향을 필요로 한다. 서비스 전략이 필요한 명백한 이유는 정리되지 않고 연결되지 않은 활동과 결정을 방지하는 데 있다. 운영적인 결정을 조정하는 일관된 서비스 전략이 없으면 연결되지 않고 파편화된 의사 결정의 가능성이 높다. 또한 잘 표현된 서비스 전략은 조직에 '존재 이유'를 제공하고 서비스 개념을 정의하고 전달 방법을 보여 줄 가능성이 있다. 관리자가 고객에게 가치를 제공하고 해당 가치를 이익 또는 예산 범위 내에서 제공할 수 있는 기회를 구별할 수 있도록 하는 스마트 프레임워크 및 개념적 모델을 제공해 준다.

서비스 전략 수립 과정은 어떻게 되는가? 서비스 전략을 구성하는 요소들이 '전략 프로세스'를 형성하기 위해 어떻게 결합되는지 이해하는 것이 필요하다. 전략의 6가지 중요한 요소는 다음과 같다. 이는 전반적 사업 목적 구축, 시장 환경에 대한 이해, 환경에서 서비스 포지셔닝에 대한 설명, 적절한 서비스 개념의 개발, 적절한 운영 성과 목표의 식별, 적절한 서비스 자원 및 프로세스의 개발을 포함한다.

서비스는 어떻게 경쟁 우위를 제공하는가? 조직은 결과의 우수성, 경험의 우수성 또는 둘 다를 놓고 경쟁할 수 있다. Chase와 Hayes는 서비스 회사가 '세계 최고' 수준의 우수성을 향해 나아갈 수 있는 4단계 진행을 정의하는 모델을 개발했다. 4단계는 '이용 가능한 서비스 ', '서비스 여행자', '차별화된 역량 달성', '세계 수준의 서비스 제공' 으로 구성된다.

서비스 성과 목표를 운영 우선순위로 어떻게 전환할 수 있는가? 서비스 성과와 경쟁력 간의 연결을 이해하는 데 필수적인 단계는 서비스 운영이 달성해야 하는 목표를 명확한 운영 우선순위로 전환하는 것이다. 그런 다음 이러한 우선순위를 사용하여 서비스 자원 및 프로세스의 전략적 개발을 지원할 수 있다. 이를 수행하는 두 가지 유사한 방법은 PUV(인지된 사용자 가치) 개념과 중요도-성과 매트릭스이다.

어떻게 전략을 유지할 수 있는가? 변화하는 환경에 따라 조직의 방향성, 진행, 결속 등을 지속적으로 점검할 필요가 있다. 이러한 의미에서 '지속 가능성'은 '변하지 않는' 것을 의미하지 않는다. 이는 전략이 필요한 경우 변경을 관리하는 방법에 어느 정도 안정성을 제공한다는 것을 의미한다.

토론 및 연습

1. IKEA의 사례와 '빅박스' 소매 전략을 다시 읽어보라. 서비스 전략 모델의 요소를 적용하여(그림 3-4 참조), IKEA가 전략을 채택하게 된 동기를 설명하라.

2. 다음 이야기는 종종 전략 전문가들과 관련이 있다. 알프스에서 기동하는 동안 병사들의 분리로 길을 잃었다. 날씨는 혹독했고 눈은 깊었다. 이 얼어붙은 상황에서 이틀 간의 방황 끝에 병사들은 희망을 버리고 산에서 얼어붙어 죽음에 직면하게 되었다. 그러던 중 놀랍게도, 병사 중 한 명이 주머니에서 지도를 발견했다. 이 발견에 크게 기뻐한 병사들은 산에서 탈출할 수 있었다. 그들이 본부로 안전하게 돌아왔을 때, 그들은 지도가 알프스가 아니라 피레네 산맥이라는 것을 발견했다. 이 이야기는 전략과 어떤 관련이 있는가?

3. 대규모 회계법인인 MF(Maytech Financial)은 전 세계 3곳에서 운영 기능을 평가하고자 한다. MF말레이시아 사업은 이 지역의 많은 경쟁자보다 약간 낮지만 여전히 최고의 기업들에는 뒤쳐져 있다. 운영 기능은 조직의 다른 기능에서도 긍정적으로 평가되며 전략 대화와 관련하여 '목소리가 들린다'. 틀림없이 MF일본 운영은 계속해서 MF일본이 경쟁할 수 있는 기반을 제공하고 있다. MF일본은 최근 고급 AI 소프트웨어를 개발하여 회사가 기본적인 회계 서비스 외에도 고객 인텔리전스를 중요하게 생각하는 새로운 대기업 고객에 접근할 수 있도록 했다. MF일본도 제공할 수 있다. MF홍콩 사업은 이제 대부분의 경쟁사보다 분명히 우수하며 회사의 전략적 방향에서 적극적인 목소리를 내고 있다. 최근에 운영 팀은 마케팅과 긴밀히 협력하여 고객을 대신하여 고용량, 저 다양성 작업을 보다 자동화된 처리를 개발해 달라는 주요 고객의 요청에 응답했다. 이 이니셔티브는 성공적인 것으로 판명되어 마케팅은 이러한 내부 '윈-윈' 관계를 구축하기 위해 점점 더 열심히 하고 있다. Chase와 Hayes의 4단계 서비스 운영 모델에서 세 가지 MF 운영 기능을 어디에 배치할 수 있을까?

4. 놀이공원에 대한 중요도-성과 분석을 수행하라. 이를 수행할 때 〈그림 3-10〉에 표시된 척도를 사용하여 이 서비스 제품의 경쟁 요소(주요 구성 요소), 중요도 수준 및 성과에 대해 생각해 보라. 그런 다음 〈그림 3-11〉과 같이 이를 중요도-성과 매트릭스에 매핑해 보라.

5. TBP(Brandfair Partnership)의 관리 파트너는 그녀의 비즈니스를 다음과 같이 설명하였다.

> 중소기업 시장을 특화한지 이제 4년 정도 되었습니다. 그 전에 방문하는 모든 사람에게 브랜드 컨설팅 서비스를 제공하기도 했습니다. 하지만 회사 내에서는 더욱 활동에 집중할 수 있을 것 같아요. 우리에게 주어진 임무는 두 가지 유형이 있습니다. 약 40%는 비교적 일상적입니다. 일반적으로 이러한 과제는 전통적인 시장 조사 및 포커스 그룹 연습입니다. 이러한 활동에는 비교적 하급 직원이 수행할 수 있는 비교적 표준적인 일련의 단계가 포함됩니다. 물론 어떤 결정을 내리기 위해서는 경험 많은 컨설턴트가 필요합니다. 고객들은 우리가 상대적으로 저렴하고 빠른 서비스 제공을 기대합니다. 또한 그들은 우리가 단순한 실수를 하기를 기대하지도 않습니다. 우리가 이런 일을 너무 자주 하면 사업을 잃게 될 것입니다. 다행히 고객들은 '표준 패키지'를 구매하고 있다는 사실을 알고 있습니다. 그러나 지난 몇 년 동안 전문 에이전시가 등장하여 가격면에서 우리를 낮추고 있습니다. 그러나 나는 여전히 우리가 이 시장에서 수익성 있게 운영할 수 있다고 생각합니다. 우리 작업의 나머지 60%는 주요 브랜드 재형성과 관련된 과제와 같이 보다 전문적인 서비스가 필요한 고객을 위한 것입니다. 이러한 할당은 복잡하고 규모가 크며 시간이 오래 걸리며 상당한 브랜딩 기술과 판단력이 필요합니다. 고객이 제품 개발, 판촉, 가격 책정 등과 같은 모든 '브랜드 관련' 영역에서 제공하는 조언을 존중하고 신뢰하는 것이 중요합니다. 물론 그들은 우리가 느리거나 신뢰할 수 없을 것이라고 가

정하지만 주로 고객에게 중요한 것은 견고한 통계에 의해 뒷받침되는 우리의 판단에 대한 신뢰입니다. 직원들에게 인기 있는 작품입니다. 흥미롭고 매우 유익합니다.

(a) 설명한 두 가지 유형의 사업은 얼마나 다른가?
(b) 그녀는 회사를 두 개의 개별 사업으로 분할하는 것을 제안하였다. 하나는 일상적인 서비스를 처리하고 다른 하나는 더 복잡한 서비스를 처리하는 것이다. 이렇게 하면 어떤 장점과 단점이 있을까?

사례 문제: Corks 나이트클럽 – 하룻밤 사이에 성공했을까?

Dan Chicksand, Birmingham University

이것은 내가 항상 하고 싶었던 일이었다. 아마도 내가 대학에서 소호(런던)에 있는 재즈 클럽 바 뒤에서 일하면서 내 자신을 부양하기 위해 시간을 보냈기 때문일 것이다. Corks Wine Bar and Club을 인수하는 것은 나에게 꿈이었기 때문에 그렇게 어렵게 시작했을 때 충격적이었다.

Barry Lewis, Corks 나이트클럽 소유주

노련한 기업가였지만, Corks를 인수한 것이 Barry가 이 부문에서 사업을 운영한 처음이었다. 자격을 갖춘 회계사인 그의 이전 경험은 자동차 판매 대리점 및 사무실 청소 프랜차이즈를 포함한 다양한 운영을 포함하였다. 그러나 그는 전문 회계사로서 최근 와인 바의 상대적 부진한 실적을 파악하는 능력에 자신이 있었다. 그는 자신이 생각하기에 좋은 가격에 클럽을 구입했지만, 사업을 되살리기 위해서는 많은 일이 필요하다는 것을 알고 있었다. 그는 요리 능력이 제한적이라고 의심되는 요리사뿐만 아니라 매니저와 여러 바 직원을 물려 받았다. 그의 첫 번째 일은 직원들을 모아 와인 바에 대한 비전을 설명하는 것이었다.

Barry는 15년 임대 계약을 체결한 후 지방 당국으로부터 심야 면허도 부여받았다고 설명했다(이전에는 와인 바는 밤 12시까지만 면허가 있었다). 그는 이것이 와인 바를 인기있는 심야 장소로 바꾸는 데 도움이 될 것이라고 믿었다. 그러나 클럽의 위치 때문에 Oxford Street(주요 쇼핑 거리)에 가깝지만 Soho의 주요 클럽 지역에서 거의 1km 떨어져 있어 지나가는 거래가 거의 없을 것이다. 따라서 Corks는 그 자체로 목적지 장소가 되어야 한다. 클럽도 수정이 필요하다. Barry는 새 단장을 위해 3주 동안 문을 닫기로 결정한 후 다시 문을 열고 종일 음식을 제공하고 있다. 하지만 클럽의 높은 활용도를 유지하기 위해 매일 저녁 10시가 되면 의자와 테이블을 치우고 행사장을 나이트클럽으로 변신시켰다. Barry는 특히 인종적으로 다양하고 전문적인 군중을 유치하기를 원했고 Selfridges와 같은 잘 알려진 '고급' 백화점 소매 업체를 포함하여 많은 지역 기업에 새로운 제안을 홍보하기 시작했다. 이른 금요일 밤은 이미 지역 상점과 사무실에서 직원들을 끌어들이고 있었다.

그러나 재개점 후 첫 달이 끝날 무렵 모든 것이 좋지 않다는 것이 분명해졌다. 사업은 막대한 돈을 낭비하고 있었다. 심야 영업의 추가 비용과 값비싼 보안 직원을 고용해야 하는 필요성은 사업이 손익분기점까지 갈 길이 멀다는 것을 의미했다. 사실, 클럽이 돈을 버는 유일한 밤은 이전 소유주로부터 물려받은 상가 주인 DJ가 R&B 세트를 연주한 금요일 밤이었다. R&B 클럽을 운영할 생각을 전혀 하지 않았던 Barry는 총괄 매니저에게 더 넓은 고객층을 유치하기 위해 브리핑과 함께 새로운 홍보담당자를 고용할 것을 요청했다. 특히 그는 바에서 더 많은 돈을 쓸 의향이 있는 전문가들을 끌어들이고 싶었다. Barry는 금요일 밤에 예상보다 많은 돈을 받고 안도했지만 바와 음식은 좋지 않았다. 하우스 음악 및 기타 장르를 전문으로 하는 다른 주중 밤에 새로운 DJ를 유치하기 위한 예산이 설정되었으며, Barry는 이것이 더 다양한 많은 돈을 소비하는 고객을 유치할 것이라고 느꼈다.

그럼에도 불구하고 처음 6개월 동안 거래한 후에는 수익이 크게 개선되거나 비용이 절감되었다는 증거가 거의 없는 것 같았다. 클럽은 최대 500명까지 허가를 받았지만, 이것에 가까운 것을 확보한 유일한 밤은 약 350명으로 구성된 금요일 R&B 밤이었다. 음식 판매에 대한 수입은 특히 열악하여 요리사의 임금을 충당하기에 충분하지 않았다. 그러던 중 총지배인이 다소 의기소침한 Barry에게 한 가지 아이디어를 가지고 찾아왔다. 그는 유명한 KISS FM 라디오 DJ(R&B 음악을 전문으로 하는 런던에 기반을 둔 라디오 방송국)로부터 금요일 오후 12시부터 오전 3시까지 늦은 시간에 방송하기를 원했다. 그는 R&B 틈새 시장이 성장하고 있으며 지역 행사에 경쟁이 거의 없다고 믿었다. Barry는 KISS FM DJ를 시도하고 지역 라디오 방송국 및 기타 미디어에서 클럽의 밤을 홍보하는 데 동의했다. 그는 또한 레스토랑 사업을 대폭 축소하기로 결정하고 요리사를 해고하는 대신 전체 메뉴 대신 간단한 스낵을 제공하기로 결정했다. 그는 음식 제공을 완전히 중단했지만 라이센스의 규정에 따라 클럽은 음식을 제공해야 했다.

사업 첫 해가 끝날 무렵 Barry는 자신이 금메달을 땄다는 것을 깨달았다. 그 후 6개월 동안 비즈니스에서 놀라운 전환점이 나타났다. 매주 금요일 밤 Barry는 돈을 모으기 위해 블록 주변 대기열이 돌아선 것처럼 클럽 문 앞에 서 있었다. 일반적인 금요일 밤에는 약 800명의 고객이 클럽에 입장하여 다른 밤보다 상당히 높은 평균 입장료를 지불했다. 인기 있는 금요일 R&B 밤 외에도 그는 다른 전문 R&B 라디오 방송국의 여러 DJ와 협력하여 다시 R&B에 주로 집중하면서 목요일과 토요일 밤도 성공적으로 만들었다.

클럽이 더욱 성공하자 Barry는 클럽을 다시 변경해야 한다는 사실을 깨달았다.

> 클럽의 레이아웃과 자원이 시장이 진정으로 원하는 것과 일치하지 않는다는 것이 명백해졌다. 나이트클럽 이용자들은 특히 다음과 같은 여러 가지를 중요하게 생각한다. 이는 춤을 출 수 있는 충분한 공간, 클럽 안팎에서 안정감 느낌, 휴대품 보관소, 화장실 및 바에 용이한 접근성 등이다.

이를 감안한 Barry는 클럽을 재구성하기 위해 다시 한 번 클럽을 폐쇄하기로 결정했다. 이제 훨씬 작아진 주방은 위층 사무실로 옮겨져 더 큰 바, 더 많은 화장실, 더 큰 휴대품 보관소를 위한 클럽 공간을 확보했다. 새로운 레이아웃은 나이트 클럽에 훨씬 더 적합했으며 가장자리에 좌석이 있는 훨씬 더 큰 댄스 플로어가 있었다. Barry와 팀은 새로운 모습에 기뻐했다. 또한 그들은 잘 훈련되고 경찰의 확인을 받는 보안 직원을 적절한 수로 제공할 수 있는 능력이 있는 새로운 보안 회사를 고용하기로 결정했다. 오프닝 나이트는 대성공이었다. 이전 고객들은 모두 돌아와 클럽의 새로운 모습과 더 나은 시설에 기뻐했다. 그들은 또한 전문적이고 친절한 보안 요원에 대해 언급했다. 1년 안에 Corks는 런던에 기반을 둔 최고의 R&B 나이트클럽 중 하나가 되었으며 MOBO(Music of Black Origin) 어워드에서 '올해의 클럽' 후보에 올랐다.

질문

서비스 운영 전략의 네 가지 관점(하향식, 상향식, 아웃사이드 인, 인사이드 아웃)이 Corks 나이트클럽의 궁극적인 서비스 전략에 어떤 영향을 미쳤는가?

심화 자료

Arbore, A. and Busacca, B. (2011) 'Rejuvenating importance-performance analysis', *Journal of Service Management*, 22 (3), 409–429.

Beer, M. and Eisenstat, R.A. (2000) 'The silent killers of strategy implementation and learning', *MIT Sloan Management Review*, 41 (4), 29–40.

Brady, M.K. and Arnold, T. (2017) 'Organizational service strategy', *Journal of the Academy of*

Marketing Science, 45 (6), 785–788.

Chase R.B. and Hayes, R.H. (1991) 'Beefing up operations in service firms', *MIT Sloan Management Review*, 33 (1), Fall.

Gebauer, H., Edvardsson, B., Gustafsson, A. and Witell, L. (2010) 'Match or mismatch: strategy–structure configurations in the service business of manufacturing companies', *Journal of Service Research*, 13 (2) 198–215.

Helo, P., Gunasekaran, A. and Rymaszewska, A. (2017) 'Improving marketing and operations strategy through industrial services', in *Designing and Managing Industrial Product-Service Systems*, Springer Briefs in Operations Management, Springer, Cham.

Li, M.M., Peters, C. and Leimeister, J.M. (2019) 'Linking strategy and operations using a service business model – a hypergraph theory-based approach', *International Research Symposium on Advancing Service Research and Practice* (QUIS), Karlstad, Sweden.

Slack N. and Lewis, M. (2020) *Operations Strategy*, 6th edition, Pearson, Harlow.

Visnjic, I., Neely, A. and Jovanovic, M. (2018) 'The path to outcome delivery: interplay of service market strategy and open business models', *Technovation*, 72–73, 46–59.

Voss C., Roth A.V. and Chase, R.B. (2008) 'Experience, service operations strategy, and services as destinations: foundations and exploratory investigation', *Production and Operations Management*, 17 (3), 247–266.

미주

1 Slack, N. and Lewis, M.A. (2020) *Operations Strategy*, 6th edition, Pearson, Harlow.

2 Usually this is done by assessing the needs of different groups of potential users in terms of the needs that will be satisfied by the product or service. Segmentation variables help to classify these needs, either by examining various characteristics of customers, or by classifying their responses to a particular service.

3 See, for example, Mintzberg, H. (1998) *The Strategy Process*, European edition, Prentice Hall, London; Mintzberg, H., Ahlstrand, B. and Lampel, J. (1998) *Strategy Safari*, Prentice Hall, Harlow.

4 See, for example, Lovelock, C.H. (1994) *Product Plus*, McGraw Hill, New York; Senge, P.M. (1993) *The Fifth Discipline*, Century Business, London.

5 The information on which this example is based is taken from: IKEA website, (accessed 2018); Milne, R. (2018) 'What will Ikea build next?', *Financial Times*, 1 February; *The Economist* (2017) 'Frictionless furnishing: IKEA undertakes some home improvements', *The Economist* Print Edition, 2 November; Milne, R. (2017) 'Ikea turns to ecommerce sites in online sales push', *Financial Times*, 9 October 6 Berry, L.L. (1995) On Great Service: A Framework for Action, Free Press, New York.

7 Normann, R. and Ramirez, R. (1993) 'From value chain to value constellation: designing interactive strategy', *Harvard Business Review*, 71 (4), 65–77.

8 Information taken from The Economist (2018) 'Food for thought: Ocado, the tech startup you thought was a supermarket', *The Economist* Print Edition, 24 May.

9 Adapted from Johnston, R. (1989) 'Developing competitive strategies in service industries', in P. Jones (ed.) *Management in Service Industries*, Pitman, London.

10 Berry, L.L. (1995) *On Great Service: A Framework for Action*, Free Press, New York.

11 The information on which this example is based is taken from: Rosenberg, M. and Davies, A. (2013) 'The 20 best airlines in the world', [online] *Business Insider*, available at: http://www.businessinsider.com/the-20-best-airlinesin-the-world-2013-4?op=1 and Singapore Airlines Annual Report 2018, www.singaporeair.com

12 The information on which this example is based is taken from: Franklin-Wallis, O. (2018) 'The dizzying story of Symphony of the Seas, the largest and most ambitious cruise ship ever built', *Wired*, May/June; Paton, G. (2016) 'Very large cruise ships head into the sunset', *The Times*, 7 November; Silverstein, E. (2018) 'What's the best cruise ship size for you?', [online] cruisecritic.com, 21 August; Agence France-Presse (2017) 'Costa Concordia captain hands himself into prison', as reported in the *The Guardian*, 12 May.

13 Chase, R.B. and Hayes, R.H. (1991) 'Beefing up operations in service firms', MIT Sloan Management Review, 33 (1), Fall, 1 October.

14 Bowman, C. (1998) *Strategy in Practice*, Prentice Hall, London.

15 Slack, N. and Brandon-Jones, A. (2019) *Operations Management*, 9th edition, Pearson, Harlow.

16 Lovelock, C.H. (1994) *Product Plus*, McGraw Hill, New York.

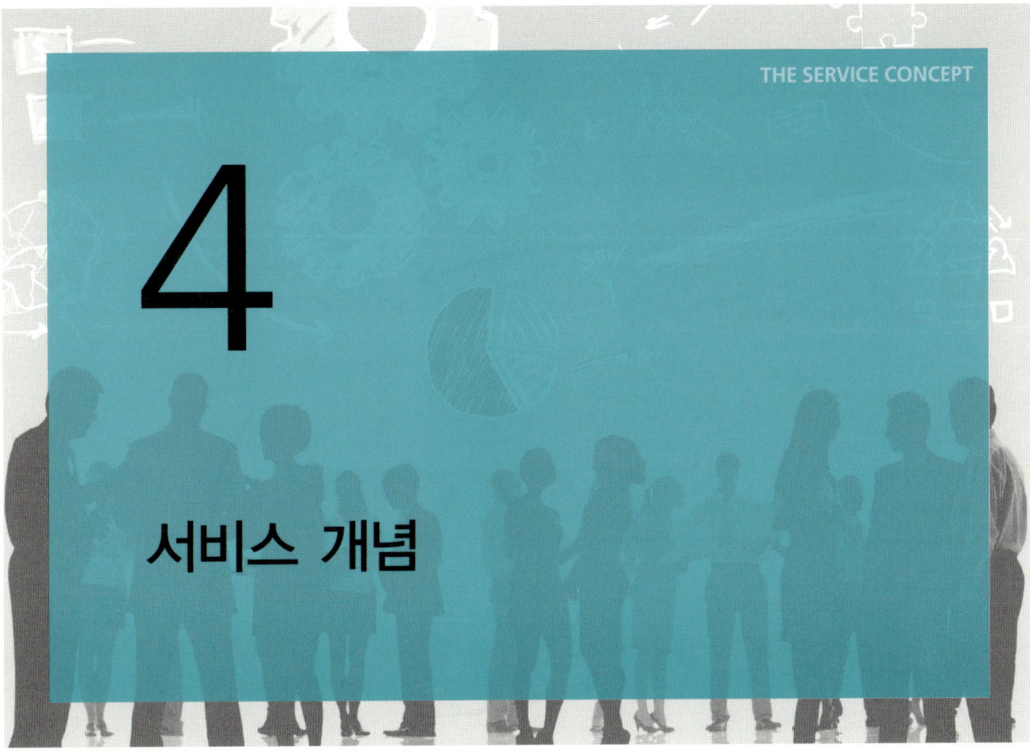

THE SERVICE CONCEPT

4

서비스 개념

이 장에서는 '서비스 개념'을 개발하고 사용하는 방법에 대해 설명한다. 서비스 개념은 서비스의 본질을 나타낸다. 서비스가 조직의 목표와 일치되도록 하고, 서비스를 설계하고, 혁신과 전략적 이점을 추진하는 데 사용할 수 있다. 또한 이 장에서는 서비스 개념이 어떻게 명확하게 표현될 수 있는지 설명하고, 서비스 개념이 어떻게 사용되어 새로운 서비스와 기존 서비스의 혁신으로 이어질 수 있는가에 대한 이해를 촉진할 수 있는지 보여줄 것이다. 그림 4.1은 이 주제가 서비스 운영 관리 모델에서 어디에 위치하는지 보여 준다.

학습 목표

- '서비스 개념'을 정의할 수 있다.
- 서비스 개념을 구성하는 요소를 식별할 수 있다.
- 서비스 개념을 관리자가 어떻게 사용할 수 있는지 이해한다.

〈그림 4-1〉 이 장에서는 서비스 개념에 대해 살펴본다

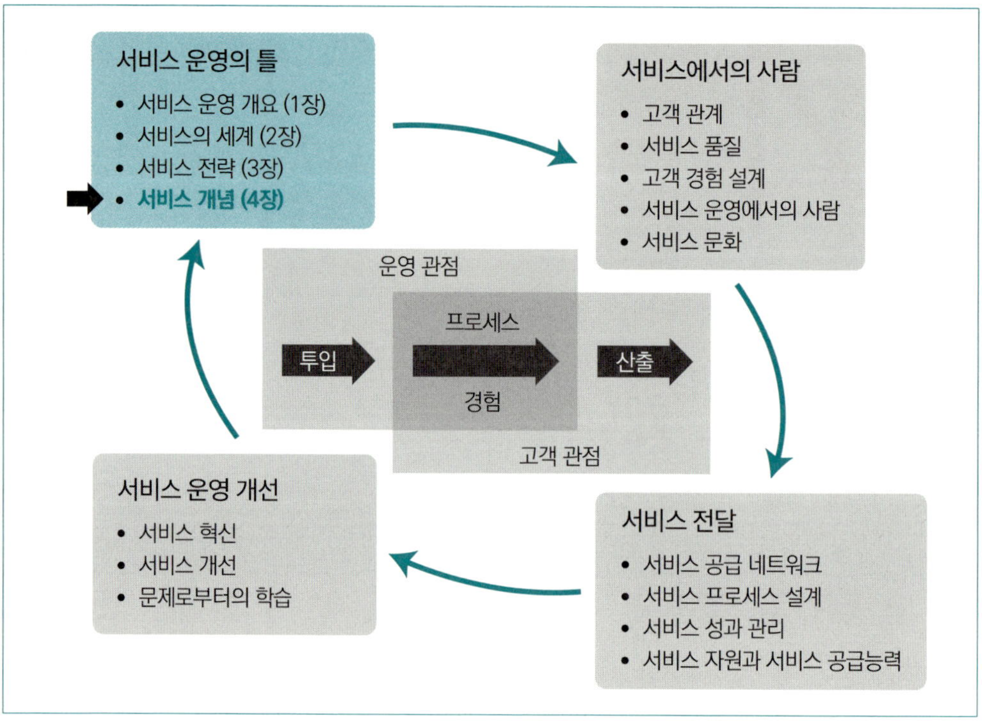

서론

고객은 서비스를 구매(또는 사용)할 때 서비스의 단순한 기본 요소보다 더 많은 것을 찾고 구매하는 경향이 있다. 이들은 일반적으로 단순히 서비스 항목으로 제시된 서비스보다 훨씬 크고 종종 덜 유형적인 것을 찾는다. 예를 들어, 호텔은 단순히 그 요소나 핵심 상품의 관점에서 볼 때 쉼터, 침대, 욕실, 음식을 제공한다. 그러나 '개념' 관점으로 볼 때, 호텔은 저렴하고 합리적으로 편안한 밤의 수면부터 편안하고 편안한 숙박, 진정으로 독특하고 잊을 수 없는 경험에 이르기까지 모든 것을 제공할 수 있다. 기본적인 수준에서 대학은 강의, 카페테리아, 기숙사 및 학습 자료를 제공하지만 고객이 원하는 것은 핵심 요소보다는 훨씬 크지만 유형적이지 않은 서비스 측면, 즉 '교육적 경험' 또는 '더 풍부한 삶의 관점' 또는 '향상된 직업 전망' 등이다. 실제로 대부분의 대학 마케팅 자료를 훑어보면 학습은 종종 뒷전으로 밀리고 '경험'에 대한 강조가 크게 드러난다. 마찬가지로, 우리는 '마법의 경험'을 위해 디즈니 월드에 가거나, '멋진 저녁 외식'을 위해 레스토랑에 가거나, '마음의 평화'를 위해 상담사에게 갈 수도 있다. 이것이 서비스 개념의 본질에 대한 예이다. 이 본질은 나중에 ' 아이디어 구성'이라고 부를 것이다. 그러나

운영 관리자가 서비스를 설계, 제공 및 개발하는 데 도움이 되기 위해서는 서비스 개념에 훨씬 더 많은 세부 사항이 포함되어야 한다.

서비스의 이러한 광범위한 측면을 이해해야 하는 것은 서비스 자원과 프로세스를 형성하는 고객과 설계자만이 아니다. 어느 서비스 조직의 관리자와 직원이든지 고객이나 사용자가 원하는 것을 놓치기 쉽다. 서비스 제공 업체는 때때로 고객이 원하는 경험과 결과보다는 프로세스와 프로세스의 결과에만 집중하는 경향이 있다. 즉, '고객'의 관점보다는 '운영'에 지나치게 중점을 두고 있으며, (1장에서 논의한 바와 같이) 외부적인 관점보다는 내부적으로 생각하는 것에 지나치게 중점을 두고 있다는 위험이 있다. 두 가지 관점이 모두 균형을 이루지 않는 한, 고객이 원하는 것과 서비스가 제공하는 것 사이의 불일치를 피하기 어려울 수 있다. 예를 들어, 호텔은 경영진 프로그램과 워크숍을 위한 컨퍼런스 센터 역할도 한다. 이것을 이용하는 사람들은 종종 빠르고 간단한 뷔페 점심이나 샌드위치를 원한다. 그래서 그들은 회의장으로 돌아가 점심시간에 회사 이메일을 읽고 답장할 수 있다. 그러나 회의 센터 관리자는 자신이 '명품'이라고 여기는 경험을 제공하기를 열망하여 호텔이 세 가지 코스의 점심을 제공하고 여러 가지 선택 사항과 테이블 서비스를 제공해야 한다고 생각한다. 이러한 서로 다르지만 확고한 견해는 종종 긴장과 컨퍼런스 참여자들의 불만을 야기한다.

필요한 것은 의도된 것의 본질에 대한 공통된 견해를 갖도록 하기 위해서 제공되는 서비스에 대한 간단명료한 표현이다. 이러한 공통된 견해는 개발되고 있는 서비스에 대한 이미지가 관리자 간 또는 관리자와 고객 간에 서로 다를 가능성을 감소시킨다. 이것이 서비스 개념의 역할이다. 이는 서비스의 본질이 제공될 수 있도록 하기 위해서 제공되는 그리고 제공받는 서비스의 성격에 대한 분명하고, 합의되어, 공유된 그리고 명확히 표현된 정의를 만들기 위한 시도이다. 이 교재에서 '서비스'라는 단어를 사용할 때 종종 '서비스 개념'이라는 용어의 단축형으로 사용된다. 또한 마케팅 담당자는 서비스 개념과 유사한 용어를 사용하여 즉 '서비스 약속' 또는 '서비스 제안'으로 서비스를 설명할 수 있다. 서비스의 설계, 제공 및 개발을 위한 공유되고 합의된 기반을 제공하기 위해 제공자의 관점(제공되는 서비스)과 고객의 관점(제공 받는 또는 요구되는 서비스)을 결합한 의미로서 '서비스 개념'이라는 용어를 사용한다.

4.1 서비스 개념이란 무엇인가

서비스 개념은 제공되고 제공받는 서비스의 본질에 대한 공유되고 명확한 이해를 가능하게 한다. 따라서 서비스 개념에서는 고객을 위해 수행해야 할 작업과 수행 방법에 대한 자세한 설명이 제공돼야 한다. 예를 들어, IKEA 가구점 체인의 설립자인 잉그바르 캄프라드는 자사의 성공을 '개념' 덕분이라고 말했다. IKEA의 개념에 대해 그는 대다수의 사람을 위한 더 나은 일상 생활에 기여하는 것이라고 설명하였다. 그들은 디자인과 기능이 좋은 다양한 가구들을 대다수의 사람이 살 수 있을 정도로 낮은 가격에 제공함으로써 이것을 가능하게 했다. 이 개념은 IKEA의 직원과 고객들 모두의 상상력을 나타내고 있다. 사람들이 IKEA 제품을 사는 이유는 잘 만들어졌고, 스타일리시하고, 비싸지 않기 때문이다. 또한 셀프 선택, 셀프 서비스, 셀프 배송 및 셀프 조립의 아이디어가 그들의 IKEA 구매 이유이다. 물론 모든 사람의 구매 이유인 것은 아니다. IKEA 서비스는 소규모 그룹으로 쇼핑을 할 수 있고, 자동차를 소유하고 있으며, 무거운 가구를 옮길 수 있을 정도로 건강하고 강한 고객층을 위주로 하기 때문에 상당히 좁은 범위의 고객층에 초점을 맞추고 있다고 할 수 있다. 물론 그러한 제약은 우연이 아니며, IKEA 서비스 개념과 디자인에서 이러한 모든 측면을 신중하게 고려한 결과이기도 하다. 좋든 싫든, IKEA에는 대기열이 있다. 이것은 우연이 아니다. 오히려 대기열은 IKEA가 감수할 수 있는 디자인 선택이다. IKEA와 그 고객은 모든 서비스에서 절충이 이루어져야 한다는 것을 인식하고 있다. 모든 고객을 만족시키려고 노력하면 실패하고, 운영의 요구를 항상 만족시키려고 노력하면 실패할 것이다. 성공적인 서비스 개념은 '격차를 메우고' 두 극단 사이에서 절충된 경로를 탐색한다.

4.1.1 서비스 개념 '격차를 해소시킴'

서비스 개념이 '격차 해소(bridges the gaps)'를 가능하게 한다는 아이디어는 중요하다. 1장에서는 서비스에 대한 두 가지 관점, 즉 '아웃사이드 인'이라고도 하는 고객 관점과 '인사이드 아웃'이라고 부르는 운영 관점에 대해 논의했다. 서비스 관리자와 직원의 중요한 역할은 고객의 복잡하고 변덕스러운 요구 사항과 운영 내부의 효율성과 안정성에 대한 요구 사항을 조화시키는 것이다. 그러나 이 두 가지 관점 안에서도 '연결되어야 할 격차'가 있을 수 있다. 조직이 서비스의 전략적 의도를 공식화할 때, 조직은 (아마도) 고객에게 미치고자 하는 영향을 고려하여 그렇게 한다. 그러나 광범위하고 추상적인 전략적 의도와 그것이 고객에게 어떤 영향을 미칠 수 있는지에 대한 실제적인 현실 사이에는 상당한 차이가 있을 수 있다. 이러한 격차를 해소하는 데 도움이 되는 일종의 '연결 메커니즘'이 유용할 것이다. 마찬가지로, 운영 관점을 고려할 때, 요구되는 조직의 자원과 프로세스와 이들 자원과 프로세스의 구체적인 세부 사항이 연결돼야 한다. 즉, 연결 메커니즘이 필요하다. 서비스의 이러한 모든 측면을 연결하는 것은 이 서비스 개념이다(그림 4-2 참조).

사실상, 서비스 개념은 잠재적으로 상충되는 관점과 시각을 일치시키려고 시도하는 '변

〈그림 4-2〉 서비스 개념은 전략적 의도와 고객에 미치는 영향, 그리고 서비스 운영 설계가 하고자 하는 것과 수행할 수 있는 방법 사이의 연결 메커니즘을 제공한다

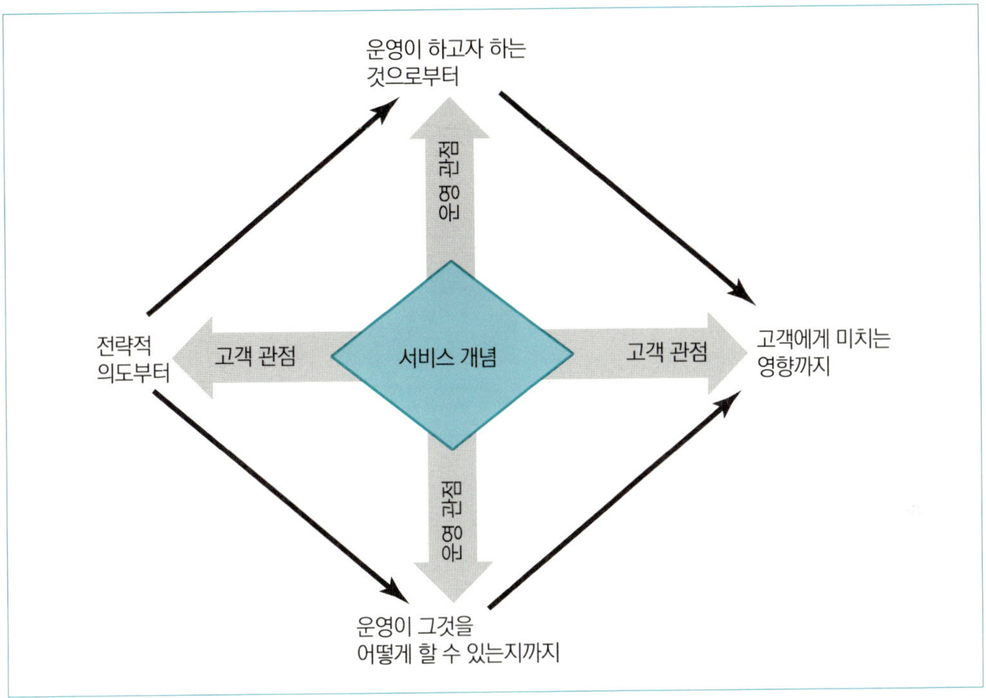

환' 프로세스이다. 그러나 이 변환 작업은 서비스 운영 관리자가 지속적인 작업을 실행하기 훨씬 전에 시작될 수 있다. 사실, 새로운 서비스의 설계 초기 단계에서 이러한 절충 작업이 이뤄지는 것이 가장 좋다. 그것은 서비스 제공을 뒷받침하는 제약과 절충점이 확립되는 것이 서비스 개념이 만들어지는 시점이기 때문이다. 이것이 절충의 성격과 범위를 확립하는 데 있어서 첫 번째 단계이다. 서비스 개념은 서비스가 무엇을 하고, 무엇을 하지 않는지를 분명히 명시해야 한다. 예를 들어, IKEA는 고객의 어떤 요구를 충족시킬 수 있는지에 대한 범위가 매우 명확하다. IKEA는 일부 고객층을 서비스에서 거의 명시적으로 배제한다. 차가 없는 고객이 IKEA를 이용해 본다면 알게 될 것이다(IKEA가 원래의 '큰' 개념을 수정한 이유 중 하나이다 – 3장의 사례 참조). 여러 면에서 서비스 개념은 운영 자원 및 프로세스 수준에서 전략을 명확하게 설명하는 첫 번째 단계이다. 따라서 서비스 개념은 서비스의 본질을 포착하는 중요한 방법이며, 그래서 고객이 무엇을 받는지 알고 직원이 무엇을 제공하는지 이해할 수 있다.

우리는 서비스 조직이 서비스 개념의 설계와 관리에 상당한 관심과 주의를 기울여야 된다고 강조하고 싶다. 그러나 서비스 개념은 종종 적절하게 명시되지 않거나, 공유되지 않거나, 이해되지 않는다. 서비스 개념은 비즈니스 모델보다 감성적이고, 브랜드보다 깊고, 좋은 아이디

CASE example

사례

Ramblers Walking Holidays에서의 암묵적인 서비스 개념 – '전문적, 열정적, 경험 많은'[1]

램블러 워킹 홀리데이(Ramblers Walking Holidays)는 70년 넘게 소규모 그룹의, 전문가가 안내하는 우수한 트래킹 및 활동 중심의 휴가 프로그램을 제공하는 성공적인 기업이다. 원래는 영국 램블러 협회(나중에 '램블러'로 개명)의 상업적인 부문에 속했는데, 지금은 법적으로 완전히 분리된 상업적 법인이다. 그러나 두 조직은 지금도 여전히 협력하고 있으며, 이 기업도 '사회적 기업' 비영리 철학을 유지하고 있다. 이 기업은 영국, 유럽 및 전 세계에 걸쳐 200개 이상의 가이드가 있는 트래킹 및 활동 휴가를 제공하고 있으며 고객과 업계 내부자들로부터 높은 평가를 받는 고객 경험을 제공한다는 명성을 얻고 있다. 그렇다면, 기업이 고객의 경험을 형성하는 것을 자신의 경쟁력이 되도록 만드는 것은 무엇일까? 답은, 그리고 다른 많은 서비스 운영에서의 교훈이 되는 좋은 본보기는 '태그 라인', 즉 슬로건 중 하나에 있을 수 있다. 그 회사는 전문적이고 열정적이며 경험이 풍부하다고 스스로를 소개한다. 세 가지 모두 명성을 굳히는 데 도움이 되는 자질이다.

이러한 맥락에서 '전문가'란 고객이 신뢰할 수 있는 조직과 함께 여행할 수 있도록 많은 노력을 기울이는 것을 의미한다. 그것은 모든 여행 준비, 호텔, 항공 노선, 식당 등 사실상 고객 경험에 영향을 미치는 모든 것이 미리 잘 생각하고 계획되어 신중하게 이루어졌다는 것을 의미한다. 본사에는 50명의 직원이 호텔, 항공사 및 지역 서비스와의 예약의 상세한 부분을 위해 다양한 측면에서 일하고 있다. 그러나 아무리 많은 계획을 세워도 예상치 못한 사건은 여전히 혼란을 야기할 수 있다. 예를 들어, 아이슬란드 화산의 폭발로 인한 화산재 구름이 전 세계적인 혼란을 야기했을 때, 회사의 관광 가이드와 본사 직원들은 고객의 휴일을 보존하고 가능한 한 불편없이 모든 사람을 집으로 데려오기 위해 협력했다.

'열정적'이란 회사에서 일하는 모든 사람이 마차 안에서 오직 창문을 통해서 세상을 바라보는 것과 같이 세상과 격리되는 것이 아니라 직접 걸어서 세상을 보고, 작은 그룹으로 여행하는 미덕에 대한 사랑과 믿음을 공유한다는 것을 의미한다. 고객이 '밀착적이고 개인적인' 경험을 얻고 방문하는 장소의 본질을 발견할 수 있도록 하게 하는 것이 회사의 목표이다. 진정한 열정으로 자신들이 해야할 일을 하는 자원봉사자로 대부분 이뤄진 투어 리더들에게 동기를 부여하는 것 또한 열정이다. 그들은 순전히 여행을 사랑하고 자신의 견해와 경험을 다른 사람들과 공유하기를 좋아하기 때문에 그 일을 한다. 회사의 사회적 기업 정신은 여기서 중요하다. 휴일 프로그램 운영으로 벌어들인 돈은 자선단체와 야외 활동 접근과 혜택을 받기 힘든 곳에 사는 사람들에게 혜택을 주는 프로젝트를 지원하는 목적에 환원된다.

Westend61/Getty Images

'경험 많음'은 램블러 워킹 홀리데이 고객이 이 서비스를 이용하는 주요 이유 중 하나다. 회사가 고객 경험을 어떻게 형성하는지는 중요한 요소이다. 투어를 계획하는 본사 직원은 진정한 경험을 제공하는 경로와 방문할 장소를 파악해야 하고, 투어를 이끄는 투어 가이드는 배경 정보를 제공하고 고객의 (때로는 모호한) 질문에 대답해야 한다. 이 개념은 선택된 목적지에 대한 피상적이지 않은 특별한 경험을 또는 새로운 기술을 배울 수 있는 기회를 제공하는 것이다. 이것은 스페인에서 완벽한 파에야를 만드는 방법을 고객에게 가르쳐 주는 정통적이고 교훈적인 요리 시연에 참여하는 것과 같은 것일 수도 있고, 일본의 환대 예절의 최고봉이 되기 위하여 현지인처럼 살면서 전통적인 다도에 동참하는 것과 같은 것이다.

이러한 기획의 전문성, 경험의 중요성에 대한 열정, 그리고 방문하는 지역에 대한 깊은 지식과 공감이 고객으로 하여금 더 많은 것을 위해 이 기업을 다시 찾게 한다.

어보다는 복잡하고, 비전보다는 더 견고하다. 이것은 직원과 고객을 하나로 묶을 수 있고 경쟁우위를 창출할 수 있는 것이기도 하다.

모든 서비스가 반드시 공식적인 서비스 개념을 명확히 하는 과정을 거쳐야 하는 것은 아니다. 많은 서비스가 전략적 의도를 고객에게 미치는 적절한 영향으로 변환하기 위해 노력하며 이와 유사하게 그들의 운영 목표와 실제 달성 방법 사이의 잠재적 격차를 메우려고 할 것이다. Ramblers Walking Holidays 사례는 암묵적인 서비스 개념에 대해 명확한 서비스를 제시해 준다.

4.2 서비스 개념의 구성

서비스 개념에 대한 절대적인 '공식'은 없지만, 이에 특히 유용한 요소가 있다. 〈그림 4-3〉에서는 이 장 전체에서 사용할 구조를 사용하여 이러한 요소들을 보여 준다. 이들 요소는 다음과 같다. 우리는 각 요소를 차례로 검토할 것이다.

- 서비스를 책임지는 조직
- 구성 아이디어
- 서비스 개념에 대한 요약
- 제공된 서비스
- 고객 그룹이 제공받은 서비스

4.2.1 서비스를 책임지는 조직

이 요소는 일반적으로 서비스를 책임지는 조직이나 기업이 합리적으로 명확하기 때문에 공식적인 서비스 개념 선언의 명백한 부분으로서 약간은 사족처럼 보일 수 있다. 그러나 항상 그런 것은 아니다. 특히 공공 부문에서는 둘 이상의 기관이 공동으로 책임을 질 수 있다. 서비스 개념의 주요 목적이 서비스의 본질과 목적을 공유하는 것임을 고려할 때, 어떤 조직(또는 조직의 일부)이 공통된 견해를 공유해야 하는지 정의하는 것이 합리적이다.

〈그림 4-3〉 전형적인 서비스 개념의 구성

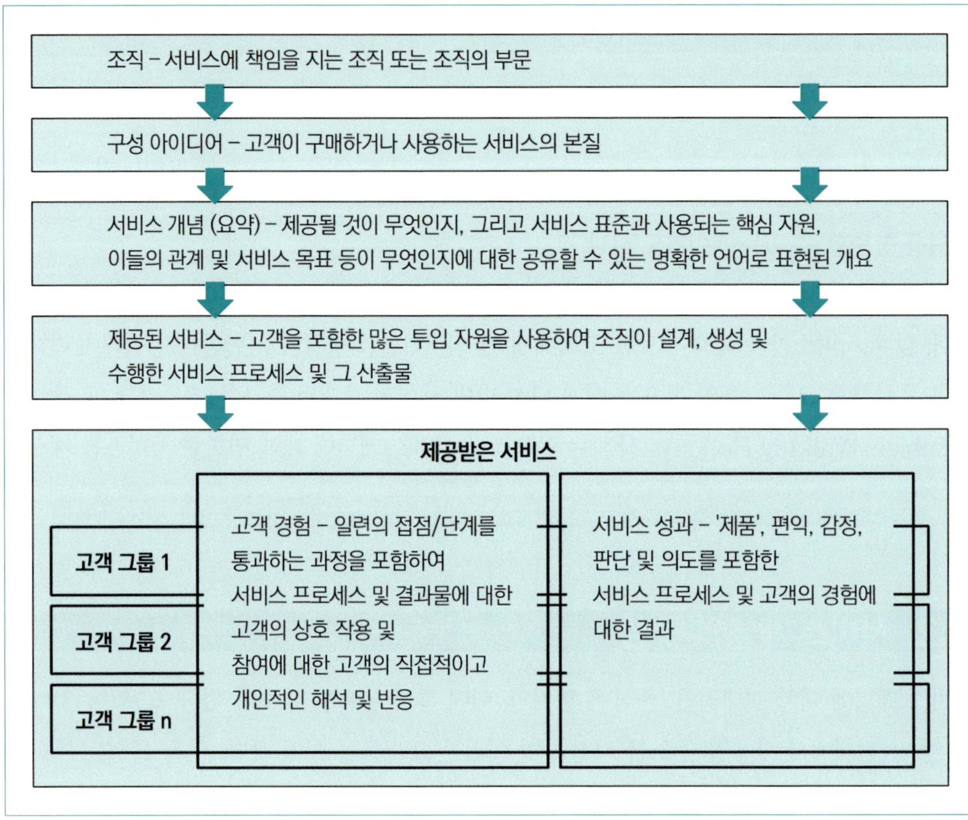

4.2.2 구성 아이디어

서비스 개념의 구성 아이디어는 고객이 구매하거나 사용하는 서비스의 본질이다. 서비스 제공자에게 고객이 실제로 구매하는 것이 무엇인지 상기시키는 강력한 방법을 제공하며, 그렇게 함으로써 자원 할당 및 서비스 설계에 초점을 맞출 수 있다. 구성 아이디어는 조직이 중요한 것에 집중할 수 있도록 도와주는 '돋보기' 역할을 한다. 예를 들어, 페인트, 도구 및 기타 주택 개선을 위한 품목을 판매하는 상점은 '마을에서 가장 저렴한 하드웨어 제공' 또는 '고객이 고품질 주택 개선을 수행할 수 있도록 하는' 등의 아이디어로 구성할 수 있다. 첫 번째 아이디어는 '군더더기 없음'으로 대변되며 효율성 및 경제성에 초점을 맞춘 운영을 요구하는 반면, 두 번째 아이디어는 고객이 DIY(Do-It-Yourself) 프로젝트를 가장 잘 수행할 수 있도록 하는 방법에 대한 지침을 제공하기 위해 숙련된 영업 직원에 대한 투자가 필요할 수 있다.

또 다른 예로, PortAventura와 같은 테마 파크가 가질 수 있는 구성 아이디어는 아마도 '테마 파크에서의 멋진 하루'일 수 있다. (서비스 개념의 이 요소에 대한 설명 내내 PortAventura의 예를 사용할 것이다. 이 파크에 대한 자세한 내용은 13장에 포함되어 있으며, 그 장에서는 파크의 수용력을 어떻게 유연하게 변화시키는지를 살펴볼 것이다.)

서비스 제공자에게는 하나 이상의 '구성 아이디어'가 있을 수 있다. 고객에게 임대 가능한 주택에 대해 조언하고 적합한 주택을 찾아주는 부동산 중계 임대 업체를 고려해 보자. 모든 고객을 위한 핵심 서비스는 이용 가능하고 적절한 숙박 시설일 것이다. 그러나 어떤 유형의 고객을 고려하느냐에 따라 구성 아이디어는 매번 상당히 다를 수 있다. 다음은 두 가지 예이다.

- **투자자.** 이 고객은 단기 또는 중기적으로 구입 및 임차할 수 있고 장기적으로 판매할 수 있는 부동산에 관심이 있다. 그 부동산은 좋은 위치에 적절한 수준의 품질을 지녀야 한다. 이 고객은 수익 창출 잠재력을 제외하고는 부동산 자체에 물리적 또는 감정적으로 관여하지 않는다.
- **꿈의 건물.** 이 고객은 이 자산을 자신의 정체성의 일부로 본다. 그들의 집은 원하던 바로 그 위치에 있어야 하고 좋은 품질을 지녀야 하며, 이 고객은 검색 및 평가 과정의 주요 단계에 감정적으로 관여하고 있거나 관여하기를 원할 수 있다. 건물이 건설 중인 경우, 설계 및 건축이 진행됨에 따라 고객도 의사 결정에 참여하기를 원할 수 있다.

'꿈의 집'을 찾는 고객의 경우, 결과 또는 대상 건물 '목록'은 투자자의 경우보다 더 광범위하고 복잡하다. 그 결과물은 또한 유형적이고 감정적인 이점을 모두 포함한다. 서비스 설계자와 서비스 관리자에게 있어 고객 그룹의 기대치 차이를 이해하는 것은 성공의 중요한 토대가 된다. 기업이 두 번째 고객 그룹을 수용하는 것을 거부한다면, 즉, 그것이 첫 번째 고객 그룹에 잠재적으로 방해가 될 수 있기 때문이라고 한다면 이해할 수 있을 수 있다. 이해할 수 있다 하더라도 그러한 선택에 대해 고객에게 신중하게 설명해야 하며, 이상적으로는 그러한 선택이 '의식적인 설계 과정에서 구성 아이디어'의 범위를 제한하기 위한 결정의 결과로 정해진 것이어야 한다.

4.2.3 서비스 개념에 대한 요약

서비스 개념은 조직이 판매/제공하는 것과 고객이 구매/받는 것을 명확히 하기위해 충분히 상세하게 제공해야 한다. 따라서 서비스 개념은 운영 직원과 관리자가 무엇을 제공하고 어떻게 제공해야 하는지를 알고 마케팅이 고객이나 사용자에게 무엇을 제공해야 하는지를 알 수 있도록 하는 제공 서비스 목록의 성격을 나타낸다. 서비스 개념의 세부적인 사항은 조직이 명시적으로 선언한 내용을 기반으로 할 수도 있고, 조직이 직접 수행한 마케팅 또는 경험과 입소문을 통한 간접 마케팅 등으로 부터 얻은 마케팅 정보를 통해 유추할 수도 있다.

그래서, 예를 들어, PortAventura와 같은 테마파크의 서비스 개념의 요약은 **'스페인 코스타 도라다의 파크 한 장소에서의 완전히 다른 여섯 개의 모험의 세계. 재미, 판타지, 패스트푸드, 상점, 호텔, 그리고 웅장한 테마 정원과 함께 모든 연령대와 취향에 맞는 43개의 스릴 있는 놀이기구와 19개의 쇼'** 등과 같이 나타낼 수 있다.

4.2.4 제공된 서비스

대부분의 서비스는 고객의 관점에서 볼 때 사실상 개별 '미니 서비스'의 묶음이다. 예를 들어, 세금 신고서를 작성하고 제출하는 서비스를 제공하는 회계사는 실제로 고객에게 세금 정책에 대한 조언을 제공하고, 세금 공제가 올바르게 신청됐는지 확인하고, 모든 관련 세금 양식을 작성하고, 관련 당국에 정보를 제때 제출하고, 세무 감사에 대한 대비 및 고객을 대신하여 당국의 질문에 답변하는 등의 작업을 수행한다. 각 서비스는 별도의 미니 서비스이다.

PortAventura와 같은 테마파크에서 제공되는 서비스에 대한 요약은 다음과 같다.

- 차량 주차
- 티켓 발권
- 깨끗하고 정돈된 파크
- 공정하고 이해하기 쉬운 대기 시스템
- 쇼와 볼거리
- 잘 가꾸어진 정원
- 화장실
- 입구까지 운송
- 보안
- 도움을 주기 위한 제복 차림의 직원
- 스릴 넘치는 놀이 기구
- 어린이 놀이 기구
- 식품 판매점
- 거리의 엔터테이너들

4.2.5 고객 그룹이 제공받은 서비스

이 요소에서는 서비스 개념의 세부적인 사항이 적시돼야 한다. 고객이 받은 서비스를 구체화하거나 둘 이상의 다양한 고객 그룹에게 서비스를 제공할 경우 이들 고객 그룹이 받은 서비스를 구체화한다. 다양한 방식으로 구성될 수 있지만 최소한 고객 경험의 요소와 고객에게 있어서의 성과를 포함해야 한다.

고객 경험

여기에는 일련의 접점/단계를 통과하는 과정과 서비스 프로세스 및 결과물과의 상호작용 및 참여에 대한 고객의 직접적이고 개인적인 해석과 반응이 자세히 설명되어야 한다. ('고객 경험'에 대해서는 7장에서 자세히 다룬다.) 서비스 제공에 포함된 프로세스에 대한 고객의 이해는 제한적이거나 또는 전혀 없기 때문에, 종종 그들이 겪은 경험의 품질로 성과의 품질을 판단할 것이라고 우리는 알고 있다. 예를 들어, 환자는 고관절 수술의 임상적 세부 사항을 거의 이해하지 못할 수 있지만, 핵심 임상 과정 전후에 병원에서 받는 간호와 돌봄의 질은 확실히 평가할 수 있을 것이다. 환자들은 치료 과정에서 받는 정보가 부족하여 좌절감을 호소할 수 있다. 이것은 반드시 의료진이 무관심하기 때문은 아니다. 더 가능성이 높은 것은 임상 전문의가 자신의 업무를 수행하는 데 필요한 정보(내부 프로세스 관리)가 환자에게도 관심이 있다는 것을 이해하지 못한다는 것이다. 의료진은 환자를 약간의 정보만 있어도 완화될 수 있는 두려움과 불안감을 가진 인간이 아니라, 치료가 필요한 '병상에 놓인 몸'으로 보고 있을 수도 있다.

마찬가지로, 차량 수리 서비스에서, 고객은 자동차의 보닛 아래에서 무슨 일이 일어나는지 거의 이해하지 못한다. 자동차 소유자가 자신의 엔진을 쉽게 만지작거리던 시대는 오래 전에 지나갔다. 현대의 자동차 엔진과 관련 시스템은 본질적으로 블랙박스이다. 즉, 유지보수 작업의 품질에 대한 고객의 기대는 신중하게 관리되어야 한다는 것을 의미한다. 특히 고객에게 수리비 청구서가 많이 제시될 때 더욱 그렇다. 정보 제공, 투명성 및 쾌적한 서비스 경험은 핵심 서비스 제공에 대한 고객의 판단에 큰 영향을 미칠 수 있다. 많은 차량 수리점은 고객이 편안한 대기 구역에서 자신의 차에 무슨 일이 일어나고 있는지 알 수 있도록 수리 과정을 볼 수 있는 시설을 갖추고 있다.

PortAventura와 같은 테마 파크에서 제공하는 '고객 경험'은 다음과 같다.

- 간편한 주차
- 신나는 놀이기구
- 하루 종일 즐길 수 있는 곳
- 지루한 순간이 없음
- 많은 종류의 음식
- 깨끗한 화장실
- 알기 쉬운 표지판
- 즐거운 볼거리
- 즐거운 시간
- 많은 놀이 기구
- 도움이 되는 직원

서비스 성과

여기에는 '제품', 편익, 감정, 판단 및 의도를 포함한 서비스 프로세스와 고객의 경험에 대한 결과가 표시된다. 여기서 핵심적인 이슈는 '고객이 인식하는 결과'와 '서비스 프로세스의 결과' 사이의 미묘한 차이를 인식할 필요성이 있다는 것이다. 예를 들어 정형외과 수술의 결과는 고관절 또는 무릎 관절을 교체한 것이지만 환자가 원하는 결과는 예전처럼 활동에 지장이 없게 하는 이점을 제공하는 고관절 또는 무릎 관절이 될 것이다. 교육 과정의 결과는 교육자의 요구 사항을 충족한 학생일 수 있지만, 그 학생이 바라는 결과는 원하는 직장에 대한 취업 가능성의 증대, 지불한 돈에 비해 가치가 있다고 느낄 수 있어야 한다는 것뿐만 아니라 호기심의 만족, 학습에 대한 열정 등과 같은 무형적 이점에 가까운 것일 것이다.

산출물과 성과의 차이는 분명해 보일 수 있지만, 일부에서는 '제공자 푸시(provider push)'라고 부르는 것을 계속하는 경향이 있다. 이는 서비스 제공 업체가 과거에 효과가 있었던 것과 그들이 잘하는 것을 계속해서 전달한다는 것을 의미한다. 그러나 시장은 때로는 빠르게, 때로는 매우 느리게 그리고 미묘하게 진화하여 기업이 변화를 인식하지 못하는 경우가 있다. 시장의 선호도와 따라서 원하는 서비스 성과가 서비스 설계(산출물)에 의해 제공될 수 있는 것과 너무 많이 차이가 나는 경우, 그 설계는 의미가 없게 된다. 그러나 서비스 제공자가 고객의 관점에서 정기적으로 성과를 검토하면 운영 자원과 시장 요구 사항 간의 연계성이 부족하거나 '적합'하지 않을 가능성이 줄어든다.

PortAventura와 같은 테마파크가 제공하는 '성과'는 다음과 같이 구성될 수 있다.

- 좋은 음식
- 경험한 세 가지 흥밋거리
- 스릴
- 탈진
- 가격 대비 가치가 있음
- 친구들에게 추천할 것임
- 이용한 18개 놀이 기구
- 가족과 함께 외부에서 보낸 즐거운 하루
- 스릴과 공포를 느끼게 하는 놀이 기구
- 주차는 덤
- 다시 가고 싶음

서비스 가치

1장에서는 서비스 결과를 '제품', 편익, 감정, 판단(가치 포함) 및 의도로 분류했다. 서비스 개념에 포함된 결과 명세서는 고객에게 제공하는 가치의 성격을 나타내야 한다.

전통적인 '마케팅 믹스'의 핵심 요소는 가격이다. 가격은 서비스에 부과된 가치이다. 이것은 돈의 가치, 재정적 가격 또는 서비스가 물물교환 된다면 비교 가치가 될 수 있다. 서비스의 가격은 여러 가지 방법으로 언급될 수 있다. — 돈의 가격은 이자라고 불린다. 형편없는 운전의 가격은 재정적인 용어로 벌금일 수 있다. 반면 장비의 사용 가격은 임대료이다.

고객에 대한 서비스 비용은 금융 가격과 구매 비용 또는 때로는 희생이라고도 하는 불편함을 결합한 것이다. 예를 들어, 식료품을 사는 비용은 상품의 금전적 가치뿐만 아니라 구매를 위해 상점에 가는 비용, 즉 자동차를 이용하는 비용일 뿐만 아니라 다른 용도로 사용될 수 있는 자신의 노력과 시간의 희생도 포함한다. 서투른 운전으로 인한 비용은 벌금뿐만 아니라, 벌금이 청구되지 않았을 때 누릴 수 있는 보너스의 손실, 더 높은 보험료, 그리고 부상 또는 심지어 사망의 가능성까지 포함하며, 그에 뒤따르는 정신적인 '비용'이다.

가치를 이해하기 위해서는 소비자가 서비스에서 인식하는 이익과 소비자가 부담하는 비용을 비교해야 한다. 그 혜택은 단지 유형적인 이익뿐만 아니라 행복감이나 식당에서 인식되는 것과 같은 경험으로부터 생기는 무형의 느낌과 감정이다. 그러므로 가격이 낮은 때만 가치가 있다고 느끼는 것은 아니다. 가치는 관련된 모든 비용과 비교하여 서비스의 이점이 가진 무게를 재는 고객의 평가이다.

마케팅 담당자의 핵심적인 역할은 조직이 가격 결정을 내리는 데 도움을 주기 위하여 고객이 무엇을 가치 있게 여기는지 이해하는 데 있어서의 이러한 이슈들을 고려하고 측정하는 것이다. 반면에, 운영 관리는 가치를 창출하고 전달하는 역할을 담당한다. 운영의 과제는 고객의 가치를 극대화하는 것과 조직의 비용을 최소화하는 것 사이의 균형을 찾는 것이다. 즉, 다음의 것에 대해 수익성이 높도록 하거나, 예산 내에서 균형을 맞추는 것이다.

- 고객이 받는 혜택
- 고객에게 발생하는 재정적 및 희생적 비용
- 조직에게 발생되는 비용

서비스 개념은 서비스의 잠재적 가치를 고객에게 알게 하기 위해 서비스가 제공하는 일련의 혜택(유형적 '제품' 및 심리적 경험)을 고객에게 효율적이고 효과적으로 소통할 수 있는 도구이다. 물론 가치를 최종적으로 판단하는 것은 고객이기 때문에 가치를 개념화할 때 고객에게 인식된 가치에 대해 이야기하고 있음을 확인해야 한다. 고객은 종종 무형적이고 직관적인 자신만의 기준을 기반으로 자신이 가치를 받고 있음을 느낀다. 여기서도 서비스 개념은 고객의 요구 사항을 이해하는 데, 가장 효과적인 방식으로 제공하는 서비스를 제시하는 마케팅을 촉진하는 데, 그리고 고객의 인식에 가장 큰 영향을 미치는 영역에 운영 성과 척도를 집중하는 데 중심적인 역할을 한다.

감정적 차원

서비스 개념의 '받은 서비스' 사항에는 명백한 서비스 요소에 대한 목록이 포함되지만, 받은 서비스에는 중요한 감정적 차원도 있다. 서비스 설계자와 운영 관리자는 어떤 감정이 고객 경험 중에 유발될 가능성이 있고 어떤 감정이 서비스 결과로 나타날 가능성이 있는지 이해해야 한다. 이러한 감정이 다른 서비스보다 더 중요하게 여겨지는 일부 서비스가 있다. 예를 들어, 보험회사는 손실을 입었거나, 심각하게 아프거나, 사별을 겪은 고객의 감정적 차원을 매우 민감하게 다루어야 한다.

감정적 차원은 운영에 있어서 자원을 사용하는 방식에 중요한 영향을 미칠 수 있다. 예를 들어, 영국의 '집 수리 및 개선'에 필요한 건축 자재 및 장비를 판매하는 주요 소매 기업 중 하나인 B&Q는 다양한 연령대의 직원 고용에 대한 약속을 지키는 데 있어서 모범적이다. 이 기업의 채용 정책은 지역 사회의 구성을 반영하는 인력을 고용하는 것이었지만, 50세 이상의 사람들을 고용하는 것에 중점을 두었다. 고령 근로자에 중점을 둔 것은 자신의 집에서 살면서 DIY에 대해 잘 알고 있는 사람에게 서비스를 받고 그들로부터 고객 스스로의 선택이 올바른 결정이었음을 확신받고 싶다는 고객의 의견에 따른 것이다. B&Q에서의 서비스 경험은 고객 자신들이 DIY 과제를 해결하는 데 있어서 자신감을 갖도록 설계되었다.

서비스 개념에서 감정에 주의를 기울이게 하는 흥미로운 사례 중의 하나는 애플의 기술 지원 서비스인 지니어스 바(Genius Bar)이다. 애플의 매뉴얼에는 고객과의 '공감'을 발전시키는 것에 대한 언급이 많다. 지니어스 바 직원은 감정적으로 고통받는 고객에게 어떻게 대응해야 하는지에 대해 명시적인 안내를 제공받는다. 고객이 복구할 수 없는 하드 드라이브를 가지고 도착할 경우 직원으로부터 사과나 위로는 거의 받지 못할 것이다. 직원은 고객에게 그 회사를 대표하여 또는 그 기술의 실패에 대해 절대로 사과하지 말라고 안내를 받는다. 오히려 직원들은 고객이 아픈 감정을 갖게 된 것에 대해 유감을 표시하는 것이 좋다고 조언받는다. 판매할 때 직원은 또한 '느끼다, 느꼈다, 발견했다'라는 '3F(feel, felt, found)'를 사용하여 감정적인 지침을 활용하도록 교육받는다. 예를 들어, 잠재 고객이 애플 제품이 경쟁 제품보다 300파운드 더 비싸다고 언급하는 경우, 직원은 고객이 왜 그렇게 느끼는지 이해할 수 있다는 식으로 대응한다. 그 고객은 가격도 비싸다고 느꼈겠지만, 그들이 발견한 것은 포함된 모든 환상적인 소프트웨어 때문에 애플 제품이 정말 대단한 가치가 있다라는 것임을 직원은 마음에 새기고 고객을 응대한다. 감정적 연결의 힘은 과소평가돼서는 안 된다.

4.2.6 서비스 개념이 아닌 것

물론 모든 서비스 운영 관리자가 서비스 개념을 정확히 사용하거나 완전히 이해하는 것은 아니다. 사실, 서비스 개념은 종종 관련이 있지만 다른 아이디어들과 혼동된다. 서비스 개념이 무엇인지 구별하는 데 도움이 되도록 서비스 개념이 아닌 것이 무엇인지 정의하는 것이 유용하다. 서비스 개념은 다음의 어느 것도 아니다.

- **서비스 약속.** 약속이란 그 고객이 원하는 것이 아닐지도 모르지만 그 조직이 고객을 위해서 무엇을 할 것인가에 대한 정의를 나타낸다. 서비스 개념은 제공되는 것이 무엇이고 고객들이 받을 서비스가 무엇인지에 대해 두 측면을 동시에 고려한 합의된 것을 말한다.
- **사업 제안.** 사업 제안은 조직이 자사 서비스가 고객과 직원, 주주 그리고 대금업자 등 모든 이해 관계자에 의해 지각되기를 바라는 방식을 정의한다. 그러나 이러한 관점은 다른 방식으로 서비스의 본질을 지각하는 고객은 공감할 수 없을 수 있다.
- **서비스 마케팅의 4P.** 서비스와 제품은 때로는 그 구성 부분 또는 부품으로 나타내기도 한다. 마케팅 문헌은 흔히 마케팅의 4P(Product, Price, Promotion, Place), 때로는 보다 확장된 8P(Product, Process, Place, Physical evidence, People, Productivity & quality, Price, Promotion)가 서비스 개념을 구성하고 있는 요소(product, process, place, physical evidence, people, productivity and quality)와 마케팅 요소인 price와 promotion을 포함한다고 한다. 이러한 방식으로 서비스를 분해해 보는 것은 서비스 개념의 다양한 요소들을 규명하는 데 도움이 되고, 그들을 고객의 욕구에 비추어서 검토해 볼 수 있고, 그 요인들을 설계하고 전달할 수 있으며, 그 요소를 대상으로 성과를 측정할 수 있다. 그러나 이처럼 여러 조각으로 나누어 보는 접근 방식은 많은 서비스가 지닌 복잡성을 보지 못하게 하며 또한 서비스에 대한 고객의 지각이 결과물과 유형적 요소에 대한 반응이라기보다는 보다 추상적인 것에 대한 반응이라는 사실을 간과하게 한다. 예를 들어, PortAventura에서의 하루는 공원의 6개의 놀이 기구, 햄버거 그리고 정돈된 정원보다는 공원 설계자와 방문객에 의해 '신비한 경험'으로서 정의될 가능성이 더 높다.
- **사업 모델.** 사업 모델은 조직이 어떻게 재무적 목표를 달성할 것인가를 나타내는 것이다. 기내식이나 추가 서비스를 제공하지 않는 항공사의 모델은 저비용을 기반으로 한다. 즉, 이러한 저가 항공사는 공항 이용료, 연료 비용, 고용 비용, 음식 비용 등을 최소화하려고 하며, 극히 제한된 서비스만을 제공하며, 직항 운영과 승객의 대다수에 해당하는 비용에 민감한 승객을 대상으로 한다. 이것은 서비스 개념의 가치 부분과 운영의 일부를 설명하는 데 확실히 도움이 된다. 그러나 이것은 고객 경험의 보다 감정적인 측면에 대해서는 간과하고 있다.
- **비전.** 조직의 비전은 일반적으로 그 조직이 미래의 어떤 시점에 어디에 있기를 희망하는지에 관한 것이다. 서비스 개념은 일반적으로 현재와 관련이 있다. 즉, 조직이 지금 무엇을

해야 하는지 그리고 고객이 오늘 무엇이 행해지길 생각하는 등 대개 현재를 대상으로 한다. 서비스 개념은 미래 서비스를 매핑하고 서비스 설계 활동을 안내하는 데 사용될 수 있지만, 설계라는 '영역'에서 서비스 개념은 진취적인 방향을 제시하는 아니다. 이것은 단순히 설계 의도를 소통하기 위한 요약 도구이다.

- **미션 선언서.** 서비스 개념은 대개 미션 선언문과 동일하지 않다. 조직의 미션 선언문은 '비전 선언문'으로부터 '기업의 철학'에 이르는 개념을 다루고 있다. 비전 선언문과 같이 미션 선언문은 오늘의 현실보다는 미래를 대상으로 한다. 한편, 만일 그들이 조직의 철학을 정의하고자 한다면, 그들은 제공되고 받는 서비스의 세부 사항보다는 오히려 조직의 가치에 보다 더 관심을 기울이는 경향을 띨 것이다.
- **아이디어.** 아이디어는 서비스에 대한 초기의 흔히 아직 틀이 잡히지 않은 생각이다. 서비스 개념은 보다 완성된 그림으로서, 고객을 위한 결과물과 경험 그리고 제공되는 서비스에 관한 상세한 내용을 포함하고 있다.
- **브랜드.** 서비스 개념은 브랜드 개념과 밀접한 관련이 있으며, 서비스 개념에 대한 지금까지의 설명에서는 둘을 구분하기 어려웠다. 그러나 '브랜드'는 다음과 같은 여러 의미를 내포하고 있다. '브랜드 이름' – 서비스(또는 제품)를 식별하는 이름, 디자인 심볼 또는 기타 특성; '제시된 브랜드' – 조직이 마케팅 노력을 통해 자신과 조직의 약속을 어떻게 나타낼 것인지에 관한 것; 외부 브랜드 – 구전 및 미디어를 통해 조직이 어떻게 외부에 나타내어질 것인지에 관한 것; 그리고 '브랜드 의미' – 조직과 그의 서비스에 대한 고객의 지각. 이 네 가지 관점은 서로 다를 수 있지만, 서비스 개념은 공유된 자신의 서비스에 대한 하나의 관점이며 이를 훨씬 더 자세히 설명하고 있다. 이 세부 정보는 마케팅 담당자 모두에게 무엇을 판매하는지, 운영 담당자는 무엇을 제공해야 하는지, 어떻게 제공해야 하는지를 알 수 있게 한다. 따라서 서비스 개념은 보통 브랜드보다 더 상세하고 구체적이다.

4.3 관리자는 서비스 개념을 어떻게 사용할 수 있나

PortAventura의 사례에서는 B2C(Business-to-Consumer) 서비스를 위한 서비스 개념을 개발하는 방법을 보여 주었다. 그러나 그것은 B2C 서비스에만 국한되지 않는다. 다음은 기업 간(B2B) 서비스의 두 가지 예이다.[2]

예 1: Wellcult Meedon 비즈니스 솔루션

Wellcoult Meedon은 미국 시애틀에 본사를 둔 국제 엔지니어링 그룹에 속한 엔지니어링 컨설팅 회사이다. 이 그룹은 장치 산업 플랜트의 엔지니어링 설계, 구매 조달 및 시공 관리를 전문으로 한다. Wellcoul Meedon의 호주 사업부는 다수의 엔지니어링 전문가를 '비즈니스 솔루션'이라는 전담 컨설팅 그룹으로 통합하는 시범 운영을 했다. 컨설팅의 목적은 제안된 프로젝트의 기술적, 경제적 타당성을 결정하는 데 고객을 지원하고, 다음 단계의 개발을 위한 기반을 구축하는 데 고객을 지원하는 것이었다. 〈그림 4-4〉는 기업이 비즈니스 솔루션 운영을 위해 개발한 서비스 개념을 보여 준다.

〈그림 4-4〉 Wellcult Meedon 비즈니스 솔루션 부문의 서비스 개념

조직 – Wellcoult Meedon 비즈니스 솔루션

↓

구성 아이디어 – 타당성 연구 개발에 전문화된 컨설팅 서비스

↓

서비스 개념 (요약) – 정시에 예산과 높은 품질 표준에 맞추어 타당성 연구 결과를 전달하기 위해 그리고 경쟁력 있는 비용으로 고객과의 관계 구축 및 미래의 사업을 위한 Wellcoult Meedon의 포지셔닝을 위해 현재의 업계 노하우를 기반으로 강력하고 신뢰할 만한 타당성 연구 결과를 제공한다.

↓

제공된 서비스 –

- 기술 및 경제적 타당성 평가
- 예산에 맞게 정시에 제공
- 유연한 변화
- 효율적 실행
- 통찰력의 질

↓

제공받은 서비스

고객 경험 –

- 단일 접촉점
- 가시성이 높은 소규모 프로젝트
- 이사회 보고
- 수평 구조의 컨설팅 팀
- 높은 직원 활용도
- 업계에서 인정하는 명성
- 검증된 경험
- 열정적(도움이 되기 위해 열심)
- 신뢰할 수 있는 파트너
- 파트너십
- 확신

서비스 성과 –

- 경험 및 비용 데이터 활용
- 고객 예산에 맞게 맞춤화된 컨설팅 업무량
- 고객이 원하는 것을 정확하게 제공
- 낮은 인건비
- 보다 폭넓은 관계 구축(기술 및 비즈니스)
- Wellcoult Meedon과 고객을 위한 장기적인 혜택 공유

다른 견해

서비스 개념의 아이디어는 서비스 실무자와 학계에서 널리 받아들여지고 있지만, 이 아이디어가 때때로 어떻게 실행되는지에 대한 두 가지 (약간 모순되는) 비판이 있다. 첫 번째 비판은 서비스 개념이 서비스의 단순한 개요보다 크고 덜 유형적인 것을 모두 반영하기 위한 것이지만, 그것을 고안하는 것은 너무 기계적이 될 수 있다는 것이다. 서비스 개념을 고안하는 것이 '상자 채우기' 연습하는 것처럼 되기 쉽다. 서비스의 요소를 식별하는 프로세스를 단순히 따르는 것만으로는 서비스가 나타내려는 것의 핵심을 파악할 수 없다. '구성 아이디어'와 '개념의 요약'을 식별하는 서비스 개념 프로세스의 단계는 이론적으로 서비스의 보다 미묘한 측면을 반영해야 하지만, 보다 상세한 다음 단계인 '제공되는 서비스의 세부 사항'과 '고객 그룹이 제공받는 서비스'를 상세히 나열하는 단계에서는 실무자가 다시 서비스의 운영적 세부 사항만을 나열하는 것으로 되돌아간다. 두 번째 비판은 그 과정이 '과잉 구조화'되고 복잡하다는 것이다. 따라서 실제로 관리자들은 서비스를 어떻게 설계할 수 있는지 논의하기 위한 메커니즘으로 사용하는 데 필요한 시간을 할애하기를 꺼린다.

예 2: 세계경제개발연구소

세계경제개발연구소(Institute for Global Economic Development: IGED)는 오스트리아에 본부를 둔 민간의 독립적인 연구소로, 전 세계 빈곤 완화에 효과적으로 기여하는 것을 목표로 한다. 경제 개발 분야의 다른 많은 자선단체와는 달리, IGED는 개발도상국의 사람들이 스스로 경제적 기반을 갖추어 원조가 아닌 자신들의 수입을 기반으로 살아갈 수 있어야만 지속 가능한 빈곤 감소가 달성될 수 있다고 확신한다. IGED는 개발도상국의 파트너 조직과 함께 직업 훈련, 소규모 기업가 지원 및 소액 금융을 통해 사람들이 자립할 수 있도록 하기 위한 프로그램을 구축했다. IGED의 관리자들이 선진국 기업들에게 개발도상국에서의 활동과 관련된 기업의 사회적 책임(CSR) 문제에 대해 조언하기 위해 새로운 컨설팅 서비스의 설계를 시작했을 때, 그들은 서비스 개념을 개발할 필요가 있었다. 이 새로운 서비스에 대한 서비스 개념은 〈그림 4-5〉에 나와 있다.

전략적 수준에서 서비스 개념은 조직을 전략에 정렬하는 데, 그리고 새로운 서비스 개념을 개발하여 혁신과 전략적 이점을 창출하는 데 활용될 수 있다. 이 개념은 운영 전략 개발의 출발점이기도 하다. 서비스 개념은 서비스를 설계 및 구체화하고 설계 변경에 대한 운영적 영향을 평가하는 데 도움이 되도록 운영적으로 사용할 수 있다.

4.3.1 비즈니스 본질에 대한 정의 및 소통을 위한 서비스 개념의 사용

서비스 개념을 개발함으로써 얻을 수 있는 주요 이점 중 하나를 반복해서 강조하면 비즈니스

〈그림 4-5〉 세계경제개발연구소의 서비스 개념

조직 – 세계경제개발연구소

↓

구성 아이디어 – 개발도상국에서 선진국 기업이 CSR '족적'을 관리할 수 있도록 지원

↓

서비스 개념 (요약) – 개발도상국에 진출한 기업과 함께 CSR 이슈에 대한 경쟁력 있고 그 기업에 맞춤화한 서비스 개념 설계, CSR 프로젝트의 구현 및 모니터링으로 사회와 기업 모두에게 실질적으로 긍정적인 영향을 미치고자 함

↓

제공된 서비스 –
- 경험을 바탕으로 한 유능한 조언
- 문의 사항에 대한 적시/신속한 응답
- 고객사의 구체적인 상황, 환경, 니즈 파악
- CSR의 가능성(및 한계)에 대한 교육

↓

제공받은 서비스

고객 경험 –
- 친절하고 의욕적인 컨설턴트
- 컨설턴트가 자신의 이슈를 매우 중요하게 여긴다는 느낌
- 자신도 그들에게 뭔가 '보상하고 있다는' 느낌
- 그들이 일을 잘 처리하고 있으므로 생기는 마음의 평화
- 조화롭고 희망적임

서비스 성과 –
- CSR 감사(audit) 프레임워크 및 역량
- 최소한 하나 이상의 CSR 프로젝트 구현
- 선진국에서의 향상된 CSR 성과 및 평판
- 개발도상국에서의 평판 향상
- 개선된 비즈니스 성과
- 글로벌 CSR 문제에 대한 내부 인식 개선
- 전반적인 이해 관계자와의 관계 개선
- 금전적 가치
- 기업 및 사회를 위한 환경, 사회, 재무적 성과에서의 투자 회수율

의 본질을 정의하고 이를 조직의 모든 이해 관계자와 공유한다는 것이다. 이처럼 서비스 개념이 지닌 혜택은 무시할 수 있는 것이 아니다. 복잡한 부문 및 부서들로 구성된 대부분의 조직에서 서비스가 정확히 무엇을 달성해야 하는지에 대한 공통된 견해를 유지하는 것은 결코 쉽지 않다. 서비스 개념의 구조화된 접근법에 의해 부과되는 행동 강령은 특히 유용할 수 있다. 서비스 개념은 협력적이고 목표에 맞는 의사 결정을 위한 명확성과 집중력을 제공하며 개별 서비스 직원의 역할을 명확히 하면서 공통의 목적을 달성할 수 있도록 도와준다. 서비스 개념이 제공하는 공통의 '메시지'는 서비스 문화를 구축하기 위한 첫 번째 단계이다. 우리는 9장에서 '문화'와 '서비스 문화'에 대한 아이디어를 더 살펴볼 것이지만, 문화를 논의함에 있어서는 언

제나 태도적 요소를 포함해야 한다. 특히 중요한 것은 운영에 참여하는 모든 사람이 자신을 어떻게 보고, 비즈니스에 대한 자신의 역할 및 자신의 기여를 어떻게 명확히 하느냐 하는 것이다. 이 두 가지 모두 다 서비스 개념에서 끌어낼 수 있다.

4.3.2 일치된 조직을 만들기 위한 서비스 개념의 사용

많은 서비스 조직이 서비스 개념을 통제하고 이를 명시할 기회를 놓친다. 이를 깨닫는 것이 서비스 개념을 중점으로 모든 조직을 정렬시키기 위한 첫 번째 단계이다. 개인, 관리자, 직원 및/또는 고객으로 구성된 그룹에게 특정 조직의 서비스 개념을 정의하도록 요청해 보면, 우리는 그들의 답변에서 항상 다양한 관점을 발견한다. 종종, 같은 부서에서 일하는 관리자들은 자신의 부서가 더 넓은 조직(내부 서비스 개념)을 위해 무엇을 하는지에 대해 다른 견해를 가지고 있다. 문제는 '우리가 지금 제공하는 것이 무엇인지'와 '고객이 무엇을 기대하는지'에 대해 논의되거나, 명확화하거나 또는 비교가 거의 이루어지지 않는다는 것이다. 서로 다르고 암묵적인 관점과 가정은 일관성 없는 서비스 제공은 물론이고 혼란스러워 하고 짜증 내는 내/외부 고객을 생기게 한다. 관리자는 서비스 개념의 본질에 대해 직원과 고객 모두에게 명확하고 적절한 메시지를 전달함으로써 서비스의 본질을 명시할 책임을 져야 한다. 이러한 방식으로만 적절하고 일관된 서비스 제공을 보장할 수 있다.

서비스 개념은 또한 서로 다른 조직 기능을 공통의 목적과 그들의 행동을 확인할 수 있는 '표준'과 연결하는 정렬 도구 역할을 할 수 있다. 이런 방식으로 적용되는 서비스 개념은 내부 기능이 고객에게 제공되는 특정 서비스와 관련되어 서로의 역할과 기여를 평가할 수 있는 렌즈와 필터 역할을 한다. 서비스 개념의 명확화와 합의는 사업의 성격을 파악하는 수단일 뿐만 아니라 사업에 목적 의식과 공동의 방향성을 제공하는 수단이기도 하다. 서비스 개념은 또한 서비스 제공에 기여하는 다양한 기능 그룹 간의 기여와 상호 관계를 평가하는 수단을 제공한다.

서비스 개념을 공유, 전달 및 평가하기 위해서는 해당 개념이 글로 나타나야 하고, 논의되고, 동의되어야 한다. 이 검토 프로세스에서는 무엇이 제공되고 왜 제공되는지에 대해 직원과 관리자가 합의에 도달해야 한다. 또한 검토는 기존 고객과 잠재적 고객에게 서비스가 어떻게 될 것이며 고객이 기대해야 하는 혜택에 대해 명시적인 신호를 제공한다. 한 가지 문제는, 비록 글로 나타냈더라도, 서비스 개념은 제조된 제품이 가지고 있는 것과 같은 방식으로 객관적인 실체를 가지고 있지 않다는 것이다. 그러나 서비스 개념은 여전히 조직이 무엇을 하고 고객이 무엇을 기대해야 하는지를 명확히 하는 중요한 수단이며, 따라서 내부 및 외부 고객을 서비스의 본질에 맞도록 정렬시킨다.

4.3.3 서비스 설계를 위한 서비스 개념의 사용

서비스 설계 초기 단계에서 서비스 운영 관리자는 조직의 비즈니스 모델을 이해한 다음 조직의 비전, 임무, 브랜드 및 새로운 구성 아이디어를 기반으로 서비스 개념을 구축해야 한다. 서비스 개념에 동의하고 명확하게 설명한 후, 운영 관리자는 리소스(입력)를 설계 및 획득하고 조직의 고객에게 해당 개념을 제공하는 데 필요한 프로세스 및 경험을 설계 및 개발해야 한다(7장과 11장에서 경험 및 프로세스 설계에 대해 더 자세히 다룬다). 다음의 QBNET의 사례는 한 사업가가 어떻게 새로운 서비스 개념을 제공하기 위해 헤어드레싱 숍 체인을 디자인했는지 설명한다.

CASE example

사례

일본에서의 새로운 미용실 개념에 대한 설계[3]

일본의 전통적인 남성 미용실(이발소)은 이발, 샴푸, 면도 그리고 머리 및 어깨 마사지를 제공한다. 이러한 서비스는 대개 40분에서 한 시간 가량 걸리며 비용은 약 4,000에서 5,000엔 정도이다. 어느 날 일본의 한 대기업의 고위 매니저인 Kuniyoshi Konishi가 도쿄의 한 최고급 호텔에서 이발을 하는 동안 이 서비스의 핵심 가치는 10분 정도 밖에 걸리지 않는 이발이라는 것을 깨달았다. 그는 핵심 서비스인 이발만 제공함으로써 훨씬 저렴하고 빠른 서비스 시장을 열고 많은 고객을 끌어들일 수 있을 것이라고 생각했다. 만약 동일한 품질의 이발 서비스를 제공한다면 바쁜 사람은 빠른 서비스를 찾을 것이라고 말했다. 그는 또한 '어제 잃어버린 돈은 오늘 찾을 수 있으나 어제 잃어버린 시간은 되찾을 수 없다.'라고 말했다.

그는 보수가 높은 직장을 그만두고 QBNET(QuickBarberNet) 미용실을 개업했다. 그의 서비스 콘셉트는 신속하고 저렴하게 약 1,000엔에 이발만 제공하는 것이다. 그는 가능한 한 모든 것을 간단하고 저렴하고 효율적으로 만들었다. 그는 이발을 한 후 목 주위의 머리카락을 제거하기 위해 작은 진공청소기를 활용하였다. 일회용 종이타월로 목을 두르고 일회용 종이 빗을 사용하였다. 점포의 내부 장식은 간단하고 전화기와 화장실도 없다. 기다리는 고객을 위한 의자도 없으며 단지 그들이 기댈 수 있는 작은 바(bar)만 있다.

미용실을 개업한 첫 날, 100여 명의 고객이 방문하였다. 그는 신속하게 두 번째 점포와 그리고 세 번째 점포로 확장하였으며, 효율적인 프로세스를 개발하였다. 예를 들어 고객이 도착하면 고정 가격의 티켓을 자판기에서 사게 했으며 그 티켓에는 도착한 시간이 기록되었다. 미용사가 이발을 시작했을 때 티켓을 산 시간과 서비스를 받기 시작한 시간과의 차이를 기록하였다. 이 데이터는 미장원 밖의 잠재적인 고객에게 예상 대기시간을 전광판에 색깔로 나타내는데 사용되었다. 초록색은 기다리는 사람이 없다는 것을 의미하고, 노란색은 5~10분, 빨간색은 10분 이상을 나타낸다. 미장원의 출입문에는 센서가 있어서 출입하는 사람의 수를 세고, 이런 모든 정보는 인터넷을 통해서 본사로 전송된다.

사업을 확장하고 미용사의 업무에 있어서의 문제를 다루기 위해, 전통적인 미용사보다 더 많은 보수를 지불한다. 그는 또한 사업 파트너 계획을 시작했으며, 3년 이상 일한 직원은 프랜차이즈를 획득할 수 있었다.

도쿄에 첫 미용실을 개원한 9년 후인 2006년에는 291개의 점포와 총매출 약 38억엔 규모로 성장하였다. 그런 후엔 사업을 매각하였다. 2010년 QBNET은 싱가포르, 홍콩과 태국을 포함하여 거의 400개 매장을 거느린 회사가 되었다.

서비스 설계 업무의 일부는 또한 직원이 서비스를 일관되게 제공할 수 있도록 서비스 입력 및 프로세스, 운영 절차에 대한 사양을 만드는 것이다. 사양은 서비스 개념의 요소를 취하고 각각과 관련된 품질 요소를 식별하며, 각 영역에서 달성해야 할 표준과 표준 준수를 보장하기 위한 조직의 절차(일반적으로 표준 운영 절차(SOPS)라고 함)를 상세히 설명한다. 조직이 여러 서비스 개념을 제공하는 경우, 여러 사양 및 제어 메커니즘을 개발해야 할 가능성이 높다. (14장에서는 혁신에서 서비스 개념의 역할에 대한 아이디어를 살펴보겠다.)

4.3.4 설계 변경에 내포된 의미를 평가하기 위한 서비스 개념의 사용

서비스 개념은 장기적인 서비스 개발 추진을 위한 동인으로 활용될 수 있다. 이 개념을 정의함으로써 서비스 설계자는 이 개념을 다른 서비스 공급 업체에서 제안했거나 이미 제공한 대안과 비교할 수 있으므로 운영 관리자가 변화의 의미를 식별할 수 있다. 변경 사항이 개념에 대한 의도적인 변경이든, 프로세스나 절차에 대한 수정을 수반하는 진화적 접근법이든, 서비스 개념에 대한 변경은 조직의 모든 부분에 영향을 미친다. 서비스 개념에 대한 상당한 변경이 조직의 약점, 다양한 구성 요소를 조정하는 능력, 그리고 내부적으로나 외부적으로 효과적으로 의사소통하는 능력을 드러낸다는 것을 시사하는 실질적인 증거가 있다.[4]

이러한 '개념 감사(audit)'는 간단한 프로파일링 도구를 사용하여 달성할 수 있다. 영국 버밍엄의 랩워스 지질 박물관의 사례는 〈그림 4-6〉에 설명된 서비스 개념의 변경을 설명한다.

여기서 핵심은 모든 요소가 동일 개념 안에 놓이도록 정렬시키는 것이다. 고객 경험이나 서비스 결과를 단독으로 변경할 수 있는 경우는 거의 없다. 한 요소의 변화는 다른 요소에 영향을 미칠 것이다. 때로는 이것들이 기회를, 때로는 갈등의 가능성을 나타낸다. 서비스 개념과 프로파일링 도구를 사용하면 서비스의

〈그림 4-6〉 지질박물관의 서비스 개념 변경

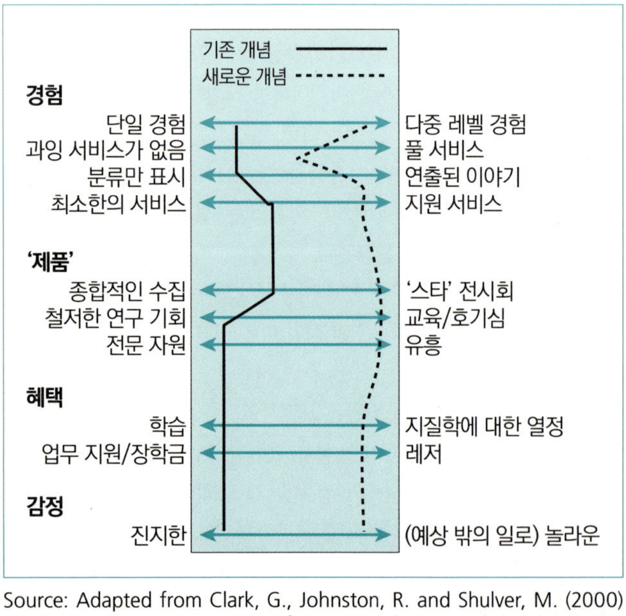

Source: Adapted from Clark, G., Johnston, R. and Shulver, M. (2000) 'Exploring the service concept for service design and development', in J. Fitzsimmons and M. Fitzsimmons (eds) *New Service Design*, Sage publications, Thousand Oaks, California.

CASE example

사례

영국 버밍햄의 랩워스 지질 박물관[5]

Simon Hadley/Alamy Stock Photo

버밍햄 대학교의 애스턴 웹 빌딩 아래 지하에는 잘 알려지지 않은 문화적 보석인 랩워스 지질 박물관(Lapworth Museum of Geology)이 있다. 박물관의 이름은 1880년에 찰스 랩워스의 이름을 따서 지어졌다. 2014년까지, 랩워스 박물관은 '진화된' 서비스였다고 말해도 좋을 것이다. 박물관은 시간이 지남에 따라 학문적이고 전문적인 지질학자들을 지원하기 위해 유기적으로 성장했다. 박물관은 다양한 소장품을 풍부하게 가지고 있었지만, 이것은 현대의 관객이 특별히 접할 수 있는 것은 아니었다. 여러 해 동안, 대중, 어린이, 가족 단체 등에게 접근할 수 있는 임무를 가졌음에도 불구하고, 랩워스는 실제로 그 임무를 수행하지 않았다. 2010년, 관장인 존 클래트워시와 그의 팀은 박물관을 개선하고 현대적이고 더 계몽적인 임무를 해결하기 위해 헤리티지 로터리 기금을 신청했다.

설계 결정을 내리기 전에 프로젝트 팀은 지역 사회 참여 및 공청회 등의 공공의 의견 청취라는 광범위한 프로젝트를 수행했다. 박물관 내의 이야기 주제는 대중과 더 넓은 커뮤니티가 보고 싶어하는 것에 기초할 것이지만, 박물관 소장품의 잠재력을 보여 주고 활용하도록 설계되었다. 예를 들어, 아이들은 항상 공룡에 관심이 있었고, 1993년과 쥬라기 공원이 공개된 이후로 공룡에게 주요한 존재감을 주지 않는 지질학이나 자연사 박물관을 찾는 것은 아마도 불가능하게 되었다. 다행스럽게도, 이 관심은 방문객을 고생물학에 관심을 갖게 하는 완벽한 '미끼'가 됐고, 더 나아가서는 박물관의 광범위한 화석 수집에 관심을 갖도록 하는 동기가 됐다. 일단 이렇게 '미끼에 걸린' 후에는 방문자를 한 단계에서 다음 단계로 안내하거나 이끌었다. 그래서 새로운 박물관은 무대 장치와 순서 장치가 필요할지도 모르겠다. 자신이 보고 싶은 것을 정확히 찾는 전문 지질학자와 달리, 일반 고객은 서비스를 안내받아야 할 것이다.

> 옛날에는, 방문자의 거의 90%가 학계에 있는 전문가였다. 오늘날, 우리는 훨씬 더 광범위한 지역사회 참여와 대중이 방문하고 있음을 보고 있다. 나는 우리가 지식이 풍부한 지질학적 공동체를 배제하지 않을 것이라고 생각한다. 그러나 마찬가지로, 우리는 대중도 참여시키는 것을 목표로 하고 있으며, 바라건대, 여기는 두 그룹 모두 참여해도 충분하다.
>
> — 박물관장 존 클래트워시

이러한 변경은 이전에 누락되었던 방문객 및 교육 시설을 추가해야 하는 결과를 초래할 것이다. '대상 방문자'는 더 이상 혼자 다니는 학술 방문자가 아니라 이제는 가족이나 사회단체, 혹은 교사를 동반한 학생의 모임이 될 것이다. 이러한 그룹은 강의실, 접수대, 상점, 카페, 화장실 등과 같은 시설을 필요로 한다. 특히, 젊은 방문객은 적어도 학교나 집에서 익숙한 것만큼 좋은 스펙의 대화형 기기를 필요로 할 것이다. 그러나 높은 품질과 상호작용에 대한 요구는 박물관 건물의 건축양식과 오랜 역사를 품은 느낌을 존중해야 할 것이다. 언제나 핵심적인 방문자 집단으로 간주되는 또 다른 집단은 은퇴한 성인 공동체였다. 전시물과 시설은 이 그룹의 필요와 욕구도 반영해야 할 것이다. 게다가, 모든 박물관 공간은 완전히 접근할 수 있어야 할 것이다. 마지막으로, 박물관은 학계와 학생들의 연구와 여가 수요를 계속해서 존중할 필요가 있을 것이다. 지금까지 보석과 광물의 최상급 컬렉션에 대한 접근으로 정의되었던 가치는 이제 박물관이 지구과학에서 대중을 교육하고, 열광시키고, 즐겁게 하는 정도에 더 많이 반영되었다.

계획된 설계 변경은 개선되고 지속적인 지역사회

참여를 보고자 하는 주요 자금 투자 기관의 요구 사항을 고려해야 할 것이다. 박물관 재개발은 순수 학술 기관이나 전문 시설로서는 자금을 지원받을 수 없었다. 자금 지원 사례를 구축하기 위해서는 결국 약 18개월의 공공의 협의가 필요했다. 협의 참여자에는 영국 문화유산과 박물관 분야도 포함되었다. 재개발을 위한 재정적 지원은 170만 파운드의 주요 문화유산 기금 보조금과 버밍햄 대학교 동문들의 기부금, 영국 예술 위원회의 보조금, 영국 정부의 DCMS/Wolfson 박물관 및 갤러리 개선 기금으로 이루어졌다. 재개발을 위한 총비용은 약 270만 파운드에 달했다. 이 프로젝트는 랩워스 박물관이 버밍엄 대학교 직원 및 자원봉사자들과 함께 관리하고 완료했다. 재개발을 실현하는 데 있어서, 프로젝트 팀은 또한 건축가, 전시 디자이너와 건설업자, 시청각 디자이너들과 함께 일했다.

2014년까지 팀은 필요한 자금을 모았고, 박물관은 2014년 12월에 재개발 프로젝트를 시작하기 위해 문을 닫았다. 이 프로젝트의 주요 목표는 박물관의 소장품을 더 쉽게 접근할 수 있고 더 광범위한 비전문가 및 비학술적 청중들에게 어필할 수 있도록 하는 것이었다.

새로운 박물관의 중심은 '생명의 진화 갤러리'인데, 방문객이 지구의 형성으로부터 마지막 빙하기를 거쳐 현재에 이르기까지 현대의 생물 다양성을 살펴보는 이야기를 들려준다. 그 중요한 이야기는 흥미롭고 대상 지식층을 끌어들인다. 그러나 그 이야기 안에서, 생명의 진화 갤러리는 영국 중부 지역의 매혹적인 지질학에 대한 이야기를 교차적으로 남긴다. 갤러리는 지질학적 역사의 다른 지점에서 영국 중부가 어떠했는지에 대한 다섯 개의 스냅샷을 보여 줌으로써 그렇게 한다. 예를 들어, 4억 2천 8백만 년 전, 버밍엄은 바하마와 같았다. 3억 1천 6백만 년 전에, 그것은 변했고 더 늪 같은 미시시피 삼각주 환경이었다. 그리고 마지막 빙하기로 가는 길에 버밍햄은 오늘날 시베리아와 비슷했다. 만약 방문객이 1980년대에 어떤 지질 박물관에 갔다면, 그들은 거의 혹은 전혀 기술적 요소를 보지 못했을 것이다. 오늘날, 갤러리는 상호작용의 명확한 존재와 전시물로부터 해석하고 배우는 새로운 방법을 높은 기술로 제공한다.

설계 또는 재설계에 참여하는 사람들이 무엇이 필요한지 이해하고 변화의 영향을 평가하여 관리할 수 있다.

역량 매핑

프로파일링 도구의 한 가지 강점은 〈그림 4-6〉에서와 같이 이전 개념과 새로운 요구 사항뿐만 아니라 기존 서비스의 역량, 즉 현재 서비스의 잠재력을 파악하는 것이다. 이 '역량 매핑(capability mapping)'은 특정한 신규 또는 개정 서비스를 염두에 두고 있지는 않지만 역량 매핑을 사용하여 운영 가능성을 활용할 수 있는 기회를 탐색할 수 있는 조직에서 사용할 수 있다.

TECLAN Translation Agency의 실제 사례는 조직이 역량 범위를 사용하여 기업이 새로운 기회를 개발할 수 있는 영역을 식별하는 방법을 설명하고 있다.

WORKED example

사례

TECLAN 번역 대행사[6]

TECLAN은 번역에 원스톱 서비스를 제공한다. 이 회사는 주로 유럽 언어, 일본어, 중국어에 능통한 35명의 재택 번역자를 이용하였다. 다른 언어로 번역할 때는 3,000여 명의 다른 언어 번역자에게 하청을 주었다. 전 분야에 걸친 번역 관련 작업도 처리할 수 있지만, 시간이 지남에 따라 기술적인 문서의 번역, 특히 컴퓨터 소프트웨어에 대한 독특한 경쟁력을 개발하였다. 소프트웨어 번역의 대부분은 영어로 쓰인 소프트웨어의 'help' 파일을 '현지화'하는 것이었다. 그러나 TECLAN은 흔히 이 'help' 파일이 융통성이 없는 구조로 작성이 되어 완전히 새로운 'help' 파일 구조를 개발해야만 했다. 그래서 이러한 'help' 파일을 프로그래밍 하는 데 있어서의 새로운 경쟁력을 개발하게 되었다.

그들 자체만으로는 이러한 경쟁력이 독특한 것이 되지는 못했지만, 이 회사의 번역 역량과 결합되어 경쟁력을 갖출 수 있었다. TECLAN의 서비스 콘셉트 개요는 <그림 4-7>에 나타나 있다.

개요는 이 회사가 어디서 시작됐는지를 보여 주며, 음영 부분은 TECLAN이 개발한 새로운 운영 잠재력을 나타낸다. 점선은 새로운 서비스에 대한 이상적인 서비스 콘셉트를 가리키고 있다. 또한 현재 역량과 새로운 서비스 콘셉트에서 요구되는 것과의 차이를 나타내고 있다. 관심과 개발이 필요한 주요 영역은 새로운 계층의 고객과의 관계를 관리할 수 있는 회사의 능력과 높은 성과에 있다. 비록 번역자는 의뢰 고객 자신의 기술자와의 관계를 관리할 수 있는 능력을 개발해 왔지만, TECLAN의 고객 관리자들은 새로운 역량을 시장화하여 판매하는 데 기술적인 지식이 부족하였다.

〈그림 4-7〉 TECLAN의 역량 매핑

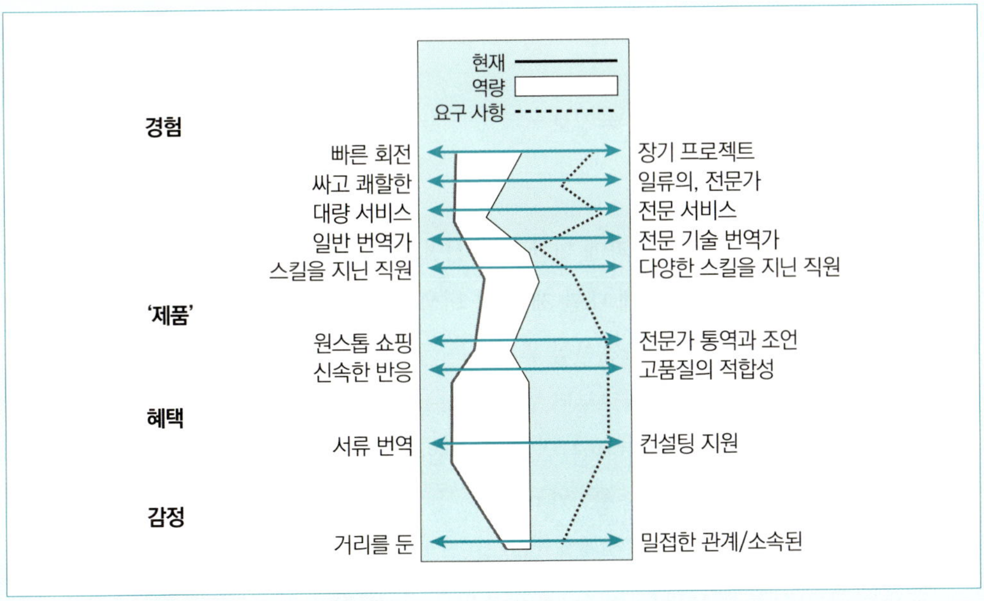

4.3.5 혁신을 촉진하기 위한 서비스 개념의 사용

서비스 개념에 있어 특히 유용한 역할은 조직이 새로운 서비스를 혁신하고 개발하는 방법의 일부로서이다. (서비스 개념의 이러한 측면에 대한 내용은 14장에서 다루도록 한다.)

4.4 요약

서비스 개념이란 무엇인가? 서비스 개념은 제공되고 제공받는 서비스의 본질에 대한 공유되고 명확한 이해이며, 따라서 이를 통해 구성 아이디어, 제공되는 서비스 및 제공받는 서비스, 경험 및 결과에 대한 정보를 파악할 수 있다. '외부' 관점과 '내부' 관점 사이의 두 가지 중요한 '갭'을 연결시켜 주기 때문에 서비스 개념의 역할은 중요하다. 그것은 잠재적으로 상충되는 관점과 시각을 조화시키려는 '전환' 과정을 제공한다. 서비스 개념은 비즈니스 모델보다 감성적이고, 브랜드보다 깊고, 좋은 아이디어보다 복잡하고, 비전보다 견고하다.

서비스 개념의 구조는 무엇인가? 서비스 개념에 대한 절대적인 '공식'은 없지만, 서비스 개념에 포함되면 특히 유용한 요소가 있다. 이러한 요소는 다음과 같다.

- 서비스를 책임지는 조직
- 구성 아이디어
- 서비스 개념에 대한 요약
- 제공된 서비스에 대한 세부 정보
- 고객 그룹이 받은 서비스

서비스 개념에 포함된 성과에 대한 상세 설명서를 보면 고객에게 제공하는 가치의 본질을, 특히 고객에 대한 효익, 고객에 대한 재무 및 희생 비용과 조직에 대한 비용 사이의 균형적 입장에서 알 수 있다. 또한 서비스 운영 관리자는 고객 경험 중에 어떤 감정이 유발될 가능성이 있고 어떤 감정이 서비스 결과로부터 발생할 가능성이 있는지를 이해하는 것이 중요하다. 하지만 서비스 개념에 대한 아이디어는 오해받기 쉽다. 서비스 약속, 마케팅 요약, 비즈니스 모델, 비전, 미션 선언문 또는 브랜드 정의가 아니다.

관리자는 서비스 개념을 어떻게 활용할 수 있는가? – 서비스 개념을 개발함으로써 얻을 수 있는 주요 이점 중 하나는 비즈니스의 본질을 정의하고 조직의 모든 이해 관계자와 소통할 수 있다는 것이다. 공유된 이해를 개발하고 B2C 및 B2B 환경 모두에서 명확하게 함으로써 조직이 모두 동일한 목표와 개념으로 정렬되도록 만드는 데 사용할 수 있다. 또한 역량 매핑을 사용하여 설계 변경의 영향을 평가하는데 뿐만 아니라 서비스를 설계하고 구체화하는 데에도 운영상 사용할 수 있다.

토론 및 연습

1. 랩워스 지질 박물관의 사례를 다시 참조하여 현재 (재설계된) 박물관에 대한 서비스 개념을 구성하라. 매우 성공했음에도 불구하고, 관광과 레저 명소가 영원하지 않다는 것은 사실이다. 방문객 수는 새로운 서비스가 도입된 후 첫 번째 휴가철에 정점을 찍은 후 꾸준히 감소하는 경향이 있다. 이러한 수익 감소는 국가 재정 지원을 받지 않는 박물관에게 문제가 된다. 새로운 전시물과 볼거리를 개발하는 것은 고사하고 현재의 형태로 랩워스 박물관을 유지하는 것은 어려울 수도 있다. 서비스 개념에 어떤 변화를 주어야 수익 잠재력을 향상시킬 수 있으면서도 동시에 박물관의 핵심 임무와 충돌하지 않게 할 수 있는가?

2. 1960년대부터 1990년대 후반까지 맥도날드 영업의 근간이 되는 중요한 원칙은 '매장에 오래 머무르기 금지'였다. 설립자 레이 크록은 맥도날드 식당에서 유료 전화, 주크박스, 자판기를 금지하라고 명령했다. 그 식당의 목표는 고객에게 서비스를 신속히 제공하고 햄버거를 먹는 데 걸리는 시간보다 더 오래 머무르도록 그들을 유혹하지 않는 것이다. 식당은 미니멀리즘적이고 종종 불편한 딱딱한 플라스틱 테이블과 의자로 설계되었으며, 보통 볼트로 고정되어 있었다. 고객은 음식을 스파르타식 환경에서 소비했고, 이것은 그들을 재촉하고 다음 고객을 위한 공간을 만드는 강제적인 장치로 작용했다. 그러나 2006년에 채택된 새로운 '포에버 영' 매장 디자인으로 리모델링된 식당은 '독특한 개성'의 식사 구역을 특징으로 한다. 대부분의 새로운 점포 디자인은 세 구역으로 나뉘었다. 링거존은 무료 와이파이 접속을 이용해 안락의자나 소파에 편안하게 앉아 빈둥거리고 사교적으로 지내는 경향이 있는 사람들을 수용하기 위해 설계되었다. 또 다른 구역은 음식이 나오자 마자 음식을 포장해서 급하게 갈 수도 있는 고객을 위해 카운터와 의자를 제공했다. 세 번째, 그리고 아마도 가장 중요한 구역은 다양한 요구를 충족하도록 좌석 배치를 재구성할 수 있는 가족 또는 그룹을 위한 구역이다. 거친 색상과 딱딱한 플라스틱은 부드러운 색상의 유연하고 패딩 처리된 직물로 덮인 부스 좌석으로 대체되었다. 모든 변화는 식사를 하는 고객이 레스토랑에서 많은 시간을 보내고 아마도 많이 소비하도록 장려하는 목적을 가지고 있었다. 이와 유사하게 1993년 맥카페 매장 디자인은 호주에서 개발되었고 10년 후 전 세계로 확장됐으며, 포에버 영 매장 디자인의 많은 목표를 강조하고 있다. 2012년 맥도날드는 영국의 모든 맥도날드 레스토랑에 맥도날드 브랜드와 제품 라인을 도입할 것이라고 발표했다. 레스토랑은 5년마다의 업그레이드 및 재장식 주기를 거치며 포에버 영 매장과 맥카페 매장 시설 디자인을 모두 통합했다.[7] 오리지널과 그 후의 포에버 영 맥도날드 매장 디자인에 대한 서비스 개념을 매핑하라. 그 변화가 공식적인 재설계의 직접적인 대상이 아닌 서비스 개념의 요소에 대해서는 어떤 영향을 미치는가? 즉, 레스토랑의 물리적 디자인 변화에 대한 전반적인 서비스 개념의 결과는 무엇인가?

3. IT 인프라 지원 그룹은 다양한 고객에게 IT 인프라 서비스를 제공한다. 적합한 서비스 개념을 형성함에 있어서 이 그룹은 사실상 IT 시스템을 사용하는 '최종 사용자'와 IT 시스템에 투자하는 '비즈니스 리더'라는 두 가지 다른 고객 그룹에게 서비스를 제공한다는 것을 알고 있어야 한다. 서비스 개념에서 이 두 고객 그룹의 고유한 요구를 어떻게 나타낼 수 있나?

4. 앞서 일본의 남성 전용 미용실인 QBNET의 사례를 살펴봤다. QBNET의 서비스 개념은 본질적으로 단순하고 군더더기 없는 이발 서비스이다. QBNET 서비스는 동남아시아에서 경이적인 성공을 거두었고, 최근에는 다른 지역으로 확장하기 시작했다. 아이러니하게도, 영국은 이전에 대부분의 남성의 이발이 단순하고 미니멀했으며 QBNET 서비스와 매우 비슷했으나 지금은 반대로 풀 서비스 이발소가 성장하고 있다. 터키 이발소 클럽은 영국에서 두 번째로 큰 도시인 버밍햄에 자사의 첫 번째 전통적인 이발소를 열어서, 터키의 전통적인 스타일과 고유의 풀 서비스를 선보였다. 이 체인점은 큰 성공을 거두었고, 10년 후에는 지역 전역에 10개의 지점을 설립했다. 터키식 이발소 클럽은 영국 최초의 터키식 이발소는 아니었지만 확실히 성공한 풀 서비스 이발소들 중 하나였다. 그것의 성공 이후, 도시에서는 터키식 이발 콘셉트가 경이적으로 성장했으며, 도심과 교외 모든 곳에서 터키 이발소 클럽과 유사한 서비스를 제공하는 이발소가 많이 등장했다. 버밍햄 교외의 붐비는 거리를 걷다보면 10분 이내에 터키식 이발소 서너 개를 지나칠 수 있다. 그러나 몇몇 지역 주민은 터키식 이발소 시장이 과포화 상태가 되었다고 주장했다.[8] 전형적인 터키식 이발소의 서비스 개념에서는 어떤 측면이 가장 중요하다고 생각하는가? 다시 말해, 터키식 이발소에 대한 그 특별한 견해가 장기적으로 지속 가능하도록 하기 위해 관리자들은 무엇에 초점을 맞춰야 하는가?

사례 문제: Capes & Latimer에서의 새로운 개념 시도

C&L(Capes & Latimer)은 영국에서 2,000개 이상의 술집, 바, 레스토랑을 운영하는 큰 회사였다. 원래 이 회사는 2000년대 초 양조 자산의 대부분을 처분하고 유기농 성장으로 인한 음식 펍(저렴한 음식을 맥주와 함께 판매하는 술집)과 레스토랑으로 확장하기 전까지 영국에서 가장 큰 양조 그룹이었다. 이들은 각각 특정 시장 부문을 목표로 하는 광범위한 펍 콘셉트(또는 브랜드)을 다루었다. 사실, C&L은 자체적으로 술집과 레스토랑을 공급하는 세 곳에서 양조 능력을 일부 보유하고 있었지만, 양조는 더 이상 그룹 사업의 핵심 부분이 아니었다. 그룹의 음료 매출의 약 40%가 다른 공급 업체로부터 매입되었다.

C&L은 싫증 나고 오래된 술집을 활기차고 현대적인 펍과 레스토랑으로 바꾸는 선구자였다. 우리가 술집과 레스토랑에서의 혁신으로 유명하다고 말할 수 있다. 예를 들어, 우리의 가장 유명한 바 체인인 글래스바(GlassBar)는 영국 시민의 음주 습관을 완전히 바꾸었다. 이전에 우리의 오래된 술집 포트폴리오는 정말 어둡고 남성 중심의 펍이었다. 글래스바는 개방적이고 가볍고 통풍이 잘 되는 현대적인 카페 바 디자인의 미학으로 펍의 분위기를 완전히 새롭게 했다. 또한 여성 친화적이었고, 안전하고 우호적이며, 중요하게는 부유한 여성 고객의 대규모 사회 집단을 수용할 수 있도록 설계된 서비스 개념을 가지고 있었다. — C&L CEO, Thomas Benson

글래스바의 성공으로 C&L은 펍 혁신의 지속적인 프로그램을 시작했다. 이 체인점은 자체 펍 포트폴리오 내에서 성공적인 '일회성' 바의 혁신을 정기적으로 체크하고 서비스 개념을 세분화한 다음 새로운 개념을 전국적으로 퍼뜨린다. 이 회사는 또한 그룹 밖에서 성공적이고 참신한 펍 개념을 물색한다. 때로는 이러한 성공적인 개념을 모방하기도 했지만, 대부분은 술집과 경영진의 인재를 모두 사들인 후 그들에게 지원과 함께 새로운 서비스 개념을 복제 가능한 C&L 브랜드로 개발할 수 있도록 했다. C&L은 혁신에 대한 명성뿐만 아니라 장기 전략에 맞지 않는 펍 개념을 없애는 것에 대해서는 무자비한 것으로 알려져 있다. 사실, C&L 은 단 1년 만에 약 300개의 '전통적인' 지역 펍을 팔아치웠다. 이들은 거의 모두 손실을 입었지만, 펍의 매각은 소규모, 맥주 및 '대화 중심' 장소에 대한 C&L의 포트폴리오에 공백을 만들었다. 현재의 C&L 포트폴리오는 학생들로부터 가족 친화적인 장소(플레이바 포함), 미식가 술집, 심지어 고급 술집에 이르기까지 시장 부문을 포괄하는 약 25개의 다양한 서비스 개념으로 구성되어 있다.

C&L의 지점은 지역별로 관리되었다. 지역 관리자들은 지역 내에서 40~50개의 장소를 관리한다. 각 지역의 지리적 분포는 위치에 따라 달랐다. 주점 밀집도가 낮은 농촌에서는 지역이 꽤 넓을 수 있지만, 대도시 지역에서는 도시 블록 두어 개 크기일 수 있다. 지역 관리자는 때때로 외부에서 모집되었지만, 더 일반적으로 개별 장소를 관리하는 일반 관리자들로부터 모집되었다. 개별 매장에서는 총괄 매니저가 전반적인 사업을 관리하고, 부 매니저가 일상 운영을 담당한다. 특히 두 지역은 혁신으로 명성을 얻었다. 수십 년 동안, 이 두 지역(버밍엄 사우스-센트럴과 서리(Surrey)의 서튼)은 C&L의 주요 혁신 센터가 되었다. 새로운 서비스 개념이 개발되고 테스트되는 곳은 대개 이 지역이었다.

마리 솔터는 버밍엄 사우스 센트럴의 지역 매니저였다. 그녀는 원래는 지금은 글래스바가 된 바의 디자이너/매니저 중 한 명이었다. 마리는 버밍엄 중심부에 Bar Quo Bibistis라는 바를 설립했다. 그것은 엄청난 성공이었고 C&L에 인수되었는데, C&L은 그것이 주요 C&L 브랜드로 발전할 수 있다는 것을 인식했다. C&L에 합류한 마리는 그룹 내 혁신 경영 역할도 협상했다. 몇 년 후, 마리는 버밍엄 지역과 그 주변에 위치한 45개의 펍을 책임지게 되었다. 마리는 자신의 영역 안에서 몇몇 파일럿 펍 개념을 키워 왔는데, 그중 세 가지는 C&L 집행위원회의 검토를 받기 위해 나왔다. 마리는 약 2년 동안 이 세 개의 시범적 펍을 지원하고 평가했으며 곧 전국적으로 전개될 이 개념의 실행 가능성에 대해 보고할 것이다.

세 가지 시범적 개념은 내부적으로 '페이퍼클립(PaperClip)', '테메레어(Temeraire)', '스테이션(Station)'으로 알려져 있다.

마이크로 펍: 페이퍼클립

전통적인 커뮤니티 펍의 매력은 특히 대도시와 교외 지역에서 크게 감소했지만, 이러한 종류의 펍에 대한 시장은 여전히 남아 있었다. 그러나 30년 전만 해도 노동자 계급의 남성들이 공장 일이나 다른 육체 노동의 하루를 마치고 술집에 갈 때처럼 시장은 더 이상 '노동자 계급의 남성'이 아니었다. 오히려 상대적으로 부유한 'X세대'와 고급 주종에 관심이 있는 '밀레니얼' 고객과 대화를 위한 공간을 찾는 이의 비중이 상당했다. 그들은 시장을 지배하는 음식을 기반으로 한 술집을 특별히 좋아하지도 않았고, TV나 어린이 놀이 공간, 시끄러운 음악을 원하지도 않았다. C&L은 (그들의 포트폴리오 밖에서) 이 격차를 메울 수 있는 성공적인 새 술집 현상이 나타나고 있음을 발견했다. 이것은 때때로 '팝업' 펍이라고 불리는 마이크로 펍이었다. 이 작은 펍들은 보통 다른 목적을 위해 설계된 소매점 공간에 위치해 있었고 (전통적인 펍 부지와는 대조적으로) 제한된 라이선스를 (대부분 위치한 장소로 인해) 가지고 있었다.[9]

그 마이크로 펍들은 높은 사양의 높은 마진의 맥주, 사이다, 양주를 안목 있는 고객에게 적은 양으로 팔았다. 그러나 그러한 마이크로 펍의 대부분은 꽤 초보적인 수준에 머물고 있었다. 마리는 좁은 소매 공간의 양쪽으로 벤치 한 쌍이 달려 있고 한쪽 끝에 간단한 바가 있는 마이크로 펍을 보았다. 맥주와 병이 든 맥주통은 값싼 산업용 선반 위에 놓여 있었다. 그녀가 이 형식을 사용하기로 결정했고 사들인 이 펍이 마리의 첫 번째 마이크로 펍이 됐다. '페이퍼클립'이라고 불리는 그것은 원래 정부 고용 관련 부서가 있던 건물의 아래에 위치한 작은 문구점에 세워졌다. 버밍엄 교외의 번화가 근처에 위치해 있었으며, 패션에 민감한 젊은 커플이 선호하는 지역을 도보로 접근할 수 있는 위치였다. 페이퍼클립은 또한 애완견 친화적이었고, TV도 없었고, 매우 조용하고 비팝 음악을 틀었다. 또한 거리로 통하는 창문 근처에 소파뿐만 아니라, 저렴한 사무실 가구가 비치되어 있었다. 이 곳에서는 일반적인 대량 생산된 맥주와 비교하여 약 50%의 프리미엄으로 소매되는 약 15개 종류의 수제 맥주를 제공했다. 판매량은 적었지만 마진은 높았으며 한가한 지역이라 임대료는 낮았다. 주류인 펍은 코어 맥주와 라거 세트를 제공해야 했지만, 마이크로 펍 고객은 맥주의 라인업의 지속적인 변화를 중시했다. 페이퍼클립의 매니저에게는 단종되는 소량의 맥주를 구매할 수 있는 융통성이 주어졌다. 매니저는 공급이 제한된 새로운 맥주가 지금 입수됐다고 소셜 미디어 광고를 할 것이며, 대부분의 경우 희소성과 참신함이 고객을 끌어들일 것이라고 말했다. 페이퍼클립은 뜨거운 음식을 팔지 않았고, 바 뒤에는 미리 포장된 작은 종류의 스낵만 있었다. 잠깐 동안 이 회사는 고객이 배달 앱을 사용하여 음식을 주문할 수 있도록 하는 실험을 했다. 하지만 많은 고객이 음식 냄새가 맥주를 즐기는 것을 방해한다고 불평했다. 페이퍼클립은 대부분의 마이크로 펍과 마찬가지로 높은 사양의 수제 맥주와 양주를 즐기고 대화를 나눌 수 있는 장소였다.

부루펍: 더 테메레어

이른바 '브루펍'은 새로운 것이 아니었다. 바의 뒤쪽에 작은 양조장을 두겠다는 생각은 천 년이 넘었다. 그러나 산업 혁명과 함께 맥주 양조는 더욱 중앙 집중화되었다. 현재, 상대적으로 적은 수의 양조 그룹이 전 세계적으로 대부분의 양조 능력을 보유하고 있다. 그러나 일부에서는 1970년대에 대기업들이 생산한 무난한 맥주에 대한 반발이 시작되었고, 그 결과 수제 고급 맥주와 라거가 재도입되었다. 그것은 또한 독립적인 수제 맥주 시장에서 성공적으로 개발되었던 브랜드와 레시피를 획득하는 결과를 가져왔다. C&L 펍은 일반적으로 주류 맥주와 함께 한두 개의 '게스트' 맥주를 판매하는데, 이는 표면적으로는 수제 맥주이지만 대개는 대형 양조장에서 산업 규모로 생산되는 오래된 수제 맥주 브랜드였다. 마리의 브루펍에 대한 생각은 달랐다. 마리가 시도하는 개념은 진정한 양조장이었다. 마리의 펍 양조업자는 자신이 직접 양조한 맥주에 대해 열정을 지닌 자였으며, 자신이 직접 펍을 운영하고 자신의 술집에서 직접 판매하기 위해 아주 적은 양의 맥주를 생산하는 '맥주 실험실'과 동등한 것을 운영하였다. 양조장은 일반적으로 매주 화요일마다 양조를 시작하여 나머지 기간 동안 판매했다. 이 생산량은 양조장에 인접한 작은 '탭룸'을 제외하고는 어떤 곳에도 판매할 수 없을 정도로 충분하지 않았다. 하지만 마리의 아이디어는 여전히 기존 주요 브랜드의 대형 맥주 양조장에서 맥주와 라거를 꾸준히 공급받는 것이었다. 그리고 나서, 양조업자는 다양하고 기발한 실험 맥주를 꾸준히 제공함으로써 고객의 호기심을 만족시킬 수 있었다.

마리의 파일럿 브루펍인 '테메레어'도 다양하고 흥미로운 스낵 푸드를 개발했다. 그 범위는 의도적으로 제한되어 있어서 부엌은 항상 제한된 종류의 음식을 생산할 수 있는 용량으로 작동했다. 조리법은 자주 바뀌었지만 재료는 대량으로 미리 준비되었다. 예를 들어, 요리사는 각각 약 2,000개의 채식주의자와 생선 타코의 속을 준비하고, 그것들을 얼린 다음 전자레인지에 미리 계량된 부분을 다시 가열하여 타코 베이스에 추가함으로써 판매한다. 요리사는 항상 채식을 준비하지만, 두 번째 속은 고기나 생선을 기반으로 하고 약간 다르다. 테메레어는 버밍엄 교외에 있는 기존의 술집 부지를 점유하고 있었는데, 그 안에서 마리는 고객이 양조 장비를 볼 수 있도록 큰 창문을 설치하도록 의뢰했다. 테메레어는 대부분의 교외의 술집과 비슷했는데, 하나의 큰 좌석 구역은 독립된 의자, 작은 사각형 테이블(필요에 따라 함께 밀 수 있음), 벽에 붙어 있는 덮개가 씌워진 벤치로 구성되어 있었다. 음악은 항상 조용히 재생되었고, 프로젝션 TV가 있지만 이것은 주요 스포츠 행사에만 켜졌다. 고객은 바에서 타코를 주문하고 바 뒤의 화면에 음식이 준비됐다는 것이 나타나면 타코를 받으러 간다. 마이크로 펍과 마찬가지로 테메레어의 고객은 맥주 애호가였지만, 종종 그들의 파트너 또는 아이들의 요구를 충족시켜야 하는 자들이었다.

수제 맥주 바: 스테이션

현재 검토 대상에 올라온 마리의 마지막 파일럿 개념은 '스테이션'이었다. 이 펍은 도시로 통근하는 통근자에게 서비스를 제공하는 버밍엄의 철도역 중 하나에 인접해 있었다. 펍의 한쪽에 늘어선 창문으로 기차역의 선로와 플랫폼이 내려다 보이고, 통근자는 역 플랫폼에서 펍에 쉽게 접근할 수 있었다. 개인적으로 마리는 스테이션을 '부루펍인 척하는 펍'이라고 불렀다. 바 뒤에 진열된 반짝이는 구리와 스테인리스 양조 장비가 10년이 넘도록 사용되지 않았기 때문에 양조장인 척하는 '시늉'을 했다. 사실, 그 장비는 현재의 장소에서 전혀 사용되지 않았다. 양조 장비는 인테리어 디자인에 대한 호기심으로 구입한 것이었다. 하지만 그것은 좋은 효과를 낳았고, 바에 있는 직원과 웨이터 직원 모두 종종 판매 중인 맥주를 공급하는 데 장비의 역할을 과장했다.

스테이션은 주요 브랜드의 라거 1개와 맥주 1개, 주류 사이다 1개를 판매했다. 나머지 10개의 맥주와 사이다는 구입한 수제 맥주였다. 이들은 소규모 독립 기업으로 시작했지만 영국의 3대 맥주 제조 업체 중 하나에 인수되어 산업 규모로 양조된 수제 맥주 브랜드였다. 이와 같이 맥주는 높은 사양이었지만, 작은 규모로 처음 양조되었을 때만큼 좋지는 않았다. 예를 들어, 대규모 양조에서의 전형적인 비용 절감은 종종 소량의 신선한 홉과 반대로 대량의 냉동 홉을 사용하는 것을 의미했다. 마찬가지로, 오리지널 레시피에 사용된 보리 대신에 종종 더 저렴한 버전으로 대체되었다. 즉, 가장 민감한 미각의 사람만이 맥주의 차이를 감지할 수 있었다.

스테이션의 매장 면적 중 가장 큰 부분은 식당 테이블이 차지했으며, 소수의 좌석과 공간만이 식사를 하지 않는 사람들에게 주어졌다. 그러나 저녁 식사 시작 전의 이른 시간에는 식당 테이블이 식사를 하지 않는 사람에게도 허용되었다. 음식은 비교적 높은 사양의 미식가를 위한 것이었고, 식사하는 사람들은 음식과 맥주 페어링에 대한 조언을 제공받았다. 토요일과 일요일에는, 스테이션 고객이 주로 외식을 하려는 커플과 가족 단위 손님이었다. 따라서 맥주는 일부 사람에게는 매력적이었지만 전부에게는 아니었다. 그러나 평일 저녁에 그 술집은 집으로 돌아오는 업무 출장객을 끌어들였다. 그 술집의 위치는 분명히 도움이 되었다. 이 평일 고객들은 수제 맥주 선택에 더 관심이 있었지만, 그들은 한 번에 많은 양을 소비하지는 않는 경향이 있었다. 아마도 그들은 가족의 품으로 돌아가거나 다음날 출근을 위해 일찍 일어나야 하기 때문일 것이다. 평일에 방문하는 고객은 목요일과 금요일 저녁 때 가장 많았고, 통근객들은 보통 집으로 돌아가기 전에 두 잔 정도의 술을 마시곤 했다.

세 가지 파일럿 개념

세 개의 시범적인 펍은 모두 상당히 성공적이었다. 마리는 그녀의 마이크로 펍인 페이퍼클립이 유난히 잘했다고 생각했고, 면적이 좁은 것을 다소 안타까워했다. 사람들이 바를 찾았지만 모든 좌석이 다 찼기 때문에 그냥 돌아서야 하는 경우가 종종 있었기 때문이다. 하지만 더 큰 부지로 이전하는 것이 분위기와 서비스 개념을 '파기'할 수 있다는 것을 그녀는 깨달았다. 페이퍼클립은 새로운 사람들(그리고 애완견들)을 만나고 독특한 진짜 수제 맥주와 라거에 노출되는 이상적인 대화 장소로 여겨졌다. 더 큰 공간에서는 대화와 유쾌함을 부추겼던 친밀감이 사라질 수도 있다. C&L의 고위 관리자의 관점에서, 마리는 또한 마이크로 펍을 C&L 자체에서 생산되거나 전국의 수제 맥주 양조장에서 생산되는 '빈엔드', 즉 단종되는 맥주의 훌륭한 배출구로서 가치를 두었다. '빈 엔드'는 고객에게 진정한 할인이었고, 맥주의 범위에서 일관성이 필요하지 않은 한, 상품 가격을 최소한으로 유지하면서도 높은 마진을 누릴 수 있는 좋은 방법을 제공했다. 그렇더라도 마리는 마이크로 펍의 개념이 더 많은 수익을 얻을 수 있는 여지가 있다고 생각한다.

브루펍은 믿을 수 없을 정도로 흥미로운 서비스 개념이었다. 많은 소규모 양조장(약 1,000리터 용량 미만)은 자신의 펍 수요에 충분한 맥주와 라거를 공급하기 위하여 고전하고 있다. 마리의 부루펍은 이러한 문제를 해결하기 위해 건물 주인이 공급하는 독특한 맥주 외에도 C&L로 하여금 더 많은 양의 맥주와 라거, 양주, 와인을 공급하도록 했다. 마리는 브루펍 서비스 개념이 그룹 내에서 더 광범위하게 출시될 수 있다고 생각했다. 그러나 필

〈표 4-1〉 재무 데이터

구분	페이퍼클립	테메레어	스테이션
면적 (m^2)	36	140	186
수입 구성비			
음료 매출	100%	98%	84%
음식/스낵 매출	0%	2%	16%
맥주			
평균 (어떤 한 시점) 고객 수	20	100	110
체류시간 (시간)	2.0	2.0	1.5
평균 핀트수/명/시간	1.5	1.3	2.1
회전 수	3.5	3.5	2.0
음주량/일	210	910	693
세션 수/주	7	7	7
핀트수/주	1470	6370	4851
맥주 단가 및 비용			
평균 가격/핀트	6.00	5.00	5.50
평균 비용	2.50	2.80	2.80
총마진	58%	44%	49%
음료 매출			
연간 매출 (음료)	£458,640	£1,656,200	£1,387,386
연간 매출원가 (음료)	£191,100	£927,472	£706,306
연간 총이익 (음료)	£267,540	£728,728	£681,080
음식/스낵 매출			
평균 식사/스낵 비용/명	n/a	3.95	20
평균 음식매출원가	n/a	1.3	7
음식 총마진	n/a	67%	65%
판매된 식사 건수 / 세션	n/a	20	36
식사 고객의 비율 (%)	0%	0.20	0.3
음식 매출 / 세션	n/a	£79	£720
음식 매출 / 주	n/a	£553	£5,040
연간 음식 총매출	n/a	£28,756	£262,080
연간 음식 총수익	n/a	£19,292	£170,352
총계			
총 연간 매출	£458,640	£1,684,956	£1,649,466
총 연간 수익	£267,540	£748,020	£851,432

요한 범위의 기술을 가진 양조업자를 찾는 것은 어려운 일로 판명될 수 있다. 그녀는 또한 이 브랜드의 어떠한 성장도, 그것이 추진되어야 한다면, 그룹 내의 유기적인 성장보다는 인수에 의한 것이어야 한다고 생각했다. 양조 업자와 C&L 사이의 관계의 본질은 매우 중요하다. 테메레어가 인수되었을 때, 그 펍은 독립적인 지위에서 C&L 내의 직접적인 관리 펍으로 이동하지 않았다. 인수 계약의 일부로 양조 업자가 자신의 맥주 수익을 모두 보유하기로 합의했다. 마리는 C&L의 영업 및 재무 이사들이 이 계약을 수락하도록 하기 위해 열심히 노력했는데, 양조 업자가 흥미롭고 고품질의 맥주를 생산할 충분한 동기를 부여하는 것이 필수적이라고 생각했기 때문이다.

파일럿 중에서 가장 성공적이었던 것이 스테이션이었다는 것은 꽤 슬픈 일이다. 실제로 스테이션은 C&L 내의 대부분의 다른 펍 레스토랑 브랜드와 거의 차이가 없다. 맥주는 약간 더 높은 마진을 얻지만, 그 음식은 그룹의 다른 많은 브랜드와 비교할 수 있다. 2명에서 4명의 크기의 그룹에게 더 적합한 소수의 대규모 소셜 그룹을 유치하거나, 글래스바 및 그룹 내 다른 메트로 중심 브랜드와 유사한 고객을 유치한다.

— 마리 솔터

질문

1. 〈그림 4-3〉에 표시된 서비스 개념 템플릿을 사용하여, 마이크로 펍, 브루 펍 및 수제 맥주 바에 대한 서비스 개념을 나타내어 보라.
2. 각 펍의 현재 서비스 개념과 〈표 4-1〉에 제공된 재무 데이터를 바탕으로, 마리는 C&L 이사회에 어떤 권고를 해야 한다고 생각하는가?

심화 자료

Anderson, S., Pearo, L.K. and Widener, S.K. (2008) 'Drivers of service satisfaction: linking customer satisfaction to the service concept and customer characteristics', *Journal of Service Research*, 10 (4), 365–381.

Beltagui, A., Sigurdsson, K., Candi, M. and Riedel, J. (2017) 'Articulating the service concept in professional service firms', *Journal of Service Management*, 28 (3), 593–616.

Clark, G., Johnston, R. and Shulver, M. (2000) 'Exploiting the service concept for service design and development', in J. Fitzsimmons and M. Fitzsimmons (eds), *New Service Design*, Sage Publications, Thousand Oaks, California, 71–91.

De Chernatony, L., Cottam, S. and Segal-Horn, S. (2006) 'Communicating services brands' values internally and externally', *The Service Industries Journal*, 26 (8), 819–836.

Goldstein, S.M., Johnston, R., Duffy, J. and Rao, J. (2002) 'The service concept: the missing link in service design research?', *Journal of Operations Management*, 20 (2), 121–134.

Kwortnik, R.J. and Thompson, G.M. (2009) 'Unifying service marketing and operations with service experience management', *Journal of Service Research*, 11 (4), 389–406.

Prahalad, C.K. and Ramaswamy, V. (2004) *The Future of Competition: Co-Creating Unique Value With Customers*, Harvard Business School Press, Boston.

미주

1 All information taken from the company's website, https://www.ramblersholidays.co.uk

2 Both examples are disguised for reasons of commercial confidentiality.

3 This example is based partly on an example in Slack, N. and Brandon-Jones, A. (2019) *Operations Management*, 9th edition, Pearson, Harlow; and a contribution in earlier editions of this text by Takao Kondo of the Graduate School of Global Business, Meiji University, Japan.

4 Clark, G., Johnston, R. and Shulver, M. (2000) 'Exploiting the service concept for service design and development' in J. Fitzsimmons and M. Fitzsimmons (eds), *New Service Design*, Sage Publications, Thousand Oaks, California, 71–91.

5 The information on which this example is based is taken from: https://www.birmingham.ac.uk/facilities/lapworth-museum/index.aspx and https://www.birmingham.ac.uk/news/latest/2014/07/18-Jul-14-Rock-and-roll---Lapworth-staff-celebrate-historic-multimillion-pound-redevelopment-grant.aspx [accessed 20 April 2020].

6 This illustration is taken from Clark, G., Johnston, R. and Shulver, M. (2000) 'Exploiting the service concept for service design and development' in J. Fitzsimmons and M. Fitzsimmons (eds), *New Service Design*, Sage Publications, Thousand Oaks, California.

7 The information on which this discussion question is based is taken from: https://www.chicagoreader.com/chicago/founder-mcdonalds-ray-kroc-michael-keaton/Content?oid=25250410; https://en.m.wikipedia.org/wiki/History_of_McDonald%27s; https://www.entrepreneur.com/article/197544 [accessed 20 April 2020]; and https://www.theguardian.com/film/shortcuts/2016/mar/30/raykroc-the-wily-businessman-who-made-mcdonalds; and https://corporate.mcdonalds.com/corpmcd/about-us/history.html [accessed 20 April 2020].

8 The information on which this discussion question is based is taken from: https://turkishbarbersclub.co.uk/about-us/; https://www.economist.com/britain/2020/01/16/why-turkish-barbers-are-taking-over-britains-high-streets [accessed 20 April 2020]; and https://www.businessoffashion.com/articles/global-currents/how-the-turkish-barber-conquered-europe [accessed 20 April 2020].

9 The micros might have to close at 11:00 p.m. to limit noise in residential areas. They might also be limited to opening only three or four days per week.

2부 | 서비스에서의 사람

접촉이 많은 서비스의 특성 때문에 운영 관리는 사람에 의존하는 영역이다. 고객과 서비스 직원 모두 서비스의 효과적 제공에 대해 매우 중요한 역할을 한다.
이 파트는 5개 장으로 구성되어 있다.

5 고객 관계 | 6 서비스 품질 | 7 고객 경험 설계 | 8 서비스 운영에서의 사람 | 9 서비스 문화

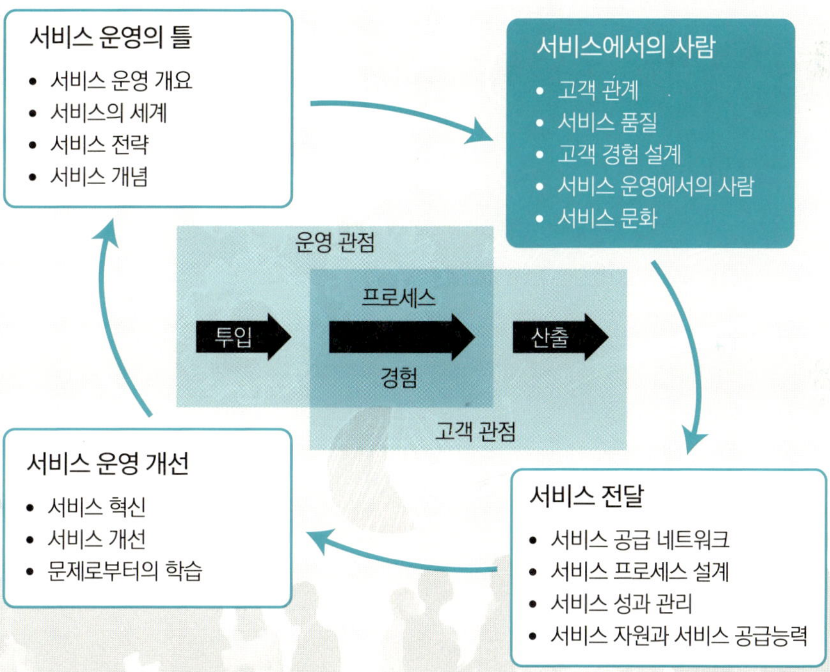

CUSTOMER RELATIONSHIPS

5 고객 관계

서비스 운영의 근본적인 특징은 '고객(또는 고객의 대리인)'이 반드시 존재한다는 것이다. 따라서 고객을 이해하는 것은 서비스 운영 관리자에게 중요한 문제라고 할 수 있다. 이 장은 다양한 유형의 고객과 관계가 있는 서비스 운영 간의 관계에 관한 것이다. 고객을 분류하는 방법과 B2C 및 B2B 모두의 측면에서 '고객' 관계 개발의 중요성을 살펴본다. 전체 서비스 운영 관리 모델 내에서 이 주제의 위치는 <그림 5-1>과 같다.

학습 목표

- 고객을 분류하는 세 가지 접근 방식을 이해할 수 있다.
- 우수한 고객 유지의 이점을 이해할 수 있다.
- 관리자가 B2C 시장에서 좋은 고객 관계를 개발할 수 있는 방법을 설명할 수 있다.
- 관리자가 B2B 시장에서 좋은 사업 관계를 개발할 수 있는 방법을 설명할 수 있다.

〈그림 5-1〉 이 장에서는 고객 관계를 살펴본다

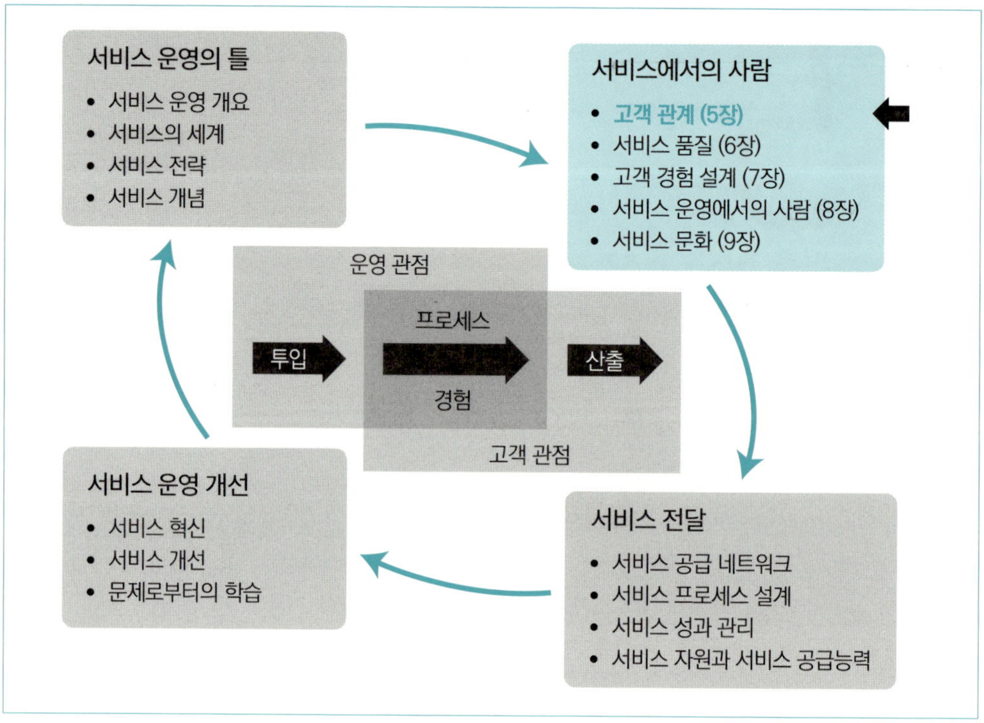

서론

1장에서 언급한 대로 '서비스'는 '고객'과 동의어라고 할 수 있다. 서비스는 고객(또는 사용자) 또는 고객에게 속한 것을 취급하는 활동(프로세스)이며, 여기서 고객은 서비스 프로세스에 참여하고 일부 역할(공동 생산)을 수행 한다. 따라서 서비스 운영 관리자가 고객의 요구, 태도, 기대를 이해하고 고객과의 관계를 발전시키는 방법을 지속적으로 검토해야 한다는 것은 자명하다.

고객을 이해하는 것은 분명히 중요하지만, 고객이 누구인지 정의하는 것은 항상 명확하지는 않다. 어린이집의 고객은 아이뿐만 아니라 부모이기도 하다. 어린이집에서 정보 및 관련 서비스를 제공하는 교육 당국, 보건 및 안전 공무원과 같은 이해 관계자나 복지와 교육 요구 사항을 충족해야 하는 내부 고객(직원)도 있을 수 있다. 더욱이, 일상적으로 서비스를 제공받는 고객은 동일하지 않다. 그들은 동일한 서비스를 경험하더라도 서로 다른 요구와 기대를 가질 수 있으므로 서로 다른 고객 그룹을 구별하는 방법이 필요하다. 그러나 서비스 운영 관리자의 공통적인 목표는 좋은 서비스를 제공하고 좋은 고객을 유지하는 것의 이점을 이해하는 것이다. 또한, 이러한 복수의 고객을 관리할 수 있어야 한다. 각 고객에게 제공하는 서비스와 이를 잘 수행하는 방법을 이해해야 한다.

5.1 고객

'고객'은 서비스를 받는 사람이며 동시에 공동 생산자 역할을 하는 서비스 제공자다. 따라서 '고객'이라는 단어는 개인이나 조직이 서비스를 제공하는 모든 개인이나 조직을 지칭하기 위해 사용된다.

예를 들어, 여행사의 웹 사이트를 사용하여 친구나 가족을 위해 휴가를 선택하고 예약하는 상황을 살펴보자. 나는 여행사의 고객이며 여행사는 나에게 서비스를 제공한다(그림 5-2 참조). 양 당사자는 휴가 선택에 참여한다. 여행사 운영자는 웹 사이트에서 모든 정보를 제공하며, 아마도 비교 기능을 사용하여 결정하는 데 도움이 될 수 있다. 또한 '어드바이저' 중 한 명이 직접 또는 웹사이트를 통해 나와 '대화'할 수 있는 기능이 제공될 수도 있다. 내가 원하는 것

〈그림 5-2〉 여행사를 통해 휴가 일정을 예약하는 고객 및 서비스

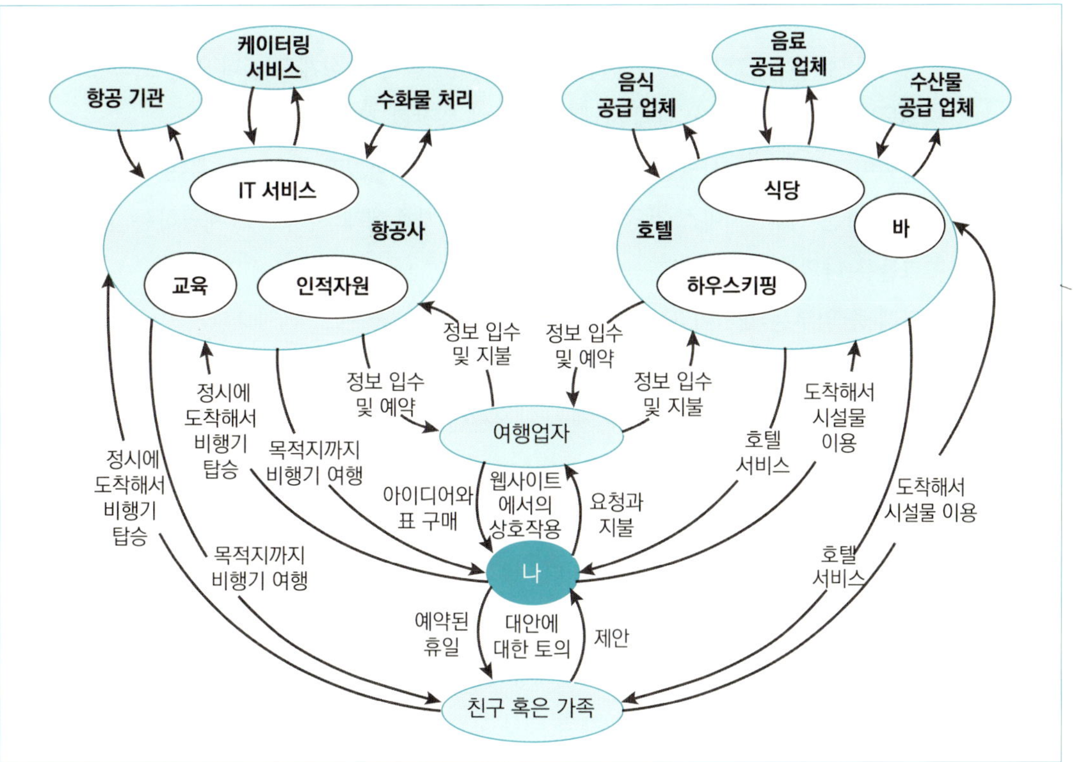

을 설명하고 지불하면 정보는 양방향으로 흐르고 여행사는 아이디어를 제공하고 모든 바우처와 티켓을 이메일로 보낸다. 나의 친구나 가족도 나의 '고객'이다. 나는 그들을 위해 휴가를 주선함으로써 그들에게 서비스를 제공한다. 그들은 옵션에 대해 논의하고, 나의 의견을 듣고, 결정이나 선호 사항 등의 정보를 나에게 제공한다(다시 말하지만, 서비스는 고객이 서비스를 받고 제공하는 양방향 흐름이다). 여행사는 호텔과 항공사의 고객이기도 하다. 호텔 및 항공사와 함께 예약을 하고 세부 정보, 여행 날짜 및 선호 사항을 제공하고 호텔과 항공사는 예약(계약)을 제공한 다음 나에게 전달한다. 연휴가 시작되면 항공사에서 나와 나의 친구 또는 가족에게 서비스를 제공한다. 다른 승객들과 함께 일괄 처리하여 항공기에 탑승하고 목적지까지 이동한다. 나와 나의 친구 또는 가족은 정시에 나타나 비행기 탑승 대기 중임을 게이트에 알리고, 비행기의 탑승 수속에 협조한다. 항공사는 인적 자원, IT 및 교육과 같은 많은 내부 서비스의 지원을 받는다. 또한 이 모든 작업을 수행하려면 공항, 지상 업무 서비스, 항공 당국, 음식 제공 서비스 등과 같은 다른 많은 조직의 서비스가 필요하다. 호텔은 레스토랑, 바 서비스, 하우스키핑 및 세탁 서비스와 같은 많은 내부 서비스 제공 업체와 식료품 공급 업체와 같은 외부 서비스와 관련된 다양한 서비스를 당신 일행에게 제공한다. 나와 나의 친구, 가족 모두 호텔에 나타나 정보를 제공하고 레스토랑과 바를 이용한다.

위 사례에서 고려해야 할 몇 가지 중요한 사항이 있다.

- 상기한 예시와 〈그림 5-2〉는 단순화된 다이어그램이다. 실제로는 더 많은 조직 (그리고 개인들)이 관련될 것이다. 실제 사례는 훨씬 더 복잡할 것이다.
- 다이어그램의 모든 사람은 누군가의 고객이다. 다이어그램에서 나는 물론 '고객'이지만 동시에 다른 사람, 서비스 제공자 및 나의 친구/가족에게 서비스를 제공하는 공급자이다. 그들은 나의 고객이다.
- 고객 중 일부는 개인이고, 또 일부는 조직이다.
- 서비스는 일반적으로 양방향 프로세스다. 모든 것이 양방향으로 흐른다. 나는 여행사에 정보를 제공하고 여행사는 나에게 예약을 제공한다. 본질적으로 양 당사자는 수령인이자 제공자이기 때문에 서로의 '고객'이다.
- 서비스는 〈그림 5-2〉와 같이 네트워크를 통해 제공된다. (우리는 10장에서 이러한 네트워크를 관리하는 방법을 살펴볼 것이다.) 주목해야 할 중요한 점은, 함께 일하고 서로에게 서비스를 제공하는 많은 조직에 의해 서비스가 완성된다는 것이다.
- 호텔 레스토랑과 같은 내부 서비스 제공 업체와 식료품 공급 업체와 같은 외부 서비스 제공 업체가 있다. 따라서 외부 고객과 내부 고객이 모두 존재한다.

- 조직마다 고객에 대해 서로 다른 이름을 사용한다. 항공사에 대해서 나는 승객이다. 여행사에 대해서 나는 고객이며, 호텔에 대해서는 손님이다. 요약하면, '고객'이라는 단어를 사용할 때 우리는 개인이나 조직이 서비스를 제공하는(그리고 종종 누구와 함께) 모든 개인과 조직을 지칭한다. 그러나 고객은 '고객', '환자', '손님', '승객' 등과 같은 다른 이름으로도 불릴 수 있다.

5.1.1 고객의 분류

인터넷에서 '고객 유형'을 검색하면 다양한 범주의 고객을 식별한다고 주장하는 (문자 그대로) 수백 개의 사이트를 확인할 수 있다. 일반적으로 이러한 사이트는 '고객의 5가지 유형 및 대응 방법', '고객의 13가지 유형 및 접근 방법', '당신이 이해해야 할 보편적인 11가지 고객 유형'과 같은 범주로 목록을 나열한다. '고객의 7가지 유형 — 인식 및 대처 방법', '고객의 13가지 유형 및 대처 방법', '고객의 니즈 16가지 및 해결 방법' 등으로 구성되어 있다. 실제로 고객을 분류하는 방법에는 여러 가지가 있으며, 분류에 대한 다양한 접근 방식은 조직 내 다양한 기능의 다양한 요구 사항을 반영한다. 여기서는 다양한 접근 방식을 세 가지로 나누어 본다.

1. 구매 행동의 특성에 따라 고객을 분류하는 접근 방식: 주로 영업 사원이 최선의 판매 방법을 판단하기 위해 사용한다.
2. 고객군 특성에 따라 고객을 분류하는 접근 방식: 마케팅 담당자가 시장을 세분화하기 위해 주로 사용한다.
3. 공급망에서 고객의 포지셔닝에 따라 고객을 분류하는 접근 방식: 주로 운영 담당자가 고객에게 서비스를 제공하는 최선의 방법을 결정하는 데 사용한다.

5.1.2 고객의 구매 행동 특성에 따른 분류

주로 직접 판매에 관심이 있는 서비스 직원은 고객이 판매 프로세스에서 어디에 있는지에 따라 고객을 그룹화한다. 따라서 고객은 잠재적으로 구매를 하는 초기 단계에 있는 사람에서 단순히 정보를 찾고 있고 현재 구매에는 전념하지 않는 사람, 정기적이고 충성도가 높은 구매자로 전환할 가능성이 매우 높은 사람으로 발전할 수 있다. 중요한 아이디어는 판매 가능성을 높이도록 설계된 판매 전략을 개발하는 것이다. 이러한 분류에는 종종 다음과 같은 고객 유형이 포함된다.

- 잠재 고객 – 기술적으로 이러한 고객은 아직 실제로 '고객'이 아니다.
- 신규 고객 – '일회성'일 수 있지만 영업팀은 이를 방지하기 위해 분명히 노력할 것이다.
- 충동적이거나 자발적인 고객 – 올바른 조건에서 즉시 구매 결정을 내릴 수 있는 고객.
- 가치 추구 또는 할인 고객 – 가격과 가치의 조합이 특히 매력적인 경우에만 구매하는 고객.
- 충성 고객 또는 단골 고객 – 브랜드에 끌리거나 관성 때문에 자주 구매하는 고객.

일반적으로 이러한 고객 분류는 잠재 고객을 충성 고객으로 전환하는 것에 대해 초점을 맞추고 있다.

최신성, 빈도, 금전적 가치(RFM)

데이터가 존재하는 영업 환경(예: 다이렉트 마케팅)에서 '빅 데이터'의 지배력이 높아짐에 따라 판매 측면에서 고객을 분류하는 더욱 정교한 접근 방식이 사용되는 경우가 많다. 아마도 가장 잘 알려진 것은 '최신성(recency), 빈도(frequency), 금전적 가치(monetary value)'(일반적으로 RFM이라고 함) 기술이다. RFM은 다음 세 가지 요소를 측정하여 우수 고객을 식별하는 데 사용한다.[1]

1. 최신성: 고객이 구매한 최근의 기간. 최근에 구매한 고객일수록 후속 구매를 할 가능성이 높다고 가정함
2. 빈도: 고객이 구매하는 빈도. 일반 고객은 예측 가능하므로 서비스의 반복성을 상기시키는 방향으로 판매 역량 집중함
3. 금전적 가치: 고객이 서비스에 지출하는 금액. 가장 많은 돈을 쓰는 고객의 행동이 지속될 것이라는 가정함

RFM 분석은 1에서 5점까지의 척도(때로는 1에서 10점까지의 척도)를 사용하여 이러한 세 범주 각각에서 고객을 숫자로 평가하여 이 아이디어를 운영한다. 일반적으로 숫자가 높을수록 고객은 최근에 높은 빈도로 많은 금액을 지출하였다는 것을 의미한다. 1에서 5까지의 척도를 사용하면 125개의 가능한 '결과'가 나오며 각 결과는 이러한 고객을 어떻게 처리할 수 있는지 나타내는 데 사용할 수 있다. 예를 들어, '챔피언(champions)'은 최근에 구매하고 자주 구매하며 가장 많이 지출하는 고객이고, '유망한(promising)' 고객은 최근에 구매를 했지만 지출은 적은 고객이며, '위험에 처한(at risk)' 고객은 대량 구매를 했으나 오랫동안 재구매를 하지 않은 고객이다.

다른 견해

RFM 기법은 널리 사용되지만 비판 또한 존재한다. 한 가지 비판은 최고의 고객에게만 초점을 맞추고 있다는 점에 기인한다. 대부분의 고객은 자주 구매하지 않고, 적게 지출하고, 최근 구매가 없을 수 있기 때문에 의미 있는 점수를 제공하지 못한다는 점이다. 일반적으로 판매의 80%가 20%의 고객으로부터 발생하는 경우 이러한 단점이 두드러진다. 고객이 저가의 서비스를 한 번만 구매하는 시장을 낮게 평가한다. 그러한 고객(RFM 척도에서 1-1-1로 평가할 수 있음)은 종종 시장에서 가장 큰 고객 세그먼트이며, 가장 큰 잠재력을 가질 수도 있다. 또 다른 비판은 정의상 이 기술이 제한된 수의 선택 변수만 사용한다는 것이다. 특정 시장에는 고려해야 할 다른 많은 요소가 있을 수 있다. 또한 세 가지 판단 기준은 상호 의존적일 수 있다. RFM은 현재 고객에 초점을 맞추고 있기 때문에 조직과 접촉이 없거나 접촉의 정도가 낮은 잠재 신규 고객에게는 적용하기 어렵다.

RFM은, 예를 들어 누가 개인화된 서비스나 판매 촉진에 반응할 가능성이 더 큰지로, 고객을 가장 잘 대하는 방법을 식별할 수 있으며, 고객을 분류하는 데 도움이 된다. 이를 통해 실제 고객과 잠재 고객을 비교할 수 있으며, 조직에 신규 고객이 아닌 반복 고객으로부터 얼마나 많은 수익이 발생하는지 알려준다. RFM 분석을 지지하는 사람들은 이 분석 기법이 단순하고(분석 소프트웨어가 필요하지 않음), 결과가 명확하고 이해하기 쉽다는 점을 강조한다.

가치 있는 고객 또는 가치 없는 고객

대부분의 실무자나 마케팅 관련 학술 연구에서는 조직에 가장 큰 가치를 창출할 수 있는 고객에게 서비스를 우선시한다고 주장한다.[2] 자원은 한정되어 있기 때문에 우선순위를 지정하여 장기적인 사업 이익을 보호하는 것이 현명하다. 문제는 가치가 의미하는 바가 항상 명확하지 않다는 것이다. 여기에서 우리는 가치 있는 고객을 높은 가치 또는 가치 있는 고객으로 정의한다. 충성도가 아닌 가치라는 용어를 사용한다. 일부 고객은 서비스를 자주 사용한다는 점에서 충성도가 높지만 다른 충성도가 있을 수 있으며 조직에 그다지 수익성이 없거나 도움이 되지 않을 수 있다.[3]

- **높은 가치**는 장기적으로 고객의 재무적 가치가 조직에 가치 있음을 의미한다. 이 관점은 고객의 평생 가치를 평가한다는 아이디어와 연결된다(다음 절 참조). 상대적으로 작은 거래(가치 면에서)을 많이 처리하는 조직의 경우 생애 가치(시간 경과에 따른 추정 가치)를 계산하는 것이 유용하다. 예를 들어, 매주 슈퍼마켓에서 £100를 지출하는 고객은 £5,000의 연간 매출과 £250,000를 초과하는 평생 매출을 가져온다. 일부 서비스 조직은 이러한 이해가 관리자와 일선 직원이 고객을 존중하도록 동기를 부여하는 데 도움이 된다

고 주장한다. 이는 확실히 고객 서비스에 대한 투자를 정당화하는 데 도움이 될 수 있다. 장비 관련 서비스는 고객이 평생 소유 비용과 구입 비용의 차이를 이해하고 있기 때문에 몇 년 동안 이 접근 방식을 유지해왔다. 일부 산업에서는 회사가 기존 시설을 판매함으로써 손실을 내는 것이 25년의 예비 부품과 서비스 계약이 장기 수익성을 보장할 것을 알아 흔한 일이다.

이 접근 방식의 어려움은 가치가 높은 고객과 가치가 낮은 고객이 누구인지 항상 명확하지 않다는 것이다. B2B 서비스는 계약의 크기에 근거하여 고객의 가치에 관한 타당한 아이디어가 있을 수 있다. 실제로 어떤 경우에는 회사가 오직 한 고객만 담당할 수도 있다. 고객 서비스는 더 어려움이 있을 수도 있다. 예를 들어, 금융 서비스는 사회 경제적 그룹, 신용 등급 또는 소비 습관에 따라 고객을 분류하고 그에 따라 판단을 내릴 수 있다. 그러나 예를 들어 개인이 현재 비교적 적은 금액을 벌고 있다고 해서 몇 년 안에 백만장자가 되지 않을 것이라는 의미는 아니며 실제로 그 반대도 마찬가지이다. 가치가 높은 고객은 또한 다른 고객보다 거래당 더 많이 지출하는 경향이 있고(증분 가치), 추가 서비스를 구매하고(전략적 가치), 중요한 것은 말로 다른 사람을 격려하거나 추천하는 조직의 지지자 역할, 예를 들어 바이럴 마케팅(소셜 네트워크의 가치)을 일으킬 수 있다. 그들은 서비스를 위해 가격 프리미엄을 지불할 준비가 되어 있을 수 있다.

- **가치 고객**은 조직에 대해 긍정적인 성향을 가지고 있어 상대적으로 다루기 쉬운 고객을 뜻한다. 이 고객군은 서비스를 좋아하고, 직원들과 즐겁고 유쾌하게 상호작용한다. 가치 있는 고객은 실질적으로 조직에 재정적인 가치를 전달할 수 있다. 예를 들어, 사용 후 테이블을 치우거나 잘못 작동하는 장비를 보고함으로써 조직과 직원을 돕기 위해 시간을 내어 비용 절감에 참여할 수 있다. 또한, 새로운 고객을 조직에 모집하는 데 비용이 많이 들 수 있으므로 일반적으로 서비스 비용이 저렴하다. 가치 있는 고객은 긍정적인 바이럴 효과를 일으키고, 다른 사람들이 서비스를 사용하거나 지원하도록 권장하여 수익 창출에 참여할 수 있다.[4]

가치 고객은 조직의 지지자이며 조직이 유지 및 개선하도록 기꺼이 도울 준비가 되어 있다. 예를 들어, 설문지를 작성하고 제안을 제공함으로써 서비스를 제공한다. 가치 고객은 또한 서비스에 대해 과도한 요구를 하지 않는다. 병원과 같은 공공 기관을 예로 들면, 필요 이상으로 서비스를 받으려고 하지 않는 것으로 생각할 수 있다. 모든 조직에서 이러한 고객 군은 서비스의 제공범위 이상을 요구하거나 기대하지 않는다.

5.1.3 고객군 특성에 따른 분류

실제로 모든 고객은 특정 측면에서 다르다. 우리는 모두 잠재적으로 서비스에 참여할 수 있는 고유한 특성과 동기를 가진 개인이다. 그러나 단순히 '우리는 모두 다르다'라고 말하는 것은 서비스가 고객을 전체적으로 이해하려고 하거나 또는 고객의 요구에 맞는 특정 서비스를 설계하고 대상으로 지정하려는 경우에는 그다지 도움이 되지 않는다. 이것이 바로 '시장세분화'가 서비스(또는 다른 유형의) 마케팅에서 핵심 문제인 이유라고 할 수 있다. 여기서 우리는 시장세분화를 공통적인 특성을 공유하는 사람들의 더 작은 세그먼트로 시장을 나누는 프로세스로 간주한다.

조직은 주로 마케팅, 광고, 판매에 대한 적절한 목표를 설정하기 위해 이를 수행한다. 실제로 시장세분화는 '세분화-타깃팅-포지셔닝(segmentation-targeting-positioning)' 또는 STP로 알려진 광범위한 마케팅 프로세스의 첫 번째 단계라고 할 수 있다.

- 세분화는 시장의 다양한 부문을 이해하는 것이다.
- 타깃팅은 각 세그먼트가 얼마나 매력적인지, 따라서 경쟁하려는 세그먼트를 결정하는 것이다.
- 포지셔닝은 경쟁자 대비 자신을 확립하는 방법을 결정하는 것이다.

시장세분화 문제를 완전히 탐구하는 것은 이 책의 범위를 벗어나지만 주요 세분화 유형을 설명할 가치가 있다.

인구통계학적 세분화

인구통계학적 세분화는 가장 일반적인 세분화 유형 중 하나이다. 개인 고객은 연령, 성별, 직업, 결혼 여부, 가족 규모, 교육 수준, 소득, 종교와 같은 관찰 가능한 차이에 따라 분류된다. 서비스가 특정 인구통계학적 대상으로 하는 경우에 유용하다. 예를 들어, 한 안경사는 상대적으로 부유하고 젊고 패션에 민감한 고객을 대상으로 하고, 또 다른 안경사는 저비용에 더 관심이 있는 저소득 가정을 대상으로 할 수 있다.

심리적 세분화

심리적 세분화는 인구통계학적 세분화와 유사하다. 인구통계학적 관점 만큼 명확하게 관찰하기 어렵지만 보다 심리적이고 감정적인 특성을 처리한다. 예를 들어, 지속 가능성 문제를 홍보하는 자선단체는 가족이 있는 청소년을 대상으로 할 수 있다. 그러나 그러한 모든 사람들이 자선단체의 목표에 기여하는 데 관심이 있는 것은 아니므로 환경적 이슈를 공유하는 사람들에게 더 초점을 맞출 수 있다.

지리적 세분화

지리적 세분화는 위치에 따라 시장을 분할한다. 고객의 위치가 그들의 니즈를 이해하는 데 도움이 될 수 있는 경우에 유용하다. 예를 들어, 스포츠 비디오 스트리밍 서비스는 크리켓이 거의 알려지지 않고 야구가 경기되는 몇 안 되는 곳 중 하나인 미국의 고객과 크리켓에 열광하는 인도의 고객을 구별할 필요가 있을 것이다.

행동 세분화

세분화는 고객의 행동(특히 홍보 중인 서비스에 관하여)에 기반할 수도 있다. 이러한 행동의 대부분은 고객이 조직 자체와 상호작용하는 방식과 관련될 수 있다. 예를 들어, 웹사이트는 특정 브라우징 행동이 특정 고객이 웹사이트에서 구매할 가능성을 예측할 수 있다는 가정하에 모든 유사한 사이트에서 개인의 브라우징 습관을 추적할 수 있다.

고객 세분화의 운영 관점

세분화는 마케팅 전문가가 주로 사용하는 도구이다. 적절한 마케팅 결정에 집중할 수 있도록 설계되어 있다. 세분화는 운영 관리자의 결정과는 다르다. 그러나 서비스 운영 관리자는 조직에서 채택한 마케팅적 접근에서 강조하고 있는 점을 인식해야 한다. 서비스를 구매할 가능성이 가장 높은 사람들을 대상으로 마케팅 노력을 기울이는 것이 합리적일 뿐만 아니라 시장세분화는 운영 관리자가 시설을 적절하게 설계하고 올바른 서비스, 경험, 결과를 제공하는 데 도움이 된다.

레스토랑을 예로 들어보자. 둘만의 로맨틱한 저녁 식사를 위해 커플을 타깃으로 한다면 가족을 주 수익원으로 삼는 레스토랑과는 좌석 설계와 분위기가 다를 것이다. 제공되는 음식의 유형 및 제공되는 방식(예: 속도, 방식 및 정보 제공)과 같은 많은 운영 관련 결정이 달라질 것이다. 패밀리 레스토랑의 경우 효율적인 식사 제공과 함께 유연한 좌석 배치와 청소가 용이한 시설이 필요하다. 낭만적인 레스토랑에는 다양한 가구, 조명, 음악, 직원 역량 및 음식이 필요하다. 서비스를 제공할 고객 그룹의 초기 식별 단계에서부터 이와 관련한 다양한 결정이 내려진다. 이러한 차이는 다수의 시장을 동시에 공략해야 하는 서비스 조직의 딜레마를 야기한다.

레스토랑을 운영하는 기업이 두 개 이상의 지점을 동시에 운영하고자 하는 경우 일부 지점은 '친밀한' 시장에, 다른 지점은 '가족' 시장에 타깃팅할 수 있다. 이를 '운영 세분화'라고 한다. 각기 다른 운영 자원을 다양한 시장 부문에 집중시키는 것이다. 소규모 레스토랑은 이것이 어렵다는 것을 알게 될 것이므로 더 매력적인 시장 부문을 선택하고 그것에만 집중하거나, 일종의 '임시 운영 세분화'를 시도하는 추가 선택에 직면할 것이다. 다른 시간대에 다른 운영 활동을 채택하는 것을 의미한다. 예를 들어, 일부 레스토랑은 변화하는 요구 사항에 대응하여, 이른 저녁에는 가족 그룹을 위한 부드러운 음악과 밝은 조명을 제공한 다음, 저녁이 진행됨에 따라 젊은 커플을 위해 더 경쾌한 음악과 어두운 조명으로 전환할 수 있을 것이다.

5.1.4 공급망에서 고객의 위치에 따른 분류

구매 행동에 따라 고객을 분류하는 것은 유효한 판매 계획 전략이다. 마케팅 전문가는 시장세분화가 필요하다. 그러나 서비스 운영 관리자는 특히 직·간접적으로 고객과 상호작용하는 방식에 반응한다. 10장에서는 우리가 〈그림 5-2〉에서 휴가 산업의 일부를 설명했던 것과 유사한 방식으로 운영이 어떻게 함께 연결되어 고객과 공급 업체의 네트워크를 형성하는지 자세히 살펴본다.

〈그림 5-3〉은 병원 및 진료소에 의료 진단 서비스를 제공하는 고객 공급망이다. 많은 서비스 공급망에서와 마찬가지로 고객을 몇 가지 광범위하고 중복되는 유형으로 분류할 수 있다.

- 외부 또는 내부 고객

〈그림 5-3〉 의료 진단 서비스 제공 업체의 공급 네트워크에 위치한 다양한 유형의 고객

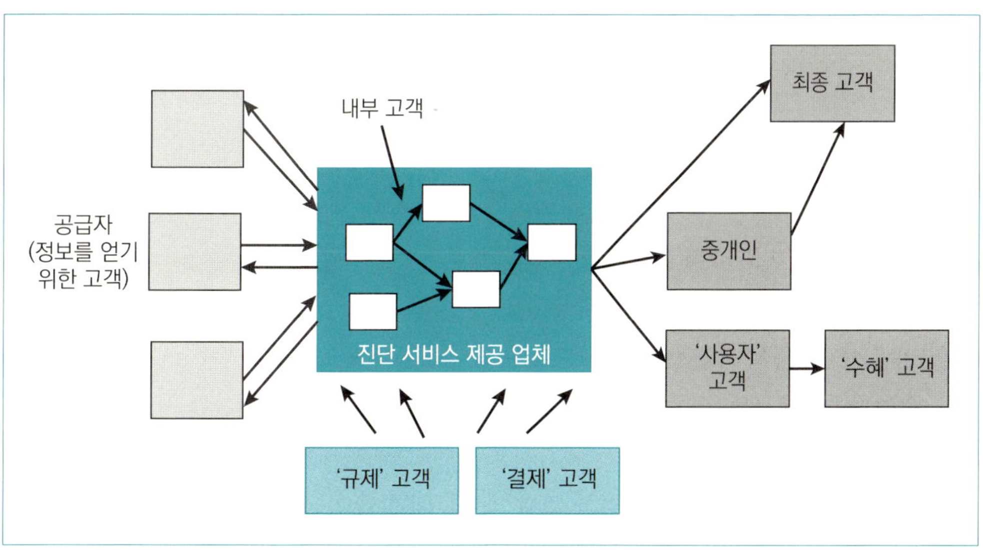

- 중개인, 최종 사용자 또는 소비자
- 사용자 고객
- 수혜 고객
- 결제 고객
- 규제 고객
- (모순처럼 들리겠지만) 공급자 고객

외부 또는 내부 고객

은행과 레스토랑과 같은 소비자 서비스에 대한 가장 명백한 고객은 서비스를 제공받고 종종 비용을 지불하는 조직 외부의 개인 또는 그룹이다. 이러한 상황의 대부분은 패스트푸드점이나 소매점에서와 같이 필요한 가격을 받으면 서비스가 제공된다는 의미에서 명확한 시간적 연결이 있다. 이러한 고객들은 관리자와 직원들이 '고객'에 대해 이야기할 때 마음속에 있는 사람들이 되는 경향이 있다.

그러나 이 책의 내용은 내부 고객에게도 적용될 수 있다. 내부 고객은 동일한 조직에 속해 있지만 다른 부서에 속한 개인 또는 그룹을 뜻한다. 예를 들어, 진단 서비스 제공 업체의 경우 회계 부서 및 IT 부서와 같은 '비운영' 부서가 여기에 포함되며, 모두 조직의 다른 부분에 서비스를 제공한다. 또한, 기술 맞춤화, 현장 서비스 등과 같은 운영 부서도 포함할 수 있다. 내부 고객에 대한 인식과 그들에게 서비스와 좋은 경험을 제공해야 할 필요성은 많은 품질 개선 프로그램의 핵심 요소 중 하나이다. 이러한 프로그램은 외부 고객에게 제공되는 서비스의 품질과 비용이 내부 고객 네트워크에 의해 제공되는 서비스의 품질에 달려 있다는 중요한 전제를 기반으로 한다. 또는 간단히 말해서('내부 서비스 규칙'이라고도 함), 외부 고객 서비스 수준은 내부 고객 서비스 수준을 초과하지 않는다.

많은 조직이 '고객 우선' 철학에서 '직원 우선'으로 다시 초점을 맞추는 것은 이와 같은 맥락에서 해석할 수 있으며, 외부 서비스 수준이 내부 서비스 수준에 달려있다는 사실을 깨닫고 있다. 많은 조직이 품질 개선 활동을 외부 고객을 위한 품질 개선에 관한 것으로 보고 있지만, 조직이 내부 고객 서비스 수준을 향상시키는 것이 또한 중요하다.

중개인, 최종 사용자 또는 소비자

많은 서비스 공급망에서 공급 업체를 대신하여 서비스를 판매하는 중개자를 사용할지에 대한 고민이 존재한다. 일부 금융 서비스는 독립적인 '소매' 보험 중개인의 중개 단계를 제거하고 자체적인 직접 운영 시스템을 구축하였다. 주로 자동차 보험과 같은 서비스의 거래 비용을 줄이고 최종 사용자의 소유권을 얻기 위해 이를 수행한 것이다. 이는 해당 산업의 가격에 대한 고객 지식이 증가함에 따라 기업과 고객 모두가 중개 네트워크의 가치를 재평가한 결과이다.

진단 서비스 제공자의 경우 일부 병원(최종 고객)에게 직접 서비스를 제공하는 동시에 일부 전문 서비스를 네트워크에서 중간 제공자 역할을 하는 다른(심지어 경쟁사일 수도 있는) 서비스 제공자에게 제공할 수 있다. 때때로 이러한 구조는 운영적으로 어려움을 야기할 수 있다. 많은 조직은 소매 업체와 같은 직접적인 고객을 관리하는 동시에 최종 소비자나 사용자의 요구사항을 인식해야 하는 상황에 직면한다. 그들은 중개인이 고객에게 원하는 서비스를 제공하도록 유도해야 한다.

'사용자' 고객

일부 복잡한 시장, 특히 의료 서비스와 같은 시장은 서비스 구매에 중요한 역할을 할 수 있는 여러 유형의 고객을 구분하여야 한다. 진단 서비스 공급망의 오른쪽 아래 부분이 이 유형을 보여 준다. 이 경우 '사용자' 고객은 서비스를 이용할 병원의 직원이다. 이들은 서비스를 의료 운영 내의 다른 프로세스에 통합할 책임이 있는 간호사, 의사 및 관리자다. 그들은 일반적으로 서비스의 운영 편의성, 즉 서비스의 대응성과 신뢰성, 정확성 등에 관심을 가질 것이다.

'수혜' 고객

고객의 유형이나 서비스 유형에 관계 없이 모든 고객은 해당 서비스로부터 어떤 종류의 혜택을 기대한다. 그러나 어떤 경우에는 그들이 서비스를 받는 사람이 되기로 선택하지도 않았고, 직접 비용을 지불하지도 않을 수 있다. 진단 서비스의 경우 '샘플'을 검사하는 환자는 어떤 진단 서비스가 사용되고 있는지, 그리고 비용을 지불하는지조차 알지 못할 것이다. 수수료는 총 치료 비용에 포함될 가능성이 높다.

'결제' 고객

예를 들어, 공공 및 자원봉사와 같은 서비스 상황에서는 지불자, 수혜자, 사용자 간 명확한 구분이 있을 수 있고, 이들 간에 실제로 충돌이 발생할 수 있다. 이 충돌은 비영리 조직에만 국한되지 않는다. 복사기 임대와 같은 일부 B2B 서비스에서는 구매 부서가 전체 지출에 대한 비용 절감 목표를 가질 수 있으며, 이는 높은 복사 품질을 요구하는 사용자의 요구와 충돌할 수 있다. 진단 서비스의 경우 병원 재무 관리자는 치료의 비용 효율성에 관심을 가질 것이다. 의료를 비롯한 많은 분야에서 비용 효율성에 대한 판단을 내리기가 쉽지 않다. 환자들의 건강회복을 위해 제한된 자원을 어떻게 분배할 것인가? 많은 공공 서비스에서 결제 고객, 사용자 고객, 수

혜 고객 간 절충은 매우 어려운 문제이다. 이들은 납세자들이 자금을 조달하지만 예산은 유권자의 견해와 이익을 대변하는 정치인이 결정한다. 경찰의 치안 서비스의 경우 참가자(범죄자)가 경찰의 조치를 혜택으로 보지 않을 수도 있지만 수혜자는 사회 전체이다. 법을 가장 잘 준수하는 시민이라도 사소한 문제로 경찰이 제지하면 짜증이 날 수 있다.

'규제' 고객(또는 이해 관계자)

때때로 '고객'은 혜택을 직접적으로 받지는 못하지만 그럼에도 불구하고 서비스 구매 결정에 참여할 책임이 있다. 예를 들어, 많은 국가에서 특정 산업은 보건 및 안전 규제 기관과 같은 공

CASE example

사례

교도소 서비스

교도소 서비스는 '고객' 또는 이해 관계자 요구 사항의 복잡성에 대한 흥미로운 사례를 제공한다. 사회는 교도소가 잠재적으로 상충되는 활동을 수행하도록 요구한다.

- 사회의 안전을 위해 '위험한 범죄자'를 수감한다.
- 범죄자를 범죄에 대한 지불 수단으로 처벌하는 제도를 제공한다.
- 재소자를 지원하고 재범 가능성을 줄이기 위해 교정을 위한 상담 및 훈련을 제공한다.

주요 이해 관계자들과 그들의 요구 사항은 다음과 같다.

- 교도소 서비스를 담당하는 정부는 지출 목표를 달성하면서 갱생 문화에 대한 선언을 이행하는 데 관심을 가질 것이다. 동시에 그들은 수감자 탈출이나 약물 남용 등에 대해 걱정할 것이다.
- 교도소장은 엄격하게 예산을 관리하면서 수감자에게 적절한 환경을 제공하기 위해 노력할 것이다.
- 교도관은 재소자와의 관계 구축과 규율 집행 사이의 균형을 유지하는 데 관심을 기울일 것이다.
- 범죄자는 범죄의 성격, 기간, 변경 희망 등에 따라 다양한 요구 사항을 갖는다.

Peter Dazeley/Getty Images News/Getty Images

- 범죄자의 가족은 재소자와 연락을 유지하기를 원할 수 있다.
- 사회 구성원은 범죄자로부터 안전함을 느끼기를 원하지만, 재활 및 교정에 잘 참여하는 재소자들을 위해 어느 정도의 지원이 제공되어야 한다고 믿는다.

이러한 이해 관계자 그룹 간의 관계는 종종 복잡하고 매우 정치적이다. 분명히 정치인들은 궁극적으로 교도관과 범죄자 가족을 포함하여 자신을 선출한 사람들을 만족시키고자 한다. 출세의 희망을 품고 있는 교도관들은 현 집권 정당의 요구를 충족시켜야 한다고 느낄 수 있으며, 이는 다른 그룹의 요구 사항과 상충될 수 있다.

공기관의 규제를 받는다. 또한 대부분의 국가는 위험한 의료를 방지하고 국가에서 의료 서비스 비용을 지불하는 경우 치료의 비용 효율성을 판단하는 일종의 규제 기관을 두고 있다.

'공급자' 고객

어떻게 공급자도 고객이 되는가? 공급 업체가 고객으로 분류되는 것은 모순적으로 느껴질 수 있다. 더 나은 공급을 위해 충분한 정보, 도움, 심지어 자금까지 제공함으로써 고객에게 '서비스'를 제공하는 것은 운영의 목적이다. '고객'의 정의를 확장하고 있지만, 공급 업체를 고객으로 간주하는 방식은 확실한 이점을 가지고 있다. 이러한 관점은 공동 창조(1장 참조)라는 개념에 부합할 뿐만 아니라 공급 업체를 장기적인 파트너로 간주할 때 특히 유용하다.

5.2 좋은 고객을 유지하면 어떤 이점이 있는가

일부 운영 관리자는 가치 있는 고객을 유지하는 것을 우선순위로 둔다. 그러나 다른 사람들에게는 낮은 우선순위의 관심사일 수 있다. 예를 들어, 지방정부의 공공 서비스, 주택 협회, 경찰, 자선단체 및 의료 서비스와 같은 운영은 고객을 선택할 수 없거나 선택의 여지가 거의 없는 고객을 대상으로 할 가능성이 높다. 이러한 조직은 '문을 통해 들어오는' 모든 사람을 수용하고 처리해야 한다. 그럼에도 불구하고 여전히 고객과 관계를 유지하고, 고객을 최대한 잘 관리해야 한다. 그러나 그렇지 않은 서비스의 경우는 소중한 고객을 유지하는 것이 상당한 이점을 제공한다. 요약하면 가치 있는 고객은 다음과 같은 고객이다.

- 다루기 쉬운 고객
- 지지자 역할을 하고 긍정적인 바이럴 마케팅 효과를 만들어내는 고객
- 서비스 제공을 지원하는 고객
- 운영 비용 절감 시켜주는 고객
- 수익 증대 시켜주는 고객
- 조직이 서비스를 유지하고 개선하도록 돕는 고객
- 서비스에 부당한 요구를 하지 않는 고객
- 장기적인 수익 흐름(높은 생애 가치)을 생성하는 고객
- 더 많이 지출하는 고객
- 시간이 지남에 따라 지출을 늘리는 고객
- 가격 프리미엄을 지불할 수 있는 고객

고객과의 관계 구축하거나 유지하는 것과 관련된 주요한 문제는 높은 충성도의 고객에 대한 가치를 정량적으로 측정할 적절한 수단이 없는 것이다. 충성도가 높은 고객의 가치나 이탈한 고객이 발생시키는 손실, 심지어 화난 고객이 남아 있는 경우의 비용을 아는 기업은 거의 없다. 조직이 이러한 가치를 계산할 수 있다면 고객과의 관계를 발전시키기 위해 설계된 투자를 보다 정확하게 평가할 수 있을 것이다.

고객 유지 측정

고객 유지 측정 방법 중 판매나 수익 수치와 함께 표시할 수 있는 간단한 방법이 있다. 예를 들어, 유지는 연간 기준으로 평가할 수 있다. 예를 들어, 해당 연도 동안 활성화 되어 있는 고객 계정 수를 추적하여 평가할 수 있다. 물론 실제로는 그렇게 간단하지는 않다. 소매 고객은 하나 이상의 상점에서 자주 쇼핑하며, 각 조직에서 정기적으로 구매한다. 일부 고객은 여러 개의 '로열티' 카드를 보유하고 있어 개념 자체가 성립하지 않는다. 실제로 슈퍼마켓 고객의 행동에 대한 연구[5]에서는 현재 가장 좋은 거래를 제공하는 제공 업체로 전환하는 '난잡한 고객'에 대한 많은 부분을 확인할 수 있다. 이 경우 문제는 고객 충성도보다 '지갑 점유율(share of the wallet)'이다. 로열티 카드와 연결된 정보 시스템을 통해 소매 업체는 지출 패턴의 추세를 추적하여 다양한 고객 세그먼트의 '충성도'를 평가할 수 있다.

일부 B2B 서비스의 경우 조직이 하나 또는 두 개의 주요 계정만 가질 수 있기 때문에 고객 유지를 측정하기 쉽다. 이 경우 고객을 잃으면 살아남지 못할 수도 있다. 이러한 상황은 일반적으로 많은 중소기업에게는 문제가 되지 않을 수 있지만, 고객 유지는 여전히 문제가 될 수 있다. 광범위한 고객에게 화학 물질을 공급하는 한 회사는 매출 성장을 통해 표면적으로는 건강해 보였으나, 100개 이상의 비즈니스 계정 중 직전 12개월 동안 20% 이상이 주문하지 않았고 추가로 15%가 직전 6개월 동안 주문 금액이 감소했다는 사실을 숨겼다. 이 분석은 조직이 미래 수익성을 위협하는 추세를 되돌리기 위해 고객 관계의 특성을 재검토할 것을 요구한다.

고객생애가치

고객생애가치(customer lifetime value: CLV)는 고객과 관계를 맺는 전체 기간 동안 고객의 창출할 수 있는 총가치이다. 일반적으로 새로운 고객을 확보하는 것보다 기존 고객을 유지하는 것이 비용이 적게 들기 때문에 기존 고객의 가치를 높이는 것이 매출 성장을 촉진하는 효과적인 방법이다.

많은 기업이 고객 관계 노력의 일환으로 생애가치를 추적하는 이유이기도 하다. 또한 매일 많은 수의 짧은 고객 거래를 처리해야 하는 직원에게 어느 정도 동기를 부여한다. £10를 정기적으로 구매하는 고객은 큰 계획에서 그다지 중요해 보이지 않을 수 있지만, 이 지출이 연간 £3,000 지출에 예상 충성도 기간(년)을 곱한 것으로 생각해 본다면 이 관점이 바뀔 수 있다.

고객생애가치도 마케팅 활동에 적용할 수 있다. 그러나 생애가치를 검토할 때 해결해야 할 문제가 많다. 첫 번째는 '생애'가 실제로 어떤 기간을 의미하는지, 이것이 서비스를 홍보하고 제공하는 데 어느 정도 도움이 될 수 있는지 이해하는 것이다. 생애가치에 대한 논쟁이 논리적 결론으로 이어진다면 서비스 제공자가 특정 연령 이상의 모든 고객을 무시해야 하는가? 분명히 그렇지 않다. 직접적인 수익은 여전히 가치가 있지만, 입소문 광고 및 추천의 가치(소셜 네트워크 가치)는 계산할 수 없기 때문이다. 확실히 직원 동기 부여를 위해 연간 지출과 같은 가치를 계산하는 것이 유용할 수 있다. 이는 단지 £10를 지불한 고객이라도 돌볼 가치가 있으며, 동시에 가치에 대해 과장된 주장을 할 가능성이 없다는 것을 의미한다.

또한 전반적인 전략 수립에 도움이 될 수 있다. 예를 들어, 장비 기반 서비스 제공 업체는 장비의 경제적 수명, 기존 판매 가격, 예상 서비스, 유지보수 및 수리 수익을 기반으로 고객생애가치를 계산하는 데 집중한다. 이를 통해 그들은 경쟁력 있는 장비 가격 책정 전략을 수립하고 이러한 수익원을 지원하기 위해 상당한 자원을 사용할 수 있어야 한다는 것을 이해하고 있다. 예를 들어, 철도 차량 공급 업체는 미래 서비스 수익 측면에서 충분한 보상이 있다고 판단한다면, 기존 장비의 판매에 대해 거의 또는 전혀 이익을 내지 않기로 선택할 수 있다.

아마존 프라임 회원은 일반 회원들보다 2배가 조금 넘는 금액을 지출하는 것으로 추정된다.[6] 고객생애가치 측정을 기반으로 아마존은 프라임 회원에 대한 관심을 높였다. 일부 휴대전화 서비스업체들은 시장점유율과 미래 수익을 확보하기 위해 판촉용 핸드셋을 공급하였다. 그러나 그들은 판촉 장비에 사용된 비용을 회수할 수 있을 만큼의 기간 동안 많은 고객이 회선을 유지하지 않았다는 사실을 발견하였다. 그 결과 업체들은 적자를 줄이기 위한 새로운 계약을 도입하였다.

고객의 가치에 대해 생각할 때 다음의 내용을 고려해야 한다.

- 고객이 둘 이상의 서비스 공급자를 사용할 수 있음을 인식하는 고객 세분 시장의 현재 및 잠재적 연간 지출.
- 고객 관계의 기간과 지속성. 고객은 얼마나 충성도를 유지하며 이 기간이 연장될 가능성이 있는가?
- 고객과의 접점 수. 그들은 얼마나 많은 다른 서비스를 구매하는가? 서비스의 교차 판매 가능성이 있는가?

〈그림 5-4〉 고객층 간 CLV 분포를 이해하면 수익성이 높은 고객에게 집중할 수 있음

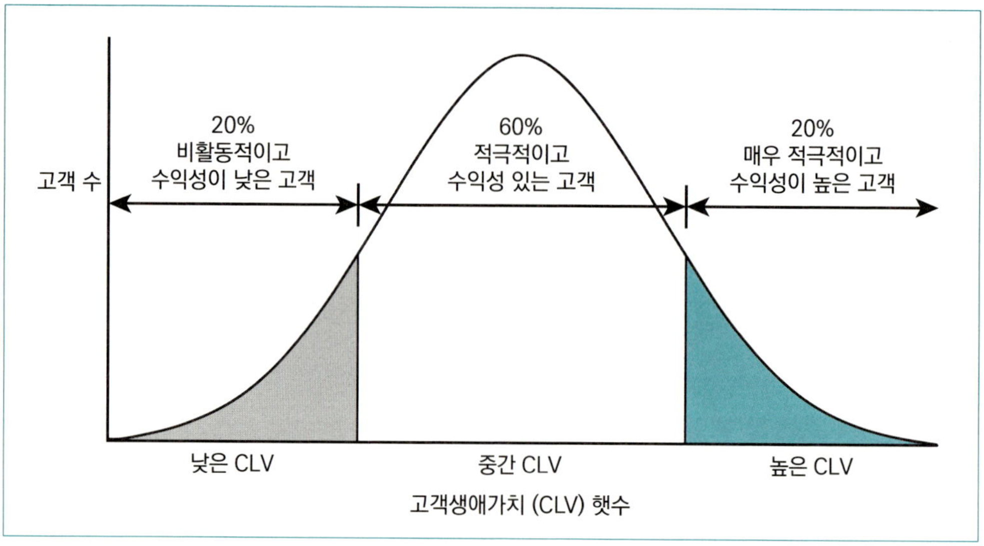

- 고객의 현재 수익성은 어떤가? 회수할 수 있는 것보다 이 고객을 유지하는 데 더 많은 비용이 필요한가?

개별 고객의 고객생애가치를 이해하여 얻는 가장 유용하고 실제적인 결과는 특히 수익성이 높은 고객(특별한 관심을 받을 수 있음)과 수익성이 없는 고객(조직이 유지하기를 원하지 않을 수 있음)을 식별하는 데 도움이 된다는 것이다. 대부분의 고객은 〈그림 5-4〉와 같이 이러한 극단 사이에 속한다. 모든 조직이 고민해야 할 지점은, 첫째, 〈그림 5-4〉의 세 영역 사이의 경계가 어디에 있어야 하는지(20%라는 제안은 대략적인 표시일 뿐임), 둘째, 양 극단의 고객 집단을 어떻게 처리해야 하는가이다.

5.3 관리자는 어떻게 좋은 고객 관계(B2C 서비스)를 개발할 수 있는가

고객이 개인일 때와 기업일 때 고객 관계를 발전시키는 것에는 약간의 차이가 있다. 2장에서 논의한 것처럼 B2C와 B2B 관계는 몇 가지 특성을 공유하지만 우선순위가 다르다. 이 절에서는 특히 B2C 관계와 관련된 일부 모델과 문제를 살펴보고 이 장의 뒷부분에서 B2B 관계를 살펴본다.

B2C이건 B2B이건 긍정적인 고객 관계를 발전시키는 주요 목적은 고객의 충성도를 높이

고 조직에 수익을 제공하는 것이다. 그러나 고객과의 관계를 갖는 것과 고객 충성도에는 차이가 있다. 이 둘을 혼동하기 쉽다. 기차 회사, 대중 교통 시스템, 금융 서비스 제공 업체와 같은 조직의 경우 고객은 매일 이용한다는 점에서 매우 충성도가 높을 수 있지만 조직과 '관계'가 없다(실제로 회사를 경멸할 수 있음). 때때로 그들의 '충성도'는 대체 서비스의 부족 또는 대체 서비스로 전환하는 데 드는 비용에 대한 회피 때문에 생긴 것이다. 그러한 '충성'은 본질적으로 깨지기 쉽다. 반대로 서비스는 고객과 깊고 헌신적인 관계가 있다고 생각하지만, 더 나은 거래가 제공되면 고객이 기꺼이 이탈할 것이라는 사실을 발견할 수 있다. 그럼에도 불구하고 고객과의 관계가 깊을수록 충성도가 높아진다는 일반적이고 합리적인 가정이 존재한다.

5.3.1 관계 마케팅

고객 관계 관리의 중요성은 지난 수십 년 동안 관계 마케팅의 등장과 함께 강조되어왔다. 관계 마케팅의 논리는 고객 관계가 장기간에 걸쳐 개발되어야만 고객을 확보할 경우 유지가 가능하다는 것이다. 관계 마케팅이라고 부르고는 있지만 일부 지지자들은 관계 마케팅을 조직에 헌신하는 기존 고객의 핵심을 보존해야 할 필요성에 기반한 더 광범위한 경영 철학으로 보고 있다. 이는 조직이 새로운 고객을 확보하는 데 모든 노력을 기울이는 것과는 반대로 기존 고객을 유지하기 위해 그들과의 관계를 강화하는 데 우선순위를 두어야 한다는 의미이다. 상호 이익을 위해 고객과의 관계를 수립, 유지 및 강화하는 것이다. 따라서 관계 마케팅은 고객 유치에서 고객 만족 및 유지로, 조직과 고객 간의 거래 교환에서 관계로의 이동을 나타내는 것으로 간주되어 왔다.

관계 마케팅이 철학이라면 고객 관계 관리는 그것이 운영되는 방식이다. 〈그림 5-5〉는 4단계를 통해 구축되는 고객 관계를 나타낸다. 첫 번째 단계는 본질적으로 탐색적인 초기 관계를 설정한다. 여기에는 조직이 고객의 요구를 충족시킬 수 있는 적절한 기능을 갖추고 있는지 여부를 결정하는 예비 고려 사항이 포함된다. 기존의 판매 활동 측면에서 인수 단계를 나타낸다. 초기 접촉을 설정한 조직은 기초 또는 기본 관계를 설정할 수 있다. 조직은 서비스를 제공하는 방식을 통해 고객의 요구를 완전히 이해하고 이를 고객에게 입증하기 위해 노력해야 한다. 세 번째 단계는 조직과 고객 간의 긴밀한 협력을 통해 관계를 성장시키고 심화시킨다. 이러한 협업에는 여러 부서가 참여하고 고객 관계를 발전시키기 위해 노력하는 것이 포함될 수 있으며, 이는 더 높은 수준의 상호 신뢰를 구축하게 된다. 최종 단계는 헌신적인 파트너가 되기 때문에 장기적으로 고객을 유지할 가능성이 높아지는 단계이다. 조직은 양 당사자가 미래를 함께 볼 수 있는 방식으로 고객과 상호 연결된다.

〈그림 5-5〉 고객 관계의 발전 모델

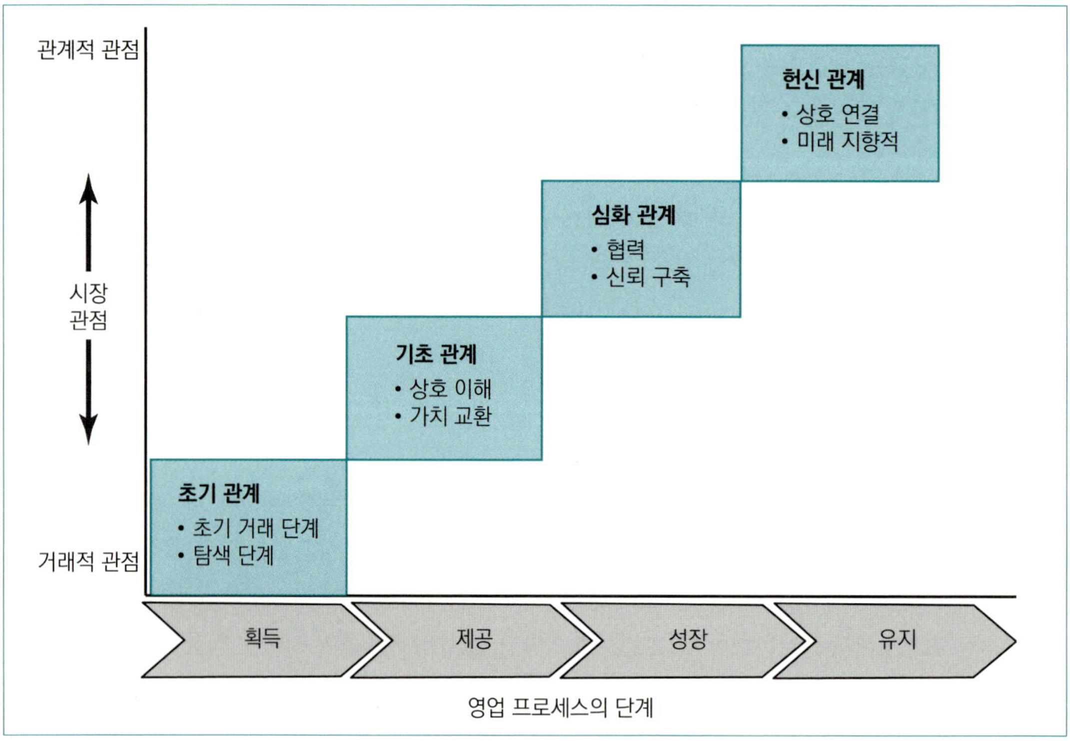

'단계'는 결코 뚜렷하지 않고 명확하게 구분되지 않으며, 각 단계는 배타적이지 않다. 상기한 내용은 관계가 어떻게 발전할 수 있는지에 대한 설명을 위해 매우 단순화되었다. 그럼에도 불구하고 〈그림 5-5〉는 시간이 지남에 따라 고객과의 관계가 깊어지면서 시장에 대한 관점과 판매 우선순위가 어떻게 구축될 수 있는지에 대한 포괄적인 아이디어를 제공한다.

5.3.2 고객 관계 유형

모든 고객이 똑같지는 않다. 모든 조직이 고객과 동일한 유형의 관계를 개발하기를 원하는 것은 아니다. 다양한 유형의 고객 관계가 있다는 것은 사실 놀랍지 않다. 고객 관계를 분류하는 방법이 다양하다는 것도 자연스럽다. 여기서는 두 가지 방법을 살펴본다. 첫 번째는 고객의 관점에서 바라보고 서비스 제공자에 대한 고객의(긍정적 또는 부정적) 태도와 고객이 자신의 태도를 추구하는 데 얼마나 적극적인(또는 비활동적인)지를 구별한다. 두 번째 접근 방식은 좀 더 조직의 측면에서 '포트폴리오 관계', '개인적 관계', '일시적 관계'를 구분한다.

5.3.3 태도와 활동으로 분류된 고객

〈그림 5-6〉은 10가지 유형의 고객을 서비스에 대한 태도(긍정적 또는 부정적)에 따라 분류하고, 태도에 따라 얼마나 적극적으로 행동하는지 보여 준다.

〈그림 5-6〉 태도 및 활동 별로 분류된 고객

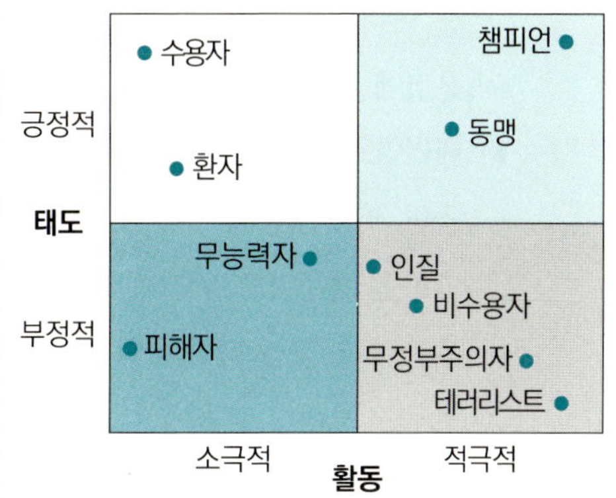

- **동맹.** 가치 있는 고객은 일반적으로 긍정적인 마음가짐으로 도착하여 서비스를 촉진하기 위해 기꺼이 협력하고 긍정적인 피드백을 제공한다. 가장 도움이 되는 동맹은 자신의 의견을 존중하는 고객이다. 동맹의 기분이 좋은 상태에 있다면, 다른 고객은 서비스가 좋았다고 추론할 수 있을 것이다.
- **인질.** 이러한 고객은 서비스를 요구하지만 계약상으로 특정한 서비스 제공자에 한해 갇혀 있을 수 있다. 예를 들어, 제조 업체가 지정한 차량 정비소를 이용해야 하는 고객이 있다. 서비스 비용이 더 많이 들 수 있지만 지정된 정비소가 아닌 서비스를 이용하는 경우 보증이 무효화된다. 이러한 고객은 긍정적인 마인드만을 갖고 있지 않을 것이며, 고객 관계가 매우 어려워질 수도 있다.
- **무정부주의자.** 이러한 고객은 규칙과 시스템을 싫어한다. 사실, 고객의 행동을 통제하는 것은 어려운 일이다. 행해야 할 일과 행하지 말아야 할 일에 대해 공지받는 것을 힘겨워한다. 시스템을 따르지 않는 고객은 방치하고 싶어지기도 하지만 다른 고객이 공평하지 않다고 느끼면 문제가 발생할 수 있다.
- **환자.** 이 고객은 특정 서비스에 갇힌다는 점에서 '인질' 분류의 고객과 비슷 할 수 있다. 학교 학생이나 병원의 환자를 생각할 수 있다. 이러한 고객은 조직을 긍정적으로 바라보고 규칙과 규정에 기꺼이 따른다. 그러나 불필요한 규제가 이러한 고객을 '인질'이나 '무정부주의자'로 변질시킬 수 있다
- **수용자.** 비교적 수동적인 고객의 유형이다. 서비스 제공자가 자신의 존재를 인식하고 서비스를 제공하기를 항상 참을성 있게 기다린다. 사실, 그들은 너무 참을성이 많아 서비스 직원에게 보이지 않게 되고 결과적으로 무시당할 수 있다. 그들의 명백한 호의에 따라 거래하는 것은 위험할 수 있다.
- **비수용자.** 이러한 고객은 거의 수동적이거나 인내심이 없으며 종종 자신, 서비스 공급자

및 다른 고객에게 서비스 내에서 문제를 일으킨다. 처음에는 조직에 긍정적인 성향을 보일 수 있지만 조심스럽게 다루지 않으면 테러리스트로 돌변할 수 있다.

- **피해자.** 서비스 조직에서 문제가 발생하면 일부 고객은 불운을 겪는 경우가 있다. 피해자는 여러 가지 방식으로 반응할 수 있다. 아마도 사건을 완전히 과장하거나 피할 수 없는 운명에 체념하게 된다.
- **테러리스트.** 테러리스트는 전혀 예상치 못한 상황에서 피해를 주는 고객을 말한다. 예를 들면, 레스토랑에서 큰 소리로, 이전에는 좋았는데 더 이상은 아니라며 서비스에 대한 불만족을 공개적으로 크게 말하는 고객이다.
- **무능력자.** 일선 직원은 이러한 고객에게 특별한 관심을 기울여야 한다. 신규 고객의 경우, 조직의 서비스 절차에 익숙지 않아 혼란스러워 할 수도 있으며, 훈련되지 않은 직원이 담당할 경우 고객은 서비스 절차에 겁을 먹고 다시 돌아오지 않을 수가 있다. 물론, 어떤 고객은 교육을 받을 수 없을 수도 있다.
- **챔피언.** 모든 회사가 원하는 고객으로 가치 있는 고객이다. 직원과 서비스를 지원하고 프로세스에 도움이 될 뿐만 아니라 조직, 서비스 및 직원에 대한 긍정적인 메시지를 지인들에게 전달하는 가치 있는 고객이다.

고객 관계 개선 — 동맹 구축

운영 관리자와 직원들은 개별 고객의 특성과 그에 따른 행동에 대해 이해할 필요가 있다. 특히 이러한 고객이 서비스 제공 프로세스의 직접적인 수령인일 때 실제로 통합적인 부분일 수 있다. 고객의 특성은 제공되는 서비스 유형, 직원이 고객을 처리하는 방법, 다른 고객에게 미치는 잠재적 영향에 상당한 영향을 미칠 수 있다.

〈그림 5-7〉 고객 관계 개선 – 동맹 구축

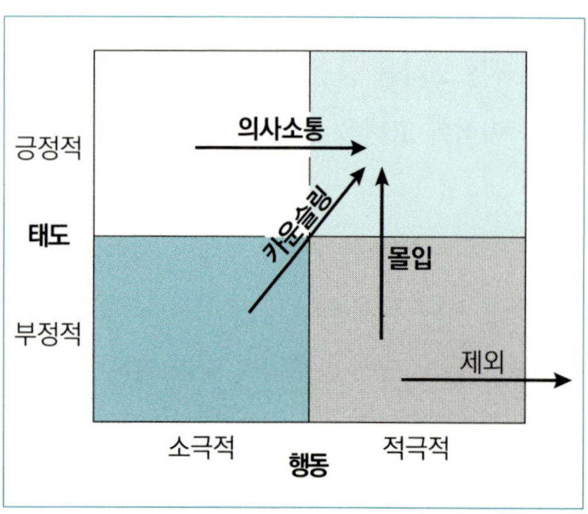

〈그림 5-6〉에서 왼쪽 상단 사분면에 해당하는 고객을 오른쪽 상단 사분면으로 전환하는 것이 가장 쉽다. 동맹은 이미 조직에 긍정적으로 임할 자세를 갖추고 있으며 단지 서비스 프로세스에 적극적으로 관여하는 것이 필요할 뿐이다. 피드백 요청을 통해 정보, 원활한 의사 소통 및 설명을 제공하고 프로세스 개발에 참여하면 이러한 고객을 챔피언으로 쉽게 전환할 수 있다. 더 어려운 것은 왼쪽 하단 사분면에 있는 부정적인 성향을 가진 피해자로, 그들을 동맹으로 전환하

기 위해 상담과 지원이 필요할 수 있다. 여기서 위험은 상당한 노력에도 불구하고 피해자는 쉽게 인질이나 무정부주의자로 변할 수 있다는 것이다. 무정부주의자와 테러리스트는 가장 다루기 힘들면서도 가장 중요한 고객이다. 조직에서 제외하는 것이 최선의 방법일 수 있다(8장 참조). 반면에 조직의 좋은 면으로 활용되면, 부정적인 에너지를 활용하여 조직과 서비스 프로세스에 대한 기여도를 높임으로써 강력한 수용자, 챔피언으로까지 성장시킬 수 있다(그림 5-7).

5.3.4 포트폴리오, 개인적, 일시적 고객 관계

이 분류법은 운영 관점에서 고객 관계를 들여다보게 되며, 세 가지 주요 고객 관계 유형으로 구분한다. 첫째, 서비스 또는 제품 포트폴리오를 기반으로 하는 관계로 대량 작업에서 자주 발견된다. 둘째, 개인 고객과 직원 사이에 형성되는 개인적 관계로써, 특히 전문 서비스 조직에서 쉽게 볼 수 있다. 셋째 일시적인 고객 관계로써 많은 서비스의 일회성 거래 특성을 반영한다.

여기서 우리는 고객 관계의 위험과 대량 서비스에서 고객 관계를 관리하는 수단인 고객 관계 관리(CRM)에 대해서도 다루게 된다.

포트폴리오 관계

포트폴리오 관계에는 다양한 제품이나 서비스를 사용하여 고객을 '포착'하는 것이 포함된다. 예를 들어, 은행은 당좌 계좌, 대출, 주택 융자, 보험 및 유언 집행 서비스와 같은 여러 '상품'을 판매함으로써 고객과의 관계를 구축하기 위해 노력한다. 이는 고객에게 서비스/제품 포트폴리오에 대한 단일 계약, 신규 서비스/제품 구입 시 할인, 로열티 보너스 등과 같은 혜택을 제공한다. 포트폴리오 관계를 통해 조직은 더 높은 가치의 고객을 통해 장기적인 수익원을 창출하게 되고, 이미 조직에 참여하고 있는 고객에게 다른 서비스나 제품을 교차 판매할 수 있는 기회를 제공하고 해당 고객에 대한 귀중한 정보를 제공한다는 것이다.

소매 업체, 항공사, 레스토랑 체인과 같은 많은 서비스 제공 업체는 우대 프로그램이나 슈퍼마켓의 '클럽' 카드와 같은 로열티 시스템을 통해 포트폴리오 관계와 기존 서비스와 제품에 대한 충성도를 적극적으로 높이고자 한다. 이들 중 대부분은 본질적으로 할인 제도를 활용하는 것으로써 고객이 경쟁 업체가 아닌 자사의 서비스에 더 많은 돈을 지출함으로써 포인트를 얻도록 장려한다. 이러한 서비스 조직은 관계를 구축하는 것이 아니라 '충성도를 구매'하는 것이다. 그러나 고객의 요구 사항에 대한 정보를 보유하여 관계를 발전시킬 수 있다. 예를 들어, 일부 호텔은 그들의 카드를 소지한 고객에 대한 정보를 저장하고, 이러한 고객에게 요구 사항을 충족하는 객실을 제공한다. 또한, 고객은 특정 특권을 누릴 수 있다. 항공사 로열티 고객은

CASE example
사례

Harley Owners Group (H.O.G.)[7]

Harley-Davidson은 단순히 세계적으로 유명한 모터바이크를 만드는 회사가 아니라 꿈을 파는 브랜드이다. Harley-Davidson은 100여 년 전에 시작된 이래 모터바이크 스포츠와 모터바이크를 타는 사람들에게 지대한 영향을 미쳤다. 밀워키의 작은 헛간에서 세 명의 친구가 첫 제품을 만들었던 작은 시작에서 회사는 이제 연간 수십만 대의 모터바이크를 생산하여 연간 50억 달러 이상의 수입을 창출한다.

트윈 캠 1500cc 엔진이 장착된 370kg이 넘는 울트라 클래식 일렉트라 글라이드 투어링 바이크와 같은 유명한 바이크를 만드는 것 외에도 회사는 부품 및 액세서리와 다양한 의류 및 수집품도 생산하여 전 세계에 판매하는 글로벌 기업이다. 현재 모터바이크 시장에서 가장 빠르게 성장하는 지역은 아시아 지역이다.

단순히 모터바이크를 소유하는 것에 만족하지 않고 Harley 소유자는 자신의 열정을 공유하고 모터바이크에 대한 자부심을 보여 줄 수 있는 조직적인 방법을 원했기 때문에 1980년대에 Harley-Davidson은 Harley Owners Group(H.O.G.)을 설립하였다. 짧은 시간 내에 미국 전역에 50개 이상의 지역 지부가 생겨났고 2020년까지 H.O.G.는 전 세계적으로 100만 명이 훨씬 넘는 회원을 확보하여 세계에서 가장 큰 모터바이크 조직이 되었다. H.O.G.는 '즐겁게 탄다' 라는 단순한 목적을 가지고 있다. 조직은 Harley 열정을 공유하는 사람들이 모이는 지역 지부로 나뉜다. 각 지역 대리점은 지역 지부가 주최하는 이벤트를 후원한다. 멤버십은 H.O.G.의 공식 간행물인 H.O.G. Magazine 제공을 포함한 다양한 혜택을 제공한다. H.O.G. 핸드북은 장거리 투어를 계획하는 회원들을 위해 지도, 대리점 위치, 기후 정보 및 교통 법규 등을 제공한다. 지역 지부는 다양한 회원 이벤트를 조직한다. 모든 H.O.G. 활동 및 이벤트에 대한 세부 정보, 날짜 및 정보가 포함된 회원 웹 사이트도 제공된다.

이그제큐티브 라운지, 무료 좌석 예약, 수표 현금화 시설, 회사 뉴스레터, 특별 행사에 참여할 수 있는 기회, 조직에 정보를 제공할 수 있는 기회를 제공받을 수 있다.

사례에서 설명한 Harley Owners Group은 회사, 제품 및 서비스, 그리고 친화력이 있는 고객들과 충성도를 쌓아가는 방법이 하나 이상 있음을 보여 준다. 이 사례는 Harley-Davidson이 고객이 제조된 모터바이크보다 더 많은 것을 구매하고 있음을 인식하여 서비스 개념의 폭을 명확하게 이해했음을 보여 준다. 이러한 지식을 바탕으로 Harley-Davidson은 브랜드에 대한 충성도가 매우 높고 일부 고객들은 몸에 회사 이름을 문신으로 새겨, 숭배 수준의 충성도를 구축하였음을 알 수 있다.

개인 관계

개인 관계는 고객과의 일대일 관계를 개발하는 데 시간과 가치가 필요한 전문적인 서비스에서 나타나며, 보통 소수의 거래를 통한 고수익 서비스에서 찾아볼 수 있다. 종종 주요 계정 관리자를 사용하는 이러한 관계는 고객과 다층적이거나 깊은 개인적 관계를 형성한다.

서비스 제공자의 목표는 고객이 다음에 서비스를 필요로 하거나 추가 주문을 계획할 때, 다시 그 서비스를 생각나게 하는 상황을 만드는 것이다. B2B 조직의 개인적인 관계에는 양쪽 모두에 이점이 있다. 서비스 제공자는 고객을 더 잘 알게 되고, 이는 제공자가 다른 개발 단계를 거칠 필요가 없기 때문에 더 빠른 응답과 함께 더 효과적인 서비스로 이어진다. 많은 B2B 서비스는 몇 주, 몇 달, 경우에 따라 몇 년에 걸쳐 이루어진다. 경영 컨설턴트는 고객의 직원과 함께 일할 수 있으며 프로젝트를 수행하기 위해 효과적인 관계를 구축하는 것이 종종 중요하다. 기술 전문 지식은 효과적인 도구이긴 하지만 일부분에 불과하다. 고객 및 고객의 직원과 개인적인 관계를 구축하는 능력도 필수적이다. 서비스 제공자와 고객 간의 개인적인 관계에는 네 가지 핵심 요소가 있다.[8]

1. **커뮤니케이션**. 명확한 메시지를 전달하는 능력과 주의 깊게 경청하는 능력.
2. **신뢰**. 한 파트너가 추가적인 협력을 구하지 않고 상대방의 작업이나 추천에 의존하는 정도. 경우에 따라 파트너는 사전 협의 없이 상대방에게 작업을 맡길 수 있다.
3. **친밀감**. 각 파트너가 계획, 전략, 이익 등을 공유하는 정도.
4. **규칙**. 관계가 어떻게 작동하는지에 대한 서로의 수용.

개인적인 관계의 발전은 중요한 서비스 운영에 영향을 미친다. 〈표 5-1〉을 통해 우리는 전

〈표 5-1〉 개인 관계의 개발

구분	전문 서비스: 경영 컨설턴트	소비자 서비스: 레스토랑 체인
커뮤니케이션	• 양방향 • 유동적이고 자유로움 • 지식의 이전 • 현재 계약뿐 아니라 앞으로의 비즈니스 가능성과도 관련 • 의사소통에 상당한 시간이 소모됨	• 대체로 단방향 • 형식적 의사소통 • 공식이고 형식적인 서비스와 관련됨 • 중요한 비공식 커뮤니케이션을 위한 예산 없음
신뢰	• 참여 과정에서 개인(고객과 컨설턴트) 간에 구축됨 • 상당한 양의 기밀 및 민감한 정보가 포함될 수 있음	• 고객과 조직 간에 주로 신뢰성(약속 이행)을 기반으로 구축됨 • 범위는 안전한 환경에서의 유익한 식사의 제공으로 엄격히 제한됨
친밀감	• 컨설턴트는 고객 조직에 완전히 관여하게 되며 종종 반영구적인 직원으로 간주됨 • Part of the team	• 직원과 고객 간의 참여는 주문 접수 및 기본 서비스로 제한될 수 있음 • 고객 친밀감은 종종 공통 관심사의 우연한 발견과 연결됨
규칙	• 초기 관계 형성 과정의 일부로 개발될 수 있음 • 초기 평가의 일부가 되는 작업을 누가 수행하는지에 대한 협상이 수행되나, 관계가 발전함에 따라 내용이 다소 변경될 수 있음	• 주로 조직이나 서비스 부문에 의해 설정됨 • 확립된 '대본', 예상되는 행동 및 가정된 지식을 기반으로 함

문 서비스(기업 대 기업)와 대량 소비자 서비스(기업 대 고객)의 두 조직을 비교하고 운영 관리자가 처리해야 하는 문제를 식별할 수 있다. 〈표 5-1〉에서 볼 수 있듯이 고객과 서비스 제공자 간의 관계 확장에는 상당한 자원 소모가 발생할 수 있다. 이러한 영향 중 일부는 다음과 같다.

- 프로세스와 활동이 덜 명확해지고 예측하기 어려워진다.
- 능력 관리가 덜 정확하고 효율성 목표를 달성하기가 더 어려워진다.
- 관계 초기에 잘못 정의된 요구 사항을 충족하려면 프로세스가 더 유연해야 한다.
- 직원에게는 다른 경쟁 역량이 필요하다.

일시적 고객 관계

대량 소비자 서비스는 종종 고객 연결이 빠르게 이루어지는 임시적이고 일시적인 관계의 형성을 필요로 한다. 많은 영업 프로세스는 영업 사원이 그들의 잠재 고객과 공통점을 찾고 만드는 능력에 달려 있다. 고객이 쉽게 평가할 수 없는 것을 구매할 때, 영업사원들의 능력과 정직성에 대한 의식적 또는 무의식적 평가가 구매 결정에 영향을 미칠 수 있다.

고객이 위험을 인지하고 있으면서 해당 서비스에 대한 지식도 부족하다면, 고객은 안심하며 거래를 하고 싶어할 것이고, 이때 관계 가능성이 높아진다. 예를 들어, 중고차 구매나 개인 연금 구매 등의 서비스의 경우 고객은 종종 충분한 정보에 입각한 결정을 내릴 수 없다.

이러한 관계는 표면적으로는 별 것 아닌 것으로 보일 수 있지만 분명히 영향이 있다. 고객 이력을 제공하는 정보 시스템의 개발, 일선 직원에 대한 교육, 고객 거래에 할당된 시간 등이 해결 가능한 부분이 될 수 있다. 일부 콜센터는 이러한 임시 관계를 더 많이 만들기 위해 '대화 시간' 목표를 완화했으며, 각 상담원이 고객과 대화하는 횟수가 적을 수 있지만 임시 관계의 효과로 인해 더 높은 가치의 주문을 받고 있다는 사실을 발견했다.

5.3.5 위험과 관계

고객이 서비스를 구매하거나 사용할 때 인식하는 위험과 서비스 제공자와의 개인적 관계에 대한 욕구 사이에는 종종 연관성이 있다(표 5-2 참조). 고객이 구매를 하거나 서비스를 받는 데 있어 위험이 크다고 느끼지 않는 경우 관계를 구축할 기회가 제한적일 수 있다. 대부분의 슈퍼마켓 고객은 Tesco 또는 Walmart와 깊은 관계를 갖고 있지 않을 수 있지만 쇼핑하는 매장에 대한 선호도는 있을 수 있다. 슈퍼마켓 고객이 Tesco 또는 Walmart와 의미 있는 관계를 구축하는 것을 꺼리는 것은 상황이 잘 풀릴 때만 적용된다. 심각한 서비스 장애가 있는 경우 고객은 인지된 위험이 낮은 수준에서 높은 수준으로 빠르게 이동할 수 있다. 이에 대해서는 16장

〈표 5-2〉 고객 관계와 고객 인지 위험 사이의 관계

구분	약한 관계 (거래 기반)	강한 관계 (파트너십 기반)
높은 고객 인지 위험	기회	보호됨
낮은 고객 인지 위험	충성심을 얻음	친숙함

을 통해 더 자세히 논의할 것이다. 고객이 인지하는 위험이 높지만 거래 기반 관계가 약한 경우 조직이 더 강력한 연결을 구축할 수 있는 기회가 있다.

고객이 상당한 위험이 있다고 느끼는 상황에서 강한 개인적 관계가 있는 경우 고객의 감정 전환 비용이 높다. 관계가 크게 손상되지 않는 한 이러한 고객은 움직이지 않을 가능성이 높다. 이러한 유형의 서비스의 예로는 고객의 회사와 시장에 대한 특정 전문 지식과 친밀한 지식을 모두 가지고 있는 컨설턴트가 있다. 이러한 관계는 전문 서비스 또는 B2B 서비스에서 가장 일반화되어 있다.

물론 상품 서비스에서는 드물지만 인지된 위험이 낮은 곳에 강한 개인 관계가 존재할 수 있다. 많은 경우에 이것은 일방적인 관계일 수 있으며, 고객은 직원 한 명이 보답할 수 있는 것보다 회사에 대해 더 강한 감정적 유대감을 가지고 있다. 다시 16장에서 서비스 복구에 대해 논의할 때 이러한 고객에 대해 다시 다루겠지만, 서비스 실패가 있는 경우 이러한 고객은 문제가 발생했다는 단순한 분노가 아니라 개인적으로 실망할 수 있다.

많은 경우에 관계는 조직 전체보다는 개인 간의 가장 깊은 수준에서 형성된다는 점을 인식하는 것이 중요하다. 이것은 특히 전문 서비스에 해당된다. 선임 파트너가 다른 회사에 입사하기 위해 떠나면 종종 고객들은 그들을 따르게 된다. 동일한 조직이라고 할지라도 알려지지 않은 존재와의 새로운 관계형성은 고객의 위험을 크게 만들기 때문이다.

이 경우 위험에는 명시적 또는 암묵적 비용 차원이 있을 수 있다. 전문가가 정보에 입각한 판단을 내리기 위해 문제를 완전히 이해할 수 있도록 고객을 대신하여 소비하는 시간은 가볍게 수행되지 않을 개인 투자를 나타낼 것이다. 분명히 비용만이 문제가 아니다. 만약 그 과정이 고객과 전문가가 상당한 기간 동안 함께 일할 것을 요구한다면, '개인적 공감대(personal chemistry)'가 중요한 요소가 될 수 있다.

5.3.6 고객 관계 관리

고객 관계 관리(customer relationship management: CRM)는 고객과의 상호작용에서 파생되는 데이터를 관리하고 분석하는 데 사용되는 전략, 활동, 프로세스 및 기술의 총체이다. CRM 시

스템은 회사의 직접 판매원, 웹사이트, 콜센터, 이메일, 소셜 미디어와 같은 다양한 채널과 접점에서 고객과 조직 간에 고객 데이터를 수집하고 구성한다. 목적은 고객 서비스 관계를 개선하고 고객 유지를 돕는 것이다. 잘 구현된 CRM 시스템은 고객을 대면하는 직원에게 고객의 개인적 특성, 구매 기록 및 이력, 더 나아가 구매 선호도 및 관심사에 대한 포괄적인 정보를 제공해야 한다.

CRM이라는 용어는 고객과의 모든 접촉을 추적할 수 있는 시스템을 설명하기 위해 1990년대에 처음 광범위하게 사용되었다. 곧 마케팅 및 영업 전문가들 사이에서 인기를 끌었고 나중에는 애프터 서비스 관리를 위해 고객 서비스 및 지원 팀에서 점점 더 많이 사용하게 되었다. 그러나 CRM과 고객 유지에 대한 다른 접근 방식의 본질적인 차이점은 고객 관계의 식별 및 향상이 기술에 의해 촉진된다는 것이다. 초기 CRM 시스템은 내부 물리적 서버에서 사내에서 호스팅되었으나, 점차 클라우드 기반 애플리케이션으로 전환되었다. 이는 모바일 장치의 인터넷 브라우저를 통해 모든 데이터를 사용할 수 있다는 이점이 있다.

CRM은 조직의 단위와 고객 간의 많은 커뮤니케이션 채널을 통합하려고 시도한다. 예를 들어, 고객 선호도에 대한 정보를 기록한 다음 해당 정보를 사용하여 고객의 관계와 수익성을 개발하고 강화한다. 덜 통합된 고객 관계 추적 접근 방식과 비교할 때 CRM에는 여러 가지 장점이 있다.

- 기업은 모든 고객, 잠재 고객 및 기타 판매 연락처에 대한 정보를 한 곳(가상)에 보관할 수 있다.
- 초기 잠재 고객부터 최종 전환 단계에 이르기까지 시간이 지남에 따라 모든 고객 상호작용을 추적하고 고객 행동의 역학을 이해할 수 있다.
- 고객 정보를 시각적으로 이해하기 쉽게 제시할 수 있다.
- 일부 CRM 소프트웨어는 고객이 어떻게 행동하는지에 대한 통찰력을 얻기 위해 정교한 알고리즘과 AI 루틴을 활용하여 대량의 데이터를 분석할 수 있다.
- 이러한 통찰력을 통해 고객을 세분화하고, 다양한 고객 그룹을 선택하여 적절한 대우를 받게 할 수 있다.

[다른 견해]에 제시된 문제 외에도 CRM 구현에 내재된 또 다른 위험은 조직적 측면을 무시하는 것이다. Site Steward Archaeological Tours의 사례는 CRM이 효과적인 IT 시스템의 도입보다 훨씬 더 많은 것을 요구하지만 회사 운영 방식에 상당한 변화를 요구한다는 것을 보여 준다. 특히, CRM은 고객의 각 거래에 통찰력을 발휘하기 위해 IT 시스템의 원시 데이터 이면을 생각하는 고객 대면 직원의 몰입을 필요로 한다.

다른 견해

다른 기술 기반 시스템과 마찬가지로, CRM은 중요한 문제에 대한 솔루션으로 홍보하는 데 관심이 있는 시스템 공급 업체의 기대에 항상 부응하지 못했다. CRM은 고객에 초점을 맞추는 조직에게 큰 잠재력을 보여 준다. 그러나 그러한 시스템을 구현하는 데 있어 몇 가지 잠재적인 함정이 존재한다. 하나는 CRM 기술이 정교할수록 얻을 수 있는 결과가 더 좋아질 것이라는 가정이다. 실제로 고객 관계는 여러 가지 방법으로 관리할 수 있으며, 그중 일부는 기술에 대한 상당한 투자가 필요하지 않다. 예를 들어, 단순히 직원들에게 고객의 요구 사항을 더 잘 인식하도록 동기를 부여하는 것이 때때로 더 나은 결과를 만들어 낼 수 있다.[9] CRM 채택 초기 단계의 운영은 관리자가 가장 가치 있는 고객과의 관계를 촉진하기 위해 무엇을 해야 하는지 이해하는 데 도움이 되도록 기술을 활용해야 한다. 문제는 일부 조직이 고객 전략을 개발하기 전에 CRM을 구현하려고 한다는 것이다. 마케팅 전문가들은 실무자들에게 효과적인 고객 관계 관리는 건전한 세분화 분석을 기반으로 해야 한다고 종종 상기시킨다. 기본적인 시장세분화, 타깃팅, 포지셔닝 분석을 수행하지 않고 CRM을 구현하는 것은 사실상 맹목적인 작업이다. CRM은 고객 관계를 촉진하기 위한 도구일 뿐 고객을 대신할 수는 없다.

WORKED example

사례

Site Steward Archaeological Tours

Site Steward Archaeological Tours는 고고학, 문화, 역사와 관련한 투어를 전문적으로 하는 영국 기반의 여행사이다. 고고학자들이 설립하고 운영하는 이 단체는 유럽, 중동, 남미의 고고학 유적지 주변에 관심 있는 사람들의 소그룹을 이끌고 있다. 회사를 설립한 Cat Tramell은 회사의 최근 문제에 대해 다음과 같이 설명했다.

> 최근 몇 년 동안 우리는 고객에 대해 생각하고 고객과 상호작용하는 방식에 대해 보다 전문적인 접근 방식을 취해야 했다. 이 문제는 작년에 더 인기 있는 일부 지역의 여러 정치적 발전으로 인해 일부 투어가 '범위를 벗어나거나' 문제가 되었기 때문에 더욱 시급해졌다.

고객 피드백이 좋았고 회사의 트립어드바이저 점수가 우수했지만 고객 유지율은 연간 약 30%에 불과했다. 2년 전 Cat은 회사의 영업 활동에 추가적인 투자를 진행했지만 결과는 실망스러웠다.

회사에서 한 일

판매 노력의 실패로 인해 회사의 고위 팀은 보다 고객 관계 중심의 전략에 집중하기로 결정했다. 특히 고객 관계 관리(CRM) 시스템에 투자하기로 결정했다. 전문가의 조언을 받은 후 회사는 CRM 준비 상태에 대한 체계적인 감사를 시작했다. 여기에는 마케팅 전략의 상태, 문화의 특성, 정보 시스템의 상태라는 세 가지 영역이 포함된다(그림 5-8 참조). 이러한 조건을 다음과 같이 정의했다.

- 시장 및 마케팅 전략. 대상 고객의 세분화 및 선택과 이들을 위한 가치 제안에 관한 일련의 결정이다. (CRM은 특정 서비스 제안이 특정 시장 부문과 일치할 때 도움이 된다.)
- 문화 및 조직 분위기. 회사의 조직 문화, 가치 및 관행, 절차 및 보상. (CRM은 조직의 문화가 회사 전반에 잘 자리잡고 있고 시장중심으로 형성되어 있을 때 도움이 된다.)
- 정보 시스템. 소프트웨어 및 하드웨어 시스템, 데

〈그림 5-8〉 아무리 잘 설계되고 실행되더라도 CRM은 적절한 마케팅, 문화, 정보 시스템 조건이 갖추어진 환경에서만 의미가 있다.

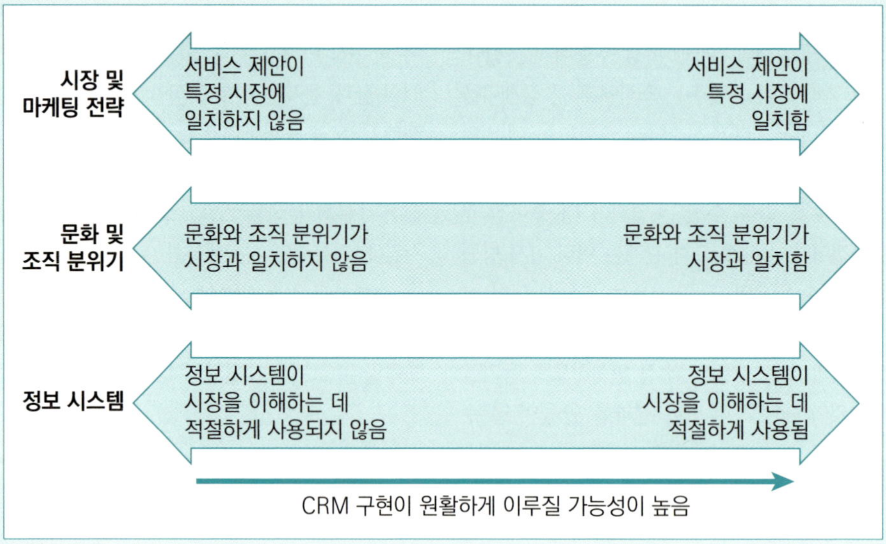

이터 및 정보 프로세스, 이를 지원하는 조직 구조 및 시스템. (CRM은 정보 시스템이 시장을 이해하기 위해 적절한 데이터와 분석을 제공할 때 도움이 된다.)

Cat이 확인한 것처럼, 이 세 가지 영역을 검토한 결과 다음과 같이 명확해졌다.

고객 유지에 대한 우리의 이해가 약하고 조직 전체의 고객 데이터가 중앙에서 수집 및 구성되었지만 고객 세그먼트와 가치 제안을 식별할 수 있도록 분석되지 않았다는 것이 분명해졌습니다. 분석을 개선한 이후로 고객에 대한 단일 관점을 얻기 위해 의미 있는 고객 세그먼트 및 각 세그먼트에 대한 맞춤형 가치 제안을 개발했습니다. 고객 유지 전략을 개발하는 데 우리 문화도 적합하지 않았습니다. 마케팅 전략은 전통적으로 장기적인 고객 관계보다는 판매 보상에 중점을 두었습니다. 이를 깨닫고 완전한 문화적 재정렬을 채택하여 고객 유지를 개선하기 위해 노력해 왔습니다. 교육 프로그램이 도입되었고 이제 직원은 고객 확보뿐만 아니라 고객 유지 및 고객 만족도 향상에 대한 보상을 받습니다. 정보 시스템을 재구성하는 데 시간이 더 걸리겠지만, 우리는 이미 고객과의 장기적이고 상호 신뢰하며 수익성 있는 관계를 개발하고 유지하는 데 도움이 되는 정보를 추적할 수 있는 방향으로 나아가기 시작했습니다.

5.3.7 고객 교육

고객은 직원과 마찬가지로 교육이 필요하다. 일부 조직에서는 다른 고객이 이를 제공할 수 있다. 예를 들어, 우리는 무엇을 해야 하고 어떻게 행동해야 하는지 알기 위해 다른 고객을 관찰한다. 우리는 다른 사람들이 하는 것을 보기 때문에 (또는 우리의 동전이 그 안에 있다는 사실에 의해 동기가 부여되어) 슈퍼마켓 카트를 다시 가져간다. 우리는 식당에서 남들이 다 하니까

CASE example

사례

IKEA의 고객 교육

세계에서 가장 성공적인 가정용품 회사인 IKEA는 대형 매장, 셀프 서비스, 인상적인 제품의 범주, 브랜드로 소매 서비스를 혁신했다. IKEA에서 구입하는 거의 모든 제품과 실용적인 가구들은 가정에 이상적이다. 플랫한 패키지의 장점은 회사와 고객 모두에게 운반과 보관이 용이하다는 것이다. 또한 비용을 낮추는 데 도움이 된다. 일부 IKEA 고객들은 가구를 집에서 조립해야 한다는 것을 단점으로 꼽는다. 조립 과정을 적극적으로 즐기는 일부 고객이 있지만, 숙련된 DIY 애호가조차도 포함된 기호들과 복잡한 부품 목록을 탐색하는 데 어려움을 겪을 수 있다.

IKEA는 고객이 가구 조립과 같은 작업을 포함한 일상적인 작업에 대한 도움을 받을 수 있는 온라인 및 모바일 플랫폼인 TaskRabbit이라는 회사를 인수하였다. 그러나 가구를 직접 조립하는 것은 여전히 많은 고객이 선호하는 옵션이다. 그렇기 때문에 영국 그리니치에 있는 IKEA 매장은 가구 조립 방법에 대한 워크숍을 제공하기 시작했다.[10] 그들은 사람들에게 가구를 다시 분해하는 방법도 가르쳤다. 분명히 어떤 사람들은 주어진 지시를 따르지 않는다. 그러나 지침을

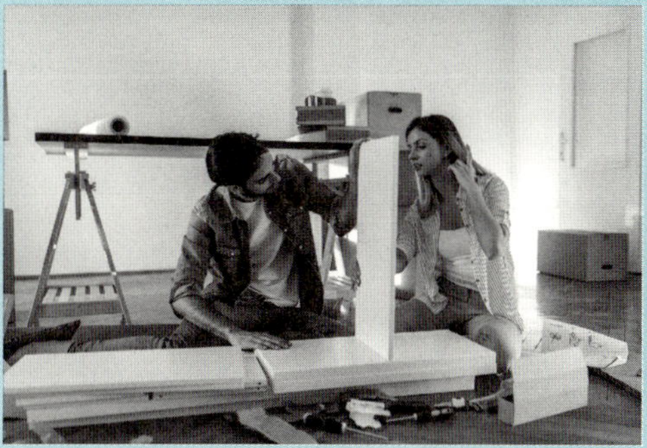
bbernard/Shutterstock

따르는 사람도 혼란스러워하거나 조립을 완료하는 데 필요한 기술이 없을 수 있다. 워크숍은 고객 지원 및 회사의 지속 가능성 노력의 일환으로 제공되었다. 가구가 단순히 저렴하고 일회용이 아니라, 고객이 이사할 때에도 분해하여 새로 배치해야 한다는 생각을 전파하고자 했다. 교육이 처음 도입된 그리니치 매장은 태양광 패널, 빗물 재활용, 옥상 정원을 갖춘 이케아의 영국 최초 지속가능성을 추구하는 매장이었다. 또한 대중교통을 이용하여 편리하게 접근할 수 있다. 직원들은 직장에 가기 위해 차를 사용하는 것조차 금지된다.

조용히 이야기한다. 때때로 조직은 고객 교육에 시간과 자원을 할당해야 한다. 이로 인해 비용이 발생할 수 있지만 장기적으로 이득을 취할 수 있다. 한 보안 경보 회사는 수신한 많은 서비스 호출을 피할 수는 있지만, 응답하는 데 값비싼 대가를 치러야 한다는 사실을 발견했다. 고객 조직의 핵심 인력을 교육하는 프로그램에 착수하였고, 그 결과 오경보가 현저히 줄어들어 생산성과 고객 만족도가 향상되었다. 볼링장에서는 직원들이 고객에게 신발을 갈아 신어야 한다는 것, 기구 조작법, 공을 치는 방법까지 시간을 내어 설명한다. 이 모든 것이 장비를 보호하고 고객이 즐거운 시간을 보낼 수 있도록 도와준다. 예를 들어, 대학과 교도소와 같은 일부 조직에서는 관리자가 일련의 규칙과 절차를 제공하고 고객에게 동의서에 서명하도록 요청하기도 한다. B2B를 포함한 많은 조직에서는 '대본'을 사용하여 일반적으로 첫 만남에서 고객에게 필요한 사항을 설명한다. 해야 할 일을 알고 잘 수행하는 고객은 자신을 위해 더 나은 서비스를 보장할 뿐만 아니라 조직을 위해 더 효율적으로 만든다.

5.3.8 고객 제거

이는 한 그룹의 고객이 다수의 경험을 방해할 수 있는 상황에서 특히 중요하지만 고의로 서비스를 어렵게 만드는 것으로 의심되는 고객에게도 적용될 수 있다. 예를 들어, 영국의 한 백화점에서 한 고객은 3년 동안 12대의 텔레비전을 구입하고 반품한 후 그곳에서 쇼핑하는 것이 금지되었다. 그는 '고스트', '보정', '픽셀화' 등의 문제 모두 결함이 있다고 주장했다. 결국, 소매 업체의 운영 관리자는 다음과 같은 편지를 보냈다. '전화나 온라인 채널을 통해 시도하는 주문은 처리하지 않습니다. 우리는 귀하의 서비스 요구를 충족시킬 수 없으며 당사의 제품 범위가 귀하의 기대를 충족시킬 수 없다고 믿고 이 결정을 내렸습니다. 따라서 저희 매장이나 다른 지점을 방문하지 마시기 바랍니다. 그렇게 하면 즉시 떠나도록 요청하겠습니다.'[11]

과도한 반품이나 불만으로 고객을 차단하는 것은 잘 알려지지 않고, 대부분의 소매점은 심각한 도발에 해당하지 않는 한 그러한 조치를 취하지 않는다. 의류 소매 업체는 의류를 반품하기 전에 제품이 손상된 경우 고객 계정을 폐쇄할 수 있다. 아마존은 과도한 상품 반품으로 고객 계정을 폐쇄했다. 그리고 상점은 일반적으로 상습 도둑이나 셀프 스캔 시설을 남용하는 고객을 금지한다. 일부 미용사는 문자 메시지로 미리 연락하더라도, 반복적으로 약속을 취소하는 고객의 예약을 받지 않는 경우가 있다. 지역에 따라 다르지만 대부분의 국가에서 상점은 개인의 접근을 거부할 수 있는 소유자의 재산이다. 물론 항상 그런 것은 아니다. 스페인의 한 영화관은 고객이 외부에서 음식과 음료를 반입하는 것을 막았다는 이유로 3,000유로의 벌금이 부과되었다.[12]

5.4 관리자는 어떻게 좋은 비즈니스 관계(B2B 서비스)를 개발할 수 있는가

B2C 서비스와 비교할 때, B2B 서비스에서는 서비스 공급자가 적을 가능성이 있다. 그렇다고 B2B 서비스가 모두 소량이라는 의미는 아니다. 상대적으로 높은 볼륨에서 상대적으로 낮은 볼륨까지의 범위가 있다. 그럼에도 불구하고 B2B 서비스는 볼륨이 적고 다양하며 가치가 높을 가능성이 높다. 개별 B2B 서비스가 더 큰 가치를 가질 가능성이 있다는 마지막 요점은 두 가지 중요한 의미를 갖는다. 첫 번째는 '거래'보다 '관계'가 더 중요할 가능성이 높다는 것이다. 반대로 B2C는 브랜드 인지도 향상을 통한 서비스 판매를 목표로 거래에 집중할 가능성이 높다. 두 번째 의미는 전문성의 중요성이다. B2B 시장에서 구매하는 많은 서비스는 본질적으로 전문 지식을 기반으로 한다. 다시 말하지만, B2C 마케팅은 브랜드가 고객에게 제공할 수 있는

CASE example

사례

택시 기사의 복수[13]

플랫폼 기반 서비스의 등장으로 고객의 행동을 추적하고 필요할 때 조치를 취하는 것이 더 쉬워졌다. 지속적으로 택시에 쓰레기를 버리거나, 기사에게 속도 제한을 위반하도록 압력을 가하거나, 매너가 나쁘고 기사에게 무례한 유형의 승객은 해당 택시 서비스를 평생 사용하지 못할 수 있다. 이것은 세계 최대의 승차 공유 회사인 Uber가 기사가 평균 이하로 평가한 승객을 일부 시장에서 금지하겠다고 선언했을 때 확인되었다. Uber 운전기사는 매번 승차 후 별 1개에서 5개 사이의 평가 시스템을 사용하여 승객을 평가한다. 마찬가지로 승객도 기사를 평가할 수 있다. 승객은 Uber 앱에서 평점을 보고 평균 점수를 확인할 수 있다. 정책을 발표하면서 Uber는 고객이 금지되기 전에 고객의 점수가 얼마나 나빠야 하는지에 대해서는 언급하지 않았다.

Uber는 상호 존중에 기반한 정책의 정당성을 설명했다. 기사는 최소 등급 기준(도시마다 다름)을 충족해야 하므로 승객도 자신의 행동에 대해 책임을 져야 한다. 지속적으로 나쁜 평가를 받은 기사는 결국 회사에서 제거할 수 있으므로 나쁜 고객은 동일한 운명을 예상해야 한다. 그러나 Uber는 소수의 고객만이 등급 기반 '비활성화'의 영향을 받을 것으로 예상한다고 밝혔다. 등급이 낮은 고객은 금지에 가까워지면 많은 경고를 받게 된다. 또한 점수를 향상시키는 방법에 대한 팁도 제공된다. 예를 들어, 여기에는 운전기사에게 예의 바르게 대하고, 차량에 쓰레기를 버리지 않고, 안전 벨트를 매고, 제시간에 준비하는 것이 포함될 수 있다.

가치에 더 관심이 있다. B2C 시장에서 고객 관계가 덜 중요하다는 의미는 아니다. B2B 및 B2C 서비스 제공 업체 모두 지속적으로 새로운 고객을 찾는 것보다 기존 고객 관계를 유지하는 것이 비용 측면에서 더 효율적이라는 사실을 알게 될 것이다.

지난 50년 동안 산업 마케팅 및 구매(Industrial Marketing and Purchasing, IMP) 그룹에서 가장 두드러지게 활동한 몇몇 연구자들은 비즈니스 관계 구축이 '고객' 관계 구축과 다르다고 주장해왔다.[14] 비즈니스 시장은 종종 문제에 대한 해결책을 찾고 있는 소수의 강력한 고객으로 구성된다. 많은 비즈니스 관계는 밀접하고 복잡하며 장기적이며 각 관계는 관계 네트워크의 일부다. B2B 관계를 개선하는 원동력과 그렇게 함으로써 얻을 수 있는 이점에는 일반적으로 잠재적인 비용 절감과 함께 시장점유율의 성장 및 증가와 같은 것들이 포함되어 있어 수익성이 향상된다. 장기적으로 건전한 관계는 서비스를 차별화하고 고객 행동을 변화시켜 협력을 개선하고 신뢰를 높이며 문제 해결 능력을 향상시킬 수 있다.

5.4.1 비즈니스 관계의 형태

비즈니스 관계는 다양한 형태로 존재한다.[15] 일부는 복잡하고 장기적이며 종종 더 넓은 관계 네트워크의 일부가 되지만 또 다른 것들은 단기적이기도 하다. 일부는 긴밀하고 협력적인 반면 다른 일부는 계약 중심이며 본질적으로 상당히 적대적일 수 있다. 가장 자주 발생하는 비즈니스 관계는 다음과 같다.[16]

- **계약**은 종종 '각 파트너의 협력적 기여와 권한을 지정하는'[17] 비형평성 계약이며, 여기서 더 큰 권한은 일반적으로 구매 '파트너'에게 있다.
- **파트너십**(partnership)(동맹이라고도 함)은 계약적이거나 비공식적일 수 있으며 공동 목표와 상호 이익을 위해 두 파트너의 동등한 투입을 기반으로 구축된 관계를 의미하는 경향이 있다. 일부 파트너십은 단기 활동에 중점을 둔다. 몇몇의 파트너십은 완전한 합병에 대한 전 단계일 수 있다.[18]
- **전략적 제휴**는 '제품, 기술 또는 서비스의 교환, 공유 또는 공동 개발을 포함하는 기업 간의 자발적인 계약'[19]이지만 종종 한 당사자를 포함하기 때문에 비대칭 관계로 존재하는 경향이 있다. 상대방의 일부 지분을 취득한다.[20]
- **파트너링**(partnering)은 개방성과 신뢰의 환경에서 파트너 간의 긴밀한 관계를 발전시키는 것과 관련이 있다.
- **합작 투자**(joint ventures: JV)는 동맹의 한 형태이며 특정 기회를 활용하기 위해 공동 소유

다 른 견 해

B2B와 B2C 고객 관계를 아주 다르다고 보는 것은 지나친 단순화라고 볼 수 있다. 비즈니스 서비스를 구매하는 것은 당연히 총가격, 보증, 전달 신뢰성 및 서비스 수준 등과 같은 객관적인 기준의 고려를 포함하지만, 구매 결정에 영향을 미치는 다른, 보다 주관적인, 기준이 있을 가능성이 있다. 예를 들어, B2B 서비스는 자사의 이미지를 위태롭게 하는 위험을 무릅쓰기보다 제고할 명성을 가진 공급자를 선택할 수 있다. 마찬가지로, 그들은 불완전한 윤리적 관계를 가진 공급자보다는 자사의 종업원들에게 매력적인 공급자를 선택할 수 있다. 다른 말로 하면, 구매자의 명성을 제고하거나 구매 결정의 위험을 감소시킬 수 있는 '객관적'이고 다른 기준의 혼합이 존재한다. 이는 '합리적'이고 '객관적'인 기준과 B2C 서비스의 소비자에게 영향을 미치는 '브랜드 관련' 기준의 혼합체와 크게 다르지 않다. 물론, B2B 구매 관리자들은 그들이 얻을 수 있는 최고의 가격을 추구하고, 사양의 일치를 보장하며, 어떠한 규제도 준수하고 윤리적 실천을 따라야만 하나, 그들은 다른 보다 주관적이고 감성적인 이슈들에 영향을 받을 것이다.

B2B 관계를 전적으로 합리적이라고 보는 것 역시 실수다. 현실에서는, 비즈니스 서비스 관계와 소비자 서비스 관계 사이의 차이는 그다지 명쾌하지 않다.

의 새로운 별도 법인 또는 자회사를 만드는 파트너를 포함한다.

- **네트워크**는 다양한 형태를 취할 수 있는 파트너십, 제휴 또는 JV를 상호 연결하는 구조다.

중요한 것은 모든 조직 간 관계는 말과 행동을 통해 관계를 형성하고 유지하는 소수의 개인의 사고방식과 행동에 의해 생성, 개발되고 영향을 받는다는 것이다. 일반적으로 이러한 관계의 대상이 변경되면 관계의 특성도 변경될 수 있다.

거래적 및 전략적 관계

연구 및 컨설팅 결과에 따르면, 조직 간 관계는 여러 형태로 존재하지만 두 가지 주요 유형의 관계(거래 및 전략적)만 있으며 각각 고유한 특성 집합이 있다.[21] 차이점이 종종 오해되기는 하지만 두 유형 모두 유효하다. 기억해야 할 중요한 점은 두 가지 유형을 상당히 다르게 관리하고 측정해야 한다는 것이다. 이 두 가지 유형의 주요 특성은 〈그림 5-9〉에 요약되어 있다.[22]

〈그림 5-9〉 거래적 관계와 전략적 비즈니스 관계

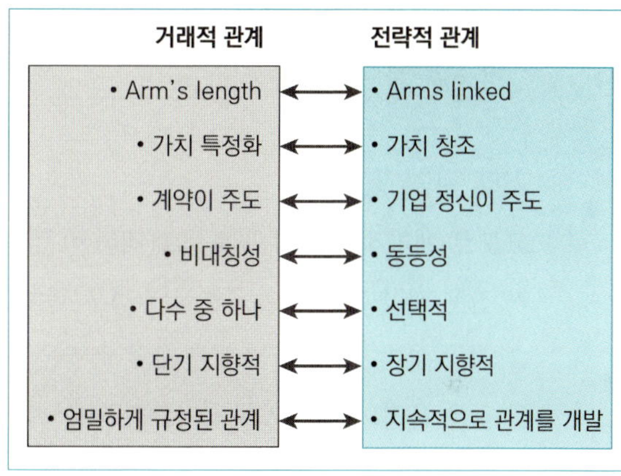

Source: Developed by SHAPE International (www.shape-international.com).

일반적으로 한 조직은 매우 적은 수의 진정한 전략적 관계만 가질 가능성이 높으므로 많은 관리자에게 과제는 거래 수준에서 최고가 되는 방법이다. 거래 관계에서 전략적 관계로 전환하는 것은 단순한 작업이 아니다. 그 결정은 일반적으로 CEO의 특권으로 간주되는 전략적 방향의 변화를 포함할 가능성이 높다. 고객 관계에 대한 문제 및 접근 방식 중 일부는 비즈니스 관계에도 적용되지만 비즈니스 관계 관리에는 세 가지 추가 측면이 있다. 비즈니스 관계 측정, 주요 계정 관리자 사용, 개인 관계를 개발하는 추가적 방법이다.

5.4.2 비즈니스 관계 측정

조직 간 관계에 관련된 관리자가 자주 고려하는 질문은 다음과 같다.

- 현재 관계는 어디에 있는가?
- 왜 그런 관계가 되었나?

- 최상의 관계는 무엇인가?
- 이를 위해 무엇을 변경해야 하는가?
- 진행 상황을 어떻게 모니터링해야 하는가?

이러한 질문은 운영 관리자의 핵심 관심사인 관계를 평가하고 측정하는 방법을 강조한다. 고객 관계에 대한 정기적인 평가는 의식적이고 의도적인 개입을 위한 전제 조건이다. 평가는 제안을 개발 또는 조정하거나 관계 운영 능력에 투자하는 것과 같이 관계의 주요 변화를 고려할 때 특히 가치가 있다.[23] 그러나 놀랍게도 그 중요성을 감안할 때 관계 측정에 대한 이해가 부족하다. 운영 관점에서 관리자는 공급 업체 또는 파트너와 함께 작업하기 위해 결함이 있는 위치를 이해하기 위해 관계를 평가하고 측정해야 한다. 기존 관계의 측정은 미래에 사용할 파트너에 대한 결정에도 영향을 미친다.

두 가지 유형의 관계가 측정에 대해 완전히 다른 접근 방식을 요구한다는 점을 인식하는 것이 중요하다.

거래 관계 평가

고도로 계약적인 거래 관계를 관리하는 것은 종종 어려운 일이다. 이는 고객 비즈니스의 일부가 전문 제공 업체에 아웃소싱된 경우 특히 그렇다. 이에 대한 예로는 시설 관리 또는 정보 기술 지원 분야가 있다. 거래 관계의 측정은 거의 전적으로 가격 및 정시 완료, 또는 배송 품질과 같은 운영 성과의 재무적이고 엄격한 측정과 관련된 경향이 있으며 종종 서비스 수준 계약(service-level agreements: SLA)에 의해 정의되며 구매자가 공급자에게 부과하는 경우가 많다. 관계는 정의상 양 당사자가 '소유'한다는 점을 인식하는 것이 중요하다. 기본적으로 양방향이며 공유되므로 이 접근 방식은 계약 맥락에서는 완벽하게 유효하지만 진정으로 관계를 측정하는 것으로 볼 수 없다. 실제로 모니터링되는 것은 계약에 대한 공급 업체의 성과(그 자체로 전적으로 적절한 것)이지만 공동으로만 적절하게 측정할 수 있는 관계 측정과 혼동해서는 안 된다. 〈표 5-3〉에는 일반적인 SLA에 포함된 주요 조치의 예가 나타나 있다.

SLA의 장점은 측정값이 계약이 얼마나 잘 작동하는지 검토할 수 있는 기반을 제공한다는 것이다. 단점은 SLA를 통해 서비스 제공의 모든 측면을 설명하는 것이 불가능하다는 것이다. 업무 관계가 점점 늘어나는 조치 목록에 대한 성과에 대한 '실질적인' 검토로 악화되면 더 이상 지속되지 않을 가능성이 높다. 설상가상으로 SLA는 때때로 공급자에게 과도한 압력을 가하는 데 사용된다. 예를 들어, 공급 업체가 합의된 조치에 대해 매우 잘 수행한 경우 구매자는 감사와 연장 계약을 제공하는 대신 공급 업체가 성능 목표를 달성하는 데 필요한 것보다 더

〈표 5-3〉 서비스 수준 계약(SLA) 예시

헬프데스크 지원	예
전화 대응	벨소리 3회 내에 95%응답
문제 해결	첫 응대 후 8시간 내에 65% 해결 24시간 이내에 2차 지원을 통해 35% 지원
불만사항 전달	8시간 근무 후 일선 관리자에게
	16시간 근무 후 상급 관리자에게
소프트웨어 수정 요청	5 영업일 이내에 초기 대응 15 영업일 이내에 제안 개요 설명

장비 유지보수	예
중요하지 않은 고장에 대한 대응	2 영업일
중대한 고장에 대한 대응	2시간
첫 수리율	95%
일정 준수	2 영업일 이내에 95%
예비 가용성	48시간 이내에 95% 5 영업일 이내에 100%

많은 자원을 가지고 있다는 가정하에 가격을 낮추려고 할 수 있다. (SLA에 대한 자세한 내용은 10장에서 다룰 것이다.)

전략적 관계 평가

전략적 관계의 일환으로 장기적인 관계에서 상호 이익을 염두에 두고 긴밀하게 협력하려는 파트너 조직은 해당 관계의 성격 또는 강점과 이를 함께 발전시킬 수 있는 방법을 평가하고자 한다. 많은 운영 관리자가 태도, 행동, 신뢰와 같은 관계의 부드럽고 개인적인 특성 중 일부를 측정하는 것이 불가능하지는 않더라도 어렵다고 주장하지만 일반적으로 성공에 필수적인 것은 이러한 특성이다.[24] 우리의 결론은 단순히 공급 업체 평가나 고객 만족 연습을 수행하는 것이 아니라 양 당사자의 관점에서 관계를 이해하고 관리하는 것이 가능하다는 것이다.[25]

이 결론은 근본적으로 다른 접근 방식, 즉 관계 당사자의 사고 방식과 열망을 반영하는 접근 방식을 요구한다. 이는 거의 항상 합의된 지표들을 포착하고 모니터링하기 위한 프로세스의 공동 개발을 기반으로 한다. 이를 수행하는 매우 성공적인 방법 중 하나는 비즈니스 관계 촉진을 전문으로 하는 회사인 SHAPE International에 의해 완성되었다. 이는 관계의 중요한 특성에 대한 합의를 촉진하는 것을 포함한다. 즉, 일반적으로 비즈니스 관계의 일곱 가지 요소를 선택하는 것이다[26](〈표 5-4〉). 공동으로 합의한 점수는 개선을 위한 실행 계획 논의를 위한 기초를 형성한다.

〈표 5-4〉 비즈니스 관계의 일곱 가지 차원

차원	정의
파트너 선정	함께 일할 파트너
계약의 성격	계약이 관계에 미치는 영향
상호 이해	서로의 기대와 인식 이해
대인 관계	직장 및 사회에서의 일대일 관계
업무 방식	조직 차원의 관계
문제 해결	문제 처리 및 학습
성과 관리	개선을 추진하기 위한 척도의 사용

5.4.3 핵심 계정 관리

조직의 전략적 고객 수가 상대적으로 적은 상황에 적합한 접근 방식은 핵심 계정 관리(key account management: KAM)라고 할 수 있다. KAM은 공급자와 고객 사이에 둘 이상의 연락 채널이 있어 이러한 관계가 복잡하다는 것을 알고 있다. 〈그림 5-10〉은 구매자-공급자 관계에 대한 전통적인('나비 넥타이') 접근 방식에서 다이아몬드로 표시되는 KAM 접근 방식으로의 전환을 보여 준다.

전통적인 접근 방식에서 거래는 영업 또는 계약 관리자라는 단일 접점을 통해 전달된다. 〈그림 5-10〉에서 알 수 있듯이 이 접근 방식의 약점은 관계가 단일 구매자와 판매 또는 계약 관리자 간의 연결 수준에 국한된다는 것이다. 이 관계는 인력 변경에 취약하므로 일부 조직에서는 '완전한' 거래 조건을 유지하기 위해 정기적으로 구매자를 변경한다. 공급 업체의 위험은 구매자가 변경되면 불리한 환경으로 이어질 수 있다는 것이다. 주목해야 할 핵심 사항은 고객 조직의 다른 영향력 있는 사람들과 강력한 접촉을 구축하는 경쟁 업체에 의해 관계가 쉽게 깨질 수 있다는 것이다.

KAM의 목표는 전통적인 '나비 넥타이' 관계를 훨씬 더 강력한 '다이아몬드' 구조로 바꾸는 것이다. 이 형식에서는 두 조직의 경계를 넘어서는 연결이 중요하다. 핵심 계정 관리자의 역할은 이제 모든 커뮤니케이션이 흘러야 하는 통로 역할을 하는 것이 아니라 관계를 가능하게 하는 역할을 하는 것이다. 고객에게 특별한 요구 사항이 있는 경우 KAM은 적절한 당사자 간

〈그림 5-10〉 구매자-공급자 관계의 전환

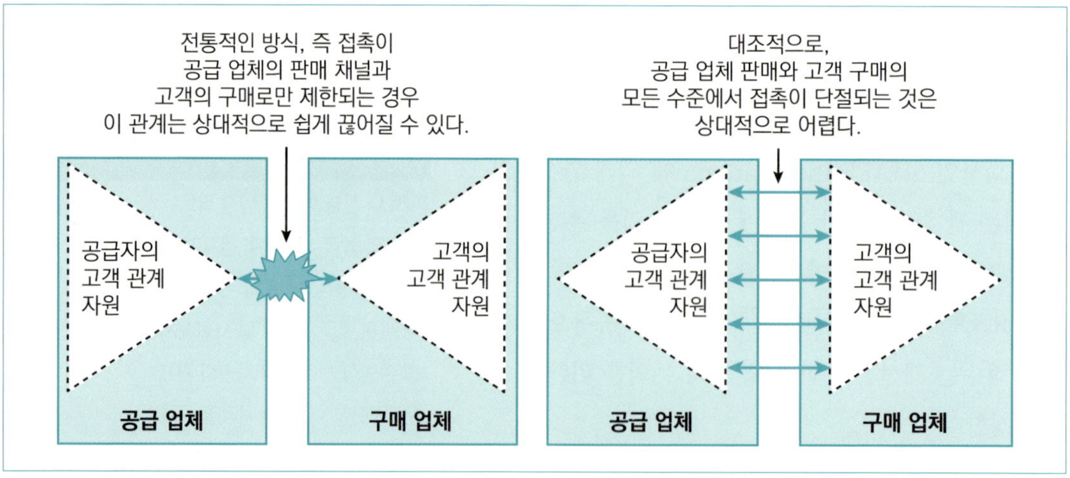

Source: Based on Payne, A., Christopher, M., Clark, M. and Peck, H. (1995), *Relationship Marketing for Competitive Advantage*, Butterworth Heinemann, Oxford.

의 대화 설정에 중점을 둔다. 물론 핵심 계정 관리자는 장기적인 비즈니스에 피해를 줄 문제가 발생하지 않도록 이러한 관계의 효과를 모니터링해야 한다.

이 접근 방식은 사업 개발에 기업가 정신을 갖도록 권장되는 개인이나 그룹을 고용하는 전문 서비스 회사에 특히 유용하다. 같은 조직에서 온 많은 사람이 고객에게 다가가는 것은 드문 일이 아니며, 사실상 동일한 사업을 위해 서로 경쟁하지 않기 때문에 고객에게 회사가 무엇을 하고 있는지 모른다는 인상을 줄 수 있다. B2B 고객의 경우 고객 유지 접근 방식이 매우 중요하므로 조직이 고객 충성도에 집중해야 하는 것은 명백하다. 고객의 상실은 이러한 많은 서비스의 존재를 위협할 수 있다. 여기서 관계 성장 접근 방식은 더 많은 연결을 구축하고 비즈니스 연결의 기반을 넓히는 데 중점을 두어야 한다.

5.4.4 비즈니스에서 인간관계 구축

운영에 집중하고 서비스를 제공하느라 바쁜 조직과 시장에 초점을 맞추고 고객 기반을 늘리려는 다른 극단의 조직은 비즈니스 관계를 강화하는 것을 쉽게 간과할 수 있다. 대인 비즈니스 관계는 다음 네 가지 주요 방식으로 수립되고 강화될 수 있다.[27]

- **더 나아가기.** 향상된 문서, 분석, 설명, 프리젠테이션 제공울 제공하고 직원에 대한 접근성 향상시켜 현재 프로젝트에서 예상보다 높은 수준의 서비스를 제공한다.
- **고객 접촉량 늘리기.** 자주 방문하거나 전화를 걸고, 조직의 여러 수준에서 연락처를 만들고, 회의 및 피드백/개발 세션을 계획한다.
- **비즈니스 관계 구축.** 고객을 위한 특별 세미나 개최, 차별화된 연락처 만들기, 벤치마킹 지원, 유용한 기사 보내기, 새로운 비즈니스 소개 등을 진행한다.
- **사회적 관계 구축.** 사교 활동 및 이벤트 티켓을 제공하고 개인 기념일 등을 기억한다.

5.5 요약

'고객'은 누구인가? '고객'은 서비스 프로세스에서 수신자이자 제공자(공동 생산자)이기도 하다. '고객'이라는 단어는 개인, 단위 또는 조직이 서비스를 제공하는 모든 개인, 단위 또는 조직을 의미한다. 고객은 외부, 내부, 중개자, 최종 사용자, 이해 관계자, 지불자, 수혜자, 참여자 등이 될 수 있으며, 가치가 높을 수도 있고 다소 낮을 수도 있다. 운영 관리자는 개별 고객의 특성과 고객의 태도 및 행동에 대한 이해를 발전시켜야 한다. 이를 위해서는 다양한 고객 유형을 분류해야 한다. 이를 수행하는 방법에는 여러 가지가 있다. 다양한 접근 방식은 크게 세 가지로 나눌 수 있다. 첫째, 구매 행동의 특성에 기반한 접근 방식이다. 이들은 주로 영업 사원이 최선의 판매 방법을 판단하는 데 사용한다. 둘째, 고객 그룹의 특성에 기반한 접근 방식이다. 이들은 마케팅 담당자가 시장을 세분화하기 위해 주로 사용한다. 셋째, 공급망에서 고객의 위치에 기반한 접근 방식이다. 이들은 주로 운영 담당자가 고객에게 서비스를 제공하는 최선의 방법을 결정하는 데 사용한다.

좋은 고객을 유지하면 어떤 이점이 있는가? 운영 관리자의 핵심 작업은 고가치 고객을 유지하는 것이다. 가치 있는 고객을 유지하는 조직은 수익 증가, 비용 절감, 긍정적인 입소문 추천 및 장기적인 수익원 제공의 이점을 기대할 수 있다. 고객 유지는 활성 계정 수를 고려하거나 평생 가치를 계산하는 등 다양한 방법으로 측정할 수 있다. CLV(Customer Lifetime Value)는 고객과 비즈니스의 전체 관계 기간 동안 고객의 비즈니스에 대한 총가치이다.

관리자는 어떻게 좋은 고객 관계(B2C 서비스)를 개발할 수 있는가? 고객 관계 관리는 상호 이익을 위해 고객과의 관계를 설정, 유지, 강화하는 것이다. 문제의 고객이 개인일 때와 기업일 때 고객 관계를 발전시키는 것에는 약간의 차이가 존재한다. 고객 관계 관리의 중요성은 지난 수십 년 동안 관계 마케팅이라는 아이디어가 등장하면서 강조되어왔다. 관계 마케팅이 철학이라면 고객 관계 관리는 그것이 운영되는 방식이다. 그러나 모든 고객이 똑같지는 않다. 다양한 유형의 고객 관계와 이를 분류하는 다양한 방법이 있다. 한 가지 방법은 고객의 관점에서 보고 서비스 제공자에 대한 고객의(긍정적 또는 부정적) 태도와 그들이 태도를 추구하는 데 얼마나 적극적인(또는 비활성적인)지를 구별하는 것이다. 또 다른 접근 방식은 조직의 관점에서 더 많이 보고 '포트폴리오 관계', '개인적 관계' 및 '일시적 관계'를 구분하는 것이다. 서비스 구매 또는 사용에 있어 고객이 인지하는 위험과 공급자와의 일종의 관계에 대한 욕구 사이에는 종종 연결 고리가 있다. 고객 관계 관리(CRM)는 고객과의 상호작용에서 파생되는 데이터를 관리하고 분석하는 데 사용되는 전략, 활동, 프로세스 및 기술의 총체이다. 조직 단위와 고객 간의 많은 커뮤니케이션 채널을 통합하려고 시도한다. 일부 고객은 서비스 사용 방법에 대한 교육을 통해 혜택을 받는다. 다른 사람들은 서비스를 완전히 사용하지 못하게 해야 할 수도 있다.

관리자는 어떻게 좋은 비즈니스 관계(B2B 서비스)를 개발할 수 있는가? 비즈니스 관계 구축은 많은 소비자 관계 구축과 다를 수 있다. B2B 서비스는 볼륨이 적고 다양성이 높으며 가치가 높을 가능성이 높다. 비즈니스 시장은 종종 문제에 대한 해결책을 찾고 있는 소수의 강력한 고객으로 구성된다. 많은 비즈니스 관계는 밀접하고 복잡하며 장기적이며 각 관계는 관계 네트워크의 일부를 구성하고 있다. 다른 것들은 본질적으로 단기적이고 적대적이다. 계약, 파트너십, 제휴, 전략적 제휴, 파트너링, 합작 투자 및 네트워크와 같은 많은 유형의 기업이 있다.

이들 각각은 약간 다른 형태의 관계를 포함한다. 비즈니스 관계를 측정하는 것이 개선의 핵심이다. 서비스 수준 계약(SLA)은 종종 계약 거래 관계에서 사용된다. 전략적 관계에는 공동으로 개발된 지표가 필요하다. 핵심 계정 관리(KAM)는 소수의 전략적 파트너가 있는 조직에 유용하다. 개인적인 관계 구축은 많은 비즈니스 관계를 뒷받침한다.

토론 및 연습

1. 온라인에서 '연애'라는 단어로 검색하면 대인 관계에 대한 조언이 쏟아진다. 또한 저자가 고객 관계를 설명하기 위해 사용하는 언어는 종종 개인 관계의 언어를 반영한다. 고객 관계는 개인 관계와 동일한가.

2. '교도소 서비스' 사례를 다시 읽어보고, 이 특정 예시에서 모든 이해 관계자를 고려하는 것이 왜 중요한지 생각해 보자.

3. 예를 들어, 슈퍼마켓, 의류 소매점, 음악 다운로드 웹사이트, 술집 또는 은행과 같이 당신이 사용하는 세 가지 서비스 조직에 대한 고객생애가치를 계산해 보라. 생애가치 평가의 문제점은 무엇인가?

4. '택시기사의 복수' 사례에서, 서비스 제공자와 사용자 모두를 평가하는 것과 같은 플랫폼 서비스의 문제점은 무엇인가.

5. 'Harley Owners Group(H.O.G.)' 사례에서, Harley-Davidson이 이 클럽을 홍보하는 데 그렇게 많은 노력을 기울이는 이유는 무엇인가?

6. 일부 고객은 서비스 제공자를 남용한다. 바람직한 대응책은 무엇인가? (a) 온라인 의류 소매점에 입었던 의류를 반품하는 고객의 수를 줄이려고 노력하는 것인가, 또는 (b) 헤어 약속에 오지 않는 고객의 수를 줄이는 것인가?

사례 문제: P-Mecxx 사이버 서비스

오늘날의 환경에서는 아무도 보안 위반 및 데이터 손실 사고에 면역을 가지고 있지 않다. 그러나 우리는 특히 취약성을 식별하고 고객 시스템을 위험에 빠뜨리는 격차를 좁히는 데 도움을 줄 수 있는 준비가 되어 있다고 믿고 있다. 우리는 데이터 유출 및 직원 위법 행위와 같은 정보 보안 문제가 모든 유형의 조직, 특히 금융 시장에서 운영되는 조직의 지속적인 걱정거리라는 것을 알고 있다. 그들은 사이버 보안 문제로 인해 민감한 데이터가 위험에 처하고 시간, 수익, 가장 중요한 평판을 잃을 수 있다는 것을 알고 있기 때문에 특히 민감하다.

— Travis Bickley, CEO, P-Mecxx 사이버 서비스

P-Mecxx 사이버 서비스는 사이버 보안 시스템 및 컨설팅 조언을 제공하는 유럽 공급 업체였다. 원래는 런던과 프랑크푸르트에 기반을 둔 일반 위험 관리 사업부였지만 2008년 금융 위기로 인해 모회사가 일부 사업을 매각한 후 분리되었다. 주로 금융 서비스 산업에서 사이버 보안을 전문으로 하는 작지만 집중적인 컨설팅 회사로 성장하였다. 어려운 시기를 보낸 후 빠르게 변화하는 영역인 현재의 사이버 보안 위험에 대한 최신 정보를 제공하고 업계에서 인정하는 사이버 전문가를 제공할 수 있는 기술적으로 지식이 풍부한 '괴짜' 회사라는 명성을 얻었다. 고객이 높은 수준의 사이버 레질리언스를 달성하도록 도울 수 있다. P-Mecxx는 대부분의 서비스 및 지원 노력을 고객에게 가장 적합한 시스템 및 운영 방식을 선택하는 데 투입했다.

서비스

이 회사는 소위 '엔드 투 엔드 사이버 보안 소프트웨어 및 컨설팅 서비스'를 제공했다. 자체 소프트웨어를 만들지는 않았지만 여러 사이버 보안 시스템 제공 업체에 등록된 에어전트였다. 많은 공급 업체의 제품에 익숙해지는 데 많은 노력이 필요했지만 P-Mecxx는 고객에게 가장 적합한 제품을 추천할 수 있었고 더 복잡한 요구 사항이 있는 일부 고객의 경우 '선택 및 혼합'할 수 있었다. 여러 공급 업체의 제품에서 보다 맞춤화되고 확장 가능한 사이버 보안 솔루션을 만들 수 있다. 사이버 보안 시스템에 대한 회사의 지식 대신, Travis는 클라이언트가 원하는 토탈 패키지임을 강조하였다.

우리가 현재 사용 가능한 시스템에 대해 숙달하는 것은 매우 중요하다. 그러나 실제로 중요한 것은 사이버 보안을 위험 관리의 맥락으로 설정하고 인식하는 것이다. 우리는 사이버 위험 평가 및 분석, 취약성 평가 및 침투 테스트, 무선 보안 평가 및 프로세스 검토를 포함하여 고객의 시스템 및 애플리케이션을 평가하기 위해 전체 범위의 내부 및 외부 평가를 수행하는 검증된 프로토콜을 보유하고 있다. 그런 다음 침입의 소스를 조사하고 식별하고 향후 공격으로부터 시스템을 가장 잘 보호하는 방법을 평가하는 데 도움이 되는 모든 전문 지식과 리소스를 보유하고 있다. 가장 중요한 것은 고객의 평판을 보호하고 보안 위반의 영향을 받은 이해 관계자와 신뢰를 다시 구축하도록 도울 수 있다는 것이다.

미래

지난 10년 동안 우리는 내부 자원에 집중하여 시장에서 자리를 잡아왔다고 해도 과언이 아니다. 기술 및 자문 전문 지식이 적절하게 조화를 이룬 사람을 찾고 유지하는 것은 어렵다. 하지만 우리는 좋은 보상 패키지를 가지고 있고 직원들의 발전에 도움이 되는 작업 환경을 제공한다고 생각하고 싶다. 이제 우리는 새로운 국면으로 나아가야 한다. 우리 시장에 대한 더 깊은 이해가 필요한 시기이다. 지금까지 우리는 모든 고객이 거의 동일하고 보안 예산이 다를 뿐이라고 가정했지만 이는 명백히 틀렸다. 사실 고객마다 요구 사항이 다르며 우리는 고객을 더 잘 이해해야 한다. — Travis Bickley

P-Mecxx의 선임 팀은 세 가지 관련 이니셔티브를 출발점으로 시작하기로 결정하였다. 첫 번째는 각 고객의 고객 평생 가치를 계산하여 고객의 비즈니스 가치를 추정하는 것이다. 두 번째는 서로 다른 고객을 구별하여 그들의 요구 사항을 더 잘 이해하고 그들이 받고 있는 서비스에 대한 전반적인 만족도를 평가하는 것이다. 세 번째는 아마도 일종의 주요 계정 구조를 채택함으로써 회사가 고객과 상호작용하는 방식을 간소화하는 것이다.

고객생애가치 활용

P-Mecxx는 이전 상위 그룹에서 분할되기 직전에 고객생애가치(CLV) 계산을 사용했지만 분할 후 사용이 중단되었다. 이제 CLV를 측정하지 않으면 평생 가치가 없는 고객을 확보하는 데 너무 많은 비용을 지출할 위험이 있다고 믿게 되었다. 또한 당시 신흥 시장이었던 곳에서 가장 가치 있는 고객 그룹을 식별할 수 있었다.

우리는 개별 기업의 요구에 맞는 고객 관계를 제공하는 데 집중하는 것이 중요할 것이라고 믿었다. 이렇게 해야만 유사한 서비스를 제공하는 점점 더 많은 컨설팅 회사와 차별화할 수 있다. — Travis Bickley

회사는 고객 수명이 평균적으로 최소 5년이고 이 기간 동안 유지율이 매우 높고 계약의 성격에 따라 고객당 평균 이윤을 예측할 수 있다고 가정하여 CLV를 측정하였다. CLV를 계산하는 여러 가지 방법 중에서 회사는 역사적으로 단순하고 전통적인 공식을 사용하였다. 과거 CLV는 특정 기간의 기존 고객 데이터를 기반으로 한다. 이것은 다음과 같은 간단한 공식으로 표현할 수 있다.

$$\text{CLV} = (\text{고객당 연간 수익} \times \text{고객 관계(년)}) - \text{고객 획득 비용}$$

고객 세분화

우리와 같은 시장을 세분화하려고 할 때 주의해야 한다.

모든 고객은 자신에게 고유한 문제가 있다고 생각하지만 실제로는 문제가 상당히 일반적이다. 차이점은 그들이 필요로 하는 솔루션의 특성이다. 또한 세분화는 객관적인 분류가 아니다. 그것은 우리가 그것을 더 잘 이해할 수 있도록 시장에 내놓은 인공적인 구조이다. 이것은 고객이 실제로 어떤 종류의 고객인지 알려주도록 요청하는 컨설팅의 경우 특히 그렇다. — Travis Bickley

실제로 P-Mecxx는 지속적으로 개입과 조언이 얼마나 적극적으로 필요한지에 따라 고객을 비공식적으로 분류하였다. 분류 결과는 상당히 다양하였는데, 일부 고객은 후속 지원이 거의 또는 전혀 없이 적절한 보안 소프트웨어 및 절차를 설치하는 데 도움이 뒤따르는 간단한 위험 및 취약성 평가를 요구하였다. 다른 극단적인 경우, 취약성이 더 높은 일부 고객은 새로운 위험이 나타날 때 정기적인 지원과 함께 더 광범위한 시스템과 조언을 원했다. 고객 요구 사항의 이러한 범위는 CLV와 어느 정도 일치한다. 특히 요구 사항이 까다로운 고객의 CLV는 일부 덜 활동적인 고객보다 최대 10배인 것으로 나타났다. 이로 인해 회사는 고객을 '낮은 접촉', '중간 접촉' 또는 '높은 접촉'으로 분류하였다. 〈표 5-5〉는 각 범주에 등록된 고객(현재 활성 계약 포함)의 수를 보여 준다.

태도 조사 결과는 〈표 5-6〉과 같다. 특이한 점은 중간 접촉 고객의 상대적으로 열악한 수치였다. 일부 시니어 팀은 설문 조사에 납득하지 못했다.

우리는 전문 기관을 고용하여 고객을 대상으로 설문 조사를 했고, 고객이 묻는 질문을 돌이켜보면 상대적으로 작은 문제만 발생했을 때 전반적인 만족도를 '만족하지 못함'으로 평가하는 편향이 있었던 것으로 생각했다. 그럼에도 불구하고 결과가 실제보다 나빠 보인다고 생각하지만 어떻게 하면 고객과 더 나은 관계를 맺을 수 있을지 고민해야 하는 것은 분명했다. — Travis Bickley

핵심 계정 관리

P-Mecxx는 핵심계정관리(KAM) 프로그램을 도입한 적이 없지만 비공식적으로 선임 컨설턴트가 상위(수익 측면에서) 50개 정도의 고객과의 관계를 담당하도록 지정하였다. 일반적으로 담당 컨설턴트는 최초 고객과 접촉한 사람이었다. 그것은 수년 동

〈표 5-5〉 '낮은 접촉', '중간 접촉', '높은 접촉'으로 분류된 P-Mecxx 고객 (이전 회계연도)

고객 유형	고객 수	평균 CLV (€,000)	연간 수입 (€,000)
낮은 접촉	42	47.7	2,003.4
중간 접촉	164	107.7	17,662.8
높은 접촉	64	372.1	23,814.4

〈표 5-6〉 P-Mecxx에서 제공하는 서비스에 대한 고객의 만족도

고객 유형	'매우 만족'으로 보고된 비율	'만족'으로 보고된 비율	'만족스럽지 않음'으로 보고된 비율
낮은 접촉	40.2	53.1	6.7
중간 접촉	21.9	56.0	22.1
높은 접촉	47.9	49.9	2.2
평균	31.2	54.8	14.0

안 잘 작동해 온 관행이었고 회사는 모든 고객을 위해 주요 계정 관리자를 지정하는 것을 고려하고 있었다.

우리는 모든 컨설턴트가 돌봐야 할 고객 포트폴리오를 가지고 있는지 확인해야 하며, 고위 직원일수록 접촉이 많은 고객의 비율이 더 높을 것이다. — Travis Bickley

질문

1. 회사가 고객을 분류하는 방식과 관련하여 Travis Bickley에게 어떤 조언을 할 수 있는가?
2. 고객과의 관계를 개선하기 위해 무엇을 해야 하는가?
3. 핵심계정관리를 채택하는 것이 P-Mecxx에 바람직한 방법인가?

심화 자료

Anderson, E. and Jap, S.D. (2005) 'The dark side of close relationships', *MIT Sloan Management Review*, 46 (3), 75–82.

Berry, L.L. (1995) 'Relationship marketing of services – growing interest, emerging perspectives', *Journal of the Academy of Marketing Science*, 23 (4), 236–245.

Buttle, F. (2008) *Customer Relationship Management*, 2nd edition, Butterworth-Heinemann, Oxford.

Clark, M., Rose, S. and Myers, A. (2018) 'The "dark side" of customer relationships – determining the dark side', Report, Henley Centre for Customer Management.

Dalsace, F. and Jap, S. (2017) 'The friend or foe fallacy: why your best customers may not need your friendship', *Business Horizons*, (60) 4, 483–493.

Edvardsson, B. and Strandvik, T. (2008) 'Critical times in business relationships', *European Business Review*, 21 (4), 326–343.

Fruchter, G.E. and Sigue, S.P. (2005) 'Transactions vs relationships: what should the company emphasize?', *Journal of Service Research*, 8 (1), 18–36.

Grönroos, C. (2007) *Service Management and Marketing: A Customer Relationship Management Approach*, Wiley, Chichester.

Johnston, R. and Staughton, R. (2009) 'Establishing and developing strategic relationships – the role for operations managers', *International Journal of Production and Operations Management*, 29 (6), 564–590.

Payne, A. and Frow, P. (2017) 'Relationship marketing: looking backwards towards the future', *Journal of Services Marketing*, 31 (1), 11–15.

Ravald, A. and Grönroos, C. (1996) 'The value concept and relationship marketing', *European Journal of Marketing*, 30 (2), 19–30.

Reichheld, F.F. (2006) 'The microeconomics of customer relationships', *MIT Sloan Management Review*, 47 (2), 73–78.

Shaw, C. (2007) *The DNA of Customer Experience*, Palgrave Macmillan, Basingstoke .

So, K.K.F., King, C., Sparks, B.A. and Wang, Y. (2016) 'The role of customer engagement in building consumer loyalty to tourism brands', *Journal of Travel Research*, 55 (1), 64–78.

Staughton, R. and Johnston, R. (2005) 'Operational performance gaps in business relationships', *International Journal of Operations and Production Management*, 25 (4), 320–332.

미주

1 The origin of the recency, frequency, monetary value (RFM) concept is obscure, but many think it first dates from an article by Jan Roelf Bult and Tom Wansbeek, 'Optimal selection for direct mail,' published in a 1995 issue of Marketing Science.

2 See, for example, Christopher, M., Payne, A. and Ballantyne, D. (2001) *Relationship Marketing: Creating Stakeholder Value*, 2nd edition, Butterworth-Heinemann,

Oxford; Gummesson, E. (2002) *Total Relationship Marketing: Rethinking Marketing Management*, 2nd edition, Butterworth-Heinemann, Oxford.

3 Reinartz, W. and Kumar, V. (2002) 'The mismanagement of customer loyalty', *Harvard Business Review*, 80 (7), 86–94.

4 Gremler and Brown use the term 'loyalty ripple effect' to recognise the value of positive word-of-mouth encouragement: Gremler, D.D. and Brown, S.W.(1999) 'The loyalty ripple effect: appreciating the full value of customers', *International Journal of Service Industry Management*, 10 (3), 271–293.

5 See, for example, Knox, S.D. and Denison, T.J. (1992) *Profiling the Promiscuous Shopper, Evaluating Shopper Loyalty*, Air Miles Travel Promotions Ltd, Sussex; Keiningham, T.L., Cooil, B., Aksoy, L., Andreassen, T. and Wiener, J. (2007), 'The value of different customer satisfaction and loyalty metrics in predicting customer retention, recommendation, and share of wallet', *Managing Service Quality*, 17 (4), 361–384.

6 See https://www.statista.com/statistics/304938/amazonprime-and-non-prime-members-average-sales-spend/[accessed 20 April 2020].

7 The information on which this example is based is taken from: www.harley-davidson.com and www.hog.com

8 See, for example, Mohr, J. and Spekman, R. (1994) 'Characteristics of partnership success: partnership attributes, communication behavior, and conflict resolution techniques', *Strategic Management Journal*, 15 (2), 135–152; and Morgan, R.M. and Hunt, S.D. (1994) 'The commitment–trust theory of relationship marketing', *Journal of Marketing*, 58 (3), 20–38.

9 Reichheld, F.F., Schefter, P. and Rigby, D.K. (2002) 'Avoid the four perils of CRM', *Harvard Business Review*, February.

10 Low, V. (2019) 'Ikea puts together flat-pack tutorials', *The Times*, 9 Februaryl.

11 See https://www.mirror.co.uk/news/uk-news/manbanned-john-lewis-waitrose-12855264 [accessed 20 April 2020].

12 See https://www.theolivepress.es/spain-news/2019/10/16/cinema-in-spain-slapped-with-e3000-fine-for-banningcustomers-from-bringing-their-own-food-into-filmscreenings/ [accessed 20 April 2020].

13 The information on which this example is based is taken from Knowles, T. (2019) 'Revenge of the Uber driver: bad passengers may be banned', *The Times*, 30 May.

14 See, for example, Ford, D., Gadde, L-E., Håkansson, H. and Snehota, I. (2011) *Managing Business Relationships*, 3rd edition, Wiley, Chichester.

15 Johnston, R. and Staughton, R. (2009) 'Establishing and developing strategic relationships – the role for operations managers', *International Journal of Production and Operations Management*, 29 (6), 564–590.

16 Johnston, R. and Staughton, R. (2009) 'Establishing and developing strategic relationships – the role for operations managers', *International Journal of Production and Operations Management*, 29 (6), 564–590.

17 Stafford, E.R. (1994) 'Using co-operative strategies to make alliances work', *Long Range Planning*, 27 (3), 64–74.

18 Kanter, R.M. (1994) 'Collaborative advantage: the art of alliances', *Harvard Business Review*, 72 (4), 96–108.

19 Gulati, R. (1998) 'Alliances and networks', *Strategic Management Journal*, 19 (4), 293–317.

20 Stafford, E.R. (1994) 'Using co-operative strategies to make alliances work', *Long Range Planning*, 27 (3), 64–74.

21 See Johnston, R. and Staughton, R. (2009) 'Establishing and developing strategic relationships – the role for operations managers', *International Journal of Production and Operations Management*, 29 (6), 564–590; and Ford, D., Gadde, L-E., Håkansson, H. and Snehota, I. (2011) *Managing Business Relationships*, 3rd edition, Wiley, Chichester.

22 See also Ford, D., Gadde, L-E., Håkansson, H. and Snehota, I. (2011) *Managing Business Relationships*, 3rd edition, Wiley, Chichester; and Henderson, J.C. (1990) 'Plugging into strategic partnerships: the critical IS connection', *Sloan Management Review*, 31 (3), 7–18.

23 Ford, D., Gadde, L-E., Håkansson, H. and Snehota, I. (2011) *Managing Business Relationships*, 3rd edition, Wiley, Chichester.

24 Staughton, R. and Johnston, R. (2005) 'Operational performance gaps in business relationships', *International Journal of Operations and Production Management*, 25 (4), 320–332.

25 Ford, D., Gadde, L-E., Håkansson, H. and Snehota, I. (2011) *Managing Business Relationships*, 3rd edition, Wiley, Chichester.

26 Developed from Johnston, R. and Staughton, R. (2009) 'Establishing and developing strategic relationships – the role for operations managers', *International Journal of Production and Operations Management*, 29 (6), 564–590.

27 Payne, A., Christopher, M., Clark, M. and Peck, H. (1995) *Relationship Marketing for Competitive Advantage*, Butterworth Heinemann, Oxford; Maister, D.H. (2003) *Managing the Professional Service Firm*, Simon and Schuster, London.

SERVICE QUALITY

6 서비스 품질

이 장에서는 고객 만족과 서비스 품질의 개념에 대해 학습하고, 서비스 품질을 측정하고 관리하는 방법에 대해 설명한다. 서비스 품질이 서비스에 대한 고객의 기대와 인식의 차이를 통해 결정된다는 것을 설명한다. 이에 따라, 고객의 기대와 인식을 어떻게 관리하고 운영할 수 있는지 살펴본다. <그림 6-1>은 이 주제가 서비스 운영 관리 모델에서 어디에 해당하는지 보여 준다.

학습 목표

- 고객 만족에 대해 이해할 수 있다.
- 고객의 기대와 인식 측면에서 서비스 품질을 정의할 수 있다.
- 기대와 인식을 관리하는 방법과 관련된 문제를 이해한다.
- 서비스 품질을 결정하는 데 사용될 수 있는 몇 가지 요소를 나열할 수 있다.

〈그림 6-1〉 이 장에서는 서비스 품질를 살펴본다

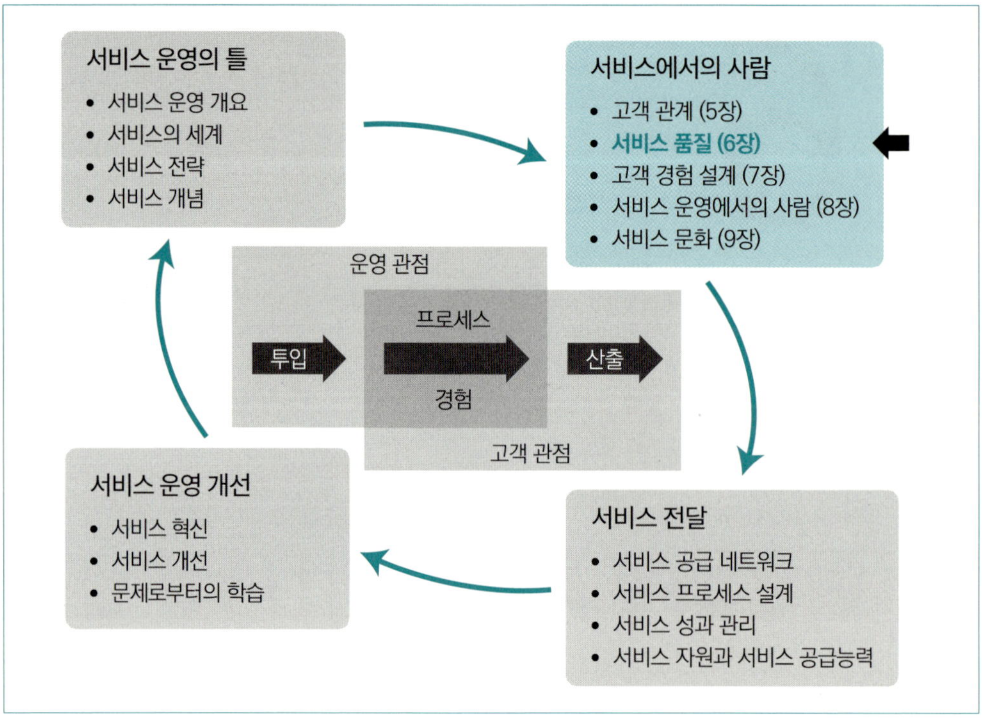

서론

서비스의 전달은 운영 관점과 고객 관점의 두 가지 관점에서 들여다 볼 수 있다. 마찬가지로 서비스의 품질도 운영 서비스 품질과 고객이 인식하는 품질이라는 두 가지 관점에서 정의할 수 있다. 운영 서비스 품질은 서비스가 사양에 얼마나 잘 제공되었는지에 대한 운영 부서의 평가를 의미한다. 고객이 인식하는 품질은 고객의 요구와 기대에 기초한 고객의 판단을 의미한다.

고객이 인식하는 품질 측면에서 운영 관리자는 고객이 기대하는 것을 이해하고 영향력을 행사하여 이러한 기대를 충족하거나 초과할 수 있는 서비스를 제공해야 한다. 서비스를 받은 고객이 만족하거나 정말로 기뻐한다면, 그는 그 서비스를 다시 이용할 뿐만 아니라 긍정적 감정을 갖고 다른 사람들에게도 추천하는 고객이 될 가능성이 높다. 이렇게 고객이 구매 후에 보이는 태도와 행동은 서비스 품질의 주요한 중재자로서의 고객의 역할을 강조한다.

고객을 만족시켜야 하는 것은 직관적이고 분명한 사실이다. 그러나 이러한 가정은 조직에 문제가 될 수 있다. 조직은 고객이 진정으로 원하는 것이 무엇인지 묻고 확인하지 못하고 잘못된 의사 결정을 할 수 있다. 고객은 한 번 상담을 받았을 수도 있지만 시간이 지남에 따라 필연

WORKED example

사례

Europa Conference Centres(ECC)

ECC의 최고 시설 책임자(Chief Facilities Officer)인 캐서린 스트랫포드는 소중한 교훈을 얻었다고 말했다.

아무리 많은 경험이 있거나 자신감을 갖고 있다고 해도 실행에 옮기기 전에 이해 관계자들에게 묻지 않는 것은 실수입니다.

ECC는 3,000명을 수용할 수 있는 컨퍼런스 서비스 시설을 제공했다. 이 시설은 소규모의 임시 사무 공간과 회의실뿐 아니라 대규모 컨퍼런스 홀과 회의 센터에 이르는 다양한 비즈니스 서비스를 아우르고 있다. 유럽 연합 주변의 주요 대도시 지역에 컨퍼런스 센터가 위치한 이 회사는 가장 인기 있는 중소 규모(300명 수준)의 컨퍼런스와 회의실에 대한 공급을 시작했을 때 매우 성공적이었다. 당초 계획은 EU 주변 10개 부지를 확보하고 다양한 전용 회의 시설을 건설하는 것이었다. 이 서비스의 핵심 요소는 300석 규모의 홀일 것이다. ECC는 여러 건축사로부터 입찰을 요청했고 수동 냉각, 자연 채광, 태양 에너지 활용, 지상 열 펌프 등을 사용하여 에너지 효율적이고 친환경적인 건물을 설계한 실적이 있는 건축사를 선정했다.

선정된 건축사는 노트 필기를 위한 자연광을 제공하기 위해 뒤쪽에 큰 창문이 있는 홀을 설계했다. 그러나 테스트 과정에서 꽤 늦은 시간에 많은 발표자가 상담을 받았을 때, 그들은 밝은 자연광이 하루 중 특정 시간에 스크린에 나타날 수 있다고 지적했다. 또한 한 발표자는 밝은 햇빛 때문에 특정한 시간에는 편두통을 겪을 가능성이 있다고 언급했다. 수동 냉각 설계는 공기 순환을 시작하기 위해 원격으로 작동되는 통풍구를 프리젠테이션 전에 열어야 했다. 회의적이었던 시설 관리자들은 환기구가 오후의 늦은 시간대에 개방될 가능성이 높고, 결과적으로 홀의 여름 기온이 매우 높을 것이라고 지적했다. 게다가, 북유럽에서 비 오는 날에는 참여자에게 물이 떨어지는 결과를 초래할 것이라는 우려가 있었다. ECC 관리자는 문제를 인식했지만 설계자의 설계가 너무 흥미로워서 어쨌든 진행할 것이라고 생각했다.

회사가 한 일

ECC는 문제가 드러나기 시작했을 때 3개의 새로운 컨퍼런스 센터를 건설했다. 참여자들은 종종 과열에 대해 불평했지만, 가장 빈번한 불만은 참여자들의 머리 뒤에서 나오는 자연광과 관련이 있었다. 참여자들은 예상대로 화면을 선명하게 볼 수는 없었고, 자신이 메모를 한 노트북과 태블릿 화면을 보는 데에도 불편을 겪었다. 참여자 및 발표자들은 뒤 유리 너머에 있는 셔터를 닫아달라고 요청했다. 이 조치는 너무 더워진 홀을 환기할 수 있는 기회를 없애버리는 문제를 발생시켰다.

우리는 2년 만에 새 건물의 건설을 중단하고 홀의 설계를 수정하기로 결정했습니다. 새로운 설계안에서는 태양열로 작동하는 에어컨과 인공조명을 동시에 활용하기로 했습니다. 가장 중요한 것은 초기 단계에서 사용자 집단이 시설 설계자에게 조언을 제공하고, 고객을 충족시키지 못한다고 느끼는 경우 설계를 거부할 수 있는 권한을 부여한 점입니다.

적으로 고객의 요구(needs)가 변화한다. 이를 계속해서 검토하지 않으면 고객의 요구에 대한 이해가 부족하게 되며, 최악의 경우 서비스 운영에 문제가 생기고 고객에게 피해를 줄 수 있다. 모든 서비스 환경에서 이러한 '사각지대'가 나타날 수 있지만, '전문가' 서비스의 경우 다른 서비스보다 더 심각한 문제가 야기될 수 있다. 전문가에 의해 수행되는 서비스에서는 고객의 요구가 모호할 수 있고, 서비스 제공자는 고객이 무엇을 필요로 하고 무엇을 원하는지 잘 안다고 생각할 수 있기 때문이다.

고객이 인식하는 서비스 품질을 정의하는 것도 중요하지만 운영 서비스 품질도 고려할 필요가 있다. 서비스 운영 관리자는 고객의 요구와 기대를 반영하는 서비스 사양을 작성하고 제공된 서비스가 이 사양을 충족하는 정도를 평가해야 한다. 두 가지 모두 중요한 논의 사항이지만, 먼저 고객의 관점에서 인식된 서비스 품질을 살펴보도록 한다.

6.1 고객 만족은 무엇인가

서비스 접점에서 고객은 자신이 받은 서비스에 반응하고, 자신의 기대와 서비스에 대한 인식을 비교한다. 이 비교는 이성적이거나 감정적일 수도 있고, 의식적인 판단과 서비스에 대한 보다 일반적인 감정의 조합에 기초할 수 있다.[1] 비교 후 이 결과를 우리는 만족이라고 하며, 더 정확하게는 '만족도'라고 부르는 것이다. 고객은 서비스를 받으면서 '서비스 품질'에 대해 추상적으로 생각하지 않고 다양한 정도의 만족 또는 불만족 상태에 도달하게 된다. 즉, '서비스 품질'이라는 단일 변수를 통해 서비스를 평가하는 것이 아니라 서비스된 제품, 획득한 효익, 지불한 가격 대비 가치 등 서비스 측면에 대한 종합적인 평가를 하게 된다. 〈그림 6-2〉는 고객 만족의 기초가 되는 '인식과 기대의 비교', 그리고 '서비스 품질'에 대한 개념적 이해를 보여 준다.

무엇이 고객을 만족시키고 기쁘게 하는지 이해하려면 다양한 방법과 질문을 사용하여 지속적으로 검토해야 한다. 고객 만족은 서비스 제공 방식의 변화를 통해 관리할 수 있다. 뿐만 아니라 서비스 제공에 대한 고객의 인식과 기대에 어느 정도 영향을 미치기도 한다. 이 영향에 대한 분석은 고객 만족의 본질에 대한 포괄적인 이해를 필요로 한다.

우수한 서비스로 명성이 자자한 기업들이 고객의 말을 경청하는 데 시간과 돈을 쓰는 것은 우연이 아니다. 예를 들어, 디즈니는 고객으로부터 정보를 수집하는 활동을 자체적으로 개

〈그림 6-2〉 고객 만족

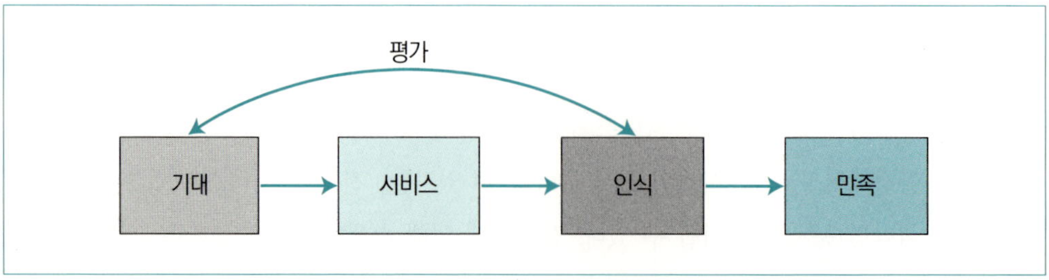

발한 용어를 사용하여 정의하고 있다. '게스트로지(guestology)'는 방문객을 단순히 '고객'이 아닌 '손님'으로 대하려는 디즈니의 접근 방식을 반영한다.[2]

CASE example

사례

옵티커 쇠데르베르크의 게스트로지[3]

옵티커 쇠데르베르크(Optiker Söderberg)는 스웨덴의 안경사이다. 이 회사는 예테보리, 보로스, 옌쾨핑에 11개의 소매점을 두고 있으며 처방전을 발행하고 패션 아이웨어를 판매한다. 최근, 그 회사는 고급 보청기를 판매하기 시작했다. 모든 아울렛에는 시력 및 청력 검사를 위한 상담실이 하나 이상 있다. 각 도시에는 렌즈와 맞춤형 보청기를 제작할 수 있는 '허브' 매장이 있다. 허브 매장은 위성 매장들을 지원한다.

설립자이자 소유자인 파울라 쇠데르베르크는 안과 의사였지만, MBA 학위를 받은 후 의료 서비스를 그만두고 안과 산업으로 옮기기로 결정했다. 파울라는 월트 디즈니로부터 배운 방법에 대한 MBA 학위 논문을 썼다. 파울라는 첫 번째 매장을 차렸을 때 디즈니의 고객 만족 원칙인 '게스트로지'를 매장 디자인에 접목하고 싶어했다.

파울라는 자신의 서비스가 반복 이용 가능한 수준으로 만족도를 높이는 데 큰 잠재력이 있음을 알았다.

고객이 일단 안경을 필요로 하면, 안경을 구매하게 된다. 하지만 최근에는 온라인 판매를 통해 그 필요를 충족시킬 수 있는 많은 저비용 사업자가 나타나고 있다.

설상가상으로, 고객은 전통적인 안경점에서 무료로 시력 검사를 받고 나서 온라인 판매자에게 처방전을 가져간다. 온라인 안경점이나 대형 체인점과 가격 경쟁을 하는 것은 어렵지만, 모범적으로 서비스를 제공한다면 고객을 붙잡을 수 있다고 생각했다.

고객에게 서비스를 제공하고자 하는 월트 디즈니의 철학은 단순하다. 시설을 깨끗하고 친근하게 유지하고 정말 재미있는 곳으로 만들라는 것이다. 그 결과 공원 방문객이 계속해서 돌아오게 하는 경험이 탄생되는 것이다.

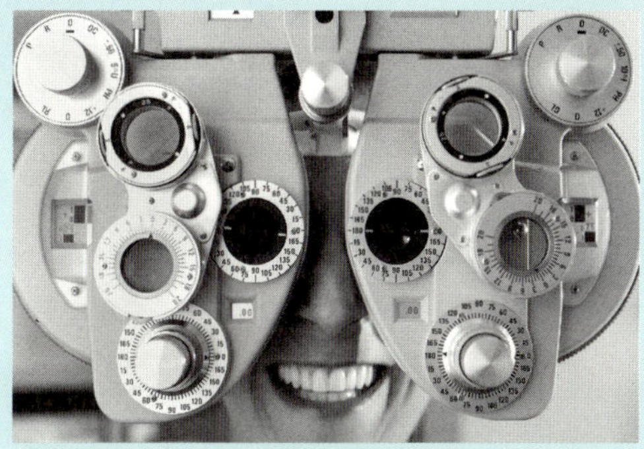
Kzenon/Shutterstock

파울라는 옵티커 쇠데르베르크를 성공적으로 만들기 위해 적용했던 고객 서비스 매뉴얼에 투영된 몇 가지 게스트로지 원칙을 설명했다.

무대에 설 때를 알아라

디즈니 손님들은 재스민 공주가 알라딘과의 어젯밤 논쟁에 대해 불평하는 것을 엿듣고 싶어하지 않는다. 디즈니 직원(일명 캐스트 멤버)이 무대에 있을 때 고객이 보는 앞에서 나쁜 하루를 보내는 것은 허용되지 않는다. 디즈니 직원들은 항상 캐릭터를 유지한다.

우리에게는 직원을 위한 무대 위와 무대 밖의 공간이 있다. 만약 그들이 커피를 마시거나, 간식을 먹거나, 인스타그램이 유발한 최신 재난에 대해 이야기하고 싶은 경우에는 무대 밖으로 나가야 한다.

상호작용을 찾아라

디즈니 출연진은 고객과 관계를 맺고 상호작용하기 위해 많은 노력을 기울인다. 그들은 결코 고객을 피하지 않는다. 예를 들어, 만약 직원이 모든 가족을 셀카에 넣으려고 애쓰고 있는 사람을 발견한다면, 사진을 찍어 주겠다고 제안한다. 생일이나 특별한 행사를 축하하기 위해 방문하는 고객은 착용할 수 있는 배지를 받게 된다. 배지는 직원들에게 그들이 가는 곳마다 특별한 대우를 해 주어야 한다는 신호가 된다.

우리 매장의 운영 속도는 환자를 성가신 것으로 느끼게 할 수 있을 것이다. 하지만 저는 항상 직원들에게 상기시킨다. 여러분의 환자들은 여러분이 직업을 갖는 이유이자 여러분의 직업이 존재하는 이유이다. 그래서 다음에 고객을 지나쳐 계산대로 달려가고 싶은 유혹이 든다면 그러지 말아라. 대신 속도를 늦추고 미소를 지으며 대화를 나누어라. 예를 들어, 그들이 선택한 안경테를 보완해 주고, 항상 환자의 차트에서 생일을 확인하고, 생일이 가까이오고 있다면 축하해 주어야 한다. 환자를 손님처럼 대우해주세요. 특별하고 보살핌을 받는다는 느낌은 차이를 만들어 낼 것이고, 그들은 다시 방문하게 될 것이다.

마법이 시작되는 곳을 다시 생각하라

디즈니가 많이 생각한 것 중 하나는 고객 경험이 어디서 시작되고 어디서 끝나느냐 하는 것이다. 디즈니 공원의 경우, 출발점은 게스트 주차장일 가능성이 높지만 고속도로의 출구일 수도 있다. 집에서 고객 환경으로 이동하는 과정에서 고객은 서비스 외부에 있지만, 그럼에도 불구하고 서비스에 대한 인식에 영향을 미칠 수 있다. 주차장은 깨끗해야 하고, 보안이 좋아야 하고, 표지판은 명확하고, 직원들은 어디에나 있어야 한다. 디즈니는 왜 그렇게 많은 자원을 이 실용적인 공간에 할애하는가?

옵티커 쇠데르베르크에도 적용이 가능하다. 우리 고객의 경험은 검사실이나 대기실에서 시작되지 않는다. 전화로 시작할 수도 있고, 주차장에서 시작할 수도 있다. 옵티커 쇠데르베르크의 모든 사람에게, 중요한 '첫인상'이 일어날 수 있는 장소를 확인하는 시간을 가지라고 말한다. 그리고 우리의 조치가 제대로 되었는지 확인할 것을 요구한다. 우리 주차장에 조명이 충분한가? 고장난 전구가 있는 건 아닌지? 대기실에 있는 장난감과 잡지들은 어떤가? 깨끗하고 정돈되어 있는가? 잡지는 최근 이슈인가? 이러한 세부 사항을 간과하기 쉽지만, 모든 사람은 고객의 관점에서 바라보는 노력을 할 필요가 있다.

파울라는 인수를 통한 추가 성장을 계획했다. 스웨덴의 많은 독립 안경사는 대형 체인점이나 온라인 소매점들과 경쟁하기 위해 고군분투하고 있었다. 이러한 소규모 안경사들은 게스트로지 원칙을 사용하여 인수하고 육성하기에 적합했다.

〈그림 6-3〉 만족의 연속성

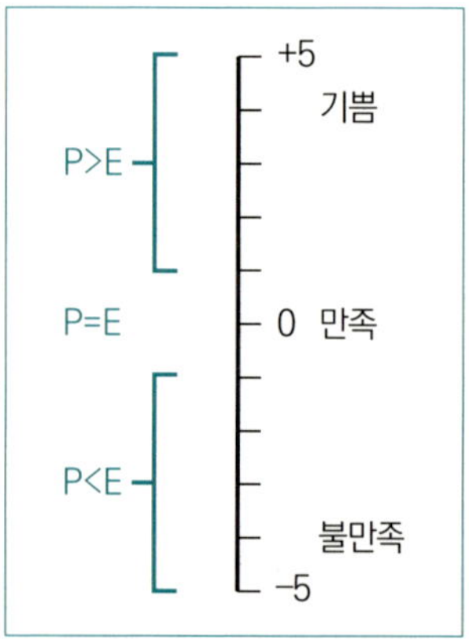

〈그림 6-3〉은 서비스 품질에 대한 고객의 판단이 '만족도'가 될 것이라는 생각을 확장한다. 서비스에 대한 고객의 인식(P)이 고객의 기대(E)와 일치한다면, P=E가 되므로 고객은 만족해야 한다.[4] 서비스에 대한 고객의 인식이 기대치를 초과하면(P>E) 고객은 만족 이상의 감정을 갖고 기뻐할 것이다. 서비스에 대한 고객의 인식이 자신의 기대를 충족하지 못할 경우(P<E) 고객은 불만을 느끼거나 분노할 수도 있다. 그러나 이 그림의 요점은 만족이 극도의 기쁨에서 극도의 불만족에 이르기까지 연속성을 갖는 변수라는 것이다. 따라서 만족도는 측정 또는 정량화할 수 있다. 그림에서, 이 연속성을 갖는 변수를 나타내기 위해 +5에서 -5 척도를 사용한다.

이 장의 대부분의 내용과 마찬가지로, 이 논의는 서비스에 대한 고객의 전반적인 평가와 관련이 있다. 그러나 서비스는 복잡할 수 있으며 여러 단계를 포함한다. 고객은 서비스의 한 단계에서는 긍정적으로, 다음 단계에서는 부정적으로 반응할 수 있다. 서비스 관리자는 전반적인 만족도를 평가해야 하지만, 일반적으로 서비스를 개선하려고 할 때 개별 단계(거래 또는 '접촉점')에 대해 고객이 어떻게 반응하는지 이해해야 할 필요가 있다. 이때 필연적으로 문제가 발생할 것이다. 이러한 종류의 서비스 구분은 흔히 '거래 만족도'라고 불리는 개념에 대한 이해로 이어지며, 우리는 이 장의 후반부와 7장에서 이 내용을 더 자세히 다루게 된다.

6.1.1 인식-기대의 차이

인식과 기대 사이에 불일치가 있는 경우, 간단히 말해서, 이는 일반적으로 기대와 서비스 사이의 불일치(차이 1)와 서비스와 이에 대한 고객의 인식 사이의 불일치(차이 2)에 의해 발생한다. 〈그림 6-4〉는 두 개의 갭을 보여 준다.[5]

차이 1이 존재할 수 있는 몇 가지 이유가 있다. 서비스가 부적절하게 지정, 설계되었거나 기대를 충족하기에 자원이 부족할 수 있다. 고객이 부적절한 기대를 가질 수도 있다. 서비스에 대한 부적절한 사양이나 설계는 고객의 기대에 대한 관리자의 불완전한 이해의 결과일 수 있다. 관리자는 서비스를 지정하거나 고객으로부터 적절한 유형 또는 서비스 수준이라고 느끼는 것에 대한 피드백을 얻기 위해 충분한 시간과 노력을 기울이지 않았을 수 있다. 자원 부족은 시장 요구 사항이나 수요에 대한 불완전한 이해의 결과일 수 있다.

차이 1의 이러한 '내부' 원인은 일관된 표준을 설계하고 제공하려는 의지가 부족하기 때문일 수 있다. 서비스 운영 관리자의 불만은 조직이 고객이 필요로 하는 것과 필요할 때를 이해

〈그림 6-4〉 단순화된 차이 모형

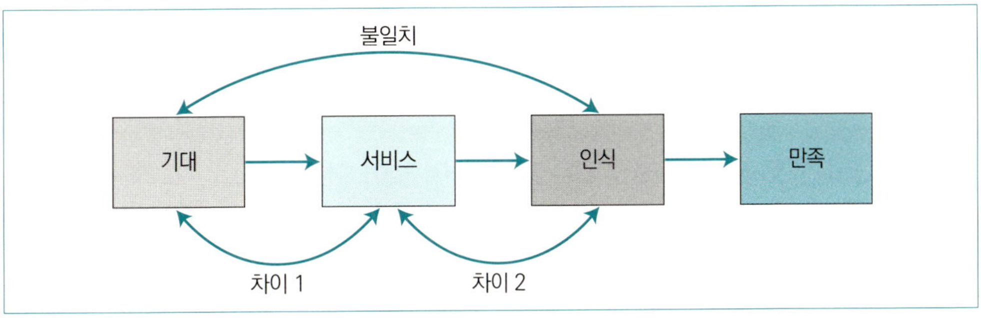

Source: 이것은 다음의 연구를 통해 개발된 차이 모형의 매우 단순한 버전이다. Parasuraman, A., Zeithamlm V.A. and Berry L.L. (1985) 'A conceptual model of service quality and implications for future research', *Journal of Marketing*, 49 (4), 41–50.

하는 데 필요한 투자를 약속하지 않는다는 것이다. 결과적으로 서비스 설계 프로세스는 처음부터 결함이 생기게 된다. 잘못된 설계로 인해 형편없는 서비스 전달이 발생하고 자원의 활용률이 저하된다. 부적절한 기대는 부적절한 마케팅, 조직의 과도한 약속, 잘못된 입소문의 결과일 수 있다.

또한 고객은 부정적인 조직 이미지로 인해 비관적이고 부정적인 기대를 가질 수 있으며, 이는 과거의 서비스 경험에서 비롯된다. 서비스 운영은 상당히 비현실적인 기대를 가지고 있으며 결과적으로 큰 골칫거리가 될 수 있는 고객을 처리해야 할 것이라는 점도 주목할 필요가 있다. 이러한 고객의 기대는 서비스 제공 전이나 서비스를 제공하는 도중에 재조정되어야 하며, 가능하다면 이러한 고객을 제거하기로 결정할 수 있다.

차이 2는 서비스를 잘못 제공하거나 고객이 서비스 조직이 의도하지 않은 방식으로 서비스를 인식한 결과일 수 있다. 서비스 조직에서 잘못된 서비스 제공은 빈번하게 나타난다. 서비스 운영은 종종 일이 잘못되는 복잡한 인간 기반의 활동이기 때문이다.

열악한 서비스 제공으로 인한 불일치는 이상적으로는 어느 시점에 문제가 된 부분을 다시 설계하여 완화시킬 수 있지만, 서비스 회복을 통해 제거하거나 최소한으로 줄일 수도 있다(16장 참조). 고객이 서비스를 잘못 인식하는 문제도 꽤 흔하다. 예를 들어, 의료 서비스나 자동차 정비 서비스는 고객이 결과에 대한 판단을 내릴 수 있지만 그 서비스 전달 과정에서 규정이나 규격을 준수하는지에 대해서는 거의 또는 전혀 알지 못할 수 있다. 그러한 맥락에서 고객들은 제공된 서비스나 운영 서비스 품질을 판단하기 어렵다. 그들은 정보에 입각한 판단을 내리기 위해 의학 학위나 기계공학적 교육이 필요할 것이다. 대신에, 고객은 경험과 서비스 과정의 부분적인 측면, 즉 병원에서 제공된 음식이나 정비소 대기실의 음료나 커피에 기대어 판단을 내린다.

또한, 운영 서비스 품질에 대한 고객의 인식은 제공되는 서비스 품질과 다를 수 있다. 왜냐하면 고객이 인식하는 품질은 개인의 인식 차원에서 정의되기 때문이다(다음에 나오는 인식에 대한 내용 참조).

〈표 6-1〉에는 고객의 불만족을 초래하는 차이의 원인이 되는 요인이 요약되어 있다.

6.1.2 서비스 품질에 대한 기대-인식 개념화의 단점

인식된 서비스 품질을 이해하기 위한 기대-인식 접근법은 고객 만족의 결과에 초점을 맞추는 데 매우 유용하며, 품질에 대한 운영 관점과 고객 관점 간의 불일치를 식별하는 데 도움이 되지만 다음과 같은 몇 가지 단점이 있다.

〈표 6-1〉 차이의 이유

구분	차이 1	차이 2
내적 원인	• 고객의 기대에 대한 이해 부족 • 부적절한 사양 제공 • 열악한 서비스 설계 • 자원 부족	• 부정확하거나 부적절한 서비스 공급
외적 원인	• 서비스 경험 및 결과에 대한 부적절한 기대	• 서비스 경험 및 결과에 대한 부적절한 인식

- **서비스가 좋지 않았을 때 서비스가 '좋음'으로 인식될 수 있다.** 고객의 기대치가 특히 낮다면(그리고 실제로 의도적으로 그렇게 만들어졌을 수도 있다), 아주 좋은 서비스가 아니었다라고 하더라도 기대를 초과했기 때문에 매우 만족스러운 것으로 인식될 수 있다. 예를 들어, 많은 온라인 쇼핑 서비스는 서비스 제공자가 달성할 수 있는 것보다 더 긴 배송 리드 타임을 약속할 것이다. 고객이 제품이 일찍 배송되었다는 알림을 받았을 때, 고객은 실망하지 않고 만족감을 느끼며 심지어 기쁨을 느낄 수도 있다.
- **서비스가 좋았을 때에도 서비스가 '나쁨'으로 인식될 수 있다.** 예를 들어, 과도한 약속으로 인해 기대치가 매우 높은 경우, 실제로 전달된 좋은 서비스는 부적절한 것으로 간주될 수 있다.
- **이 전에 '좋음'이라고 했던 서비스가 이번에는 '그냥 괜찮은 정도'로 평가될 수도 있다.** 서비스가 '좋은' 것으로 인식된 경우 다음에 대한 고객의 기대치가 높아질 수 있다. 따라서 서비스의 운영 품질에 변화가 없음에도 불구하고 고객은 다음에 만족하지 못할 수 있다. 기대감이 높아지는 이 문제는 디즈니사에서 종종 나타난다. 방문객의 매직 킹덤과의 첫 만남은 훌륭하거나 예상보다 훨씬 더 훌륭해서, 그 후의 방문은 때때로 품질이 더 나쁘다고 보고된다.
- **만족한 고객도 전환할 수 있다.** 특정 서비스가 고객의 기대에 부응하여 고객이 만족하더라도 선택의 여지가 있는 경우 고객은 공급 업체를 변경할 수 있다. 대체 서비스 공급 업체는 우수한 수준의 서비스를 제공하거나, 추가 서비스 기능을 제공할 수 있다. 고객이 서비스 조직에 충성도를 갖지 않는다거나 대체 서비스에 호기심을 보이는 것은 자연스러운 일이다. 또한 소비자 보호 단체, 전용 전환 웹 사이트, 또는 정부에 의해 고객이 서비스를 전환하도록 적극 권장할 수 있다.

CASE example

사례

uSwitch[6]

인식과 기대 사이의 차이로 서비스 품질을 판단하는 것은 일반적으로 강력한 접근 방식이지만, 일부 이상 현상을 초래할 수 있다. 영국에 기반을 둔 가격 비교 서비스인 uSwitch의 예를 들어보자. 이 서비스는 uSwitch.com를 통해 이용할 수 있다. 소비자는 개인 금융, 보험, 에너지, 광대역 네트워크 등의 무선 통신 서비스 등의 가격을 비교할 수 있다. 또한 uSwitch는 uSwitchforBusiness.com라는 사업부를 가지고 있다. 사용자가 공급 업체를 변경하기로 결정할 경우 uSwitch가 공급 업체 수수료로 돈을 버는 등 전환 업체에 직접적인 비용이 발생하지 않는다. 또한, uSwitch는 공급 업체 지불로 돈을 벌고, 이는 uSwitch 웹사이트에 대한 노출을 증가시킨다. uSwitch는 정직성과 투명성에 대한 놀라운 기록을 가지고 있다. 리뷰전문 사이트 Trustpilot에 나타난 3,742개의 uSwitch 리뷰 중 90%가 '우수'이며, 회사의 전체 점수는 4.7/5이다. uSwitch 리뷰는 압도적으로 긍정적이며, 검토자 의견의 공통적인 특징은 의사소통의 명확성과 정확성에 관련이 있다. 모든 경험이 완벽한 것은 아니지만, 서비스의 문제는 종종 에너지 공급 업체의 문제에서 비롯된다. uSwitch는 커뮤니케이션의 명확성에 대해 업계에서 많은 상을 수상했다. 이 회사는 플레인 잉글리시 캠페인의 인터넷 크리스탈 마크를 달성한 최초의 비교 웹사이트이며 영국의 가스와 전기 시장의 인증을 받았다.

uSwitch의 서비스가 우수한 것으로 간주되지만, uSwitch를 통해 전환하는 소비자가 새로운 공급 업체로부터 더 나은 서비스 품질을 받는다는 보장은 없다. 그들은 차별화되지 않은 서비스였을 수도 있는 것에 대해 완벽하게 만족했을 수도 있다. 전환 결정은 주로 가격에 기초하여 내려졌을 수 있기 때문이다. uSwitch 서비스가 우수하더라도 어떤 고객들은 전환하지 않을 수도 있다. 높은 수준의 만족에도 불구하고 적격 임계값에 도달하면 서비스 품질이 고객의 전환에 거의 영향을 미치지 않을 수 있기 때문이다.

만족도 측정과 관련하여 고객의 구매(또는 방문) 후 의도도 측정해야 한다(12장의 순추천고객지수 참조). 또한 일부 불만 고객은 전환하지 않거나 전환할 수 없다고 생각한다.

이러한 문제는 고객의 마음속에서 창출되는 기대치를 서비스 프로세스의 기능과 밀접하게 연결해야 할 필요성을 강조한다. 즉, 메시지를 전달하고 적절한 기대치를 설정하며, 이러한 기대치를 충족하도록 서비스를 설계 및 제공하고 이를 관리해야 한다. 그러나 Le Berceau de Sens 사례에서 알 수 있듯이, 때때로 기대치를 관리하고 측정하는 것이 항상 간단한 일은 아니다. 그 식당에서, 고객들은 단순히 식사를 하는 것이 아니라 참여를 통한 경험을 공동으로 만드는 것에 초점을 둔다. 이로 인해 명확한 기대치를 설정하는 것은 어려운 일이 된다. 공동제작의 정도가 클수록 서비스 품질에 대한 인식-기대 개념화의 한계에 대해 더 많은 관심을 기울이게 된다.

CASE example

사례

Le Berceau des Sens[7]

감각의 요람으로 불리는 Le Berceau des Sens는 세계 최고의 관광대학으로 알려진 École Hôtelière de Lausanne(EHL)에 있는 고급 레스토랑으로, 교사들이 학생들의 도움을 받아 요리를 하는 곳이다. 이 레스토랑은 신선한 현지 계절 식자재을 사용한 현대적인 요리 스타일을 제공하며, 요리는 매우 높은 평가를 받고 있으며 인상적인 서비스를 제공하고 있다. 레스토랑의 장식은 학교인 EHL과 같이 현대적이며, 라크 레만이 내려다보이는 로잔 위 언덕에 위치하고 있다. 2019년, Le Berceau des Sens은 미슐랭에 선정되었고, 이 상을 받은 유일한 교육 목적의 식당이라는 점에서 독특하다.

고객은 식당 직원들의 특별한 성격을 중요시하면서도 배려한다. 고객의 전형적 반응은 다음과 같다.

… 이곳이 교육 시설이라는 것을 기억해야 한다. 식사하는 사람들은 두 배 이상의 가격에 비슷한 요리를 제공하는 식당에 비해 다소 느린 서비스를 예상해야 한다. 나는 이곳에서 식사하는 것을 좋아한다. 왜냐하면 매우 까다로운 산업에서 발전하고자 하는 약속을 보여 주는, 전 세계의 학생들을 만나는 것은 자극적이기 때문이다.

EHL의 학생들이 관광경영 학사 과정을 시작하기 전, 실제 관광 서비스 운영에 대해 배우는 시기에 손님을 마주하게 된다. 학생들은 고급 식당에서의 서비스에 대한 모든 측면을 학습하게 된다. 처음에는 학생들이 수줍어하고 주저할 수 있지만, 모두 열심히 배우고 싶어한다. 교사들은 학생들이 열정적이고 동기부여가 될 수 있도록 확고하지만 자애롭고 지지적인 스타일로 감독한다.

고객은 자신의 기대를 분명히 인식하고 있다. 다른 식당에서는 부정적 인식을 초래할 수 있는 서비스 요소가 Le Berceau de Sens에서는 기쁨의 원천이 된다. 그리고 미슐랭 가이드와 같은 가이드들은 그들의 순위 선정에 대해 명확하지만, 고객의 기대는 식당의 교육 특성에 관한 다양한 투입 요소와 정보에 의해

SEBASTIEN BOZON/AFP/Getty Images

영향을 받는다. 고객은 또한 학생의 실수에 대해 매력적이거나 '귀엽다'는 점에 대해 이야기한다.

… 세계 최고의 관광대학의 직원, 교사, 학생들이 제공하는 훌륭한 식당이다. 분명히 요리사는 학생이 아니라 매우 경험이 많고 최고의 프랑스 식당에서 일한 적이 있는 사람들이다. 하지만 대부분의 웨이터와 웨이트리스는 세계 최고의 관광대학에서 매우 까다로운 커리큘럼을 거치고 있다. 아주 가끔 그들은 전체적인 품질에 영향을 미치지 않는 사소한 실수를 저지르기도 하지만, 귀엽고 배우기를 열망한다. 그 음식은 훌륭하고 창의적이며 확실히 경험할 가치가 있다.

분명히 여기에는 식사 경험 이상의 것이 있다. 한 평론가는 다음과 같이 이야기한다.

… 그것은 흥미로운 경험과 함께 멋진 요리이고, 어쩌면 그 반대일지도 모른다. 학생들은 대단히 매력적이고 매우 열심히 노력하고, 때로는 용서받지 못할 정도는 아니라도 상당히 큰 실수를 한다. 교사들은 그러한 사건을 매우 진지하게 받아들이고 즉시 행동한다. 고객은 자신 또한 학습 과정의 일부가 됨을 느끼게 될 것이다.

또 다른 통찰력 있는 평론가는 레스토랑의 매력을 결정하는 Le Berceau de Sens의 장점을 상호작용과 몰입의 잠재력이라고 전하고 있다.

… 상호작용적이고, 훌륭한 음식이며, 좋은 가격이다. … 교사에 의해 현명하게 그리고 보이지 않게 학생들을 교정

하며 상호작용한다. 평생 봉사한 적이 없는 사람이 당신에게 서빙할 것이라는 것을 알고 그곳에 가야 한다. 이를 염두에 두면 여러분은 작은 실수들을 즐길 것이고 미래의 전문가에게 조언을 해 주고 수정하는 교사들을 볼 수 있을 것이다. 식사를 하면서도 학생들이 배우는 것을 직접 경험할 수 있는 기회이다. 내 말을 오해하지 말길 바란다. 모든 것은 흠잡을 데 없고 당신은 좋은 서비스를 받게 될 것이다. …

고객들은 Le Berceau de Sens에서 학습 경험에 참여하기로 암묵적으로 동의한다. 많은 고객이 단순히 식사를 하는 것이 아니라 특별한 무언가의 일부가 되는 이곳에서의 경험을 즐긴다.

6.1.3 신뢰

고객의 기대와 인식 형성을 기반으로 한 고객 만족의 개념을 학습하는 데 시간을 할애하기에 앞서, 관련은 있지만 구별되는 개념인 고객 신뢰에 대해 소개하고자 한다.

만족은 고객이 서비스 경험에 따라 평가하는 것이지만, 신뢰는 이전의 경험이나 서비스 조직과의 접촉을 필요로 하지 않는다. 고객 신뢰는 모든 조직, 특히 대부분의 사람이 일상적이고 직접적인 접촉이 거의 없는 조직에서 더욱 중요한 개념이 된다. 예를 들면 사회 서비스, 경찰, 소방, 서비스, 법원, 병원, 학교, 법률 서비스 등이 포함된다.

신뢰는 조직, 직원, 서비스 자체에 대한 믿음을 의미한다. 경찰과 같은 조직에 대한 우리의 신뢰감은 우리의 행복감과 삶의 질에 영향을 미친다. 더 중요한 것은 우리가 그 조직과 어떻게 상호작용 하는지에 영향을 미칠 수 있다는 것이다. 이것은 서비스 조직을 바라보는 우리의 시각을 반영한다. 예를 들어, 만약 우리가 지역 경찰 서비스에 신뢰를 느낀다면, 우리는 경미한 속도 위반으로 적발되었을 때 기꺼이 협력할 것이다. 반대로, 강도, 절도, 범죄가 증가하는 배경에서 동일한 속도 위반 딱지가 설정된다면, 우리는 경찰에 덜 긍정적일 수도 있다. 만약 우리가 경찰에 신뢰를 느낀다면, 우리는 사건의 목격자로서 도움을 제공하거나, 의심스러운 사건에 대한 정보를 제공하거나, 사건을 조사하는 경찰관들을 지원할 긍정적 의사를 더 보이게 된다. 적어도 그들의 일을 더 어렵게 만들지는 않을 것이다. 이 모든 것이 경찰의 업무 수행 자체를 향상시키는 데 도움이 된다. 신뢰는 또한 세금을 통해 경찰에 자금을 대는 우리의 의지에 영향을 미칠 수 있다. 따라서 많은 조직의 경우 고객 만족보다 고객 신뢰를 이해하고 측정하는 것이 더 적절할 수 있다. 사실, 일부 사람들은 고객 만족이 경찰 서비스의 일부 고객(즉, 범죄자)에게 적용되는 완전히 부적절한 척도라고 주장할 수도 있다.

고객이 서비스를 이용하기 전에 갖게 되는 신뢰는 주로 세 가지 사회적 특성에 의해 결정된다. 이에 대한 서비스 조직의 통제력과 영향력은 매우 제한적이다.

CASE example

사례

교도소

교도소가 제공하는 교정 서비스는 사회로부터 최소한의 관심과 보살핌을 전달한다. '만족'이라는 개념은 아마도 교도소의 고객인 정부 부처의 구성원들을 제외하고는 거의 관련이 없을 것이다. 그러나 '신뢰'는 정부, 교도소 직원, 특히 죄수의 가족과 친구들에게 매우 중요하다.

Jack Sullivan/Alamy Stock Photo

가족과 친구들은 정부 교도소의 성과 등급을 확인할 수 있다. 게다가 다양한 전과자 단체에 의해 출판된 독립적인 리뷰와 지침서들이 있다. 영국 법무부는 교도소 업무 수행에 관련한 지표들을 공식 통계 게시판을 통해 공개하고 있다. 이 게시판은 전체 교도소의 현황을 제공하며, 다양한 교도소가 공공 보호, 안전 및 질서, 개혁, 운영 효율성, 범죄자 관리, 자해 등의 정보도 제공한다.

교도소 교정 서비스에 대한 가족들의 신뢰는 상당히 달라질 것이다. 최근 영국 법무부가 교도소들을 조사하여 이 중 33%가 '우려됨', 13%가 '심각한 우려'라는 결과를 보고했다.[8] 또한 대중 매체는 과밀, 폭력, 마약, 청결 및 식품 품질에 대해 교도소를 평가 정보를 제공한다.

범죄자와 그 가족들은 일반적으로 범죄자가 어디에 수감될지에 대해 많은 발언권을 가지고 있지 않다. 청소년 범죄자는 몇몇 예외가 있지만, 일반적으로 범죄자는 이용 가능한 공간이 있는 곳이면 어디든 투옥된다. 영국의 대부분의 교도소가 초만원이기 때문에, 죄수는 어디에나 있을 수 있다. 전체 교도소 수용 인원의 3분의 1이 넘는 약 25,000명의 수감자가 마을에서 50마일 이상 떨어진 곳에 수감되어 있지만, 일반적으로 방문과 사회와의 접촉이 재범률을 줄이는 데 도움이 되는 것으로 보이기 때문에 죄수를 가족 근처에 수감시키려는 시도가 나타나고 있다. 극도로 불운한 죄수는 영국에서 가장 접근하기 어려운 감옥으로 평가되는 다트무어 교도소에 수용될 수 있다. 교도소를 방문하는 모든 사람은 플리머스로 가는 기차를 타야 하고, 옐버턴 마을로 가는 버스로 갈아탄 후 택시를 타고 6마일을 더 이동해야 한다. 일요일에는 버스가 두 시간 간격으로 운행된다.

- **개인적인 믿음**. 그 조직에 대한 개인의 신념이다.
- **언론 보도**. 예를 들어, 인터넷 미디어, 텔레비전(뉴스 또는 드라마) 등이 해당된다.
- **입소문**. 다른 사람들의 의사소통된 경험이다.

그러나 어느 정도 통제가 가능하고 영향을 행사할 수 있는 세 가지 조직적 특성도 있다.

- **가시성**. 조직, 서비스, 직원의 가시성.
- **익숙함**. 조직의 직원, 서비스, 능력의 익숙함.
- **소통**. 서비스에 대한 지식과 그 능력.

다 른 견 해

흥미로운 질문은 '만족이 항상 중요한가?'이다. 일부 산업은 고객 만족도 저하의 영향을 거의 받지 않는 것으로 보인다. 항공사 사업에서는 서비스 실패에 대한 위약금(예: 지연 또는 취소된 항공편)이 있지만, 이러한 위약금은 수익성이나 재구매 의도에 큰 영향을 미치지 않는 것으로 보인다. 고객 서비스는 항공사 광고에서 크게 활용되고 있지만 운영상의 우선순위가 아닌 경우가 많다. 좌석 폭과 좌석 사이의 측면 공간은 매년 줄어드는 것으로 보인다. 수화물 요금을 비롯하여 다른 숨겨진 요금이 만연해 있다. 음식은 돈을 지불함에도 불구하고 형편없을 수 있다. 그리고 가족이 함께 앉는 데 할증료를 받거나, 항공기가 만석이 아님에도 가족을 떼어 놓는 등 의문스러운 관행이 있다.

이러한 문제들은 차치하고, 고객이 높은 티켓 가격과 추가 요금, 무관심한 객실 서비스 또는 오랜 지연에 대해 아무리 자주 불평해도, 그들은 계속해서 티켓을 구매한다. 부분적으로 이것은 특정 노선에서 운송 회사의 선택이 제한적이기 때문일 수 있지만, 다른 요소들도 작용할 수 있다. 일부 업계 관계자들은 가장 공격적인 고객들도 '발로 투표'하지 않는다고 믿는다. 항공기 전체를 채우는 높은 탑승률은 운영 및 자본 비용을 충당하는 데 도움이 될 수 있지만 고객에게 불편을 줄 수도 있다. 그러나 승객 불만이 일반적으로 티켓 판매 감소로 이어지지는 않는다. 고객은 불평하지만, 항공사들은 소수의 예외를 제외하고는 전체 산업이 같은 방식으로 운영되기 때문에 아무것도 하지 않는다. 고객의 태도도 상황에 도움이 되지 않는다. 많은 사람에게 단연코 가장 중요한 고려 사항은 낮은 요금이기 때문이다. 항공사에 대한 고객 자신의 경험이 좋지 않은 경우, 또는 소비자 리뷰 보고서가 좋지 않음에도 불구하고 고객은 종종 최저 가격의 항공권을 구입한다. 고객과 항공사들에 의해 일반적으로 받아들여지는 믿음은 가격이 가장 중요한 문제라는 것이다. 고객은 사실상 산업 전반에 걸친 서비스 실패의 공범이다.

이러한 요소를 관리함으로써 조직은 잠재 고객과 이들이 제공하는 서비스의 평판, 효율성, 효과성에 중요한 영향을 미칠 수 있다. 사례에서 설명한 영국 교도소의 경우 교도소에 의한 소통은 미미하다. 범죄자와 그 가족 모두에게 최소한의 신뢰를 제공하기 위해 교도소 개혁 위원회와 같은 조직이 나서고 있다.

6.2 무엇이 기대와 인식에 영향을 미치는가

만족(또는 불만족)의 정도는 고객의 기대와 고객의 인식이 반영된 결과이기 때문에 기대와 인식을 정의하고 그 결과를 설명하는 데 조금 시간을 할애할 필요가 있다.

6.2.1 인식

우리의 인식은 제공되는 서비스에 대한 우리의 개인적인 인상과 해석이며, 따라서 고객은 각자의 개인적이고 감정적이며 때로는 비이성적인 방식으로 각 서비스를 인식할 것이다. 우리는 시각, 후각, 촉각, 미각, 청각 등의 감각을 이용하여 서비스를 경험한다. 서비스를 어떻게 인식하는지는 각자가 과거에 경험한 경험, 문화, 언어, 신념, 가치, 관심, 가정 등에 달려 있다. 예술가 데이비드 호크니는 예술에 대해 "우리는 기억을 통해 바라본다. 그래서 우리 중 누구도 같은 것을 보지 못하는 것이다. 비록 우리가 같은 것을 보고 있다 하더라도."라고 말했다. '현실'이 항상 현실적이지는 않다. 예를 들어, 플라시보 효과를 생각해 보라. 의사(또는 다른 전문가)가 환자에게 주는 안심은 의학적 특성이 없는 알약(또는 전문가의 보고서)이 있든 없든 많은 환자의 심리적/신체적 건강에 중요한 영향을 미친다.

서비스에 대해 각자가 개인적으로 인식한다. 예를 들어, 고객이 하이 클래스의 특권적인 배경을 가지고 있어 대접을 받는 것에 익숙하다면, 고급 레스토랑에 대한 그 고객의 경험은 다른 배경을 가진 사람과 상당히 다를 수 있다. 특권을 가진 사람은 세심한 직원들을 경험하고 인지하며 잘 차려진 테이블을 감상할 수 있지만, 다른 사람은 직원들이 비굴해 보인다고 느끼거나, 테이블에 놓인 나이프와 포크의 수가 혼란스럽거나 심지어 불안감을 유발한다고 생각할 수 있다.

(비즈니스 활동이나 일상에서도 마찬가지지만) 서비스에서의 경험을 쌓을수록 서비스에 대한 판단이 정교해질 수 있다. 예를 들면 다음과 같은 것들이 있다.

- **선택적 필터링.** 우리는 현재 요구 사항과 관련된 것에만 주목하고 다른 부분을 '무시'하는 경향이 있다. 특권층의 고객은 식탁보에 있는 얼룩을 보고 불평할 수 있지만, 그렇지 않은 고객은 그것을 알아차리지도 못할 수도 있다.
- **선택적 왜곡.** 개인의 신념과 편견을 뒷받침하는 정보를 수정하고 찾는 경향이 있다. 미국 식당을 방문하는 유럽인들은 서빙되는 음식의 양을 확인하면서 미국식 식습관에 대한 개인적인 편견을 확인할 수 있다.
- **선택적 유지.** 우리는 자신의 필요와 신념과 관련된 것만 기억하는 경향이 있다. 레스토랑에서 식사를 마친 후 어떤 사람은 음식의 질을 기억하고 이야기하고, 어떤 사람은 화장실의 상태를, 또 어떤 사람은 세심하거나 매력적인 직원을 기억하고 이야기할 수 있다.

〈그림 6-5〉 기대의 범위

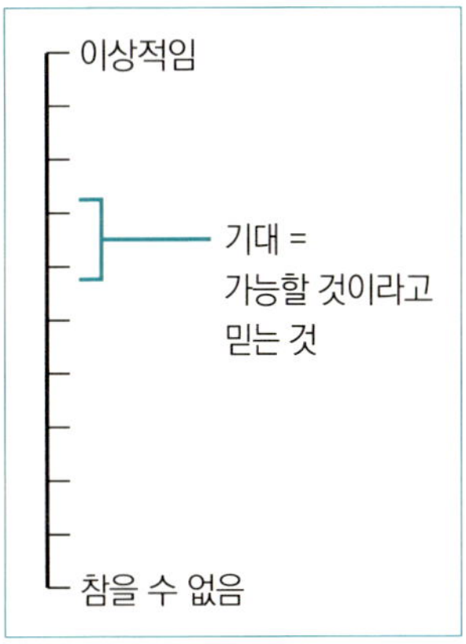

6.2.2 기대 범위와 허용 범위

서비스에 대한 기대는 이상적인 것과 참을 수 없는 것 사이에 있을 것이다(그림 6-5 참조). 기차 여행에서 여행자가 더러운 객실, 불친절한 승무원, 늦게 도착하는 기차 등을 경험한다면 이것을 참기 어려울 것이다. 이상적인 기차 여행은 깨끗하고, 정시에 움직이며, 빠른 운행 등의 요소를 포함할 것이다.

기대에 대한 범주는 다음과 같이 정의할 수 있다.

- **이상적임**(ideal). 해낼 수 있는 최고의 상태.
- **실현 가능한 이상**(ideal feasible). 주어진 가격이나 업계 표준에 따라 고객이 바라고 있는 서비스 수준 .
- **바람직함**(desirable). 고객이 받고 싶어하는 서비스의 표준.
- **마땅함**(deserved). 인지된 비용을 고려할 때 고객이 받아야 하는 서비스 수준.
- **허용 가능한 최소 수준**(minimum tolerable). 최소 허용 기준이자 반드시 달성해야 하는 수준.
- **참을 수 없음**(intolerable). 고객이 받아서는 안 되는 정도.

여기서 중요한 점은 고객에게 '기대'를 물어볼 때 주의해야 한다는 것이다. 예를 들어, 다음 질문은 척도의 다른 지점을 의미하는 것이기 때문에 각각 다른 반응을 유발할 수 있다.

- 무엇을 원하는가?
- 무엇이 제공되어야 하는가?
- 무엇이 수용 가능한가?

〈그림 6-6〉 기대 범위와 허용 범위

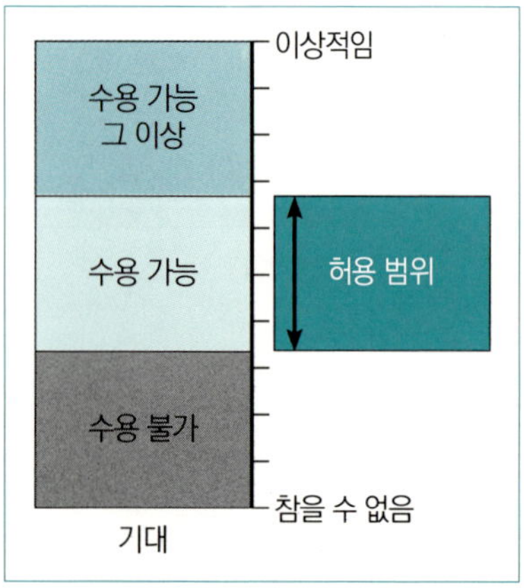

가능할 것이라고 믿는 것, 즉 발생할 것이라고 믿는 것으로 정의되는 우리의 기대는 척도상의 한 점이 아닌 범위일지 모른다. 〈그림 6-6〉에 나타낸 것과 같이 이러한 기대의 범위 또는 영역을 '허용 가능한' 서비스 수준으로 간주할 수 있는 영역인 '허용 범위(zone of tolerance)'라고 부르기도 한다.

이 허용 범위의 중요성은 성과의 범위 내에서 변이를 수용할 수 있음에 있으며, 이 영역 내에서 성과에 어떠한 증가나 감소도 인식에 한계 효과만을 가진다. 인지된 서비스 품질에 어떠한 실질적 효과가 있는 것은 성과가 이 허용 범위 밖으로 이동할 때만이다.

이 허용 범위의 폭은 고객의 관여와 몰입의 수준에 역비례한다고 여겨진다. 이 관여는 서비스에서의 고객의 이해 수준, 그에 따라 고객이 부여한 중요성 그리고 서비스에 대한 감정적 몰입을 뜻한다. 예를 들어, 특정 학습 프로그램에 고도로 관계하여, 몰입하며 지불하고 있는 학생은 제공되는 수업의 수준에 매우 민감할 것이다. 그들은 학습 교재의 질, 추가 작업을 위해 제공되는 지원 및 채점의 질(예를 들어)을 조심스럽게 조사할 것이다. 그들은 일이 잘못되고 있다고 느끼면 이슈와 관심을 제기할 것이다. 덜 몰입되고 덜 관여된 학생은 이 과정에서 어떤 일이 벌어져도 기꺼이 수용할 것이다.

모호한 기대

때때로 고객은 수용할 수 없는 것에 대해 상당히 명확한 견해를 가지고 있지만, 서비스에서 무엇을 기대해야 하는지 확신할 수 없기 때문에 고객의 기대가 불분명할 수 있다. 고객이 무엇이 필요한지에 대해 막연하게만 알고 있는 이러한 현상을 '모호한(fuzzy)' 기대라고 한다.[9] 고객의 기대는 전체적으로는 모호하지 않을 수 있지만, 모호한 몇 가지 요소를 포함할 수도 있다. 고객은 높은 수준의 결과의 일반적인 특성에 대해 명확할 수 있지만, 세부 사항에 대해서는 이를 충족하지 못한다는 것을 알게 된다. 어떤 경우에는 이러한 기대가 암묵적이고 고객에 의해 적극적으로 또는 의식적으로 고려되지 않았더라도, 기대가 충족되지 않거나 초과될 때에는 명확해질 수 있다. 어떤 면에서 서비스 실패는 기대치를 재정의하는 결과를 낳는다.

고객의 기대가 모호하든 명확하든, 운영 관리자는 고객이 바라는 기대에 대해 확신을 가져야 한다. 기대 사항을 이해하고, 이를 정의한 다음, 제공하는 서비스가 해당 사양을 충족하는지 확인해야 한다. 대부분의 경우 이러한 이해를 위해서는 고객을 대면하는 직원이 고객의 실제 요구 사항을 명확히 하기 위해 질문하도록 장려하는 지침을 제공해야 한다. 직원은 고객이 요구하는 것이 실제로 필요한 것이라는 가정에서 벗어나도록 격려받을 필요가 있다. 고객은 종종 다른 사람들(고객과 직원 모두) 앞에서 어리석게 보이는 것을 두려워하기 때문에, 상당히 부적절한 것을 요구한다면 결국 불만과 이탈로 이어질 수 있다. 고객에게 그러한 질문을 하는 것은 재치와 극도의 민감성을 필요로 한다. 민감성 없이 진행되면 서비스 제공자가 주제넘고 거만한 태도를 보이는 것으로 받아들여질 수 있다.

고객의 불확실성을 고려하여 기대를 설정하기 위해 서비스 운영 관리자는 서비스 개념(4장)을 다시 검토할 필요가 있다. 고객의 생각과 서비스 제공자의 생각의 차이를 식별할 것을 권장한다.

기대에 영향을 미치는 요인

참을 수 없는 것과 이상적인 것 사이에 존재하는 우리의 기대는 많은 것에 의해 영향을 받을 것이다(그림 6-7 참조). 기차 여행에 대한 우리의 기대는 다음과 같이 이전 경험과 가격에 영향을 받을 수 있다.

〈그림 6-7〉 기대에 영향을 미치는 요인

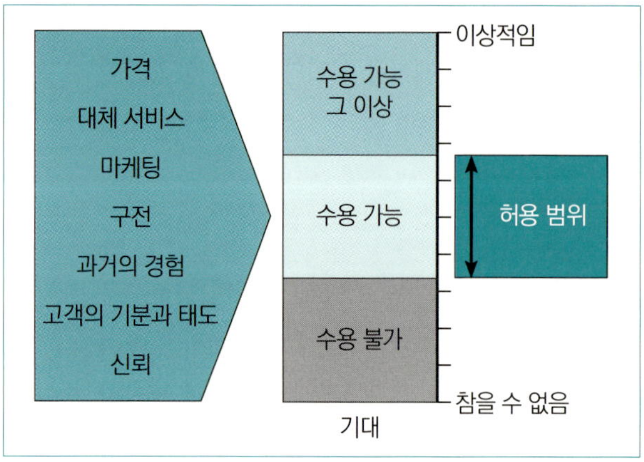

- **가격은 기대에 큰 영향을 미친다.** 가격이 높을수록 고객의 기대치가 높다. 파리에서 시카고로 가는 항공기 이코노미 클래스에 대한 기대는 비즈니스 또는 일등석 고객과는 다른 수준일 것이다. 어떤 좌석을 선택하든 고객이 바라는 안전과 적시성에 대한 기대는 비슷하겠지만, 레그룸, 음식 품질, 서비스의 세심성, 체크인 편의성 등에 대한 기대는 상당히 다를 수 있다. 가격은 고객이 서비스와 경험이나 결과뿐만 아니라, 그 서비스 가치에도 영향을 미치기 때문에 아마도 가장 중요한 영향 요소일 것이다(3장 참조).
- **대체 서비스도 기대를 정의하고 설정하는 데 도움이 된다.** 한 항공사가 비즈니스 클래스를 선택한 고객에게 리무진 서비스를 제공한다는 것을 알고 있다면, 다른 항공사들도 그렇게 할 것이라고 기대할 수 있다.
- **마케팅은 기대에 상당한 영향을 미칠 수 있다.** 마케팅, 이미지, 브랜딩, 광고 등은 고객의 기대치를 설정하는 데 도움이 되며, 종종 큰 비용을 수반한다.
- **구전**(word-of-mouth) **마케팅은 고객의 기대에 깊은 영향을 미칠 수 있다.** 실제로, 특정 상황에서 구전은 조직적인 마케팅보다 더 강력한 영향력을 미칠 수 있다. 구전은 오늘날 Wirecutter, Tripadvisor, Trustpilot 등과 같은 웹 서비스뿐만 아니라, 특정 서비스 영역에 초점을 맞춘 소규모의 서비스 업체들도 많이 활용되고 있다.
- **과거의 경험은 기대를 형성하는 데 도움이 된다.** 서비스에 대한 사전 지식은 기대를 더 명확하게 만들 뿐만 아니라 고객이 기대를 더 정확하게 정량화할 수 있도록 한다. 현대의 고객은 리뷰 웹사이트가 제공하는 정량화된 고객 평가와 자신의 과거 경험을 비교하여 '상황에 맞는 경험'을 통해 기대를 형성한다. 이러한 방식으로, 과거의 경험은 조직 또는 입소문을 통해 마케팅 정보에 대한 중재자 역할을 한다. 이전의 경험이 특정 서비스 제공자가 아니라 다른 서비스 제공자와의 경험이었을 수 있다는 것을 기억해야 한다. 서비스 제공자가 반드시 유사한 서비스를 제공하는 것은 아니라는 점에 주목할 필요가 있다. 예를 들어, 전기 공급 업체에 문의 전화를 할 때 어떤 대우를 받을지에 대한 고객의 기대는 다른 공공 서비스나 소매 업체, 금융 서비스와 같은 다른 유형의 콜센터와의 과거 경험에 따라 달라질 것이다. 서비스 조직들은 고객의 이러한 경험 비교를 간과한다. 동일 산업 분야의

다른 조직 만큼 우수하다고 해서 반드시 우수한 것은 아니라는 것이다.

- **고객의 기분과 태도는 고객의 기대에 영향을 미칠 수 있다.** 기분이 좋지 않거나 조직에 대한 태도가 좋지 않은 사람은 기대가 높아질 수 있다. 반면, 관심이 덜하고 더 관대한 사람은 허용 범위가 더 넓을 수 있다.
- **신뢰는 서비스를 경험하기 전이라 하더라도 우리의 기대에 영향을 미친다.** 예를 들어, 명성이 자자하여 좋은 평판을 보이는 학교에 우리 아이를 보내야 한다면 이 학교를 신뢰 하게 될 것이고, 우리 아이가 어떠한 교육을 받을 것인지에 대해 더 높은 기대를 하게 될 것이다.

기대는 역동적이다. 참을 수 없는 것과 이상적인 것 사이에 고정되어 있지 않다는 것이다. 시간이 지남에 따라 변화할 것이다. 고객은 지속적으로 서비스를 소비하고 있으며 많은 서비스 상황을 경험하고 있다. 따라서 그들의 기대는 지속적으로 검토되고 변화한다. 고객이 '지난 번'에 받아들일 수 있다고 생각했던 것이 '다음 번'에는 다를 수 있다. 기대는 위에서 살펴본 요인들의 영향을 받기 때문이다.

전혀 경험하지 못했던 서비스에 대한 기대

우리는 서비스에 대한 기대를 갖기 위해 반드시 그 서비스를 경험할 필요는 없다. 장례식을 경험하지 않은 사람들도 행사의 성격, 분위기, 스타일에 대한 명확한 기대를 할 수 있고, 실제 일련의 세부적인 일들에 대해서도 모호한 기대를 가질 수도 있다. 예를 들어, 영화나 소설에서 그러한 사건들을 간접적으로 목격했다면, 이것들은 꽤 분명하고 명백할 수 있다.

6.3 기대와 인식을 어떻게 '관리'할 수 있는가

서비스 품질을 고객의 기대와 인식의 차이로 정의하려면, 서비스 운영 관리자가 서비스 프로세스 중에 고객의 인식을 관리(심지어 조작)하는 것뿐만 아니라 고객의 기대를 관리할 필요가 있다. 이 절을 통해 기대와 인식을 어떻게 관리할 수 있는지 설명하고 허용 범위 개념에 대한 논의를 확대할 것이다.

6.3.1 기대 관리

기대를 관리하는 것이 주로 마케팅 담당자의 역할이라고 주장할 수 있지만, 운영 관리자도 두 가지 중요한 역할을 한다. 첫째, 조직 내의 마케팅 부서나 전략 부서들이 조직의 운영 능력을 알 수 있도록 하는 것은 운영 관리자의 의무이다. 즉, 운영 능력에 대한 정보는 서비스의 특성과 품질에 대한 내용뿐 아니라 조직이 제공할 수 없는 것도 포함한다. 운영 능력에 대한 이해는 마케팅 기능이 고객의 기대에 영향을 미쳐 이러한 기대가 충족될 가능성이 높아지게 할 수 있다. 둘째, 운영은 서비스 프로세스의 초기 단계에서 고객의 기대에 영향을 미치고 형성할 수 있는 기회를 제공한다. 고객의 기대를 올바르게 설정하려면 서비스의 프로세스를 설계할 때뿐만 아니라 서비스 제공자와 서비스 환경이 고객에게 보내는 단서와 메시지에 세심한 주의를 기울여야 한다(7장 참조). 예를 들어, 식당에 들어가는 고객은 서비스 환경에 있는 단서를 통해 운영방식을 추측하고 제공되는 서비스 수준에 대한 결론을 도출한다. 테이블과 의자가 기본 기능에만 충실하게 세팅되어있고 식탁보나 장식이 없다면, 고객은 푹신한 의자, 식탁보, 화려한 장식이 있는 레스토랑보다 더 간단한 서비스를 기대할 것이다.

6.3.2 인식 및 허용 범위 관리

서비스 프로세스 중에 고객이 인식하는 품질을 관리하는 것은 역동적인 활동이다. 〈그림 6-8〉은 장 앞부분의 그림들(기대 수준과 허용 범위, 만족과 불만족 수준을 살펴보는 그림)을 결합하고, 서비스 프로세스에서 기대가 어떻게 만족에 대한 인식에 자리를 내주고 고객의 경험을 제공하는지 보여 준다. 이 그림은 기대에서 프로세스/경험을 거쳐 만족도 수준까지 확장된 허용 범위를 보여 준다. 즉, 허용 범위는 시간 차원도 가지고 있다.

최고조, 시작과 끝에서의 경험

전반적인 만족도는 서비스 프로세스의 다양한 단계 내에서 고객의 만족도에 대한 인식의 '평균'이 아닐 수 있다. 전체적인 만족도는 만족도가 최고조(최고 또는 최악)에 달했을 때 느끼는 경험의 강도와 서비스 프로세스가 끝날 때 느끼는 경험의 정도에 크게 영향을 받는다.[10] 이러한 현상을 '피크-엔드 규칙(peak-end rule)'이라고도 한다.[11] 매우 좋거나 매우 나쁜 거래 경험이 다른 경험보다 우선할 것이지만, 고객은 자신의 경험의 마지막 단계(거래)에 크게 영향을 받을 가능성이 높다. 경험의 끝을 훌륭하게 설계함으로써 고객의 전반적인 만족감을 조작할 수 있다(특별히 나쁜 경험이 없다면). 서비스 프로세스의 초기 단계도 중요하다. 서비스의 첫 단계는 고객의 기대치를 설정하게 하고, 좋은 초기 인상을 심어줄 수 있다. 고객을 신속하고 즐겁게 응

〈그림 6-8〉 서비스 프로세스에서의 인식 관리

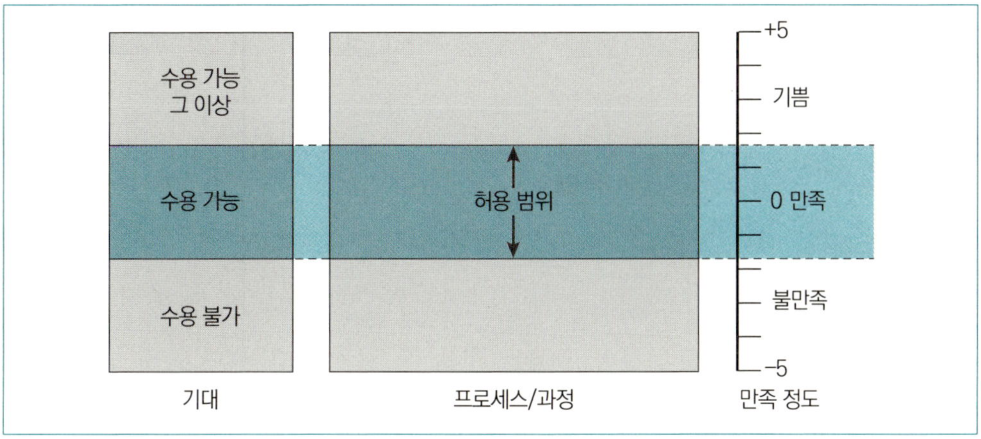

Source: Adapted from Johnston, R. (1995) 'The zone of tolerance: exploring the relationship between service transactions and satisfaction with the overall service', *International Journal of Service Industry Management*, 6 (2), 46–61. Reprinted by permission of Emerald Group Publishing Limited.

대하는 호텔의 리셉션에 도착하면 서명만 하면 양식이 미리 채워지고 샴페인 한 잔(또는 적절한 음료)이 제공되므로 허용 범위를 낮출 수 있다. 마찬가지로, 많은 서비스 제공자, 특히 고급 호텔은 서비스 경험이 끝나기 전에 만족도를 평가하기 위해 많은 노력을 할 것이다. 이것은 문제에 대한 개선된 해결책을 만들어 내기 위한 시간을 제공하기 위한 것이다. 우리는 이러한 현상들을 설명하기 위해 허용 범위를 사용할 수 있다.

여기서 〈그림 6-8〉의 허용 범위 개념의 적용을 살펴볼 가치가 있다. 그림은 관리도(15장 참조)와 유사한 고객 경로의 표현이지만, 〈그림 6-8〉에 나타나는 정보는 양적인 것이 아니라 질적인 것이다. 이에 대한 분석을 〈그림 6-8〉~〈그림 6-15〉를 통해 설명한다.

관리자는 허용 범위 개념을 사용하여 먼저 고객의 기대(허용 가능 여부)를 파악한 다음 서비스 프로세스/경험 동안 각 단계나 접점에 미치는 영향을 평가할 수 있다. 이러한 방식으로 서비스 경험을 해체하고 분해하는 것은 관리자가 원하는 만족도를 달성하기 위해 적절한 시간과 장소에서 개입해야 한다는 점을 의미한다. 또한 이는 서비스를 설계할 때에도 활용될 수 있다. 예를 들어, 정기적인 건강 검진을 위해 병원을 예약한 환자를 생각해 본다면 고객의 경로에는 다음과 같은 7단계(접점)가 있다고 볼 수 있다.

1. 병원 도착
2. 접수
3. 의사를 기다림

〈그림 6-9〉 건강검진에서의 인식 관리

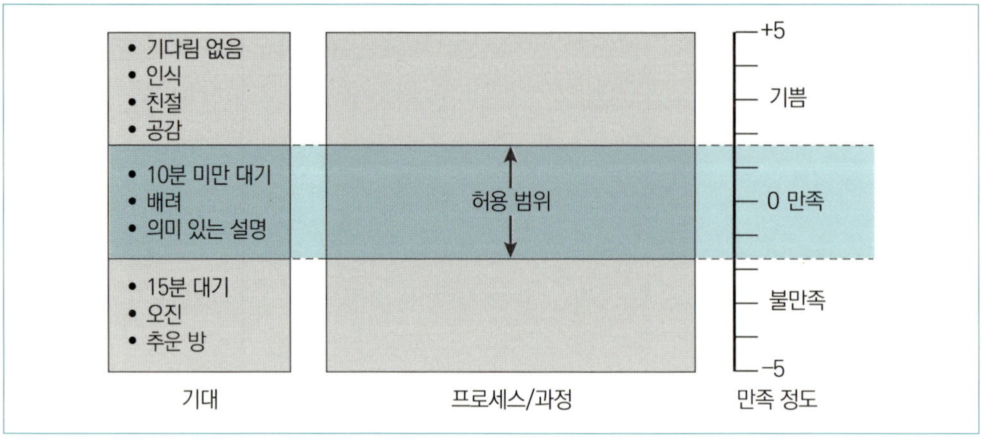

Source: Adapted from Johnston, R. (1995) 'The zone of tolerance: exploring the relationship between service transactions and satisfaction with the overall service', *International Journal of Service Industry Management*, 6 (2), 46–61. Reprinted by permission of Emerald Group Publishing Limited.

4. 의사의 진찰 소개
5. 진료
6. 결과에 대한 논의
7. 떠남

예를 들어, 환자가 의사를 보기 위해 짧은 시간 동안 기다리고, 세심한 배려로 치료를 받을 것이며, 사생활이 존중될 것이며, 모든 의학적 사실을 잘 전달해 줄 것이라는 행동 등을 통해 이 환자의 기대가 관리(영향)되었을 가능성이 있다. 〈그림 6-9〉는 고객이 기대하는 서비스의 여러 측면 중 세 가지를 보여 준다.

허용 범위 내에서 이루어진 성과는 만족으로 나타난다.

- 다양한 거래에 대한 고객의 인식이 수용 가능한 수준보다 크거나 낮지 않다면, 결과적으로 허용 범위 내에 있는 '만족스러운' 고객이 될 것이다(그림 6-10 참조). 고객의 허용 범위 내에서 서비스 품질의 변화가 감지되지 않을 수도 있기 때문에, 영향을 주고자 하는 조직의 경우 긍정적(또는 부정적) 개입이 필요하다.
- 특히 프로세스의 시작 또는 끝 부분에서 허용 범위 임계값을 초과하는 서비스의 전달은 매우 만족스러운 결과(기쁨)를 가져올 것이다. 고객을 기쁘게 하는 무언가를 소개함으로써, 의사의 수술은 환자를 기쁘게 할 수 있다. 예를 들어, 접수 담당자가 환자의 이름을 부르며 인사하고, 환자를 자리에 앉히고 커피를 가져다주는 것은 상당히 예상치 못한 일이

〈그림 6-10〉 적절한 성과로 고객 만족

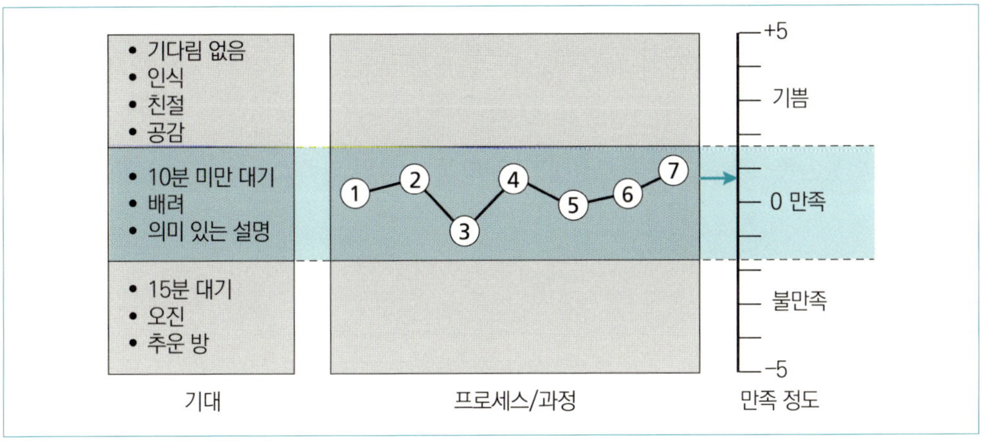

Source: Adapted from Johnston, R. (1995) 'The zone of tolerance: exploring the relationship between service transactions and satisfaction with the overall service', *International Journal of Service Industry Management*, 6 (2), 46–61. Reprinted by permission of Emerald Group Publishing Limited.

〈그림 6-11〉 강화 요소를 활용한 고객 만족의 향상

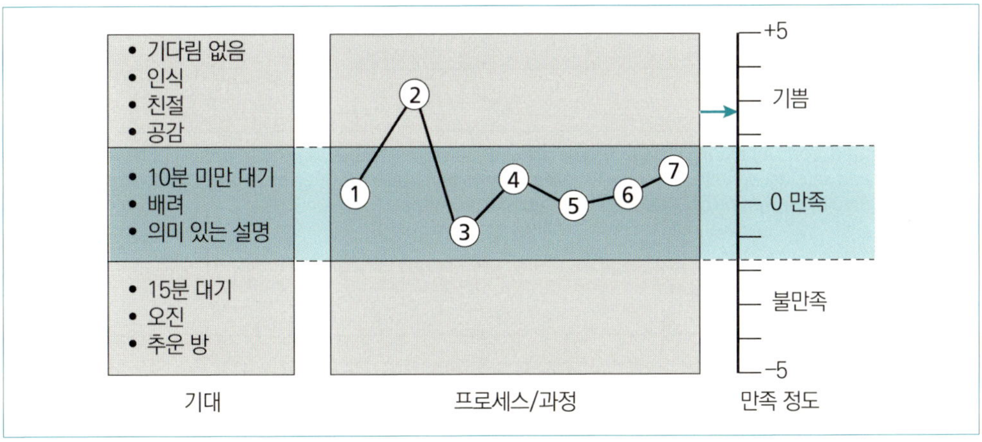

Source: Adapted from Johnston, R. (1995) 'The zone of tolerance: exploring the relationship between service transactions and satisfaction with the overall service', *International Journal of Service Industry Management*, 6 (2), 46–61. Reprinted by permission of Emerald Group Publishing Limited.

며, 고객을 기쁘게 할 수 있다(그림 6-11 참조). 만족도 '점수'는 평균 점수가 아닐 수도 있지만, 이와 같은 유쾌한 일은 결과적인 만족도 수준을 왜곡시키는 효과가 있을 수 있다.

허용 범위 임계값 미만의 서비스는 불만족스러운 결과를 초래할 것이다. 12분의 지연은 용인될 수 있지만('위생' 요소의 예, 위생 및 강화 요소에 대한 다음 절 설명 참조), 퉁명스러운 치료와 형식적인 검사가 진행되는 경우 불만으로 이어질 수 있다(그림 6-12 참조).

동일한 서비스 프로세스 내에서 발생하는 불만족은 만족스러운 거래를 통해 보상될 수 있다. 주차장에 공간이 부족하여 병원까지 500m의 빗길을 걷는 것은 불만족스러운 거래가 되지만, 접수 담당자의 진심어린 사과와 제공되는 따뜻한 음료, 그리고 특히 의사의 세심한 치료가 초기 문제를 보완할 수 있다(그림 6.13 참조).

하나의 불만족스러운 거래를 보상하기 위해 둘 이상의 만족스러운 거래가 필요할 수 있

〈그림 6-12〉 불만족스러운 결과

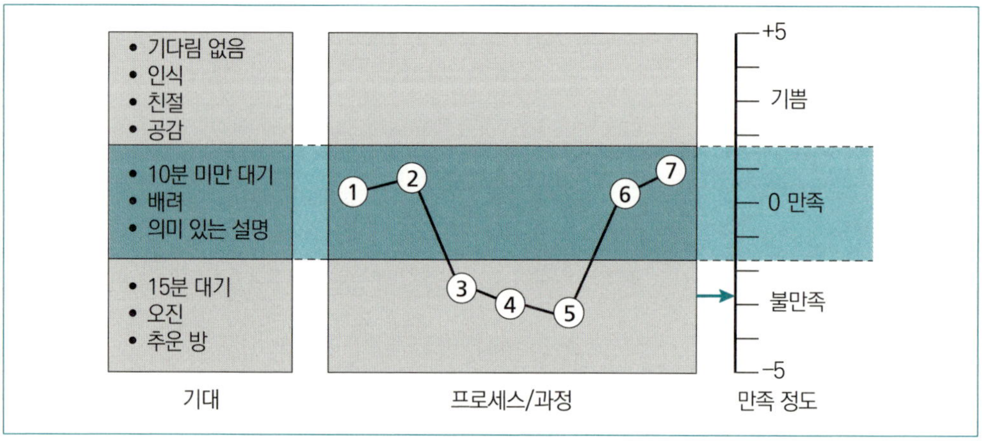

Source: Adapted from Johnston, R. (1995) 'The zone of tolerance: exploring the relationship between service transactions and satisfaction with the overall service', *International Journal of Service Industry Management*, 6 (2), 46–61. Reprinted by permission of Emerald Group Publishing Limited.

〈그림 6-13〉 실패에 대한 강화 보상

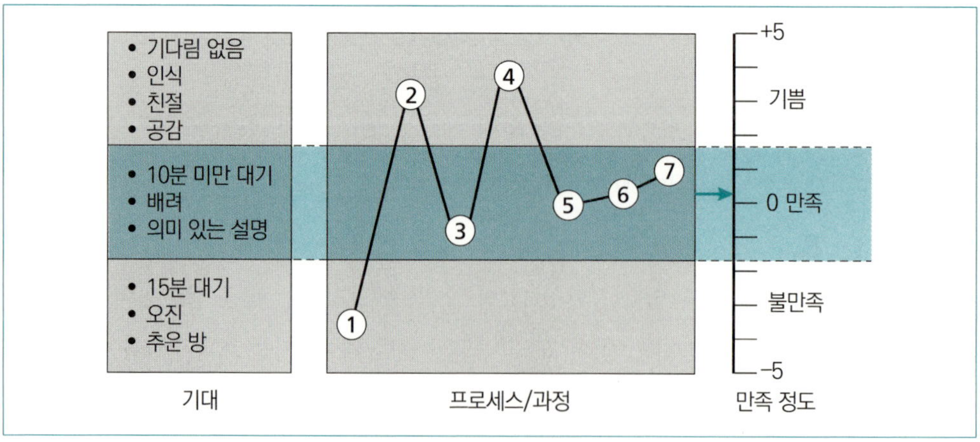

Source: Adapted from Johnston, R. (1995) 'The zone of tolerance: exploring the relationship between service transactions and satisfaction with the overall service', *International Journal of Service Industry Management*, 6 (2), 46–61. Reprinted by permission of Emerald Group Publishing Limited.

다. 하나의 불만족스러운 거래가 하나 이상의 즐거움을 주는 과정으로 보상받아야 하는 경우이다(위의 경우와 같이).

허용 범위의 이동

단 한 번 거래에서의 실패도 불만 임계값을 높이게 된다. 불만족스러운 경험은 또한 전체 허용 범위를 위쪽으로 이동시키는 효과가 있을 수 있으며, 그 폭을 감소시킬 수도 있다. 예를 들어, 환자가 빗속에서 500m를 걸어야 하는 경우, 이 거래에 대한 불만은 서비스의 나머지 부분에 대해 부정적으로 처리하는 것과 같을 수 있다. 이것은 이전에 고객의 허용 범위 내에 있었을 미래의 거래가 이제는 불만족스럽게 느껴진다는 것을 의미한다(그림 6-14 참조). 이러한 영역의 이동은 서비스의 결과가 불만족이게 될 가능성을 증가시킨다.

즐거운 거래는 특히 프로세스 시작 단계에 놓이면 효과적인데, 이는 허용 범위를 낮출 수 있기 때문이다. 가치를 높이는 과정은 허용 범위를 낮추어, 이전에는 용인되는 수준이었던 후속 거래가 즐거움을 주는 수준으로 바뀌는 것이다. 이런 경우를 '후광 효과(halo effect)'라고 한다. 접수처에서 바로 접수해주는 것, 환자가 방문할 것을 미리 예상하고 있었다는 느낌과 방문했을 시 환영받는 것, 모든 서류가 서명만 하면 단계로 마무리되어 있는 것과 같은 경우는 환자에게 단순히 즐거움을 주는 것뿐만 아니라, 나머지 과정도 긍정적으로 받아들일 수 있게 한다(그림 6-15 참조).

〈그림 6-14〉 불만으로 인한 허용 범위 변경

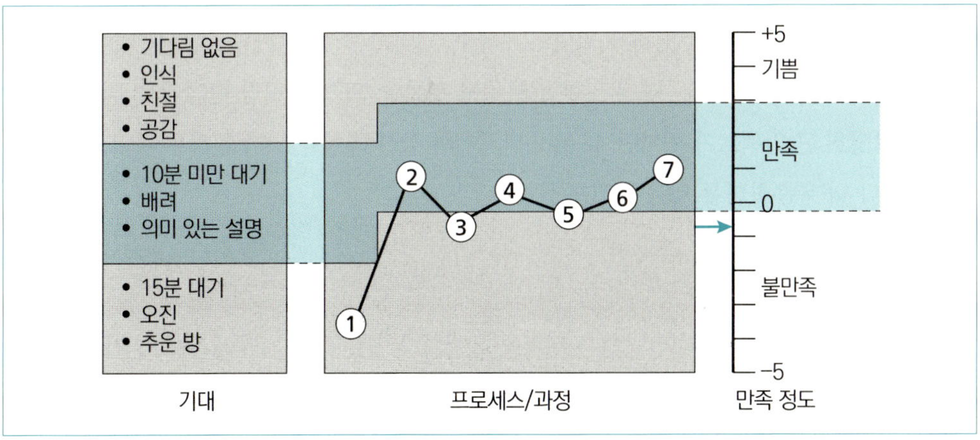

Source: Adapted from Johnston, R. (1995) 'The zone of tolerance: exploring the relationship between service transactions and satisfaction with the overall service', *International Journal of Service Industry Management*, 6 (2), 46–61. Reprinted by permission of Emerald Group Publishing Limited.

〈그림 6-15〉 기쁨으로 인한 허용 범위 이동

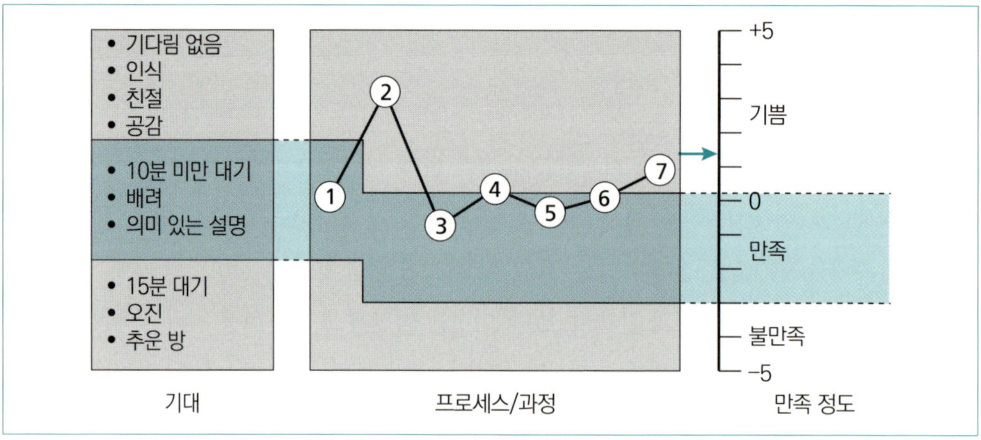

Source: Adapted from Johnston, R. (1995) 'The zone of tolerance: exploring the relationship between service transactions and satisfaction with the overall service', *International Journal of Service Industry Management*, 6 (2), 46–61. Reprinted by permission of Emerald Group Publishing Limited.

허용 범위의 폭 조정

단순히 고객을 만족시키려는 조직은 서비스 프로세스 중에 아무런 문제가 발생하지 않도록 해야 할 것이다. 여기서 말하는 문제는 위생 조건을 충족시키는 데 실패하는 경우를 말한다. . 이런 조직은 즐거움을 주는 과정은 필요 없을 것이다. 적절한 마케팅을 통하여 허용 범위의 너비를 넓힐수록 고객을 만족시킬 수 있을 것이다. 고객에게 즐거움을 주고자 하는 조직은 좁은 너비의 허용 범위를 가져야 한다. 동시에, 소비자에게 불만족감을 줄 수 있다는 위험을 감수해야 한다. 이 조직은 약간의 즐거움을 주는 과정이 필요로 할 것이다(프로세스 초기 단계에 주는 것이 가장 이상적이다). 그러면 허용 범위의 수준과 너비에 영향을 끼칠 수 있을 것이다. 프로세스 마지막에 즐거움을 주는 과정 또한 효과적일 것이다. 과정의 시작 단계에서 즐거움을 주는 것은 상당히 큰 임펙트가 있지만, 마무리 단계에서 강한 체험을 느끼게 하는 것 또한 서비스 품질이 보다 더 우수하다는 것을 느끼게 한다.

무형을 유형화하기

서비스 인식을 조정하는 마지막 방법은 무형을 유형화시키는 것이다. 앞에서 고객 기대에 대해 논의할 때, 서비스 프로세스의 초기 신호와 메시지가 고객에게 올바른 기대를 설정하는 데 도움이 될 수 있도록 조직이 어떻게 해야 하는지 설명한 바 있다. 이러한 신호는 또한 인식을 조정하는 데 사용될 수 있다. 예를 들어, 차량 긴급 출동 서비스 관리자는 그들이 똑똑하고 깔끔해 보이고 깨끗한 차량을 보유하는 것에 대한 중요성을 인식하고 있다.

고객은 이러한 신호와 메시지를 전문성 및 역량과 연관시킬 수 있으며, 따라서 차량에 대한 보다 효율적인 처리가 이루어졌음을 인지할 수 있다. 이와 유사한 방식으로 진지함과 전문적인 분위기를 조성할 수 있다. 예를 들어, 백화점에서 화장품 판매 보조원들이 활용하는 '가짜(모조) 임상'이 어떻게 그들과 그들이 판매하는 제품에 신뢰감을 주는 것처럼 보이는지 생각해 보라.

이러한 무형의 요소는 많은 서비스 경험에 필수적이며, 서비스 프로세스/경험의 적절한 장소에서 유형화하기 위해 노력하는 것만으로도 고객의 이러한 요소에 대한 인식을 강화할 수 있다. 호텔 욕실에서 한 점으로 접힌 화장지는 청결과 관심이 유형의 상태로 표현된 것이다. 최근에 수리한 차량의 바닥에 있는 종이 매트는 정비사들이 차량을 더럽히지 않도록 주의를 기울였다는 것을 고객에게 알려준다. 경영 컨설턴트의 손목시계나 장신구 또는 잘 재단된 정장, 고가의 승용차는 신뢰성과 전문성을 유형화 하는 것일 수 있다.

6.4 서비스 품질은 어떻게 운영화되는가

고객과 서비스 조직은 운영 서비스 품질과 인식된 서비스 품질에 대한 판단을 쉽게 내릴 수 있다. 그러나 실제로 그러한 평가는 초기에 서비스 품질의 하나 이상의 부분적 측면에 대해 이루어진다. 특히 고객은 전반적인 서비스 품질에 대해 초기 판단을 내리는 경우가 거의 없으며, 서비스 직원의 환영, 간판, 커피 맛, 카펫의 청결도 등에 대해 구체적인 평가를 하게 된다. 운영 서비스 품질(이 장의 뒷부분에 있는 서비스 사양 설명 참조)과 인식된 서비스 품질은 이러한 특성과 유사한 관점에서 정의될 수 있으며, 이를 일반적으로 '품질 요소' 또는 서비스 품질의 차원이라고 한다. 품질 요소을 통해 운영 관리자는 기대치를 파악하고 운영할 수 있으며, 이는 기대와 인식의 본질을 이해하고 고객 만족도를 측정하기 위한 도구를 만들고 서비스 사양을 작성하는 데 도움이 된다.

6.4.1 서비스 품질 요소

서비스 품질 요소는 고객이 기대할 수 있고 특정 수준의 서비스 운영에 의해 제공되어야 하는 서비스의 속성을 의미한다.

〈그림 6-16〉은 서비스 품질의 전체를 파악하기 위한 18가지 품질 요소를 보여 준다. 이 18개의 요소는 더 넓은 차원으로 통합될 수 있으며, 실제로 모든 조직의 서비스 품질의 모든 측면을 포착할 수는 없다. 그러나 이들은 적어도 서비스 품질을 정의, 제공, 측정하는 데 도움

〈그림 6-16〉 18가지 서비스 품질 요소

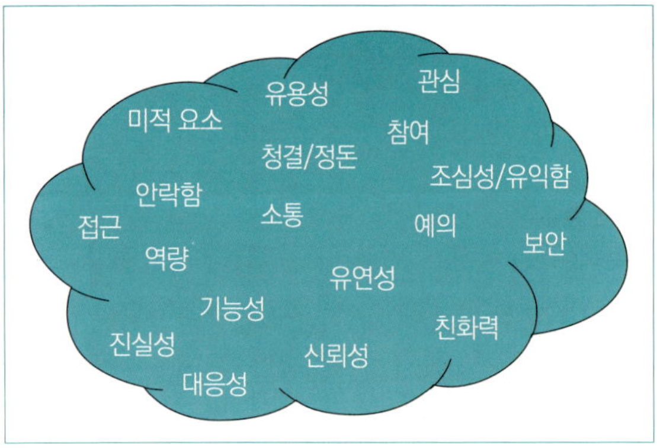

이 되는 출발점이 된다. 18개의 품질 요소는 다음과 같이 정의된다.

- **접근**. 서비스 장소를 쉽게 찾을 수 있는가를 포함한 서비스 위치의 물리적 접근성.
- **미적 요소**. 서비스의 구성 요소와 서비스가 제공하는 체험이 소비자에게 즐거움을 선사하는 정도. 서비스 환경의 외관과 분위기, 서비스 시설, 제품, 직원의 미적 외형.
- **조심성/유익함**. 서비스 직원이 고객에게 도움을 주거나 관심이 있다는 인상을 주며 서비스에 대한 의지를 보여 주는 정도.
- **유용성**. 서비스 프로세스, 시설, 직원 그리고 '제품'. 직원과 연락하는 경우, 직원/고객 비율과 직원이 각 고객과 함께 보낼 수 있는 시간과 관련이 있다. 또한, 유용성은 고객이 이용할 수 있는 서비스(및 '제품')의 양과 범위를 모두 의미한다.
- **관심**. 고객에게 보여 주는 관심, 배려, 공감, 인내심. 소비자가 서비스를 제공받음으로써 감정적으로 편안함을 느끼는 정도를 말한다.
- **청결/정돈**. 서비스 프로세스가 깔끔하고 깨끗하게 정돈된 정도. 서비스 환경, 시설, 장비, 직원, 그리고 다른 고객까지도 포함한다.
- **안락함**. 서비스 환경과 시설에 대한 물리적인 편안함.
- **참여**. 자부심과 만족감을 포함한 서비스 직원의 서비스 업무에 대한 분명한 의지
- **소통**. 서비스 직원이 고객이 이해할 수 있는 방식으로 고객과 소통할 수 있는 능력. 소통은 고객에게 전달되는 구두 및 서면 정보의 명확성, 완전성, 정확성, 그리고 고객의 말을 듣고 이해하는 서비스의 능력과 관련이 있다.
- **역량**. 서비스를 실행하는 데 필요한 기술, 전문성 및 전문성. 올바른 절차를 거치는지, 고객의 지시 사항을 정확히 따르는지, 직원에 의해 '제품'과 서비스 지식이 어느 정도로 표현되는지, 제품의 전망, 건전한 충고, 그리고 일을 전반적으로 무난하게 수행할 있는 능력을 의미한다.
- **예의**. 서비스제공하는 직원이 보여 주는 공손함, 존경심, 예의. 직원이 불필요하게 나서지 않고 참견하지 않는 것을 포함한다.
- **유연성**. 고객의 요구를 충족시키기 위해 서비스의 본질을 수정하거나 변경하려는 의지.

- **친화력.** 서비스의 따뜻함과 개인적 접근성, 특히 담당 직원의 쾌활한 태도와 고객을 환영할 수 있는 능력.
- **기능성.** 서비스의 합목적성과 적절성.
- **진실성.** 서비스 조직이 전달하는 정직, 정의, 공정.
- **신뢰성.** 서비스와 직원에 대한 신뢰와 일관성. 신뢰성에는 시간을 엄수한 서비스 제공과 고객과의 계약을 준수할 수 있는 능력이 포함된다.
- **대응성.** 서비스 제공의 속도와 적시성. 서비스 처리의 속도와 최소한의 대기시간 등 고객 서비스 요청에 신속하게 대응할 수 있는 서비스의 능력을 의미한다.
- **보안.** 서비스 프로세스에 참여하는 동안 고객과 고객의 재산에 대한 안전 유지. 보안에는 기밀 유지가 포함된다.

품질 요소는 고객에 의해 평가되고 서비스의 모든 측면에서 서비스 운영 부서에 의해 관리되지만, 프로세스 단계에 따라 강조되는 요소는 분명히 달라질 수 있다.

- **투입.** 예를 들어, 직원의 유용성, 용모와 역량, 시설의 외관, 미학, 접근성, 안락함 등이 있다.
- **서비스 프로세스.** 예를 들어, 프로세스 신뢰성, 직원 대응성 및 소통, 기술의 기능성 및 신뢰성 등이 있다.
- **서비스 경험.** 예를 들어, 직원들의 친화력과 예의, 보안 등이 있다.
- **결과.** 예를 들어, 제공된 서비스의 기능성, 신뢰성 등이 있다.

6.4.2 위생 요소와 강화 요소

서비스 품질 요소는 서비스 프로세스 내에서 조직 및 고객에 따라 다르겠지만, 크게 4개의 그룹으로 나눌 수 있다. 이러한 품질 요소의 분류는 불만족(또는 기쁨)에 대한 요인의 잠재력을 기준으로 한다(그림 6-17 참조).[12]

위생 요소는 항상 준비가 되어 있어야 하는 요소이다. 준비가 되어 있으면 만족감을 줄 것이고, 갖추어지지 않았다면 그것들은 불만의 원천이 될 것이다. 위생 요소는 즐거움의 원천이

〈그림 6-17〉 기쁨과 불만족스러움 요소

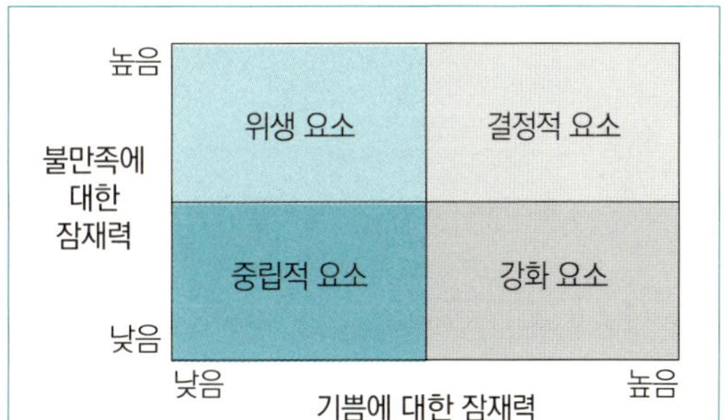

Source: Adapted from Lockwood, A. (1994) 'Using service incidents to identify quality improvement points', *International Journal of Contemporary Hospitality Management*, 6 (1/2), 75–80. Reprinted by permission of Emerald Group Publishing Limited.

되지는 않는다. 예를 들어, 은행 또는 공항 체크인의 경우 보안 검색 같은 기능은 고객에게 허용될 수 있는 서비스일 것이다. 반면에, 만약 이러한 요소가 지나치게 구체화된다면 고객은 기뻐하지 않을 것이다. 현대 공항을 고려할 때 지나치게 많은 수의 보안 검사는 고객을 기쁘게 하지 않는다. 실제로 고객은 불만을 가질 수 있다. 모든 은행 현금 인출기를 항상 완벽하게 작동시키는 것도 고객을 기쁘게 하지는 않을 것이다. 위생 요소는 서비스의 기본적으로 '주어진' 요소이다. 수용 가능한 수준의 성능을 갖추지 못한 경우 서비스는 살아남을 수 없다.

강화 요소는 존재하는 경우 만족할 수 있는 잠재력이 있지만, 만약 갖추어지지 않았을 경우에도 고객이 딱히 불만족스러워 하지 않는다. 은행의 고객은 직원의 따뜻하고 배려심 있는 접근 방식이나 문제를 다루는 유연성에 기뻐할 수 있다. 그렇다고 이러한 서비스 측면이 반드시 기대되는 것은 아니다. 마찬가지로 공항의 보안 검색대를 우회할 수 있는 급행 차선 옵션은 일부 고객에게는 도움이 될 수 있겠지만 필수적인 것은 아니다.

결정적 요소는 기쁨과 불만족스러움 둘 다 줄 수 있는 잠재력을 가진 요소이다. 공항 체크인과 은행 시스템은 모두 대응성, 소통, 역량을 고객의 불만이 나오지 않도록 설계되어야 한다. 최소한 수용할 수 있는 수준으로 설계되어야 한다는 것이다. 그럼에도 불구하고 수용할 수 있는 수준 이상이라면 고객을 만족할 수 있는 잠재력을 가진다.

중립적 요소는 만족감에 거의 영향을 미치지 않는다. 은행 지점의 편안함이나 미학은 고객의 만족이나 불만에 아무런 역할을 하지 않을 수 있다. 어쨌든 현대의 고객들은 거의 지점을 사용하지 않는다. 마찬가지로, 공항 체크인에 멋진 건축물이나 편안한 음악은 별 필요가 없다. 대부분의 여행자는 가능한 한 빨리 통과하는 것에 집중한다(그림 6-18 참조).

관리자는 고객의 기대를 인식할 뿐만 아니라 다양한 요소의 중요성과 상대적인 잠재성을 인식해야 한다(캠프바겐 컨버전스 사례 참조). 서비스 프로세스에서 만족감에 대한 인식을 관리하기 위해 어떤 요소들이 고객에게 즐거움이나 불만족을 주는지 알아내야 한다. 다음 절에서는 어떻게 이러한 요소들을 찾아내는지 설명하고, 강화 요소, 위생 요소, 결정적 요소를 식별하는 방법에 대해 알아본다.

〈그림 6-18〉 은행과 공항 체크인에 대한 네 가지 유형의 요인

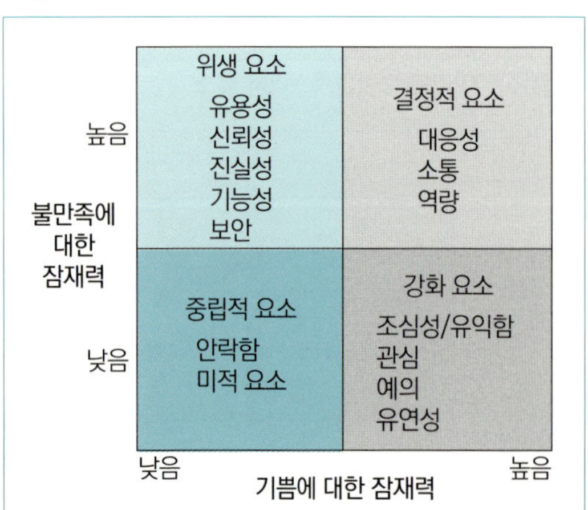

Source: Adapted from Lockwood, A. (1994) 'Using service incidents to identify quality improvement points', *International Journal of Contemporary Hospitality Management*, 6 (1/2), 75–80. Reprinted by permission of Emerald Group Publishing Limited.

CASE example

사례

캠프바겐 컨버전스

캠프바겐 컨버전스는 패널밴, 콤비밴, 미니버스밴의 소유자들에게 개조 및 튜닝 서비스를 제공했다. 패널밴과 콤비밴은 전면에는 미니멀한 승객 시설을, 후면에는 대형 적재함을 결합한 단순 형태의 길쭉한 차량이었다. 밴은 원래 상업용 차량으로 설계되고 제작되었지만 레저용 차량으로 전환하기에 적합한 기반을 갖고 있다. 캠프바겐 컨버전스는 폭스바겐 차량에 특화되어 있었지만, 가끔 다른 메이커의 전문적인 개조를 원하는 고객에게 서비스를 제공하기도 했다. 대부분의 고객은 레저용으로 차량을 캠핑카로 개조하기를 원했다. 이 회사는 영국 남동부에 본사를 두고 있으며, 1인 캠핑카 루프를 설치하는 사업으로 출발했으며, 밴 디자이너, 정비사, 실내 장식공, 용접공, 도장공, 오디오 기술자를 포함한 40명 이상의 직원을 고용하는 사업으로 성장했다. 이 회사는 자사 웹사이트를 위한 온라인 기사를 작성하고 VW Bus Magazine, VW Camper and Commercial and Campervan 같은 잡지를 통해 서비스를 홍보했다.

일반적으로 고객은 이메일 또는 전화를 통해 개조나 튜닝의 범위를 상담하고 차량을 입고시킬 수 있는 적절한 시간을 설정했다. 이는 고객에게 조언을 제공하고 회사가 고객의 요구 사항을 이해할 수 있는 기회였다. 합의된 시간에 고객은 밴을 몰고 캠프바겐 컨버전스로 가서 밴을 개조하는 동안 지역 호텔에서 숙박을 했다. 예를 들어, 캠핑카에 팝업 루프를 추가하는 것은 일반적으로 하루가 소요되는 작업이었다. 외부 도장과 관련된 모든 작업은 2~3일이 걸릴 수 있다. 휠을 업그레이드하거나 서스펜션을 내리는 데는 반나절이 걸릴 것이다.

합리적인 가격에 신뢰할 수 있고 효율적인 서비스를 제공함으로써 모든 업무에서 고객을 만족시키고, 고객의 기대를 뛰어넘는 것을 목표로 삼았다. 캠프바겐은 가격이 공정하면서도 튜닝에 대한 표준이 가장 높은 점을 자랑했다. 작업에 앞서 고객과의 대화도 중요했다. 때때로 고객은 자신의 특정 요구 사항에 가장 적합한 것이 무엇인지 알고 싶어 했고, 이에 대한 캠프바겐의 조언에 만족해했다.

Thomas Barwick/Stone/Getty Images

운영은 회사의 공동 이사였던 아미와 톰 플랫 부부가 맡았다. 아미는 그들의 역할을 설명했다.

나는 회계 및 업무 보조 활동을 담당하고 톰은 제품 개발 및 작업장 관리를 담당한다. 시간이 있을 때 그는 우리의 캠핑밴을 설계하는 역할도 한다. 그는 또한 작업 현장의 감독자, 직원들과 함께 방향을 제시하고 전략을 강조하는 데 많은 시간을 보낸다. 좋은 가격에 좋은 핵심 서비스를 제공하는 것만이 아니기 때문에 성공적이고 수익성이 있다고 생각한다. 우리는 열정적이며 캠핑카 개조에 관해서는 어느 정도 '괴짜'이다. 이것이 실제로 의미하는 바는 우리의 열정을 고객에게 전달하기 위해 기꺼이 시간을 내야 한다는 것이다. 우리 고객은 분명히 우리가 좋은 가격에 좋은 일을 해주기를 기대하지만, 또한 그들이 차량을 개조하기 위해 가져올 때 열광적인 그룹의 일원이 되기 위해 우리와 관계를 맺기를 원한다. 다시 말하지만 실제로는 고객에게 시간을 주어야 한다는 의미이다. 우리는 그것을 소중히 여기고 그것이 우리에게 중요하다는 것을 분명히 전달해야 한다. 우리는 그들이 특별하다고 느끼게 만들어야 한다. 상냥하고 유쾌하며 인격적이어야 하고, 무엇보다 그들이 원하는 차량 개조에 대한 세부 사항을 논의하기 위해 시간을 충분히 써야 한다는 것을 의미한다.

톰이 덧붙였다.

창업 초기에는 기술자와 디자이너들이 고객에게 항상 주의를 빼앗기고 있다고 불평하는 일이 종종 있었다. 고객은 때때로 자신의 밴, 캠핑카 생활 등에 대해 이야기하기를 원했다. 이런 일이 괜찮다는 걸 직원들을 설득하는 데 오랜 시간이 걸렸다. 아미와 나는 고객과 관련된 추가적인 일을 고려하고, 그들이 특별하다고 느끼게 한다. 결코 끝나지 않는 일이지만, 우리는 항상 고객과 대화할 수 있다고 우리 팀을 안심시키고 있다.

품질 요소가 항상 한 범주 또는 다른 범주로 명확하게 분류되는 것은 아니다. 〈그림 6-19〉는 영국 은행을 대상으로 한 한 연구에서 언급된 요소들의 상대적 빈도를 보여 준다. 아마도 당연하게도, 불만족스러운 경향을 보이는 요소들(위생 및 결정적 요소)은 체계적이며 핵심 서비스인 기능성, 신뢰성, 역량 등을 제공하는 조직의 능력과 관련이 있다. 반면에 기쁨을

〈그림 6-19〉 영국 은행에 대한 한 연구에서의 기쁨과 불만족

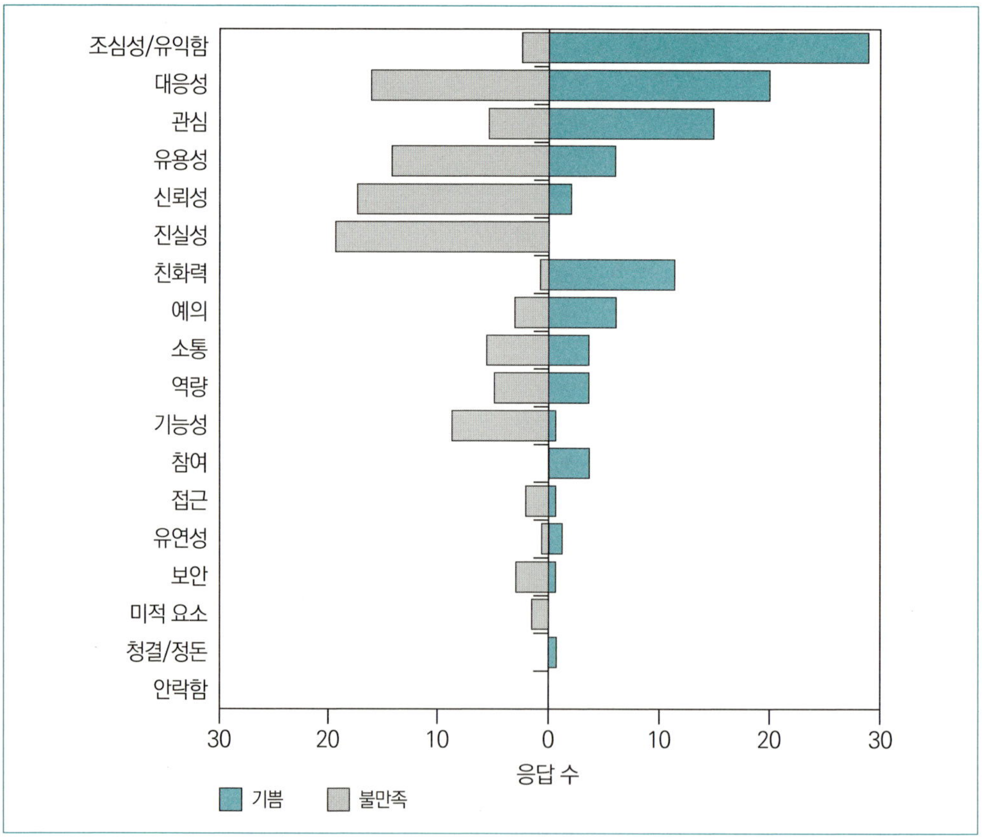

Source: Adapted from Johnston, R. (1995) 'The determinants of service quality: satisfiers and dissatisfiers', *International Journal of Service Industry Management*, 6 (5), 53–71. Reprinted by permission of Emerald Group Publishing Limited.

느끼는 경향이 있는 요소들은 주의력, 친근감, 예의 등과 같은 대인관계적인 요소들이 더 많은 경향이 있다.

중립적 요소를 식별하는 데에는 주의를 필요하다. 위에서 언급한 은행 관련 연구에서 보안을 언급한 사람이 거의 없었다. 그렇다고 해서 보안이 중립적인 요소라는 것을 의미하지는 않는다. 그것은 보안이 단순히 불만족이나 기쁨의 근원이 된 사례가 없다는 것을 의미한다.

6.5 관리자는 어떻게 고객의 기대를 포착해낼 수 있는가

18개의 품질 요소는 소비자의 기대를 이해하고 정의 가능하게 한다(내부 소비자 또는 외부 소비자든). 그리고 적절한 레벨을 결정짓게 한다. 이런 경우는 내부 운영 품질 설명서를 새로 작성하는 것을 일컫는다. 또한, 소비자의 만족도를 측정 가능하게 해주는데, 이 내용은 7장에서 다룰 것이다.

앞서 확인한 18가지 품질 요소는 내부 고객과 외부 고객 모두에게 고객의 기대를 이해하고 정의하기 위한 기초를 제공한다. 또한, 이러한 요소는 서비스 운영 관리자가 어느 정도 수준의 서비스를 제공할 것인지 이해하는 데 도움이 된다. 즉, 운영 품질 규격을 작성하기 위한 일련의 차원을 제공한다. 이러한 요인은 12장에서 다루게 될 고객 만족도 측정 방법에서 한번 더 학습한다.

6.5.1 고객의 기대를 포착하는 방법

서비스에 대한 고객의 기대에 대한 정보를 수집하는 데는 다양한 방법이 있다. 설문 조사와 같은 정량적 방법은 18가지의 품질 요소 모두를 사용해서 분석할 수 있다. 또는 부분적으로 관련 있는 요소들을 통합하여 구성할 수도 있고, 요소별로 서비스를 분석할 수 있다. 다른 방법은, 좀 더 질적인 방법인데, 묘사적인 자료를 수집하고 소비자가 직접 자신의 언어로 어떤 사건을 해석한 정보를 제공한다. 질적 접근법은 의미 있는 요약과 결론을 도출하려고 시도할 때 분석과 해석에 어려움을 초래할 수 있다. 그러나 관리자와 직원이 서비스를 더 잘 이해하고 개선하기 위해 논의할 수 있는 풍부한 아이디어와 사례를 제공할 수 있다는 이점이 있다.

- **설문 조사**는 조직의 서비스에 대한 의견을 구하고 고객이 중요하다고 생각하는 것을 식별하는 좋은 수단이 될 수 있다. 〈그림 6-20〉은 호텔 고객(주중 투숙객만 해당)에게 서비스의 다양한 측면의 중요성을 평가하도록 요청한 설문지의 결과를 보여 준다. 직원들도 똑같이 해달라는 요청을 받았다. 직원과 손님의 관점 사이에는 몇 가지 흥미로운 불일치가

〈그림 6-20〉 호텔의 다양한 측면 — 직원과 투숙객의 중요성

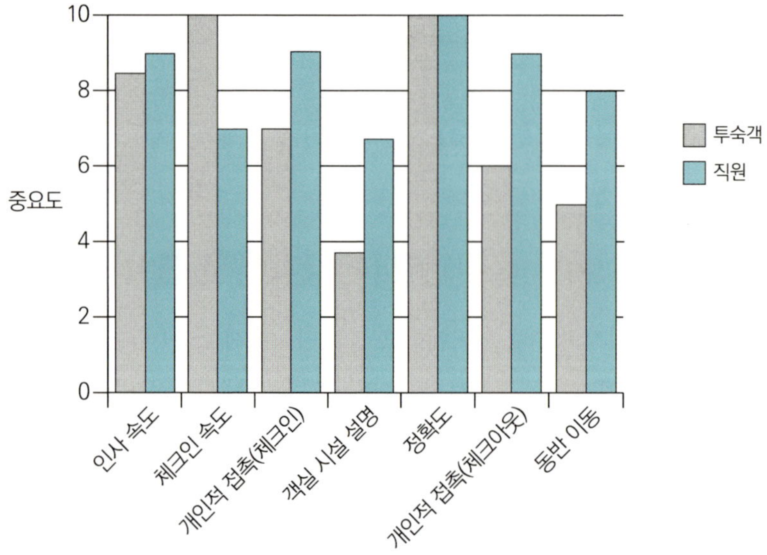

나타난다.

- **포커스 그룹**은 일반적으로 훈련된 진행자와 약 15명의 고객으로 구성된다. 고객들이 함께 모여 현존하는 또는 앞으로 제공될 서비스에 대해 논의한다.
- **고객 자문 패널**은 포커스 그룹과 유사하지만 보다 체계적이고 구체화된 의제을 갖고 정기적으로 모이게 된다.
- **신규/이탈 고객 조사**는 고객이 조직에 어떤 매력을 느끼는지 또는 고객이 탈퇴한 이유를 파악하는 데 매우 유용한 방법이다. 많은 조직이 출구 인터뷰를 실시하지만, 가장 성공적인 조직은 적절한 접근, 정보, 조치를 보장하기 위해 고위 관리자의 직접적인 참여에 크게 의존한다.
- **결정적 사건 기법**(Critical Incident Technology: CIT)는 무엇이 고객을 기쁘게 하고 불만족스럽게 하는지 파악하기 위한 기법이다. 결정적 사건은 서비스 또는 제품 성능에 상당한 영향을 미치거나 저하시키는 사건을 의미한다. CIT는 일반적으로 두 가지 질문으로 구성된다. 첫 번째 질문은 고객이 받은 서비스/제품에 대해 매우 만족하고 만족스러웠던 때를 떠올리고 상황과 그 이유를 몇 문장으로 설명하는 것이다. 두 번째는 고객이 자신이 받은 서비스/제품에 대해 불만을 품었던 때를 떠올리고, 그 이유를 몇 문장으로 설명해야 한다.
- **순차적 사건 분석**은 CIT, 워크스루 감사, 고객 경로 지도 등과 결합하여 활용된다. 고객은

최근에 접하게 된 서비스의 프로세스 맵을 검토하고 프로세스의 각 단계 또는 거래에 대한 경험에 대한 질문을 받는다. 이 기술은 결정적 사건뿐만 아니라 잠재적으로 중요한 사건도 식별해 낼 수 있다.

6.6 서비스는 어떻게 명시되는가

운영 서비스 품질은 서비스가 사양에 얼마나 잘 제공되었는지, 즉 사양에 얼마나 적합한지에 대한 서비스 조직의 평가이다(그림 6-21 참조). 이 장의 마지막 절에서는 사양이 어떻게 만들어지는지, 어떤 내용을 담고 있는지 설명하고, 서비스가 사양에 얼마나 적합한지를 분석하기 위한 방법을 다룬다.

6.6.1 서비스 사양은 어떻게 만들어지는가

서비스 사양은 서비스 개념의 확장이다. 서비스 개념은 제공되는 서비스, 고객 경험, 서비스 결과에 대한 광범위한 내용을 제공한다(4장 참조). 결국 서비스 개념은 고객의 요구 및 기대에 기초하거나, 또는 고객의 요구가 있을 것으로 판단하여 조직이 고안한 것이어야 한다. 구체적으로는, 서비스 개념의 요소를 담아내고, 각 요소와 관련된 품질 요소를 식별하고, 각 요소에 대해 달성해야 하는 표준을 자세히 제시하고, 표준 준수를 보장(운영적 통제)하기 위한 조직의 운영상 조치를 의미한다.

〈그림 6-21〉 운영 서비스 품질 – 사양 준수

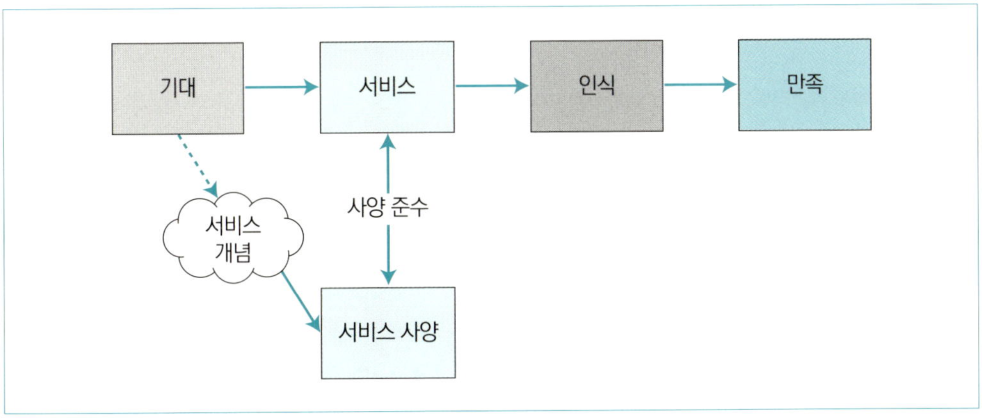

6.6.2 사양은 어떤 내용을 담고 있는가

앞에서 논의한 바와 같이, 서비스는 서비스의 각 요소와 관련된 몇 가지 품질 요소를 갖는다(표 6-2 참조). 예를 들어, 항공사는 정시 도착, 안전, 전문적인 지연 처리, 장애 지원 등 같은 각 비행과 관련된 많은 품질 요소를 가질 것이다. 승무원과 제공되는 부가 서비스에 관련된 품질 요소도 있을 것이다. 예를 들면, 승무원의 배려심, 안전 의식, 능숙한 일 처리 등이 있다. 음식 제공에도 역시 각 회사마다 품질 요소가 있을 것이다. 제공되는 식사의 질, 식사에 대한 선택권, 음식을 제공하는 승무원의 능력과 같은 요소가 있을 수 있다. 각 요소와 관련된 기준이 있을 것이며, 일부는 명시적이고 다른 일부는 암묵적이다. 예를 들어, 항공사의 '정시 도착' 기준은 플러스 마이너스 5분일 수 있다. 세심한 직원을 위한 표준은 그들의 친근감 수준과 각 승객과 두 세 번의 상호작용을 해야 하는 요건일 수 있다. 이러한 표준 중 일부는 운영 매뉴얼이나 규정에 명시될 수 있다. 또는 훈련 중 역할 상황을 수행하여 구두 지침, 사진, 공유된 경험 등을 통해 더 암묵적으로 공유될 수 있다.

6.6.3 서비스 사양을 준수하는지 어떻게 확인하는가

서비스 조직은 서비스 사양의 각 요소에 대한 적합성을 보장하기 위한 다양한 방법을 사용할 것이다(표 6-2 및 12장과 13장 참조). 정시 출발을 보장하기 위해서는 승객과 가방을 신속하게 적재할 수 있도록 지상 직원과의 조정이 필요하고, 정시에 출발할 수 있도록 항공 교통관제소와 논의해야 한다. 그리고 정시 도착을 보장하기 위해 경로 변경과 평균 속도 증가를 허용하기 위해 기상 문제를 점검해야 한다. 승무원의 배려있는 태도는 필요에 따라 승무원을 통솔하는 사무장에 의해 감독될 것이다. 적절한 채용 및 교육 절차는 직원들이 승객을 잘 돌보도록 보장

〈표 6-2〉 단순화된 서비스 사양

서비스 요소	품질 요소	표준	적합성 확인 절차
비행	정시 서비스	±15분	항공 교통 관제 및 기상 점검을 통한 비행 전 허가
	안전한 비행	중대한 기계적 고장 없음	비행 전 및 후 점검 및 정기 유지보수
캐빈 서비스	세심한 직원	친근하고 빈번한 상호작용	고객 설문 조사 및 관리자 점검
	안전 인식	올바른 브리핑 및 안전 점검	감독자 확인
음식 제공 (케이터링) 서비스	양질의 식사	적절한 온도	조리 지침 준수
	식사 선택	이코노미에서 두 가지 선택 가능, 비즈니스에서 세 가지 선택 가능	서비스 제공자에 대한 피드백

하는 역할도 할 것이다.

6.7 요약

고객 만족이란 무엇인가? 만족도는 고객이 서비스에 대한 인식을 이전의 기대와 비교하여 전반적으로 평가한 결과이다. 인식과 기대 사이에 불일치는 일반적으로 기대와 서비스 사이의 불일치 또는 서비스와 고객의 인식 사이의 불일치로 인해 발생한다. 만족과 관련된 개념은 고객의 신뢰이다. 신뢰는 조직, 직원, 서비스 자체에 대한 믿음을 갖는 것이다. 서비스의 결과 중 하나인 만족과 달리, 신뢰는 이전의 경험이나 조직과의 접촉을 필요로 하지는 않는다.

무엇이 기대와 인식에 영향을 미치는가? 인식은 서비스에 대한 우리 자신의 개인적인 인상과 해석이다. 우리가 서비스를 어떻게 인식하는지는 우리의 과거 경험, 문화, 언어, 신념, 가치, 관심사 등에 달려 있다. 기대는 고객이 이상적인 것과 참을 수 없는 것 사이에 놓여 있다. 기대는 역동적이며 가격, 사용 가능한 대체 서비스, 마케팅, 입소문, 과거의 경험, 고객의 기분과 태도, 신뢰 등의 영향을 받는다.

기대와 인식은 어떻게 '관리'될 수 있는가? 운영 분서는 마케팅 및 전략 부서가 서비스의 본질과 품질을 이해하도록 해야 하고, 실제로 제공할 수 없는 서비스를 이해하도록 해야 한다. 서비스 프로세스의 초기 단계에서 운영 설계는 고객의 기대에 영향을 미칠 수 있으며, 고객이 기대를 형성하게 할 수도 있다. 고객이 인식하는 품질은 역동적인 프로세스이며 서비스 프로세스/고객 경험 중 적절한 개입을 통해 영향을 받을 수 있다.

서비스 품질은 어떻게 운영될 수 있는가? 서비스 품질 요소는 고객이 기대할 수 있고 특정 수준에서 제공되어야 하는 서비스의 속성이다. 중립적 요소는 만족에 거의 영향을 미치지 않는다. 위생 요소는 불만족을 전달할 수는 있지만 만족을 만들어내기는 어렵다. 강화 요소는 기쁨을 줄 수 는 있으나 불만족에는 영향을 주지 않을 것이다. 그리고 결정적 요소는 불만족과 기쁨 모두에 영향을 준다.

관리자는 어떻게 고객의 기대를 발견할 수 있는가? 18가지 품질 요소는 고객의 기대치를 이해하고 정의하는 데 도움이 된다. 설문 조사, 포커스 그룹, 고객 자문 패널, 신규/이탈고객 조사, 결정적 사건 기법, 순차적 사건 분석 등의 방법을 통해 고객의 기대를 찾아낼 수 있다.

서비스는 어떻게 명시되는가? 서비스 사양은 서비스 개념의 요소를 담고 있으며, 각각과 관련된 품질 요소를 정의하여, 각 품질 요소에서 달성해야 할 표준과 해당 표준의 준수를 보장하기 위한 조직의 조치들을 상세히 설명한다.

토론 및 연습

1. Le Berceau des Sens 사례를 다시 읽어 보라. (a) 고객의 기대가 적절하게 관리되도록 하기 위해 레스토랑은 어떤 조치를 취해야 하는가? (b) 불완전한 서비스에 대한 고객의 관용이 그들의 경험을 심각하게 손상시킬 것이라고 생각하는가?

2. 옵티커 쇠데르베르크의 게스트로지 사례를 다시 읽어 보라. 디즈니 테마 파크에 적용된 원칙의 장점과 단점을 생각하고, 소매 서비스 품질에 대한 적절한 모델을 설계하라.

3. Campwagen Conversions에 대한 사례를 다시 읽어 보라. 아미와 톰은 그들의 서비스에 대한 고객의 기대와 인식을 관리하기 위해 무엇을 할 수 있을까?

4. 이것은 '악몽의' 비행으로 묘사된 한 상황에 대한 설명이다.

그것은 내가 결코 잊지 못할 13시간의 비행이었다. 옆자리 승객이 탑승하면서 문제가 시작됐다. 그는 탑승 전, 셀프 서비스 데스크에서 짐을 부치려다 심각한 문제를 겪었고 매우 기분이 나쁜 상태였다. 그가 이와 관련한 내용을 말해주어 나도 알게 되었다. 그리고 나서 그는 반대편에 있는 남자에게도 자세히 말했다. 그리고 나서 그는 승무원을 불러 또 다시 이 모든 것을 말했다. 이쯤 되면, 나는 그 남자가 집착, 그 이상을 보이는 것이라고 생각했다. 잠시 후, 나는 내 노트북으로 작업을 시작했다. 그리고 나서 나는 내 왼쪽에 불쾌한 진동을 알아차렸다. 그 옆자리 승객이 다리를 너무 심하게 흔들어서 내 다리에 닿고 있었다. 그는 또한 나와 그 사이의 팔꿈치 받침대 위의 모든 공간을 차지하고 있었고, 나는 타이핑을 할 수 없게 되었다. '팔 좀 움직여 주시겠어요?' 나는 물었다. "무슨 문제 있습니까?" 그가 팔을 제자리에 고정시키며 으르렁거렸다. 앞으로 12시간 남았다. 나는 타자 치는 것을 포기하고, 헤드폰을 끼고 잠을 청했다. 그는 또한 아마도 음악을 듣기 시작하는 것 같았다. 손을 공중에 대고 크게 노래를 부르기 시작했기 때문이다. 나는 승무원에게 다른 좌석으로의 이동을 요청했지만, 비행기는 만석이었다.

이 비행의 서비스 품질을 개선하기 위해 무엇을 할 수 있는가?

5. 소매점이나 레스토랑 체인과 같이 대량의 서비스를 제공하는 일부 조직은 서비스 품질을 확인하기 위해 '미스터리쇼퍼'를 활용한다. 미스터리쇼퍼는 고객으로서 행동하고, 그들의 경험을 평가한 다음, 그 경험에 대해 서비스 조직에 보고하는 일을 한다. 미스터리쇼퍼를 이용하여 서비스 품질을 평가할 때의 장점과 단점은 무엇이라고 생각하는가?

6. 가장 인기 있는 한 지점의 고객이 서빙 직원들에 대해 항상 '행복하고 미소 짓고 있다'는 사실을 언급했다는 조사 결과에 이어, 한 패스트푸드 체인점은 직원들이 고객에게 어떻게 행동해야 하는지, 말아야 하는지를 명시한 '직원 행동 매뉴얼'을 발표했다. 그러나 소셜 미디어의 캠페인은 이 매뉴얼에 '감시 및 평가의 디스토피아적 체제'를 반영하는 것이라고 비판하면서 이를 '악의적'이라고 공격했다. 이런 종류의 매뉴얼을 발행하는 것의 장점(있다면)과 단점은 무엇이라고 생각하는가?

사례 문제: 영국 북부의 유방암 검진센터

Rhian Silvestro, Warwick Business School, and Marilyn Merriam

유방암은 여성의 암으로 인한 사망 원인 중 네 번째로 흔한 것이다. 영국의 4개 지역은 유방암 검진을 주요 우선순위로 삼고 있으며, 1970년대 초 이후 여성의 유방암 사망률은 3분의 1(35%)이상 감소했다. 국가 보건 서비스(National Health Service: NHS)의 유방암 검진 프로그램은 증상의 조기 확인을 통해 유방암으로 인한 사망률을 줄이는 것을 목표로 한다. 영국에서는 50세에서 71세 사이의 여성에게 유방 검진이 제공되며, 47세에서 49세 사이의 여성과 71세에서 73세 사이의 여성에게 하나의 추가적인 검진을 제공하는 것의 효과를 검토했었다.

영국 북부의 유방암 검진센터에서는 약 50만 명의 주민에게 서비스를 제공하고 있으며, 국가 목표인 70%에 비해 높은 수준인 76%의 검진을 수행하고 있다. 이 센터는 다음과 같은 임무를 수행하는 주요한 의료기관 중 하나이다.

우리는 다음과 같은 고품질의 급성 및 전문 서비스를 제공하는 것을 목표로 한다.

- 고객의 요구에 대응할 수 있다.
- 최첨단 및 효과적인 의료 기술을 사용한다.
- 다른 NHS 조직과 비교하여 비용 우위에 있어야 한다.
- 의욕적이고 적절하게 훈련된 직원을 보유하고 있다.

위의 목표 달성을 위해 ISO 9000 및 Investors in People을 포함한 다수의 품질 인증/감사/개선 프로그램을 지원한다. 이 북부 센터는 아르바이트생을 포함하여 32명의 직원을 고용하고 있다. 4명의 방사선과 의사, 7명의 전임 방사선사, 2명의 유방 관리 간호사, 그리고 다수의 접수원과 사무실 직원이 있다. 또한 몇몇 시간제 방사선사와 방문 외과 의사들의 지원을 받고 있다.

지난해에는 환자의 서비스에 대한 기대와 인식에 대한 정보를 얻고 개선해야 할 부분을 파악하기 위해 소규모로 환자 만족도 조사를 실시했다. 또한 환자의 기대와 인식, 그리고 제공되는 서비스 품질에 대한 직원의 인식 사이의 차이를 파악하기 위해 다양한 부서에서 근무하는 직원들을 인터뷰했다.

총 32명의 환자와 인터뷰를 진행했다. 여기에는 검진을 위해 이 센터에 온 환자 16명과 유방암 진단을 받아 이곳으로 호출된 환자 16명이 포함됐다. 각 환자에게 일련의 품질 요소의 상대적 중요도를 5점 척도로 평가해 달라고 요청했다(중요도는 기대의 대용으로 사용되었다). 그런 다음 각 요소에 대해 제공되는 서비스 수준에 대한 인식을 다시 1~5점으로 평가하도록 요청했다. 〈표 6-3〉은 각 품질 요소를 포착하는 데 사용된 진술을 나열하고 〈표 6-4〉는 직원과 환자가 각 요소에 대해 할당한 평균값을 보여 준다.

직원들은 동일한 목록을 받았고, 1~5점으로

〈표 6-3〉 각 품질 요소를 평가하는 데 사용되는 질문

품질 요소	평가 질문
접근	NBSU는 찾기 쉬웠나요? 여기 오는 데 교통 문제가 있었나요?
유용성	직원들과 함께 하고 싶은 만큼의 시간이 주어졌습니까?
관심	관심과 배려를 받았습니까? 당신은 인내심을 가지고 대했나요?
소통	당신이 이해할 수 있는 방법으로 충분한 정보를 제공받았습니까?
역량	직원들의 기술, 전문성, 전문성이 인상적이었나요?
예의	직원들은 예의바르고 공손했나요? 필요할 때 직원들이 신중하고 주의를 기울여 주었나요?
기능성	서비스를 제공하는 데 장비가 적합해 보였습니까?
신뢰성	NBSU의 서비스는 안정적이고 일관적이었습니까?
사생활	사생활이 충분히 보장되었나요?
대응성	기다리는 시간이 길었나요?
안락함	시설은 편했나요?

〈표 6-4〉 직원과 환자가 요소별로 평가한 평균 값

	접근	유용성	관심	소통	역량	예의	기능성	신뢰성	사생활	대응성	안락함
중요도											
간호사	4	4	5	5	5	5	4	5	5	4	4
방사선사	4	4	5	5	5	4	4	4	4	4	4
관리자	4.5	4.2	3.8	4.2	4.5	4.2	3.8	3.8	4.2	3.45	3.75
선별된 환자	4.01	4.12	4.12	4.84	4.8	4.71	4.41	4.59	4.74	4.16	4.06
진단된 환자	4.12	4.72	4.92	4.88	4.91	4.61	4.98	4.99	4.91	4.86	4.98
인식											
간호사	3	4	4	4	4	4	3	4	4	3	4
방사선사	3	2	4	4	4	3	3	3	3	4	3
관리자	4.5	3.2	3.8	4.2	4.6	4.2	4.8	3.8	4.2	2.8	3.75
선별된 환자	3.51	4.68	4.68	4.85	4.88	4.91	4.19	4.63	4.35	4.63	4.35
진단된 환자	3.62	4.67	4.32	4.51	4.53	4.71	4.55	4.75	4.07	4.21	4.37

이 품질 요소들이 환자에게 얼마나 중요하다고 생각하는지, 환자가 자신이 받고 있다고 생각하는 서비스 수준을 평가하도록 요청받았다. 이를 통해 직원과 환자의 인식이 일치하지 않는 경우를 쉽게 식별할 수 있다.

질문

1. NBSU가 제공하는 서비스 품질을 평가하라.
2. 개선을 위해 어떤 권장 사항을 제시하겠는가?

심화 자료

Andreassen, T.W. (2001) 'From disgust to delight: do customers hold a grudge?', *Journal of Service Research*, 4 (1), 39–49.

Andreassen, T.W., Kristensson, P., Lervik-Olsen, L., Parasuraman, A., McColl-Kennedy, J.R., Edvardsson, B. and Colurcio, M. (2016) 'Linking service design to value creation and service research', *Journal of Service Management*, 27 (1), 21–29.

Dixon, M., Freeman, K. and Toman, N. (2010) 'Stop trying to delight your customers', *Harvard Business Review*, July–August, 2–7.

Holloway, B. and Beatty, S. (2008) 'Satisfiers and dissatisfiers in the online environment: a critical incident assessment', *Journal of Service Research*, 10 (4), 347–364.

John, J., Grove, S.J. and Fisk, R.P. (2006) 'Improvisation in service performances: lessons from jazz', *Managing Service Quality*, 16 (3), 247–268.

Kim, B., Kim, S. and Heo, C.Y. (2016) 'Analysis of satisfiers and dissatisfiers in online hotel reviews on social media', *International Journal of Contemporary Hospitality Management*, 28 (9), 1915–1936.

Nadiri, H. and Hussain, K. (2005) 'Diagnosing the zone of tolerance for hotel services', *Managing Service Quality*, 15 (3), 259–277.

Ojasalo, J. (2006) 'Quality for the individual and for the company in the business-to-business market: concepts and empirical findings on trade-offs', *The International Journal of Quality and Reliability Management*, 23 (2), 162–178.

Parasuraman A., Zeithaml, V.A. and Berry, L.L. (1985) 'A conceptual model of service quality and its implications for future research', *Journal of Marketing*, 49 (4), 41–50.

Pollack, B.L. (2008) 'The nature of the service quality and satisfaction relationship: empirical evidence for the existence M06 Service of satisfiers and dissatisfiers', *Managing Service Quality*, 18 (6), 537–558.

Prakash, A., Jha, S., Prasad, K. and Singh, A. (2017) 'Productivity, quality and business performance: an empirical study', *International Journal of Productivity and Performance Management*, 66 (1), 78–91.

Singh, J., Brady, M., Arnold, T. and Brown, T. (2017) 'The emergent field of organizational frontlines', *Journal of Service Research*, 20(1), 3–11.

Verhoef, P.C., Antonides, G. and de Hoog, A.N. (2004) 'Service encounters as a sequence of events: the importance of peak experiences', *Journal of Service Research*, 7 (1), 53–64.

White, L. and Yanamandram, V. (2007) 'A model of customer retention of dissatisfied business services customers', *Managing Service Quality*, 17 (3), 298–316.

Witell, L. and Löfgren, M. (2007) 'Classification of quality attributes', *Managing Service Quality*, 17 (1), 54–73.

미주

1 See, for example, Bitner, M-J. and Hubbert, A.R. (1994) 'Encounter satisfaction versus overall satisfaction versus service quality: the consumer's voice', in R.T. Rust. and R.L. Oliver (eds) *Service Quality: New Directions in Theory and Practice*, Sage Publications, Thousand Oaks, USA, 72–94.

2 The Disney Institute and Kinni, T. (2011) *Be Our Guest: Perfecting the Art of Customer Service*, Disney Enterprises, Inc.

3 This example is based on a real retail opticians company, but the name and details of the company's operations have been changed.

4 Satisficed means something meets the minimum requirements necessary.

5 This is a very simplified version of the gap model developed by Parasuraman A., Zeithaml, V.A. and Berry, L.L. (1985) 'A conceptual model of service quality and its implications for future research', *Journal of Marketing*, 49 (4), 41–50.

6 The information on which this example is based is taken from: http://uswitch.com [accessed 20 April 2020]; MoneySavingExpert Forum discussions; uk. trustpilot.com reviews; Aglionby, J. and Cookson, R. (2015) 'Zoopla to buy price comparison site uSwitch', FT.com, 30 April [online] https://www.ft.com/content/69ab36c0-ef00-11e4-87dc-00144feab7de [accessed 20 April 2020]; and Samson, A. (2017) 'uSwitch parent ZPG to buy Money website in deal valued at up to £140m', FT.com, 7 September [online] https://www.ft.com/content/68a719db-d3be-3f3d-92fb-90c62e1bfdc7 [accessed 20 April 2020].

7 We are grateful to the Executive Dean of École Hôtelière de Lausanne (EHL), Dr. Inès Blal, for the information on which this example is based.

8 UK Ministry of Justice (2018) Official Statistics Bulletin – Annual Prison Performance Ratings 2017/18

9 Ojasalo, J. (2001) 'Managing customer expectations in professional services', *Managing Service Quality*, 11 (3), 200–212.

10 Verhoef, P.C., Antonides, G. and de Hoog, A.N. (2004) 'Service encounters as a sequence of events: the importance of peak experiences', *Journal of Service Research*, 7 (1), 53–64; and Schwartz, B. (2005) *The Paradox of Choice: Why More is Less*, Harper Collins, New York, NY.

11 The peak-end rule refers to situations in which people judge an experience on how they felt at its peak (i.e. its most intense point) and at its end, rather than on the total sum or average of every moment of the experience. The effect occurs regardless of whether the experience is pleasant or unpleasant. Fredrickson, B.L. and Kahneman, D. (1993) 'Duration neglect in retrospective evaluations of affective episodes', *Journal of Personality and Social Psychology*, 65 (1), 45–55.

12 The original work on this topic was reported in Lockwood, A. (1994) 'Using service incidents to identify quality improvement points', *International Journal of Contemporary Hospitality Management*, 6 (1/2), 75–80.

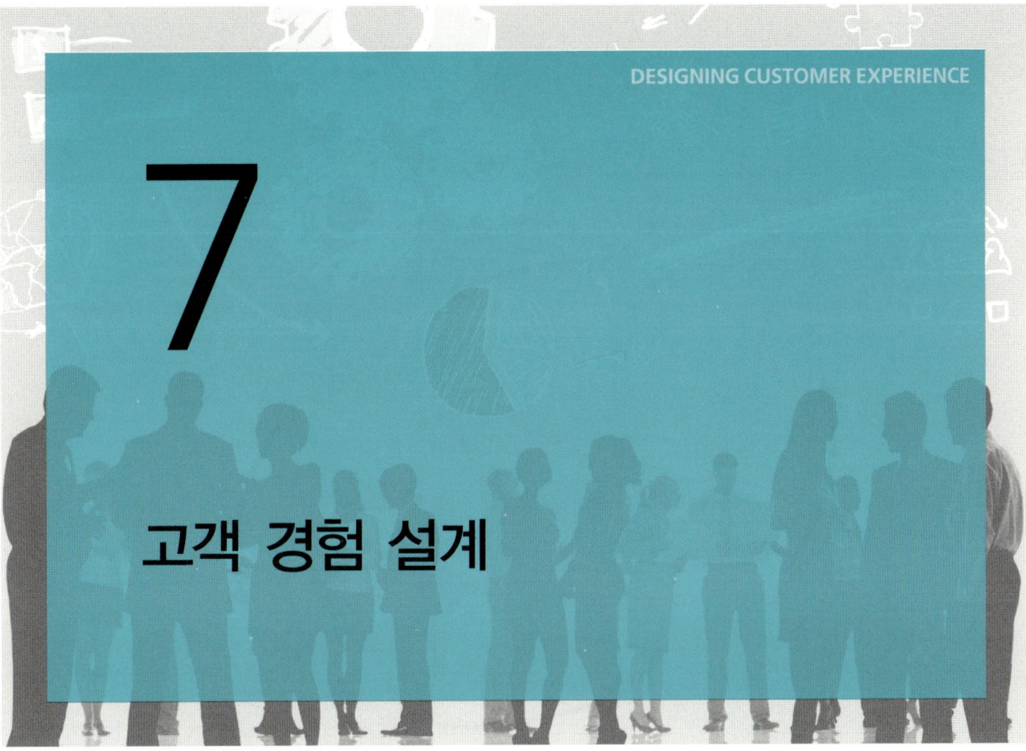

DESIGNING CUSTOMER EXPERIENCE

7

고객 경험 설계

이 장에서는 고객이 서비스를 소비할 때 어떠한 경로를 경험하는지에 대해 설명한다. 고객의 관점에서 고객이 경험하는 감정 측면에서의 상호작용인 '고객 경험'이 의미하는 바를 논의한다. 고객에게 영향을 미치는 백 오피스 프로세스와 프런트 오피스 프로세스를 구분하고 서비스 스케이프 및 서비스 기술과 같은 고객 경험을 형성하는 프로세스 설계 요소를 학습한다. <그림 7-1>은 이 주제와 기업의 서비스 운영 관리 모델과의 관계를 보여 준다.

학습 목표

- 고객 경험이란 무엇인지 이해할 수 있다.
- 서비스 스케이프의 특성과 그 영향을 이해한다.
- 프런트 오피스와 백 오피스의 프로세스가 고객 경로에 미치는 영향을 이해할 수 있다.
- 고객이 경험하는 프로세스의 총체를 관리하는 것에 대한 중요성을 이해한다.
- 서비스 기술이 고객 경험 개발에 어떠한 영향을 미칠 수 있는지 이해한다.

〈그림 7-1〉 이 장에서는 고객 경험 설계에 대해 살펴본다

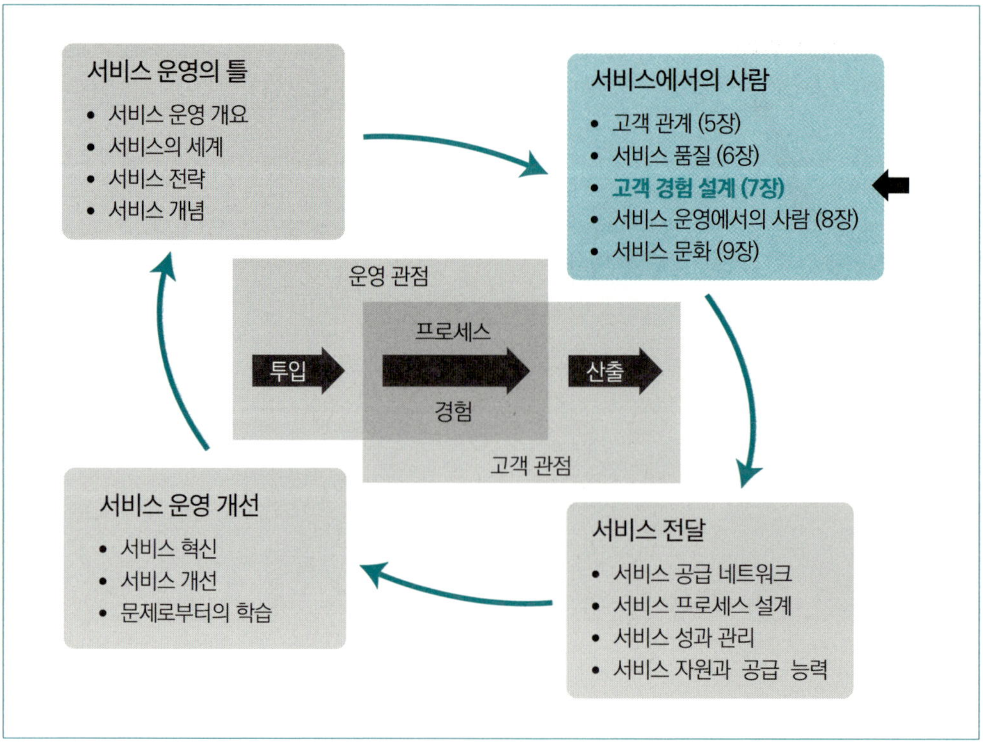

서론

고객 경험은 고객이 운영 자원 및 프로세스와 접촉할 때 서비스 전체를 인식하는 방식을 의미한다. 고객 경험은 고객이 서비스 운영을 통해 수행하는 경로와 관련이 있다. 예를 들어, 휴가는 항공편, 호텔 숙박, 식사, 관광 등 다양한 활동(서비스)으로 구성된다. 이러한 서비스를 만들고 제공하는 프로세스 중 일부는 체크인 또는 지역 랜드마크 여행과 같이 고객에게 매우 잘 보일 것이다. 그러나 이러한 높은 고객 접촉 프로세스(프런트 오피스)는 눈에 잘 띄지 않는 다른 프로세스(백 오피스)에 의존하는 경우가 많다.

전산화된 예약, 호텔의 조리나 청소 등과 같은 '막후(behind-the-scenes)' 과정을 소홀히 하는 호텔은 고객에게 가시화되는 활동에 실패할 가능성이 크다. 프런트 오피스 및 백 오피스 프로세스는 모두 고객 경험을 형성하는 데 중요하다. 즉, 이전 장에서 설명했듯이 운영 관점과 고객 관점을 모두 고려할 필요가 있음을 의미한다. 이 장에서는 〈그림 7-2〉와 같이 고객의 관점에 초점을 맞추고 있다.

11장에서는 효율성에 더 중점을 두고 서비스 공급자의 관점에서 프로세스의 설계 및 관

〈그림 7-2〉 서비스 프로세스를 운영 관점과 고객 관점에서 모두 들여다 볼 수 있다. 여기서는 고객의 경험의 관점에서 서비스 프로세스 설계를 살펴본다

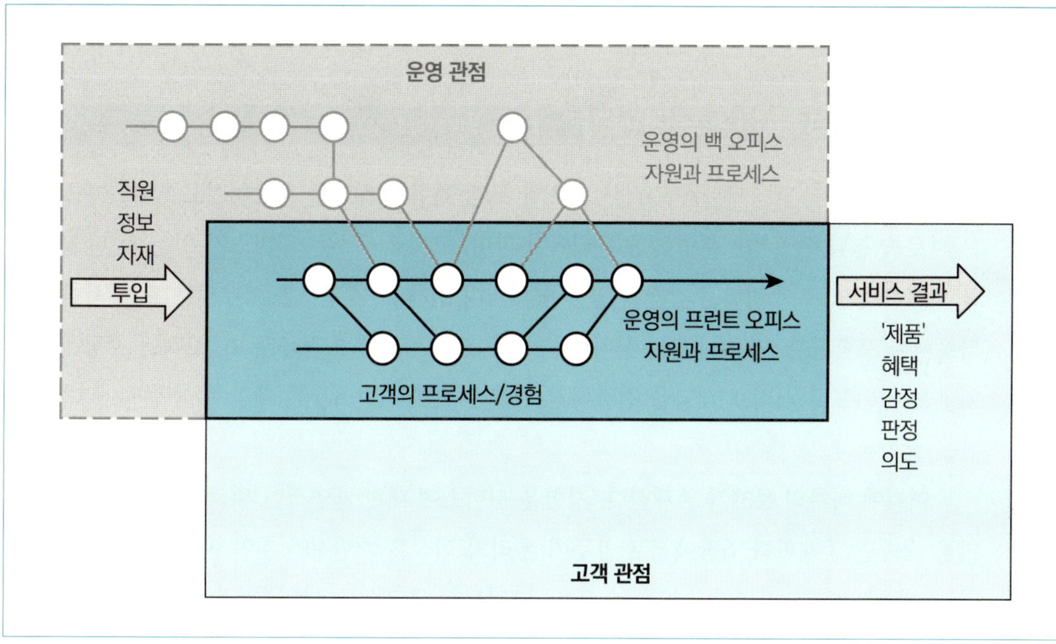

리를 다루는 운영 관점에 초점을 두게 될 것이다. 이 장에서는 고객이 직접 참여하는 프로세스를 설계하는 방법을 살펴봄으로써 고객에게 적합한 환경을 제공하는 데 초점을 맞출 것이다. 그렇다고 백 오피스와 관련된 활동을 무시한다는 것이 아니라, 고객에게 더 직접적인 영향을 미치는 프런트 오피스 활동에 더 중점을 둔다는 것이다. 여기서 2장에서 언급한 내용을 다시 한 번 강조할 필요가 있다. 좋은 고객 경험을 설계하는 것은 테마 파크와 같은 엔터테인먼트 산업의 조직만의 문제가 아니다. 이는 모든 서비스 조직의 문제이다.

기업이 서비스를 제공할 때마다 고객은 좋든 나쁘든 무관심하든 경험을 하게 된다. 서비스는 아무리 일상적인 서비스라 할지라도 항상 경험과 함께 제공된다.[1] 이러한 이유로 고객 경험에 대한 아이디어는 실무자와 학계 모두에게 반향을 일으켰으며, 현재 많은 관리자와 연구자들이 흔히 CX라고 불리는 고객 경험에 대해 논의하고 있다.[2]

실제로, 많은 조직은 현재 서비스의 범위나 가격에 대해 경쟁하는 대신 고객에게 제공하는 경험을 통해 경쟁하려고 노력하고 있다.[3] 또한 고객의 서비스 경험은 비용 대비 가치, 만족도, 고객 충성도 등 서비스 결과(outcome)에 중요한 영향을 미친다. 게다가, 정말 좋은 경험은 고객과 긴밀한 감정적 유대를 형성하는 반면, 매우 나쁜 경험은 감정적인 상처를 초래할 수 있다.[4] 조직이 고객 경험을 설계하는 데 특별히 능숙하지 않다는 보고도 나타나고 있다. 여러 산

업과 고객을 대상으로 한 설문 조사에 따르면 경영진의 80%가 우수한 고객 경험을 제공한다고 답했지만, 고객의 8%만이 이에 동의했다.[5]

7.1 고객 경험이란 무엇인가

서비스 운영 관리 영역에서는 고객 서비스와 고객 경험의 개념을 혼용하기도 한다. 이 용어들은 서로 연결되어 있지만 분명히 구분되어야 한다. 고객 서비스는 서비스가 있는 각 단일 접점을 의미하지만, 고객 경험은 감정에 영향을 미치며 전체 고객 경로를 아우르는 모든 서비스 엔카운터를 포함한다. 이 장에서는 서비스를 통한 고객 경로에 초점을 두며, 고객의 감정에 미칠 영향을 알아보고 서비스 개념을 전달하기 위해 어떻게 서비스를 설계할 수 있을지에 대한 내용을 살펴본다.

여기에 하나의 문제가 존재한다. 경험은 서비스에 대한 개인적인 해석이기 때문에 고객의 마음 속에만 존재한다. 6장에서 보았듯이 우리의 인식은 개인적인 것인 만큼 실제 상황에 대한 '객관적' 견해를 반영하지 않을 수 있다. 그것들은 '현실'에 대한 개인적인 견해일 수 있다는 것이다. 즉, 두 사람이 같은 경험을 할 수는 없다.[6] 실제로 우리는 경험 자체를 설계할 수 없고, 경험을 생성하는 메커니즘만 설계할 수 있다고 알려져 있다.[7] 그러나 운영 관리자가 할 수 있는 일은 올바른 단서와 메시지를 서비스 프로세스에 담아내고 고객의 경로를 설계하여 적절한 경험과 감정을 만드는 것이다(이 장의 뒷부분 참조).

7.1.1 경험 진술서

고객 경험 설계의 첫 번째 중요한 단계는 "경험 진술서(experience statement)"를 개발하는 것이다.[8] 고객 경험 진술서는 고객의 관점에서 본 고객 경험과 결과에 대한 설명이다. 경험의 결과로 느껴야 할 감정과 이를 통해 얻을 수 있는 이점을 포함한 내용을 고객의 관점에서 작성해야 한다.

이 정보는 조직의 서비스 개념에 이미 포함되어 있어야 한다. 많은 조직이 제공하려는 서비스를 정의하고 있지만 일부 조직은 고객이 원하는 경험을 정의하기 위한 아이디어를 확장하지 않고 있다. 그러나 이것은 경험을 설계하는 데 있어 중요한 단계이다. 예를 들어, 택배 회사에서 제공하는 서비스는 고객의 소포를 항상 정시에 배달하는 것일 수 있다. 그러나 경험 진술서는 받은 서비스에 관한 것이어야 한다. 즉, 고객이 서비스를 통해 얻은 경험과 혜택의 결과로 고객이 느끼는 감정에 초점을 두어야 한다. 예를 들자면, 택배 회사의 경험 진술은 다음과 같을

수 있다. '고객은 우리를 완전히 신뢰하고 특별하고 소중한 고객으로 대우받으며 행복감을 느낄 수 있다.'

WORKED example

사례

North Healey Building Society

NHBS(North Healey Building Society)는 영국에 기반을 둔 금융 기관으로 영국 북부와 중부 지역에서 강력한 영향력을 발휘하고 있다. 영국에서 빌딩 소사이어티는 회원의 투자에 대한 이자를 지불하고 주택 구매 또는 개선을 위해 자본을 빌려주는 금융 조직이다. 고객 거래 비율이 온라인으로 이동하고 있지만 NHBS의 고위 경영진은 가까운 미래에도 전화 등의 도구를 통한 고객 접촉 경험이 계속 중요할 것이라고 판단하고 있다.

지점의 약 10%를 폐쇄했지만, 지점은 여전히 고객이 우리를 보는 중요한 부분이다.

— 고객 경험 프로그램 개발 리더 Jane Callister

이에 NHBS는 '감성을 바탕으로 우수한 경험을 제공할 수 있는 역량을 부여'하기 위해 고객 경험 프로그램을 마련했다. 조직의 문제는 이를 어떻게 처리할 것인가였다.

회사의 접근

Jane Callister는 회사가 고객 경험을 개발하는 방법에 대해 설명했다.

우리가 가장 먼저 한 일은 프로젝트 팀의 작업을 감독할 조정 그룹을 구성하는 것이었다. CEO가 의장을 맡았으며, 예를 들어 지점 네트워크 및 백 오피스 처리를 담당하는 개인과 같이 비즈니스 주변의 고위 인사들을 포함시켰다. 그런 다음 NHBS 경험이 어떠해야 하는지에 대해 방대한 양의 연구를 수행했다. 우리는 고객 포럼, 전화 인터뷰, 고객과의 토론을 수행했으며 업계 전문가와도 이야기를 나눴다. 우리는 조직의 모든 사람을 참여시키려고 노력했기 때문에 직원들에게 회사에서 가졌던 좋은 경험의 사례를 이메일로 보내달라고 요청했다. 이것은 훌륭한 고객 경험이 어떤 것인지 이해하기 위한 것이었고, 부분적으로는 해당 조직이 어떻게 하고 있는지 알아보기 위한 것이었다. 우리는 방문하고, 미스터리 쇼핑하고, 그들 중 일부를 만나고 그들의 관리자와 이야기했다. 우리는 미스터리 쇼핑에도 운영 위원을 데려갔다.

우리는 일주일 내내 지점 중 한 곳에 앉아 고객이 오가는 것을 지켜보기만 했다. 우리는 그들의 얼굴 표정과 몸짓 언어를 녹음하고 그들의 목소리 톤을 들었다. 우리는 그들의 감정과 지점에서 일어난 변화를 파악하려고 노력했다. 기본적인 지점 상호작용에서 고객의 감정이 10~15번 정도 변하는 것으로 추정했다. 우리는 연락 센터에 앉아 통화 내용을 들었다. 우리는 모든 고객이 다르지만 모든 고객이 특별하고 가치 있다고 느끼도록 접근 방식을 조정할 수 있다는 것을 인지했다. 직원들은 같은 목표를 가지고 있지만 고객 개개인에 맞추어 대응할 수 있는 능력이 있다. 또한 고객이 누구에게 이야기하든, 어떤 채널을 사용하든 항상 조직에 대해 일관된 느낌을 갖게 될 것이다.

이 접근 방식을 채택할 때 우리가 불러일으키려는 올바른 감정을 식별하는 것이 중요했다. 우리는 13가지 유형의 감정을 식별했지만, 직원에게 이 감정을 식별하도록 요청하는 것은 무리가 있기 때문에 관리 가능한 목록을 만들기 시작했다. 프로젝트 팀원, 최고 경영자, 모든 운영 위원이 참여하는 세션을 구성하여 어떤 감정을 없애고 싶은지 투표했다. 다섯 가지 감정이 남았고, 추가적인 토론이나 재투표를 해도 배제되는 감정은 도출되지 않았다. 그래서 그것이 고객 경험의 정의가 되었다.

7.1.2 감정

경험 진술의 중요한 부분은 조직이 고객이 느끼기를 원하는 감정, 더 정확하게는 고객이 서비스의 결과로 느끼기를 원하는 감정을 식별하는 것이다. 이러한 맥락에서, 감정은 생각과 행동에 영향을 미치는 신체적, 심리적 변화를 초래하는 복잡한 느낌의 상태로 정의할 수 있다. 'North Healey Building Society' 사례에서 보았듯이 팀은 고객의 정서적 요구를 이해하기 위해 많은 시장 조사를 수행했다. 그런 다음 그들은 그것들을 짧고 명확하며 합의된 목록으로 다듬는 데 시간을 할애했다. 이러한 일련의 감정을 가지고 있으면 경험 진술서를 구성할 수 있을 뿐만 아니라 프로세스와 절차, 교육 프로그램, 채용 기준, 고객 피드백 양식 등을 재설계하여 이러한 감정이 실제로 만들어졌는지 확인할 수 있다.

고객의 마음. 감정적 용어에 대해 생각하는 것은 간단하지 않은 일이다. 우리는 끊임없이 감정을 느끼지만, 감정을 분류하지 않는 경향이 있다. 예를 들어, 만약 우리가 동료들과 토론을 하고 있다면, 우리는 '내가 지금 느끼는 감정은 무엇인가, 나는 자랑스럽거나 동정적이거나, 짜증나거나, 불안하거나, 걱정스럽거나, 절망적인가?'라고 생각하는 것을 멈추지 않는다. 그러나 서비스 운영 관리자 및 설계자로서 감성적인 '풍경'을 좀 더 염두에 둘 수 있다면 도움이 될 것이다. 이렇게 하면 당사의 서비스가 다른 서비스에 어떤 영향을 미칠 수 있는지 이해하는 데 도움이 된다. 이론가들은 기쁨, 놀라움, 사랑, 두려움, 분노, 수치심, 슬픔 등 7가지 주요 감정으로 분류된 300가지 이상의 감정을 확인했다. 예를 들어, 기쁨은 즐거움, 쾌활함, 행복감과 같은 이차적인 감정을 포함한다. 주요 감정은 약한 것부터 강한 것까지 다양하다. 예를 들어, 사랑은 따뜻한 것부터 친밀한 것까지 다양할 수 있다(그림 7-3 참조).[9]

CASE example

사례

미용 용품의 차이, 그 이상[10]

Michael Nagle/Bloomberg/Getty Images

부츠(Boots)는 영국에서 가장 큰 약국 건강 및 미용 체인으로, 2,000개 이상의 소매점과 약 22,000명의 직원이 있으며, 그중 약 6,500명이 약사이다. 영국 인구의 90% 이상이 부츠 매장에서 10분 이내에 위치하고 있다. 이는 처방전이 필요한 의료 제품을 판매하는 기업에 특히 중요한 요소이다. 그러나 다른 많은 오프라인 소매 업체와 마찬가지로, 부츠는 온라인과 슈퍼마켓과의 경쟁에서 고군분투하고 있었다. 그렇기 때문에 부츠가 발표한 새로운 소매 전략은 미용

〈그림 7-3〉 7가지 기본 감정 — 감정의 강도

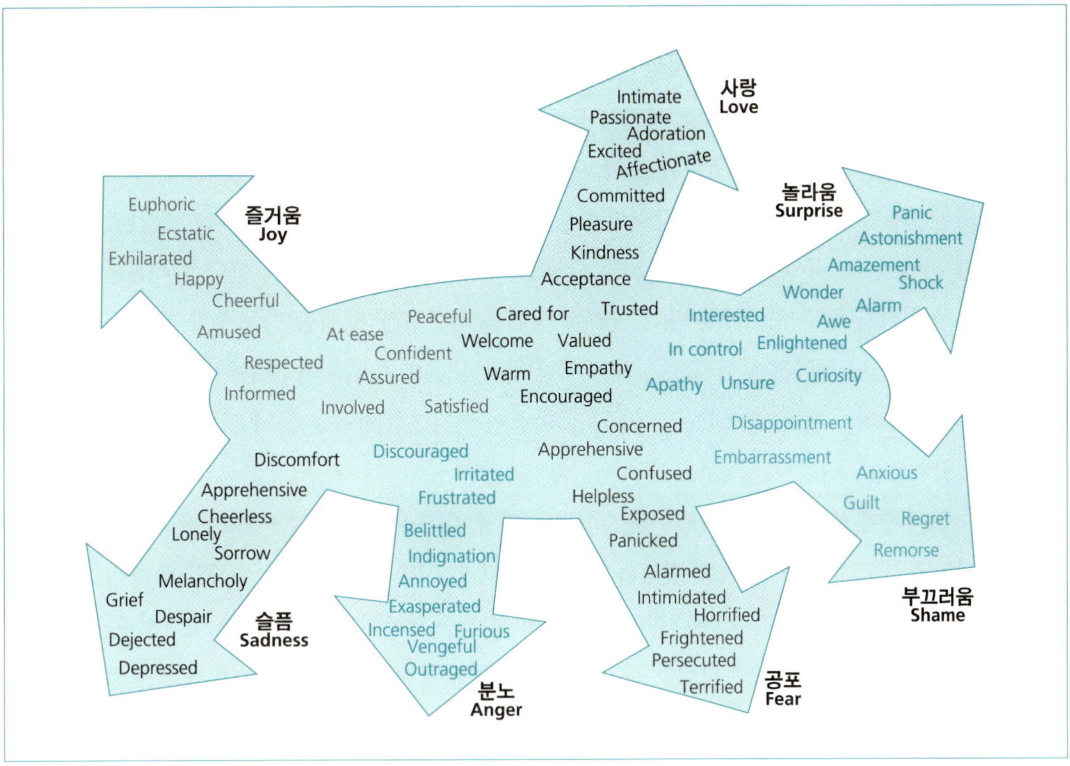

Source: Adapted from Parrott, W.G. (ed.) (2000) *Emotions in Social Psychology: Essential Readings*, Psychology Press, Hove, UK.

에 집중하여 소매 경험을 향상시키고 재창조하는 것에 기반을 두고 있었다.

소비자가 미용 제품을 찾고 쇼핑하는 방식은 근본적으로 바뀌었고, 소셜 미디어가 훨씬 더 큰 역할을 하고 있었다. 소비자들은 뷰티와 관련된 무한한 영상 콘텐츠로 소셜 미디어에서 제품을 조사하고, 구매하고자 하는 것에 대한 아이디어를 형성한 후 매장을 방문하는 경향이 있었다. 이러한 추세를 인지하고 런던 코벤트 가든에 있는 부츠의 개조된 매장 중 하나는 비디오 메이크업을 제공하는 유튜브 스튜디오를 만들었고, 사람들이 구매한 것을 촬영하거나 사진을 찍어 소셜 미디어에 직접 올릴 수 있는 인스타그램 존을 설계하였다. 이러한 유형의 매장 경험은 또한 서비스가 고객들의 큰 관심을 받았다. 목표는 Boots 매장이 '팝 인(pop into)' 매장에 머무는 것이 아니라, 고객과의 상호작용이 가능하고 매장 내의 즐거움 요소들이 그 자체로 고객의 목적지가 되는 매장으로 만드는 것이었다. 매장 레이아웃은 개별 브랜드를 디스플레이하는 방식에서 벗어나 '트렌딩 구역(trending zones)'과 '발견 구역(discovery areas)'으로 구성하여 보다 유연한 공간으로 변화시켰다. 또한 뷰티 전문가의 라이브 시연은 쇼핑객에게 매장에서 판매되는 뷰티 브랜드에 대한 팁과 조언을 제공하였다. 전반적인 목표는 Boots 매장을 더욱 차별화되고 개인화하여 최고의 브랜드를 최고의 가치로 제공하는 것이라고 회사는 설명하고 있다.

감정은 보통 영향력 있고 생리적인 상황과 연관된 주관적인 느낌이다.[11] 감정은 정서적인 뇌와 실지 인지한 자극에 대한 반응으로 호르몬이 신경 화학의 통로를 통해 흐르는 변연계에 의해 관리된다. 감정에 대한 사람의 반응은 강하고 원초적일 수가 있는데, 이는 보통 생각을 담당하는 이성적인 뇌인 전액골 피질을 통해 조절된다. 행복함과 같은 긍정적인 감정은 헤로인과 유사한 성분인 엔돌핀을 분비하는데, 이는 학습능력과 기억력을 향상시키고 면역 시스템을 강화시키며 스트레스와 질병은 감소시켜 수명을 연장시키는 효과까지 낳는다.[12] 약간의 스트레스나 위협, 공포, 무력함의 감정은 뇌의 활동을 악화시켜 사고를 흐리게 한다.[13] 극심한 스트레스는 심리학자들이 '하이재킹'라고 일컫는 상황을 유발시킨다. 심장 박동수가 분당 175회 이상이 되면 인지 능력은 무너지고 시력이 제한되고, 근육이 수축되어 사용하기 힘들 정도가 되며 공격성을 띠게 된다. 정서적인 뇌의 활동 비중이 커지면서 반응은 보다 감정적이고 원초적으로 변한다.

여기에 세 가지 핵심적인 사항이 있다. 먼저, 대부분의 관리자와 고객이 이성적이고 합리적인 논의를 바탕으로 최종 결정을 한다고 믿고 있지만 이러한 결정은 상황에 따라 정서적인 반응에 의해 이루어진다. 심리학자들은 합리적 의사 결정에 대한 이러한 생각이 틀리다고 반복적으로 주장해 왔다.[14] 감정은 잠재의식 속에서도 합리적인 의사 결정에 강력한 영향을 미친다는 것이다.[15] 둘째, 감정에 대한 우리의 반응은 빠르고 강하지만, 긍정적인 경우 고객과 조직 사이에 강력한 감정적 유대를 형성할 수 있고 부정적인 경우 고객에게 지속적인 감정적 상처를 줄 수 있다.[16] 마지막으로, 고객이 느꼈으면 하는 감정을 일관성 있게 규정하는 서비스 조직이 드물다는 것이다. 따라서 서비스 설계자들은 서비스가 고객에게 올바른 감정을 유발하도록 설계되었는지 확인할 필요가 있다.

7.2 서비스 스케이프

고객 경험과 감정을 담아내는 경험 진술을 정의한 후, 서비스 운영 관리자는 서비스 프로세스의 물리적 환경이 고객 경험에 어떤 영향을 미치는지 고려할 수 있다. '서비스 스케이프'는 서비스 주변의 물리적인 환경을 설명할 때 사용되는 개념이다.[17] 여기에는 서비스가 창출되고 제공되는 물리적이면서 정보를 제공하는 환경을 포함된다. 즉, 고객과 조직의 구성원 모두를 위한 환경을 의미한다. 예를 들어, 병원의 서비스 스케이프는 주차장, 건물, 장식, 식당, 대기실의 자리 등으로 구성된다. 인터넷을 기반으로 하는 서비스 스케이프는 웹사이트의 구성, 접근성, 사용 용이성 등을 포함한다고 할 수 있다.

서비스 운영의 미학적 요소가 사람들에게 긍정적이거나 부정적인 감정적 반응을 불러일으킬 수 있고, 따라서 행동과 행복에 영향을 미칠 수 있다는 다수의 연구는 고객 경험의 중요한 부분이 되고 있다. 서비스 운영의 분위기 요소, 공간 요소, 조형물 등은 직원과 고객 모두에게 '환경적 경험'을 창출한다는 것이다. 이러한 환경적 경험은 서비스 개념을 지원해야 한다. 예를 들어, 진료소 대기실에 있는 팔걸이 없는 딱딱한 의자는 보통 기다릴 때 앉아 있을 수 있다는 한 가지 경험만을 제공하지만, 탁자와 푹신한 소파로 꾸며진 대기실은 또 다른 경험을 제공할 수도 있다. 그러므로 시설 스타일은 제공하는 서비스 개념을 바탕으로 고객들이 바라는 경험을 충족 시킬 수 있도록 선택되어야 한다. 모든 의자들이 소파로 바뀌어야 한다는 의미가 아니다. 패스트푸드점에 비치된 시설들은 뒤로 기대어 쉬는 것보다 빨리 식사할 수 있도록 몸을 앞으로 기울이기 편한 구조로 되어 있어야 할 것이다.

의자의 편리성과 같은 특징들은 '단서(clues)'라고 하며, 고객이 조직에서 제공하는 서비스를 사용하면서 얻는 경험에 대한 메시지를 의미한다. 단서는 고객이 듣고, 맛보고, 만지고, 보고, 냄새를 맡을 수 있는 모든 것을 의미하는 자극이자 신호이며, 이는 메시지 암시를 위해 서비스 내에 구축된 일종의 지표인 것이다.[18] 이러한 메시지야말로 고객이 기관과 제공되는 서비스, 직원에 대해 추론할 때 사용하는 것이다. 그 결과로 생긴 감정은 고객이 의도하든 아니든 서비스가 전해주는 메시지와 서비스 그 자체에 대해서 스스로 어떻게 느끼는지를 의미한다. 서비스와 경험을 설계함에 있어 관리자는 서비스에 설계된 모든 단서에서 나오는 모든 메시지가 서비스 개념과 고객 감정에 일치하는지를 확인할 필요가 있다. 특히, 서비스 개념이나 조직에 대한 잘못된 생각을 전달하는 메시지를 초래하거나 서비스에 의도치 않게 잘못 전달하는 단서를 제거할 필요가 있다.

이러한 힌트는 사람이나 서비스 과정/경험(역학적, 인간적, 기능적 단서들을 의미할 수도 있다) 또는 주변 환경(서비스 스케이프)의 설계에 활용될 수 있다.[19] 서비스 스케이프의 단서는 빌딩의 입점 위치나 크기를 포함할 수도 있다. 건물 장식과 사무실 가구는 서비스 본질과 서비스가 제공할 경험 및 가격에 대한 특정한 메시지를 제공하며, 경험에 녹아든 단서나 메시지들은 안도감, 긍지, 열망, 놀라움 등의 감정으로 이어진다. 라스베이거스의 Caesar's Place나 Bellagio의 클래식한 스타일이나, Hard Rock Cafés의 기념품들은 모두 고객을 위한 특별한 경험, 메시지, 감정을 만들고, 자사 서비스를 경쟁사들과 차별화하려고 한다.

사람으로부터 오는 단서는 직원들의 유니폼, 복장, 태도 등이 포함될 수 있으며, 이는 직원들이 고객을 대하는 방식이나 신뢰도를 높이는 방식으로 메시지를 제공할 것이다. 예를 들어, 싱가포르 항공 승무원의 독특한 유니폼, 컨설턴트가 입는 깔끔한 정장 또는 대학 교수의 캐주얼한 모습은 모두 그들의 고객에게 특별한 감정과 함께 메시지를 전달한다.

7.2.2 고객 행동에 미치는 영향

이러한 단서와 메시지는 경험의 본질을 알리고 고객에게 경험을 제공할 뿐만 아니라 그들의 행동과 직원의 행동에도 영향을 미칠 수 있다는 것을 인식하는 것이 중요하다.

고객의 행동과 그에 따른 경험은 서비스 스케이프, 즉 분위기, 조명, 장식이나 음악에 따라서도 어느 정도 결정될 수 있다. 따스한 분위기의 바(bar)에서는 고객이 더 오래 머물고 많이 마시도록 할 수 있고, 쇼핑센터의 배경 음악 템포는 쇼핑 속도와 고객들이 소비하는 양에 영향을 미칠 수도 있다. 여러 연구 결과들이 환경적인 디자인(미학적 분위기)이 쇼핑센터, 소매점, 기타 서비스 접점에서의 고객들의 행동적, 심리적 반응에 미치는 영향에 대한 이슈를 제기해왔다.[20] 예를 들어, 청결하고 채광이 좋은 식품 진열장은 고객으로 하여금 식품이 신선하다는 인상을 심어준다.

서비스 스케이프는 고객 간의, 또는 고객과 직원 간의 상호작용에 영향을 미친다. 좌석 배치나 주변의 소음 등은 상호작용 또는 대화를 하는 데 영향을 미칠 수 있는 요인이 된다. 서비스를 받기 위해 줄을 서거나 온라인/전화상에서 대기하는 것은 고객 행동에 영향을 미치는 물리적 증거 또는 정보와 관련된 증거를 제공한다. 일부 국가에서는 대기열이 단순하게 존재하기 때문에 고객이 자신의 행동을 수정할 수 있다. 이러한 경우 고객은 자신의 차례를 기다리며 서비스 제공 지연에도 스스로 적응하게 된다. 줄은 기온이나 조명 등과 같은 환경적인 단서처럼 '접근'과 '회피' 행동을 유발할 수도 있다. 고객은 환경적인 요인에 정반대의 모습(매료되거나 혐오 감을 느끼거나)을 보인다는 의견이 제시되었다.[21] 예를 들어, 어떤 사람들에게는 식당에 들어가기 위한 대기 행렬이 '볼만한 장소' 또는 '가볼만한 인기 있는 목적지'를 나타낼 수도 있고, 다른 사람들에게는 '사람들이 많고 트렌디한' 것을 나타낼 수도 있고, 또는 탈선택 장치로 작용할 수도 있다.

장비나 정보 인터페이스의 설계는 고객의 행동에 영향을 미친다. 특히 티켓 판매기나 인터넷에 의존하는 조직으로부터 서비스를 받거나 상호작용하기 위한 능력이 필요한 경우에는 더욱 이에 민감하다. 빠르고 쉽고 사용자 친화적인 인터페이스는 접근 행동으로 이어지는 반면 느리고 어려운 인터페이스는 회피로 이어질 수 있다.

7.2.3 근로자에게 미치는 영향

서비스 스케이프에 대한 아이디어는 고객의 반응과 인식이 주요 문제인 프런트 오피스뿐만 아니라 직원에게 미치는 영향이 중요한 백 오피스 운영에도 적용된다. 적절한 환경은 직원들의 회피 행동보다는 접근 행동을 유도할 수 있고, 그 결과 직원들은 조직에 더 전념하고, 더 오래 머

CASE example

사례

감옥을 위한 적절한 서비스 환경이 있는가?

감옥은 확실히 전통적인 서비스가 아니지만 사람들(수감자)을 처리하고 있다. 사실, 그들은 서비스를 위해 (세금으로) 지불하는 정부, 인도적으로 대우받고 재활하기를 기대해야 하는 죄수들 자신, 그리고 범죄자들이 제기하는 잠재적 위험으로부터 보호받아야 하는 사회의 세 가지 유형의 고객을 가지고 있다. 따라서 서비스 스케이프의 개념이 교도소 서비스에도 적용할 수 있는지 검토해 볼 필요가 있다. 일부 건축가들, 디자이너들, 교도소 개선론자들에 따르면, 그 대답은 매우 긍정적이다. 그들은 올바른 교도소 설계가 수감자들의 정신 건강과 재범 가능성에 영향을 미칠 수 있다고 말한다.[22] 환경은 대부분의 서비스 운영에서 행동에 큰 영향을 미치며, 감옥도 다르지 않다.

죄수의 행동에 영향을 미치는 것으로 보이는 서비스 스케이프 요소는 다음과 같다.

- 거주 밀도: 이중 셀이 아닌 단일 셀이 수용자에게 개인 정보 보호 및 환경에 대한 통제력을 향상시켜 교도관과의 의사 소통을 개선한다.
- 복도 길이: 긴 복도와 반복적인 구조적 특징은 취약한 수용자의 정신병을 악화시킬 수 있는 '메아리가 많은' 청각 환경을 만든다.
- 창문에서 나오는 자연광: 우울증을 줄이고, 수면을 개선하고, 동요를 줄여준다.
- 자연물(예: 식물): 분명히 맥박과 혈압을 감소시키고 인지 기능을 향상시킨다.
- 예술품: 일부 연구는 수감자들이 (추상 예술과 반대로) 풍경 예술에 노출될 때 불안과 동요를 위해 약물을 덜 소비한다는 것을 보여 준다. 수감자들은 자연스러운 이미지, 긍정적인 표정, 배려하는 관계의 묘사를 선호한다고 한다.
- 주거 시설: 세탁 장비, 주방, 개인 욕실 및 샤워 시설에 대한 접근과 같은 기능은 스트레스를 줄일 수 있다.

그러나 수용자의 복지를 위해 무엇이 최선인지와 지역사회가 이러한 설계를 어떻게 보는가 사이에 갈

Bigflick/Shutterstock

등이 있을 수 있다. 그러한 특징들이 결과를 개선할 수 있다는 증거에도 불구하고, 사회의 일부 사람들은 수감자들이 '너무 많은 편안함을 누린다'는 생각에 부정적인 반응을 보인다. 그럼에도 불구하고 일부 교도소는 이러한 서비스스케이프 원칙을 염두에 두고 설계되었다. 심지어 세계에서 가장 높은 수감률을 가진 나라 중 하나인 미국에서도 실제 사례가 나타나고 있다. 콜로라도 덴버에 있는 1,500개의 침대가 있는 Van Cise-Simonet 구치소가 그중 하나이다. 일부 사람들은 구치소가 감옥보다 박물관이나 대학 도서관처럼 보인다고 생각한다. 내부는 개방된 공간과 바가 없는 창문에서 나오는 자연광을 가지고 있다.

수감자는 보안 문이 있는 감방이 있는 긴 위협적인 복도가 아니라 최대 64명과 한 명의 교도관을 수용할 수 있는 더 작은 감방에 수용된다. 이것은 교도관들이 죄수를 알 수 있고 그들이 발생하기 전에 문제를 예측할 수 있기 때문에 폭력의 가능성을 줄여준다. 각 식사, 수업, 레크리에이션을 위한 구역이 있으며, 교도소에는 범죄와 예비 심리를 처리하기 위한 의료실, 정신 건강실, 그리고 두 개의 법정이 있다.[23]
그러나 서비스 스케이프 설계에는 한계가 있으며, 덴버 당국은 이 시설이 완벽하지 않다는 것을 인정하고 있다. 건물의 높이와 폭에 대한 제약은 직원과 수감자 모두가 이상적인 것보다 더 비좁은 환경을 겪는다는 것을 의미한다. 또한 정신과적 응급상황을 관리하고 사회복지사처럼 행동할 수 있는 직원을 유치하고 유지하는 것은 어려운 일로 판명되었다. 따라서 다른 서

비스 조직의 운영과 마찬가지로 서비스 스케이프의 설계는 중요하지만 효과적인 고객 경험 설계에 대한 완전한 해답이 될 수는 없다. 이 점은 노르웨이의 최대 보안 홀덴 시설이라는 또 다른 고급 교도소의 당국에 의해 강화되었다. 여러 디자인 상을 수상한 이 건축물은 수감자들의 수감 의식을 최소화하고 심리적 스트레스를 완화하기 위해 설계되었다. 각각의 수감자들은 자신의 감방을 가지고 있는데, 그 감방에는 자신의 화장실과 샤워실, 냉장고, 책상, TV, 그리고 숲을 볼 수 있는 경관도 제공된다. 공동 휴게실에는 주방이 잘 갖춰져 있다. 하지만 이것은 교도소의 문화와 직원 배치 정책 때문에 효과적인 것이다. 영국에서는 교도관들이 훈련받는 데 12주밖에 걸리지 않지만 노르웨이에서는 2년에서 3년 동안의 교육이 제공된다. 이 차이로 인한 효과로 볼 수도 있다. 노르웨이의 재범률은 2년 후에는 20%, 5년 후에는 약 25%로 떨어졌다(영국의 경우 1년 만에 재범률이 거의 50%에 달한다). 그렇다고 이것이 값싼 해결책이 될 수는 없을 것이다. 홀덴 교도소는 영국의 평균 연간 교도소 비용의 약 2배가 든다고 알려져 있다.[24]

물며, 그들의 역할을 더 효과적으로 수행할 수 있게 된다.[25] 작업 공간의 설계가 직원에게 미치는 영향은 다음 장에서 서비스 운영 관점에서 프로세스 설계를 살펴볼 때 다룰 것이다.

7.3 고객 경로 설계

고객의 경로는 고객이 취하는 일련의 단계이자 서비스 프로세스를 경험하는 접점의 총체를 의미한다. 다음에 오는 '급성 환자의 경로' 사례는 고객의 경로를 보여 주는데, 그중 일부는 주로 고객, 다른 정보, 기타 자료를 처리하는 많은 상호 관련 서비스를 포함한다. 일부 작업 및 활동은 고객으로부터 멀리 떨어진 백 오피스에 배치될 수 있으며, 다른 작업 또는 활동은 고객이 있는 곳에서 수행된다. 이러한 프런트 오피스 프로세스는 고객이 경로를 지나가면서 직접 경험하는 프로세스이다. 프로세스 단계는 여러 장소, 조직의 시설 또는 고객의 집에서 수행할 수 있다. 이러한 프로세스는 함께 적절한 순서로 고객 경험을 창출하고 서비스 결과를 제공한다. 〈그림 7-4〉는 일부 운영 프로세스의 단순화된 도해적 표현을 보여 준다.

7.3.1 프런트 오피스 프로세스

프런트 오피스 프로세스의 예시는 다음과 같다.

- 해결해야 할 문제의 진단을 개발하기 위해 고객과 협력하는 경영 컨설턴트
- 환자에게 처방된 약물을 투여하는 간호사
- 우편 발송 확인을 위한 고객의 질문에 콜센터 직원이 안내하는 경우

〈그림 7-4〉 프런트 오피스 서비스 프로세스에는 다양한 수준의 '가시성'과 관련된 다양한 유형의 상호작용이 포함된다.

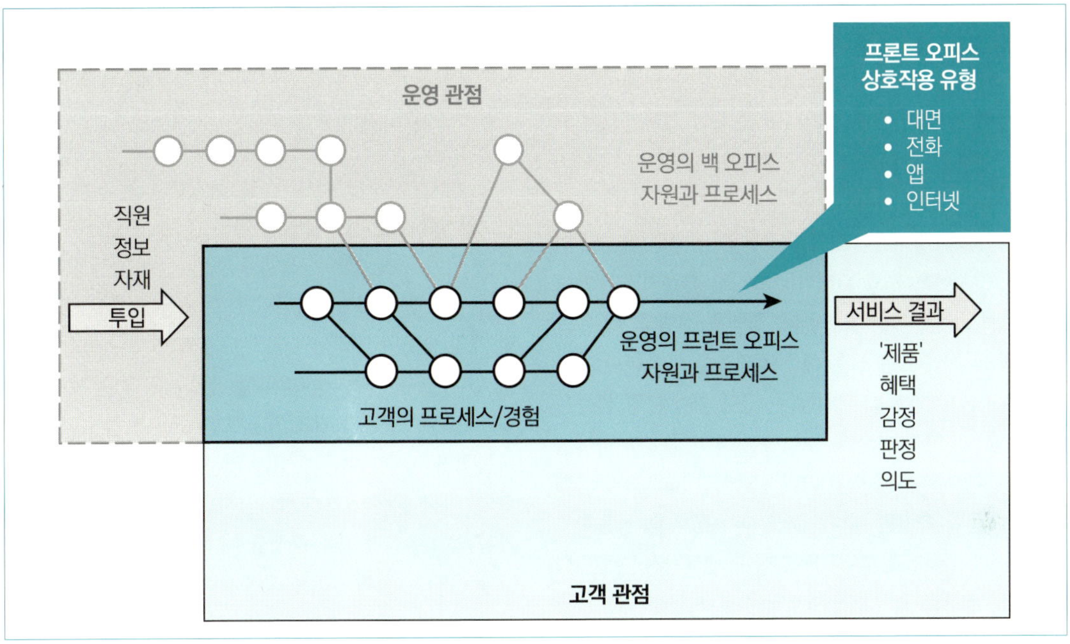

CASE example

사례

급성 환자의 경로

Paul Walley, The Open University

급성 질환 환자를 긴급히 치료해야 할 때는 전체 의료 시스템이 조율된 방식으로 대응해야 한다. 예를 들어, 환자가 복통으로 지역 의사(일반의) 진료소에 왔고, 의사가 급성 맹장염일 가능성이 있다고 판단하면 즉시 병원에 입원해 수술을 받아야 한다. 우선, 지역 의사는 종합병원의 담당자(의사)에게 전화하여 환자가 병원에서 치료받을 수 있도록 할 수 있다. 환자를 병원으로 이송하기 위해 구급차가 즉시 요청될 것이다. 그러나 해당 지역의 구급차가 다른 응급 상황에 할당될 경우 목표 대응 시간을 달성하지 못할 수 있다.

환자를 병원으로 이송하기 위해 구급차가 도착하면 지역 의사는 일반적으로 구급대원에게 환자와 함께 가져갈 입원 허가서를 전달해 준다. 여기에는 통증 완화를 위해 최근에 처방된 약물을 포함하여 병원 직원이 유용하다고 생각할 수 있는 즉각적인 환자 정보가 포함된다. 이상적으로는 구급대원에게 동일한 정보를 제공하여 중복을 피하기 위해 어떤 치료가 이미 제공되었는지 알 수 있도록 해야 한다. 특히 의사가 구급차 대원을 직접 만날 수 없는 경우에는 이런 일이 항상 발생하는 것은 아니다.

구급차가 병원에 도착하면 환자를 사고 및 응급 부서나 전문 외과로 이송하는 것이 보통이다. 먼저, 접수원이 환자를 시스템에 예약해야 하며 이 작업이 완료되기 전에는 구급차 직원이 떠날 수 없다. 이는 환자를 맞이하는 병원 직원에게 환자의 상태에 대한 정확한 정보가 제공되도록 하기 위함이다. 예약 절차는 환자의 신원을 정확하게 설정해야 병원 시스템에서 올바른 환자의 기록을 검색할 수 있다. 특히 환자 질환이 심각한 경우 가족에게 알릴 수 있도록 환자의 가장 가까운 친척과 같은 기타 세부 정보도 필요하다. 환자의 도착은 외과로 환자를 받아들이라는 전화와 상호 참조된다.

환자가 예약되면 상태의 긴급성에 대해 평가된다.

이 긴급성 분류는 일반적으로 선임 간호사가 수행한다. 그런 다음 상급 의사의 감독을 받는 의사가 정확한 진단을 내리기를 기다린다. 진단의 첫 번째 단계는 일반적으로 기초 혈액 검사와 X-레이 검사가 포함된다. 대부분의 병원에는 응급센터에 자체 응급 X-레이 장치가 있으며 방사선 기사가 근무한다. 이들은 특히 전문 골절 클리닉이 설비를 공유하는 경우 환자로 인해 매우 바쁘다. 각 X-레이는 방사선 전문의가 평가하고 보고서를 작성해야 한다. 혈액을 채취할 때 응급센터 근처에 있는 작은 테스트 기계를 사용하여 가장 일반적인 테스트를 분석할 수 있다. 대부분의 샘플은 중앙 병리학 실험실로 보내지며 각 실험실에서 매일 수행해야 하는 수백 가지의 일상적인 테스트와 함께 처리된다. 숙련된 병리학 기술자가 장비를 작동하고 결과가 정확하게 얻어지도록 한다. 병리학자는 일반적으로 컴퓨터 출력물에 보고되는 결과를 평가한다. 긴급 결과는 때때로 전화로 전달된다.

종종 환자에게 큰 장애물 중 하나는 병원 내 병상을 찾는 것이다. 이것은 병상 관리 전문 팀의 책임이다. 병동은 내과와 외과부서로 구분되며, 남성 전용 병동과 여성 전용 병동이 있다. 영국에 있는 대부분의 병원이 90% 이상의 침대 점유율로 운영된다는 점을 감안할 때 하루에 최대 50명의 급성 입원 환자를 위한 공간을 찾는 것이 정말 어려울 수 있다. 급성 입원은 일반적으로 전체 입원의 30%를 차지하므로 응급 상황은 병상 공간을 놓고 판단해야 한다. 사용 가능한 공간은 부분적으로 선택적 입원을 유도하는 수술 목록에 따라 달라진다. 일반적으로 월요일과 수요일은 대부분의 선택적 수술을 보기 때문에 계획되지 않은 입원이 가장 어려운 날인 경우가 많다. 많은 병원에서 때때로 의료 병동이 넘쳐난다. 이로 인해 수술 병동에 환자의 '의학적 이상치'가 배치되어 공간이 더욱 제한될 수 있다. 한 병상 관리자는 다른 문제를 강조하고 있다.

> 입원실 요청은 저희를 통해 이루어져야 합니다. 환자가 우리에게 알리지 않고 컨설턴트를 활용하는 등의 '백도어'를 통해 입원할 수 있기 때문에 항상 그런 것 만은 아닙니다. 이용 가능한 병상이 있다고 생각하지만 그렇지 않은 경우 혼란스러울 수 있습니다. 우리는 병동 순회를 통해 컴퓨터에서 병상을 사용할 수 있는 위치를 지속적으로 모니터링합니다. 컴퓨터에 기록되지 않은 병상을 찾기 위해 병동에서 인구 조사를 실시합니다.

환자가 긴급한 수술을 받아야 할 때 수술실을 찾아야 한다. 수술실에는 보통 각 반나절 세션에 특정 선택 임상 전문의가 예약되어 있고 응급 상황을 위해 몇 개의 슬롯만 예약되어 있기 때문에 이것은 복잡할 수 있다. 예를 들어, 정형외과를 전문으로 하는 수술실에는 전문 장비가 필요하다. 또한 모든 직원이 다재다능하거나 시간 여유가 있는 것은 아니기 때문에 외과의, 마취 전문의, 간호사 및 지원 직원으로 구성된 가장 적절한 외과 팀을 구성할 때 해결해야 할 문제도 있다. 응급 수술에 걸리는 직원 시간은 병동 회진과 같은 다른 활동을 방해하게 된다. 수술실은 또한 멸균 장비를 쉽게 확보할 수 있어야 하며, 사용한 장비를 세척하고 다시 멸균하는 데 보통 24시간이 걸린다.

다양한 지원 서비스를 통해 환자 복지도 향상된다. 케이터링 서비스는 환자에게 하루 세 끼 식사를 제공해야 한다. 청소 서비스는 모든 영역이 가능한 한 깨끗하게 유지되도록 해야 한다. 일일 작업량이 너무 많아서는 안되기 때문에 어려운 작업이다. 수천 명의 직원, 환자 및 방문자의 이동으로 인해 먼지와 폐기물이 끊임없이 유입된다. 열악한 위생으로 인한 교차 감염의 위협은 대규모의 조정된 예방 프로그램을 필요로 한다.

병원에는 효율적인 퇴원 절차도 필요하다. 환자가 그날 늦게 퇴원하면 불필요하게 침대를 점유할 수 있다. 환자가 약 처방이 준비될 때까지 기다려야 하기 때문에 약국과의 조율이 좋지 않으면 지연이 발생할 수 있다. 오후 5시까지 준비되지 않으면 약국은 종종 그날 업무를 끝내고 환자는 병동에서 추가로 밤을 보내야 한다. 다른 지연은 운송 대기로 인해 발생할 수 있다. 친인척들은 퇴근 후 집에 돌아온 저녁에만 환자를 데리러 올 수 있어 병상 관리에 문제가 발생할 수 있다.

- 새 컴퓨터를 선택하고 주문하기 위해 컴퓨터 소매 업체의 웹 사이트를 탐색하는 잠재 고객

이러한 예시는 광범위한 프런트 오피스 프로세스가 있음을 보여 준다. 일부는 콜센터 문의 프로세스에서와 같이 잘 정의된 루틴을 가지고 있는 반면 다른 일부는 거의 전적으로 서비스 제공자의 기술, 지식 및 전문성에 의존한다. 경영 컨설턴트의 경우 문제 진단에 대해 선호하는 접근 방식이 있을 수 있으며, 이 프로세스는 매우 유동적일 수 있다.

프런트 오피스 프로세스는 고객과 직접 상호작용한다. 프로세스는 고객이 들여다 볼 수 있을 것이고 고객의 경험을 창조할 것이다. 그러나 '보이는' 정도는 다를 수 있다. 일부는 서비스 직원과의 대면 개인적 접촉을 포함할 수 있고, 다른 일부는 콜센터를 통한 전화와 같이 원격이지만 실시간 접촉을 포함할 수 있다. 그들은 모바일 앱 및 웹사이트와 같은 기술을 사용하거나 ATM과 같이 덜 개인적인 기술을 사용하여 훨씬 더 '원격적'일 수 있다. 각각은 향상된 경험을 위한 기회 또는 인지된 경험을 손상시킬 가능성을 동시에 내포하고 있다.

- **대면 접촉.** 여기에서 고객은 레스토랑이나 쇼핑몰의 소매점 지점에서와 같이 서비스 직원과 직접 상호작용한다. 이러한 만남은 경험의 필수 요소가 될 수 있으며 고객 만족에 직접적으로 기여하게 된다. 식당에서 잘 훈련되고 공감하는 직원은 고객과 긍정적인 상호작용을 만들어 식사를 즐기는 데 크게 기여할 수 있다. 반대로 교육을 제대로 받지 못하거나 무관심한 직원은 경험을 망칠 수 있다.
- **전화 접촉.** 전화는 일반적으로 조언, 불만 처리 또는 주문 접수 활동을 제공하기 위해 콜센터에서 사용된다. 대면에 비해 중앙에서 이를 총괄함으로써 더 낮은 비용으로 제공될 수 있다는 것이다. 이러한 활동은 저임금 경제로 이전되어 훨씬 더 높은 효율성을 확보할 수 있다. 그러나 고객과의 거리가 멀어짐에 따라 오해가 발생할 가능성이 훨씬 더 커지고 서비스 직원은 고객이 남기는 단서를 놓칠 수 있다.
- **자동화된 전화 메뉴.** 전화 연락 비용을 줄이기 위한 또 다른 시도는 고객이 일련의 옵션을 탐색해야 하는 자동화된 메뉴 기능을 사용하는 것이다. 그런 다음 적절한 인간 직원이나 미리 녹음된 메시지에 연결할 수 있다. 이런 종류의 시스템을 사용해 본 사람이라면 누구나 전화 메뉴의 단조로움을 겪는 것에 대한 좌절감을 이해할 수 있다. 너무 많은 메뉴 옵션이 고객이 필요한 번호를 잊어버리기 때문에, 잘못 설계된 시스템에서는 대기시간이 길어질 수 있으며, 60초마다 반복되는 루프 음악은 짜증나게 할 수 있다. 이러한 좌절을 피하기 위해, 메뉴 시스템은 가능한 한 단순하게 유지되어야 하며, 고객이 어느 시점(초기)에 실시간 전화 교환원과 통화할 수 있도록 해야 한다. 예를 들어, 기존 고객과 알 수 없는 발신자를 서로 다른 적절한 통화 메뉴로 분리할 수 있도록 해야 한다.

- **웹사이트 접촉.** 인터넷 기반 서비스는 효율성을 향상시킬수 있는 잠재력을 제공한다. 웹사이트는 고객에게 항상 액세스를 제공하고 고객이 원할 때 정보를 요청하거나 제품 및 서비스를 주문할 수 있도록 한다. 한때 매우 전문화된 기술이었던 웹사이트 구축이 표준화되었고, 디자인 서비스의 개발로 인해 소규모 기업에서도 고객과의 웹사이트 접촉을 비교적 쉽게 사용할 수 있게 되었다.
- **휴대폰 앱.** 강력한 휴대폰의 사용 증가와 통신 네트워크의 속도는 모바일 장치에서 웹 사이트 사용을 추월하는 앱 사용으로 이어졌다. 그리고 모든 고객 연락 메커니즘과 마찬가지로 좋은 앱과 나쁜 앱의 차이는 일반적으로 앱이 제공하는 사용자 경험의 품질이 된다. 빠른 로딩 시간과 사용 편의성과 같은 특성이 중요하다. 단순하고 깔끔한 디자인, 인지 부하 최소화, 정보를 두 번 묻지 않음, 작업을 더 작은 하위 작업으로 나누어 복잡성을 피하는 등 모든 것이 원활한 고객 경험에 기여한다.
- **자동화된 물리적 접촉.** 여러 면에서 가장 개인적인 고객 접촉 유형은 자동화된 물리적 서비스 프로세스이다. 한때는 현금자동입출금기(ATM)가 가장 흔한 예시였지만, 금융 서비스와 무현금 거래에서 모바일 앱을 사용하면서 그 사용량이 크게 줄어들었다. 다른 예로는 현금이나 카드 결제와 교환하여 소비자에게 샌드위치, 음료 및 스낵과 같은 제품을 제공하는 다양한 유형의 자판기가 있다.

어떠한 상호작용 방식을 사용하든 고객 경험에 미치는 영향을 정확하게 인식하는 것이 중요하다. 서비스 제공자의 이익을 위해 프로세스를 설계하고 고객의 경험을 무시하는 일이 흔하게 벌어진다. 확실히 서비스 경험 설계자가 정기적으로 고객 행동을 분석하고 그에 따라 접촉의 성격을 조정하는 것이 중요하다. 이것은 검색 엔진의 분석 기능을 조사하여 웹 사이트의 효율성을 개선하는 것일 수도 있고, 고객이 메뉴 기반 전화 시스템을 사용하는 방식을 살펴보고 발신자가 가장 자주 선택한 메뉴 옵션을 이해하는 것을 의미할 수도 있다. 예를 들어, 메뉴 전화 시스템에서 대부분의 발신자가 주문 상태를 확인하기 위해 옵션 3을 누르고 있다면, 그것이 첫 번째 옵션이 되어야 한다.

접촉의 정도와 강도에 따라 고객은 프런트 오피스 프로세스에서 중요한 역할을 하며 운영 자원으로 간주되어야 한다. 예를 들어, 고객은 자신과 타인에게 서비스를 제공하고, 자료를 수집하고, 직원에게 정보를 제공하는 등 다양한 역할을 수행한다. 이러한 '고객 직원'의 '선택'과 '교육'은 서비스 성공에 매우 중요하다. 고객의 존재는 추가 자원을 제공하고 더 나은 커뮤니케이션이라는 측면에서 이점이 있을 수 있지만, 고객의 존재가 서비스 프로세스에 예측하지 못한 변화를 주입할 수 있기 때문에 단점도 함께 수반한다.

모든 프런트 오피스 프로세스에는 고객의 예측 불가능성이라는 공통된 문제가 있다. 경영 컨설턴트의 경우, 연구하고 해결해야 할 문제의 진정한 본질을 이해하고 소통할 수 있는 고객의 능력과 의지는 컨설팅 프로세스의 효율성과 고객의 경험에 큰 영향을 미치게 된다. 이러한 변동성은 패스트푸드 체인과 같은 대량 B2C 서비스에도 어느 정도 존재한다. 고객이 표준화된 방식으로 표준 제품을 요청하도록 '훈련'되어 있지만, 다른 것을 원하거나 기대 이상의 조언이나 도움을 요청하여 세심하게 설계된 서비스 프로세스를 방해하는 고객의 상당한 비율이 있을 가능성이 높다.

7.3.2 백 오피스 프로세스

백 오피스 프로세스(다음 단원에서 보다 자세하게 다룰 것이다)는 고객으로부터 상대적으로 먼 거리에서 운영되며 고객들의 시야에 보이지 않는다는 특징이 있다. 이는 고객의 참여를 의무화하지 않으며, 결과적으로 보다 효율적인 면을 보인다. 백 오피스 프로세스의 예시는 다음과 같다.

- 소매 은행에서의 지불 승인 프로세스
- 컴퓨터 수리 프로세스
- 레스토랑에서의 음식 준비
- 병원에서의 실험실 검사

고객 대면 프로세스를 지원하는 백 오피스 프로세스는 고객과 떨어져 있으면 비용과 일관성 측면에서 이점을 가질 수 있다. 예를 들어, 각각 다른 스타일을 가지고 있지만 상당히 중복되는 음식 메뉴를 사용하는 레스토랑 브랜드의 포트폴리오를 관리하는 회사가 있다. 레시피 개발, 구매 및 재고 관리와 같은 공통 프로세스의 통합은 회사에 큰 이점을 제공하기 때문에 브랜드 관리자는 서비스 차별화 문제에 집중할 수 있다.

프런트 오피스와 백 오피스 간 이동 활동

일반적인 분류 방식에 따라 프런트 오피스와 백 오피스 프로세스를 구별했지만, 두 가지 사항에 주목할 필요가 있다. 첫째, 고객 경험에 기여하는 것은 프런트 오피스 프로세스만이 아니다. 프런트 오피스 직원이 아무리 고객 대면 문제를 잘 처리해도 백 오피스 동료의 지원에 의존하지 않으면 원활한 고객 경험을 제공할 수 없다. 둘째, 활동이 현재 프런트 오피스나 백 오피스에 있다고 해서 그곳에 머물러야 한다는 것은 아니다. 조직은 효율성 측면에서나 고객 경험 측면

〈그림 7-5〉 프런트 오피스 및 백 오피스 활동 변경

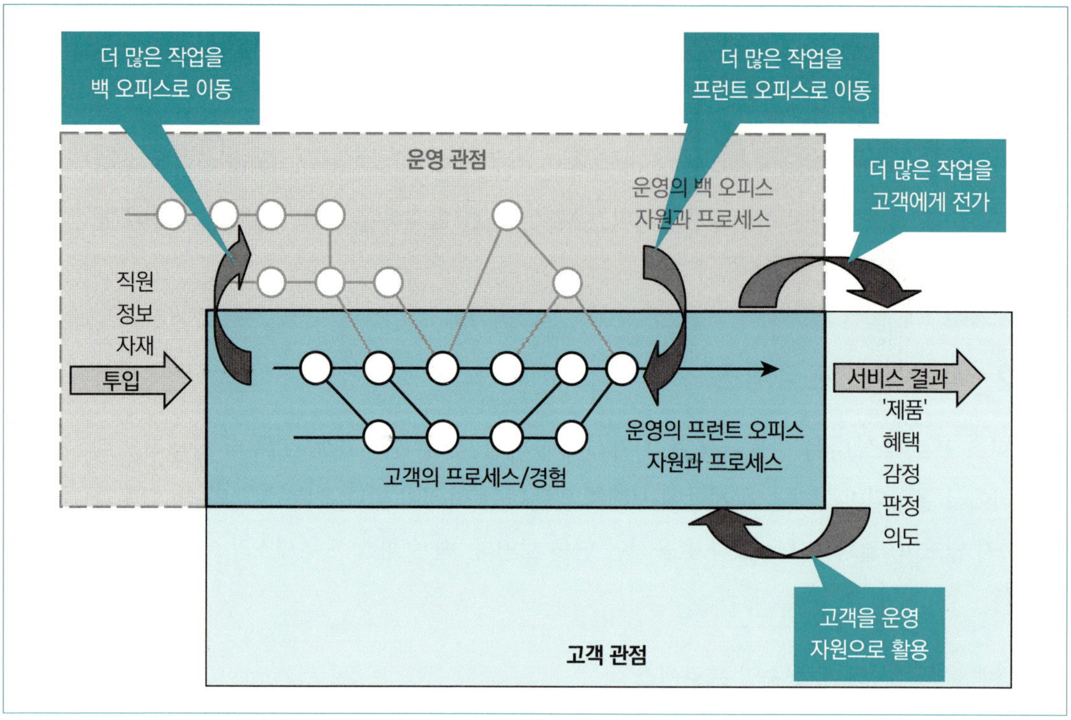

에서 개선될 수 있다고 믿는 경우 활동을 변경할 수 있다(그림 7-5 참조).

비용상의 이유로 프런트 오피스에서 백 오피스로 활동을 옮기는 경우가 많다. 예를 들어, 소매 금융에서는 프런트 오피스에서 백 오피스로 활동이 이동하고 있다. 은행은 지점(프런트 오피스)에서 많은 일상적인 관리 프로세스를 제거하고 대량의 기술 집약적이며 효율적인 중앙 집중식(백 오피스) 처리 센터에 통합하고 있다. 또한 프런트 오피스에서 백 오피스로 프로세스를 이동하면 고객 요청에 즉각적으로 대응할 필요성이 줄어든다. 고객 요구의 변화에 대응하기 위해 프런트 오피스 역량을 강화하는 것은 막대한 비용을 수반한다. 일반적으로 이 경우 절충점은 고객이 낮은 가격에 대한 대가로 더 제한적인 서비스와 더 느린 응답을 기대한다는 것이다.

반대로 일부 조직에서는 일부 작업을 백에서 프런트 오피스로 이동하도록 선택할 수 있다. 그들은 고객이 계정 관리자나 일선 컨설턴트와 같은 중개자를 통해 거래하기보다는 전통적으로 백 오피스 직원일 수 있는 기술 전문가에 대한 액세스가 필요하다고 생각할 수 있다. 여기서 잠재적인 문제는 일부 기술 전문가가 고객 서비스에 대한 관심이나 소질이 거의 없고 고객과의 적절한 거리를 두고 고용하는 것이 가장 좋다는 것이다. 다른 상황에서는 기술이 백 오피스 프로세스를 프런트 오피스로 이전할 수 있도록 돕고 있다. 예를 들어, 전화 기반 뱅킹 앱을

사용하면 한때 프런트 오피스 은행 지점의 책임이었던 작업을 고객이 직접 제어할 수 있다.

사실, 서비스 설계자가 사실상 고객을 운영 자원으로 사용함으로써 공급자에서 고객으로 활동을 전환하는 추세가 증가하고 있다. 고객으로서 우리는 인터넷을 사용하여 티켓을 구매하거나 휴일, 기차 또는 비행기 시간에 대한 정보를 찾아 조직의 비용(때로는 우리 자신의 비용)을 줄이도록 권장되지만, 일반적으로 훨씬 더 많은 시간과 노력이 필요하다. 고객 측에서. 이 경우 서비스 설계자는 회사의 인터넷 사이트를 통해 고객을 안내할 명확한 고객 경로를 설계해야 한다. 이를 위해서는 서비스 프로세스 설계 및 기술에 대한 더 많은 투자가 필요하지만 공급자에게는 거래 비용이 낮아지고 고객에게는 정보에 대한 접근성이 높아지고 편리하게 쇼핑할 수 있다는 이점이 있다.

7.3.3 위험과 고객 경험

일반적으로 프런트 오피스 프로세스는 서비스 제공자와 고객 모두에게 더 중요하다(그림 7-6 참조). 서비스 접점의 가변성은 고객이 인지하는 위험이나 불확실성의 정도를 나타낸다.

이 위험은 다음과 같은 다양한 형태를 보일 수 있다.

- **재정적 위험.** 경우에 따라 고객이 위험 정도를 평가하기 어려울 수 있다. 중고차 구매자는 차량이 얼마나 신뢰할 수 있는지 알 수 없다. 같은 방식으로 연금 상품을 구입하는 것은 특히 금융 문제에 익숙하지 않은 사람에게는 매우 위험한 활동처럼 느껴질 수 있다.
- **물리적 위험.** 모험적인 휴가를 가거나 비행기를 타는 것은 분명히 약간의 신체적 위험을 수반한다. 전자의 경우 그러한 휴가를 선택하는 고객이 관련된 위험을 어느 정도 평가했으며 이를 예상되는 경험의 일부로 볼 것이라고 합리적으로 예상할 수 있다. 비행기를 타면 생명에 대한 위험은 적지만 많은 사람들에게 어느 정도 불편함을 준다.
- **심리적 위험.** 이러한 유형의 위험은 다양한 이유에서 발생할 수 있다. 고객의 자신감이나 능력 부족으로 인해 생길 수 있다. 긴장한 고객이 서비스를 경험할 때 어려움을 느끼는 것은 의도적인 방해에 의해서가 아니라 걱정거리로 인해 집중력을 방해받아 에너지를 다른 곳에 쏟기 때문이다. 게다가 열등하거나 무능하다고 느

〈그림 7-6〉 고객이 인식하는 위험 및 사회적 상호작용

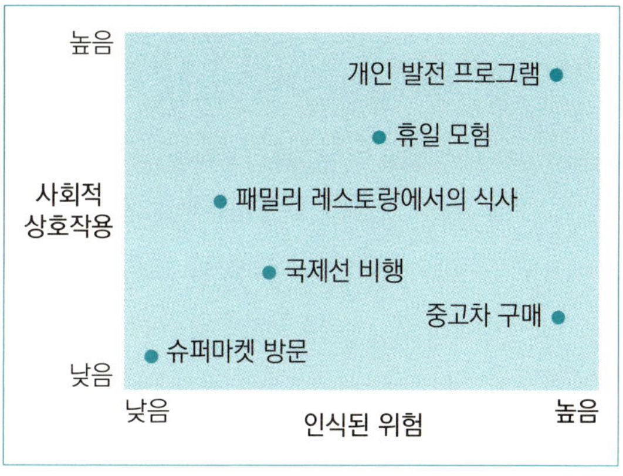

끼는 것을 좋아하는 사람은 아무도 없다. 서비스 조직은 상대하는 고객의 능숙함을 추측할 가능성이 있기 때문에 이것이 대중의 무관심과 결부되는 경우 고객은 매우 조용해지거나 시끄러워지는 경향을 보일 수가 있다. 마지막으로, 상당수의 사람들은 가까이에 많은 사람들이 있는 것 자체가 시련이라고 생각한다. 이러한 '사적인' 사람들 중 일부에게는 모든 형태의 사회적 경험이 고통스러울 수 있다. 이는 고객과의 잦은 만남을 선호하여 고객을 직접 상대하는 직업을 선택한 사람들과 현저한 대조를 이룬다.

〈그림 7-6〉은 다양한 서비스 상황에 대한 일상적인 서비스 경험에서 사회적 상호작용의 정도를 보여 준다. 이러한 각 상황은 5장에서 논의한 바와 같이 원하는 고객 관계와 가능한 고객 관계의 범위에 영향을 미친다. 예를 들어, 슈퍼마켓에서의 대화는 깊이가 없는 피상적인 대화로만 한정되는 반면에 레스토랑에서 고객과 직원이 서로를 잘 안다면 단순하게 음식을 주문하는 대화를 넘어 보다 깊은 유대감을 형성할 수 있다.

사회적 상호작용은 종종 어떤 식으로든 위험 관리 메커니즘과 연결되어 있다는 점에 유의해야 한다. 중고차 구매의 위험도를 평가할 때 고객은 판매원의 신뢰성을 판단하는 경우가 많다. 장거리 비행을 하는 승무원의 분주함은 비행의 위험에 연연하는 사람들에게 주의를 산만하게 하고, 추가적인 불안감으로 고통받고 있을지도 모르는 사람들을 감시할 수 있게 해 준다.

또한 고객 경험을 복잡하게 만드는 광범위한 고객에 대한 변수가 있다. 이 중 일부는 아래에 나열되어 있다.

- **고객 태도.** 서비스의 본질은 고객의 마음 상태에 반영될 수가 있다. 불만을 접수하는 프로세스에서는 고객의 태도가 긍정적일 거라고 기대할 수 없을 것이다. 반면에 테마파크에 가거나 식당에서 열리는 파티에 가는 고객은 즐거운 시간을 보낼 가능성이 더 크다.
- **고객의 기분.** 이것은 불만을 토로하는 사람들이 화를 낼 것으로 예상되는 반면, 축하 행사에 참석하는 사람들은 더 행복한 마음을 가질 것으로 예상된다는 점에서 고객의 태도와 유사해 보일 수 있다. 여기서 중요한 것은 개별 고객에 대해 섣부르게 추측하는 것은 매우 위험하다는 것이다. 이전에 압박을 받거나 급하게 서두르는 바람에 기분이 나빴던 고객이 다음에는 모범적인 고객의 모습을 보일 수 있기 때문이다.
- **성격 충돌.** 싫어하는 성격을 지닌 사람과는 쉽게 어울리지 못하는 것이 당연하다. 또한, 어떤 사람의 특정 행동이 싫어하는 캐릭터를 생각하게끔 하여 어울리지 못할 수도 있다. 심리학자들은 이전의 관계가 현재의 관계 형성에 영향을 미치는 상황을 '전도(transference)'라고 정의한다. 서비스 제공자의 어떤 측면이 고객에게 과거의 혐오스러운 인물을 떠올리게 한다면 이 거래가 성공할 가능성은 낮다.

고객 경험을 설계하고 지속적인 관리를 할 때 이러한 모든 요소를 고려해야 한다.

7.4 전반적인 프로세스 체인의 관리

이 장의 앞부분에서 강조했듯이 고객 경험은 고객과 운영과의 접촉의 끝에서 끝까지 모든 고객 운영 만남의 총체를 의미한다. 따라서 서비스 운영 관리자는 고객 또는 최종 사용자에게 서비스를 제공하기 위해 함께 연결되는 전체 프로세스 체인을 관리할 수 있어야 한다. 우리 중 대부분은 활동 간의 기민한 연결 부족으로 인해 만족스럽지 못한 서비스를 경험한 기억이 있을 것이다. 예를 들어, 레스토랑에서의 직원이 주방에 주문이 밀려들어 대기시간이 길다는 것을 이해하지 못한 채 몇 분 안에 식사가 도착할 것이라고 약속하는 것이다. 끝과 끝을 잇는(end-to-end: e2e) 프로세스의 관리 실패는 서비스 공급망을 구성하는 조직 또는 조직 체인 전체에서 비효율성을 초래하여 일관성 부족, 품질의 저하, 리드 타임 측면의 신뢰성 저하, 비용 증가로 이어진다. 주요 기술 제공 업체의 경우에도 기능이나 부서간의 협력이 거의 없는 상태로 운영하는 경우가 종종 발견된다.

관리자는 관리 책임을 물리적 또는 지리적 경계를 근거로 제한하는 경향이 있다. 전체 프로세스 체인을 구성하게 되는 많은 백 오피스와 프런트 오피스 프로세스 사이의 인터페이스에서 고객은 난항을 겪게 될 수 있다. 예를 들어, 다양한 부서들로 구성된 병원을 생각해 보자. 청소, 병원 운영, 인적 관리 등의 백 오피스 부서와 리셉션, 병동 및 간호 업무 등의 프런트 오피스 프로세스가 존재한다. 부서 개별적으로는 해당 업무만 하면 병원의 전반적인 운영이 원활할 것이라고 생각할 수 있지만, 부서 간의 화합이 부족할 경우 병원 근로자가 아닌 고객이 서비스를 이용하면서 가장 먼저 불편을 느끼게 된다. 부서 활동의 화합이나 조정이 부족할 경우 다음과 같은 문제점이 발생할 수 있다.

- 신속한 처리를 바라는 마음이 있으나 의사의 소견서 작성이 지연
- 밀린 서류 작업 때문에 의약품 또는 장비 요청의 지연
- 진료 시간에 맞춰 오라는 요청을 받았지만 주차할 공간의 부족

서비스가 처리되는 전 과정을 바라보는 관점에서 서비스 프로세스를 평가하고 설계함으로써 상호작용과 관련된 문제점을 알 수 있다. 좋은 서비스 설계는 운영 관점에서 효율적인 프로세스를 달성하고 고객에게 원활한 경험을 제공하는 것을 목적으로 해야 한다. 다음은 매끄러운 경험 설계를 위한 몇 가지 점검 항목이다.[26]

- 고객은
  - 서비스를 원활하게 받고,
  - 이를 경험하는 동안에 중단하는 일을 겪지 않아야 한다.
- 직원은
  - 프로세스에 대한 권한을 가지고,
  - 개별적인 고객들에 대한 소유권을 지녀야 한다.
- 관리자는
  - 기능적인 관점에서만 프로세스를 진행시키지 않아야 하고,
  - 전반적인 프로세스를 이해하고,
  - 기능적 프로세스와 전체프로세스의 적합성을 판단하여,
  - 설계된 서비스를 평가하고 개선하기 위해 부서 간의 협력을 유도해야 한다.

7.4.1 고객 경험 설계

제조 업체와 달리 전문 '서비스 엔지니어'를 고용하거나 '서비스 연구소'를 활용하여 서비스 및 고객 경험을 설계, 정검, 평가하는 서비스 조직은 거의 없다. 서비스 설계는 종종 임시적거나 또는 시행착오를 겪어야 하는 활동이다. 부주의하게 설계된 서비스는 결과적으로 고객으로 하여금 열악한 서비스를 경험하게 하고 결국 프로세스는 비효율적으로 운영된다. 좋은 서비스 설계의 핵심은 외부 고객의 관점을 파악하고 전체 서비스 프로세스를 이해하는 것이다. 그러나 많은 조직에서 관리자와 직원들은 열악한 프로세스를 보는 데 익숙해져 있기 때문에 이를 무시하게 되고 고객의 관점에서 경험을 놓치게 될 수 있다. 고객의 경로를 '엔지니어링'(설계 및 개선)하고 고객의 경험에 영향을 미치는 데 도움이 될 수 있는 몇 가지 도구와 기법이 개발되었다.

- 고객 경로 지도
- 워크스루 감사
- 감정 지도
- 고객 경험 분석

고객 경로 지도

고객 경로 지도는 고객 경험 설계에서 단순하고 기본적이지만 중요한 도구로 알려져 있다. 이동 경로 매핑은 서비스 또는 서비스 집합 중에 고객이 마주치는 일련의 접점을 포착해내는 프로세스이다. 간단한 몇 개의 단계로 설정할 수 있다. 〈그림 7-7〉은 고객이 병원을 통해 이동하는 과

〈그림 7-7〉 고객 경로 지도

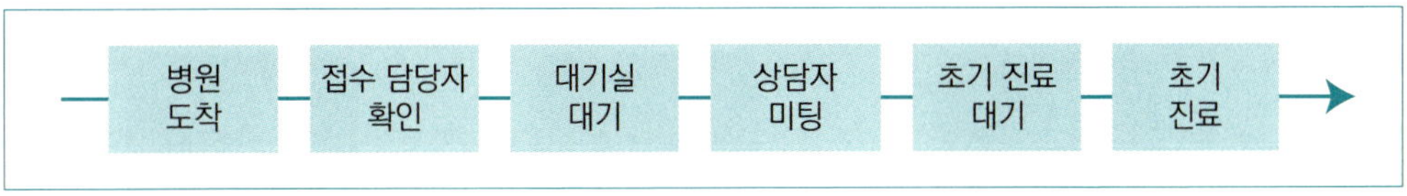

정의 처음 몇 단계를 보여 준다. 중요한 점은 직원과 관리자가 자신의 프로세스를 내부적인 관점이 아닌 외부적인 관점에서 보고 고객이 어떤 과정을 겪어야 하는지를 들여다 보도록 한다는 것이다.

워크스루 감사

대리 고객 역할을 하는 직원, 관리자, 또는 컨설턴트가 수행하는 워크스루 감사(walk-through audit)는 서비스와 고객 경험을 평가하고 개선하는 데 도움이 될 수 있다. 감사는 서비스 경험에 대한 '고객'의 평가를 반영하는 체크리스트에 기초하여 실시된다(그림 7-8 참조).

이 접근법의 핵심은 평가할 속성과 척도의 선택에 있다. 이 기법의 이름에서 알 수 있듯이, 서비스 프로세스와의 첫 접촉부터 종료까지 고객 경험의 중요한 요소를 식별할 수 있도록 개발되어야 한다. 또한, 이 감사는 서비스를 잘 아는 사람들만 수행하는 것이 아니다. 고객에게 영향을 줄 수 있는 세부 사항을 놓치기 쉽기 때문이다. 이 방법의 장점은 관리자가 고객의 서비스 경험의 주요 측면에 대해 정기적인 서비스 점검을 수행할 수 있도록 한다는 것이며, 하루 중 서로 다른 시간의 성과를 비교할 수도 있다는 점이다.

〈그림 7-8〉 한 상점의 워크스루 감사의 일부분 예시

차를 주차하는 것이 얼마나 쉬웠나요?	주차 공간 없음				주차 공간 많음
	1	2	3	4	5
가게의 외양은 어땠나요?	좋지 않음				매우 깨끗하고 깔끔함
	1	2	3	4	5
진열은 얼마나 매력적이었나요?	매우 좋지 않음				매우 좋음
	1	2	3	4	5
도움은 얼마나 빨리 받았나요?	15분 이상		10~15분		5분 미만
	1	2	3	4	5

〈그림 7-9〉 병원 방문의 감정 지도 예시

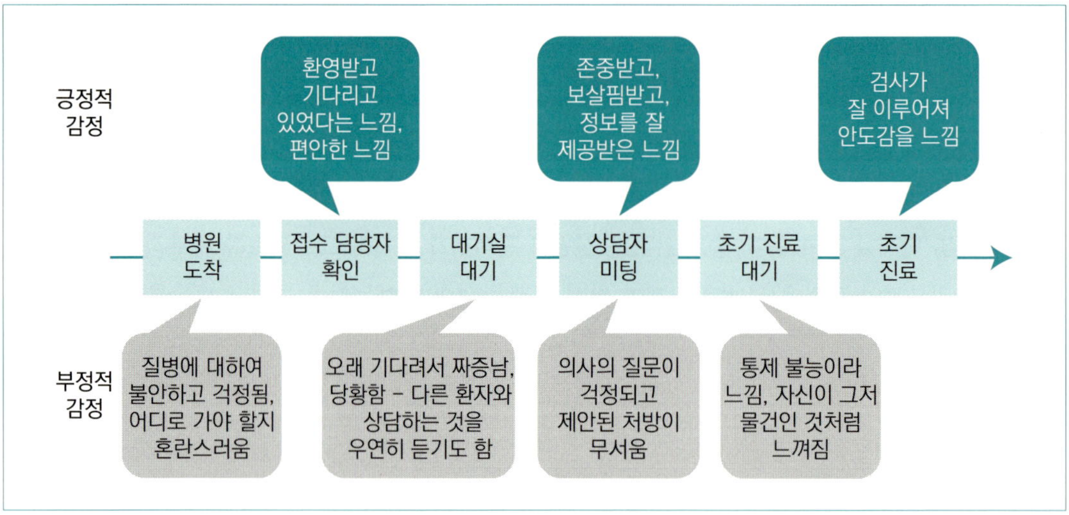

감정 지도

감정 지도는 단순하지만 강력한 고객 경로 지도의 확장 버전이며 고객(또는 고객 역할을 하는 관리자 및 직원)이 경로를 거치면서 느끼는 감정을 포착한다. 부정적인 감정과 긍정적인 감정을 모두 포착할 수 있으며(그림 7-9 참조), 관리자와 직원 또는 고객 경험 설계 팀에서 논의한 후 변경 사항의 영향을 다시 확인한다.

고객 경험 분석

고객 경험 분석(customer experience analysis, CEA)은 STA(service transaction analysis)라고도 하며, 워크스루 감사 및 감정 지도를 통해 개발된다. 서비스 개념, 고객 경험, 고객 경로의 다양한 접점 및 각 접점에 대한 평가를 모두 포함하고 있다. 또한 고객이 느끼는 감정을 포착해 낸다. 이는 고객의 서비스 경험을 평가하고 직원과 관리자가 서비스를 개선하는 데 도움이 되는 간단하면서도 강력한 도구라고 할 수 있다. 〈그림 7-10〉은 부동산에서 적용한 CEA의 예를 보여 준다.

CEA는 다음과 같이 6단계를 통해 이루어진다.

- 서비스 개념을 하나로 통일하고 명시해야 한다. 이것만으로도 종종 직원들 사이에서 서비스의 성격과 제공하고자 하는 경험과 감정에 대한 합의를 이끌어내는 데 유용한 연습이

〈그림 7-10〉 부동산에 대한 CEA 예시

조직:	부동산 중개인			서비스 개념:	
프로세스:	주택 구매			안목 있는 구매자를 위한 우수한 서비스를 제공하는 고급 부동산	
고객:	구매자				
고객 여정	점수			메시지	감정
	+	0	−		
사전 접촉					걱정
좋은 위치	×			접근 및 이용 가능하다	안도
좋은 시설	×			비싸지만 만족스럽다	좋아함
무시			×	나를 신경쓰지 않는다	짜증
소개		×		그들이 나를 돕기를 원한다	기쁨
서류 기입			×	나는 그저 고객일 뿐이다	귀찮음
펜이 없음			×	그들은 신경쓰지 않는다	혼란스러움
이용 불가			×	그들은 무슨 일을 하는가?	좌절
우편 리스트			×	어딘가 다른 곳을 찾아본다	몹시 화남
전반적 평가	서비스 설계가 좋지 않다. 구매자를 위한 배려가 부족하다. 고객 지향적이지 않다. 서비스가 형편없다.				

된다(4장 참조).

- 미스터리쇼퍼, 컨설턴트, 관리자, 직원 등이 실제 고객의 경로를 통해 고객이 각 접점을 평가한다. 각 접점은 왼쪽 열에 간략하게 설명되고, 중간에는 매우 만족(+), 만족(0), 불만족(−)의 범주로 평가한다. 더 구체적인 5점 척도나 7점 척도가 활용될 수 있다.
- 고객 또는 대리 고객이 이 평가에 도착하는 이유에 대한 해석은 서비스에서 제공하는 의도적이거나 우발적인 메시지를 설명하는 메시지 열에 입력된다. 예를 들어, 열린 문은 '초대' 메시지를 제공할 수 있는 반면, 정해진 대본에서 벗어나기를 꺼리는 전화 교환원은 고객에게 '도움이 되지 않고 불필요하게 관료적인' 메시지를 제공할 수 있다.
- 마지막 열에는 고객이 경험하는 동안 느낀 감정이 기록된다. 열의 맨 위에는 고객이 서비스를 이용하기 전에 느낄 수 있는 감정을 기록하기도 한다.
- +, 0, −에 대한 평가는 결과에 대한 시각적인 결과를 위해 사용되며 총체적인 평가 결과는 표의 가장 마지막에 기입된다.
- 위의 표를 기반으로 분석하면 서비스 설계자, 관리자 및 직원들은 서비스 프로세스에 대한 고객의 해석을 이해할 수 있으며, 향후 보완해야 하는 점을 논의할 수 있다. 수정된 프로세스를 위의 절차대로 반복적으로 비교하고 검토하여 완성할 수 있다.

다른 견해

고객 경험의 중요성은 비교적 자명하다. 모든 서비스는 고객을 위해 경험을 창출하며, 경험에 대한 만족도는 서비스에 대한 가치를 합리적으로 나타내는 지표가 된다. 이러한 이유로, 고객 경험은 특히 지난 몇 년 동안 상당한 중요한 연구 주제가 되어왔고 많은 실무자의 관심을 끌었다. 그러나 이러한 관심의 대부분은 B2C 상호작용에 집중되어 있다. 이러한 B2C 상호작용에서 고객의 경험은 복잡하고, 끊임없이 변화하기 때문에 모호해 보일 수 있다. 이는 고객이 일정 기간 동안 서비스의 모든 측면에서의 상호작용에 영향을 받으며, 서비스에 대한 고객의 감정적, 사회적, 신체적 반응을 포함한다. 고객 경험이 B2C 서비스에서 복잡한 문제이긴 하지만, B2B 기업들에게는 훨씬 더 큰 도전이 된다. B2B 서비스에서도 대인관계는 중요하며, 고객 경험을 고려하고 의도적으로 전달하고자 하는 바는 B2C 서비스의 경우와 동일하다. 따라서 B2C와 B2B 서비스 모두 고객과 장기적인 관계를 구축하고 유지하기를 원하고 있다.

그러나 B2C와 B2B 사이에는 중요한 차이가 있으며 B2B 서비스에서 고객 경험을 고려할 때 이를 고려해야 한다. 첫 번째이자 가장 분명한 차이점은 단일 고객 경로라는 아이디어가 B2B 환경에서는 너무 단순하다는 것이다. B2B 환경에는 구매 결정을 내리는 사람, 서비스 비용을 지불하는 사람, 서비스를 사용하는 사람, 서비스가 인식되는 방식에 대해 책임을 질 수 있는 사람 등 다양한 고객의 유형이 존재할 수 있기 때문이다. 또한 판매 담당자, 계약자, 서비스 직원 등을 포함하여 서비스를 판매하고 제공하는 여러 그룹의 서비스 제공자가 있을 수 있다. 개별적인 소비자의 단순한 경로를 기반으로 고객 경험을 분석하는 것은 다수의 서비스 주체가 만들어내는 B2B 경험의 복잡성을 담아내지 못한다. B2C 서비스와 동일한 접근 방식을 사용하면 이 광범위한 고객 및 공급자 네트워크에서 중요한 상호작용을 쉽게 놓칠 수 있다. 이러한 차이점은 B2B 상호작용이 B2C 서비스보다 더 포괄적이고 총체적이며 다단계 방식으로 분석이 필요하다는 것을 의미한다. 또한 B2B 서비스 경험을 다른 방식으로 평가해야 한다고 제안이 나타나고 있다.[27] 서비스의 적시 제공이나 예산의 할당과 사용과 같은 단순한 투입-생산 측정치를 검토하기보다는, 서비스의 궁극적인 목적에 대한 질문을 유발할 수 있는 보다 광범위하고 전략적인 산출 기반 성과 척도가 필요하다. 투입-생산 측정에서 결과에 기반한 측정으로 이동하면, 질문이 '그들이 좋아했는가?'에서 '그것이 어떤 차이를 가져왔는가?'에 대한 더 전략적인 내용으로 이동한다.

CEA는 고객의 서비스 경험을 체계적으로 평가하는 분석법이다. 개별 불만에 의존하지 않고 고객의 관점에서 단계별로 경험을 분석하고 평가한다. CEA의 주요한 장점은 다음과 같다.

- 관리자와 직원들이 그들의 서비스 개념(경험과 감정을 포함)에 대해 생각하고 말로 표현할 것을 요구한다. 이는 조직의 실제 의도가 무엇인지에 대한 건전한 토론의 기회를 제공할 수 있다.
- 관리자와 직원들이 고객의 관점에서 프로세스를 볼 수 있도록 함으로써 고객 지향성 수준이 높일 수 있다.
- 각 접점이 고객에게 어떤 의미를 갖는지, 그리고 무엇보다 고객에게 어떤 인상을 주는지 직접적이고 명시적으로 묻는다.

- 환경(서비스 스케이프), 인력, 서비스 프로세스/경험에 설계된 단서를 평가하고 고객들의 메시지와 감정을 파악할 수 있다.

7.4.2 군중 행동

일부 서비스 운영에서 '고객'의 행동을 각각 독립적으로 행동하는 개인에 대한 것으로 생각하는 것은 오해의 소지가 있다. 집단적으로 개인 고객이 군중이 되고, 개인 고객보다 군중을 상대해야 하는 서비스 운영 유형이 많다. 특정 지역 내에 지나치게 많은 사람들이 모일 때 혼잡이 발생한다. 대규모 관광지, 콘서트 및 축제, 스포츠 이벤트, 기차역과 같은 대중 교통 허브, 바쁜 시간대의 공공 공간, 심지어 조직과 치안 유지가 필요한 정치 및 사회적 시위가 이러한 유형에 해당한다. 그리고 이러한 서비스에 대한 운영을 설계하기 전에 특정 상황에서 군중 행동에 대한 이해를 갖는 것이 중요하다.

과밀화는 사람들의 흐름을 방해할 수 있을 뿐만 아니라 군중 행동으로 인해 사고가 발생할 가능성이 있기 때문에 이러한 유형의 운영에 특히 중요한 문제이다. 1989년 4월 15일 잉글랜드의 축구팀 셰필드 웬즈데이의 축구장인 힐스버러에서 리버풀과 노팅엄 포레스트의 FA컵 준결승전 경기 도중 96명의 리버풀 팬들이 압사하는 비극적인 사건이 발생했다. 그 후, 사법 조사에서 경찰 통제의 실패가 이 참사에 큰 책임이 있다는 결론을 내렸다.[28] 그러므로 운영 관리자는 과밀화가 고객의 일상적인 경험에 어떠한 영향을 미칠 수 있는지 인식해야 하고, 더 중요한 것은 안전에 대한 잠재적인 영향을 파악하는 것이다.

물론, 군중이 생기는 대부분의 경우에는 문제가 발생하지 않는다. 집회의 주최자는 성공적으로 관리한 다음 많은 사람들을 개인에게 부상을 입히지 않고 평화롭게 해산시킨다. 그러나 군중은 혼란과 때로는 무질서의 가능성을 가지고 있기 때문에, 운영 관리자는 군중의 본질에 대해 생각할 필요가 있다. 한 가지 차이점은 때때로 수동적인 군중과 능동적인 군중 사이의 차이이다. 수동적 군중은 관리자의 지침이나 통제가 자신의 필요와 개인적 목표를 충족시킨다는 것을 이해하고 받아들이기 때문에 기꺼이 조작될 수 있는 군중이다. 대표적인 사례는 도쿄의 출퇴근 시간 통근자들이며, 이들은 과밀된 열차에 밀려든다.

능동적인 군중은 네 가지 유형 중 하나일 수 있으며, 그중 두 가지 유형은 서비스 운영 관리자가 관심을 갖는 유형이다.

- 표현하는(expressive) 군중
- 탈출하는(escapist) 군중

그리고 그중 두 가지는 일반적으로 치안 서비스에만 관심이 있다.

- 획득하는(acquisitive) 군중
- 공격적인(aggressive) 군중

CASE example

사례

왼쪽? 오른쪽? 군중 움직임의 역동성[30]

이동하는 모든 방법 중에서, 걷기는 열차나 버스에 비해 자유로운 방법일 것이다. 사실, 다른 보행자와의 충돌을 피하든, 붐비는 거리를 탐색하든, 보행자는 자율적으로 이동이 가능하지만 비교적 예측 가능하다. 그러나 국가 문화도 한 몫을 한다. 예를 들어, 만약 여러분이 영국인이고, 혼잡한 길을 따라 걷고 있고, 다른 보행자가 반대 방향에서 접근하고 있다면, 여러분은 각각 다른 사람의 길을 비켜주지 않는 한 충돌할 것이다. 두 사람이 서로의 의도를 정확하게 추측하여 한쪽으로 이동하고 다른 쪽을 허용한다면 다음에도 충돌을 피하기 위해 같은 방향으로 이동할 가능성이 높을 것이다. 점점 더 많은 사람이 같은 경향을 보이고, 한 방향으로의 움직임을 채택하게 된다면 사람들이 성공적으로 움직이게 될 확률이 증가한다. 오른쪽이든 왼쪽이든 상관없다. 중요한 것은 그것이 다수의 무언의 의지라는 점이다.

대부분의 경우 영국인은 오른쪽으로 이동한다. 그러나 다른 많은 국가, 특히 아시아의 많은 지역에서는 보행자가 왼쪽으로 이동할 가능성이 더 높다. 이것이 왜 그래야 하는지에 대한 실질적인 합의는 없다. 사람들이 운전하는 방식과도 명확한 연결 고리가 없다. 영국인들은 보도에서는 오른쪽으로 이동하지만 운전은 왼쪽에서 한다.

꽤 흥미로워 보이지만 유용해 보이지는 않을 수 있다. 그러나 보행자의 흐름을 이해해야 군중 행사를 더 안전하게 진행할 수 있다. 예를 들어, 다른 국적의 사람들이 다른 방향으로 발을 들여놓을 가능성을 아는 것은 서비스 운영 관리자들이 다른 국가의 스포츠 팬들이 함께하는 국제 스포츠 행사를 조직하는 데 도움이 될 수 있다. 군중 흐름에 영향을 미칠 수 있는 문화적 편견을 이해하고 예측하기 위한 노력이 이어지고 있다. 예를 들어, 한 실험은 독일과 인도 사람들의 걷는 속도를 측정했다. 각 나라의 참여자들은 밧줄과 의자로 만든 타원 주위를 한 줄로 걷도록 요청받았다. 군중의 밀도가 낮을 때는 두 나라 사람들의 속도가 비슷했지만, 군중의 밀도가 높아졌을 때는 인도인들이 독일인들보다 더 빨리 걸었다. 인도인은 문화적으로 다른 사람들과 부딪히는 것을 덜 신경쓴다고 한다.

Katharine Rose/Alamy Stock Photo

'표현하는' 군중은 주로 열정이나 감정의 표현에 관심이 있다. 이러한 감정들은 그들의 감정을 표현하는 정치적, 종교적, 스포츠적 또는 문화적 행사들을 지지하게 한다. '탈출하는' 군중은 수동적인 군중으로 시작했을 수도 있지만, 공통된 위험이나 두려움(예: 화재 경보를 듣는 것)은 즉각적인 지역에서 탈출해야 할 긴급한 필요가 있다는 느낌을 유발한다. '획득하는' 군중은 다른 사람들이 초래한 사회적 혼란 속에서 약탈의 기회를 감지하는 군중이다. '공격적인' 군중은 공통의 목적을 달성하기 위해 폭력, 파괴 또는 둘 다를 목표로 하는 군중이다.

군중 속에서 사람들의 행동에 대한 논의는 한 세기 이상 동안 이루어져 왔다. 군중 행동에 대한 초기의 분석은 개인들이 단순히 군중의 일부가 됨으로써 개인들이 자아와 책임감을 잃는다는 가정을 하고 있었다. 이로 인해 군중은 스쳐가는 생각이나 감정에 저항할 수 없게 된다. 심지어 개인들이 비이성적으로 그들 자신의 개인적인 이익을 희생하는 결과를 초래할 수 있다.[29] 그러나 이후에 나타난 군중 행동에 대한 이론들은 논리에 강하게 반박했다. 연구자들은 군중이 그것을 구성하는 개인들과 분리된 뚜렷한 집단 정신을 가지고 있다는 생각을 비판했다. 또 다른 연구자들은 군중이 동질적이라고 생각해서는 안 된다고 주장했다. 군중에는 자신이 느끼는 것을 표현하는 사람들과 그렇지 않은 사람들을 포함하고 있다는 것이다. 더 최근의 이론들은 군중 구성원들 사이의 관계의 복잡성을 강조한다. 특히 개인의 독특한 특성과 그들이 사회적 그룹을 보는 시각 사이의 관계에 관심을 두고 있다.

이처럼 군중이 어떻게 행동하는지에 대한 많은 이론이 있지만, 이러한 행동을 완전히 설명하는 이론에 대한 합의는 없다고 말하는 것이 타당하다. 그러나 서비스 운영 관리자의 관점에서, 주요 문제는 군중 내에서 개인에 대한 서비스를 만족스럽게 유지하면서도 프로세스의 효율성을 보존하는 방식으로 프로세스를 설계하는 것이다.

7.5 고객 경험을 만들어낼 때 기술의 역할은 무엇인가

현대에는 기술적인 요소를 포함하지 않는 프런트 오피스 활동은 거의 없으며, 백 오피스 활동 또한 마찬가지이다. 항상 그랬던 것은 아니지만, 거의 모든 산업과 마찬가지로 서비스도 기술을 점점 더 빠른 속도로 채택하고 있다. 기술은 이제 많은 서비스 혁신에서 핵심적인 역할을 하며, 그 결과 고객 경험에 상당한 변화를 초래하고 있다. 이 장에서는 고객 기반의 관점에서 기술에 의해 고객 경험이 어떻게 영향을 받는지 비교적 간략하게 살펴볼 것이다. (운영 기반의 관점에서의 기술의 역할은 11장에서 다루게 된다.)

7.5.1 기술에 대한 고객 반응

기술의 혁신은 그렇게 빠르게 진행된 적이 거의 없었고, 결과적으로 예측하기가 매우 어려웠다. 그러나 특정 기술 또는 기술의 사용 방법을 예측할 수 없는 경우에도 모든 서비스 운영 관리자가 자문해야 할 몇 가지 질문이 있다. 여기서는 특정 기술이 아니라 기술이 미치는 보다 일반적인 영향을 살펴보게 된다. 또한, 본 장이 고객의 관점을 다루고 있으므로, 우리는 서비스 기술이 고객의 행동을 어떻게 변화시킬 수 있는지와 관련된 내용에 초점을 맞출 것이다. 모든 기술을 다루는 것은 아니지만 아래에 그 일부를 소개한다.

위치로부터의 잠금 해제

서비스 분야에서 가장 중요한 기술은 대부분 모바일 장치를 통해 활용되고 있으며, 이는 고객의 행동과 기대에 매우 큰 영향을 미쳤다. 고객들은 서비스에 접속하고 서비스 제공자와 소통하기 위해 스마트폰이나 다른 모바일 장치를 사용할 수 있기를 기대한다. 따라서 컴퓨터용으로 설계된 웹 사이트는 모바일 친화적이어야 한다.

변경된 기대

특히 B2C 산업에서 고객은 서비스를 언제나 이용할 수 있기를 기대한다. 한때, 서비스의 운영은 특정시간에만 수행될 수 있었다. 그러나 모바일 장치, 전자 상거래, 네트워크의 등장은 고객이 거의 언제든지 서비스에 액세스할 수 있음을 의미하게 되었다. 예를 들어, 소매 업체는 온라인 구매, 오프라인 구매, 배송, 장바구니, 반품, 반복 구매 등의 서비스들을 독립적으로 운영하는 것이 아니라 기민하게 하나로 통합해야 한다.

더 쉬운 전환

기술을 통해 서비스에 쉽게 액세스할 수 있다는 것은 고객이 다른 곳에서 비즈니스를 수행하는 것이 더 쉽다는 것을 의미한다. 그들은 기대에 맞는 경험을 찾을 때까지 서비스를 전환할 수 있다. 고객은 선택의 폭이 넓기 때문에 상호작용을 시작할 때부터 즉각적이고 대응력 있는 서비스를 기대할 수 있다. 고객 충성도와 고객 이탈은 이 모든 서비스 경험에 의해 결정된다.

직접적인 개인 접촉

점점 더 많은 고객들이 챗봇이 제공하는 서비스와 같은 자동화된 '직접' 접촉에 관대해졌다. 비교적 간단한 챗봇은 서비스와 고객 간의 빠르고 편리하며 저렴한 소통 방법을 제공할 수 있다. 서비스가 개인화된 상호작용을 제공할 기회가 증가하고 있다. 예를 들어, 알고리즘을 사용하여 고객 정보에 기반한 관리가 가능해지고 있다. 그러나 ARS와 마찬가지로 설계가 부실하거나 인공지능(AI)이 제대로 지원하지 않는 경우 고객에게 좌절감을 줄 수 있다. 즉, 챗봇은 잘 프로그래밍되어 있어야만 고객 경험을 향상시킬 수 있다. 마찬가지로, 추가 서비스나 제품을 판매하기 위해 AI를 사용하는 것은 고객의 짜증을 유발할 수도 있다.

고객의 행동을 이해할 수 있는 잠재력

거의 모든 신기술은 고객이 어떻게 행동하는지에 대한 데이터를 수집하는 능력이 뛰어나다. 자율주행차와 준자율주행차를 개발하기 위해 자동차 업계가 수집하는 사진과 음성 데이터, 고객이 웹사이트를 어떻게 사용하는지를 보여 주는 '클릭 이력' 등의 '고객의 소리(VOC)'는 더 분명해지고 있다. 서비스가 고객의 행동을 효과적으로 예측할 수 있다면 보다 적절한 고객 경험을 설계할 수 있기 때문에 이는 중요하다.

콘텐츠 과부하

인터넷 비교 사이트, 고객 리뷰 및 블로그 게시물(완전히 신뢰할 수 없는 경우에도)에서 얻을 수 있는 정보의 양은 줄어들 것 같지는 않다. 이러한 정보에 대한 접근으로 인해 사람들이 소비해야 할 콘텐츠가 너무 많아서 콘텐츠 과부하가 위험성을 증가시키고, 결과적으로 중요한 정보에 대한 고객의 관심이 감소한다. 또한 많은 서비스 기술로 인해 고객은 기술을 탐색할 때 선택의 폭이 너무 넓어져 고객의 기대치는 높아지지만 만족도는 동시에 감소할 수 있다.

고객 활동의 전환

많은 새로운 서비스 기술은 활동 수행에 대한 책임을 고객에게 전가하는 효과를 가져왔다. 이러한 변화는 셀프 서비스와 같은 기술이 활용될 수 있는 고객 대면 서비스에서 가장 두드러진다. 예를 들어, 슈퍼마켓 같은 소매상들은 고객들이 장바구니에 넣기 전에 상품의 바코드를 스캔하면서 가게를 통과할 수 있도록 하는 셀프 서비스 기술을 채택했다. 이는 고객이 계산대에서 줄을 설 필요가 없고, 필요한 서비스 직원의 수가 적다는 것을 의미한다. 얼굴 인식 및 무선주파수 식별(RFID)과 같은 새로운 기술은 경우에 따라 탐지 프로세스를 자동화하여 고객의 적극적인 개입을 없앨 수 있다.

보안의 중요성

서비스 기술의 디지털화와 시스템의 상호 연결은 사이버 보안에 대한 고객의 우려를 증가시켰

CASE example

사례

당신은 기술에 자신의 목숨을 걸 수 있는가?[31]

물론 대답은, 여러분은 이미 그렇게 하고 있다는 것이다. 대중교통을 탈 때마다 브레이크 작동에 의존한다. 대부분의 대중교통과 관련한 기술에는 기술을 통제하는 인간(적어도 부분적으로)도 있다. 하지만 엘리베이터는 어떠한가? 사람들은 기술에 기반한 메커니즘만으로 자신을 지상 수백 미터 위로 끌어올릴 수 있다고 믿는다. 흥미로운 것은 상점과 호텔에 설치되었던 초기의 엘리베이터는 항상 승무원에 의해 제어되었고, 안전한 운영에는 '리프트보이'라는 운영자가 필요했었다. 이러한 인간의 컨트롤이 고객이 직접 작동하는 엘리베이터로 대체되었을 때, 많은 고객이 그것을 사용하지 않으려 했다. 전문 수행원이 없다는 것은 고객을 위험하게 한다고 생각했던 것이다. 시간이 지남에 따라 엘리베이터 사고가 없는 상황이 반복되었고 대다수의 사람은 엘리베이터 기술을 신뢰하고 있다.

하지만 우리가, 엘리베이터와 같이, 무인 항공기를 신뢰할 수 있을까? 그렇지 않은 경우도 있지만, 현대 항공기는 대부분의 시간 동안 오토파일럿을 통해 자동으로 비행하고 있다. 확실히 대부분의 승객이 알고 있는 것보다 더 많은 시간이다. 대부분의 사람은 항공기가 안개 속에 착륙할 때 그것을 착륙시키는 것이 컴퓨터라는 것을 모르고 있다. 오토파일럿이 조종사보다 더 나은 무언가를 할 수 있다면, 그 기술을 사용하는 것은 분명히 현명한 것이다. 이것은 두 가지 일을 하기 위해 기술을 사용하는 것을 의미한다. 첫째, 오토파일럿이 긴 시간 동안 비행의 단조로운 부분에서 비행기를 통제할 수 있다. 오토파일럿은 조종사의 실수를 야기할 수 있는 지루함이나 피곤함에 취약하지 않다. 두 번째 일은 특히 안개나 나쁜 빛 조건 때문에 시야가 좋지 않을 때 착륙하는 것이다. 오토파일럿은 지상의 자동 장비와 통신하며, 필요한 경우 가시성이 없는 조건에서 항공기를 착륙시킬 수 있다. 오토파일럿을 사용하지 않는 몇 가지 이유 중 하나는 조종사가 훈련 중이거나 면허를 유지하기 위해 필요한 착륙 횟수를 기록해야 하는 경우이다.

아직까지 상업 항공기는 자동으로 이륙하지 않는다. 이는 부분적으로 공항과 항공사가 추가적인 안내 장비에 투자해야 하므로 개발 및 설치 비용이 많이 들기 때문이다. 또한 부분적으로는 이륙이 착륙보다 기술적으로 더 복잡하기 때문이다. 더 많은 문제 상황이 발생할 수 있으며, 이륙 중 엔진 고장과 같은 상황이 발생하면 조종사는 단 몇 초 만에 의사 결정을 해야 한다. 비록 비용이 많이 들기는 할테지만 요구되는 안전 기준을 충족하는 자동 이륙 기술을 개발하는 것은 기술적으로 가능할 것이다. 그렇다면, 오토파일럿이 비행 시간의 95%를 통제한다면, 나머지 5%를 자동화하기 위해 노력을 기울이는 것은 어떨까? 결국, 컴퓨터는 정확하고 반복 가능한 경로를 비행할 수 있고, 지치지 않으며, 산만해지지 않으며, 미래에 인간 조종사보다 더 안전할 수 있을 것이다. 또한 확실히 더 저렴할 것이다. 항공사 비용의 매우 큰 부분은 직원의 임금이며, 모든 직원 중에서 조종사에게 단연코 가장 비용이 많이 든다.

무인 항공기가 승객에게 얼마나 허용될 것인가는 매우 다른 문제이다. 많은 사람이 이미 비행에 대해 긴장하고 있다. 전문가처럼 보이는 두 명의 조종사를 항공기 전면에서 제거한다면, 고객은 위험을 크게 인식하게 될 것이다. 기차나 자동차의 자동 조종 장치가 멈춘다 하더라도 그것은 반드시 충돌하지는 않을 것이다. 하지만 비행기는 멈추면 하늘에서 떨어진다. 그래서 전통적인 여객기들은 한동안 승무원들을 유지할 것이다. 하지만 화물기의 경우는 아닐 수도 있다. 화물 항공편의 경우에는 고객의 저항이 없을 것이다. 아마도 시간이 지남에 따라 무인 화물기가 안전하다는 것이 입증된다면, 특히 자율 주행 차량이 일상화된 세상에서 승객의 태도가 바뀔 수 있다.

다. 이에 대한 우려는 고객 경험과 고객 충성도에 모두 영향을 미칠 수 있다. 사기는 모든 형태의 전자 상거래, 은행, 기타 온라인 활동에 대한 중요한 고객 관심사이다. 이러한 서비스의 사용자 중 높은 비율이 어떤 형태로든 사기의 희생양이 되었으며, 때로는 경미하지만 그렇지 않은 경우도 많다. 더욱이, 잘 사용되는 사이트에 의해 잘 알려진 고객 데이터 유출은 개인으로서 고객이 직접적으로 피해를 입지 않는 경우에도 고객 불안을 야기한다. 그러나 이러한 유형의 문제와 마찬가지로 보안과 고객 편의 사이에는 균형이 유지되어야 한다. 예를 들어, 비정상적인 거래 후 은행 보안 팀으로부터 자주 연락을 받는 것은 장기적으로는 고객에게 이익이 될 수 있지만, 단기적으로는 짜증이 날 수 있다.

7.6 요약

고객 경험이란 무엇인가? 고객 경험은 서비스 프로세스에서의 상호작용과 참여에 대한 고객의 직접적이고 개인적인 해석을 의미한다. 이 경험은 많은 서비스 접점으로 구성되는 경로를 통해 묘사된다. 경험은 서비스에 대한 고객의 개인적인 해석이기 때문에, 우리는 실제로 경험 자체를 설계하는 것이 아니라 경험을 만들어 내는 메커니즘만 설계할 수 있다. 고객 경험 진술은 고객의 관점에서 고객의 경험과 결과에 대한 설명이다. 경험 진술에서 중요한 부분은 조직이 고객이 느끼기를 원하는 감정을 파악하고, 보다 정확하게는 서비스의 결과로 고객이 느끼고 싶어 하는 감정을 포착해 내는 것이다.

서비스 스케이프가 고객 경험에 미치는 영향은 무엇인가? 서비스 스케이프는 서비스가 생성되고 제공되는 물리적 및 정보적 환경을 의미한다. 특정 메시지를 제공하기 위해 서비스에 내장된 서비스 단서를 제공한다. 메시지는 고객이 조직에 대해 추론하는 것이다. 고객은 이 메시지를 통해 의식적으로 또는 무의식적으로 감정을 느끼게 되는 것이다. 단서와 메시지는 경험의 본질을 알리고 고객에게 경험을 만들어 줄 뿐만 아니라, 그들의 행동과 직원의 행동에도 영향을 미칠 수 있다. 따라서 관리자는 서비스 모든 단서에서 나오는 메시지가 서비스 개념 및 원하는 감정과 일치하는지 확인하면서 서비스를 설계해야 한다.

관리자는 어떻게 고객 경로를 설계할 수 있는가? 고객 경로는 고객이 서비스 프로세스를 경험하면서 마주하는 일련의 단계와 접점이다. 프런트 오피스 프로세스는 고객과 직접적으로 상호작용하며 고객에게 보여줌으로써 고객의 경험을 창출한다. 이러한 프로세스에는 서비스 직원과의 개인적인 접촉 뿐 아니라 조직의 웹 사이트나 모바일 앱과 같은 기술을 통한 상호작용이 포함될 수 있다. 프런트 오피스 프로세스는 공급자와 고객 모두에게 중요하다. 서비스 접점의 가변성은 고객이 인지하는 위험이나 불확실성의 정도를 의미한다.

전체 프로세스 체인을 어떻게 관리할 수 있는가? 서비스 운영 관리자는 고객에게 서비스를 제공하기 위해 함께 연결되는 전체 프로세스 체인(백 오피스와 프런트 오피스)을 관리할 수 있어야 한다. 고객 경로 지도, 워크스루 감사, 감정 지도, 고객 경험 분석 등을 포함한 고객의 경로를 설계하고 고객의 경험에 영향을 분석하는 데에 사용될 수 있는 기법이 개발되어 있다. 그러나 일부 운영에서 '고객'의 행동을 각각 독립적으로 행동하는 개인에 대한 것으로 생각하는 것은 오해의 소지가 있다. 특정 지역 내에 지나치게 많은 사람이 모일 때 혼잡이 발생한다.

고객 경험을 형성하는 데 있어 기술의 역할은 무엇인가? 기술 지원이 수반되지 않는 프런트 오피스, 백 오피스 활동은 거의 없다. 특히, 정보 기술은 많은 서비스 혁신에서 핵심적인 역할을 수행하여 고객 경험에 상당한 변화를 가져오는 경우가 많다. 기술 혁신은 그렇게 빨리 이루어진 경우가 드물고 특정 기술의 영향을 예측하기는 어렵지만 서비스 기술의 영향이 나타나고 있다.

- 서비스 분야에서 가장 중요한 기술 대부분은 모바일 장치를 통해 전달될 수 있다.
- 고객은 거의 언제든지 통합된 서비스에 접근할 수 있기를 기대하고 있다.
- 기술을 통해 서비스에 쉽게 액세스할 수 있으므로 고객은 쉽게 서비스 간 전환을 이룰 수 있다.
- 고객은 서비스와의 자동화된 '직접' 접촉에 대해 더 관대해졌다.
- 거의 모든 신기술은 고객의 행동 방식에 대한 데이터를 수집하고 고객의 행동을 이해하는 데에 큰 잠재력을 보여 주고 있다.
- 인터넷 비교 사이트, 고객 리뷰 및 블로그 게시물(완전히 신뢰할 수 없는 경우에도)에서 얻을 수 있는 정보의 양은 '콘텐츠 과부하'로 이어질 수 있다.
- 많은 새로운 서비스 기술이 서비스 활동 수행에 대한 책임을 고객에게 전가하고 있다.
- 서비스 기술의 디지털화와 시스템의 상호 연결은 사이버 보안에 대한 고객의 우려를 증가시켰다.

토론 및 연습

1. 영화관은 한 세기 전에 처음 소개된 이후로 사실상 변하지 않았다. 그리고 최근까지 영화관은 영화를 볼 수 있는 유일한 방법이었다. 영화관의 기본적인 개념과 서비스 제공방식은 거의 변하지 않았다. 조명이 켜진 스크린, 줄지어 붙어있는 좌석, 서라운드 음향, 음식과 음료가 있는 어두운 공간이 있고, 사람들이 영화에 집단적으로 몰두한다. 그러나 품질과 가용성을 갖춘 온라인 스트리밍의 성장은 많은 사람들이 영화 콘텐츠를 소비하기 위해 기술을 사용하면서 대부분의 사

람들의 시청 습관에 변화를 일으켰다. 이것의 의미는 영화관에서 볼 수 있는 영화들이 더 이상 차별화의 핵심이 아니라는 것이다. 콘텐츠를 볼 수 있는 대안이 나타난 것이다. 예를 들어, 넷플릭스나 아마존 프라임과 같은 주문형비디오(VOD) 플랫폼이 실제 경쟁자로 등장했다. 영화 상영관은 VOD 서비스와 경쟁하기 위해 어떻게 고객 경험을 다시 설계할 수 있을 것인가?

2. 몇 년 동안 소매 은행의 미래에 대한 의문점이 있었다. 많은 은행이 지점 수를 줄였다. 그러나 은행들은 사람들이 따뜻하고 친근한 느낌을 갖도록 하기 위해 지점의 장식과 디자인에 많은 관심을 기울인다. 서비스 스케이프 설계의 원칙이 은행이 지점에서 인식되는 고객 경험을 촉진하는 데 어떻게 도움이 될 수 있는가?

3. 뉴욕시의 횡단보도에서는 보행자들이 신호등을 바꾸기를 원할 때 버튼을 눌러야 한다. 오랜 세월 동안, 당국은 어떠한 홍보도 하지 않은 채 한때 신호등을 작동시켰던 대부분의 제어 버튼을 비활성화시켰다. 그들은 컴퓨터화된 타이머가 더 잘 작동한다고 판단한 것이다. 그러나 뉴욕시는 장애인용 버튼을 제거하지는 않았다. 처음에는 버튼을 제거하는 비용 때문에 버튼이 살아남은 것이었으나, 작동하지 않는 버튼도 목적에 부합한다는 것이 밝혀졌다. 분명히 버튼을 누르는 보행자는 초록불이 켜지기 전에 길을 건널 가능성이 낮다. (a) 왜 그럴까? (b) 이것은 소위 '플라시보 버튼'이 어느 곳에서든 사용되어야 함을 의미하는가?

4. 대도시의 한 병원은 응급센터의 외부에 대기시간을 게시하는 방안을 검토 중이다. 병원의 운영 담당자에 따르면 발목을 삐는 것과 같이 생명에 위협적이지 않은 문제가 있다면 환자는 더 긴 대기시간을 감내할 수 있다고 한다. 응급센터 대기시간 게시의 장단점은 무엇이라고 생각하는가?

5. 애플은 전 세계의 스마트 거리에 '애플 스토어'를 열었다. 그리고 나서 애플이 세계적으로 유명한 백화점 중 하나인 런던 해로드에 매장을 열 것이라고 보도되었다. 애플과 해로드에게 이러한 '점포 내 매장(store-within-a-store)'의 장점은 무엇인가?

6. 로스앤젤레스의 LAX 공항은 지구상에서 네 번째로 붐비는 공항이다. 또한 세계 최악의 공항으로 평가되었다.[32] 공항의 고객 경험을 결정하는 요소들은 무엇이라고 생각하는가?

사례 문제: 엘레나의 고객 경험[33]

엘레나는 마지막 순간까지 과제를 내버려 두고 있었고, 이 사실을 그녀도 알고 있었다. 과제 제출 마감은 당일 17시까지였고 그녀는 아직 그것을 시작하지도 않았다. 그녀는 자신이 가장 좋아하는 주제 중 하나였기 때문에 훌륭한 과제를 수행할 수 있다고 꽤 확신하고 있었다. 그러나 그녀는 주요 자료들과 그녀의 튜터가 대학의 가상 학습 환경인 'Canvas'에 게시한 몇 가지 예시들을 통합할 필요가 있었다. 하지만 그녀는 Canvas모듈에 게시된 자료에 접속할 수 없었다.

그녀는 다른 사람들도 같은 문제를 겪고 있는지 확인하기 위해 친구에게 메시지를 보냈다. 다른 사람들은 문제가 없었다는 것을 알았다. 그렇다면 왜 엘레나는 시스템에 들어가지 못했을까? 만약 그녀가 도서관에 있었다면, 그녀는 그들의 터미널 중 하나를 사용하여 접속 가능여부를 확인하거나 심지어 그들의 직원에게 도움을 요청할 수 있었을 것이다. 하지만 그녀는 집에 있었고 학교까지 가는 데는 상당한 시간이 소요된다. 그녀는 IT 헬프데스크를 이용하고자 전화번호를 찾아보았다.

다음은 엘레나와 대학의 IT 헬프데스크 간의 서비스 접점에 대한 설명이다.

시간	엘레나	IT 헬프 데스크의 대응	IT 백 오피스 활동	엘레나의 대응
09:15	대학 웹사이트를 검색하여 헬프데스크(HD) 전화번호를 찾고 전화함	녹음된 음성		스트레스! 제가 그 과제를 제시간에 끝낼 수 있을까? HD 번호를 알아야 하는데 사용해 본 적이 없어.
09:17	HD 상담원과 연결되는 옵션을 선택함. 5분 후 전화 끊음.	자동응답기가 현대 9명이 상담 대기중임을 알림		9명이라고? 모두가 문제인거야?
09:30	다시 전화함. 이번에는 문제를 설명하고 상담원에게 전화를 돌려달라고 메시지를 남김		기록된 메시지의 우선순위를 선별함	짜증나! 진짜 사람과 이야기하고 싶어!
09:53~09:59	상담사로부터 전화를 받음	상담사가 엘레나에게 전화를 걸어 문제에 대한 세부 정보를 제공하고 상담번호를 발급함	시스템은 엘레나에게 상담번호와 절차를 설명하는 이메일을 자동으로 보냄	참 친절한 사람이야. 안심이 되고 내 문제를 심각하게 받아들였어. 그가 빨리 해결해주길 바라.
10:20	여전히 아무 연락도 없다. 다시 전화할까?	엘레나가 이 모듈에 액세스할 수 없는 이유를 알아보려고 한다.		이제 점점 더 걱정이 된다. 그들에게 30분은 하루의 작은 부분이겠지만, 나는 이 과제를 망치게 된다고!
10:55	엘레나는 HD에 이메일(1시간 전에 보낸 자동 이메일에 회신)을 보내어 다시 연락해 보기로 결정함		자동화된 전자 메일에 대한 회신은 모니터링되지 않음	제대로 되고 있는 건가? 이메일에 '답장 없음'이라고 적혀 있지는 않지만, 모니터링이 되지 않을 수도 있다. 난 더 이상 기다리고 싶지 않아.
11:15		HD 는 문제가 해결되지는 않았지만 현재 해결 중이라고 엘레나에게 다시 연락함	사실, 두 명의 HD 상담사와 한 명의 IT 어시스턴트는 모두 이 문제가 왜 이 한 학생에게 영향을 미치는지 알아내려고 노력하고 있음	상담사는 동정심이 많고 친절했지만, 언제까지 기다려야 할까?
12:00	엘레나는 친구에게 전화를 걸어 모듈 노트에 액세스하고 필요한 내용을 보내달라고 요청함			직접 접근하는 것보다는 못하지만, 마감일을 놓치는 것보다는 낫다.
15:50		HD가 전화를 걸어 문제가 부분적으로 해결되었다고 말함. 문제가 완전하게 해결될 때까지 임시 사용자 이름과 암호로 시스템에 로그인할 수 있음		도움이 되기에는 너무 늦었어. 그들이 이 일시적인 해결책을 더 일찍 제안했으면 좋았을 텐데.

그 후

이틀 후, 엘레나는 정상적으로 시스템에 로그인할 수 있으며 모든 모듈에 대해 다시 액세스할 수 있다는 이메일을 받았다.

"왜 이런 일이 일어났는지 아직도 모르겠습니다. 이에 대한 아무 설명이 없었습니다. 과제에 영향을 미치기에는 너무 늦었다는 것을 알고 있습니다. 하지만, IT 담당자들이 문제가 얼마나 심각한지를 이해하고 문제가 다른 학생들에게 영향을 미치지 않을 것이라는 확신을 주었으면 좋았을 것입니다. 나와 얘기했던 헬프 데스크 상담원과는 문제가 없습니다. 그는 항상 동정심이 많고, 예의 바르고, 든든했지만, 중요한 시기에 내가 필요로 하는 것에 접근할 수는 없었습니다."

그 후

비록 엘레나에게 스트레스를 주었지만, 엘레나는 그 과제에서 1등급을 받았다.

질문

1. 엘레나의 반응을 토대로 고객 경험 중의 '감정적 경로'를 도표로 작성해 보라.
2. 대학의 IT 서비스가 어떻게 엘레나의 고객 경험을 향상시킬 수 있었는가?

심화 자료

Bolton, R., McColl-Kennedy, J., Cheung, L., Gallan, A., Orsingher, C., Witell, L. and Zaki, M. (2018) 'Customer experience challenges: bringing together digital, physical and social realms', *Journal of Service Management*, 29 (5), 776–808.

Ding, D.X., Hu, P.J-H., Verma, R. and Wardell, D.G. (2010) 'The impact of service system design and flow experience on customer satisfaction in online financial services', *Journal of Service Research*, 13 (1), 96–110.

Edvardsson, B., Enquist, B. and Johnston, R. (2005) 'Co-creating customer value through hyperreality in the prepurchase service experience', *Journal of Service Research*, 8 (2), 149–161.

Edvardsson, B., Enquist, B. and Johnston, R. (2010) 'Design dimensions of experience rooms for service test-drives: case studies in several service contexts', *Managing Service Quality*, 20 (4), 312–327.

Johnston, R. and Kong, X. (2011) 'The customer experience: a road-map for improvement', *Managing Service Quality*, 21 (1), 5–24.

Lemon, K.N. and Verhoef, P.C. (2016) 'Understanding customer experience throughout the customer journey', *Journal of Marketing*, AMA/MSI Special Issue, 80 (6), 69–96.

McColl-Kennedy, J.R., Gustafsson, A., Jaakkola, E., Klaus, P., Radnor, Z.J., Perks, H. and Friman, M. (2015) 'Fresh perspectives on customer experience', *Journal of Services Marketing*, 29 (6/7), 430–435.

Meyer, C. and Schwager, A. (2007) 'Understanding customer experience', *Harvard Business Review*, 85 (2), 116–126.

Rosenbaum, M.S., Otalora, M.L. and Ramírez, G.C. (2017) 'How to create a realistic customer journey map', *Business Horizons*, 60 (1), 143–150.

Shaw, C., Dibeehi, Q. and Walden, S. (2010) *Customer Experience: Future Trends and Insights*, Palgrave Macmillan, Basingstoke.

Silvestro, R. and Silvestro, C. (2003) 'New service design in the NHS: an evaluation of the strategic alignment of NHS Direct', *International Journal of Operations and Production Management*, 23 (4), 401–417.

Verleye, K. (2015) 'The co-creation experience from the customer perspective: its measurement and determinants', *Journal of Service Management*, 26 (2), 321–342.

Witell, L., Kowalkowski, C., Perks, H., Raddats, C., Schwabe, M., Benedettini, O. and Burton, J, (2019) 'Characterizing customer experience management in business markets', *Journal of Business Research*, Vol. 109.

Zomerdijk, L.G. and Voss, C.A. (2011) 'NSD processes and practices in experiential services', *Journal of Product Innovation Management*, 28 (1), 63–80.

미주

1 Berry, L.L., Wall, E.A. and Carbone, L.P. (2006) 'Service clues and customer assessment of the service experience: lessons from marketing', *Academy of Management Perspectives*, 20 (2), May, 43–57; and Zomerdijk, L.G. and Voss, C.A. (2010) 'Service design for experience-centric services', *Journal of Service Research*, 13 (1), 67–82.

2 Johnston, R. and Kong, X. (2011) 'The customer experience: a road-map for improvement', *Managing Service Quality*, 21 (1), 5–24.

3 Meyer, C. and Schwager, A. (2007) 'Understanding customer experience', *Harvard Business Review*, 85 (2), 116–126.

4 Pullman, M.E. and Gross, M.A. (2004) 'Ability of experience design elements to elicit emotions and loyalty behaviors', *Decision Sciences*, 35 (3), 551–578.

5 Coffman, J. and Stotz, D. (2007) 'How some banks turn clients into advocates', Bain & Co., 11 May [online] https://www.bain.com/insights/how-some-banks-turnclients-into-advocates/ [accessed 27 April 2020].

6 Pine, II, B.J. and Gilmore, J.H. (1998) 'Welcome to the experience economy', *Harvard Business Review*, 76 (4), 97–105.

7 Fulton Suri, J. (2003) 'The experience evolution: developments in design practice', *The Design Journal*, 6 (2), 39–48; and Forlizzi, J. and Ford, S. (2000) 'The building blocks of experience: an early framework for interaction designers', in *Designing Interactive Systems 2000*, ACM Press, New York, NY, 419–423.

8 Shaw, C. (2007) *The DNA of Customer Experience*, Palgrave Macmillan, Basingstoke.

9 Parrott, W.G. (ed.) (2000), *Emotions in Social Psychology: Essential Readings*, Psychology Press, Hove, UK.

10 Some information for this example was taken from Hammett, E. (2019) 'Boots aims to "reinvent" retail experience with dramatic beauty overhaul', *Marketing Week*, 7 March.

11 Purves, D., Augustine, D.J., Fitzpatrick, D., Katz, L.C., LaMantia, A-S. and Williams, S.M. (2001) *Neuroscience*, 2nd edition, Sinauer Associates, Sunderland, MA.

12 Results of research reported in Pease, A. and Pease, B. (2006) *Why Men Don't Have a Clue and Women Always Need More Shoes*, Orion, London.

13 Miller, S. and Kauffman, K. (2005) *The Brain and Learning*, [online] www.4faculty.org/includes/109r1.jsp [accessed 7 July 2020].

14 Brooks, M. (2010) 13 *Things that don't make sense*, Profile Books, London, 162.

15 Purves, D., Augustine, D.J., Fitzpatrick, D., Katz, L.C., LaMantia, A-S. and Williams, S.M. (2001) *Neuroscience*, 2nd edition, Sinauer Associates, Sunderland, MA.

16 Pullman, M.E. and Gross, M.A. (2004) 'Ability of experience design elements to elicit emotions and loyalty behaviors', *Decision Sciences*, 35 (3), 551–578.

17 See Bitner, M-J. (1992) 'Servicescapes: the impact of physical surroundings on customers and employees', *Journal of Marketing*, 56 (2), 57–71.

18 Berry, L.L., Wall, E.A. and Carbone, L.P. (2006) 'Service clues and customer assessment of the service experience: lessons from marketing', *Academy of Management Perspectives*, 20 (2), May, 43–57.

19 Berry, L.L., Wall, E.A. and Carbone, L.P. (2006) 'Service clues and customer assessment of the service experience: lessons from marketing', *Academy of Management Perspectives*, 20 (2), May, 43–57.

20 See, for example, Kotler, P. (1973) 'Atmospherics as a marketing tool', *Journal of Retailing*, 49 (4), 48–64; Morrin, M. and Chebat, J-C. (2005) 'Person–place congruency: the interactive effects of shopper style and atmospherics on consumer expenditures', *Journal of Service Research*, 8 (2), 181–191.

21 Mehrabian, A. and Russell, J.A. (1980) *An Approach to Environmental Psychology*, Massachusetts Institute of Technology, Cambridge, MA.

22 See, for example, the proceedings of the American Academy of Psychiatry and the Law Annual Meeting, 2018, Colavita, M. et al, 'Can jail be a therapeutic setting: an architectural review', AAPL, Vol 12.

23 The Economist (2019) 'Boutique slammers', *The Economist* Print Edition, 27 June.

24 See Freiden, J. (2018) 'Can prison design affect inmates' mental health outcomes?', *MedPage Today*, 31 October; and Colavita, M. et al (2018) 'Can jail be a therapeutic setting: an architectural review', AAPL, Vol 12.

25 Bitner, M-J. (1992) 'Servicescapes: the impact of physical surroundings on customers and employees', *Journal of Marketing*, 56 (2), 57–71.

26 Developed by Dr Michael Shulver, Warwick Business School.

27 Zolkiewski, J., Story, V., Burton, J., Chan, P., Gomes, A., Hunter-Jones, P., O'Malley, L., Peters, L.D., Raddats, C. and Robinson, W. (2017) 'Strategic B2B customer experience management: the importance of outcomes-based measures', *Journal of Services Marketing*, 31 (2), 172–184.

28 Taylor, Lord Justice (15 April 1989) 'Hillsborough Stadium Disaster Inquiry – Interim Report', 49.

29 By far the most influential writer at this time was Le Bon: Le Bon, G. (1895, trans. 1947) *The Crowd: A Study of the Popular Mind*, Ernest Benn, London.

30 Some information used in this example is taken from The Economist (2011) 'The wisdom of crowds', *The Economist* Print Edition, 17 December.

31 The Economist (2019) 'Pilotless planes are on the way', *The Economist*, Print Edition, 30 May.

32 See, for example, Hoyle, B. (2019) 'Welcome to LA and the world's worst airport', *The Times*, 17 June.

33 We are grateful for the cooperation and wise words of Kymberly Steel in the preparation of this exercise.

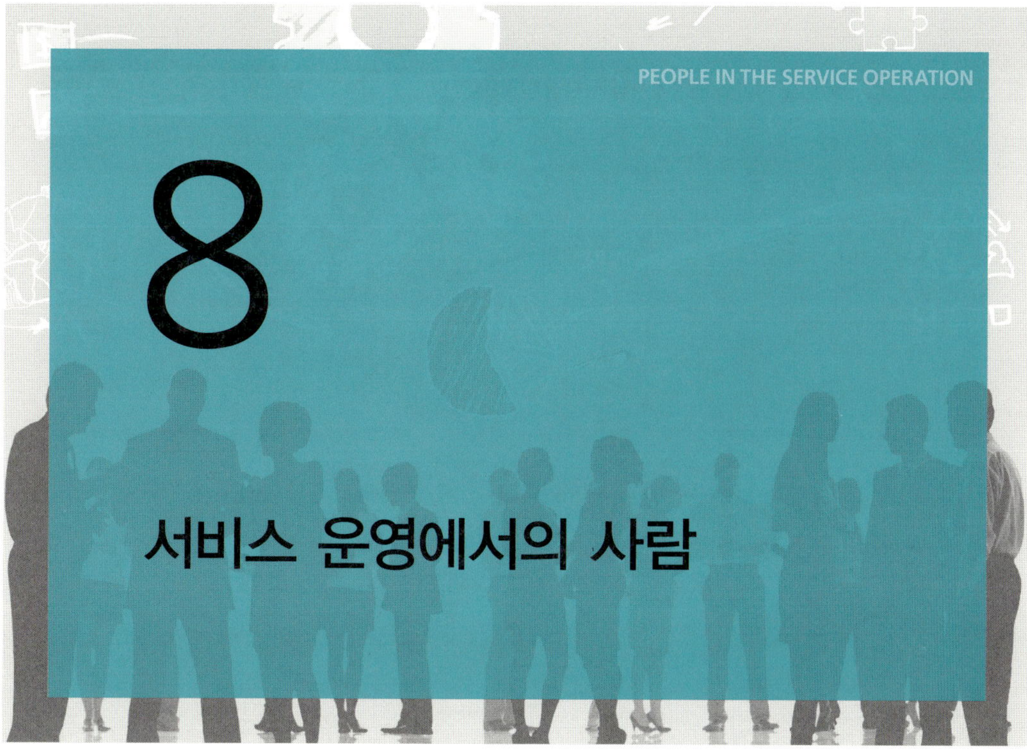

PEOPLE IN THE SERVICE OPERATION

8 서비스 운영에서의 사람

이 장은 서비스 전달을 활성화하기 위해 사람들(직원과 고객, 특히 직원들)을 어떻게 동기부여 할 것인가에 관한 것이다. 고용 계약의 용어와 조건이라는 인적자원의 상례적인 측면을 다루는 대신, 이 장은 일선 서비스 직원에게 오는 압력과, 리더십, 팀워크, 재량 및 동기부여와 같은 이슈가 어떻게 스트레스를 줄이고 서비스를 개선할 수 있는가를 주로 다룬다. <그림 8-1>은 이 주제가 우리의 서비스 운영 관리 모델 어디에 어울리는지를 보여 준다.

학습 목표

- 왜 서비스 전달이 그렇게 스트레스를 주는 과업인지를 이해한다.
- 서비스 직원 관리의 일부 이슈를 설명할 수 있다.
- 순응과 적응 조직에서의 재량 차이를 이해한다.
- 다소 고객의 역할과 중요성을 묘사할 수 있다.

〈그림 8-1〉 이 장에서는 서비스 운영에서의 사람을 살펴본다

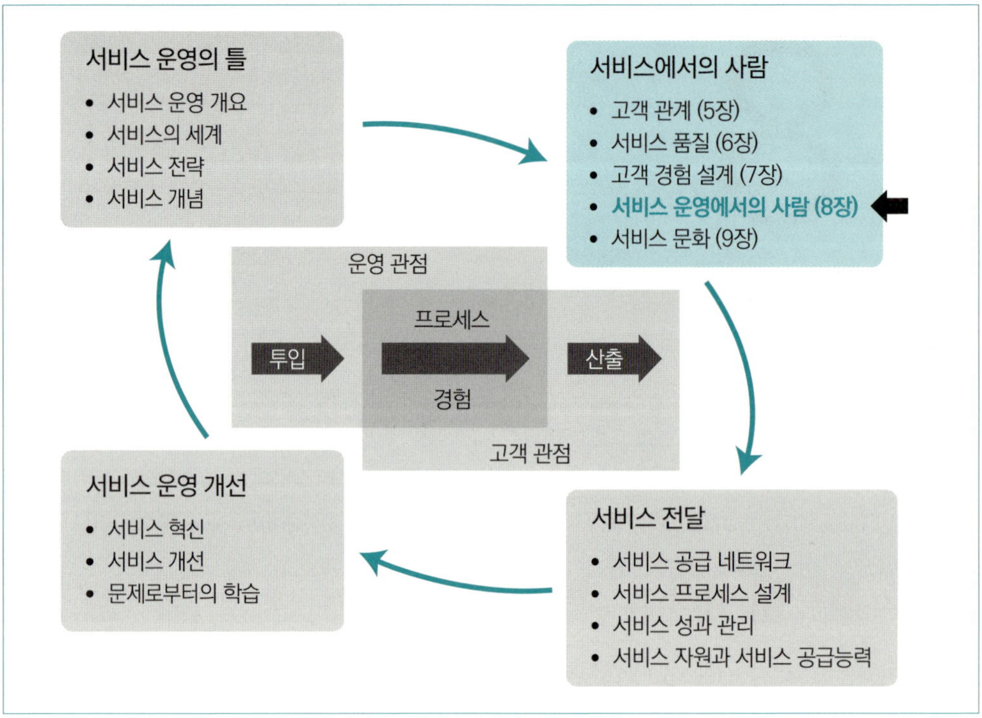

서론

운영 관리자, 특히 고강도의 고객 접촉 서비스를 관리하는 사람들에게 물어보면 누구라도 사람을 다루는 데 자신의 노력과 시간의 대부분을 소모한다고 말할 가능성이 높다. 즉, 직원과 고객의 문제를 해결하는 것이다. 대부분의 서비스 조직은 고객 대면(일선 부서) 종업원과 이들 고객 대면 종업원을 지원하며 서비스를 제공하는 지원 부서 종업원을 다수 고용한다. 고객의 관점에서는, 평범한 경험과 탁월한 경험의 차이는 종종 자신에게 서비스를 한 사람(직접적인 접점)에 있다. 이 사람이 조직을 대표하고 서비스를 구체화한다. 서비스에 대한 고객의 인식은 그들이 직원과의 상호작용을 어떻게 보는가에 아주 크게 영향을 받을 수 있다.

서비스 직원 만족과 고객 만족의 연계는 일본 기업 Recruit Holdings가 소유하고 세계에서 가장 큰 직업 및 충원 사이트 중의 하나인 Glassdoor의 보고서에 의해 드러났다. 이 웹사이트는 현 직원과 이전 직원들이 익명으로 회사를 리뷰하게 한다. 2018년, Glassdoor는 2008년과 2018년 사이에 13개 산업의 293개 기업의 기록을 분석한 보고서를 발표하였다. 보고서는 자신들만의 별도 평점에 기초한 종업원 만족과, 고객들이 기업의 서비스를 어떻게 보는

지에 대한 벤치마크 척도로서의 ACSI(American Customer Satisfaction Index) 고객 만족지수 사이의 연계를 연구하였다. Glassdoor는 종업원 만족과 고객 만족의 사이에 통계적으로 유의한 관계가 있었음을 발견하였다.[1] 그 연계는 유의성은 물론, 종업원들이 고객과 높은 정도의 직접 접촉을 하는 그런 서비스 부문(예를 들어, 소매, 레스토랑 및 관광여행)에서는 가장 강한 관계가 있는 것으로 밝혀졌다. 이 부문에서는 종업원 만족 평정에서 1점을 얻는 것이 고객 만족의 점수를 3.2점이나 증가시켰다. 제조 기업들에서는 이 연계가 거의 강하지 않았다.

이의 의미는 서비스 조직이 세심한 프로세스 설계와 고가의 기술에 투자하면서도, 사람에 투자하지 않는다면, 탁월한 고객 경험과 기대 수준의 고객 만족을 전달할 수 없다는 것이다. 사실, 이는 빙산의 아주 일각일 것이다. 왜냐하면, 그런 상황에서는 직원이 요구되는 수준의 운영 품질과 생산성을 전달하기 위하여 서비스 프로세스를 소유하고 개선하도록 동기부여되지 않을 것이기 때문이다. 이와 같이, 서비스 제공자들(일선 직원 혹은 고객-대면 종업원/직원-우리는 이 용어들을 상호 호환되게 사용한다)의 관리에 포함된 이슈들을 이해하는 것은 서비스 조직에서 어마어마하게 중요한 과제이다.

여기에는 많은 이유가 있다. 첫째, 서비스 직원이, 개인적으로 그리고 집단적으로, 고객(내부든 혹은 외부든)에게 서비스를 전달하는 일에 책임이 있다. 둘째, 대부분의 서비스에서, 그들이 고객 경험의 중요한 요소를 형성한다. 셋째, 일선 서비스 직원은 조직의 브랜드 가치를 고객에게 투사한다. 사실, 전문서비스에 있어서 특히, 서비스 제공자의 스킬, 능력 및 지식이 바로 "서비스 그 자체"이다. 고객이 구매하는 것은 그들의 전문지식, 권위 그리고 고객과의 개인적 공감들의 혼합체이다. 넷째, 서비스 종업원은 대부분의 조직에서 중대한 자원으로, 자주 조직에 가장 큰 비용을 대표한다.

그러나 일찍이 어느 서비스 운영에서도 그러하였듯이, 고객의 역할과 영향은 어떠한 분석에도 포함되어야만 한다. 서비스 직원의 본질과 그들의 활동을 고려할 때 고객의 역할과 행위 또한 고찰되어야만 한다. 우리가 앞서 지적하였듯이, 고객들은 "효과에 있어서" 또한 서비스 제공자이다. 그들의 "공동-생산" 역할은 그들이 서비스 전달 프로세스에서 중요하고 생생한 역할을 맡고 있음을 의미한다. 그리하여, 종업원과 똑같이, 고객은 "관리"될(자신의 "일"을 하도록 선발되고, 훈련되며, 통제될) 필요가 있는 운영 자원이다. 그것이 우리가 고객을 "서비스 사람"으로 포함시키는 이유이다. 그러나 먼저 우리는 왜 서비스 전달이 압력을 느끼는 과제가 되곤 하는지를 이해할 필요가 있다.

8.1 왜 서비스 전달이 압력을 느끼는 과제인가

일선 서비스 전달 주변에는 끊이지 않는 그 무엇이 있을 수 있다. 매분, 매일, 매년 서비스 전달은 쉬운 일이 아니다. 많은 사람들에게 그것이 보상이 되고, 충족시켜 주며, 즐거운 일이 될 수 있지만, 다른 이들에게는 그것이 기껏해야 하루하루의 몸부림이며, 최악으로는 악몽이다. 모든 일선 서비스 직원은 두 개의 별개, 그러나 늘 똑같이 어려운 압력, 즉 경영진으로부터의 압력(조직 압력), 그리고 고객으로부터의 압력(고객 압력)에 직면한다(그림 8-2 참조).

〈그림 8-2〉 서비스 직원은 조직으로부터의 압력과 고객으로부터의 압력 사이에서 붙들릴 수 있다

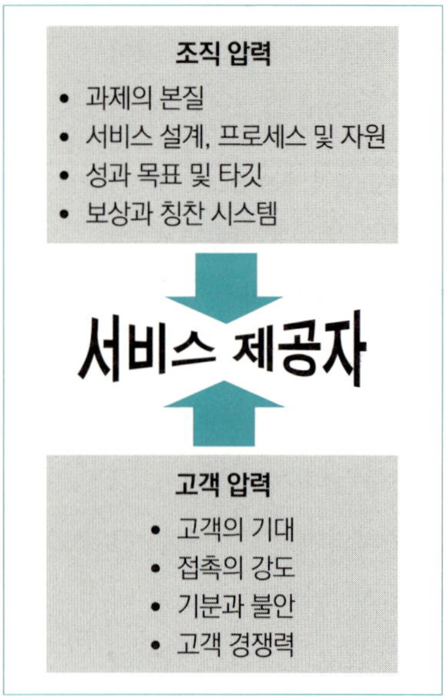

8.1.1 조직 압력

어떤 서비스 업무는 다른 것보다 본질적으로 더 스트레스를 준다. 생명을 구하는 수술을 시행하는 의사는 실수의 결과가 훨씬 더 심각할 수 있기 때문에, 수퍼마켓 계산대 종업원 보다 더 불안을 느낄 수 있다. 하지만, 압력에 대한 반응에 꽤나 이완된 의사도 있고, 아주 극단적으로 긴장하는 계산대 직원도 있듯이 이는 대단히 개인적인 것임에 주목해야 한다. 이는 사소한 것일 수 있으나, 때로 압력이 심한 조직은 스트레스를 다루는데 더 익숙한 사람들을 선발하도록 노력하고, 또한 스트레스가 많은 상황을 더 잘 관리하려고 시도할 것이다(13장의 대처 영역에 대한 논의 참조).

서비스 설계, 프로세스의 설계 및 운영 자원의 이용은 직원에게 영향이 매우 클 수 있다. 예를 들어, 재택 근무를 하는 서비스 엔지니어는 자신의 고객에게 가는 시간은 줄지만, 중앙에서 일할 때 받는 동료들의 지원을 놓칠 수 있다. 많은 조직이 방문객을 위한 응접실을 갖추고, 그곳의 담당 직원이 동시에 전화 교환을 조정하게 한다. 이는 종업원이 전화 고객 혹은 자신의 눈앞에 있는 방문객 중 누구를 먼저 응대해야 할지 결정해야 하므로 불가피하게 갈등을 만든다.

거의 대부분의 조직은 요구되는 성과 도달 목표를 증가하도록 설정한다. 이들 목표는 성과 개선을 목적으로 하기 때문에 빈번하게 충돌한다. 예를 들어, 콜센터 담당자는 평균 통화처리 시간(average call-handling time: ACHT)의 생산성 목표를 맞추어야 하는 반면, 정확성과 친절함이라는 운영 서비스 품질 목표도 유지해야 한다. 이것이 항상 가능하지는 않은데, 특히 수요가 가용 능력을 초과하고, 13장에서 논의되듯이 서비스 조직이 대처 영역에 들어설 때 그렇다. 마지막으로 담당 직원이 최대 보수가 보장되는 성과 표준을 유지하려고 애쓸 때, 보상과 칭

찬 시스템이 압력의 근원이 될 수 있다.

서비스 스트레스

우리들 대부분은 때에 따라, 일에서 스트레스를 느껴 왔다. 아직까지 스트레스에는 특정되거나 합의된 의학적 정의가 없다. 그러나 스트레스를 당신이 대처할 수 없는 느낌으로, 당신에게 부여된 요구를 맞출 수 없고 당신의 (인지되었거나 실제의) 문제를 해결할 수 없다는 느낌이라고 한다면 하나의 유용한 임시 정의가 될 것이다. 그것은 사람들이 자신에게 부여된 요구에 대해 가지는 반대의 반응으로, 흥분시키며 동기부여 하는 일의 "흥분"이 아니라, 압력이 과도하게 될 때 직면하는 문제이다. 그리고 이는 위험할 수 있다. 너무 과도한 스트레스는, 특히 오랜 기간 지속되어 경험되었을 때, 뇌졸중과 심장마비의 위험을 심각하게 증가시킬 수 있다. 이는 또 작업성과의 감소, 낮은 생산성, 인적 오류, 질병 결근의 증가, 사고 및 높은 직원 이직의 원천이 될 수 있다.

업무 관련 스트레스는 어떤 종류의 직업에서도 발생이 가능하다. 그러나 서비스 직업은 특별히 취약하다. 서베이 연구[2]가 다음을 가장 스트레스가 많은 직업으로 언급했다.

- 교육 전문가
- 복지 전문가
- 주택조합 전문가
- 법률 전문가
- 고객 서비스 작업자

이들 모두가 서비스 직업이며, 대부분은 공공 부문에(혹은 부분적으로) 속한 직업임이 주목된다. 흥미롭게도, 같은 서베이가 가장 스트레스가 적은 직업을 다음과 같이 보여 주었다.

- 경영자, 감독자 및 고위 공무원
- 행정직 및 비서직
- 청소부와 근로자(초급)
- 프로세스, 공장 및 기계 직공
- 숙련된 점원

물론, 그러한 모든 서베이는 조심스럽게 다루어져야 한다. 그러나 그러한 서베이의 공통적 특색은 고-스트레스 직업의 요구가, 고객들로부터의 무리한 기대이거나 혹은 부적절한 자원, 혹은 양자 모두 때문에, 지나치게 크다는 점이다. 아무도 같은 조직 내의 모두에게 유사한 수준의 스트레스를 가정할 수 없다. 예를 들어, 의료 부문에서, 간호 직원은 자주 가장 스트레스를 받는 존재의 하나로 보이는 반면, 초음파 스캔을 수행하는 사람들은 가장 덜 스트레스를 받는 것으로 보인다(추측컨대 그들이 미래의 부모에게 그들의 미래 자녀의 희미한 모습을 보여 주는 즐거움을 가지기 때문에).

무엇이 업무 관련 스트레스를 일으키는가?

만일 적절하게 관리되지 않는다면, 작업 설계에 나쁜 건강과 행복, 낮은 생산성, 증가된 질병 결근에 연결되는 6가지 핵심 영역이 존재한다. 이들이 업무에서의 스트레스에 대한 일차적인 원천에 포함된다.[3]

- **일의 요구**: 업무부하량, 작업 패턴과 작업 환경과 같은 이슈들을 포함한다.
- **일에 걸친 통제**: 사람들은 그들이 일하는 방식에 얼마나 많은 발언권을 가지는가?
- **제공되는 지원**: 조직, 라인 관리 및 동료에 의해 제공되는 격려, 후원 및 자원을 포함한다.
- **다른 이들과의 관계**: 갈등을 회피하도록 긍정적인 작업을 촉진하기와 용인되지 않는 행위를 처리하기가 포함된다.
- **관여된 역할**: 사람들이 조직 내에서의 자신의 역할을 이해하고, 조직은 역할들이 충돌하지 않도록 보장하는가?
- **일의 변화**: 조직의 변화(크든 작든)가 어떻게 관리되고 소통되는가?

8.1.2 고객 압력

고객이 다른 압력의 조합을 가져온다. 서비스 제공자에게 중요한 이슈로 고객 기대로부터 유래하는 다음과 같은 것들이 포함된다.

- 높은 접촉 서비스에서 고객의 항존. 레스토랑의 서비스 직원은 항상 '보여야' 하며 쉴 수 없다.
- 고객은 자신이 받는 서비스 거래가 자신에 특별하다고 생각하려 한다. 서비스 직원에게 이는 그저 다수 중의 하나일 뿐이다.
- 고객은 다른 서비스 제공자에게서 받은 경험에 의해 설계 사양을 넘는 서비스 기대를 가질 수 있다.
- 어떤 고객은 서비스 전달에 전혀 비현실적인 기대를 가질 수 있다.

CASE example

사례

업무의 일부가 아니다 — Co-op의 더 안전한 동료, 더 안전한 공동체 캠페인

Suwin/Shutterstock

"공공 대중"을 다루는 일은 매일 수십, 혹은 수백에 이르기까지의 고객들과 상호작용 하는 것을 의미할 수 있다. 대부분은 예의바르나, 모두는 아니다. 일선 소매 직원에게 무례하고 공격적이거나 폭력적이기까지 한 행위가 일상적으로 일어날 수 있다. 대부분의 진보적인 소매 고용인들은 자신들의 피고용인들을 보호하려고 돕는 일의 이슈를 자기들의 책임으로 간주한다. 예를 들어, Co-op은 2500개 이상의 지역에 편의점과 중간 규모의 매장을 가진, 영국에서 5번째로 큰 식품 소매 업체로 세계에서 가장 큰 소비자 협동조합 중의 하나이다. 이들은 자신의 노력을 "더 안전한 동료, 더 안전한 공동체" 캠페인을 통하여 공식화하였는데, 이는 안전과 보안을 최우선순위에 두는 것이었다. 캠페인의 근저에는 혹사, 폭력 및 범죄가 통계보다 훨씬 더한 수준에 있었다는 점의 이해가 있었고, 이는 또한 사람들의 삶과 자신들이 살며 일하는 공동체에 대한 충격에 관한 것이었다. Co-op의 표현으로, "말로 혹사당하고, 위협받거나 공격당했다는 것은 일의 부분이 아니며, 우리는 확실히 그렇게 되지 않도록 보장하기로 결심하였다."[4]

런던시와 대학의 공동 연구에서 점포 종업원을 향해 보이는 혹사와 폭력에는 4가지 주요 원인이 있음이 밝혀졌다.[5]

- 점포에서 슬쩍하는 사람을 마주치거나 다루려고 시도함
- 연령 제한 상품과 다른 금지 품목의 판매와 관련하여 법을 집행함
- 점포 종업원을 향한 증오-동기의 사건
- 무장 혹은 비무장의 강도

혹사에 관한 4 원인 중 3개는 "고객"에 의해 주도되지만, 목록의 2번째는 소매 종업원 자신들의 책임이다. 예를 들어, 영국 법은 담배, 술, 칼, 용제와 같은 연령 제한 상품과 서비스를 구매하려고 하는 개인의 나이를 테스트하기 위해 합리적인 조심을 하고 상당한 주의를 시행해야 하는 것을 법제화하고 있다. 이것이 혹사와 위협의 상당한 원천이 될 수 있다.

자사 직원에 대한 이런 잠재적 위협과 싸우기 위해, Co-op은 직원을 안전하게 지키기 위한 혁신적 기술에 수백만 파운드를 투자하였다. 여기에는 원격 조종 CCTV 설치, 일선 직원들을 위한 통신 헤드셋 장치, 강도와 싸우기 위한 SmartWater 안개 대포의 조준 배치가 포함된다. 활성화되면, 안개가 강도의 시선을 흐리게 하고 SmartWater의 "포렌식 시그니쳐"를 포함한 스프레이가 범죄자를 덮는다. 맨 눈에는 보이지 않지만, 아주 작은 양의 SmartWater 스프레이는, 먼지 얼룩과 동등한 양으로, 스프레이와 닿았던 적이 있는 사람은 누구라도 경찰 당국이 규명하게 도울 수 있다.

서비스 만남의 강도는 서비스 제공자가 받는 압력에 기여할 수 있다. 예를 들어, 수퍼마켓 계산대의 보통 고객은 경영 훈련 프로그램의 참가자보다 두 가지 이유에서 덜 까다로울 수 있다. 첫째는, 슈퍼마켓의 거래는 일, 이분 안에 완료가 가능하나, 훈련 프로그램은 며칠 동안 일

어날 수 있기 때문이다. 접촉 시간이 확장되면 어느 정도의 압력을 가져오나, 아마도 고객에게 보다 중요한 것은 이 사건이 갖는 의미일 것이다. 경영 훈련 프로그램은 참가자/고객에게 승진 기회를 의미하며 결과적으로 발생하는 불안은 고객으로부터 제공자에게 쉽게 전달될 수 있다.

고객의 기분이 방정식에서 다른 주요 요인이다. 많은 레저 서비스는 고객이 일반적으로 긍정적 기분에 있어, 결과적으로 서비스 제공자에게 보다 더 협력적이기 때문에, 타고난 이점이 있다. 반면에, 레스토랑에서 특별한 기념 만찬을 하는 손님은 아무 문제없이 일을 치르기를 원하기 때문에 보다 까다롭다. 좀 더 극단적으로, 감옥 서비스의 '고객(수감자)'들은 거의 우호적이지 않고 비협력적일 것이다.

마지막으로, 고객의 경쟁력이 서비스 제공자에게 중요한 영향을 줄 수 있다. 정상적인 항공 여객은 체크인 프로세스의 여러 단계를 알고, 어디에 비행 정보가 있는지를 안다. 자주 여행하지 않은 사람들은 무엇을 할지 잘 모르기 때문에 프로세스가 지체되며, 해명 혹은 확신을 위해 더 많이 묻는다. 또 서비스 제공자에 더 많은 도전을 주는 고객 범주도 있다. 자신이 무엇을 해야 하는지를 안다고 생각하나 실제로는 그렇지 않아, 결과적으로 심각한 혼란을 일으키는 고객들이 그들이다.

이 절에서는 고객의 다양함과 서비스 제공자에 대한 그들의 기대와 관련된 이슈들을 간략히 소개하였다. 분명하게도, 이러한 압력은 고객 대면 역할의 서비스 직원이 가장 직접적으로 느끼는 것이나 곧 시스템을 통하여 지원 부서 직원들에게 전달되며, 나아가 공급 네트워크상의 공급 업체와 파트너들에게 까지 닿는다(10장 참조).

8.1.3 서비스 제공자에 대한 결과적 이슈

제대로 관리되지 못하면, 이렇듯 빈번하게 부딪치는 조직과 고객 압력의 힘이 동기부여와 스트레스에 문제를 일으켜, 비용의 증가를 불러오고 직원을 다치게 하며 서비스를 나쁘게 한다(그림 8-3 참조).

- **동기부여**: 많은 사람이 서로 충돌하는 요구를 가진 사람들의 그룹들을 만족시키느라 끊임없이 애쓰는 압력을 경험해 오고 있다. 상대적으로 짧은 시간에는 이것이 '아드레날린 홍수'를 가져와 모든 다양한 니즈를 조화시키는 초인간적 수준으로 일하게 할 것이다. 그러나 얼마 후면, 특히 다른 사람들보다 더 열심히 일하는데 자신이 과도한 긴장 상태에 있음을 경영진이 별로 우려하지 않는다고 느끼면, 당신의 열정은 냉담으로 바뀔 것이다. 어떤 상황에서는 과업의 본질 그 자체가 종업원 동기부여에 도전이 된다. 어떤 과업은 오히려 반복적이며, 빈번하게 생산성과 일관성을 개선하도록 정보 시스템 혹은 다른 기술적

〈그림 8-3〉 조직 압력과 고객 압력의 효과

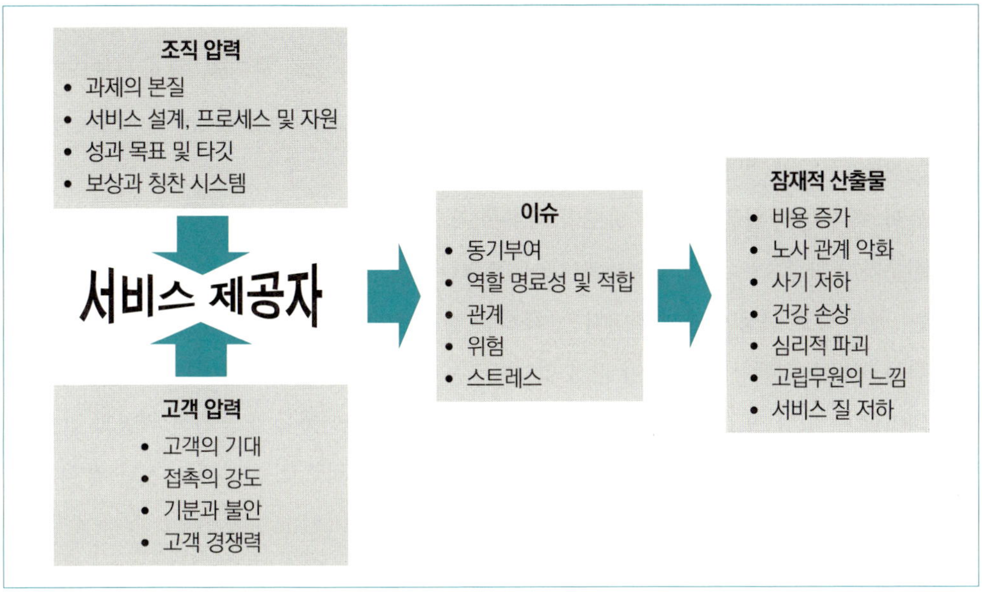

요건에 의해 제약을 받는다. 이러한 상대적 무기력함이 종업원 사기가 나빠지는, 중요한 요인이 될 수 있다.

- **역할 명료성 및 적합**: 이 이슈는 특별히 고객 대면 역할에 적용되며 때로 그리 해야 할 논리적 이유가 없는 것처럼 보일 때일지라도, 서비스 제공자가 고객이 요구하는 서비스의 제공 혹은 설치된 서비스 수준을 고수하는 것 사이에서 갈팡질팡하는 상황과 관계가 있다. 서비스 조직들은 자주 고객 대면 직원이 조직 요건보다 오히려 고객 니즈에 더 맞추게 되는 문제를 보고한다. 고객을 먼저 생각한다는 것이 직원에게 좋을 것으로 보일 수 있지만, 예외적인 서비스를 제공하여 효과적으로 돈을 더 쓰는 것은 경우가 아니다!

  역할 적합은 다수의 종업원을 가진 대량 서비스에서 특별한 문제이다. 조직들이 사람의 머리수는 적절하게 가질 수 있으나, 개성들은 항상 역할과 일치하지 않는다. 예를 들어, 인원 배치가 어려운 교대조의 콜센터에서는 복잡한 요구를 다룰 경험 있는 담당자가 부족할 수 있다. 경험이 적은 사람은 때로 필요한 스킬이나 훈련 없이도 고객을 만족시키려 최선을 다해야만 한다. 말할 필요도 없이, 그 결과는 고객이 만족하지 못하고 종업원은 사기가 떨어지게 되어, 미래에 기꺼이 도우려 하지 못하게 될 것이다.

- **관계**: 많은 서비스 조직에서 지속적으로 제기되는 질문은 '고객이 조직과 관계가 있는가, 혹은 고객이 특정 종업원에 의해 더 끌리는가?'이다. 답은, 늘 그렇듯이, "그때그때 다르

다". 다수의 전문 서비스 기업에 있어서, 고객은 처음에 특정 개인에게 충실하다가 나중에 회사에 충실해진다. 소비자 서비스에서는 빠른 직원 이직과 교대 패턴으로 고객이 같은 종업원을 두 번 만나는 일이 드물다. 이 경우에, 종업원과 고객 사이의 '관계'는 어느 정도 제한적이다. 그럼에도 불구하고 많은 고객들이 자신들의 일상적인 관계에서 경험할 수 없는 어느 정도의 개인화를 기대하는 것으로 보인다.

- **위험**: 대부분의 활동은 어느 정도의 위험을 가진다. 일부 서비스 역할은 경찰관이나 의료 전문가가 마주치는 폭력의 위험과 같이, 분명한 위험 요소를 가지고 있다. 다른 이들에게는, 일부 학교 선생에 의해 벌어지는, 혹사의 점진적 고조와 같이 보다 민감할 수 있다. 위험은 서비스 실패 시 종업원이 직접 맞닥뜨리는 것, 혹은 고객이 받는 결과의 일부 측면을 의미할 수 있다. 또, 위험의 어떤 측면은 열차 혹은 비행기 충돌의 물리적 위험과 같이 분명하나, 제대로 교육받지 못한 학생의 미래 경력이 잠재적으로 손상되는 것과 같이 보다 감춰질 수도 있다.[6]
- **스트레스**: 앞서 논의된 바와 같이, 스트레스는 과도한 업무 부하, 힘든 작업 패턴, 어설프게 설계된 작업 환경, 일에 대한 통제의 결여, 경영진과 동료로부터의 부적절한 지원, 갈등을 일으키거나 수용할 수 없는 행위, 역할 갈등, 그리고 일에 대한 변화가 관리되는 방식 등을 포함하여 많은 이슈로 인해서 경험된다. 스트레스의 결과는 로봇-유형의 서비스 전달, 중요하지 않은 세부 사항에 지나치게 초점을 맞추는 일, 그리고 건강 손상 등이 있다.

잠재적 산출물

좌절의 느낌, 역동기부여, 통제의 결여, 스트레스 등은 조직, 서비스 제공자 및 고객에게 심각한 결과를 줄 수 있다. 조직에게는 그것이 직원 결근, 높은 마모율, 노사관계 악화를 커버해야 하는 비용 증가를 의미할 수 있다. 서비스 제공자에게는 낮은 사기, 나빠진 건강, 심리적 파괴 및 저질의 서비스 제공을 의미할 수 있다. 진실로, 스트레스로 인한 통상 발현의 하나가 조직 유발/고객 유발의 '학습된 무기력함(learned helplessness)'이다. 조악한 작업 환경은 종업원으로 하여금 수동적이고, 적응성이 나쁜, 예를 들어, 미숙하고, 덜 창조적이며 수동적으로 움직이고, 나아가 고객과 경영자에게 도움이 되지 않는 행위를 나타내게 유도한다. 이러한 학습된 무기력함은 깊게 뿌리내려, 변화가 이루어지는 때에도 이 수동적인 부적응 행위가 지속될 수 있다. 고객의 관점에서 본 산출물은 저질의 서비스와 재미없고 도움이 되지 않는 직원이다.

서비스 트라우마

모든 고-접촉 서비스 업무는 스트레스가 많을 수 있지만, 어떤 것은 다른 것들보다 더 심하다.

특별히 관심을 끄는 것은 비참한 상황, 사건 혹은 에피소드와의 일상적 접촉을 포함하고 있는 그런 일들이다. 이러한 일에는 심각한 사고를 면전에서 다루는 응급 작업자, 때때로 해결이 불가능한 의료적·사회적 혹은 범죄적 문제를 풀려고 시도해야 하는 의료 및 사회 복지 직원, 일련의 지치고 비참한 통화를 들어 주어야 하는 위기 콜 담당자들, 그리고 그림으로 그려진 세부 묘사와 심상을 지켜보는 사회 매체 직원 등이 포함된다. 항상 즉각적이고 직접적인 위험 자체에 빠지는 것은 아니지만, 이러한 일은 대리 혹은 이차적 트라우마라고 알려진 것을 야기할 수 있다. 이들은 다른 사람들의 고통과 트라우마에 끊임없이 노출되어, 일정 범위의 부정적 반응이 발현되는 직원들이다.

복잡하게 하는 요인은 누구나 같은 방법으로 혹은 동시에 같은 비참한 사건에 의해 영향을 받는 것은 아니라는 점이다. 복잡한 개성과 심리적 요인이 누가 어떤 요인에 의해 영향을 받는지를 결정한다. 그럼에도 불구하고, 원인이 무엇이든지, 또 누가 그것에 노출되었든지 간에, 이러한 스트레스 반응은 비정상적인 사건에 대한 정상적인 반응이다. 이는 무력함이나 취약성의 신호로 간주될 수 없다. 이것이 많은 조직에서 영향을 받을 만한 그런 직원들에게 카운셀링과 정신 건강 지원을 제공하는 이유이다. 예를 들어, 피해자들로부터의 통화를 지키는 학대피해자 자선단체 직원들은, 자신들이 어떠한 고통의 증상도 보고하지 않더라도, 정규적으로 인터뷰와 상담을 받는다.

8.2 조직은 어떻게 서비스 직원을 관리할 수 있는가

서비스 직원, 특히 일선 서비스 직원에게 특별한 압력 집합이 주어진 상태에서, 서비스 운영 관리자는 넓은 범주의 접근 방법을 사용하여 서비스 제공자가 서로 상반되는 조직 압력과 고객 압력 사이에서 부정적 측면을 완화시키도록 도와 주어야 한다(그림 8-4 참조). 서비스 직원을 관리하며 동기부여하는 보다 더 중요한 접근 방법은 다음과 같은 것들이 있다.

- 효과적인 리더십
- 조직 전체에 팀과 팀워크를 활용하기
- 서비스 직원의 역할을 명료하게 하기
- 대본을 적절하게 사용하기
- 효과적인 의사소통과 직원의 참여를 수립하기

이런 모든 접근은 직원에게 가해지는 압력을 감소시키는 데 효과적일 수 있다. 이에 더하여 직원의 재량을 적절한 수준으로 사용할 수 있게 해 주는 일이 특별히 중요하다. 우리가 이

〈그림 8-4〉 충돌하는 조직과 고객 압력으로부터 제공자를 보호하기

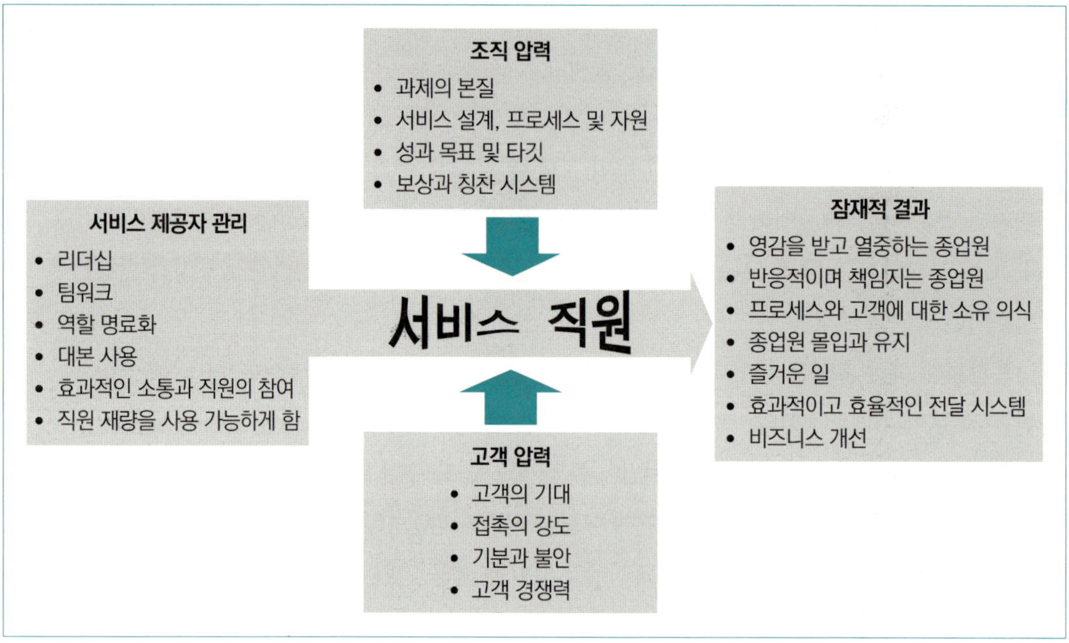

장의 뒷부분에서 별도의 절에 이를 배당한 것이 그 이유다.

이러한 접근에 대한 논의는 다음에 다룰 것이다. 그러나 이들을 성공적으로 적용했을 때 다음의 잠재적 효익을 고려해 보는 것은 유용하다.

- 영감을 받고 열중하는 종업원
- 반응적이고 책임지는 종업원
- 프로세스와 고객에 대한 소유 의식
- 종업원 몰입과 유지
- 즐거운 일
- 효과적이고 효율적인 전달 시스템
- 비즈니스 개선

8.2.1 리더십

리더십은 아주 거대한 (그리고 매우 중요한) 주제로, 이에 대한 세세한 연구는 이 책의 범위를 넘는다. 그러나 거의 모든 출전에 이르기를 리더십 스타일이 하위 직원의 업무 성과, 만족 및 조

직의 성공에 중대한 영향을 미친다고 한다. 그러나 영감을 주는 리더십의 유형은, 서비스 조직에서 옹호되듯이, 일부 카리스마적인 CEO에 의해 수행되는 단독 행동이 아니다. 의료 협회의 한 고위 리더가 누군가를 위대한 리더로 만들어주는 것은 멋진 직함이나 조직 계층에서의 지위 상승이 아니었다라고 지적하였다. 오히려, 리더를 위대하게 만드는 것은 리더가, 매일 극복되어야만 하는 것들을 포함하여, 극복해야 하는 장애였다. 의료 서비스에서 가장 영감을 주며 동기부여가 되는 리더들 중 일부는, 위계 질서에서 높은 지위에 있지는 않으나 자신의 주위에 있는 사람들에게 매일 힘든 상황을 부드럽게 다루면서도 예의를 갖추고 리드하는 방식 때문에, 큰 영향을 미치는 간호사들이다.

경영자와 이사들에 대한 "리더십"에 대한 논의는 항상 조직의 최상부에 초점을 두어왔다. 그러나 모든 경영자는, 다양한 권위 수준에서, 리더십 역할이 있고, 리더십 품질을 개발하고 내보일 필요가 있다. 서비스 단위의 일상 리더십을 제공하는 일차적인 책임은 초임 경영자, 감독자 그리고 팀 리더들에게 있고, 그것이 로봇같은 서비스 전달과 생명력을 가진 서비스 전달의 사이에 본질적인 차이를 만든다. 대부분의 직원은, 특히 고위경영자가 멀리 있다고 느껴지면서 걱정스런 빈도로 접근 방식을 바꾸는 경향을 가진다면, 바로 위 감독자로부터 변화에 대하여 듣기를 선호한다.[7] 이들 일선 부서 "역할 모델"이 자신과 함께 일하는 사람들의 태도와 행위를 형성하는 데 중요한 영향을 미친다는 것은 의심할 바 없는 사실이다.

거래적 리더십과 변형적 리더십

리더십은 거래적이거나 변형적인 것으로 구분되어 왔다.[8] 이 둘의 본질적 차이는 변형적 리더가 미래의 비전을 개발하고 투사시켜, 다른 이들이 새로운 방향으로 기여하도록 격려하는 에너지와 영향을 가진다는 것이다. 〈표 8-1〉은 이 두 리더십 유형의 차이를 요약한 것이다.

거래적 리더십(transactional leadership)은 흔히 매일매일의 운영 관리를 전문적이고 적절하게 수행하는 능력으로 묘사된다. 이는 서비스 조직의 효과적인 운영에서, 변형적 리더십보다 매력적으로 보이지 않을지 모르지만, 동등하게 중요하다. 이는 조직이 그렇게 될 수도 있을 "이상적인" 버전보다는, 실제로 어떻게 수행하고 있는가에 초점을 둔다. 거래적 리더십의 리더는 조직의 기존 구조와 계층에 맞추고, 자신의 성공을 기존 목표에 따라 평정하려는 경향이 있다. 이는 전통적인 보상과 제재를 사용하여 직원을 동기부여 하는 리더십의 공식적인 접근이다. 그들은 전형적으로 직원의 성과를 판단하는 데 공식적인 성과 리뷰를 사용한다. 이는 관료제에 대한 초기 저자들에게로 돌아가는 리더십 유형이다.[9] 이는 안정의 시기 및 외적 도전이 없는 시기에 적절한 리더십 유형으로 흔히 인용된다.

이와는 대조적으로, 변형적 리더십(transformational leadership)은 이름이 의미하듯이, 중

〈표 8-1〉 거래적 리더십과 변형적 리더십의 차이

거래적 리더십	변형적 리더십
리더가 운영 성과에 반응적이다	리더가 보다 더 솔선하며, 성과가 수용할만 할 때도 개선을 추구한다
리더가 조직의 일반적인 문화와 규범의 내에서 작업한다	리더가 새로운 아이디어를 더 잘 수용하기 위해 조직 문화를 바꾸려 시도한다
성과가 계획에서 멀어질 때, 경영은 통제가 가해진, "예외에 의해"서다	창의성과 혁신을 촉진하기 위해, 통제는 각 개인의 니즈와 상황에 보다 더 개인화된다
리더는 보상과 제재를 써서 조직 목표를 달성하도록 직원을 동기부여한다	리더는 조직 목표를 달성하기 위해 직원에세 스킬과 재량을 주고, 또 보다 높은 이상과 가치를 달성하는 열망에 동참하여 동기부여한다
리더는 직원 각자의 이해에 호소하여 동기부여한다	리더는 직원들이 자신의 좁은 이해를 넘어, 전체 그룹의 이해에 초점을 맞추도록 유도하여 동기부여한다

대한 변화의 시기에 요구되는 리더십 유형으로 보인다. 서비스 전달과 고객 배려의 품질을 증가시키는 것으로 명성 있는 많은 조직은 능동적으로 자신의 개인적 헌신을 보여 준 최고경영자의 지원과 리더십으로 그렇게 할 수 있었다. 예를 들어, 항공사 SAS의 전 최고경영자로 유명한 Jan Carlzon은 역사상 가장 어려운 시기에 회사를 변환시킨 공로를 인정받고 있다. 그는 서비스 조직에서 서비스 접촉의 개념을 '진실의 순간(moment of truth)'으로 유명하게 했다. 그는 SAS에 매일 5만 개의 '진실의 순간'인 고객과 항공사 사이의 접촉점이 있으며, 그것이 서비스 경험을 고무하거나 악화시킨다고 믿었다.[10] 그의 '성공을 위한 비방'은 전 세계적으로 CEO들에 의해 수없이 모방되었다. 그러한 리더들에게 있어서 흥미로운 점은 그들이 조직에서 기대되고 있던 것보다 훨씬 큰 성과 수준까지 사람들을 동기부여 하는 방법으로 비전을 소통할 수 있다는 것이다.

변형적 리더십의 기본은 때때로 4"I"라고 불리는 것으로 요약된다.

- **영감적 동기부여**(Inspirational motivation): 변형적 리더는 모든 직원에게 의미와 도전에 대한 일관된 감각을 제공함으로써 그들을 이끈다. 변형적 리더는 조직 내 모든 사람에게 강력하고 일관된 비전, 미션 선언, 그리고 무엇보다 우선으로 일련의 가치를 장려한다. 이 비전의 힘은 아주 설득력이 있어서 모두가 모든 상호작용에서 요구되는 것이 무엇인지를 이해하게 한다. 변형적 리더는 팀워크와 헌신을 촉진하도록 낙관적이며 열정적이다.
- **지적 자극**(Intellectual stimulation): 변형적 리더는 직원들이 혁신적이며 창조적이도록 상을 주고 격려한다. 그들은 직원들에 의해 만들어진 실수를 배우고, 그에 대한 어떠한 대중의 비판도 피한다. 그들은 문제 해결에서 독창성에 초점을 두고, 직원들로부터의 기발한

다른 견해

변형적 리더십이란 생각은, 특히 자신을 야심찬 "행동가 혹은 선동가"라고 보는 리더들에게 명백한 매력을 가지고 있다. 이는 멋져 보이나, 경영의 상투적 표현이 되기 쉽다. 이는 자주, 리더에게는 잠재적으로 긍정적인 속성들인, 열의와 열정을 압박하는 것으로 받아들여진다. 그래서 약간의 주의를 하지 않으면 결과적으로 불편한 사실에 정면으로 대하는 것을 주저하는 "현실 맹목(reality blindness)"에 이를 수 있다. 이는 다시 다른 직원에게 전이될 수 있다. 긍정적 사고가 강한 문화를 개발하는 것은 리더의 아이디어를 비판하는 부하들의 능력을 손상시킬 수 있다. 이를 카리스마적 리더십 유형과 결합하면 직원들은 자신의 노력을 현실적이지 않거나 획득할 수 없는 목표를 달성하려는데 소비할 수 있다. 그러면 우리가 말하는 정확한 "변형"의 의미는 무엇인가? 가장 간단하게는, 그것은 "변화"를 의미한다. 그러나 변화는 좋을 수도 나쁠 수도 있다. 그래서 아마도 "변형"은 조직에 장기적으로 긍정적으로 보이는 변화를 만드는 것으로 보여야 한다. 이 점이 중요하다. 조직은 장기적인 성공을 비용으로 단기성과를 증가시키는 그러한 방향으로 변할 수도 있다. 명백한 예는 단기성과를 높이기 위해 비용을 절감하는 그런 서비스들로, 그 결과가 오로지 뒤에서 나타나는 서비스 수준의 훼손과 같은 것이다.

개인적 리더십 특성들은 수용하기 쉽지 않다. 그것들은 흔하지 않으며 얻기 어렵다. 기술 지식, 감성 지능 그리고 개인적 스킬의 조합은 다른 산업에서의 경험을 통해서만 올 수 있다. 변형적 리더십은 항상 좋은 쪽으로만 작용하는 힘이 아닐 수 있다. 지나치게 자신만만한 변형적 리더는 일을 악화시켜, 그들이 변화하기를 바라는 조직에서 가치를 파괴하고 불안과 재난을 야기 할 수 있다. 그 아이디어는 부도덕한 리더에 의해 추종자들을 쥐고 흔드는 것에도 열려 있을 수 있다. 자신들을 신뢰하며 의심하지 않는 추종자에게 부정적인 결과를 가하였던, 그러한 리더들의 예는 정치, 비즈니스 및 종교에서도 수없이 많다.

아이디어를 장려한다. 그러나 그들은 효과가 없는 것으로 증명된 아이디어들을 고집하지 않고, 필요하면 그것들을 기꺼이 버린다.

- **이상적인 영향**(Idealized influence): 변형적 리더는 자신이 설득한 것을 실천할 때에만 직원들에게 영향을 미칠 수 있다고 강력하게 믿는다. 다른 말로 하면, 리더는 직원들에게 따라 할 수 있는 역할 모델이 되어야만 한다. 그렇게 함으로써, 그들은 조직 내에서 다른 사람들의 찬탄, 신뢰 및 존경을 얻기를 바라고, 이것이 직원들의 니즈가 자신의 그것 위에 더해짐을 의미할 지라도, 일관되게 윤리적인 행위를 보여 준다. 변형적 리더의 목표는 조직의 공통 목표들을 달성하려고 시도하는 것이다.
- **개인화된 고려**(Individualized consideration): 변형적 리더는 직원들을 각기 개인으로 대한다. 직원의 니즈, 스킬 및 개성에 따라 다르게 대한다. 그러한 리더는 직원들에게 각 개인의 장기 개발을 염두에 두고, 멘토와 같이 행동한다. 직원들은 자신의 니즈에 따라 적절한 훈련과 교육을 지원받으며, 의사 결정을 하고 실행하도록 권한이 주어진다.

서비스 맥락에서의 리더십

거래적 리더십과 변형적 리더십은 공히 서비스 운영에서 그들의 사정 여하에 따라 적합할 수 있다. 확실히, 모든 서비스 조직이 모든 시기에 급격한 변화를 겪지는 않는다. 여기가 거래적 리더십이 관련이 있는 곳이다. 일부는 이러한 유형의 리더십의 중요성을 중요하지 않다고 설명하며, 그것을 일상적 시행 이상을 넘는 것이 거의 없는 보통의 경영 형태와 동일시 한다. 그러나 이는 일선 리더들의 예에 아주 크게 의존하는 서비스 전달의 맥락에서 특히 위험하다. 많은 서비스 운영에서 무형성과 즉시성으로 인해 4가지 중요한 리더십 경쟁력으로 알려져 온 것에 보다 더 중점을 둔다는 주장 또한 있을 수 있다.[11]

- **관심**(attention)**의 관리**: 고객-서비스 초점의 구심점에 대한 집중을 강력한 비전으로 의사소통함으로써 사람의 가슴과 마음을 잡는 리더의 능력.
- **취지**(meaning)**의 관리**: 이는 추종하는 이들에게 비전을 분명하게 해 주는 방법으로 비전에 본질을 가져오는 일의 중요성과 관련이 있다. 이는 높은 정도의 무형성을 가진 그런 서비스들에 특별히 중요하다. 패스트푸드 레스토랑의 종업원들이 지나치게 버거 혹은 피자를 만들어 서빙하는데 집중할 수 있으나, 고객 경험을 창출하는 것은 오히려, 분명한 리더십에 의해 제공될 수 있는, 다른 초점을 필요로 한다는 점은 이해할 수 있다.
- **신뢰**(trust)**의 관리**: 리더의 핵심 속성 중의 하나가 신뢰성이다. 고객이 서비스 전달의 신뢰성에 가치를 두는 것과 마찬가지로 종업원은 리더가 같은 정도의 안정성을 주기를 바란다. 그들은 일시적인 기분처럼 보이는 것에 의해 바뀌는 메시지와 프로그램을 원하지 않고, 제대로 되어야만 하는 그 무엇을 알고 싶어 한다.
- **자신**(self)**의 관리**: 효과적인 리더는 자신들의 강점과 약점을 안다. 좀 더 특정하면, 최고의 리더들은 실수나 문제에 쉽게 지지 않는 경향이 있으며, 자신의 직원들을 비난하기 시작하지 않는다. 서비스 조직에서 이는 특별히 중요하여, 직원들이 고객 불평을 경청하고, 방어적이지 않은 회복 절차를 제도화할 수 있게 한다.

서비스 리더 상호작용에 대한 경영자와 종업원의 인식을 비교한 한 연구애서 긍정적인 리더 행위와 부정적인 리더 행위의 정의가 만들어졌다.[12] 연구에서 가장 중요한 긍정적 행위는 다음과 같다.

- 보상이나 혹은 기타 인정 프로그램들을 통하여 서비스 성과의 공식 인정
- 종업원에 관하여 윗사람들에게 하는 무의식적인 비공식 인정, 긍정적 칭찬, 그리고 의견
- 격심한 작업 압력 하에 있을 때 종업원의 사기를 북돋움

- 개인적 이슈를 처리하기 위한 교대 조 변경과 같은 종업원의 일정조정 요청 돕기
- 컨설팅과 변화에의 참여
- 문제 해결 및 서비스 회복 노력
- 경영자는 코칭과 종업원 백업을 중요하게 생각하지만, 종업원들은 덜 그렇다.

연구에 의하면 종업원과 경영자 사이에 긍정적인 속성과 관련해서는 합리적인 일관성이 있지만, 부정적인 리더십 상호작용과 관련해서는 일관성이 거의 없다. 종업원들은 오히려 보다 많은 범주의 부정적 행위를 보고하였고, 이는 경영자 쪽에서 귀찮아 잘 알지 못함을 의미한다. 가장 중대한 부정적 행위에는 다음과 같은 것들이 있다.

- 비판 혹은 피드백에 무능한 유형
- 종업원 지원의 실패, 혹은 경영자 실수에 대한 종업원 탓하기를 포함하여, 사람에 대한 판단의 부족
- 둔감과 무례

CASE example

사례

자신의 선수들 돌보기[13]

앞선 1장에서, 우리는 (영국의) Scarlets Rugby Club에서 Sara Davies가 수행한 서비스 운영 경영 활동을 설명하였다. Sara의 역할은 클럽 자원을 기획, 일정 수립 및 통제의 상당한 양을 포함한다. 그러나 대부분의 서비스 운영 관리자와 같이, Sara 역시 그녀의 서비스 담당자를 돌보는 역할을 가지고 있다. 그녀는 선수 복지에 중요한 책임을 지고 있다. 이는 넓은 범위의 실용적이며 목가적인 돌봄 이슈를 품는다.

Riley Sports Photography

나는 선수가 경기장에서 일어나는 것을 제외하고는 걱정할 것이 없도록 보장해서, 그들의 세계에 확실히 스트레스가 없게 해야 한다. 나는 내 생각에 일종의 "고뇌의 숙모(agony of aunt)"라, 선수들의 가족 이슈, 주거 문제, 실제 럭비 외의 어떤 문제든지를 돕는다. 나는 이슈를 직접적으로 돕거나, 그게 더 적절하면 그들이 도움을 받을 수 있는 방향을 안내해 주려 한다.

Sara는 선수협회와 협력하여 럭비 외에 평생교육과 학습에 선수들을 지원하는 일을 한다. 이 일은 꼭 젊은 선수만 관련이 있는 것은 아니다. 럭비는 육체적 게임이고 한 번 사고만으로도 현업 선수 생활이 끝날 수 있어서, 선수는 출구 전략을 준비해야만 하고, 교육과 학습은 그 길을 준비할 수 있게 해 준다. 이 경력 지원의 한 가지 특별한 면은 스포츠 매체에서 전문 지식과 해설의 길로 나갈 수 있게 돕는 것이다. 역사적으로는, 고참 선수들이 선수 출신자가 해설자가 되게

개발하는 프로세스를 가진 BBC와 같은 기성 매체 조직으로 갔다. 하지만 시청자는 보다 젊고 역동적인 선수의 해설을 점점 더 갈망하고 있다. 다행스럽게도(관여하는 선수들에 꼭 필요한 것은 아니지만), 럭비가 그런 육체적 스포츠라서 게임 해설을 할 여유 시간을 가진 부상 선수에 대한 공급은 항상 있다. 많은 신규 스포츠 매체 조직은 선제적으로 기여할 선수들을 탐색하여, 시즌 시작 전에 Sara에 접근하여 게임 중(in-game) 해설에 기여할 관심을 가질 수 있는 선수가 있는지를 물어 온다. 해설자에 대한 수요의 상당 부분은 웨일즈(Welsh) 언어와 관련이 있다. Scarlets 팀이 국제적이며, 많은 선수가 지역에서 선발되는 반면, 웨일즈 언어로 해설을 할 수 있는 선수의 공급이 제한적이다. 예를 들어, 많은 선수가 Scarlets Academy 출신이다. (전체 중 약 25% 정도가 웨일즈 말을 하는데, Carmarthenshire에서는 이것이 75%에 이른다.)

누구나 현역 선수에게 듣고 싶어 한다. 내 생각에 오랜 기간 해설자로 경기했던 선수의 시절은 경기가 늘 변하고 있기에 힘들다. 우리는 매년 규칙이 변하는 스포츠계, 아마도 전 세계에서 유일한 스포츠계에서 일한다. 만일 선수들이, 치료에 9~11개월이 걸리는, 무릎 인대 부상과 같은 장기 부상을 입는다면, 우리는 미디어 쪽으로 그 선수에게 적절한 무엇을 할 수 있다.

선수들과 일을 함에 있어, Sara는 넓은 범위의 성격과 개성의 혼합을 다루어야만 한다.

어떤 선수는 해야 할 바를 알려주기 바라고, 어떤 이는 그 반대다. 어떤 선수는 자신의 주위에 팔걸이를 좋아하지만, 다른 이들은 아니다. 일부는 "당근" 유형으로 인센티브에 반응하나, 일부는 "채찍" 유형으로 자신에게 설명하는 결과가 필요하다. 이 역할의 상당 부분은 개별 선수가 어떻게 움직이는지를 파악하는 것에 대한 것이다. 이는 아마도 다른 문화로부터, 팀에 합류하는 새로운 선수가 있을 때 특별히 그렇다. WhatsApp은 우리의 주 의사소통 도구이다. 보다 더 젊은 선수들은 소통하려고 애쓸 것이지만, WhatsApp을 쓰면 그것이 쉽다.

그러나 목가적인 돌봄일지라도 선수들의 직업이 가지는 육체적 본질을 무시할 수 없다. 선수들의 부상을 최소화하게 보장하는 일차적인 책임은 근력과 검사와 코칭 팀의 책임이지만, Sara는 훈련과 의료 제도가 선수들에 미치는 감정적 영향을 다룰 뿐 아니라 의료 예산을 관장해야 하므로 그녀도 관여해야 한다. 예를 들어, 만일 눈에 띄는 경기가 드러나지 않는 주에 선수들이 특별히 세게 훈련을 해야 하는 것에 대해 불평을 하면, Sara는 근력과 검사 팀으로부터 해명할 논리를 필요로 한다. 그녀는 또한 모든 선수들이 부착하고 있는 착용가능 GPS 기술에 의한 지속적인 모니터링에 근거한 경기 의사 결정을 설명해야만 한다. 이는 언제 선수가 과부하가 걸리거나 피로하여 실수를 하거나 부상을 당할지를 예상할 수 있게 한다.

Scarlets의 지원 프로세스를 효과적으로 작동하게 만드는 일은 그 자체로 거대한 작업이다. 그러나 Sara는 서비스 운영 관리의 보다 소프트하고 극도로 중요한 측면을 다루기 위해 인적 스킬, 성격과 공감이 또한 필요하고, 가지고 있으며, 이것 없이는 Scarlets는 오늘날처럼 성공적인 팀이 될 수 없었을 것이다.

8.2.2 팀과 팀워크

서비스 전달 프로세스 내에 팀워크의 기회를 어느 정도로 만들어 넣을지를 정하는 것은 결정적인 디자인 의사 결정이다. 1980년대와 1990년대의 총체적 품질 경영(total quality management: TQM) 프로그램의 다수가, 프로세스가 보다 고객 반응적으로 될 필요를 반영하여 재설계되면서 팀워크 프로그램으로 발전했다. 몇몇 금융 서비스 조직은, 예를 들어, 팀이 판매에서 서비스까지 모든 거래를 처리하도록 자사의 고객 대면 활동을 재구성하였다. 이로 인해 팀 구성원들이 고객과 전달 프로세스를 보다 더 점유하게 되어 운영 및 고객이 인지하는 품질과 생산성의 증가로 빈번하게 이어졌다.

그러나 팀이 모든 상황에서 적합한 것은 아니다. 그룹이 팀이 되려면, 각자의 역할이 어떤 형태로든 상호 관련되어야 하므로 그들이 함께 일할 진정한 요건이 있어야 한다. 다른 말로 하면, 만일 각 개인이 함께 일해서 얻을 명백한 이익이 없다면, 그들은 팀이 되기보다 단순한 모임으로 남을 것이다. 여기서 그룹으로 일하는 것과 팀으로 일하는 것을 구분하는 것은 중요하다. 많은 조직이 팀이기를 바라지만, 함께 일하는 개인들로부터 만들어지는 진정한 시너지가 없다면, 그것은 실제로는 개인이 단순하게 모여서 일할 뿐이라는 것이다.

그럼에도 불구하고, 서비스 운영 안에서 사회적 그룹의 형성은 중요할 수 있다. 공동-작업자들의 상호 지원의 혜택은, 특히 매우 스트레스가 많은 고객 대면 역할에서, 가치 있을 수 있다. 대부분의 사람들은 시간과 에너지에 대한 지나치게 많은 요구의 영향을 안다. 최선을 다함에도 불구하고, 또 다른 추가 요청에 쏟는 에너지의 수준은 감소한다. 서비스 종업원의 동기부여에서 '소진(burnout)'이라고 부르는 것의 영향에 관하여 상당한 양의 연구가 있어 왔다. 어떤 여건에서는, 종업원이 소진을 수습할 수 없어서, 공동-작업자와 고객에게 도움이 되지 않는 행위를 하게 된다.[14] 소진의 충격은 그룹의 상호 지원 메커니즘을 개발하고, 종업원이 까다로운 고객을 응대하게 도와주는 훈련을 제공하며, 나아가 스트레스가 심한 역할에서 잠시 떠나 있는 기간을 만들어 줌으로써, 예상되고 감소될 수 있다.

서비스 운영에서의 팀의 혜택

다양한 저자가 서비스를 팀 주변에 구성하는 혜택을 개설하고 있다. 여기에는 흔히 몇몇 스킬의 (때로 완전히 다른) 원천, 지식 혹은 관점을 함께 가져오는 이점이 포함된다. 그리고 많은 서비스의 스킬과 경험이 한 개인의 스킬과 경험을 뛰어 넘어 보완됨으로써 이득이 될 수 있다. 예를 들어, 컨설턴트업과 같은 많은 전문 서비스에서 이는 혁신과 고객 서비스의 요구에 보다 더 효과적인 반응을 활성화한다. 팀은 또한 분명한 목표를 개발하고, 공유하며 소통하는 데 효과적일 수 있으며, 참여하고 있는 프로세스를 개선할 수 있다. 예를 들어, 광대역 설비와 같은 유틸리티에 문제가 있는 고객을 방문하는 고객 서비스 팀은 고객의 문제를 해결하는 자신들의 경험을 토론할 수 있다. 그들은 또한 변화하는 고객 니즈에 보다 더 유연하게 반응하는 데 장애를 극복할 수도 있다. 또 사람들 간의 혜택도 있을 수 있다. 예를 들어, 함께 일해 오면서 심각한 도전을 극복해 온 소방 팀은, 서로에 신뢰를 형성하고, 각 팀 구성원들의 역량에 대한 이해를 개발하였다. 다시, 이는 보다 효과적인 서비스 전달 시스템의 형성으로 나아가게 한다. 마지막으로, 가깝고 협력적인 팀워크는 보통보다 더 즐거운 것으로 판단된다.

나아가, 주목할 중요한 점은 고객의 공동 생산자 역할이다. 고객은 팀의 꼭 필요한 구성원이 될 수 있다. 이는 서비스 개발과 전달에서 고객의 존재와 투입 요소가 꼭 필요한 전문 서비

WORKED example

사례

Astell Mortgage Society(AMC)

Ruth McMurphy는 유럽의 큰 상업은행에서 최근에 옮겨와 경영자로 임명된 콜센터의 성과에 대해 걱정이 많았다.

나의 이전 운영의 전문가 기질에 비하면, AMC 센터는 솔직히 빈약하다. 팀에 걸쳐 있을 일관성 혹은 조정이 없다. 다른 말로 하면, 팀 리더 수준에서 팀워크가 없다. 각 팀은 독립적으로 운영되는 듯 보이며, 부서 내에 '미니 콜센터'를 만든다. 그 결과 형편없는 성과, 업무 중복 및 다른 팀들로부터 발생한 어떠한 개선의 설치에도 뚜렷한 저항을 일으킨다.

Ruth가 한 일

Ruth의 첫 과제는 그녀가 믿기에 팀 리더의 핵심 우선순위가 되어야 하는 목표 조합을 정식화하는 것이었다. 다음과 같은 것들이다.

- 자신의 팀을 구성하고 조정하기
- 적절한 훈련 계획을 업데이트하기
- 주간 팀 성과 보고서를 만들기
- 휴일을 모니터하고 기록하기
- 질의를 처리하기
- 질병 검토하기

Ruth의 다음 행보는 팀 리더들을 위한 콜센터의 보다 넓은 범위의 비전을 명확하게 하는 것이었다. 그녀의 목적은, 그들이 단순히 자신의 팀을 이끄는 것만이 아니라, 전체로서 콜센터의 성공에 기여하는 자신의 역할을 보게 하려는 것이었다. 그녀는 비전을 상세하게 하는 일에서, "팀 리더들의 팀"에 자신도 포함시켰다. 이는 브레인스토밍 회의, 벤치마킹 방문, National Society for Quality Through Teamwork(NSQT)로부터의 권고를 이용하기, 그리고 콜센터 직원들로 구성된 표적 집단을 통해 달성되었다.

다수의 감사가 수행되었다. 스킬 감사에서는 팀 리더에게 보다 더 사람-초점 역할을 가지도록 훈련 및 개발의 필요성이 있음이 드러났다. 과제 감사는 팀 리더가 팀 구성원들을 코칭하는 것과 같은 정량화가 안 되는 과제의 손상에 따른 사무 작업에 집중하고 있음을 보여 주었다. 이 분석의 결과로 팀 리더의 역할이, 시간의 60%를 코칭에 소모하고, 단지 10%만을 통화 처리에 사용하는 것으로 기대되도록 재정의되었다.

또한, 콜센터도 이전에 팀 리더에 의해 처리되던 많은 사무 활동을 처리하는 운영 지원 부서를 가지도록 재조직되었다. 이것이 팀 리더들로 하여금 비전에 맞추어진 성과 개선에 집중할 수 있게 해주었다. 이 주도로 실현된 혜택의 일부는 다음과 같다.

- 평균 팀 크기가 커지기는 했지만, 보다 효과적인 팀 관리
- 상당한 생산성의 증가
- 고객 서비스의 개선
- 혁신과 선제적 능동성 증가
- 보다 적은 비효과적 회의
- 매주 팀 리더당 하루 이상의 팀 리더 시간 절약

가장 중요한 것은, Ruth가 권장의 문화를 창출하고 학습을 활성화함으로써 향후의 변화를 위한 단단한 발판이 제공되었다고 믿게 된 것이었다.

스에서 특히 그렇다. 경영 컨설턴트 회사는 흔히 자신들의 업무를 수행하기 위해 고객의 곁에서 일해야 한다. 컨설턴트에게는 고객의 종업원에게 멘토링을 제공하고, 그들을 개발하는 것이 서비스의 부분일 수 있다.

팀은, 여러 상황에서 가치 있고 효과적인 반면, 자동적인 만병통치약은 아니다. 어떤 팀은 팀 설계와 팀 프로세스에 충분한 관심이 기울여지지 않기 때문에 실패한다. 다른 말로 하면, 단순히 "팀이 됩시다"라고 말하는 것만으로는 팀을 만드는 데 충분하지 못하다. 팀이 성공하기 위해서는 팀에 마음에서 우러나와 함께 일한다는 요건이 있어야만 한다. 다음의 사례 Astell Mortgage Society는 팀워크가 어떻게 성과를 개선하는가를 보여 준다.

팀 리더의 역할

팀 리더의 역할에 관한 연구에 의하면 팀 리더가 팀의 성공에 결정적인 역할을 한다.[15] 그리고 모든 서비스 제공자가 그렇듯이 그들도 역시 비즈니스 결과를 내라고 밀어대는 조직의 압력과 지원과 관심을 구하는 팀 구성원들의 사이에서 쥐어짜는 느낌을 받는다. 이러한 느낌은, 팀 구성원들은 리더들을 관리자라고 보나 관리자들은 스스로를 팀의 한 부분으로 보는 일부 조직에서, 격화된다. 또한 같은 연구에서 여섯 가지 팀 리더의 핵심 속성이 밝혀졌다.

- 다가갈 수 있고
- 동정적이며
- 지원적이고
- 조직화되어 있으며(organized)
- 팀 구성원들의 역할에 대하여 알고 있고
- 비즈니스를 안다.

이 연구에서 흥미로운 점은 팀 그 자체는 물론이고, (AMC 사례에서와 같이) 팀 리더들의 팀을 구성하는 것이 중요하다는 것이다. 그러나 강력한 팀을 만드는 것은 팀 내의 관계가 너무 강해서 팀이 새로운 구성원을 받아들이거나 다른 팀으로 구성원을 내보내는 것을 주저한다는 단점을 가질 수 있다. 이는 작업 부하의 등락에 대응할 유연성을 떨어뜨릴 것이다. 이 효과에 맞대응하는 방법은 팀 리더 들의 팀이, 각자의 개별 팀에만 초점을 맞추기보다, 조직 전체에 걸쳐 자원을 관리해야 함을 확실하게 이해하도록 하는 것이다.

CASE example

사례

Plaza Athénée에 있는 레스토랑 Alain Ducasse에서의 팀워크

Alain Ducasse는 세계적인 쉐프들 중 하나이며, 파리의 Plaza Athénée 호텔은 멋진 호텔이 무수한 도시에서도 최고급에 속한다. 그래서 Plaza Athénée의 Alain Ducasse 레스토랑에서는 지켜야 할 것이 많다. 그리고 그곳은 3명의 미슐랭 스타를 보유하여 예외적인 요리를 가지고 있다. Plaza Athénée에서 Ducasse의 요리는 크게 생선, 야채, 곡류의 삼각 축을 기본으로 하고 있다. 이는 지구를 존중하면서 보다 더 건강하게 먹자는 특정의 의미를 갖는 삼각 축이다. 그러나 이 수수한 제품들은 오히려 새로운 풍미의 세계를 제공하지, 최고의 미식에 제약으로 보이지는 않는다. 레스토랑의 장식과 내부 시설물 또한 장관이다. 입구는 고객이 레스토랑의 세상으로 진입할 때 부드러운 전환을 제공하는 3개의 잘 연마된 스테인레스 스틸 쉘의 볼록한 부분에 의해 만들어진 공간이다. 그러나 다른 모든 레스토랑과 같이, 고객의 경험을 제고할 수도 손상시킬 수도 있는 것은 일선 직원이 제공하는 서비스이다. 그리고, 다른 상류 요리 레스토랑과 같이, Plaza Athénée에서 일선 직원이 가질 수 있는 가장 중요한 속성 중의 하나는 팀으로 일하는 능력이다.

FRED DUFOUR/AFP/Getty Images

Ducasse 레스토랑 서비스에 대한 코멘트를 하면서, 두 전문 평가자들이 팀워크의 중요성을 분명히 했다.[16] 그들은 서비스 직원의 평균 연령이 25살 정도이지만, 모든 일선 직원은 자연스러움과 공감을 보였다고 지적하였다. 이는 형식적이지 않았지만, 일부 고급 레스토랑에서의 환경과 분위기와는 대조적이었다. 그러나 직원들은 손님에게 편안함을 제공하면서 고객을 방해하지 않도록 조심스러웠다. 서비스가 가능한 한 무의식적이고 자연스럽게 쉐프와 요리를 지원하였다. Ducasse 레스토랑 직원들은 잘 훈련되어, 자신의 행동이 서비스 속도와 동기화 면에서 매우 효율적이었으며, 형식적인 모습 없이 아주 높은 수준의 엄정함을 보여 주었다. 그들은 기술적 엄정함을 보여 주었지만, 그들은 필요한 소프트 사회적 스킬도 보여 주었다. 의사소통과 팀워크가 결정적이었다. 서비스 직원들은 자신들의 동료가 언제라도 무엇을 하고 있는지에 집중하고, 다른 이들과 소통하며(때론 비언어적 신호를 사용하여), 나아가 그가 주문 접수자이든 소믈리에이든, 헤드웨이터이든, 감독자이든, 그들 각자의 책임을 존중하였다. 말은 별로 없었고, 일부 눈짓이 있었으나, 모두가 팀으로서 함께 끌었다. 많은 사람이 세계 최고 접객/레저 경영 대학으로 간주하는 École hôtelière de Lausanne(EHL)의 직원인 두 전문가들은 자신들의 관찰이 최근 EHL에 의해 수행된 서베이 결과에 맞추어진 것으로 팀워크, 의사소통, 발표 및 유연성의 중요성을 강조하였던 것이라고 말했다.

8.2.3 서비스 직원의 역할을 분명하게 하기

대부분의 직업은 하나의 역할 이상을 채우는 직원을 필요로 하며, 서비스 직업도 예외가 없다. 이는 고객으로부터 오는, 때로 예측 불가하며, 때로 합리적이지도 않은, 넓은 범위의 요구에 흔히 대처해야 하는 일선 서비스 직원에게 특별히 그렇다. 사람들은 그들이 화가 난 고객에서 고약한 날씨와 같이 개인의 통제를 넘는 사건으로부터 발생하는 모든 일을 다뤄 주기를 기대한다.

일선 직원의 역할

일선 서비스 직원이 수행하는 일부 역할은 그들의 공식적인 직무 명세서의 부분일 수 있으나, 그밖의 것들은 아마도 기대된 바 없어도 다루어져야만 하는 것일 수 있다. 빈번하게 등장하는 역할은 다음과 같다.

- **주문 접수자**: 일선 부서 직원이 고객과 조직의 접촉면이 된다.
- **도움 주는 자**: 고객은 때로 무엇이 특별히 좋은지 혹은 어느 것을 사지 않아도 좋을지에 관해 '내부' 지식을 구한다.
- **이미지 만드는 자**: 브랜드는 서비스 제공자에 의해 전달된다.
- **서비스 전달자**: 일선 직원은 고객을 위한 최종 접촉점이다.
- **불만 처리 해결사**: 서비스 회복의 가장 효과적인 곳은 전달 시점이며, 많은 비공식 불만이 여기서 해결된다.
- **치료사**: 어떤 고객은 사람을 만나면 문제를 털어놓고 도움이나 충고를 구하는 기회로 삼는다.
- **트레이너**: 일선 부서 직원은 능력있는 고객과 능력이 떨어지는(신규일 수 있는) 고객 모두를 다룰 수 있어야 한다.
- **코치**: 많은 고객이 좋은 서비스 경험을 보장하는 신뢰 구축과 코칭을 필요로 한다.

역할 갈등과 역할 모호성

대부분의 사람은 자신의 역할, 자기가 무엇을 하도록 기대되는지, 그리고 자신이 어떻게 평가될지를 분명하게 알 때 보다 더 효과적으로 일한다. 서비스 접점의 효과성에 대한 연구에 의하면, 고객 대면 종업원이 좋은 서비스를 하도록 동기부여 되려면 역할 갈등과 역할 모호성이 최소화 되어야 한다. 역할 갈등은 개인에 의해 수행되는 두 개 이상의 역할 간에 일어나는 충돌이다. 역할 모호성은 개인이 역할 안에서 기대되는 것에 대하여 확신이 없거나 분명하지 않을 때생긴다.

역할 갈등은 서비스 제공자가 다수의 책임을 가지나, 각 역할을 동시에 수행하는 것이 불가능할 때 발생할 수 있다. 그 예로 대기열의 길이를 줄이는 책임과 동시에 보다 많은 서비스를 구매하도록 고객을 설득하여야 하는(각 거래에 보다 많은 시간을 써야 하는 일) 책임을 맡은 콜센터 직원을 들 수 있다. 흔히, 역할 갈등은 서비스가 저급하게 설계되거나, 업무의 요구가 역할에 부여된 개인의 사적 관점과 갈등을 빚을 때 일어난다. 후자의 예가, 고객에게 다른 더 좋은 대안이 있음을 알고 있으면서, 고객에게 일련의 행동 과정을 추천하도록 유도되는 판매원이다.

역할 모호성은 개인이 역할의 요구를 확신하지 못할 때 발생한다. 역할 모호성은 서비스 종업원이 조직의 전략이나 이끌어주는 철학이 명료성이 부족하다고 생각하고, 다른 사람들의 책임들 간에 구분이 잘못 정의되었을 때, 혹은 분명한 조직 구조가 결여되었을 때 자주 일어난다. 이는 업무에 신참인 개인이 조직 내에서 어떻게 맞추어야 하는 지를 이해하지 못하였을 때 일어날 수 있다. 분명하지 못한 역할은 적절한 행위나 성과에 대한 분명하지 못한 기대, 혹은 고위 경영진과 일선 감독자들 양자로부터의 낮은 리더십으로 인한 결과이다.

역할 갈등과 역할 모호성의 부정적인 효과는 과업들이 보다 더 일상적이며 습관적으로 되어감에 따라 시간이 가면서 증가할 수 있다. 조직의 존재의 초기 단계에서 몰입된 개인들에 의해 수행되던 것들이, 원래의 역할을 잘 이해하지 못하거나 공감하지 못하는, 최근의 신참들이 맡게 될 수 있다. 서비스 운영 경영자들은 서비스 전달의 모든 측면을 관리하기 위하여 이들 이슈들을 고려할 필요가 있고, 그러한 이슈들이 고객에게 자명한 곳에서는 고객 대면 종업원의 잠재적 역할 스트레스에 특별한 주의를 기울일 필요가 있다.

CASE example

사례

여행 리더의 여러 가지 역할[17]

여행 가이드/리더는 ("비치에서 쉬기" 휴가에 반하여) 관광 휴가에 치명적인 부분이다. Tony Harpur는 Ramblers Working Holiday(RWH: RWH에 대한 추가 정보는 4장의 사례 참조)의 여행 리더이다. 그의 역할은 어떤 휴가의 성공에도 결정적이다. RWH가 또한 지역 가이드를 고용할 때도, 항상 자사의 여행 리더들 중 한 명을 여행 그룹에 제공하는 것이 회사 정책이다.

Tony는 다음과 같이 말했다.

홀로 활동하는 여행 리더가 되는 것과 지역 가이드와 함께 하는 여행 리더가 되는 것의 사이에는 차이가 있다.

지역 가이드와 함께 할 때, 여행 리더의 역할이 다르다. 많은 경우에, 그것이 덜 어렵다. 지역 가이드는 지역 역사, 지리 등을 간단히 소개할 수 있다. 결국, 그들도 전문가이다. 이것이 나에게 일이 잘 조직되게 하고, 레스토랑 예약을 체크하며, 손님의 피드백을 받고, 다음 날에 대한 정보를 주는데 집중할 시간을 더 많이 주고, 나아가 모두가 확실히 행복해지게 하기 위해 일반적으로 더 많은 시간을 쏟게 한다. 그러나 지역 가이드와 여행 가이드 사이의 관계는 특별히 중요하다. 누구든지 민감해야 한다. 지역 가이드는 아마도 자신의 시간 중 90%를 손님과 홀로 일하느라 소비할 것임을 기억하시라. 그들은 다른 누군가와 역할을 나누는 것에 늘 익숙하지는 않을 것이다. 당신도 확실히 그들의 어깨 너머로 보고 있다는 인상을 주고 싶지는 않을 것이다.

많은 경우에, 여행 리더는 여행사 손님의 결정적인 접점이다. 그들은 여행 내내 가지각색의 개인의 집단을 리드하고, 알려 주며, 동기부여하면서, 그들의 기대, 이해, 요구 및 결점을 다루어야 한다.

당신이 몇 가지 중요한 것을 기억하면, 대부분의 일은 부드럽게 흘러갈 것이다.

특별하게도 당신에게 지역 가이드가 없다면, 당신은 공부해야 한다. 손님들에게 가능한 한 많은 질문에 답하는 것은 여행 리더의 책임이다. 질문은 지역의 역사부터 지질을 거쳐 지역 정치에까지 이를 수 있다. 손님의 기대를 관리하는 것은 특별히 중요하다. 브로셔는 아주 우수해서 모든 유형의 정보를 제공하나, 브로셔를 제대로 읽지 않는 손님은 늘 있기 마련이라, 여행할 예정인 지대의 어려움 등과 같은 정보를 알려 줄 필요가 있다. 손님들에게 정보를 넘겨주고 받는 것은 특별히 중요하다. 나는 매일 밤 내일은 무슨 일이 일어날지를 모두가 확실히 알게되도록 저녁 식사 전에 회의하기를 좋아한다.

그러나 때로 불운이 따를 수 있어, 여행 리더는 지혜롭게 대처할 필요가 있다.

물론 때때로 사소한 응급 사태가 발생하나 아마 이들은 상대적으로 빈도가 낮다. 작은 개인 부상이 가장 흔해서, 예를 들어, 손님이 발목을 삐면 그들을 안심시키고, 병원 혹은 의사에게 데려가며, 적절한 치료를 받도록 보장하고, 그들의 보험 관심사를 처리하는 등이 여행 리더의 책임이어서, 그룹의 나머지 사람들의 니즈에 먼저 보여지게 한다. 그런 사건을 다루는 데는 프로토콜이 있고, 물론 모든 그룹 리더는 응급조치에 훈련을 받아 왔다. 잃어버린 가방은 흔히 해결해야 하는 또 다른 응급 상황이다. 역시 이를 다루는 데에도 알려진 프로세스가 있다. 항공사와 확실히 접촉이 되었는지, 모든 정보가 수집되었는지, 그리고 손님이 응급 자금으로 얼마를 쓸 수 있는지 등을 확인하여야 한다. 좀 더 심각한 응급 상황이 있으면, 회사의 본부가 아주 훌륭한 지원 서비스를 제공하여 나는 24시간 전화번호를 사용하여 그들과 접촉할 수 있다. 나는 항상 휴대전화를 가지고 다니며, 여행 첫 날 내 전화번호를 모든 손님에게 알려준다.

여행 리더는 대부분 자원자이지만, 그들에 대한 선발과 훈련은 엄격하다.

훈련은 고되나, 즐겁고, 중요하다.

모든 예비 여행 리더는 응급 상황을 다루고, 까다로운 손님을 대하며, 유람을 구성하는 등과 같은 교육 과정을 거친다. 교육을 마치면, 회사는 당신의 첫 임명이 "어려운 곳에 밀어넣기"가 안 되도록 주의 깊게 선택한다. 예를 들어, 신참 리더의 첫 여행은 호텔 하나만 사용하는 상대적으로 쉬운 여행이거나, 상대적으로 이해가 잘 되는 루트 등일 수 있다. 또한, 회사는 손님의 피드백을 매우 심각하게 취급한다. 일 년에 최소한 한 번은 당신이 수행한 역할이 어떠했는지에 대한 손님들의 피드백을 간단히 설명받는다. 그러나 이는 멋진 일이다. 당신은 흥미로운 장소에, 같은 마음을 가진 수많은 사람과, 그들의 희망과 기대를 충족시킬 도전과 함께 가는 것이다.

8.2.4 대본을 사용하기

대본(script)은 언어와 행동의 정확한 명세서로 서비스 직원이 특별한 상황에서 사용하는 것이다. 아이디어는 대본이 절차를 창출할 것이라는 점으로, 이는 종업원이 특정 상황에서 무엇을, 그리고 어떤 순서로 할지를 도와 준다. 그러나 "대본"이 의미하는 것에 대해서는 조심하라. 그 말은 서비스 접촉에서 사용되는 정확한 언어 조합이라는 생각을 출현시킨다. 서비스 경영 문헌에서는, 그것이 훨씬 더 넓은 방법으로 사용된다. 그래서, 극장에서처럼 움직임과 위치 선정의 방향, 분위기와 논조, 일을 하는 순서, 사용될 단어 등을 포함하기도 하여, 빈틈없이 쓰이는 경우부터 즉흥적인 경우까지 범위를 가질 수 있다.

많은 대형 서비스 조직이 서비스의 일관성(고객에 대한 반응이 표준화되어서)과 효율성

(언어와 행위의 효율적 사용이 사전에 조심스럽게 설계되었기 때문에)을 제공하는 기법으로 대본을 사용한다. 게다가, 어떤 조직은 대본 쓰기가 고객과 종업원 모두에게 보호받고 있다는 느낌을 줄 수 있다고 믿는다. 고객이 접촉이 어떻게 전개될지에 대한 '규칙'을 알기 때문에 가까운 대본은 그들의 긴장을 풀게 해줄 것이다.

서비스 접촉에서 대본이 가지는 몇 가지 다른 기능이 제안되었다.[18]

- **서비스 종업원을 도와 고객이 원하거나 필요한 것을 찾아내기**: 대본은 고객을 고무시켜 종업원들로 하여금 고객을 정확하게 진단하고 적절한 서비스를 제공할 수 있게 하도록 하는 그런 방법으로 자신들의 니즈를 묘사하도록 설계되어야 한다.
- **고객을 통제하기**: 대본은 종업원이 시스템을 통하여 방해를 최소로 하면서 고객을 안내하도록 도와야 한다. 이는 고객화가 적극적으로 권장되지 않을 때 특별히 중요하다. "우리의 특별한 2품 요리 제안은 어떠실까요?"는, 효율적인 주문-접수 프로세스를 위해 보다 더 수익성 있는 서비스를 팔 기회를 닫아 버릴 위험이 있지만, 빠른 결정을 가능케 한다.
- **서비스 접점과 관련될 수 있는 관례 만들기**: 단골 고객은 재촉하지 않아도 서비스 프로세스에서 필요한 행동을 수행하도록 종종 사전 준비가 되어 있을 수 있다. 한 예로 가장 적절한 가방에 짐을 꾸린 비행기 탑승객을 들 수 있는데, 그는 체크인 질문을 예상하고, 체크인 데스크에 오기 전에 서류를 순서대로 만든다. 일부 서비스 설계자들은 기억 조직 패킷(memory organization packet: MOP)[19]이라고 불리는 것을 적절히 격발할 수 있도록 제안하고 있는데, 이는 고객으로 하여금 흔히 무의식적인 루틴이 될 수 있는 것으로 움직여 가도록 하여, 서비스 전달 프로세스에서 조기 참여를 이끌어 낼 수 있게 한다. 서비스 제공자들 사이에서 차별화를 만들어내기 위해 대본을 바꾸는 위험이 있을 수 있다. 이는 서비스 품질을 만들기보다 오히려 혼란을 야기할 수 있다.
- **직원의 통제를 활성화하기**: 대본은 다수 사이트와 다수 서버에 걸쳐 일관성을 높이는 수단을 제공할 수 있다. 이는 적절한 고객 대본을 확실하게 기동되게 하고, 모든 필요한 질문과 프롬프트가 확실히 주어지게 하는 특별한 이점이 있다. 대본은 종업원에게 '보험이 당신 집 사물들을 충분히 보장한다고 확신하나요?' 혹은 '다른 보험 걱정거리를 도와드릴까요?'와 같은 "하부 대본(sub-scripts)"을 사용하도록 권장하는 다이렉트 보험의 콜센터 예와 같이 교차 판매의 프로세스에서 특별히 가치가 있다.
- **조직 행동을 합리화하기**: 여기서 대본은 종업원들에게 경영진이 생각하기에 고객이 기대하는 행동과 태도에 관하여 알려준다. 레스토랑 체인인 TGIFriday는 고객과의 상호작용에서 높은 에너지 수준을 보여 주도록 직원을 격려하는데, 고급 레스토랑은 직원이 침착

하고 긴장하지 않은 유형의 서비스 전달을 선호한다.

- **유사하게 응대하기**: 이전 고용에서 작업자가 학습한 대본은 이후의, 유사한 상황에서 새로운 대본을 개발하는 기초로 활용될 수 있다.
- **조직화된 행위**(organized behaviors)**를 활성화하기**: 대본 쓰기는 상호 의존적인 활동에 참여하는 팀이 부드럽게 작동하게 할 수 있다. 예를 들어, 하나의 수술 팀은 수술 절차의 전에 자신들의 행동을 미리 안무하고 예행 연습한다. 일상적인 의료 절차를 개발하는 것은 다른 사람들이 각자의 역할을 수행할 수 있다는 조건에서 개별 팀 구성원들이 변할 수 있음을 의미한다. 대본 쓰기는 이러한 상호 호환성을 가능케 한다.
- **행위에 대한 가이드를 제공하기**: 대본은 서비스 접촉에서 다음에 무엇이 일어날지에 대한 기대를 정한다. 고객은 이 조직이나 유사한 다른 서비스 조직을 경험한 바 있기 때문에, 서비스가 시작되기 전에 일이 행해지는 방법이나 약간의 정보가 요구되는 이유를 설명할 필요가 없다. 또 대본은 서비스 '공평성'을 설명하는 데 사용될 수 있다. 재난(A&E 혹은 ER) 병동의 환자들 대부분은 다른 환자가 상황이 자기 것보다 더 심각함이 분명하면 자기 차례보다 먼저 치료받는 것을 허용할 것이다.
- **역할 갈등을 완충하거나 격화시키기**: 대본은 '왜 내가 이러한 정보를 제공하여야 하는가?'와 같은 어려운 질문을 '죄송합니다만 그것은 회사 방침입니다'라든지 혹은 '금융서비스 규제가 우리로 하여금 이러한 정보를 확보토록 합니다'와 같은 대본을 이용하여 비켜갈 수 있게 한다. 대본은 종업원이 고객에게 원치 않거나 인기 없는 정보를 주어야만 하는 상황에 직면할 때 도움이 된다.
- **행위를 평가하는 기초를 제공하기**: 대본은 경영진이 종업원의 행위를 평가하는 점검 목록으로 사용될 수 있다. 이는 감독자가 일상적으로 대량의 전화를 모니터하는 콜센터에서 흔히 이용된다. 감독자가 단순한 주문 접수는 물론 추가 판매와 같은 특정 행위의 증거를 찾을 때 더욱 그렇다. 이때 대본은 '당신은 … 고려해 본 적이 있나요?'와 같다.
- **인지적 처리 능력을 보호하기**: 대본은 마치 '자동 비행'을 하는 것처럼 대본이 수행되어 종업원으로 하여금 동시에 여러 활동을 하도록 한다.

조심스럽게 설계된 대본은 조직의 고객과 종업원에게 조기 참여의 기회를 제공할 수 있다. 대본은 고객과 종업원을 공히 지원하는 의식적이며, 동시에 무의식적인 수단이 된다. 그것은 고객의 기대를 관리하는 데 도움이 되고, 서비스 프로세스의 각 단계마다 고객에게 무슨 일이 기다리고 있고, 이것이 일어나려면 고객이 무엇을 해야 하는지를 잘 알게 하기 때문에 전 프로세스를 통하여 부드러운 진행 경로를 열어 준다.

다 른 견 해

누군가(고객과 서비스 조직)에게는, 대본 쓰기는 고객 서비스에서 전적으로 부정적 개발이다. 특히 세상의 반대편에 있는 콜센터로부터의 싸구려 진부함과 잘못된 친근함은 오히려 화나게 하고, "가짜 서비스"에서 최악이 될 수 있다. 게다가 모든 고객이 대본화된 접촉을 침착하게 수용하지 않는다. 한 실험에서 호텔 접객 직원과 호텔에 체크인하는 고객 사이의 일련의 대본화된 대화가 기록되었다.[20] 대다수 대화는 훨씬 덜 대본화된 반면, 일부 대화는 고도로 대본화되었다. 대부분의 고객은 대화가 대본화되었음을 즉각적으로 감지할 수 있었다. 게다가, 대본 쓰기가 그들의 경험에 부정적인 방향으로 영향을 주었다. 사회적 매체는 독창적이지 못하게 대본을 사용하는 기업에게 매서운 조롱을 퍼붓는다. 대본의 문제, 그리고 비평은 자주 유연성의 결여를 언급한다. 대본에 맞게 적절한 반응을 하지 못한 고객은 경험이 적고 훈련이 안 된 종업원들에게 그들이 다루기에는 지나치게 큰 문제를 제공할 수 있다. 대본이 고객에게 로봇 같은 행위로 인지될 수 있다. 도우미가 '불편하신 것 없나요?'라고 묻기를 재촉하는 표준 레스토랑 대본은 자주 '예, 좋습니다. 감사합니다'라고 기대되는 응답을 맞게 되는데, 이는 음식에 대한 언급이 아니라, 오히려 가능한 한 빨리 간섭받지 않으려는 방법이다. 이 대본이 진정성 없이 너무 자주 이용되기 때문에, 개인적 온정 속성이나 요구되는 고객 대응 없이 누군가 서비스 동작을 하고 있다는 인상을 준다. 또한, 대본이 방어적인 행위로 연결될 수 있다. 표준 대본은 양날의 칼이 될 수 있다. 이는 종업원에게 어려운 상황을 처리하는 분명한 형태의 언어를 제공하여 유용한 역할을 할 수도 있지만, 상황이 오히려 다른 무엇을 요구할 때에도 대본에 쓰인 반응을 지나치게 쉽게 사용할 수도 있다.

8.2.5 의사소통과 참여

자신이 일하는 조직의 현재 활동과 미래의 계획에 대해서, 암흑의 상태에 있기를 바라는 자는 아마 없을 것이다. 서비스 종업원도 예외는 아니다. 사실, 많은 서비스 제공자는 개발의 프로세스에 참여하게 됨을 고마워하고 때로 중요한 기여를 한다. 조직은 자사 서비스 제공자와 의사소통하고 그들을 경청하기 위해 다양한 방법을 이용한다. 여기에는 다음과 같은 것이 있다.

- 경영자들이 하는 브리핑
- 연례 회의
- 원탁 회의
- 질의응답 세션
- 인트라넷 기반 정보 및 업데이트
- 비공식적 회의와 모임
- 회사 뉴스레터

효과적인 의사소통이 중요하기는 하지만, 그러나 그것은 직원들이 조직 내에서 가질만한 이해(stake)의 단지 일부분 일뿐이다. 성과 개선에 직원을 참여시키는 것은 또한 중요하다. 우리는 이를 15장에서 좀 더 자세히 다루겠지만, 직원의 자긍심을 만드는 행동은 그들이 경험하는 압력을 해소하게 할 수 있다는 점을 여기서 강조하는 것은 중요하다. 가장 기본적인 수준에서, 그 사람이 아마도 과제에 대하여 가장 잘 안다는 조건에서, 개선 대상의 과제에 가장 가까이에 있는 사람을 참여시키는 것은 상식이다. 일상적인 서비스 전달로부터 멀리 떨어져 있는 서비스 설계자들은 때로 늘 "종업원(혹은 고객) 친화적인" 것이 되지 못하는 프로세스를 만들어 내곤 한다. 종업원을 참여시키는 것은 직원과 조직 양자 모두에게 긍정적인 영향을 줄 것이다. 이는 조직이 시간, 훈련 및 경영 지원의 관점에서 일부 투자가 필요하지만, 대부분의 조직이 이들 활동으로부터 얻는 혜택이 있음을 필연적으로 의미한다.

8.3 종업원 재량의 적정 수준은 무엇인가

모든 서비스 상황에 대한 대본을 만드는 것은 바람직하지도 가능하지도 않아서, 대부분의 서비스 조직은 자사 서비스 직원에게 어느 정도의 재량을 준다. 이는 고위 경영진에만 예외적이지 않은, 모든 종업원의 경험, 두뇌력과 창조성을 이용하는 조직의 일반적 추세와 조화되고 있다. 보다 수평적인 조직 구조와 함께, 자율 팀 혹은 반자동 팀으로의 이동은 또한 작업장에서 사람들에게 보다 많은 자율성을 줄 필요를 강조한다. 여기서 우리가 '권한 이양(empowerment)'라고 하지 않고 '재량(discretion)'이라고 언급하는 점에 주목하라. 이미 지적되었듯이, 대부분 사람의 일은 그들이 어느 정도의 권위를 가지고 있다는 감도에서 권한 이양이 되어 있다. 결정적인 질문은 그들이 어느 정도의 재량을 가지는가이다.

세 가지 유형의 종업원 재량을 구분하는 것은 유용할 것이다.[21]

- **일상적 재량**(routine discretion)은 무슨 과업을 택할 것인가 보다는 오히려 기본 과업을 어떻게 수행할 것인가에 관한 재량을 종업원이 가지는 것을 의미한다. 일상적 재량의 범위는 과업의 복잡성으로 확장될 수 있다. 과업이 복잡할수록 각 단계가 엄격하게 통제된 절차 문서로 작성될 가능성이 더 낮다. 예를 들어, 각 고객에게 적절한 추천을 하기 위해 광범위한 정보원에서 정보를 캐야 하는 투자 상담역은 넓은 범위의 일상적 재량을 가진다. 사실, 일반적으로는 넓은 범위의 일상적 재량을 가진 고객 대면 종업원도 자신들의 각 서비스 접촉을 처리하는 방법에 변화를 주려 할 것이다.
- **창조적 재량**(creative discretion)은 자신이 무엇을 할지와 어떻게 하는지를 동시에 개발하는 사람들이 행사한다. 이는 일을 함에 있어 이미 시행되고 검증된 공식을 가지지 못하나,

그럼에도 불구하고 무엇을 할지에 관해 정보가 주어지면 그들로 하여금 자세한 정보에 근거한 판단을 할 수 있도록 해주는 훈련과 경험을 가진 사람들과 관계된다. 이 스펙트럼의 한 극단에는 오랫동안 조직에서 수용되었던 규범으로부터의 유의한 이동을 대표하는 신제품 설계 혹은 전략의 개발에서와 같이, 조직의 혁신적 활동에 포함된 그러한 창조적인 사람들이 있을 수 있다.

- **일탈적 재량**(deviant discretion)은 그것이 일반적으로 조직에 의해 승인된 것이 아니라는 점에서 일상적 및 창조적 재량과 다른데 반하여, 다른 두 유형의 재량은 조직이 인정하고 승인한 것이다. 서비스 맥락에서, 회사 정책에 반하여 고객에게 환불해 주는 소매점 영업사원이 일탈적 재량을 보여 준다. 이것은 자신에게 고객 만족의 증가를 얻게 해 줄 수 있으나, 고위 경영진은 승인하지 않는다. 일탈적 재량은 그것이 보통 조직의 이익을 위해 일하기보다 자신만의 권위로 행동하는 개인을 포함하기 때문에, 잠재적으로 파괴적이다. 그러한 사람들은 독불장군이나 단지 고집불통의 명성을 얻을 수 있다. 정작, 이렇게 일하는 사람들로 구성된 조직은 재미는 있으나 무질서하다. 그러나 그러한 사람들이 없는 조직은 현상에 도전하지 않고 쉽게 정체할 수 있다.

〈그림 8-5〉는 종업원 재량을 개발 혹은 제한과 관련된 이슈를 탐색하는 프레임워크이다.[22] 핵심 차원은 다음과 같다.

- **조직 스타일**: 유동적인 조직은 구조를 상대적으로 자주 바꾸어야 한다. 자문회사와 같은 프로젝트 기반 조직은 전문성에 의해 조직된다. 전문가인 컨설턴트들이 앞장을 서고, 아마도 보다 연장자로서 종업원에게 방향을 제시한다. 고객의 니즈가 이동하면, 서로 다른 기능/지식 집합에 대한 요건이 변하고 나아가 조직 구조와 프로세스가 바뀌게 재촉한다. 이들 조직은 각 상황에 맞추어 프로세스를 적응할 필요가 있으며, 그래서 척도의 '유동적' 끝에 놓일 것이다. 소매점이나 보험회사와 같이 분명한 운영 절차를 가지는 서비스 운영은 척도의 경직된 끝에서 작동되기 쉽다. 금융 서비스의 경우에 이는 효율적으로 일하게 해 줌과 동시에 위험 관리/규제준수 절차가 확실하게 보이도록 해 준다.
- **인지된 개별 종업원 재량**: 이후에 좀 더 자세하게 논의될 것이나, 이 이슈는 빈번하게도 종업원이 자기가 가진 재량이 얼마나 된다고 '느끼는지', 혹은 자신이 할 수 있다고 느끼는가의 문제이다. 여기서는 이를 종업원의 관점에서 논의할 것이다. 어떤 종업원은 자신에게 부여된 재량으로 '성장해 들어가지' 못 할 수 있고, 다른 종업원은 자신이 행동할 자유가 잘려나갔다고 느낄 수 있다. 분명하게도 이 측면은 경영자 관점에서도 분석되어야 하며, 경영자와 종업원 사이에 의견의 차이를 일으키는 이슈들은 고려할 가치가 있다.

〈그림 8-5〉 종업원 재량에 대한 적응적 접근 및 순응적 접근

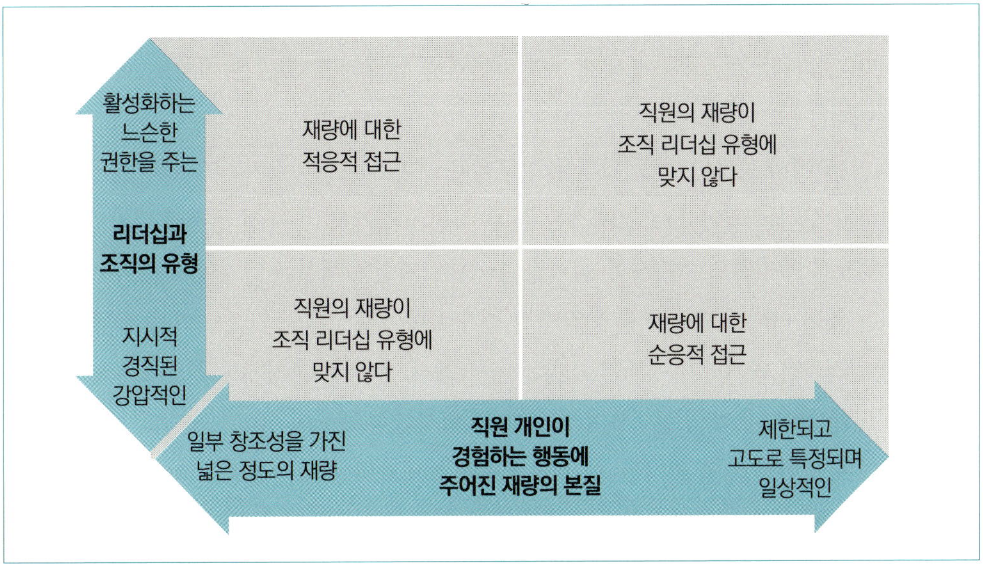

8.3.1 순응하는 조직

순응하는(compliant) 조직은 대량/낮은-다양성 서비스 운영에서 빈번하게 찾아 볼 수 있다. 순응하는 조직은 흔히 다음 특성을 가진다:

- 그들의 초점은 때로 복수의 위치에 걸쳐 있으며, 많은 서비스원과 함께, 일관된 서비스 전달에 있다.
- 그러한 운영은 종업원이 각 상황에서 어떻게 행동해야 하는지에 관한 훈련과 함께, 잘 개발된 프로세스 문서화 작업을 가진다.
- 대용량과 일관된 프로세스는 그 자체가 자동화나 상대적으로 저비용 노동을 채용하게 한다.
- 채택되는 경영 스타일은 빈번하게 어느 정도 지시적이며, 종업원이 이직하는 것은 그들이 상대적으로 경험이 부족하여(또 동기부여가 낮아) 그런 것이기 때문이 흔하다.
- 성과 척도는 흔히 반응 시간 혹은 접수된 주문 수와 같은 단기 지표에 관련되어 있다.

하지만 여기서 준수 영역에서의 모든 역할이 저임금, 저기능 종업원과 관련된다고 가정하지 않는 것이 최선임을 기억하시라. 항공기 조종사들도 역시 이 영역에 속한다. 사람들은 조종사가 일관되게 작업하고 지나치게 많은 재량을 구사하지 않기를 원한다(최소한 정상 조건에

서). 그러나 조종사들에게 사람들의 안전을 돌보는 그들의 능력과 책임감에 충분한 돈을 지불할 것이다. 일이 잘못될 때, 우리는 조종사에게 그들이 시뮬레이터에서 훈련받은 절차에 따르기를 원한다. 결과적으로, 상황에 의해 '무기력해지지' 않으려면, 그들은 아마도 보다 더 순응적이 될 것이다.

〈그림 8-5〉에서 보듯이, 이들 조직들의 문제는 서비스 프로세스가 마치 경영진에 의해 강요되고 있다고 느끼는 것이다. 프로세스는 본부 직원이 설계하고, 사전 결정된 디자인을 확실하게 준수하도록 주기적으로 감사를 실시할 수 있다. 지엽적 혁신은 그것이 모든 부서에서 항상 충족되는 것이 아니며 단위 비용의 잠재적 증가로 이어질 고객의 기대를 만들어 낼 수 있기 때문에, 바람직하지 않거나 권장되지도 않는다. 그래서, 순응적 조직에서의 문제는 일선 종업원이 서비스 개념이나 고객의 동기부여 혹은 소유 의식이 부족하여 서비스 전달의 다소 기계적 유형에 생명을 불어넣지 못 한다는 것이다. 서비스 경영자의 과제는 그렇지 않다면 로봇과 같이 보이는 작업 인력에게 소유 의식과 창조성의 불꽃을 일으키는 것이다.

그렇게 하는 데 있어서, 목표는 준수에서 프로세스 소유로 강조를 바꾸는 것이다. 여기서의 목적은 종업원에게 서비스 전달이 강요되는 것이라고 느끼기보다 그것이 자기 것이라고 느끼게 하는 것이다. 어떻게 이를 달성하느냐는 서비스 문화와 지속적 개선의 장에서 보다 충분히 다루어질 것이나(각각 9장과 15장), 넓게 사용되는 접근은 다음과 같다.

- **의사소통**: 조직이 얼마나 잘 하고 있는지와 미래 전략의 이유와 같은 경영에 좋은 소통. 또한, 가치를 매길 수 없는 고객 피드백의 통로를 활성화시키기 위해 고객 대면 종업원들로부터 고위 경영진으로의 의사소통 라인을 여는 것은 유용하다.
- **참여**: 프로세스 개선 프로젝트에 참여시키는 것은 가능한 한 필요할 때 권장된다. 여기서의 목표는 종업원이 프로세스 디자인에 관여해 왔기 때문에, 프로세스와 고객에 대한 소유 의식의 감각을 키우는 것이다. 많은 서비스 조직이 카이젠 혹은 식스시그마와 같은 지속적인 개선 활동은 이 분야에서 매우 도움이 되었음을 알고 있다(서비스 개선에 대해서는 15장 참조).
- **축하**(celebration): 고객 대면 역할을 맡은 직원에 대한 동기부여의 주요 문제는 그들이 빈번하게 불만과 남용의 수용 끝단에 있고, 고객으로부터 칭찬을 받는 일은 드물다는 것이다. 진실로, 일부 고객 서비스 기능은 불만을 전문적으로 처리하는 명시된 과업으로 구성되어 있다. 어떤 서비스 조직은 일상 거래의 잠재적 지루함과 고객 불만 처리의 둔화 효과를 모두 성공의 축하 의식을 만들어서 맞대응한다.
- **팀워크**: 고객 대면 직원을 팀으로 조직하는 것은 목적의 감을 일구는 데 도움이 될 수 있

고, 또한 직무 회전, 지원 및 동기부여의 기회를 제공한다. 서비스 전달에서 팀의 주요 효익은 경영자들이 팀에게 보다 '일상적 재량'을 주어 직무 회전과 같은 처방적 분야의 일부에서 의사 결정을 하도록 하는 것이다. 이는 종업원이 조직에 대해 가지는, 워크라이프의 모든 측면을 통제하는 '감시자(big brother)'라는 인식을 줄여준다.

이러한 모든 접근에는 한 가지 공통점이 있다. 그것은 조직이 가장 어린 종업원일지라도 그들의 기여를 가치 있게 여긴다고 느끼게 해주는 것이다. 이것이 없으면, 서비스 접촉이 적당한 선 이상의 무엇이 되는 것은 가능하지 않고, 그래서 아마도 고객 충성도가 형성되지 않을 것이다.

8.3.2 적응하는 조직

적응하는(adaptive) 조직은 스펙트럼의 높은-다양성/소량 끝에서 보다 자주 나타난다. 전문 서비스의 많은 사람들, 예를 들어 경영 컨설턴트 혹은 법률 자문 들이 이 범주에 속한다. 적응 조직들은 많은 특성을 가진다.

- 제품과 프로세스 양자 모두를 개발하는 데 높은 정도의 창조적 재량이 있다.
- 빈번하게 핵심 개인들의 기능과 지식에 의존한다.
- 표준 프로세스의 생성에 저항이 있어, 접근 방법에서 일관성이 없게 된다.
- 혁신을 강조한다.
- 연구 개발 활동은 상품 조직에서 찾아볼 수 있는 서비스 브랜드와 '제품'의 개발과는 반대로 흔히 조직 인력의 전문적 개발에 초점을 둔다.
- 경영 스타일은 '활성화하는(facilitative)' 것이어서, 기능을 갖춘 개인이 각자의 모든 잠재력으로 일할 수 있도록 보장하는 데 초점이 있다.
- 성과 척도는 순응 조직의 경우보다 본질적으로 더 장기적일 가능성이 높다. 예를 들어, 마케팅은 수개월의 기간에 걸쳐 새로운 서비스를 다수 개발하는 것을 포함하는 목표를 가지고, 교수는 다음 해 과목을 가르칠 새로운 교재를 개발하도록 요구될 수 있다.

이들 조직의 도전은 하나의 적당하게 일관된 접근이 서비스 전달에 도입되게 보장하는 것이다. 많은 전문 서비스 조직에서는 고객 관계가 개별 제공자에 의해 관리되어 잠재적으로 비효율성을 가진다. 여기 다른 약점은 개인이 조직 내 자신의 위치가 약해지기 때문에 자신의 지식을 다른 사람과 공유하기 주저한다는 것이다. 중요한 인물이 자신이 모은 대표적 고객 집단을 데리고 떠나면 이것이 때로 중대한 문제를 야기할 수 있다. 경영진은 다음에 관심을 집중할 필요가 있다.

- 핵심 개인에게 그들의 기능과 지식을 확장할 기회를 제공하여, 동기부여하기
- 사람들이 자신의 과업을 수행하기 위하여 협력을 필요로 하는 상황을 강조하기
- 사람이 조직을 떠날 때 고객과의 관계가 서비스되지 않도록 보장하는 고객과의 다수 연결 고리를 개발하기

8.3.3 전환을 관리하기

〈그림 8-6〉은 조직이 개별 종업원에게 주어지는 재량의 본질과 양을 늘리거나 줄이는 결정을 할 때 무슨 일이 벌어지는지를 설명하는 두 가지 공통 조건을 보여 준다.

- 순응에서 적응으로: 걱정하는 구역
- 적응에서 순응으로: 좌절하는 구역

순응에서 적응으로: 걱정 구역

어떤 서비스 조직은 고객 대면 종업원에게 주어지는 재량의 양을 증가시키고 싶어 한다. 이는 전략이 고객에게 사용 가능한 서비스 운영의 범위를 증가시키려 하는 것이라면 특별히 그렇다. 이

〈그림 8-6〉 종업원 재량 관리에서의 전환

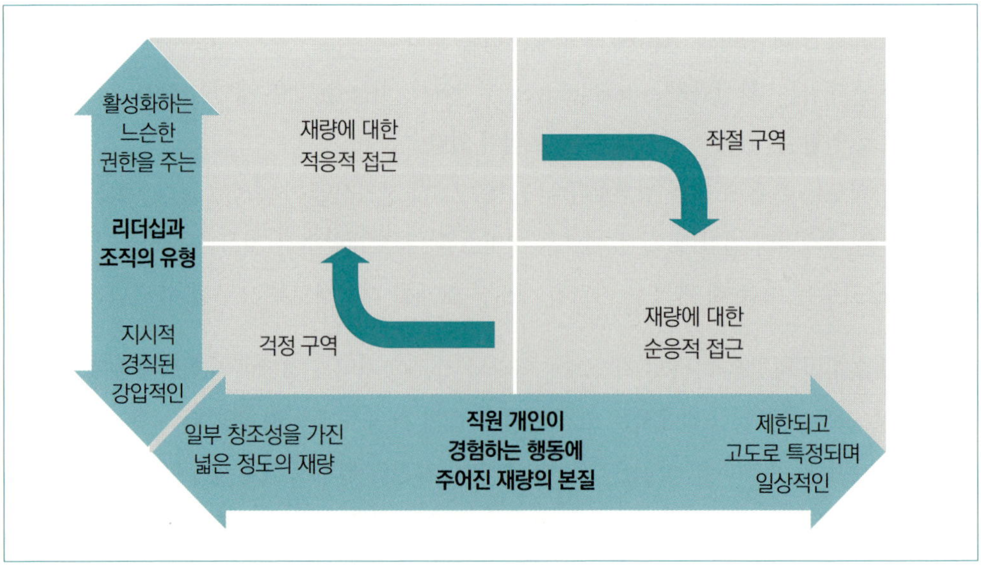

경우에, 개별 서비스 제공자에게 보다 많은 의사 결정을 하게 하고 서비스 프로세스의 보다 큰 부분을 수행하도록 요구할 수 있다. 물론, 많은 경우에 이러한 변화의 이행은 잘 계획되고 실행되어야 한다. 전형적으로 이는 훈련과 정보 시스템에의 투자를 포함할 것이나, 그것이 아무리 잘 관리될지라도 사람들은 변화 속도가 다르고, 각자의 개성과 이력에 의해 주재된다. 그러므로 이 경우에 개별 종업원은 자신이 따를 분명한 구조와 프로세스를 제공받은 적절히 '안전한' 환경처럼 느껴지는 곳으로부터 개별적 의사 결정이 요구되는 곳으로 이동되고 있는 것이다.

이 상황은 '권한을 이양받지만 그것을 느끼지는 못하는' 것으로 요약될 수 있다. 참여된 당사자들은 도전을 원하나 자기 자신의 능력을 확신하지 못하거나 혹은 조직이 그들에게 얼마나 많은 진정한 재량을 기꺼이 줄 것인가에 대해 확신하지 못한다. 이러한 전환에서는, 개인이 각자의 역량에 맞는 수준까지 즉각적으로 성과를 내지 못하고, 진정으로 새로운 과업에 미치지 못하는 것으로 경영자에게 평가 기록될 수 있다. 현실에서는, 지원과 훈련이 있으면 많은 수의 직원이 증가된 재량에 추가된 책임을 처리할 수 있을 것이다. 지속적 개선 활동과 서비스 전달 프로세스의 소유 의식을 만들 기회에 대한 풍부한 재능 광맥은 흔히 있다. 하지만 걱정 구역에서의 고객 대면 종업원은 아마도 늘 새로운(보통은 보다 요구가 큰) 디자인 표준대로 서비스를 전달하는 것은 아니라는 점에 주목하는 것이 중요하다.

적응에서 순응으로: 좌절 구역

조직이 일부 혹은 모든 종업원의 재량을 제한하고 싶을 수 있다. 흔한 이유로는 실제 혹은 바람직한 성장의 결과로서 시스템과 프로세스가 표준화되어 개인으로 하여금 자신만의 독특한 서비스 방법을 개발할 기회가 줄어든 것이 있다. 이는 전국적 혹은 다국적 비즈니스 고객에게 일관된 서비스를 제공하고자 하는 전문 서비스의 경우에 특별히 그렇다.

이러한 전문 서비스의 경우, 프로세스에 의한 경영을 이행하는 것은 조직의 개인 측면에서는 자율성의 감소를 가져올 것이다. 좋은 예로 다양한 범위의 고객에 적용될 수 있는 솔루션을 개발하고자 하는 대규모 컨설팅 회사를 들 수 있다. 이 시나리오에는, 비록 컨설턴트가 개별 고객에게 기본 솔루션을 응용하는 재량을 일부 가질 수는 있지만, 기본 디자인 작업은 회사의 다른 사람에 의해 수행된다. 이 철학이 회사마다 분명히 고객 관계에 대한 브랜드 경영과 접근의 표준에 관한 정책을 바꿀 것이다.

좌절 구역의 특징은 다음과 같다.

- 개인은 시스템이 고객에게 솔루션을 제공하는 가장 효과적인 방법으로 일하지 못하게 한다고 주장하며, 표준 프로세스(하나의 강제된 시스템)의 구축을 거부한다.

- 이 개인은 빈번하게 인식된 제약 혹은 실제 제약에 대하여 극단적으로 말이 많다.
- 〈그림 8-6〉에서 보는 것처럼, 좌절 구역의 종업원은 표준 프로세스가 설치되어 있음에도 불구하고, 자신이 여전히 높은 정도의 재량을 가지고 있다고 인식한다. 그 결과로 종업원들은 자신이 시스템의 '위'에 있어서, 그것은 자신에게는 적용되지 않고 자기 생각에 최선의 방법으로 '일이 되도록' 하기 위해 요건을 우회할 수 있다고 느낀다.

여기서의 문제는 높은 수준의 재량을 가졌다고 느끼는 데 익숙해진 사람은 자신의 자유가 제한된다고 느끼는 환경에서 일하는 것을 특히 어려워한다는 것이다. 그들은, 만일 대안이 임금이나 조직 내에서의 지위를 잃는 것이라면 시스템에 '순응할' 것이나, 시스템을 수용하기 어려움을 알고 결과로서 불만을 품게 되기 쉽다. 이들 개인들은 꼭 확보해야 하는 스킬을 빈번하게 가지고 있기 때문에 이들의 관심을 인정하는 것은 중요하다. 이는 이미 설치된 보다 표준화된 서비스 프로세스의 목적과 충돌하지 않은 활동에 참여를 통하여 그들에게 개인적인 개발의 기회를 줌으로써 경우에 따라 달성될 수 있다.

권한 이양과 통제의 균형

같은 서비스 부문에 속한 조직들은 서로 다른 운영 철학을 가질 수 있다. 하나의 조직 문화에서 행복한 사람들이 다른 조직에서는 고심할 수도 있다. 조직이 중요한 변화를 이루고 싶을 때, 누구는 보다 권한이나 재량을 많이 넘겨받는 것을 좋아하고, 누구는 보다 더 지정된 역할에 가장 행복한 자가 되며, 다른 이는 시간과 지원을 받아 보다 큰 역할로 성장하려고 함을 인정하여, 사람들이 그렇게 다루어져야만 함에 주목하는 것은 중요하다. 심각한 문제는 어떻게 그리고 얼마나 많이 개별 종업원에게 '권한을 줄까'를 아는 것이다. 여기서, 핵심 이슈는 직원들이 보다 더 책임질 의지와 능력을 가지는 정도에서, 그들의 성숙도이다.[23]

8.3.4 서비스-수익 사슬

종업원의 일에 대한 만족과 그들을 고용하는 조직의 전반적인 재무 성과의 사이에 직접적인 연결이 있다는 것은 매력적인 생각이다. 보다 더 행복한 직원은, 그들이 보다 더 서비스 운영 실무에서의 개선을 이해하고 지원할 가능성이 높고, 이는 다시 고객 만족, 고객 충성도를 제고하고, 나아가 더 나은 조직의 재무 성과를 발생시킨다 고 제안하는 것은 비합리적이지 않다. 그 반대, 즉 만족하지 못한 종업원들은 개선을 지원하거나 고객을 관심과 예의로 대응할 가능성이 낮다고 믿는 것도 보다 더 쉽다. 아마도 이 생각의 가장 잘 알려진 공식화는 '서비스-수익 사슬'이라고 불리는 것으로, 이는 '서비스 가치 사슬' 또는 '서비스 성과 네트워크'라고 불리기도 한다.

서비스-수익 사슬은 Heskket과 동료들이 처음 개발하여 모델화하였다.[24] 이는 수익성이 직접적으로 고객 만족과 충성도의 결과이고, 이는 다시, 서비스 품질과 고객이 받은 가치에 대한 고객들의 감지, 그리고 종업원들의 역량, 만족, 충성도에 대한 고객의 관점으로부터의 직접적인 결과라는 생각에 기초하고 있다. 모델에 기초한 연구가 20개 대형 서비스 조직으로부터 실증 증거를 수집하고 사슬에 부여된 많은 관계를 조사하였다. 경영 실무에 대한 의미가 특별히 새로운 것은 아니나, 그럼에도 불구하고 분명하며 직관적이다. 서비스 직원의 기여와 성과가 고객 서비스와 비즈니스 성과의 제공에 결정적이다. Heskket과 그 동료들은 직원 만족과 고객 만족의 관계를 "만족 거울"로 묘사하였으며, 이 아이디어가 비스니스 성공이 고객 만족에 반영된 직원 만족에서 유도된다는 것이다.

그것에 대해 어떻게 생각하든지, 사슬은 서비스 운영 관리자를 도와 그들이 자신의 운영에 만들 수 있는 변화의 영향을 이해하게 한다. 대부분의 조직에서, 서비스 운영 의사 결정과 비즈니스 성과의 인과 관계는 그들의 관계에 지체와 연기를 지닌 수많은 요인을 포함하여 본질적으로 극도로 복잡하다. 경영자가 늘 어느 특정 변화나 주도의 비용을 예측하거나 계산할 수 있지만, 경영자는 그것이 조직의 보다 넓은 비즈니스 성과에 미치는 영향을 훨씬 덜 확신할 수 있다. 예를 들어, 고객 만족, 유지, 수입, 시장점유율 및 순익. 서비스-수익 사슬은 그 영향을 꿰뚫어 생각하는 논리(그림 8-7 참조)를 제공한다. 이 복잡성이 많은 경영자가 의욕을 잃게 하기 충분하며, 그들로 하여금 지나치게 단순화된 해로 돌아가게 유혹할 수 있다. 그들은 흔히 운영 드라이버와 비즈니스 성과 사이의 연계를 이해하고 작업하는 것이 훨씬 더 낫다고 생각한다. 예를 들어, 만일 운영 관리자가 직원 훈련이나 회복 시스템의 개선에 추가로 X백만 파운드를 소비하는 것이 Y백만 파운드의 순익을 내거나, Z백만 파운드의 비용절감을 산출할 것임을 알고(그래서 보여 줄 수 있으면), 그들은 더 넓은 경영 지원을 얻을 더 나은 기회를 가진다.

비즈니스 모델로서의 서비스-수익 사슬

서비스-수익 사슬을 운영 드라이버와 비즈니스 성과를 이해하는 기법으로 사용하기 위해서는, 첫 단계는 문화, 자원 혹은 회복 시스템과 같은 핵심 운영 및 비즈니스 드라이버와 고객 만족 혹은 순익과 같은 조직 결과를 규명하는 것이다. 서비스-수익 사슬(혹은 서비스 성과 네트

〈그림 8-7〉 서비스-수익 사슬의 논리

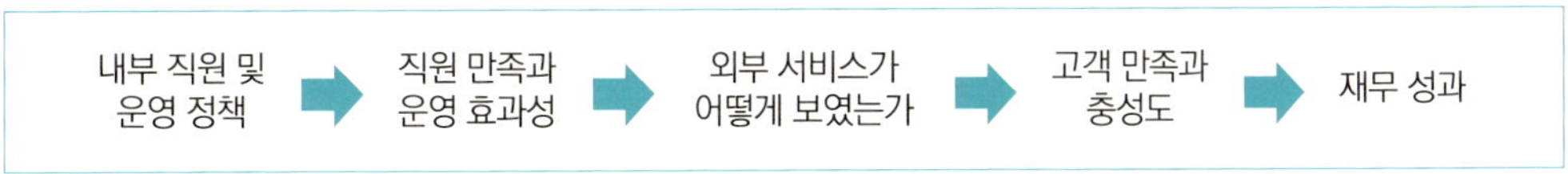

〈그림 8-8〉 서비스-수익 사슬/서비스 성과 네트워크

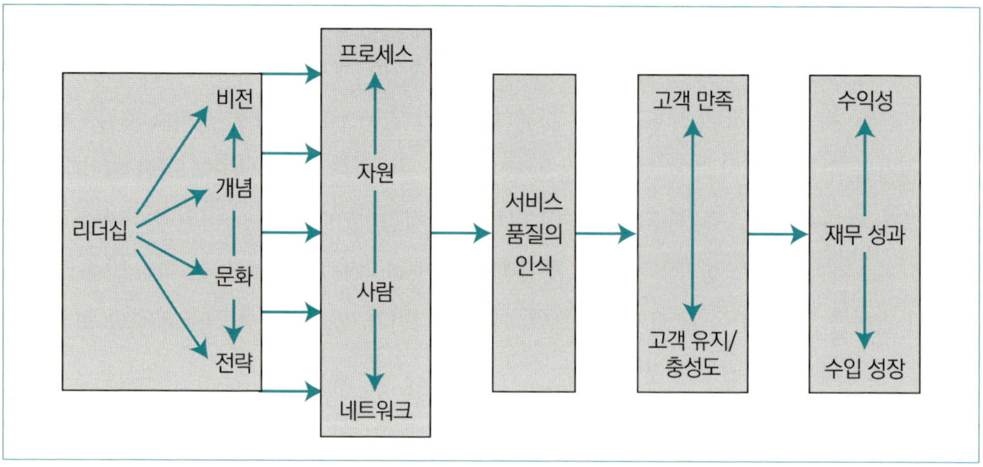

워크)를 그리는 것은 이 변수들 간의 가능한 인과 관계를 묘사하는 것이다. 예를 들어, 훌륭한 리더십은 올바른 문화에 영향을 주고, 또는 고객 만족은 고객 유지를 개선하고 고객 유지는 재무 성과에 영향을 준다. 〈그림 8-8〉이 이의 예를 보여 준다. 조직이 자신들의 비즈니스 모델에 모든 변수, 혹은 변수 간의 모든 관계를 진실로 잡아낼 수 있는 확률은 거의 없다. 주안점은 핵심 관계를 잡아내는 것이다. 시간이 지남에 따라 네트워크는 비즈니스가 어떻게 작동하는지의 보다 완전한 모형을 제공하도록 개발하고 확장될 수 있다. 이들 모델은 비영리 조직에도 같은 정도로 적합하다. 예를 들어, 결과가 순익보다는 오히려 예산을 고수하며 목적을 달성한다는 관점으로 표현될 수도 있다.

척도 규명하기

다음 단계는 사슬 내 각 변수에 대한, 기존이든 요구되는 것이든, 척도를 규명하는 것이다. 많은 보다 큰 규모의 조직에서는, 척도를 만드는 것이 문제가 아니고, 조직 안에서 데이터를 찾는 것이 문제다. 우리가 흔히 보는 것은 변수가 측정되나 데이터가 다른 부서에 보관되는 것이다. 마케팅이 고객 만족에 대한 데이터를, HR은 직원 유지 데이터, 재무부서는 수입 데이터를 가질 것이다. 관계와 모델이 어떻게 작동하는지를 이해하기 위해서는 이들 데이터가 함께 모아질 필요가 있다. 이것의 계획 단계에서 노력의 투입이 중요하다. 왜냐하면 창출된 사슬의 종단적 강점이 수집 도구를 빈번하게 바꿈으로써 해를 입을 수 있기 때문이다. 한 엔지니어링 컨설팅 회사는 비즈니스 모델을 개발하고 〈그림 8-9〉와 같이, 모델 내 각 변수에 사용 가능한 수많은 척도가 있음을 발견하였다.

〈그림 8-9〉 서비스-수익 사슬/척도와 서비스 성과 네트워크

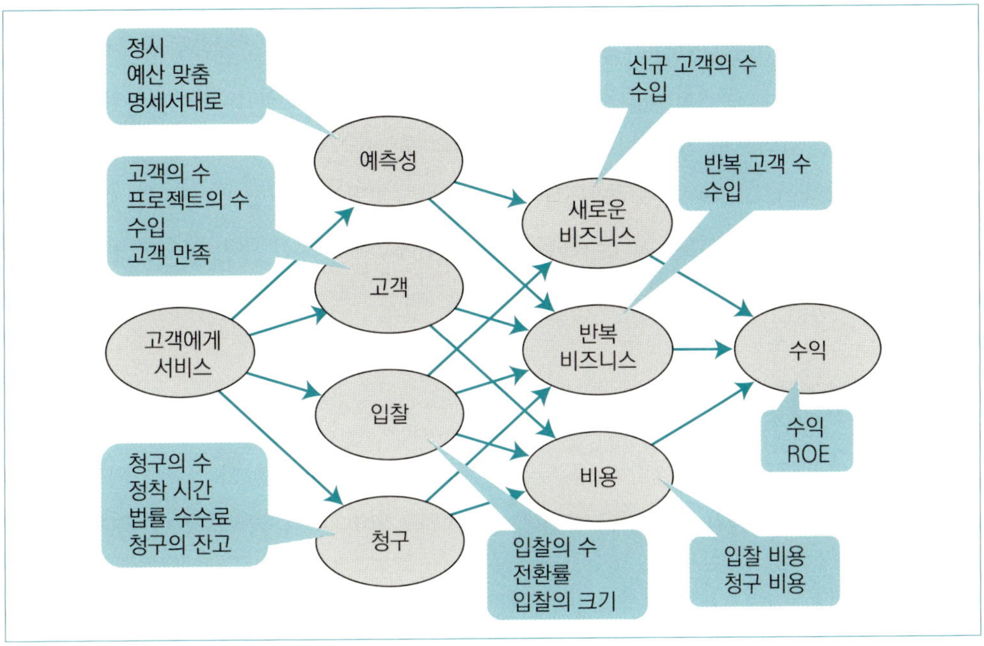

다른 견해

서비스-수익 사슬은 본질적으로 간단한(그리고 오래된) 메시지, 즉 "행복한 종업원은 행복한 고객을 의미한다"를 지원하는 전면적 가설이다. 그러나 이에 대한 비평이 없지 않다. 이는 3개의 (모순되는) 범주에 떨어지는 경향이 있다. 첫째, 서비스-수익 사슬은 지나치게 단순화되었다. 둘째, 그것은 아주 복잡해서 개별적인 관계 모두를 보일 수 없다. 셋째, 그것은 전혀 새롭지 않다.

첫째, 그것은 지나치게 단순화되었다. 서비스-수익 사슬은 환경적이며 운영적인 맥락과 관계없이, 비즈니스 성공의 요인을 완전히 이해하기에는 지나치게 단순한 모델이다. 그것은 잠재적으로 중요한 변수, 즉 경쟁, 제공되는 서비스의 본질, 운영의 규모 등과 같은 변수들을 허용하지 않는다. 이들 모두는 사슬에서의 다양한 연계 사이의 관계에 심대하게 영향을 미칠 수 있다. 다른 말로 하면, 모델이 응용되는 조건들이 고려되어야 하고, 나아가 이들이 "거울" 효과를 뒤틀거나 부정할 수 있다.[25] 둘째, 그것은 너무 복잡하다. 모델은 많은 다양한 이슈, 의사 결정, 서비스 실무 및 성과의 요인 등을 통합한다. 이러한 다수의 별개 관계와 상호 의존성을 결합하는 것은 그것의 강점이면서 잠재적인 약점이다. 이러한 복잡성 때문에 그에 내장된 가정의 다수가 검증되지 못하는 취약성이 있다. 그리고 진실로 그 가정을 검증(또는 반증)하려는 시도한 연구들은 흔히 전체로서의 모델보다는 오히려 사슬 내 개별 연계가 입증되는 혼합된 결과를 제공해 왔다. 셋째, 그것은 전혀 새롭지 않다. 서비스-수익 사슬과 오랜 세월의 경영 "구루"들, 특히 총체적 품질 경영(TQM)을 주창한 이들이 주는 메시지 사이에는 강한 유사성이 존재한다는 것은 지적되어 온 바 있다. 많은 TQM의 구루는 프로세스 소유 의식이 종업원 만족을 가져오고, 이는 다시 보다 더 높은 품질 수준, 생산성 및 비즈니스 성과를 가져온다고 선언한다.[26] 그러므로 서비스-수익 사슬은 단순히 '오래된 뉴스'를 재포장한 것에 불과하다.

8.4 고객을 어떻게 '관리'할 것인가

지금까지 우리는 서비스 직원의 역할에 초점을 두었다. 그러나 "서비스 사람들"은 서비스 프로세스와 상호작용 하는 고객을 포함한다. 그뿐만 아니라, 공동-생산이란 개념이 서비스 조직의 종업원에게 같은 방법으로 서비스 제공자로서 고객의 포함을 권장한다. 그런 감각에서, 고객은 '일시적인 종업원'이므로, 우리는, 종업원과 마찬가지로, 경영자가 어떻게 이들 '일시적인 종업원'을 어떻게 관리하여, 그들이 요구되는 역할을 완수하고 바람직한 행위를 보이게 할 것인가를 이해할 필요가 있다고 주장하고자 한다.

8.4.1 고객 역할

고객은 서비스 프로세스에서 놀랄 만큼 다양한 기능을 수행한다. 그들의 정확한 역할은 활동의 본질과 서비스 설계자가 정한 접근 방법에 따라 다를 것이다. 그들의 역할은 다음과 같다.

- **서비스 제공자**: 많은 조직에서 고객은 자기 자신(때로 다른 고객들)에게 서비스를 제공한다. 자명한 하나의 예가 수퍼마켓에서 완수하는 작업으로, 선반에서 물건을 찾아서 계산대로 가져오고 이것을 포장하여 자동차로 나른다. 서로를 위한 서비스(및 혜택)를 만들려면 모두의 참석에 의존하는 신용 조직, 신디케이트 혹은 작업 그룹에서 우리가 하는 역할은 덜 자명하다. 고객이 하는 다른 역할은, 다른 고객들에게, 식당이나 놀이 공간에서 분위기를 만들어 주는 것이다. 조용히 있거나 놀이에 동참함으로써 고객들은 다른 이들이 즐기거나 따르는 분위기 혹은 기분을 설정하게 한다.
- **서비스를 특정하는 자**: 대부분의 서비스에서 고객은 적절한 서비스 혹은 제품이 선택되어 수행되기 전에 요구 조건에 대하여 분명한 정보를 제공해야 한다. 이는 서비스 혹은 제품이 잘 정의되고 고객이 대본에 대한 폭넓은 경험이 있는 소비자 서비스에서 상대적으로 직설적이다. 그러나 많은 전문 서비스와 같이 많은 경우에 고객이 관련 지식이나 경험이 거의 없는 고객화 서비스에서는 그렇지 않을 수 있다.
- **품질 검사자**: 많은 서비스 조직은 고객을 품질관리 검사자로 사용할 수 있다. 조직은 표적집단이나 설문지와 같은 공식적인 피드백 미캐니즘을 제공하거나, 고객으로부터 폭넓은 범위의 조언을 촉구한다. 어떤 조직은 무결점을 보장하기보다 오히려 오류로 고객의 주의를 끌어 고객에 의존하는 것으로 보인다.
- **트레이너/역할 모델**: 어떤 조직에서는 다른 고객에게 무엇을 할지 그리고 어떻게 행동할지를 알게 해주는 데 고객들을 활용한다. 질서 있게 줄 서 있는 것을 보여 주거나 식당에서

조용히 대화하는 것을 보여 줌으로써, 기존 고객이 새 고객의 역할과 행위를 정의한다. 그들은 질책하는 표정이나 적극적인 간섭을 해서라도 위반자를 훈계하는 책임을 떠맡을 수도 있다.

8.4.2 고객 참여의 혜택

서비스 상호작용에서 고객으로 하여금 바람직한 역할을 완수하도록 독려함은 많은 혜택이 있다. 세 가지가 특별히 주목할 만하다. 첫째, 서비스 프로세스에 능동적으로 개입하는 고객은 흔히 충성의 감각이 커지게 된다. 개입하게 되면, 이 고객들은 짧은 기간 내에는 그만두고 다른 제공자를 찾아갈 가능성이 더 적다. 둘째, 그들은 자원 생산성의 원천이다. 만일 고객이 과업의 일부를 같이 수행하는 경우라면, 서비스 작업은 그 자체로 가동 자원을 덜 필요로 한다. 셀프서비스 식당과 수퍼마켓이 쉬운 예들이다. 셋째, 서비스 프로세스의 일부가 되는 고객들은 자신들의 서비스와의 상호작용에서 보다 더 개인적인 통제를 가진다고 느낄 수 있다. 예를 들어, 모바일 앱은 고객이 자신에게 맞는 시각에 서비스에 접근하게 해 준다.

CASE example

사례

카메라가 당신을 보고 있군요, 웃으세요!

모든 세상이 무대이다. 그리고 청중이 극의 일부이다. 그러나 분명하게도 그들은 늘 책임 있게 행동하지는 않는다. 이것이 왜 런던에 있는 두 개의 극장산업 그룹들이 청중 구성원들이 공격적으로 되는 것을 막기 위해, 보안회사 Calla와 협력하여 자신들의 극장 전면 배치 직원들로 하여금 미니어처 녹음 장치(BWV: Body-Worn Video camera)를 장착케 한 이유이다. 대부분의 극장 청중들은 물론, 올바르게 행동하지만, 예외들이 있다. 그리고 어떤 쇼는 청중 문제가 일어나기 쉽다. 이들은 대부분 전통적인 연극과 ('쥬크 박스 뮤지컬'이라고 불리는) 음악 콘서트 사이의 어딘가에 위치하는 극장 이벤트에서 흔히 일어난다. 문제는 다른 태도와 행동 표준을 가진 고객이 자기들끼리 논쟁을 벌릴 때 발생한다. 그 두 청중의 집합이 어떻게 행동해야 하는 지에 대해 다른 기대를 가지고 있다. 보다 전통적인 극장족들은 조용한 행위와 일정 수준의 예법을 기대한다. 다른 쪽은 쇼를 콘서트로 간주하여 다른 누구도 그들이 어떻게 좋은 시간을 가지는지를 말해서는 안 된다고 느낀다. 고객에게 자리를 안내하는 안내원과 같은 극장 직원은 논쟁의 한가운데에 잡힐 수 있다. 다른 청중들에게 추가적인 방해를 일으키지 않고 공격적인 상황을 관리하는 것은 어려운 일일 수 있다.

YUI MOK/AFP/Getty Images

BWV 카메라가 지급된 다른 일선 작업자로 의료 작업자, 공항 및 항공사 보안 직원, 탐색 및 구조 요원 및 지방정부 직원이 있다. 어떤 학교에서는 선생님도 학생들을 방해하지 않도록 하기 위해 이들을 사용하는 것으로 보고되고 있다. 그러나 최근 연구가 그러한 스킴과 그것이 학생과 선생 모두에게 주는 잠재적 영향에 대해 우려를 제기한다. 이는 BWV 카메라가 어떻게 사용되는지에 달려있다. 그것들이 사용되었을 때, 카메라는 끊임없이 녹화한 것은 아니다. 선생님들은 무언가를 녹화해야 할 때마다 그것을 켠다. 그러나 이는 다른 방법으로 확산될 수 있는 상황을 고의적으로 점차 상승시키는 것으로 해석될 수 있다. BWV를 도입한 경찰력에서도 같은 효과가 보고되었으며, 이는 법 집행에서 가장 빠르게 확산되는 기술중의 하나이다. 그럼에도 불구하고, 기술은 경찰에 대한 공식적인 불만의 감소와 관련되어 왔으며, 경찰관들은 특히, 부적절한 행위의 거짓 혹은 과장된 비난에서 자신들을 보호하는 장치로서 일반적으로 BWV를 지지하는 듯하다. 그러나 이것이 시민들의 보고 행위 혹은 경찰관들의 행위에 개선을 반영하는지의 여부는 일부 논란이 있다.[27]

8.4.3 고객 관리 이슈

고객이 서비스 경험을 받는 자이면서 동시에 공동 생산자로서 서비스 전달의 중요한 구성 요소이므로, 고객을 마치 '종업원'인 것처럼 '관리'하는 것도 이해할 수 있는 일일 것이다. 그러나 고객을 관리하고 통제하는 것은, 첫째, 그들은 이용당한다고 느낄 수 있는 고객이기 때문에, 둘째, 조직은 그들에게 단지 제한된 통제만을 가할 수 있기 때문에, 종업원을 관리하는 것보다 더 어렵다. B2B 조직은 표준을 정하고 그 표준을 사용하여 전달하고 받는 서비스를 감시하고 통제하기 위하여 그들 사이에 서비스 수준 협약서(service-level agreement, SLA)를 이끌어 낼 수 있는 반면, 다른 조직은 사회적 관습이나 '보상'과 '처벌'에 의존하여야 할 것이다.

고객을 관리하는 것은 다음 모두 혹은 일부를 수반한다.

- 고객 역량 정의하기
- 고객 선택
- 고객 동기부여
- 고객 훈련
- 고객 제거

고객 역량 정의하기

일이 수행되는 방식을 재정의할 서비스 개념에서의 변화 중 하나는 서비스 조직이 자신은 유능한 혹은 무능한 고객과 거래한다고 가정하는 정도와 관계가 있다. 예를 들어, 통신장비 공급업자는 이전에 예외적으로 유능한 고객(전국적인 네트워크 운영자들)과만 거래를 했었다. 모바일 네트워크의 도래와 증가된 경쟁은 그들이 이제는 기술자보다는 사업가와 거래하고 있음을 뜻한다. 이는 새로운 서비스의 개발 가능성을 열고 있음과 동시에, 그간 인정된 일하는 방식에 도전을 제기하는 것이다.

고객 선택

작업 프로세스 안에서 자신의 역할을 할 의지와 능력이 있는 고객을 가진다는 것은 조직에게 도움이 된다. 특정 역할을 하도록 직원을 모집하고 선발하는 것과 같이, 많은 서비스 조직은 또한 고객을 모집하고 선택한다. 조직은, 흔히 각자의 마케팅 부서를 통하여, 어떠한 서비스가 있는지에 관한 정보를 제공하여, 적절한(그리고 달성 가능한) 니즈를 가진 고객이 해당 서비스에 이끌리도록 보장하게 돕는다. 정보의 부족은 혼란을 만들고 불필요한 자원이 사용되게 한다. 예를 들어, 당신이 집에 있는데 몸이 약간 안 좋다고 느낀다면 당신에게는 많은 행동 코스가 열려 있다. 의사와 진료를 예약하거나 전화 혹은 인터넷으로 조언을 구하는 것이 이해할 수 있는 옵션이다. 그러나 일부 고객은 상황이 심각하지 않은데도 사고 및 응급 부서에 불쑥 나타나거나 응급 앰뷸런스를 불러, 결과적으로 더 잘 활용될 수 있는 값비싼 자원을 소비한다. 조직은 고객과 잠재 고객들에게 자신만이 아니라 조직을 위해서도 올바른 선택을 하게 하는 좋은 정보를 확실하게 줄 필요가 있다.

어떤 조직은 '올바른' 유형의 고객을 확실하게 끌기 위한 시도로, 예를 들어, 고가나 드레스 코드를 사용한다. 보험회사나 학교/대학과 같은 다른 조직은 잠재 고객을 걸러 자신들이 지나친 위험에 처하지 않게 하거나 학문적으로 동시에 사회적으로 바람직하게 되기를 보장한다. 휴가 기업인 Center Parcs는 대규모 남녀 중 어느 한 쪽만의 그룹으로부터 예약을 받지 않는다. 왜냐하면 가족 휴가로서의 명성이 '부적절한' 행위에 의해 손상 받지 않기를 원하기 때문이다. 나이트클럽에 들어가려는 긴 줄은 덜 적합한 고객(예를 들어, 시끄럽다고 불평해댈 고객들)을 밀어냄은 물론, 동시에 진정 그곳에 있고 싶은 사람들을 고무시킨다. 줄은 여기가 유명하고 바람직한 목적지란 인상을 준다.

어떠한 유형의 서비스이건 간에, 조직은 자신들이 원하는 유형의 고객을 규명하고 그 사람들은 조직에 끌리면서 다른 사람들은 그렇지 않게 되도록 보장하는 시도로서 선발(혹은 탈락)하는 방법을 정할 필요가 있다. Inland Revenue 혹은 사회적 서비스와 같이 고객을 선택할 자유가 없는 조직일지라도, 고객이 어떠한 서비스가 이용 가능하고, 이를 이용하는 가장 좋은 방법, 그리고 그렇게 할 때 어떻게 행동할지를 아는 것은 도움이 된다. 고객이 올바른 서비스, 위치 및 이용 시간 등을 선택하도록 돕는 그런 정보도 역시 '고객 훈련'의 한 예이다.

고객 동기부여

종업원과 달리 고객이 보통은 직접적으로 혹은 간접적으로 서비스에 대해 지불을 하므로, 그들이 조직 내에서 잘 했다고 어떠한 직접적인 금전적 보상을 받을 가능성은 없다. 고객이 요구되는 바의 행태와 행동을 하게 하는 데는 동료 압력과 사회적 관습으로 늘 충분하다. 어떤 조직은 직접 연료를 주입하면 요금을 조금 더 싸게, 직접 조립을 하면 가구를 더 싸게, 고객 정보나 받은 서비스에 관한 정보를 제공한 대가로 '할인'권을 주는 것과 같이, 약간의 금전적 인센티브를 준다. 다른 조직은 벌칙 시스템을 사용하여 고객이 준수하게 '동기부여'를 시도하는데, 예로 대출 도서의 반납 지연에 벌금, 수용할 수 없는 행위를 하는 사람에 대한 특정 사회의 멤버나 학생의 축출, 법을 어긴 시민에게 벌금이나 투옥, 그리고 해야 할 것을 하지 않은 기업에 대한 계약의 종료 등이 있다.

고객 훈련

5장의 고객 관계에서 논의한 바와 같이, 종업원과 마찬가지로 고객도 훈련이 필요하다. 어떤 조직에서는 이를 다른 고객들이 한다.

고객 제거

이도 역시 5장에서 논의한 바와 같이, 그리고 마지막 방편으로, 서비스 조직은 고객을 제거할 것이다.

8.5 요약

왜 서비스 전달이 압력을 받는 과제인가? 일선 서비스 직원은 두 가지 어려운 압력, 즉 조직 압력과 고객 압력에 직면한다. 직원은 이 두 스트레스를 일으키는 원인자들 사이에서 흔히 죄어드는 듯한 느낌을 받는다. 스트레스는 자신에게 놓인 요구에 대처하거나 맞출 수 없어서, (인지되었거나 실제의) 문제를 해결하는 분명한 방법을 볼 수 없다는 느낌이다. 어떤 서비스 과제는 다른 것보다 더 스트레스가 많다. 예를 들어, 어떤 일에서 일어난 실수의 결과가 다른 일에서의 그것보다 심각하기 때문이다. 작업 설계의 6개 핵심 영역은 작업 시의 스트레스와 관련이 있다. 업무의 과도한 요구, 업무에 대한 통제가 거의 없음, 제공된 지원이 충분하지 못함, 다른 것들과의 나쁜 관계, 충돌하거나 모호한 역할, 그리고 어떻게 그 일에 대한 변화가 관리되는가이다. 고객의 기대로부터 발생하는 서비스 제공자의 심각한 이슈들의 일부는 고접촉 서비스에서 고객의 항시적 존재, 고객들이 받는 서비스 거래가 자신에게만 특별하다고 생각하는 것, 그리고 과도하거나 비현실적인 고객 기대 등을 포함한다. 이러한 모든 압력은 동기부여의 결여, 나쁜 고객 관계, 걱정과 스트레스의 이슈로 이어질 수 있다.

조직은 어떻게 서비스 직원을 관리할 수 있을까? 효과적인 리더십이 서비스 종업원의 압력을 없애는데 필수적이다. 리더십은 거래적 리더십과 변형적 리더십의 두 범주에 속해질 수 있고, 이 양자는 서비스 운영에 모두 적절할 수 있다. 팀과 팀워크가 강력한 지원, 그리고 서비스 프로세스의 소유 의식을 세우는 메카니즘을 제공할 수 있다. 그러나 팀이 모든 상황에서 적절한 것은 아니다. 그러나 팀이 어떻게 사용되는 지와 상관없이, 좋은 서비스는 역할 갈등과 모호성을 줄이고, 역할 명료성을 증가시킴으로써 활성화된다. 마찬가지로, 잘 설계된 서비스 대본은 서비스 설계에서 많은 목적을 가져, 일관성을 가능케 하며, 종업원들에게 유용한 재촉을 제공한다. 내외부 의사소통은 고객과 종업원 양자 모두로부터의 몰입을 만드는 강력한 요소이다.

종업원 재량의 적절한 수준은 무엇인가? 대부분의 서비스 조직은 자사 서비스 직원들에게 어느 정도의 재량을 준다. 세 가지 유형의 재량을 구별하는 것이 유용하다. 일상적 재량은 종업원이 기본 과제가 어떻게 수행되는지에 대한 재량을 가지는 곳, 창조적 재량은 직원이 무엇을 어떻게 할지 양자 모두의 재량을 가지는 곳, 그리고 일탈적 재량은 일반적으로 조직에 의해 승인지 않은 것. 각 역할에 요구되는 재량의 정도와 유형을 정의하는 것은 필수적이며, 운영 전환을 다루는 데 있어 경영자에게 통찰력을 제공한다. 조직 스타일과 인지된 개별 종업원 재량이라는 핵심 차원을 이용하여 조직들은 '순응형'과 '적응형'으로 분류될 수 있다.

고객은 어떻게 "관리"될 수 있는가? 종업원들과 마찬가지로, 고객들도 자주 서비스 제공자가 된다. 그들은 서비스 제공자, 서비스 특정하는 자, 품질 검사자, 트레이너/역할 모델과 같은, 놀랄만하게 다양한 기능을 서비스 프로세스에서 수행할 수 있다. 서비스 상호작용에서 고양된 역할을 완수하도록 고객들을 격려함으로써, 충성도의 감을 증가시킴, 자원 생산성의 원천이 됨, 그리고 자신들이 서비스와의 상호작용에서 보다 더 개인적인 통제를 가진다는 느낌을 개발함을 포함하는 많은 혜택을 얻을 수 있다. 고객을 관리하는 핵심 이슈들로는 고객 경쟁력, 고객 선발, 훈련, 동기부여 및 제거가 포함된다.

토론 및 연습

1. Bentown Housing Association은 영국의 남쪽 지방에서 6000개 정도의 토지를 소유, 관리하고 있는 사회적 지주 자선단체이다. 이는 약 650명의 사람을 고용하고서, 사회적 결핍 영역에서 주거 서비스를 제공하고 있는 준 정부체이다. 이의 고객 중 높은 비율이 소수 인종 그룹 출신으로 20% 이상이 영어를 제2 외국어로 가진다. 거의 90%가 일종의 정부 혜택의 수혜자이며 지방 실업률이 전국

평균의 2배이다. 이의 많은 고객이 자신들의 주거에서 선택의 여지가 거의 없거나 아예 없다. 대안은 상대적으로 비싼 사적 임차 숙박시설, 단기 호스텔 숙박시설 혹은 거리에서의 노숙이다. 대부분의 고객들은 점잔케 행동하지만, 소수자는 어렵고, 욕설스러우며 위협적일 수 있다.

> 우리 고객의 대부분은 좋다. 그러나 어떤 고객은 관리하기 매우 어렵다. 이는 때로 서비스 수준에 대한 그들의 기대가 우리가 그들에게 제공하는 데 요구되는 것보다 혹은 정작 우리가 제공할 수 있는 것보다 더 높은 데 기인한다. 이는 흔히, 우리 고객들과의 차용 계약에 표현된 분명한 서비스 표준이 있지만, 그들이 우리가 무엇을 할 수 있고 할 수 없는지를 이해하지 못하기 때문이다. 이것이 우리가 고객을 다루는 것을 어렵게 한다. 그들은 일반적으로 환상적인 일을 하는 서비스 직원에게 좌절하고, 걱정하며 요구하고, 경우에 따라서는 공격적이다. 직원들은 전문성이 있고, 헌신적이며, 때로 사회적 목적이란 감각을 통하여 비영리부문에서 일하기를 선택한다.
>
> John Boot, Bentown Housing Association Service Manager

Bentown Housing Association은 무엇으로 자신의 일선 직원들에게서 업무 관련 스트레스를 최소화할 수 있을까?

2. 사례 "업무의 일부가 아니다 — Co-op의 더 안전한 동료, 더 안전한 공동체 캠페인"를 다시 읽어보라. SmartWater와 같은 기술적인 해법에 더하여, 그러한 소매업자들이 자신들의 일선 직원들을 남용으로부터 보호하기 위하여 다른 무엇을 할 수 있을까?

3. 서비스가 "고객 훈련"에 대하여 말할 때, 그들이 주요 이점으로 보는 것이 무엇이라고 당신은 생각합니까?

4. 사례 "당신의 선수 돌보기"를 다시 읽어 보라. Scarlets의 Sara와 같이 스포츠 관련 서비스에서 누군가가 다루어야만 하는 전문 스포츠 사람들에게 오는 주요 압력을 당신은 무엇이라고 생각하는가?

5. 서비스-수익 사슬의 핵심에는 "행복한 종업원이 행복한 고객을 의미한다"가 있다. 당신은 그 아이디어가 어떻게 (a) 그랜드 오페라 하우스에서의 오페라 성과에, 그리고 (b) 심장 수술에 적용된다고 생각하는가?

6. 많은 서비스에서 일선 직원들에게 아주 규범적인 의상 표준을 지키도록 요구한다. 다음의 서비스들에서 어떤 것이 적절한 의상과 외모라고 생각되는가를 결정할 때, 고려해야 하는 요소는 무엇인가? (a) 항공사 승무원, (b) 컨설턴트, (c) 대규모 제조회사 본부사무소의 접객원.

사례 문제: Superstore Plc

Rhian Silvestro, Warwick Business School, and Stuart Cross, Morgan Cross Consulting

지난 20년에 걸쳐, UK 수퍼마켓 산업은 집중이 증가하는 특징을 보여 왔으며, 몇 개 기업으로, 사실상 과점을 형성하였다. 산업내 집중의 속도는 2012년 즈음 까지 가속되었다: 그 때 이후, 2 개의 저비용 소매업자들의 등장이 이전 "빅 4" 주도적 플레이어들로 불려 왔던 것의 성장에 영향을 끼쳤다. 그러나 영역이 4개의 선두 체인에 의해 주도되고 있으며, 나머지 모두는 2등 그룹으로 경쟁하고 있다. 이들 4 개의 주 플레이어는 모두 비식품 부문으로 다변화하고 있다. 핵심 플레이어 간에는 가격 기반 경쟁이 있었던 반면, 고객 충성도와 품질에 기초한 경쟁으로 중요성이 점차 이동하고 있다.

Superstore는 영국에 있는 빅 4 수퍼마켓 체인 중 하나로, 식품과 음악, 개인 관리 상품, 의류, 약품과 같은 비식품을 포함하여 4 만 개를 넘는 상품 라인에서 소매를 하는 수백 개의 체인 점포들을 운영하였다. 점포는 좋은 가치를 주는 가족 상점으로 위치하였으며, 그의 모든 경쟁자들과 같이, 회사는 고객 충성도를 개선한다는 관점에서 충성도 카드 기술과 셀프-스캐닝 서비스를 도입하였다.

최근의 연례 보고서에서, 사장은 고객 만족과 충성도는 회사의 수익과 성장에 진정한 추진체이며, 이는 사람들이 자신의 일, 보상 및 자신의 경영자에 대하여 어떻게 느끼고 있는가에 영향을 받는다고 말했다. 이는 또한 경영 훈련 프로그램에서 중심 주제였다.

이 주장을 검증하기 위하여, 인사 부서의 고위 책임자인 Julie Carroll은 일부 기존의 성과 데이터를 수집하였다. 데이터에는 15개 점포의 성과에 기초한 내부 척도와 6개 점포에서 수행된 고객 및 종업원 인지 서베이에 기초한 내부 척도가 섞여 있었다. 〈표 8-2〉가 주 측정 영역, 사용된 척도, 그리고 그 의미에 대한 적절한 설명을 보여 준다.

Julie가 덧붙였다.

> 하나 특이한 척도는 설명이 필요하다. 우리 점포 운영 비율은 계획된 영업 시간 대비 실제 시간의 비율이다. 이는 점포 근무 생활의 품질에 대한 좋은 지표로 생각된다. 왜냐하면 이 비율이 증가 하면 작업장은 긴장감이 흐르고 그래서 우리가 내부 서비스 품질이라고 부르는 근무 생활의 품질이 나빠진다.

Julie는 〈표 8-3〉처럼 여러 데이터 집합과 결과 간에 상관계수를 계산했다. 굵은 글자로 입력된 상관계수는 95% 신뢰수준 이상임을 의미한다. (95% 신뢰수준에 필요한 상관계수의 최소값은 표본의 크기 가 15개 점포인 경우에 0.51, 6개 점포인 경우에 0.81이다).

Julie는 이제 무엇을 해야 할지 확신이 없었다.

질문

1. Julie는 데이터로부터 어떤 결론을 끌어낼 수 있을까?

2. 사슬의 이슈와 함의는 무엇인가?

〈표 8-2〉 성과 척도

영역	성과 척도	설명
재무 성과	수익 마진	점포 수익 마진
생산성	평방미터당 매출	
고객 충성도	**식품 예산 점유율**	점포에서 소비한 고객의 식료품 예산 비율의 추정치
	바구니 크기	점포별 방문당 평균 고객 소비
	고객 추천	고객이 쇼핑할 곳으로 추천할 의사
고객 만족	**고객 만족**	점포의 전반적 고객 만족 수준
서비스 가치	**서비스 가치**	점포에서 전달된 서비스 가치에 대한 고객의 인식
산출물 품질	미스터리쇼퍼	미스터리쇼퍼가 부여한 점포의 종합적 서비스 품질 점수
종업원 충성도	**종업원 추천**	종업원이 점포를 일할 만한 곳으로 추천할 의사
	종업원 이직	
	종업원 결근	
종업원 만족	**종업원 만족**	전반적인 직원 만족 수준
서비스 역량	**고객 경험에 영향을 주는 능력**	고객 경험에 영향을 주는 자신들의 능력에 대한 종업원의 인식
내부 서비스 품질	운영 비율	계획된 영업시간 대비 실제의 비율
	감독 스타일	감독 스타일에 대한 종업원 만족

주: 굵은 글씨는 고객과 종업원 서베이에 기초한 척도임을 표시함.

〈표 8-3〉 여러 데이터 집합 간의 상관계수

		평방미터당 매출	식품 예산 점유율	바구니 크기	고객 추천	고객 만족	서비스 가치	미스터리 쇼퍼	종업원 추천	종업원 이직	종업원 결근	종업원 만족	고객 경험에 영향을 주는 능력	운영 비율	감독 스타일
재무 성과	수익 마진	0.77	0.91	0.88	0.86	0.70	0.88	0.44	−0.25	0.18	−0.35	0.87	−0.65	0.75	−0.63
생산성	평방미터당 매출		0.95	0.60	0.91	0.59	0.92	0.10	0.03	−0.10	−0.04	−0.61	−0.33	0.65	−0.36
고객 충성도	식품 예산 점유율			0.91	0.99	0.78	0.98	0.71	−0.24	0.02	−0.51	−0.69	−0.46	0.96	−0.33
	바구니 크기				0.89	0.72	0.94	0.65	0.05	0.30	0.58	−0.60	−0.28	0.80	−0.34
	고객 추천					0.82	0.98	0.68	−0.22	0.06	−0.57	−0.62	−0.39	0.93	−0.18
고객 만족	고객 만족						0.86	0.66	−0.53	−0.35	0.24	0.83	−0.47	0.86	−0.19
서비스 가치	서비스 가치							0.81	−0.21	−0.09	−0.60	−0.64	−0.38	0.97	−0.26
산출물 품질	미스터리 쇼퍼								0.12	0.07	−0.44	−0.45	−0.12	−0.29	−0.32
종업원 충성도	종업원 추천									0.34	−0.44	0.61	0.80	0.36	0.42
	종업원 이직										−0.36	0.10	0.51	−0.27	0.73
	종업원 결근											0.13	−0.20	0.25	−0.22
종업원 만족	종업원 만족												0.93	0.76	0.82
서비스 역량	고객 경험에 영향을 주는 능력													0.55	0.81
내부 서비스 품질	운영 비율														0.46

심화 자료

Bateson, J.E.G. (2002) 'Are your customers good enough for your service business?', *Academy of Management Executive*, 16 (4), 110–120.

Boxall, P. and Winterton, J. (2018) 'Which conditions foster high-involvement work processes? A synthesis of the literature and agenda for research', *Economic and Industrial Democracy*, 39 (1), 27–47.

Elmadağ, A.B. and Ellinger, A.E. (2018) 'Alleviating job stress to improve service employee work affect: the influence of rewarding', *Service Business*, 12 (1), 121–141.

Felstead, A., Gallie, D., Green, F. and Henseke, G. (2019) 'The determinants of skills use and work pressure: a longitudinal analysis', *Economic and Industrial Democracy*, 40 (3), 730–754.

Johnston, R. and Jones, P. (2004) 'Service productivity: towards understanding the relationship between operational and customer productivity', International Journal of Productivity and Performance Management, 53 (3), 201–213.

Kang, H.J. and Busser, J.A. (2018) 'Impact of service

climate and psychological capital on employee engagement: the role of organizational hierarchy, *International Journal of Hospitality Management*, 75, 1–9.

Kong, M. and Jogaratnam, G. (2007) 'The influence of culture on perceptions of service employee behaviour', *Managing Service Quality*, 17 (3), 275–297.

Meyer, D. (2007) *Setting the Table*, Harper Collins, New York .

Ottenbacher, M., Gnoth, J. and Jones, P. (2006) 'Identifying determinants of success in development of new high-contact services: insights from the hospitality industry', *International Journal of Service Industry Management*, 17 (4), 344-363.

Sirgy, M.J. and Lee, D.J. (2018) 'Work–life balance: an integrative review', *Applied Research in Quality of Life*, 13 (1), 229–254.

Yagil, D. (2006) 'The relationship of service provider power motivation, empowerment and burnout to customer satisfaction', *International Journal of Service Industry Management*, 17 (3), 258–270.

미주

1 The information on which this is based is taken from The Economist (2019) 'Can get some satisfaction: how to keep your customers happy', *The Economist*, Print Edition, 22 August.

2 WorkwearGIANT (2019) 'Revealed: the most and least stressful jobs' [online] https://www.workweargiant.co.uk/blog/revealed-the-most-and-least-stressful-jobs/ [accessed 20 April 2020].

3 HSE (2019) 'Tackling work-related stress using the Management Standards approach', Workbook 01, The Health and Safety Executive, UK Government.

4 The information on which this example is based is taken from the Co-op Press Office statement, 'Together we can stop violence against shop workers', 10 September 2019, https://blog.coop.co.uk/2019/09/10/together-we-can-stopviolence-against-shop-workers/ [accessed 20 April 2020].

5 See the report by Dr Emmeline Taylor, Reader in Criminology in City, University of London's Department of Sociology, 'Rising violence and verbal abuse towards retailers – stories from shop floor reveal lifelong impact', published by the City University Press Office, 13 September 2019.

6 For a more detailed discussion of risk and anxiety in service operations, see James, K. and Clark, G. (2002) 'Service organisations: issues in transition and anxiety containment', *Journal of Managerial Psychology*, 17 (5), 394–407.

7 Larkin, T.J. and Larkin, S. (1996) 'Reaching and changing frontline employees', *Harvard Business Review*, 74 (2), 94–104.

8 Kakabadse, A. and Kakabadse, N. (1998) *Essence of Leadership*, Cengage Learning, London.

9 For example, the writings of Max Weber, the twentiethcentury German sociologist.

10 Carlzon, J. (1987) *Moments of Truth*, Ballinger Publishing, Cambridge, MA.

11 Bennis, W. (1999) *Managing People is Like Herding Cats*, Executive Excellence Publishing, South Provo, Utah.

12 Testa, M.R. and Ehrhart, M.G. (2005) 'Service leader interaction behaviors: comparing employee and manager perspectives', *Group and Organization Management*, 30 (5), 456–486.

13 Again, we are grateful for the cooperation of Sara Davies, whose interview formed the basis for this example.

14 Yagil, D. (2006) 'The relationship of service provider power motivation, empowerment and burnout to customer satisfaction', *International Journal of Service Industry Management*, 17 (3), 258–270.

15 Betts, A., Clark, G.R. and Johnston, R. (2004) *Creating the Effective Team Leader*, Research Report.

16 Pallister, S. (2019) 'The value of teamwork in service: insights from the Plaza Athénée in Paris', EHL Hospitality Insights Blog, https://hospitalityinsights.ehl.edu/value-of-teamwork-in-hospitality [accessed 20 April 2020].

17 This example is based on an interview with Tony Harpur of Ramblers Walking Holidays. We are grateful for all of Tony's insights and cooperation.

18 Tansik, D.A. and Smith, W.L. (2000) 'Scripting the service encounter' in J. Fitzsimmons and M. Fitzsimmons (eds), *New Service Design*, Sage Publications, Thousand Oaks, CA, 239–263.

19 Schank, R.C. (1980) 'Language and memory', *Cognitive Science*, 4 (3), 243–284; Schank, R.C. (1982) *Dynamic Memory: A Theory of Reminding and Learning in Computers and People*, Cambridge University Press, Cambridge.

20 Victorino, L., Verma, R., Bonner, B.L. and Wardell, D.G. (2012) Can customers detect script usage in service encounters? An experimental video analysis, *Journal of Service Research*, 15 (4), 390–400.

21 Kelley, S.W. (1993) 'Discretion and the service employee', *Journal of Retailing*, 69 (1), 104–126.

22 Originally reported in Armistead, C.G. and Clark, G.R. (1993) *Outstanding Customer Service: Implementing the Best Ideas From Around the World*, Irwin Professional, Homewood, IL.

23 Hersey, P., Blanchard, K.H. and Johnson, D.E. (2000) *Management of Organizational Behaviour*, 8th edition, Prentice Hall, Englewood Cliffs, NJ.

24 Heskett, J.L., Sasser, W.E. and Schlesinger, L.A. (1997) *The Service Profit Chain: How Leading Companies Link Profit and Growth to Loyalty, Satisfaction, and Value*, The Free Press, New York, NY.

25 See, for example, Silvestro, R. and Cross, S. (2000) 'Applying the service profit chain in a retail environment: challenging the 'satisfaction mirror', *International Journal of Service Industry Management*, 11 (3), 244–268.

26 See, for example, Deming, W.E. (1985) *Out of the Crisis*, MIT Press, Cambridge, MA.

27 Lum, C., Stoltz, M., Koper, C.S. and Scherer, J.A. (2019) 'Research on body-worn cameras: what we know, what we need to know', *Criminology and Public Policy*, 18 (1), 93–118.

SERVICE CULTURE

9 서비스 문화

이 장은 규칙, 절차, 행동 및 관계 방식, 문서화되지 않은 표준 및 가정, 태도와 같은 요소가 서비스 운영 관리자, 서비스 직원 및 고객의 행동에 영향을 미치는 방식에 관한 것이다. 이 장은 먼저 문화와 서비스 문화가 무엇인지 탐색한 다음 서비스 문화를 관리할 수 있는 방법을 살펴본다. <그림 9-1>은 이 장에서 다루는 주제가 서비스 운영 관리의 전체 모델에서 적합한 위치를 보여 주고 있다.

학습 목표

- '조직 문화'와 특히 '서비스 문화'가 의미하는 것과 둘 다 중요한 이유를 정의할 수 있다.
- 서로 다른 유형의 문화를 식별하는 잘 알려진 일부 프레임워크에 익숙해질 수 있다.
- 서비스 문화 관리를 시도하는 단계를 식별한다.
- 국가 문화의 일부 요소를 이해한다.

〈그림 9-1〉 이 장에서는 서비스 문화를 살펴본다

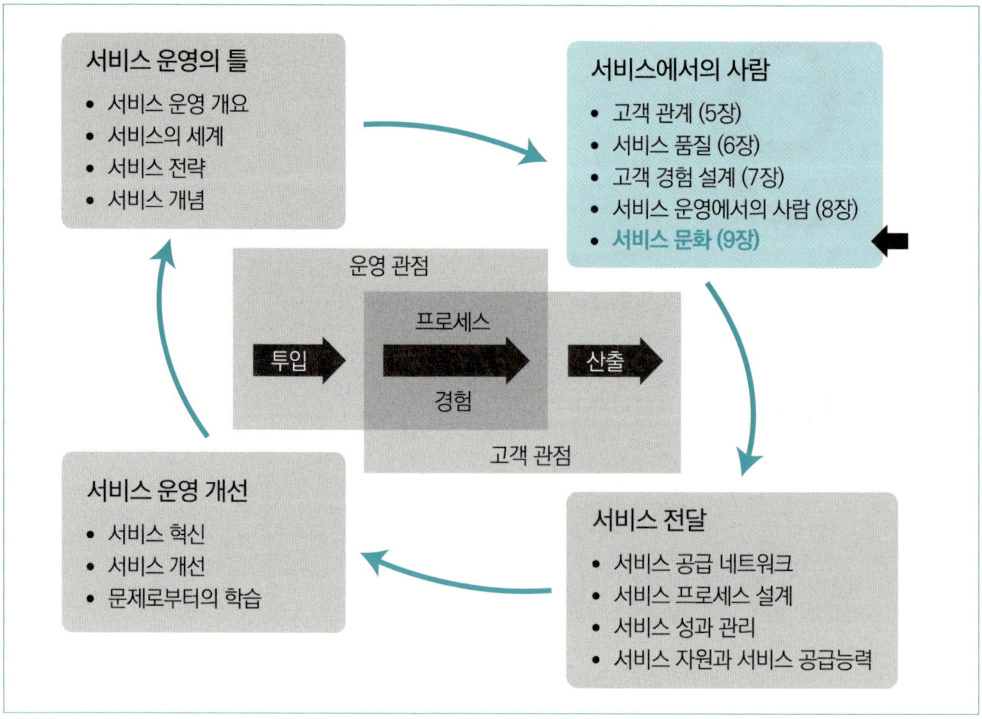

서론

이 책에서 우리는 모범적인 서비스 운영 사례의 예를 자주 고찰하고 이를 서비스 이론과 연관시켜 다양한 맥락에서 적용하였다. 그러나 이를 수행할 때 호출해야 할 중요한 경고가 있다. 서로 다른 맥락 사이(또는 이론과 실무 사이)를 이동할 때 상황에 맞게 처방을 수정하거나 조정해야 할 필요가 있다. 즉, 한 맥락에서 잘 작동하는 접근 방식이 다른 맥락에서는 잘 작동하지 않을 수 있다. 맥락은 중요하다. 사회 현상 연구에서 수학이나 물리학만큼 정확하고 절대적인 것은 어려운 경우가 많다. 그리고 맥락에 따라 달라지는 가장 영향력 있는 요인 중 하나는 조직의 지배적인 문화이다.

예를 들어, 3장에서 우리는 싱가포르 항공의 서비스 전략에 대해 설명했다. 실제로 싱가포르 항공은 탁월한 서비스 관리 및 서비스 성과의 사례로 자주 인용된다. 그러나 질문은 다른 서비스 조직이 싱가포르 항공의 사례를 복제하여 다른 항공사 및 기타 서비스 운영에 더 일반적으로 성과를 낼 수 있을까? 이다. 다시 말해 탁월한 서비스 관리 원칙을 동남아시아의 작은 도시 국가에서 모스크바, 리야드, 카디프 또는 부에노스아이레스로 옮길 수 있을까?

아마 불가능할 것이다. 싱가포르 항공의 접근 방식을 '도매'로 수출하고 이 항공사가 이 접근 방식으로 거둔 성공을 거의 기대할 수는 없을 것이다. 그러나 싱가포르 항공 운영은 관찰 가능하고 다른 서비스 조직에서 쉽고 수익성 있게 채택할 수 있는 몇 가지 절차적 또는 '기계적' 측면이 있다. 그러나 싱가포르 항공에서 '전체'는 부분의 합보다 크다. 싱가포르 항공을 '전체'로 효과적으로 만드는 '결합제'는 사실 서비스 문화라고 주장할 수 있다.

문화는 서비스 조직을 하나로 묶고 효과적으로 작동하게 하는 서비스 조직의 '명백하지 않은' 측면과 때로는 보이지 않는 측면으로 개념화할 수 있다. 싱가포르 항공은 시스템, 직원 및 서비스 설계 측면에서 단편적인 활동, 개입 및 주도권 때문에 작동하지 않는다. 물론 분리된 요소가 제자리에 있어야 하지만, 서비스 문화와 고유한 서비스 문화는 모든 요소를 하나로 묶어준다. 반대로, 우리는 표면적으로는 효과적인 서비스 제공과 비즈니스 성공을 위한 모든 것이 갖춰진 조직의 예를 찾을 수 있다. 그러나 최적의 조건이 우세하지만, 효과성과 성공은 파악하기 어렵다. '기계적' 접근 방식으로 수정하거나 변경하는 것은 가능할지 모르지만, 미묘하고 문서화되지 않고 어려울 수 있는 '무언가'가 조직의 잠재력을 감소시키고 있을 수 있다.

9.1 조직 문화란 무엇인가

서비스 문화에 대한 고찰에 착수하기 전에 일반적으로 조직의 '문화'라는 개념을 살펴볼 필요가 있다. 조직 문화의 개념을 다룬 학술적 자료나 대중적 자료는 확실히 부족한 실정이다. 이 장의 후반부에서 다룰 프레임워크 중 조직 문화에 대한 권위 있는 서로 합의된 단일 정의는 아직 없다. 그럼에도 불구하고, 우리 모두는 그것이 의미하는 바를 알고 있다. 이것은 반드시 공식적으로 표현되는 것이 아니라, 조직의 일원이 되어 일을 수행하는 방식에 대해 가정하는 것이다. 즉 이것은 이미 알고 있는 일이 일어나기로 되어 있는 일이 아니라 실제로 일어나는 일이다. 다시 말해서 이것은 조직의 공유 가치, 이데올로기, 사고 패턴 및 일상적인 의식이다. 잘 알려진 문구로 이것은 '우리가 여기서 일을 하는 방식'이다. 문화는 스타일에 관한 것이다. 이것은 무엇을 하느냐보다 어떻게 하느냐에 더 중점을 둔다. 그리고 이것을 고정하는 것은 잘못된 빗나가는 개념이다. 이것은 리더가 제공하는 많은 신호(의도적이든 아니든), 즉 보상 시스템, 보고 책임, 특히 의사 결정 방법에 반응한다. 이것이 바로 문화를 그토록 미묘하고 파악하기 어렵지만 감질나게 만드는 것이다. 이것은 또한 천천히 만들어지지만 빨리 파괴될 수 있는 것이다.

문화의 의미 배경에 널리 퍼져 있는 또 다른 개념은 문화가 조직 구성원 간에 공유하는 관행, 태도, 행동, 신념 및 가치를 포괄한다는 것이다.[1] 또는 이 개념은 한 조직의 구성원을 다른 조직과 구별하는 정신의 집단적 프로그래밍에 대한 약간 더 운명적인 개념이다.[2] 그러나 완전한 합의는 없지만 '문화'에 대한 여러 권위 있는 개념에 대한 한 가지 공통적인 측면은 문화는 조직의 경계에 의해 제한받는다는 것이다. 한 권위자는 문화를 '주어진 시간에 주어진 집단에 대해 작동하는 공개적이고 집단적으로 수용된 의미의 시스템'이라고 말하고 있다.[3] 앞의 여러 장에서 우리는 운영과 고객의 서비스 관점 사이의 중첩과 공동 생산 개념의 중요성을 강조했다. 이러한 폭 넓은 관점은 아마도 서비스 운영과 더 관련이 있을 것이다. 마찬가지로 고객에 의한 서비스 전달의 여러 측면에 대한 소유권이 확실히 증가했다. 예를 들어, No Agenda, TWitTV 또는 RelayFM과 같은 팟캐스트 및 팟캐스트 네트워크를 생각해 보자. TwitTV와 RelayFM은 라이브 채팅, 소셜 미디어, 때로는 녹음 중에 스튜디오를 통해 작업하는 기여자 집단 없이는 아무것도 아니다. 그리고 No Agenda는 '청취자'를 생산자로 명시적으로 정의한다. 이 경우 네트워크와 문화는 창립자의 비전만큼이나 고객 및 직원에 의해 정의된다.

9.1.1 '풍토'란 무엇이며 '문화'와 어떤 관련이 있는가

종종 실수로 혼용하는 두 용어는 '조직 문화'와 '조직 풍토'이다. '서비스 문화'와 '서비스 풍토'도 마찬가지이다. 문화와 서비스 문화에 대한 대부분 사람들의 이해는 '높은 수준'이고 추상적이며 중요한 공유 가치에 더 초점을 맞추는 경향이 있다. '조직 풍토' 및 '서비스 풍토'와 관련된 개념은 직원들에게 즉각적으로 드러나는 문화의 한 부분 또는 측면을 다루고 있다. 예를 들어, 서비스 관리자는 혁신 풍토, 친절한 풍토 또는 안전한 풍토를 조성하려고 할 수 있다. 실제로 서비스 조직 내에는 다양한 풍토가 존재할 수 있다.

서비스 문화의 경우와 마찬가지로, 서비스 풍토는 조직의 일반적인 풍토와 다른 것이 아니라 고객 서비스, 고객 가치, 서비스 품질 등을 지원하는 관심 영역의 제한된 하위 부분에 초점을 맞추고 있다. 〈그림 9-2〉는 조직 문화와 풍토의 중첩된 특성을 요약하였다. 서비스 문화는 본질적으로 추상적이고 일반적이지만, 그 자체로 측정하기 어려운 개념이다. 따라서 서비스 문화는 시간이 지남에 따라 상대적으로 안정적이므로 변화하기 어렵다. 서비스 풍토는 더 구체적이고, 조직 생활의 지역적 또는 단일 측면에 적용될 수 있고, 상대적으로 즉각적으로 감지될 수 있으며, 상황에 따라 빠르게 변할 수 있다. 풍토는 문화보다 조작하기가 다소 용이하지만 완전히 다른 현상은 아니다.

조직 문화는 풍토를 바꿀 수 있는 상황에 대한 반응 방식에 영향을 미칠 수 있다. 그러나 조직 문화는 시간이 지남에 따라 풍토 변화의 축적에 의해 변할 수 있다. 예를 들어, 호텔은 수년에 걸쳐 지능적이고 세심한 고객 서비스를 모든 업무의 중심에 두는 서비스 문화를 발전시켰을 수 있다. 모든 직원은 이 우선순위를 수용하고 이를 강화하는 관행을 개발한다. 그러나 현

〈그림 9-2〉 조직 문화와 조직 풍토

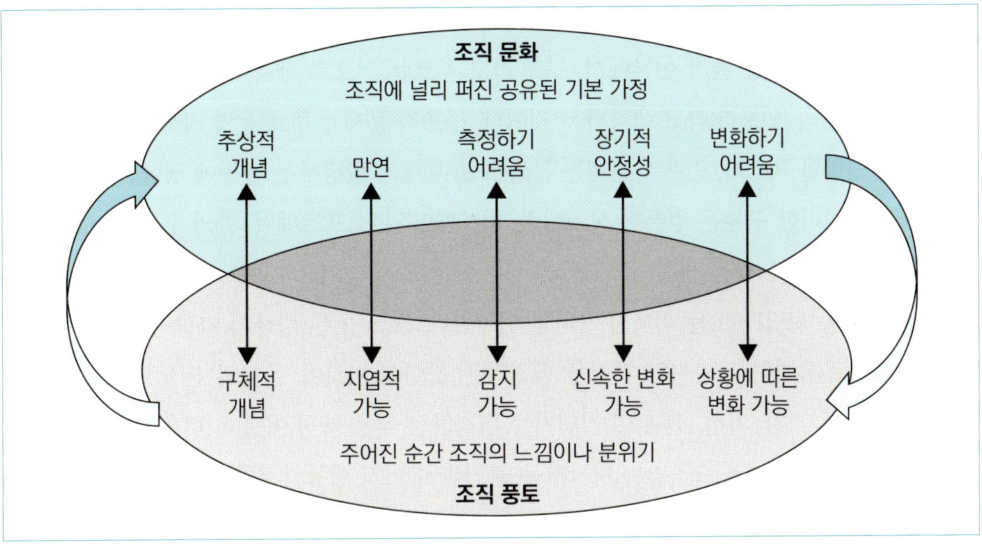

재 리셉션 직원들은 고객 선호도를 기록하고 검색하는 새로운 IT 시스템으로 어려움을 겪고 있다. 이는 리셉션 직원뿐만 아니라 객실 청소를 담당하는 청소 직원에게도 좌절을 일으키고 있다. 호텔의 서비스 문화는 헌신적인 고객 관리 중 하나일 수 있지만, 호텔 대부분의 현재 서비스 풍토는 잘못된 기술에 대한 극도의 골칫거리 중 하나이다. 그러나 압도적인 고객 관리 문화는 기술 실패가 고객에게 미치는 영향을 최소화하고 있다.

9.1.2 빙산 비유

조직 문화에 대해 생각할 수 있는 한 가지 방법은 빙산 비유를 사용하는 것이다. 조직 개발 학자인 Edgar Schein이 문화의 본질을 설명하기 위해 이 개념을 처음으로 사용했다.[4] 빙산 총체의 대부분과 문제를 일으킬 수 있는 역량은 해수면 아래에 있다. 그래서 Schein은 이는 문화와 관련이 있다고 주장하고 있다. '문화 빙산'에서 물리적 인공물은 문화의 외부 또는 표면적 표현이다. 이러한 것들은 구내, 서비스 환경의 물리적 요소, 사무실 의자, 컴퓨터 장비, 직원 유니폼 등과 같은 것이다. 물리적 인공물은 상대적으로 '침묵이지만', 고객과 서비스 근로자 모두에게 문화 측면을 표현해 준다. 7장과 서비스 경험 디자인에 대한 논의를 생각해 보면, 물리적 인공물의 선택은 고객에게 특정 메시지를 전달하도록 설계되거나 조작될 수 있다.

빙산의 중간층은 서비스 조직의 무형의 믿음과 가치를 나타낸다. Schein은 무형성은 종종 조직 설립자 또는 리더의 신념과 가치에서 파생되며, 사명 선언문이나 전략 문서와 같은 공식 도구를 통해 관리자와 근로자에게 전달되지만, 성과 관리 시스템, 특히 보상 시스템을 통해서도 전달된다고 주장했다. Schein의 빙산의 상위 2개 계층에 대해 생각하는 한 가지 방법은 물리적 인공물을 운영 관리 이론에서 '구조'라고 부르는 것으로 생각하는 반면, 무형성 활동 및 관습은 운영의 '인프라'라고 생각하는 것이다. 구조적 문제는 주로 운영 자원의 물리적 배치 및 구성에 영향을 미친다. 인프라 문제는 운영 구조 내에서 발생하는 활동에 영향을 미친다. 운영 전략에서 이러한 구분은 컴퓨터 시스템의 '하드웨어'와 '소프트웨어' 간의 구분과 비교된다.

바다 깊은 곳에 있는 빙산의 가장 낮은 수준은 조직의 기본 가치, 가정, 신념 및 기대치이며 이는 종종 설립자 또는 리더의 가치와 일치한다. Schein은 빙산의 가장 깊은 수준은 가장 열정적으로 유지하는 가치와 가정을 발견하는 곳이며 이것이 '문화의 본질'이라고 주장한다. 이러한 기본 가치, 가정, 신념 및 기대치를 변경하는 것은 특히 어렵다. 더욱이 이들의 변경이 가능할지라도, 변경을 요구받는 당사자는 불안과 방어적 행동의 위험이 있다. 또한 Schein은 무형적 활동 및 습관 뿐만 아니라 서비스의 물리적 인공물은 빙산의 바닥에 있는 기본 가정을 깊이 파고들지 않으면 적절하게 설명할 수 없다고 주장한다. 조직은 의식적인 정체성이 아니지만, 빙산의 밑바닥에 있는 무의식적 영역에 대해 이야기하는 것과 관련이 있다. 따라서 조직의 근본적인 무의식적 가치와 신념은 변경되기 전에 표면화되고 노출되어야 한다. 빙산 비유는 〈그림 9-3〉에 설명되어 있다.

〈그림 9-3〉 문화에 대한 Schein의 빙산 비유

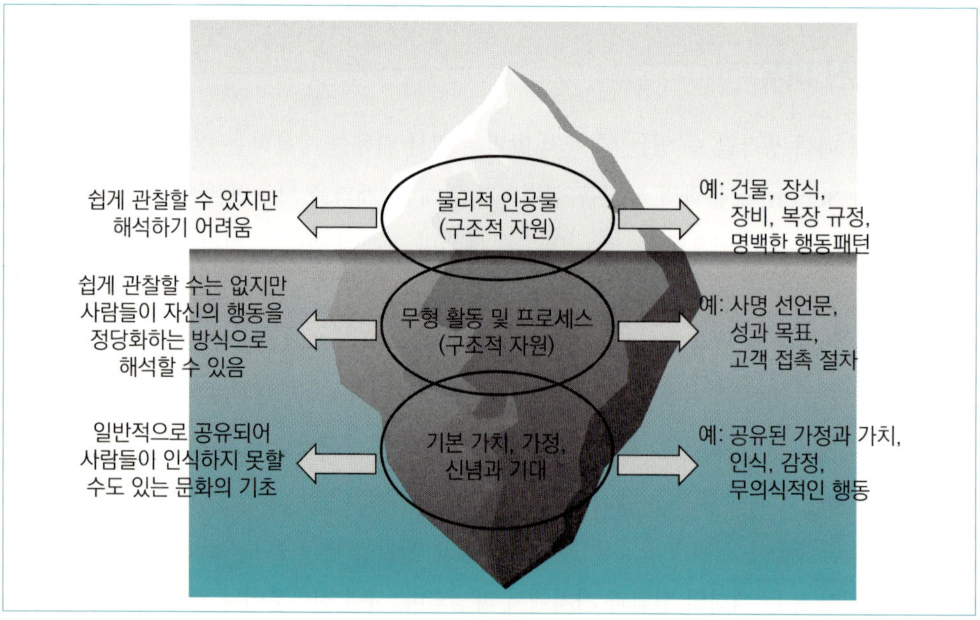

9.2 서비스 문화란 무엇인가

첫째, '조직' 문화 개념이 운영 기능과 같은 단일 기능에 적용될 수 있는지 묻는 것은 타당한가? 대답은 가능하다. 그렇지 않다면 소위 '문화적 파편화'로 이어질 수 있는 서로 다른 기능 간의 문화적 차이를 극복하는 데 관심이 없을 것이다. 그리고 기업의 모든 부분에서 공유되는 조직 문화 요소가 있을 수 있지만, 서로 다른 기능은 고유한 하위문화를 가지고 있을 가능성이 높다. 여기서 질문은 서비스 문화와 다른 점은 무엇인가? 서비스 문화는 조직 문화에 관한 문헌과 실무에서 논의된 본질적인 문제의 하위 요인이다. 서비스 문화는 조직을 지배하는 기본적인 가정과 가치를 다루지만, 고객 서비스와 관련된 가정과 가치에 중점을 둔다.

높은 수준의 서비스 문화를 가진 조직은 고객(외부 및 내부 모두)이 비즈니스를 수행하는 방식의 중심이 되는 조직이다. 고객과 고객 요구에 대한 관심은 조직 전체에 스며든다. 또한 전방 업무와 후방 업무의 모든 직원은 고객 서비스의 중요성을 인식하고 있다. 실제로 서비스 문화는 모든 목표, 의사 결정 및 행동, 모든 운영 프로세스에서 고객 서비스를 우선시하는 문화이다. 서비스 문화는 서비스 조직에서 공유된 인식을 다룬다. 서비스 문화는 또한 수용할 수 있는 것과 효과가 있는 것에 대한 공유된 가치뿐만 아니라 특정 가치 집합의 근거와 뿌리에 대한 공유된 믿음, 그리고 보다 일반적인 조직과 반대되는 고객 서비스와 관련된 모든 것을 다룬다. 서비스 문화는 공유된 업무 스타일과 타인과의 관계와도 관련이 있다.[5]

9.2.1 서비스 문화가 왜 중요한가

어떻게 보면, 서비스 문화가 왜 중요한가'라는 질문에 대한 답은 자명하다. 앞서 정의한 바와 같이 문화가 만연하면, 문화는 조직이 수행하는 모든 일에 영향을 미칠 수 있다. Peters와 Waterman이 저술한 '초우량 기업의 조건(In Search of Excellence)'라는 책을 통해 관심 주제로 문화의 관심이 가장 크게 높아졌음에도 불구하고, 문화의 중요성은 수년 동안 인지되어 왔다.[6] 저자들은 조직 문화의 중요성을 '조력자'라고 부르는 것으로 강조했지만, 이는 중요성을 과소평가할 수도 있다. 좋은 서비스에 대한 이해와 평가가 존재하고 내부 및 최종 외부 고객에게 좋은 서비스를 제공하는 것을 모든 사람이 중요하게 여기는 강력한 서비스 문화는 일반적으로 조직에 긍정적인 속성으로 간주되고 있다. 그러나 구체적으로 어떤 이점이 있는가? 여기에서 우리는 이점을 서비스 문화가 조직이 보이는 방식에 영향을 미치는 방식, 운영 효율성에 영향을 미치는 방식, 직원이 업무에 대해 느끼는 방식, 운영이 학습하고 적응하는 방식으로 분류하였다.

서비스 문화는 조직을 보는 방법에 영향을 미친다

조직은 브랜드를 형성하는 데 상당한 노력을 기울였을 수 있다. 그러나 모든 브랜드는 초기 인식에서 온라인 웹 사이트 경험, 서비스 탐색, 주문, 서비스 제공, 애프터 서비스 지원에 이르기까지 고객 경험의 각 접점에서 고객이 어떻게 대우 받는지에 노출되어 있다. 명확하고 강한 서비스 문화는 고객 경험의 각 단계에서 중요하게 보이는 것을 공유한다. 서비스 문화는 서비스가 무엇을 의미하는지에 대한 고객의 인식에서 메시지의 일관성을 보장하는 데 도움이 된다. 일관된 메시지는 브랜드 구축에 도움이 된다.

서비스 문화는 운영 효과성에 영향을 미친다

서비스 문화는 조직이 획득한 자원과 이를 개발하는 방법, 비즈니스 수행 방식, 사람들이 팀으로 상호작용하고 서로를 대하는 방식을 포함하여 조직의 핵심 가치를 반영한다. 이 모든 것은 운영이 서비스를 얼마나 잘 생산(및 공동 생산)하는지에 영향을 미친다. 서비스 문화가 확립되는 정도는 운영의 비전과 전략에도 영향을 미친다. 그러나 운영 문화가 비전 및 전략과 일치하지 않으면, 문제가 발생할 수 있다. 강한 서비스 문화는 조직의 모든 일상적인 운영 활동의 최전선에서 조직의 핵심 가치를 유지한다. 그렇지 않으면 옹호하는 문화와 현실 사이의 불일치가 커질 수 있다. 예를 들어, 한 금융 서비스 회사의 CEO는 '우리의 전체 문화는 고객에게 옳은 일을 하는 데 중점을 두고 있다'는 성명을 발표했다. 그러나 실제로, 같은 CEO가 고객이 아닌 공격적인 판매 목표에 초점을 맞추는 문화를 만들었다. 이런 이유로 CEO는 결국 사임할 수밖에 없었다.

서비스 문화는 직원이 업무에 대해 느끼는 방식에 영향을 미친다

서비스 문화는 직원을 조직의 옹호자(또는 비판자)로 변화시킬 수 있다. 대부분의 사람들은 임금과 합리적인 근무 조건 이상을 원하며, 자신이 하는 일이 중요하다고 느끼고 싶어한다. 이를 달성하는 확실한 방법은 개인과 팀의 훌륭한 작업을 인정하고 축하하는 서비스 문화를 개발하는 것이다. 이는 문화적 규범을 잘 표현하고 일관되며 달성 가능하고 윤리적이기 때문에 성취감을 주는 것이다. 또한 강한 서비스 문화는 최고의 인재를 유지하는 데 도움이 된다. 바퀴의 또 다른 톱니바퀴가 아니라, 공유된 매력적인 비전을 가진 팀의 일원이라고 느끼는 직원은 남을 가능성이 더 크다. 뿐만 아니라 사려깊고 적절한 서비스 문화는 최고의 인재를 유치하는 데 도움이 된다.

서비스 문화는 운영이 학습하고 수용하는 방식에 영향을 미친다

학습하고 상황에 적응하는 조직은 장기적으로 생존하고 번성할 가능성이 더 크다. 그러나 학습은 조직 내부 및 외부에서 일어나는 일과 일어나야 하는 일을 비교할 수 있는 능력을 필요로 한다. 즉, 이는 서비스를 어떻게 전달해야 하는지에 대한 명확한 아이디어를 필요로 한다. 이것이 서비스 문화의 핵심이다. 서비스 문화는 단순히 '고객에게 친절하게 대하는 것'이 아니라 서비스를 개선할 수 있는 방법에 대해 진지하게 고민하는 것이다.

다른 견해

문화가 의미하는 바를 정확히 정의하는 것이 어렵다는 점은 실망스러울 수 있다. 이는 이로 인해 일부 비평가들은 문화가 설명할 수 없는 것에 대한 '포괄적' 범주화에 해당하며 문화는 '쓰레기 개념'이라고 말한다. 이는 문화라는 '쓰레기통'에 무엇이든 넣을 수 있는 것을 의미한다. 문화를 쓰레기 개념으로 보는 이러한 관점은 합리적으로 일반적이지만 적합하지 않을 수도 있다. 아마도 문화의 많은 측면을 정의하기가 매우 어렵기 때문에 어려움이 발생할 수 있다. 사실, 문화를 이해하기 위한 현대의 많은 프레임워크는 은유(예를 들어 앞에서 설명한 빙산 은유)에 의존한다. 사회 현상에 대한 과학적 연구에서 은유는 문제가 있다. 그러나 많은 비즈니스 및 사회 과학 담론은 은유에 비판적으로 의존하곤 한다. 또한 문화 문제에 대한 문헌의 상당 부분은 과학이 아닌 예술과 인문학에서 파생된 접근 방식에 뿌리를 두고 있다. 그러나 과학적 방법에 맞지 않는 것이 있다고 해서 그것이 무의미하다는 뜻은 아니다.

CASE example

사례

Yahoo 구글링이 충분하지 않은 이유

Marissa Mayer가 Google에서 Yahoo의 최고 경영자가 되었을 때, 그녀는 Yahoo에서 자신이 Google에서의 조직과 매우 다른 조직이라는 것을 발견했다. 야후의 사무실은 항상 만원이 아니었고, 주차장도 만원이 아니었다. 이유는 무엇일까? 많은 직원들이 (합법적으로) 재택근무를 하고 있었다. Mayer는 분명하지 않은 몇 가지 문제에 직면했다. 야후는 최고경영자(5년 동안 6명)의 높은 이직으로 어려움을 겪었고, 각 CEO는 회사와 때로는 리더십 팀에 대한 자신의 비전을 심어줬다. 당연히 방향에 대한 끊임없는 변화는 직원들에게 불확실성을 주었다. 일관된 비전과 사명이 없으면, 일부 직원들은 좌절했고, 일부 관찰자들은 낮은 직원 사기를 감지했다. 투자자들은 또한 회사가 인터넷의 두 가지 가장 큰 성장 영역인 소셜 네트워킹과 모바일을 활용하지 못했기 때문에 야후의 주가가 하락했다고 지적했다.

새로운 서비스 개발은 직원들에게 특히 실망스러운 영역이 되었다. 팀에서 개발 프로세스 중간에 프로젝트가 끊임없이 변화하는 리더십 팀에 의해 중단되는 것을 보았기 때문이다. 이에 야후는 새로운 서비스 개발을 감독하기 위해 관리자 계층을 고용했지만 추가 계층으로 인해 혁신 속도가 느려졌다. Mayer는 Yahoo의 재택 근무 정책을 폐지한다고 발표했다. 그녀는 회사에서 혁신과 협업의 새로운 문화를 만들고 싶었고, 이 목표를 달성하기 위해 직원들은 출근해야 했다. 일부 전문가들은 Mayer의 개입을 원격 작업 개

넘에 대한 일반적인 도전으로, 다양성과 포괄성에 대한 도전이라고 비판했다. 이들은 남성 CEO가 훨씬 더 많은 비판을 받았을 것이라고 주장했다.

그러나 일부 직원들은 야후를 개선하려는 CEO들의 이전 시도가 완전히 시장에 초점을 맞추었고 내부 문제를 무시했다는 점을 지적하면서 Mayer의 개입을 환영했다.

그러나 일부 직원들은 야후를 개선하려는 CEO들의 이전 노력이 완전히 시장에 초점을 맞추었고 내부 문제를 무시했다는 점을 지적하면서 Mayer의 개입을 환영했다. 반대로 Mayer는 내부 문제를 해결하고 직원 동기 부여와 사기를 개선하는 데 관심을 기울이고 싶었다. Mayer는 구글에서 일하면서 얻은 교훈을 바탕으로 카페테리아에서 무료 음식을 소개하고, 회사 블랙베리를 아이폰으로 교환하고, 고위 경영진이 질문에 답하고 공개적으로 말하는 금요일 '타운홀(town hall)' 회의를 주도했다. 그러나 재택 근무 정

HVEPhoto/Shutterstock

책을 변경하는 데 있어서 Mayer의 접근 방식은 가혹한 것으로 인식되었다. 많은 직원들이 일상적인 출퇴근의 소음, 시간 낭비, 업무 방해로 인해 출근은 생산성을 저하시킨다고 느끼기 때문에 짜증을 냈다.

한때 미국에서 가장 인기 있는 웹사이트였던 Yahoo는 점차 인기가 떨어졌고 Marissa Mayer가 도착한 지 5년 후 대부분의 인터넷 비즈니스가 Verizon Communications에 매각되었다.[7]

9.3 문화 프레임워크, 유형 및 분류

문화의 의미를 '파헤치기' 위해 여러 유형 또는 프레임워크가 개발되었다. 한 수준에서 유형 및 프레임워크는 서비스 비즈니스의 잠재적 측면에 대한 분류이다. 그러나 일부 프레임워크와 유형은 단순한 설명 또는 '분류' 역할을 넘어 조직 문화의 실제 분석에도 사용될 수 있다. 많은 유형과 프레임워크 중 세 가지를 여기서 설명한다.

- 딜과 케네디 모델
- 문화 웹
- 경쟁 가치 프레임워크

이 세 가지는 서비스 문화의 진단과 궁극적으로 변화와의 관련성 및 적합성 때문에 선택되었다. 우리는 이러한 문화 프레임워크를 탐색하고 가능한 경우 서비스 문화를 이해하고 문화에 뿌리를 둔 서비스 조직 문제를 진단하는 데 사용할 수 있는 방법을 보여 줄 것이다. 또한 우리는 프레임워크를 사용하여 문화 변화에 대해 생각하고 어떻게 영향을 미칠 수 있는지도 보여 줄 것이다.

9.3.1 Deal과 Kennedy 모델

신속하고 초기 문화 분류를 제공하는 초기 모델은 1980년대에 Deal과 Kennedy가 개발한 모델이다.[8] 여기에서 우리는 〈그림 9-4〉와 같이 Deal과 Kennedy 모델을 4-박스 프레임워크로 요약하였다. 이들은 조직의 문화가 환경, 특히 작업 환경의 위험 정도와 고객의 피드백 속도라는 두 가지 측면에 의해 영향을 받는다고 주장했다. 이 후자의 모델 특성은 고객의 피드백이 즉각적이지는 않더라도 상품 제조 세계에서보다 훨씬 더 빠른 서비스를 이해하는 데 특히 적합하다. 요컨대, 서비스 직원은 고객의 피드백을 종종 직접적으로, 그리고 서비스 프로세스 내에서 접수한다.

딜과 케네디는 조직의 문화를 환경과 일치시키는 것이 특히 중요하다고 주장했다. 이러한 아이디어는 불일치를 보면 가장 잘 이해할 수 있다. 예를 들어, 금융 서비스 분야의 일일 거래자(Day Trader)를 생각해 보자. 일일 거래자는 정신없고 스트레스가 많은 서비스 환경에서 주식, 옵션, 선물, 파생상품 및 통화와 같은 다양한 금융 상품을 거래한다. 일일 거래자의 성공은 빠른 의사 결정, 위험 감수 및 개인적이고 공격적인 경쟁에 크게 좌우된다. 그러나 일일 거래자

〈그림 9-4〉 딜과 케네디 프레임워크

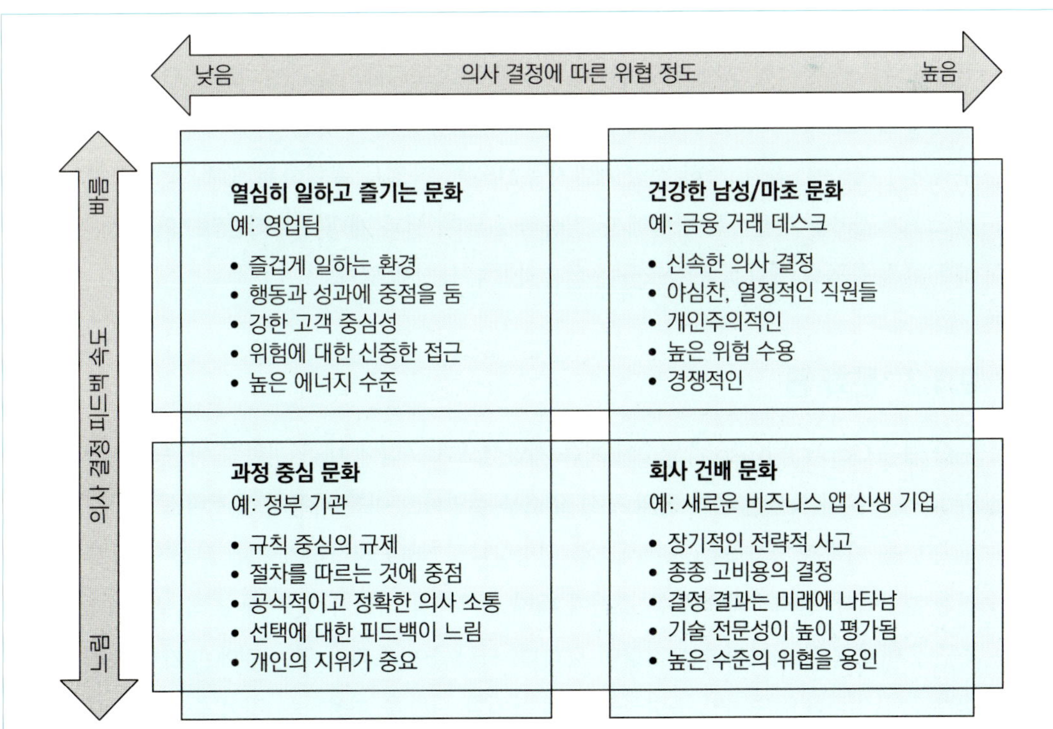

는 상대적으로 관료적인 환경에서 일하는 지원 서비스(운영 관리자 및 직원)의 중요한 뒷받침 환경에서 일을 한다. 운영 관리자 및 직원에게는 투명성과 규정 준수에 대한 명확한 규칙과 법적 요구 사항이 있다. 프로세스 규정에 대한 정확성과 적합성은 중요한 성공 요인이다. 일일 거래자와 운영 관리자는 역할이 다르지만 두 그룹 모두 동일한 서비스 제공자를 위해 일을 한다. 그러나 이들은 〈그림 9-4〉에서 프레임워크의 반대쪽 사분면에 위치한다. 이는 '문화 충돌'의 상당한 가능성이 있으며 두 진영 모두 매우 신중하게 관리되어야 한다는 것을 의미한다.

'한 지붕 아래' 두 개의 다른 문화가 있는 것은 드문 일이 아니다. 예를 들어, 항공 승무원(터프 가이/마초)이 엔지니어링 및 물류 직원(프로세스 문화)의 지원에 크게 의존하는 군 항공 서비스(공군)를 생각해 보자. 결과적으로 충돌 가능성이 있는 한 지붕 아래 불일치의 또 다른 예는 TV 뉴스 발표자와 비디오 작가, 편집자 등의 지원 팀의 '재능'이다.

프레임워크의 다른 두 사분면을 살펴보자. 서비스 부문에서 열심히 일하고 열심히 노는 문화의 예는 소매 판매 서비스 환경, 자동차 판매, 텔레마케팅 등이 될 것이다. 이러한 환경에서 고객의 반응은 거의 즉각적이다. 실제 또는 가상의 문을 통해 오는 고객의 꾸준한 흐름이 있기 때문에 위험이 상대적으로 낮다.

마지막으로 프레임워크의 오른쪽 하단은 '베팅' 문화가 있다. 이 사분면을 설명하는 데 사용되는 대부분의 예는 상품 생산 환경과 관련이 있지만, 예를 들어 '서비스로서의 소프트웨어'의 세계가 '베팅' 사분면에 적합하다고 주장할 수 있다. 기업 소프트웨어 개발에 대한 매우 장기적인 약속을 생각해 보자. 예를 들어, 성과 관리 소프트웨어를 개발하고 있던 회사는 플랫폼과 상품에 대한 전략적 선택이 좋은지 나쁜지 수년 동안 알지 못할 수 있다. 즉각적인 피드백이 부족하기 때문에, 직원, 특히 선임 개발자는 자신이 작업을 수행하는 방법, 즉 창조하는 것보다 소프트웨어를 개발하는 방법에 더 집중하게 된다. 딜과 케네디 프레임워크의 강점은 설명력과 문화적 충돌의 가능성을 강조하는 실용적인 유용성에 있다.

9.3.2 문화 웹

문화 웹은 Gerry Johnson[9] 교수가 처음 제안했으며 문화에 대한 대화를 가능하게 하는 강력한 도구이다. 이 섹션은 문화 웹의 구성 요소를 설명하고 이를 사용하여 서비스 문화를 이해하고 영향을 미치기 시작하는 프로세스를 설명한다. 그러나 시작하기 전에 문화 웹 사용에 대한 건강 경고이다. 관리자와 직원은 조직에 대해 이야기할 기회가 있을 때 조직 문화의 부정적인 측면에 대해 먼저 이야기하는 경향이 강하다. 사람들이 효과가 있는 것에 평가하기 위해 이동하기 전에 이러한 잠재적인 부정성을 통해 작업할 시간을 허용하는 것이 중요하다. 또한 여러

〈그림 9-5〉 문화 웹

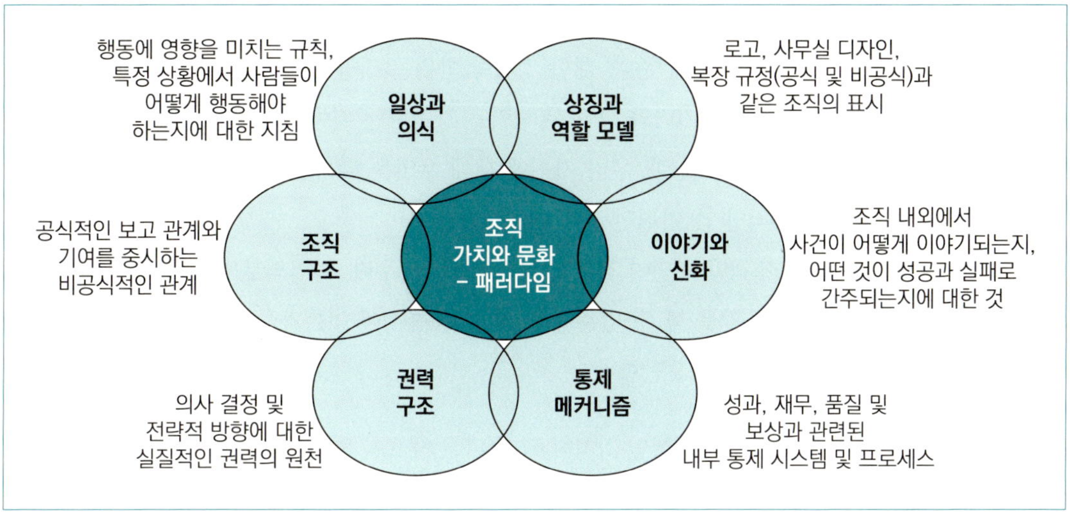

버전의 문화 웹이 있다는 점에 주목하자. 우리는 〈그림 9-5〉에 표시된 버전을 사용하고 있다. 우리는 문화 웹 요소를 중심으로 시계 반대 방향으로 설명할 것이다.

조직 가치와 문화

모델의 핵심에 '조직적 가치와 문화' 패러다임은 '우리가 세상을 바라보는 방식'이다. '우리'에 대한 강조가 중요하다. 변화는 '우리가 하는 일'만으로는 거의 이루어지지 않기 때문에 조직은 종종 사람들이 하는 일에 상당한 변화를 주기를 꺼린다. 변화는 또한 '우리가 누구인가'에 관한 것이다. 불가피한 정체성 변화와 관련된 타성은 문화적 변화를 어렵게 만드는 요인 중 하나이다. 조직의 패러다임은 부문 적합성, 시장 및 서비스 제공의 특성과 같은 실질적인 문제뿐만 아니라 태도 및 고객 인식과 같은 무형적인 문제를 포함하는 조직에 대한 여러 가지 가정을 포함한다.

- 우리 조직은 어떤 부문에 속해 있는가? 예를 들어, 우리는 소매, 금융 서비스 또는 자선 부문에 종사하고 있는가? 여기서 재개념화는 비즈니스 문제를 보는 새로운 방법을 제공할 수 있으므로 잠재적으로 상당한 경쟁 우위를 확보할 수 있다.
- 우리의 주요 고객 누구인가? 다국적 기업, 소기업 또는 개인 고객? 이 고객 기반은 어떻게 변하고 있는가?
- 우리는 고객에게 무엇을 제공하는가? 여기에 서비스 개념인 4장에서 논의한 '결과' 개념

에 대한 핵심 연결이 있다. 고객이 지불하는 것과는 반대로 고객이 구매하는 것은 무엇인가? 예를 들어 주택 개선 매장은 단순히 페인트와 전동 공구가 아닌 더 나은 라이프스타일을 위한 기회를 제공해 준다. 대학 경영학 학위는 경영 이론을 더 잘 이해하는 것과는 반대로 보다 효과적인 리더와 더 나은 경력을 창출하는 것이다.

- 우리는 경쟁자와 비교할 때 우리 자신에 대해 무엇을 말하는가? 우리는 더 혁신적인가? 위험 회피(안전)적인가? 아니면 고객 대안적인가?
- 우리 조직의 긍정적인 측면이 적은 것은 무엇인가? 우리 조직 외부의 사람들이 우리에 대해 어떤 부정적인 말을 할 수 있는가? 우리는 융통성이 없는가? 수익성이 많은 대형 고객에게만 관심이 있는가? 오만한가?

조직은 종종 과거에 지지했던 가치와 크게 다른 새로운 일련의 가치를 시작하려고 시도할 수 있다. 그러나 가치가 조직 전체에 '전파'되고 새로운 행동으로 내면화되는 데는 시간이 걸릴 수 있다. 고위 관리자가 직원이 원하는 정도로 일관되게 새로운 가치를 실현하지 않거나 혹은 그 반대의 경우에 불만을 표시하는 직원 그룹을 찾는 것은 드문일이 아니다. 따라서 문화 웹의 '가치' 측면에 대한 대화는 특히 '가치 불일치'의 영향을 예상 또는 완화하는 데 특히 유용할 수 있다.

서비스 운영 관리자와 직원은 서비스 개념과 문화에 내재된 가치 패러다임 간의 불일치를 인식하고 완화해야 한다. 또한 서비스 운영 관리자와 직원은 가치의 상당한 변화가 일관되게 전달되는 데 상당한 시간이 걸릴 수 있음을 이해해야 한다. 예를 들어, 이탈리아 테마 레스토랑 체인을 운영하는 조직의 관리자 그룹은 조직의 가치와 문화를 고려하고 있었다. 토론에서 이들은 자신들의 패러다임에 대한 설명에 서비스 우수성에 대한 언급이 없다는 것을 깨달았을 때 충격을 받았다. 이러한 결여는 많은 회사 마케팅 자료가 서비스 및 서비스 우수성을 강조했기 때문에 더욱 놀라운 일이었다. 관리자가 서비스 공급망과 음식 제공을 개선하기 위해 열심히 노력했지만, 어떤 면에서는 고객 서비스를 위해 당연한 일이였다. 이들은 자신들의 서비스 개념을 정리한 후에야 비로소 서비스 개념과 문화 패러다임 사이의 불일치를 이해하게 되었다.

조직 구조

문화 웹의 '조직 구조' 요소는 조직이 자원 및 프로세스 관리에 대한 책임을 할당하는 방식을 탐색한다. '조직 구조'는 조직이 '작동'하는 방식과 조직이 외부 세계에 자신을 표현하는 방식과 관련이 있다. 권력 구조에 대한 다음 섹션에서 살펴보겠지만 이것이 항상 현실을 반영하는 것은 아니다. 조직 구조를 논의할 때 구조에 대한 설명을 넘어 해당 구조의 의미에 대한 논의로 넘어가는 것이 유용하다. 따라서 예를 들어 계층적이고 여러 관리 계층이 있으며 지역적인 조직은 효율적일 수 있지만, 일관된 변경을 수행하는 데 매우 느릴 수도 있다. 조직 구조의 의미는 다음과 같은 질문에 의해 밝혀질 수 있다.

- 구조는 많은 관리 수준을 가진 위계적인가? 아니면 수평적인가?
- 지역적 조직인가? 서비스 유형별 조직인가? 아니면 둘의 결합인가?
- 기능에 의한 조직인가? 프로세스에 의한 조직인가?
- 관료적 조직인가? 유연한 조직인가?
- 팀 기반인가? 개인 기반인가?

이러한 질문은 판단하기 위한 것이 아니며 구성하는 데 하나의 '올바른 방법'이 거의 없다는 것을 인식하는 것이 중요하다. 그러나 조직 구조에 대한 선택은 필연적으로 상쇄효과(trade-off)가 수반되며 이를 수용하는 것이 유용하다. 예를 들어, 기능적으로 조직된 조직은 기술적으로 매우 유능하지만, 다른 서비스 유형에 대해 시장을 중심으로 조직된 조직만큼 고객에 대해 반응적이지 못하다.

조직 구조에 대한 또 다른 유용한 질문은 서비스 조직이 중앙 집중형인지 분산형인지 여부이다. 일부 서비스 조직은 운영 단위가 더 유연할 수 있는 매우 간결한 '린 센터'를 갖는 것에 자부심을 갖고 있다. 반대로 기능의 중앙 집중화는 일부 영역에서 일관성과 효율성을 향상시킬 수 있지만, 잠재적으로 운영 단위의 유연성과 고객 소유권을 감소시킬 수 있다.

가상 조직, 특히 가상 팀워크의 출현으로 조직 구조와 관련된 많은 문제를 관리하기가 더 쉬워졌다. 예를 들어, 대규모 글로벌 컨설팅 회사는 현지 주재를 제공할 수 있을 뿐만 아니라 지식 관리 시스템을 통해 관련 전문가를 즉각적으로 접근할 수 있다. 10장에서 논의할 공급 네트워크 관점은 서비스 조직의 능력에 영향을 미쳐, 조직 구조 선택과 연관된 도전을 관리할 수 있다.

권력 구조

권력 구조에 대한 이야기는 결정을 내리고 구현하거나 차단하는 방식을 탐구해야 한다. 때때로 관리자는 '권력'에 대해 명시하는 것을 주저할 수 있기 때문에, 이 섹션을 권력 구조보다는 '의사 결정 프로세스'로 표시하는 것을 선호할 수 있다. 무엇이라고 부르든, 문화 웹의 이 요소는 '조직 구조' 요소와 어느 정도 겹친다. 예를 들어, CEO와 고위 리더십 팀은 조직 구조에서 위치에 따라 자연스럽게 많은 권력을 갖게 된다. 그러나 권력 구조에 대한 논의는 조직 내 전문성이나 명성과 같이 분명하지 않은 권력의 원천을 구별할 수 있는 기회를 제공해 준다. 분명히 전문가 또는 평판이 있는 권력에 대한 판단은 매우 주관적일 수 있다. 그러나 문화 웹을 체계적으로 논의하고 개발하는 것의 가치는 권력에 대한 내부 오해를 드러내고, 명확히 하여, 때로는 도전할 수 있는 기회를 제공할 수 있다는 것이다.

문화 변화를 고려할 때, 조직에서 상대적으로 하위에 있는 직원이 부정적 혹은 반대의 권력을 가질 수 있다는 점을 인식하는 것이 중요하다. 예를 들어, 모든 조직에 공식 계층 밖에 있지만, 중요한 소셜 네트워크를 가지고 있고, 다양한 사람들이 의견을 제시하는 '인플루언서'가 있다. 이러한 인플루언서의 지지를 인지하고 얻는 것은 성공적인 문화 변화의 중요한 토대가 될 수 있다.

마찬가지로 권력, 영향력 및 가치에 대한 오해는 서비스 성과를 저하시킬 수 있다. 일선 직원은 서비스 전달 시스템에서 상대적으로 중요하지 않다고 인식하기 때문에, 많은 서비스 조직은 좋지 않은 전달 성과를 겪고 있다. 따라서 서비스 운영 관리자의 중요한 역할은 일선 직원이 자신의 업무에 자부심을 갖고 효과적인 서비스 제공을 뒷받침하는 데 있어 자신의 기여도와 실제 권력을 모두 인식하도록 하는 것이다.

통제 메커니즘

통제 메커니즘은 현재 성과에 대한 이해뿐만 아니라 서비스 조직에 대한 방향을 제공해 준다. 성과 관리에 대한 것은 12장에서 다룬다. 오늘날 일반적인 통제 메커니즘은 다음과 같은 측정 도구를 사용한다.

- 재정 목표 및 예산
- 판매 목표
- 생산 일정
- 조달 시스템
- 핵심성과지표(KPI)
- 의사 결정 프로세스 및 승인 회의
- 재정 승인 수준
- 인력 할당 프로세스

어떤 면에서 우리는 문화 웹의 요소들 사이에 겹치는 부분을 보고 있다. 통제되고 관리되는 것은 일반적으로 조직에 중요한 것이다. 종종 서비스 조직의 진정한 의도를 알 수 있는 쉬운 방법은 가장 단호하게 관리되고 통제되는 측정 및 목표를 살펴보는 것이다. 예를 들어, 많은 조직은 서비스 품질, 직원 복지, 고객 유지 등을 중요한 측정 기준으로 강조하지만, 실제로 관리 통제 메커니즘은 대략적으로 판매 목표 또는 규모를 측정한다. 이것이 중요한 것이 된다.

서비스 조직의 문화를 드러낼 수 있는 통제 메커니즘의 또 다른 예는 서비스 직원의 지출 재량 한도이다. 많은 서비스 조직은 직원에게 권한을 부여하는 것에 대해 '큰 게임을 이야기'하지만, 동시에 고객의 문제를 해결하기 위해 모든 지출에 대한 고위 경영진의 승인을 요구한다. 최초의 성공적인 저비용 항공사인 사우스웨스트 항공의 부상에 대한 오래되었지만 강력한 이야기는 직원들이 혁신적인 방식으로 고객과 상호작용하도록 분명히 권장되었지만, 초대 CEO인 허브 켈러허(Herb Kelleher)가 $1,000 이상의 지출을 승인한 유일한 사람이었다는 것이다.[10]

이야기와 신화

서비스 조직에서 회자가 되고 있는 '이야기와 신화'는 긍정적일 수 있다. 예를 들어, '관리자는 좋은 아이디어를 지원할 것이다' 또는 '일하기 좋은 곳이다'. 그러나 때때로 이야기는 '변화를 시도하는 것은 어리석은 일이다, 변화를 시도하는 사람은 책임을 지고 해고될 것이다'와 같이 더 부정적일 수 있다. 본질적으로 '이야기와 신화'는 때때로 매우 오래된 것일 수 있다. 이야기가 오늘날의 현실에 적용되는 이야기가 아니라, '좋은 오래된 이야기'와 관련이 있는지 확인하는 것이 유용하다.

관리자가 서비스 문화에 긍정적인 영향을 미칠 수 있는 영역은 새로운 이야기를 만드는 것이다. 스토리텔링을 위한 이상적인 사건은 직원 크리스마스 파티나 내부 회의와 같은 연례 행사이다. 이야기는 개인과 팀의 기여를 인식하고 더 넓은 조직을 위한 모범 사례를 만들 수 있는 기회이다. 예를 들어, 문화에 영향을 미치는 프로세스의 일부는 고객 서비스 행위를 비범한 성공으로 연결하는 일련의 새로운 스토리를 만드는 데 있을 수 있다. 필수 패키지를 전달하기 위해 헬리콥터를 채용한 페덱스(FedEx)와 같은 유명한 이야기는 고객 소유 문화를 구축할 수 있다.

상징과 역할 모델

상징은 문화에서 누가 또는 무엇이 중요한지에 대한 유형적 증거이다. 사무실에 주차 공간이나 딱 맞는 카펫이 있는 사람(또는 사무실이 있는 사람)이 주요 화두가 된다. 개방형 사무실에서도 개인의 책상 크기나 특별한 의자가 있는 사람은 모두 중요할 수 있다. 상태에 대한 상징은 사무실의 크기나 위치, 할당된 주차 공간 또는 회사 차량의 유형과 같이 이점이 될 수 있다. 이러한 상징은 매우 강력하여 제거하기 어려운 경우가 많다. 고객 중심에 대한 관심은 상징이 서비스와 어떻게 연결되는지와 관련이 있다. 예를 들어, 일부 조직에서는 판매원이 고 사양 차량을 보유하고 있는 반면, 서비스 직원은 밴 및 픽업 트럭과 같은 다용도 차량을 보유하고 있다는 사실을 발견하는 것은 흔한 일이다. 이와 같은 차량 할당은 일부 서비스에서 운영상 타당할 수 있지만, 판매가 서비스보다 더 중요하다는 메시지를 서비스 직원에게 보낼 수도 있다. 아이러니하게도 많은 조직에서 수익은 판매보다 지속적인 서비스 계약에서 더 많이 발생하고 있다.

역할 모델은 조직 문화를 형성하는 것으로 인식하는 현재 또는 과거의 선구자이다. Virgin Group의 Richard Branson은 재미있는 문화를 촉진하는데 도움을 주었고, Southwest Airlines의 Herb Kelleher는 저가 항공의 혁신을 구현했으며, Amazon의 창립자이자 CEO인 Jeff Bezos는 혁신적인 효율성과 배송 속도를 보였다. 그리고 Four Seasons Hotels 그룹의 Isadore Sharp는 우수한 서비스의 토대를 마련했다.

'상징 및 역할 모델' 요소의 또 다른 측면은 조직이 선택하여 사용하는 언어일 수 있다. 예를 들어, 이코노미 클래스 승객을 '자동 적재 화물(self-loading cargo)'로 지칭하는 항공사는 우수한 서비스를 제공하기 위해 고군분투해야 할 것이다. 그러나 언어로 드러내어 의도적이고 경멸적으로 할 필요는 없다. 예를 들어, UK National Health Service의 일부 지역에서 환자는 병원에서 퇴원할 때 '환자'가 아니라 '종료된 진단 에피소드(FCE)'라고 한다. 유사하게, 거의 어디에나 있는 전임 직원을 지칭하는 약어 FTE가 비개인화를 초래할 수 있다고 주장하는 사람들도 있다.

일상과 의식

일상과 의식은 조직의 비공식 시스템을 설명해 준다. 시스템은 아마도 어떤 절차 매뉴얼에도 나타나지 않을 것이지만, 종종 조직 문화의 크고 중요한 요소가 된다. 예를 들어, IT 프로젝트 관리 그룹은 경영진이 제공한 케이크로 각 프로젝트의 성공적인 마무리를 축하한다. 비공식적인 일상은 의사 결정에 영향을 미칠 수 있다. 예를 들어, 일부 조직에서는 위원회에서 최종 결정을 내리기 전에 여러 비공식 협상이 일어난다. 이러한 협상은 때때로 '회랑 대화'라고 불린다(또는 '네마와시(nemawashi)', 일본어로 제안된 변경 또는 프로젝트의 토대를 조용히 마련하는 비공식 프로세스를 의미한다). 일상이란 위원회가 소집되기 전에 결정이 효과적으로 내려진 것을 의미하며, 위원회의 역할은 단순히 결정을 공식적으로 비준하는 것이다.

한 슈퍼마켓 체인의 CEO는 매장을 정기적으로 방문했다. 방문할 때마다 그는 선반 위의 상품 진열이 높은 기준에 부합하는지 확인하는 데 특히 주의를 기울여, 세부 사항에 대한 관심이 중요하다는 메시지를 보냈다. 그러나 이러한 접근법은 역효과를 낼 수 있다. 영국 국방 참모의 한 고위 장교는 청결과 세세한 부분에 대한 관심이 중요하다는 것을 나타내기 때문에 어떤 시설이든 예외적으로 깨끗한 화장실을 갖추는 것이 특히 중요하다고 믿었다. 그는 점검을 할 때마다, 어김없이 화장실 여러 군데를 돌아다니며 살피곤 했다. 그러나 그의 행동과 일상의 의도하지 않은 결과는 '화장실이 괜찮으면, 우리는 괜찮을 거야'라는 태도를 만들어냈다.

일부 조직은 새로운 관점을 제시하기 위해 항상 외부에서 고위직을 채용하는 일상을 가지고 있다. 또 다른 조직은 항상 내부에서 승진시킨다. 이와 같은 의식과 일상은 서비스 조직의 사회적 규범을 강화하므로 긍정적일 수 있다. 다른 의식과 일상은 너무 엄격하거나 너무 느린 것으로 인식될 수 있는 프로세스를 우회하는 방법을 제공하기도 한다. 우리는 공식적인 절차를 따르기보다 '해낼 수 있는 특별한 사람'에게 다가간다는 말을 종종 듣는다.

의식과 일상의 특정 측면은 덜 긍정적일 수 있다. 예를 들어, 어떤 조직은 논의할 가치가 없는 경우에도 열리는 '상설 회의(standing meeting)'가 있다. 이 회의 일정은 적어도 수첩에 회의 날짜를 기록하기 위해 소중한 의도로 설정되었을 것이다. 그러나 아무도 취소된 것을 기억하지 못했다. 메시지 측면에서 피해를 줄 수 있는 또 다른 회의 의식은 지위상의 이유로 최고위 관리자가 늦게 도착하는 경우이다. 의도하지 않은 메시지는 시간을 낭비해도 괜찮다는 것이다. 또 다른 문제가 되는 의식은 서비스 조직이 성공을 '기대되는 것'으로 여기며 성공을 축하하지 않고, 무언가 잘못되었을 때 희생양을 찾기 위해 대대적인 사냥을 수행하는 것이다.

많은 일상과 의식이 직원을 보호하기 위해 개발되거나 발전하고 있다. 예를 들어, 병원 직원은 환자가 존재하고 의식이 있음에도 불구하고, 환자에 대해 이야기하되 그들에게 직접 이야기하지 않음으로써 비인격화하고 환자와의 감정적 연결을 피할 수 있다. 이 접근 방식은 '전문적'으로 보일 수 있지만, 대부분 환자의 웰빙에 부정적인 결과를 초래할 수 있다. 비용을 줄이려는 관리자는 긍정적인 비공식 시스템에 주의를 기울여야 한다. 이는 비공식 시스템을 없애면 암묵적 지식과 지지 문화의 중요한 측면을 모두 잃을 수 있기 때문이다.

WORKED example

사례

문화 웹을 사용한 문화 변화

<표 9-1>은 금융 서비스 회사에 대한 문화 웹 분석을 보여 준다. 회사의 개별 관리자는 여러 개의 소그룹으로 구성되었지만, 회사의 비즈니스 특성상 대규모 그룹 토론을 위해 모든 사람을 모으는 것은 어려웠다. 그러나 대부분의 관리자가 참석한 한 회의에서 문화 웹 모델의 상대적 단순성과 효율성 때문에, 문화 웹을 사용한 회사 문화에 대한 토론이 열렸다.

토론 후 분석에 채택된 프로세스는 다음과 같다.

1. 무엇이 도움이 되고 무엇이 방해가 되는지 주목하면서, 문화 웹의 6개 요소에 대한 소그룹 토론을 촉진한다.
2. 6개 요소 논의에서 기업의 가치와 패러다임 측면에서 시사점을 고려한다. 1단계와 2단계는 기존의 문화 웹을 만든다.
3. 가치와 패러다임에 대해 원하는 변화에 대한 전체 그룹 토론을 촉진한다. 이러한 종류의 전체 그룹 토론에는 시간이 걸릴 수 있으므로 집중할 공간과 시간이 제공되어야 한다. 리더십 팀의 수첩은 이상적인 맥락을 제공하기 위해 적시에 참고해야 한다.

〈표 9-1〉 금융 서비스 회사의 문화 웹 분석

구분	기존 문화 웹	바라는 문화 웹
패러다임	• 일반 보험 및 연금 제공자 • 일반인이 아닌 중개인을 통한 거래 • 좋은 투자관리로 인해 수익성 • 일반적으로 위험 회피 • '착한' 기업	• 고객에게 걱정으로부터의 자유를 제공하는 것으로 보임 • 청렴하게 행동하고 변화하는 고객의 요구를 충족시키는 혁신적인 금융 상품의 우수한 서비스를 제공함으로써 수익을 창출
조직 구조	• 지점 및 하위 지점의 지역별 구성 • 여러 관리 수준의 계층 구조 • 보험과 연금은 별개의 조직	• 고객 전달 프로세스 중심 팀 구성 • '원스톱 숍'으로 고객을 위한 토털 솔루션 제공 • 고객에 직접 전달하는 서비스
권력 구조	• 최고 경영 위원회 • 최근 합병 전 A사 출신 매니저 • 계리사	• 최고 경영 위원회 • 고객 대면 역할에 더 많은 영향
통제 메카니즘	• 회사 절차 매뉴얼 • 금융 서비스 법률 • 위험도 분석 • 판매 인센티브	• 장기적인 고객 유지 및 수익성 • 직원 역량 개발 강조 • 팀 인센티브
의식과 일상	• 관리 만찬 • 고위 경영진의 지점 방문 • 연공서열 승진 • 성과 부진자 '특별사업'으로 '승격'	• 판매와 서비스 모두 우수한 실적 인정 • 성과 우수자에 대한 승진
상징과 역할 모델	• 개인 비서가 있는 사람 • 회사 차량의 품질 • 최신 노트북/수첩/IT 소프트웨어	• 성취 인증서
이야기와 신화	• 경영자 식당 사용금액 • 몇 년 전 크리스마스 파티가 얼마나 좋았는가 • 사기죄로 해고된 고위 관리자	• '의무 범위를 넘어선' 행동 축하 • 고객 추천을 통한 새로운 비즈니스 창출

4. 그런 다음 원하는 미래 문화 웹을 다루기 위해 6개 요소 중 어떤 측면을 변경해야 하는지 살펴보기 위해 소그룹 토론을 더 진행할 수 있다. 3단계와 4단계는 '미래' 문화 웹을 만든다.
5. 실행 계획을 개발한다. 하나 또는 두 개의 핵심 성과 지표에 대한 강조를 변경하거나 새로운 스토리를 생성하는 데 빠른 성과가 있을 수 있음을 인식할 가치가 있다.

마지막으로 주목해야 할 점은 조직에 전반적인 문화가 있을 수 있지만, 조직의 다른 부분에는 다양한 역할, 지역, 기능적 전문화 등과 관련된 하위 문화와 풍토가 거의 확실하다는 것이다. 예를 들어, 재무 팀의 하위 문화는 일반적으로 고객 서비스 팀의 하위 문화와 상당히 다르다.

9.3.3 경쟁 가치 프레임워크

여기서 우리가 살펴볼 세 번째 문화 분류는 Quinn과 Rohrbaugh의 경쟁 가치 프레임워크

〈그림 9-6〉 경쟁 가치 프레임워크

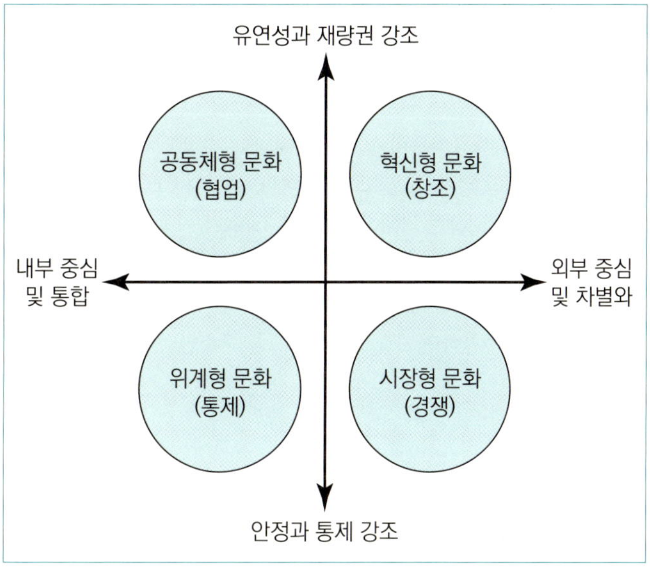

이다.[11] 이 프레임워크는 Deal 및 Kennedy 분류법과 마찬가지로 조직 문화를 다시 네 가지 범주로 나눈다. 문화는 서비스 운영에 대한 내부, 또는 고객을 향한 외부 여부에 관계없이 초점의 방향과 범위에 따라 먼저 매핑된다. 둘째, 문화는 운영이 안정성과 통제 또는 유연성과 재량권을 강조하는 정도의 측면에서 매핑된다. 두 차원은 특히 서비스 운영 및 서비스 문화에 대한 이해와 관련이 있다. 예를 들어, Yahoo 사례를 다시 참조하면 Yahoo의 최고 경영 문화가 외부에 초점을 맞추는 반면, 지배적인 인력 집단은 내부에 초점을 맞춘다고 주장할 수 있다. 마찬가지로 Yahoo의 직원들은 유연성과 재량권이 필요한 활동에 감사하고 참여하는 반면, 경영진은 안정성과 통제에 더 관심을 가졌다. 아마도 문화 충돌은 불가피했다. Quinn과 Rohrbaugh는 〈그림 9-6〉에 표시된 매트릭스의 4사분면이 문화적 원형을 나타내며 각 원형은 의사 결정을 알리는 지배적인 기준 또는 일련의 '핵심 가치'와 연관되어 있다고 주장했다.

공동체형 (협업) 문화

공동체형 문화는 '가족'형 조직과 유사하다. 공동체형 조직에 스며든 속성들은 공유 가치와 목표, 응집력, 참여적 성격, '집단 정체성'이다. 공동체형 조직은 경제적 실체라기보다는 확대된 가족에 가깝다고 할 수 있다. 법안에 완벽하게 부합하는 '서비스' 조직은 인기 있는 HBO TV 시리즈에 묘사된 소프라노스와 같은 범죄 가족일 것이다. 공동체형 문화의 보다 현실적인 예는 성공적인 애니메이션 스튜디오(현재 Disney Corporation의 일부)인 픽사(Pixar)이다. 픽사는 창의적인 인재를 고용하는 것으로 유명하지만, 비판적으로는 창의성을 위해 고립되어 일을 하는 것을 허용하지 않는 것으로 유명하다. 대신 조직은 협업과 학습을 장려한다. 그래서 픽사는 오늘날 많은 사람에게 세계에서 가장 성공적인 애니메이션 스튜디오로 알려져 있다.

CASE example

사례

Weta Workshops의 공동체형 문화

어떤 면에서 Pixar를 모델로 한 또 다른 '공동체형 문화' 서비스 조직은 뉴질랜드의 웨타워크숍이다. 웨타는 반지의 제왕 3부작, 공각기동대, 필멸의 엔진과 같은 획기적인 영화 작업으로 유명하다. 웨타의 CEO인 Richard Taylor는 그와 그의 아내 Tania가 가족처럼 사업을 운영하는 방법에 대해 공개했다. 재능은 소규모 팀에서 세심하게 교육되고 구성원은 팀 간에 선택적으로 순환하여 기술 포트폴리오를 구축한다.

우리는 지난 20년 동안 중요한 영화를 작업할 수 있는 특별한 기회로 정말 축복받았고, 그 덕분에 지난 20년 동안 가장 선견지명이 있는 사람들과 함께 작업할 수 있었다. 하지만 그 모든 것을 차치하고 궁극적으로 작업 환경에서 함께 일한 것은 바로 사람들이다. 매일 아침 이 모든 세월에 걸쳐 워크숍에 돌아가는 열정으로 깨어난다. 워크숍에서 사교하고, 함께 앉아 아내와 함께 워크숍을 운영하고, 친구들과 가족들이 우리가 매일 함께 일하는 사람들이기 때문에 워크숍에 너무 많이 참여한다는 사실은 정말 특별한 경험을 만들어 준다.[12]

— Richard Taylor(SyFyWire에서 인용)

혁신지향적 (창조) 문화

틀림없이 가장 동시대적인 문화 원형은 혁신지향적 또는 '창조' 문화이다. 어떤 면에서 창조 문화는 21세기 초의 격동과 역동성에 대한 반응이다. 서비스 및 제품 혁신은 특히 인터넷의 출현 이후로 매우 빠르다. 창조 문화에서 행동에 영향을 미치는 것으로 보이는 일반적인 가정은 혁신, 위험 감수, 기업가 정신 및 창의성이다. 혁신지향적(adhocracy)이라는 단어는 임시(ad hoc) 또는 임시적인(temporary) 반응적이며 명백히 민주주의에서 유래한다. 그것은 리더십과 명령 체계 측면에서 유연성과 불확실성을 암시한다. 혁신지향성의 좋은 서비스 사례는 '씽크탱크(Think Tank)' 유형의 업무 또는 정책 개발에 참여하는 일종의 컨설팅 회사이다. 이러한 환경에서 수석 컨설턴트 그룹은 유료 고객에게 가치가 있는 작업을 수행하기 위해 프로젝트 단위로 함께 모여 컨설턴트 개인에게 지능적 및 발전적 관심이 있다. 컨설팅 작업은 결코 일상적이지 않으며 프로젝트 팀이 전문 지식과 창의성이 혼합된 포트폴리오를 활용할 수 있는지에 크게 의존한다. 아마도 혁신지향적 문화의 유명한 예 중 하나는 아폴로 13호 임무의 복구를 처리하기 위해 구성된 위기 관리 팀의 문화일 것이다. NASA 팀의 유연하고 반응이 빠른 문화는 중단된 달 착륙 시도에서 우주 비행사의 생명을 구하는 솔루션을 고안해 냈다.

위계형 (통제) 문화

'통제' 문화 원형은 새로운 것이 아니다. 사회학자인 Max Weber는 관료주의 조직 형태에 대해 광범위하게 저술했다. 관료주의 조직에서 중요한 것은 규칙, 주제 초점, 계층 구조, 상대적

CASE example
사례

맥도날드 – 위계형 또는 통제 문화의 예

맥도날드는 세계 최고의 패스트 서비스 레스토랑 브랜드이다. 프랜차이즈 기반 비즈니스인 이 회사는 36,000개 이상의 레스토랑에서 학습 및 공유를 가능하게 한다. 이는 사실상 소기업의 집합체이다. 또한 맥도날드는 원활하고 효율적인 서비스 운영을 개발하는 방법의 모범 사례가 되었다. 맥도날드의 중요한 부분은 기업이 통제 문화라는 것이다. 맥도날드는 비즈니스에서 거의 모든 프로세스에 대한 프로세스 매뉴얼이 있다. 또한 각 매뉴얼은 회사에서 사용하는 모든 언어로 번역되었다. 맥도날드는 교육을 제공하는 비디오, 교육 과정 및 자체 대학이 있다. 어떠한 것도 운에 맡기지 않으며 모든 것이 엄격하게 통제되고 있다. 맥도날드는 거의 모든 사람을 고용하여 프로세스별로 교육하여 유능한 직원이 되도록 할 수 있다. '기업 행동의 핵심 가치 및 기준'에 대한 회사의 사명서는 교육 및 개발 기회를 통해 사람들을 지원하고 개발하는 것의 중요성을 강조하고 있다. 맥도날드는 개별 학습이 생산성, 품질 및 비즈니스 효율성을 촉진한다는 가정을 하고 있다. 개별 학습을 촉진하기 위해 회사는 햄버거 대학, 인턴십, 글로벌 이동성 및 리더십 개발 프로그램을 통해 교육 및 개발 기회를 제공하고 있다. 야망과 의욕이 있는 개별 직원에게는 상당한 개발 기회가 있지만, 모든 것이 엄격한 제약 내에서 발생하고 회사에서 제공하고 통제하고 있다. 기회는 거의 없다.

비인격성 및 책임이다. 20세기 초에 관료주의는 서비스를 안정적이고 원활하며 예측 가능하게 제공하는 데 매우 효율적이었다. 관료주의는 직업과 기술과 같은 자원의 안정성뿐만 아니라 환경 및 시장 수준의 안정성에 따라 달랐다. 1960년대 후반까지도 대부분의 직업은 결과와 결과를 낳는 프로세스로 설명하였다. 이와 대조적으로 1960년대부터 21세기에 걸쳐 발생한 노동생활의 변화는 '지식 근로자'의 등장이다. 지식 근로자의 작업 결과를 정의하는 것은 가능하지만 지식 근로자의 프로세스는 머릿속에 있는 경우가 많다. 그러나 계층 또는 통제 문화는 형식과 구조가 특징이다. 규칙과 절차는 행동을 통제하며, 규정 준수는 필수적이다. 통제 문화에서 리더의 특징은 창의성과 역동성이 아니라 조정과 관리이다. 레이블 계층 구조, 통제 및 관료주의를 완전히 부정적인 것으로 생각하기 쉬울 수 있지만 그것은 잘못된 이해이다. 관료주의는 매우 효과적인 조직 형태가 될 수 있으며 현대적인 표현으로 상업적으로 성공할 수 있다.

시장형 (경쟁) 문화

시장 또는 '경쟁' 문화를 가진 조직은 목표 지향적인 경향이 있으며 결과와 업무의 완성을 강조한다. 일부 사람들은 이것을 20세기 후반의 경쟁적인 도전의 결과로 보고 있다. '시장'이라는 단어의 사용은 반드시 외부 고객과만 관련되는 것이 아니라, 시장으로서 효과적으로 기능하는 조직의 행동과 관련된다는 점에 주목하자. 관리자는 직원 활동을 면밀히 모니터링하면서 요구할 수 있다. 또한 상당한 내부 상호 경쟁이 있을 수 있다. 그러한 조직에서는 측정 가능한 목표의 달성이 특히 중요하게 여겨지면서 성공과 승리를 강조할 가능성이 높다. 시장 문화는 주로 명시적이고 때로는 비공식적인 시장 메커니즘에 의해 관리된다. 시장형 문화에서 결정을 내리는 핵심가치는 경쟁력과 자원 생산성이다. 시장 조직의 외적 강조점은 포지셔닝과 통제에 있다. 성공은 시장점유율 및 시장 침투와 같은 척도로 정의된다.

경쟁 가치 프레임워크 사용하기

경쟁 가치 프레임워크는 제안된 다른 많은 문화적 분류 체계와 근본적으로 다르지 않다. 그러나 이를 기반으로 구축된 모델과 조직 문화 평가 도구는 현재 사용 중인 대중적인 문화 평가 및 변화 도구 중 하나이다. 많은 저자가 이 모델이 암시하는 명확한 프로세스에 대한 강조를 지적한다.[13] 분류법, 문화 평가 도구 및 변경 방법론의 강점을 제공하는 것이 바로 이 속성이다. 이는 거의 문화적 변화를 위한 워크북으로 볼 수 있으며, 이러한 스타일과 상대적 접근성이 모델의 매력을 설명할 수 있다.

9.4 국가 문화는 어떻게 다른가

문화와 관련한 본 장은 국가 문화가 서비스 전달에 미치는 영향을 언급하지 않으면 불완전할 것이다. Geert Hofstede 교수는 직장에서 나타나는 가치가 문화에 의해 어떻게 영향을 받는지에 대한 포괄적인 문화간 연구를 수행했다. 여기서 문화는 한 집단 또는 범주의 구성원을 다른 집단과 구별하는 정신의 집합적 프로그래밍으로 설명하였다. 그는 국가 문화를 특징짓는 데 사용할 수 있는 여섯 가지 차원을 정의했다.[14]

권력 거리. 높은 권력 거리 점수는 종업원이 상대적으로 수동적이며 지시받기를 좋아하고 일반적으로 윗사람이 권력을 행사하기를 기대하는 문화를 나타낸다. 이에 부수적으로 윗사람은 빈번히 아랫사람에게 낮은 신뢰를 보인다. 많은 아시아 문화가 높은 권력 거리 점수를 가진다. 낮은 권력 거리 점수는 보다 큰 상호 신뢰를 독려하며 아랫사람을 의사 결정에 참여시키기를 기대한다. 영국, 일부 서유럽 국가, 미국이 이에 속한다.

개인주의-집단주의. 어떤 사회는 특히 개인의 성취를 중시하는 반면, 다른 사회는 전체 팀의 성과를 장려하는 것이 더 중요하다고 생각한다. 후자의 경우는 소속감, 의무 및 집단 의사 결정을 강조한다. 이는 '나', 또는 '우리'를 생각하느냐에 따라 사람들의 자아상의 차이로 표현되기도 한다. 높은 개인주의 사회에서 사람들은 자신과 직계 가족을 돌보는 것을 강조한다. 반대로, 집단주의 사회에서 사람들은 의심할 여지 없이 충성심에 대한 대가로 자신들은 돌봐주는 다른 사회 집단이나 노동 집단에 속해 있다. 영국은 미국과 함께 개인주의적 차원에서 높은 점수를 받았다. 왜냐하면 그들은 개인의 성취에 높은 관심을 두기 때문이다.

남성성-여성성. 이것은 일부 사람들이 반대할 수 있는 이름이지만, 의사 결정 스타일의 차이와 관련이 있는 범주이다. Hofstede가 의사 결정에 대한 '남성적' 접근 방식이라고 부르는 것은 돈, 물질적 소유 및 야망의 획득에 중점을 둔 보다 단호하고 사실에 기반하며 공격적인 스타일이다. 관리자는 계속 증가하는 목표와 목적을 위해 노력하도록 권장된다. 대조적으로 Hofstede가 '여성적' 의사 결정이라고 부르는 것은 분석이 더 직관적인 훨씬 더 많은 상담을 포함한다. 여성성이 지배적인 곳은 보다 협력적인 환경을 조성하는 데 중점을 둔다.

불확실성 회피. 이 차원은 사회가 미래를 완벽하게 예측할 수 없다는 생각에 대처하는 방식을 탐구한다. 이 차원은 문화가 위험 감수를 장려하는 정도를 평가한다. 불확실성 회피가 높은 문화는 어려운 상황에 대처하기 위해 장시간 일하고 절차를 엄격히 준수하는 것과 같은 전략을 채택한다. 일본과 한국의 근무 윤리의 대부분은 이러한 경향을 보여 주고 있다. 낮은 수준의 불확실성 회피는 더 많은 위험을 감수하고 정상적인 규칙을 벗어나 작업하며 변화를 수용할 준비가 되어 있음을 의미한다. 낮은 불확실성 회피는 경직된 절차를 따르는 것에 대해 관심을 갖지 않고 더 많은 기업가 정신을 장려한다.

장기 지향. 이 범주는 사업 계획, 목표 및 성과에 대한 시간 지평에 대한 국가 문화의 다양한 강조점과 관련이 있다. 이 차원에 낮은 점수의 사회는 일반적으로 유서 깊은 관습과 표준을 유지하는 것을 선호한다. 그들은 일정량의 의심으로 변화를 볼 수 있다. 대조적으로 이 차원에 높은 점수를 받은 문화를 가진 국가는 변화에 대해 상대적으로 실용적인 접근 방식을 취할 가능성이 더 크다. 그들은 아마도 미래를 준비하기 위한 교육 및 기타 노력을 장려할 것이다. 일부 국가는 단 몇 개월 또는 몇 년의 기간에 편향된 재정적 및 기타 보상과 함께 단기 성과(소위 단기주의)에 더 중점을 두고 있다. 다른 국가들은 훨씬 더 장기적인 관점을 가지고, 더 장기적인 사고를 장려한다. 장기 지향성은 중국의 높은 점수와 미국의 낮은 점수의 대비의 두드러진 특징을 보여 준다.

방임–절제. 방임은 인생을 즐기고 재미를 갖는 것과 관련된 기본적이고 자연스러운 인간의 욕구를 비교적 자유롭게 만족시킬 수 있는 사회를 의미한다. 방임은 개인이 자신의 욕망과 충동을 통제하려고 노력하는 정도라고 생각할 수 있다. 충동에 대한 상대적으로 약한 통제를 '방임'이라고 하고, 충동에 대한 강한 통제를 '절제'라고 한다. 문화는 방종하거나 절제된 것으로 묘사될 수 있다. 절제 점수가 높다는 것은 욕구 충족을 억압하고 엄격한 사회적 규범으로 규제하는 사회를 의미한다. 이 차원에서, 예를 들어, 스웨덴은 상대적으로 방임적 문화인 반면, 중국은 절제 문화이다.

〈표 9-2〉 선택된 국가의 Hofstede의 여섯 가지 국가 문화 특성을 사용한 점수

국가	권력 거리	개인/집단주의	남성성/여성성	불확실성 회피	장기 지향성	방임-절제
중국	80	20	66	30	87	24
네덜란드	38	80	14	53	67	68
스웨덴	31	71	5	29	53	78
영국	35	85	66	35	51	69
미국	40	91	62	46	26	68
대한민국*	60	18	39	85	100	29

*대한민국 수치는 역자가 추가하였음.

Source: Data taken from Hofstede-insights.com.

〈표 9-2〉는 Hofstede의 여섯 가지 국가 문화 특성에 대해 점수를 매긴 일부 선택된 국가를 보여 주고 있다. Hofstede의 연구는 모든 사람이 동일하다는 가정에 도전했다는 점에서 흥미로웠다. 이 연구는 분명히 글로벌 운영 전략의 구현에 영향을 미쳤다. 예를 들어, 팀워크와 권한 부여는 한 문화에서 다른 문화로 해석되지 않을 수 있다. 그러나 한 국가 문화권의 모든 사람들이 권력 거리가 높고 불확실성 회피 등이 낮다는 가정은 명백히 부정확하다는 점을 지

CASE example

사례

Four Seasons Hotel에서 국가 문화 공간 만들기

포시즌 호텔은 전 세계에 시설을 갖춘 유명한 고급 호텔 및 리조트 체인 중 하나이다. 호텔의 서비스 원칙 중 하나는 친숙한 얼굴을 인식하고, 새로운 사람을 환영하고, 만나는 모든 사람을 대접받고 싶은 방식으로 대하는 것이다. 그리고 포시즌스가 전 세계에 호텔을 열었기 때문에 이 원칙을 이행한다는 것은 각 호텔이 현지 문화를 반영하는 동시에 높은 수준의 우수성을 고수해야 함을 의미한다. 고위 관리자는 문화적 카멜레온이라고 말한다. 물론 청결, '한걸음 더 나아가기', 빠른 대응과 같은 몇 가지 글로벌 표준은 가지고 있다. 전 세계적으로 다른 점은 사람들이 자신의 스타일, 우아함 및 개성으로 수행한다는 것이다. 일부 문화권에서는 강한 지역 기질을 추가할 필요가 있다. 예를 들어, 이탈리아 컨시어지는 자신만의 스타일과 재능이 있을 수 있지만, 터키와 이집트에서는

RIEGER Bertrand/Hemis/Alamy Stock Photo

고객의 경험과 기대되는 서비스의 성격이 매우 다를 수 있다. 이러한 현지 감각을 인정한 포시즌스는 전 세계의 많은 전설적인 호텔 운영을 인수하여 포시즌스 체인의 핵심 표준을 운영하지만, 다른 지역에서 적용된 것과 동일한 서비스 및 관리 접근 방식을 고집하지 않았다.

적할 필요가 있다. 한 가지 가설은 조직의 채용 정책이 '우리 같은 사람'을 선호하는 경향이 있기 때문에, 조직 수준에서 회사 또는 조직 문화가 더 영향력이 있을 수 있다는 것이다. 이후 연구는 조직 문화가 글로벌 조직의 최고 경영진의 행동에 더 많은 영향을 미친다는 사실을 분명히 보여 주고 있다. 국가 문화를 볼 때 한 가지 짚고 넘어가야 할 문제는 조직 가치와 국가 문화 요소 간의 유연성이다. 조직 가치가 경쟁 우위의 근본적인 것으로 인식되고 국가 문화와 충돌하면 서비스가 실패할 수 있다.

9.5 문화를 관리할 수 있는가

문화 변화를 살펴볼 때 고려해야 할 중요한 문제는 문화를 관리할 수 있는지 여부이다. 한 가지 견해는 문화는 정체성이며, 다른 정체성과 마찬가지로 시간과 경험이 쌓이면서 나타나는 고유한 삶을 가지고 있기 때문에 결과적으로 관리할 수 없다는 것이다. 초기에 조직 문화는 창업자의 철학과 가치관을 기반으로 하였으며, 이는 일정 기간 동안 지속될 수 있다. 회사가 크게 성장하더라도 이러한 가치는 쉽게 변경되지 않을 수 있다. 다른 사람들이 제시하는 또 다른 견해는 문화가 대체되고 변경될 수 있으며, 결과적으로 관리자가 회사의 문화를 형성할 수 있는 능력을 가질 수 있다는 것이다. 그러나 후자의 견해를 지지하는 사람들도 문화 변화가 복잡하고 어려운 과정이라는 데 동의한다. 잠재적으로 상당한 시간, 돈, 에너지를 투자해야 하고 성공을 보장할 수 없는 과정이다. 이러한 어려움에도 불구하고 많은 조직은 회사의 문화를 바꾸고 싶어한다. 문화 변화를 위한 동인의 예로는 팀 기반, 고객 중심, 학습, 비용 또는 생산 문화 개발과 같은 요구 사항이 포함될 수 있으며, 두 조직의 합병이 변화를 주도할 수도 있다.

문화는 조직 행동을 규정하기보다 조직 행동을 설명하는 데 더 잘 사용될 수 있다고 주장할 수 있다.[15] 그러나 이러한 관점에 동의하지 않는 '문화 변화' 서비스를 다루는 다른 경영 컨설턴트들도 있다. 이들은 상징, 이야기 및 의식과 같은 문화의 표면적 요소를 변경하면 규범, 가치 및 신념의 더 깊은 수준에서 변경에 영향을 미칠 것이라고 주장한다. 따라서 여기서 가정은 행동의 변화가 태도의 변화를 가져온다는 것이다. 그러나 개인은 행동을 통해 문화적 가치와 규범의 변화를 공개적으로 수용할 수 있지만, 개인으로서 이러한 변화에 내적으로는 동의하지 않으며 자신의 태도를 쉽게 바꾸지 않는다. 일종의 '문화적 관성'이 결과일 수 있다.

9.5.1 문화 관리 및 변화의 과제

조직 내 사람들의 관점에서 문화 변화의 문제를 탐구하는 것은 리더와 관리자에게 중요한 이슈가 될 수 있다. 이러한 변화와 관련하여 조직의 두 가지 주요 관심사는 다음과 같다.

- **능력:** 사람들은 변화 주도권에 필요한 기술을 어느 정도 보유하고 있으며, 현재 이러한 기술을 보유하고 있지 않은 경우 시간과 자원에 영향을 미칠 이러한 기술을 갖추기 위해 필요한 것은 무엇인가?
- **의지:** 사람들은 어느 정도 기꺼이 변화하고 필요한 시간, 노력 및 헌신을 쏟을 의향이 있는가? 여기에서 저항이 발생할 수 있다. 저항이 있는 경우 리더와 관리자는 어떻게 이를 해결할 수 있는가? 후자의 상황에서 리더와 관리자가 서로 다르게 고려하고 대처해야 하는 네 가지 가능성이 있으며, 이를 위해서는 계획, 모니터링 및 조정이 필요하다. 네 가지 가능성은 다음과 같다.
  - 사람들은 변화를 만들 능력과 의지가 있다.
  - 사람들은 변화를 기꺼이 하지는 않지만 할 수 있다.
  - 사람들은 변화를 만들 수는 없지만 기꺼이 한다.
  - 사람들은 변화를 만들 능력도 의지도 없다.

분명히 이러한 문제를 해결하는 데 있어 서비스 문화를 변화시키려는 시도 중에 직원의 요구 사항을 해결하는 리더의 중요한 역할이 있다. 직원들은 종종 리더와 관리자를 역할 모델로 본다. 따라서 직원들은 종종 리더와 관리자가 말하는 것보다 행동에 더 많은 주의를 기울일 것이다. 이는 역할 모델이 무엇에 초점을 맞추고 측정하고 보상하는지를 고려해야 함을 의미한다. 변화는 종종 중요한 대중이 변화를 받아들이고 변화와 함께 움직일 때 성공으로 간주되며, 리더와 관리자는 이러한 열정적 변화 채택자를 사용하여 의지가 적은 개인에게 영향을 미칠 수 있다.

9.5.2 변화하는 문화를 위한 단계 모델

서비스 문화의 변화 가능성을 받아들인다면, 관리자의 노력을 지원하는 도구와 처방은 무엇인가? 문화 변화를 위한 단계별 프로세스를 제공하는 여러 단계 모델이 있다. 단계가 정확히 무엇인지 또는 어떤 순서로 이루어져야 하는지에 대한 완전한 합의는 없지만 대부분의 모델은 비슷한 행동 순서를 갖는다. 우리는 다음에 특히 많이 사용하는 접근 방식을 설명한다.

문화 변화를 위한 Cameron과 Quinn의 접근법

문화 변화를 위한 Cameron과 Quinn의 접근법은 9단계를 이룬다.[16] 〈그림 9-7〉은 이 9단계

〈그림 9-7〉 Cameron과 Quinn의 문화적 변화 모델의 단계

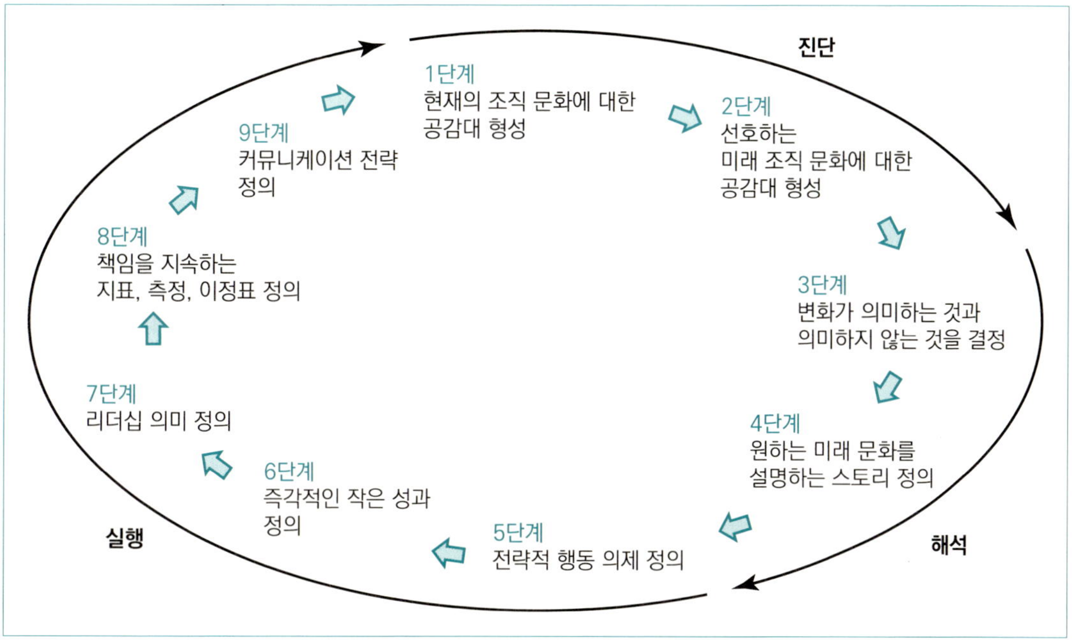

를 보여 주고 있다.

1. 현재의 조직 문화에 대한 공감대 형성
2. 선호하는 미래 조직 문화에 대한 공감대 형성
3. 변화가 의미하는 것과 의미하지 않는 것을 결정
4. 원하는 미래 문화를 설명하는 스토리 정의
5. 전략적 행동 의제 정의
6. 즉각적인 작은 성과 정의
7. 리더십 의미 정의
8. 책임을 지속하는 지표, 측정, 이정표 정의
9. 커뮤니케이션 전략 정의

분명히 Cameron과 Quinn 접근 방식은 프로세스 관점을 취한다. Schein은 '빙산'의 기본 수준에서 변화를 깊이 탐구하고 혁신해야 할 필요성을 강조하는 반면, Cameron과 Quinn의 처방의 대부분은 문화의 더 표면적이고 유형적인 요소를 변화시키는 것과 관련이 있다. 즉 이는 깊고 추상적인 무형 자산을 변화하려고 시도하기보다는 실제로 혁신적 변화의 기회가 있

는 곳에서 시작해야 한다는 가정이다. 즉, Cameron과 Quinn의 접근 방식은 변화하는 문화의 표면적 요소가 결국 뿌리 깊은 문화적 요소를 원하는 새로운 상태로 끌어들일 것이라고 가정한다.

조직 문화 평가 도구

Cameron과 Quinn은 조직 문화 평가 도구(organizational culture assessment instrument: OCAI)를 개발했다. 이 도구는 조직 문화를 탐구하는 잘 알려진 방법 중 하나이다. 이 도구는 〈그림 9-7〉에 나와 있는 모델의 1단계와 2단계에 초점을 맞추고 〈그림 9-6〉에 나와 있는 것처럼 문화의 네 가지 '유형'(혁신형, 공동체형, 위계형 및 시장형)을 정의하는 경쟁 가치 프레임워크를 기반으로 한다. 이 네 가지 '유형'은 조직을 평가할 수 있는 기본 가치를 특징짓는다. 각 사분면 사이의 균형은 조직 문화의 기본 방향과 가치를 나타낸다. OCAI는 조직의 지배적인 문화적 요소를 진단하는 데 사용할 수 있는 방법이다. 이 방법은 관리자와 직원이 현재 조직 문화와 원하는 미래 문화의 프로필을 만드는 데 어떻게 도움을 줄 수 있는지에 대한 지침을 제공해 준다. OCAI는 각 진술이 현재 조직을 특징짓는 정도에 대한 견해를 기술하기 위해 응답자가 일련의 네 가지 진술 중 100점을 분배하도록 질문하는 템플릿을 사용한다. 그런 다음 5년 후에 조직이 어떤 모습이어야 하는지 특징짓는 프로세스를 반복한다. 그런 다음 점수는 〈그림 9-8〉에 표시된 것과 유사한 프로필로 표시될 수 있다. OCAI 프로세스는 비교적 단순하지만 대중적이며 많은 조직에서 성공적으로 적용하고 있다. 이 문화 감사 도구의 주요 장점은 상대적으로 관리하기 쉽다는 것이다. 이는 전문가의 도움을 필요로 하지 않으며, 기본 접근 방식은 관리자와 직원을 위한 워크북으로 구성할 수 있다.

9.6 요약

조직 문화란 무엇인가? 조직 문화는 조직 내 사람들의 행동과 태도를 기술하고 설명하는 데 사용되는 광범위한 용어이다. 조직 문화는 또한 사람들이 자신의 행동에 부여하는 의미를 설명하려고 노력한다. 문화는 가치, 비전, 행동 규범, 언어, 일상, 의례, 시스템, 상징, 신념 및 습관과 같은 조직의 측면을 다룬다. 문화는 종종 조직의 성과를 부분의 합보다 더 크게 만드는 조직의 '명백하지 않고' 때로는 보이지 않는 측면을 설명한다. 마찬가지로, 문화는 잠재력이 풍부한 조직이 때때로 그 잠재력에 부응하지 못하는 이유를 제공할 수 있다. 조직 문화에 대해 생각하는 한 가지 방법은 빙산의 은유를 사용하는 것이다. 빙산처럼 문화 덩어리의 대부분과 문제를 일으킬 수 있는 능력은 표면 아래에 있다.

〈그림 9-8〉 경쟁 가치 프레임워크에 기반한 OCAI를 사용한 현재와 미래의 문화 프로필 차이

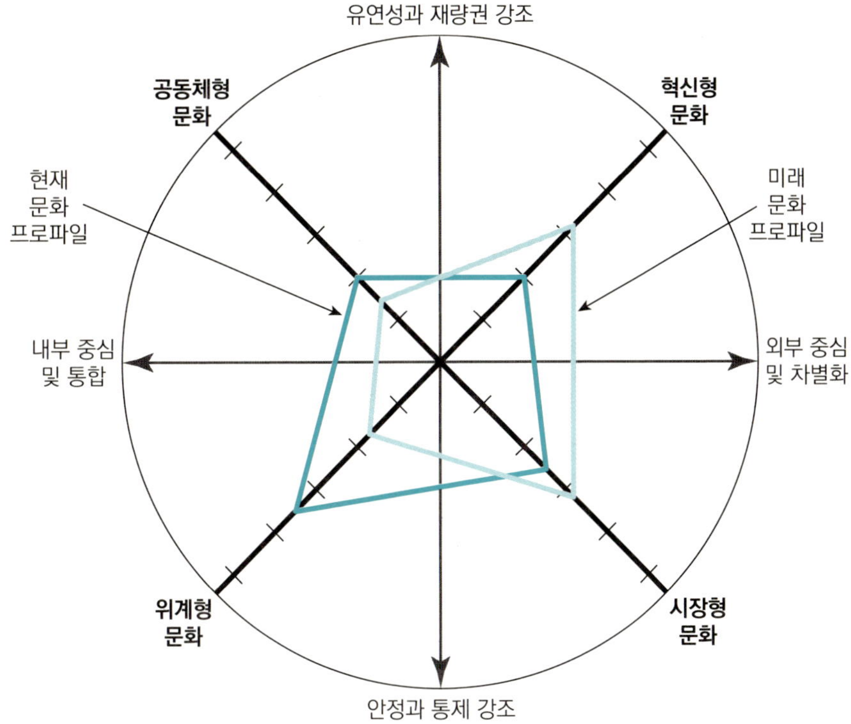

서비스 문화란 무엇인가? 문화 및 문화 변화에 관한 문헌 및 컨설팅 사례는 주로 서비스 부문 조직에 뿌리를 두고 있다. 즉, 일반적으로 서비스 문화라는 용어의 의미는 고객 서비스와 특별히 관련된 가정, 가치, 행동 규범, 일상 및 의식 등을 의미한다. 높은 수준의 서비스 문화를 가진 조직은 고객(외부 및 내부 모두)이 조직이 비즈니스를 수행하는 방식의 중심이 되는 조직이다. 서비스 문화는 또한 서비스 조직 내에서 작업 및 관계 유형에 주의를 기울인다.

서비스 문화가 중요한 이유는 무엇인가? 함께 작용하는 문화의 다양한 구성 요소의 순 효과는 서비스 운영의 성과에 상당한 영향을 미칠 수 있다. 혁신적이고 고품질의 서비스를 효율적이고 지속 가능하게 제공할 수 있는 자원이 있는 것처럼 보이지만 그렇지 않은 조직의 예가 많이 있다. 빠진 것은 서비스 문화이며, 서비스 성과를 뒷받침하는 서비스 문화의 역할은 우리가 그것을 설명하고 평가하는 세부 사항에 대해 논쟁할 수 있더라도 개념으로 진지하게 받아들여야 한다는 것을 의미한다. 보다 구체적으로 서비스 문화는 조직이 고객에게 어떻게 보이는지, 작업의 효율성, 직원이 업무에 대해 느끼는 방식, 운영이 학습하고 적응하는 방식에 영향을 미친다.

서비스 문화를 설명하고 평가하기 위해 어떤 프레임워크를 사용할 수 있는가? 지난 50년

동안 문화를 설명, 평가 및 분류하기 위한 많은 프레임워크가 개발되었다. 오늘날 관련성이 있는 초기 분류 모델 중 하나는 Deal과 Kennedy 프레임워크이다. 이 프레임워크는 고객의 피드백을 명시적으로 고려하기 때문에 서비스와 특히 관련이 있다. 문화와 문화를 바꾸는 것이 무엇을 의미하는지에 대한 더 긴 대화가 필요한 복잡한 프레임워크는 Johnson과 Scholes 문화 웹이다. 마지막으로, 경쟁 가치 프레임워크는 네 가지 주요 유형에 도달하기 위해 문화의 '구성요소'를 분류한다. 공동체형(협업) 문화, 혁신형 (창조) 문화, 위계(통제) 문화, 시장(경쟁) 문화가 그것이다. 또한 국가 문화를 분류하는 데 유형학을 사용한다. 가장 잘 알려진 연구는 국가 문화를 특징짓는 데 사용할 수 있는 여섯 가지 차원을 식별한 Geert Hofstede의 연구이다.

문화는 관리될 수 있는가? 문화에 관한 중요한 저술가 중 한 명인 Edgar Schein은 문화가 실제로 관리되고 변경될 수 있다고 주장했으며, 변경 개입이 문화 전반을 수정하는 데 유익한 것으로 입증될 수 있는 문화 측면을 살펴보기 위한 프레임워크를 제공했다. Schein은 또한 의식적으로 또는 무의식적으로 변화 개입에 저항할 잠재적 상쇄 세력을 지적하는 데 주의를 기울였다.

서비스 문화를 바꾸기 위해 어떤 프로세스나 방법론을 사용할 수 있는가? 문화 웹과 Schein 프레임워크는 문화 변화를 위한 도구가 될 가능성이 있지만 아마도 가장 세련되고 세부적인 문화 변화 프로세스는 Cameron 및 Quinn 문화 변화 방법론일 것이다. Cameron과 Quinn의 접근 방식은 상대적으로 접근하기 쉽고 워크북 기반이며 관리자가 직접 적용하거나 전문 진행자의 지원을 받아 적용할 수 있는 실용적인 도구와 기술로 이루어져 있다. 이 도구는 Cameron과 Quinn의 OCAI 도구에 의해 뒷받침되며, 여기에는 문화 요소의 정량화를 시도하기 위한 수치적 척도도 포함하고 있다.

토론 및 연습

1. 이 장에 있는 Yahoo의 사례를 다시 읽어 보라. Mayer의 실수는 무엇이었는가?

2. EPC는 사회 정책 연구원, 컨설턴트 및 로비스트의 네트워크이다. 이 회사는 정부와 자원봉사 부문에 필요에 따라 저렴한 비용으로 컨설팅 서비스를 제공하고 있다. EPC는 지역 및 중앙정부와 유럽 연합의 의사 결정권자에 대한 접근뿐만 아니라 연구 접근에 대한 대가로 일반적인 컨설팅 비용의 일정 비율을 포기한다. 이 회사에는 상근 직원이 16명에 불과하지만 학계 및 기존 컨설턴트, 사회 복지, 주택, 지방정부 및 자원 부문의 고위 실무자에서 차출한 170명의 시간제 컨설턴트 네트워크가 있다. EPC는 프랑스, 벨기에, 독일, 영국의 대학에서 온 소수의 학자들로 구성되었다. 오늘날 이 회사는 유럽 연합의 모든 국가에서 컨설팅 및 연구 인재를 끌어들인다. 종종 '쿠키 커터' 접근 방식으로 특징지어지는 업계에서 EPC는 서비스의 맞춤형 특성을 진지하게 받아들이고 있다.

우리는 '템플릿' 컨설팅 프로젝트를 하지 않는다. 우리는 독립성과 경험을 바탕으로 모든 연구, 설문 조사, 분석, 모델링, 컨설팅, 로비 및 컨설팅이 개별 고객의 요구사항을 충족하도록 특별히 설계되었음을 보장한다.

— EPC의 MD Marco Nasir

우리는 개인과 기존 컨설턴트가 보유한 광범위한 경험을 하나의 협동 지붕 아래 함께 가져온다. 다양한 프로젝트에 대한 다양한 조합의 접근, 전문 지식 및 경험을 결합함으로써 기존 컨설팅에서 요구하는 간접비 없이 가치를 제공할 수 있다. 우리가 하는 모든 일은 개별 고객의 사양에 대한 직접적인 응답이다. 고품질 서비스를 효율적이고 유연하며 저렴한 비용으로 제공한다. 우리의 집단적 접근 방식을 통해 이를 수행할 수 있다.

— CEO Sophie Maddox

경쟁 가치 프레임워크를 사용하여 EPC에는 어떤 유형의 문화가 있는가?

3. 대학 교육 과정을 위한 문화 웹을 구축하라. 웹의 어떤 요소가 서비스 제공에 도움이 되거나 방해가 되는가?

4. 운영 관리자가 쉽게 영향을 미칠 수 있는 문화 웹의 요소는 무엇이며 어떤 요소가 더 어려울 수 있는가? 서비스 운영 관리자를 인터뷰하고 더 나은 서비스를 제공하기 위해 조직의 문화에 어떻게 영향을 미칠 수 있는지 질문해 보라.

5. 조직의 웹사이트 또는 연례 보고서를 평가하고 사용 중인 '언어 집합'을 평가한다. 또한 볼 것으로 예상되지만 없는 단어와 구를 식별하도록 노력하라. 언어 세트를 조사한 후 조직의 패러다임과 가치에 대해 무엇을 말할 수 있는가?

6. 조직의 기본 가정과 가치가 무엇인지 이해하고 있는가? 이러한 가정과 가치가 서비스 개념을 어느 정도 지원하는가? 불일치가 있는 경우 문화의 이러한 측면에 대한 회복적 변화를 어떻게 설계할 수 있는가?

사례 문제: Dexan Consulting의 모듈성, AI 및 문화 변화

This case was prepared with the kind assistance of Simon Pridgeon, The Curve Group

Dexan Consulting은 더블린에 본사를 둔 HR 아웃소싱 회사이다. 이 회사는 Apple, Bank of Ireland, Sandisk, Experian 및 Google과 같은 클라이언트 조직에 서비스를 제공하는 90명의 직원을 고용했다. Dexan의 서비스는 채용 프로세스 아웃소싱, 인적 자원 아웃소싱, 온디맨드 채용 및 HR 온디맨드를 포함한다. 회사의 고객은 주로 기술 및 금융 서비스 부문에 있다. Dexan은 14년 전에 설립되었으며 두 창립자는 사업에 적극적으로 참여했으며 그중 한 명은 현재 CEO이다. 창립자들과 함께 이사회는 3명의 사업부 MD, 그룹 영업 이사, 재무 이사 및 2명의 운영 이사로 구성되었다.

채용 및 HR 서비스 부문은 매우 경쟁이 치열했다. 많은 서비스 제공자가 있었고 고객이 사용할 수 있는 옵션도 많았다. 점점 더 기술 중심의 참가자들이 저비용 데이터 주도 서비스를 제공하여 인공지능(AI) 및 자동화를 광범위하게 사용했지만, 전문/맞춤형 서비스를 제공하는 전통적인 소규모 및 대규모 컨설팅 기업도 많이 있었다.

비즈니스를 성사시키고 유지하는 데 있어 두 가지 중요한 요소는 고객 신뢰와 보다 일반적으로 고객 관계 품질이었다. 따라서 Dexan 판매 전략은 관계 구축 및 육성에 의해 뒷받침되었다. Dexan은 지금까지 비즈니스를 지원하기 위해 기술에 거의 투자하지 않았다. 회사는 고객 및 잠재 고객과의 인간관계를 발전시키기 위해 열심히 일하는 비즈니스 내 팀에 의존했다.

Mark Dillon은 수석 운영 관리자로 고용되었지만, 주요 서비스 라인 내에서 효율성을 개선하는 구체적인 프로젝트 개요를 가지고 있었다. Dexan

의 문제 중 하나는 대부분의 구현이 맞춤형이라는 점이었다. 즉, 회사는 몇 년 전에 각 서비스 구현에 많은 공통 요소가 있으므로 어떤 식으로든 '모듈화'할 수 있는 기회를 인식했다. 새로운 서비스에 대한 고객 소유권을 개선하는 동시에 단순화, 비용 절감, 모듈 또는 '세트 피스' 생성이 필요했다.

'모듈'에서 서비스 구현의 관리 공동 생성은 Dexan이 비용을 절감할 수 있는 흥미로운 기회로 보였지만 주로 기술과 AI 기반 HR 아웃소싱에 의해 주도되는 진행 중인 것으로 보이는 '바닥을 위한 다이빙'을 피할 수 있었다. 대량 맞춤화 요소가 포함된 관리형 공동 제작은 Dexan의 관계 구축 강점을 유지하고 활용하기 위한 비옥한 근거가 되는 것처럼 보였지만 동시에 회사에 너무 많은 비용이 드는 것으로 판명되었다. 또한 역사적으로 Dexan 내에는 새로운 서비스 사례를 개발하는 데 사후 대응적인 접근 방식이 있는 경우가 많았기 때문에 공동 생성에 대한 보다 구조적이고 메뉴 기반의 고려가 탐색하기에 좋은 영역으로 보였다.

Dexan의 대안 또는 추가 옵션은 새로운 기술을 수용하고 HR 데이터 분석을 위해 전문 AI를 사용하는 것이다. 그러나 AI 데이터 분석 솔루션의 사내 개발은 Dexan의 현재 역량을 넘어섰다. 효율성을 개선하기 위해 AI를 채택하려면 기성품 솔루션을 구입하거나 AI 데이터 분석 파트너와 협력해야 한다. 후보자 선별, 후보자 참여 및 재참여, 제안 관리 및 탑승과 같은 프로세스에 기존 솔루션을 사용할 수 있었다. 이러한 솔루션과 기타 AI 기반 솔루션은 모듈화 프로세스의 일부로 통합될 수 있다.

Mark와 그의 CEO는 많은 고객에게 효율적으로 복제할 수 있는 확장 가능한 서비스 솔루션 또는 '패키지'를 만들고 싶었다. 이것이 수익성과 성장을 촉진하는 방법으로 여겨졌기 때문이다. Mark는 공동 생산 원칙을 적용하고 고객 관리자를 새로운 서비스 창출에 참여시킬 기회가 많다고 생각했다. 그렇게 함으로써 서비스 모듈에 대한 클라이언트 가시성 향상을 포함하여 여러 영역에서 이점이 있을 것이며 그에 따른 기대치가 명확해진다. Mark는 또한 모듈화를 위해서는 제품의 특성을 정확하게 정의해야 하며 이는 품질보증에 상당한 이점이 있을 것이라고 생각했다. 분명히 위험이 있었다. 필연적으로 새로운 업무 방식으로의 변화는 Dexan 문화의 변화를 수반할 것이다. Mark는 긴장과 잠재적인 문화적 저항의 여러 영역을 예상했으며, 이는 어느 정도 중첩되었다.

고객 재량 대 통제

확인된 잠재적인 문제는 공동 창작을 허용하기 위해 명확한 클라이언트 의사 결정이 필요하다는 것이다. 동시에 Dexan 내에서 더 많은 제어 권한을 갖고 구현을 내부적으로 추진하려는 뚜렷한 욕구가 있음이 분명했다. 더 큰 통제력에 대한 이러한 욕구는 자원 사용을 계획대로 최소로 유지한다는 면에서 상업적인 이유 때문이었다. 그러나 또한 일정 수준의 통제 없이는 역량과 관계의 가치를 입증하기 어려울 것이라고 느꼈다. 고객이 애초에 Dexan을 선택한 두 가지 주요 이유는 '전문성'과 유연성이었다.

AI 위험

비즈니스 언론은 HR 결정을 위한 AI의 순진한 적용으로 인한 실패에 대한 이야기로 뒤덮었다. Mark는 AI의 많은 문제가 일반적인 HR 분석 알고리즘을 뒷받침하는 인과 관계, 가정 및 복잡한 변수를 이해하지 못하는 관리자의 실패에서 비롯된다는 것을 깨달았다. Dexan의 전문가 팀은 잠재적으로 AI로 대체될 수 있는 많은 프로세스를 직접 관리한 이력이 있다. Mark는 그의 전문가들이 의사 결정을 AI에 공개해야 하는 것에 분개할지도 모른다고 우려했다. Mark는 회사 포트폴리오의 꾸준한 성장으로 인해 실직 가능성이 낮다고 생각했지만 많은 동료들이 실직에 대해 걱정할 것이라고 확신했다. 그러나 그는 기계로 대체되는 것에 대한 인간의 자연스러운 우려가 있다는 것을 이해할 수 있었다.

직원 재량 대 통제

그런 다음 수익성 있는 비즈니스를 운영해야 하는 Dexan의 상업적 요구와 구현 팀의 창의적인 요구 사이에 긴장이 있었다. 역사적으로 설계 및 구현을 담당했던 Dexan 직원은 구현 중에 발전할 수 있는 맞춤형 서비스를 설계하는 데 익숙했고 이를 즐겼다. Dexan은 고객에게 '예'라고 말하고 싶어하는 문화를 가지고 있었다. 이러한 태도로 인해 확장 가능한 구현에 대한 접근 방식을 만드는 데 어려움이 있었다. 클라이언트 요청에 따라 모든 것을 재창조하고 따라서 비즈니스를 수주하기 위해 원래 가격보다 더 많은 시간과 자원을 사용하였기 때문이다.

Mark는 구현에 대한 보다 표준화된 AI 기반 접근 방식 또는 모듈화된 접근 방식(둘 중 하나는 보다 확장 가능한 서비스 구현을 허용할 수 있음)이 문화적으로 Dexan과 잘 균형을 이루지 못한다는 것이 가장 중요한 긴장이라고 생각했다. 그러나 현재 구현 비용은 지속 가능하지 않았고 기술 주도 경쟁이 Dexan의 뒤를 쫓고 있었다. 문제는 Dexan의 중요한 운영 원칙과 가치를 유지하면서 Dexan을 새로운 구성으로 옮기는 것이다.

질문

Dexan에서 변화와 관련된 문제를 어떻게 특징짓고 이를 어떻게 극복할 수 있는가?

심화 자료

Beitelspacher, L.S., Richey, G. and Reynolds, K.E. (2011) 'Exploring a new perspective on service efficiency: service culture in retail organisations', *Journal of Service Marketing*, 25 (3), 215–228.

Gebauer, H., Edvardsson, B. and Bjurko, M. (2010) 'The impact of service orientation in corporate culture on business performance in manufacturing companies', *Journal of Service Management*, 21 (2), 237–259.

Popli, S. and Rizvi, I. (2017) 'Leadership style and service orientation: the catalytic role of employee engagement', *Journal of Service Theory and Practice*, 27 (1), 292–310.

Posner, B. (2017) 'Don't give up on corporate culture', *MIT Sloan Management Review*, 58 (4).

Schneider, B., Ehrhart, M. and Macey, W. (2013) 'Organizational climate and culture', *Annual Review of Psychology*, 64, 361–388.

Sharma, S. and Conduit, J. (2016) 'Cocreation culture in health care organizations', *Journal of Service Research*, 19 (4), 438–457.

Stock, G. and McFadden, K. (2017) Improving service operations: linking safety culture to hospital performance, *Journal of Service Management*, 28 (1), 57–84.

Ueno, A. (2012) 'Which HRM practices contribute to service culture?', *Total Quality Management & Business Excellence*, 23 (11–12), 1227–1239.

Wang, M. (2015) 'Linking service climate to customer loyalty', *The Service Industries Journal*, 35 (7–8), 403–414.

Wirtz, J. and Jerger, C. (2016) 'Managing service employees: literature review, expert opinions, and research directions', *The Service Industries Journal*, 36 (15–16), 757–788.

미주

1 Schein, E. (2010) *Organizational Culture and Leadership*, Jossey-Bass, San Francisco.

2 Hofstede, G. (1993) 'Cultures and organizations: software of the mind', *Administrative Science Quarterly*, Johnson Graduate School of Management, Cornell University, 38 (1) (March), 132–134.

3 Pettigrew, A. (1979) 'On studying organisational cultures', *Administrative Science Quarterly*, 24 (4), 570–581.

4 Schein, E.H. (1992) *Organisational Culture and Leadership*, 2nd Edition, Jossey-Bass, San Francisco.

5 Wirtz, J. and Jerger, C. (2016) 'Managing service employees: literature review, expert opinions, and research directions', *The Service Industries Journal*, 36 (15–16), 757–788.

6 Peters, T.J. and Waterman, R.H., Jr. (1982) In *Search of Excellence: Lessons from America's Best-Run Companies*, Harper Row, London.

7 Miller, C.C. and Perlroth, N. (2013)

'Yahoo says new policy is meant to raise morale', *New York Times*, 5 March [Online] https://www.nytimes.com/2013/03/06/technology/yahoos-in-office-policy-aims-to-bolster-morale.html

8 Deal, T.E. and Kennedy, A.A. (1982) *Corporate Cultures: The Rites and Rituals of Corporate Life*, Penguin, London.

9 Johnson, G. (1992) 'Managing strategic change: strategy, culture and action', *Long Range Planning*, 25 (1), 28–36.

10 See https://www.southwestmag.com/herb-kelleher/[accessed 20 April 2020].

11 Quinn, R.E. and Rohrbaugh, J. (1983) 'A spatial model of effectiveness criteria: towards a competing values approach to organizational analysis', *Management Science*, 29 (3), 363–377.

12 Granshaw, L. (2015) 'An interview with Richard Taylor', *SyFyWire*, 26 February [online] https://www.syfy.com/syfywire/weta-workshop-at-20-an-interview-with-richard-taylor [accessed 20 April 2020].

13 Again, see Quinn, R.E. and Rohrbaugh, J. (1983) 'A spatial model of effectiveness criteria: towards a competing values approach to organizational analysis', *Management Science*, 29 (3), 363–377.

14 Hofstede, G. (1980) *Culture's Consequences*, Sage Publications, Beverly Hills, CA.

15 Salaman, G. and Asch, D. (2003) *Strategy and Capability: Sustaining Organisational Change*, Wiley-Blackwell, Oxford.

16 Cameron, K. (2011) *Diagnosing and Changing Organizational Culture: Based on the Competing Values Framework*, 3rd edition, Jossey-Bass, San Francisco.

3부 | 서비스 전달

우수한 서비스를 제공하기 위해 서비스 운영을 관리하는 것은 운영 관리의 기본 사항을 준수해야 하는 실질적인 비즈니스이다. 서비스 제공 관리는 서비스 운영 설계, 자원 및 실행과 관련이 있다.
이 파트는 4개 장으로 구성되어 있다.

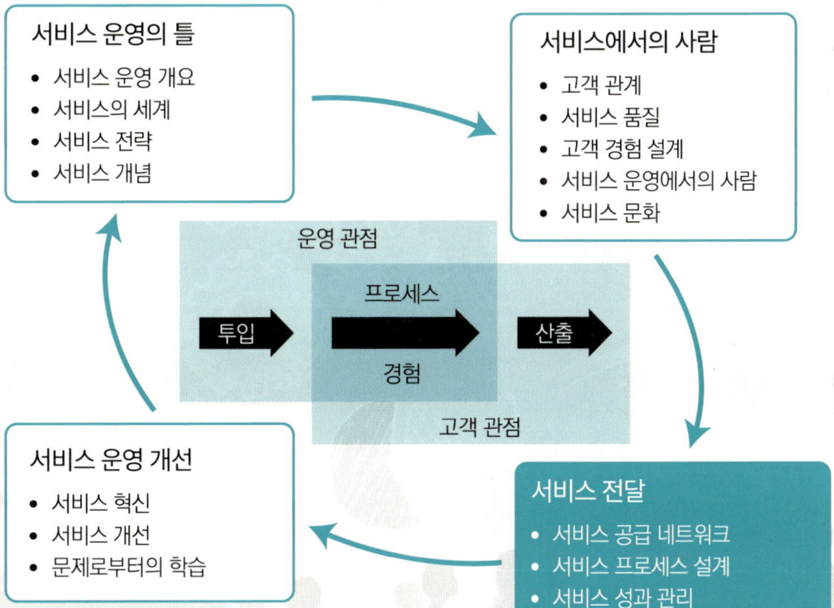

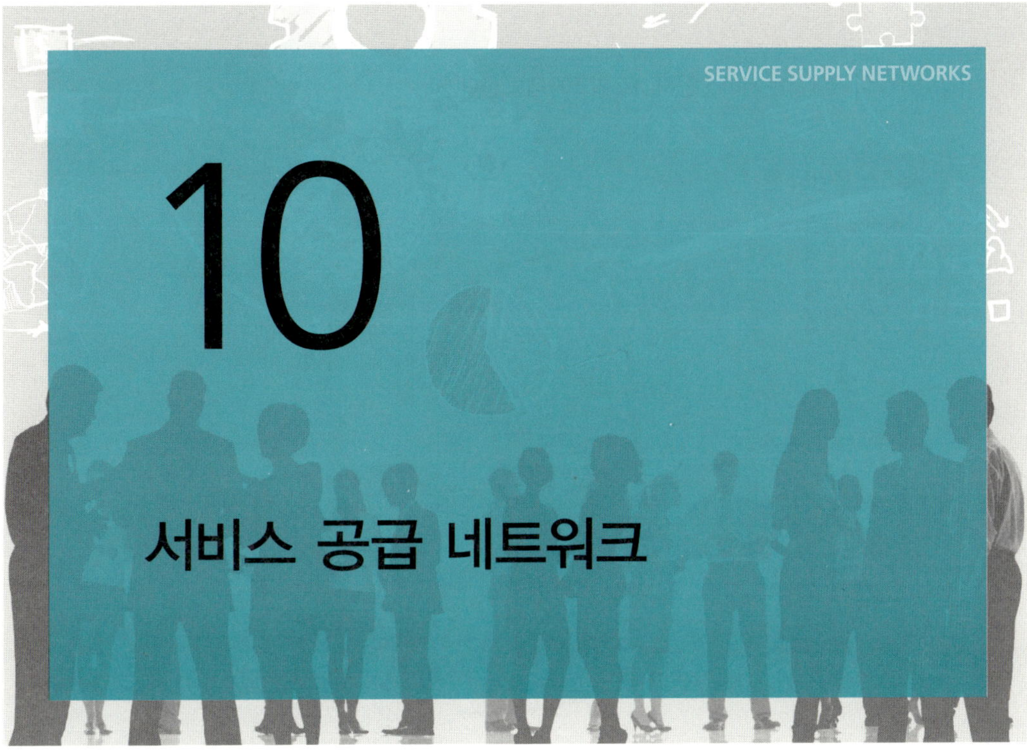

SERVICE SUPPLY NETWORKS

10 서비스 공급 네트워크

이 장에서는 서비스 공급 네트워크의 관점에서 잠재력을 활용하고 공급 업체 관계를 관리하는 방법에 대해 설명한다. 특히, 서비스 공급 네트워크를 설명하는 데 사용하는 아이디어와 모델을 다루고, 공급 아웃소싱, 공급 업체 수 감소, 중개 해제 및 네트워크 복잡성 등과 관련한 의사 결정이 어떻게 구성되는지 살펴본다. 또한 파트너십 관계, 공급 네트워크의 역동성에 대한 대응, 서비스 수준 결정과 구매 및 조달 기능을 포함하여 서비스 공급 네트워크의 지속적인 관리 활동 중 일부를 살펴본다. <그림 10-1>은 이 주제가 서비스 운영 관리의 모델의 어디에 위치하는지 보여 준다.

학습 목표

- 양자 간, 삼자 간 관계 사이의 차이를 이해한다.
- 내/외부 공급 사슬과 네트워크의 개념을 설명할 수 있다.
- 서비스 공급 네트워크가 어떻게 구조화되는지를 설명할 수 있다.
- 서비스 공급 네트워크의 지속적인 관리와 관련된 주요 문제를 이해한다.

〈그림 10-1〉 이 장에서는 서비스 공급 네트워크에 대해 살펴본다

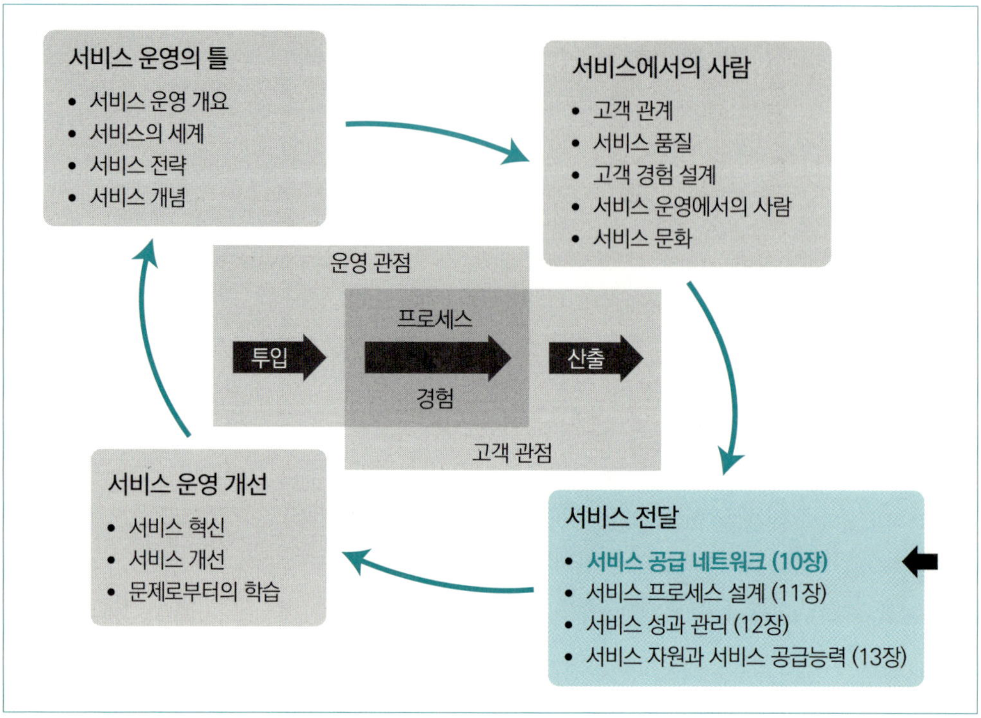

서론

서비스 운영 관리자의 책임은 운영 관리 자체나 고객과의 즉각적인 상호작용에 그치지 않는다. 모든 서비스 제공은 조직, 고객 및 공급 업체 간의 서비스, 정보, 때로는 정보의 교환에 의존한다. 모든 운영 관리는 직간접적으로 더 큰 다른 운영 관리 네트워크의 부분이라고 할 수 있다. 이것들은 고객, 서비스 공급자, 경쟁자, 협력사들과 관련한 운영 관리로 구성된다. 어떤 것은 심지어 다른 시간과 장소에서 일어나는 것 일수도 있다. 상호작용 하는 운영 관리 집합의 줄임말이 '공급 네트워크'이다.

공급 네트워크는 '기업'이 전체 조직, 조직의 일부, 프로세스 또는 개인이 될 수 있는 실체의 상호 연결이다. 따라서 독자적으로 작동하는 운영 관리는 없다. 즉, 운영 관리가 속한 공급 네트워크에서 운영 관리의 위치와 역할을 항상 고려해야 한다. 서비스의 성과는 조직이 스스로 수행하는 것뿐 아니라 조직이 중요한 외부 연결 네트워크를 관리하는 방법과 관련된 결정에 의해 달성된다.

운영 네트워크 간의 관계를 고려하는 활동을 공급 사슬 관리라고 부르기도 한다. 그러나

공급 사슬은 공급 네트워크와 다르다. 공급 네트워크는 최종 고객에게 제품과 서비스를 제공하기 위해 함께 연결된 모든 작업이다. 공급 사슬 관리(supply chain management)는 네트워크 내에서 체인 간의 관계와 흐름을 관리하는 것이다. 대규모 공급 네트워크에서는 수백 개의 연결된 운영 공급 사슬이 단일 운영을 통과할 수 있다. 그러나 1980년대와 1990년대에 인기를 끌게 된 것은 공급 사슬 관리라는 용어였으며, 원자재에서 최종 소비자에 이르기까지 상품의 흐름과 변화뿐만 아니라 관련된 정보의 흐름까지 포함하여 설명하는 데 사용되었다.[1] 그 후로, 이 용어는 대부분의 산업에서 보편화되었고 많은 연구와 컨설팅의 주제가 되었다. 그러나 최근까지 이러한 관심의 거의 대부분은 서비스보다는 제품의 공급 사슬과 네트워크에 집중되어 있었다.

그렇다고 서비스 공급 네트워크가 물리적으로 제조된 제품과 무관하다고 생각해서는 안 된다. 서비스 공급 네트워크는 무형 자산을 취급하는 네트워크에만 국한되지 않는다. 서비스 공급과 관련된 정의는 이보다 더 복잡하다. 실제로 유무형 공급의 차이를 자주 지적하겠지만, 서비스를 제공하는 네트워크는 이 두 가지를 모두 포함할 수 있다. 이 장에서는 공급 네트워크를 관리하는 문제와 공급 네트워크의 다양한 요소 또는 노드 간의 관계에 대해 알아볼 것이다. 먼저 공급 네트워크의 다양한 구조를 살펴본 후, 조직이 복잡한 흐름과 관계의 네트워크를 관리하는 방법을 설명할 것이다.

10.1 서비스 공급 네트워크를 어떻게 설명할 수 있을까

공급 네트워크는 제품 및 서비스의 생산과 전달을 통해 가치를 창출하는 조직, 운영 또는 프로세스와 같은 상호 관련된 실체의 집합이다. 네트워크를 통한 연결의 개별 시퀀스를 공급 사슬이라고 한다. 단순한 수준에서 공급 네트워크, 특히 재화 기반 공급 네트워크를 설명하는 것은 비교적 간단하다. 공급 업체는 B2C의 경우 물류 회사를 통해 제품을 소매 업체로 보내는 제조 회사 또는 B2B의 경우 다른 업체에 서비스를 제공한다. 하지만 그 개념은 지극히 단순하다. 실제로, 공급 네트워크는 복잡할 수 있으며, 관련된 거의 모든 조직이 한 번에 다른 조직과 일정의 상호작용을 할 수 있다.

10.1.1 양자 간 관계와 삼자 간 관계

공급 네트워크를 설명하는 다이어그램은 복잡할 수 있다. 최종 제품과 서비스를 생산하기 위해 서로 다른 방식으로 상호작용 하는 많은 조직이 있을 수 있다. 이러한 복잡성 때문에 더 잘 이해하기 위해서 공급망을 연구하는 학자 및 전문가는 종종 네트워크의 두 특정 작업 간의 개별 상호작용에 초점을 맞추도록 선택한다. 이것을 양자 간(dyadic: 단순히 둘을 의미) 상호작용 또는 관계라고 한다. 따라서 운영이 공급자 중 하나 및 고객 중 하나와 상호작용을 조사하려면 공급 사슬을 형성하는 '공급자-운영' 및 '운영-고객'의 두 쌍을 조사해야 한다. 수년 동안 공급망에 대한 대부분의 논의는 양자 간 관계를 기반으로 이루어졌으며 이러한 사슬에 대한 연구는 공급망 관리라고 불렸다. 그러나 최근에는 확실히 서비스 공급망을 조사할 때 대부분의 권위자는 다이어드가 공급망의 진정한 본질을 반영하지 않는다고 지적한다. 오히려 그들은 공급망의 기본 요소가 양자 간 관계가 아니라 삼자 간(triad: 3개의 상호 연관된 작업을 의미) 관계라고 말한다.

간단한 예로 〈그림 10-2〉는 공항 내에서 소매 서비스를 함께 제공하는 세 조직 간의 관계를 보여 준다. 소매 업체는 자체 브랜드를 보유하고 재고와 직원을 관리한다. 소매 공간의 물리적 인프라는 담당하는 공항 소매 조직에서 소매 공간을 임대한다. 공항 소매 소직은 소매 고객을 위한 청소 서비스도 제공한다. 그러나 이를 위해 청소 전문 업체에 아웃소싱한다. 결과적으로 간단한 수준의 청소 서비스는 공항 소매 조직이 서비스를 제공하고 소매 업체에서 서비스를 제공한다. 이것은 〈그림 10-2〉 (a)에서 두 개의 간단한 일대일 관계로 표시된다. 그러나 청소 서비스는 공항 소매 업체에서 의뢰했지만 소매 업체가 임대한 공간에서 서비스를 수행하고 훨씬 더 많은 일상적인 접촉을 할 것이다. 더욱이 만족스러운 성과를 거두지 못한다면 피해를 보는 것은 소매 업체이다. 따라서 〈그림 10-2〉 (b)의 3자 관계는 관계의 특성을 훨씬 더 잘 표현한 것이다.

〈그림 10-2〉

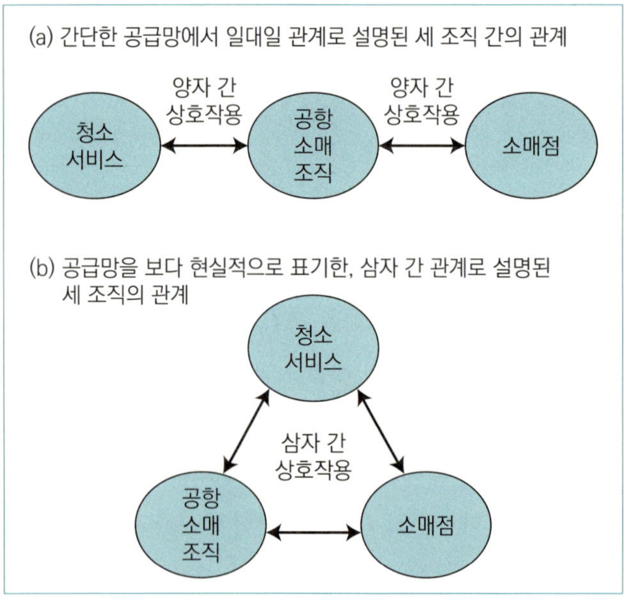

조금 더 복잡한 예로써, 〈그림 10-3〉은 관절 교체 수술을 전문으로 하는 정형외과(뼈, 근육 및 관절 치료를 목표로 하는 외과 전문 분야)의 공급 네트워크를 보여 준다. 그러나 예를 들어, 청소, 유지 관리 및 보살핌을 제공하는 시설 서비스 같은 네트워크의 모든 개체나 모든 관계를 표

〈그림 10-3〉 정형외과의 공급망

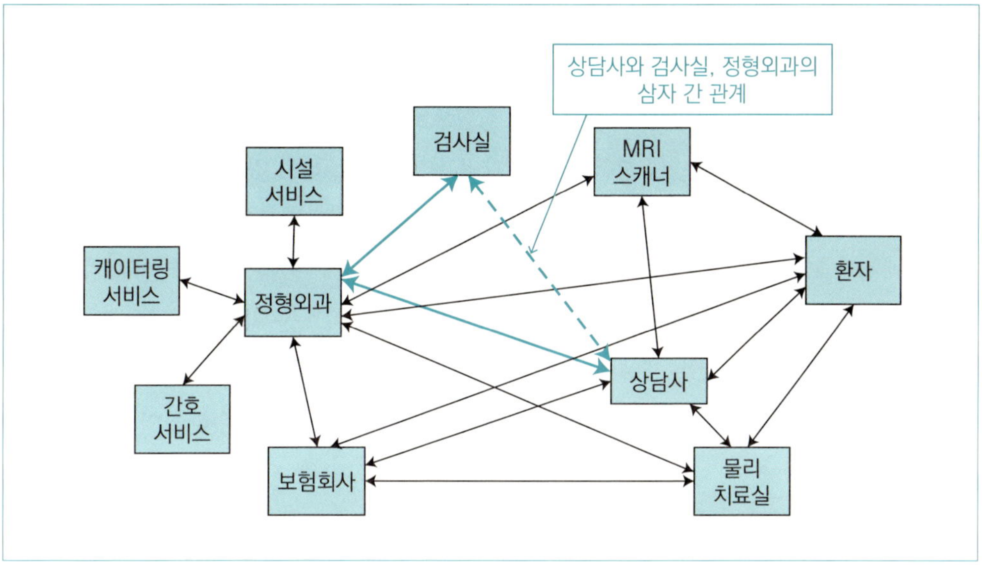

시하지는 않는다.

병원의 건물은 병원 자체에 관계되는 것만으로 표시되지만 때때로 네트워크의 다른 개체가 건물과 상호작용 할 수 있다. 다시 말하면 모든 단일 관계가 표시되면 다이어그램이 너무 복잡해지기 때문에 일반적으로 주요 개체와의 관계만 표시된다.

이 네트워크에서 양자 간 관계와 삼자 간 관계를 모두 식별할 수 있다. 예를 들어, 상담사는 병원이 환자의 혈액 샘플을 분석하기 위해 일반적으로 사용하는 검사실을 요청하도록 주선한다. 이것은 전통적인 양자 간 관계와 같은 것이다. 병원 상담사에게 서비스를 제공하고 자체적으로 검사실에서 서비스를 제공한다. 그러나 어떤 경우에 컨설턴트는 테스트와 관련하여 검사실에 문의하거나 더 많은 테스트를 요청하기를 원할 수 있다. 세 개체의 관계는 실제로 삼자 간 관계로 더 잘 설명된다. 네트워크가 아무리 복잡하더라도 삼자 상호작용의 집합으로 구분할 수 있다. 삼자 간 관계의 개념은 특히 서비스 공급 네트워크와 관련이 있다. 서비스 운영은 종종 초점 운영이라고 하는 것을 대신하여 고객과 직접 거래하는 전문 공급자에게 서비스의 일부 측면 제공을 점점 더 아웃소싱하고 있다. 이것은 그것이 그려지는 관점에서 네트워크의 작업이다. 예를 들어, 〈그림 10-3〉의 중심 운영은 정형외과이다. 서비스 운영의 관점에서 그려졌다면 다른 개체와 관계가 강조되어 다르게 보일 것이다. 마찬가지로 내부 서비스는 점점 더 아웃소싱되어 내부 삼자 간 관계를 형성하고 있다. 예를 들어, 기업이 IT 운영을 아웃소싱하는 경우, 기업을 대신하여 서비스를 구매하는 사람, IT 서비스 공급자 및 IT 서비스를 사용하는 직원 간의 트라이어드를 형성하고 있다.

삼자 간 관계의 의미

공급망을 양자 간 관계가 아닌 삼자 간 관계의 집합으로 생각하는 것은 중요한 의미가 있다. 첫째, 조직이 서비스 제공을 아웃소싱할 때 공급자의 성과에 의존하고 있음을 강조한다. 공급 업체의 서비스 성과는 고객의 관점에서 성과를 보는 방법의 중요한 일부분을 구성한다. 둘째, 서비스 구매자가 고객에게 제공하는 서비스에 대한 통제력은 삼자 관계에서 감소한다. 일련의 일대일 관계가 있는 기존의 공급망에서는 고객이 제품이나 서비스를 받기 전에 개입할 기회가 존재하지만, 삼자 관계에 있는 제품이나 서비스는 구매 조직을 우회하여 공급자에서 고객에게 직접 전달된다. 예를 들어, 항공사는 수하물 처리 서비스를 매입하지만 수하물이 분실되면 항공사에 책임이 있다.

셋째, 부분적으로 이전 요점의 결과로 삼자 관계에서 서비스 제공자와 고객 사이의 직접적인 연결은 시간이 지남에 따라 구매 조직에서 서비스를 제공하는 공급자로 권력이 점진적으로 이전되는 결과를 초래할 수 있다. 예를 들어, 컨설턴트를 사용하는 클라이언트는 개별 컨설턴트와의 관계가 컨설턴트를 고용하는 컨설팅 회사의 관계보다 훨씬 중요하다고 생각할 수 있다. 공급 업체와 고객 사이의 축소된 관계를 '다리 붕괴(bridge decay)'라고 한다. 넷째, 구매 조직이 일상적인 수준에서 공급 업체와 고객 사이에 일어나는 일을 이해하는 것이 점점 더 어려워지고 있다.

마지막으로 공급자와 고객 사이의 친밀감이 구매자를 배제한다면 구매자가 중요한 지식을 쌓는 것을 방해할 수 있다. 예를 들어, 전문 장비 제조 업체가 장비 유지보수를 전문 유지보수 서비스 제공 업체에 아웃소싱했다고 가정해 보자. 고객이 장비를 어떻게 사용하는지, 장비가 다양한 조건에서 어떻게 작동하는지, 고객이 장비를 어떻게 개선하길 원하는지 등을 이해하는 장비 제조 업체의 능력은 낮아진다. 장비 제공 업체는 유지보수 서비스를 제공하는 비용과 문제를 아웃소싱했을 수 있지만 고객과의 직접적인 상호작용에서 이점과 학습도 아웃소싱한 것이다. 이러한 모든 이유로 서비스 제공 업체는 공급 업체와 고객 사이에 발생하는 'bridge decay'의 위험을 줄이기 위해 고객과의 직접적인 접촉을 유지하는데 노력해야 한다는 의견이 자주 제기된다.

'비즈니스 생태계'에서의 아이디어

복잡한 공급망과 관련성이 높은 아이디어는 '비즈니스 생태계'이다.[2] 일반적으로 상호작용 하는 조직과 개인의 기반이 지원하는 경제 공동체로 설명된다. 네트워크의 실체는 생태계의 구성원인 고객에게 가치 있는 상품과 서비스를 생산하는 것이다. 시간이 지남에 따라 개체는 기능과 역할을 함께 발전시키고 본사가 설정한 방향에 맞추는 경향이 있다. 그러나 공급망의 개념과 비즈니스 생태계의 개념에는 미묘한 차이가 있다. 주요 차이점 중 하나는 주요 공급망과 직접적인 관계가 거의 또는 전혀 없을 수 있지만 단지 존재하는 비즈니스 생태계라는 아이디어에 포함되는 것이다. 그 네트워크 때문에 이들은 서로 상호작용 하여 고객을 위한 중요한 가치 구성 요소를 보완하거나 기여한다. 예를 들어, 특정 운영 체제 플랫폼용 애플리케이션을 개발하는 앱 개발자는 공급 업체가 아닐 수 있지만 이들과 모바일 장치를 공급하는 공급 네트워크와의 관계는 상호 이익이 된다. 핵심 서비스 또는 제품을 중심으로 개발자 생태계를 구축하면 최종 고객에 대한 가치를 높일 수 있으며 그것을 통해 핵심 제품의 가치를 보완할 수 있다. 이러한 보완적인 제품 생태계는 새로운 경쟁자의 진입에 큰 장벽이 될 수 있다. 가능한 모든 경쟁자는 보완 서비스 및 제품의 전체 생태계에 맞서 이를 수행해야 한다.

10.1.2 유형 및 무형 공급

〈그림 10-3〉에 설명된 정형외과의 네트워크에 표시된 대부분의 관계는 중요한 물리적 교환을 포함하지 않는다. 상담사는 병원에서 상담실과 수술실을 임대하여 사용하지만 병원은 물건을 제공하지는 않는다. 마찬가지로 (케이터링 서비스 공급자를 제외하고) 다른 모든 개체 간의 관계는 대체로 무형이다. 그리고 대부분의 금융 서비스, 부동산 회사, 보험 회사, 설계자, 컨설턴트, 대학 등에 대한 공급망을 그린다면 마찬가지일 것이다. 그러나 이것은 공급망 관리의 중요성을 감소시키지는 않는다. 그들은 모두 공급자와 고객이 있고, 모두 서비스를 구매하며, 소비자에게 서비스를 제공하는 방법을 모두 선택해야 한다. 그러나 1장에서 지적했듯이 많은 서비스에는 제공하는 것의 일부로 유형적인 요소가 있다. 또한 고객은 서비스의 무형적인 요소와 유형적인 요소를 구분하지 못할 수 있다. 실제로 많은 서비스에서 서비스 품질은 주로 유형적인 서비스 요소로 판단된다.

1장에서 논의한 것처럼 서비스 공급 네트워크 내에서 유형적인 요소가 없는 것에서 유형적인 요소가 서비스의 중요한 부분이 되는 관계의 스펙트럼을 상상해 볼 수 있지만 중요한 것은 서비스 관계에 유형적인 사유품의 이전이 포함되는 경우가 많다는 것이다. 사실 많은 서비스 공급 네트워크는 개체 간의 관계를 포함하며, 그중 일부는 대부분 유형적인 것이고 나머지는 무형적인 것이다. 〈그림 10-4〉는 교육 서적 및 온라인 학습 제품의 출판사를 위한 공급 네트워크를 보여 준다. 그 안에는 프린터로부터 물류 서비스와 유통 업체를 거쳐 서점과 온라인 소매 업체를 통해 궁극적으로 최종 소비자에 이르기까지 유형적인 제품(책)의 명확한 흐름이

〈그림 10-4〉 교육 도서 및 온라인 학습 제품 출판사의 공급망

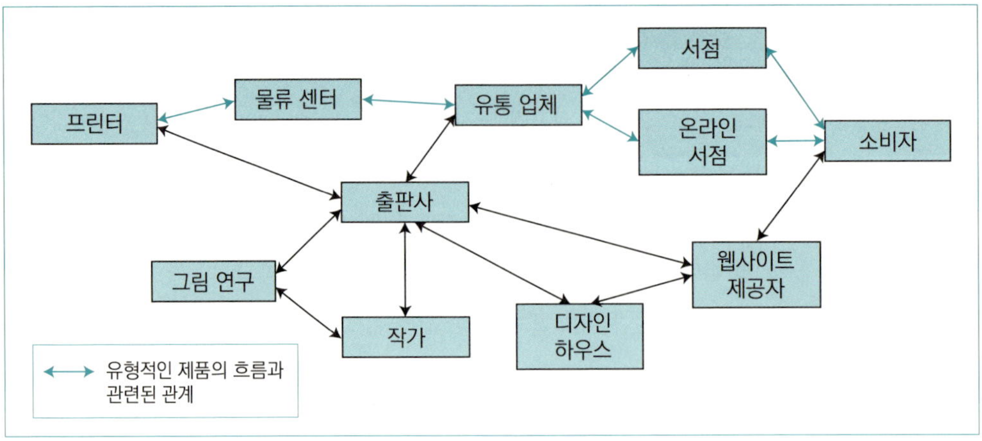

있다. 동시에 이러한 유형의 흐름과 통합되어 제품의 흐름을 관리할 뿐만 아니라 책의 제작 및 디자인도 담당하는 출판사를 중심으로 한 무형적인 관계가 있다. 또한 발행인의 웹사이트를 통해 소비자에게 전달되는 전자책 및 기타 무형 학습 자료의 생성이 있다.

10.1.3 내부 및 외부 공급

우리는 공급망을 개체의 상호 연결로 설명하지만 이것이 반드시 이러한 개체가 서로 다른 소유주가 소유하고 관리하는 뚜렷하게 분리되는 개체라는 것을 의미하는 것은 아니다. 네트워크의 개념은 조직 간 관계의 공급 네트워크 수준뿐만 아니라 운영 수준 내 부서 간 및 프로세스 간에도 적용될 수 있다(프로세스 수준 내의 개인 간에도). 이러한 유형의 내부 네트워크는 외부 공급 네트워크와 정확히 동일한 방식으로 작동하지는 않지만 그럼에도 불구하고 중요하다. 외부 네트워크의 개체는 대부분 자신의 이익을 위해 결정을 내리는 독립적인 행위자이다. 내부 개체는 그렇지는 않다. 그들은 공동의 목표를 향해 협력할 수 있는 더 큰 잠재력을 가지고 있다. (물론 외부 네트워크도 공유 목표를 위해 노력해야 하지만 일반적으로 달성하기가 훨씬 더 어렵다.)

개발 프로세스가 함께 연결되어 네트워크를 형성한다는 사실을 인식하는 것이 중요하다. 프로세스는 모든 작업의 building block이다. 그들의 내부 프로세스 네트워크는 정보, 사람 또는 유형의 제품이 처리되는 곳이다. 그러나 어떤 네트워크도 가장 약한 연결 고리보다 강하지 않으며 그 결과는 최악의 단계의 효율성에 의해 제약된다. 따라서 내부 프로세스 네트워크를 구성하는 것은 각 프로세스를 설계하고 개별 프로세스를 통합하여 효과적인 네트워크를

형성하는 것이다. (11장에서 프로세스 설계에 대해 살펴볼 것이다). 비즈니스 실패의 근본 원인은 종종 일상적인 운영 프로세스의 실패 결과이다. 보다 긍정적인 점은 이러한 공정 네트워크를 올바르게 확보함으로써 장기적인 성공을 거둘 수 있는 것이다. 이러한 조직의 주요 기회 중 하나는 기존의 가능적 경계를 넘어 보다 효과적인 협업 방법을 개발하는 것이다.

네트워크 내의 내부 프로세스에는 명확한 '시선'이 필요하다

내부 프로세스에서 네트워크에서 각 프로세스 또는 부서의 위치를 이해하는 큰 장점 중 하나는 내부 및 외부 모두에 대한 명확한 '시선'을 제공한다는 것이다. 각 프로세스에서 일하는 사람들이 최종 부가가치에 기여하는 방법을 더 잘 볼 수 있도록 고객 그룹을 형성한다. 또한 중요하게도 고객과 외부 고객 사이에 있는 중간 프로세스를 지원할 수 있는 방법을 보여 준다. 생각을 뒤집어 보면 공급 업체를 통해 후방으로 명확한 '시선'을 제공하여 이전 프로세스가 가치를 추가하는 데 어떻게 도움이 되는지 더 쉽게 이해할 수 있다. 즉, 내부 네트워크에 대해 생각하면 조직의 각 부분을 맥락화하는 데 도움이 된다.

서비스 공급망이란 무엇인가

공급망 네트워크는 내부 또는 외부일 수 있으며 유형 또는 무형 공급의 흐름과 크게 관련된다. 〈그림 10-5〉는 이러한 방식으로 특징지을 수 있는 공급 네트워크의 몇 가지 예를 보여 준다. 첫 번째, 카테고리 간의 경계가 깨끗하지 않고 그들 사이에 중복이 있다는 것이다. 제조 업체의 일부 유형 공급에는 무형 요소가 없을 수도 있고 일부 컨설팅 서비스에는 중요하지 않은 유형 요소만 있을 수 있지만 많은 공급 계약은 유형과 무형의 혼합을 처리한다. 따라서 네트워크의 내부 요소와 외부 요소 사이에 항상 명확한 경계가 있는 것은 아니다. 이 장의 뒷부분에서 논의하겠지만, 공급망이 형성되는 방식에 대한 중요한 결정은 어떤 요소가 아웃소싱되는지이다. 다시 말하면 어떤 요소를 사실상 내부 네트워크의 일부에서 외부 네트워크로 이동시킬지에 대한 것이다. 이것은 〈그림 10-5〉에 설명되어 있으며, 여기에서 우리가 서비스 공급 네트워크로 간주하는 것이 무엇인지에 대한 아이디어도 제공한다.

서비스 공급 네트워크에 대한 설명을 무형의 서비스 공급을 다루는 것으로 제한하지 않는 점에 유의하자. 여기에 역설이 하나 있다. 많은 서비스는 제품을 디자인, 운송, 보관, 판매하는 것과 관련될 수 있는 물리적 제품의 변형과 관련이 있다. 그리고 마찬가지로 중요한 것은 유형의 제조 제품 공급과 관련된 많은 작업에 무형의 서비스도 포함된다는 것이다. 예를 들어, 가정용 가구 제조 업체는 제품을 생산하지만(아마도 다른 제조 업체에서 부품을 구매) 제품 디자인을 전문 디자인 서비스에 의뢰하고, 제품 운송을 위해 물류 서비스를 제공하는 회사를 이

〈그림 10-5〉 외부 및 내부와 대체적인 유형 및 무형의 예

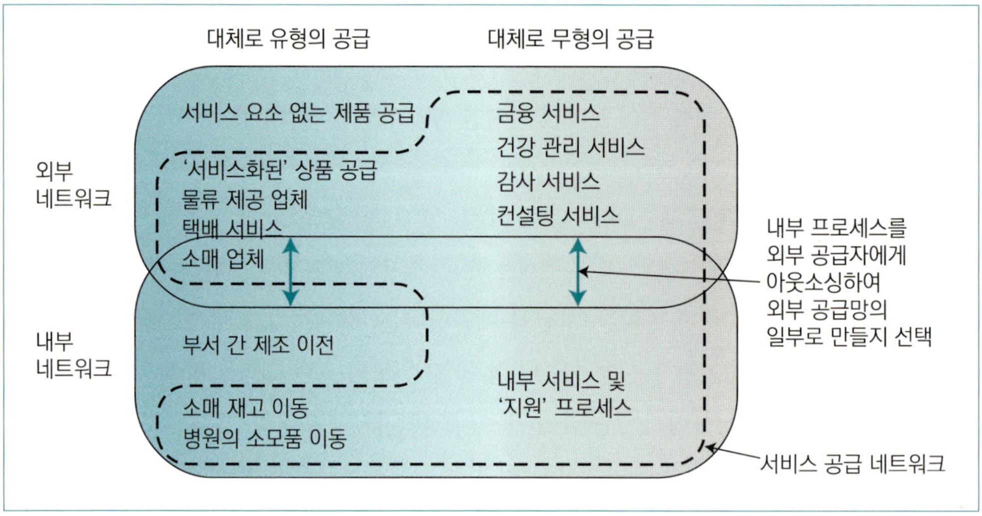

용하고, 제품을 판매하기 위해 소매 서비스에 의존한다. 따라서 제조된 제품 공급망의 상당 부분에는 일련의 서비스 조직이 포함된다.

10.1.4 '서비스' 공급은 어떻게 다른가

제품 공급망의 개념은 학문적 연구 영역과 전문적인 관리 활동 모두에서 단순한 2쌍의 공급망 형태로 잘 정리되어 있다. 그리고 앞서 지적한 바와 같이 제품 공급망과 관련된 많은 서비스 운영이 존재한다. 무형 서비스의 공급에 크게 의존하는 공급망의 특성은 정의하기가 더 어렵다. 제품 기반 공급망은 모두 상품의 물리적 흐름 관리를 포함하지만 서비스 공급망에는 분명히 동동한 공통 요소가 없다. 그러나 추상적인 수준에서 제품 기반 또는 무형 서비스 기반 공급은 비슷하다. 모두 고객이 수행하지 않기로 결정한 활동을 제공하는 데 관심이 있다. 모두 어떤 공급 업체를 선택할지와 같은 유사한 일련의 작업 및 결정을 포함한다. 그러나 차이점이 있으며 제품 기반 공급을 설명하기 위해 개발된 모델이 무형 공급의 특성을 항상 완전하게 반영하는 것은 아니다.[3]

명백한 차이점은 일부 서비스 네트워크에 개체 간의 물리적 흐름이 없고 이에 따라 축적된 재고가 없다는 것이다. 재고는 수요 변동에 대응하기 위해 사용되기 때문에 무형 서비스 네트워크에서는 실현 가능한 옵션이 아니다. 대신 서비스 백로그 또는 주문 대기열 누적을 허용하는 것과 같은 다른 전략에 의존해야 한다. 예를 들어, 콜센터 수요가 급증하면 운영 능력을

비축할 수 없어 고객이 기다려야 한다. 그러나 충분한 예비 능력이 계획된 경우 대기시간을 최소화할 수 있다. 즉, 무형 서비스 공급의 경우 능력은 재고와 동일하다.

무형 서비스 공급의 또 다른 중요한 차이점은 삼자 관계가 더 일반적이라는 것이다. 서비스 공급은 체인이 아닌 허브로 가장 잘 설명할 수 있으며, 그에 상응하는 행동 예측이나 관계 발전 방식을 예측하는 데 어려움이 있다. 관련된 문제는 2장 서비스 중심 논리(SDL)를 설명할 때 논의한 것처럼 공급 업체와 고객 간의 공동 가치 창출이다. 즉, 서비스는 고객 또는 고객 대리인에게 적용된다. 이것이 의미하는 것은 고객과 공급자 사이에 양방향 흐름이 있을 수 있다는 것이다(쌍방향 공급 관계라고 함).

고객의 직접적 참여는 상당한 변동성을 야기할 수 있다. 예를 들어, 고객은 요청의 특성, 시기, 개인의 주관적 선호도 및 이러한 요청을 이해하는 운영 능력이 다를 수 있다. 또한 고객 정보는 고의로 또는 무지로 인해 품질이 낮거나 오해의 소지가 있을 수 있다. 실제로 고객이 야기한 변동성을 식별하고 대처하는 것은 서비스 공급망 관리에서 중요한 작업이다. 쌍방향 관계에 대한 고객의 극단적인 영향은 셀프 서비스이다. 셀프 서비스는 일반적으로 고객이 도움이 필요하거나 실수를 할 때 일종의 대체 절차가 필요하기 때문에, 서비스 공급망에 대해 생각할 때 특히 중요한 요소가 될 수 있다. 예를 들어, 유틸리티의 온라인 예약 웹사이트가 99%의 고객에게 완벽하게 이해된다면 사용자의 1%만이 유틸리티 직원의 도움을 필요로 할 것이다. 그러나 웹사이트에 대한 작은 변화는 이제 고객의 2%를 혼란스럽게 할 수 있으며, 이는 상대적으로 작은 변화이지만 도움 요청에 대처해야 하는 직원에게는 서비스에 대한 수요가 두 배로 증가하는 것이다.

10.1.5 공급망 — 고객의 관점

공급망을 그리는 방법은 공급망에 대한 생각에 영향을 미친다. 전통적으로 공급망은 공급망 중간에 있는 조직의 관점에서 분석되어 왔다. 그러나 고객을 초점을 삼아 다른 관점을 취할 수 있다. 기업이든 소비자이든 공공 서비스 사용자이든 고객은 단일 공급망에만 관여하는 경우가 거의 없다. 오히려 그들은 여러 공급망의 고객 및 사용자가 될 것이다. 그들은 자신이 요구하는 전체 서비스를 달성하기 위해 이들 중 일부 또는 전부의 활동을 조정해야 할 수도 있다. 그리고 상황을 더 복잡하게 만들기 위해 이러한 개별 네트워크에는 많은 상호 연결이 있을 수 있다. 집을 사고자 하는 사람의 예를 들어 보자. 그들은 여러 서비스 공급 네트워크와 상호작용 해야 한다(그림 10-6). 이 네트워크의 개체에는 다음이 포함될 수 있다.

- 자신의 집을 팔려고 하는 많은 주택 매도인을 포함하는 네트워크를 가진 부동산 중개인

〈그림 10-6〉 고객의 관점에서 본 단순화된 이사 네트워크

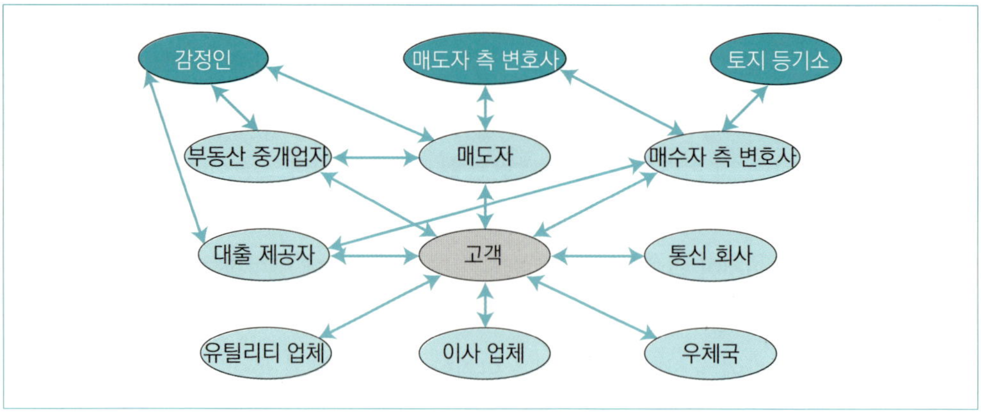

- 자신의 변호사(사무 변호사)가 있는 매도자, 다음 주택 구매를 주선할 조직 네트워크
- 모기지(주택 융자) 제공자, 자금 및 부동산 측량 시 이용 가능
- 토지 등기소를 통해 소유권 증서를 확인하고, 자금이 있는지 확인하고, 계약서를 작성하고, 확인하고 협의를 이끌어내는 매수자의 변호사
- 고객의 가구를 원하는 날짜에 옮기는 이사 업체
- 우편물을 적시에 올바른 새 주소로 변경하는 우체국
- 이전 유선 전화 번호와 연결을 이전하는 통신 회사
- 이사 시점에 최종 청구서를 작성하고 새 주소에 대한 새 계정을 설정해야 하는 유틸리티 업체

고객은 자체 사슬을 관리할 뿐만 아니라 다른 네트워크와 조정하는 많은 조직에 의존하게 될 것이다. 예를 들어, 대출 제공자는 측량사에게 부동산을 확인하도록 지시해야 하며, 이를 위해서는 고객의 부동산 중개인에게 연락하여 부동산에 대한 접근을 준비하기 위해 매도자에게 연락해야 한다. 매수자의 변호사는 부동산 소유권을 확인하고 고객의 대출 제공자가 부동산에 돈을 빌려주기로 동의했는지 확인하기 위해 토지 등기소와 연락해야 한다. 이것은 고객이 중요한 조정 역할을 할 때 공급망을 관리하기가 얼마나 어려운지를 보여 준다.

10.2 공급 네트워크는 어떻게 구성할 수 있는가

공급망을 구성한다는 것은 다양한 실체의 전반적인 패턴이나 배열을 형성하는 것을 말한다.

CASE example

사례

뭄바이의 도시락 배달 서비스[4]

편리한 앱의 도움을 받는 온라인 음식 배달 서비스는 지난 몇 년 동안 많이 성장했다. 대부분의 도시에서 특별히 준비된 음식을 고객에게 배달하는 것은 문제가 되지 않는다. 인도도 이러한 추세에서 예외는 아니다. 그러나 인도에서는 엘리브에루와 우버이츠가 125년 동안 비슷한 서비스를 제공해 온 다바왈라와 경쟁해야 한다. 다바왈라 서비스를 통해 뭄바이의 근로자들은 매일 직장으로 배달되는 따뜻한 가정식 식사를 먹을 수 있다. 이 서비스는 공장 노동자, 사무원, 관리자, 학생 등이 이용한다. 아침 8시경 그들은 도시의 직장이나 학교에 가기 위해 붐비는 기차, 버스, 도로에 합류한다. 그날 아침 늦게 그들의 아내, 어머니 또는 가사 도우미가 따뜻한 식사를 준비한다. 이 식사는 손잡이가 달린 관 모양의 깡통인 티핀 상자에 조심스럽게 포장된다(많은 가족이 현재는 현대식 다채로운 절연 도시락 가방을 사용하지만). 그런 다음 다바왈라가 10시 30분 ~ 11시경에 티핀 상자를 수거하여 12시 30분 ~ 1시까지 배고픈 수령인에게 배달된다.

이 방문 서비스는 뭄바이 티핀 상자 공급자 협회(MTBSA)에서 제공한다. 단 2시간만에 약 5,000명의 다바왈라 네트워크가 400,000개의 티핀을 픽업하여 배달한다. 많은 다바왈라가 교육을 받지 못하고 문맹이지만, 그들은 오류가 거의 없는 거대하고 복잡한 전달 시스템의 일부를 형성한다. 올바른 배송 및 반품을 돕기 위해 티핀에는 집을 식별하는 문자와 숫자 및 목적지를 표시하기 위한 고유 식별자가 그려져 있다.

릴레이 경주와 비슷하게, 한 다바왈라가 전체 블록을 담당할 수 있는 아파트 픽업에서 한 다바왈라가 한 블록을 책임질 수 있는 곳에서 한 다바왈라에서 수집하는 다른 사람에게 가는 동안 최대 10개의 다른 다바왈라 체인을 따라 하나의 티핀이 전달된다. 도시에는 기차역과 버스 정류장 옆에 약 4개의 허브가 있다. 예를 들어, Churchgate역 외부 지역에는 다바왈라가 정오쯤 모여 수천 개의 티핀을 받고 분류하는 데 약 10~15분밖에 걸리지 않는다. 각 다바왈라는 음식을 찾아 분류하고 상자나 자전거에 실을 책임이 있다. 그런 다음 재빨리 움직여서 도보, 자전거 또는 카트로 붐비는 거리를 통과하여 최종 목적지까지 배달한다. 점심 식사 후 다바왈라는 빈 용기를 집어 허브를 통해 다른 다바왈라에게 반환한다.

david pearson/Alamy Stock Photo

5,000명 정도의 다바왈라는 모두 MTBSA의 파트너이다. 그들은 각각 사업 지분을 소유하고 있으며 좋은 급여와 특전을 가지고 있다. 각 다바왈라는 자신을 주주이자 기업가라고 생각한다. 한 근로자는 "그것은 자신의 사업이고 우리는 파트너이며 높은 지위의 직업이고, 우리는 교육받은 졸업생보다 더 많은 돈을 벌고 있다"고 설명했다. MTBSA는 계층이 3개뿐인 평평한 조직이다. 최상위 계층은 관리 위원회(회장, 부회장, 사무총장, 재무 및 9명의 이사)이고, 두 번째 계층은 감독관(mukadams)이며, 세 번째 계층은 다바왈라이다. 다바왈라는 15~25명의 하위 그룹으로 구성되며 각 그룹은 감독관에 의해 관리된다. 감독관은 또한 분쟁 처리, 수령 및 지불 기록 유지, 취득에 대한 책임이 있다. 매달 고객 서비스에 대해 논의를 하고 문제를 조사하고 이를 해결하기 위한 회의가 있다.

매일 이동하는 많은 수의 티핀, 이동 거리, 여러 환승 지점, 많은 인수인계, 제로 문서 및 모든 작업이 완료되는 매우 짧은 시간에도 불구하고 실수는 거의 없다. 800만 건의 배달당 약 1건의 실수만 있는 것으로 추정된다. 그러나 세계에서 가장 효율적인 물류 시스템임에도 불구하고 이 서비스는 향후 문제에 직면할 수 있다. 전통적인 고객은 앱을 좋아하지 않고 적절한 일을 할 수 있는 다바왈라를 신뢰하지만 젊은 고객은 덜 좋아한다. 앱 기반 배달 서비스의 편리함이 대두되면서 다바왈라가 걱정이다. 일부 평론가들은 다바왈라가 어느 시점에 기술을 채택할 것이라고 생각하지만, 다른 이들은 많은 다바왈라가 50세 이상이고 청년이 없기 때문에 시간이 걸릴 것이라고 지적한다.

운영이 네트워크의 다른 운영을 직접 소유하거나 제어하지 않는 경우에도 관계의 특성을 변경하고자 할 수 있다. 여기에는 반드시 소유권을 변경하는 것이 아니라 책임이 할당되는 방식에 따라 병합되는 작업의 일부가 포함될 수 있다. 여러 트렌드가 많은 산업에서 네트워크를 재편하고 있다. 여기서 우리는 특히 서비스 공급망과 관련된 공급망 측면에 초점을 맞춘다.

- 아웃소싱 또는 자체 생산
- 공급자 선택
- 탈중개화
- 네트워크 복잡성

10.2.1 아웃소싱 또는 자체 생산

모든 유형의 조직에 대한 근본적인 결정은 자체적으로 만들고자 하는 것(사내 공급이라고 함)과 공급 업체로부터 구입하려는 것(아웃소싱이라고 함)이다. 어떤 조직도 스스로 모든 것을 완벽하게 수행하지 않으며 아무 것도 하지 않는 조직도 없다(소위 '가상' 비즈니스도 자신이 제공하는 조정을 통해 일종의 가치를 제공). 따라서 모든 것을 하는 것과 아무 것도 하지 않는 것 사이 어딘가에 그들이 원하는 곳이 있을 것이다. 문제는 어디에 있느냐이다. 사내 활동과 아웃소싱 활동을 구분하는 선은 조직이 소유하고자 하는 공급망의 양을 정의하고 일부 조직은 다음과 같은 활동의 높은 비율을 수행하도록 선택한다. 스타벅스는 모든 자체 커피를 구매하고 로스팅한 다음 자체 매장을 통해 판매한다. 자라(Zara)는 빠른 배송을 위해 많은 공급망을 소유하고 통합한다. 넷플릭스나 아마존 프라임 같은 스트리밍 네트워크는 독창적인 프로그래밍을 만들기 위해 이동했다.

자체 생산이나 아웃소싱, 그리고 수직적 통합

아웃소싱('실행 또는 구매' 결정이라고도 함)은 사내에서 수행할 수 있거나 수행했던 활동을 아웃소싱 공급 업체로 이전하는 프로세스이다. 수직적 통합은 조직이 자체 공급망의 일부 또는 전부를 소유하는 배열로써 아웃소싱과 수직적 통합은 연관되어 있다. 그들 사이의 차이점은 규모의 차이이다. 수직적 통합은 항상 그런 것은 아니지만 일반적으로 전체 작업에 적용되는 용어이다. 따라서 경쟁 업체에 대한 서비스를 거부하기 위해 공급 업체를 매수하거나 제품을 서비스하는 비즈니스의 일부를 더 잘 수행할 수 있는 전문 서비스 회사에 매도하는 것은 수직적 통합 결정이다. 아웃소싱은 일반적으로 이전에 사내에서 수행되었던 소규모 활동 세트에 적용된다. 자체 품질 관리 부서에서 수행하던 품질 테스트를 전문 검사실에 요청하거나 더 큰 콜센터 회사에서 콜센터를 인수하여 운영하도록 결정하는 것은 둘 다 아웃소싱 결정이다.

아웃소싱은 대부분 비즈니스에서 중요한 문제가 되었다. 이는 대부분의 기업이 항상 일부 활동을 아웃소싱했지만 지금은 더 많은 직접 활동을 공급 업체로부터 구매하고 있기 때문이다. 또한 많은 간접 및 관리 프로세스가 아웃소싱된다. 이것을 흔히 비즈니스 프로세스 아웃소싱(BPO)이라고 한다. 특히 금융 서비스 회사는 일상적인 백 오피스 프로세스 중 일부를 아웃소싱하고 있다. 유사한 방식으로 단순한 급여 서비스에서 보다 복잡한 교육 및 개발 프로세스에 이르기까지 인적 자원 기능 내의 많은 프로세스가 전문 회사에 아웃소싱되고 있다. 프로세스는 물리적으로 이전 위치에 여전히 있을 수 있지만 아웃소싱 서비스는 직원과 기술을 관리한다. 이렇게 하는 주된 이유는 비용을 줄이기 위한 것이다. 그러나 때때로 제공되는 서비스의 품질과 유연성이 크게 향상될 수 있다.

최근 몇 년 동안 전문 회사에서 효과적으로(더 효율적으로) 관리할 수 있는 운영 측면을 아웃소싱하는 조직이 크게 증가하고 있다. 이러한 서비스 제공 업체 중 다수는 특정 전문 지식을 바탕으로 고객을 위한 패키지 또는 솔루션을 제공하도록 위치를 변경했는데 다음과 같은 예와 같다.

- 에어컨, 승강기 등 건물 설비를 유지보수하던 기업이 이제는 고객의 현장 유지보수 기능을 대체할 종합적인 시설물 관리 서비스를 제공한다.
- 헬프데스크 기능을 포함한 정보 시스템을 지원한다.

아웃소싱 업체의 효율성에 대한 주요 이유는 운영 효율성을 위한 기회를 제공하는 정보 시스템에 대한 투자 및 규모의 경제 이점을 제공할 수 있기 때문이다. 그러나 아웃소싱에는 원래 조직에서 새 공급 업체로 직원을 이전하는 경우가 많다. 이것은 특히 공공 부문에서 일어나며, 공공 서비스에서 상업 운영으로의 변화는 활동의 성공 여부에 주요 요인임이 증명되었다.

아웃소싱 및 오프쇼어링

아웃소싱 활동을 외국으로 이전하는 것을 오프쇼어링(offshoring)이라고 한다. 점점 더 정교해

CASE example

사례

보다폰, 콜센터 일자리를 되찾다[5]

2017년 영국에 본사를 둔 통신 회사인 보다폰(Vodafone)은 해외 콜센터(주로 외부 대리점을 사용하고 있던 남아프리카 공화국)에서 영국으로 2,000개 이상의 일자리를 이전할 것이라고 발표했다. 새로운 역할은 영국의 여러 지역에 있는 기존 보다폰 콜센터에 분산될 것이라고 말했다. 콜센터 일자리의 리쇼어링은 회사의 소비자 모바일 고객 서비스를 영국 비즈니스 및 광대역 고객을 위한 영국 기반 콜센터와 일치하게 할 것이며, 새로운 역할이 고객에게도 실질적인 차이를 만들 것이라고 말했다. 콜센터 역할 중 일부를 본국으로 가져오는 회사는 보다폰만이 아니다. 이는 일부 논평자들이 10년 동안 정통 콜센터 위치 정책의 역전으로 본 것을 표시했다. 상대적으로 비용이 저렴한 국가에서 비용을 절감할 수 있었기 때문에 콜센터 산업은 인도, 필리핀 및 남아프리카와 같은 국가에서 크게 성장했다.

사실 콜센터라는 용어는 비교적 최근에 등장한 것이다. 처음 사용된 것으로 기록된 것은 1983년이었다. 그러나 1970년대와 1980년대에 콜센터가 대량의 고객 문의를 처리해야 하는 대형 서비스 회사에 채택되면서 크게 성장했다. 기업이 고객과 소통하기 위해 인터넷 채널을 사용하기 시작하면서 콜센터는 연락센터(contact center)로 변모했다. 고객과 대화를 하든 이메일에 답장을 하든 점점 더 보편화된 기술 사용에도 불구하고 연락센터는 노동 집약적이며 비용이 많이 들 수 있다. 그래서 많은 연락센터가 영어권 국가에서 인건비는 저렴하지만 영어가 널리 사용되고 교육수준이 높은 지역으로 이전하게 되었다. 그러나 오프쇼어링 추세가 시작되면서 문제가 발생하기 시작했다. 고객은 컨택 센터 직원과 고객 간의 언어 장벽이나 문화적 차이 때문에 전화상으로 상담원으로 이해하는데 어려움이 있다고 불평했다. 일부 기술은 고객의 상황을 악화시킬수도 있다. 자동화된 전화 시스템은 '진짜 사람'과 대화하기 전에 탐색해야 할 다른 장벽으로 여겨졌다. 그리고 콜센터에서 전화를 받는 것은 더욱 나빠졌다. 소위 '콜드 콜'은 점점 방해가 되는 성가신 것으로 여겨지게 되었다.

여전히 비용 효율적이기는 하지만 콜센터가 설치된 일부 국가의 임금 인플레이션으로 인해 오프쇼어링의 비용 절감 효과가 덜 매력적이었다. 그러나 회사가 작업을 본국으로 가져오는 것을 고려하게 된 것은 해외 위치로 라우팅되는 것에 대한 고객의 불만 때문이었다. 따라서 비용 문제에도 불구하고 보다폰의 움직임은 영국 고객 서비스 운영의 품질을 향상시키는 방향으로 결정되었다. 세계의 일부 지역에서는 입법이 요인이 되기도 하였다. 예를 들어, 이탈리아 정부는 회사에 전화를 거는 소비자에게 해외에 있는 사람이 아닌 국내 콜센터 직원과 통화할 수 있는 옵션을 제공하는 법률을 도입했다. 그러나 장기적으로 어느 위치에 있는지 상관없이 자동화, 고급 고객 관계 관리 시스템 및 인공 지능과 같은 기술의 발전을 통해 미래에는 콜센터 일자리가 줄어들 수 있다. 한 보고서에 따르면 2025년 이전에 수천 개의 일자리가 그러한 기술로 대체될 것이라고 하였다.

지는 통신 기술은 저숙련 작업뿐만 아니라 컴퓨터 프로그래밍 및 의료 진단과 같은 고급 기술을 요구하는 일부 서비스 활동의 오프쇼어링을 가능하게 했다. 일반적으로 오프쇼어링 되는 활동은 콜센터 업무이다. 특히 인도는 미국과 영국에서 해외로 진출한 콜센터 및 컨택 센터의 주요 목적지가 되었다(보다폰 사례 참조). 그러나 일부 조직은 해외 일자리의 필요성에 의문을 제기하는 고객 및 주주의 반발에 직면하고 있다. 다른 조직은 서비스를 오프쇼어링하지 않는 것이 장점이 있다고 생각한다. 예를 들어, Nationwide Building Society(영국의 금융 서비스 회사)는, 영국에 있는 콜센터보다 인도에 있는 콜센터에 투자하기로 결정한 이유는 바로 '고객 기반에 대한 우려'라고 얘기하고, 주주가 없기 때문에 두 이해 관계자는 직원과 고객이며 사업이 시작되는 지역사회에 투자하고 싶다고 언급했다. 그리고 비용면에서 이동을 정당화할 수 있었지만 단기적인 비용 절감이 고객 불만을 감수할 가치가 있다고 믿지 않았다.

10.2.2 공급자 선택

공급망을 형성할 때보다 중요한 결정 중 하나는 조직이 모든 잠재적 공급 업체 중에서 어떤 공급 업체를 선택해야 하는가이다. 적어도 두 개의 잠재적 공급 업체가 있다고 가정하는 문제이다. 다른 조직에서 필요한 서비스를 제공할 능력이 없다면 사내에서 수행해야 한다. 하나만 있다면 아마도 대안이 없을 것이며 결정은 생산적인 관계를 발전시키는 최선의 방법일 것이다. 또한, 한 잠재적 공급 업체가 분명히 우세한 경우에도 결정은 분명하다. 그러나 일반적으로 결정은 대체 공급 업체의 다양한 속성을 절충하는 것이다. 그럼에도 불구하고 중요한 결정이다. 모든 구매 결정에는 자신의 명성 중 일부를 공급자의 손에 맡기는 것이 포함되고, 제대로 하면 가지고 있지 않은 기능을 획득(또는 적어도 빌릴 수 있음)할 수 있다. 그러나 잘못하면 잠재적인 지연, 중단 및 무질서에 노출된다. 실제로 공급 업체 선택 작업에는 두 가지 결정 사항이 포함되어 있는데 첫 번째는 잠재적인 대체 공급자를 평가하는 데 사용할 기준을 결정하는 것이다. 두 번째는 기준을 사용하여 공급자를 선택하는 프로세스이다.

서비스 공급 선택 기준

제품 기반 공급과 달리 서비스 공급자 선택을 차별화하는 것은 서비스 네트워크에서 삼자 관계의 적용이다. 삼자 관계에서 서비스의 '공급자'는 고객과 직접 거래하는 반면, 기존의 양자 관계는 공급 문제가 발생할 경우 최종 고객을 어느 정도 보호한다. 예를 들어, 〈그림 10-7〉은 두 가지 유형의 관계를 보여 준다. 하나는 부분적으로 제품 기반 서비스, 즉 자동차를 서비스하고 수리하는 작업 체인이다. 중요한 공급 업체 중 한 곳에서 차량에 장착할 예비 부품을 제공하고 공급 업체는 자동차 수리공이 주문한 부품을 사전에 안정적으로 배송할 것으로 예상된다(수요는 상대적으로 예측 가능함). 약속된 인도 날짜를 맞추지 못하면 차량 수리공에게 문제가 발생하지만 부품의 '안전' 재고를 보유하거나 두 공급 업체를 두어 이를 완화할 수 있다. 이를 〈그림 10-7〉에 나와 있는 삼자 관계와 대조해 보자. 이것은 Holiday company에 대한 지역 서비스(교통, 여행 가이드, 소풍 등)의 '공급자'를 보여 준다. 이러한 현지 서비스의 문

〈그림 10-7〉 3자 관계일 때 서비스 공급자를 선택하는 것은 2자 관계일 때보다 더 위험하다

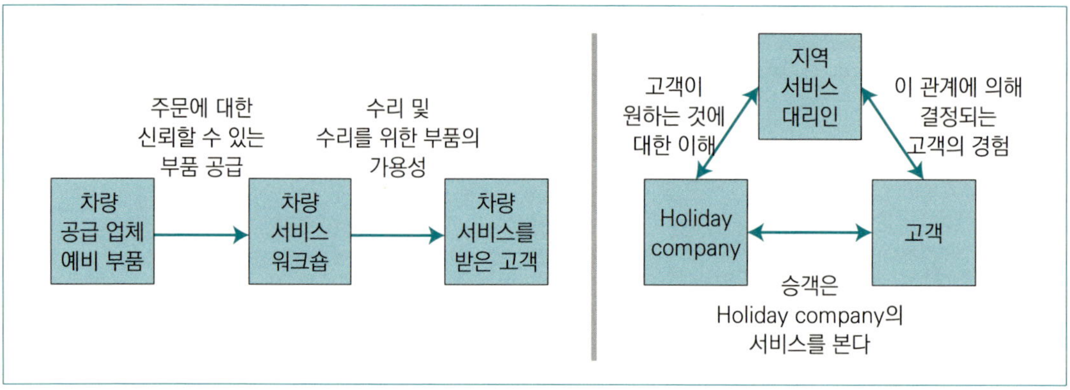

제는 고객에게 숨길 수 없으며 두 공급 업체를 두는 것도 불가능하다.

따라서 현지 에이전트를 선택하는 것은 Holiday company가 고객에게 어떻게 보이는지에 대해 중요하고 문제가 발생할 경우 관리하기가 더 어렵다. 물론 〈그림 10-7〉의 두 예에서 공급 업체를 선택하는 데 사용할 몇 가지 기본 기준이 있는데 여기에는 다음과 같은 요소가 포함된다.

- 가격
- 품질 보증
- 신뢰성
- 유연성

그러나 고객이 최종 고객과 긴밀한 관계를 맺고 있는 경우(예: Holiday company를 대신하는 현지 에이전트) 다른 기준도 특히 중요해진다. 여기에는 다음이 포함될 수 있다.

- 사업 수행 용이성
- 공급 업체의 재무 상태
- 교육 및 노사관계 기록을 포함한 인력 관리 기술
- 상업적 인식
- 지속적인 개선 활동에 중점을 둠
- 공유된 윤리적 가치

공급자와 고객의 문화 사이의 친밀감은 독특한 분위기를 전달하는 서비스에 특히 중요할

수 있다. 예를 들어, 대부분의 비즈니스가 일반적으로 최상의 가격을 제공하는 최고의 공급자와 함께 간다는 것은 호스피탈리티 산업에 대해 널리 퍼진 의견이다. 그러나 가격이 중요한 문제이기는 하지만 우수성, 환대 및 공유 가치도 선택 과정에서 중요한 요소여야 한다. 예를 들어, 식당에서 공급 업체와 맺은 중요하고 즐거운 관계가 없었다면 그토록 많은 즐거움을 얻었다는 것은 상상하기 어렵다. 여기에는 청과물 농부, 와인 생산자, 치즈 상인, 프린터 및 그래픽 디자이너를 포함한 광범위한 관계가 포함될 수 있다.

하나 또는 여러 개? 단일 소싱 또는 다중 소싱 결정

앞의 예에서 설명한 것처럼 서비스 공급자가 둘 이상인 것이 항상 실용적인 것은 아니다. 그러나 가능한 경우에도 공급 업체를 통합하고 합리화하려는 경향이 있다. 그리고 몇 가지 중요한 이점이 있을 수 있기 때문에 단일 소싱이 매우 성공적인 사례가 있다.

- 보다 오래 지속되는 강력한 관계를 구축하는 것이 더 쉽다.
- 품질 또는 납품 문제를 해결하기 위해 긴밀히 협력할 수 있는 기회가 있다.
- 더 큰 의존성은 더 많은 헌신을 하게 된다.
- 의사소통이 더 쉬워진다.
- 공급 업체가 (잠재적으로) 물려받을 규모의 경제

그러나 이들은 두 가지 단점과 균형을 이루어야 한다.

- 공급 장애 시 서비스 중단에 취약할 수 있다.
- 대체 공급 업체가 없는 경우 공급 업체에 권한을 부여한다.

주요 고려 사항은 구매자의 요구 사항이 공급자 비즈니스의 상당 부분을 구성하는 정도이다. 한 명의 구매자에게 전적으로 헌신하는 공급 업체는 언뜻 보기에는 좋은 생각처럼 보일 수 있지만 관계의 안일함으로 이어질 수 있다. 많은 구매 기관은 특정 공급 업체와 거래할 비즈니스 비율을 제한하는 목표를 설정한다. 이는 구매자의 사업이 단기적으로 쇠퇴하더라도 공급 업체 기반이 계속 유지될 가능성이 더 높다는 점에서 특별한 이점이 있다.

원스톱 상점

관리 오버헤드를 줄이려는 조직의 결과 중 하나는 서비스 공급자가 포괄적인 패키지를 고객에게 판매할 수 있는 기회가 증가한다는 것이다. 예를 들어, 시설 관리 조직(FMO)은 자체 직원을 고용하여 건물을 관리하기를 원하지 않는 조직, 즉 건물 유지 관리를 아웃소싱하는 조직에 전체 유지 관리를 제공한다. 따라서 FMO는 청소에서 유지관리에 이르기까지 모든 요구 사항을 충족하는 원스톱 상점 역할을 한다.

10.2.3 탈중개화

일부 공급망에 상당한 영향을 미쳤던 추세는 고객이나 공급 업체를 우회하여 고객의 고객이나 공급 업체의 공급 업체와 직접 접촉하는 네트워크 내 기업의 경향이다. 이러한 행동을 탈중개화라고 한다. 이것의 분명한 예는 다음과 같다. 인터넷을 통해 일부 공급 업체는 소비자에게 상품과 서비스를 공급할 때 전통적인 소매 업체를 '탈중개'할 수 있다. 예를 들어, 휴일(휴가) 산업은 소매점(여행사)을 통해 '제품'(휴일)을 판매하는 데 의존했으며, 이러한 휴일은 '여행사'를 통해 조직되었다. 이 회사들은 항공사, 호텔, 렌터카 운영 등과 같은 휴가의 개별 구성 요소를 '조립'한다. 일부 여행사는 자체 여행사를 소유하기도 하고 일부는 호텔과 같은 기타 요소를 소유하기도 한다.

이러한 서비스는 항공사, 호텔, 렌터카 회사 등의 웹 사이트를 통해 개별 구성 요소를 구매하여 고객이 직접 이용할 수 있다. 또한 여행사에서 서비스 패키지를 구매하기를 원할 수도 있다. '휴가 패키지 설계자'에 의해 특정 시장에 어필할 수 있도록 특별히 설계되어 편리함을 누릴 수도 있다. 그럼에도 불구하고 탈중개화 과정은 새로운 연계 과정을 발전시켰다. 〈그림 10-8〉은 이러한 시장 진출 경로를 보여 주고 있다.

〈그림 10-8〉 탈중개화 가능성을 보여 주는 휴가 산업의 공급망

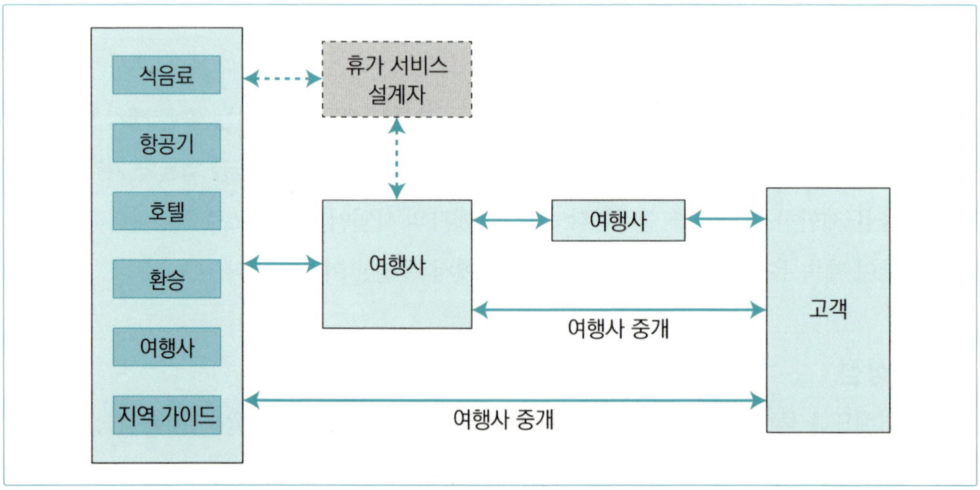

CASE example

사례

Dark Kitchen이 레스토랑 산업을 방해한다[6]

한때는 레스토랑 식사를 하기 위해 레스토랑에 방문하였다. 테이크아웃을 원한다면 식당에 전화로 주문을 하고 걸어서 찾으러 갔다. 일부 레스토랑에서 집으로 배달을 하기 시작했다. 이후에 '통합' 앱을 사용하면 다양한 레스토랑에서 온라인으로 주문할 수 있게 되었다. 그러나 당신은 식당으로부터 식사를 제공받았는가? 아마도 그것은 실제로는 'Dark kitchen'에서 준비되어 배달 회사에 의해 당신에게 배달되고 있었을 것이다. 이런 식으로 식당 근처에 가본 적이 없다. 진정한 변화는 유령 주방, 가상 주방, 클라우드 주방 또는 배달 전용 식당이라고 알려진 이러한 'dark kitchen'의 출현이다. 많은 이름이 있지만 하나의 개념이기도 하다. dark kitchen은 식객을 위해 요리하는 것이 아니라 배달을 통해서만 식사를 판매되도록 설계되어 있기 때문에 그곳에서 생산되는 음식은 다른 장소에서만 먹을 수 있다.

dark kitchen은 온라인 주문 앱으로 인해 탄생하였다. 이러한 타사 배달 플랫폼은 식품 사업자가 잠재 고객과 쉽게 연결되어 음식을 신속하게 배달할 수 있음을 의미한다. 레스토랑과 고객 간의 대면 접촉이 없어졌지만, 더 작은 레스토랑들은 전과 같이 고객에게 접근할 수 있다. 몇몇 dark kitchen은 여러 브랜드와 관련된 음식을 준비하고, 다른 식당들은 각 브랜드의 음식을 위한 별도의 구역을 가지고 있다. 일부는 온라인 업체가 소유하고, 일부는 레스토랑 브랜드가 소유한다. 나머지는 완전히 아웃소싱될 수도 있다. 그들이 일반적으로 가지고 있는 공통점은 그들이 어떤 브랜드의 음식을 준비하되 회사 지침에 따라 훈련된 최첨단 주방 장비와 직원들을 갖고 있다는 것이다.

그러나 dark kitchen을 짓고 임대하는 회사들은 보통 그들이 만드는 제품의 브랜드를 소유하지 않는다. 종종 dark kitchen이 무엇을 하는지에 대한 명확한 명시가 없다. 그들은 이미 설계된 부품 키트가 장착된 익명의(일반적으로 일시적인) 컨테이너와 같은 건물일 수 있다. 때때로 급식 시설을 짓기 위해 군대에 의해 사용된 것과 유사한 기술을 사용한다. 시설

Dhiraj Singh/Bloomberg/Getty Images

을 로컬 서비스에 연결하면 며칠 내에 '작동 및 실행'할 수 있다. 이를 통해 운영자는 높은 거리 위치에서 신속하게 음식을 배달할 수 있다. 그들이 해야 하는 일은 그 음식을 조리하고 배달하는 것이다.

dark kitchen은 몇 가지 운영상의 장점이 있다. 고객이 없으면 제공할 테이블이나 대기 공간이 없어 임대 비용이 크게 절감된다는 것이다. 고객에게 서비스를 제공하는 데 필요한 직원이 필요 없고 업무 간에 쉽게 이동할 수 있기 때문에 직원을 보다 효율적으로 사용할 수 있다. 주방 활용도는 높을 수 있으며, 일부 주방은 하루 중 다른 시간대에 다른 기업에게 공간을 임대할 수도 있다. 또한 배달 속도도 향상된다. 간소화된 온라인 배달 서비스와 알고리즘 기반의 최적화를 통해 간접비를 낮추고 생산량을 늘릴 수 있으며, 가능한 한 짧은 시간에 음식을 조리하여 고객에게 보낼 수 있다. 또한 고려해야 할 물리적인 변화는, 부지가 없기 때문에 변화하는 소비자 식품 트렌드를 상대적으로 저렴하게 수용할 수 있고, 주방은 완전히 다른 메뉴나 콘셉트를 빠르게 만들 수 있기 때문에 유연하다는 것이다. 또한 새로운 위치로 능력을 확장하는 것이 더 간단하다. 산업 단지의 공간은 이상적인 번화가 위치보다 찾기 쉬우며 자본이 덜 필요하다. 또한 온라인 플랫폼을 통해 주문을 집계하면 전체 네트워크가 데이터가 풍부하게 된다.

dark kitchen이 배달 플랫폼과 밀접하게 작동할 때, 그들은 장소나 요리를 통해 충족되지 않는 수요의 영역을 식별할 수 있다. 또한 지속적인 데이터 흐름

을 통해 알고리즘이 매주의 매출을 보다 정확하게 예측할 수 있으므로 직원을 예약하고 재료를 주문하는 데 더 효율적이다. dark kitchen과 가정 배달 서비스는 우리가 먹는 음식을 바꾸어 놓았다. 그러므로 만약 그것이 여러분의 경험을 손상시키지 않는다면, 여러분의 다음 식사는 진기한 전통 음식점에서 오는 것이 아니라 황량한 산업 단지에서 오는 것일 수도 있다는 것을 기억하라.

중개자를 통한 관리

공급망에는 공급망의 한 부분을 관리하는 책임을 지는 '중개인', 유통 업체, 대리인 또는 딜러와 같은 중개자가 포함되는 경우가 많기 때문에 서비스 제공 업체나 고객이 사슬을 쉽게 관리할 수 있다. 예를 들어, 많은 금융 서비스 회사는 핵심 비즈니스의 일부로 고객 접촉을 하지 않고 중개인을 통해 판매를 하도록 하였다. 마찬가지로 자동차 생산 업체도 자신의 역할을 소비자에게 자동차를 판매하는 것으로 보지 않고, 소비자를 상대하기 위해 직영점 혹은 프랜차이즈 대리점을 설립하는 경우가 많다. 그리고 다음과 같이 중개자를 사용하는 데는 여러 가지 좋은 이유가 있다.[7]

- **고객과의 친밀성.** 많은 고객이 물리적으로 가까운 조직과 거래하는 것을 선호한다. 이는 그들이 '대면' 거래를 선호하거나 전자 프로세스에 접근할 수 없건, 서비스의 특성상 공급자의 존재가 필요하기 때문일 수 있다. 예를 들어, 자동차 소유에 대한 고객 만족의 주요 동인 중 하나는 서비스 및 수리를 위해 공인 딜러에 쉽게 접근할 수 있다는 것이다.
- **현지 지식.** 주요 공급 업체는 현지 상황과 문제에 대한 지식이 부족할 수 있다. 글로벌 전략 개발에서 '생각은 글로벌하게, 행동은 지역적으로'를 강조한다.
- **열악한 서비스 마진.** 일부 지역에서는 전용 서비스 단위를 제공하기에는 서비스 수익이 너무 적을 수 있다. 자본 장비 공급 업체는 초기에 한 지역에 한두 개만 판매할 수 있지만 판매 후 지원을 제공해야 한다. 회사는 연간 몇 번의 서비스 호출을 위해 서비스 엔지니어를 모집하고 교육하는 대신 경쟁사의 장비도 서비스할 수 있는 현지 서비스 에이전트를 사용할 수 있다.
- **능력 부족.** 많은 콜센터에서 채택한 전략은 이러한 유형의 활동을 위해 명시적으로 설정된 공급자를 통해 사용 가능한 '하도급' 능력을 확보하는 것이다. 콜센터 상담원이 사용할 수 있는 정보 시스템은 고객이 서비스 제공의 차이를 감지하지 못하는 방식으로 행동할 수 있도록 한다.

중개인 관리 문제

중개인과 거래할 때 한 가지 문제는 그들의 목표가 주요 조직 또는 실제로 고객의 목표와 항상 일치하지 않을 수도 있다는 것이다. 또 다른 과제는 중개인에게 충분한 금전적인 인센티브를 제공하는 동시에 고객 충성도를 창출하는 데 필요한 고객 서비스 가치를 개발하는 것인데 이를 위한 전략에는 다음이 포함된다.

- **금전적 인센티브.** 이는 중개자가 한 조직에만 서비스를 제공하는 데 전담하지 않을 때 특히 관련이 있다. 상위 조직은 중개인이 경쟁자보다 먼저 서비스를 선호하도록 장려하기 위해 금적인 유인, 할인 또는 신용 편의를 제공할 수 있다.
- **처벌.** 저조한 성과에 대한 궁극적인 제재는 상위 조직이 자원을 철회하는 것이다. 최근 몇 년 동안 제조 업체가 대리점에서 프랜차이즈를 철수하면서 자동차 산업에서 이러한 현상이 보편화되었다. 그러나 다른 딜러들이 아무리 실력이 좋아도 비슷한 방식으로 대우받을 수 있을지 궁금해 하기 때문에 일반적으로 이 접근 방식은 최후의 수단으로 사용된다.
- **전문성 제공.** 중개인에게 동기를 부여하는 효과적인 방법 중 하나는 그들의 사업을 지원하는 것이다. 상위 조직은 종종 중개자가 부족한 영역에서 상당한 리소스를 보유하고 있는 경우가 있다. 예를 들어, 캐터필러(Caterpillar)는 특약점 네트워크에 제공되는 자원을 통해 높은 수준의 특약점 만족도를 창출했다.
- **교육.** 맥도날드 햄거버 대학은 때때로 농담의 근원이 되기도 하지만 회사 소유 및 프랜차이즈 매장 네트워크 전반에 걸쳐 접근 방식의 일관성을 창출하는 가치에 대해서는 의심의 여지가 없다.
- **정보 시스템 및 기술.** 프로세스 기술의 제공은 전달의 일관성을 보장하는데 도움이 된다. 가맹점은 일반적으로 상위 조직에서 규정한 방식으로 핵심 서비스를 제공하기 위한 표준 장비 및 운영 절차 패키지를 받는다. 일부 회사는 파트너와 딜러에게 온라인 기술 지원을 제공한다. 이는 고객에게 고품질 기술 지원을 제공하고 파트너와 딜러에게 원하는 접근 방식을 교육하는 두 가지 목적을 제공한다.

10.2.4 네트워크 복잡성

고객과 공급 업체를 연결하는 옵션이 많아짐에 따라 네트워크의 복잡성도 증가한다. 예를 들어, 시장과 기술이 모두 발전함에 따라 소매 네트워크가 단일 채널에서 옴니 채널 네트워크로 알려지게 된 방식으로 이동했다. 이전에는 소매 업체와 고객과의 관계가 단순했다. 소매 업체는 고객이 매장에서 상품을 수집하거나 고객이 요청할 때 나중에 배송되기를 기대했다. 인터넷

〈그림 10-9〉 채널별 소매 모델

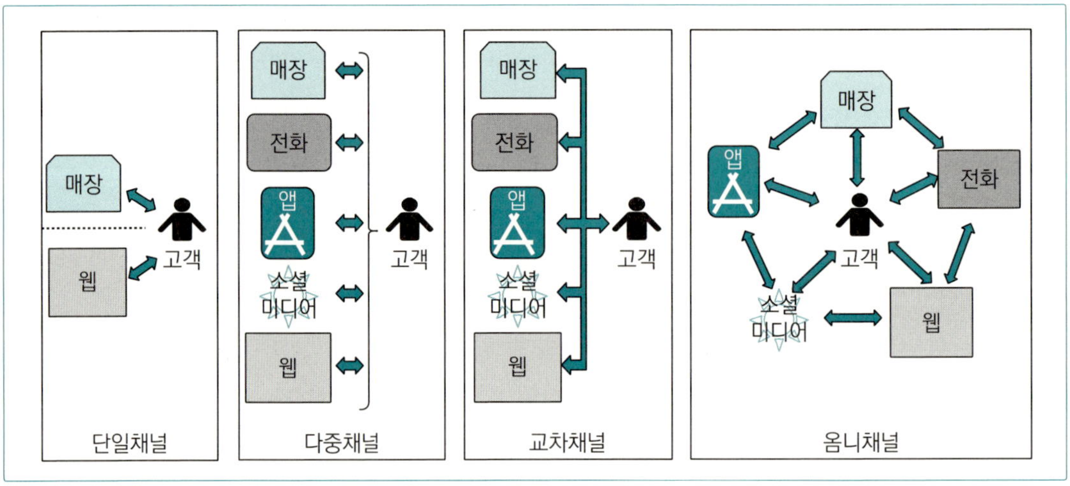

Source: Slack, N. and Lewis, M.A. (2020) *Operations Strategy*, 6th edition, Pearson, Harlow.

이 발전하면서 온라인 소매 업체가 등장했을 때 기존의 '오프라인' 상점과 온라인 회사 간에는 겹치는 부분이 거의 없었다. 기존의 소매 업체가 온라인 입지를 구축했을 때도 온라인 운영을 대형매장과 분리하는 경우가 많았다. 이것은 〈그림 10-9〉의 '단일채널' 모델이다. 휴대폰, 앱, 소셜 미디어와 같이 소매 업체에 연락할 수 있는 방법이 다양해짐에 따라 많은 대체 커뮤니케이션 채널을 관리하는 것이 어려워졌고, 대부분의 소매 업체는 이를 완전히 통합하는 데 어려움을 겪었다. 실제로 각 채널을 특정 대상 고객 세분화에 맞출수 있도록 채널을 독립적으로 객체로 취급하는 경우가 많았다. 이것이 〈그림 10-9〉의 '다중채널' 모델이다. 나중에 교차 기능을 향상시키기 위해 웹 및 기타 채널과 하이 스트리트 매장을 통합하려는 첫 번째 시도가 있었고, 이는 다시 고객에게 더 나은 쇼핑 경험을 제공하였다. 마지막으로 '옴니채널' 모델은 많은 소매 분석가에게 온라인 서비스 출현 이후 가장 중요한 형태로 간주된다. 거래의 모든 단계에서 고객이 가장 편리한 것을 사용할 수 있도록 가능한 모든 채널을 완전히 통합하여 원활하고 포괄적인 고객 경험을 제공하고자 한다. 고객은 소셜 미디어를 통해 대체 제품을 탐색하고, 앱을 통해 선택을 주문하고, 웹사이트를 통해 계정을 관리하고 휴대폰을 사용하여 결제하고, 원하는 경우 제품을 실제 매장에 반품할 수 있다. 이를 위해서는 마케팅, 소매 운영, 유통 및 IT와 같은 내부 기능 간의 조정뿐 아니라 어느 정도의 기술적 정교함이 요구된다.

10.3 지속적인 공급망 관리

공급망 구성 방식의 본질은 물리적 제품, 정보, 무형의 서비스 및 중요한 관점의 여러 '흐름'과 함께 매우 복잡한 관계로 구성된다. 공급망을 운영하는 것도 마찬가지로 복잡하다. 여기서 우리는 다음의 몇 가지를 살펴 볼 것이다.

- 파트너십 관계를 포함한 공급 관계 개발
- 동적 공급 네트워크
- 성과 측정 — 서비스 수준 계약
- 구매 또는 조달 기능

10.3.1 공급 관계

공급 업체와 고객의 관계는 스펙트럼에 위치할 수 있다. 한쪽 끝에는 공급 업체와 고객 모두에 대한 법적 구속력이 있는 의무와 역할을 지정하는 명시적(일반적으로 서면으로 작성되고 종종 상세하게) 공식 문서로 정의되는 엄격한 계약 관계가 있다. 다른 끝에는 '파트너십' 관계가 있다. 이들은 공식적인 계약 메커니즘에 덜 의존하지만 공급 업체와 고객 간의 공동 미래라는 아이디어를 구현하려는 더 가깝고 비공식적이며 장기적인 계약이다. 그러나 계약 및 파트너십 관계를 상호 배타적이거나 대안적인 옵션으로 보는 것은 오해의 소지가 있다. 대부분의 구매자·공급자 관계에서 그들은 공존하고 보완적이다. 모든 관계를 정의하는 것은 두 '관계' 사이의 균형이다.

계약

공급 계약의 목적은 불확실성을 줄이는 것이다. 예를 들어, 관계 내에서 허용되는 것과 허용되지 않는 것에 대한 명확한 설명을 제공하는 동시에 공급 계약에서 어느 한 당사자에 의한 부적절한 기회주의의 위험을 줄이는 것이다. 대체로 공급 업체는 고객이 효과적인 제어를 달성하기 위해 세 가지 조건을 충족해야 한다.

- 계약은 '선불' 측정 가능한 결과를 지정하는 방식으로 이루어진다.
- 계약에는 적절한 모니터링하는 방법에 대한 세부 정보가 포함되어야 한다.
- 계약에는 계약을 강화하는 조치 및 처벌을 나타내는 적절한 안전 장치가 포함되어야 한다.

파트너십

어떤 측면에서 파트너십 관계는 '공급 업체' 자산을 직접 소유함으로써 얻을 수 있는 긴밀성과 조정 효율성의 이점 중 일부를 달성하려는 시도이다. 동시에 그들은 최고의 자유 시장 거래에서 달성할 수 있는 서비스의 예리함과 지속적으로 개선하려는 인센티브를 포착하려고 노력한다. 파트너십은 자산 소유권을 효과적으로 대체하는 어느 정도의 신뢰와 함께 공급 네트워크의 관계를 형성할 수 있는 방법에 대한 접근 방식이다. 전체 운영 관리의 책임 포트폴리오에서 그들은 잠재적으로 가장 보람 있는 관계 중 하나이지만 작업을 수행하기 어려운 관계 중 하나이기도 하다.

파트너십 관계는 '설계'된 것이 아니라 시간이 지남에 따라 구축된다. 그들은 파트너가 단독으로 얻을 수 있는 것이 이상의 공동 이익을 실현하기 위해 기술과 자원을 공유하는 범위까지 협력할 것으로 기대되는 동맹이다. 그러나 모든 파트너십과 마찬가지로 타협과 희생이 따른다. 파트너십의 개념은 더 큰 것을 얻기 위해 무언가를 포기하는 것이다. 상호 보안 및 개선의 공동 이익을 공유하기 위해 공급자(또는 고객)의 '난잡한' 전환 옵션을 포기한다. 파트너십 계약에서 달성할 수 있는 친밀도는 다음 두 가지 항목에 따라 결정된다.

- 관계에 대한 생각 – 관계에 대한 태도
- 파트너십을 유지하기 위해 수행하는 작업

〈그림 10-10〉은 협력 관계를 친밀하게 만드는 태도와 행동의 일부를 보여 준다. 즉 파트너 간에 존재하는 친밀감, 이해 및 상호 지원의 정도이다. 친밀감은 상대방의 태도와 관계를 유지하는 동기에 대한 한쪽 당사자의 믿음에 의존한다. 신뢰는 파트너의 도움이 되는 행동에 의존

〈그림 10-10〉 파트너십 관계의 일부 요소

파트너십 관계의 친밀도는 다음에 의해 결정	
태도 – 파트너십에 대한 신념	조치 – 파트너십 유지
여러 접점	활동의 공동 조정
신뢰	소수의 관계
성공 공유	정보 투명성
장기적인 기대	공동 문제 해결
공동 학습	전용 자산

할 수 있다는 의심을 불식시키는 데 도움이 되는 반면, 행동은 시간이 지남에 따라 관계 자체에 대한 긍정적인 믿음과 태도를 심화시키고 향상시킨다.

태도 – 파트너십에 대한 믿음

- **여러 접점.** 이것은 하나 또는 두 개의 공식적으로 정의된 커뮤니케이션 채널을 주장하는 것과는 반대이다.
- **신뢰.** 어느 정도의 신뢰 파트너와 위험을 감수할 정당성이 거의 없다
- **성공 공유.** 공유된 성공은 두 파트너가 얻을 것이 더 많다는 것을 인식한다는 것을 의미한다.
- **장기적인 기대.** 파트너십은 서로 상대방에게 최선의 이익이 되도록 행동한다고 가정할 때 장기적으로 유지된다.
- **공동 학습.** 파트너는 기여할 부분이 있다는 점을 근거로 선택된 것으로 추정된다.

조치 – 파트너십 유지

- **활동의 공동 조정.** 더 적은 수의 파트너와 함께 조정이 상호 합의될 수 있다.
- **소수의 관계.** 파트너십이 반드시 고객의 단일 소싱 또는 공급 업체의 독점성을 의미하지는 않지만 필연적으로 다른 파트너십의 수에 대한 제한을 수반한다.
- **정보 투명성.** 개방적이고 효율적인 정보 교환은 올바른 의사 결정을 장려하는 데 필수적이다.
- **공동 문제 해결.** 어떤 파트너십도 항상 순조롭게 진행되지는 않는다. 문제를 해결하는 방식은 파트너십이 발전하는 방식의 핵심이다.
- **전용 자산.** 파트너십에 대한 약속을 입증하는 가장 보장된 방법 중 하나지만 가장 위험한 방법 중 하나는 한 파트너(일반적으로 공급 업체)가 단일 고객 전용 리소스에 투자하는 것이다.

서비스 관계는 어떻게 다른가

서비스 관계의 특성과 순수 제조 공급망의 특성 사이의 한 가지 명백한 차이점은 단계 계약의 타당성이다. 예를 들어, 제조 회사가 표준 부품(예: 너트 및 볼트)의 공급 업체를 찾고자 하는 경우 어려운 일이 아니며 대체 공급 업체가 많을 것이다. 같은 이유로 쉽게 공급 업체를 전환할 수 있다. 그렇다면 파트너십 관계를 발전시키는 것은 무엇인가? 물론 제공된 부품이 더 복잡하거나 중요하거나 맞춤형인 경우 공급 업체를 변경하기가 더 어려우며, 어떤 형태의 파트너십은

〈표 10-1〉 두 가지 표준 비전문가 공급 유형 비교

구분	표준 '너트와 볼트' 공급 업체	사무실 청소 계약
공급 업체 선정 기준	가격과 품질	가격과 품질
위치	공급 업체는 어디에나 위치	공급 업체는 현지에 위치
공급 업체 수	하나 이상	대부분 하나
공급 품질 판단 용이성	직접적	주관적 판단
공급 업체 전환의 용이성	용이	일정 공지 기간 필요
고객 주문	약간, 주문 후	고객 행동이 서비스 제공에 어려움을 줄 수 있음
예상 계약 기간	매우 짧을 수 있음	가능한 최소 길이

양 당사자 모두에게 도움이 될 수 있다. 이제 '너트와 볼트' 공급 업체를 유사한 서비스(예: 사무실 청소 계약)과 비교해 보자. 둘 다 상품 공급이며 거의 확실히 가격 및 품질 기준을 사용하여 선택한다. 어느 쪽도 특별한 역량을 필요로 하지 않으며 그러한 공급품의 고객은 선택할 수 있는 여러 경쟁 공급 업체가 있을 가능성이 높다. 그러나 이러한 명백한 유사성에도 불구하고 사무실 청소(서비스)와 공급(제품)이 다르게 취급될 수 있음을 의미하는 차이점이 있다. 〈표 10-1〉은 이러한 유사점과 차이점 중 일부를 보여 준다.

첫 번째 차이점은 서비스의 지역적 특성에 관한 것이다. 많은 서비스가 고객의 위치로 전달되어야 하며 중앙 집중화될 수 없다. 이로 인해 서비스 제공이 더 복잡해진다. 표준 제품을 공급하기 위해 고객에 대한 지식이 필요하지 않지만 청소 사무실에는 청소가 필요한 범위와 특성에 대한 지식이 필요하다. 동시에 서비스를 제공하는 두 개의 청소 회사를 두는 것도 어렵고 무의미하기 때문에 여러 공급자가 가능하지 않다. 또한 서비스의 무형적 특성으로 인해 공급자 평가가 더욱 어려워지고 원하는 서비스의 사양이 덜 정확하다.

따라서 두 소모품 모두 '표준'이지만 사무실 청소를 판단하는 것은 더욱 주관적이다. 허용되는 청소 기준은 다를 수 있으며, 정량화된 기준은 어떻게 협의할 수 있을까? 그리고 공급 기준이 만족스럽지 않다면 청소 서비스를 전환하는 데 약간의 시간이 소요되지만 너트 및 볼트 업체를 변경하는 것은 단순히 다른 공급 업체에 주문하는 문제이다. 아마도 가장 중요한 차이점은 고객이 공급자이기도 한 '고객-공급자 이중성' 개념에서 비롯된 것이다. 사무실 청소의 성과 품질은 청소 자체뿐만 아니라 고객의 성격과 청소원과의 상호작용에 따라 달라질 것이다. 부주의하고 더러운 사무 직원은 청소 서비스를 더욱 어렵게 만들 것이다.

서비스와 제품 공급 사이의 이러한 차이의 최종 결과는 최소한 관계를 장기적으로, 가능하면 파트너십 계약으로 전환하는 것이다. 확실하게 우리가 증명한 것처럼 단기적인 순수한 거

래 관계는 적합하지 않을 것이다. 그럼에도 불구하고 앞서 언급한 것처럼 이것이 관계의 계약적 요소가 더 이상 중요하지 않다는 것을 의미하지는 않는다. 사무실 청소원도 계약을 준수해야 한다(이 장 뒷부분의 서비스 수준 계약에 대한 설명 참조).

WORKED example

사례

Caterof와 Hotspace

Caterof는 베를린에 본사를 둔 케이터링 서비스 회사이다. 케이터링 서비스 회사는 기관들을 위해 정기적으로 또는 특별한 행사를 위한 '일회성' 방식으로 원격지에서 음식을 제공한다.

우리는 젊은 근로자의 음식에 대한 취향과 태도가 전반적으로 어떻게 변화하고 있는지를 이해하는 진보적인 케이터링 회사의 여지가 있다고 느꼈기 때문에 Caterof를 시작했다 우리의 첫 번째 고객은 직원을 위해 점심 시간에 더 흥미롭고 지속 가능한 소스가 제공되는 스낵, 샐러드, 샌드위치를 원하는 기술 신생 기업들이었다. 그리고 나서 우리는 같은 고객에게 자판기 서비스를 제공하기 시작했다. 그래서 이제 수익의 약 10%가 자판기에서 나오고 있다. 하지만 Hotspace 파트너십 계약은 우리에게 진정한 진전이라고 할 수 있다.

— Caterof의 공동 설립자 Rikard Blaine

Hotspace는 오래 전부터 존재해 온 사무실 임대 그룹의 새로운 브랜드였다. 특히 기술, 디자인 및 창의적인 기업 스타트업과 기업을 위한 공유 작업 공간을 제공하기 위해 만들어졌다. 새로운 브랜드는 협업 공간이 제공하는 유연성과 작업 환경을 중요시하는 고객이 전용 데스크 또는 핫 데스크 기반으로 대여할 수 있는 협업 공간의 성장을 지원하기 위해 설립되었다. Caterof는 그들에게 점점 더 중요해지고 있는 시장이라고 생각했다.

일의 본질이 변하고 있다. 보다 보수적인 전통적인 사무실 공간, 특히 중소기업과 스타트업의 경우 감소하고 있으며, 우리는 시장의 변화하는 성격을 이해하고 있다고 생각한다. 결국, 우리는 현재 배달과 자판기 서비스를 통해 이러한 유형의 사람들을 위해 우리의 모든 시간을 소비한다. 우리의 출발은 고객의 구내에 식품 서비스 시설을 설치하고 관리해야 하는 것이다. — Rikard Blaine

그들이 한 것

케이터링 계약의 세부 사항에 동의하기 위해서 Hotspace와 초기 논의가 잘 진행되었다. 특히

〈표 10-2〉 케이터링 서비스가 달성해야 하는 것에 대한 다양한 그룹의 태도에 대한 Rikard Blaine의 견해 요약

구분	케이터링 서비스에 대한 태도	파트너십에서 원하는 것은 무엇인가?
Hotspace	• 사무실 공간 최소화 • Value-for-money food	• 효율성, 신뢰성, 예산 준수, 고객 만족 유지
Hotspace 클라이언트	• 유용한 가용성 • 신나는 음식	• 이상적으로는 24/7 가용성으로 직원을 행복하게 유지함
클라이언트의 직원	• 지속가능/윤리적 식품 • 기술 지원 개인화	• 다양한 종류의 음식, 유연한 주문, 재미있는 경험
Caterof	• 마진 잠재력 • 혁신의 기회	• 학습기회, 비용 관리, 안전한 계약 지속

Hotspcae는 오피스의 주요 사용자일 가능성이 높은 '밀레니얼 세대'(1981~1995년생)과 'Z세대'(1995년 이후 출생자) 근로자의 취향과 관련해 Caterof가 개발한 지식을 중시했다. 하지만 논의가 진행됨에 따라 서로 다른 우선순위가 나타나기 시작했다. 이때 Rikard Blaine은 일반적으로 케이터링에 대한 태도와 다양한 당사자가 파트너십에서 원하는 것을 요약하려고 노력했다. 이것은 <표 10-2>에 나타나 있다.

저의 첫 번째 임무는 모든 당사자에게 케이터링 서비스가 진정한 동반자 관계라는 것을 설득하는 것이었고, 동반자 관계에서는 타협이 있어야 하며, 모든 사람이 원하는 모든 것을 가질 수는 없다. 저는 파트너에게 그들이 원하는 것의 대부분을 제공하면서도 다른 파트너들의 이익을 해치지 않는 일련의 제안을 해결하는 것이 나의 책임이라고 생각했다. 나는 우리가 4단계 과정을 따라야 한다고 제안했다. 먼저, '최종 사용자'가 누구인지, 누구를 만족시키려고 노력했는지 파악한다. 둘째, 최종 사용자가 점점 더 중요하게 여기게 될 사항을 파악한다. 셋째, 제공되는 서비스 기능에 어떤 영향이 있었는지 파악한다. 넷째, 서비스 기능 제공에 대한 제약을 파악한다. 이 프로세스를 시작할 때, 우리는 곧 Hotspace 고객들이 서비스를 사용할 직원들이라는 것에 동의했다. 그들은 최종 사용자이기 때문에, 비용 제약 조건 내에서 그들이 행복하다면 모두가 행복할 것이다. 그렇기 때문에 고객의 요구 사항(또는 최소한 고객의 요구 사항에 대한 가정)을 서비스 개발 방법의 중심에 두었다.

— Rikard Blaine

모든 당사자를 만족시킬 수 있는 몇 가지 잠재적인 서비스 솔루션의 요약은 <표 10-3>에 나와 있다. Caterof가 제공하기로 최종 합의한 서비스에는 제한적이지만 변화하는 다양한 종류의 따듯한 식사와 샌드위치, 샐러드, 스낵을 제공하는 '정상적인' 근무 시간 동안 직원이 있는 식사 공간이 포함되어 있으며, 모두 Caterof 주방에서 준비된다. 또한 '고급' 자판기가 항상 이용 가능할 것이다. 고객의 직원이 제한된 범위에서 음식을 주문하고 '연장된' 하루(나중에 7시부터 23시까지 합의) 동안 집 주소 또는 Hotspace 구내로 배달할 수 있는 앱을 개발할 예정이었다.

〈표 10-3〉 최종 사용자 추세에 대한 일부 잠재적인 서비스 솔루션 및 제약 요약

직원 선호도	서비스 기능에 대한 시사점	제약
유연한 근무 시간으로 동기 부여 증가	• 자동 판매기 • 현장 배송 서비스	Caterof 주방 시간에 따른 배달 시간 제약
유연한 작업위치(재택근무)에 대한 직원의 동기부여 증가	재택근무자를 위한 배달옵션 또는 식사 테이크아웃 서비스 소개	더 많은 사람이 재택 근무를 선택함에 따라 빈 매점에 직면한 계약 케이터링 업체에게 문제 발생
기업의 사회적 책임에 대한 의지가 강한 조직에서 일하고 싶은 직원	• 건강한 스낵 옵션 • 재활용 가능한 포장	허용 가능한 마진 및 유통 기한을 제공
디지털 솔루션에 익숙한 직원	서비스 옵션의 내장 앱 및 온라인 예약 도구	국가 플랫폼과 경쟁
많은 직원이 채식주의자 비전/채식인으로 점점 더 유연주의적이라고 생각	모든 메뉴 및 구매 상품 확인	더 많은 사람이 긍정적인 사회적 및 환경적인 영향을 보여 주는 제품과 서비스에 더 많은 비용을 지불할 의향이 있음
식품류 유행에 점점 더 영향을 받는 직원	식사 제안을 정기적으로 검토	증가된 개발 예산을 필요로 함

10.3.2 채찍 효과

오류, 부정확성 및 변동성을 유발하는 공급망 또는 오히려 공급망의 기업 간에 역학이 존재한다. 상호 연결된 작업 체인 또는 프로세스 단계 사이의 일련의 양자 관계의 경우 체인에서 나오는 수요 패턴의 변동이 체인으로 들어오는 수요의 변동보다 클 것이다. 또한 공급망의 상류측 작업에 대한 변동이 증가한다. 이 효과는 체인의 한쪽 끝에서 발생하는 작은 파동이 끝으로 갈수록 점점 더 큰 파동을 일으키기 때문에 이 효과를 채찍 효과라고 한다. 이는 제조 공급망에 잘 알려진 현상이며 서비스 공급망에서도 발생한다는 증거가 있다.[8]

공급 소매 업체 같은 제품 기반 공급망에는 다음과 같은 변동성의 원인이 있다.

- **대응 지연.** 공급망 관리자가 수요 변화를 인지하고 그 변화에 대응하는 데 시간이 걸리기 때문이다.
- **즉각적인 대응.** 공급망 관리자는 즉각적인 수요에 과도하게 영향을 받고 이미 내린 주문 결정의 일부를 잊어버리는 경향이 있기 때문이다.
- **주문 일괄 처리.** 주문 수량과 관련된 경제성 때문에 실제로 필요한 것보다 더 많은 주문이 배치되어 어느 단계에서는 수요가 급증하고 그 이후에는 수요가 없다.
- **프로모션 캠페인.** 가격 할인과 같은 특별 판매 프로모션 활동은 정기적인 구매 패턴을 왜곡하여 불균일하고 왜곡된 수요 정보를 유발할 수 있기 때문이다.
- **재고 부족.** 미래의 재고 부족 가능성조차도 제품의 과다 주문을 초래할 수 있기 때문이다.

서비스 채찍

서비스 공급망에서는 제품 공급과 비교했을 때 채찍 효과의 특성과 원인 측면에서 유사성과 차이점이 모두 있다. 제품 기반 공급의 채찍 효과만큼 잘 연구되지는 않았지만 공급망을 따라 이동함에 따라 수요와 재고 변동성이 모두 증가한다는 무형의 서비스 네트워크에서 발생할 수 있다.[9] 그리고 비슷한 이유로 일부 효과는 더 중요할 수 있다. 예를 들어, 수요가 정상 이상으로 증가하면 서비스를 제공하는 직원은 업무 속도를 높임으로써 대응할 수 있다. 그러나 이러한 속도의 증가는 짧은 기간 이상 지속될 경우 오류 증가로 이어질 수 있으며, 이로 인한 오류가 발생하여 결국 재작업이 필요하게 되고, 이로 인해 능력에 과부하되는 등의 문제가 발생할 수 있다. 또한 유사한 응답 지연, 프로모션 왜곡, 심지어 재고 부족 등이 발생할 가능성이 있다. 유일하게 가능성이 낮은 채찍 자극은 주문 일괄 처리이다.

〈그림 10-11〉은 두 개의 공급망을 보여 준다(간단하게 유지하기 위해 네트워크가 아닌 체인). 하나는 소매 서점을 위한 제품 기반 공급망이다. 소비자의 수요는 다양하지만 도서 유통

〈그림 10-11〉 채찍 효과: (a) 제품 기반 공급 (b) 무형 서비스 기반 공급

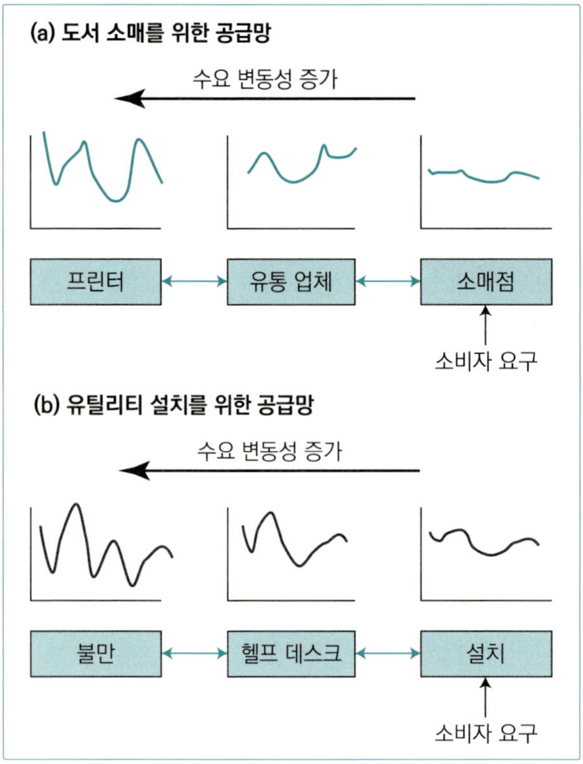

업체의 수요는 더 다양하고 프린터 수요의 변화는 훨씬 더 클 것이다. 또한 〈그림 10-11〉에는 무형의 서비스 기반 사슬을 위한 공급망이 나타나 있다. 여기에서 초고속 광대역 케이블 인스톨러와 같은 유틸리티는 소비자의 특정 수준의 불확실한 수요에 대응할 것이다. 이러한 소비자 중 일부는 설치에 대한 질문이나 문제가 있을 것이며, 회사의 헬프 데스크에 전화하게 될 것이다. 그리고 대부분의 질의를 처리할 수 있지만, 특정 숫자는 계속해서 불만 사항을 형성하고 회사의 불만 사항 프로세스를 통해 보고된다. 제품 기반 체인에서와 마찬가지로 수요의 변동성은 수요가 변동의 초기 원인에서 벗어나 '업스트림 방식'으로 작동함에 따라 증가할 가능성이 있다.

판매 캠페인, 네트워크를 통한 커뮤니케이션 부족, 부적절한 계획 등 여러 가지 측면에서 서비스 공급의 채찍 변동 원인은 제품 공급의 원인과 유사하다. 그러나 순수한 서비스 공급망의 중요한 차이점은 물리적 재고가 부족하다는 것이다. 결국 제품 기반 공급망에서 채찍 효과를 발생시키는 것은 재고(또는 재고가 의사 결정에 미치는 영향)이다. 그러나 고객 운영에 대한 공급을 유지하기 위해 재고가 없으면 서비스 운영에 수요 변동에 대응할 수 있는 역량이 필요하다는 점을 제외하고는 재고와 유사한 방식으로 처리된다. 실제로 수요 불확실성을 흡수하는 것은 능력이기 때문에 백로그의 분산을 줄이는 것과 역량 비용을 늘리는 것 사이에는 일종의 절충점이 있다.

10.3.3 성과 측정 - 서비스 수준 계약

서비스 수준 계약(service-level agreement: SLA)은 서비스 공급자와 서비스 구매자 또는 사용자 간에 합의된 계약 형식이다. 이들을 일반적으로 B2B 맥락에서, 종종 전통적인 계약이 적절하지 않다고 여겨지는 내부 공급 업체와 고객 사이에서 발견되면 이는 공급망에서 파트너 간

의 관계를 관리하는 중요한 수단이다.

내부 사용이든 외부 사용이든 SLA는 서비스 사양 및 이에 대해 지불할 가격에 대한 설명과 같은 전통적인 계약 범위를 넘어선다. 계약과 마찬가지로 SLA는 제품 또는 서비스의 특성과 제공할 품질 수준을 정의하지만, '계약'의 개념은 제공할 수 있고 제공할 내용에 대한 상호 합의된 견해일 뿐만 아니라, 그리고 중요한 것은 당사자의 상호 발전을 위해 존재한다는 것이다. 즉 SLA는 공급 업체와 고객 간의 관계 발전에 필수적인 부분으로 간주된다. 실제로 SLA는 이 관계를 공식화하려고 시도한다. SLA에는 서비스 사양 설정, 일상적인 문제 다루기, 관계의 발전 등 세 가지 주요 기능이 있다.

서비스 사양

SLA의 핵심은 서비스 사양의 개발 및 합의인데 여기에는 다음이 포함된다.

- **응답시간, 가용성, 정확성 등과 같은 성능의 주요 차원에 동의한다.** 이를 통해 고객과 공급 업체 모두 서로의 관점에서 서비스에 대한 중요한 사항을 이해할 수 있다.
- **각 치수를 측정하는 방법에 동의한다.** 사용할 조치에 대한 논의와 합의는 나중에 성능에 대한 불일치 가능성을 줄인다.
- **각 차원에 대해 상호 합의된 목표 설정.** 한 당사자가 설정한 표준이 다른 당사자의 요구에 비해 너무 높을 수 있다. 필요한 것과 가능한 것에 대한 명확성과 합의는 실현 가능하고 달성 가능한 결과로 이어져야 한다.
- **각 차원의 측정에 대한 책임이 어디에 있는지 정의한다.** 전통적인 계약과 달리 성과 측정에 대한 책임은 공급 업체나 고객에게 있지만 이러한 정보는 양 당사자에게 공개된다.

일상적인 관계

SLA에 의해 공식화된 관계의 일상적인 부분은 계약의 일상적인 운영과 관련되는데 여기에는 다음이 포함될 수 있다.

- **합의된 간격으로 표준에 대한 성과를 보고하는 메커니즘을 제공한다.** SLA를 고정하는 것은 정보 공유이며, 그 목적은 전통적인 계약에서와 같이 일방적인 조치가 아니라 이해와 개선이어야 한다.
- **표준에 대한 실패가 발생하는 경우 호출할 절차를 설정한다.** 문제를 처리하는 절차는 사전에 합의되어야 양 당사자가 그러한 경우에 그들의 의무를 이행해야 한다. 실패를 부정적으로 볼 것이 아니라 공급 업체와 고객이 서로의 문제를 해결하기 위해 협력할 수 있는 기

회로 여겨야 한다.

발달 관계

SLA의 핵심 요소는 종종 무시되지만 공급 업체와 고객 간의 장기적인 관계를 발전시키는 역할이다. 여기에는 조치와 목표에 대한 일상적인 논의를 위한 메커니즘을 제공하고 전반적인 개선을 위한 아이디어를 공유하는 것이 포함된다. 이 '더블 루프 학습' 활동(16장 참조)은 정기적으로 계약, 사용된 조치, 적용된 대상 및 당사자 간의 관계를 검토할 필요성을 공식화한다.

다른 견해

서비스 수준 계약은 내부적으로 제공되는 서비스와 서비스가 아웃소싱되거나 공급 업체로부터 인수된 경우 모두 수년 동안 일반적인 관행이었다. 그러나 이것이 그들이 항상 월활하게 작동하거나 항상 관계를 공식화하는 가장 좋은 방법이라는 것을 의미하지는 않는다. 다음은 SLA 사용과 관련된 몇 가지 문제이다.

지나치게 단순하거나 복잡하다. 공급자에게 기대되는 성능의 정확한 특성을 정의하는 것은 복잡할 수 있다. 가능한 모든 상황에서 기대되는 성능의 모든 요소를 자세히 설명하는 것은 분명히 불가능하므로 어느 정도의 단순화가 필요하다. 그러나 이 문제는 너무 지나치면 SLA가 공급 업체에 대한 지침을 제공하지 못한다.

SLA는 잘못된 행동에 동기를 부여할 수 있다. SLA는 특정 시점에 설정되며, 고객이 서비스에 진정으로 필요로 하는 것보다 훨씬 빠르게 뒤쳐질 수 있다. 서비스 제공 업체는 계약에 명시된 특정 서비스 수준을 충족하기만 하면 되므로 만족할 수 있다. 즉 급변하는 고객의 요구 사항을 충족하기 위해 어떠한 노력도 하지 않을 수 있다. 이는 SLA가 시간이 지남에 따라 최소한의 비용으로 공급 업체에 최소한의 서비스 수준을 제공하는 데 초점을 두는 행동을 주도한다는 것을 의미할 수 있다.

SLA는 자발적이다. SLA는 측정 가능한 필수 수준의 서비스 프로비저닝을 제공하며, '문제가 발생하지 않았다면 왜 해결해야 할까?' 즉 서비스를 개선할 동기를 거의 제공하지 않는다. 일부 SLA는 지정된 개선률(예: 5년 동안 '가용성'을 매년 1% 포인트씩 증가)에 대해 계약을 맺지만, 설정된 개선률은 무엇이어야 하며, 어떤 상황에서 조정해야 할까? 서비스 성능 개선을 명시하는 것은 또 다른 문제를 야기한다. 이러한 개선으로 인해 누가 이득을 얻을 수 있는가?

누가 성능 향상의 혜택을 받는가? 공급 업체의 서비스 성과가 개선되는 경우 이로 인한 편익을 어떻게 배분해야 할까? 고객은 더 나은 공급 업체 서비스가 미래에 비즈니스를 유지하기를 바랄 수 있는 최선의 방법이라고 주장할 수 있다. SLA에 구체적인 개선률이 명시되지 않는 한 공급 업체는 혜택을 공유해야 한다고 주장할 수 있다. 더욱이, 때때로 개선은 고객의 프로세스에 대한 변경의 결과이며 공급 업체와는 아무런 관련이 없다. 또한 고객이 서비스의 개선 사항을 항상 인지할 수도 없다. 예를 들어, 공급 업체가 서비스에 영향을 주지 않으면서 상당한 비용 절감을 달성한 경우, 공급 업체가 이러한 절감의 범위를 명확히 할 수 있는 인센티브가 있는가?

장점과 단점

SLA에는 기존 계약보다 양측의 시간과 노력이 훨씬 더 많이 필요하다. 공급 체인의 각 공급 업체와 함께 각 서비스에 맞게 맞춤 제작해야 하며, 복잡할 수 있으며, 잠재적인 이점을 확보하기 위해 장기적으로 시간과 노력의 투자가 필요하다. 그러나 이들은 더 긴밀한 업무 관계를 구축하여 공급 업체와 공급 업체 간의 서비스 개선이라는 잠재적으로 상당한 이점을 제공한다. 공급 업체와 구매자 또는 사용자의 위험을 줄일 수 있으며, '처벌' 시스템보다는 인력과 시스템 개발에 집중함으로써 충성도와 신뢰성을 창출할 수 있다. 또한 합의된 표준을 정의함으로써 불필요하고 비용이 많이 드는 품질의 과잉 공급을 방지한다.

CASE example

사례

The Hoxby Collective[10]

독립적인 서비스 전문가로 일하는 사람들의 증가는 '자유로운 관계 혁명'이라고 불린다. 하지만 프리랜서가 가져오는 독립성과 유연성에도 불구하고 분명한 단점도 있다. 그중 하나는 개인이 공급 네트워크에 영향을 미치는 것이 더 어렵다는 것이다. 시장 이미지, 법적 책임 및 기타 공급망과의 연결을 갖춘 공식 조직은 비즈니스 네트워크 내에서 운영되는 이점을 포착하는 것이 항상 더 쉽다는 것을 알게 될 것이다. 조직이 필요로 하는 전문적인 인재를 어떻게 조달하는지에 영향을 미치는 온라인 인재 시장의 출현을 이끈 것은 함께 행동함으로써 얻을 수 있는 이점 중 일부를 활용하는 것이었다. 이 시장(때로는 인재 플랫폼이라고도 함)은 다양한 분야의 전문가와 전문 지식을 필요로 하는 조직 간의 연결을 제공한다(일반적으로 단기 또는 계약 기준). 원래 이러한 시장은 프리랜서 컴퓨팅 및 기타 기술 전문가에 중점을 두었지만, 곧 프리랜서 음악가, 프리랜서 일러스트레이터, 프리랜서 파일럿 및 프리랜서 고고학자와 같은 다양한 전문가로 확대되었다.

이러한 프리랜서 네트워크 중 하나가 Hoxby Collective이다. Hoxby Collective는 다국적 고객을 위한 다양한 형태와 규모의 프로젝트를 전문가에게 제공하는 글로벌 플랫폼이다. 프리랜서들의 관점에서는, 그들만의 시간과 그들만의 작업 방식으로 일할 수 있다. Hoxby Collective는 '현대 작품의 개념을 머리 위로 돌리고 싶다'고 말했다. 사무실이 없었고, 각 구성원은 스스로 자신의 상사였지만, 그들은 또한 그 부분의 합보다 훨씬 큰 공동체의 일부였다. 그것의 명확한 비전은 '사람들이 그들의 일에 접근하는 방식에 혁명을 일으켜 더 행복하고 생산적이며 건강한 상회를 만드는 것'이라고 말했다. Hoxby Collective의 공동 설립자인 리지 페니와 알렉스 허스트가 그것을 설립했을 때, 그들은 더 나은 일과 삶의 균형을 찾고 있었다. 페니는 전통적인 광고 대행사를 운영하고 있었고, 첫 아이에게 좋은 엄마가 되기 위해 노력하면서 일을 열심히 하고 있었다. 알렉스는 새로운 작업 방식을 창조하고자 하는 다른 동기를 가졌다. 매일의 통근과 14시간이 넘는 근무 시간이 그의 일에 대한 열정을 서서히 악화시켰다. 하지만 리지와 알렉스 모두 훨씬 더 광범위한 문제가 있다는 것을 인식하였다. 추정치는 여성의 58%가 아기를 낳은 후에 그 분야를 떠난다는 것을 암시했고, 따라서 다양성을 약화시키고 창의성에 대한 접근을 제한했다. 그들의 해결책은 단순히 유연한 작업을 제공하는 것이 아니라, Hoxby 커뮤니티 내의 모든 사람들이 원하는 장소와 시간을 정확히 선택할 수 있도록 하는 '작업 스타일 운동'을 만드는 것이었다. 그 결과 그들이 세상 어디에 있든, 그들의 상황이 어떻든 간에 그들은 그들의 일을 그들의 사람에 맞출 수 있었고, 그 반대가 아니었다.

그러나, Hoxby 팀은 공동의 이익을 위해 개별 프리랜서 구성원들이 Collective에 해야 할 중요한 헌신을 진지하게 받아들이기로 결정하였다. 가입은 일부러 까다롭게 하였다. 지원자들은 자신이 왜 Hoxby에 잘 어울린다고 생각하는지에 대해 쓰고 회원들과 Hoxby 이니셔티브에 시간을 보내도록 요청받았다. 만약 그들이 단체에 가입하게 된다면, 그들은 현재의 구성원들이 자신을 환영하고, 자신과 함께 일하고, 자신이 기여할 수 있는 프로젝트에 그들을 초대하기를 기대할 수 있다.

10.3.4 구매 또는 조달 기능

전통적으로 공급망에서 직접 관계를 관리하는 기능은 구매 및 공급 또는 조달 부서이다. 이것은 공공, 민간, 정부 및 자선단체를 포함한 모든 조직에서 발견되는 중요한 활동이며 많은 지출을 담당할 수 있다. 예를 들어, 자재, 부품, 시설, 하도급 역량, IT 장비 및 공급품, 소모품, 문구류, 여행 및 보험에 대한 서비스 조직의 지출은 상당한 금액을 차지할 수 있으며 종종 매출의 30~60%를 차지한다.[11]

조달은 전통적으로 전담 전문가 팀이 제공하는 내부 서비스이다. 일반적으로 조직의 외부 공급자 시장과 조직의 운영 프로세스 사이의 인터페이스에서 작동한다. 조달은 공급망에서 다른 방향을 향하고 있지만, 마케팅 기능의 많은 특성을 가지고 있다. 조달은 일반적으로 (내부) 고객의 요구 식별, 이러한 요구 사항을 사양으로 변환, 제품 및 서비스 제공 관리, 해당 제품 및 서비스에 대한 (내부) 고객 만족도 평가를 담당한다. 프로세스의 다른 요소에는 공급 업체와의 커뮤니케이션(소싱, 입찰 요청, 가격 협상, 주문, 수령 및 송장 발행)이 포함된다.[12]

전자 조달

전자 조달 시스템은 탈중개화의 한 형태이다. 본질적으로 전자 조달 시스템은 서로 다르지만 연결된 두 가지 인프라, 즉 내부 처리(예 : 기업 인트라넷을 통해) 및 공급 기반과의 외부 통신(예: 인터넷을 통해)을 제공함으로써 조달 프로세스를 미러링한다.[13] 중요한 차이점은 이러한 시스템을 통해 개별 직원이 웹을 통해 자신의 PC에서 직접 제품 및 서비스를 주문할 수 있다는 것이다. 요청 및 주문은 다양한 형태의 '허브' 또는 데이터베이스를 통해 전달되며, 이는 사양, 가격 및 승인 규칙의 온라인 카탈로그 역할을 한다. 이러한 시스템을 통해 개별 직원은 항목을 검색하고, 가용성을 확인하고, 주문을 배치 및 추적하고, 배송 시 결제를 시작할 수 있다.

연구에 따르면 전자 조달은 기존 조달에 비해 세 가지 주요한 이점을 제공한다.[14]

- **고객 만족.** 내부 고객은 전자 기반 조달 시스템에 대한 만족도가 더 높다고 보고된다. 그들은 스스로 더 많은 작업(검색, 주문 및 지불)을 수행해야 했지만 구매한 제품 및 서비스의 더 큰 접근성과 가용성, 더 빠른 요청 이행, 프로세스 및 자체 예산에 대한 훨씬 더 큰 통제력을 높이 평가했다.
- **공정 준수.** 전자 조달 시스템은 기존 시스템보다 더 큰 신뢰성을 제공했으며 개인이 사용하기 쉬웠기 때문에 '독특한 구매'(예: 소액 구매 후 비용으로 회수)가 적었다. 프로세스는 또한 보다 투명해지고 구매 프로세스를 보다 잘 제어할 수 있는 경향이 있다.
- **비용 절감.** 구매 비용이 크게 절감되었을 뿐만 아니라 직원들이 프로세스를 더 잘 제어할 수 있었기 때문에 유지해야 하는 '긴급' 또는 '만약'의 공급품이 줄었다.

전자 조달의 추가적이고 중요한 영향은 주문 배치 및 관리와 같은 구매 부서의 기존 역할을 이제 전자적으로 수행할 수 있다는 것이다. 이로 인해 구매 기능은 보다 쉽게 아웃소싱하거나 전자 조달의 영향 평가, 시스템 및 정책에 대한 조언, 전체 조직의 비용 절감과 같은 보다 전략적인 역할을 맡을 수 있는 위치에 있다.

10.4 요약

서비스 공급망은 어떻게 설명할 수 있을까? 공급망은 제품 및 또는 서비스의 생성 및 전송을 통해 가치를 추가하는 상호 관련된 조직, 작업 또는 프로세스 및 이들 사이의 연결 배열이다. 네트워크를 통한 별도의 연결 시퀀스를 공급망이라고 한다. 공급망은 복잡할 수 있지만 일반적으로 객체의 상호 연관된 '삼자 관계'로 가장 잘 설명된다. 삼자 관계는 특히 많은 서비스 관계를 설명한다. 서비스 조직 간의 연결에는 유형 제품 기반 공급과 무형 공급이 포함될 수 있다. 또한 조직 내부의 네트워크와 외부 조직 간의 관계를 설명할 수도 있다. 따라서 서비스 공급 네트워크 관리의 범위는 내부 또는 외부 객체 간의 유형 또는 무형 공급을 크게 포함할 수 있는 예를 다룬다.

서비스 공급 네트워크는 어떻게 구성할 수 있을까? 공급망을 구성한다는 것은 다양한 객체의 전반적인 패턴 또는 배열을 형성하는 것을 의미한다. 여러 가지 경향이 많은 산업에서 네트워크 작업을 재구성하고 있다. 예를 들어, 어떤 조직도 모든 것을 자체적으로 수행하지 않으며 아무것도 수행하지 않는 조직도 없다. 따라서 모든 유형의 조직에 대한 근본적인 결정은 자체적으로 수행하려는 것(사내 공급이라고 함)과 공급자로부터 구매하려는 것(아웃소싱이라고 함, '실행 또는 구매' 결정이라고도 함)이다. 이제 더 많은 직접 활동이 공급 업체로부터 구매되고 있기 때문에 대부분의 비즈니스에서 중요한 문제가 되었다. 아웃소싱이 활동을 외국으로 이전하는 것을 포함하는 경우 오프쇼어링이라고 한다. 공급자를 사용하는 경우 대체 공급자 중에서 선택해야 한다. 삼자 관계의 공급은 서비스의 '공급자'가 고객과 직접 거래한다는 것을 의미하기 때문에 서비스에 특히 중요한 결정이다. 또한 점점 더 중요해지는 것은 탈중개화 문제이다. 여기에는 고객의 고객이나 공급 업체의 공급 업체와 직접 접촉하기 위해 고객이나 공급 업체를 우회하는 네트워크 내의 회사가 포함된다. 반면 중개자를 사용한다는 개념은 그 반대이다. 공급망의 한 부분을 관리하는 '중개자'를 의미하므로 서비스 제공 업체나 고객이 체인을 더 쉽게 관리할 수 있다. 그리고 고객과 공급 업체를 연결하는 옵션이 많아짐에 따라 네트워크의 복잡성도 증가하게 된다. 한 가지 예는 시장과 기술이 모두 발전함에 따라 소매 네트워크가 단일 채널 네트워크에서 옴니 채널 네트워크로 어떻게 이동했는지이다.

서비스 공급망을 어떻게 지속적으로 관리할 수 있을까? 공급망 구성 방식의 본질은 물리적 제품, 정보, 무형의 서비스 및 중요한 관점의 여러 '흐름'과 함께 매우 복잡한 관계로 이어질 수 있다. 공급망을 운영하는 것도 마찬가지로 복잡하다. 초기 결정은 공급 업체 및 고객과 추구할 관계 유형이다. 이것은 한쪽 끝에는 엄격한 계약 관계(명시적 및 공식적)가 있고 다른 쪽에는 공식적인 계약 메커니즘에 덜 의존하는 '파트너십' 관계가 있는 스펙트럼에 위치할 수 있다. 그러나 계약 및 파트너십 관계는 상호배타적이지 않으며 일반적으로 공존한다. 모든 관계를 정의하는 것은 두 객체 사이의 균형이다. 서비스 관계에서 파트너십의 역할은 많은 관계에서 지배적인 가능성이 높다. 지속적인 공급망 관리의 또 다른 문제는 공급 변동에 대처하는 방법이며, 그중 가장 중요한 것은 채찍 효과이다. 이것은 네트워크 내 체인의 한쪽 끝에서의 작은 파장이 다른 쪽 끝을 향해 진행하면서 점점 더 큰 파장을 일으키는 경우이다. 이는 제품 기반 체인에서 잘 알려진 효과이며 서비스 체인에서도 발생한다는 증거가 있다. 서비스 수준 계약은 서비스 공급자와 서비스 구매자 또는 사용자 간에 합의된 계약 형식이다. SLA 관리와 관련된 세 가지 활동은 서비스 사양 설정, 일상적인 문제 처리 및 관계 개발이다.

토론 및 연습

1. 뭄바이의 도시락 배달 서비스에 대한 사례를 다시 읽어 보자. (a) 다바왈라 서비스가 성공적인 이유는 무엇인가? (b) 인도 사회가 변화함에 따라 비즈니스에 대한 어떤 위협이 있는가?

2. Dark kitchen에 대한 사례를 다시 읽어 보자. (a) 가정 배달 네트워크에 이러한 변화가 발생한 이유는 무엇인가? (b) 배달 네트워크의 변화에 반대되는 사례를 만들어야 한다면 어떤 점을 강조하겠는가?

3. 보다폰에 대한 사례를 다시 읽고, 인건비가 낮

은 지역에 콜센터를 두는 것의 장단점은 무엇인지 고찰해 보자.

4. 한 승강기 유지관리 회사의 최고 서비스 책임자의 다음과 같은 발언을 하였다.

우리는 정말 큰 엘리베이터 제조 업체와 경쟁할 수 없다는 것을 알게 되었지만 유지보수 서비스를 제공하는 데는 뛰어났다. 또한 새로운 엘리베이터 시스템의 마진은 줄어들었지만 서비스 이익은 잘 버티고 있었다. 그래서 나는 그것이 명백하다고 생각한다. 우리는 제조 사업을 매각하고 가입 기반 유지 보수 서비스 제공에 집중했다. 진정한 파트너십 기반의 서비스 제공을 목표로 한다. 우리는 업계 최고의 전문가인 단일 연락 창구를 고객에게 제공한다. 그들의 일 중 하나는 비상소집을 최소화하기 위해 엘리베이터를 가장 잘 사용하는 방법과 관련하여 고객에게 가장 이익이 되는 것을 가르치는 것이다. 물론, 어떤 고객은 다른 고객보다 이것을 더 잘할 것이다. 장기적으로 볼 때, 특히 고객이 당사의 서비스 보증을 이용하는 것처럼 보인다면, 덜 준수한 고객을 어떻게 처리할지 결정해야 할 것이다. 나는 이 서비스가 현재 고객 수를 두 배로 늘릴 수 있기를 희망한다. 이를 통해 다양한 엘리베이터 시스템의 성능에 대한 많은 정보를 수집할 수 있다. 그리고 그 정보는 소중하다.

이 장에 나열된 기준을 사용하여 최고 서비스 책임자가 파트너십 관계를 설명하는지 여부를 결정하시오.

5. 기내식 공급 업체가 되는 것은 힘든 일이다. 기내식은 클래스와 비행 유형에 적합한 품질이어야 하지만 고객인 항공사는 항상 비용을 가능한 낮게 유지하기 위해 노력하고 메뉴는 자주 변경되어야 하며 고객 피드백에 신속하게 대응해야 한다. 승객 수를 예측하는 것은 어렵다. 공급 업체는 며칠 전에 각 항공편의 예상 인원을 통보받지만 실제 최소 승객 수는 이륙 6시간 전에만 결정된다. 또한 항공편 도착이 지연되어 업무 일정이 뒤바뀔 수도 있다. 정시에 출발하더라도 항공편이 다시 이륙하기까지 40분 이상은 허용되지 않는다. 항공사 기내식 제공 업체는 일반적으로 자체 직원을 사용하여 공항 또는 그 근처에서 음식을 만든다. 케이터링 회사의 공급 업체는 일반적으로 케이터링 업체 근처에 있는 항공사 전문가이기도 하다. 그래서 보통 소매상들에게 '즉석 식사'를 공급하는 선도적인 식품 생산 업체인 Southern Food와 물류 회사인 DXX의 컨소시엄이 히드로 공항에서 전통적인 공급 업체들을 상대로 큰 계약을 따내면서 업계에 놀라움을 주었다. DXX는 이미 공항에 자체 시설을 갖춘 '에어사이드' 케이터링 업체의 대규모 공급 업체였다. Southern Food는 기존 공장에서 식품을 만들어 DXX로 전달했으며, DXX는 이를 항공 케이터링 트레이에 실어 항공기로 옮겼다. (a) 항공사가 자체 기내 서비스를 조직하지 않고 케이터링 회사를 이용하는 이유는 무엇인가? (b) 케이터링 서비스 회사가 고객을 만족시키기 위해 달성해야 하는 주요 운영 목표는 무엇인가? (c) 항공기가 착륙할 때 회항 시간을 줄이는 것이 항공사에게 중요한 이유는 무엇인가? (d) 왜 Southern Food-DXX 컨소시엄이 전통적인 케이터링 회사에 위협이 되었는가?

6. 많은 소매 업체는 윤리적 소싱에 대한 정책을 고안하여 작업장 표준 및 비즈니스 관행, 건강 및 안전 조건, 인권, 법적 시스템, 아동 노동, 징계 관행, 임금 및 복리후생 등과 같은 것들을 준수하려고 노력한다. 일부 공급 업체는 소싱 무결성을 보장하는데 중점을 두고 있다. 그중 하나가 레저웨어 의류 시장을 지배하는 90억 달러 규모의 거대 기업인 VF Corporation의 일부인 The North Face이다. 북반구 산맥의 가장 춥고 혹독한 지역 이름을 딴 고성능 아웃도어 의류, 장비 및 신발은 내구성, 패셔너블한 스타일링, 지속 가능한 소재 소싱으로 명성을 얻었다. VF Corporation의 주장은 여러 지역, 제품 범주 및 유통 채널에 걸쳐 있는 업계에서 가장 효율적이고 복잡한 공급망을 책임감 있게 관리한다는 것이다. 공급망 관리에서 지속 가능한 구매를 촉진한다. 지속가능성에 대한 회사의 약속은 제품이 사용되는 방법과 장소와 관련된 자연을 보호하려는 열망과 기후 변화의 영향에 대한 우려에서 비롯된다고 한다. 지속 가능한 구매를 추구하겠

다는 결의의 표시로 The North Face는 환경 보호, 건강 및 안전을 고려하여 최대 자원 생산성을 촉진하는 스위스 기반 조직인 독립 블루사인 표준과 파트너 관계를 맺어 제조 업체 및 소매 업체 오늘날의 품질 기준이 가능한 최선의 방법으로 충족된다는 것을 보증한다. 그리고 적용 가능한 규정과 제한이 준수되어야 한다. (a) 회사가 이러한 유형의 정책을 작성하도록 동기를 부여한다고 생각하는 것은 무엇인가? (b) 공급 업체 선택 정책에 어떤 다른 문제가 있는가?

7. 모든 사람은 사회가 '위험에 처한' 사람을 식별하고 '권한'이 어떤 아동도 '그물에 빠지지' 않도록 절차를 마련하기 위해 아동이 안전하기를 원한다. 핵심 과제는 많은 수의 개인과 기관이 이 활동에 참여하고 있으며 각각 상당한 기여를 하고 있다는 것이다. 대부분의 국가에서 지방 정보의 아동 서비스 책임자는 보호 프로세스 및 절차가 준수되도록 할 책임이 있다. 그러나 성공의 열쇠는 관련된 모든 기관의 협력이다. 이러한 약속은 아동 서비스와 관련된 각 사례에 대해 아동 보호 계획을 수립하기 위한 단계와 목표 시간을 명시하는 명확한 프로세스에서 비롯된다. 이러한 조회는 학교, 사회복지 서비스, 경찰 및 익명 보고서를 포함한 다양한 출처에서 나올 수 있다. 정기적인 전략 회의는 경찰이나 사회복지 기관에서 심층 조사를 수행해야 하는지 여부를 결정한다. 이러한 복잡한 서비스 네트워크가 효과적으로 운영되도록 하는 데 있어 무엇이 중요하다고 생각하는가?

Holmart와 Wersa - 음식물 쓰레기 파트너십[15]

이 사례는 Birmingham University의 Daniel Chicksand 박사와 Dev Boojihawon 박사가 준비했다.

음식물 쓰레기는 매우 문제이며 우리는 전체 가치 사슬에서 음식물 쓰레기를 최소한으로 유지하기 위해 계속해서 큰 진전을 이루고 있다. 이 파트너십은 UN 목표를 향한 지속적인 진전에 중요한 기여를 한다. 우리는 목표를 달성할 수 있도록 공급 업체 및 고객과 협력하기 위해 최선을 다하고 있다.

— Holmart의 지속가능 부문 이사 Jenny Marchant

소개

Holmart는 시장에서 대부분의 식품 소매 업체보다 빠르게 성장하고 있는 영국의 중급 슈퍼마켓이다. 그 명성은 고품질 농산물을 비축하고 포장 및 음식물 쓰레기 감소를 포함하여 여러 환경 문제에 대한 윤리적 입장을 취하는 데 있다. 장기적인 접근 방식을 취하겠다는 약속을 강조하는 일련의 '지속 가능성 계획'을 개발했다. 상당한 언론 보도를 받은 특히 중요한 문제는 음식물 쓰레기 문제였다. 생산, 제조, 소매, 환대 및 식품 서비스를 포함한 모든 당사자가 생산되는 잉여 식품 및 폐기물을 방지하기 위해 긴밀히 협력해야 한다는 것이 영국 식품 산업 내에서 일반적으로 인정되었다. 더욱이 사람을 먹이는데 사용할 수 없는 경우 식품은 동물 사료 또는 '생물 재료 가공'(예: 연료 전환 또는 퇴비화)으로 전용되어야 한다.

Holmart와 같은 소매 업체의 우선순위는 생성되는 잉여 식품의 양을 줄이는 것이었고, 두 번째로 여분의 식품을 푸드 뱅크, 무료 급식소 및 보호소와 같은 기관에 기부하는 것이었다. 그러나 식량을 더 이상 소비할 수 없게 되자 매립이나 소각에 대한 대안을 찾아야 했다. 이 때문에 Holmart의 음식물 쓰레기 전략의 핵심 부분은 혐기성 소화(AD)를 사용하여 음식물 쓰레기를 에너지로 전환하는 것이다. 이 과정은 동물이나 음식물 쓰레기와 같은 유기물을 분해하여 바이오 가스와 바이오 비료를 생성하는 과정이다. 이 과정은 혐기성 소화조라고 하는 밀폐된 무산소 탱크 내에서 산소가 없는 상태에서 발생한다. 〈그림 10-12〉는 이 프로세스를 보여 준다.[16] AD는 음식물 쓰레기를 줄이는데 도움이 되었을 뿐만 아니라 실행 가능한 솔루션으로 간주되었다. 지속 가능한 에너지도 생산했다. 따라서

〈그림 10-12〉 유기물 분해 과정

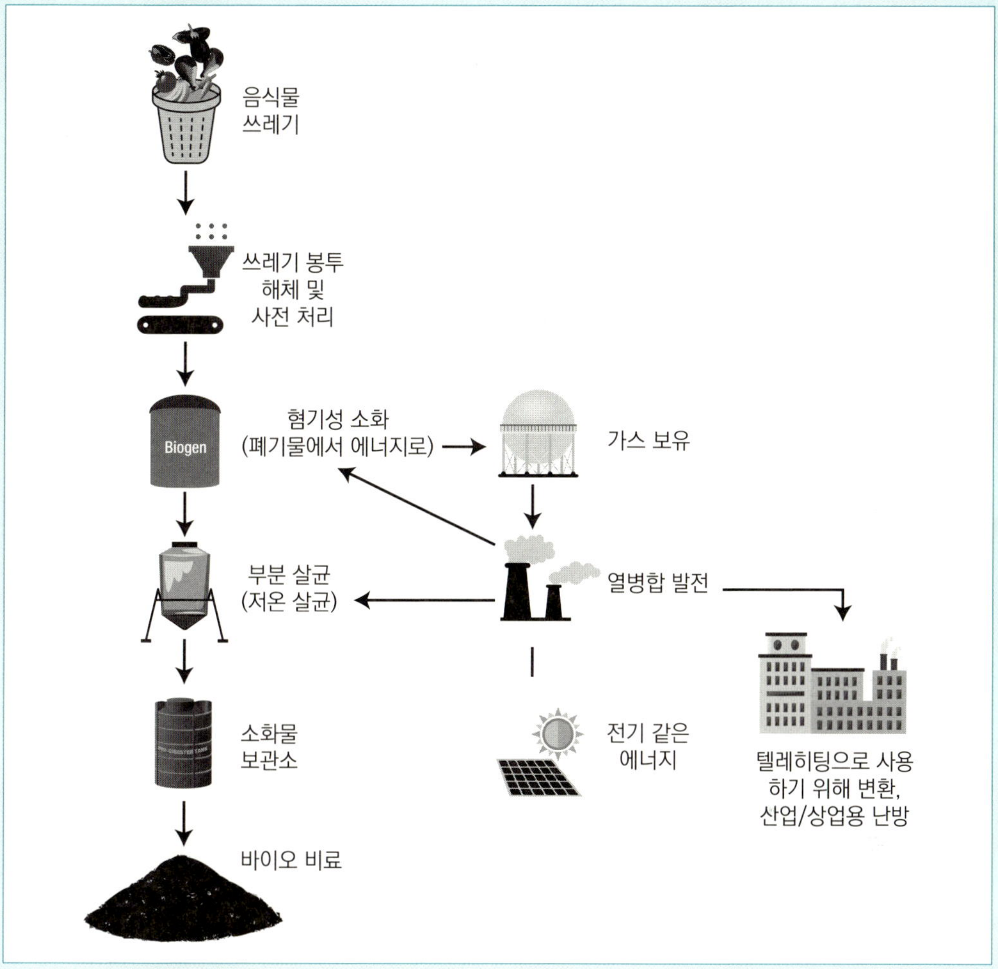

Source : Based on 'What is Anaerobic Digestion?', Biogen.

Holmart는 Holmart의 모든 음식물 쓰레기를 받아 AD를 통해 에너지로 전환할 수 있는 영국 인프라, 기술 및 공급 네트워크를 보유한 기술적으로 유능한 파트너를 찾아야 했다. 폐기물 관리 회사인 Wersa가 적절한 파트너로 선정되었다.

Wersa는 영국 남부에 기반을 둔 선도적인 폐기물 관리 회사로 폐기물 수거, 재활용, 처리 및 에너지 생성을 포함하는 활동을 수행했다. 5년 동안 매립 작업을 20개 이상에서 3개로 줄였다. 동시에 영국 정부는 매립세 부과를 포함하여 재활용을 장려하는 법안을 시행했다.

정부는 단번에 매우 높은 세율을 도입하지는 않았다. 첫 해에는 톤당 5파운드, 두 번째 해에는 8파운드였다. 결국 매립세는 톤당 85파운드에 이르렀다. 따라서 매립지에 버리는 1톤마다 정부에 85파운드의 세금을 내야 한다. 또한 게이트 수수료가 있다. 이것은 폐기물을 가져와 땅에 버리는 실제 가변 비용이다.

— Wersa AD 공장 이사 Dr. David Crawley

투자 결정

과세로 인해 매립 비용이 증가하고 Holmart와 같은 잠재 고객이 매립 폐기물 제로화를 약속하면서

Wersa는 음식물 쓰레기를 에너지로 처리하는 AD 플랜트 개발에 관심을 갖게 되다. AD는 확립된 기술로 처음에는 농장 부문에서 개발되었고 유럽 대륙에서 상당히 광범위하게 사용되었다. 그러나 대규모 AD 공장을 세우는 데 드는 비용은 2,600만 파운드에 달했다. Wersa가 투자를 했다면 이를 뒷받침할 두 가지 수익원이 있을 수 있다. 하나는 현장에 들어오는 음식물 쓰레기에 대한 '게이트 비용' 이다. 다른 하나는 폐기물에서 전기를 생산하는 것이다. 그러나 큰 문제 중 하나는 적절한 유기 폐기물의 지속적이고 안정적인 공급을 확보하는 것이었다. Holmart에서 Wersa를 초대하여 음식물 쓰레기를 제거하는 것이 특히 매력적인 이유이다. 게다가 제안된 AD 사이트에서 2km도 안되는 거리에 대형 홀마트 슈퍼스토어가 있었다.

Wersa-Holmart 파트너십이 어떻게 작동할지에 대한 자세한 논의가 시작되면서 Holmart 음식물 쓰레기에서 전기를 생성하고 AD 시설에서 수퍼스토어로 직접 전기 케이블을 연결한다는 아이디어가 제안되다. 두 조직 모두를 흥분시킨 아이디어였다. 또한 Holmart는 시설에서 처리할 수 있는 총량의 55%에 해당하는 음식물 쓰레기를 매년 정기적으로 공급하기로 약속했다. 그 결과 Wersa는 AD 시설에서 Holmart의 모든 음식물 쓰레기를 재활용하는 3년 계약을 맺었다. 업계, 언론 및 환경 관찰자들은 식품 재활용에 대한 '루프 폐쇄'의 사례로 갈채를 보냈다.

파트너십을 작동시키기

두 회사의 즉각적인 과제는 음식물 쓰레기 수거 네트워크를 설정하는 방법이었다. 파트너십 계약 후 두 달 동안 Holmart 음식물 쓰레기 공급은 Wersa의 AD 시설과 가까운 Holmart 매장에서만 공급되었지만 대량 공급을 위해서는 더 광범위한 네트워크가 필요했다. 솔루션은 음식물 쓰레기를 처리하기 위해 8개의 기존 Wersa 유통 센터(DC)를 개조하는 것이었다. 이 계약은 Holmart가 음식물 쓰레기를 분류하여 가장 가까운 Wersa DC로 배달하고 Wersa가 AD 시설로 배송하는 일을 담당한다는 것이었다. 수거 네트워크가 1년에 걸쳐 발전함에 따라 영국에 있는 Holmart의 모든 슈퍼마켓은 음식물 쓰레기를 가장 가까운 Wersa DC에 공급하기 시작했다. 그러나 Wersa의 AD 시설 효율성이 증가함에 따라 Holmart의 모든 음식물 쓰레기가 Wersa의 '전체 용량' 수요의 약 60%만 공급할 수 있다는 것이 분명해졌고, AD 용량을 채우기 위해 Wersa는 펍, 클럽, 레스토랑, 피쉬 앤 칩스 상점과 같은 식품 서비스 회사에서 음식물 쓰레기를 수집하기 시작했다.

Holmart는 Wersa의 네트워크 확장에 반대하지 않았다. AD 시설에 대한 공급을 늘려야 할 필요성을 이해했기 때문이다. 하지만, 그것은 Wersa에게 약간의 합병증을 일으켰다. Holmart와의 계약에서와 같이 음식물 쓰레기가 DC로 전달되는 대신, 대부분의 신규 고객들은 Wersa에게 음식물 쓰레기를 그들의 시설 뒤에서 직접 수거하도록 요구했다. Wersa는 이러한 공급 업체에 대해 정기적인 수집 일정을 실행했다. 하지만, 소규모 고객의 증가는 음식물 쓰레기의 공급을 예측하는 것을 더 어렵게 만들었다. 공급에는 항상 계절성이 있었다. 부활절, 할로윈(호박) 및 크리스마스 이후와 같은 특정 기간에는 폐기물의 양이 증가하고 추가 수집품을 배치해야 했다. 그러나 폐기물 가용성에 상당한 영향을 미치기 시작한 것은 소규모 고객에게 더 일반적인 예측 불가능한 사건이었다. 예를 들어, 고객의 냉장고가 고장 나거나, 누수로 인해 매장이 침수되어 음식 재고가 손상되거나, BBQ 식품의 나쁜 날씨로 인해 음식물 쓰레기가 크게 증가할 수 있다. 이를 위해 Wersa는 종종 짧은 공지에 추가 컬렉션을 구성해야 했다.

Wersa의 DC에서 음식물 쓰레기가 접수되면 AD 시설로 배송되기 전에 '초기 분류'되었다. AD에 들어가는 유기물의 품질이 효율성에 영향을 미치기 때문에 이 초기 정렬은 중요했다. 소화기는 사람의 위와 비슷한 방식으로 미생물학에 의해 구동된다. 먹이를 적게 주거나 과잉 먹이를 주거나 잘못된 유형의 유기 물질을 섭취하는 것은 생물학적으로 잘못되게 할 수 있으며, 이는 과정의 효과에 영향을 미친다. 수거된 음식물 쓰레기에서 종이, 카드, 플라스틱, 유리와 같은 오염물질을 제거하는 것이 중요했다. 사전 정렬의 양은 고객과 Holmart의 경우 매장 간에 차이가 있었다. 어떤 것들은 다른 것들보다 훨씬 뛰어났다.

초기 Holmart 매장과 Wersa AD 시설이 지리적으로 가까웠기 때문에 두 회사는 파트너십의 성공을 입증하기 위해 더 많은 일을 할 수 있다고 느꼈다. 발전소와 슈퍼마켓을 연결하는 전용 1.5km 케이블을 설치하기로 결정했다. 이를 통해 AD 공정에서 생산된 재생 가능한 전기를 직접 공급할 수 있었다. 이는 지역 홀마트 매장이 자체 음식물 쓰레기로 생산된 자체 재생 에너지를 모든 에너지 수요를 충족시키는 데 사용할 수 있다는 것을 의미하는 파트너십의 획기적인 성과로 간주되었다. 그리고 전력 케이블, 개폐 장치 및 법적 비용을 설치하는 데 상당한 투자가 필요했지만 Holmart는 에너지 비용 절감으로 2년 이내에 투자를 회수할 수 있을 것으로 추정했다. 전력 연결은 작지만 전기 그리드의 탈탄소와 장기적으로 지속 가능한 재생 에너지의 보장된 저비용 공급을 보장하는 선구적인 기여를 나타낸다.

파트너십은 어떻게 발전했는가

Wersa에게는 AD 주변의 기술에 투자하고 개발하는 것이 파트너십의 핵심이었다. 그것이 생산한 바이오가스는 열을 생산하거나 자체 발전기에 연료를 공급하는 데 사용되었으며, 여분의 가스는 국가 그리드에 공급되거나 차량 연료로 사용되었다. 그러나 Wersa와 Holmart 모두 전통적이고 순수하게 상업적인 관계에서 벗어나고 싶어했다.

물론, 이 협정은 상업적으로 의미가 있어야 하지만, 우리는 항상 그 이상을 바라고 있었다. 우리는 우리 자신을 음식물 쓰레기 관리의 선구자로 보았다. 우리는 비즈니스에서 가장 효율적이고 비용 효율적일 뿐만 아니라 가장 지속 가능한 관계를 발전시키고 싶었다. 그렇기 때문에 파트너십을 시작할 때부터 [Wersa] 운영을 이전의 다른 고객보다 훨씬 더 크게 자사 [Holmart]와 통합하려고 노력했다. 예를 들어, 평소처럼 각 Holmart 매장에 한 명의 계정 관리자만 연락하는 대신, 엔지니어, 운영 및 유통 관리자가 음식물 쓰레기의 소싱 및 배송을 함께 조정했다. 또한, 현장 협력뿐만 아니라 Holmart의 지속 가능성 계획을 당사의 서비스 오퍼링에 맞추기 위한 전략적 차원에서 상당한 작업이 수행되었다.

— Dr. David Crawley

그럼에도 불구하고, 몇 가지 문제가 남아 있었다. Wersa의 핵심 문제는 Holmart로부터 받는 음식물 쓰레기의 다양한 품질이었다. 비록 다른 종류의 쓰레기로부터 음식을 조심스럽게 분리하는 것을 장려하기 위한 절차가 마련되었지만, 너무 자주 종이, 카드, 직물, 심지어 칼과 도마와 같은 오염 물질을 포함하는 음식 쓰레기가 접수되었다. 제거하지 않으면 AD 프로세스의 미생물학에 부정적인 영향을 미칠 수 있다. 이를 방지하기 위해 Wersa 엔지니어들은 일부 매장을 방문하여 식품을 분리하는 방법에 대해 매장 관리자와 직원에게 조언하고 식품이 왜 중요한지에 대해 교육했다.

우리는 매장 매니저들에게 피드백을 제공했지만 여전히 문제가 있었다. 한번은 도마를 폐기물에 넣는 데 문제가 생겼을 때 공동 조사를 통해 특정 Holmart 매장에서 한 사람으로 출처를 파악했다. 어떤 이유에서든 음식물 쓰레기와 관련된 직원들의 교육과 교육은 이루어지지 않았다. 또한 Holmart가 임시 직원을 고용한 크리스마스와 같은 휴일 기간에 오염이 눈에 띄게 절정에 달했다. 이 문제는 우리가 Holmart에 전문가를 배치하기 시작했을 때 비로소 해결되었다. 우리가 계산서를 주웠기 때문에 비싼 해결책이었지만, 그것은 파트너십에 상호 이익이 되었다.

— Dr. David Crawley

지속적인 문제 및 향후 과제

파트너십이 성공적이었다고 일반적으로 인정되었지만, 두 회사 모두 앞으로 해결해야 할 여러 가지 문제가 있었다.

- 음식물 쓰레기를 줄이기 위한 Holmart의 전반적인 노력의 일환으로 AD로 가는 음식의 양을

줄이고 있었다. 비록 이것이 홀마트의 전반적인 음식물 쓰레기를 줄이는 긍정적인 추세로 여겨졌지만, Wersa에게는 이러한 대규모 AD 시설을 지원하기 위해서는 확실한 공급이 필요하기 때문에 운영상의 우려 사항이었다.

- AD 관리의 중요한 부분은 규제 기준을 충족하는지 확인하는 것이다. 냄새가 문제이다. 밀폐된 문과 구획을 사용하거나 바이오필터 공정을 통해 줄일 수 있지만 항상 누출 가능성이 있다. 기타 잠재적 위험에는 물, 소음 및 해충 배출이 포함된다. 평판 손상의 위험은 가능한 새로운 규제 압력을 충족시키는 비용과 마찬가지로 Wersa의 특별한 관심사이다.
- 적합한 숙련된 인력을 유지하고 개발하는 것은 AD 운영에 있어 업계 전반의 문제다. 기술이 발전하고 AD 공장의 수가 증가함에 따라 적절한 기술을 가진 AD 운영자의 부족은 더 악화될 수 있다.
- 미래 AD 공장의 위치는 이미 Wersa에서 논의 중이었다. 딜레마는, 이상적으로는, 음식물 쓰레기를 운반하는 비용을 최소화하기 위해 AD 공장을 사람들이 사는 곳 근처에 배치해야 한다는 것이었다. 하지만, AD 식물의 냄새와 오염 위험에 대한 대중의 우려가 제기되었다.

Holmart-Wersa 관계의 미래는 두 회사 모두에서 적극적으로 논의되고 있었고, 두 회사 모두 발전된 방식에 대해 대체로 만족했지만 Wersa는 미래에 대해 더 많은 우려를 가지고 있었다.

때때로 우리가 여기서 모든 위험을 감수하는 것처럼 느껴진다. 폐기물 관리는 우리의 삶인 것이다. Holmart에게, 그것은 중요하지만 부차적인 문제이다. 저는 가끔 이런 불균형한 상황에서 진정한 동반자 관계를 맺는 것이 가능한지 궁금하다. — Dr David Crawley

질문

1. 왜 Wersa와 Holmart의 파트너십이 양쪽 모두에 의해 성공적이라고 보였는가?
2. Crawley의 말처럼 파트너십은 정말 '불균형'한 것인까?
3. Wersa는 파트너십의 미래 실행 가능성을 보장하기 위해 무엇을 해야 할까?

심화 자료

Akkermans, H. and Vos, B. (2003) 'Amplification in service supply chains: an exploratory case study from the telecom industry', *Production and Operations Management*, 12 (2), 204–223.

Cusumano, M.A., Kahl, S.J. and Suarez, F.F. (2015) 'Services, industry evolution, and the competitive strategies of product firms', *Strategic Management Journal*, 36 (4), 559–575.

Karten, N. (2004) 'With service level agreements, less is more', *Information Systems Management*, 21 (4), 43–44.

Liu, W., Bai, E., Liu, L. and Wei, W. (2017) 'A framework of sustainable service supply chain management: a literature review and research agenda', *Sustainability*, 9 (3), 421.

Sampson, S.E. (2000) 'Customer-supplier duality and bidirectional supply chains in service organizations', *International Journal of Service Industry Management*, 11 (4), 348–364.

Sampson, S.E. (2012) 'Visualizing service operations', *Journal of Service Research*, 15 (2), 182–198.

Sengupta, K., Heiser, D.R. and Cook, L.S. (2006) 'Manufacturing and service supply chain performance: a comparative analysis', *Journal of Supply Chain Management*, 42 (4), 4–15.

Tate, W.L., Ellram, L.M. and Brown, S.W. (2009) 'Offshore outsourcing of services: a stakeholder perspective', *Journal of Service Research*, 12 (1), 56–72.

Vendrell-Herrero F., Bustinza, O.F., Parry, G. and Georgantzis, N. (2017) 'Servitization, digitization and supply chain interdependency', *Industrial*

Marketing Management, 60, 69–81.

Voss, C.A. (2003) 'Rethinking paradigms of service: service in a virtual environment', *International Journal of Operations & Production Management*, 23 (1), 88–104.

Zhang, R.Q. and Chen, H.Q. (2015) 'A review of service supply chain and future prospects', *Journal of Service Science and Management*, 8 (4), 485–495.

미주

1 The term supply chain management is generally supposed to have been first used by Keith Oliver, a consultant at Booz Allen Hamilton, in an interview for the *Financial Times* in 1982.

2 For further details of the origin of this concept, see Moore, J. F. (1993) 'Predators and prey: a new ecology of competition', *Harvard Business Review*, May–June 3 Sampson, S.E. (2012) 'Visualizing service operations', *Journal of Service Research*, 15 (2), 182–198.

4 The information on which this example is based is taken from Gross, L. (2019) 'Forget Uber Eats: Mumbai's 125-year-old food delivery system wins the day', Adventure.com, 12 March [online] https://adventure.com/dabbawalas-mumbai-india/

5 The information on which this example is based was taken from Flinders, K. (2017) 'Investment industry to spend $2.8bn on AI by 2021, expected to cut quarter of a million jobs', *Computer Weekly* [online] https://www.computerweekly.com/news/450414475/Investment-industry-to-spend-28bn-on-AI-by-2021-expected-to-cutquarter-of-a-million-jobs [accessed 20 April 2020].

6 The information on which this example is based is taken from Hayward, T. (2019) '"Dark kitchens" spell trouble for the restaurant trade', *Financial Times*, 29 March.

7 See, for example Armistead, C.G. and Clark, G.R. (1992) *Customer Service and Support*, Financial Times/Pitman Publishing, London.

8 For example, see the evidence presented in Akkermans, H. and Voss, C. (2013) 'The service bullwhip effect', *International Journal of Operations & Production Management*, 33 (6), 765–788.

9 Anderson, E.G., Morrice, D.J. and Lundeen, G. (2005) 'The "physics" of capacity and backlog management in service and custom manufacturing supply chains', *System Dynamics Review*, 21 (3), 217–247.

10 The information on which this example is based is taken from: Hirst, A. and Penny, L. (2018) 'Marketing's flexible future: why working in new ways is vital', *Campaign*, 26 March; Younger, J. (2019) 'The Hoxby Collective: putting heart and soul into the freelance revolution, *Forbes*, 1 June; and The Hoxby Collective website www.hoxby.com [accessed 20 April 2020].

11 Croom, S. and Johnston, R. (2003) 'E-service: enhancing internal customer service through e-procurement', *International Journal of Service Industry Management*, 14 (5), 539–555.

12 Croom, S. and Johnston, R. (2003) 'E-service: enhancing internal customer service through e-procurement', *International Journal of Service Industry Management*, 14 (5), 539–555.

13 Croom, S. (2000) 'The impact of web-based procurement on the management of operating resources supply', *Journal of Supply Chain Management*, 36 (4), 4–13.

14 Croom, S. and Johnston, R. (2003) 'E-service: enhancing internal customer service through e-procurement', *International Journal of Service Industry Management*, 14 (5), 539–555.

15 Dr Dan Chicksand and Dr Dev Boojihawon of Birmingham University, UK prepared this case. It is written to promote class discussion, and does not necessarily illustrate either good or bad management practice. It was first published in Slack, N. and Lewis, M.A. (2020) *Operations Strategy*, 6th edition, Pearson, Harlow.

16 The information on which this example is based is taken from http://www.biogen.co.uk/Anaerobic-Digestion/What-is-Anaerobic-Digestion [accessed 20 April 2020].

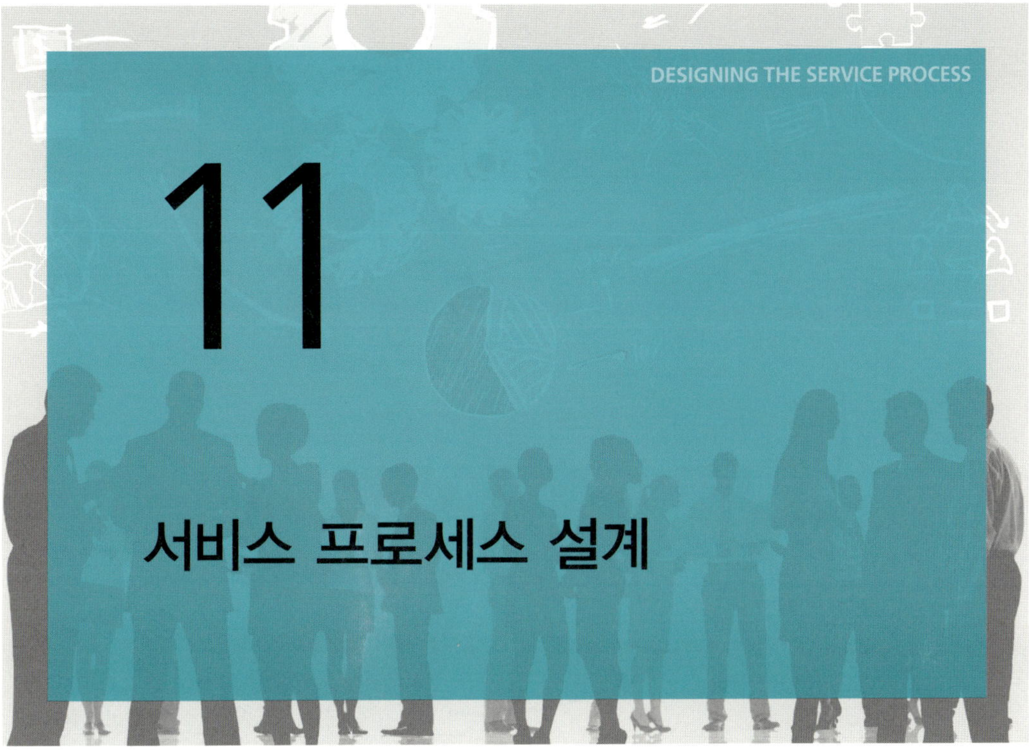

DESIGNING THE SERVICE PROCESS

11

서비스 프로세스 설계

7장에서 우리는 고객 경험의 관점에서 서비스 프로세스를 살펴보았다. 이 장은 주로 운영 관점에서 서비스 프로세스 설계를 살펴볼 것이다. 이 장은 서비스 프로세스 주요 유형, 서비스 프로세스를 세부적으로 '설계'하는 방법, 프로세스의 규모와 다양성 측면에서 프로세스를 재배치하는 방법, 서비스 프로세스 기술이 프로세스에 미치는 영향에 대한 고찰을 포함한다. <그림 11-1>은 이 주제가 서비스 운영 관리 모델에서 적합한 부분을 보여 주고 있다.

학습 목표

- 서비스 프로세스 설계가 중요한 이유를 설명할 수 있다.
- 서비스 프로세스의 주요 유형을 정의한다.
- 관리자가 서비스 프로세스를 '설계'할 수 있는 방법을 설명할 수 있다.
- 서비스 프로세스를 재배치할 수 있는 방법을 이해한다.
- 서비스 프로세스 설계에 대한 기술의 영향을 이해한다.

〈그림 11-1〉 이 장에서는 서비스 프로세스 설계를 살펴본다

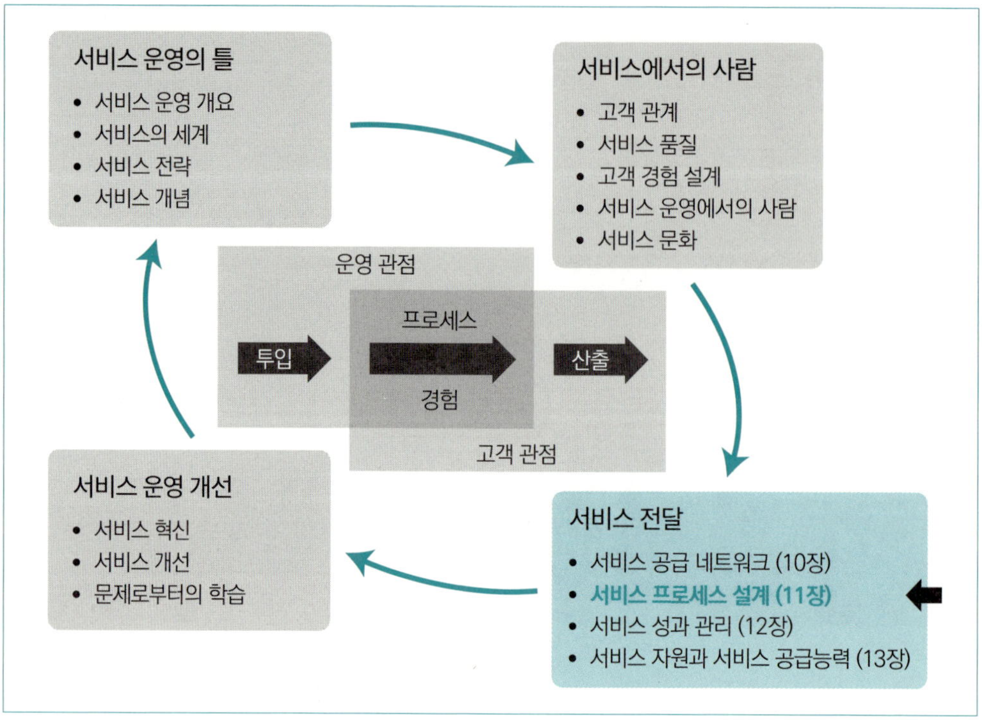

서론

서비스 프로세스는 운영과 고객의 관점이 만나는 곳이다. 7장에서 고객의 관점에서 바라본 프로세스 설계, 즉 고객에 전달된 서비스 경험에 대한 설계를 다루었다. 이번 장에서는 효율성에 집중하면서 운영 관점에서 서비스 프로세스 설계에 관해 다루어보고자 한다(그림 11-2 참조). 운영이 어떻게 서비스를 효율적으로 전달하는지에 초점이 더 맞춰질 것이다. 그러나 적절한 고객 경험을 제공하는 것을 무시한다는 의미는 아니다. 서비스 개념의 요구에 맞게 서비스 프로세스를 설계해야 하고 올바른 경험을 제공해야 한다. 우리는 비가시적인 백 오피스 프로세스 설계와 서비스 프로세스 설계에서 기술의 역할을 다룰 것이다.

프로세스는 모든 운영의 빌딩 블락(building block)이다. 프런트 오피스에서의 서비스 운영이 다른 점은 고객과의 긴밀한 접촉이다. 따라서 이러한 프로세스는 효율적이어야 할 뿐만 아니라 고객에게 (적어도 부분적으로) 가시적이면서 효율성을 달성해야 한다. 프로세스는 고객이 수용할 수 있는 것을 분산시키지 않으면서 효율적이어야 한다. 그렇기 때문에 서비스 프로세스를 설계하고 제어하는 일이 쉽지 않다. 프로세스는 서비스 조직만큼 다양하다. 일부 프로세스

〈그림 11-2〉 서비스 프로세스는 운영 및 고객 관점 모두에서 볼 수 있다. 이 장은 운영 관점에서 서비스 프로세스 설계를 살펴본다

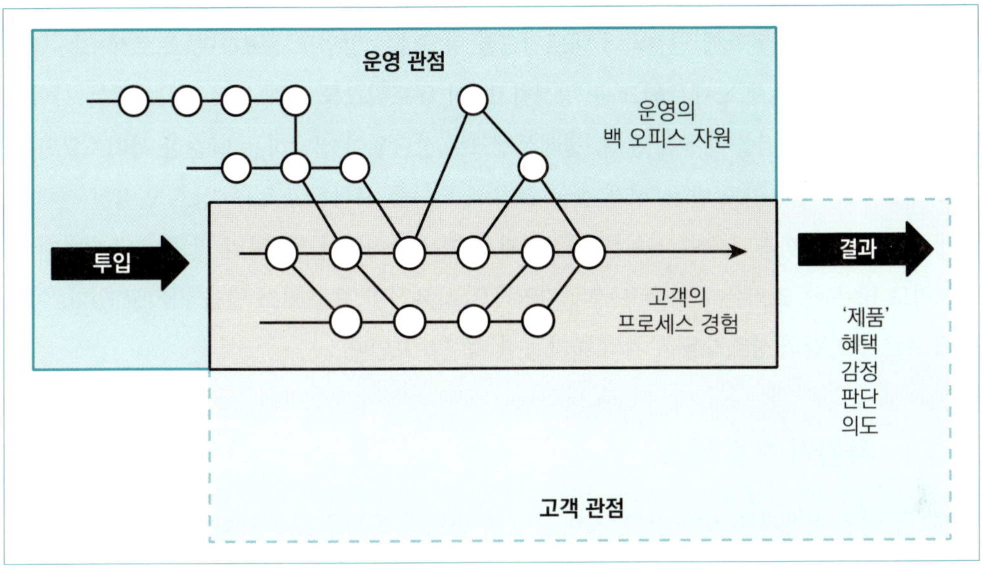

는 매우 유연하여, 같은 자원을 사용하여 다양한 고객 요구를 충족시킬 수 있다. 예를 들어, 경영 컨설턴트는 고객을 위한 맞춤형 솔루션을 개발하는 데 다양한 접근 방식을 활용할 수 있다. 많은 콜센터 운영과 같은 다른 프로세스는 일관성과 효율성의 이점을 달성하기 위해 훨씬 더 세밀하게 정의된다. 유사한 방식에서 일부 프로세스는 일반 진료 의사와 같은 개별 직원의 기술, 지식 및 전문성에 크게 의존하는 반면, 다른 프로세스는 기술 또는 정보 시스템과 같은 자원을 사용하여 개인 능력에 대한 의존도를 줄인다. 결국 서비스 조직은 더 많은 양을 처리하고 지리적으로 성장할 수 있다.

11.1 서비스 프로세스 설계 정의

고객 센터, 의사, 사회 복지사나 경영 컨설턴트 등 어떤 서비스든지 간에, 프로세스 설계는 서비스 개념을 전달하기 위해 따라야 할 절차와 종업원이 재료 또는 장비와 같은 다른 자원을 사용하거나 상호작용하는 방법을 정의한다. 고객 문의에 응답하는 고객 센터의 예를 살펴보자. 텔레폰뱅크(telephone bank)의 고객 센터 상담원에게는 고객과 대화하는 방법, 응답해야 할 질문 및 예상되는 성과 기준에 대한 명확한 지침이 제공된다. 또한 상담원은 컴퓨터 화면에 접근하여 특정 질문을 하거나 일상적인 질문에 대한 답을 통해 신속하게 고객을 돕는다.

마지막으로, 상담원은 정보 시스템을 사용하여 통화 중 또는 통화 직후에 고객 데이터 사항을 작성한다.

개별 프로세스가 함께 연결되어 네트워크를 형성하는 방법도 중요하다. 프로세스는 함께 연결되어 '내부 프로세스 네트워크'를 형성하고, 이 네트워크를 통해 자료, 정보 또는 사람이 작용하여 서비스 개념을 제공해 준다. 텔레폰뱅크는 상담원이 전달하는 단순한 서비스뿐만 아니라 대출 신청, 신용카드 발급, 국제 송금 프로세스 등을 포함하고 있다. 상호 연결된 전체 프로세스 체인은 고객과 조직에 가치를 제공하기 위해 신중하게 설계, 관리 및 통제되어야 한다. 불행히도 많은 큰 조직은 기능적으로나 지역적으로 복잡한 프로세스 망을 가지고 있다. 이로 인해 프로세스 간의 상호작용은 거의 불가능한 것처럼 보인다.

11.1.1 자원과 프로세스

먼저, 1장에서 이야기한 바와 같이, 서비스 운영 관리의 목적은 모든 이해 관계자에게 부가가치를 제공하는 것이다. 모든 사업의 두 가지 핵심 요소인 자원과 프로세스를 관리하여 이 목적을 수행한다. 자원은 운영이 가지고 있는 자산이다. 프로세스는 운영이 수행하는 것, 즉 자원을 사용하는 방법이다. 그러나 자원과 프로세스는 물리적으로 분리되어 있지 않다. 자원과 프로세스는 단순히 운영에서 일어나는 일에 대해 생각하는 방법이다. 또한 자원과 프로세스는 서로 영향을 미친다. 자원과 프로세스는 상호 지원적일 수도 있고 상호 제한적일 수도 있다. 올바른 자원을 선택하는 것은 서비스 프로세스에서 매우 중요하다. 충분히 훈련되고 의욕적인 직원, 적절한 기술, 적절한 건물 및 시설 없이는 프로세스가 효과적으로 운영될 수 없다. 자원은 프로세스가 할 수 있는 것과 할 수 없는 것에 대한 한계를 설정한다. 효과적으로 자원을 사

다 른 견 해

일부 사람들은 '프로세스'이라는 개념 자체에 대해 반대하는 경향도 있다. 어떤 사람들은 활동을 '프로세스'로 특징짓는 것이 우리가 조직에 대해 생각하는 방식에서 '인간성'을 제거하거나 비인격화한다고 믿는다. 이 점은 비영리 조직, 특히 '전문' 직원이 자주 제기한다. 예를 들어, 유럽의 한 '의료 협회'(의사 노조)의 수장은 '생산성 목표에 기반한 소시지 공장 서비스'를 기대하고 있는 병원 당국을 비판했다. 이는 논문에서는 아무리 비슷해 보여도 병원을 공장처럼 볼 수는 없다는 주장이다. 영리 조직에서도 크리에이티브 스태프와 같은 전문가들은 자신의 전문성을 '프로세스'로 묘사하는 데 불편함을 표현하는 경우가 많다. 그러나 프로세스 설계자는 이것이 '프로세스'가 의미하는 바를 오해하는 것이라고 반박할 수 있다('프로세스'가 의미하는 바에 대한 설명 참조).

용하지 않으면 가치를 추가할 수 없다. 마찬가지로 중요한 것은 프로세스 운영을 통해 시간이 지남에 따라 얻은 경험이 자원의 역량에 추가될 수 있다는 것이다. 프로세스는 수행하는 것에 대한 학습 없이 하는 것을 단순히 수행해서는 안 된다. 프로세스는 서비스 운영 관리자가 학습할 수 있는 최고의 자원이다. 이 아이디어는 본질적으로 3장에서 서비스 운영 전략의 '상향식' 관점으로 설명한 것과 동일하다.

프로세스

가장 간단한 '프로세스'는 일을 하는 방법, 활동을 수행하는 방법이다. 프로세스는 단순히 누가 무엇을 언제 해야 하는지에 대해 생각할 수 있는 프레임워크이다. '프로세스'가 안락의자에서 긴장을 풀고 영감을 기다리는 것이더라도 여전히 프로세스이다. 프로세스가 반드시 형식적이거나 매우 제한적이거나 세부적일 필요는 없다. 일부 프로세스는 세심하게 정의되어야 하며 모든 활동은 엄격하게 통제되고 재확인되어야 한다. 예를 들어, '안락의자에 앉기' 접근 방식은 비행 전 점검을 수행하는 항공사 조종사에게는 작동하지 않는다. 이러한 종류의 프로세스는 상세하게 정의되어야 한다. 그러나 모든 프로세스가 그럴 필요는 없다. 핵심은 프로세스가 달성해야 하는 것에 맞게 설계되어야 한다는 것이다.

서비스 프로세스

다시 한 번 흥미로운 질문은 '서비스 프로세스의 특징은 무엇인가?'이다. 이에 대한 답을 얻기 위해 IHIP 특성으로 다시 돌아가 보자. 이러한 특성의 의미는 〈표 11-1〉에 나와 있다. 그러나 1장에서 지적한 점을 다시 상기하면, 이러한 특성을 모든 서비스의 절대적 특성이라기보다는 스펙트럼으로 생각하는 것이 가장 좋다. 서비스는 이러한 특성을 나타내는 정도에 따라 다르다. 일부 서비스 및 이에 따른 프로세스 설계는 이러한 특성을 나타내지 않는다. 예를 들어, 비용 청구를 확인하고 승인하는 내부(백 오피스) 프로세스는 온라인 제출을 처리하고 허용되는 항목에 대한 엄격한 지침을 따르며, 상대적으로 적은 재량권을 가지고, 고객을 거의 볼 수 없으며, 제출이 처리될 때까지 편지함에 보관될 수 있다. IHIP 특성 중 어느 것도 크게 적용되지는 않는다. 프로세스는 모든 제조 프로세스와 동일한 방식으로 설계할 수 있다. 대조적으로, 경영 컨설턴트는 가장 일반적인 용어로만 서비스를 정의할 수 있고, 거의 무한한 다양한 상황을 처리해야 하며, 고객이 그들을 인식하는 방식을 관리하는 데 매우 주의해야 하며, 일반적으로 고객이 다른 작업을 의뢰하도록 설득하는 데 최선을 다하는 동안 과제별로 한 개씩(assignment-by-assignment) 작업한다.

〈표 11-1〉 IHIP 특성이 프로세스 설계에 미치는 영향

서비스 특성	의미	프로세스 설계에 대한 시사점
무형성	프로세스는 종종 비물리적 항목을 처리해야 한다	프로세스가 수행해야 하는 작업과 수행하지 말아야 하는 작업에 대한 경계를 설정할 필요가 있다.
이질성	프로세스 표준화가 어렵다	예상치 못한 상황에 대처하기 위해 어느 정도 재량권을 구축해야 함
비분리성	생산과 소비가 종종 동시에 일어난다	프로세스에서 고객(또는 대리인)이 있다는 것은 프로세스에서 수행된 작업뿐만 아니라 고객이 수행한 작업이 수행되는 방식도 중요함을 의미할 수 있다.
소멸성	처리되는 어떠한 것도 저장할 수 없다	고객이 너무 오래 기다리게 하지 않으면서 단기적인 높은 수요에 대처하기 위해 프로세스에 추가 용량을 내장해야 할 수도 있다.

11.1.2 서비스 프로세스 설계가 중요한 이유

DNA가 살아있는 유기체에 패턴을 제공하는 것처럼, 좋은 프로세스는 시간이 지나도 일관된 서비스 제공을 보장하고, 고객이 원하는 경험과 결과를 창출하는 서비스 개념을 제공한다. 조직의 전략적 의도를 충족시키면서 고객을 만족시키거나 감동하게 하는 탁월한 서비스는 우연이 아니라, 일반적으로 백 오피스와 프런트 오피스의 상호 관련된 모든 프로세스의 신중한 설계와 전달의 결과이다. 이러한 프로세스는 고객 경험을 만들기 위해 고객을 '처리'할 뿐만 아니라 자료, 정보 및 직원까지 처리한다. 따라서 많은 서비스 프로세스는 상호 관련된 많은 프로세스, 부서, 사람, 의사 결정 및 활동을 포함하는 매우 복잡하다.

서비스 프로세스는 서비스 운영의 한 요소일 뿐이지만, 서비스 프로세스는 고객, 직원, 장비 및 자재를 함께 묶는 '접착제'이다. 그리고 서비스 프로세스는 서비스 개념을 전달하고 고객의 경험을 창출하고 서비스 결과를 제공하는 메커니즘이다. 그러나 우리가 프로세스에 대해 이야기할 때 단순히 고객이 서비스를 받는 지점을 말하는 것이 아니라는 점에 유의하는 것이 중요하다. 비용 및 품질 목표를 일관되게 충족하는 서비스 제공 업체는 단순히 고객에게 전달하는 최종 단계가 아니라 처음부터 끝까지 일련의 프로세스를 관리해야 한다는 것을 알아야 한다. 또한 서비스가 부적절하게 설계 및 실행되어 자주 실패한다는 사실을 기억해야 한다.

실패 프로세스

잘못 설계된 프로세스는 작업을 효과적으로 수행하는 데 방해가 될 가능성이 높다. 이러한 프로세스를 종종 '실패 프로세스'라고 한다. 실패 프로세스는 해야 할 일을 하지 않는다. 우리의 대부분은 은행에서 자동이체를 중지하지 않음, 인사 담당자가 새 약속을 승인하지 않음, 공급업체에 잘못된 정보 제공 등의 피해자이다. 잘못 설계된 프로세스는 좌절시키고 비효율적이

다. 이러한 프로세스는 또한 정말로 중요한 것을 산만하게 하기 때문에 자주 낭비를 초래하고 있다. 실패 프로세스는 사소한 것일 수 있고 인생의 큰 도전에 비해 좌절감이 상대적으로 작을 수 있지만, 지속적으로 나빠지는 결과를 낳는다. 또한, 실패 프로세스는 개선의 기반이 되어야 하는 안정성을 파괴한다. 어떤 식으로든 대가를 치르는 시간과 노력의 낭비를 나타낸다. 물론 이러한 프로세스는 복구할 수 있지만 이를 수행하려면 먼저 이 장의 주제인 프로세스를 재설계할 수 있는 기술이 있어야 한다.

11.2 서비스 프로세스의 주요 유형

한 가지 유형의 서비스 프로세스가 모든 목적에 적합한 것은 아니다. 목적과 관계없이 동일한 접근 방식을 사용하여 설계하는 것은 잘못된 일이다. 따라서 서로 다른 유형의 프로세스를 구별할 수 있는 방법이 필요하다. 이를 수행하는 방법은 여러 가지가 있으며 그중 일부는 다른 것보다 더 유용할 수 있다. 본 세션은 서비스 프로세스를 구분하는 세 가지 방법에 중점을 둘 것이다.

- 처리해야 하는 서비스 규모
- 처리해야 하는 서비스 다양성
- 프로세스의 고객 참여 요구 정도

11.2.1 서비스 규모

서로 다른 프로세스는 서로 다른 이점과 서로 다른 도전을 제공해 준다. 운영 관점에서 우리는 조직 유형이나 우리가 일하는 부문, 또는 프로세스가 수행하는 '기술적' 특성에 덜 관심을 가지는 경향이 있으며 우리가 관리하는 프로세스 유형에 더 관심을 갖는 경향이 있다. 그리고 프로세스를 분류하는 가장 일반적인 접근 방식 중 하나는 제공하는 서비스 규모를 기준으로 하는 것이다. 대규모 서비스는 자동화할 가치가 있다. 소규모 서비스는 그럴 필요가 없다. 대규모 서비스는 전문 직원 역할의 이점을 얻을 수 있는 반면, 소량 서비스는 일반적으로 보다 유연한 기술을 필요로 한다. 대규모 서비스는 고정 비용을 많은 고객에게 분산시킬 수 있으며, 소규모 서비스는 일반적으로 더 비싸다. 서로 다른 규모 입지를 가진 서비스 프로세스는 서로 다른 방식에서 구성해야 하며, 다른 유형의 자원을 필요로 한다. 〈그림 11-3〉은 서로 다른 규모 입지를 갖는 서로 다른 서비스, B2B와 C2C의 두 비즈니스의 서비스 예를 보여 준다.

이러한 예는 또한 처리된 서비스의 규모와 다양성이 종종 어떻게 관련되는지 보여 준다.

〈그림 11-3〉 규모 입지가 다른 두 비즈니스의 프로세스 예

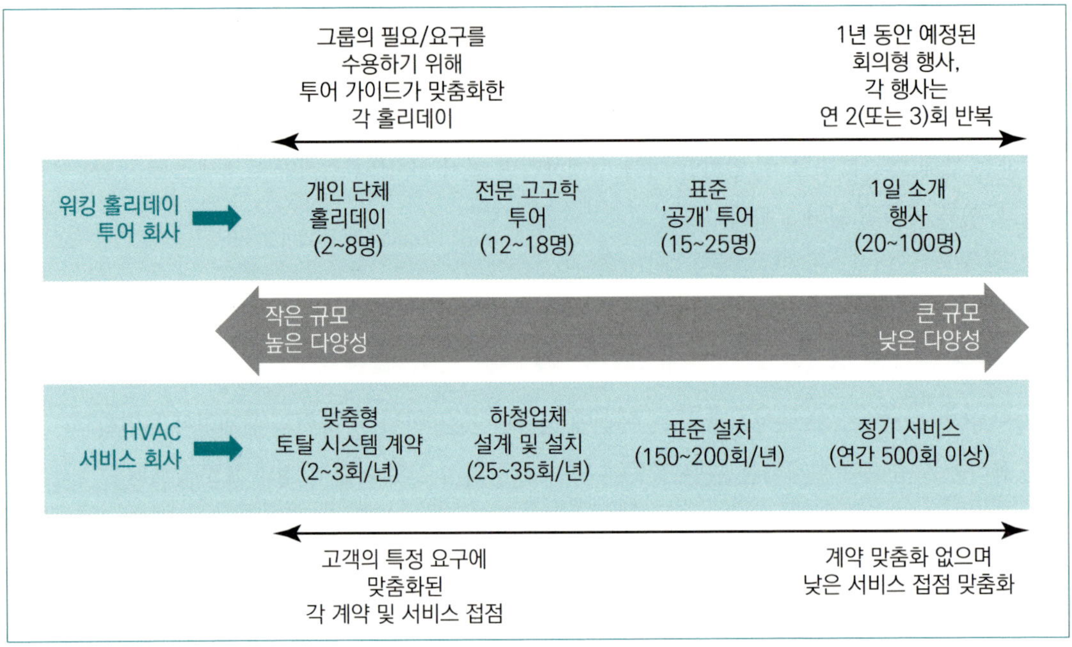

소규모의 프로세스는 일반적으로 처리해야 할 서비스의 높은 다양성을 가지는 반면, 대규모 프로세스는 일반적으로 훨씬 더 낮은 다양성의 서비스를 갖는다. 이것은 항상 그런 것은 아니지만 일반적으로 사실이다. 이는 프로세스 설계에 중요한 의미를 갖는다. 소규모와 높은 다양성을 갖는 프로세스는 광범위한 고객 요구 사항에 대응하기 위해 유연성을 대부분 필요로 한다. 반면에 대규모와 저비용 서비스를 제공하는 데 적합한 프로세스는 일반적으로 반드시 유연성을 필요하지 않는다. 호텔 산업의 간단한 예는 차이점을 보여 준다.

- 5성급 호텔은 고객에게 다양한 서비스를 제공하는 것을 자랑스럽게 여긴다. 리셉션 데스크의 직원은 각 고객의 요청을 처리하는 데 시간을 할애하고 모든 질문에 답변하기 위해 노력한다. 결과적으로 각 서비스 처리는 상당히 길어, 호텔은 추가 직원을 고용하여 프리미엄 가격을 지불하는 고객에게 항상 최고 수준의 서비스를 제공하고 있다.
- 저비용 호텔은 일반적으로 1박 또는 2박을 머무는 여행자에게 기본적이고 합리적으로 편안한 숙박 시설을 제공해 준다. 이 경우 리셉션 프로세스는 기본적인 체크인 및 결제 활동만 최대한 빠르게 진행하도록 설계되었다. 고객에게 추가 서비스를 요청하는 것을 권장하지 않으며 리셉션 직원의 수는 비용을 낮게 유지하기 위해 최소 수준으로 유지한다.

11.2.2 서비스 다양성

프로세스는 수행해야 하는 작업의 다양성에 따라 다를 수 있다. 일반적으로 개별 서비스 운영은 각각 서로 다른 다양성 정도에 대처해야 하는 프로세스가 갖는다. 예를 들어, 차량 서비스 운영을 보자. 표면적으로는 고객 인사 및 수행할 작업에 대한 논의, 초기 진단, 부품 조달, 차량 서비스, 고객 청구서 발행 및 차량 반환과 같은 하위 프로세스 또는 작업을 포함하는 하나의 종단 간 프로세스로 볼 수 있다. 그러나 이 하나의 프로세스를 통해 다양한 유형의 작업이 흐를 수 있다. 일부는 10,000km 오일 교환과 같은 정기적인 작업일 수 있다. 다른 것은 변속기 수리와 같이 덜 정기적이지만 여전히 표준 활동을 포함하는 작업이다. 또 다른 것들은 드물게 발생하는 비표준 활동일 수 있으며, 간헐적인 전기 오류와 같이 얼마나 오래 또는 얼마나 많은 자원이 필요할지 예측하기 더 어려울 수 있는 작업이다. 서비스 프로세스를 설계하고 관리하는 첫 번째 단계는 프로세스가 처리해야 하는 '표준 프로세스(runner)', '부분 표준 프로세스(repeater)', '비표준 프로세스(stranger)'[1]라고 하는 것의 조합을 이해하는 것이다.

표준 프로세스

표준 프로세스는 전화 콜센터에 은행 계좌 잔액을 요청하는 것과 같은 대규모 운영에서 주로 볼 수 있는 표준 활동이다. 운영 관점에서 표준 프로세스는 다음을 수행한다.

- 표준 프로세스는 상대적으로 예측 가능한 경우가 많기 때문에, 운영 관리자는 합리적 정확도를 가지고 수요 예측과 자원을 일치시킬 수 있다.
- 표준 프로세스는 엄격한 프로세스 통제 또는 자동화를 통해 효율적인 운영을 제공해 준다.

부분 표준 프로세스

부분 표준 프로세스도 표준 프로세스와 마찬가지로 표준 활동이지만, 덜 자주 일어나고 표준 프로세스보다는 좀 더 복잡한 활동이다. 부분 표준 프로세스는 조직이 제공하는 서비스 범위를 크게 확장할 때 설계보다는 기본적으로 생성될 수 있다. 이는 상대적으로 적은 수의 표준 활동을 처리하도록 설계된 프로세스가 훨씬 더 높은 다양한 활동을 처리해야 함을 의미한다. 하나 또는 두 개의 표준 예금 또는 현금 예금 계좌를 제공하는 것에서 '맞춤형 금융 패키지' 제공으로 이동하기 때문에 은행은 이러한 문제를 경험한다. 결과적으로 부분 표준 프로세스는 다음과 같다.

- 부분 표준 프로세스는 소규모의 프로세스 자동화를 정당화할 수 없기 때문에 종종 동급 표준 프로세스보다 더 많은 자원을 필요로 한다.
- 이전 발생이 과거의 어느 시간이었다면 부분 표준 프로세스 활동의 재발생에 대해 필요한 프로세스의 재학습 또는 재조정이 될 수 있다.

비표준 프로세스

비표준 프로세스는 일회성 프로젝트 또는 활동과 관련된 비표준 활동이다. 새로운 서비스 도입은 첫 번째 사례에서 낯선 활동을 일으킬 수 있으며 일반적으로 서비스 규모가 증가함에 따라 부분 표준 프로세스 또는 표준 프로세스로 이동한다. 비표준 프로세스는 다음과 같은 이유로 운영 관리자가 처리하기 가장 비효율적이고 실제로 가장 어려운 프로세스이다.

- 수요를 예측하는 것이 더 어려울 수 있다.
- 수요를 처리하는 데 필요한 자원은 불확실할 수 있다.
- 자원 요구 사항 측면에서 잘 정의되지 않는다.

그러나 비표준 프로세스를 다루는 데 익숙한 조직은 부분 표준 프로세스 또는 표준 프로세스를 다루는 데 익숙한 조직보다 훨씬 유연하고 적응력이 뛰어나다.

표준, 부분 표준, 비표준 프로세스 관리

〈표 11-2〉는 서로 다른 세 조직에서 세 가지 유형의 활동에 대한 예를 보여 주고 있다. 문제는 앞

〈표 11-2〉 표준, 부분 표준, 비표준 프로세스

서비스	표준 프로세스	부분 표준 프로세스	비표준 프로세스
차량 서비스	• 표준 오일 교환 및 유지 보수 • 변속기 수리 • 브레이크 패드 교체 등	• 차체(바디) 패널 교체	• 간헐적 전기 결함 • 제품 리콜
국제 항공	• 승객 체크인 • 수하물 취급 • 기내 서비스 • 유지보수 • 스케줄링	• 항공기 지연 또는 교체 • '심각한' 고객 불만	• VIP 위한 특별 전세
병원	• 환자 기록 • 표준 작업 • 회복 및 재활 • 국내 서비스	• '합병증'을 동반한 수술 • 어렵거나 괴로워하는 환자 및 친척 다루기	• 새로운 수술 절차

서 설명한 차량 정비소의 예와 같이 세 가지 모두가 동일한 조직 내에 존재할 수 있고 때로는 존재한다는 것이다. 중요한 것은 이러한 활동의 상대적 조합이 가장 적절한 서비스 프로세스 유형을 제안한다는 것이다. 또한 서비스 프로세스의 유형에 따라 수행할 수 있는 활동의 다양성이 제한되거나 제한될 수 있다. 광범위한 작업을 수용하는 차량 서비스 매장은 오일 교환에만 집중하는 것보다 더 유연한 프로세스가 필요하다. 또한 더 유연하고 숙련된 정비사가 필요하지만 이들은 차량 처리량이 높지 않다. 오일 교환 전문가는 처리량이 많고 숙련도가 낮은 정비사를 필요로 하지만 자신의 능력 영역 밖에 있는 잠재적으로 더 높은 이윤의 작업을 외면해야 한다.

11.2.3 규모와 다양성의 결합

앞에서 언급했듯이 규모과 다양성은 종종 관련되지만 항상 그런 것은 아니다. 규모과 다양성을 함께 고려하면 대규모/낮은 다양성과 소규모/높은 다양성 간의 차이점에 대해 더 자세히 생각할 수 있다. 이를 '역량' 및 '제품' 프로세스라고 한다. 〈그림 11-4〉는 '역량'과 '제품' 프로세스의 두 극단을 보여 주는 규모-다양성 매트릭스를 보여 준다. 또한 이 스펙트럼에 속하지 않는 프로세스도 보여 준다.

〈그림 11-4〉 규모-다양성 매트릭스

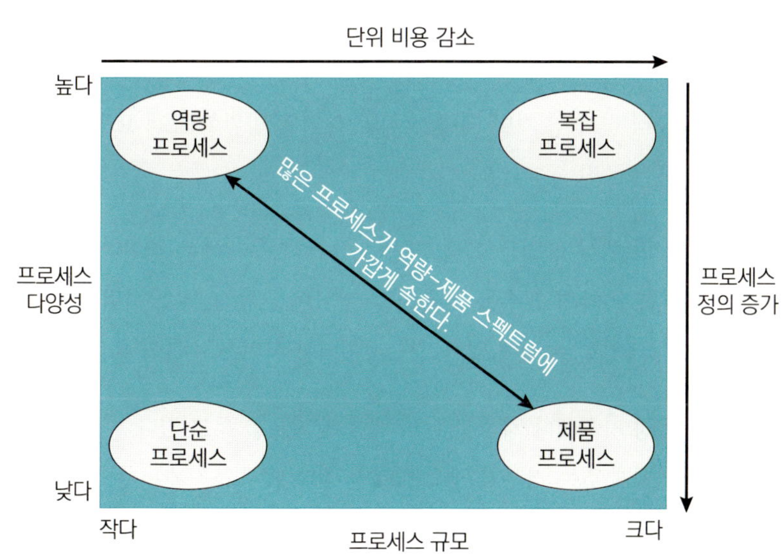

역량 프로세스 (소규모와 높은 다양성)

규모-다양성 매트릭스(그림 11-4)의 왼쪽 상단 모서리에 있는 프로세스는 일반적으로 '사전 준비된' 서비스보다는 고객 또는 사용자에게 역량을 제공하는 데 중점을 둔다. 따라서 이 프로세스는 대규모 소비자 서비스를 특징짓는 서비스 개념이 명확하지 않지만, 서비스 결과, 고객 경험 및 서비스 제공 프로세스를 변경할 수 있는 훨씬 더 높은 유연성을 가지고 있다. 이러한 프로세스는 표준 프로세스보다 비표준 프로세스를 관리하는 데 더 적합하며 각 작업이 이전 작업과 잠재적으로 상당히 다르기 때문에 상대적으로 정의가 거의 필요하지 않을 수 있다. 예를 들어, 앞에서 언급한 5성급 호텔의 리셉션 활동은 아마도 저비용 호텔의 제품 위치보다는 이 위치에 더 가까울 것이다. 서비스 개념은 패스트 푸드 체인 및 이에 수반되는 '좋은 하루 되세요' 서비스와 같은 대규모 서비스보다 훨씬 덜 정의될 가능성이 높다. 사실, 많은 고객들은 서비스 조직이 협력하여 해결해야 할 필요성이나 문제를 명확히 한 다음 맞춤형 솔루션을 개발할 수 있는 능력을 구매할 것이다. 컨설턴트와 같은 일부 전문 서비스 제공 업체는 이러한 방식으로 작업하지만, 더 큰 글로벌 전문 서비스 회사는 종종 〈그림 11-4〉의 오른쪽 하단 모서리에 더 가까운 사전 패키지 솔루션을 구현하여 상대적으로 표준화된 작업 방식을 채택한다.

이러한 유형의 서비스의 다른 예는 다음과 같은 서비스를 포함한다.

- 특히 고객을 위해 다양한 업무를 처리하는 소규모 회사에서 변호사나 회계사와 같은 전통적인 전문 서비스.
- 광고 대행사, 소프트웨어 개발자 및 엔지니어링 설계 컨설턴트와 같이 창의적 능력을 판매하는 회사.
- 컨설턴트, 카운슬러 및 경영 개발 제공 업체와 같이 광범위한 고객 요구를 충족시키기 위한 역량을 조정하는 조직.

이러한 모든 조직의 핵심 작업은 기술 기반을 유지하도록 하는 것이다. 회사의 변호사는 경영대학이 주요 경영학 분야의 교수를 고용하는 것처럼 고용 또는 특허법을 처리할 수 있는 역량을 유지해야 한다. 다양한 속성이 일반적으로 이러한 서비스 운영의 유형에서 적용된다.

- 서비스 개념은 특정 기술이나 지식 기반의 제공에 기초를 두고 있다.
- 역량은 특정 개인에게 있는 경우가 많으며 개인이 떠날 때 조직에는 손실이 될 수 있다.
- 세부적으로 문서화된 프로세스는 거의 없다. 이유는 부분적으로 수행된 활동 유형에 일관성이 없고, 또 부분적으로 개별 서비스 제공자가 자율성을 통제하려는 시도에 저항할 수 있기 때문이다.

- 작업에 대한 접근 방식에 일관성이 거의 없다. 조직 내 특정 개인의 상황에 따라 유사한 작업이 조직의 다른 경로를 따라갈 수 있다.
- 연구 개발은 광범위한 고객 요구 사항을 처리할 수 있는 개인의 역량에 중점을 둔다.
- 많은 전문 서비스가 이 범주에 속하며, 규모와 표준화가 증가하면서 제품 프로세스 방향의 대각선 아래로 이동한다.
- 이러한 범주에 속한 프로세스는 서비스 파트너십 또는 서비스 프로젝트인 경향이 있다.
- 비표준 프로세스와 부분 표준 프로세스가 활동을 지배하며 지원 기능을 제외하고는 표준 프로세스는 거의 없다.

역량 운영 관리자는 기존 작업 부하에 대한 추가 작업의 영향을 평가하는 데 능숙해야 한다. 예를 들어, 경영 컨설턴트 회사는 기존 과업에 부정적인 영향을 주지 않고 새로운 과업을 수행할 수 있는 시기에 관해 새로운 고객과 협상할 수 있어야 한다. 과업이 다양한 전문 분야을 요구함에 따라 회사의 실제 역량은 빠르게 변하기 때문에 이는 중요한 문제이다. 계약이 체결되는 시점에 전문성의 수준과 특성을 완전히 이해할 수 없다는 측면에서 이 문제는 더욱 복잡하다.

제품 프로세스 (대규모와 낮은 다양성)

'역량' 프로세스 스펙트럼의 다른 쪽 끝에 대규모(대량) 및 낮은 다양성 '제품' 프로세스가 있다. 이는 패스트푸드 레스토랑, 일반 보험 제공 업체 및 전문 소매 업체와 같은 대규모 소비자 서비스처럼 표준화 프로세스에 이상적이다. 이 범주 프로세스는 명확하게 정의되어 개별 사용자 정의를 위한 여지가 거의 없다. 많은 소비자 서비스는 이러한 유형의 프로세스를 사용하여 일관성과 경제성의 혜택을 받는다. 또 다른 예는 많은 콜센터 프로세스와 소매 활동이 있다. 우리는 이들 서비스 간의 차이가 거의 없기 때문에 이러한 프로세스를 '제품' 프로세스라고 명명했다. 그러나 제품 프로세스는 명확한 서비스 개념을 제공하는 이점이 있기 때문에, 고객은 맥도날드에서 Big Mac을 구매할 때 어떤 제품과 서비스를 기대해야 하는지 정확히 알고 있다. 이러한 조직에 대한 서비스 개념은 필수적이고 명확하며 상대적으로 엄격하다. 이는 특히 다양한 서비스 직원이 여러 서비스 위치에서 서비스를 제공해야 하는 경우에 적용된다. 역량 운영은 고객에게 '솔루션'을 제공하는 반면, 제품 운영은 서비스 개념의 정의와 마케팅에서 훨씬 더 명확하다. 이 두 운영은 경쟁력 있는 가격으로 일관된 운영 품질을 제공하는 능력을 놓고 경쟁하는 경향이 있다. 가장 중요한 서비스 차원 중 하나는 물리적 대기의 부재 또는 신속한 전화 응답 시에 서비스 가용성과 관련된 경우가 많다. 이러한 서비스 운영의 예는 다음과 같다.

- 레스토랑 체인, 슈퍼마켓 또는 온라인 소매 운영과 같은 다중 사이트 서비스.
- '직접' 보험 및 텔레 뱅킹과 같은 중앙 집중식 통신 기반 서비스.
- 자동차 타이어 및 배기 센터, 가전 제품 수리 또는 컴퓨터 서비스와 같은 단순한 교체 프로세스를 기반으로 하는 장비 수리 서비스.

이러한 대량 서비스에서 서비스 개념은 표준 활동에서 벗어나는 기회가 거의 없는 엄격하게 통제되는 일련의 프로세스로 변환된다. 고객 대면 직원은 상대적으로 하급 직원인 경우가 많고 급여가 낮은 경우가 많다. 이러한 운영의 역량은 일반적으로 수요의 급격한 변화에 대처할 수 있는 유연성 개발에 중점을 두고 잘 정의되어 있다. 이러한 대부분 운영에 대한 중앙 집중 작업은 다음과 같다.

- 모든 접점에서 서비스 전달의 일관성을 유지하여 고객의 기대를 충족시킴.
- 개별 고객이 여전히 숫자에 불과하다고 느낄 수 있도록 표준 서비스를 관리함.
- 적절한 서비스 수준을 제공하고 엄격한 목표 대비 자원 생산성을 관리함.
- 역량 운영의 핵심 직원을 위한 몇 년의 전문 훈련과 비교하여, 고객 대면 직원을 위해 종종 며칠 또는 몇 주 동안 집중 훈련을 제공함.

역량 운영과 대조적으로 제품 운영 관리자의 핵심 업무는 구성 요소의 다양한 활동을 가능한 한 효율적이고 일관되게 수행할 수 있는 계획된 환경을 만드는 것이다. 패스트푸드 레스토랑 공급망 관리는 마지막 순간 가능한 한 몇 개의 변경까지도 모든 공급자에게 수요 예측과 일정을 적시에 제공해야 한다. 따라서 역량 관리자는 변화에 더 잘 대응하기 위해 노력하는 반면, 제품 관리자는 계획에 대한 예상치 못한 변동을 줄이는 데 더 노력한다. 우리가 이 장의 뒷부분에서 역량-제품 스펙트럼을 따라 이동하는 문제에 대해 논의할 때 이것에 주목할 가치가 있다. 프로세스 설계를 변경하는 것은 가능할 수도 있지만, 프로세스 관리자의 행동을 변경하는 것은 확실히 더 어렵다. 〈표 11-3〉에는 역량 프로세스와 제품 프로세스 간의 주요 차이점을 요약하였다.

프로파일링 프로세스

역량-제품 대각선이 스펙트럼이라는 것을 기억하는 것은 중요하다. 프로세스는 두 극단 사이에 있을 수 있다. 실제로 서로 다른 프로세스를 스펙트럼상에 차트로 표시하는 것은 유용할 수 있다. 〈그림 11-5〉는 운영 관리자가 역량-제품 스펙트럼에서 현재 프로세스를 찾고 적절한 조정를 취해야 하는지 여부를 결정하는 데 도움이 되도록 차트(때때로 역량-제품 프로파일이라

〈표 11-3〉 역량 대 제품 프로세스

구분	역량	제품
예	고급 호텔, 경영 전문가, 기업 변호사, 건축가가 설계한 고급 주택 건축업자, 항공 보험 브로커	저렴한 호텔 체인, 소프트웨어 패키지 교육 제공자, 하우스컨베이어, 정원 창고 건설자, 자동차 보험 제공자
프로세스 유형	다양한 경험과 결과를 가능하게 하는 유연한 프로세스	좁은 범위의 경험과 결과에 초점을 맞춘 비교적 경직된 프로세스
서비스 제공	고객의 니즈를 진단하고 맞춤형 솔루션을 개발할 수 있는 능력	많은 고객의 요구를 충족시키기 위해 경제적이고 일관된 서비스를 제공하는 능력
핵심 요인	개별 고객 요구 사항에 유연하고 혁신적이며 대응적이다	일관된 품질과 빠른 응답을 제공하는 저렴한 비용
주요 도전	• 개별 직원의 대응 조정 • 프리미엄 가격을 정당화하기 위한 차별화된 역량 유지 • 생산성 관리 • 고도로 숙련되고 지식이 풍부한 개인을 최대한 활용	• 여러 사이트 및 여러 제공자에 일관되게 제공 • 직원의 사기와 프로세스 및 고객에 대한 소유 의식 • 혁신 관리 • 많은 직원 및 고객 관리

〈그림 11-5〉 두 자동차 보험 프로세스에 대한 역량-제품 프로파일

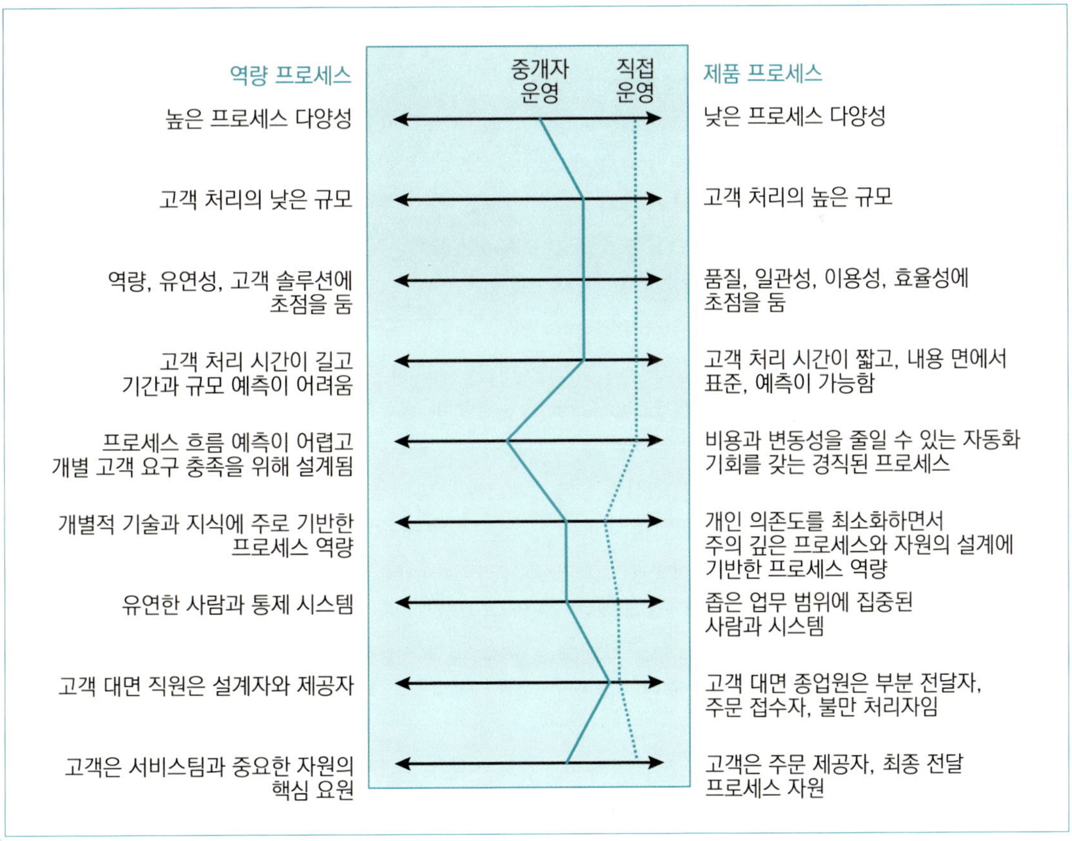

고도 함) 형식으로 앞에서 논의한 내용을 요약하여 보여 준다. 이것은 자동차 보험 제공자의 프로필을 보여 주며 직접 운영(개인 사용자에게 정책 제공)과 자신과 다른 회사의 보험 상품을 모두 판매하는 보험 '중개자' 지원 간의 차이점을 보여 준다.

이 프로파일링 접근 방식은 서비스 관리자가 해결해야 할 잠재적인 불일치를 찾아내는 데 유용하다. 이러한 불일치 문제는 서비스 작업 변경이 자주 일어나지만, 전달 프로세스는 새로운 요구 사항을 충분히 충족하는 데 변화하지 않기 때문이다. 〈그림 11-5〉의 보험회사의 경우 중개자 보험 운영에서 직접 보험 운영으로의 전환은 프로세스가 필요 이상으로 유연하고 일부 직원은 새로운 직무에 대해 과도하게 평가될 수 있음을 의미할 수 있다. 이러한 전환은 관리 스타일의 상당한 변화와 사용하고 있는 핵심 성과 지표 간의 우선순위 변화를 의미한다. 직접 보

CASE example

사례

Shouldice Hospital은 스펙트럼에서 위치를 변경하였다[2]

Shouldice Hospital은 '역량' 프로세스를 '제품' 프로세스에 더 가깝게 전환시킨 캐나다 탈장 치료 병원이다. 한때 탈장 수술은 어렵고 복잡한 절차로 여겨졌다. 지금은 부분적으로 Shouldice Hospital 덕분에 탈장 수술은 훨씬 더 표준화된 절차가 되었다. 탈장 치료에 대한 접근 방식은 설립자인 Dr Earle Shouldice가 수술 후 활동은 회복 시간을 단축하고 예측 가능하게 만들 수 있다는 것을 발견하면서 시작되었다. 그는 동료들과 함께 모든 외과의사가 엄격하게 따르는 '숄다이스 방법'이라는 표준화된 수술 절차를 개발했다. 수술 전, Shouldice는 환자가 Shouldice가 제공하는 치료에 적합한 후보인지 확인하는 데 도움이 되는 정보를 요청하는 설문조사를 환자에게 보낸다(이는 프로세스 시간의 변동성을 줄이는 데 추가로 도움이 된다). Shouldice는 환자가 자신의 키에 적합한 허용 가능한 체중을 요구한다. 과체중이 예상되는 환자는 체중을 줄여야 한다. 환자는 수술 전날 병원에 입원하고 다음 날 따라야 할 절차에 대한 브리핑을 받는다. 수술 전날 밤은 환자들이 서로를 알아가는 기회이기도 하다. Shouldice는 환자가 회복을 촉진하기 위해 협력하도록 권장한다. 병원은 고객 도착의 변동성이 거의 없는 방식으로 수술 일정을 잡는다.

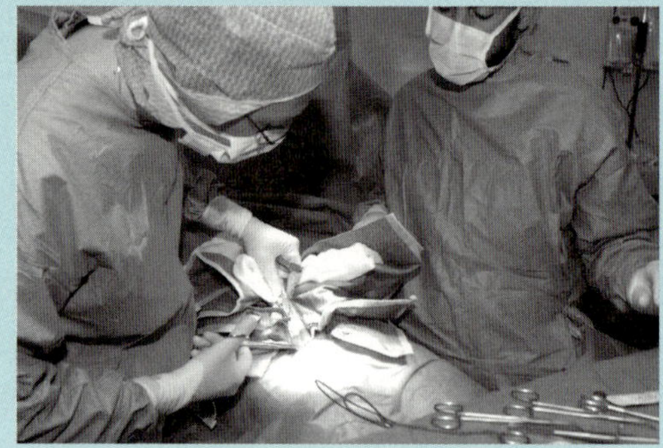
HUMBERT/BSIP/Alamy Stock Photo

이것은 Shouldice가 일상적이고 규칙적인 방식으로 운영할 수 있고 고객을 기다리지 않고 거의 모든 병상을 가득 채울 수 있음을 의미한다. Shouldice가 가장 일반적으로 사용하는 절차는 근육 층을 겹치는 방식으로 함께 꿰매는 것으로 특히 신뢰할 수 있는 기술이다. 퇴원 후 Shouldice는 Shouldice의 수술 후 추적 프로그램에 대한 설문지가 포함된 이메일 뉴스레터를 모든 환자에게 보낸다. 이 집중된 접근 방식은 이제 전 세계적으로 복사되었으며 유사한 수술 절차로 확장되었다. 이 경우, 역량 프로세스에서 제품 프로세스로 전환은 외과의사의 숙련도를 낮추는 것이 아니라 외과의사가 점점 더 전문화되고 보다 일반적인 수술로 돌아갈 수 없게 될 수 있음을 의미한다.

험 운영은 빠른 응답과 저렴한 비용에 중점을 두는 반면, 중개자 보험 운영은 유연성과 개인 서비스에 더 중점을 둔다.

규모-다양성 매트릭스 또는 역량-제품 프로파일을 사용하여 완전히 다른 서비스 부문의 프로세스를 비교하고 대조하는 것은 가치가 제한적이라는 점을 이해해야 한다. 소규모 기업 변호사(역량)를 레스토랑 체인(제품)과 비교하는 것은 거의 의미가 없다. 그러나 동일한 부문 내에서 서로 다른 프로세스 유형을 비교할 때 매우 유용할 수 있다.

11.2.4 대각선 밖의 프로세스

많은 프로세스가 역량-제품 대각선의 어딘가에 있지만, 모두가 그렇지는 않다. 〈그림 11-4〉에서 우리는 '단순성'과 '복잡성'이라는 두 가지 '대각선 밖' 위치를 정의했다.

복잡성 (대규모와 높은 다양성)

〈그림 11-4〉의 오른쪽 상단 모서리에 있는 프로세스는 유연성이 뛰어난 대규모의 서비스를 제공하는 데 있다. 언뜻 보기에 이 위치는 가능한 한 많은 고객에게 최대한의 유연성을 제공하는 이상적인 위치처럼 보일 수 있다. 그러나 실제로 많은 수의 고객에게 유연성을 제공하는 것은 항상 많은 비용을 요구하는 많은 수의 고도로 숙련된 인력 및 첨단 장비를 사용해야 한다. 때때로 '대량 맞춤화'라고 하는 이 영역의 프로세스는 고객이 원하는 것이 무엇이든, 원하는 곳 어디에서나 저렴한 가격으로 제공하려고 노력한다.[3] 인터넷 뱅킹이 그 한 가지 예이다. 인터넷 뱅킹은 완전한 범위의 뱅킹 서비스를 제공하지는 않지만, 24시간 연중무휴로 모든 컴퓨터 또는 모바일 장치에서 적은 비용으로 접근할 수 있는 다양한 서비스를 제공해 준다.

서비스 운영 관리자의 과제 중 하나는 프로세스 유형이 서비스 개념을 제공하기에 적절한지 확인하는 것이다. 서비스 개념이 변경되고 발전함에 따라 기존 프로세스가 현재 진행 중인 작업에 적합하지 않을 수 있다. 유능한 관리자는 이를 인식하고 미래 요구 사항을 충족하기 위해 새로운 프로세스 설계를 사전에 개발하는 것이다.

단순성 (소규모와 낮은 다양성)

소규모와 낮은 다양성의 프로세스는 소규모 양조장과 소규모 전문 컨설턴트와 같은 소규모 운영을 포함한다. 일부 대규모 조직은 '단순한' 운영을 시작 서비스로 개발할 수도 있으며, 이는 규모나 다양성 또는 둘 다의 측면에서 성장할 수 있다. 여기서 문제는 운영은 적은 규모로 인해 효율적으로 작동하지 않을 가능성이 있다는 것이다. 이는 자원을 충분히 활용하지 않거나 조직이 단위 비용을 줄이기 위해 프로세스 기술에 투자할 의사가 없음을 의미할 수 있다. 그러나 이 단순 프로세스 위치는 하나 또는 두 개의 매장에서 소비하기 위해 단일 맥주를 매우 소량 생산하는 소규모 양조장이나 고객이 한두 명뿐인 기업 변호사와 같은 소규모 틈새시장 기업에게 적합할 수 있다. 이러한 틈새시장 기업이 벌어들이는 이윤이 운영 비효율성을 훨씬 능가할 가능성이 크다. 그러나 매트릭스에서 이 위치는 시제품(파일럿) 또는 창업 운영으로 크고 작은 조직에서 의도적으로 사용할 수 있어, '보육(인큐베이터)'으로 대체 설명할 수 있다.

11.2.5 고객 참여도

서비스 프로세스를 규모와 다양성으로 구분하는 것은 유용하지만, 일반적인 서비스 운영과는 달리 서비스 운영의 가장 중요한 특성 중 하나인 고객의 중요성을 놓치고 있다. 일부 서비스 운영 및 해당 프로세스는 고객의 높은 수준의 참여에 의존하고 있다. 다른 운영 및 프로세스는 그렇지 않다. 은행을 예로 들어 보자. 은행의 고객, 심지어 직원과 관리자도 고객과 은행 직원 간의 개인적인 상호작용이 중요하다고 말할 수 있으며 실제로 그렇다. 그러나 운영 관점에서 볼 때, 은행은 본질적으로 매일 수백만 건의 금융 거래를 처리하는 큰 공장이다. 예를 들어, 대기 주문 및 자동이체 유지 관리와 같이 대부분은 문제가 없는 한 보지 않거나 생각조차 하지 않는다. 은행은 확실히 고객과의 상호작용을 올바르게 해야 하지만 은행이 제공하는 주요 가치는 계정을 처리하고 재정적 이동을 관리하는 것이다.

이 예는 고객 접촉과 고객 참여의 차이점을 강조하고 있다. 고객 접촉은 단순히 고객이 서비스 운영 프로세스와 일종의 의사 소통을 하는 정도를 의미한다. 그러나 고객 참여는 고객이 서비스 제공 프로세스의 본질적인 부분으로 조직의 자원으로 간주될 수 있는 정도를 의미한다. 은행은 높은 수준의 고객 접촉을 갖고 있지만, 은행의 많은 프로세스에서 상당한 수준의 고객 참여를 갖고 있지 않다. 경쟁적 위치가 근본적으로 고객을 어떻게 대하느냐에 달려 있는 운영일지라도 반드시 고객 참여도가 높은 것은 아니다. 예를 들어, 고급 호텔은 높은 고객 참여를 요구하기보다는 높은 고객 접촉을 갖는 것으로 설명될 수 있다. 고객은 호텔의 시설을 직접 경험하고, 고객의 모든 요구에 부응하는 많은 직원이 있다. 호텔이 고객에게 침대를 정리하고 직접 식사 요리를 요구하는 경우, 호텔은 높은 고객 참여 규모로 더 이동해야 할 것이다.

〈그림 11-6〉은 프로세스 유형에 고객 참여 정도를 통합하는 한 가지 방법을 보여 주고 있다. 이것은 핵심 의사 결정 영역 매트릭스(Key Decision Area Matrix: KDAM)라고 한다.[4] 이 매트릭스는 핵심 가치가 추가되는 위치와 운영 관리자가 주목해야 하는 핵심 사항이 무엇인지를 를 이해하는 데 도움이 된다. 그림은 상대적으로 대규모 프로세스(표준과 부분 표준 프로세

〈그림 11-6〉 핵심 의사 결정 영역 매트릭스(KDAM)

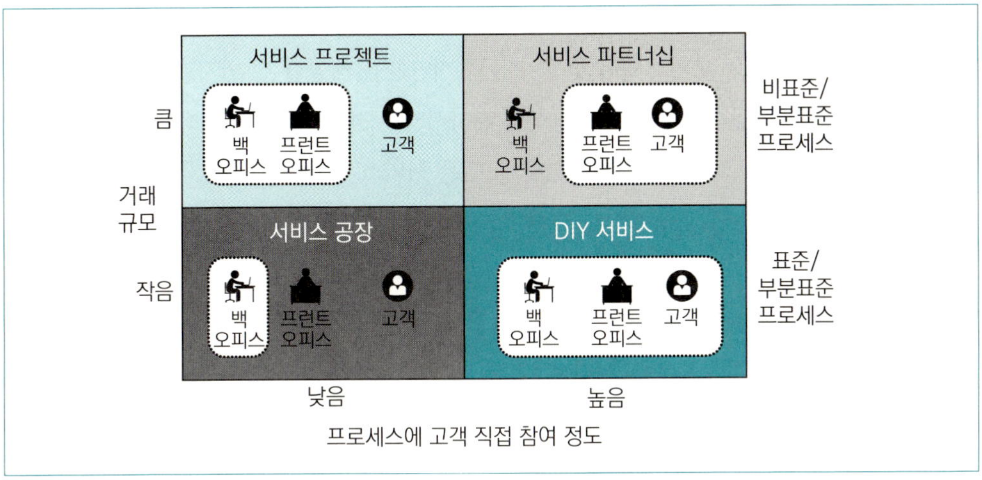

Source: Based on Larsson, R. and Bowen, D. (1989) 'Organisation and customer: managing design and the coordination of services', *Academy of Management Review*, 14 (2), 213–233; and Clutterbuck, D., Clark, G. and Armistead, C. (1993) *Inspired Customer Service*, Kogan Page, London.

스)와 상대적으로 소 규모 운영(비표준과 부분 표준 프로세스)에 대한 백 오피스, 프런트 오피스 및 고객과 고객 참여 수준의 관계에서 점선 영역의 네 의사 결정 유형으로 분류한다. 이 분류를 사용한 광범위한 네 서비스 프로세스 유형은 다음과 같다.

- 서비스 공장
- DIY(Do-It-Yourself) 서비스
- 서비스 프로젝트
- 서비스 파트너십

서비스 공장

서비스 공장은 고객 참여가 적은 표준 프로세스와 때때로 부분 표준 프로세스를 다루는 대규모의 낮은 다양성 운영이다. 서비스 공장의 예는 대부분의 소매 운영, 레스토랑 체인 및 많은 금융 서비스와 같은 대규모 소비자 서비스를 포함한다. 이러한 서비스에 대한 주요 의사 결정 영역은 주요 작업이 효율적이고 일관된 대규모 운영인 백 오피스이다. 예를 들어, 은행이 고객에게 더 빠른 수표 결제 서비스를 제공하고자 하는 경우, 가장 먼저 백 오피스의 역량을 검토한다. 이러한 운영을 통해 가능한 한 많은 부가가치 활동이 백 오피스에 배치된다.

이것은 프런트 오피스 직원의 역할을 부정하는 것은 아니다. 프런트 오피스의 역할은 이 서비스 공장을 고객 친화적으로 보이게 하고 각 고객이 소중하고 특별하다는 인상을 주는 것이다. 그러나 프런트 오피스는 개별 고객에게 상당히 다른 서비스를 제공할 수 있는 능력은 없다. 이러한 조직은 프런트 오피스에서 일정 수준의 개인화를 제공할 수 있지만, 고객의 많은 특별한 요청이 없이는 전체적으로 운영 효율성을 저하시키는 경향이 있다.

서비스 공장에서도 고객의 역할이 있다. 고객은 서비스 전달 시스템에 맞게 '훈련'을 받는다. 즉 고객은 올바르게 양식을 작성하고 올바른 대기열에 서서 비표준화 요청을 하지 않도록 훈련 받는다.

서비스 공장은 잠재적으로 효율적이고 일관성이 있지만(특히 다중 사이트 운영 전반에 걸쳐), 고객에게는 비인간적으로 느껴질 수 있다. 직원이 서비스 전달에 비해 고객 기대치의 불일치를 처리하기 때문에 프런트 오피스의 낮은 동기부여로 심각한 문제가 있을 수도 있다.

DIY 서비스

DIY 서비스는 표준 프로세스와 부분 표준 프로세스가 포함된 대규모, 낮은 다양성 프로세스이지만 높은 수준의 고객 참여가 있다. 우리는 레저 산업, 관광, 스포츠 및 피트니스 클럽에서 이러한 유형의 서비스 예를 볼 수 있다. 온라인 및 셀프 서비스 소매업도 서비스 공장에서 DIY 서비스 영역으로 이동하고 있다.

우리는 전체 고객, 프런트 오피스 및 백 오피스 체인을 중심으로 주요 결정 영역을 고안했다. 이는 이러한 서비스가 모든 영역에서 결정의 균형을 유지해야 한다는 사실을 반영하고 있다. 시설 및 네트워크의 초기 설정을 위한 설계 작업에 상당한 노력이 필요하다. 예를 들어, Amazon은 고객 주문을 이행하기 위해 웹 기반 인터페이스와 백 오피스 유통 활동을 설정하는 데 많은 설계 시간을 할애했다. 서비스가 원활하게 실행되도록 하려면 고객의 역량도 설계 개요에 포함되어야 한다. Amazon의 경우 웹 사이트 디자인과 고객의 접근 및 사용 용이성에 관한 프런트 오피스의 결정도 중요하다.

서비스 프로젝트

서비스 프로젝트는 고객 참여가 제한적인 부분 표준 프로세스와 비표준 프로세스를 대부분 활용한다. 이러한 유형의 서비스의 좋은 예는 시장 조사 회사가 제공하는 서비스이다. 프런트 오피스 직원이 고객과 함께 집중적인 초기 진단/사양화 단계를 수행하는 경우가 많다. 두 번째 단계는 고객 없는 상태에서 백 오피스 직원이 수행하는 연구 작업으로 구성된다. 일반적으로 최종 단계는 결과가 제시되고 논의된다.

물론 많은 소규모 시장 조사 회사의 프런트 오피스 및 백 오피스는 하나로 동일하지만, 조직이 성장함에 따라 일반성이 적어진다. 그러나 원칙은 서비스 프로젝트 조직이 서비스 공장에 필요한 것보다 프런트 오피스와 백 오피스 간 훨씬 더 긴밀한 연결을 가져야 한다는 것이다. 특히 서비스 프로젝트는 수요량과 프로세스 유형의 변화로 인해 표준 프로세스가 아닌 비표준 프로세스와 일부 부분 표준 프로세스를 주로 다루기 때문이다.

프런트 오피스 직원은 서비스 공장보다 더 많은 능력과 유연성을 가져야 한다. 잠재 고객과 대면할 때 일선 직원이나 서비스 전문가는 대인 관계 기술뿐만 아니라 상당한 기술적 능력을 보여 줄 수 있어야 한다. 이들은 통합된 프런트 오피스/백 오피스의 능력과 역량에 대해 상당한 지식을 갖추고 있어야 하며, 고객의 요구 사항의 진단을 기반으로 조직을 대신하여 고객과 약속을 할 수 있어야 한다.

서비스 파트너십

서비스 파트너십은 비표준 프로세스나 부분 표준 프로세스를 다루는 높은 고객 참여와 함께 높게 맞춤화된 서비스 프로세스를 포함한다. 주요 의사 결정 영역은 고객-프런트 오피스 파트너십이다. 테마는 서비스 제공자가 고객과 밀접하게 관련된 것으로 공동 개발하는 것 중 하나이다. 서비스 파트너십의 한 예는 전략 개발 과정에서 관리 팀과 함께 일하는 일종의 컨설턴트가 될 수 있다. 여기서 서비스 결과의 일부는 컨설턴트가 인적 개발의 일부로 관리 팀 구성원을 멘토링할 것이라는 기대가 있다. 이 경우 고객은 서비스 프로세스의 필수적인 부분이다.

고객과 서비스 제공자는 매우 직접적으로 연결되어 있기 때문에, 이 서비스의 효과는 종종 관련된 개인 간의 인적 특성의 작용에 달려 있다. 소규모 컨설팅에서 원칙 중 하나는 종종 컨설턴트가 만족스러운 결과를 개발할 때 좋은 업무 관계가 기본이기 때문에 컨설턴트들은 좋아하는 사람들과만 일한다는 것이다.

이러한 조직의 도전은 프런트 오피스와 백 오피스 간의 의사소통 연결을 관리하는 것이다. 백 오피스는 종종 행정 지원을 제공하며 프런트 오피스의 '전문가'보다 낮은 지위로 인식될 수 있다.

혼합 유형

더 크고 복잡한 서비스 조직의 도전은 네 가지 유형의 주요 의사 결정 영역이 모두 운영에 반영될 수 있다는 것이다. 은행의 예를 들면 다음과 같다.

- 서비스 공장: 소비자를 위한 소매 은행 – 대규모와 표준 계정.
- 서비스 프로젝트: 기업가를 위한 사업 대출.

- 서비스 파트너십: 대기업 고객을 위한 투자 포트폴리오 관리.
- DIY 서비스: 인터넷 및 전화 뱅킹.

이러한 다양성을 인식하고 관리하는 것이 중요하다. '천편일률적 접근법'은 적절하지 않다는 것이 점점 사실로 나타나고 있다. 각 운영은 서로 다른 성과 기준, 기술, 관리 스타일, 서로 다른 프로세스와 인력을 필요로 한다.

초점 및 작업 할당 변경

서비스 운영 관리자는 프런트 오피스, 백 오피스 또는 고객이 수행하는 작업을 결정해야 한다. 서비스 개념이 확장되거나 변경됨에 따라, 매트릭스에 설명된 대로 서비스 포지셔닝도 변경되고 작업 할당도 변경될 수 있다. 〈그림 11-7〉은 작업 재할당의 세 가지 예를 보여 주고 있다.

런던 보험 시장에서 운영되는 재보험회사는 전통적으로 강력한 인적 고객 관계를 구축하는 데 비즈니스 기반을 두었지만, 가치를 입증하고 비용 절감을 제공해야 한다는 압력으로 인해 서비스 파트너십 접근 방식에서 서비스 프로젝트 환경으로 이동해야 했다. 회사는 개별 고객과 보내는 시간이 비효율적이었고 계속해서 감소하는 고객 유지에 집중하고 있다는 것을 깨달았다. 이러한 전환에는 고객과 보내는 시간을 줄이고 표준 작업 방식을 개발하는 데 대대적인 문화적 변화를 해야 했다. 또한 이러한 변화를 지원하는 정보 시스템에 대한 상당한 투자를 해야 했다.

소매업자는 번화가 매장에서 온라인 전용 소매업자로 전환하고 있다. 이는 구매 및 물류

〈그림 11-7〉 작업 할당 변경

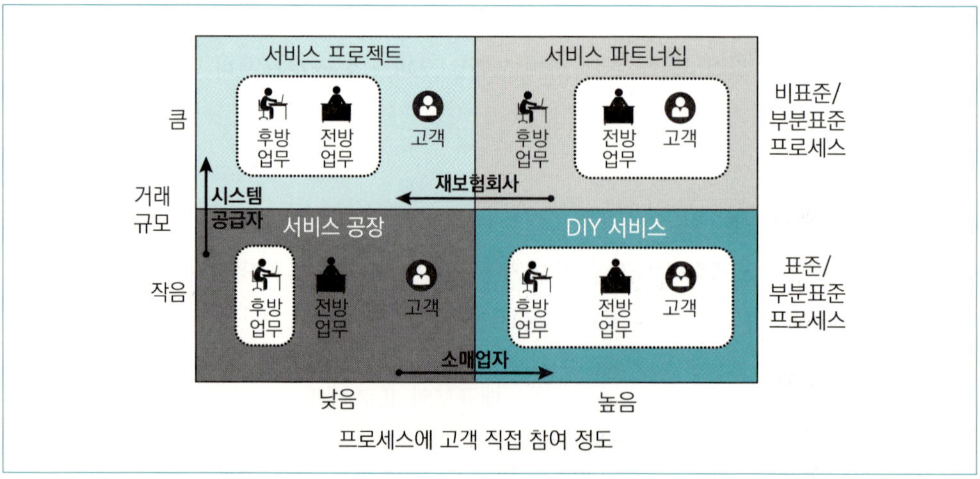

와 같은 백 오피스 기능에 크게 중점을 둔 조직에서 고객이 배송 시스템에서 점점 더 큰 역할을 할 수 있게 하는 시스템을 설계하는 능력을 개발해야 하는 조직으로의 이동을 나타낸다. 이러한 시스템은 고객 측면에서 더 많은 정교함을 필요로 하며, 아마도 서비스 제공자는 고객에게 가능한 구매를 제안하는 새로운 유통 기술 및 알고리즘의 구현에 대해 더 많은 관심을 기울여야 한다.

시스템 공급자는 주로 통신 하드웨어 제공에 큰 관심을 가지고 있다. 시스템 공급자 운영은 백 오피스에서 가능한 한 효율적으로 시스템의 조달 및 공급에 중점을 두었다. 치열한 경쟁으로 인해 제품 마진이 줄어들면서, 회사는 고객에게 보다 맞춤화된 '솔루션'을 제공할 필요성을 인식하게 되었다. 프런트 오피스의 역할은 판매 주문 처리 활동에서 적용 업무 컨설팅 제공으로 이동하였다. 이 조직의 주요 변화는 전통적으로 고객과 멀리 떨어져 있는 백 오피스 역할에서 중요한 고객 상호작용이 있는 프런트 오피스 활동으로 이동하는 전문가를 포함한다. 또한 프런트 오피스와 백 오피스가 프로세스에서 더 큰 통합을 만들어 고객 요구의 큰 변동성을 효과적으로 처리할 수 있도록 하는 것이 중요하다.

11.2.6 대규모(대량), 높은 참여 — 군중 관리

7장에서 고객 경험을 논의할 때 우리는 '군중'을 구성하는 대규모의 '고객'을 직접 처리하는 서비스 운영의 특별한 경우를 제시했다. 7장에서 간략히 설명한 바와 같이, 소셜 미디어 및 피크 타임 교통 허브로 인해, 군중 행동 연구와 군중 관리는 스포츠 이벤트, 정치 모임, 콘서트 및 축제, '자발적 이벤트'와 같이 군중이 모일 수 있는 상황이 많기 때문에 서비스 운영 관리에서 중요한 부분이다. 군중은 안전 관리와 같은 많은 서비스의 일상생활에서 불가피하게 발생한다. 군중 관리에 문제가 발생하면 사회적 영향이 엄청날 수 있다.

군중 관리는 4단계가 있으며 이 단계 중 3개 단계는 행사 전에 수행해야 한다. 〈그림 11-8〉은 이러한 단계를 보여 준다. 4단계는 다음과 같다.

〈그림 11-8〉 군중 관리 프로세스 설계 단계

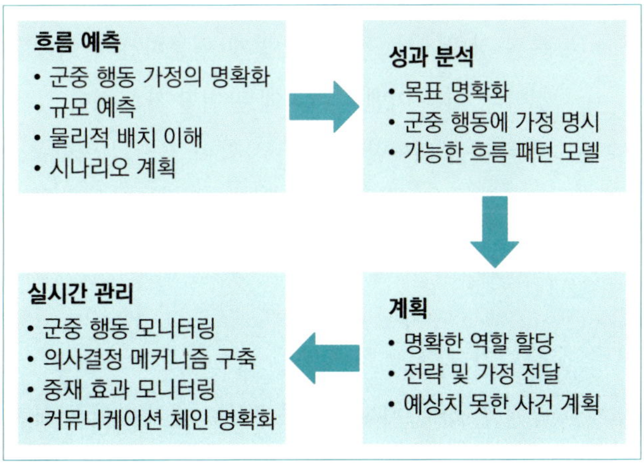

- 흐름 예측
- 성과 분석

- 계획
- 실시간 관리

흐름 예측

특정 시점에 군중은 안정적일 수 있지만 항상 그런 것은 아니다. 군중을 형성하는 사람들은 모여야 할 것이고, 일단 모이면 기차역을 통하거나 음악 축제의 무대 사이에서 이동하며 떠들 수 있다. '최악의 경우' 시나리오로, 군중들은 실제 또는 인지된 위협에 대한 반응으로 공포가 될 수 있다. 보행자 공간에서 흐름 패턴을 예측하려면, 문과 이동 장벽이 있는 위치와 같은 특정 환경에서 사람들이 어떻게 행동하는지 이해하는 것이 필요하다. 또한 특정 시간에 얼마나 많은 사람들이 군중에 있을 수 있는지에 대한 예측이 필요하다. 물리적 공간과 많은 사람에 대한 정보의 결합은 다양한 시나리오에 대한 예측을 가능하게 해 준다.

성과 분석

다음 단계는 정의된 다양한 시나리오에 대해 가능한 흐름 패턴을 모델링하는 것이다. 군중 행동을 전문으로 하는 전문 회사는 종종 시뮬레이션 모델을 사용하여 흐름 패턴을 수행한다. 이러한 모델은 다양한 레이아웃과 규모의 효과를 이해하는 데 도움이 되는 인상적 시각 효과로 매우 정교할 수 있다. 그러나 이 모델들은 내장된 개별 행동에 대한 가정에 의존한다. 그러나 군중을 관리하는 방법은 추구하는 목표에 따라 달라져야 한다. 분명히 안전은 항상 중요한 목표이지만 대규모 스포츠 행사나 정치적 시위와 같은 일부 경우에는 특히 중요하다. 예를 들어, 대중교통 허브의 설계 시, 어떤 지역을 통과하는 효율적인 이동이 핵심 목표가 될 수 있다.

계획

특정 상황에서 군중이 어떻게 행동하는지 이해했다면 다음 단계는 이벤트 자체를 계획하는 것이다. 이는 이벤트 관리에 관여할 가능성이 있는 사람이 처음 두 단계의 가정과 결과를 이해하는 것을 의미한다. 모든 사람이 자신의 역할을 이해하는 것을 의미한다. 또한 이는 병목 현상으로 인한 예상치 못한 혼잡 또는 긴급 대피와 같은 예기치 않은 상황에 대한 계획을 세우는 것을 의미한다.

실시간 관리

앞의 분석 및 계획에도 불구하고 예기치 않은 사건이 거의 확실하게 일어난다. 이들 중 일부는 상대적으로 경미할 수 있고(예: 특정 지역에 사람이 약간 증가함), 일부는 잠재적으로 더 심각할 수 있다(예: 군중의 일부가 다른 사람들을 위험에 빠뜨릴 만큼 충분히 무책임하게 행동함). 이는 전통적인 통제 상황으로, 다른 통제 활동과 마찬가지로 몇 가지 주요 행동에 의존하고 있다. 첫째, 군중의 상태를 모니터링하여 계획된 것에서 상당한 편차를 감지할 수 있어야 한다. 둘째, 개입이 필요한 시점과 개입을 해야 할 때를 결정하는 결정 메커니즘이 있어야 한다. 셋째, 군중 행동이 수정되었는지 확인하기 위해 개입의 효과를 모니터링해야 한다. 이 모든 단계는 명확한 커뮤니케이션 체인의 설정에 의존하고 있다.

대중/이벤트 마샬

대중 행동은 때때로 혼란스럽거나 예측할 수 없기 때문에, 많은 대규모 서비스는 대중(또는 이벤트) 마샬(marshal)을 사용하여 고객을 관리한다. 대중 마샬은 대규모 서비스나 이벤트로 고객을 감독, 지시 또는 통제하는 사람들이다. 대중 마샬은 일반적으로 스포츠 행사, 축제, 관광지, 콘서트, 회의 및 전시회, 실제로 대중이 있을 가능성이 있는 모든 장소에 존재한다. 대중 마샬은 자원봉사자일 수도 있고 점점 더 이 행사를 위해 고용된 전문가일 수도 있다. 그러나 아마추어든 프로이든, 대중 마샬은 고객 흐름을 원활하게 하고 고객 안전을 보장하는 데 중요한 역할을 할 수 있다. 그들의 정확한 역할과 책임 범위는 서비스나 이벤트의 정확한 성격에 따라 어느 정도 달라지지만 일반적으로 고객의 복지와 재산을 보호할 의무도 포함하고 있다. 이것은 대중이 위험에 처한 지역(예: 경마장) 또는 다른 고객에게 불편을 주는 곳(예: 콘서트)으로 대중이 이동하는 것을 방지하는 것을 포함할 수 있다. 또한 이것은 사건이나 사고에 효과적으로 대응하고 비상 시 대피를 지원하는 것을 포함할 수 있다.

덜 극적이지만 종종 매우 유용한 대중 마샬의 책임은 고객 안내, 고객 피드백 수집, 지원이 필요한 사람들을 위한 연락처 제공, 그리고 대기열 증가에 대해 서비스 운영 관리자에게 보고를 포함할 수 있다. 이러한 유용성은 종종 우리가 이전에 운영과 고객 관점 사이의 중첩이라고 부르는 것에 대해 효과적이라는 것이다. 예를 들어, 아테네의 아크로폴리스에서 방문자가 파르테논 신전을 보기 위해 올라갔다가 같은 경로로 돌아오는 경우 혼잡이 심해질 수 있다. 어떤 곳에서는 대중이 같은 좁은 문을 통해 위아래로 움직인다. 고대와 역사적 중요성은 분명히 게이트웨이가 확장되는 것을 막았지만, 철도는 오르는 방문자와 내리는 방문자를 분리하고 있다. 그러나 때때로 오르고 내리는 방문자 수의 차이는 마샬이 한 방향 또는 다른 방향에 우선순위를 부여해야 함을 의미한다. 마샬의 개입이 없으면 방문자 흐름이 '백업'되어 대기열과 고객 불만을 일으킨다.

CASE example

사례

군중 통제 '플랫폼-기차 인터페이스' 관리

'플랫폼-기차 인터페이스'는 최악의 전문용어로 보일 수 있지만 철도 사업자에게는 중요한 문제이다. 플랫폼-기차 인터페이스는 승객이 도착하면 플랫폼에서 열차를 타기 위해 기다리고, 다른 승객은 출발하는 방식을 언급한다. 문제는 열차에 탑승하기 위해 기다리는 승객들이 문 주변으로 몰려들어 내리는 사람들의 흐름을 제한한다는 점이다. 또한 승객은 때때로 문을 열고 있어 출발을 더욱 지연시키기도 한다. 승객이 도착하는 객차에서 돌아올 때까지 기다리는 것은 기차를 1분 미만으로 지연시킬 수 있지만, 전체 여행 과정에서 지연은 합산된다. 게다가, 약간의 지연도 누적되어 열차가 운행 순서를 벗어나 다음 역에서 정차할 수 있다. 질서정연한 일본에서도 일본 철도국의 최근 연구에 따르면 예정된 출발 시간 이후에 열차에 타려고 하는 승객이 지연의 거의 50%를 차지하고 있음을 발견하였다.

문제는 반드시 운영자의 비효율이 아니라 승객의 행동이다. 그러나 적극적인 군중 제어와 기술의 조합은 문제를 극복하는 데 도움이 될 수 있다. 영국 랭커스터 대학교(University of Lancaster)의 플라멘 안젤로프(Plamen Angelov) 교수는 이미 객차와 플랫폼에

Jomic/Shutterstock

고정된 CCTV 카메라의 이미지를 사용하는 인공 지능 기반 시스템을 개발했다.[5] 이 시스템은 혼잡한 지역, 수하물, 유모차 및 자전거와 같은 잠재적인 지연 원인을 감지하는 알고리즘을 사용하고 열차 문과 관련된 움직임과 위치를 비교하고 가능한 혼잡 지역을 예측해 준다. 동시에 접근하는 열차의 객차에 있는 카메라는 열차가 역에 접근할 때 어떤 문이 혼잡한지를 발견해 낸다. 객차와 플랫폼 모두는 이 데이터를 사용하여 시스템은 정체가 발생할 수 있는 위치에 대한 경고를 제공해 준다. 이를 통해 플랫폼의 승객은 덜 붐비는 문으로 안내를 받을 수 있다.

11.3 서비스 프로세스를 혁신하는 방법

우리는 7장에서 고객 경험을 설계하는 데 사용할 수 있는 몇 가지 도구에 대해 설명했다. 이 도구들은 고객 관점에 초점을 맞추기 때문에 중요하다. 그러나 백 오피스든 프런트 오피스든 새로운 서비스 프로세스를 설계하고 기존 프로세스의 설계를 평가하고 개선하는 데 도움이 되는 몇 가지 다른 도구가 있다. 이러한 도구는 프로세스 매핑, 린 사고, 카이젠, 식스시그마, 가치 흐름 매핑 등이 있다. 이러한 도구의 대부분은 지속적인 개선 추진에 관한 15장에서 다룰 것이다. 여기에서는 중요하고 강력한 도구인 프로세스 매핑을 살펴보겠다.

11.3.1 프로세스 매핑

프로세스 설계는, 재설계하는 만큼 자주 일어나지는 않는다. 검토하고 있는 작업이 이미 존재하는 경우가 많기 때문에 비공식적일지라도 일종의 '프로세스'를 사용하고 있다. 대부분의 프로세스 설계는 일부 작업을 수행하고 수행 방법을 개선하는 작업을 포함한다. 다행히도 이를 수행하기 위해 잘 평가된 몇 가지 방법이 있다. 이들 중 가장 필수적인 방법이 프로세스 매핑이다. 이는 신규 또는 기존 프로세스의 평가, 설계 및 개발을 지원하기 위한 서비스 프로세스 차트이다. 매핑의 본질은 일반적으로 프로세스의 다양한 측면을 이해하는 팀을 필요로 하는 모든 활동과 관계를 기록하는 것이다. 이는 시간 소모적인 활동이지만 다음과 같은 몇 가지 중요한 결과를 얻을 수 있다.

- 프로세스 매핑은 프로세스의 모든 단계를 비판적으로 검토할 수 있다. 특히 '활동이 과연 부가가치를 창출하는가'라는 핵심 질문을 던진다.
- 프로세스 매핑은 프로세스 개선을 위한 필수적인 시작점이다. 완전히 이해되지 않은 것을 어떻게 개선할 수 있을까?
- 작업을 수행하는 방법에 대한 관점을 공유하기 위해 운영의 다른 부분에서 팀을 모으는 것은 이상적인 기회이다.
- 연습을 적절히 관리하면 프로세스 소유권과 책임의 문화를 조성하는 데 도움이 될 수 있다.
- 프로세스 매핑은 모든 사람에게 처음으로 전체 프로세스에 대한 개요를 제공해 준다.
- 결과물은 이해하기 쉽고 잘못 해석하기 어려운 '그림'인 프로세스 맵이다.

매핑 활동을 시작할 때 고려해야 할 첫 번째 질문은 세부 수준이다. 거시적 수준에서 프로세스 맵을 사용하여 주요 활동과 관계를 묘사할 수 있고, 미시적 수준에서 프로세스나 프로세스의 일부 또는 실제로 그 사이의 어딘가에 관련된 모든 세부 작업을 매핑할 수 있다. 최소 수준은 맵에 표시하는 용도에 따라 다르지만 일반적으로 전체 프로세스를 표현하고 주요 요소가 표시되는 수준이다. 필요한 경우 더 자세한 개별 지도를 생성할 수 있다.

종종 프로세스 맵은 합의된 일련의 매핑 기호을 사용한다. 이러한 기호는 모든 프로세스를 설명하기 위해 순서대로, 직렬 또는 병렬로 배열될 수 있다. 〈그림 11-9〉는 조명 및 무대 효과 장비를 연극 회사와 이벤트 주최자에게 대여하는 회사에서 사용하는 프로세스 중 하나에 대한 프로세스 맵을 보여 주고 있다. 고객의 전화는 매장 기술자와 연결한다. 요구 사항을 논의한 후 기술자는 장비 가용성 파일을 확인하여 필요한 날짜에 회사 자체 재고에서 장비를 공급

〈그림 11-9〉 무대 조명 작업에서 '요구-전달' 프로세스에 대한 프로세스 맵

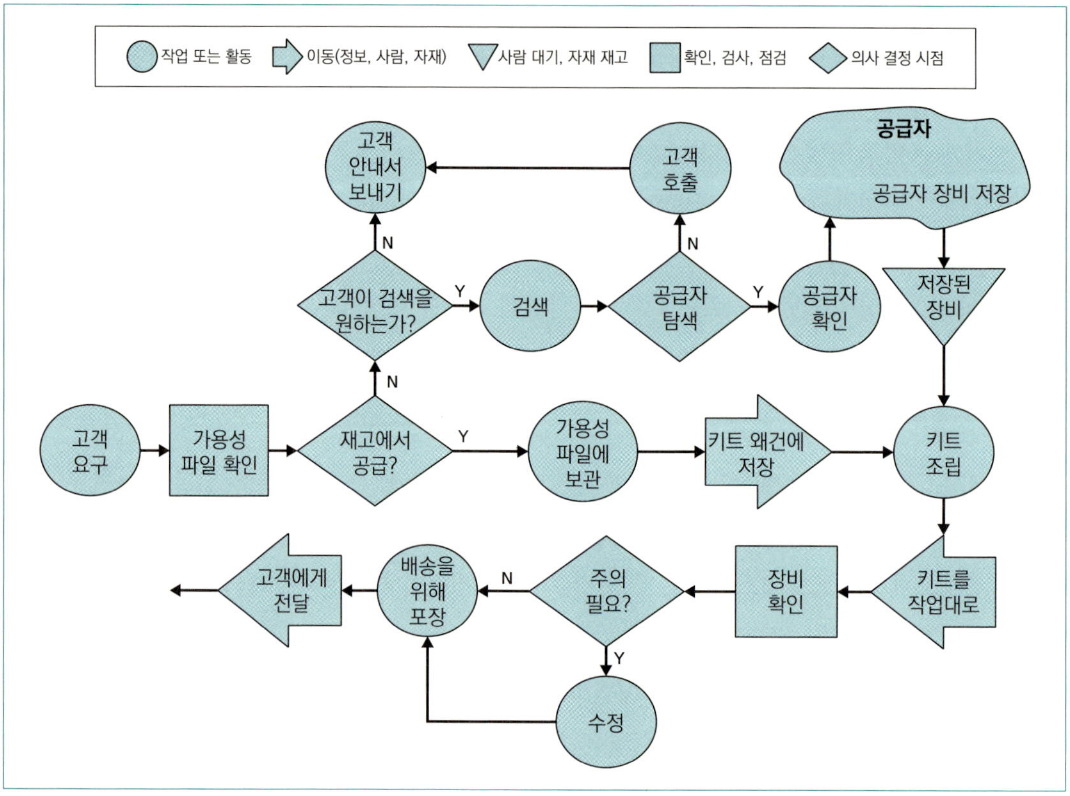

Source: Slack, N. and Brandon-Jones, A. (2019) *Operations Management*, 9th edition, Pearson, Harlow.

할 수 있는지 확인한다. 장비를 자체적으로 공급할 수 없는 경우, 회사가 다른 가능한 공급자로부터 장비를 구해도 가능한지를 고객에게 질문한다. 이 제안은 개별 기술자가 얼마나 바쁘고 얼마나 도움이 되는지에 따라 다르다. 때때로 고객이 제안을 거부하고 '고객 안내' 전단지가 고객에게 발송된다. 고객이 검토를 원하면, 기술자가 사용 가능한 장비를 찾기 위해 잠재적인 공급자에게 전화를 건다. 이것이 성공적이지 못할 경우, 고객에게 이를 알리지만, 적절한 장비가 있는 경우 회사 현장으로 배송을 위해 예약한다. 회사 자체 매장에서 장비를 공급할 수 있는 경우 장비 가용성 파일에 예약하여, 필요한 '키트 웨건'을 필요로 하는 모든 장비가 조립된 매장으로 가져간 다음 작업장으로 다시 가져간다. 장비를 확인하고, 장비에 이상이 있으면 이 시점에서 장비를 수리한다. 이후 특수 상자에 포장하여 고객에게 배송한다.

다른 기호는 다른 상황에서 사용하는데 적절할 수 있으며 맵을 개발하는 사람들에게 더 시각적이고 의미가 있을 수 있다. 선택한 기호는 적절해야 하지만 단일 의미로 공통적이고 이해할 수 있어야 한다. 또한 차트의 선은 고객의 경우 파란색, 정보의 경우 녹색과 같이 다양한

자재의 흐름을 나타내거나 표준 프로세스와 비표준 프로세스와 같은 다양한 규모 또는 경로를 나타내기 위해 채색될 수 있다.

프로세스 설계 가시성 매핑

다양한 수준의 고객 접촉과 프로세스를 매핑하는 것은 프로세스의 각 부분에 대한 가시성 정도를 명확하게 하는 방식으로 매핑된다. 높은 가시성을 가지고 설계된 프로세스 부분은 프로세스에 대한 고객의 인식을 높일 수 있다. 〈그림 11-10〉은 조명 장비 회사 운영의 또 다른 부분인 '수집 및 확인' 프로세스를 보여 준다. 프로세스는 각 활동의 가시성을 고객에게 보여 주기 위해 매핑되었다. 여기에서는 네 수준의 가시성을 사용하였다. 이에 대한 엄격하고 빠른 규칙은 없다. 많은 프로세스는 단순히 고객이 볼 수 있는 활동(프런트 오피스)과 볼 수 없는 활동(백 오피스)을 구분하고 있다. 이 두 범주 사이의 경계선은 흔히 '가시선'이라고 한다. 가장 높은 가시성 수준에서 '상호작용 선' 위 있는 활동들은 조명 회사의 직원과 고객 간의 직접적인 상호작용을 나타낸다. 다른 활동은 고객의 현장에서 또는 고객이 있는 곳에서 이루어지지만 직접적인 상호작용은 거의 또는 전혀 포함되지 않았다. 그러나 추가 활동(이 경우 두 가지 운송 활동)은 회사 기지에서 멀리 떨어져 있고 잠재 고객은 볼 수 있지만 직접적인 고객에게는 보이지 않기 때문에 어느 정도 가시성이 있다.

〈그림 11-10〉 다양한 수준의 프로세스 가시성을 보여 주는 매핑된 '수집 및 확인' 프로세스

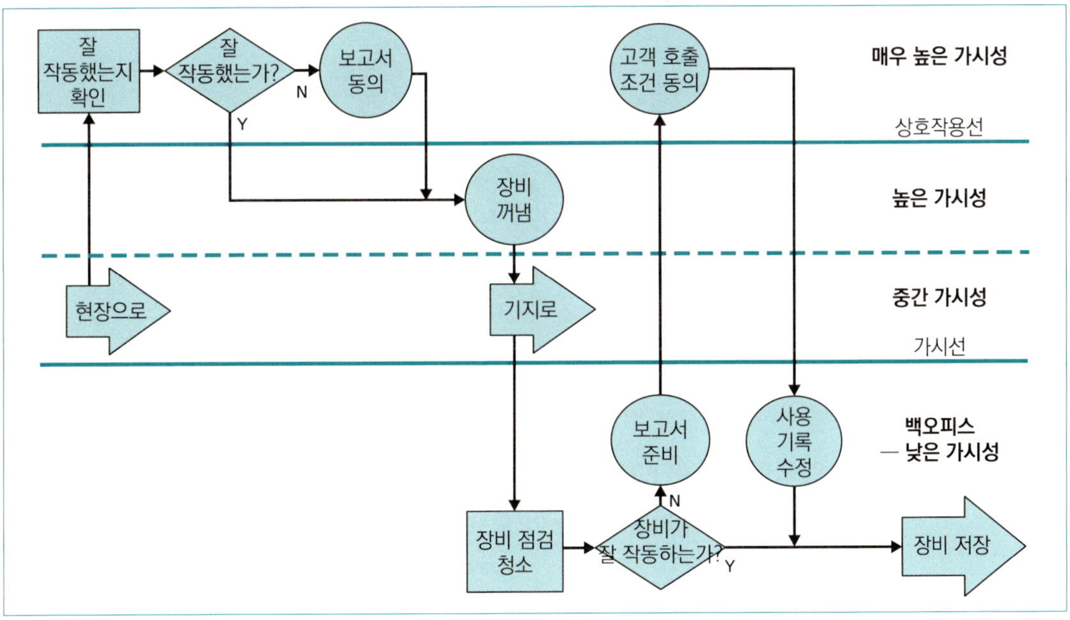

Source: Slack, N. and Brandon-Jones, A. (2019) *Operations Management*, 9th edition, Pearson, Harlow.

프로세스 맵 분석

프로세스 매핑 자체가 시간 소모적인 작업이 되고 이점이 거의 없는 위험이 있을 수 있다. 프로세스 맵 자체로는 프로세스 맵의 이점이 제한적이 될 수 있지만, 프로세스의 복잡성을 전달하거나 개인이 프로세스에 관련된 단계에 동의하거나 실현하는 데 도움이 될 수 있다. 프로세스 매핑은 본질적으로 설명적인 활동이다. 프로세스 맵에서 최대한의 이점을 얻기 위해 필요한 것은 분석 도구로 전환하는 데 도움이 되는 핵심 질문을 하는 것이다.

- **프로세스는 운영의 전략적 의도를 지원하고 있는가?** 예를 들어, 운영이 고객에게 고품질의 신속한 서비스를 제공할 것으로 예상되는 경우, 신속하게 의사 결정이 이루어지고 종단 간 프로세스 성과가 최소화되고 품질 관리가 프로세스의 모든 지점에서 수행되는 방법에서 프로세스를 설계하였는가?
- **각 활동이 부가가치를 제공하고 있는가?** 프로세스의 어떤 요소가 가치를 제공하지 않는가? 이들은 제거하거나 재설계할 수 있는가?
- **프로세스는 '관리'되고 있는가?** 프로세스의 핵심 요소 또는 모든 요소에 대해 특정 요소가 예상대로 수행되고 있는지 확인하기 위해 어떤 측정 및 목표가 준비되어 있는가? 누가 그 특정 요소를 감독, 통제 및 개선할 책임이 있는가?
- **누가 프로세스를 '소유'하고 책임을 지는가?** 얼마나 많은 다른 개인과 부서가 프로세스의 일부를 책임지고 있는가? 특히 누가 또는 어떤 그룹의 사람들이 전체 프로세스의 설계, 전달 및 개선을 책임지고 있는가?
- **가시성 수준이 적절한가?** 프로세스 맵을 사용하여 고객과 관련되거나 고객에게 표시되는 활동을 식별하여 백 오피스 작업과 프런트 오피스 작업을 구분할 수 있다. 활동이나 작업을 재할당해야 하거나 재할당할 수 있는가? 효율성을 높일 수 있는 요소를 백 오피스로 이동하고 고객으로 부터 멀리 이동할 수 있는가? 고객이 더 잘 볼 수 있도록 하여 참여도, 주인의식, 품질을 높일 수 있는 요소가 있는가?
- **프로세스는 얼마나 효율적인가?** 프로세스 맵의 다양한 작업에 시간, 거리 및 자원(예: 직원 수)를 추가하여 전체 프로세스 및 프로세스의 다양한 부분의 효율성을 계산하고 병목현상을 찾아내어 제거할 수 있다.
- **프로세스를 어떻게 개선할 수 있는가?** 프로세스에서 주요 실패 가능점은 무엇인가? 이를 처리하기 위해 어떤 절차가 준비되어 있는가? 프로세스에 관련된 모든 사람이 전체 프로세스에서 자신의 역할과 자신의 행동이 프로세스에 미치는 영향을 이해하고 있는가?

11.3.2 프로세스 수요 및 운영 특성

지금까지 우리는 프로세스 설계의 보다 개념적(프로세스 유형) 및 설명적(프로세스 매핑) 측면을 살펴보았다. 그러나 중요한 것은 보다 분석적인 관점을 취하는 것이다. 이는 너무 기술적이지 않고 한두 가지의 간단한 계산이지만 매우 필요하다. 중요한 계산은 프로세스가 처리할 수 있는 항목 또는 고객의 수를 계산하는 것이다. 이는 프로세스를 설계하여 달성할 수 있는 것은 '산출 간격' 또는 '주기 시간'으로 가장 잘 나타난다. 프로세스의 '산출 간격'은 완료된 항목 또는 해당 프로세스에서 나오는 고객 사이의 시간이다. 이는 프로세스 설계에서 중요한 요소이며 가장 먼저 계산해야 하는 것 중 하나이다. 대규모 프로세스에서는 속도 또는 '드럼 비트'를 설정하고 있다. 프로세스가 설계되더라도 이 수치를 충족할 수 있어야 한다. 또한 일정 기간 동안 서비스에 대한 예상 수요와 해당 기간에 사용할 수 있는 시간을 고려하여 쉽게 계산할 수 있다. 예를 들어, 프로세스가 주당 1,600개의 고객 계정의 정확성을 확인해야 하고 애플리케이션을 처리하는 데 사용할 수 있는 시간이 주당 40시간인 경우이다.

$$\text{프로세스의 '산출 간격'} = \frac{\text{처리할 항목 수}}{\text{사용 가능한 시간}} = \frac{1,600}{40}\text{시간}$$

$$= 0.025\text{시간}$$

$$= 1.5\text{분}$$

즉, 프로세스는 1.5분마다 한 번 또는 시간당 90번의 정확성 체크를 수행할 수 있어야 한다.

다음으로 간단한 계산은 산출 간격을 충족하기 위해 프로세스에 필요한 용량(능력)이다. 이를 계산하려면 프로세스 업무의 '작업 내용'(작업 소요 시간)과 같은 추가 정보가 필요하다. 프로세스 작업의 '작업 내용'이 클수록 그리고 요구 산출 간격이 작을수록, 더 많은 용량(능력)을 필요로 한다.

정확성 체크를 위해 전체 작업을 구성하는 모든 활동의 전체 작업 내용은 평균 6분이다. 따라서 한 사람의 프로세스는 매 6분마다 한 항목을 확인할 수 있다. 다시 말해서, 한 사람은 매 6분의 산출 간격을 달성할 수 있다. 즉, 두 사람은 6/2 = 3분의 산출 간격을 달성할 수 있다. 따라서 프로세스에 있는 사람의 수(간단한 사례의 용량)와 프로세스의 산출 간격 사이의 일반적인 관계는 다음과 같다.

$$\text{산출 간격} = \frac{\text{프로세스 업무의 작업 내용}}{\text{프로세스에 있는 사람의 수}}$$

$$\text{프로세스에 있는 사람의 수} = \frac{\text{프로세스 업무의 작업 내용}}{\text{산출 간격}}$$

이 경우, 프로세스에 있는 사람의 수 = 6/1.5 = 4 사람. 따라서, 수요를 충족시키기 위해 프로세스에 필요한 용량은 4명이다.

11.3.3 프로세스 병목

프로세스 병목은 할당된 작업 부하가 처리할 수 있는 용량보다 크기 때문에 혼잡이 발생하는 활동 또는 단계이다. 다시말해서, 프로세스 병목은 프로세스에서 가장 과부하가 걸리는 부분이다. 프로세스 병목은 프로세스의 흐름을 유지하면서 기능을 제한하기 때문에 프로세스의 저해요인이다. 전체 프로세스의 산출율은 프로세스의 개별 단계에 가장 긴 활동 시간 할당으로 제한하기 때문에, 작업을 더 균등하게 할당할수록 프로세스의 다른 단계에서 '낭비하는' 시간을 더 줄일 수 있다. 그러나 완벽하게 균등한 절대적인 작업 할당을 달성하는 것은 거의 항상 불가능하므로 어느 정도의 불균형은 항상 일어난다. 목표는 프로세스 병목을 최소화하는 것이다. 예를 들어, 연구자금지원 위원회는 대학 및 연구 기관의 연구원들이 전문 장비 비용으로 사용하기 위해 소액 지원 신청서를 제출하도록 권장하는 계획이 있다. 자금지원위원회가 제출물을 평가하는 데 사용하는 프로세스는 세 단계로 구성된다(그림 11-11 참조).

- 1단계는 온라인 제출물을 확인하고 필요한 모든 정보을 포함하고 있는지 확인한다. 이 단계는 이 작업을 수행하는 데 하루에 한 사람이 8시간을 해야 하며, 제출물당 평균 40분이 소요된다.

〈그림 11-11〉 연구 수상작 제출 프로세스의 3단계

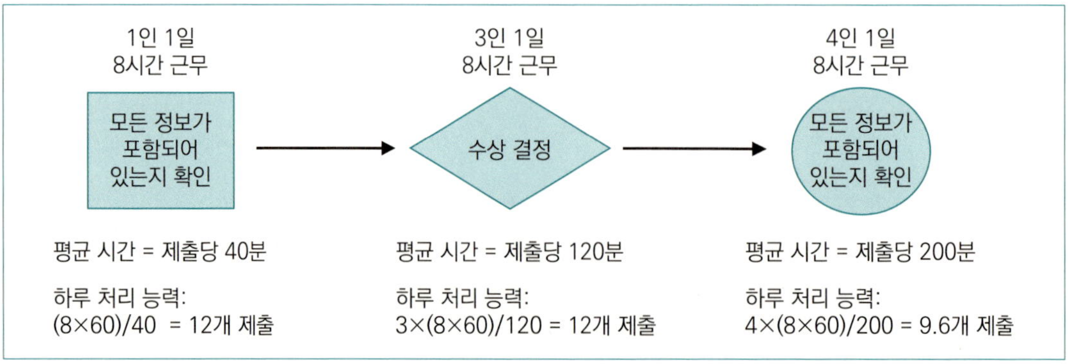

- 2단계는 제출물을 검토하고 연구위원회 기준에 따라 결정한다. 이 단계는 하루에 세사람이 8시간을 해야 하며 제출물당 평균 120분이 소요된다.
- 3단계는 연구원에게 결정 사항을 알리고 계약 및 지불을 적절하게 조정하여 행정 절차를 완료한다. 이 단계는 하루에 네 명이 8시간 작업을 수행하며, 제출물당 평균 200분이 소요된다.

병목을 찾는 방법은 두 가지 접근법이 있다. 병목이 있어야 할 곳과 병목이 나타나는 곳을 보는 것이다. 보통 이들은 동일하다. 병목이 발생하는 곳은 프로세스 일부의 부하가 용량보다 큰 곳에 있다. 예를 들어, 연구 수상작 제출 프로세스에서, 우리는 각 단계가 매일 처리할 수 있는 제출물 수를 계산할 수 있다. 따라서 첫 번째 단계에서, 한 사람이 8시간(480분)을 일하고 각 제출물에 대해 40분이 걸린다. 따라서 각 단계는 하루에 480/40 = 12개의 제출물을 처리할 수 있다. 두 번째 단계는 3명이 하루 480분씩 일하지만, 각 제출물을 처리하는 데 120분이 걸린다. 다시 말하지만, 각 단계는 하루에 12개의 제출물을 처리할 수 있다. 그러나 세 번째 단계에 대한 계산을 반복하면 하루에 9.6개의 제출물만 처리할 수 있음을 알 수 있다. 즉, 이 단계가 바로 프로세스의 병목이 일어나는 곳이다. 그러나 이 단계의 인력 수준을 한사람 증가시키면, 하루 12건의 제출물도 처리할 수 있다.

그러나 병목 현상이 나타나는 곳를 찾는 것도 현명한 일이다. 경우에 따라 과도하게 받은 편지함, 백로그된 작업, 긴 대기시간 또는 용지함에 용지가 쌓이는 것이 모두 병목 현상의 증상이다. 유사하게, 직원들 사이의 높은 스트레스 수준, 잦은 결근, 다른 작업에 시간을 할애하는 것을 꺼리는 행동 등은 과부하의 결과일 수 있다.

병목 현상 해결

기본적으로 병목 현상을 해결하는 데 두 가지 방법이 있다. 병목 단계의 유효 용량을 개선하거나 단계의 부하를 줄이는 것이다. 간단히 말해서 병목 현상의 용량을 개선한다는 것은 해당 단계에 더 많은 자원을 투입하는 것을 의미할 수 있다. 그러나 이것은 반드시 최상의 장기적 해결책은 아니다. 한 가지는 과부하에 대한 인센티브를 제공하는 것이다. 더 중요한 것은 과부하가 발생하는 이유를 학습할 기회를 놓치는 것이다. 무엇이 변경되었는가? 프로세스 활동이 더 이상 목적에 적합하지 않거나 목적을 따르지 않고 있는가? 이는 병목 현상을 해결하는 또 다른 방법으로 이어진다. 병목이 일어나는 곳에서 효율성을 높여 단계의 부하를 줄이는 것이다. 이것은 표준 개선 방법 및 접근 방식을 사용하여 수행할 수 있다. 다시 말해, 개선 활동을 어디서부터 시작해야 하는지 알고 싶다면, 병목 활동부터 시작하는 것이 합리적인 초기 단계이다.

11.3.4 프로세스 설계의 일부분으로서 서비스 스케이프

7장 고객 경험에서 우리는 프로세스의 '서비스스케이프'가 고객이 서비스를 인지하는 방식에 어떻게 영향을 미치는지 설명했다. 우리는 '서비스스케이프'를 서비스를 생성하고 제공하는 물리적 환경과 정보 환경을 모두 포함하는 서비스의 물리적 환경으로 정의했다. 이는 분명히 고객 관점에서 중요한 영향이지만, 서비스 종업원 업무 경험에 영향을 미치기 때문에 운영 관점에서도 중요하다.

서비스스케이프의 일부 측면은 직원에게 명백한 영향을 미치고 있다. 예를 들어, 작업 환경이 충분히 따뜻한가? 너무 따뜻한가? 적절하게 볼 수 있도록 충분히 밝은가? 너무 시끄럽지 않은가? 냉정한 직원, 시끄러운 환경에 짜증이 난 직원, 자신이 무엇을 하고 있는지 보려고 애쓰는 직원은 특히 기분이 좋지 않거나 일을 잘하지 못할 것이다. 그러나 직원의 태도, 동기 부여 및 행동에 영향을 미칠 수 있는 서비스스케이프와 관련된 다른 요인이 있다. 이러한 이유로 최근 몇 년 동안 많은 회사는 직원의 관점에서 서비스스케이프를 설계하는 데 자원을 투자했다. 점점 더 특별 회의 구역, 카푸치노 바, 수조, 편안한 콩주머니, 게임 콘솔, 해먹, 탁구대 및 기타 특징들은 작업 공간과 통합되었다. 이러한 디자인 기능을 사용하는 주된 이유는 작업 공간의 미학이 조직의 문화를 반영한다는 것이다. 따라서 작업 공간의 모습은 조직의 문화를 반영해야 한다고 주장하고 있다. 핵심 질문은 '그 작업 공간이 우리 문화에 대해 무엇을 말하는가?'와 '어떻게 우리 문화를 더욱 홍보할 수 있는 환경을 만들 수 있는가?' 이다. 한 회사에 효과가 있는 것은 다른 회사에서는 반문화적일 수 있다. 캘리포니아에 있는 Google 본사

다른 견해

서비스스케이프가 실제로 직원들에게 유의한 영향을 미칠 수 있는가? 업무 환경의 미학과 구성 요소가 서비스 환경에서 얼마나 많은 차이를 만드는지에 대한 질문은 논쟁의 여지가 없다. 일부 사람들은 열린 환경, 콩주머니 및 이와 유사한 것에 대한 유행이 단순히 중요한 것에서 관리를 다른 데로 돌리는 것이라고 믿는다. 실제로 지식 작업 전문가인 데이븐포트(Thomas Davenport)에 따르면 이러한 특징 때문에 더 생산적으로 작업한 사람이 있다는 증거는 거의 없다. 지식 근로자의 성과와 작업 환경의 다양한 매력 요소 사이에는 명확한 관계가 없기 때문에, 채용 및 사기에 약간 도움이 될 수 있다. 개방형 작업 공간, 캐주얼한 회의실 및 '거실과 같은 공간'이 직원들에게 보편적으로 인기가 없다는 증거도 있다. 디자인 회사인 젠슬러(Gensler)는 10개 산업 분야의 90,000명 이상의 사람들을 대상으로 '유동성', '개방형' 업무에 대한 견해를 조사했다. 특히 개방형 사무실은 과도한 소음으로 인해 집중하기 어렵다고 주장하는 많은 직원들의 반대 의견이 예상외로 많았다. 그들이 실제로 중요하게 여기는 것은 업무에 집중할 수 있도록 방해 요소를 가능한 한 적게 하는 것이었다.[6]

(Googleplex라고도 함)는 회사의 문화를 반영하는 작업 공간의 좋은 예로 자주 인용되고 있다. 그러나 작업 환경의 외관 개선을 지지하는 사람들은 아이디어가 단순히 실내 장식을 변경하여 문화를 바꾸는 것이 아니라고 말하고 있다. 작업 공간의 미학은 이것보다 미묘하다. 특히 작업 공간은 일하는 사람들의 활동과 필요를 반영할 때 바람직한 행동을 장려할 수 있다.

백 오피스 시설 및 Allen 곡선

백 오피스 환경에서 작업 공간의 시설 배치 방식의 중요한 측면은 직원들이 서로 물리적으로 얼마나 가까운지이다. 그리고 이것은 차례로 개인 간의 의사소통 가능성에 영향을 미친다. 그렇다면 개인이 서로 가깝게 또는 멀리 위치하는 것은 상호작용 방식에 어떤 영향을 미치는가? MIT의 알렌(Thomas J. Allen)의 연구는 처음으로 거리에 따라 의사소통이 어떻게 감소하는지를 보여 주고 있다. 그의 저서 '기술 흐름 관리'에서, 그는 이 현상을 '알렌 곡선(Allen Curve)'으로 불렀다. 이는 동료들 사이의 물리적 거리와 의사소통 빈도 사이에 강력한 음의 상관관계를 보여 주고 있다. Allen 곡선은 우리가 20미터 떨어져 있는 사람보다 2미터 떨어져 있는 동료와 정기적으로 의사소통할 가능성이 4배 더 높고, 50미터 이상에서는 특정 유형의 기술 정보에 대한 직접적인 교환이 거의 없다고 추정했다. 그러나 사무실은 더 이상 물리적인 장소가 아니다. 이메일, 원격 회의 및 협업 도구는 동료들이 서로 보지 않고도 의사소통할 수 있음을 의미한다. 그럼에도 불구하고 한 연구[7]에 따르면, 알렌곡선(Allen Curve)을 따르는 대면 및 디지털 의사소통 모두에서 소위 거리 축소 기술이 실제로 근접성을 더 중요하게 만들고 있다. 실제 물리적 사무실을 공유하는 사람들은 다른 곳에서 일하는 사람들보다 디지털 방식으로 연락을 유지할 가능성이 20% 더 높다. 또한 긴밀한 협업이 필요한 경우 가까이에 있는 동료는 서로 다른 위치에 있는 동료보다 4배 더 자주 이메일을 주고받는다.

11.4 서비스 프로세스 재포지셔닝

서비스 운영이 규모-다양성 스펙트럼에서 위치가 변경되면 해당 프로세스도 변경해야 한다. 그리고 많은 서비스 프로세스는 변화의 압력을 받고 있다. '비표준 프로세스'를 다루는 높은 다양성/소규모 역량에서 규모는 늘리고 프로세스 운영에 드는 높은 비용은 낮춰야 하는 압력을 받을 수 있다. 주로 '표준 프로세스'를 다루는 낮은 다양성/대규모 제품 유형 프로세스에서 고객을 위해 유연성을 높이고 서비스를 맞춤화해야 하는 압력을 받을 수 있다(그림 11-12 참조).

〈그림 11-12〉 역량과 제품 운영 모두는 변화 압력을 받을 수 있다

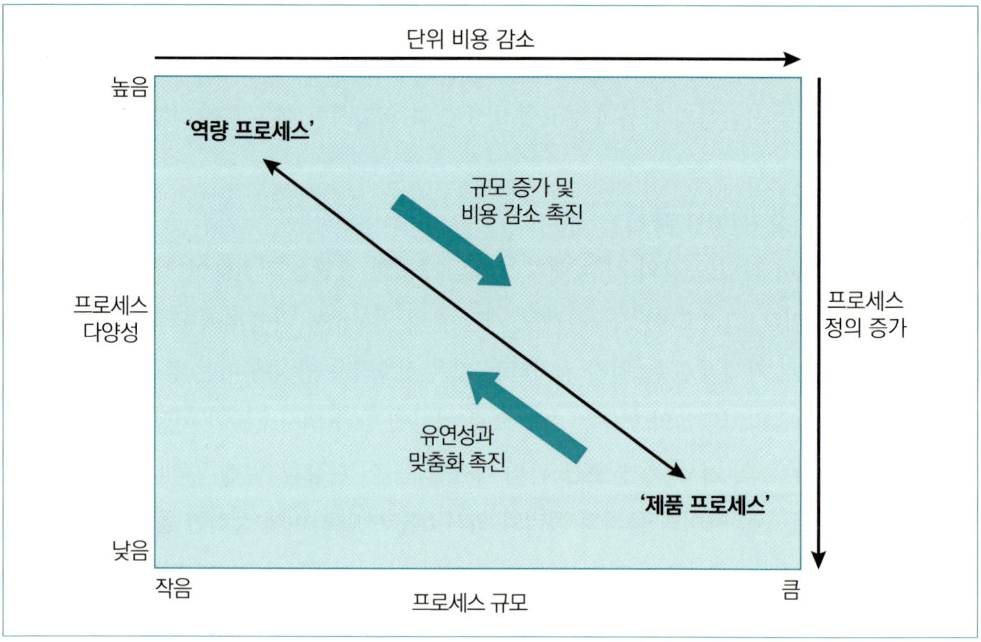

11.4.1 역량에서 제품으로 이동

많은(특히 혁신적인) 조직이 성장하는 것은 공통의 목표이다. 예를 들어, 지역 또는 국가적 관행을 구축한 소규모 컨설턴트 회사는 국제적으로 인정받기 위해 노력할 수 있다. 글로벌 기업 내에서 개별 고객을 위해 개발된 혁신적인 솔루션이 '패키징'되어 국제적으로 훨씬 더 광범위한 고객에게 판매될 수 있다. 이를 위해서 다음과 같은 여러 가지 문제를 해결해야 한다.

- 고객은 여러 지역에서 서로 다른 공급자가 수행하는 서비스 거래에 대해 더 높은 수준의 일관성을 요구할 수 있다. 예를 들어, 다국적 고객을 위해 일하는 기술 컨설팅 회사는 모든 지역에서 동일하거나 유사한 가격으로 동일한 솔루션을 제공할 수 있어야 한다.
- 규모가 큰 조직은 이미지를 극도로 의식하는 경향이 있어 수행되는 작업의 범위와 스타일에 대해 직원에게 엄격한 지침을 설정해야 할 수 있다.
- 이전에 특정 개인의 기술과 지식에 의존했던 조직의 '역량'은 조직의 성장이 희소한 자원에 의해 제한되지 않는 경우 더 전문화된 자원, 더 엄격한 프로세스 관리 및 특정 교육을 통해 복제될 수 있다.
- 지속적인 성장을 위해 조직은 보다 경쟁력 있는 영업 및 마케팅 활동을 개발할 수 있어야

한다. 일부 부문에서 이는 조직을 이전에 경험하지 못한 비용 경쟁으로 이끌 수 있다.

이러한 유형의 전환에서 가장 중요한 측면 중 하나는 개별 서비스 직원에게 미치는 영향이다. 역량 프로세스 조직의 많은 사람은 서비스에 대한 전문적 자율성을 위해 결합할 수 있다. 이러한 사람은 종종 자신의 역할의 일부인 창의성을 즐기는 것이 일반적이다. 그러나 조직이 성장함에 따라 이러한 사람은 창의성을 일관되고 효율적인 프로세스 개발로 전환하려고 하지 않을 수 있다. 동시에 관리 업무는 조직 전체와 직원들에게 방향을 제시하는 데 있어 보다 긍정적인 방향으로 변화할 것이다.

CASE example

사례

퀸마더 동물병원[8]

QMHA(Queen Mother Hospital for Animals)는 유럽에서 가장 큰 추천 동물병원이며 영국 전역에서 많은 경험을 갖고 있다. QMHA는 세계에서 가장 존경받는 병원 중 하나로 만든 최첨단 시설과 헌신적이고 열정적인 팀을 갖춘 세계적으로 인정받은 교육 및 추천 동물병원이다. 런던에서 북쪽으로 약 27km 떨어진 RVC(Royal Veterinary College) 캠퍼스에 위치한 이 학교는 농장, 임상 기술 센터 및 말 병원 외에도 개별 동물에 대한 완전한 입원, 진단 및 수술 시설을 제공하고 있다. 200명 이상의 헌신적이고 전문적인 직원으로 구성된 팀이 있는 이 병원은 추천할 수 있는 수의사와 애완동물 주인에 대해 지원적이고 신속한 서비스를 제공하고 있다. 또한 QMHA는 전문 수의사 교육에서도 중요한 역할을 하고 있다. 그러나 환자 치료에 대한 병원의 다학문 접근 방식은 모든 전문 분야에 걸친 상담을 포함한다. 각 임상 팀은 훈련 중인 전문의 지원을 받아 등록된 전문 수의사가 이끈다. 그들은 특별한 치료를 제공하기 위해 환자 치료 보조원의 지원을 받는 추천 수의사, 애완 동물 소유자 및 전문 간호 팀과 각 환자에 대해 자세히 논의한다.

비슷한 유형의 대부분의 대규모 병원과 마찬가지로 QMHA는 증가하는 규모에 따라 일반의에서 전문의로의 이동에 대한 압력을 보여 준다. 이러한 병원은 다양한 작업을 드물게 처리하면서도 애완 동물 소유자와 강력한 고객 관계를 구축하는 지역 수의사의 전통적인 아이디어에 도전한다. 수의학이 인간에 상응하는 방식을 따르기 때문에 수의사 전문가가 점점 더 많은 모델을 채택하고 있다. 젊은 수의사는 전문 자격을 빠르게 획득하고 있으며, 나이든 수의사는 새로운 기술을 배우기 위해 대학으로 돌아가도록 권유받고 있다. 그러나 신중하게 관리하지 않으면, 높아지는 전문화는 수의사와 같은 숙련된 전문가의 작업이 일상적인 것처럼 보일 수 있다. 이를 막는 것은 전문의가 연구 및 교육에 중점을 두는 것과 이러한 병원이 수용하는 다학문 접근 방식이다.

또한 대형 동물 병원 시설의 '첨단 기술' 특성에도 불구하고 애완 동물 소유자의 우려가 디자인에서 잊혀진 적이 없다. 많은 경우 유리 칸막이를 통해 방문자가 상황을 볼 수 있으므로 애완동물 소유자의 시야에서 한 번이라도 비인도적으로 취급될 수 있다는 두려움을 완화했다. 주인이 수술 후 애완동물을 가장 잘 돌볼 수 있는 방법에 대해 설명할 수 있는 상담실을 제공한다. 반려동물이 잠들었을 때 함께 하고 싶어하는 마음이 상한 주인을 위한 '애도의 방'도 있다.

11.4.2 제품에서 역량으로의 이동

이러한 유형의 이동 예는 대규모 소비자 서비스에서 찾을 수 있다. 가격만으로 경쟁하는 상품 서비스가 되는 함정을 피하기 위해 이러한 조직은 제공되는 서비스의 범위를 확장하여 개별 고객에게 어느 정도의 맞춤화를 제공할 수 있다. 물론, 운영 작업의 복잡성을 증가시키지 않으면서 광범위한 제품 서비스를 제공하는 서비스 전달 프로세스를 설계하는 것은 가능할 수 있다. 이로 인해 조직은 〈그림 11-12〉의 오른쪽 상단 모서리 방향으로 이동할 수 있다. 이것은 다음 두 가지 원칙을 통합하는 '대량 맞춤화'의 제조 아이디어와 유사하다.

- **표준 '모듈' 개발.** 회사는 표준 서비스의 '메뉴'를 개발한 다음, 적절한 조합으로 배열하여 개별 고객에게 어느 정도의 맞춤화를 제공할 수 있어야 한다. 따라서 맞춤화는 새로운 서비스 개발보다는 조합을 관리하는 데 있다. 이러한 유형의 대량 맞춤화 예는 고객이 미리 전해진 목록에서 제한된 수의 활동을 선택할 수 있도록 하는 휴가 리조트에서 제공되고 있다.
- **가능한 가장 늦은 단계까지 맞춤화 지연.** 이 접근 방식에서 전달 프로세스는 마지막 단계까지 모든 단계에 대해 표준화된다. 이를 통해 서비스 운영은 대규모/낮은 다양성 프로세스의 모든 효율성 및 일관성 이점을 얻을 수 있다. 택배 서비스는 모든 고객에 대해 기본 유통망을 사용하지만, 패키지를 최종 목적지로 배송하는 데는 서로 다른 메커니즘을 사용하는 접근 방식을 채택하고 있다.

주요 전환은 서비스 전달 프로세스의 수가 크게 증가할 때 일어난다. 이 전환은 몇 개의 표준 프로세스에서 여러 부분 표준 프로세스로의 프로세스 믹스를 취한다. 운영 작업에서 중요한 변화는 흔히 다음과 같다.

- 운영의 초점을 백 오피스 운영의 일관된 관리에서 최대 효율성을 위한 프런트 오피스 유연성 구축으로 전환.
- 고객 대면 직원이 개별 고객을 위한 최상의 서비스에 대해 정보에 기반한 조언을 제공하도록 요구. 더욱이 이러한 조직의 일선 직원이 고객의 조언 요청을 받고 즉각적인 응답을 하지 않는 단순한 '우체통' 역할을 하는 것은 용납되지 않는다.
- 더 많은 직원 교육과 서비스 제공자가 '전문가'로 활동할 수 있는 정보 시스템 제공의 조합을 통한 일선 직원의 스킬 향상.
- 프로세스를 보다 유연하게 만들어 어떤 서비스 상품이 고객에게 가장 적합한지 직원이 선택할 수 있도록 더 많은 재량권을 허용함.

선행 사례와 마찬가지로 서비스 제공자와 관리 역할에 중요한 시사점이 있다. 기술 및 대인 관계 역량을 모두 보유하는 것은 일선 직원에게 훨씬 더 큰 책임이 있다. 서비스 거래는 본질적으로 더 길고 더 강렬할 수 있다. 고객 거래에 고객 요구 사항에 대한 고도의 진단이 포함되고 제공되는 다양한 서비스가 이러한 기대에 부응하려면, 일선 직원은 뛰어난 경청 및 상담 기술이 필요하다.

두 번째 주요 변화 영역은 지금까지 고객과 거리를 두고 백 오피스 기능을 수행할 수 있었던 '전문' 직원이 이제 고객과 직접 접촉할 수 있다는 것이다. 이는 고객이 복잡한 문제에 대한 결정이나 조언을 제공할 수 있는 전문 지식과 권한을 가진 사람과 직접 거래하기를 원하는 콜센터 또는 헬프 데스크 상황에서 특히 그렇다. 더 많은 거래가 인터넷이나 텔레비전 기반 애플리케이션을 통해 온라인에서 발생하는 경우, 이는 문제가 되지 않을 수 있다. 물론 모든 기술 전문가라고 해서 고객 처리 기술을 가지고 있는 것은 아니다.

관리의 역할은 서비스 개념 및 프로세스 소유의 '집행자'에서 서비스 직원을 개발하고 유지하는 것으로 변경된다. 상품 조직에서 많은 업무는 저임금이며 훈련이 거의 필요하지 않으며 종종 며칠 또는 몇 주에 불과하다. 더 유연해지고자 하는 상품 조직은 일선 직원에게 몇 개월의 교육을 투자해야 한다는 것을 안다. 즉, 직원 유지가 관리자의 주요 관심 초점이 된다.

11.5 서비스 프로세스 설계 기술

한때 서비스 관리와 생산 관리 간의 주요 차별화 요소는 운영에서 기술의 중요성이었다. 그러나 이는 더 이상 유효하지 않다. 사실, 일반적으로 비즈니스에서 기술 문제의 지배력이 증가함에 따라 가장 주목할만한 것 중 하나는 많은 서비스가 새로운 기술로 변형된 방식이다. 그리고 주변에 많은 새로운 기술이 있기 때문에, 프로세스 기술의 발전에 의해 영향을 받지 않은 서비스 운영은 거의 없다. 기술 발전 속도가 빠르다. 거의 모든 서비스가 어떤 식으로든 기술 개발에 의해 상당한 영향을 받을 수 있고, 때로는 프로세스 설계에 대한 기술의 영향을 논의할 때 문제가 되기 때문에, 이는 서비스 운영 관리자에게 중요한 의미를 갖는다. 많은 서비스 운영을 근본적으로 변화시킬 수 있는 아직 개발되지 않은 기술이 있으며, 더 가능성이 있는 것은 기존 기술을 응용하여 변화시킬 수 있다는 것이다.

이것이 여기서 우리의 논의가 특정 기술에 관한 것이 아닌 이유이다. 기술은 너무 많고 너무 빨리 변하고 있다. 그보다는 기술적 세부 사항이 아니라 일반적인 능력 측면에서 등장하는 신기술의 특성을 이해하는 방법에 관심이 있다. 더 중요한 것은 프로세스 성과에 대한 잠재적 영향을 평가하는 방법과 관련이 있다.

CASE example

사례

서비스 기술은 전문 서비스에 영향을 미친다

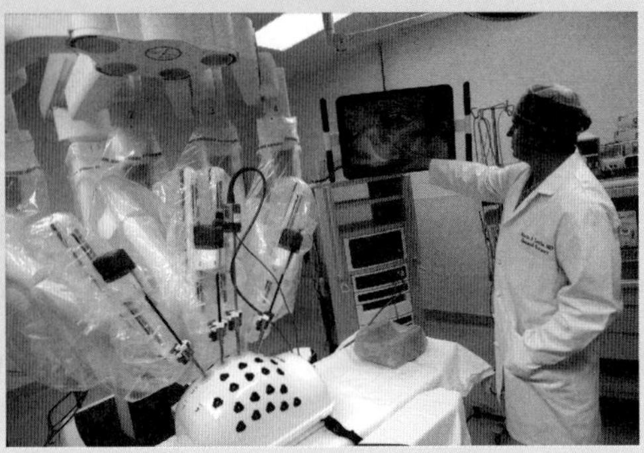

Adolphe Pierre-Louis/Albuquerque Journal/ZUMA Wire/Alamy Stock Photo

서비스 기술은 노동 대체 효과가 가장 분명한 주로 대량 서비스에 영향을 미친다고 생각하는 경향이 있다. 그러나 점점 기술이 전문 서비스의 중요한 부분이 되고 있다. 다음은 두 가지 예이다. 의학적 진단은 환자가 제시한 증상을 발견하고 해석하는 임상의에 의존한다. 그러나 일부 상태를 나타내는 증상의 조합이 명확해지기까지 시간이 걸릴 수 있으며 이때까지 상태를 치료하기가 더 어려워질 수 있다. 이러한 상황에서 대량의 데이터를 빠르게 선별할 수 있는 인공지능(AI)은 조기 진단에 도움이 되는 의미 있는 패턴을 찾는 역할을 할 수 있다. 오늘날 AI는 유방암에서 당뇨병성 망막병증에 이르기까지 여러 상태를 신속하게 진단하는 데 도움이 되는 방법으로 활용되고 있다. 많은 경우에 AI는 인간 전문가가 혼자 행동하는 것보다 훨씬 빠르고 정확한 진단을 제공할 수 있다. 이를 통해 임상의는 환자가 더 악화되기 전에 치료할 수 있다. 전형적인 예는 병원에 입원한 환자 5명 중 1명에게 영향을 미치고 매년 많은 사망을 초래하는 급성신장손상(AKI)의 경우이다. AKI는 수술에서 감염에 이르기까지 발생하는 일반적인 병원 합병증이다. 이러한 신부전 환자는 폐기물을 효과적으로 처리하고 제거할 수 없다. 이것은 정확한 진단이 어려운 상태로 악명이 높지만 진단에 실패하면 환자가 사망하거나 신장 이식이 필요할 수 있다. 이 상태는 전통적으로 신장이 악화되기 시작한 지 2~3일 후에 확인되지만, AI를 사용하면 의사가 충분히 일찍 개입하면 최대 30%의 사례를 예방할 수 있다고 일부 전문가들은 믿고 있다.

마찬가지로 AI, 알고리즘 및 빅데이터는 예를 들어 '대체 분쟁 해결' 분야와 같은 법률 분야에 진입하고 있다. 대체 분쟁 해결(ADR, Alternative Dispute Resolution)은 법원에 가지 않고 소비자와 거래자 등 당사자 간의 분쟁을 해결하는 방법을 말한다. ADR은 독립적인 제3자가 분쟁 당사자가 상호 수용 가능한 결과에 도달하도록 돕는 '중재'와 독립적인 제3자가 사실을 고려하고 종종 한쪽 또는 양쪽 당사자에게 구속력이 있는 결정을 내리는 '중재'가 포함된다. 어떤 정부(영국 정부 포함)는 ADR이 법원 시스템의 과부하를 방지하고 분쟁 해결에 더 쉽게 접근할 수 있도록 하기때문에 ADR 개발을 권장하고 있다. AI 활용은 2019년 캐나다 전자협상 전문기업 아이캔시스템즈(iCan Systems)가 '로봇 중재자'를 활용해 영국과 웨일즈의 법정에서 분쟁을 해결한 최초의 기업이 됐다는 보도가 나오면서 돌파구를 마련했다.[9] AI 도구는 개인 상담 과정에 대해 £2,000 미납 청구서와 관련된 분쟁으로 제기되었다. 기존의 인간 중재자를 교체하고 '블라인드 입찰 메커니즘'을 사용하여 양측의 합의 영역을 찾을 때까지 기본 협상 개념을 구축하여 3개월 이내에 분쟁을 해결했다. 이 접근 방식은 기술 지원 검토 소프트웨어를 사용하여 대량의 데이터를 분석하고 주요 문서의 우선순위를 지정하는 AI의 기능을 활용하고 있다. 그러나 일부 변호사는 그러한 기술이 소액의 금전적 청구를 처리하는 데 적합할 수 있지만, 주요 로펌과 관련된 매우 높은 가치의 조정 및 중재를 처리할 때는 항상 부적절할 것이라고 주장한다. 그들은 가치가 높은 분쟁의 경우 고객이 원하지 않는 것을 받아들이도록 설득하는 데 경험이 풍부한 협상가의 기술이 필요하다는 점을 지적하고 있다. 숙련된 중재자는 분쟁에 관련된 모든 사람들의 감정과 동기를 해석할 수 있으며, 그들의 불안을 이해하고 통찰력을 사용하여 최종 합의를 형성할 수 있다. 그러나 점점 더 많은 법률 전문가들이 기술이 대안적인 분쟁 해결에 어느 정도 역할을 할 수 있다는 점을 인정하고 있다.

11.5.1 새로운 기술의 역할

기술의 잠재적 영향을 이해하려면 기술의 '주요 능력', 즉 대체할 수 있는 것보다 더 잘할 수 있는 역량을 이해해야 한다. 예를 들어, 서비스 운영과 관련된 대부분의 기술은 여러 능력의 결합이다.

- 생각하거나 추론하는 능력.
- 보거나 감지하는 능력.
- 통신 또는 연결 능력.
- 사람이나 물건을 옮기거나 관리하는 능력.

생각하거나 추론할 수 있는 기술

인간의 생각을 복제(심지어 능가)하려는 가장 잘 알려진 기술은 인공지능(AI)이다. 이 기술은 인간처럼 작동하고 반응하는 보다 지능적인 기계를 만드는 기술이다. 인공 지능을 사용하는 일부 기술은 음성 인식, 학습, 계획 및 문제 해결과 같은 능력을 포함한다. 다소 덜 정교하지만 현재 운영 관리에서 더 널리 사용되는 것은 알고리즘 의사 결정이다. 알고리즘은 미리 정의된 일련의 지침 또는 규칙이다. 알고리즘 의사 결정은 대규모 데이터 세트(종종 '빅데이터'라고 함)와 결합할 수 있다. 빅데이터는 분석을 통해 숨겨진 패턴, 상관관계 및 기타 통찰력을 밝힐 수 있는 정형 및 비정형 데이터의 방대한 양이다. 빅데이터에 있는 관련성이 있거나 적절한 정보를 찾는 것을 데이터 마이닝(data mining)이라고 한다.

보거나 감지할 수 있는 기술

일부 기술은 컴퓨터 생성 또는 컴퓨터 증강 시각 정보를 조작하는 능력을 활용한다. 예를 들어, 증강현실기술은 현실의 확장된 버전을 보여 준다. 즉, 실제 현실 세계 환경의 생생한 관측이 중첩된 컴퓨터 생성 이미지로 증강하여 현실 인식을 보완해 준다. 가상현실은 인간이 센서가 장착된 특수 헬멧과 장갑을 사용하여 겉보기에는 실제적인 방식으로 상호작용할 수 있는 완전한 컴퓨터 생성 시뮬레이션을 사용한 한 단계 더 진보된 기술이다. 증강현실과 가상현실 기술은 모두 엔터테인먼트 운영에 사용할 수 있지만, 수술 훈련, 유지관리계획 및 프로세스 설계에서도 유용하다. 이 두 가지 기술 모두는 물체를 보는 기술을 사용하는 사람을 포함하고 있다. 얼굴 인식은 이와는 반대이다. 이 기술은 장면 이미지를 사용하고, 저장된 얼굴 데이터베이스를 사용하여 한 명 이상의 개인을 식별하거나 확인한다. 이는 해당되는 사람을 서비스에 대한 자동청구를 위해 식별하거나 논란의 여지가 있는 보안 또는 광고 목적으로 식별할 수 있다.

상태센서기술(예: 피트니스 모니터)은 더 정교하다. 이는 사람의 신체 상태를 감지하고 모니터링할 수 있다.

통신 또는 연결할 수 있는 기술

틀림없이 많은 프로세스 기술에 점점 더 많이 내장되는 가장 중요한 능력은 운영 프로세스의 다른 요소와 네트워크, 연결 또는 통신하는 기술이다. 예를 들어, 클라우드 컴퓨팅 애플리케이션은 분산된 그룹의 사람들이 실시간으로 공유 정보를 사용하고, 정보의 공유 저장장치를 사용하여 가상에서 협업할 수 있게 해 준다. 블록체인 기술도 연결된 네트워크에 의존하지만 '공유'하는 대신 공유된 레코드 목록(블록이라고 함)을 유지하는 방식으로 분산 데이터베이스를 사용한다. 여기서 각각 암호화된 코드 블록은 그 이전의 모든 블록의 기록이 포함되고 각 거래에 대한 '타임스탬프'가 포함된다. 네트워크 내에는 투명성이 있지만, 레코드를 해킹하거니 손상할 수 있는 어떤 지점도 없다. 보다 기술적인 수준에서, 물리적 개체 간의 통신은 개체를 자동으로 식별하고 개체에 대한 데이터를 수집하여 정보 시스템에 전달할 수 있는 무선주파수식별(RFID) 기술을 사용하므로써 훨씬 더 효율적으로 이루어지고 있다.

사람이나 물건을 이동하거나 관리할 수 있는 기술

자판기는 이 기술을 개발한 단순한 형태이다. 즉 자판기는 음식이나 음료와 같은 물건을 저장하고 분배해 준다. 예를 들어, 로봇은 자동화 창고 또는 유통 시설에서 자재를 취급하는 데 광범위하게 사용된다. 로봇과 밀접하게 연관된 것은 운전자 없이 서로 다른 스테이션(예: 창고 환경) 사이를 이동하도록 프로그래밍된 자동 안내 차량(AGV)이다. 자동 대량 고속 운송 시스템 또는 자율 차량과 같은 운송 기술은 사람들을 이동시킨다. 공중에서는 유도 및 자율 비행 드론이 서비스 응용 분야에서 점점 더 많이 사용되고 있다. 비군사적 용도로는 안전 및 품질 검사, 촬영 및 저널리즘, 수색 및 구조, 정밀 농업 및 단거리 배송 등에 쓰이고 있다.

11.5.2 서비스 기술의 잠재적 이점

서비스 운영에서 신기술의 사용 증가는 적어도 부분적으로는 기술 자체의 가용성 때문이다. 그러나 이러한 기술이 실질적인 이점을 주지 않는다면 이것은 별 의미가 없을 것이다. 그렇다면 이러한 이점은 무엇인가? 잠재적인 이점은 포괄적으로 많이 나열될 수 있지만, 〈그림 11-13〉에서 보는 바와 같이 일반적으로 경험하는 몇 가지 이점이 나열되어 있다.

- **기술은 저렴한가?** 몇 가지 새로운 기술의 주요 이점 중 하나는 대체 기술(종종 사람)보다

〈그림 11-13〉 서비스 기술의 역할 및 이점

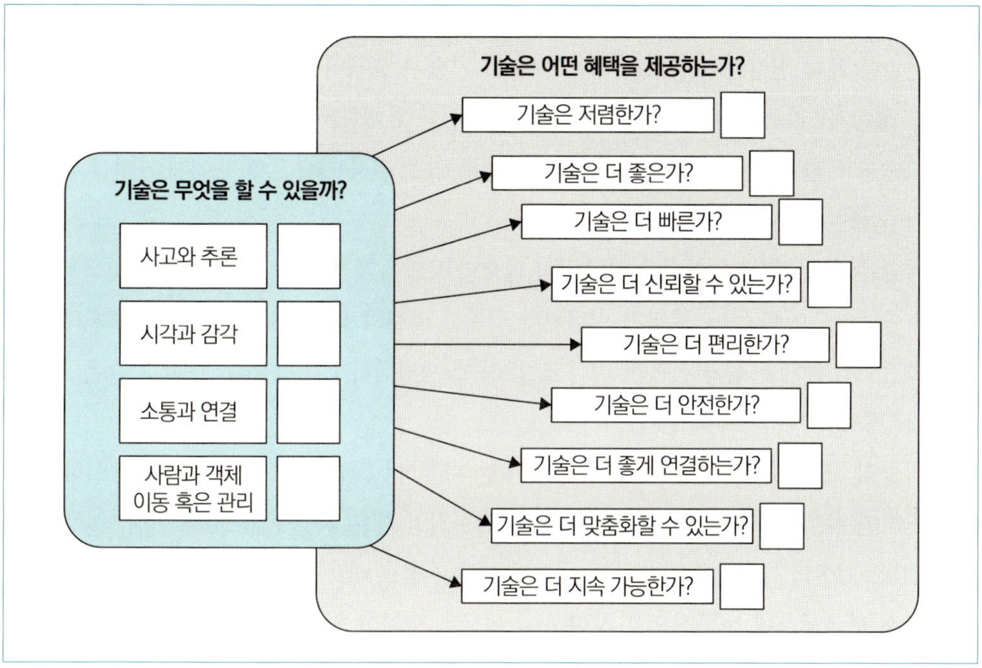

비용이 적게 든다는 것이다. 예를 들어, 은행 고객은 결제 앱을 사용하여 결제 금액과 대상을 지시하는 결제 프로세스의 일부를 인계하고 나머지는 자동화할 수 있다. 이러한 두 가지 능력은 대체된 노동 집약적인 프로세스보다 비용이 덜 드는 프로세스이다.

- **기술은 더 좋은가?** 일부 기술은 대체(또는 증강)하는 인간보다 작업을 더 잘 수행할 수 있다. 즉, 오류 없는 방식으로 작업을 수행할 수 있다. 예를 들어, 인공 지능 기반 진단 스캐너는 X-레이에서 질병의 잠재적 증상을 평균적으로 대부분의 임상의보다 더 잘 감지할 수 있다. 이것은 반드시 기술이 인간을 대체한다는 것을 의미하지는 않지만 전반적으로 더 나은 서비스를 제공하기 위해 임상의의 기술을 보완할 수 있다.
- **기술은 더 빠른가?** 일부 기술의 주요 이점은 작업을 더 빠르게 수행할 수 있다는 것다. 예를 들어, 공중 드론은 어렵거나 위험한 지형에서 의약품을 배달하는 데 사용될 수 있다. 이는 기존의 배송 운송이 동일한 작업을 수행할 수 없다는 것이 아니라, 주어진 조건에서 드론이 더 빠르게(그리고 아마도 더 안정적으로) 작업을 수행할 수 있다는 것이다.
- **기술은 보다 신뢰할 수 있는 서비스를 제공하는가?** 일부 기술 개발은 더 큰 의존성(또는 지각된 신뢰성)을 가지고 일을 수행할 수 있다. 예를 들어, 소포 배달 서비스에서 사용하

는 '추적' 시스템은 고객에게 배달이 이루어지는 정확한 시간을 알려주는 기능을 제공할 뿐만 아니라 고객이 집에 없을 때 소포를 어디에 둘 수 있는지 제안할 수 있다.

- **기술은 보다 편리한 서비스를 제공하는가?** 기술은 고객이 원하는 곳에 서비스를 제공할 수 있는가? 자동 판매기와 ATM에서 이전보다 더 휴대하기 쉬운 기술에 이르기까지 많은 기술은 이를 수행할 수 있다. 예를 들어, 일부 의료 검사 기술은 환자에게 가져갈 수 있을 만큼 충분히 휴대가 가능하다.
- **기술은 더 안전한가?** 기술을 사용하지 않으면 사람들에게 해가 될 수 있는 작업을 수행할 수 있는가? 예를 들어, 로봇은 어렵거나 위험한 위치의 상태를 검사하거나 노후된 원자력 발전소의 해체를 돕거나 폭탄 처리 작업 등에 광범위하게 사용된다. 또한 기술은 안전한가? 방해나 해킹에 취약한가?
- **기술이 고객이나 다른 운영 프로세스 또는 다른 기술과 더 잘 연결되거나 통신하는가?** 이러한 유형의 이점을 제공하는 기술의 전형적인 예는 사물인터넷(IoT)이다. 이 기술은 RFID 기술의 잠재력을 활용하여 물리적 개체가 정보 네트워크에 완벽하게 통합되어 비즈니스 프로세스에 능동적으로 참여하는 세상을 만들고 있다. 그런 다음 서비스는 인터넷을 통해 이러한 '지능형 객체'와 상호작용하고 상태 및 관련 정보를 질의하고 변경할 수 있다.
- **기술을 사용하여 서비스를 보다 맞춤화하고 개인화할 수 있는가?** 슈퍼마켓 로열티 카드와 같은 빅데이터 분석 시스템은 기술을 사용하여 고객 선호도 데이터베이스를 구축하고 있다. 결과적으로 이 기술은 특정 고객 그룹을 타케팅하여 판촉을 할 수 있게 해 준다. 또한 구매 패턴에 대한 정보를 통해 슈퍼마켓은 각 매장에서 판매되는 제품 조합을 해당 지역의 필요에 맞게 조절할 수 있다.
- **기술이 환경에 긍정적인 영향을 미친다는 점에서 지속가능성에 기여하는가?** 예를 들어, 혐기성 소화(AD, Anaerobic Digestion) 기술은 이제 동물이나 음식물 쓰레기와 같은 유기물을 바이오가스 에너지와 바이오비료로 전환하는 데 사용되고 있다. 이를 통해 폐기물 회사는 이 기술을 사용하지 않았다면 매립지로 갈 슈퍼마켓 및 호텔 서비스의 부산물들을 수집할 수 있다.

CASE example

사례

로봇 접수자? 로봇 보호자?[10]

로봇은 자재 관리 및 처리를 위한 공장과 상품 관리를 위한 유통 분야에서 수십 년 동안 사용되어 왔지만, 직접적인 고객 대면 서비스에 대한 사용은 발달이 느리다. 그러나 많은 로봇 전문가와 개발자는 '인간과 유사한' 기능을 가진 로봇을 고객 접촉이 많은 일부 작업에서 미래의 방식으로 보고 있다. 두 가지 예가 있다.

로봇 호텔 접수원은 고객에게 어떻게 받아들여질까? 세계 최초의 로봇 직원 호텔이라고 주장하는 일본 도쿄 아카사카 지역의 헨나(Henn na) 호텔에서 시도되었다. 사실, 호텔 서비스의 자동화는 완전한 로봇화가 아니더라도 훨씬 더 오래전으로 거슬러 올라간다. 1980년대에 프랑스 호텔 그룹인 아코(Accor)는 유명한 Formule 1 저가 호텔 체인을 설계했다. 이 호텔은 직원이 거의 없었고 여러 분야에서 기술로 대체하였다. 손님들은 스스로 체크인하여 신용카드로 숙박비를 지불하고 리셉션 구역에 있는 자판기에서 식사에 대해 도움을 받을 수 있다. 호텔의 화장실과 욕실은 자체적으로 청소된다. 훨씬 더 많은 기능을 갖춘 더 정교한 로봇이 호텔 디자인의 큰 트렌드가 될 수 있다고 일부 업계 예측가들은 믿고 있다. 그러나 다른 사람들은 단순히 특수 효과라고 생각한다. 결국, 호텔 프로세스의 많은 단계는 체크인 및 체크 아웃에서 도어 코드 수신 및 청구서 지불에 이르기까지 휴대폰 앱 또는 리셉션 구역의 기계를 통해 고객이 직접 수행할 수 있다. 호텔의 컨시어지 서비스에서 제공하는 정보도 Google에서 검색할 수 있다. 확실히 정교한 로봇을 도입하려는 초기 시도는 몇 가지 문제에 직면했다. 헨나 호텔은 243대의 로봇 중 절반 이상이 제대로 작동하지 않아 멈춰 섰다고 보고하고 있다. 한 손님은 침실에 있는 디지털 비서가 요청을 다시 하라고 반복적으로 해서 잠을 깨웠다고 불평했다(분명히 그의 코골이 때문에 촉발된 것 같다). 불과 4년 만에 많은 로봇을 인간 직원으로 교체하고 있다. 음식, 음료 및 세면도구를 객실로 배달하기 위해 로봇을 사용한 또 다른 호텔은 손님들이 단지 재미를 위해 필요하지 않은

Oleksandr Rupeta/NurPhoto/Getty Images

세면도구를 주문하고 있음을 발견했다.

최초의 로봇 호텔이 일본에 있었던 것은 우연이 아니다. 일본은 로봇 사용의 선두 국가일 뿐만 아니라 고령화 인구와 제한적인 이민으로 인해 노인을 돌볼 직원을 포함하여 적합한 직원이 부족하여, '나이가 들면서 삶의 질을 향상시키기 위해 서비스 기술이 어떻게 사용될 수 있을까?'란 질문이 제기되었다. 이것은 특히 인구의 4분의 1 이상이 65세 이상인 일본에서 중요한 질문이다. 이는 OECD 국가 중 가장 높은 비율이다. 간병인은 공급이 매우 부족하기 때문에 산업 관행을 모방하고 간병인을 로봇으로 대체하는 것은 어떨까? 때때로 '동반자 로봇'이라고 불리는 이 기술은 치매 환자를 포함하여 사회적 및 치료 목적으로 사람들과 상호작용하기 위한 것이다. 이 기술은 인간 간병인을 대체하기 위한 것이 아니다. 로봇은 아직 비언어적 신호를 해석하거나 많은 돌봄 작업을 수행할 수 없지만 일부 환자에게 정서적 지원을 제공할 수 있다. 이 기술은 노인 환자들에게 약물 복용을 상기시키고, 관련 이야기를 통해 오락을 제공하고, 인지 저하를 지연시킬 수 있는 기억력 훈련을 제공하며, 사용자가 비정상적인 행동을 보이는지 표시하여 안전과 보안을 높이는 데 사용되고 있다. 일부 일본 치료사들은 로봇을 사용하여 요양원 거주자의 1/3 이상이 외로움을 완화하고 치매의 영향을 완화함으로써 보다 활동적이고 자율적이 되도록 장려했다고 믿고 있다. 이 기술은 또한 요양원에 있는 사람들을 더 쉽게 돌볼 수 있게 할 수 있다. 알츠하이머 협회는 로봇이

치매에 대처하는 많은 노인에게 영향을 미치는 고독과 싸우는 데 도움이 될 수 있다고 믿는다.[11] 일본 아기 바다표범처럼 생긴 로봇이 치매 환자의 불안을 진정시키는 동시에 그들과 함께 있는 가상의 애완동물이 되는 것으로 나타났다. 그리고 인구 변화가 가속화됨에 따라 이러한 유형의 서비스 로봇이 더욱 중요해질 수 있다. 결국 이 영역의 연구원들은 로봇이 노인들이 집에서 더 오래 살 수 있고 더 오래 이동할 수 있기를 희망한다.

11.6 요약

서비스 프로세스 설계란 무엇인가? '프로세스'는 작업을 수행하는 방법이며 누가 언제 무엇을 해야 하는지 생각할 수 있는 프레임워크이다. 프로세스는 모든 작업의 빌딩 블록이다. 서비스 프로세스는 서비스 개념이 요구하는 대로 효율적이면서 올바른 경험을 제공하도록 설계되어야 한다. 고객을 만족시키고 조직의 전략적 의도를 충족시키는 탁월한 서비스는 일반적으로 상호 관련된 전체 프로세스 세트를 신중하게 설계하고 제공한 결과이다. 서비스 프로세스 설계는 무형성, 이질성, 비분리성 및 소멸성이라는 IHIP의 영향을 받으며, 이 모두가 설계에 영향을 미칠 수 있다. 서비스 프로세스는 나머지 고객, 직원, 장비 및 자재를 함께 묶는 '접착제'이며 서비스 개념을 전달하고 고객의 경험을 생성하고 서비스 결과를 제공하는 메커니즘이다.

서비스 프로세스의 주요 유형은 무엇인가? 목적과 관계없이 서비스 프로세스 설계에 동일한 접근 방식을 취하는 것은 잘못하는 것이다. 서로 다른 유형의 프로세스를 구별하는 방법이 필요하다. 서비스 프로세스를 구별하는 세 가지 방법은 다음과 같다.

- **처리해야 하는 서비스 규모.** 규모 위치가 다른 서비스 프로세스는 다른 방식으로 구성해야 할 가능성이 높으며 다른 유형의 자원을 필요로 한다.
- **처리해야 하는 서비스 다양성.** 때때로 다양한 수준의 다양성을 가진 프로세스(다양성 수준이 높아짐에 따라)는 '표준 프로세스', '부분 표준 프로세스' 및 '비 표준 프로세스'로 불린다.
- **프로세스가 고객 참여를 요구하는 정도.** 고객 접촉과 고객 참여의 차이점은 고객 접촉은 고객이 프로세스와 어떤 유형의 의사소통을 하는 정도를 의미하는 반면, 고객 참여는 고객이 서비스 전달 프로세스의 본질적인 부분인 정도를 의미한다.

서비스 프로세스를 구별하는 방법은 결합될 수 있다. 따라서 예를 들어, 규모와 다양성이 결합하여 '역량' 프로세스(소규모 및 높은 다양성) 및 '제품' 프로세스(대규모 및 낮은 다양성)을 제공할 수 있다. 마찬가지로 다양성과 고객 참여 정도를 결합하는 한 가지 방법은 KDAM (Key Decision Area Matrix)이다. 매트릭스는 프로세스에 주요 가치가 부가되는 위치를 이해하는 데 도움이 된다. 서비스 운영의 특별한 경우는 '군중'을 구성하는 대량의 '고객'을 직접 다루는 경우이다. 스포츠 행사, 정치적 모임, 콘서트 및 축제, 소셜 미디어 및 피크 타임 교통 허브로 인한 '자발적 행사'와 같이 군중이 모일 수 있는 상황이 많이 있다.

관리자는 어떻게 서비스 프로세스를 '혁신'할 수 있는가? 프로세스 매핑은 중요하고 강력한 도구이다. 이는 신규 또는 기존 프로세스의 평가, 설계 및 개발을 지원하기 위한 서비스 프로세스 차트이다. 프로세스 맵은 합의된 일련의 매핑 기호를 사용하는 경우가 많다. 이러한 기호는 모든 프로세스를 설명하기 위해 순서대로 배열하거나 직렬 또는 병렬로 배열할 수 있다. 다양한 수준의 고객 접촉이 있는 프로세스는 때때로 프로세스의 각 부분에 대한 가시성을 명확하게 만드는 방식으로 매핑된다. 서비스 프로세스 설계의 중요한 부분은 프로세스의 운영 특성을 계산하는 것이다. 하나의 계산은 프로세스가 처리할 수 있는 항목 또는 고객 수이다. 이는 프로세스가 달성하도록 설계된 '출력 간격' 또는 '사이클 시간'으로 가장 잘 나타난다. 사이클 시간은 프로세스에서 나오는 완료된 항목(또는 고객) 간 시간이다. 또 다른 간단한 계산은 출력 간격을 맞추기 위해 얼마나 많은 용량이 필요한가인데, 이것은 프로세스 작업의 '작업 내용'(작업이 얼마나 걸리는지)이 필요하다. 이러한 맵과 계산을 통해 배치된 작업 부하가 대처할 수 있는 용량보다 크기 때문에 지연이 발생하는 활동 또는 단계와 같은 병목 현상을 찾을 수 있다. 프로세스 설계의 또 다른 문제는 '서비스스케이프'이다. 7장은 이를 서비스의 물리적 환경으로 정의했다. 서비스스케이프는 고객 관점에서 중요한 영향일 뿐만 아니라 서비스 직원의 업무 경험에 영향을 미치기 때문에 운영 관점에서도 중요하다.

서비스 프로세스를 어떻게 재배치할 수 있는가? 서비스 운영이 규모-다양성 스펙트럼에서 위치를 변경하면 해당 프로세스도 변경해야 한다. 역량에서 제품으로 이동하는 것은 많은 조직의 공통 목표이다. 이를 위해 고객은 위치에 따라 서로 다른 공급자가 수행하는 서비스 거래에서 더 높은 수준의 일관성을 요구할 수 있으며, 이전에는 특정 개인의 기술과 지식에 의존했던 조직의 '역량'이 더 전문적인 자원을 통해 복제되어야 한다. 상품에서 역량으로 이동은 여러 활동을 포함할 수 있다. 예를 들어, 일관되고 최대의 효율성을 위한 백 오피스 운영 관리에서 프런트 오피스 유연성 구축으로 운영의 초점을 이동할 수 있다. 이를 위해서는 고객 대면 직원이 개별 고객을 위한 최상의 서비스에 대해 정보에 입각한 조언을 제공하고 더 많은 직원 교육 및 정보 시스템 제공을 통해 일선 직원의 기술을 향상시켜야 할 수 있다.

서비스 프로세스 설계에서 기술의 역할은 무엇인가? 비즈니스에서 기술적 이슈의 지배력이 높아짐에 따라 가장 눈에 띄는 것 중 하나는 서비스가 새로운 기술로 변환되는 방식이며 기술 발전 속도도 둔화되지 않는다는 것이다. 많은 서비스 운영을 변화시킬 수 있는 아직 개발되지 않은 기술이 있다. 따라서 문제는 새로운 기술이 등장할 때 일반적인 기능의 특성을 이해하는 방법과 프로세스 성과에 대한 잠재적 영향을 평가하는 방법이다. 기술의 '주요 역량'은 대체할 수 있는 것보다 더 잘하는 것이다. 일반적으로 이것은 생각하거나 추론하는 능력, 보거나 감지하는 능력, 통신 또는 연결하는 능력, 사람이나 물건을 움직이거나 관리하는 능력이 혼합된 것이다. 이러한 기술의 이점은 비용, 기술적 성과, 속도, 신뢰성, 편의성, 안전성 및 지속 가능성과 같은 요소를 포함한다.

토론 및 연습

1. 경영 사상가이자 작가인 찰스 핸디(Charles Handy)가 뇌졸중으로 쓰러졌을 때 그는 걷고 말하고 삼키는 법을 다시 배우면서 병원에서 시간을 보내야 했다. 그는 경험을 통해 프로세스 목표에 대한 가치있는 교훈을 얻었다고 말했다. 핸디씨에 관한 한, 그의 입원의 요점은 그가 가능한 한 완전히 회복할 수 있도록 하는 것이었다. 이것은 그가 깨어 있어야 한다는 것을 의미했다. 간호사의 관점에서 그것은 잠재적인 문제였다. 즉 그는 넘어져서 다칠 수도 있다. 간호사들의 우선순위는 그를 안전하게 지키는 것이었다. 실제로 그렇게 하려면 침대에 누워 고통을 피해야 했다. 그는 이것을 '효율성의 저주'라고 불렀다. 조직은 효율성에 너무 집중하여 효과적이지 못하다. 간호사들은 핵심 목표에 집중하는 대신 비용 절감이나 직원의 불편을 줄이는 것과 같은 좁은 조치에 주의를 기울이고 있다. (a) 여러분들은 이 현상의 다른 어떤 예를 제시할 수 있는가? (b) 어떻게 이 현상을 피할 수 있는가?

2. 숄다이스 병원의 사례를 다시 읽어 보라. (a) 탈장 수술이 어렵게 여겨졌을 때부터 어떻게 이동해 왔는지 설명하라. (b) 이동의 이점을 나열하라.

3. '로봇접수원? 로봇 간병인?'은 서비스 직원을 대체하는 기술로 활용됐다. 이러한 기술이 가져올 다른 이점은 무엇인가?

4. 의료 프로세스 기술에 많은 변화가 있어 의료 운영 자체를 관리하는 방식에 큰 영향을 미쳤다. 특히, 원격 의료는 환자를 검사하고 진단하기 위해 의료진이 물리적으로 존재해야 한다는 의료 치료의 가장 근본적인 가정 중 하나에 도전했다. 더 이상 그렇지 않다. 웹 연결 장치는 이제 개인의 건강 관련 데이터를 모니터링하고 전 세계에 있는 의료 전문가에게 정보를 전달할 수 있다. 이렇게 함으로써 의료진은 변화하는 상태가 발생할 때 경고를 받을 수 있으며, 적절한 치료를 시행할 수 있도록 개인의 건강에 대한 상태 보고서를 제공할 수 있다. 원격 의료는 일반적으로 임상 치료를 제공하기 위해 통신 및 정보 기술을 사용하는 것을 말한다. 공식적으로 원격 의료는 현대 기술과 원격 통신을 활용하여 대화형 의료 서비스를 제공하는 능력이다. 그것은 환자가 의사와 가상으로 '방문'할 수 있게 하고, 때로는 비디오 링크를 사용하여, 때로는 응급 상황에서 자동으로, 때로는 환자 데이터가 저장되고 나중에 진단 및 후속 치료를 위해 의사에게 전송되는 경우도 있다. 의료 운영 관리 방법에 대한 원격 의료의 의미는 무엇이라고 생각하는가?

5. 주요 크리에이티브 에이전시의 본사는 글로벌 자회사 모두에게 서비스를 제공했다. 여기에는 신작에 대한 '피칭'을 할 때 잠재 고객에게 제출되는 예산 견적서 작성을 포함한다. 이 서비스는 이전에

그룹의 일부 자회사에만 제공되었다. 이제 전 세계적으로 제공되는 것이므로 보다 체계적으로 예산을 집계하는 프로세스를 구성하는 것이 적절하다고 판단되었다. 이 서비스에 대한 전 세계적 수요는 주당 약 20개의 예산 견적이 될 것이며 평균적으로 이러한 견적을 집계할 직원은 주당 35시간 근무할 것으로 추정되었다. 예산 추정을 집계하는 전체 작업 내의 요소는 〈표 11-4〉에 나와 있다. (a) 이 프로세스에 필요한 주기 시간은 얼마인가? (b) 주당 20명의 예상 수요를 충족하기 위해 프로세스에 필요한 인력은 몇 명인가?

〈표 11-4〉 예산 추정을 집계하는 전체 작업 내의 요소

요소	시간 (분)	선행요소
A – 크리에이티브에서 예상 시간 받기	20	없음
B – 계정 처리기의 기한 받기	15	없음
C – 제작 작품 견적 받기	80	없음
D – 예비 예산 계산	65	A, B, C
E – 클라이언트 예산 확인	20	D
F – 자원 가용성 확인 및 예상 조정	80	D
G – 최종 예산 추정 완료	80	E, F

6. 에딘버러 페스티벌 프린지로 더 정확하게 알려진 에딘버러 프린지는 세계 최대의 예술 축제로 25일 동안 317개 장소에서 3,000개 이상의 다양한 쇼가 55,000회 이상 공연된다. 축제의 규모는 쇼를 검토하는 것을 목표로 하는 중요한 뉴스 매체(웹사이트, 앱 및 신문)에 문제를 제기한다. 약 3,000개의 쇼가 프리뷰 주간과 축제의 첫 '적절한' 주간에 검토되어야 한다. 프리뷰 주간에는 리뷰어들이 하루에 한 개의 이벤트만 볼 수 있지만, 축제 첫 주에는 하루 평균 세 개의 쇼를 볼 수 있었다. 대부분의 리뷰는 축제 첫 주 말까지 완료되어야 하므로 프리뷰 주간으로 2주가 가능하다. 축제는 각 행사마다 1시간 주기로 운영되지만(컨퍼런스의 트랙처럼) 간격이 있어 장소 간 도보로 보통 15분을 허용한다. 또한 전문 '대기열 관리자'가 많이 있으며 행사장 주변에는 방문객을 이벤트로 안내하는 가이드가 있다. 리뷰어가 리뷰를 작성하고 게시하는 데 약 1시간이 걸리고 리뷰어가 하루 12시간을 근무한다면 모든 프로그램을 보려면 몇 명의 리뷰어가 필요할까?

사례 문제: GDP 추정 서비스

문제는 우리가 고객에게 제공한 비용 및 시간 추정치가 일관성이 없다는 것이다. 우리는 몇 가지 일자리를 얻었고 그로 인해 이익을 내지 못했지만, 경쟁 업체들이 우리보다 가격을 낮게 책정했기 때문에 일부 일자리를 잃었다. 우리는 업계 최고의 엔지니어가 있다고 굳게 믿었지만 추정 프로세스를 파악하지 못하여 잠재력을 낭비하고 있었다. 이것이 우리가 CES(Central Estimation Service)를 설립한 이유이다.

— GDP 중앙 서비스 부문 부책임자 Jayne Sessions

Jayne은 CES가 런던 중심부의 개방형 사무실에서 열린 지 한 달 만에 연설했다. 그 임무는 유럽, 북미 및 아시아에 있는 GDP의 모든 사무소 및 자회사에 공통 서비스를 제공하는 것이었다. 새로운 절차에 따라 각 사무소는 입찰하려는 모든 직업의 특성에 대한 세부 정보('승인 요청', RFA라고 함)를 사용할 자원과 작업이 기존 약속 일정에 어떻게 부합하는지를 정의하는 간단한 비즈니스 사례와 함께 제출해야 했다. CES의 책임은 각 RFA와 관련된 타당성, 수익성 및 위험을 확인하고 고객에게 공식적으로 제출할 수 있는 일련의 표준화된 제안 문서를 제공하는 것이었다. 이 서비스는 이전에 그룹의 일부 자회사에만 제공되었다. 이제는 전 세계적으로 회사의 모든 부분에 제공되고 있다. 이전에는 CES에서 주당 10개의 RFA만 처리했다. 이제 그 숫자는 10배를 감당해야 했다. 더욱이 제출된 사례

중 많은 사례가 훨씬 더 가치가 높았다. 이전에는 1,000만 달러 이상의 가치를 지닌 일자리가 거의 없었다. 이제 제출의 약 8%가 1,000만 달러를 초과하는 일자리에 대한 것이었다.

이제 서비스가 전 세계적으로 제공되고 있으므로 모든 엔지니어링, 법률 및 재무 확인을 완료하는 프로세스를 보다 체계적으로 구성하는 것이 적절하다고 판단되었다. 결과적으로 시스템은 4단계 프로세스로 설계되었다. GDP 사무소가 보안 링크를 사용하여 RFA를 제출하면 제출 팀에서 먼저 확인했다. 4명의 사무관으로 구성된 이 팀은 모든 필수 정보 필드가 제출물에 포함되었는지 확인했다. 그들은 또한 제출물을 가치별로 분류했다. 가치가 1,000만 달러를 초과하는 작업은 일반적으로 더 복잡한 것으로 간주되었으며 나중에 확인 프로세스에서 할당될 더 많은 자원이 필요할 가능성이 있음을 나타내는 코드 번호가 부여되었다. 확인 후, RFA는 3개의 전문 팀(엔지니어링, 법률 및 재무 팀)에 동시에 전송되었다.

제출팀에서 우리는 대체로 일상적인 작업을 수행하며 지금까지는 잘 대처하고 있지만 그럼에도 불구하고 중요하다. 제출물이 정보가 누락된 채로 전문팀 중 한 곳으로 전달된다면 시간 낭비일 뿐이다. 프로세스를 처음 설정했을 때 모든 RFA의 약 8%를 보낸 사무실로 다시 보내야 누락된 정보를 제공할 수 있었다. 이런 일이 발생했을 때 일부 사무실은 화가 났지만 곧 알게 되었다. 몇 주 안에 반환해야 하는 RFA의 수가 4% 미만으로 떨어졌다. — Submissions Team 감독관 Carole Small

엔지니어링팀

엔지니어링팀의 역할은 작업의 기술적 타당성을 살펴보고, 관련된 모든 기술적 위험을 평가하고, 입찰이 성공할 경우 관련 사무실에 작업을 수행할 충분한 자원(관련된 직원의 전문성)이 있는지 확인하며, 사무실의 추정치와 비교하기 위해 시간과 비용을 독립적으로 추정하고 전략 팀이 고려할 기술적 권장 사항을 만드는 일이다. 팀에는 12명의 전문 엔지니어가 있었고 그들 사이에 작업을 분담했다. 각 엔지니어는 단일 작업에 대해 전적으로 책임이 있지만 기술 문제에 대해 의심이 가는 경우 팀의 다른 사람과 상의한다. 가치가 높은 작업은 경험이 많은 엔지니어가 처리하는 경향이 있다. 그러나 팀은 개발을 촉진하기 위해 때때로 복잡한 RFA를 더 하급 엔지니어에게 할당하는 정책을 가졌다.

각 RFA에 걸리는 시간은 많이 다를 수 있다. 가치가 낮은 일부 작업은 몇 시간 안에 완료할 수 있는 반면 매우 복잡한 고가치 작업은 확인하는 데 며칠이 걸릴 수 있다. 계획 목적을 위해 우리는 대부분의 일반 작업에 대해 평균적으로 약 4~5시간, 고부가가치 작업에 대해 10시간을 허용한다. 대략적인 수치이긴 하지만 그리 멀지 않은 것 같다. 그렇긴 해도 작업이 쌓이면서 이미 뒤쳐지고 있다. 가능한 한 빨리 다른 엔지니어를 요청할 것이다. — CES 엔지니어팀 대표 Hans-Ulrich Wolf

법률팀

법무팀은 모든 계약의 법적, 윤리적 위험과 영향을 확인하는 책임이 있다는 점에서 엔지니어링팀과 유사한 업무를 수행했다. 임원 수준의 GDP가 미국에서 임무에 대한 주요 계약 분쟁 이후 강화되었다. GDP는 법적 소송에서 승소했지만 많은 홍보를 했고 회사는 평판에 약간의 피해를 입었다고 느꼈다. 결과적으로 CES의 법률 팀은 특히 GDP가 운영되는 보다 소송이 많은 지역에서 모든 계약 사항을 면밀히 감시하는 임무를 받았다. 그러나 CES가 완전히 가동된 지 두 달도 안 되어 이미 일부 사무실에서 불만이 제기되었다.

내부 고객 중 일부는 우리가 너무 위험을 회피하는 판단을 하고 있다고 불평했다. 그러나 그것은 사실이 아니다. 우리는 좀 더 조심해야 한다, 인정하지만, 우리는 균형 잡힌 결정을 내리려고 노력한다. 진짜 문제는 사무실에서 우리가 필요로 하는 모든 정보를 제공하지 않는 경우가 매우 많다는 것이다. 예를 들어, 지난주에 받은 92건 중 12건에 대한 설명이나 추가 정보를 요청해야 했는데, 이는 일반적이다. 경우에 따라 사무실에서 몇 시간 내에 원하는 정보를 가지고 회신할 수 있으며 이 경우 즉시 작업을 진행할 수 있다. 다른 경우에는 그들이 우리에게 돌아오기까지 2주가 걸릴 수 있다. 일단 모든 정보가 있으면 대부분의 작업을 비교적 빠르게 처리할 수 있다. 일반적으로 수표는 1시간에서 2시간 정도 소요된다. 물론, 위험을 덜 감수한다는 새로운 정책을 고려할 때 사무실에 입찰하지 말라고 권고해야 하는 경우도 있지만 이는 약 10%의 경우에 불과하다.

— CES 법률팀 리더 Nitin Agrawal

재무팀

CES의 재무팀은 두 가지 주요 역할을 담당했다. 하나는 정보가 회사의 재무 예측에 통합될 수 있도록 입찰 중인 일자리의 재무적 특성을 계속 확인하는 것이었다. 두 번째는 각 잠재적 직업이 충분히 수익성이 있고 허용 가능한 위험 매개 변수 내에 있는지 확인하는 것이다. 일반적으로 가장 문제가 되는 것은 이 마지막 확인이었다. 약 절반의 RFA에서 고객과 하청업체의 재무 건전성과 신용도를 독립적으로 확인해야 했다. 이것은 종종 외부 신용 확인 기관 및 전문 연구 회사를 사용하는 재무 팀을 포함했다. 고객이나 하청업체의 재정 상황을 확인하는 데 최대 2주가 걸릴 수 있다. 팀의 전문가에게 필요한 실제 작업은 일반적으로 4시간 미만이었지만 외부 기관의 보고를 기다리는 광범위한 '보류' 파일로 인해 결정을 내리는 데 평균 1주일이 조금 넘게 걸렸다.

검토팀

검토 위원회는 엔지니어링, 법률 및 재무 팀의 개별 보고서를 검토할 책임이 있다. 세 팀의 수장들과 CES를 총괄하는 제인 세션스(Jayne Sessions)로 구성되어 주 2회 수요일과 금요일 오전에 만난다. 사무실이 입찰에 참여하기 전에 위원회의 승인을 받아야 했다. 그들은 CES에 도착한 날짜를 반영한 내부 작업 번호 순서대로 예외적으로 각 팀의 보고서를 고려했다(일부 의구심을 표시한 팀에만 시간을 할애함). 기술적으로 검토 위원회는 제출 사무실에 추가 정보를 요청할 수 있다. 그러나 일반적으로 엔지니어링, 법무 및 재무팀이 이미 이 작업을 수행했을 것이기 때문에 검토 위원회가 이 작업을 수행해야 하는 것은 이례적이었다. RFA의 2%만이 이 단계에서 추가 정보를 위해 지연되었다. 위원회에서 거절한 RFA도 많지 않았다. 제출된 첫 번째 위원회 회의에서 9%를 제외한 모든 항목이 승인되었고 결국 3%를 제외한 모든 항목이 승인되었다.

우리가 항상 즉시 결정을 내리지 못하는 유일한 이유는 일부 RFA에 대해 생각이 필요하거나 팀 중 하나의 설명이 필요하기 때문이다. 그렇기 때문에 위원회에 팀 리더를 두는 것이 유용합니다.

— GDP 중앙 서비스 부문 부책임자 Jayne Sessions

완성팀

검토 위원회에서 결정을 내린 후 RFA는 완료 팀으로 전달되어 모든 문서가 새로운 표준 형식으로 되어 있는지 확인하는 데이터 입력 및 조정 작업을 주로 수행했다. 그런 후 RFA에 대한 결과를 관련 사무소에 공식적으로 전달했다. 3개 완료 팀의 사무직원 중 한 명이 각 RFA에 대해 이러한 모든 활동을 완료하는 데 거의 2시간 이상 걸리지 않았다.

1분기 종료 후 포지션

새 프로세스가 전체 분기 동안(실제로 전체 운영 기간은 14주) 운영된 후 Jayne은 팀 리더를 만나 CES가 어떻게 진행되고 있는지 검토했다.

여러 면에서 나는 일이 진행된 방식에 만족한다. 그녀는 고위 직원들에게 "우리는 우리의 역량을 10배로 늘렸는데, 이는 결코 쉬운 성과가 아니며, 위험과 문서의 표준화와 같은 문제에 대한 회사 정책을 구현하면서 해냈다. 그러나 두 가지 문제에 대해 생각해 볼 필요가 있다고 생각한다. 첫 번째는 사무실에 있는 고객이 받는 서비스에 항상 만족하는 것은 아니라는 것이다. 이 중 일부는 GDP가 입찰해야 하는 직업 유형에 대한 규칙을 강화하는 것을 좋아하지 않는다는 것이다. 그것은 우리의 문제가 아니다. 나는 그들에게 '메시지가 마음에 들지 않으면 메신저를 쏘지 말고 지역 CEO와 함께 가져 가라'고 계속 말했다." 그러나 다른 문제는 실제로 우리의 문제이다. 승인을 받는 데 시간이 너무 오래 걸린다는 불만이 매우 많다. 물론 모든 작업에 빠른 응답이 필요한 것은 아니지만 일부 작업은 필요하며 RFA를 승인하는 데 너무 오래 걸리기 때문에 사무실에서 제시간에 입찰하지 못하는 경우가 있었던 것 같다. 나는 이것에 대한 사무실의 말만 가지고 있고 그것을 확인하고 있다. 너무 오래 걸리는 이유를 모르겠다(정말 그렇다면). RFA가 지연되지 않도록 프로세스의 각 부분에 직원을 배치했다. 매우 복잡하거나 논쟁의 여지가 있는 일부 RFA를 제외하고 전체 프로세스를 완료하는 데 일주일 이상 걸리는 이유를 모르겠다. 추가 조사가 필요하다. 제출물의 대표적인 샘플을 추적하고 프로세스를 통해 진행 상황을 추적할 수 있다.

Jayne의 조력자는 2주 동안 각 팀과 이야기하고 그들의 기록을 참조했다. 그는 〈표 11-5〉에 포함된 CES 운영의 지난 12주 동안의 정보를 발견했다.

〈표 11-5〉 CES 프로세스의 각 부분에 대한 프로세스 특징 요약

팀명	직원 수[1]	완료된 RFA 수	RFA당 평균 시간과 범위 (hrs)	정보/확인을 위한 반송률 (%)	보류/주의 대기 중인 RFA 수[2]
제출팀	4	1140	1.5(1.0–2.0)	4%[3]	56
엔지니어링팀	12	1127	5.1(0.5–18.0)	5%	76
법률팀	6	1108	1.6(1.0–2.2)	11%	25
재무팀	9	1075	3.0(2.0–4.0)	4%	102
검토팀	없음	1037	NA	2%	38
완성팀	3	1035	1.2(1.0–2.0)	0	0

1. 정규직 근로자 수
2. RFA '확인을 위해 대기 중', 추가 정보 대기 및 진행 중/대기 중을 모두 포함.
3. 12주 시점

질문

1. CES 프로세스의 목표는 무엇인가?
2. 프로세스의 병목 현상(있는 경우)은 어디에 있는가?
3. 현재 프로세스가 고객에게 1주일 소요되는 서비스를 달성할 수 있다고 생각하는가?
4. 프로세스를 개선하기 위해 어떻게 변경해야 하는가?

심화 자료

Bolton, R.N., Smith, A.K. and Wagner, J. (2003) 'Striking the right balance: designing service to enhance business-to-business relationships', *Journal of Service Research*, 5 (4), 271–291.

Calabrese, A. and Corbò, M. (2015) 'Design and blueprinting for total quality management implementation in service organisations', *Total Quality Management & Business Excellence*, 26 (7–8), 719–732.

Cook, L.S., Bowen, D.E., Chase, R.B., Dasu, S., Stewart, D.M. and Tansik, D.A. (2002) 'Human issues in service design', *Journal of Operations Management*, 20 (2), 159–174.

Osterwalder, A., Pigneur, Y., Bernarda, G. and Smith, A. (2014) *Value Proposition Design: How to Create Products and Services Customers Want*, John Wiley & Sons, Hoboken, NJ.

Patrício, L., Fisk, R.P., Cunha, J.F. and Constantine, L.

(2011) 'Multilevel service design: from customer value constellation to service experience blueprinting', *Journal of Service Research*, 14 (2), 180–200.

Silvestro, R. and Silvestro, C. (2003) 'New service design in the NHS: an evaluation of the strategic alignment of NHS Direct', *International Journal of Operations and Production Management*, 23 (4), 401–417.

Storey, C. and Larbig, C. (2018) 'Absorbing customer knowledge: how customer involvement enables service design success', *Journal of Service Research*, 21 (1), 101–118.

van Wynsberghe, A. (2016) 'Service robots, care ethics, and design', *Ethics and Information Technology*, 18 (4), 311–321.

Yu, E. and Sangiorgi, D. (2018) 'Service design as an approach to implement the value cocreation perspective in new service development', *Journal of Service Research*, 21 (1), 40–58.

Zomerdijk, L.G. and Voss, C.A. (2010) 'Service design for experience-centric services', *Journal of Service Research*, 13 (1), 67–82.

미주

1 A classification first used by Lucas Industries in the 1980s.

2 This hospital was the subject of a famous case study, by Heskett, J.L. (2003) 'Shouldice Hospital Limited', Harvard Business Publishing, Case 9-683-068

3 Hart, C.W.L. (1995) 'Mass customization: conceptual underpinnings, opportunities and limits', *International Journal of Service Industry Management*, 6 (2), 36–45; Pine, B.J. (1993) *Mass Customization*, Harvard Business School Press, Boston, MA.

4 This approach was first suggested in Clarke, G. and Armistead, C. (1993) *Inspired Customer Service*, Kogan Page, London.

5 As reported in The Economist (2018) 'Making trains run on time', *The Economist*, Print Edition, 1 November.

6 The Economist (2013) 'Montessori management: the backlash against running firms like progressive schools has begun', *The Economist*, Print Edition, 7 September.

7 Waber, B., Magnolfi, J. and Lindsay, G. (2014) 'Workspaces that move people', *Harvard Business Review*, October.

8 The information on which this example is based is taken from Westgate, J. (2016) 'Queen Mother Hospital awarded highest designation', *Vet Times*, 19 April; The Royal Veterinary College website, https://www.rvc.ac.uk/small-animal-vet/teaching-and-research/teaching-hospitals/QMHA [accessed 20 April 2020].

9 Beioley, K. (2019) 'Robots and AI threaten to mediate disputes better than lawyers', *Financial Times*, 14 August.

10 The information on which this example is based is taken from Skapinker, M. (2019) 'Are robot receptionists the future of hospitality?', *Financial Times*, 6 March.

11 alzheimers.org.uk

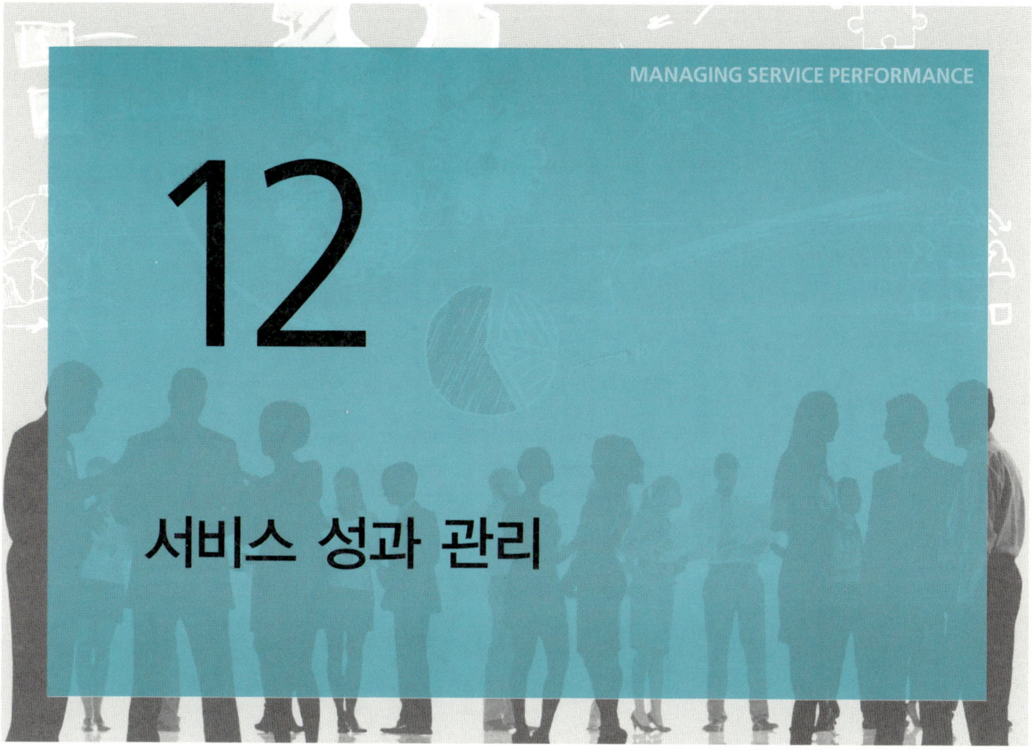

MANAGING SERVICE PERFORMANCE

12 서비스 성과 관리

이 장은 서비스 부문에서 성과 관리의 특정 문제를 살펴보는 것으로 시작하여 서비스 성과 관리와 보다 일반적인 운영 및 전략적 성과 관리 사이의 차이점을 도출하고자 시도한다. 이 장의 상당 부분은 척도와 관련이 있다. 측정과 척도는 관리 통제 시스템의 중요한 토대이기 때문이다. 이 장에서 주목하는 또 다른 문제는 성과 관리 시스템의 설계이다. <그림 12-1>은 서비스 운영 관리 모델에서 이 주제가 어디에 해당하는지 보여 준다.

학습 목표

- 서비스 운영 관리에서 '성과'가 무엇을 의미하는지 정의한다.
- 전략 수준 및 운영 측면에서 서비스 성과 관리를 정의한다.
- 성과 관리 및 측정의 문제를 이해한다.
- 성과 관리 시스템의 진화를 설명할 수 있다.
- BSC 성과 관리 시스템의 설계를 설명한다.
- 척도 선택 방법을 이해한다.
- 관리자가 고객의 관점을 측정할 수 있는 방법을 이해한다.
- 목표 설정 및 측정 보고의 원칙 이해한다.

〈그림 12-1〉 이 장에서는 서비스 성과 관리에 대해 살펴본다

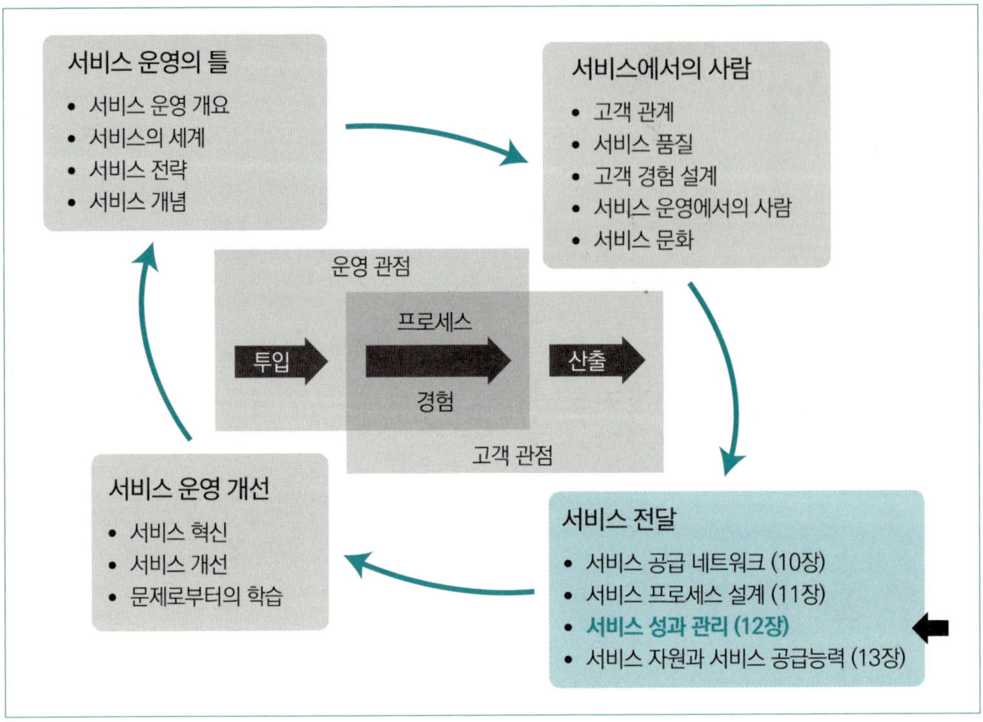

서론

자신이 얼마나 잘하고 있는지 모르면 운영을 더 잘하기가 어렵다. 그래서 조직을 위한 개념이 등장한 이후로 '성과'라는 개념 전체가 관심을 끌었다. 운영이 좋은지 나쁜지 무관심한지 판단하기 위해서는 일종의 성과 관리가 전제 조건이다. 성과 측정 없이는 지속적으로 작업을 통제하거나 개선이 이루어지고 있는지 판단하는 것이 불가능하다. 기원전 1750년에도 고대 바빌론의 함무라비 법전은 임금, 교육 의무, 건축업자의 품질 기준 및 의료 의무(노예 소유자의 경우)에 대한 다양한 측정 및 목표를 설정했다. 1990년대 초까지 학계의 성과 관리 연구와 컨설팅 실무 모두에서 급속한 성장이 이루어졌다. 이후 성과 관리는 성과 관리 시스템 구축을 지원하고 그러한 시스템이 실행될 수 있는 소프트웨어를 판매하려는 많은 컨설팅 회사의 핵심 문제가 되었다. 운영 수준에서 '성과'가 증가한 이유에는 컴퓨터 기반 시스템의 보편화로 인해 데이터 관리가 더 쉬워지고, '가치 대비 가치'를 제공해야 하는 조직에 대한 압력 증가, European Foundation for Quality Management Excellence Award, Investors in People 등 모두 명시적으로 측정을 권장한다.

1990년대에 개발된 BSC(Balanced Scorecard)와 같이 성과를 평가하고 관리하는 보다 정교한 접근 방식은 조직이 보다 미묘한 측정 및 보고 방법을 명시적으로 고려하도록 장려했으며 서비스 조직에서 사용하기에 더 적합했다(이 장의 뒷부분에서 BSC를 다룬다). 역시 공공 부문 서비스의 요구로 인해 성과 관리에 대한 관심이 높아졌다. 여러 측면에서 효과적인 성과 관리에 대한 공공 부문의 요구는 민간 부문보다 크다. 공공 부문은 일상적으로 '부과된' 척도를 처리해야 한다. 예를 들어, 정부 부처는 주어진 일련의 척도에 주의를 기울이기를 선택할 수 있지만 정치적 관심의 다른 추가 척도를 고려해야 한다. 결국 정치권은 구체적인 운영 방안에 압박을 가하는 언론과 대중에 대응해야 한다. 그 결과는 '인플레이션 측정'이며 이에 대처할 시스템과 프로세스가 필요하다.

12.1 '성과 관리'란 무엇인가

여기에서 사용하는 성과 측정이란 데이터를 수집, 분석하고 조직 프로세스, 활동 또는 그룹의 속성에 대한 정보를 전달하는 프로세스이다.[1] 이 성과 관리 프로세스는 성과 지표, 성과 측정, 성과 목표 및 성과 보고와 같은 다양한 메커니즘을 사용하여 달성된다. 예를 들어, 성과 지표(또는 여러 지표)를 사용하여 데이터를 수집 및 분석하고 고객 불만 처리 프로세스와 같은 특정 프로세스의 비용, 품질 또는 효과에 대한 정보를 전달할 수 있다. 경우에 따라 성과 지표는 고객 그룹이 얻는 이점에 대한 정보를 전달하는 데 사용할 수 있는 사례 연구와 같은 구체적인 예다.

그러나 '성과 관리'라는 용어와 관련하여 모호한 부분이 있다. 일부 맥락에서 이 용어는 성과 평가와 같은 개인 수준의 인적 자원 관행을 지칭하는 데 사용될 수 있다. 이러한 관행의 목표는 일반적으로 직원이 비즈니스 목표에 기여하도록 하기 위해 조직의 목표에 따라 직원 성과를 유지하고 개선하는 것이다. 이상적으로 성과는 HR 활동 및 프로세스 범위 전반에 걸쳐 총체적으로 관리되어야 한다. 이러한 방식으로 용어가 사용될 때 성과 관리의 동기는 직원이 자신에게 기대되는 것을 이해하고 목표를 달성하는 데 필요한 기술, 자원 및 지원을 갖도록 보장하는 것이다. 관련 문제에는 성과 관련 급여, 개별 목표 설정, 성과 평가, 개별 직원 피드백 및 성과 평가가 포함된다.

여기에서는 이러한 개인 수준의 관행이 분명히 관련되어 있지만 이러한 인적 자원 관련 방식으로 용어를 사용하지 않는다. 오히려 우리는 성과 관리를 조직 전체에서 성과를 포착하기 위한 관행으로 취급한다. 성과 관리에 대한 이러한 폭넓은 관점에서 우리는 내부 및 외부에서 개발된 아이디어와 메커니즘을 포함하여 보다 다양한 아이디어와 메커니즘을 다룰 것이다. 반면 성과 평가는 내부적으로 개발되는 경향이 있다.

12.1.1 성과 관리는 여러 요소로 구성

성과 관리에 대한 용어 혼동의 원인은 범위 때문이다. 성과 관리의 끝은 어디인가? 정확히 성과 관리가 아닌 것은 무엇인가? 결국, 이 책의 모든 것, 사실 모든 관리 문서의 모든 것은 성과 관리와 관련이 있다. 확실히 작업 관리는 다음과 같다. 그 목적은 리소스 및 프로세스 관리를 통해 서비스 작업의 성능을 향상시키는 것이다. 그러나 더 집중된 수준에서는 모든 운영 관리(및 기타) 활동이 일관되고 조직의 비전과 목표를 반영하도록 하는 프로세스와 직접적으로 관련된 특정 활동이 있다. 이것이 우리가 이 장에서 다룰 것이다. 즉, 모든 서비스 조직이 자신의 의도를 반영하기 위해 노력하는 경우 채택해야 하는 다양한 요소이다. 이러한 요소는 〈그림 12-2〉에 설명되어 있는데 다음과 같다.

- 조직의 비전, 사명 및 전략적 목표 설정
- '성과'의 의미 정의
- 성과 측정
- 성과 목표 설정
- 성과 보고
- 통제 시스템에 연결

이러한 각 요소는 중요하다. 그들은 함께 의도를 통해 광범위하고 때로는 추상적이고 열

〈그림 12-2〉 성과 관리 요소

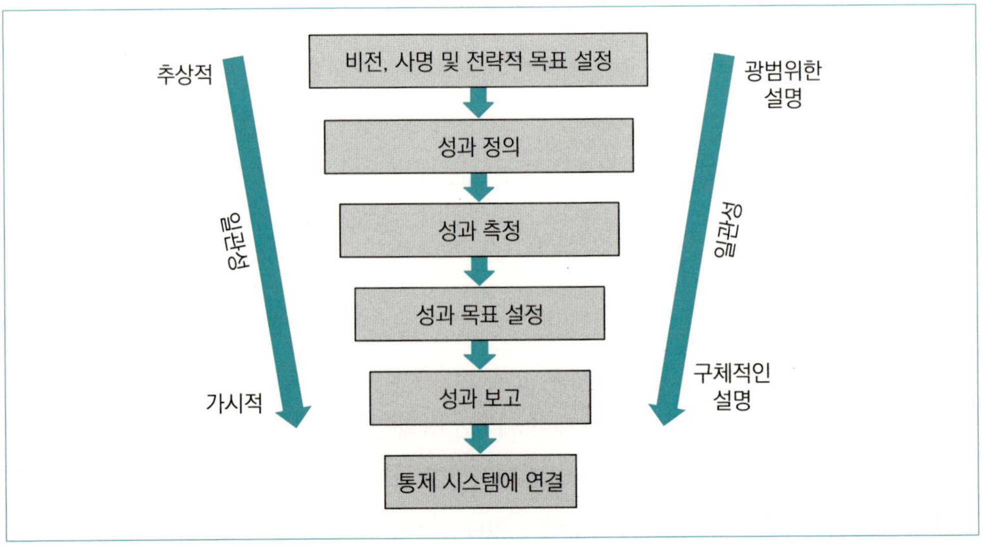

망적인 문제를 고려하는 것에서 보다 구체적이고 가시적인 활동에 이르기까지 진보적인 움직임을 나타낸다. 그러나 이러한 활동을 수행하는 동안 목표가 일관성을 달성하는 것임을 결코 잊지 않아야 한다. 어떤 성과가 보고되든 간에 선택된 성과 측정을 위해 설정된 목표에 대해 설정되어야 하며, 이는 '성과'가 정의된 방식에 적합하고 조직의 전략적 의도와 일치한다.

이 장에서는 운영을 통제하고 운영 및 조직 개선을 추진하는 데 도움이 되는 성과 측정 및 시스템을 설계, 평가 및 개발하기 위해 많은 서비스 조직에서 큰 효과를 거두는 데 사용된 간단하지만 강력한 몇 가지 도구와 프레임워크를 제공한다.

12.1.2 성과 관리가 중요한 이유는 무엇인가

성과 관리는 작업이 의도한 바를 수행하고 활동을 개선하고 있는지 확인하는 데 필수적이다. 반대로 성과 관리가 중요한 이유에 대해 질문해 보자. 성과를 관리하지 않으면 어떤 결과가 발생할까? 분명한 대답은 조직의 성과에 약간의 노력을 기울이지 않고는 그것이 어떻게 진행되고 있는지 알 수 없다는 것이다. 조직이 좋은가, 나쁜가, 아니면 중간에 있나? 설립 목적을 달성하고 있는가? 그러나 더 구체적인 이점도 있다(일부는 중복됨).

성과 관리는 전략 및 운영 결정을 연결한다. 모든 서비스 운영 관리에는 운영의 자원과 목표를 설정하는 전략적 의사 결정과 일상적인 운영 결정 사이에 긴장이 있다. 성공적인 서비스 운영 관리자를 만드는 것의 대부분은 전략적 관점과 운영적 관점을 결합하는 능력에서 비롯된다. 다시 〈그림 12-2〉를 참조하면 성과 관리는 전략적 비전, 미션 및 목표가 운영 리소스 및 프로세스가 통제되는 방식과 일치하는지 확인하는 것과 관련이 있다. 그것이 없다면 운영 의사 결정이 조직의 장기적인 의도에서 쉽게 벗어날 수 있다. 성과 관리 시스템을 통해 전략을 지속적으로 전개하고 실행할 수 있다. 이를 통해 서비스 운영 관리자는 계획 작업을 안내하는 데 필요한 피드백을 얻을 수 있다. 성과 관리에서 제공되는 피드백이 없으면 조직은 '맹목적으로 비행'하게 된다.

성과 관리는 운영 개선의 기초이다. 성과 향상의 기본 요구 사항 중 하나는 성과의 어떤 측면을 어떤 순서로 개선해야 하는지 알아야 한다는 것이다. 부적절하다고 측정된 성과 측면에 개선 노력을 기울이면 분명한 이점이 있다. 또한 운영 개선에 대한 대부분의 접근 방식은 성과 데이터 수집을 강조하는 증거 기반 문제 해결을 기반으로 한다. 또한 성과의 변동량은 프로세스 자체가 허용 가능한지 확인하는 데 핵심적인 것으로 간주된다('역량 있음'이라고 함, 이 장의 뒷부분 참조). 성과 데이터는 프로세스 성과가 시간 경과에 따라 변화하는지 확인하고 프로세스

CASE example

사례

DPD는 디포에서 시각적 성과 시스템을 사용한다[2]

DPD 그룹은 주로 고속 도로 기반 시장에서 운영되는 국제 택배 서비스로 매일 전 세계적으로 500만 개 이상의 소포를 배송한다. 영국에서는 고객에게 끊김 없는 서비스를 제공하는 시장의 선도적인 '시간이 중요한' 운수회사 중 하나이다. 그러나 이 끊김 없는 서비스는 최고 성과로 작동하는 네트워크의 모든 부분에 의존한다. 여기에는 Leicester 근처의 Hinckley에 있는 DPD의 새로운 'Superhub'가 포함된다. 이곳은 33에이커 부지에 건설되어 시간당 72,000개의 소포를 처리할 수 있는 능력을 갖추고 있다. Superhub는 성과에 대한 명확한 표시가 커뮤니케이션과 개선 노력을 촉진할 수 있도록 하기를 원했다. 이것의 핵심 구성 요소는 시각적 관리의 사용이었다. 시각적 관리는 의사소통의 효율성을 향상시키는 방식으로 성과 정보를 시각적으로 표시하는 것이다. 일반적으로 시각 자료는 서면 정보보다 메시지를 더 빨리 전달하고 더 많은 관심을 유도할 수 있다.

그러나 효과적이기 위해서는 시각적 관리가 전체를 달성하려면 신중한 설계가 필요하다. DPD는 시각적 도구와 장비를 가장 잘 사용하는 방법을 제공하고 조언하는 Clarity Visual 경영진의 전문적인 도움을 요청했다. Clarity의 많은 시각적 관리 프로젝트와 달리 DPD의 요구 사항은 매우 구체적이었다. DPD는 무엇을 달성하기 위해 노력하고 있는지 정확히 알고 있었고 요구 사항 뒤에 있는 원칙을 이해했다. 효과적이기 위해서는 유용한 정보를 전달할 뿐만 아니라 시각적 디스플레이가 각 Superhub 팀의 운영 센터 근처에 있어야 했다. 또한 디스플레이가 노동자들에게 물리적으로 장애물이 되지 않고 DPD의 건강 및 안전 요구 사항을 충족하며, 중요한 것은 매우 바쁜 24시간 화물 창고의 요구를 견딜 수 있을 정도로 견고하다는 것이다.

Superhub는 팀을 구성하는 원칙을 바탕으로 작업한다. 각 팀은 여러 개의 '인입구'(들어오는 소포)와

DPD

'방출구'(나가는 소포)를 담당한다. 각 교대조가 시작될 때마다 각 팀은 시각적 관리 프레젠테이션을 중심으로 팀 미팅을 갖는다. 여기서 주요 성과 지표(KPI)와 목표 등이 논의된다. DPD는 팀 리더가 쉽게 업데이트하고 팀에 제시할 수 있도록 '교대 시작' 팀 미팅 중에 시각적 관리 보드를 낮출 수 있는 디스플레이가 필요했다. 교대 근무의 나머지 기간 동안, 그것은 눈에 보이는 주의 사항이 되어야 하지만, 물리적 장애물이나 근로자에게 건강과 안전에 대한 위험이 되어서는 안 된다. 또한, 이곳은 완전히 새로운 플래그십 사이트이며 대중의 관심의 초점이 될 가능성이 높기 때문에 시각적 디스플레이는 미적으로 만족스러울 수밖에 없었다. 구체적으로, 컬러 코딩은 다른 팀을 분리하기 위해 사용되었다.

Clarity Visual Management는 고심 끝에 현장 토론과 시제품 개발을 통해 솔루션을 고안했고, 이 솔루션은 다른 DPD 저장소로 빠르게 확산되었다. 그것은 인쇄된 자기 오버레이로 덮인 자기 수용 보드가 부착된 튼튼한 이동식 '팔'로 구성되었다. 이는 프로그램이 개발됨에 따라 메커니즘을 방해할 필요 없이 오버레이를 간단히 벗겨 내고 교체할 수 있음을 의미했다. 시스템은 완벽하게 작동했다. 팔은 분명히 볼 수 있지만 작업자의 머리 위에 있는 성과 정보를 가지고 있었다. 미팅이 예정되어 있을 때 이 정보는 팀 토론의 중심 지점으로 하향 조정되었다.

성과의 변동 범위를 확인하는 데에도 사용할 수 있다. 또한 진부할 수도 있지만 측정되는 것은 완료된다. 또한 측정을 보상(예: 보너스)이나 제재와 연결함으로써 개인은 측정 대상을 통제할 수 있다고 가정(항상 그런 것은 아님)하여 개인성과를 개선하도록 동기를 부여할 수 있다. 프로세스를 목표에 맞게 또는 벗어나게 만드는 요소에 대한 정보는 개인과 조직이 관련된 프로세스를 더 잘 관리하는 방법을 배우는 데 도움이 될 수 있다.

성과 관리는 커뮤니케이션을 돕는다. 이것은 조직이 중요하고 통제 및/또는 개선이 필요하다고 말하는 것을 측정함으로써 달성된다. 반대로, 모든 것(또는 많은 것)을 측정하면 아무것도 중요하지 않다는 의미가 있다('측정되는 것은 측정될 뿐'이라는 속담을 수정함). 따라서 척도 또는 척도 세트는 조직이 직원에게 무엇을 위해 노력해야 하는지, 실제로 개인 또는 부서로서 책임을 져야 할 사항에 대해 직원에게 알려준다. 척도는 전략과 어느 정도는 문화를 전달하고 구현하는 중요한 수단이기도 하다. 예를 들어, 전화 응답의 응답 속도를 측정함으로써 조직은 이것이 중요하다고 말하고 있으며 직원이 목표를 달성하거나 응답 속도를 향상시키기 위해 노력해야 함을 암시한다. 가장 중요한 것은 투명한 성과 관리를 통해 성과가 허용 가능한 수준 이하인 부분과 조직이 잘하고 있는 부분에 대한 공통된 이해에 기여할 수 있다는 것이다. 성과 정보가 운영 수준에서 커뮤니케이션을 지원하는 방법에 대한 예는 'DPD가 창고에서 시각적 성능 시스템을 사용함' 사례를 참고해 보자.

성과 관리는 적절한 행동에 동기를 부여할 수 있다. 조직에서 사용하는 일련의 척도는 직원의 행동에 영향을 미치는 특정 사고 방식을 만들게 된다. 응답 속도가 측정되지만 상호작용의 품질이 아닌 경우 직원은 무의식적이지만 속도를 위해 품질을 타협할 수 있다. 따라서 조직의 전략적 의도를 지원하는 척도와 척도의 올바른 조합 또는 균형을 유지하는 것이 중요하다. 성과 관리의 중요한 토대는 성과 목표, 특히 확장 목표를 설정하면 사람들의 관심을 끌수 있다는 생각이다. 그런 다음 목표를 향한 진행 상황을 측정하여 유용한 피드백을 제공하고 목표 달성에 노력을 집중한다.

성과 관리 비용

성과 관리는 비용이 안 드는 것은 아니지만 성과 측정에 얼마나 많은 시간과 에너지를 소비하는지 계산하는 조직은 거의 없다. 성과 측정 및 관리에 소요되는 시스템, 절차 및 인시(person-hours)가 금전적 가치를 제공하는 정도를 평가하는 기업은 훨씬 적다. 실제로 많은 조직이 성과 측정을 산업으로 전환하여 성과를 통제하거나 개선하는 측면에서 거의 이점을 제공하지 않는다. 또한 부적절한 측정은 조직에 해로울 수 있다. 예를 들어, 정부 부서의 일자리 지원을 처리하는 속도를 측정함으로써 직원은 최고의 후보자를 식별하는 데 필요한 세부적인 주의를 기울이지 않을 수 있다. 대학에서 학자들의 연구 결과에 집중하면 교육 품질에 소요되는 시간이 줄어들 수 있다. 따라서 올바른 척도를 선택하고 서비스 운영을 통제하고 개선하기 위한 간단하고 효과적인 시스템을 갖추도록 주의를 기울여야 한다.

성과 관리 및 측정에서 가장 일반적이지만 놀랍지 않은 문제 중 하나는 시스템과 시스템 모두에 대한 합의 및 소유권을 생성하는 것이다. 크고 이질적인 집단의 사람들이 그 안에서 측정한다. 성과 관리 시스템은 조직의 실제 전략을 가장 공개적으로 설명하는 것 중 하나이기 때문에 이러한 문제는 그리 놀라운 일이 아니다. 성과 관리 시스템은 전략에서 '작업 현장'에 있는 서비스 운영 관리자의 활동 및 결정에 이르기까지 경로를 제시한다. 시스템은 조직과 서비스 운영 관리자 및 전달을 담당하는 직원 모두에게 중대한 영향을 미칠 수 있는 일련의 척도로 '종료'된다. 예를 들어, 결과 달성을 추적하도록 설계된 성과 측정은 위상, 자원 할당, 보너스, 승진 전망 등과 관련하여 해당 결과 달성을 담당하는 단위의 인식에 영향을 미친다.

성과 관리 시스템 설계에는 서비스 조직이 운영되는 모든 지역과 모든 국가의 관리자가 참여할 수 있다. 강력하고 머리가 좋은 관리자들로 구성된 대규모 그룹들이 있기 때문에, 시스템의 모든 측면에 대한 합의를 얻으려는 생각은 아마도 비현실적일 것이다. 때때로 여러분이 바랄 수 있는 것은 합의의 정도이다. '우리가 동의한다면, 그리고 어떤 면에서는 동의하지 않는 것' 측정 및 측정 시스템이 조직에 부과되는 경우 이러한 관심, 합의 및 인수는 달성될 수 없다. 경영진과 관리자가 주도해야 하는 것은 분명하지만, 오늘날에는 특히 서비스 운영의 맥락에서 순수한 '명령 및 통제' 접근 방식에는 한계가 있다. 따라서 성과 관리 시스템은 경영진의 의도를 존중할 뿐만 아니라 서비스 관리자와 근로자를 위해 실용적이고 실행 가능하도록 매우 신중하게 설계되어야 한다.

12.2 비전, 사명 및 전략적 목표 설정

성과 관리를 체계화하려는 모든 시도는 조직이 달성하려는 목표를 이해하는 것부터 시작해야 한다. 여기에는 종종 혼동되고 때로는 (실수로) 상호 교환적으로 사용되는 세 가지 진술, 즉 '비전', '사명' 및 '전략'이 포함된다.

12.2.1 비전 및 사명 선언문

비전 선언문은 모든 성과 관리 시스템의 출발점이다. 이는 후속 성과 관리를 위한 프레임워크를 제공하고 조직의 광범위한 포부를 위한 방향을 설정하고 명확하게 설명한다. 비전 선언문은 조직이 궁극적으로 원하는 위치를 설명한다. 그것은 조직이 서비스를 제공하는 시장이나 커뮤니티의 맥락에서 조직이 자신을 보는 위치를 드러낸다. 대부분의 비전 선언문은 짧고 핵심적이다. 예를 들어 푸드뱅크 자선단체는 '필요한 시기에 식량이 부족한 사람들을 돕는다'라는 문구를 사용할 수 있다. 테마파크는 '온 가족이 즐길 수 있는' 것을 가질 수 있다. 그리고 패밀리 레스토랑 체인의 비전 선언문은 '즐거운 식사 경험 제공'일 수 있다. 비전 선언문은 간결할 때 가장 잘 작동한다. 효과적이기 위해서는 비전 선언문이 다음과 같은 경우에 가장 좋다.

- 비교적 짧고 명확
- 미래에 집중
- 핵심 가치를 기반으로 함
- '방향' 가이드
- 도전적
- 영감을 주고 기억에 남음

사명 선언문은 비전과 동일하지 않지만, 보다 행동 지향적이기 때문에 성과 관리에 더욱 집중하게 된다. 조직이 장기적으로 달성하고자 하는 것뿐만 아니라 조직이 수행하는 작업을 설명한다. 예를 들어, 우리가 앞에서 말한 푸드뱅크 자선단체가 '필요할 때 식량이 부족한 사람들을 돕는 것'이었다면, 그 사명 선언문은 '전국을 아우르는 효과적인 식량 유통 네트워크를 구축하는 것'일 수 있다. 그것은 단지 그것이 하고 싶어하는 것이 아니라 실제로 하는 것이다. 간결하면서도 조직의 '무엇', '누가', '왜'를 구체화하고 명확히 해야 한다. 그것은 때때로 회사의 비전 진술을 위한 '로드맵'이라고 불린다. 또는 비전 선언이 '언젠가'를 위한 것인 반면, 미션 선언은 '매일'을 위한 것이다.

12.2.2 성과 관리의 전략적 목표

비전 및 사명 선언문을 고려하는 것에서 전략적 성과 목표를 설정하는 것으로 전환하는 것은 성과 관리의 실질적인 목적 달성을 위한 추가 단계이다. 전략적 목표를 설정하는 것은 일상적인 운영과 조직의 전략적 의도 사이에 논리적인 연관성이 있는지 확인하는 데 도움이 되기 때문에 성과 관리에서 특히 중요한 단계라고 할 수 있다.

이러한 연결과 일관성을 보장하는 데는 여러 가지 이유가 있다. 일반적으로 전략을 성과 관리 시스템으로 전환할 수 있는 조직은 다음과 같은 이유로 전략을 실행할 수 있다.

- 목표와 대상을 효과적으로 전달할 수 있다.
- 그들은 조직의 전략적 의도에 대한 이해를 공유한다.
- 관리자와 직원은 성공의 중요한 동인에 집중할 수 있다.
- 투자, 이니셔티브 및 행동은 전략적 목표와 일치한다.
- 운영 관리자는 전략적 의사 결정자와 소통하고 영향을 미칠 수 있다.

전략적 목표가 성과 관리의 다른 요소와 어떻게 연결될 수 있는지를 설명하는 데 가장 유용한 프레임워크 중 하나는 조직의 다양한 부분의 목표를 포함하여 목표를 논리적으로 연결하는 것이다. 이 프레임워크를 전략적 연결 모델이라고 한다. 전략적 연계 모델은 전략적 목표를 달성하는 데 필요한 것에 대한 경영진의 가정을 나타낸다. 이와 같이, 전략적 연결 모형은 인과 관계에 대한 일련의 가정이다. 이는 사실상 비즈니스가 어떻게 수행될 것인지에 대한 검증 가능한 적당한 이론이다. 〈그림 12-3〉은 식품 서비스 회사의 전략적 연계 모델을 보여 준다.

전략적 연계 모델의 사용은 조직의 모든 다른 부분의 목표가 더 높은 수준의 목표를 지원하도록 하는 시도이며, 이는 조직의 전체 전략을 지원한다. 조직의 다양한 부분의 관리자들이 자신의 목표를 달성할 수 있도록 적절한 척도와 목표를 개발하도록 한다. 이러한 접근 방식은 모든 조직 및 운영 활동을 전략에 맞게 조정하는 데 도움이 될 뿐만 아니라 불필요한 측정 및 보고의 양을 줄이게 된다. 전략적 연계 모델은 이른바 '전략 맵'과 매우 유사하며, 이 개념은 이 장의 후반부에서 다시 살펴보도록 한다.

12.3 서비스 운영에서 '성과'란 무엇인가

'성과'의 의미에 대한 다양한 정의가 있기 때문에 '성과'의 개념은 간단하지 않다. 어떤 정의는 행동의 결과나 완료된 행동의 효과로 성과를 강조한다. 예를 들면 "요청의 99%를 1시간 이내에 처리했다"나 "전반적인 고객 만족도가 크게 향상되었다"와 같은 것이다. 성과에 대한 이러한 관점은 결과가 어떻게 달성되었는지에 대해 알려주지 못한다. 그것은 모든 과정의 결과에 초점을 맞춘다. 대조적으로, 성과의 다른 정의는 행위의 결과가 아니라 행위 자체를 의미하는 것으로 간주한다. 행동이 수행되는 방식을 강조하는 것이다. 예를 들어, '고객은 항상 우리 상담사가 얼마나 공감하는지에 대해 언급한다'거나 '그것은 매력적이고 영감을 주는 강의였다'고 말한다.

우리가 '성과'를 보는 방법에서 또 다른 중요한 차이점은 다른 이해관계자들이 성과를 해석할 수 있는 범위에 관한 것이다. 우리가 성과를 판단하는 방법의 일부 측면은 비교적 객관적이다. 관련성과 측정 방식을 받아들인다면 이의를 제기하기 어렵다는 점에서 '진짜'이다. 예를

〈그림 12-3〉 식품 서비스 회사를 위한 단순화된 전략적 연결 모델

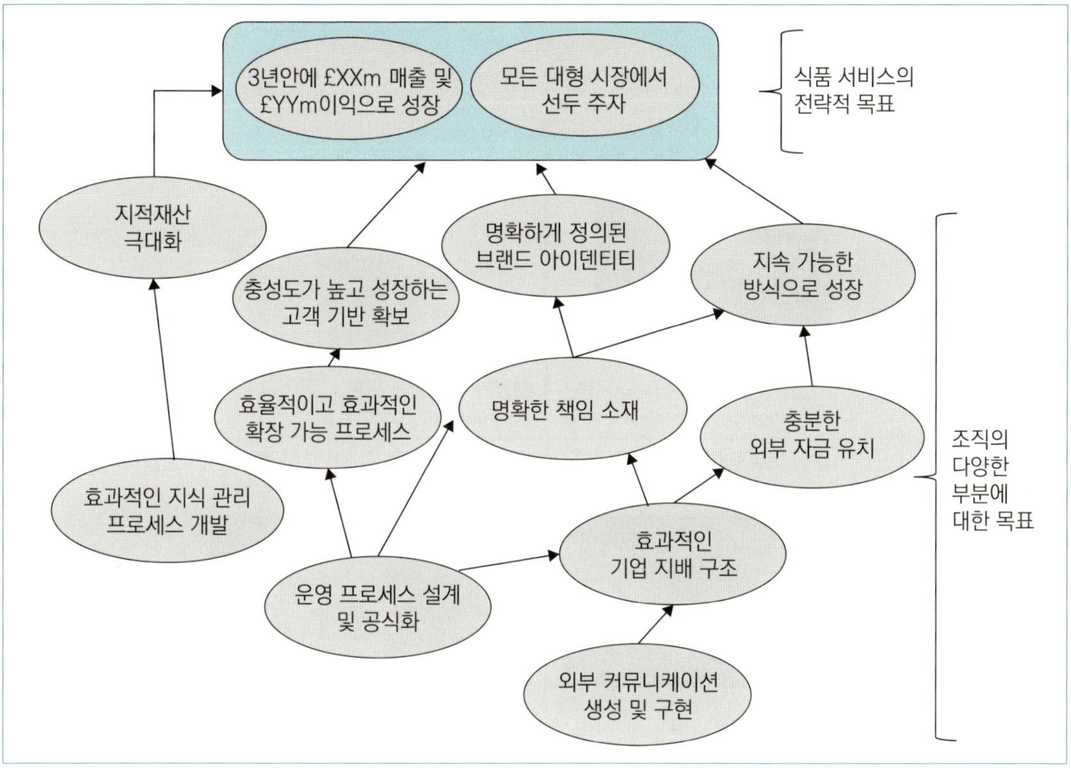

들면 이런 것이다. "서비스 엔지니어의 고객 방문당 총비용은 $100이다." 또는 "영업 팀이 이번 달에 £200,000의 비즈니스를 확보했다." 그러나 수행의 다른 측면은 객관적인 현실이 아니라 관찰자의 마음속에 존재한다는 점에서 더 '사회적으로 구성된' 측면이다. 그들은 해석에 더 개방적이다. 다른 사람들은 목표 및/또는 성향에 따라 성과에 상당히 다른 의미를 부여할 수 있다. 예를 들어, '이 가게에서 구매할 때마다 그들이 매번 내 우편번호와 전화번호를 원하는 것은 정말 화가 난다'거나(그러나 대부분의 고객은 반대하지 않는다), '이 발전소의 전반적인 환경 영향은 개선되었지만 옆에 사는 것은 그렇지 않은 것 같다'는 식이다.

Warwick 대학의 Pietro Micheli 교수는 성과가 무엇을 의미하는지에 대한 두 가지 차원을 〈그림 12-4〉[3]과 같이 나타낼 수 있다고 주장한다. 여기서 성과는 다음 중 하나로 간주된다.

- 결과/산출물로 판단하거나 프로세스로 판단
- 객관적/실제적 판단 또는 주관적/해석적 판단

〈그림 12-4〉 성과는 판단 결과 또는 판단 과정으로 볼 수 있으며 상대적으로 객관적이거나 상대적으로 주관적인 측면을 포함

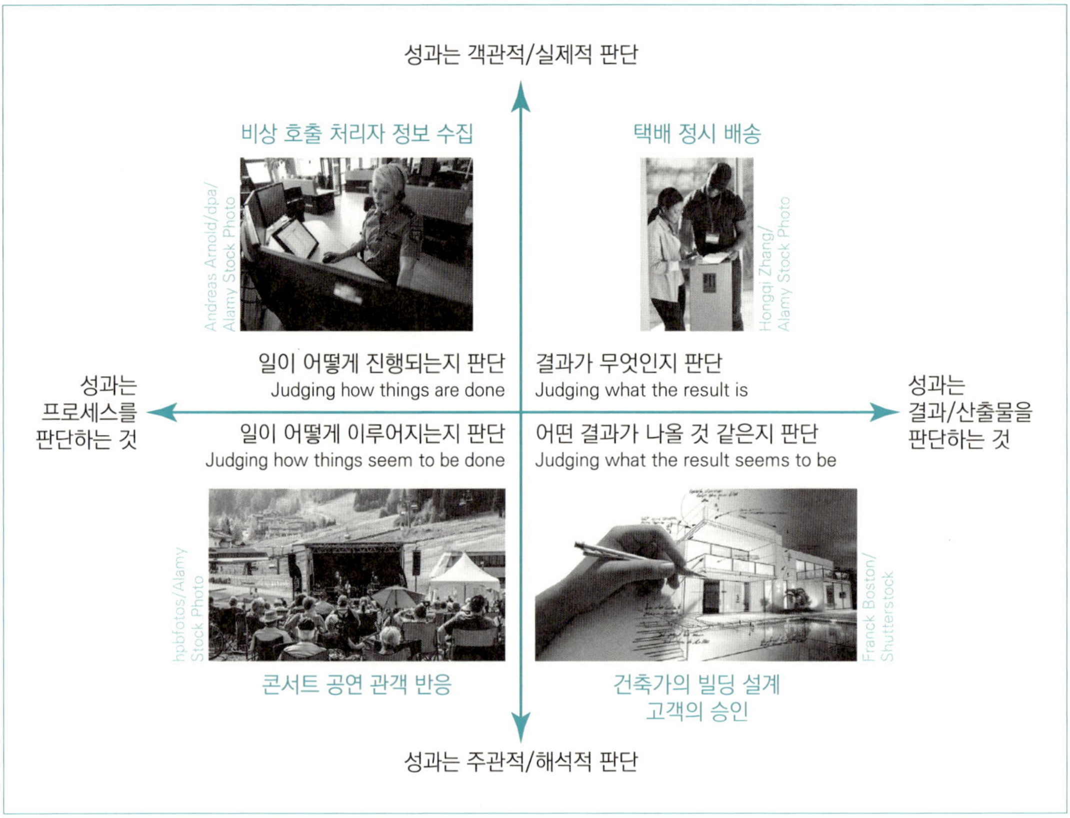

다이어그램에서 치수는 4개의 사분면으로 구성된다.

- 오른쪽 상단 사분면(결과가 무엇인지 판단)은 실제 결과에 중점을 두는 성과 측면을 다룬다. 예를 들어, 한 택배 회사가 정시 배송 성과를 추적한다. 즉, 배송 성과를 측정하는 방법에 대한 세부 사항이 합의된 경우 비교적 객관적인 결과 측정이다.
- 왼쪽 상단 사분면(일이 어떻게 진행되는지 판단)은 프로세스의 비교적 객관적인 측면을 다룬다. 예를 들어, 비상 통화 처리 센터에서는 직원들이 (자주 괴로워하는) 전화를 건 사람들로부터 정확한 정보를 얻는 데 효과적이라는 것이 중요하다. 직원이 이 작업을 수행할 수 있는 정도는 프로세스 측정이지만, 출력 측정인 서비스의 응답 시간에 영향을 미치게 된다.
- 오른쪽 아래 사분면(결과가 어떻게 보이는지 판단)은 상대적으로 주관적인 결과를 다룬다. 예를 들어, 건물의 디자인은 건축가의 작업 결과물이지만 고객마다 또는 한 고객의 조

〈표 12-1〉 물류 서비스 회사의 성과 측정

구분	심사 과정	결과 판단
객관적인 척도	일이 어떻게 진행되는지 판단 • 재고 물량 정확도 • 트럭 활용 • 물류 비용 대 예산	결과가 무엇인지 판단 • 정시 배송 • 오버/ 쇼트/ 손상된 주문 • 주문 리드 타임
주관적인 척도	일이 어떻게 진행되고 있는지 판단 • 수요 예측 정확도 • 고객 시스템의 통합 • 콘택트 센터 친화성	어떤 결과가 나올 것 같은지 판단 • 전반적인 고객 만족도 • 고객 관계의 강점 • 고객 불만 건수

직에 속한 사람에 따라 매우 다른 방식으로 판단될 수 있다.

- 왼쪽 아래 사분면(일을 어떻게 하는지 판단하는 것)은 프로세스의 주관적인 측면을 다룬다. 예를 들어, 콘서트의 즐거움은 공연장 입장 과정, 조연, 좌석 위치, 음질 등과 관련된 다양한 요인의 결과이다. 더욱이 주연을 판단하는 것은 아티스트의 팬이 어느 정도인지에 따라 부분적으로는 매우 주관적일 수 있다. 이것은 이 사분면에서 수행을 판단하는 것이 덜 유용하다는 것을 의미하지는 않지만 수행 측정이 어떻게 해석되는지에 대한 지속적인 질문을 필요로 한다.

이 단계에서는 이 모델의 사분면이 대안이 아니라는 점을 지적할 필요가 있다. 자신의 성과에 대한 관점을 하나의 사분면으로 제한하는 모든 작업은 거의 확실히 성과의 몇 가지 중요한 측면을 놓치고 있다. 예를 들어, 〈표 12-1〉은 물류 서비스에서 사용되는 성과 측면을 보여준다.

12.3.1 서비스 운영에서 '성과'는 어떻게 다른가

이 질문에 답하기 위해서는 1장에 설명된 IHIP 특성으로 돌아가야 한다. 많은 서비스가 분리되지 않는다는 것은 고객이 서비스를 제공하는 동안 물리적으로 존재할 가능성이 높기 때문에 서비스 제공 프로세스를 판단할 수 있는 위치에 있다는 것을 의미한다. 같은 주장이 소멸성에 대한 생각에도 적용된다. 일정 기간이 지나면 사실상 사라지는 제안은 결과만으로 판단하기가 항상 쉬운 것은 아니다. 따라서 분리 불가능성과 소멸 가능성은 모두 고객(그리고 그에 따라 운영)이 서비스의 '기술적' 결과 외에도 서비스가 제공되는 프로세스를 판단할 가능성이 더 높다는 것을 의미한다.

무형성 특성은 서비스(서비스가 포함하는 것)의 '경계'가 항상 명확하지 않다는 것을 의미한다. 이는 서비스 개념에 대한 이해에 따라 다양한 고객이 매우 다른 방식으로 서비스를 판단할 수 있음을 의미한다. 이질성은 고객과의 다양한 상호작용을 통해 다양한 고객 인식을 고려하기 위해 성능을 해석해야 한다는 것을 의미한다. IHIP 특성의 영향은 〈그림 12-5〉에 나와 있다.

다시 말하면, 판단 프로세스에 대한 이러한 관점은 모든 서비스 성과가 해석 또는 프로세스 기반 또는 둘 다인 성과 측면에 기반해야 함을 의미하지 않는다. 〈표 12-1〉에서 볼 수 있듯이 모든 사분면이 표시되어야 한다. 그러나 보다 제조와 유사한 작업과 비교할 때 이러한 측면을 통합하는 3사분면이 서비스 작업에 더 중요할 수 있다.

서비스 성과 관리를 제조 작업의 성과 관리와 다르게 만드는 한 가지 문제는 앞서 언급한 합의 및 동의의 문제이다. 서비스와 그 제공의 주관적인 특성은 무엇을 해야 하는지에 대한 많은 견해가 있다는 것을 의미하며, 따라서 전달을 관리하고 측정하는데 더 큰 복잡성과 미묘한 차이가 있다. 이러한 차이는 주로 측정 수준에서 나타난다. 서비스 성과 관리는 지식 및 개발, 관계 기술, 조직 수준에서의 관계 능력, 서비스 문화, 지적 재산 등과 같은 미묘하고 종종 무형

〈그림 12-5〉 성과는 판단 결과 또는 판단 과정으로 볼 수 있으며 상대적으로 객관적이거나 상대적으로 주관적인 측면을 포함

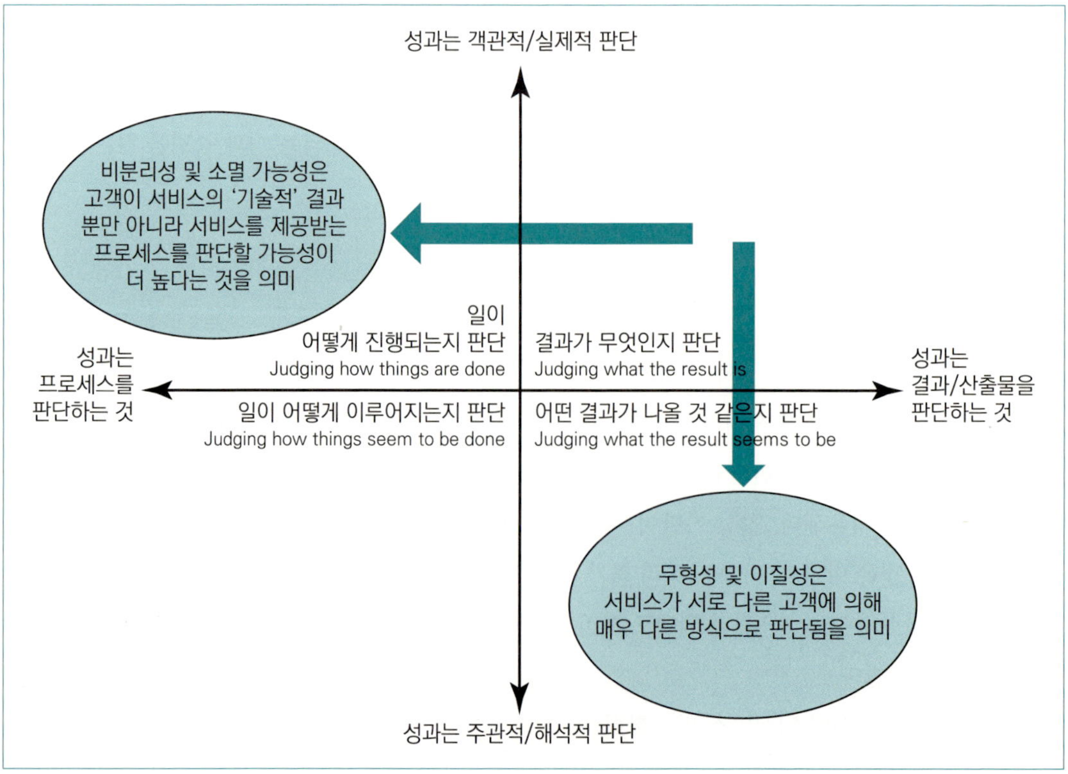

의 성과 측면을 측정해야 한다. 분명히 이러한 문제는 중요하며 종종 제품 제조 분야에서 측정해야 하지만 서비스 분야에서는 중심 무대를 차지한다. 성과 관리 시스템 설계 섹션에서 볼 수 있듯이 서비스 성과 측정의 복잡성은 이러한 '더 부드러운' 영역에서 모니터링하고 통제할 결과 및 활동 목표를 연결하는 것과 유사한 문제를 의미한다.

12.4 성과 측정

전문가마다 '성과 측정'이 정확히 무엇을 의미하는지에 대해 다양한 견해를 갖고 있다. 여기서 성과 측정은 단순히 작업의 성과를 평가하는 것이다. 프로세스, 활동 또는 개인의 측면에 대한 정보를 얻고 분석하며 표현하는 공식적인 프로세스이다.[4] 기본적으로 직원 시간과 같은 입력 또는 비용과 같은 출력 또는 하루에 처리되는 고객 수와 같은 이벤트나 프로세스의 활동 수준을 정량화하는 것이다. 원칙적으로 성과 측정 프로세스는 단순하게 들릴 수 있다. 단순히 나가서 비즈니스 목표와 관련된 데이터를 수집하는 것이다. 그러나 혼동을 방지하기 위해서는 성과의 어떤 측면이 측정되는지를 정확하게 설명할 때 주의해야 한다. 데이터를 사용하는 방법과 데이터를 수량화하는 방법을 지정하는 것이 중요하다. 이것이 없으면 데이터를 수집, 분석 및 해석하여 유용성을 감소시키거나 더 나쁜 것은 잘못된 표시를 제공할 수 있기 때문이다.

성과 데이터는 매우 다양한 형태로 제공된다. 실제로 가장 큰 문제는 대부분의 작업에 수집할 수 있는 데이터가 너무 적다는 것이 아니라 사용 가능한 데이터 유형과 소스가 너무 많다는 것이다. 운영 측면에서 성과에 대한 데이터에는 비용, 리소스 활용률, 오류율, 내부 응답 시간, 목표 달성 날짜 등이 포함될 수 있다.

고객의 관점에서 데이터는 고객 만족도 점수, 외부 평가 기관의 점수, 고객이 돌아오는 빈도, 긍정적인 서비스 수준에 대한 칭찬 횟수 등이 될 수 있다. 이러한 측정은 정성적이거나 정량적일 수 있지만, 정성적 결과는 종종 숫자나 변수로 변환된다. 그러나 측정 과정이 완전히 간단한 경우는 거의 없으며 측정의 몇 가지 과제에 대해서는 장 뒷부분에서 다룰 것이다. 이 두 용어는 때때로 (실수로) 서로 바꾸어 사용되기도 하지만, 성과 관리와 성과 측정을 구별하는 것이 중요하다. 〈그림 12-2〉에서 설명한 바와 같이, 성과 관리는 훨씬 더 광범위하고 행동 지향적이며 더 복잡한 문제이다. 이는 관리자가 운영을 통제하고 개선할 수 있도록 하는 척도와 관련이 있으나 성과 관리는 성과 측정과 조직 내 보고 방식을 기반으로 한다. 그러나 일부 조직에서는 성과를 관리하는 데 충분한 시간을 할애하지 않고 성능을 측정하고 보고하는 데 너무 많은 시간을 소비한다는 비판이 자주 제기되고 있다. 조직이 척도를 효과적으로 사용하지 않을 경우 측정하는 것은 거의 의미가 없어 보이기도 하다.

12.4.1 가장 중요한 성과 측정은 무엇인가

성과 측정 자체가 목적은 아니며 올바른 측정값을 선택하는 것이 항상 쉬운 작업은 아니다. 유용한 성과 측정 시스템을 설계할 때 발생하는 문제 중 하나는 몇 가지 핵심 척도(직설적이고 단순하지만 조직 목표의 전체 범위를 반영하지 못할 수 있음)와 다른 한편으로는 많은 세부 척도(복잡하고 관리하기 어려움, 다양한 뉘앙스의 성과를 전달할 수 있음)이다. 실제로 많은 조직이(그들의 판단에 따라) 너무 많은 부적절한 척도를 가지고 있다. 측정할 수 있다고 해서 측정해야 하는 것은 아니다.

일반적으로, 운영의 전반적인 전략, 전략적 목표를 반영하는 가장 중요한(또는 '핵심') 성과 지표(종종 KPI) 및 각 핵심 성과 지표에 실질적인 내용을 제공하는 데 사용되는 세부 척도 번들 사이에 명확한 연관성이 있는지 확인함으로써 타협이 이루어지는 경우가 많다. 분명히, 전략이 잘 정의되지 않는 한 핵심 성과 지표의 좁은 범위를 '표적'하기는 어렵다. 성과 측정에는 두 가지 유용한 테스트가 있다. 즉, 전략적 연결 또는 적절성과 고유한 유용성 또는 초점이다. 성과 관리 시스템을 위한 효과적인 설계 프로세스는 모든 척도의 적절성을 보장해야 한다. 그러나 관리자는 종종 '레거시' 척도를 사용하기 때문에 그 효용성을 주기적으로 평가해야 한다. Andy Neely[5] 교수가 원래 제안한 〈표 12-2〉는 성과 측정을 감사하는 데 사용할 수 있는 유용한 테스트 점검표를 제공한다.

체계적인 척도 개발

〈표 12-2〉에서 확인된 테스트는 기존 측정치를 확인하는 데 유용하지만, 새로운 성과 측정치의 체계적인 개발이 더욱 중요하다고 주장할 수 있다. 예를 들어 다음 기준을 사용할 수 있다.

측정값의 이름. 이 이름에 측정 대상의 본질이 담겨 있는가? 척도를 사용해야 하는 모든 사람이 이 이름을 쉽게 이해할 수 있는 개념으로 번역할 수 있을까? 성과 관리 시스템 회의에서는 다양한 분야에 대한 의사 결정 합의가 필요하다. 이러한 합의를 달성하는 것은 간단하고 접근 가능한 측정 설명을 통해 도움이 된다. 비록 그 척도가 기술적인 성격의 것일지라도, 그 이름이 '일상적인' 용어로 이해되도록 노력할 가치가 있다.

목적. 척도의 목적 – 척도와 관련 전략적 목표 사이에 명확한 관계가 있는가? 척도는 특정 결과가 달성되고 있는지 또는 활동이 계획대로 수행되고 있는지에 대한 신뢰할 수 있고 유용한 지표를 제공하는가? 척도는 기껏해야 관심 있는 현상의 상태에 대한 부분적인 지표이다. 활동 또는 결과의 상태를 추적하려면 몇 가지 척도가 필요할 수 있다. 각각 관련 목표에 대한 투명하

〈표 12-2〉 체크리스트 – 성과 측정의 열 가지 테스트

목적 테스트	척도에 대한 명확한 이유가 있는가?
시스템 테스트	목적 달성을 위해 결과가 실행되도록 하는 명확한 시스템이 있는가?
진실 테스트	측정하려는 것을 측정하는가?
초점 테스트	측정해야 할 것만 측정하는가?
일관성 테스트	측정할 때마다 또는 누가 측정할 때마다 일관성이 있는가?
접근 테스트	결과를 사용할 수 있고 쉽게 이해할 수 있는가?
선명도 테스트	결과 해석에 모호성이 있을 수 있는가?
적시성 테스트	적절한 조치를 취할 수 있을 만큼 데이터를 신속하게 분석할 수 있는가?
비용 테스트	데이터를 수집하고 분석하는데 드는 비용이 가치가 있는가?
게임 테스트	이 조치가 바람직하지 않은 행동을 조장하는가?

게 관찰 가능한 링크가 있어야 한다. 이러한 링크는 척도의 유효성과 목적에 대한 테스트이다.

공식. 성과 척도는 어떻게 계산되는가? 충분한 정밀도로 표현된 척도값을 도출하기 위한 공식이 사용되었는가? 용어가 적절하게 정의되었는가? 공식이 복잡한 수학적 장치일 필요는 없다. 예를 들어, 프로젝트 환경에서는 '달성한 마일스톤 대 계획된 마일스톤'이라는 간단한 영어 문장을 사용할 수 있다. 또는 소매 업체가 하루 불만 건수를 사용할 수도 있다. 수식이 복잡할 경우 사용법에 대한 적절한 설명을 제공해야 한다.

단위. 단위가 적절한 단위로 표현되었는가? 숫자 자체는 컨텍스트가 있는 숫자만큼 유용하지 않다. 그래서 '수입'이 아니라 '월당 수입', '카운트'가 아니라 '하루당 카운트' 등이다.

데이터 원본. 측정 데이터 소스가 일관된 캡처 및 사용이 가능하도록 충분히 지정되었는가? 지명된 척도 담당 보고자가 누구든 쉽고 빠르게 데이터를 찾을 수 있는가? 데이터 및 수집 수단에 대한 설명이 일관성 있는 수집을 허용하도록 명시되어 있는가? 데이터 캡처를 자동화할 수 있는가?

유용성. 측정이 현재 가능한가, 불가능한가? 척도 개발자는 이 질문에 대한 답변에 포함된 나머지 작업이 척도 개발 중에 지정되었는지 확인해야 한다. 때때로 척도의 개발은 그 자체로 프로젝트이다. 측정 데이터를 이미 사용할 수 있는 경우에는 대상 설정 목적으로 보관 데이터를 검토하는 것이 유용할 수 있다.

측정하는 사람. 측정 수집가로 특정 개인 또는 그룹을 지명하는 것이 적절한가? 그들이 데이터를 이용할 수 있는가? 데이터를 수집하는 데 시간이 많이 걸리거나 비용이 많이 들까? 이 비용은 예산이 책정되었는가? 측정 수집에 참여한 사람 중 교육이 필요한 사람이 있는가?

의도하지 않은 결과. 이 척도가 부적절한 행동에 영향을 미칠 수 있는가? 이 척도를 사용함으로써 원치 않는 행동을 예상할 수 있는가?

CASE example

사례

사용자가 행복한가(또는 행복하지 않은가)[6]

Patti McConville/Alamy Stock Photo

오래 전의 일이지만, Heikki Vänänen('HappyOrNot'의 Ville Levaniemi와 공동 설립자)은 15살 때 동네 컴퓨터 가게에서 나쁜 고객 서비스를 받았던 것을 아직도 기억하고 있다. 1990년대에, Heikki는 플로피 디스크를 사기 위해 동네 컴퓨터 가게에 갔다. 그가 카운터 뒤에 있는 종업원으로부터 받은 응대는 안 좋은 기억으로 계속 남아 있었다. 그 종업원은 어린 Heikki에게 항상 끔찍했고, 심지어 그를 완전히 무시하곤 했다. 10년이 훨씬 지난 후, 서비스 개선의 출발점으로 서비스 운영이 제공하는 고객 서비스 수준을 모니터링하는 데 도움을 줄 수 있는 회사를 설립하게 된 것은 이러한 열악한 고객 서비스에 대한 기억 때문이었다. 이 아이디어는 고객이 자신의 경험에 얼마나 만족하는지 나타낼 수 있도록 서비스 시점에 가까운 마지막을 제공하는 것이었다. 마지막에 서비스 관련 질문(예: 대기 시간에 대한 만족도)이 표시되며, 고객은 네 가지 색상의 얼굴 중 하나(매우 행복함(녹색)에서 매우 불행함(빨간색)까지) 중 하나를 눌러 응답할 수 있다. 그런 다음 단말기에서 데이터를 수집, 분석 및 서비스에 다시 보고할 수 있다.

아무도 이러한 강력한 서비스 성과 측정 방법을 상용화할 생각을 하지 않은 것에 놀란 Heikki와 그의 공동 설립자 Ville Levaniemi는 2009년에 HappyOrNot라는 회사를 설립했다.

이 회사의 첫 번째 큰 고객은 핀란드의 3대 슈퍼마켓 그룹 중 하나였는데, 이 그룹은 과일과 채소의 신선도에 대해 고객이 어떻게 생각하는지 확인하기를 원했다. 단말기의 결과는 소매 업체를 놀라게 했다. 그것은 심지어 가장 실적이 좋은 가게에서도 고객들이 하루 종일 과일과 야채에 만족하지 않는다는 것을 발견했다. 단말기의 데이터를 사용하여 HappyOrNot는 고객에게 예를 들어 저녁에 신선한 바나나가 충분한지 확인해야 한다고 말할 수 있었다. 10년 후에, HappyOrNot는 공항, 소매 업체, 의료 서비스 제공 업체, 식품 판매점, 스포츠 경기장, 호텔 및 일부 대학을 포함한 134개국의 4,000개 이상의 서비스 기관에서 사용되고 있었다. HappyOrNot는 내부 커뮤니케이션과 같은 인력 서비스에 대한 '내부 고객'의 만족도를 평가하는 데에도 사용되었다. 이를 통해 인사 부서는 일일, 주간, 월간 만족도 동향을 지속적으로 검토하여 만족도가 낮은 경우 발생하는 사항을 파악하고 결과에 따라 즉시 조치할 수 있다.

12.4.2 서비스 운영에서 성과 측정

서비스 운영에서 적절한 성과 측정을 선택하는 것은 서비스의 특성 자체와 관련된 두 가지 구체적인 문제를 제기한다. 첫째, 모든 유형의 운영에서 중요한 고객 관점 측정의 중요성은 서비스에서 특히 중요하다. 1장에서 설명한 서비스의 IHIP 특성을 참조하면 유용하다.

많은 서비스의 무형성으로 인해 성과 측면을 측정하기가 어렵다. 이는 추가적인 조사 없이는 항상 즉시 확인할 수 없기 때문이다. 예를 들어, 호텔은 고객에게 일반적인 만족도 점수를 요구하거나 서비스의 다양한 측면에 대한 고객의 반응을 요청할 수도 있지만, 이러한 데이터의 유용성에 대해 더 깊이 의문을 제기하지 않으면 제한될 수 있다.

높은 접촉 서비스의 이질성은 '평균' 응답의 전체 개념을 크게 무의미하게 만든다. 결국, 고객마다 서비스에 대한 인식이 매우 다를 수 있다. 즉, 성과를 평가하기 위해서는 최소한 다양한 고객 반응이 필요하다. 따라서 호텔의 고객이 직원들의 공감을 1~10점 만점으로 평가하도록 요청받는다면(10점은 예외적으로 우수함), 5~7점의 평균 6점, 2~10점의 평균 8점 중 어느 것이 더 나은가?

서비스의 생성과 소비의 불가분성은 연관성의 문제를 제기한다. 즉, 운영과 고객 관련 성과가 모두 함께 발생하기 때문에 운영과 고객 척도 간의 상관 관계를 찾아야 할 수도 있다. 예를 들어, 호텔은 고객 만족도 점수가 일주일 내내 크게 다르다는 것을 알아차릴 수 있다. 여기서 살펴볼 문제는 점수 자체가 아니라 점수가 왜 다양한가 하는 것이다. 호텔에서는 직원 수준과 만족도와 같은 요인 사이에 연관성이 있는지 여부를 조사하려고 한다.

많은 서비스의 중단 가능성은 성과를 '실시간'에 포착하는 것과 관련이 있는 다른 문제를 제기한다. 즉, 발생 시 성과를 관리하고 측정해야 할 수 있다. 예를 들어, 고객이 호텔 레스토랑의 식사 품질에 대해 불만을 제기하는 경우, 불만 사항을 관리하기 위해 경영진이 취한 조치와 고객의 반응/만족도를 사고 직후에 비교적 빨리 기록해야 한다. 다른 요인이 서비스 품질에 영향을 미칠 수 있기 때문이다.

이러한 문제는 〈표 12-3〉에 요약되어 있지만, 1장에서 IHIP 특성에 대해 언급한 내용을 기억하자. IHIP 특성은 서비스 제품과 비서비스 제품을 완전히 구분하지 않는다. 또한 모든 서비스가 이러한 모든 특성을 최대한 발휘하는 것은 아니다. 그럼에도 불구하고 서비스는 이러한 특성을 나타내는 경향이 있고 성과 측정에 영향을 미치기 때문에 서비스 운영에서 성과 측정이 어떤 것인지 어느 정도 알 수 있다.

서비스 성과 측정에 문제가 되는 두 번째 문제는 서비스 운영이 더 광범위한 차원에서 경쟁하는 경향이 있기 때문에 단순히 재정적이거나 실제로 운영적인 차원이 아닌 광범위한 측정

〈표 12-3〉 IHIP 특성 및 성과 측정에 미치는 영향

서비스 특성	성과 측정 시 제기되는 문제	성과 측정에 대한 시사점
무형성	항상 명확하지 않은 것을 측정	'표면 아래에서' 무슨 일이 일어나고 있는지 탐색해야 함
이질성	고객마다 같은 서비스를 다르게 판단	고객 반응의 범위 측정 필요
비분리성	운영과 고객 관련 성과는 함께 발생	운영과 고객 측정 간의 상관 관계를 찾아야 함
소멸성	'실시간'에 발생하기 때문에 성능을 측정하기 어려움	성과를 '있는 그대로' 측정(및 관리)해야 함

을 채택해야 한다는 것이다. 또한 고객과 활동이 매우 다양하고 맞춤형 서비스를 제공하는 경향이 있다. 따라서 서비스 조직은 다양한 측정 방식(또는 균형)을 갖추어야 한다. 결과(재무 및 외부 데이터)를 파악하는 것만으로는 조직을 운영할 수 없다. 이러한 결과를 결정하는 것이 무엇인지 알 수 있는 수단이 없기 때문이다. 반대로, 결정 요인(운영 및 개발 데이터)만으로는 수행된 척도의 영향을 이해할 수 없다. 중요한 것은, 관리자가 활동과 결과 사이의 관계, 즉 원하는 결과를 달성하기 위해 어떤 개입을 해야 하는지를 이해하는 데 결정 요인과 결과가 필요하다는 것이다. 서비스 조직의 인과 관계 모델의 형태로 이러한 이해를 발전시키는 것은 경영진, 고위 관리자 및 서비스 근로자에게 깊은 학습 경험이 될 수 있다.

서비스 성과를 측정할 때 균형을 유지해야 하는 필요성은 때때로 소위 '균형 잡힌 성능 시스템'을 주장하는 데 사용된다. 이 중 가장 잘 알려진 것은 Kaplan과 Norton이 개발한 BSC의 '4박스' 프레임워크이다. 우리는 다음에 이것에 대해 더 자세히 논의할 것이다.

12.4.3 '균형 잡힌' 성과 측정 – BSC 접근 방식

많은 조직에서 사용하는 가장 잘 알려진 성과 측정 접근 방식은 Kaplan과 Norton이 고안한 'BSC(Balanced Score Card)'이다.[7] 1980년대에 미국의 소수 기업이 이전의 순수한 재무적 접근 방식의 결함을 처리하기 위한 성과 측정 시스템의 사용으로 시작되었다. 하버드 경영대학원의 Robert Kaplan과 David Norton은 이 작업을 문서화하고 1990년대에 걸쳐 출판된 일련의 논문에서 '균형 점수표'로 알려진 것을 고안했다.

BSC는 전통적인 재무적 척도를 유지한다. 하지만 재무 척도 하나만으로는 주로 과거의 사건을 기록한다. 이는 장기적인 역량과 고객 관계에 대한 투자가 성공에 중요하지 않았던 시대에 적합했을 수 있다. 그러나 고객, 공급 업체, 직원, 프로세스, 기술 및 혁신에 대한 투자를 통해 미래 가치를 창출하는 '정보화 시대 기업'의 요구를 안내하고 평가하기에는 재무적 척도

〈그림 12-6〉 BSC에 사용된 네 가지 척도 세트

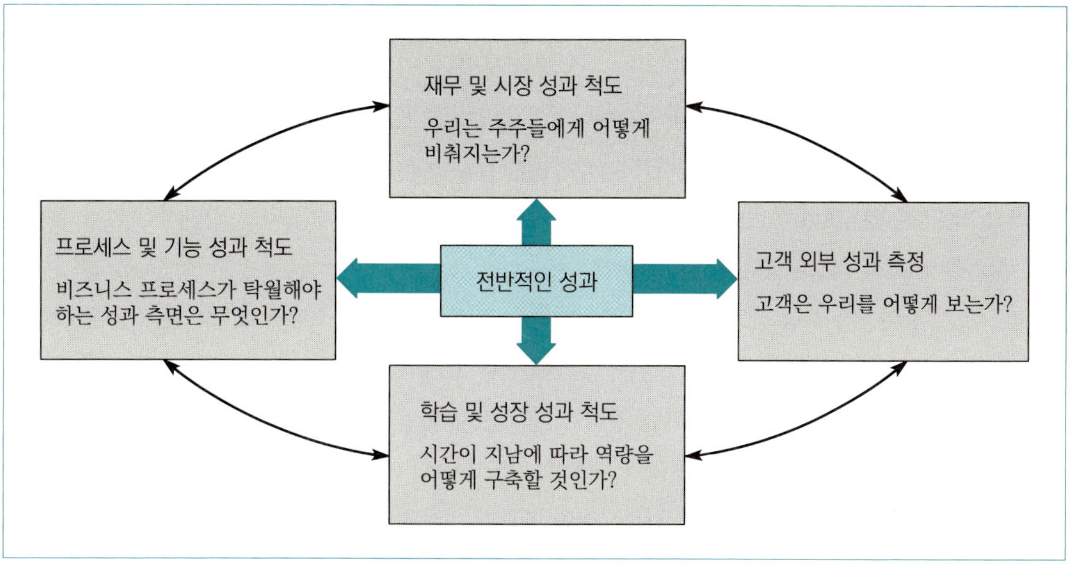

만으로는 불충분하다고 BSC 지지자들은 판단했다.

BSC 접근법은 〈그림 12-6〉과 같이 네 가지 주요 측정 범주를 사용한다. 이러한 척도는 '재무 척도', '고객 성과 척도', '학습 및 성장 척도' 및 '내부 프로세스(또는 운영) 척도'이다. 재무 척도에는 총비용, 고객당 비용, 고객당 수익, 예산 차이 등과 기타 기존의 재무 척도가 포함될 수 있다. 이를 통해 주주의 관점에서 조직이 어떻게 보이는지 알 수 있다. 고객 성과 척도에는 시장 점유율, 고객 만족도 및 고객 재구매 의도가 포함된다. 이를 통해 고객의 관점에서 조직이 어떻게 보이는지 알 수 있다. 학습 및 성장 척도에는 직원 만족도 및 직원 이직률, 서비스 혁신 횟수 및 개선 팀에 대한 직원 참여 수준 등이 포함될 수 있다. 이는 조직의 역량 강화 능력의 효과를 보여 준다. 내부 프로세스 척도에는 장비 또는 직원 가용성, 대기 시간, 처리량 시간, 하루 고객 수, 결함 또는 불만 사항 수 등이 포함될 수 있다. 이를 통해 조직 내부 프로세스의 효과를 확인할 수 있다.

BSC는 이러한 네 가지 범주의 척도를 사용하여 서비스 품질 측정, 서비스 개발 시간, 고객 불만 사항, 노동 생산성 등을 포함하여 비즈니스의 전략적 위치를 반영하는 대부분의 요소를 통합하려고 시도한다. 동시에 척도 수를 제한하고 특히 중요한 것으로 간주되는 척도에 초점을 맞춤으로써 성과 보고가 다루기 어려워지는 것을 방지하려고 한다. 이 접근 방식의 장점은 단일 보고서에서 조직의 성과에 대한 전반적인 그림을 제시하고, 조직이 사용하는 성과 측정을 포괄적으로 수행함으로써 기업이 좁은 일련의 조치에 대해 덜 최적화하는 것이 아니라 전체 조직의 이익에 부합하는 결정을 내리도록 장려한다는 것이다.

한 단계에서는 BSC가 관리자에게 단순히 재무 측정을 사용하는 것을 넘어 재무 및 비재무적 성과 척도를 함께 사용하도록 권장했을 뿐이다. 이러한 척도에 대한 전체론적 접근 방식을 통해 예를 들어 대차대조표 외 자산을 표현함으로써 조직의 역량을 완전히 표현해야 하는 필요성을 해결할 수 있기를 바란다. 또한, 네 가지 관점이 논리적으로 연결되어야 한다는 것이 또 다른 원칙이었다. 관점과 그 '연결'은 '비전과 전략'에 의해 주도되는 일반적인 인과 관계를 나타내도록 의도되었다.

관리자가 직접 척도값을 선택하도록 하는 것은 측정값을 소유하고 주의를 기울일 가능성이 더 높다는 것을 의미했다. 그러나 '일반적 인과관계'의 문제는 일반적인 목표와 일반적인 측정 및 목표의 선택을 초래한다는 것이다. 관리자가 일련의 척도를 소유한다면, 척도를 선택할 뿐만 아니라 근본적인 인과 관계에 대한 합의도 필요할 것이다. BSC가 처음 대중화된 이후 수십 년 동안 설계 프로세스는 주로 시스템의 관리 소유권에 대한 요구를 수용하기 위해 발전해 왔다.

BSC 성과 관리 시스템의 설계

BSC 시스템은 관리자가 다음과 같은 성과 측정을 선택할 수 있도록 지원한다.

- 척도를 사용하고 대응할 필요가 있는 사람들에게 의미가 있다.
- 재무적 측면뿐만 아니라 전체 조직을 관리하는 데 유용하고 효과적이다.
- 비즈니스 모델과 연관되어 있으며 인과 관계를 대표한다.
- 조직의 가치와 역량을 대표한다.
- 시간 효율이 좋다.

이러한 요구 사항을 해결하기 위해 발전한 설계 프로세스[8]는 다음과 같이 3단계로 체계적으로 수행되어야 한다.

1단계 : 목적 선언문 작성

성공이 어떤 것인지에 대한 아이디어를 중심으로 경영진의 공감대를 형성하는 것이 중요하다. 이것이 '목적 선언문'이다. 〈그림 12-7〉은 식품 서비스 회사(음식점, 학교, 병원 등에 미리 준비된 음식을 배달)의 관리자가 작성한 목적 선언문을 보여 준다. 목적지 진술은 미래의 성공이 어떤 모습인지를 명확하게 보여 주는 진술이다. 이러한 목적 선언문을 만드는 것은 전략 문서가 때때로 가지고 있는 부적절하게 모호한 용어로 진술되고 실행하기 어려운 문제를 극복하는

〈그림 12-7〉 푸드서비스 회사의 목적 선언문 예시

Financial and market
F&M1 – We have a sales turnover of ...
F&M2 – We have a net profit of ...
F&M3 – The company is owned X% by the founders, Y% by staff and Z% by venture capitalists
F&M4 – Our sales revenue is 75% private sector and 25% public sector
F&M5 – Our sales revenue is split 70% large, 20% medium and 10% small organisations

Customers and external relationships
CER1 – We are the leading ...
CER2 – Our customers benefit from our ability to ...
CER3 – We optimise customers' use of ...
CER4 – We are generally seen as a reliable yet innovative supplier because ...
CER5 – We are perceived as practitioner 'thought leaders' in cold-food logistics

Process and capabilities
PC1 – Our use of digital integration allows us to ...
PC2 – Our extensive network of sources allows us to ...
PC3 – We use clear ordering processes that are user-friendly and allow customers to ...
PC4 – Our operations is supported by investment in infrastructure that allows us to ...
PC5 – Our learning and improvement systems are supported by knowledge management systems

Learning and growth
L&G1 – We foster a 'can do' culture that ...
L&G2 – We have strong intellectual property including ...
L&G3 – We have a communication programme that allows all our stakeholders to be fully aware of ...
L&G4 – We have a performance management framework that aligns individuals' performance with business needs
L&G5 – We actively recruit the type and number of people we will need in the future

데 도움이 될 수 있다. 목적 선언문은 전략을 판단하거나 이의를 제기할 것이 아니라 전략이 실현되는 결과를 살펴봐야 한다. 목적 선언문은 마치 미래의 어느 시점에서 무엇이 성취되었는지 되돌아보는 것처럼 쓰여 있다.

〈그림 12-7〉의 예에서 목적 선언문은 작성 시점보다 몇 년 앞서 작성되었다. 목적 설명의 요소가 갖춰지면 관리자는 원하는 최종 상태로 도달할 수 있는 활동 및 중기 결과에 대해 생각하기 시작할 수 있다

2단계: '전략적 연계 모델' 구축

앞서 '전략적 연계 모델'에 대해 설명했다. 여기서는 성과 목표 간의 가정된 연결을 설명할 뿐만 아니라 네 가지 BSC 범주가 모두 포함되는지 확인하는 데도 사용된다. 전략적 연계 모델은 목적 선언문에 설명된 결과를 얻기 위해 리더십 팀이 주의해야 할 사항에 대한 경영진의 가정을 나타낸다. 전략적 연계 모델은 인과 관계에 대한 일련의 가정이다. 이는 비즈니스가 어떻게 수행될 것인지에 대한 검증 가능한 이론인 가설이다. 〈그림 12-8〉은 앞서 〈그림 12-3〉에서 보여준 식품 서비스 회사의 전략적 연계 모델이지만 네 가지 BSC 범주의 목표가 표시되어 있다.

〈그림 12-8〉 4개의 BSC 범주에 목표가 할당된 식품 서비스 회사의 단순화된 전략적 연계 모델

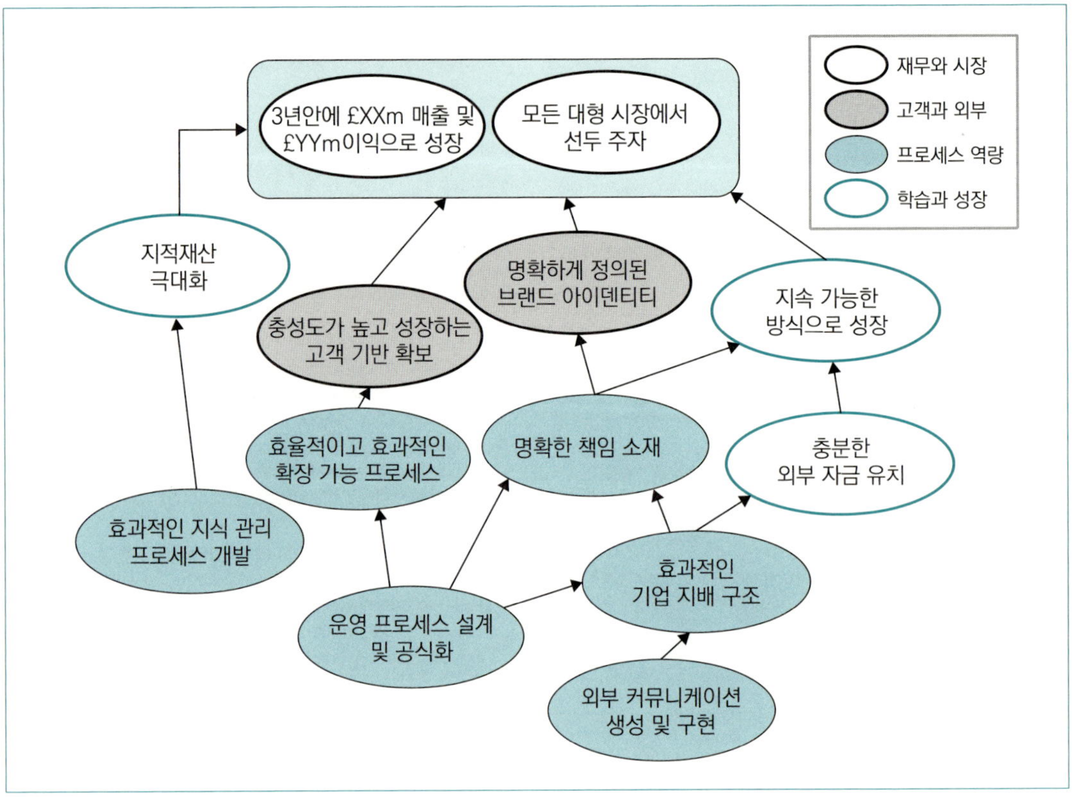

전략적 연결 모델이 '정확'할 필요는 없다. 테스트할 수 있고, 따라서 정제되고 발전될 수 있는 가정된 인과 관계의 명확한 표현일 뿐이다. 전략적 연계 모델의 목표는 두 가지 범주로 분류된다는 점도 주목할 필요가 있다. 다이어그램의 하단에는 '활동 목표'가 있다. 이는 프로세스 변경 형태의 경영 개입 또는 모델의 최상단을 향한 '결과 목표'에 영향을 미칠 수 있는 새로운 프로젝트이다. BSC의 원래 기록에서 활동 목표와 관련된 척도를 '선두' 척도라고 했고, 결과 목표와 관련된 척도를 '지연' 척도라고 했다. 목표 기반 전략적 연계 모델로의 전환에는 언어의 변화가 필요했다.

3단계: 척도 선택

전략적 연계 모델은 적절한 척도를 선택할 수 있는 근거를 제공한다. 그러나 활동이나 결과의 모든 측면을 추적할 수 있다는 점에서 어떤 척도도 '완전'하지 않을 것으로 보인다. 두 개 또는 세 개를 사용하는 경우에도 모든 척도값은 '부분적'이다. 그럼에도 불구하고 척도는 다음과 같아야 한다.

- 적절함: 결과가 달성되었는지 또는 활동이 완료되었는지 여부를 나타낸다.
- 이용 가능하거나 쉽게 얻을 수 있음: 수집된 데이터는 너무 비싸거나 시간이 많이 소요되지 않는다.
- 자주 사용할 수 있음: 데이터의 타이밍은 필요한 관리 응답 속도와 일치해야 한다.

12.4.4 고객 관점에서의 성과 척도

계발된 척도 선택의 목표 지향적 특성은 고객의 관점을 사로잡는 척도로 이어지기를 바라지만 항상 그런 것은 아니다. 흥미로운 질문은 다음과 같다. 서비스 운영에서 사용하는 일련의 측정값을 보면 고객이 동일한 방식으로 성과를 측정할 수 있을까? 서비스 운영 관리자는 본질적으로나 실무적으로 종종 내부 운영 관점에서 척도를 개발한다. 결과적으로, 고객에게 중요한 것을 측정하는 것은 쉽게 간과될 수 있다. 운영 관리자는 고객 만족도를 잘 측정할 수 있지만, 고객에게 중요한 세부적인 성능 측정을 무시하거나 간과할 수 있으므로 보다 편안하고 친숙한 성과 척도에 집중할 수 있다. 예를 들어, Jan Carlzon이 SAS의 최고 경영자였을 때, 그는 화물 운영이 지속적으로 잘못된 점들을 측정하고 있다고 언급했다.[9] 화물 서비스의 고객은 신속하고 정확한 화물 배송을 원했지만, 그들은 화물의 이동량과 서류와 소포가 도중에 분리되었는지 여부를 측정하고 있었다. 사실, 선적이 지연된 것으로 기록되지 않고 약속된 것보다 4일 늦게 도착할 수 있다.

마찬가지로, 인터넷 서비스 제공 업체는 8일 근무일 내에 완료된 주문(예: 고객의 새로운 광대역 회선 요청)의 수를 측정했다. 이 척도는 광대역 용량을 추가로 급하게 필요로 하는 고객이나 3주 후에 집으로 이사하기 때문에 서두르지 않는 고객의 요구를 무시한 것이다. 선착순으로 일을 계획하는 회사의 절차는 대부분의 고객을 화나게 했다. 고객과 합의한 시간으로부터 2시간 이내에 완료된 주문의 비율(속도보다는 신뢰성)로 척도를 변경함으로써 고객 만족도가 크게 높아졌을 뿐만 아니라, 공급(고장 수요)을 쫓기 위해 고객이 거는 전화의 횟수도 줄었다. 개정된 만족도 척도는 성과의 일관성을 향상시키고 운영의 효율성을 높였다. 실제로, 회사는 고객이 합의하고 요구하는 평균 배송 시간이 8일 목표를 초과하는 이틀이었기 때문에 고객 어드바이저가 약속을 잡을 수 있는 시간이 더 많았다고 밝혔다.

12.4.5 고객 만족의 측정

고객 만족도는 서비스 조직에서 외부 척도로 자주 사용되며, 측정 데이터는 일반적으로 설문지 및 설문 조사 또는 미스터리 쇼핑 보고서를 사용하여 수집된다.

예를 들어, 6장에서 설명한 18개의 품질 요소 또는 고객이 포커스 그룹에서 중요하다고 식별하는 요소의 하위 집합을 사용하여 설문지와 설문 조사를 구성할 수 있다. 각 품질 요소별로 질문이 구성되며, 고객은 답변을 척도로 평가해야 한다. 그런 다음 질문을 통해 고객의 경로에서 다양한 접점에 대한 만족도와 서비스에 대한 전반적인 만족도를 평가할 수 있다. 설문 조사는 또한 신뢰감, 무결성, 충성도와 같은 고객이 느끼는 감정에 대해 질문할 수 있다.

SERVQUAL

학계에서 고객이 인식하는 서비스 품질을 평가하는 도구 중 널리 알려진 하나는 SERVQUAL이다. SERVQUAL은 여러 항목으로 구성된 간결한 설문지로, 조직이 고객의 서비스에 대한 기대와 인식을 평가하고 추적 및 비교를 위한 단일 고객 만족도 점수를 획득하는 데 사용할 수 있다. 이 도구는 특정 조직의 서비스에 대한 고객의 기대와 인식에 대해 고객에게 질문하는 요약 설문지이다. 척도는 다섯 가지 통합 품질 요소 또는 차원(확신성, 공감성, 신뢰성, 반응성, 유형성)을 사용하며, 인식 항목은 22개, 기대 항목은 22개이다. 그런 다음 인식 및 기대 진술의 각 쌍에 대해 간격 점수(인식에서 기대를 뺀 값)가 계산된다. 차이 점수의 합계는 SERVQUAL 점수이다. 고객이 각 차원에 가중치를 추가하도록 하여 간격 점수에 가중치를 부여할 수도 있다. 반복적인 관리를 통해 각 차원에 대한 고객의 인식된 서비스 품질이 시간이 지남에 따라 어떻게 변화하고 있는지 파악할 수 있다. 이 도구는 만족도의 직접적인 척도, 즉 인식에서 기대를 뺀 값을 제공한다(6장 참조). SERVQUAL 도구와 기본 갭 모델은 서비스 품질을 이해하는 데 매우 유용한 개념적 도구를 제공하며, 적용하기가 어렵기로 악명 높다. 도구는 관리상 복잡하며 측정 도구로서의 실용적인 적용에는 어느 정도의 단순화와 사용자 정의가 포함된다.

미스터리쇼퍼

미스터리쇼퍼 방법은 여러 조직, 특히 소매 조직에서 고객이 경험하는 서비스를 평가하는 데 사용된다. 미스터리쇼퍼는 익명으로 행동하는 관리자가 될 수 있지만, 일반적으로 외부 기관에서 제공하고 합의된 점수 시스템에 따라 작업한다. 미스터리쇼퍼는 '고객 흉내 내기'라고 부를 수 있고, 때때로 전화나 회의에서 몰래 엿들을 수 있다. 미스터리쇼퍼 방식의 문제는 채점을 위한 항목 또는 질문이 고객에게 중요한 문제를 다루기보다는 관리자가 내부적인 관점에서 개발하는 경우가 많다는 것이다. 미스터리쇼퍼의 결과가 운영 감사가 되는 것은 너무 쉬우며, 직원이 문제 해결과 도움이 되는 것과 같은 고객에게 더 중요한 문제를 처리하기보다는 올바른 정보를 제공하고 올바른 형태의 주소와 스크립트를 고수하는지 확인한다. 예를 들어, 한 배관 공급 회사는 미스터리쇼퍼를 사용하여 서비스 센터 직원이 고객을 직함을 붙여 제대로 불렀는지(예: 로버트 씨), 직원이 고객에게 '이번 주의 제품'(예: 장비 보험 패키지)을 '판매'하려고 했는지 여부를 확인한다. 하지만 서비스 센터 직원들은 고객을 꽤 잘 알고 있었고 그들과 이름을 스스럼없이 이름을 부르는 사이었다. 고객이 보험 패키지를 필요로 하는지, 아니면 이미 가지고 있는지 여부도 알고 있었다. 고객에게 전화를 걸어 이번 주의 제안에 관심을 끌지 못하는 것은 익명의 관찰자가 대화를 엿듣고 점수를 낮게 받는 것을 의미한다.

순추천고객지수

고객 만족도의 근본적인 수준(수익을 결정하는 데 중요한 요소가 될 수 있음)을 측정하는 한 가지 일반적이지만 개념적으로 더 문제가 되는 방법은 '순추천고객지수(Net Promoter Score: NPS)'이다. 이는 고객을 대상으로 설문 조사를 실시하여 회사, 서비스 또는 제품을 추천할 가능성을 고객에게 질문함으로써 계산된다(1~10의 척도로 1은 전혀 가능성 없음, 10은 매우 가능성 있음). 1~6점을 주는 고객을 '디트랙터(detractor)', 9~10점을 주는 고객을 '프로모터(promoter)', 7~8점을 주는 고객을 '패시브(passive)'라고 부른다. NPS는 패시브를 무시하고 프로모터 수에서 디트랙터 수를 빼서 계산한다. 따라서 200명의 고객을 대상으로 설문 조사를 실시한 결과, 60명이 프로모터, 110명의 패시브, 30명의 디트랙터가 있다면 NPS는 다음과 같이 계산된다.

$$NPS = 60 - 30 = 30$$

수용할만한 NPS로 고려되는 것은 부문과 경기의 특성에 따라 다르지만, 최소 목표로서 긍정적(70) 점수는 (정당하게) 허용되는 것으로 간주될 수 있다. NPS는 빠르고 쉽게 계산할 수 있는 간단한 측정법이지만 일부에서는 이를 주요 약점으로 보고 있다. 이는 정교한 과학적 근거가 없으며, 고객 행동에 대한 정확한 그림을 제공하지도 않는다. 예를 들어, 위에서 언급한 설문조사에서 115명의 프로모터, 0명의 패시브, 85명의 디트랙터가 나왔더라도 여전히 30명의 NPS를 제공할 것이다. 하지만 여기서는 고객이 훨씬 더 양극화되어 있다.

직관적으로 설득력이 있지만, 이 방법은 만족과 충성도 사이의 인과 관계에 대한 가정을 한다. 이는 모든 상황에서 실제적이지 않을 수 있다. 이와 같이 접근 방식은 귀납적 추론에 의해 뒷받침되므로 논리적이고 과학적인 성향을 가진 사람들에게는 개념적으로 문제가 될 수 있다. 그러나, 그것의 실패에도 불구하고, 시간이 지남에 따라 NPS를 사용하는 것은 가능성을 감지하는 데 도움이 될 수 있다.

고객 만족도 측정과 관련한 일반적 문제

고객 만족도에 대한 정보를 수집하는 것은 현재 많은 조직에서 수행하고 있는 일이다. 그러나 방법에 문제가 있거나 데이터 사용에 문제가 있는 경우가 너무 많다. 일반적인 문제는 다음과 같다.

- **질문 바꾸기.** 만족도 데이터 수집의 가장 중요한 이점 중 하나는 시간 경과에 따른 추세를 추적하는 것이다. 그러나 질문을 자주 변경하는 것은 이러한 이점을 훼손한다.
- **질문이 너무 많음.** 연구원과 시장 분석가들은 종종 생각할 수 있는 모든 질문을 하는 경향이 있다. 서비스의 모든 측면에 대해 아는 것이 도움이 될 수 있지만, 긴 설문지는 대개 낮은 회수율을 초래한다.
- **요점을 놓침.** 만족도를 측정하는 이유는 종종 고객 만족도의 영향을 파악하기 위한 것이지만, 고객이 돌아올 것인지, 긍정적인 입소문을 제공할 것인지 등과 같이 만족도 도구에서 누락되는 경우가 많은가?
- **질적 대 양적.** 설문 조사를 통해 서비스 점수가 4.2점을 받았다고 말할 수는 있지만, 변경해야 할 항목이나 변경 방법을 이해하는 데 도움이 되지는 않는다. 마찬가지로 포커스 그룹은 수행할 작업에 대한 몇 가지 아이디어를 제공할 수 있지만 정량적 데이터 없이는 변경 사항을 평가할 수 없다. 고객 만족도에 대한 정성적인 평가와 양적인 평가가 병행되어야 한다.
- **설문 조사를 좋아하는 고객.** 많은 조직이 우리의 만족도를 알고 싶어하기 때문에, 우리는 종종 설문 조사를 완료하기를 꺼린다. 특히 조직이 제안된 변경을 하거나 확인된 문제를 처리할 것이라는 확신이 없는 경우에는 더욱 그렇다.
- **분석 자료.** 응답자가 개인적인 견해를 묻는 것이 아니라 조직과 서비스에 대해 많은 확인 사항을 표시해야 하는 경우, 고객은 분석가를 바쁘게 하거나 조직이 원하는 것을 정당화하는 데 도움을 주기 위해 데이터 엔진을 공급하는 데 사용되고 있다고 생각한다.
- **리소스가 부족.** 많은 조직이 만족도 데이터를 수집, 코딩 및 분석하고 많은 그래프와 표를 사용하여 보고서를 작성하는 데 많은 리소스를 소비한다.
- **영향이 거의 없거나 전혀 없음.** 결정적으로, 고객 만족도, 분석 및 기타 보고서의 측정은 때때로 거의 또는 전혀 조치를 취하지 않을 수 있다. 데이터가 만족도를 높이기 위한 운영 프로세스를 통제하거나 프로세스를 개선하기 위해 적극적으로 사용되지 않으면 데이터를 수집하고 분석하는 것은 애초에 의미가 없다.
- **만족 대 성공.** 높은 만족도 점수가 반드시 조직의 성공으로 이어지는 것은 아니다. 고객이

매우 만족한다고 해서 수익성 있는 수익 흐름을 제공하거나 조직을 지원하거나 조직을 자주 사용하는 등의 가치 있는 고객이라는 의미는 아니다. 실제로, 고객은 식당과 같은 조직에 매우 만족하더라도 다음 번에는 다른 곳으로 가는 것을 선택한다.

- **조작할 수 있음.** 조직이 만족도 측정을 직원 보상 시스템과 연계할 때, 직원은 유익한 결과를 보장하기 위해 시스템을 조작할 수 있다.

요약하자면, 고객 만족도 평가는 시간과 노력의 낭비가 되기 쉽다. 특히 눈에 띄는 개선이 이루어지지 않고 귀중한 조직 리소스를 소비하고 고객의 시간을 낭비하는 경우가 더욱 그러하다. 하지만, 물론, 우리는 그것이 무시되거나 심각하게 다루어지지 않아야 한다고 주장하지 않는다. 그러나 고객 만족도 평가를 효과적으로 수행하려면 신중한 계획과 약간 회의적인 태도가 필요하다.

질적 또는 양적 척도?

실제 사례와 관련된 흥미로운 질문은 고객 만족도를 평가하는 데 있어 평가 및 설문지와 같은 정량적 방법과 포커스 그룹과 같은 정성적 방법 중 어느 것이 더 적합한가? 이 질문에 대답하는 한 가지 방법은 개별 고객이 서비스에 대한 만족도에 대해 어떻게 생각하는지를 고려하는 것이다. 합리적인 접근 방식과 사고 기반 접근 방식이라는 두 가지 다른 대답이 있다.

합리적인 접근법

합리적인 접근 방식은 고객이 의식적으로 또는 무의식적으로 가중 평균을 사용하여 한 속성 또는 요인에 대한 높은 점수가 다른 속성 또는 요인에 대한 낮은 점수를 상쇄하여 서비스 품질에 대한 합리적인 평가에 도달할 수 있도록 제안한다. 실제로, SERVQUAL과 같은 많은 만족도 조사는 전반적인 만족도를 계산하는 합리적인 방법으로 다양한 거래 요소에 가중치를 할당하고(고객이 인식하는 중요성에 따라) 각 요소에 대한 점수(예: 1-5 척도)를 곱하는 것이라는 가정을 기반으로 한다, 그리고 점수를 종합하여 종합 만족도 등급을 매긴다.

부수적인 접근

대안적인 관점은 고객이 덜 이성적이고 개별 사건에 더 많이 반응한다는 것이다. 따라서 만족스러운 거래가 지속되고 있음에도 불구하고 만족스럽지 못한 단일 사건은 전반적인 불만이나 기쁨을 초래할 수 있다(6장 참조).

현실은 이러한 접근 방식의 조합일 가능성이 높다. 즉, 서비스에 대한 고객의 전반적인 만족도를 평가하기 위해 알고리즘을 구성할 때 주의를 기울이는 것이 중요하다. 고객이 서비스에

WORKED example

사례

Ess Pannanservice(EP)

Ess Pannervice(EP)는 스칸디나비아 전역에서 운영되는 산업 난방 회사의 산업 서비스 부서였다.[10] 최고 운영 책임자인 Ilsa Lund가 설명했듯이 문제가 있었다.

당사의 고객은 보통 한 번에 1년씩 '토탈 서비스' 계약에 가입한다. 여기에는 보일러 및 난방 시스템의 일상적인 서비스와 비일상적인 '비상' 수리 서비스가 모두 포함된다. 우리는 항상 고객 만족도를 측정하려고 노력해 왔지만, 우리가 어떻게 하는지에 문제가 있다는 것을 항상 알고 있다. 돌이켜 보면, 우리는 서비스 엔지니어가 얼마나 빨리 고객에게 도착했는지에 너무 집착했다. 난방 보일러가 작동을 멈추면 고객은 항상 최대한 빨리 가동되기를 간절히 원할 것이라는 게 우리의 가정이었다. 우리가 두 가지 가정을 하고 있다는 것이 밝혀졌는데, 그것은 총체적인 단순화로 판명되었다. 첫 번째는 고객의 전화는 항상 보일러가 작동하지 않는다는 것을 의미했다. 두 번째는 예약되지 않은 콜아웃(실수로 '긴급' 콜아웃이라고 함)이 항상 예약된 '일상적인' 서비스 방문보다 우선되어야 한다는 것이다.

서비스 엔지니어가 고객을 방문할 때마다 EP는 고객 회사 내의 xontact라는 이름의 이메일을 보내 서비스에 대한 만족도를 평가해 달라고 요청했다. 이메일은 단순히 고객에게 서비스를 5점 만점으로 평가해 달라고 요청하고, 받은 서비스를 개선하기 위한 제안이 있는지 물었다. 고객의 응답률은 항상 실망스러웠고, 더 떨어지기 시작했다(20%를 넘지 않고 12%로 감소했다). 또한, 평균 만족도 점수는 1년 동안 4.1점에서 3.7점으로 떨어졌다.

EP가 수행한 것

역설적인 것은, 응답률이 너무 낮았기 때문에, 우리는 상대적으로 낮은 만족도 점수를 용서했다는 것이다. 나중에 생각해 보니 왜 그랬나 싶었다. 우리가 이에 대해 뭔가를 하게 된 계기는 한 달 동안 두 개의 대형 멀티 사이트 고객이 사라졌기 때문이다. 그것은 우리가 두 가지를 하도록 자극했다. 첫 번째는 서비스 엔지니어들과 워크숍을 개최하는 것이었다. 우리는 그들이 몇 년 동안 같은 일만 반복하는 걸 내버려 두었다. 고객이 무엇을 중요하게 생각하는지 실제로 그들에게 물어 봤다. 우리는 기술적인 부분이 그들에게 필요한 전부라고 생각했다. 하지만 그들은 고객이 진정으로 원하는 것이 무엇인지에 대한 통찰력의 금광이 되었다. 우리가 한 두 번째 일은 사무실에서 나와 고객을 실제로 방문하는 것이었다. 때로는 서비스 엔지니어와 함께, 때로는 독립적으로. 대부분의 고객은 자신의 시간에 대해 매우 관대하고 매우 소중한 정보를 제공했다.

이전에 했던 많은 가정이 잘못된 것으로 밝혀졌다. 첫 번째는 고객이 주로 엔지니어의 기술적 능력을 중요하게 여겼기 때문에 결국 문제를 해결할 수 있었다. 현실은 고객이 엔지니어의 기술력에 의문을 제기하지 않는다는 것이었고, 그것은 단순한 가정이었다. 정말로 중요한 것은 엔지니어의 '비공식적인' 개인적 친근함과 안심할 수 있는 권한, 특히 난방 시스템을 가장 잘 다루는 방법을 제안하는 능력이었다. 두 번째 놀라운 점은 고객 방문을 '일상적인' 예약 서비스와 비일상적인 '비상적인' 방문으로 구분하는 것이 고객의 관점에서 현실을 반영하지 않는다는 것이었다.

조사했을 때, 우리가 비상사태로 분류했던 것의 약 3분의 1이 그런 종류가 아니라는 것을 발견했다. 사실, 그것은 보일러가 고장 났지만 여전히 작동하고 있는 경우였다. 이런 일은 엔지니어가 필요하기는 하지만 긴급하지는 않았다. 실제로 여러 차례 엔지니어를 일상적인 서비스에서 끌어내어 실수로 '비상사태'라고 생각한 것에 대응했으며, 이로 인해 일상적인 서비스를 받는 고객이 화가 났다. 마지막으로, 우리는 방문할 때마다 정기적으로 보내는 이메일이 무엇보다 자극적인 것으로 보인다는 것을 발견했다. 정말로, 득보다 실이 더 많았다. 우리는 이제 고객이 어떻게 느끼는지를 알아내기 위해 엔지니어에게 훨씬 더 많이 의존하고 있다. 교환원에도 많은 노력을 기울였다. 그들은 긴급 상황이 발생했을 때의 첫 번째 연락처이다. 고객을 안심시키고 신속한 대응을 위한 실제 요구 사항과 며칠 동안 기다릴 수 있는 문제를 구별할 수 있다. 돌이켜 보면 고객이 '좋은 성과'로 본 것이 무엇인지 알지 못했다는 것이 문제였고, 해결책은 우리 직원들의 역량을 신뢰하는 것이었다.

(Ilsa Lund)

만족하거나 불만족하는 이유를 정확하게 파악할 수 있다고 가정하는 것은 분명 실수이다. 예를 들어, 교육 프로그램에서 참가자들은 숙소의 기준에 대해 불평했다. 그룹과의 논의를 통해 비로소 발표자 중 한 명에 대한 근본적인 불만이 드러났고, 훌륭하지는 않더라도 숙소가 사실 만족스러웠다는 사실이 드러났다.

12.5 성과 보고

성과 보고는 이름에서 알 수 있듯이 작업 성과에 대한 보고서를 구성하는 관행이다. 민간 부문 운영은 법적 요구 사항을 충족하고 이해 관계자에게 지속적인 정보를 제공하기 위해 성과를 보고해야 한다. 성과 보고서는 비즈니스 리더가 보다 정확하고 데이터 중심적인 의사 결정을 내릴 수 있도록 지원하는 비즈니스 인텔리전스의 원천이 되어야 한다. 공적 자금으로 자금을 조달하는 공공 부문 운영은 그 돈이 효과적으로 사용되고 있다는 것을 보여 줄 필요가 있다. 성과 보고서는 운영 및 프로그램의 성과를 나타내는 성과 지표를 사용해야 한다. 성과를 효과적으로 전달하는 보고서를 통해 운영은 주요 이해 관계자와의 신뢰 관계를 구축하고 유지할 수 있다. 또한, 정기적이고 체계적인 보고는 정보를 투명하게 유지하는 데 도움이 되며, 따라서 운영과 이해 관계자 간의 참여를 장려할 수 있다.

성과 보고는 성과 관리의 '공공의 얼굴'이다. 여기에는 성과 데이터를 수집하고 관리 대시보드, 스프레드시트, 출력 차트 등과 같은 적절한 프레젠테이션 장치를 사용하여 데이터를 컴파일, 집계, 해석 및 통합하는 작업이 포함된다. 그러나 일부 조직은 상세한 표와 다채로운 차트 페이지가 포함된 두꺼운 보고서 문서를 작성하여 성과 보고를 극단적인 수준으로 끌어올렸다. 이 문서는 작성자를 제외한 모든 사람에게 의미가 없다. 해결책은 어떤 조치가 중요한지 알고(보통 4~6개 정도) 신중하게 측정하여 간단하게 보고하되, 단순히 보고를 목적으로 보고하는 것이 아니라 변경을 할 수 있도록 보고하는 것이다. '균형 잡힌 성과 관리 시스템 설계'에서 설명한 프로세스를 사용하면 일반적으로 척도 선택 시 경제성이 보장된다.

일부 조직에서 사용되는 일반적인 방법은 각 측정에 대해 간단하지만 시각적인 보고서 양식을 채택하는 것이다. 〈그림 12-9〉는 4개의 사분면을 포함하는 단일(중요) 성과 측정치인 서비스 프로세스의 오류를 보여 준다.[11] 차트(왼쪽 위)는 단순히 이번 달(2월)의 데이터(이 경우 오류율)를 보여 주는 것이 아니라 추세 및 관련 목표를 명확하게 보여 준다, 따라서 시간에 따른 변화를 확인할 수 있다. 오른쪽 상단의 사분면은 2월 데이터를 분석하여 가장 빈번한 오류 원인을 식별한다. 분석 결과, 오른쪽 아래 사분면은 가장 일반적인 오류를 처리하기 위해 취해야 할 조치에 대해 보고한다. 이러한 조치는 누가 수행하고 언제까지 보고해야 하는지에

〈그림 12-9〉 단순한 시각적 성과 보고 차트의 예

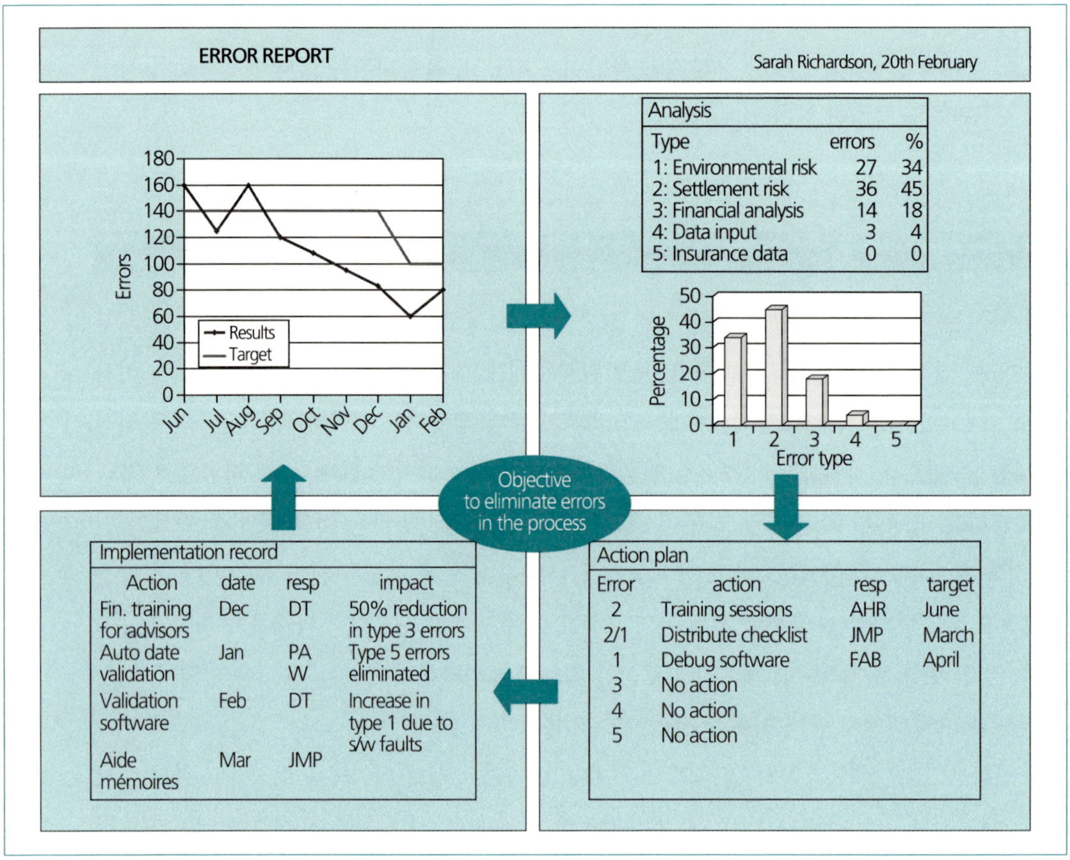

Source: Adapted from work by Neely, A.D. (1996) *Measuring Business Performance*, Economist Books, London; and Carole Driver, Plymouth Business School.

대한 책임이 있다. 마지막 사분면은 이전 실행 계획의 영향, 즉 누가 언제까지 무엇을 해야 하는지, 그리고 그 결과를 확인하는 구현 기록을 제공한다. 차트는 또한 중요하게도 측정의 목적 또는 목적을 중앙에 표시하고 측정 및 후속 조치를 담당하는 사람이 오른쪽 상단에 이름을 붙인다. 또한 책임 있는 사람이 없거나 명확한 목표가 없는 경우 조치와 보고서를 폐기할 것을 권장한다.

대부분의 전문가는 너무 많은 측정치를 사용하지 않도록 경고하고 성과 측정 보고서에 비교적 적은 수의 핵심 측정치가 포함되어야 하며 각 측정치에 대해 다음과 같은 내용이 표시되어야 한다고 제안한다.

- 목적/목표

- 책임자
- 시간 경과에 따른 추세
- 목표에 대한 성과
- 지원 데이터 및 분석
- 원인/문제의 식별
- 누구에 의해 그리고 언제까지 취해야 할 조치
- 취한 행동에 대한 평가

성과 보고는 운영 성과의 추세를 분석하는 데 유용하고 종종 필요하지만 실제로 성과를 주도하는 것이 무엇인지 항상 나타내는 것은 아니라는 점을 기억할 필요가 있다. 성과는 리소스 할당, 예산 책정, 서비스 개선 기회 활용 및 서비스 장애 처리에 의해 좌우되는 경향이 있다. 이는 현재와 미래의 활동을 결정하는 것이다. 보고는 아무리 잘 설계된 것이라도 과거를 돌아보고 과거에 일어난 일을 나타낸다.

12.6 성과 목표의 설정

모든 측정값에 목표값이 연결되어 있지는 않지만 목표값은 성과 관리를 지원하는 유용한 수단이 될 수 있다. 목표는 성과를 통제하고, 개선 사항을 판단하고, 직원에게 동기를 부여하며, 단계별 목표를 사용함으로써 필요한 변화의 속도와 규모를 전달하는 데 도움이 된다. 실제로 목표 설정은 성과 개선을 운전하는 핵심 요소이다. 명확하고 정의된 정량적인 목표가 제공될 때 성과가 향상된다는 증거가 있다.[12] 그러나 일부 측정과 목표가 '게임'으로 이어질 수 있다는 대안적 견해, 즉 관리자가 단순히 목표를 달성하기 위해 '시스템을 플레이'하는 것이다. 방문객의 수를 늘리기 위해 한 박물관은 방문객뿐만 아니라 배달원들도 세기 시작했다. 경영 평론가 John Seddon은 다음과 같이 말했다. "목표는 사람들이 성과를 개선하는 것이 아니라 목표를 달성하기 위해 자신의 독창성을 발휘하도록 유도하는 것이다."[13]

운영 관리자는 프로세스를 통제하거나 프로세스 개선을 추진하거나 직원에게 동기를 부여하기 위해 척도의 목표를 어떻게 설정할지 신중하게 결정해야 한다. 기본적으로 성과를 비교할 수 있는 세 가지 유형의 목표 또는 벤치마크가 있다(그림 12-10 참조). (벤치마킹에 대해서는 17장에서 자세히 설명.)

내부 목표. 내부 목표는 검토 중인 프로세스의 과거 성과에 기초할 수 있다(프로세스 기반). 목표값은 일반적으로 이전 기간의 목표값과 비슷하거나 공정을 점진적으로 개선하기 위해 약간

〈그림 12-10〉 목표의 세 가지 유형

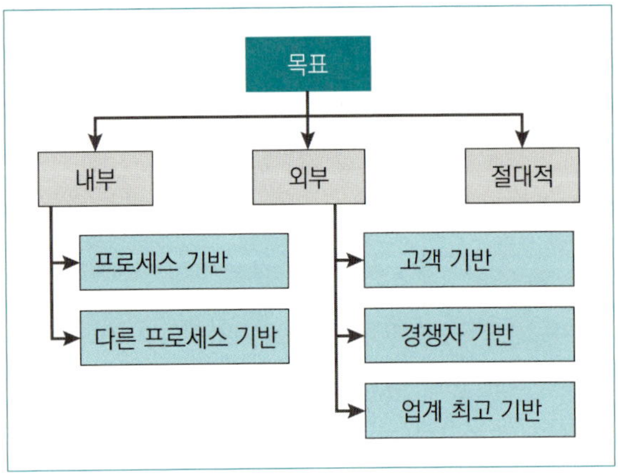

크거나 낮다. 프로세스 자체를 비교의 기준으로 사용하면서 성과 향상을 장려하는 주요 단점은 성과가 만족스러운지 여부보다는 작업이 시간이 지남에 따라 개선되고 있는지 여부에 대한 정보만 제공한다는 것이다.[14] 그 대상은 그 밖의 유사한 내부 프로세스(기타 프로세스 기반)의 성과에 기초할 수도 있다. 이를 통해 프로세스 간의 비교 및 프로세스 간의 관행 공유를 통해 최상의 성과를 달성할 수 있다. 다른 내부 프로세스와 비교하면 조직 내 각 프로세스에 대해 상대적인 위치를 제공한다는 추가적인 이점이 있다.

외부 목표. 외부 목표는 경쟁 업체 기반 목표 및/또는 '현장 최고' 벤치마크를 사용하여 다른 조직과의 비교를 기반으로 한다. 경쟁사 기반 목표는 다른 유사 경쟁 조직에서 유사한 운영의 성과를 기반으로 한다. 업계 최고 수준의 벤치마크는 동일한 업계에 속하거나 그렇지 않을 수 있지만 탁월한 성과로 간주되는 조직이 달성한 성과를 기반으로 하게 된다. 서비스 운영에 대한 중요하지만 종종 간과되는 외부 목표 기반은 고객 기반 목표이다(고객 기반 조치도 쉽게 간과되는 것과 마찬가지로). 즉, 고객이 특정 활동에 대해 어느 수준의 서비스가 적합하다고 생각하는가?

절대적인 목표. 일부 공정은 결함이 전혀 없거나 100% 표준을 준수하여 작동해야 한다. 생명 유지 장치, 주식 시장 컴퓨터 또는 국방 시스템이 고장나는 것은 용납할 수 없다. 때때로 실패하기도 하지만 심각한 결과를 초래할 경우 운영 목표는 절대적이어야 한다.

대상 확장

세 가지 유형의 목표와 관련하여 질문해야 할 중요한 질문은 목표가 현재의 성과 수준보다 얼마나 높아야 하는가 하는 것인가? 기본적으로, 이는 필요한 성과 변화의 크기에 따라 결정되며, 이러한 변화가 실현 가능하고 바람직하다는 가정에 따라 결정된다. 내부 목표는 지속적이고 점진적으로 성과를 개선하고자 하는 운영에 적합하다. 이는 과거의 성과와 비교하여 성과 개선을 목표로 할 것이다. 종종 지속적인 개선 전략 또는 카이젠(15장 참조)을 사용하는 조직은 성공적이면서도 경쟁력이 있는 경향이 있다. 즉, 이미 경쟁 업체를 능가했거나 기존의 강점을 바탕으로 한 모범 사례 리더가 될 수 있다. 프로세스를 근본적으로 변경하는 조직은 확장 목표를 설정해야 한다. 경쟁 업체 또는 외부 비교 업체와 관련하여 성과를 획기적으로 개선해야 하기 때문에 이는 외부 벤치마크를 기반으로 할 가능성이 높다. 경쟁 업체와 같은 대상에 대한 외부 소스를 참조하면 근본적인 변화의 필요성에 직면한 사람들에게 정당성과 긴급성을 모두 제공할 수 있다.

12.6.1 목표 설정에 구성원의 참여

구성원이 목표 성과 수준에 도달하도록 동기를 부여하기 위해서는 성과에 영향을 미치는 변수를 어느 정도 통제하는 것이 필수적이며, 목표가 무엇인지, 즉 달성 가능하다고 생각하는 것을 협상하는 역할을 수행한 적이 있다면 도움이 된다. 이것은 직원의 관여와 참여가 카이젠 철학의 중심이기 때문에 지속적인 카이젠 유형의 개선이 진행되는 모든 프로세스에서 발견될 것으로 예상된다. 이 접근법은 구성원이 다음과 같은 질문을 다루도록 장려한다.

- 내가 하고 있는 일을 어떻게 개선할 수 있을까?
- 현재 진행 중인 프로세스를 어떻게 개선할 수 있을까?
- 어떻게 하면 다른 사람들과 상호작용하는 방식을 개선할 수 있을까?

이를 위해서는 지원적인 조직 문화와 문제 해결 및 개선에 대한 '팀' 접근 방식의 지원을 받아 이러한 개선 사항을 제안하고 실행할 수 있는 격려, 지원 및 권한이 필요하다.[15] 이러한 권한 부여, 관여 및 참여 철학 때문에, 프로세스 개선에 대한 책임이 품질 전문가가 아닌 직원에게 있는 경우, 예를 들어 직원이 참여하는 프로세스를 통해 목표를 설정해야 한다. 직원들은 변화에 대한 책임과 실행 권한이 있기 때문에 일정 기간 동안 달성할 수 있는 것을 결정해야 한다.

보다 급진적인 변화를 겪고 있는 조직의 경우, 변경 프로그램을 감독하는 고위 관리자가 명령 및 통제 방식에 따라 목표를 설정할 수 있다. 따라서 근본적인 변화 프로그램에서 전반적인 책임은 프로세스 변화의 설계와 구현에 상당한 시간과 노력을 쏟는 고위 경영진에게 있다고 할 수 있다.

12.6.2 목표와 보상의 연결

조직은 선택한 목표 달성과 관련하여 어떤 보상/처벌을 적용할지 결정해야 한다. 목표와 관련된 보상이 의도한 대로 작동하려면, 목표를 달성하기 위한 추가적인 노력을 정당화하기에 충분하고, 필요한 성과와 직접적으로 관련되며, 공정한 것으로 인식되어야 하며, 개인 대 팀 기반 노력의 복잡성을 고려해야 한다.[16] 게다가, 보상 구조는 또한 적절한 피드백 메커니즘을 수반해야 한다.[17]

보상은 순수한 금전적인 것에서부터 성취상 및 다른 형태의 인정과 같은 금전적인 것과 비금전적인 것의 혼합에 이르기까지 다양한 형태를 취한다. 효과적인 보상을 위해서는 조직 내에서 사용 중인 성과 개선 프로그램의 특정 요구 사항에 맞게 보상을 조정해야 한다. 우리는 모든 형태의 변화 프로그램에 적용되는 금전적 기반의 보상을 찾을 것으로 기대하지만, 비금전적이고, 따라서 덜 위협적이고 더 고무적인 보상의 형태가 홍보를 위해 사용될 것을 제안할 것이다. 지속적인 개선 전략은 특히 직원들의 동기부여와 실직에 대한 두려움 해소에 관심이 있기 때문에 '품질과 팀 기반 성과에 더 중점을 둔 보상 시스템'이 필요하다고 주장했다.[18] 따라서 지속적인 변화를 겪고 있는 프로세스는 팀 기반 성과의 개선을 장려하기 위한 금전적 및 비금전적 보상의 혼합을 기반으로 보상을 실시해야 한다.

이와 대조적으로, 급진적인 변화 전략은 개인의 성과를 강조하기 때문에, 성과 측정 시스템은 특정 결과의 위치와 직원 개개인의 성과를 측정해야 한다. 단계 변경 개선과 관련된 더 높은 비용과 위험을 고려할 때, 우리는 그러한 변경과 관련된 보상이 본질적으로 주로 금전적인 경향이 있을 것으로 예상한다.

12.7 일관성 달성

〈그림 12-2〉에서는 성과 관리의 다양한 요소를 어떻게 볼 수 있는지를 확인했다. 우리는 또한 이러한 요소 간의 일관성에 대한 필수적인 필요성을 지적했다. 이를 위해 유용하고 널리 사용되는 방법 중 하나는 '전략 매핑'으로, 이 접근 방식은 앞서 설명한 전략적 연계 모델과 밀접한 관련이 있다. 전략 매핑은 원래 Robert Kaplan과 David Norton에 의해 고안되었다(이들은 BSC도 개발했다). 조직의 전략(또는 조직의 일부)에서 인과관계를 명확하게 하기 위한 절차이며, 이를 통해 관리자는 성과 관리 시스템의 요소 간에 일관성을 확인할 수 있다. Kaplan과 Norton이 홍보한 바와 같이 전략 매핑은 동일한 네 가지 범주의 성과를 사용한다는 점에서 BSC와 분명히 관련이 있다.

〈그림 12-11〉은 컨설턴트 회사의 전략 맵의 단순화된 예를 보여 준다. 이 예에서는 BSC와 관련된 네 가지 주요 측정 영역에 대해 조직의 세 가지 수준(본사, 지역 사무소 및 개별 컨설턴트)에서 일부 성과 목표(또는 단기 성과 목표)를 보여 준다. 조직의 전략은 다이어그램 상단의 타원형에 포함되어 있으며, 목표는 타원형에 포함되어 있으며 화살표는 가정된 주요 인과

〈그림 12-11〉 컨설팅 회사의 전략 맵

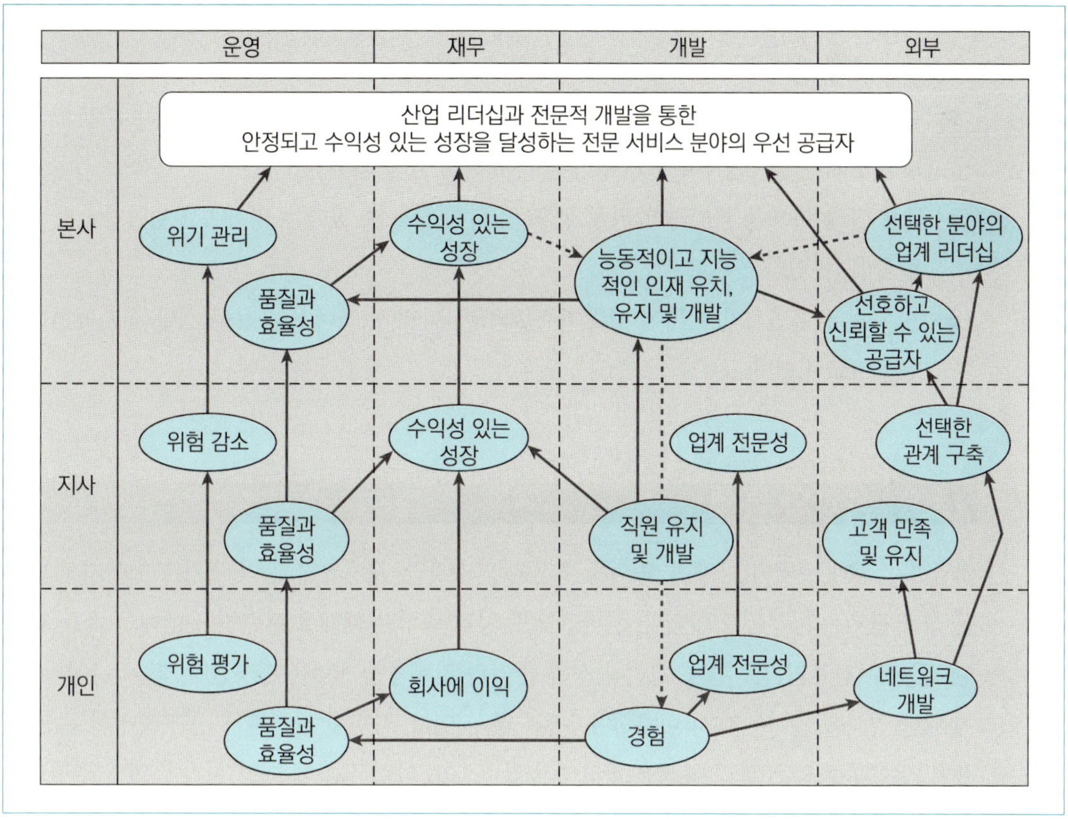

관계를 보여 준다. 그런 다음 모든 수준의 관리자는 목표를 달성하기 위해 적절한 조치와 목표를 고안해야 한다.

일련의 인과 관계는 회사나 기능을 발전시키기 위해 무엇을 해야 하는지 뿐만 아니라 왜 그렇게 해야 하는지도 식별한다. 전략 매핑에는 여러 버전이 있으므로 모든 전략 맵이 동일하게 보인다고 가정하지 말아야 한다. 예를 들어, 〈그림 12-11〉에 표시된 맵은 서로 다른 조직 수준을 구분하며, 때로는 '캐스케이드화된' 전략 맵이라고도 한다. 일부 전략 맵은 조직 전체 또는 일부에 대한 활동 및 결과 목표 간의 관계를 보여 준다. 그러나 대부분의 전략 맵은 활동과 결과가 BSC 범주에 따라 구성되도록 한다. 이 기법은 전략을 '설계'하는 것이 아니라 전략의 다양한 요소 간의 논리적 연결을 보여 준다. 전략 내에서 원인-효과 관계를 명확하게 설명할 수 있도록 지원하는 교육을 제공한다. 이러한 유형의 많은 기술과 마찬가지로, 전략 맵을 토론하고 그리는 과정은 완료된 결과만큼 가치가 있을 수 있다. 전략 매핑은 여러 가지 이유로 특히 유용하다.

- 이는 성과 관리 요소 간의 논리적 연결을 만든다.
- 관리 팀은 행동(원인)과 결과(효과)를 연결하는 화살표를 그려 가정을 투명하게 해야 한다.
- 이를 통해 성과 관리 전략을 쉽게 이해할 수 있다.
- 전략 맵은 의사소통 도구로서 상당한 힘을 가지고 있다. 무엇을 해야 하는지 뿐만 아니라 특정 조치가 필요한 이유를 설명하는 것이 특히 효과적이다.
- 목표 달성 여부를 확인하기 위해 향후 맵을 참조할 수 있다는 의미에서 경영진에게 책임을 물을 수 있다.
- 이 기술은 유연하기 때문에 상황이 변화함에 따라 비즈니스 가정을 개발하고 변경하는 것이 비교적 쉽다.

12.8 성과와 통제

지금까지 성과 관리의 다양한 요소에 초점을 맞췄지만, 구체적인 관리 조치로 이어지지 않는 한 성과 관리는 아무것도 아니다. 안타깝게도 성과 측정은 때때로 단순히 수행해야 하는 활동인 '끝'으로 간주되기도 한다. 그러나 성과 관리의 전체적인 개념은 경영진의 개입이 운영 성과에 대한 인식을 높이는 데서 비롯되어야 한다는 것이다. 따라서 관리자는 성과 측정이 목표 달성에 기여할 수 있는 관리 목적을 고려해야 한다. 그렇다면 성과에 대한 지식에 의해 추진되는 행동은 무엇일까? 여기서 우리는 '통제'라는 넓은 표제 아래의 행동을 살펴보고자 한다. 이러한 맥락에서 통제함으로써, 우리는 조직의 일부 또는 전체가 사건에 대해 어떻게 행동하거나 반응하는지를 결정하거나 안내할 수 있는 능력을 가져야 한다.

12.8.1 성과와 피드백 통제

성과 측정의 주요 목적은 프로세스를 관리하기 위한 조치를 취할 수 있도록 피드백을 제공하는 것이다. 이러한 일련의 활동에는 측정값, 목표값, 편차를 확인하는 수단, 피드백 메커니즘 및 프로세스가 목표값을 충족하지 못할 경우 적절한 조치를 취할 수 있는 수단이 포함된 완전한 컨트롤 피드백 루프가 필요하다. 통제는 전략적이거나 더 많은 운영 관련 작업을 위한 것일 수 있다. 이러한 작업은 예를 들어 정부 보건 및 안전 규정이나 차별 입법이 충족되도록 하기 위해 예산 범위 내의 비용과 같은 조직 내의 일관된 성과를 보장하는 것을 포함할 수 있다.

〈그림 12-12〉는 운영 통제의 기존의 단순한 모델을 보여 준다. 또한 단순하지만(심플하게) 성과 관리가 통제와 어떻게 관련되어 있는지를 생각하는 데 유용한 출발점이 된다. 서비스

〈그림 12-12〉 단순한 피드백 작동 통제 모델

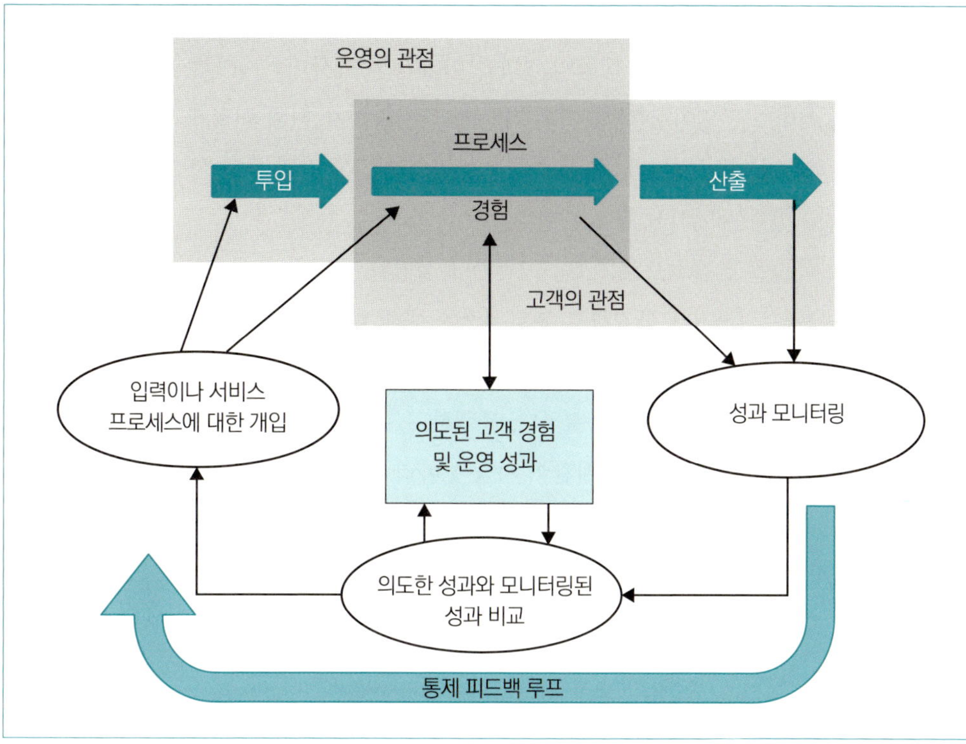

의 출력 성과는 고객 및 운영 측면에서 모두 성과 보고를 사용하여 모니터링되고 의도된 성과와 비교된다. 의도된 성과와 상당한 차이가 있을 경우 분석을 통해 서비스 프로세스와 프로세스 자체의 작동에 대한 입력 중 하나 또는 둘 모두에 대한 개입을 실시한다. 이 단순한 통제 모델은 분명하고 애매모호하지 않은 피드백을 기반으로 하지만, 앞에서 언급한 바와 같이 대부분의 서비스 운영의 경우 훨씬 더 혼란스러운 현실의 단순화에 의존한다. 기계 시스템을 이해하는 데 사용되는 모델을 기반으로 하지만 실제 조직은 기계가 아니다. 이것이 바로 단순한 모델을 수정해야 하는 이유이다. 특히, 단순 모델에 포함된 두 가지 단순화를 해결해야 한다. 첫 번째는 '의도된 성과'의 특성이 정적으로 유지된다는 가정이다. 즉, 컨트롤 시스템에는 '학습'이 없다. 두 번째는 서비스의 성과와 목표가 분명하고 애매모호하지 않다는 것이다.

학습 통제 – 단일 및 이중 루프

대부분의 서비스는 사전 계획을 수립하거나 사전 결정을 내릴 수 있는 능력이 제한적인 불확실성 상태에서 운영된다. 따라서 미리 정해진 계획을 독단적으로 고수하기보다는 상황이 변화함에 따라 적응하는 것이 더 나을 수 있다. 또한, 환경이 불확실할수록 운영은 사건으로부터 배우는 능력을 강조해야 한다. 일반적으로, 이 능력은 통찰력과 지식의 개발과 관련된 학습 과정에 달려 있으며, 과거의 행동과 그 행동의 결과와 미래의 의도 사이의 연결을 확립한다. 여기서 중요한 문제는 서비스 운영이 전략적 지속 가능성을 개발하기 위해 어떻게 학습을 장려하고 촉진하고 활용하는가 하는 것이다. 처음에 학습 능력의 개발은 단일 루프 학습과 이중 루프 학습 사이에 구별이 있다는 인식을 필요로 한다.

단일 루프 학습은 본질적으로 〈그림 12-12〉에 설명된 것이다. 운영상의 오류나 문제가 감지될 때마다 이를 수정하거나 해결하고 프로세스에 대해 더 많은 정보를 얻지만 프로세스의 기본적인 값과 목표를 질문하거나 변경하지는 않는다. 그럼에도 불구하고 단일 루프 학습은 서비스 운영의 지속적인 관리에 매우 중요하다. 불행히도 효과적인 단일 루프 학습에 매우 중요한 '깊은' 시스템별 프로세스 지식은 시간이 지남에 따라 작업이 변화하는 환경에 적응해야 할 때 극복하기 어려운 것으로 입증되는 관성을 생성하는 데 도움이 될 수 있다. 모든 효과적인 운영은 이전에 했던 것보다 더 잘 수행할 수 있으며, 이는 중요한 이점의 원천이다. 그러나 작업은 단일 루프 학습만을 기반으로 고유한 기능을 개발하는 반면, 잘 수행하지 못하는 것과 관련된 위험에 노출되고 있다.[19]

이와는 대조적으로 이중 루프 학습은 기본적인 목표, 서비스 또는 시장 위치, 심지어 운영의 기본 문화에 의문을 제기한다. 이러한 학습은 기존의 운영 가정에 근본적인 방식으로 도전하고 경쟁적인 질문을 재구성하고 경쟁 환경의 변화에 개방적으로 대처할 수 있는 능력을 의미한다. 그러나 새로운 기회를 수용하기 위해서는 특정 시점에 기존 운영 루틴을 포기해야 하는 경우가 있다. 때로는 특정한 대체 작업을 염두에 두지 않아도 된다. 특히 대부분의 운영은 개인 및 그룹 수준 모두에서 (잠재력보다는) 경험과 과거의 성과를 보상하는 경향이 있기 때문에 실제로 달성하기는 어렵다. 〈그림 12-13〉은 단일 루프 학습과 이중 루프 학습의 차이를 보여 준다.

동의하고, 모호하지 않으며 반복적인가?

서비스 운영은 복잡하고 모호한 상호작용으로 가득 찬 사회적 시스템이다. 다시 한 번, 1장에서 설명한 IHIP 특성(무형성, 이질성, 비분리성 및 소멸 가능성)은 서비스 운영을 통제하는 데 성능이 어떻게 사용되는지에 영향을 미친다. 〈그림 12-12〉와 같은 단순 통제 모델은 운영 목표가 항상 명확하고 합의된 것으로 가정하지만, 일부 서비스는 서로 다른 종종 상충되는 목표가 경쟁하는 정치적 실체이다. 예를 들어, 지방 정부 운영은 본질적으로 공공연하게 정치적이다. 또한 서비스 운영에서 산출되는 (종종 무형의) 결과를 항상 쉽게 측정할 수 있는 것은 아니

〈그림 12-13〉 목표의 적절성에 의문을 제기하는 단일 루프 학습 대 이중 루프 학습

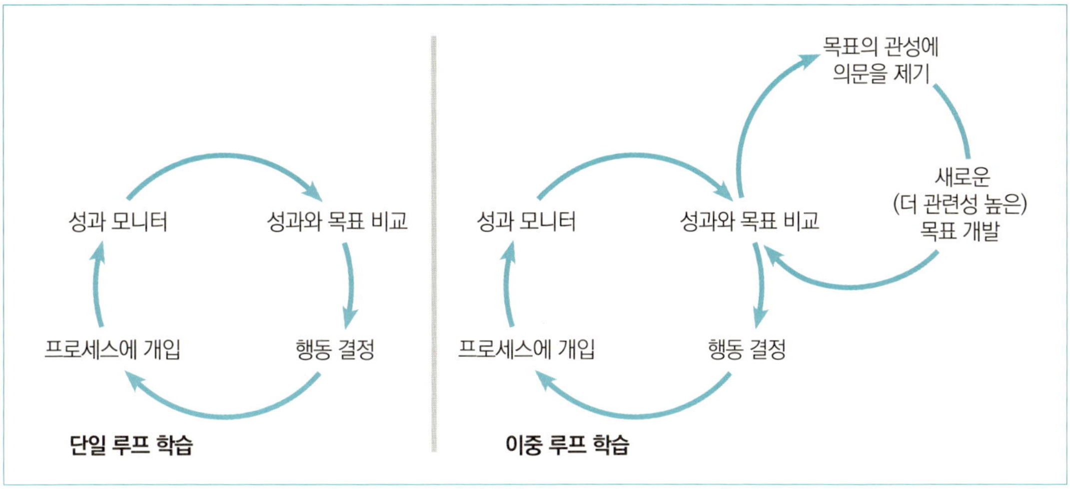

다. 예를 들어, 대학은 그것이 수여하는 자격의 수나 학생들이 성취하는 직업을 측정할 수는 있지만, 그것의 교육이 그들의 미래 행복에 미치는 완전한 영향을 측정할 수는 없다. 또한, 운영을 '통제' 상태로 되돌리기 위해 적절한 개입을 할 수 있다고 하더라도, 대부분의 운영은 개입이 어떤 영향을 미칠지 완벽하게 예측할 수 없다. 가장 전문적으로 운영되는 병원조차도 새로운 교대 할당 시스템이 성과에 어떤 영향을 미칠지 정확히 알지 못한다. 또한 일부 작업은 동일한 작업을 두 번 이상 수행하지 않는다. 컨설턴트가 수행하는 일부 과제는 일회성이 될 수 있다. 모든 출력이 다 다르다면 '컨트롤러'가 어떻게 무슨 일이 일어날지 알 수 있을까? 그들의 계획 자체는 단지 추측일 뿐이다. 〈그림 12-14〉는 이러한 질문이 통제의 특성이 어떻게 영향을 받을 수 있는지를 나타내는 '결정 트리' 유형의 모델을 형성하는 방법을 보여 준다. 다양한 유형의 통제를 식별한다.

일상적인 통제. 이것은 비교적 간단하고 단순한 통제 모델을 반영한다. 목표는 명확하고 개입의 효과는 알려져 있으며 활동은 반복적이다. 이러한 유형의 통제는 미리 정의된 규칙과 규칙을 사용하여 수행할 수 있다. 그러나 성공적인 일상적인 통제에는 여전히 몇 가지 과제가 있다. 통제 절차가 체계적으로 구현되도록 하기 위해서는 운영 규율이 필요하다. 통계적 프로세스 통제(이 장 뒷부분 참조)는 이러한 유형의 통제의 예이다. 그러나 중요한 점은 일상적인 통제에 필요한 조건과의 차이는 다른 유형의 통제를 의미한다는 것이다.

전문가의 통제. 목표가 명확하고 개입의 효과를 비교적 잘 이해하고 있지만 활동이 반복적이

〈그림 12-14〉 적절한 개입 유형은 통제되는 활동의 특성에 따라 달라질 수 있다

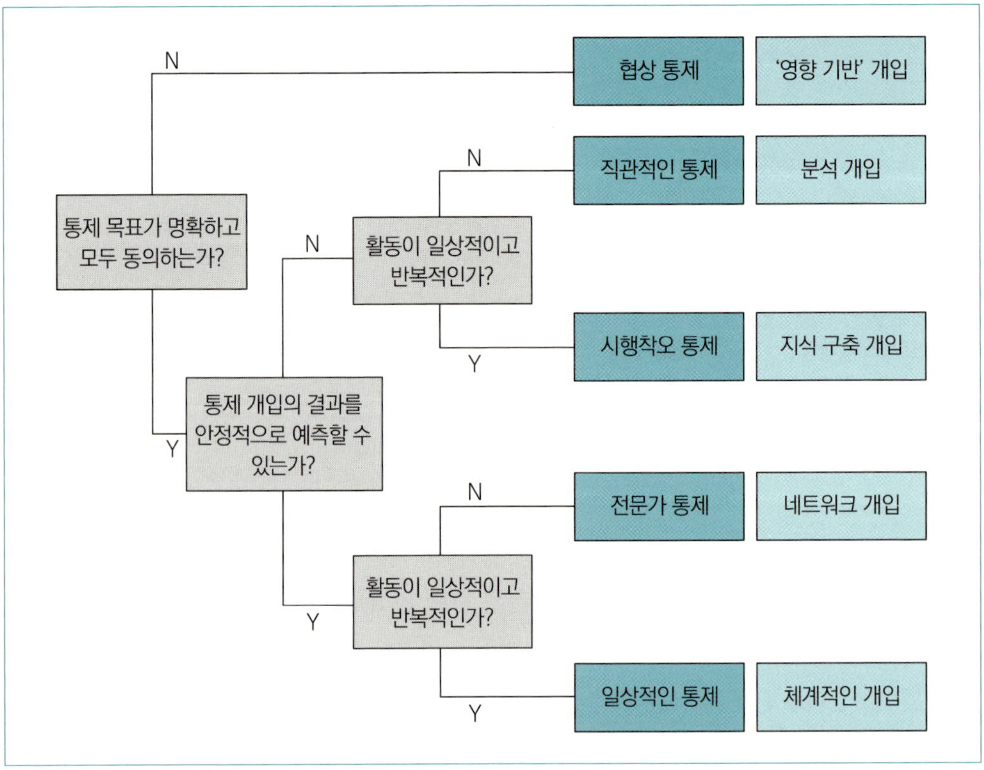

Source: Adapted from Slack, N. (2017) *The Operations Advantage*, Kogan Page, London.

지 않은 경우(예: 소프트웨어 또는 IT 시스템 설치 또는 업그레이드), 이전의 경험을 바탕으로 지식을 쌓았기 때문에 반복적인 활동을 수행하는 '전문가'에게 통제 권한을 위임할 수 있다. 전문가의 통제를 성공시키려면 그러한 전문가가 존재하고 회사에 의해 '취득'될 수 있어야 한다. 또한 전문가는 회사에 이미 존재하는 통제 지식을 활용해야 한다. 두 요구 사항 모두 전문 지식을 습득한 다음 해당 전문 지식을 조직에 통합하는 측면에서 '네트워크'의 필요성을 강조한다.

시행착오 통제. 전략적 목표가 비교적 명확하지만 개입의 효과는 알려지지 않았고 활동이 반복적인 경우 운영은 자체 실패를 통해 성공적으로 통제하는 방법에 대한 지식을 얻을 수 있다. 즉, 통제 개입의 초기 단계에서는 간단한 처방을 사용할 수 없지만, 조직은 경험을 통해 방법을 배울 수 있다. 예를 들어, 한 가전제품 소매점 체인이 새로운 시장에 다양한 유형의 매장을 열고 있는 경우, 처음에는 매장을 어떻게 배치하는 것이 최선인지 확신할 수 없을 수도 있다. 그러나 출시가 여러 제품 중 첫 번째 제품일 경우 목표는 각 출시를 성공시키는 것일 뿐만 아

니라 (또는 그 이상의) 중요성이 있어야 하며, 각 경험에서 배워야 한다. 이러한 지식 구축 기술이 시행착오 통제의 효과를 결정한다. 점점 더 이러한 휴리스틱 접근 방식은 데이터 분석 기술자에 의해 인공지능 알고리듬에 구축되고 있으며, 나중에는 AI 알고리즘 자체에 의해 구축되고 있다.

직관적인 통제. 목표가 상대적으로 명확하지만(따라서 작업이 무엇을 하려고 하는지 분명하지만) 통제 개입의 효과를 알 수 없거나 반복적인 경우 시행착오를 통한 학습이 가능하지 않다. 여기서, 통제는 과학이라기보다는 예술이 된다. 이러한 상황에서 통제는 관리 팀의 직관을 바탕으로 통제 결정을 내려야 한다. 예를 들어, 은행이 신용 평가 기관과 전략적 파트너십을 구축할 수 있다. 목표는 분명하겠지만 통제 개입이 반복되지 않을 가능성이 높다. 또한 새로운 관계에서는 각 파트너의 시스템을 통합하는 효과를 완전히 이해하지 못할 수도 있다. 본능과 감정은 물론 모든 관리 팀에서 귀중한 속성이지만, 적어도 부분적으로는 공유된 이해력, 지식 및 의사 결정 기술을 가장 잘 구성하는 방법을 이해하는 결과이다.

협상된 통제. 통제가 가장 어려운 상황은 목표가 모호할 때이다. 이러한 유형의 통제는 목표를 덜 불확실하게 함으로써 어떤 식으로든 모호성을 줄이는 것을 포함한다. 때로는 고위 관리자들이 반대 의견에 상관없이 단순히 '발표'하거나 목표가 무엇이어야 하는지 임의로 결정하는 방식으로 수행된다. 예를 들어, 보육 서비스의 활동을 통제하는 것은 일상적인 결정을 내리는 전문 사회복지사들 사이에서 매우 다른 견해를 수반할 수 있다. 종종 협상된 해결책을 찾을 수 있으며, 이는 명확한 목표가 될 수 있다. 그러나 협상의 틀 안에서도 목표의 모호성이 존재할 때는 거의 항상 정치적 요소가 있다.

12.8.2 성과 및 역량 있는 프로세스

통제, 특히 일상적인 통제로 나아갈수록 중요한 개념은 '프로세스 기능'이다. 이는 통계적 공정관리(Statistical Process Control: SPC) 접근 방식을 사용하여 가장 잘 설명할 수 있다. 〈그림 12-15〉는 두 호텔(A와 B)의 성과를 측정하는 표본 평균의 분포를 보여 주며, 이는 아침 식사 쟁반을 손님의 방으로 배달한다. 각각의 경우, 호텔은 손님들에게 아침 식사 쟁반 배달 시간을 선택할 수 있다. 두 호텔 모두 10분짜리 '창구'를 선택했는데, 이것이 고객이 필요로 하는 것이라고 생각했기 때문이다. 〈그림 12-15〉는 특정 10분 창에 대한 아침 식사 쟁반 배달 시간의 분포를 보여 준다. A호텔은 약속을 일관되게 지킬 수 있도록 프로세스와 역량을 배치한 반면, B호텔은 그렇게 할 수 없는 것으로 보인다. 전자는 가능한 프로세스의 한 예이며 후자는 SPC 관점

〈그림 12-15〉 두 호텔의 약속된 배달 시간에 대한 아침 식사 배달 시간의 빈도. A호텔 배송은 '능력', B호텔은 '통제 불능'

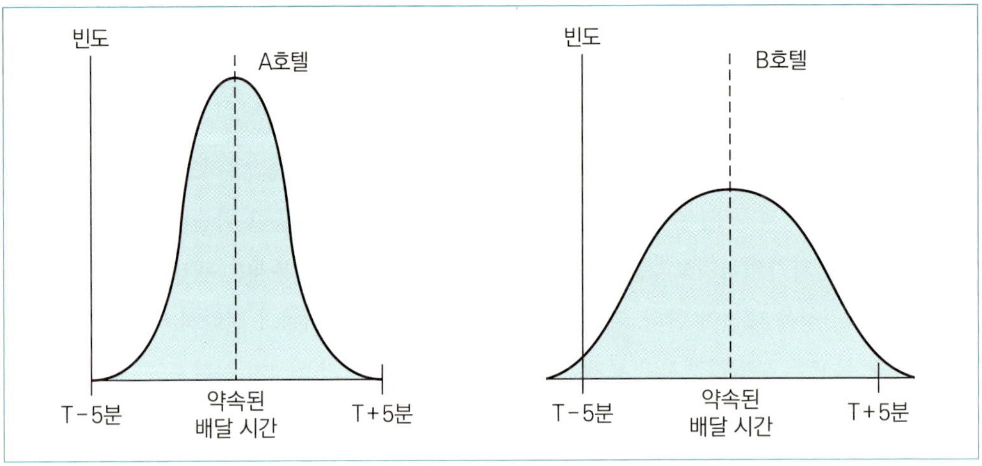

에서 '통제 불능' 상태에 있는 프로세스이다. 만약 이 시간대를 준수하겠다는 약속이 제공자와 고객 사이의 '계약'의 핵심 요소라면, B호텔의 고객 만족도 등급은 위협을 받게 될 것이다.

B호텔은 경영진이 고려할 수 있는 두 가지 기본 전략을 가지고 있다.

- 전달 프로세스에 투자하여 프로세스 사양을 일관되게 충족할 수 있도록 보장한다.
- 프로세스 사양 완화. 이 경우 게스트에게 제공되는 '시간 창' 기간을 늘린다(현재 10분이 아닌 20분으로 단축). 물론 고객 조사에서 서비스 오퍼링의 이러한 측면의 중요성이 지적된 경우에만 이를 구현할 수 있다.

공정 관리도

SPC는 공정 관리도의 생산을 기반으로 한다. 일련의 측정을 수행한 다음 표본 판독값의 평균을 표시하는 것이 일반적이다. 이는 중심 극한 정리에 따라 표본 평균의 분포가 기본 분포가 정규 분포가 아닌 경우에도 정규 분포를 따르는 경향이 있기 때문이다.

프로세스를 〈그림 12-16〉과 같은 관리도에 표시하여 상태를 시각적으로 파악할 수 있다. 〈그림 12-16〉은 이전 예제에서 호텔에서 아침 식사가 배달된 시간을 묘사하는 것과 같이 무작위로 추출한 표본 평균의 그림을 보여 준다. 관리도에는 공정 평균, ±2표준편차(2σ)로 설정된 경고 한계 및 ±3표준편차(3σ)로 설정된 작업 한계가 표시된다. 공정 관리도의 가치는 공정에서 '간섭'하려는 유혹을 제거하는 데 있다. 많은 판독치(5%)가 경고와 동작 한계 사이에 있을 것으로 예상된다. 이 영역에서 판독을 수행할 경우 일반적인 조언은 어떤 작업을 수행

〈그림 12-16〉 호텔의 아침 식사 배달 시간 샘플 평균의 변화를 보여 주는 통계적 공정 관리(SPC) 관리도

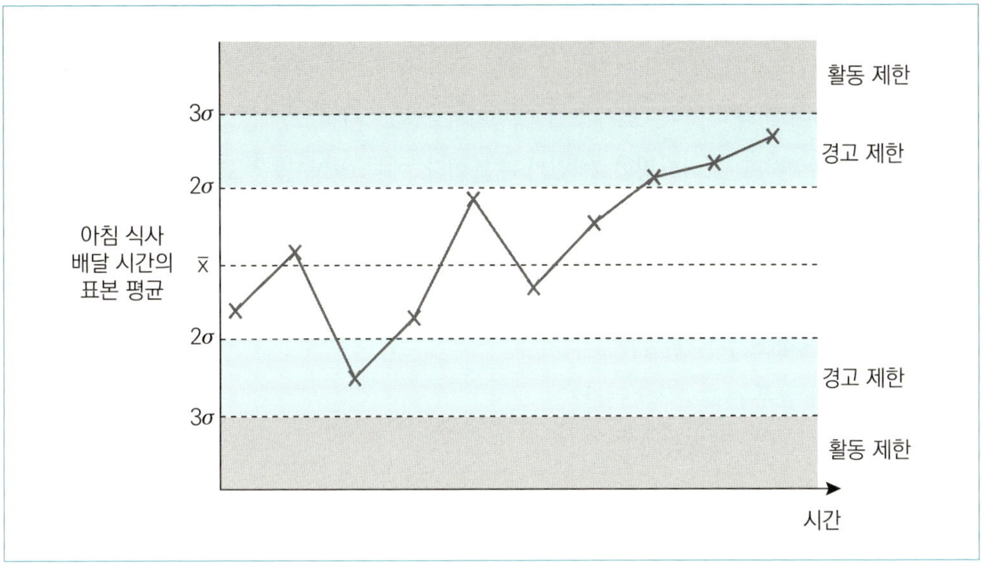

하기 전에 다른 판독을 수행하는 것이다. 너무 일찍 조정하면 공정이 관리 이탈 상태가 될 수 있다. 〈그림 12-16〉은 초기에 관리 상태에 있는 공정을 보여 준다(처음 6개의 판독치는 정상적인 패턴임). 그러나 점들의 런이 모두 동일한 방향으로 이동함에 따라 공정 평균이 이동한 징후를 보여 준다. 공정 관리자는 이러한 공정을 이해하는 데 시간을 소비하기 때문에 변동의 원인을 식별하는 것이 자주 가능하다. 이러한 원인은 자동화 또는 더 나은 교육을 통해 피할 수 있는 원인과 피할 수 없는 원인으로 나눌 수 있다. 후자의 예로는 고장 서비스에 대한 악천후의 영향을 들 수 있다.

SPC는 대량의 프로세스에서 서비스를 통제하고(대부분 표준화된) 개선하기 위해 광범위하게 사용되어 왔는데 예를 들어 다음과 같다.

- 주요 소매 은행의 금융 거래 정확성
- 컴퓨터 서비스 응답 시간
- 컨택 센터에서의 질병 및 결석
- 1,000건의 거래당 고객 불만 건수

그러나 SPC가 모든 서비스 프로세스에 쉽게 적용된다는 인상을 주는 것은 잘못된 것이다. 응답 시간과 같은 조치를 정확하게 평가할 수 있는 공장과 같은 프로세스에 분명히 적용할 수 있지만, 고객 불만 사항의 수와 강도와 같은 속성에 이 기법을 적용하는 것도 가치가 있다.

흔히 있는 일이지만 관리도를 모니터링하는 것만큼이나 프로세스를 생각하는 훈련으로부터 가치가 나올 수 있다.

프로세스가 '러너'를 지향하는 대량의 상품 유형 서비스는 품질 시스템 접근 방식에 가장 자연스럽게 도움이 된다. 이는 프로세스를 매핑할 수 있고, 서비스 제공 전반에 걸쳐 명확하고 일관된 표준을 수립하고 모니터링할 수 있기 때문이다. 예를 들어, 많은 호텔들은 수년 동안 표준 운영 절차(SOP)를 사용하여 객실 청소 및 준비와 같은 서비스 제공 측면을 다룬다.

이 활동은 체크리스트에 적합하다.

- 바닥에 진공 청소기가 있는가?
- 무료 비누와 샴푸는 보충되었는가?
- 침대가 만들어지고 꺼졌는가?
- 쓰레기통을 비웠는가?

이러한 SOP는 품질 시스템에서 컴플라이언스를 감사할 수 있는 프로세스로 쉽게 전환된다. 그들은 고객 경험의 가시적인 측면보다는 상대적으로 가시적인 결과를 처리한다. 소매 업체, 은행 및 콘택트 센터는 '직원이 적절한 인사말을 사용했는가?' 또는 '직원이 주문에 대해 고객에게 감사를 표했는가?'와 같은 문구를 포함할 수 있는 체크리스트를 사용하여 고객 만족도의 이러한 측면을 측정하려고 한다.

12.9 요약

'성과 관리'란 무엇인가? 성과 관리는 데이터를 수집 및 분석하고 조직 프로세스, 활동 또는 사람 그룹의 속성에 대한 정보를 전달하는 프로세스이다. 이러한 성과 관리 프로세스는 성과 지표, 성과 측정, 성과 목표 및 성과 보고와 같은 다양한 메커니즘을 사용하여 달성된다. 다만, '성과 관리'라는 용어는 성과평가 등 개인 차원의 인적자원 관행을 지칭할 때도 있음을 유의해야 한다. 모든 운영 관리 활동이 일관성을 갖도록 하는 프로세스와 직접적으로 관련된 구체적인 활동은 비전, 임무 및 전략적 목표 설정, '성과'의 의미 정의, 성과 측정, 성과 목표 설정, 성과 보고 및 통제 시스템에 대한 링크이다.

비전, 미션 및 전략적 목표 설정. 비전 선언은 모든 성과 관리 시스템의 출발점이다. 후속 성과 관리를 위한 프레임워크를 제공하고, 조직의 방향을 설정하며, 조직의 광범위한 포부를 분명히 한다. 어떤 비전 진술은 짧고 요령 있으며, 다른 것들은 조금 더 자세히 설명한다. 이후 전략적 성과 목표를 설정하는 것은 전략적 목표를 달성하는 방법을 탐구할 수 있는 실질적 성과 관리의 끝을 향한 단계이다. 전략적 연계 모델은 조직의 다양한 부분의 목표를 포함하여 목표를 논리적으로 연결하는 것을 수반하는 성과 관리의 다른 요소와 전략적 목표가 어떻게 연결될 수 있는지를 설명하는 데 유용한 프레임워크이다.

서비스 운영에서 '성과'란 무엇인가? '성과'가 무엇을 의미하는지에 대한 다양한 정의가 있다. 때로는 어떤 행동의 결과나 결과를 의미하기 위해 사용되기도 하고, 어떤 경우에는 결과가 어떻게 달성되었는지를 의미하기 위해 사용되기도 한다. 또 다른 차이점은 이해 관계자들이 이를 해석할 수 있는 범위에 관한 것이다. 우리가 성과를 판단하는 방법의 일부 측면은 비교적 객관적이며, 성과의 다른 측면은 더 '사회적으로 구성'되어 있고 해석에 더 개방적이다. 이러한 차원을 사용하면 2×2 행렬을 형성할 수 있다. 서비스 운영은 결과 자체보다는 프로세스를 판단하고 주관적인 '해석적 판단'을 수반하는 것을 강조하는 경향이 있다.

성과 측정이란 무엇인가? 성과 측정은 프로세스, 활동 또는 사람의 측면에 대한 정보를 얻고 분석하고 표현하는 공식적인 과정이다. 성과 데이터는 매우 다양한 형태로 제공되며 정성적이거나 양적일 수 있지만 정성적인 결과는 종종 숫자나 변수로 변환된다. 유용한 성과 측정 시스템을 설계할 때의 문제점 중 하나는 한편으로는 몇 가지 핵심 측정값을 갖는 것과 다른 한편으로는 많은 세부 측정값을 갖는 것 사이에서 어느 정도 균형을 이루려고 노력하는 것이다. 측정은 명확한 목적을 가져야 하며, 측정 대상, 측정 시 일관성, 또는 측정 대상자가 누구든지 쉽게 이해할 수 있고 모호하지 않으며 신속하게 분석할 수 있는 결과에 초점을 맞추어 결과를 행동으로 옮길 수 있는 명확한 시스템이 있어야 한다, 수집 비용을 지불할 가치가 있으며 바람직하지 않은 행동을 조장해서는 안 된다. 서비스 성과를 측정할 때 균형을 유지해야 하는 필요성은 때때로 소위 'BSC 시스템'을 주장하는 데 사용된다. 가장 잘 알려진 것은 Kaplan과 Norton의 균형 잡힌 점수 카드의 '4박스' 프레임워크이다.

성과 보고란 무엇인가? 성과 보고는 작업의 성과에 대한 보고서를 구성하는 작업이다. 비즈니스 리더가 보다 정확하고 데이터 중심적인 의사 결정을 내릴 수 있도록 지원하는 비즈니스 인텔리전스의 원천이다. 성과 보고는 성과 관리의 '공공의 얼굴'이다. 성과 보고서는 운영 및 프로그램의 성과를 나타내는 성과 지표를 사용하며, 운영이 주요 이해 관계자와의 신뢰 관계를 구축하고 유지할 수 있도록 지원한다. 정기적이고 체계적인 보고를 통해 정보를 투명하게 파악하고 운영과 이해 관계자 간의 참여를 촉진할 수 있다.

성과 목표는 어떻게 설정되는가? 모든 조치에 관련된 목표가 있는 것은 아니지만 성과 관리, 개선 사항 판단, 직원 동기 부여 및 필요한 변화의 속도와 규모를 전달하는 데 도움이 될 수 있다. 목표 설정은 주행 성능 향상의 핵심 요소이다. 성과를 비교할 수 있는 대상 또는 벤치마크에는 내부, 외부 및 절대의 세 가지 유형이 있으며, 이 모든 유형은 프로세스에 직원이 참여해야 한다. 이는 선택된 목표 달성과 관련하여 어떤 보상을 받을 것인지 결정하는 추가 문제와 관련이 있다. 목표와 연결된 보상이 의도한 대로 작동하려면, 필요한 성과와 직접적으로 관련된 보상을 얻기 위한 추가적인 노력을 정당화하기에 충분한 것으로 명확하게 인식되어야 한다.

일관성은 어떻게 달성되는가? 성과 관리의 다양한 요소 간에 일관성을 유지하는 것이 특히 중요하다. 이를 위해 가장 널리 사용되는 방법 중 하나는 '전략 매핑'이라고 하며, 이 접근 방식은 전략 연계 모델과 밀접한 관련이 있다. 전략 매핑은 원래 균형 점수 카드를 개발한 Robert Kaplan과 David Norton에 의해 고안되었다. 조직의 전략에서 인과관계를 명확히 하기 위한 절차이며, 이를 통해 관리자는 성과 관리 시스템의 요소 간에 일관성이 있는지 확인할 수 있다. 인과 관계는 회사나 기능을 발전시키기 위해 무엇을 해야 하는지 뿐만 아니라 왜 그렇게 해야 하는지도 나타낸다. 이 기법은 전략을 '설계'하는 것이 아니라 전략의 다양한 요소 간의 논리적 연결을 보여 주며 전략 내에서 인과 관계를 명확하게 설명하는 학문을 제공한다.

성과 및 통제는 성과 관리에 어떻게 적합한가? 성과 관리는 '그 자체로 목적'이 아니라 단순히 수행해야 하는 활동이다. 그러나 성과 관리의 전체적인 개념은 경영진의 개입이 운영 성과에 대한 인식을 높이는 데서 비롯되어야 한다는 것이다. 성과에 대한 지식에 의해 추진되는 행동은 '통제'라고 생각할 수 있다. 단순한 통제 모델은 분명하고 애매모호하지 않은 피드백을 기반으로 하지만, 이는 단순화이다. 즉, 통제 시스템에 '학습'이라는 개념을 구축하거나 서비스의 성과와 목표가 분명하고 애매모호하지 않다는 개념에 도전하여 단순한 모델을 수정해야 하는 이유이다. 관리에서 또 다른 중요한 개념은 통계적 프로세스 관리에서 광범위하게 사용되는 '공정 능력'이다.

토론 및 연습

1. HappyOrNot사의 사례를 다시 읽어 보라. 터미널이 성공적인 것으로 입증되었지만, 고객 만족도를 측정하기 위해 이러한 터미널을 채택할 경우의 단점은 무엇이라고 생각하는가?

2. 여러 가지 새로운 데이터 수집 방법(특히 소셜 미디어)을 통해 서비스는 모든 데이터가 유용한지 어떻게 확인할 수 있는가?

3. 콜센터에서 일반적으로 사용하는 방법은 응답 속도와 통화 포기율이다. 이러한 조치를 개선의 원동력으로 평가하라.

4. 청소년 휴가 전문 여행사는 제공되는 서비스의 질에 대해 걱정한다. 마케팅 관리자는 매달 접수된 불만 사항의 수를 보고한다. 어떻게 이것이 회사의 서비스 개선에 도움이 될 수 있는가?

5. 교환원이 각 통화에 얼마나 많은 시간을 소비해야 하는지 정확히 아는 것은 매우 어렵다. 때때로 고객은 정

말로 상세한 조언이나 확신을 필요로 한다. 다른 때는 통화가 실제로 매우 빠르게 처리될 수 있다. 예의를 갖추는 데만 최소한의 시간이 필요하다. 하지만 상한선도 있다. 통화가 아무리 복잡하더라도, 우리의 시스템은 정해진 시간 제한 내에 그것에 대처할 수 있어야 한다.

Beadles 은행의 모기지 서비스 매니저인 Duncan Hindes의 말이다. Duncan은 은행이 새로운 콜센터 정보 기술 프로젝트에 상당한 투자를 한 직후에 말했다. 새로운 시스템은 몇 주 동안 '작동 및 실행'되어 상당한 양의 데이터를 생성하고 있었다. 평균적인 통화 시간은 그에게 특별한 관심사였다. 그는 통화가 너무 다양해서 교환원이 더 긴 통화도 제어할 수 있어야 한다는 의심을 품었다. 또한 동일한 수준의 서비스 품질로 평균 통화 시간을 2분 30초 미만으로 단축할 수 있어야 한다고 생각했다.

운영자가 고객과 함께 보내는 시간이 너무 적으면 정보를 수집할 수 있는 귀중한 기회를 잃고, 고객이 '해고'되었다고 느끼게 되며, 추가 서비스를 판매할 기회를 낭비할 수 있다. 반면에, 운영자가 너무 많은 시간을 소비한다면 우리는 분명히 운영자의 귀중한 시간을 낭비하는 것이다.

Duncan은 시간 경과에 따른 평균 통화 시간과 변동성을 도표로 작성하기로 결정했다. 그는 시스템을 사용하여 매 시간마다 무작위로 6개의 대화를 샘플링하고, 시스템에 샘플의 평균 통화 길이와 각 샘플의 통화 길이 범위를 계산하도록 요청했다. 이는 〈표 12-4〉에 나와 있다. 이 정보는 무엇을 의미하는가?

6. 친숙한 조직을 위한 전략 맵(전략 연계 모델)을 구성한다. 목표와 지원 전략을 얼마나 잘 연계하고 있는가? 당신이 사용하는 조치들이 당신의 목표를 얼마나 잘 뒷받침하고 있는가?

〈표 12-4〉 통화 길이 샘플링 결과 – 샘플당 6개의 통화

샘플	1	2	3	4	5	6	7	8	9	10	11	12	13	14	15
평균 통화 길이	2.55	1.47	2.49	3.15	2.57	2.58	2.18	2.1	2.34	2.36	2.41	2.16	3.24	2.39	2.06
통화 길이의 범위*	3.49	3.13	5.33	5.47	5.37	6.18	3.37	5.23	3.21	3.14	3.19	5.17	5.48	5.21	2.52

*범위 = 샘플에서 가장 긴 통화 시간 – 샘플에서 가장 짧은 통화 시간.

사례 문제: Chilli Airways[20]

Chilli Airways는 뉴멕시코주 산타페에 본사를 둔 소규모 지역 항공사이다. 이 회사는 제2차 세계대전 직후 폭격기 조종사였던 Frank Teller가 설립했다. Chilli는 12대의 Beechcraft 1900D 소형 통근 항공기와 10대의 SAAB 340 중형 통근 항공기를 보유하고 있다. 이 항공사는 주로 미국 중서부 시립 공항과 서부 해안의 더 큰 허브 사이에서 매일 3회 셔틀 서비스를 운영한다. 지자체 공항에서 Chilli는 일반적으로 3~4개의 운영업체 중 가장 큰 운영 업체이다.

현지 지상 서비스 운영(체크인, 수하물, 연료 공급 등)에서 수년간 일관성 없는 성과를 거둔 칠리는 자체적으로 처리 운영을 시작했다. 이것들은 Chilli의 완전 소유 자회사인 CGS에 의해 조정되었다. CGS는 처음에 운영을 시작한 각 '무니스'에 작은 스테이션을 설립했지만, 많은 작은 공항에서 CGS 스테이션은 다른 항공사의 지상 서비스 운영도 이어받았다. 그러나 주요 허브에서는 CGS의 참석이 역장과 체크인 직원으로 제한되었다. 기술 및 지상 처리 서비스는 최고의 거래를 제공하는 지역 단위

〈그림 12-17〉 전략적 연계 모델

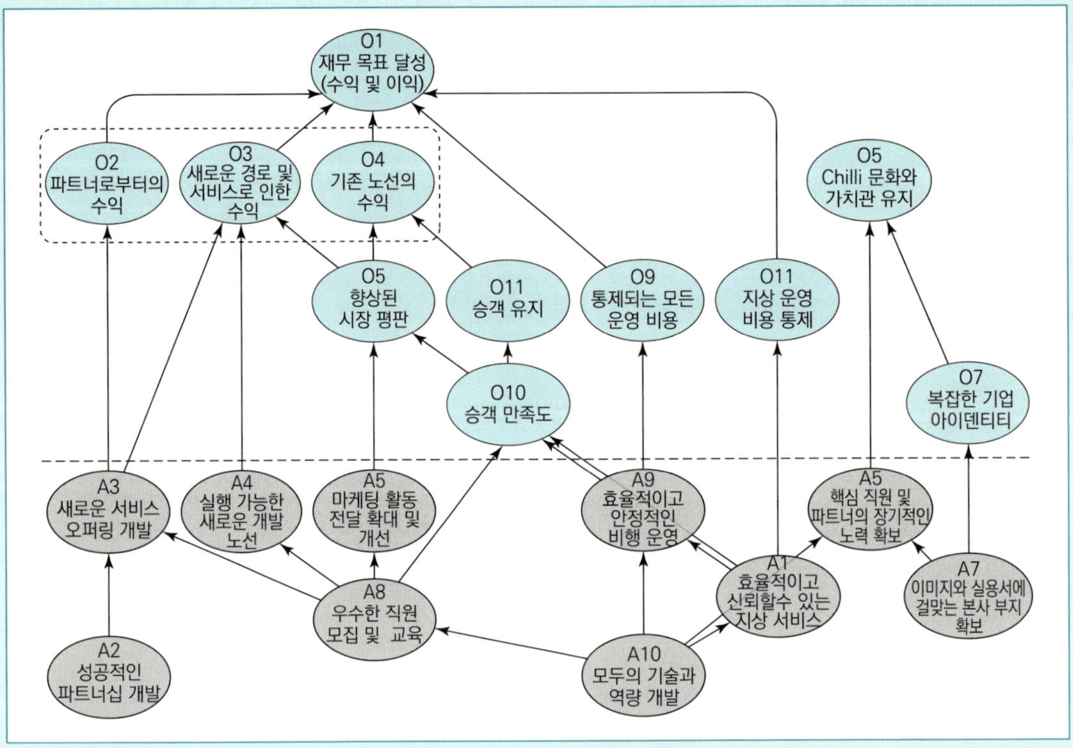

에서 구입했다.

Frank Teller는 결국 은퇴했고 큰 국제 항공사에서 영입된 새로운 CEO에게 경영권을 넘겼다. 처음에 새 상사는 실적이 좋아서 수익을 기록적인 수준으로 끌어올렸다. 하지만 3년이 지난 후, 균열이 보이기 시작했다. 고객 만족도는 하락하기 시작했고, 이와 함께 시장점유율도 하락했다. 결국 또다시 2년간 재무실적이 저조하자, 한 대주주 그룹이 이사회 구성은 물론 다른 고위 경영진 자리까지 강제로 바꾸게 됐다. 최고 경영자가 교체되었고 상업 이사, 마케팅 이사 및 운영 관리자도 교체되었다.

BSC 프로젝트

새로운 역할을 맡은 지 1년 후, Chilli의 새로워진 이사회는 첫 번째 BSC의 설계를 시작했다. Seagate는 모범 사례를 따르고 Chilli 및 CGS 리더십 팀으로 구성된 설계 팀이 참여하는 일련의 워크숍에서 BSC를 설계했으며, 그룹은 다음과 같다. 그 과정에서 컨설턴트에 의해 촉진되었다.

6개월 후, 디자인 과정은 대부분 완료되었다. Chilli의 임원은 목적지에 대한 강력한 설명과 객관적인 정의를 포함한 합의된 전략적 연계 모델을 가지고 있었다. 이것은 〈그림 12-17〉에 나와 있다.

디자인 프로세스의 일환으로 Chilli가 새로 영입한 최고 경영자 Jake Walken과 그의 경영 보좌관 Paulo Braga는 리드 스코어카드 컨설턴트 Jenny Bates를 정기적으로 만났다. 따뜻한 5월 아침, 세 사람은 산타페 시내에 있는 카페에 앉았다. Paulo는 BSC 프로젝트의 주요 내부 담당자였으며 Jenny와 긴밀히 협력했다. 지난 주에 Jenny와 Paulo는 각 균형 점수 카드 목표에 대한 최종 측정 정의를 받았다. 두 개는 〈표 12-18〉에 나와 있다.

카페는 조용했고 Jake는 주인의 오랜 친구였기 때문에 그룹은 세 개의 테이블을 밀어서 측정 정의

〈표 12-18〉 Chilli Airways의 목표 정의 두 가지

Chilli objective definition
Outcome objective 10 – Passenger satisfaction

<table>
<tr><td>Objective name</td><td>O10 – Passenger satisfaction</td></tr>
<tr><td>Objective description</td><td>This objective is designed to focus our attention on the key driver of profitability – the paying passenger. We will achieve this objective if we are efficient and reliable in the air and on the ground. Another critical driver of this objective is the capability, courtesy and motivation of our staff.
We recognise that there are many different aspects of the total service that contribute to overall satisfaction, and not all of these are in our control.</td></tr>
<tr><td>Owner</td><td>Objective issues and dependencies</td></tr>
<tr><td>John Rickover</td><td rowspan="3">• TSA 'cooperation'?
• Activities of other airlines impinge greatly on customer experience.
• Our influence in larger west-coast hubs is limited – we are often bumped from t/l, fuel bowser, de-icer slots by bigger carriers.
• Baggage belt at LAX is chaos – but we get the blame.
• Even though many influences on 'satisfaction' are outside our direct control, we can influence third parties to a degree. So, should any measure related to this objective 'pick-off' the contributions to satisfaction from these other domains?</td></tr>
<tr><td>Responsible team</td></tr>
<tr><td>Air Ops & Ground Services mainly</td></tr>
<tr><td colspan="2">Measures and metrics</td></tr>
<tr><td colspan="2">E.g.: Baggage-unload times (BU), Luggage-cart availability (CA), Boarding to taxi time (BTT), Schedule adherence (SA), Bump rates (BR), In-flight survey (IFS), Aircraft condition (AC), Cabin service (CS), Lost baggage (LB).</td></tr>
<tr><td colspan="2">Need several measures for this – pick three.</td></tr>
</table>

Activity objective 1 – efficient and dependable ground operations

<table>
<tr><td>Objective name</td><td>A1 – Efficient and dependable ground operations</td></tr>
<tr><td>Objective description</td><td>The success of our core passenger carrying business is critically dependent on the speed and reliability of terminal, and airside support operations.
Specific terminal improvements will be to:
Smooth inbound passenger flow and reduce throughput time.
Improve queue management.
Provide standardised response procedure for exceptions: lost luggage, problem passengers, weather delays etc., so as to minimise disruption to mainstream passenger flows.
Airside improvements:
To reduce in-process wait times for turnaround crews.
Maximise utilisation of airside assets – especially fuel bowsers, de-icer trucks and waste wagons.</td></tr>
<tr><td>Owner</td><td>Objective issues and dependencies</td></tr>
<tr><td>Gerry Plant
Paul Grainger</td><td rowspan="3">• A10 is critical underpinning; training cutbacks, especially in IS, have made us vulnerable.
• AAM system needs upgrade to version 3.0 – training needed also – this was removed from last year's budget.
• De-icer upgrade programme is on hold, as per current year budget.</td></tr>
<tr><td>Responsible team</td></tr>
<tr><td>Ground services mainly</td></tr>
<tr><td colspan="2">Measures and metrics</td></tr>
<tr><td colspan="2">Boarding to taxi time (BTT), Schedule adherence (SA), Lost baggage (LB).</td></tr>
</table>

를 펼 수 있었다. 에스프레소를 홀짝이며 Jake는 10분 정도 조용히 측정치를 숙독했다. 그리고 나서 그는 Jenny에게 돌아서서 말했다. '당신은 어떻게 생각하는가?'

숙련된 BSC 컨설턴트인 Jenny는 고객의 균형 스코어카드 내용에 대해 언급하는 것을 경계했다. 하지만, 그녀는 스코어카드 워크숍 동안 팀 역학의 문제를 관찰했다. 문제는 CGS 지도부가 마치 자신들이 Chilli 이사회보다 지위가 낮은 것처럼 행동하는 것처럼 보인다는 것이었다. 문제는 미묘했지만, Jenny는 CGS 관리자들 쪽이 Chilli 공동관리자들에게 확연히 복종함을 보았다. 이 문제는 두 번째 워크숍의 활동 브레인스토밍 단계에서 가장 잘 드러났다. Jenny에게 CGS 관리자들은 Chilli 관리자들로부터 받은 지상 서비스와 관련된 활동 제안에 회의적으로 보였다. 그러나 이러한 활동 제안 중 많은 것이 객관적인 정의에 통합되었고, 그녀 앞의 척도에서 증명되었다.

Jenny는 또한 설계 과정에서 측정 제안에 대한 불안감을 드러내는 대화를 엿들었다. Jenny는 목표와 관련 척도가 타당한지 여부를 확실히 알 수 있는 방법이 없었다. 그녀는 상업 항공의 관리자가 아니라 BSC 전문가였다.

Jenny는 이미 전적으로 동의하는 Paulo에게 자신의 우려를 전달했다. Jenny는 Jake의 질문에 대답했다. "나는 척도 수준에서 지상 서비스와 관련하여 우리가 몇 가지 문제를 가지고 있다고 생각한다. CGS 사람들은 결과 목표에 만족하지만, 그것

〈표 12-19〉 Chilli Airways의 수화물 가용성에 대한 척도 정의

Chilli Airways measure definition
Outcome objective 10 – Passenger satisfaction

Measure name:	O10 Measure 2/3: Baggage availability	Objective name/ owner:	John Rickover
		Measure reporter:	Paul Grainger – ground services
Measure units:	Minutes and seconds	Reporting frequency	Monthly
Definition/ formula:	BU = monthly average of time from engine shut-down to bags hitting arrivals belt		
Data sources:	Shut down times for flt. numbers in air ops database. Belt start times with flt. numbers in ground services database for larger hubs. Need to capture for municipals.		
Availability:	At municipals, belt starts will have to be logged manually by crew chief. Need to create new input field on turnaround log. Turnaround log fed into CGS database three times daily. All other data already available.		
Implementation tasks, notes & assumptions:	We can pull all three data sets into a spreadsheet and match flt. nos. with dates. Not a huge job. After learning curve, probably an hour's work per month. Could easily be automated.		

Target information

Baseline information:	Mean for April through June 2020 (does not include municipals) is 18 minutes with a standard deviation of 15 minutes.			
Long-term target:	9 minutes with standard deviation of 6 minutes, by June 2024			
Annual targets (time/standard deviation):	June 2021: 16/13; June 2022: 14/10; June 2023: 11/8			
Quarterly targets:	September 2020: 17.5/14.5	December 2020: 17/14	March 2021: 16.5/13.5	June 2021: 16/13

을 달성하는 수단은 아니라고 생각한다. 그들은 또한 그 척도에 대해 걱정하고 있다. 예상치 못한 결과에 대한 우려를 발견했다. 문제가 진짜든 아니든 최종 워크숍에서 공식적으로 대책을 검토할 시간을 만들어야 할 것 같다. 오래 걸리지 않을 것이고, 더 긴 공식적인 척도 검토 시간에 맞춰 계획을 수정할 수 있을 것 같다. 현재의 척도가 변함이 없더라도 CGS 관리자들에게 기여 수준을 높일 수 있는 좋은 기회가 될 것이라고 생각한다." Jake는 고개를 끄덕였다. "그렇게 하자."

Jenny는 표준 측정 평가 프레임워크를 사용하여 관리자가 선택한 측정값을 평가하는 데 도움을 주었다. 일반적으로 그것은 필요하지 않았다. 관리자들은 대개 척도가 적절한지 또는 실행 가능한지에 대해 좋은 느낌을 받았다. 그러나 때때로 —여기의 경우와 마찬가지로— 프레임워크를 사용하여 공식 검토를 포함하는 것이 유용했다.

질문

1. 〈표 12-19〉, 〈표 12-20〉 및 〈표 12-21〉은 Chilli Airways BSC 문서의 몇 가지 척도를 보여 주고 있다. 척도는 위에 설명된 두 가지 목표와 관련이 있다. 개발된 척도와 목표에 대해 어떤 우려가 있는가?
2. 활동 목표 1과 결과 목표 10을 추적하기 위해 어떤 변경 또는 대안적 척도를 제안할 수 있는가?

〈표 12-20〉 Chilli Airways의 승객 처리량 비율에 대한 척도 정의

Chilli Airways measure definition
Activity objective 1 – efficient & dependable ground operations

Measure name:	A1 Measure 1/3: Passenger throughput time	Objective name/ owner:	Gerry Plant/Paul Grainger
		Measure reporter:	Paul Grainger
Measure units:	Minutes	Reporting frequency	Weekly
Definition/ formula:	PTT = Weekly average (Check@in + Security + Gate) (Check-in & Security: timed from queue entry to completion of process, Gate: timed from first Gate Call, to Boarding.)		
Data sources:	Check-in and Security: *helper staff (already in place at Cheyenne, Denver, Salt Lake) can record sample. Check-in teams can log first gate call and boarding times.		
Availability:	None of these measures available currently, though not too difficult to put in place.		
Implementation tasks, notes & assumptions:	Use sampling basis for Check-in and Security – what is sample size? Helpers will need stopwatch and all recorders will need record sheet. We do not have (or need) helpers at smaller munis – e.g., Santa Fe. Should we limit this one to larger munis?		

Target information

Baseline information:	No consistent baseline data available, but anecdotally throughput is about 40 minutes at bigger munis. At Santa Fe and Colorado Springs it's harder to tell as all processes in one area, but most likely around 30 minutes.			
Long-term target:	Need to capture baseline first, but thereafter aim for 20% reduction by June 2024.			
Annual milestone:	Dependent on baseline, but just divide by 4.			
Quarterly targets:	As above: annual/4.			

〈표 12-21〉 Chilli Airways의 airside 자산 응답 시간 척도 정의

Chilli Airways measure definition
Activity objective 1 – efficient & dependable ground operations

Measure name:	A1 Measure 2/3: Airside asset response time	Objective name/ owner:	Gerry Plant/Paul Grainger
		Measure reporter:	Paul Grainger
Measure units:	Minutes	Reporting frequency	Weekly
Definition/ formula:	ART = time from asset request to asset arrival		
Data sources:	GSE controller's log.		
Availability:	Available.		
Implementation tasks, notes & assumptions:	Manual trawl of GSE log required to import to excel. Can we automate? Possible cross-check using crew-chief's log? Safety? Don't want fuel bowsers racing to AC. Does this apply to hubs, or regional and munis only? Do we have influence?		

Target information

Baseline information:	Baseline data from GSE controller log suggests ART = 17 minutes, but considerable variability.			
Long-term target:	10 minutes by June 2024.			
Annual milestone:	June 2021: 15 minutes; June 2022: 13 minutes; June 2023: 11 minutes			
Quarterly targets:	September 2020: 16:30	December 2020: 16:00	March 2021: 15:30	June 2021: 15:00

심화 자료

Bezerra, G. and Gomes, C. (2016) 'Performance measurement in airport settings: a systematic literature review', *Benchmarking: An International Journal*, 23 (4), 1027–1050.

Bourne, M., Kennerley, M. and Franco-Santos, M. (2005) 'Managing through measures: a study of the impact on performance', *Journal of Manufacturing Technology Management*, 16 (4), 373–395.

Bourne, M., Melnyk, S. and Bititci, U. (2018) 'Performance measurement and management: theory and practice', *International Journal of Operations & Production Management*, 38 (11), 2010–2021.

Cobbold, I., Lawrie, G. and Issa, K. (2004) 'Designing a strategic management system using the third-generation balanced scorecard: a case study', *International Journal of Productivity and Performance Management*, 53 (7), 624–633.

Gerrish, E. (2016) 'The impact of performance management on performance in public organizations: a meta-analysis', *Public Administration Review*, 76 (1), 48–66.

Johnston, R. and Pongatichat, P. (2008) 'Managing the tension between performance measurement and strategy: coping strategies', *International Journal of Production and Operations Management*, 28 (10), 941–967.

Kaplan, R.S. and Norton, D.P. (2000) 'Having trouble with your strategy? Then map it', *Harvard Business Review*, September/October, 78 (5), 167–177.

Kaplan R.S. and Norton, D.P. (2006) *Alignment: Using the Balanced Scorecard to Create Corporate Synergies*, Harvard Business School Press, Boston, MA.

Neely, A.D., Adams, C. and Kennerley, M. (2002) *The Performance Prism: The Scorecard for Measuring and Managing Stakeholder Relationships*, Financial Times/Prentice Hall, London.

Pongatichat, P. and Johnston, R. (2008) 'Exploring strategy-misaligned performance measurement', *International Journal of Productivity and Performance Management*, 57 (3), 207–222.

Sidorova, Y., Arnaboldi, M. and Radaelli, J. (2016) 'Social media and performance measurement systems: towards a new model?', *International Journal of Productivity and Performance Management*, 65 (2), 139–161.

미주

1 Micheli, P. and Mari, L. (2014) 'The theory and practice of performance measurement', *Management Accounting Research*, 25 (2), 147–156.

2 The information on which this example is based was taken from Clarity Visual Management's online brochure.

3 This model is based on work by Professor Pietro Micheli of Warwick Business School. See Micheli, P. and Mari, L. (2014) 'The theory and practice of performance measurement', *Management Accounting Research*, 25 (2), 147–156.

4 Based on Mari, L. (2007) 'Measurability', in M. Boumans (ed.) *Measurement in Economics*, Elsevier, London, 41.

5 Neely, A.D. (2016) *Measuring Business Performance*, The Economist Books, London.

6 The information on which this example is based is taken from: Owen, D. (2018) 'Customer satisfaction at the push of a button', *The New Yorker*, 29 January; and Watts, R. (2018) 'HappyOrNot aims to change customer feedback', *PC Magazine*, 9 February.

7 Kaplan, R.S. and Norton, D.P. (1996) *The Balanced Scorecard*, Harvard Business School Press, Boston, MA.

8 Lawrie, G. and Cobbold, I. (2004) 'Third-generation balanced scorecard: evolution of an effective strategic control tool', *International Journal of Productivity and Performance Management*, 53 (7), 611–623.

9 See Carlzon, J. (1987) *Moments of Truth*, Ballinger Publishing, Cambridge, MA.

10 This example is based on several real companies, although Ess Pannanservice is an invented name, and operational details have been substantially altered.

11 Adapted from work by Andy Neely of Cambridge University and Carole Driver, Plymouth Business School.

12 Berry, A.J., Broadbent, J. and Otley D.T. (2005) *Management Control: Theories, Issues and Performance*, 2nd edition, Palgrave Macmillan, London.

13 Seddon, J. (2008) *Systems Thinking in the Public Sector*, Triarchy Press, Axminster, UK, 45.

14 Slack, N. and Brandon-Jones, A. (2019), *Operations Management*, 9th edition, Pearson, Harlow.

15 Imai, M. (1986), *Kaizen: The Key to Japan's Competitive Success*, McGraw Hill, New York.

16 Berry, A.J., Broadbent, J. and Otley, D.T. (2005) *Management Control: Theories, Issues and Performance*, 2nd edition, Palgrave Macmillan, London.

17 Mullins, L.J. (2004) *Management and Organisational Behaviour*, 7th edition, Pearson, Harlow.

18 Ittner, C.D. and Larcker, D.F. (1995) 'Total quality management and the choice of information and reward systems', *Journal of Accounting Research*, 33, Supplement, 1–34.

19 Argyris, C. and Schon, D. (1978) *Organizational Learning*, Addison-Wesley, Reading, MA.

20 Objective and measure definition template format courtesy of 2GC Active Management, https://2gc.eu [accessed 20 April 2020]

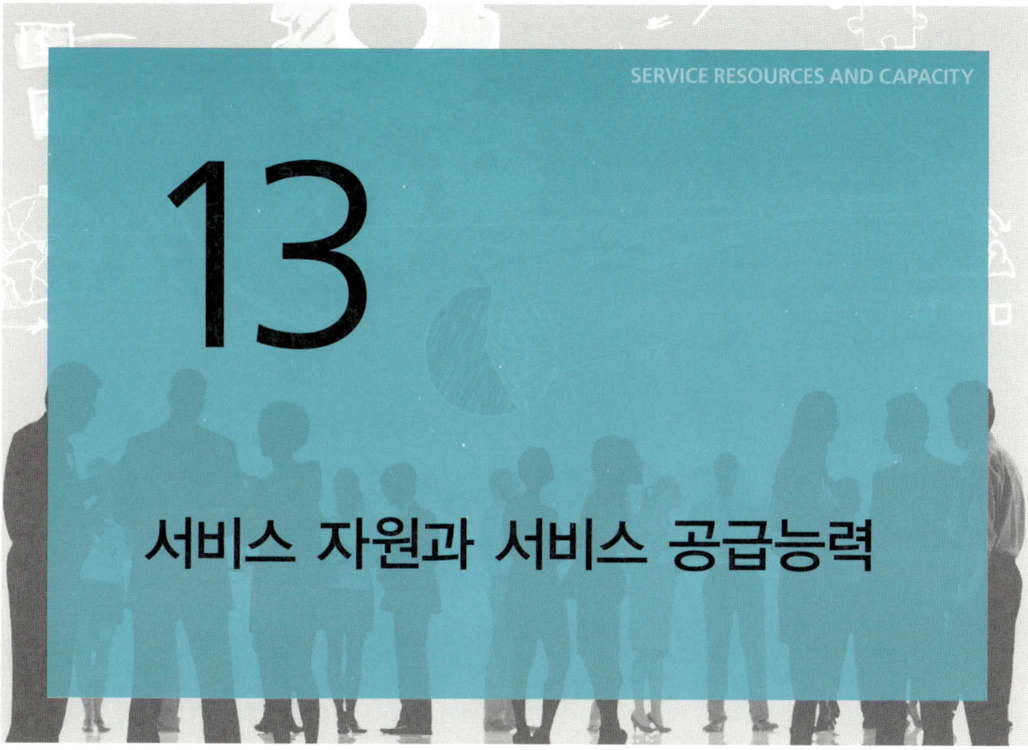

SERVICE RESOURCES AND CAPACITY

13

서비스 자원과 서비스 공급능력

8장에서 사람과 서비스 인력(직원과 고객)을 관리하는 것에 관한 내용을 다루었다. 13장은 투입 자원, 자재, 장비, 고객, 직원, 기술 및 시설에 초점을 둔다. 특히, 모든 고객에게 서비스를 제공할 수 있도록 충분한 서비스 공급능력을 제공하기 위해 이러한 자원을 관리하는 방법에 대해 알아볼 것이다. 서비스 운영이 변동하는 고객의 요구 수준을 충족할 수 있도록 서비스 공급능력을 관리, 증가 또는 감소하는 방법을 알아볼 것이다. <그림 13-1>에 서비스 운영 활동의 전체 모형에서 13장의 위치가 나타나 있다.

학습 목표

- 자원 및 공급능력 관리의 의미와 중요성을 정의한다.
- 장기, 중기, 단기 자원 조달 및 공급능력 결정 간 차이를 설명할 수 있다.
- 수요 및 공급능력 예측의 중요성을 이해한다.
- 서비스 조직이 병목 현상과 대기행렬을 관리하는 방법을 이해할 수 있다.
- 서비스 관리자가 수요에 대처할 수 없을 때 어떤 일이 발생하는지 이해한다.
- 서비스 조직이 서비스 공급능력 활용 수준을 개선하려는 이유와 방법을 설명한다.

〈그림 13-1〉 이 장에서는 서비스 자원과 서비스 공급능력에 대해 살펴본다

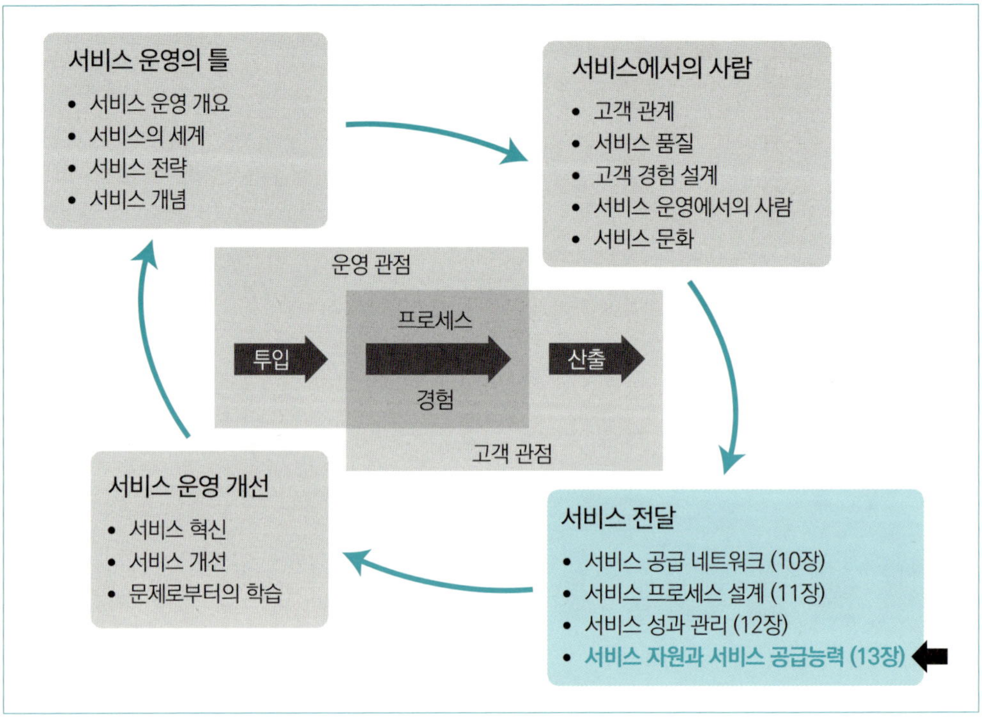

서론

서비스 운영에 자원을 공급한다는 의미는 서비스에 필요한 공급능력을 제공하기 위해 얼마나 많은 자원이 필요한지 결정하는 것을 의미한다. 서비스 운영 관리자는 자원을 최대한 활용하여 더 많은 고객에게 서비스를 제공하고, 고객의 선택을 개선하고, 변동에 유연하게 적응하는 동시에 비용을 통제할 수 있는 방법을 찾는 데 상당한 시간과 에너지를 소비한다. 재료, 인력, 장비 및 기술 자원 등을 적절한 수준으로 활용하는 것은 운영 효율성, 그에 따른 비용, 그리고 고객 만족에 큰 영향을 미친다. 고객은 서비스 전달 과정에서 중요한 역할을 하기 때문에 이런 사안에 복잡성을 더해주는 요인이 되기도 한다. 따라서 고객을 내부 자원처럼 간주하고 이를 관리할 수 있다.

예를 들어, 대형 택배사의 서비스 운영 관리자는 수집, 운송, 분류, 발송 및 추적에서 매일 수십만 개의 택배가 정확한 주소지와 시기에 배송될 수 있도록 관리한다. 그들이 매일 또는 주 단위로 관리하는 자원에는 우편물, 트럭, 운전기사, 컨베이어 시스템, 물류 허브에서 우편물을 분류하는 직원과 프로세스가 있고, 스캔과 물류 정보 기술과 모니터링하는 것도 포함된다. 그

리고 고객이 표준화된 포장을 사용하거나 택배사 웹 사이트에서 직접 배송 정보를 입력할 때는 고객이 마치 기업의 자원 역할을 수행하기도 한다. 운영 업무를 맡고 있는 모든 관리자들과 마찬가지로 택배 서비스 관리자도 고객과 조직의 요구 사항을 충족하는 동시에 자원을 최대한 활용해야 한다.

13.1 자원과 공급능력 관리란 무엇인가

서비스 운영 관리자는 최적의 비용-효율적 방식으로 서비스 품질 목표를 달성할 수 있도록 예상되는 수준의 고객 수요를 처리할 수 있도록 서비스 프로세스에 충분한 자원을 확보해야 한다. 공급능력이 초과되면 자원을 충분히 활용하지 못하고 비용이 증가한다. 공급능력이 과소하면 고객에게 제공하는 서비스 능력이 제한되고 수익도 감소한다. 자원 활용도가 낮으면 다음의 여러 측면에서 장기적으로 조직 성과에 나쁜 영향을 미친다.

- 수익을 내지 못하는 값비싼 자원은 재정적으로 나쁜 결과를 가져온다. 비행기에 좌석 판매율이 낮은 항공사는 살아남기 위해 고군분투할 것이다.
- 고객은 바빠 보이지 않는 서비스 현장을 의심한다. 은행과 금융기관들은 고객이 대기자 없이 한산한 느낌을 주는 지점을 이용하는 것에 만족하지 못한다는 사실을 발견하였고, 저녁 식사를 기다리는 고객은 많은 손님들로 바쁜 레스토랑을 선호한다.
- 서비스업의 종업원들은 자신의 활용도가 낮은 상태로 지속하면 의욕을 잃을 수 있다. 종업원이 느끼는 업무상 지루함과 고용의 유지를 걱정하는 것은 종업원 태도에 나쁜 영향을 미쳐 고객 만족도 감소와 수익성 저하로 이어질 수 있다.

반대로, 자원을 과하게 보유하는 것 역시 조직 성과에 문제가 되기도 한다.

- 조직이 보유한 자원이 과하다는 것은 서비스를 제공하는 많은 측면에서 어려움을 겪고 있음을 의미한다. 매장에 손님이 갑자기 몰린다는 것은 대기시간이 늘어남을 의미하며, 종업원들이 유익한 고객에 집중할 수 없다는 것을 의미한다.
- 지속적으로 업무 과부하가 걸리는 종업원은 더 많은 실수를 저지르고, 스트레스가 적은 다른 직장으로 이직할 수도 있다.
- 과부하를 처리하기 위해 종업원은 익숙하지 않은 업무를 추가로 맡게 될 수 있다. 이때 오류 발생 가능성은 증가하며, 이로 인해 과도한 스트레스를 받는 종업원이 생길 수도 있다.

공급능력 관리의 이슈는 조직의 전략적, 재정적, 운영적 제약 조건 내에서 적절한 자원 사

CASE example

사례

런던 지하철 수요 변동

Charles Bowman/Shutterstock

서비스 자원 조달의 중요성과 어려움에 대한 사례로 런던 지하철의 수요 변동이 적절하다. 세계적으로 오래되고 유명한 MRT(mass rapid transport) 시스템 중 하나인 런던 지하철(Underground 또는 Tube라고 부름)은 1863년 1월에 개통된 세계 최초의 지하철이다. 현재 세계에서 11번째로 붐비는 지하철로서 하루 최대 500만 명의 승객을 수송한다. 지난 10년 동안 이용자 수는 30% 이상 증가했다.

그러나 런던의 교통 전반을 책임지는 지방정부단체인 TfL(Transport for London)은 매일 이런 수요 변동에 어떻게 대처할지가 문제다. 런던 지하철의 대부분 역에서 아침 피크 시간은 07:30~09:30이며, 저녁 피크 시간은 16:40~18:30이다. 하루 중 피크 시간이 조금씩 달라지는 노선도 있다. 금요일과 토요일처럼 심야 운행을 하는 날을 제외하면 일반적으로 심야에는 운영하지 않는다. <그림 13-2>는 평일의 수요 변동을 나타낸다. 그러나 승객이 성수기 여행을 피하려고 함에 따라 수요가 확산된다는 증거가 존재한다. 일부 평론가는 비수기에 여행 수요가 증가하는 것이 런던 시민들의 삶과 직장 생활의 방식의 변화가 이런 패턴에 반영되는 것이라고 본다.[1] 런던의 자영업자 수는 도시 전체의 고용 증가 속도보다 빠르게 증가했다. 런던은 전국에서 자영업자 비율이 가장 높은 도시다.

런던 지하철의 자원 조달에 관한 주요 제약 요소는 지하철 전체의 고정된 공급능력이다. 공급능력을 증가시키는 것은 분명히 그만한 가치를 높이겠지만 비용 역시 그만큼 증가한다. 신모델 열차를 시운전하는 프로그램이 진행 중이며, 그중 일부는 구형 모델보다 약간 더 넓고 짐을 보관하는 구역을 없앤 설계로

〈그림 13-2〉 평일의 수요 변화(런던 지하철 이용자 수)

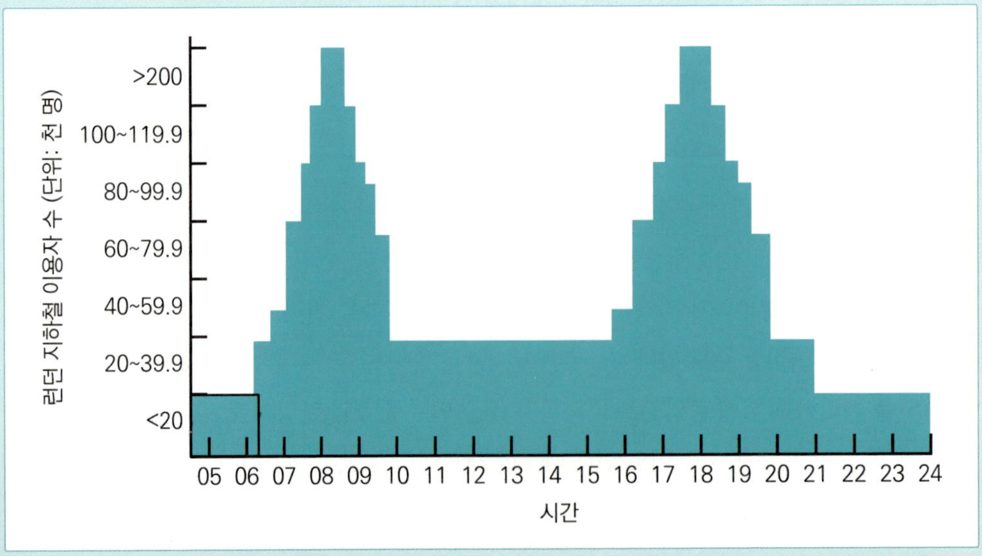

승객이 열차를 통해 더 효율적으로 이동할 수 있다. 이것들은 출퇴근 시간에 과밀로 인한 스트레스를 줄여줄 수 있을 것이다. 혼잡한 객차는 승객에게 불편함을 주고 지연의 원인이 될 수 있다. 이러한 문제에 직면한 것은 런던뿐만이 아니다. 도쿄는 과밀 문제가 아마도 훨씬 더 심각할 것이다. 피크 시간대에 승객을 열차 내 빈 공간으로 밀어 넣어 더 많은 승객이 탑승할 수 있도록 하는 'train pusher'를 고용하여 활용하기도 한다. 공급용량을 유연하게 조정할 수 있는 몇 가지 선택지가 있지만 제한적이다. 열차를 운행하지 않는 야간 시간대에 필수 유지보수가 수행되며, 주말 중에 수요가 적을 때 실질적인 선로 유지보수가 진행된다. 런던 지하철의 거의 10,000명의 야간 노동자 중 일부가 밤에 청소 작업을 수행한다. 승객이 빨리 열차를 타고 내린다면 청소 작업에 훨씬 도움 된다. 신형 모델 열차는 승객의 하차가 수월하여 지하철 시스템을 피크 시간대에 유동적으로 유지할 수 있도록 돕는다.

용량을 유지하는 것이다. 공급능력 관리는 예상되는 서비스 수요를 처리하기 위해 자원을 최대한 활용할 수 있는 계획을 수립하는 것이다.

13.1.1 서비스 공급능력 정의 및 측정

서비스 공급능력은 일정 기간 동안 정상적인 운영 조건에서 서비스 프로세스가 지속적으로 달성할 수 있는 최대 부가가치 활동 수준으로 정의된다.[2] 개별 프로세스 수준에서 공급능력을 정의하고 측정하는 것은 비교적 간단하다. 예를 들면 다음과 같다.

- 고객 서비스 에이전트가 정상적인 이동 중에 처리할 수 있는 통화 수
- 점심 시간 동안 식당에서 제공할 수 있는 식사 수
- 서비스 엔지니어가 하루에 8시간 동안 한 수리 호출 수

공급능력의 정의에서 '정상 운영 조건에서'와 '일관성 있게'라는 단어에 주목해야 한다. 경우에 따라 개별 종업원이 단기간 동안 처리량을 초과할 수 있다. 콜센터 직원이 8시간 동안 120건의 통화(시간당 15건의 통화)를 처리할 경우 한 시간 내에 최대 30건의 통화를 달성할 수 있지만 이 속도는 지속될 수 없다. 더욱이 단기적으로 자원을 과부하시키는 것이 주어진 기간에 완료된 거래의 수 측면에서 산출물을 증가시키는 것처럼 보일 수 있지만, 서비스의 성격과 제공되는 서비스의 질에도 영향을 미칠 수 있다. 서비스 조직은 생산성 향상을 위해 서비스 개념이 변경되지 않도록 각별히 주의해야 한다. 예를 들어, 식당은 두 번째 테이블 회전에서 고객이 식사를 마친 후 테이블을 떠나도록 권장하기로 결정할 수 있다. 하지만 식당의 수용 인원을 두 배로 늘린 반면, 고객은 서비스의 성격이 변하고 서비스 수준이 나빠졌다고 느낄 수 있

다. 물론 식당이 이를 민감하게 관리하기 위해 다른 전략을 선택할 수도 있지만, 운영 관리자는 생산성을 높이는 동안에도 서비스 개념은 반드시 유지되어야 한다는 것을 명심해야 한다.

공급능력을 관리하려면 이를 측정할 수 있어야 한다. 전체 서비스 운영 수준에서 위의 개별 프로세스의 공급능력을 측정할 수도 있다. 간단한 측정은 지정된 기간 내에 처리할 수 있는 수요의 양이다. 택배 서비스는 하룻밤 동안 처리할 수 있는 우편물의 총 개수 측면에서 전반적인 공급능력의 척도를 결정할 수 있다. 그러나 이 전반적인 조치는 일상적인 관리에 큰 도움이 되지 않을 수 있다. 특정 상황에서 '충분히' 용량을 추정할 수 있을 정도로 충분히 상세한 공급능력 측정 도구를 개발할 필요가 있다. 따라서 택배 회사의 경우 고려해야 할 주요 측면은 다음과 같다.

- 택배의 크기, 무게 및 값어치: 내용물은 작지만 비싼 택배는 큰 공간을 차지하는 내용물이 저렴한 택배보다 트럭 이동당 더 많은 수익을 제공한다.
- 배달 지역의 지리적 위치: 교외 지역은 이동 시간이 더 길고, 도심 지역은 교통 혼잡으로 어려움을 겪는다.

실제로 대부분의 서비스 운영은 공급능력을 지정하거나 측정할 때 특정 상황을 고려해야 한다. 서비스 공급능력 측정에 대한 주의 사항으로 다음의 것을 고려한다.

- **서비스 믹스**. 서비스 믹스가 대량의 표준 프로세스로 구성된 경우(11장 참조), 공급능력 계산은 비교적 간단하다. 그러나 서비스 믹스에 부분 표준 프로세스와 비표준 프로세스의 양을 통합하면 계산이 복잡해진다. 예를 들어, 고객 서비스 담당자는 교대로 120건의 '정상적인' 통화를 처리할 수 있지만, 일부 통화가 복잡한 문의나 심각한 불만 사항일 경우 처리되는 통화 수가 크게 감소할 수 있다.
- **위치의 영향**. 서비스 엔지니어에 대한 적절한 공급능력 측정은 비교적 간단해 보일 수 있다. 그러나 대도시에서 업무를 하는 엔지니어와 교외에서 업무를 하는 엔지니어의 차이를 고려해 보자. 업무 간 이동 시간은 교외 지역이 훨씬 더 길 수 있는데, 단순히 완료된 통화 수를 기준으로 공급능력을 계산하는 것은 이동 시간을 고려하지 않기 때문에 오해의 소지가 있다는 것을 의미한다.
- **서비스의 무형성 수준**. 무형성 정도가 낮은 서비스는 상대적으로 다루기가 쉽다. 패스트푸드 식당에서 시간이 짧게 소요되는 거래의 시간당 횟수는 비교적 일정하다. 그러나 미식가 식당에서 고객을 대하는 종업원은 고객에게 서비스를 제공하는 방법 측면에서 더 큰 재량권을 가질 수 있다. 그들은 고객과 '관계 구축'에 시간을 할애할 수 있으며 그 결과 개

인의 역량을 정의하기가 더 어려워질 수 있다. 이 계산은 단기 수익 창출 활동과 장기 연구 개발을 결합할 수 있는 지식 근로자를 다룰 때 더욱 복잡해진다. 이 경우 공급능력은 개별 서비스 공급자와 더 많이 연결된다. 산출물이 매우 가변적일 때 어떤 종업원이 능력을 발휘하고 있는지를 관리자 입장에서 인지하는 것은 불가능할 수 있다.

- **자원 제약 요소 식별.** 프로세스의 공급능력은 자원 제약 또는 병목 현상에 의해 결정된다('병목 현상'에 대한 설명은 11장 참조). 예를 들어, 병원에서 자원 제약은 어떤 때는 수술실이고 다른 때는 영상 부서일 수 있다. 복잡한 작업의 경우 주요 자원 제약 조건을 식별하는 것이 어려울 수 있다. 또는 일부 자원 제약은 프로젝트를 시작한 시점에서도 명확하지 않을 수 있다. 예를 들어, IT 컨설팅은 프로젝트의 여러 부분에 대해 광범위한 기술 능력을 요구할 수 있지만 정확한 요구 사항은 계약이 완료되기 전까지는 알 수 없다.

13.1.2 단기, 중기 및 장기적 자원과 공급능력(그리고 이러한 의사 결정의 통합)

공급능력 결정은 모든 운영에서 분 단위, 일 단위, 월별 및 연도별로 이루어진다. 누군가가 작업의 한 부분에서 다른 부분으로 이동할 때마다 공급능력이 변경될 수 있다. 종업원 배치 패턴을 변경할 때마다, 근무 시간을 조정할 때마다 유효한 공급능력에 영향을 미친다. 이러한 결정은 전략적이지 않을 수 있지만, 운영의 장기적 공급능력에 직접적 영향을 미친다. 또한 공급 업체의 공급능력, 종업원 가용성 등 작업의 물리적 한계 내에서 이루어진다. 즉, 공급능력 결정은 운영의 다양한 영역에 걸쳐 다양한 시간 척도에 대해 이루어지지만, 각 수준의 공급능력 결정은 상위 수준의 제약으로 이루어진다. 〈그림 13-3〉은 수준별 의사 결정 내용을 요약한 것이다.

그러나 〈그림 13-3〉이 세 가지 수준의 의사 결정으로 보여 주는 것은 어느 정도 임의적이라는 점에 주목할 필요가 있다. 수준 간에는 항상 약간의 중복이 있을 것이며, 세 수준의 실제 시간 척도는 산업마다 다를 것이다. 여기서 중요한 점은 각 수준이 하위 수준에서 수행할 수 있는 작업을 제한하기 때문에 여러 수준에 걸쳐 공급능력 계획을 통합해야 한다는 것이다. 그래서 일종의 계층적 접근법이 자주 사용된다.

계층적 계획과 통제

자원과 공급능력 결정은 복잡하고 불확실성이 높을 수도 있다. 여기에 공급능력을 늘리기 위한 리드 타임은 고객이 대기할 준비가 되어 있는 시간보다 더 긴 경우가 많다. 그래서 '계층적 접근'이 필요하다. 관리자는 상호 관련된 모든 자원 계획 결정을 조직의 구조와 계층 구조에 맞는 하위 문제로 나누어 복잡성에 어느 정도 질서를 부여하려고 한다. 또한 계획 수립 과정에 일

〈그림 13-3〉 각 수준은 하위 수준에서 수행할 수 있는 작업을 제한하므로 자원과 공급능력 계획은 여러 수준에 걸쳐 통합되어야 한다.

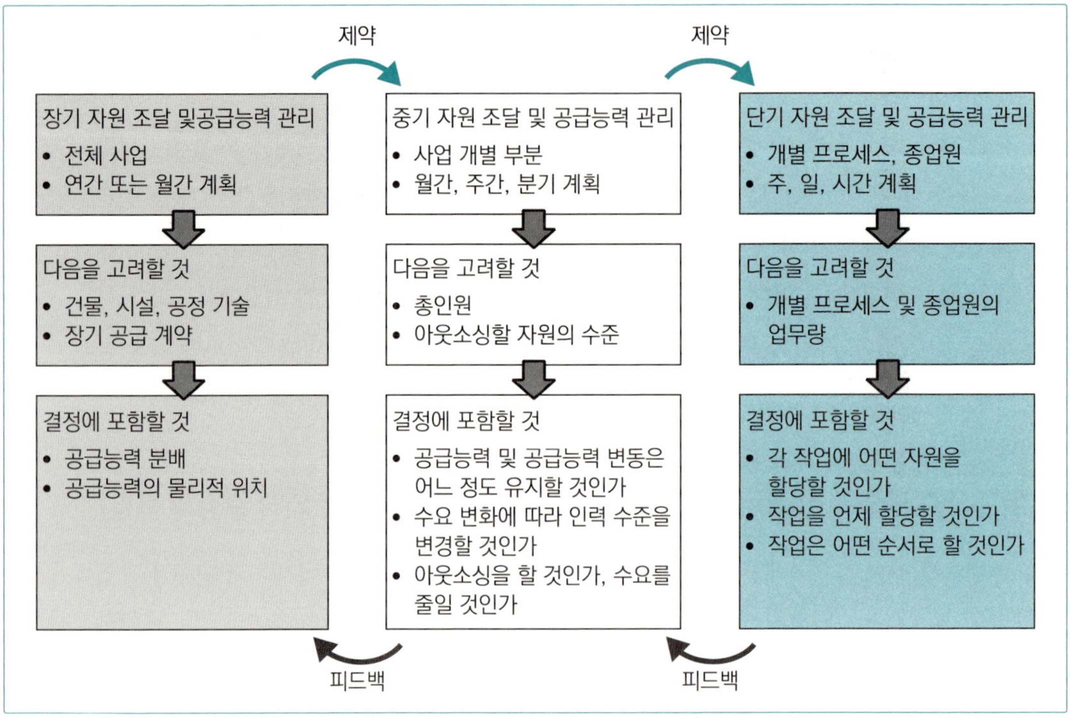

정 수준의 안정성을 제공하므로 잦은 단기 변경을 줄일 수 있다. 동시에, 관리자는 다른 수준의 기획자에게 약간의 독립성을 줄 수 있다. 그러나 이렇게 하려면 세 가지 유형의 통합이 필요하다.

- 장기, 중기 및 단기의 다양한 수준에서 의사 결정 통합
- 조직의 다양한 부분 간의 계획 및 통제 통합
- 서로 다른 기간 간 통합

계획 수립 과정이 이러한 측면을 얼마나 잘 통합하는지를 확인하는 데 두 가지 방법을 활용할 수 있다.

- 상위 수준의 계획, 조직의 더 넓은 범위 또는 더 긴 시간 척도에서 내린 결정에 의해 부과된 제약이 더 낮거나 좁거나 짧은 수준으로 얼마나 잘 전달되가
- 하위 수준에서 세부 결정을 실행하면 상위 수준 의사 결정이 잘 이루어진 것인지를 판단하는 데 필요한 피드백을 얼마나 잘 제공할 수 있는가

13.2 장기적 자원 및 공급능력 관리

장기적으로 자원과 공급능력을 계획하는 것은 주로 운영상 물리적 특성에 관한 것이다. 이때 필요한 전략적 결정에는 전체 운영 크기, 공급능력이 배분되는 작업 사이트의 개수와 크기, 각 사이트에 할당된 특정 활동 및 각 사이트의 위치 같은 문제가 포함된다.

13.2.1 전체 운영의 규모

운영에 관한 최초의 공급능력 관련 의사 결정은 '얼마나 많은 공급능력이 필요한가'이다. 간단한 질문으로 들리지만 실제로는 조직의 상황이나 경쟁력에 관한 몇 가지 요인에 영향을 받는다. 수요 예측의 수준, 불확실성, 시장의 동적인 변화, 시장 요구 사항과 관련 있다. 그 밖에 자본의 가용성, 공급능력 증가에 들어가는 비용과 특성, 규모의 경제, 공급능력의 유연성과 같은 운영 자원과 관련 있다.

예를 들어, 패키지 배포 작업의 경우 매일 활용할 수 있는 분량에 대한 추정치가 필요하다. 마찬가지로, 슈퍼마켓, 콜센터, 공항, 수술 또는 영화의 규모를 결정할 때, 시설 규모를 변경하는 데 고비용이 투입되거나 변경 자체가 어려울 수 있기 때문에 단기 수요뿐만 아니라 장기 수요도 수요 예측치와 비교하여 비용을 산정해야 한다.

운영 관리자는 다음의 두 가지 질문을 고민해야 한다.

- 설비는 일반적으로 크고 비싼 단위로만 추가할 수 있다
- 수요에 맞는 공급능력이 필요하다.

새로운 시설을 추가하려면 일반적으로 상당한 양의 자본을 투입해야 한다. 이것은 장기 수요를 정확히 예측할 수 없기 때문이다. 필요한 손익분기점 물량이 충족되지 않으면 설비가 자체적으로 지불하지 못할 것이다. 예를 들어, 이용자 수가 충분하여 신나는 분위기가 만들어지는 테마파크의 경우 공급능력이 충분하지 못하면 테마파크의 서비스가 기대만큼 좋지 않을 수 있다. 이용자 수가 초과되면 테마파크 고유의 문제가 발생하여 고객 불만이나 사업 손실이 발생할 수 있다. 수요 예측은 정확히 할 수 없기 때문에 운영 관리자는 반드시 공급능력 초과 또는 부족에 의해 어려움을 겪을 것이다. 공항 역시 수요 예측 문제로 어려움을 겪어 왔다. 새로운 활주로나 터미널을 설계하고 계획하는 과정을 거쳐 시설물을 건설하는 데 걸리는 시간의 오래 걸리기 때문에, 새로운 시설이 완공되자마자 이용자 수는 수용량을 초과할 수도 있다. 장기 공급능력 계획에는 세 가지 주요 전략이 있다.

- **수요 예측을 초과하는 공급능력을 계획하라.** 이 전략은 시장이 확장되거나 새로운 시설을 건설하는 비용이 전기 또는 수도 공급 또는 항공 교통 관제 시설과 같은 자원의 고갈 또는 문제에 비해 저렴한 경우에 적합하다.
- **예측 가능한 공급능력을 구축하라.** 이 접근법은 과도하거나 과소하지 않은 균형 잡힌 공급능력을 추구하며, 수요 초과 또는 미달 시 발생하는 비용이 비슷한 경우에 적합하다.
- **예상 수요를 충족하지 못하는 경우 공급능력을 계획하라.** 이것은 수요를 충족시키지 못하는 것이 허용되거나, 수요를 충족시키지 못하는 비용과 결과에 비해 자본 비용이 매우 높은 경우에 적합한 전략이다. 축구 클럽들은 가격 프리미엄과 방송국들의 수익을 활용하여 장부의 균형을 맞추기 위해 이 전략을 사용할 수 있고, 미래의 확장을 위해 자금을 따로 활용할 수도 있다. 이 전략의 단점은 경쟁자들에게 공격적인 확장 전략을 추구할 시간적 여유를 주거나 수익을 뺏길 수 있다는 점이다.

수요 예측

미래 수요에 대한 조직의 관점은 장기 공급능력 계획에서 특히 중요할 것이다. 예를 들어, 만약 레저 사업자가 새로 개발된 휴양지에서 하룻밤에 500개의 객실에 대한 수요가 있을 것이라고 예상한다면, 500개의 객실을 갖춘 호텔을 지을 수도 있다. 보험회사의 콜센터가 주당 4,800건의 통화를 처리하고 한 사업자가 6분마다 통화를 처리할 수 있을 것으로 예상되는 경우, 12개의 스테이션 콜센터를 구축할 수 있다(주당 40×60분의 통화 시간이 있으므로 2,400/6 = 400건의 통화를 받을 수 있으므로 4,800/400 = 12명의 사업자가 필요함). 그러나 공급능력 결정이 항상 이처럼 간단한 것은 아니다. 미래 수요에 대한 '단일 시점' 예측이 운영에 큰 영향을 미치겠지만, 다른 고려 사항들도 결정에 영향을 미칠 것이다.

한 가지 요인은 미래 수요의 불확실성이다. 수요를 합리적으로 잘 예측할 수 있는 경우에도 미래 수요의 모든 추정치에 내재된 불확실성은 운영자가 최대 수요를 충족시키기 위해 투자하는 것을 억제할 수 있다. 한편, 공급능력 과잉이나 부족에 따른 다른 결과도 있다. 예를 들어, 초과 공급능력의 가용성은 운영상 단기 수요 급증에 대응할 수 있는 유연성을 제공한다. 이 유연성은 특히 수요가 단기적으로 충족되어야 할 때 또는 단기 수요를 충족시키는 것이 장기적인 영향을 미칠 수 있을 때 가치가 높다. 새로운 서비스가 도입된 직후, 특히 경쟁자가 다수일 때는 수요를 충족시킬 수 없는 불리한 시기이다. 이 시점에서 잃어버린 시장점유율은 다시 회복하기 힘들 수 있다.

또 다른 요인은 수요 변화 가능성이다. 예를 들어, 단기 예측 수요는 장기 예측 수요보다 높을 수 있다. 어떤 경우에 단기 피크를 충족할 수 있는 공급능력을 계획하는가? 장기적으로 지속 가능한 수요 수준만 충족할 계획인가? 반대로 단기 수요는 장기 수요에 비해 상대적으로 낮을 수 있다. 즉, 두 경우 모두 같은 딜레마가 있다. 운영을 통해 단기 또는 장기적으로 공급능력을 구축해야 하는가? 다양한 공급능력 전략과 마찬가지로 이는 개별 운영의 규모의 경제 및 공급능력 증분을 쉽게 추가하거나 뺄 수 있는 것과 관련 있다.

회복력 또는 유연성

수요 예측이 어렵다는 점을 고려할 때 서비스 제공 시설이 탄력성과 유연성을 가질 수 있도록 노력하는 것은 서비스 운영 관리자의 책임이다.

물리적 회복력은 구조적 유연성 또는 인프라의 잠재력 개발을 통해 만들 수 있다. 시설에 유연성 또는 회복력을 구축하는 방법은 여러 가지가 있다.

- 시설 추가 설치를 위한 여분의 땅을 구입하여 미래 확장 가능성에 대비
- 개방형 사무실과 이동 가능한 벽이 있는 유연한 내부 구조
- 무선 전화 또는 책상 공유 계획과 같은 유연한 장비 사용
- 재택 근무자를 더 많이 사용하는 등 다양한 작업 방식 채택
- 돌발 상황 대응. 예를 들어, 철도 회사는 한 노선에 문제가 생길 경우 다른 노선 사용 계획 수립

장기적인 수요 변동에 대처하기 위해 대규모 투자 또는 투자 회수가 필요하다. 예를 들어, 테마파크 리조트는 과다 수요에 대응하기 위해 공원에 새로운 놀이기구를 설치하는 등의 상당한 투자를 정기적으로 수행해야 할 수 있다. 이러한 대규모 투자의 핵심 문제는 한 번에 추가시킬 공급능력 증가의 규모가 호텔에 180개 객실을 추가하는 것과 같이 큰 규모로 제공된다는 것이다. 이는 공급능력이 처음 적용될 때 항상 완전히 활용되지 않을 수 있다는 것을 의미하며, 만약 예약이 취소되는 경우 초과 공급능력이 되어버린다.

13.2.2 개별 사업장의 개수와 크기

사업장은 그 유형에 따라 여러 개의 소규모 사업장이거나 소수의 대규모 사업장의 범위 사이에 존재한다. 이 중에서 어떤 형태의 사업장을 결정하는지는 제공하는 서비스 유형과 특성에 따라 달라진다. 고객 기대가 절대적으로 높거나, 즉각적 서비스가 요구되는 서비스 특성에 영향을 받을 것이다. 예를 들어, 체인점으로 운영하는 피트니스 체육관은 전 국민에게 서비스를 제공하기 위해 단 한 지역에서 대규모 사업장만 운영할 수 없으며, 또한 고정비 때문에 모든 지

역에 작은 규모의 체인을 운영할 수도 없다. 기업은 경제성과 고객 접근성을 고려하여 타당한 공급능력 수준을 결정해야 한다.

13.2.3 각 사업장에 활동 할당

각 사업장에 할당할 작업을 결정할 때 고민할 요소는 경쟁적 이점을 위해 광범위한 서비스를 제공할 것인가와 경제성 측면에서 운영에 초점을 맞출 것인가이다. 즉, 고객과 서비스 운영 관리 사이의 균형을 유지하는 것을 의미한다. 일부 서비스는 모든 사업장에서 거의 대부분의 서비스를 제공할 수 있다. 예를 들어, 자동차정비센터 체인은 주요 도시에 사업장이 있다. 브랜드 가치를 유지하려면 모든 센터가 동일한 서비스를 제공할 수 있어야 하며, 동일한 범위의 시설과 기술이 필요하다. 이와 반대로, 수의학적 관행은 세 가지 유형의 진료소를 선택했다. 도시에 위치한 작은 동물 진료소, 외곽 지역의 큰 동물 진료소, 그리고 경주마 훈련 고객이 많은 지역에 위치한 전문 말 진료소. 이러한 전문화의 이유는 일반적으로 운영 리소스와 프로세스에 집중하는 데 비용과 지식의 이점이 있기 때문이다.

용어에서 알 수 있듯이 '초점(focus)'이라는 개념은 작업의 범위가 좁은 개별 작업에서 상당한 이점이 있다. 이점에는 성과 목표의 명확성, 필요한 자원을 개발하는 능력, 향상된 학습 및 개선 등이 포함된다. 운영에 초점을 맞춘 초기 연구 대부분은 하버드 경영대학원의 Wickham Skinner에 의해 수행되었다. 그는 효과적으로 운영 성과를 달성하는 방법은 운영의 다양한 요소들 상호간에 그리고 시장의 요구도 반영할 수 있도록 하는 일관된 일련의 정책이 필요하다고 주장한다. 그리고 '초점'은 제한적이고 간결하며 관리 가능한 서비스, 기술, 공급량 및 시장에 대한 각 작업을 전담하는 것으로 표현한다.

13.2.4 각 사업장의 위치

위치는 공급능력을 제공하는 시설의 지리적 위치를 의미한다. 위치 결정은 비용을 많이 소요하며, 투자 비용과 운영 비용에도 상당한 영향을 미친다. 위치는 해당 지역의 임금률이나 사업 비중에 영향을 받기 때문이다. 그리고 위치는 운영과 고객 간 물리적 접점이 있는 경우 수익에도 영향을 미친다. 콜센터나 인터넷 서비스 업체처럼 고객과 직접 접촉이 필요하지 않은 시설의 물리적 비용과 운영 비용을 최소화하기 위해 위치 결정을 내릴 수 있다. 고객에게 직접 접근해야 하는 쇼핑몰 같은 서비스의 경우 높은 비용을 지불하고 도심이나 도심 외각에 위치하는 것이 중요하다.

위치 결정은 공급 측면 요인과 수요 측면 요인 사이에서 균형을 맞추는 것이다.[3] 공급 측

CASE example

사례

포트아벤투라 월드 파크 앤드 리조트[4]

포트아벤투라 월드 파크 앤드 리조트(PortAventura World Parks & Resort)는 유럽에서 가장 큰 가족 레저 휴양지 리조트이다. 25년 전에 개장한 이후로 8,500만 명이 넘는 방문객을 맞이했다. 스페인 바르셀로나 남쪽에 위치한 이 리조트는 5개의 4성급 테마 호텔과 1개의 5성급 테마 호텔을 운영하고 있으며, 그 사이에 2,200개 이상의 객실과 최대 6,000명을 수용할 수 있는 컨벤션 센터가 있다. 다양한 레저 시설에는 3개의 골프 코스와 해변으로 바로 연결되는 비치 클럽도 있다. 세계적으로 유명한 테마파크, 워터파크, 및 역사적 문명에 기반한 5개의 테마 구역(지중해, 극서부, 멕시코, 중국, 폴리네시아)과 Sesame Street를 기반으로 한 테마 구역으로 가장 잘 알려져 있다.

Greg Balfour Evans/Alamy Stock Photo

대부분의 놀이공원과 마찬가지로 공급능력 관리는 서비스 운영 활동에서 특히 중요한 부분이다. 공원을 개장할 때 위치가 정해졌고, 지금은 변경하기 어렵거나 불가능할 것이다. 그리고 여러모로 훌륭한 위치이다. 오랫동안 맑은 날씨, 인근의 매력적인 도시, 30분 이내에 2개의 공항, 바르셀로나와 살루로 연결되는 포트아벤투라 기차역이 있어 스페인의 관광 및 휴가를 위한 주요 목적지 중 하나이다. 리조트는 매년 새로운 놀이기구, 명소 및 인프라에 투자한다. 예를 들어, 2019년에는 전략적 투자 계획의 일환으로 새로운 프리미엄 4성급 플래그십 호텔인 포트아벤투라 월드 최초의 무공해 호텔인 호텔 콜로라도 크릭(Hotel Colorado Creek)을 개장했다. 저렴하지만 중요한 것은 지속적으로 신선한 쇼를 제공하는 것이다. 예를 들어, 'We Dance on Movies' 쇼는 유럽 놀이공원 최고의 쇼 상을 수상했다.

이용자가 가장 먼저 알아차릴 수 있는 것은 중장기 공급능력 관리의 효과이다. 왜냐하면 공급능력 관리가 잘못되면 피크 시간에 과밀해지기 때문이다. 그리고 한 주의 평균 이용자 수에 대한 예측은 정확할 수 있지만, 매일, 또는 시간대별로 변동이 심하면 이용자 대기시간은 과도하게 길어질 수 있다. 특정 날짜에 너무 많은 이용자의 출입을 허용했다는 것이 문제가 될 수 있다. 일부 공원은 방문객이 비정상적인 대기시간에 노출되지 않도록 출입을 통제한다(예를 들어, 레고랜드 말레이시아는 만약 공원이 너무 붐빌 경우, 그들은 사전 예매를 중단하고 이미 입장한 이용자들을 위해 문을 닫는다). 하지만 이용자가 많다는 것은 사업이 성공한다는 신호이다. 중요한 것은 이용자를 어떻게 관리하는가이다. 이용자가 불편함을 느끼면 소셜 미디어 등에 서비스에 대한 부정적 후기가 퍼질 것이다. 혼잡한 상황을 완화하는 것은 이용자 경험에서 핵심 요인이며, 포트아벤투라가 고민해야 할 부분이다. 이용자 과밀 현상의 원인은 이용자 수가 초과하는 경우이다. 하지만 다른 공원들과 마찬가지로 포트아벤투라의 혼잡이 단순하게 전체 방문객 수와 관련있다고 보긴 어렵다. 이용자가 공원 곳곳에 균등하게 분포하고 있는 것이 아니기 때문에 이용자의 공원 내 동선을 관리하는 것이 해결책이 될 수 있다.

공원에서 제공하는 모든 볼거리는 포트아벤투라 입장료에 포함되지만, 줄을 서지 않고 입장할 수 있는 익스프레스 티켓을 구매할 수 있다. 대부분의 이런 테마공원은 혼잡을 줄이기 위해 예약 시스템을 사용한다. 이용자로 하여금 다음 목적지를 시스템에 등록하도록 하여 혼잡도를 보다 정확하게 예측할 수 있다. 하지만 계속해서 다음 목적지를 등록해야 하는 것은 이용자에게는 귀찮은 일이다. 이를 보완하기 위해 다음 목적지를 등록하려는 이용자에게 우선순위 대기

입장로를 제공할 수 있지만 다른 이용자들은 불공평하다고 느낄 수 있다. 또 다른 방법으로 대기열을 모니터링하거나, 긴 대기열에서 지루하게 기다리는 이용자를 위해 공연을 제공할 수도 있다. 디즈니 월드는 이용자가 대기하고 있다는 생각을 하지 못하도록 공연이나 퍼레이드를 제공하는 센터를 이용하고 있다.

면 요인은 위치 결정 비용과 어려움에 영향을 미치는 요인이다. 수요 측면의 요인은 수입에 영향을 미치는 요인들이다.

공급 측면 요인

- 토지 비용: 토지 취득 비용
- 인건비: 임금, 고용세, 복지 조항 등
- 에너지 비용: 에너지 비용 또는 에너지 공급의 가용성 또는 일관성
- 운송 비용: 자원을 현장으로 가져오고 재료를 고객에게 운송하는 비용
- 정부 요인: 지방세, 자본 제한, 재정 지원 및 정치 환경, 계획 제한
- 사회적 요인: 언어 및 현지 편의 시설
- 근로 환경: 노사 관계와 노동 공급의 역사

수요 측면 요인

- 고객 편의: 교통망, 주차, 시장과 거리 등 고객을 위한 사업장의 접근성
- 노동 기술: 특정 재능, 기술, 억양 및 문화의 가용성
- 대지의 특성: 대지의 본질적이고 어쩌면 미적인 매력
- 이미지: 주변 지역의 명성과 주변에 보완 서비스가 있는 정도

13.3 중기 자원 관리 및 공급능력 관리

중기적으로 수요와 공급 간 불일치를 처리하는 세 가지 방식이 있으며, 일반적으로 다음 세 가지 방식을 혼용한다.

- **평준화 공급능력.** 이 경우 희귀한 자원이나 값비싼 자원은 일정한 수준에서 유지되고 조직은 고객 만족과 운영상의 서비스 품질을 위해 그에 따른 이슈를 관리하여야 한다.
- **추종 공급능력.** 서비스 조직은 운영에 유연성을 구축함으로써 가능한 한 수요를 공급에 맞추려고 한다. 주된 목표는 가장 효율적인 방법으로 높은 수준의 서비스 이용 가능성과

빠른 반응을 제공하는 것이다.

- **수요 관리.** 서비스 운영의 공급능력을 변화시키기보다는 자원에 대한 부담을 평탄하게 하기 위해 조직은 수요에 영향을 미친다.

13.3.1 평준화 공급능력 전략

이 전략의 주된 목적은 비싼 고정 자원의 이용을 극대화시키는 것이다. 항공사는 가장 높은 항공 요금을 지불하는 승객으로 가득 채워서 비행기를 운항하고 싶어 한다. 이때 주요한 운영상의 척도는 '적재 요인(load factor)'이며 항공사는 이 척도 값이 어떤 수준을 넘어가면 (국제선 항공사의 경우 약 80%) 이윤을 내게 된다.

이 정도 수준으로 가동하려면 서비스 조직은 고객이 인지하는 서비스의 질과 관련된 여러 가지의 요인 사이의 균형을 이루어야 한다. 〈그림 13-4〉는 병원에서의 상황을 보여 준다. 여기서 임무는 의무 상담사를 최대로 활용하는 것이다. 이 병원은 상담사가 일하기에 충분할 정도로 환자가 많지만 높은 비율로 예약을 지키지 않는다는 문제를 해결하여야 한다. 이 병원은 상담사가 유휴시간을 갖는 것보다는 예약이 겹쳐서 화를 내는 몇 명의 환자가 생기는 것이 낫다고 생각하여 초과 예약을 받기로 하였다.

〈그림 13-4〉 외래 환자 진료소의 평준화 공급능력 접근법

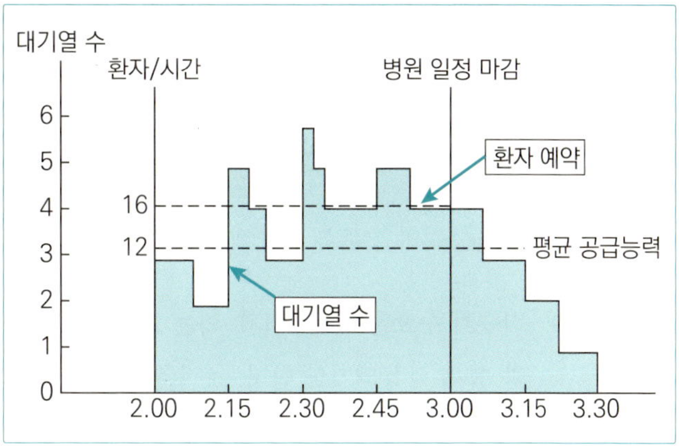

예약을 지키지 않는 문제를 해결하기 위해서 병원은 네 명의 환자 중 한 명은 예약을 안 지킨다고 추정하고 각 상담사는 환자당 5분이 필요하다고 생각하여 15분마다 4명의 예약을 잡기로 하였다. 계획대로 된다면 첫 환자는 즉시 상담이 시작될 것이고, 두 번째 환자는 5분 이내에, 그리고 세 번째 환자는 10분 이내에 상담이 시작될 것이다. 그러나 이들은 모두 2시 예약 환자라는 점을 주의해야 한다. 실제로 어떤 2시 예약 환자는 2시 15분 예약 환자가 도착할 때에도 여전히 기다리고 있을 수 있다.

평준화 전략에 관한 이 예에서 몇 가지 일반적인 원칙과 이슈가 도출된다.

- 자원 가동 목표는 종종 고객 만족을 훼손시켜 가며 달성된다.
- 고객은 일관성이 없는 수준의 서비스를 받게 된다. (2시 예약 환자는 그 이후 시간의 예약

환자보다 더 나은 대접을 받을 수 있다.)

- 고객(환자)은 서비스가 다른 대안이 거의 없기 때문에 이렇게 나쁜 수준의 서비스를 용인한다.
- 서비스 제공자는 현실에 안주하여 고객이 기다리는 것에 대한 정서적 비용을 줄이려는 시도를 하지 않을 위험이 있다. 그 결과 경쟁에 취약하게 될 가능성이 있다.

이와 같은 다양한 서비스 수준의 문제를 극복하기 위해 서비스 조직은 수율 관리를 사용하거나 대기행렬 관리 방법을 사용할 수 있다.

공급능력의 평준화 전략을 주된 전략으로 사용하는 조직의 예를 들면 다음과 같다.

- 항공사는 가장 비싼 자원인 비행기로 얻는 수익을 극대화할 필요가 있다. 주된 목적은 가능한 한 자주 승객을 가득 채워서 운항하는 것이다. 이는 승객이 늘 자신이 기대하는 서비스를 받는다는 것을 의미하는 것은 아니다.
- 전문 서비스 제공 회사는 특화된 영역에서 알려진 전문가를 가지고 있다. 대개의 경우 전체의 일감의 양이 다른 전문가가 필요할 정도로 많지 않다. 그러므로 고객은 기다리거나 다른 서비스 제공 회사를 찾아야 하는지를 결정하여야 한다.
- 인기 있는 레스토랑은 고급스러움을 유지하기 위해 의도적으로 확장하지 않는 경우가 있다. 몇 일 후 혹은 몇 달 후 예약을 미리 받는 것은 이러한 서비스 개념을 더욱 높이는 역할을 한다.

공급능력의 평준화 전략에서 채용되는 접근법의 예는 다음과 같다.

- **비수기 수요를 진작시키기.** 이는 고객이 자사의 서비스를 구매하도록 하기 위한 가격 전략과 함께 사용되기도 한다. 조직은 서비스 개념의 변화를 가져오지 않도록 조심하여야 한다. 고객이 덜 붐비는 시간에 오도록 격려하는 레스토랑이 싼 음료를 가지고 '해피 아워'를 제공하게 되면 기존의 고객이 가지고 있는 레스토랑의 평판을 해칠 수 있다.
- **대기행렬 관리.** 고객이 지속적으로 대기할 것이라고 가정하는 것은 위험하다는 점을 특히 강조한다. 이는 결국 고객의 시간이 상대적으로 가치가 없으며 대기시간을 귀중하다고 느낄 만큼 그들이 받는 서비스가 가치가 있다고 기대하기 때문에 그저 기다릴 준비가 되어 있다는 메시지를 보내는 것이다.
- **예약 시스템.** 예약을 받는 것은 대기행렬을 관리하는 것이다. 이는 조직이 공급능력의 사용을 미리 계획하는 것이며 고객이 대기시간을 자신을 위해 사용하도록 하는 것이다. 슈퍼마켓에서는 이 시스템을 정육 판매 코너에 성공적으로 활용하여 고객에게 번호가 적힌

티켓을 발급하여 순서대로 서비스를 제공하고 고객이 번호를 부르기 전에 쇼핑을 계속할 시간이 있는지 판단할 수 있도록 했다. 고객은 대기열을 확인한 후 대기하지 않고 다른 곳으로 이동할 수도 있다. 너무 유명하여 고객이 꼭 예약을 하여야 한다면 고객이 예약이 어렵다고 지레 짐작하여 예약을 포기할 수도 있다.

13.3.2 추종 공급능력 전략

이 전략은 일반적으로 대규모의 고객 서비스 기관이 사용한다. 그 이유는 이들의 경쟁 전략의 주요 측면이 빠른 서비스 제공에 있기 때문이다. 이런 서비스에 있어서 비록 비용 감축이 매우 중요하더라도 자본 활용도는 주요 목표가 되지 않는다. 이를 더 설명하기 위해 패스트푸드 레스토랑의 아래와 같은 점들을 생각해 보자.

- 주요 목표는 짧은 대기열을 유지하는 것이다. 이는 예측된 수요에 걸맞게 계산대와 조리대에 필요한 인원을 충원함으로써 관리된다.
- 만약 대기열이 너무 길다면 고객은 다른 패스트푸드 레스토랑으로 간다.
- 시설은 완전히 활용되지 않는다. 시설이 100% 활용되는 시간은 24시간 중에서 단지 6시간뿐이다.

이렇게 대규모의 표준 서비스에서 문제가 되는 것은 생산량 유연성을 갖추는 것이다. 다른 말로 하자면 운영은 일관된 서비스를 최저가에 제공하면서도 넓은 범위의 고객 수요에 대처하여야 한다는 것이다. 〈그림 13-5〉는 패스트푸드 레스토랑의 수요 패턴과 이러한 수요의 변화에 대처하기 위한 직원의 충원 일정을 보여 준다.

〈그림 13-5〉 패스트푸드 레스토랑의 추종 공급능력 전략

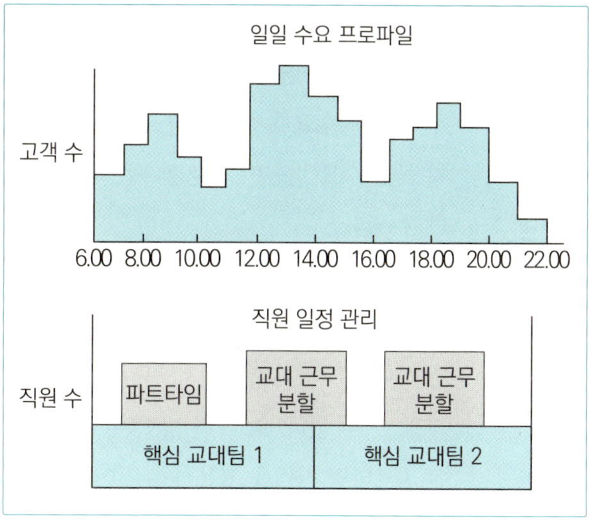

이 레스토랑에서는 직원이 세 종류로 구분된다. 이는 핵심 교대조의 직원, 분할 교대조의 직원, 그리고 파트타임 직원이다. 분할 교대조를 활용하여 관리자는 예측된 최고 수요를 충족시킬 수 있다. 핵심 교대조와 분할 교대조는 주별로 순환 근무를 한다. 이 예에서 이른 아침의 최고 수요는 파트타임 직원을 활용하

여 충족시킨다. 추가적으로 관리자는 결근이 있거나 예상치 못한 수요의 급증이 있을 때 긴급하게 활용할 수 있는 대응 노동력을 가지고 있다. 보통 쓰이는 전략은 분할 교대조의 근로시간을 늘리는 것인데 이를 위해 어떤 조직에서는 고용 조건의 한 부분으로 '의무적인 초과근무' 정책을 운영하고 있다.

공급능력 추종 전략의 일반적인 원칙과 이슈는 다음과 같다.

- 추종 전략을 사용하는 대부분의 조직은 높은 수준의 생산량 유연성을 확보하여야 한다. 즉, 이들 기업은 수요 변화에 반응할 수 있어야만 한다. 대부분의 경우 이는 운영 관리자가 필요한 노동시간을 결정할 수 있도록 하는 유연 노동 계약을 통해서 달성될 수 있다.
- 비록 주된 목적은 이용 가능성이나 반응 시간과 같은 고객 서비스 목표가 달성되게 하는 것이라고 하더라도 이러한 서비스 조직의 많은 조직은 대규모 생산량과 낮은 프로세스 다양성이라는 특색을 가진다. 평준화 전략을 채택하는 조직과 비교하면 이들은 차별화를 할 수 있는 수단이 거의 없으며 그 결과 가격에 민감하다. 그러므로 추종 전략을 채택하는데 있어서 도전은 비용을 엄격하게 통제하며 어떤 대가를 치루더라도 유연성이 달성될 수 없게 하는 것이다.

공급능력 추종 전략을 채택하는 조직의 예로는 다음이 있다.

- **추가 근무 시간('초과 근무') 활용.** 대부분의 조직에서는 직원에게 정상 근무 시간보다 더 오래 근무하도록 요청하는 것이 허용된다. 이는 추가 공급능력을 확보하는 가장 빠르고 편리한 방법이다. 일반적으로 추가 임금 및 종업원의 동의가 필요하다. 과도한 초과 근무는 장기적으로 생산성을 저하시킨다.
- **연간 근무 시간 계약.** 이 계약에 따라 종업원은 연간 정해진 시간만큼 일하도록 계약한다. 이렇게 하면 초과 근무 수당을 줄일 수 있고, 조직이 사용할 수 있는 종업원들의 근무 시간은 수요를 반영하기 위해 연중 다양하게 변경될 수 있다. 그러나 매우 크고 예상치 못한 수요 변동이 가능할 때는 연말 이전에 협상된 연간 근로시간 유연성을 모두 사용할 수 있다.
- **유연한 충원 수준.** 어떤 조직은 유연한 고용 계약을 사용하여 운영 관리자가 직원이 일해야 할 시간을 결정할 수 있게 한다. 어떤 경우에는 직원이 표준의 핵심 시간에 일할 수도 있지만 많은 소매회사에서 직원은 다음의 몇 교대 이후에 자신이 어떤 교대 시간에 일할지를 알 수 없다. 또 다른 방법은 필요할 때 필요한 만큼 '의무적인' 초과근무를 할 수 있는 파트타임 직원을 고용하는 것이다. 비록 이것이 유연성을 주기는 하지만 운영 관리자는

불편한 시간에 일해야 하는 직원이 분개할 가능성과 그 결과 고객 서비스의 질이 나빠질 가능성을 꼭 인지하여야만 한다.

- **하청 직원이나 임시 직원의 활용.** 조직은 단기간의 수요 초과에 대처하기 위해 임시 직원이나 하청 직원을 활용할 수 있다. 이런 작업자는 비록 활용 가능하지만 조직의 스타일에 맞추어 서비스를 행하기에 충분하게 훈련되지 않았거나 동기부여 되어 있지 않을 수 있다. 그러나 어떤 조직은 임시 직원이 장기간 근무한 직원보다 더 잘 반응하고 현실에 덜 안주한다고 보고하고 있다. 어떤 콜센터에서는 서비스 응대 용량을 초과하는 전화가 올 때 이에 전문적으로 대응하는 하청 회사를 활용한다. 응대 용량을 초과하는 전화는 자동적으로 이 하청 회사로 우회되며 고객은 이러한 변경을 알아차리지 못하도록 응대된다.
- **기술의 유연성.** 직원이 필요에 따라 덜 바쁜 부분에서 업무를 전환할 수 있도록 직무 설계 및 직무 구분에서 어느 정도의 유연성을 구조화할 수 있다. 단기 수요 변동에 대응할 수 있는 빠른 방법이지만, 기술 교육에 대한 투자가 필요하고 내부적으로 약간의 혼란을 야기할 수 있다.

CASE example
사례

긱 이코노미에서 일하기

최근 수십 년간 직업에 관한 일반적인 관념은 한 기업에서 오랜 기간 동안 정규직으로 일하는 것이었다. 그러나 이런 관념은 이제 더 이상 현실을 반영하지 못한다. 한 가지 변화는 '긱 이코노미(Gig Economy)'의 발전이다. 이는 종신 고용이 아닌 단기 계약이나 프리랜서 계약으로 특징되는 시장을 의미한다. 여기에서 고용 관계는 노동자에 대한 높은 수준의 자율성, 업무 단위의 계약, 고용주와 노동자 간 단기적 관계가 특징이다. 하지만 관점에 따라 고용 시간의 유연성을 제공하는 근무 환경을 의미하거나, 고용의 안정성을 보장받지 못하는 노동 착취로 볼 수도 있다. 고용주는 클라우드 기반 플랫폼의 출현과 모바일 기기의 보편화 덕분에 지역(또는 글로벌) 인재 풀에서 필요한 프리랜서를 구할 수 있게 되었다. 이러한 유형의 작업을 원하는 사람들의 관점에서 볼 때 플랫폼은 자신의 기술을 더 쉽게 광고할 수 있도록 한다.

긱 이코노미 옹호자들은 사람들이 책임 범위와 자신이 원하는 근무 시간을 통제할 수 있는 유연성의 장점을 누릴 수 있다고 주장한다. 하지만 이것은 그들이 일하는 동기에 따라 달라질 가능성이 있다. 이러한 유형의 일을 찾는 사람들의 동기는 다양하다. 한 조사[5]는 프리랜서는 주요 이슈에 따라 네 종류가 있다고 지적한다. 30%는 프리랜서 업무를 적극적으로 선택하고 수입을 얻는 '자유 계약자'이다. 40%는 '임시 프리랜서'로, 추가 수입을 위해 프리랜서 업무를 선택한다. 약 14%는 프리랜서 업무로 생계를 유지하지만 전통적인 직업을 선호하는 사람들이다. 마지막으로, 필요에 따라 프리랜서 업무를 수행하는 '재정적으로 궁핍한' 사람들이 16%를 차지한다. 그러나 이러한 비율은 시간이 지남에 따라 변화할 가능성이 있으며 국가마다 입법에 대한 다른 접근법에 의해 영향을 받을 수 있다. 프리랜서 업무를 선택하는 사람들(자유 계약자와 임시 프리랜서)은 나머지 유형의 사람들보다 업무 만족도가 높다.

- **고객의 활용.** 많은 서비스 조직은 고객을 임시 직원으로 활용하도록 서비스 프로세스를 변경하는 옵션을 가지고 있다. 사실 이는 다시 서비스 개념을 변경하는 것이다. 어떤 정기 고객은 테이블을 정리하거나 심지어는 다른 고객을 서빙하는 등 서비스 프로세스에 기쁘게 참여한다.

13.3.3 수요 관리 전략

대부분의 조직은 수요 관리에 혼합 전략을 사용한다. 기본적으로 공급능력의 평준화 혹은 추종 전략을 채택하였다고 하더라도 대부분의 서비스 조직은 어느 정도 수요 관리를 활용한다. 이런 접근법의 예를 들면 다음과 같다.

- **가격 전략.** 전형적으로 고객이 한가한 시간에 방문하도록 장려하는 가격 인센티브를 제공하는 형태를 취한다. 호프집이나 와인바의 '해피 아우어'가 좋은 예이다.
- **가격 급등(혹은 동적 가격).** 이는 위의 가격 전략의 동적 버전이다. 공급과 수요가 일치할 수 있도록 영향을 미치기 위해 가격을 자주 조정한다. 가격 급등의 대표적 사례는 '승차 호출' 앱에서 사용하는 알고리즘이다. 수요가 많거나 공급이 부족한 시기에 가용한 운전기사보다 승객 수가 더 많으면 이 알고리즘은 가용 기사가 부족하기 때문에 요금을 인상해 버린다.
- **피크 타임 때 제한된 서비스.** 이 방법은 앞의 것과 비슷하지만 부정적 인센티브를 제공한다는 점이 다르다. 이 경우 조직은 피크 타임에는 제한된 서비스를 제공하여 고객이 덜 바쁜 시간에 방문하도록 하는 것이다. 어떤 레스토랑에서는 이 시간대에는 제한된 메뉴를 제공하는 식으로 이 정책을 활용한다.
- **전문가 서비스 창구.** 모든 경우에 일반적인 서비스를 제공하기보다는 수요를 세분화하여 특별한 수요에 대한 전문가를 배치하는 방법을 선택할 수 있다. 보건소가 좋은 예인데 여기서는 예방접종, 산모 및 유아 서비스, 건강 상담 제공 등과 같은 서비스를 위해 특정한 시간을 비워 둔다. 이때에 해당 전문가가 와서 예약된 환자를 상대로 집중적으로 해당 서비스를 제공한다. 이는 희귀한 자원을 더 잘 활용하는 방법이다.
- **광고와 판매 촉진.** 서비스의 내용을 대중에게 알리고 특별 서비스 상품을 고객에게 알림으로써 수요를 촉진하게 된다. 서점에서는 작가의 사인회를 주선함으로써 광고를 할 뿐만 아니라 수요를 촉진시킨다. 광고의 문제는 기업에서 사용되는 예측 모형의 부정확성을 증대시키는 경향이 있다는 것이다. 비록 수요를 촉진함에 있어서 광고의 유효성을 추적할 수 있다 하더라도 새 광고의 영향을 미리 판단하기는 어렵다.

13.3.4 전략을 조합하여 수립하기

대부분의 복잡한 서비스 조직은 운영에 있어서 각각의 해당 비용 모형에 기초하여 세 가지 공급능력 전략을 모두 사용하고 있다. 예가 〈표 13-1〉에 나타나 있다. 항공사의 주된 목표는 항공편당 가장 비싼 자원의 활용도를 최대화하는 데 있다. 항공사는 매 항공편에서 최대 수입을 얻기 위해 수율 관리 기법을 활용하여 여러 가지 전략을 채용한다. 수율 관리 기법은 출발 시간의 도래에 맞추어 미판매 좌석을 팔기 위한 최적 가격 전략 채택을 돕는 기법이다. 항공사는 상당수의 미출발 인원이 있을 것이라는 예상하에 좌석 수를 초과하여 판매한다. 항공사는 예약을 하였지만 좌석을 배당받지 못하는 고객에게 어떤 방식으로라도 보상해야 한다. 이것이 잘 관리되지 않으면 고객 만족에 상당한 영향을 미치기 때문이다.

고객이 좌석을 예약할 기회를 최대화하기 위해 항공사 판매 부서는 상대적으로 싼 자원을 활용하여 추종 전략을 채택한다. 즉, 예측 수요 패턴을 충족시키기 위해 직원의 근무시간을 조정한다. 잠재적 좌석 수입을 잃는 것보다 약간의 생산성 저하를 감수하는 것이 더 낫다.

보험회사는 백 오피스인 보험 계리사에 대해서는 평준화 전략을 사용한다. 그 이유는 보험 계리사는 상대적으로 인건비가 높아 비용이 많이 들기도 하지만 가끔 인력 공급이 부족하기 때문이다. 한 명의 보험 계리사를 충원하고 훈련시키는 데에는 몇 년이 걸리기 때문에 추종 전략을 사용할 수 없다.

레스토랑은 상대적으로 고정된 공급능력을 가지고 있기 때문에 레스토랑 체인은 제조 측면에서 평준화 전략을 사용한다. 비록 초과근무를 사용하여 공급능력을 약간 증가시킬 수 있지만 의미 있을 만큼 공급능력을 증가시키기 위해서는 다른 키친이나 레스토랑에 투자하는 것이 유리하다.

〈표 13-1〉 세 가지 다른 서비스에서 공급능력 접근법

구분	평준화 공급능력 전략	추종 공급능력 전략	수요 관리
국제 항공사	• 항공기가 최대한 자주 최대 탑재량으로 비행하는지 확인	• 수요에 맞게 직원 예약 부서를 예약하여 예약이 가능한지 확인	• 비수기 수요 촉진 각 항공편의 수익 극대화(수율 관리)
보험사	• 백 오피스 전문가(투자 전문가)를 고객 요구의 변화로부터 보호	• 고객이 최대한 접근할 수 있도록 직접 영업(콜센터) 예약	• 정책 갱신 피크와 일치하지 않도록 판매 주기에 영향을 미침
레스토랑 체인	• 기본적인 식품 재료의 제조를 가능한 한 '수준'에 가깝게 유지할 것 • 프로세스 플랜트의 높은 활용도 유지	• 예상 수요를 반영하기 위해 직원 명부 작성 • 시간제 직원을 사용하여 피크 관리 • 수요 급증에 대한 직원 호출	• 조용한 시간대에 프로모션 활동을 통해 수요 자극 • 대량 구매 할인을 허용하는 특별 행사 고안

13.4 단기 자원과 공급능력 관리

단기와 중기 공급능력 관리의 차이는 기간에 있다. 단기는 몇 시간 또는 며칠에 걸쳐 수요와 공급능력 변동에 대처하는 것을 의미한다. 이는 수요 변동에 대응하기 위한 고급 일정 관리보다는 수요 변동에 대한 단순한 대응에 중점을 두는 것을 의미한다. 즉, 계획보다는 통제에 더 치중한다. 단기 공급능력 관리는 중기 계획에서 설정한 자원의 제약 범위에서 수요에 즉시 대응하는 활동에 대한 조정을 포함한다. 이는 다음과 같은 '일정' 또는 활동 일정표를 작성하는 것과 관련이 있다.

- 각 활동을 언제 시작하고 종료할지를 보여 주는 기능(스케줄링)
- 인력, 고객, 설비/시설을 활동에 할당하는 기능(로딩으로 표현하기도 함)
- 어떤 순서로 주문을 수행할 것인지를 결정하는 기능, 예를 들어 어떤 고객/주문을 가장 먼저 처리할 것인지를 결정하는 하는 기능(차례로 배열하기)

13.4.1 스케줄링

스케줄링이란 활동의 시작과 종료 시기를 나타내는 상세한 일정표를 작성하는 것이다. 단기 변화에 대응하여 활동 일정을 조정하는 경우, 다양한 활동과 여러 가지 다른 유형의 자원을 동시에 처리하는 경우에는 복잡한 작업이 될 수 있다. 일정의 예는 다음과 같다.

- 각 버스가 노선의 각 단계에 도착할 예정인 시간을 보여 주는 버스 시간표
- 레스토랑의 좌석 계획: 예약이 접수되면 좌석이 배정되고 주어진 시간에 대한 대략적 업무량과 예상되는 시작 시간 및 마침 시간을 정한다. 이때 예약은 선착순으로 처리되며 예약을 하지 않은 고객은 거절된다고 가정한다.
- 학교의 시간표: 시간표는 매시간 학생과 교사가 어디에 있으며 무엇을 하고 어떤 수업이 진행되어야 하는지를 보여 준다.
- 자동차 수리점에서의 예약: 이는 일정한 회수의 표준 서비스와 좀 더 복잡한 서비스를 하기 위한 공간을 준비하고 누가 어떤 일을 하여야 하며 대략 어느 정도 시간이 걸릴지를 보여 준다.

대부분의 운영은 공급능력의 배분과 관련된 규칙과 정책이 있다. 어떤 경우에는 이러한 규칙이 대부분의 고객을 만족시키는 방식으로 오랜 기간 동안 개발되었기 때문에 상대적으로 비정형화되어 있다. 반면에 많은 서비스 수요와 복잡성을 가지고 있는 경우에는 좀 더 정형화

된 배분 시스템을 가지는 경향이 있다. 예를 들어, 대부분의 레저 센터는 여러 가지 활동에 사용할 수 있는 하나의 큰 공간 혹은 스포츠 홀을 가지고 있다. 이 공간은 두 개의 미니 축구장이나 4개의 배드민턴 코트 혹은 하나의 테니스 코트로 사용될 수 있다. 이러한 스케줄이나 시간표를 만들기 위해서 레저 센터 관리자는 다음의 임무를 수행해야 한다.

- 스포츠 홀을 각 활동에 배분하여 각각의 사용 시간을 결정한다.
- 고객의 선호에 근거하여 이런 활동에 대한 최적 스케줄을 수립한다. 예를 들어, 배드민턴 클럽은 목요일 저녁을 선호하며 족구는 금요일에 더 인기가 있을 수 있다.
- 각 활동 사이에 스포츠 홀의 변경을 쉽게 할 수 있도록 스케줄을 조정한다. 테니스 코트로부터 서킷 트레이닝 장으로 바꾸기는 상대적으로 쉬울 수 있다. 하지만 배드민턴장을 미니 축구장으로 바꾸는 것은 더 많은 인원과 준비 기구가 필요하다.
- 공급능력(시간)을 특정한 고객에게 할당하기 위해 다양한 시간대에 대한 예약 스케줄을 수립한다.

일정에 포함된 세부 사항의 정도는 활동이 예정된 시간에 가까워질수록 증가한다. 예를 들어, 레저 센터의 내일 일정은 어떤 고객이 배드민턴 코트 사용을 예약했는지, 그리고 몇 시에 예약했는지를 정확하게 표시한다. 관리자는 특정 활동에 할당된 저녁 시간에만 관심이 있을 것이며, 그 주가 다가옴에 따라 특정 개인이 예약할 수 있다. 일정을 변경할 수 없는 기간인 '변경 금지'를 아는 것도 중요하다. 레스토랑은 거의 마지막 순간까지 고객 구성의 변화를 처리할 수 있는 반면, 병원 수술실은 세부 일정을 변경하려면 더 많은 공지가 필요하다.

13.4.2 로딩

로딩은 작업의 특정 부분에 할당된 작업량이다. 작업 또는 프로세스가 수행할 수 있는 작업, 또는 프로세스의 예상 작업량과 조정을 시도하는 것은 공급능력 관련 문제이다. 기본적으로 작업의 개별 부분에 대한 작업의 전체 워크로드 결과를 계산한다. 예를 들어, 레저 센터의 활동 일정은 센터의 자원(직원과 장비 모두)에 영향을 미친다. 예정된 활동의 일부 조합은 일부 직원에게 과부하가 걸리거나 두 세트 이상의 고객이 동시에 일부 장비를 사용해야 할 수 있다. 따라서 로딩은 실행 가능한 일정에 영향을 미칠 수 있다.

13.4.3 시퀀싱

작업의 다양한 부분에 작업을 '로드'한 후 활동을 수행할 순서를 결정한다. 이 작업을 '시퀀싱'이라고 한다. 작업에 부여된 우선순위는 미리 정의된 일련의 순서 지정 규칙에 의해 결정된다. 이들 중 일부는 다음과 같다.

- **선입선출**(FIFO) **혹은 선착순 규칙**(first come, first served). 이는 많은 고객 서비스에 사용되는 접근법이다. 레저 센터는 배드민턴 고객이 목요일 저녁 6~7시, 7~8시, 8~9시의 시간대에 2주 전까지 예약을 하며 모든 코트가 찰 때까지 예약을 하도록 할 수 있다. 이 규칙은 단순하며 모든 잠재적인 고객에게 공정하다고 인지되는 장점이 있다.
- **후입선출**(LIFO). 이 규칙이 의미가 통하는 경우는 거의 없다. 배달 트럭에 적재하는 순서를 정할 때는 이 규칙을 사용하여 대형 트럭의 뒷부분에 가장 먼저 배달하여야 할 제품이나 자재를 적재한다.
- **가장 가치 있는 고객 우선**. 레저 센터는 지역 축구클럽이 미래의 스케줄의 일정 부분에 우선적으로 배당하고 훈련을 위한 시설을 선점하는 예약을 허용할 수 있다. 만약 이 클럽이 매주 금요일에 훈련을 위해 홀을 사용할 필요가 있다면 비록 홀을 한 번만 사용하는 다른 작은 조직이 배제되어 골칫거리의 원천이 될 수 있지만 이는 레저 센터에는 고정 수입이 된다는 것을 의미한다.
- **긴급한 고객 우선**. 응급 서비스는 이 규칙의 변형을 채택하여 긴급한 고객과 긴급하지 않은 고객 사이의 각 수요의 성격을 분류한다. 생사가 달린 긴급한 상황은 즉각적인 행동을 요구하며 이러한 수요는 다른 어느 활동보다 더 우선한다.
- **가장 적은 작업량 우선**. 수요가 공급을 월등하게 초과하는 경우 이 규칙은 더 많은 고객을 빠르게 충족시키도록 한다. 항공사의 체크인 데스크는 이 규칙의 변형된 규칙을 운영하여 수하물만을 가진 고객을 위해 더 빠른 서비스를 제공한다. 이는 전체 대기열은 감소되며 더 적은 고객이 기다린다는 것을 의미한다. 이 규칙의 문제는 선입선출 규칙에서는 더 적은 시간 기다릴 수 있는 어떤 고객이 이 규칙에서 보다 더 오래 기다리게 되어 잠재적으로 더 불만족하게 된다는 것이다.
- **가장 많은 작업량 우선**. 긴 프로세스 리드 타임을 가지는 활동을 가진 경우 가장 긴 시간 요구량을 가진 과업을 우선하는 스케줄이 더 신중해 보일 수 있다. 한 번 시작하면 이러한 과업은 다른 '작업 중 활동' 사이에서 분실될 수 있고 가능한 한 빠르게 진도가 나갈 수 있는 것이 아니기 때문에 이 규칙은 늘 도움이 되는 것은 아닐 수 있다.

상황이 달라지면 규칙이 달라질 수 있다. 고객이 단체로 도착하면 고객은 일반적으로 동등하게 처리될 것을 기대하기 때문에 선입선출이 적용되는 경향이 있다. 그러나 늘 그런 것은 아니다. 포트아벤투라 월드 파크 앤드 리조트에서는 패스트트랙 티켓을 산 고객은 일반 고객의 대기행렬을 우회하도록 한다. 이와 같이 명백한 특권은 일반 고객 사이에서 높은 수준의 불만을 야기할 수 있다.

백 오피스 프로세스는 프런트 오피스보다 자주 더 긴 리드 타임을 다루어야 하므로 여러 가지 스케줄링 규칙을 적용할 수 있다. 더 복잡한 상황에서는 긴급 요인 계산(critical factor calculation)이라고 부르는 제조업의 작업장 통제에서 사용되는 것과 비슷한 단순한 알고리즘의 사용이 가능하다. 이 방법은 요구 일자와 추정 작업량을 비교하여 긴급 요인(urgency factor)을 계산하도록 한다. 우선순위를 매길 수 있도록 이 프로세스의 각 단계에 긴급한 작업의 목록이 제공된다. 이러한 계산의 파생 효과는 프로세스 성과를 임의 추출 조사를 할 수 있다는 점이다. 모든 과업이 '가장 긴급'이라는 범주에 들어간다면 중대한 고객 불만족을 피하기 위해 명백하게 의미 있는 활동이 요구된다.

CASE example

사례

카롤린스카 병원은 자원 활용도를 향상시킨다[6]

의료 분야에서 자원 조달 문제는 말 그대로 삶과 죽음의 차이를 의미한다. 스웨덴의 카롤린스카(Karolinska) 병원이 자원 조달 위기에 직면했을 때 비싸고 희소한 자원이 얼마나 잘 활용되고 있는지 조사하였다. 이 병원이 발견한 것은 수술실, 외과 의사 및 기타 직원이 근무 시간의 50% 이상을 활용하고 있다는 것이었다. 병원은 자원 활용도를 개선하려면 프로세스 운영 방식을 변경해야 한다는 사실을 깨달았다. 병목 현상을 일으키는 자원이 수술실 자체인 것으로 밝혀졌을 때 병원은 환자가 수술실에서 보내는 데 필요한 시간을 줄일 수 있는 방법을 모색했다. 그래서 수술과 함께 순차적이 아닌 병렬로 환자에 대한 활동을 수행할 수 있는 별도의 환자 준비 영역을 만들었다. 또한 마취과 의사가 병원의 다른 부서로 호출되어 일부 지연이 발생한 것도 발견했다. 그래서 독립적으로 수술하는 대신 마취의는 공식적으로 수술실팀과 수술 전에 환자를 평가하기 위해 만들어진 수술 전 클리닉에 배정되었다. 주로 처리량과 관련된 이러한 프로세스 문제를 해결하면서 병원은 동일한 자원을 사용하여 더 많은 작업을 수행할 수 있게 되었다. 게다가 진단에서 수술까지의 시간이 획기적으로 단축되어 훨씬 더 안정적인 일정을 짜는 것이 가능해졌다.

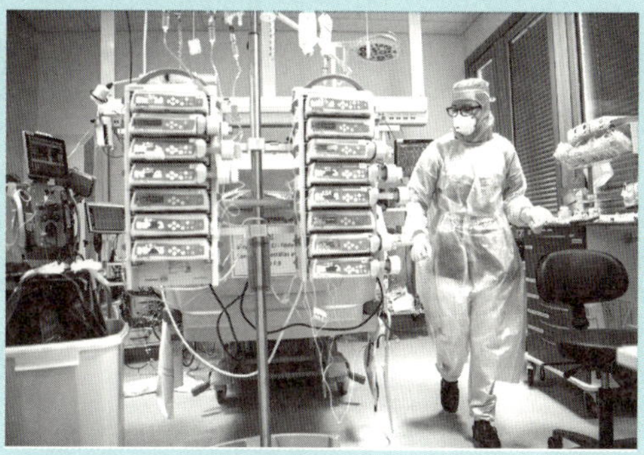

JONATHAN NACKSTRAND/AFP/Getty Images

13.5 서비스는 병목과 대기행렬을 어떻게 관리하는가

병목(프로세스 중에서 공급능력을 제약하는 부분)과 그 결과로 생기는 고객이나 고객 주문의 대기행렬은 많은 서비스 운영의 특성이다. 이러한 것을 잘 관리하는 것은 공급능력의 활용과 고객 만족에 중요한 영향을 미칠 수 있다.

13.5.1 병목 관리

운영 프로세스에서 자원 제약 또는 병목 현상이 있는 위치를 명확하게 이해하면 현실적인 공급능력 추정치가 어느 정도인지 더 잘 이해할 수 있다. 앞의 예로 돌아가서 레저 센터의 주요 자원 제약은 중앙 스포츠 홀일 가능성이 높다. 다른 시설 및 직원과 같은 다른 모든 자원은 이 공간의 가장 효과적인 사용과 연결될 가능성이 높다. 따라서 전체 작업의 유효 용량을 결정하기 때문에 이 병목 현상을 관리하는 것이 중요하다. 이것이 서비스 운영 관리자가 서비스 프로세스에서 병목 현상이 있는 위치를 이해하는 것이 항상 중요한 이유이다.

예를 들어 대부금융회사에서는 위험 평가 프로세스의 생산성을 증가시키면서도 고객에게 제공되는 표준 서비스를 증가시킬 필요가 있었다. 경영진에게는 자원을 늘리지 않으면서도 증가하는 수요를 충족시킬 임무가 주어졌다. 처음에는 이런 임무가 어떻게 달성될 수 있는지 명확하지 않았지만 프로세스의 흐름이 그려졌을 때 계리사에게 문제가 있음이 명백해졌다. 〈그림 13-6〉 (a)는 모든 제안이 계리사의 승인을 통해 진행되는 원래 프로세스 흐름의 단순한 모양을

〈그림 13-6〉 (a) 대출 위험 평가 프로세스의 원래 흐름 및 (b) 수정된 흐름

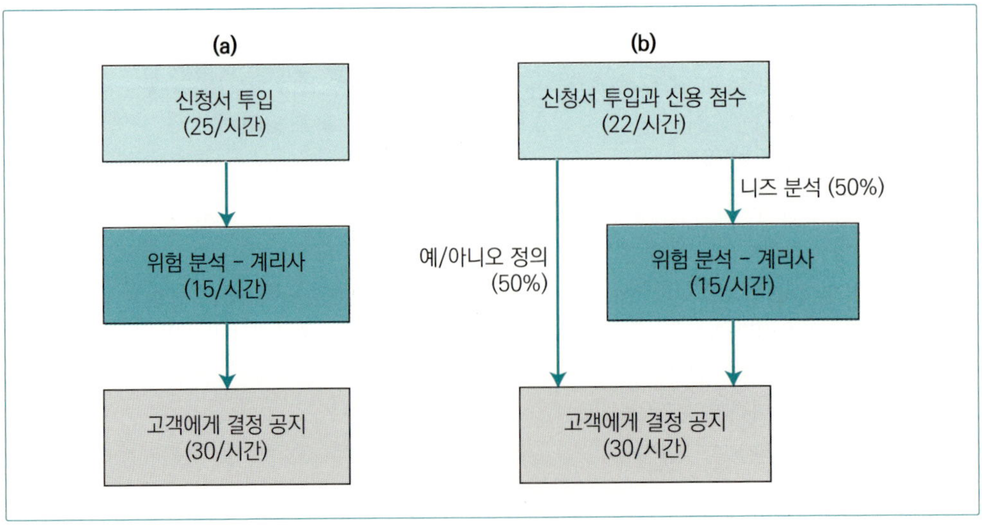

보여 준다. 원래 공급능력은 시간당 15개의 제안서라는 계리사의 스루풋에 의해 제약받는다.

신용 점수가 명백한 승인이나 거절을 보여 주는 경우 많은 제안서들이 하급 직원이나 저비용의 스태프에 의해 진행될 수 있어 계리인의 승인이 필요하지 않다는 점을 알게 되었다. 〈그림 13-6〉 (b)처럼, 처음의 프로세싱은 더 길게 걸렸지만 수정된 프로세스는 제안서의 단지 50%만이 계리사에 의해 검토될 필요가 있었다. 그러므로 프로세스의 공급능력은 거의 50%가 증가하여 시간당 22개의 제안서로 증가되었다.

단지 프로세스의 활동 수준을 모니터링하고 현재 자원제약이 실제 병목인지 아닌지를 결정함으로써 개선이 이루어졌다. 모든 제안서가 계리사에 의해서 검토되어야만 한다는 가정이 의문시되면 반응 시간과 생산성을 동시에 개선하는 것이 가능해진다.

병목을 관리하는 일반적인 규칙은 다음과 같다.

- 필수적인 작업만이 병목을 통과하는지를 확실히 하라.
- 필수적이 아닌 활동을 사정없이 병목에서 제거하라.
- 표준 이하의 작업은 어떤 것도 병목을 통과하지 않게 하라.
- 일단 어떤 것이 병목인지를 결정하면 최대의 스루풋을 내어 프로세스에서 최대의 효과를 얻도록 이 병목에 경영진의 관심을 더 많이 쏟도록 하라.

마지막으로, 복잡한 시스템의 경우 병목을 움직이려고 시도하지 않는 것이 가장 좋다. 관리하기가 어려울 수 있지만 적어도 병목이 어디 있는지 알고 있어야 한다.

병목을 파악하는 한 가지 방법은 작업이나 고객이 프로세스의 어디에 대기행렬을 형성하는지를 관찰하는 것이다. 단순한 프로세스에서 이는 좋은 테스트일 수도 있지만 조심해야 할 것이기도 하다. 프로세스 초기에 투입 작업을 하는 작업자는, 고객이나 작업이 후속 병목에서 대기해야 한다면 지금 프로세스에서 죽자 살자 일하는 것이 의미가 없다고 믿기 때문에, 이론적으로 가능한 속도보다 더욱 천천히 일하므로 프로세스의 초기에 대기행렬이 형성될 수 있다. 물론 기대했던 것보다 더 기다려야만 하는 고객에게 야기되는 잠재적 불만족 때문에 프로세스에 허용되는 고객 수를 제한하도록 서비스 운영이 결정하는 것도 당연한 일이다.

물론 장기 병목과 단기 병목을 구별하는 것도 중요하다. 장기 혹은 고정 병목은 운영의 공급능력의 가장 좋은 추정치를 제공하며 그 결과 기본적인 공급능력 관리 방법이 결정될 수 있다. 그러나 단기 병목은 자주 발생하며 즉각적으로 반응할 필요성을 낳는다. 예를 들어, 콜센터의 주요 멤버가 예상치 못하게 결근하면 특정한 분야의 문의 전화를 다룰 공급능력이 극적으로 감소될 수 있다.

13.5.2 대기행렬 관리

대기행렬은 대부분의 서비스 활동에서 발생한다. 공급능력의 평준화 전략을 사용하는 운영 방식에서는 대기행렬은 설계에 고려되어 있다. 더구나 공급능력 전략의 어떤 것도 완전하지 않으며 대기행렬은 거의 피할 수 없는 것이다. 대기행렬은 고객과 직원에게 모두 보이는 사람들의 대기행렬일 수 있지만 전화 교환대의 송신자의 대기행렬이나 수리 기술자를 기다리는 고객의 목록처럼 고객이나 직원 혹은 양쪽 모두에게 보이지 않을 수도 있다.

대기행렬 이론이 예측 수요를 충족시키기에 필요한 서비스 제공자의 수를 계산하는 데 사용될 수 있지만 자원 제약이나 예측의 부정확성은 운영 관리자가 고객에 대한 대기행렬의 충격을 최소화하는 다른 방법을 찾을 필요가 있다는 것을 언제나 의미한다. 기다림과 관련된 불만족[7]뿐만 서비스 전체의 불만족[8]은 기다리는 시간과 함께 증가한다는 것이 알려져 왔다.

인지된 대기시간은 실제 대기시간보다 항상 길다는 점을 고려하면,[9] 대답은 인지된 대기시간을 줄이기 위해 노력해야 한다는 점이며, 이는 더 많은 서비스 제공자를 고용하는 것보다 훨씬 저렴할 수 있다. 기다림의 열 가지 원칙[10]이 다음에 제시되어 있다.

1. **뭔가에 신경 쓰는 시간은 그렇지 않은 시간보다 더 짧게 느껴진다.** 고객의 시간이 좀 더 빨리 지나갈 수 있도록 고객에게 어떤 일이나 주의 분산용 일거리를 제공하려고 노력하는 것이 좋다. 어떤 서비스는 줄에서 기다리는 사람들에게 판매 촉진용 비디오를 보여 준다. 엘리베이터를 기다리는 공간에는 고객이 자신의 외모를 체크할 수 있는 거울을 둔다. 콜센터나 헬프데스크는 대기하는 전화에, 비록 언제나 좋은 평가를 받는 것은 아니지만, 자주 음악을 틀어 준다.
2. **프로세스 전의 대기시간은 프로세스 안에서의 대기시간보다 더 길게 느껴진다.** 일단 고객이 서비스 프로세스 내부에서 시작하고 비록 작은 일이라도 일어난다고 느끼면 더 행복하게 느끼는 경향이 있다. 서비스 제공자가 고객을 의식하고 있다고 단순히 인정하는 것만으로도 중요한 영향을 줄 수 있다. 또한 프로세스 전의 활동, 예를 들면 양식을 작성하거나 서비스의 선택을 하는 등의 활동에 시간을 활용하면 인지된 대기시간을 줄일 수 있다.
3. **불안감은 대기시간을 더 길게 느끼게 한다.** 가끔 고객은 자신이 잊혀졌을까봐 불안해 한다. 이러한 불안감은 그들이 이미 시스템 안에 있다는 것을 보여 주는 대기표를 발부함으로써 누그러뜨릴 수 있다. 또한 서비스의 본질이 의미 있는 영향을 줄 수 있다. 만약 고객이 비행하는 것이나 치과 의사에게 가는 것을 염려한다면 기다림은 끝없이 계속되는 것처럼 보여 서비스 제공자에게 약간의 격한 행동을 유발할 수도 있다. 고객 접점에 있는 종업원은 불안감의 영향을 관찰하고 안심시키는 방법을 찾도록 훈련되어야 한다.

4. **대기시간의 길이를 모른다면 알려진 한정된 시간의 기다림보다 더 길게 느껴진다.** 고객은 만약 예상되는 대기시간이 알려져 있고 기다릴 이유가 있다면 일반적으로 더 기꺼이 기다릴 수 있다. 대기시간이 알려지지 않으면 고객은 훨씬 더 빨리 들썩이게 된다고 알려져 있다. 테마파크에서는 대기행렬의 몇 지점에 고객이 이 지점부터 얼마나 오래 기다려야 하는지를 알려주는 위치를 표시해 둔다. 물론 실제 대기시간은 항상 이보다는 더 적어서 고객은 기대했던 것보다 빠르다는 점에 만족해 한다.
5. **기다리는 이유를 모른다면 이유를 아는 기다림보다 더 길게 느껴진다.** 지체되는 그럴 듯한 이유가 제공되면 고객에게는 불확실성이 줄어든다. 또한 이는 조직이 고객을 당연시하지 않아야 한다는 것을 알고 있다는 인상을 준다.
6. **부당한 기다림은 공정한 기다림보다 더 길게 느껴진다.** 일반적으로 고객은 선착순으로 대접받기를 기대한다. 이 때문에 많은 조직은 복수의 대기행렬/복수의 서비스 제공자 시스템을 단수의 대기행렬/복수의 서비스 제공자 시스템으로 바꾸었다. 이 방법은 어느 대기행렬에 참여할지를 결정해야 할 불안감을 감소시킨다. 어떤 경우에는, 예를 들어 병원 응급실과 같은 경우에는, 순서가 뒤바뀌어 고객이 진료되는지에 대한 좋은 이유가 있어도 서비스 제공자는 고객이 이해하리라고 가정하기보다는 설명을 할 필요가 있다.
7. **서비스가 더 가치 있을수록 고객은 더 오래 기다린다.** 서비스가 더 복잡하고 고객의 니즈에 맞춘 서비스일수록 고객은 기다릴 준비가 되어 있다. 그러나 이것이 늘 사실일 것으로 추정하지는 말아야 한다.
8. **혼자 기다리면 그룹으로 기다리는 것보다 더 오래 기다린다고 느낀다.** 다른 사람도 나와 같이 기다리는 고통을 느낀다는 것을 알게 되면 내가 잘못된 선택을 하였다고 생각하여 겪는 불안감을 감소시킬 수 있다. 만약 다른 사람이 기다릴 가치가 있다고 생각한다면 이는 기다리려는 고객의 결정을 확인시키는 것이다. 또한 사람들은 같이 기다리는 다른 사람들과 대화하게 되어 기다리는 동안의 소일거리를 제공한다.
9. **불편하게 기다리면 편하게 기다리는 것보다 더 오래 기다린다고 느낀다.** 대기행렬의 조건을 가능한 한 편하고 한 눈 팔기 쉽게 만들면 대기시간은 훨씬 더 짧게 느껴진다. 불편한 조건은 고객에게 시간과 나쁜 서비스에 대해 더 예민하게 느끼게 만든다.
10. **새로운 고객이나 자주 오지 않는 고객은 자주 오는 고객보다 자신의 기다림을 더 길게 경험한다.** 자주 오는 고객은 기다림에 익숙해져서 무엇이 일어날지를 알고 있기 때문에 여유가 있다. 새로운 고객이나 자주 오지 않는 고객은 좀 더 불안하며 불안정하기 쉬워서 운영자는 그들을 가려내서 정보를 제공하고 안심시키도록 노력하여야 한다.

CASE example

사례

국경 불합리[11]

휴가는 편안한 경험이어야 하지만 항상 그렇지는 않다. 해외 여행을 다녀보면 여권 검사처럼 종종 불편한 부분이 발생한다. 대부분의 국가는 여행객이 특정 국가에 입국할 때 출입국 관리 직원이 여권을 모두 확인해야 한다고 주장한다. 어떤 경우엔 출국할 때도 여권을 확인한다. 여행으로 지친 여행자에게는 여권 검사를 받기 위해 줄을 서야 하는 것은 최악의 경험이 될 수도 있다. 긴 비행 후, 여행객은 비행기에서 내려 가능한 한 빨리 목적지로 가기를 원한다. 하지만 많은 공항에서 여권을 검사하기 위해 긴 줄을 서야 하는 경우가 늘어나고 있기 때문에 공항을 빨리 벗어나는 것이 점점 더 어려워지고 있다. 이런 측면에서 유럽에서 가장 큰 공항인 히드로 공항도 비난을 받고 있다. Virgin Atlantic 항공사는 한 달 동안 공항이 단 하루 만에 45분 이내에 비 유럽 경제 지역 승객의 95% 이상을 처리한다는 목표를 달성했음을 보여 주는 데이터를 발표했다. 하지만 사실은 같은 달에 일부 승객들은 156분까지 기다렸다.

입국하는 승객을 확인하는 출입국 여권을 심사하는 공무원들은 입국자가 몰리는 시간에 더 많은 직원을 배치하여 대기열을 관리한다. 하지만 도착하는 승객의 수를 처리할 직원이 부족할 때는 줄을 서는 시간이 지나치게 길어진다. 이상적인 목표는 모든 여권 심사가 오류 없이, 합리적인 시간 내에, 과도한 인력을 사용하지 않고 완료되도록 하는 것이다. 이런 의미에서, 여권 심사는 전형적인 대기행렬 문제이다. 여기서 문제는 이 세 가지 목표가 종종 모순된다는 것이다. 관리 직원을 더 많이 배치한다는 것은 시간을 단축하지만 비용이 많이 든다. 검사 프로세스 자체의 속도를 높이면 대기시간은 줄어들지만 직원이 잘못된 결정을 내릴 가능성은 높아진다. 과연, 어떤 목표가 우선되어야 하는가? 오류 회피? 승객 대기시간? 비용?

물론 항공기 도착 시간을 완벽하게 예측할 수 있고 직원 일정이 완벽하게 유연하다면 스마트한 일정

Richard Baker/In Pictures/Getty Images

계획을 통해 과도한 대기 시간을 피할 수 있을 것이다. 그러나 항공을 이용한 여행은 복잡한 환경 속에서 이루어지며, 여권 심사에 대한 부담은, 지연되는 항공기의 도착 시간과 직접적인 관련이 있다. 일반적으로 히드로 공항에 도착하는 국제선의 80% 미만이 정시에 도착하며 히드로 공항을 이용하는 승객의 90% 이상이 국제 여행자이기 때문에 출입국 관리는 특히 비행편의 지연에 영향을 받는다.

한 가지 제안은 처리 속도를 높이기 위해 외국인 승객의 '자동화된 키오스크' 사용을 더 많이 허용하는 것이다. 하지만 이것은 얼굴 인식과 같은 기술에 대한 추가 투자를 의미하며, 일부는 정치적으로 실현 가능하지 않을 수 있다고 주장한다. 납세자들은 외국인 방문객보다 자신을 위한 원활한 입국에 더 많은 투자를 원할 것이다. 그리고 전자여권 게이트는 아직 완벽하지 않다. 출입국 검사를 받는 승객의 약 1%만이 전자여권 검사에 오류가 발생하지만, 매우 분주한 공항에서의 오류 가능성은 증가할 수 있다. 또 다른 해결책은 비즈니스 좌석 이용객이 입국 심사를 먼저 받을 수 있도록 항공사가 추가 이용료를 공항에 지불하는 것이다. 하지만 우선 심사를 이용할 수 없는 승객은 불만을 가질 수 있으며, 추가 자원이 투입되지 않는 한 일부 승객을 우선 처리하면 다른 승객은 더 오래 기다려야 한다.

예약 시스템은 고객이 실제로 대기하지 않아도 되는 이점이 있는 대기행렬이다. 서비스 제공자에게는 운영 관리자가 수요를 충족시키기 위한 자원을 더 잘 관리할 수 있도록 한다. 포트아벤투라 월드 파크 앤 리조트 사례(9장)는 실제로 패스트 트랙 시스템을 통해 '가상의 대기행렬'을 창조해 냈다. 이 테마파크에 오는 방문객은 미리 특정한 시간대에 탈 수 있도록 예약한 탈 것에 되돌아 올 수 있는데 이는 고객의 시간을 좀 더 효과적으로 사용할 수 있게 한다. 델리케이트센 카운터에서 티켓 시스템을 운영하는 슈퍼마켓도 같은 원칙을 사용하고 있다. 위의 두 가지 경우 모두 서비스 제공자는 고객에게 확실하게 공정한 대우를 하며 고객이 대기행렬에서 기다려야 하는 시간을 더 잘 사용하도록 하는 방법을 찾은 것이다.

대기행렬 이론과 시뮬레이션

경영과학자와 수학자들은 대기행렬의 행태를 연구하여 대기행렬의 길이 등을 예측할 수 있는 통계적 모형을 제공하였다. 운이 좋게도 운영 의사 결정의 영향을 예측할 수 있게 도와주는 다수의 컴퓨터 시뮬레이션이 있어서 이들 모형의 자세한 부분을 이해할 필요가 없다.

단순하게 말해서 대기행렬 이론에는 세 가지 주요 파라미터가 있다. 이는 고객의 도착률, 서비스율, 그리고 가능한 서비스 제공자의 숫자이다. 도착률과 서비스율은 변동성의 측면에서 더욱 이해되어야만 한다. 평균 서비스율과 도착률이 같다고 하더라도 이들 사이에 변동성이 있다면 대기행렬은 여전히 형성될 것이다.

이러한 상황은 〈그림 13-7〉에 나타나 있는데 도착률과 서비스 프로세스율의 변동성의 영향을 보여 준다. 이 경우 프로세스 시간은 상당히 일정하지만 — 아마도 이는 대체로 자동화나 표준 스크립트에 의해 결정되는 표준 프로세스이기 때문일 것이다 — 고객의 도착은 좀 더 임의의 형태를 띤다. 이렇게 단순한 시스템의 대기행렬에는 네 명의 고객(한 명은 서비스를 받고 있고 다른 세 명은 기다리는)이 있게 될 것이다. 가장 길게 기다리는 고객은 20분(4명 × 5분)을 기다리게 되며 이는 평균 프로세스 시간이 평균 도착률과 같다는 점을 볼 때 놀라운 일일 것이다. 평균 대기행렬의 길이는 2.5명인데 이는 평균 대기시간이 12.5분임을 의미한다.

컴퓨터 시뮬레이션은 서비스 운영 관리자에게 매우 유용한 정보를 제공한다. 위에서 서술된 것보다 좀 더 복잡한 상황에서는 그럴듯한 결과를 모델화시키기는 불가능하지만 시뮬레이션은 다른 대기행렬 설계, 우선순위 등의 영향을 규명할 수 있다. 상황이 복잡하건 단순하건 주요 질문은 '고객이 수용할 수 있는 대기시간은 얼마일까?'이다.

풀링

대기행렬의 한 가지 중요한 원칙은 '풀링(pooling)' 대기열이 갖는 장점이다. 여러 명의 서비스

〈그림 13-7〉 대기행렬의 변동성 영향

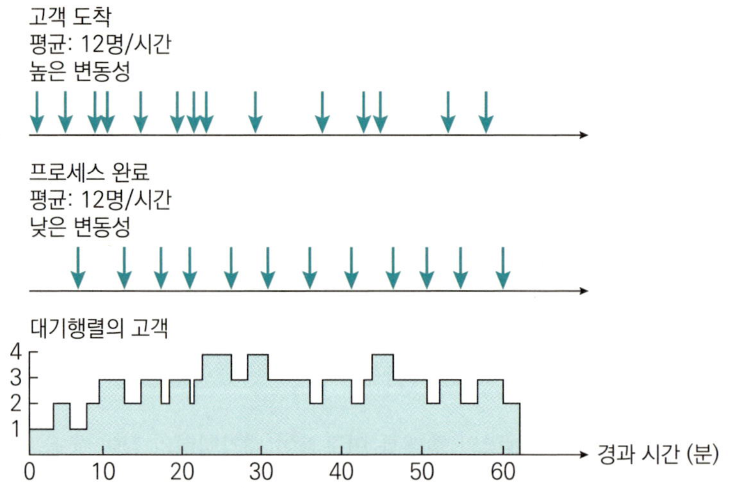

제공자가 동일한 고객 대기열에서 풀링하면 대기시간이 단축되지만 고객이 별도의 대기열에 참여하는 시스템과 동일한 수준의 활용률을 제공하게 된다. 즉, 대기열의 배열은 서비스 제공자의 공급능력을 변경할 필요 없이 대기열의 효율성에 영향을 미친다.

〈그림 13-8〉은 두 가지 배열을 보여 준다. (a)에서 고객은 하나의 대기열을 선택한다. 여기서 문제는 한 서비스 제공자에서 발생하는 모든 지연이 해당 대기열에 있는 모든 사람에게 영향을 미친다는 것이다. 그러나 배열 (b)에서 대기열이 풀링되고 대기열 맨 앞에 있는 고객이 사용 가능한 첫 번째 서비스 제공자로 이동하는 경우, 한 서비스 제공자의 지연은 해당 서비스 제공자에게만 영향을 미친다. 심리적 장점도 존재한다. 단일 대기열을 구성하면 최상의 대기열을 다시 추측하지 않고 어디로 갈지 선택할 필요가 없으며 더 공평한 것으로 보인다.

대기행렬 행동

대기행렬 이론의 대부분의 수학적 모델은 대기열에서 기다리는 고객이 합리적으로 행동한다고 가정한다. 특히 긴 대기열에 있었던 사람은 이것이 반드시 사실이 아니라는 것을 알고 있다. 보다 전체적인 접근 방식에는 다음과 같은 다른 요소가 포함되어야 한다.

- **대기행렬 규율.** 대기열에서 대기 중인 고객에게 서비스를 제공하는 순서를 결정하는 일련의 규칙이다. 대부분의 지역에서 상점의 대기열과 같은 단순 대기열은 선착순 대기열 규칙

〈그림 13-8〉 (a) 여러 회선, 여러 서비스 제공자, (b) 단일 회선, 여러 서비스 제공자

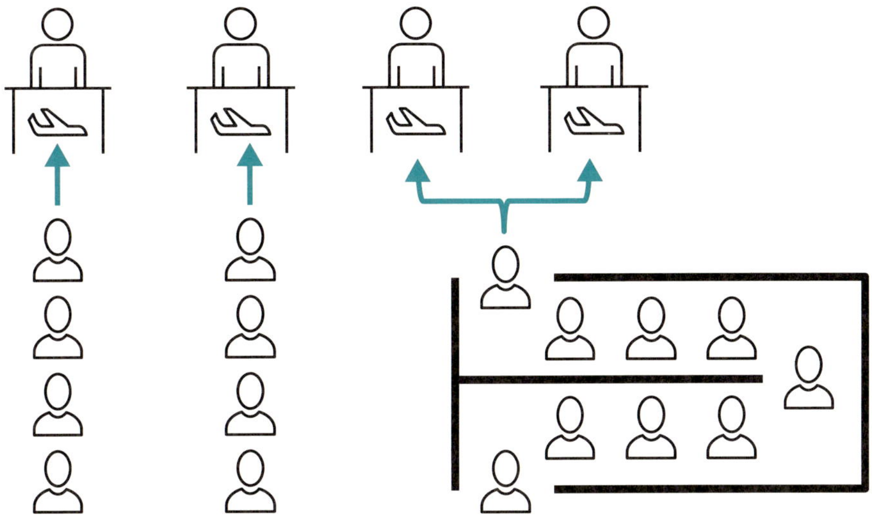

을 사용한다. 그러나 문화적 차이도 존재한다. 일부 국가에서는 '대기열 건너뛰기'와 '끼어들기'가 사회적으로 용납되지 않는 매우 강력한 대기열 규칙을 준수한다. 어떤 국가는 이보다 훨씬 관대한 규칙을 적용하기도 한다. 이는 대기행렬 행동을 예측할 때 문화적 규범을 고려해야 함을 의미한다.

- **거부.** 대기행렬의 고객 수가 이미 허용된 최대 수에 도달한 경우 시스템에서 고객을 거부할 수 있다. 수요가 많은 기간에 일부 웹 사이트는 서비스에 대한 수요가 감소할 때까지 고객이 사이트의 일부에 액세스하는 것을 허용하지 않는다.
- **꺼림.** 고객이 대기행렬을 밖에서 보았을 때 대기가 너무 길기 때문에 줄을 서지 않는 고객이 존재한다.
- **이탈.** 대기행렬에 들어와서 잠시 기다리다가 참을 수 없을 정도로 지체됨에 따라 서비스 시스템을 떠나는 고객의 수를 의미한다.

13.6 관리자가 수요를 감당하지 못할 때 무슨 일이 벌어지는가

서비스 관리자가 증가하는 수요를 감당하기 힘들어하는 순간이 있다(중단점, 그림 13-9). 이 시점에서 관리자와 직원들은 대처 영역으로 진입한다. 이 수준의 가동률에서는 상황이 바빠진다. 직원은 스트레스를 받으며, 모든 것이 문제시된다. 또한, 중요한 것은 인지된 품질, 즉 고객의 만족도가 고객당 수입과 더불어 감소한다.[12]

예를 들면, 대처 영역에 진입한 높은 수준의 가동률을 나타내는 레스토랑의 경우에,

- 고객은 서비스를 위해서 오랜 시간을 기다려야 한다.
- '재고 부족'의 가능성이 높아진다. (특정 아이템이 메뉴에서 사라지게 된다.)
- 고객이 서두르게 되며, 바쁘게 서비스를 제공하는 직원에게 많은 것을 요구하지 않아야 한다는 압박을 받게 된다.
- 직원은 압박을 받으며, 공손한 응대나 개인에 맞춘 서비스를 제공하지 못한다.

〈그림 13-9〉 고급 레스토랑의 대처 영역

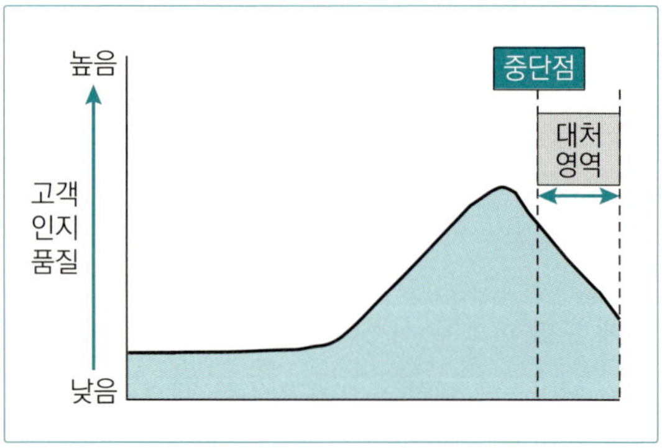

보통 두 가지 이유로 인해서 100%의 가동률이 달성되기 이전에 중단점에 도달하게 된다. 우선, 어떤 시점에서도 완전한 가동률의 조건에서 하나의 자원이라도 가동하는 것은 불가능하다. 예를 들면, 레스토랑에서 직원이 항시 '녹초가 되도록' 일하는 것은 불가능하다. 두 번째로, 여러 자원이 관련되어 있을 수 있으며, 직원이 '녹초가 되도록' 일하는 동안에 전체 테이블 수의 오직 80%만이 이용될 수도 있다.

낮은 수준의 가동률이 나타나는 경우에도 직원과 고객에게 영향을 미칠 수 있는 문제들이 나타날 수 있다. 레스토랑의 경우에,

- 레스토랑이 '죽어 있기' 때문에 서비스의 전반적인 품질에 대한 인지가 낮게 나타날 수 있다. 즉, 어떤 대화도 들리지 않고, 정적이 오랫동안 지속된다.
- 비록 많은 고객이 있는 것은 아니지만, 레스토랑의 주방이 최대 효율성을 나타내지 않기 때문에 서비스가 늦어질 수도 있다.
- 또한, 서비스를 제공하는 직원이 고객의 요구에 충분히 대응할 정도로 바쁘게 행동하지 않기 때문에, 기대되는 수준에 미치지 못하는 낮은 수준의 배려심을 나타낼 수 있다.

〈그림 13-9〉는 가동률과 고객의 인지된 품질 사이의 연관성을 나타내며, 고급 레스토랑에서 너무 많거나 적은 고객이 있는 경우에 품질이 어떤 영향을 받는지를 보여 준다.

이와 같은 연관성의 형태, 중단점, 대처 영역의 규모 등은 조직마다 다르게 나타날 수 있다. 〈그림 13-10〉은 나이트클럽의 경우에 볼 수 있는 고객의 인지된 품질(만족도)과 가동률 사이의 관계를 보여 준다. 이 경우에, 고객은 해당 장소가 사람들로 가득 찰 때까지 분위기를 제대로 즐기지 못할 수 있다. 클럽이 대처 영역에 진입하는 경우에, 입구를 전담하는 직원, 화장실 및 바와 같은 클럽의 자원에 적용되는 수요로 인해서 문제가 발생할 수 있다.

〈그림 13-10〉 나이트클럽의 대처 영역

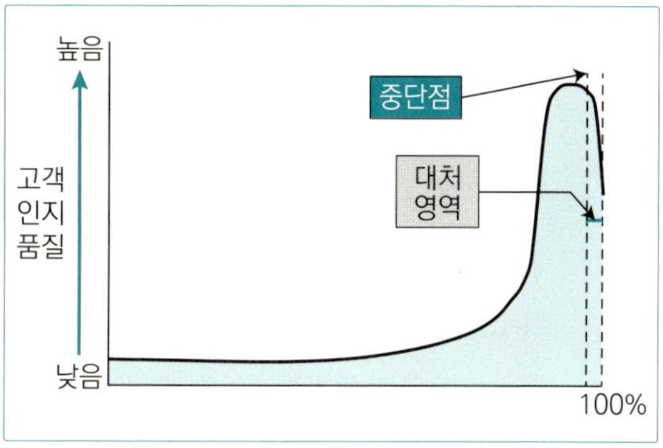

13.6.1 대처 영역 관리 방법

7단계를 통해서 프로파일을 구축하고 대처 영역을 관리할 수 있다.

1단계 — 서비스 개념의 파악

고급 레스토랑의 경우에, 서비스 개념의 근원이 되는 것은 고객이 저녁 내내 테이블을 예약할 수 있다는 믿음이다. 레스토랑이 하루 저녁에 고객을 2회에 걸쳐서 유치할 의도를 가지고 있지 않기 때문에, 고객은 테이블을 서둘러서 비우지 않을 것이다. 서비스는 느긋하게 제공되어야 하며, 직원은 고객과 대화를 나누고 적절한 경우에 음식과 와인을 추천할 정도의 여유를 갖춰야 한다.

이것은, 직원이 정신 없이 돌아다니고 고객이 음식을 먹고 떠나기를 권유받는 많은 에너지를 동반하는 상황을 만들기를 원하는 레스토랑의 경우와는 매우 다른 개념이라고 할 수 있다. 특히 레스토랑이 바빠지는 경우에, 고안되거나 의도된 서비스 개념에 대해서 명확해지는 것이 중요하다.

2단계 — 가동률의 측정 방법 결정

고급 레스토랑의 경우에, 최고의 가동률 측정 방법은 저녁 시간에 고객이 차지하고 있는 테이블과 의자의 수를 측정하는 것이다. 서비스를 제공하는 직원이나 주방의 수용력과 같은 다른 자원들이 레스토랑 영역의 분주한 모습에 맞춰서 어느 정도까지 조정될 수 있다.

특정 사업이 성과를 분석하거나 제어하는 가장 낮은 수준에서 최고의 측정 단위가 선택될 수 있다. 콜센터는 하루 종일 시간 단위로 고객 서비스 담당자의 평균 업무량을 보고, 전문 서비스 기업은 개인의 담당 건수를 살펴볼 수 있다.

3단계 — 전반적인 모습 구축

〈그림 13-9〉는 대부분의 경우에 있어서 대부분의 고객으로부터 볼 수 있는 고객이 인지한 품질과 가동률 사이의 관계를 나타낸다. 이것은 항상 모든 고객의 경우를 대변하지는 않는다. 예를 들면, 어떤 고객은 텅 빈 레스토랑을 선호하며, 낮은 수준의 가동률을 나타내는 레스토랑을 고급 레스토랑으로 평가한다. 또한, 다른 고객은 레스토랑을 이용하는 목적과 자신이 찾는 레스토랑의 분위기를 중요하게 생각한다. 이와 같은 자료는 고객의 만족도와 관련된 지수를 통합하고 그것을 특정 시점에 나타나는 가동률과 비교하여 얻을 수 있다.

4단계 — 대처 영역의 특성 및 영향 이해

높은 수준의 가동률만큼이나 낮은 수준의 가동률도 서비스의 품질과 관련하여 문제를 초래할 수 있다(실제로, 수입이 낮아지기 때문에 낮은 수준의 가동률은 더 좋지 않은 결과를 초래할 수 있다). 여기에서는 대처 영역에서의 활동에 집중한다. 해당 영역에 도달했다는 사실을 나타내는 신호를 인지하고, 이와 같은 신호에 민감하게 대응하는 것이 중요하다고 할 수 있다. 고객이 점차 화를 내거나 주위를 돌아보거나 줄을 서는 것과 같은 모습은 중단점을 이미 지나쳤다는 사실을 나타낸다. 또한, 중단점을 지나치는 것과 이와 같은 사실이 비용 및 수입에 미치는 효과 사이에서 나타나는 영향을 묘사하기 위해서 재정적인 분석을 이행할 필요가 있다.

5단계 — '이상적인' 활동영역 결정

〈그림 13-9〉를 통해서 우리는 80%의 가동률에서 중단점을 파악했다. 레스토랑의 경우에, 100%의 가동률에서는 추가로 고객을 수용하는 것이 불가능하다. 다음과 같은 두 가지의 넓은 접근 방식이 수용될 수 있다.

- **80%의 가동률 적용.** 해당 수준의 적용은, 레스토랑이 잠재적인 수입을 상실할 수 있다는 것을 의미한다. 사실 레스토랑은 보다 낮은 단기 수입을 얻을 수도 있고, 또 레스토랑은 모든 가능한 공간으로 가능하면 많은 사람을 밀어 넣어 오래 서 있던 고객이 탐욕스럽게 보이게 함으로써 당황하게 할 수도 있다. 80%의 가동률과 100%의 가동률에서 나타나는

고객의 만족도 사이에서 볼 수 있는 차이점을 이해하는 것이 중요하다고 할 수 있으며, 이와 같은 차이점이 어느 정도까지 고객이 다시 레스토랑을 찾을 가능성을 낮추는지를 이해할 필요가 있다.

- **100%의 가동률 적용.** 일반적으로 볼 때, 이것은 단기간에 수입을 창출하는 전략이라고 할 수 있다. 이것은 유행에 민감한 고객이 다른 곳으로 옮겨가기 이전에 잠시 동안이라도 그들에게 '어필하려고 하는' 테마 레스토랑에게 더 적합하다고 할 수 있다. 또한, 이 전략은 항시 많은 수의 고객을 유치할 수는 없는 유원지에 위치한 레스토랑에 적합할 수 있다.

예제로 제시한 레스토랑은 장기적인 고객 유치 및 입소문을 통한 광고에 의존한다. 결과적으로, 해당 레스토랑은 80%의 가동률을 목표로 한다. 이와 같은 목표를 성취하기 위해서, 해당 레스토랑의 소유주는 고객이 혼잡함을 느끼지 않도록 하기 위해서 상당히 바쁜 경우를 제외하고는 많은 수의 테이블을 레스토랑에 두지 않았다.

결과적으로, 해당 레스토랑의 소유주는 80%의 가동률을 적용하여 100%의 가동률을 통해서 볼 수 있는 효과를 누릴 수 있었다. 즉, 이 시점에서 해당 레스토랑은 단기적으로 재정적인 목표를 충족시킬 정도로 충분한 수입을 창출하고, 앞으로의 사업을 보장할 정도로 높은 수준의 고객 만족도를 얻는다고 할 수 있다. 100%의 효과적인 수용력과 100%의 잠재적인 수용력 사이에 차이가 존재하기 때문에, 해당 레스토랑은 특정한 경우에 있어서 100% 이상의 가동률을 나타낼 수 있다. 많은 관리자에게 이와 같은 모습이 그들의 사업에 있어서 기준으로 적용될 수 있다.

6단계 — 대처의 경우가 발생하는 이유 이해

분명 80%의 가동률에서 수용력의 균형을 항상 유지하는 것은 불가능하다. 비록 해당 레스토랑이 예약 시스템을 적용한다고 할지라도, 주요한 고객이 마지막 순간에 자리를 예약할 가능성이 존재하며, 해당 레스토랑의 소유주는 이와 같은 고객의 예약을 거절하지 못할 것이다.

다른 경우에, 새로운 서비스의 제공이나 예상하는 속도보다 빠른 성장으로 인해서, 일부 사업이 '대처' 모드에 진입하는 경우가 발생할 수 있다. 이와 같은 모습은 최근에 제품을 출시한 휴대전화 네트워크 제공 업체 및 은행의 고객 서비스 전담 부서를 통해서 볼 수 있다. 특정한 경우에 있어서, 관련 기업이 어느 정도의 예측을 이행했거나, 내부적인 커뮤니케이션을 실행에 옮겼을 때, 이와 같은 대처가 회피되는 경우를 볼 수 있었다.

여기에서 중요한 것은, 상당한 수준의 자원을 보유한 조직을 제외한 모든 조직이 때때로 대처 영역에 진입할 수 있다는 것이다. 만약에 조직이 대처 영역에 진입하지 못한다면, 불가피하게 해당 조직은 지나치게 많은 자원을 보유한 것이다.

7단계 — 대처 전략의 개발

대부분의 조직은 어느 정도 대처해야 하는 상황에 직면할 수 있다. 레스토랑에서는 식사를 하는 모든 사람에게 음식이 제공되지만, 항상 최대의 고객 만족도가 발생하는 것은 아니다. 이와 유사하게, 복잡한 비행기에서는 모든 승객에게 음식이 제공되지만, 나중에 음식을 제공받은 승객은 메뉴 선택이 제한적일 수도 있으며, 비행기가 하강하기 이전에 음식을 먹을 충분한 시간을 가지지 못할 수도 있다.

고객을 대면하는 직원은 자신만의 대처 방법을 찾아야 한다. 이들이 적용하는 비공식적 대처 전략 중의 일부는 전적으로 적합하고 혁신적인 모습을 나타낼 수 있으며, 대인 간 대응력과 직감을 이용하여 각 고객을 어떻게 다룰지를 결정할 수 있다. 다른 전략들은 다소 낮은 수준의 만족도를 나타낼 수 있으며, 이와 관련하여 다음과 같은 예제를 고려해 볼 수 있다.

- 한 가지 업무에 지나치게 집중하는 웨이터는 추가적인 요구를 제시하는 고객에게 관심을 가지지 못할 수 있다.
- 복잡한 대기실을 접한 병원의 접수 담당자는 환자를 지나치게 효율적으로 다루어서, 결과적으로 무례한 행동을 나타낼 수 있다.
- 소매점의 직원은 고객이 한 가지 서비스를 선택하는 경우에 자신들의 업무량이 늘어날 것이라고 생각하여, 고객에게 다양한 서비스를 제공하는 것을 '잊어버린다.'

관리자는 다음과 같은 사항을 고려하여 대처 전략을 개발한다.

- 고객에게 발생 가능한 어려운 상황에 대해서 알려 주기 위해서 추가적인 정보를 제공한다. 이와 관련하여 전기회사의 경우를 예로 들 수 있다. 큰 태풍이 지나간 후에, 전기회사는 전화 상담 서비스에 다음과 같은 녹음된 메시지를 적용한다. '만약에 귀하가 이 지역 내에서 발생한 전력의 손실에 대해서 문의하기 위해서 전화를 하신 것이라면, 저희 회사가 2시간 내에 해당 문제를 해결할 것이라고 말씀드릴 수 있습니다.' 이와 같이 녹음된 메시지는 전화를 통한 통신원의 업무량을 감소시킨다.
- 레스토랑의 경우에, 피크타임에 제한된 메뉴를 이용하여 의도적으로 제공되는 서비스를 감소시킬 수 있다.
- 고객에게 정말로 중요한 것이 무엇인지에 대해서 직원에게 명확하게 공지한다. 즉, '하면 좋은 것' 대신에 '반드시 해야 하는 것'에 집중한다.

- 일이 적은 영역에서 근무하는 직원이 과도한 업무가 발생하는 영역의 직원을 지원하도록 하여 자원의 유연성을 구축한다. 콜센터는 다른 센터로 전화를 연결하여 이와 같은 과정을 이행한다. 디즈니의 경우에, 바쁜 날에는 내근 직원이 고객 대면 업무를 이행한다. 이와 같은 일부 자원이 일반적인 노동 자원만큼 효율적이지 못할 수도 있다는 사실을 인지하는 것이 중요하다.

장기적으로 업무량과 직원이 받는 스트레스 사이에는 매우 강한 연관성이 존재한다(8장 참고). 제공자는 단기간의 예측 가능한 업무량에 상대적으로 쉽게 대처한다. 만약에 1~2주 정도 바빠질 것을 안다면, 직원들은 해당 기간의 업무량에 대해서 준비할 수 있다. 그리고 많은 사람이 특정한 위기에 대처하기 위해서 서로 협력하는 과정에서 '혼란'을 겪을 수 있다. 특정한 상황에 대한 대처로 인해서 발생하는 실질적인 문제는 장기간에 발생하는 과도한 업무에서 비롯된다. 이 경우에, 해당 업무를 이행하는 사람들은 예측 가능한 미래에 자신의 과도한 업무가 줄어들지는 않을 것이라고 생각한다. 이 시점에서는 경영진의 지원 및 감사가 특히 중요하다고 할 수 있다.

만약에 장기적으로 특정 사업이 대처 영역에 진입한 상태라면, 관리자는 직원이 '의도적으로 기량 발휘를 하지 않을 수 있는 권한'을 부여할 필요가 있다. 예를 들면, 바쁜 응급실에서 근무하는 간호사는 훈련을 받은 방법대로 자신의 모든 의무들을 이행하지 못할 수도 있다. 만약에 이와 같은 상황이 지속된다면, 결과적으로 관련된 사람들은 스트레스를 받고 녹초가 될 수 있다. 그렇기 때문에, 대처 전략을 통해서 서비스의 어떤 부분이 '반드시 이행되어야 하는 것'이고 어떤 부분이 당분간 안전하게 보류될 수 있는지에 대해서 합의가 이루어져야 한다.

13.6.2 대처 — 주요 질문

조직이 특정한 상황에 어떻게 대처하는지를 이해하는 것으로 어느 부분에서 수용력의 관리가 강화될 수 있는지를 알 수 있기 때문에, 상당한 분량을 소비하여 대처에 대해서 다루었다. 다음과 같은 주요 질문에 대해서 생각해 볼 수 있다.

- 당신의 서비스에 있어서 고객이 인지한 품질/가동률은 어떤 모습을 나타내는가?
- 이것은 서비스 과정 및 고객층에 따라서 어떻게 달라지는가?
- 어떤 측정치나 초기 경고를 통해서 대처 영역에 진입하는지의 여부를 알 수 있는가? (이와 대조적으로, 이미 대처 영역에 진입했다는 사실을 나타내는 고객의 상실이나 불만의 증가 등과 같은 측정치를 고려할 수 있다.)

- 대처 영역에 진입하는 경우에 고객과 관련하여 어떤 문제가 발생할 수 있는가?
- 대처 영역에 진입하는 경우에 직원과 관련하여 어떤 문제가 발생할 수 있는가?
- 고객과 직원에게 미치는 영향을 감소시키기 위해서 대처 영역을 어떻게 관리해야 하는가?
- 대처 영역에 진입하는 것을 최대한 어떻게 회피할 수 있는가?

물론, 대처는 추종 전략 및 평준화 전략이 모두 적용되는 조직의 모든 부분에 영향을 미칠 것이다. 하지만 대처는 추종 전략을 적용하는 부분에서 더 명백하게 나타난다. 실제로, 조직이 예상치 못한 수요의 변화를 빠르게 다루기 위해서 추가적인 수용력을 갖출 능력이 없기 때문에, 추종 전략이 단기적으로 평준화 전략으로 바뀐다. 대처는 아마도 이 경우에 더 민감한 모습을 나타낼 수 있다. 그 이유는, 이미 지적했듯이, 조직이 고객에 대한 빠른 반응과 높은 수준의 유용성이 특히 중요한 경우에 이 전략을 이용하기 때문이다. 이와 같은 상황에서, 고객은 일반적으로 기다릴 준비가 되어 있지 않은데, 그 이유는 해당 서비스가 그들에게 있어서 그렇게까지 중요하지 않거나, 다른 대안을 선택할 가능성이 존재하기 때문이다.

13.7 조직은 어떻게 공급능력을 향상시킬 수 있는가

가동률을 향상시키기 위해서 선택할 수 있는 4개의 주요 방법이 존재한다.

- 수율 관리
- 유연성 구축
- 공급능력 누수 감소
- 가동률을 위한 조직적인 지원 제공

13.7.1 수율 관리

수율 관리는 자사의 공급능력이 사멸될 수 있다는 사실에 대처하는 호텔 및 항공사들에 의해 집중적으로 적용된다. 즉, 만약에 호텔의 객실이 당일 팔리지 않는다면, 해당 객실에 대한 잠재적인 판매 기여는 사라진다.

- 판매하고자 하는 '제품'의 수가 정해져 있는 경우(예: 항공사 또는 버스 좌석, 호텔 객실 또는 렌터카)
- 판매되는 제품의 가치는 시간에 제약을 받는다. 특정 날짜 또는 시간이 지나면 제품의 가치가 떨어진다.

- 고객마다 동일한 제품에 대해 다른 가격을 지불할 의사가 있다.

수율 관리는 관련 수용력의 대상이 되는 다양한 영역으로부터 획득 가능한 최대 수입을 결정하는 과정에 초점을 맞춘다. 결과적으로, 항공사는 얼마나 많은 전액 지불(비즈니스 클래스) 승객이 특정 항공편을 예약했는지를 측정하고, 이코노미 클래스 승객 및 기타 할인 대상인 사전 예매 고객을 위해서 잔여 수용력을 조정한다. 출발 시간이 다가오면, 항공사는 할인 여행사나 대기 승객을 통해서 잔여 수용력을 활용할 수 있다.

〈그림 13-11〉은 수율 관리 접근법에 따른 다양한 가격의 원리에 대한 단순화된 예로서 특정 노선에서 단일 클래스 서비스를 운영하는 항공사 예시이다. 모든 서비스와 마찬가지로, 이 서비스에 대한 수요 곡선은 가격이 변화함에 따라 수요가 어떻게 변화하는지를 나타낸다. 매우 높은 가격에서는 수요가 낮을 것이지만, 가격이 낮아짐에 따라 요금을 지불하려는 사람들의 수가 증가한다. 〈그림 13-11〉 (a)는 N_1 승객이 이 가격을 지불할 의사가 있는 항공기의 좌석을 하나의 고정 가격(P_1)으로 제공하는 효과를 보여 준다. 항공사의 총수익은 ($P_1 \times N_1$)이다. 그러나 항공사가 언제든지 구입할 수 있는 완전 환불 가능 요금인 P_2, 환불 불가 요금인 P_3, 4주 전에 구입한 환불 불가 요금인 P_4의 세 가지 가격 포인트를 제공한다고 가정하자. 이 조건에서 항공사가 항공권 가격을 적절하게 책정한 경우(항상 쉽지는 않음) 총수익은 ($P_2 \times N_2$) + ($P_3 \times N_3$) + ($P_4 \times N_4$)로 증가한다.

〈그림 13-11〉 항공권 가격 책정에 관한 단순 사례

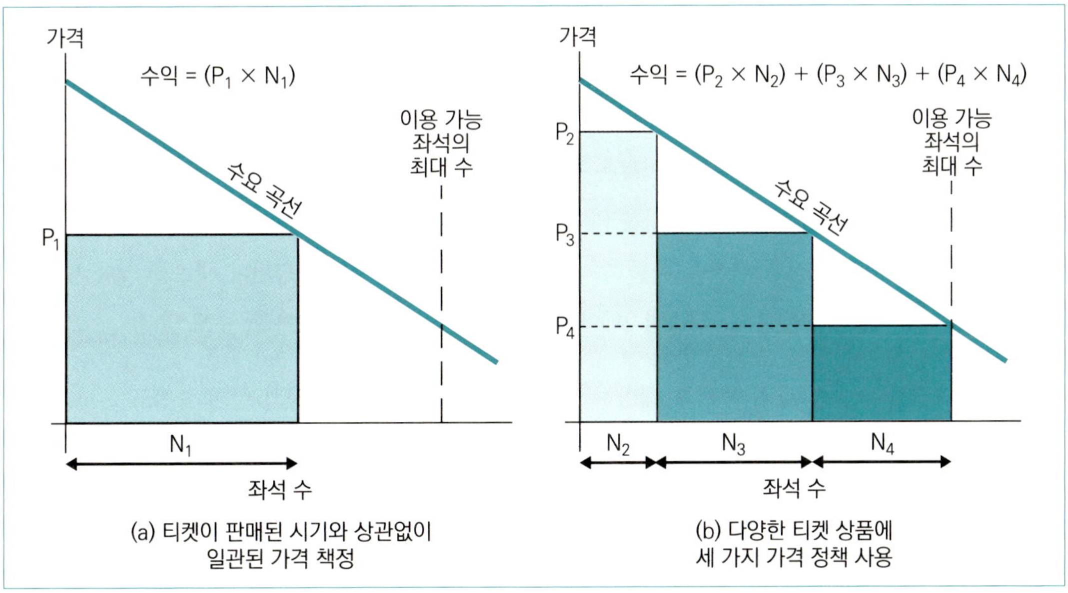

하지만 서비스 관리자는 이와 같은 접근 방식을 이용하는 것과 관련하여 발생할 수 있는 서비스 개념에 대한 잠재적인 피해에 대해서 인지해야 한다. 전액지불 고객은 옆에 앉는 사람이 전액을 지불하지 않고 비행기표를 구매했다는 사실을 알게 되면 불만을 나타낼 수 있다. 이와 같은 상황은 항공사가 고객의 만족도를 중요하게 생각하지 않고, 수입을 조금이라도 늘리는 것만을 신경 쓰는 것처럼 보이게 할 수 있다.

13.7.2 유연성 구축

운영 유연성에는 네 가지 기본적인 형태가 존재한다.

- **새로운 서비스 도입 유연성.** 이미 존재하는 서비스 믹스에 새로운 서비스를 도입하여 적용하기 위한 서비스 운영 유연성을 의미한다. 이를 위해 새로운 서비스 도입의 발생 빈도와 이에 따른 새로운 서비스 역량의 필요성 등이 검토되어야 한다. 예를 들어, 집 담보 대출을 전문으로 하는 회사는 다양한 이자율과 보장 기관을 가지는 새로운 상품을 지속적으로 시장에 출시할 수 있다. 이 경우 신상품의 시장 출시는 매우 자주 일어나는 반면, 새로운 운영 역량의 추가적인 확보는 그리 필요치 않다.
- **서비스 믹스 유연성.** 복수의 서비스를 전달하기 위한 능력을 의미한다. 호텔은 사업가, 여행자, 컨퍼런스 참석자 혹은 결혼식 하객 등 다양한 고객층을 동시에 서비스할 수 있어야 한다.
- **전달 유연성.** 서비스 활동 시기를 변경하기 위한 운영 능력을 의미한다. 택배 회사들은 서비스 전달(배달) 속도, 물품 수령 범위, 배달 시간 등을 차별적으로 제공함으로써 전달 유연성을 높이기 위해 노력하고 있다.
- **용량의 유연성.** 이와 같은 형태의 유연성은 추종 전략을 이행하는 다수의 소비자 서비스 기업에 의해서 요구된다. 이것은 변동하는 수요에 대응하기 위해서 생산량의 수준을 변화시킬 수 있는 조직의 능력을 의미한다. 결과적으로, 콜센터는 평균적으로 1일 기준으로 6,000건의 전화 거래를 다룰 수 있지만, 광고 캠페인이 이행되거나 새로운 제품 및 서비스가 출시된 이후에 그 수의 2배에 이르는 전화거래를 이행해야 할 수도 있다.

효과적인 수용력 관리 계획을 개발하기 위해서는 요구되는 유연성의 형태와 정도를 조심스럽게 정의할 필요가 있다.

〈그림 13-12〉는 최소 효과적인 리드 타임, 즉 수요와 관련하여 나타나는 변화에 대응하기 위해 필요한 시간을 나타낸다. 만약에 예상하지 못한 수요의 변화가 발생한다면, 콜센터의

〈그림 13-12〉 콜센터의 최소 유효 리드 타임

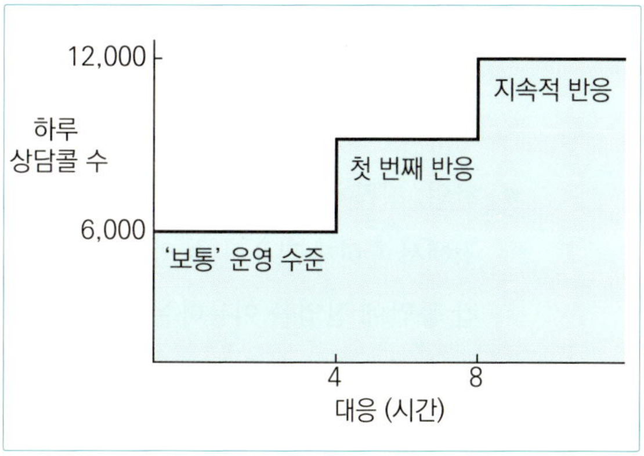

매니저는 4시간 동안에 50%로 수용력을 증가시킬 수 있다. 이와 같은 과정은, 직원에게 보통의 근무시간을 넘어서서 업무를 이행하도록 하거나, 근무 중이 아닌 직원에게 연락을 취하거나, 전화 업무를 처리하기 위해서 조직으로부터 다른 직원을 영입하여 수행된다. 이것은 '첫 번째' 반응 혹은 긴급 상황 반응으로 받아들여지며, 직원 중의 몇몇은 전혀 훈련을 받지 않았기 때문에 생산성 수준이 결과적으로 악화될 수 있다. 8시간 내에 콜센터의 관리자는, 만약에 수요의 증가가 유지된다면, 다른 콜센터로부터 지원을 받아서 수용력의 수준을 증가시킬 수 있다.

이것은 기업의 관리자가 예측 가능한 사태를 대비하여 계획을 세우는 데 도움을 제공할 수 있는 주요한 도구라고 할 수 있다. 요구되는 유연성의 형태를 명확하게 하는 과정을 이행하면서, 서비스 관리자는 다음과 같은 사항을 고려해야 한다.

- **범위.** 얼마나 많은 유연성이 요구되는가? 콜센터는 1일 기준으로 6,000건에서 12,000건으로 전환할 수 있는가? 아니면 6,000건을 유지해야 하는가? 얼마나 많은 새로운 서비스가 얼마나 자주 적용될 것인가?
- **반응.** 얼마나 빨리 변화가 이루어져야 하는가? 콜센터는 4시간 안에 6,000건에서 12,000건으로 전환할 수 있는가? 아니면, 이 경우에 8시간이 충분한가? 명백히 반응이 더 빠르게 이루어질수록 더 많은 비용이 초래될 수 있다.
- **범위 내에서 전반적으로 나타나는 효과성.** 대부분의 과정은 최적의 범위를 가진다. 잠재적인 범위 내에서 이와 같은 과정이 동등하게 생산적인 형태를 나타낼 가능성은 없다. 해당 과정은 극단적인 수준에서 압박을 받을 수 있다.
- **유연성 제공 비용.** 생산 수준에서의 변화, 그리고 우선적으로 능력을 제공하는데 차원에서 나타나는 프리미엄은 무엇인가? 예를 들면, 더 많은 직원이 능력을 갖추도록 하기 위해서 훈련 과정을 제공하는 것은 상당한 투자를 대변한다.

유연성을 구축하는 과정과 관련하여 다음과 같은 다수의 접근 방식이 적용된다.

- **유연한 고용 계약.** 근로자는 매주, 매월, 혹은 매년 일정한 시간 동안에 일을 하도록 요청

을 받을 수 있다. 이와 같은 방식으로, 직원의 수준은 기대되는 수요에 쉽게 맞춰질 수 있다. 이 부분에서 볼 수 있는 유연성은 변동하는 업무량을 감당하기 위해서 직원이 여러 다른 기능을 발휘하도록 요구할 수 있다. 직원은 자신에게 친숙하게 느껴지지 않는 업무를 이행하는 경우에 효과적이지 못할 수 있다는 사실을 인지하는 것이 중요하다.

- **잔업.** 직원에게 잔업을 하도록 요청하는 것은 업무 분량과 관련된 유연성을 구축하는 과정에서 흔하게 적용될 수 있는 단기 방안이라고 할 수 있다. 하지만 일반적으로 더 오랜 기간 동안에 잔업을 이용하는 것은 근로자가 추가적인 업무 시간 동안에 기존의 업무를 단순히 연장하면서 생산량의 증가로 이어지지 않는다고 생각된다. 이 경우에, 잔업은 잘못된 접근 방식이라고 할 수 있으며, 잔업 수당 지급 측면에서 큰 비용을 초래할 수 있고, 근로자는 오랫동안에 직장에 머물게 되면서 지쳐버릴 수 있다.
- **단기적 아웃소싱.** 단기적인 수요의 증가에 대처하기 위해서 다른 서비스 제공 업체와 관계를 구축하는 것이 일반적으로 발생할 수 있으며, 특히 콜센터 활동에서 이와 같은 경향을 볼 수 있다. 이와 같은 결정은 제공 업체의 사전 자격 조건 확인 과정을 필요로 하지만, 상대적으로 낮은 비용에서 유연성을 제공할 수 있다.
- **메뉴얼 기반의 서비스(표준화).** 서비스 제공의 표준화는 더 적은 활동의 양을 늘릴 수 있는 기회를 제공한다. 이와 같은 '표준 프로세스' 활동의 창조(11장 참조)는 업무량을 완화시키고, 고객을 위해서 어느 정도의 주문 제작 혹은 개인화를 이행하기 위한 기회를 제공한다. 예를 들어, 교육 제공자는 학생들이 미리 결정된 제약 조건 하에 모듈 메뉴에서 선택하여 과정을 맞춤화할 수 있다.
- **팀워크.** 다기능팀의 발전을 통해서 근로자는 개별적인 기반을 전제로 단순히 활동을 이행하는 것보다 변동하는 업무량에 대처할 수 있다. 이와 같은 접근 방식에는 여러 혜택이 존재하며, 여기에는 그룹의 구성원들이 서로에게 줄 수 있는 지원과 수용력을 매우 빠르게 '유연하게' 만드는 능력이 포함된다.

13.7.3 공급능력 누수 감소

이 장에서 설명하는 방법대로 기업 관리자는 공급능력을 조심스럽게 계획하지만 관리자는 기대했던 것만큼 충분한 공급능력을 가지지 않고 있다는 사실에 놀라게 된다. 이에 관해 살펴보면 다음과 같다.

- **노동 질환 및 결근.** 과도한 업무와 잔업은 역효과를 낸다. 종업원은 회복을 위해 시간이 필요하다. 대안으로, 조직은 경영 스타일을 보고 '지휘 및 통제' 접근 방식보다는 팀의 구

축에 더 많은 집중을 할 필요가 있다.

- **노동 성과 미흡.** 콜센터는 '근로자'의 정확한 수를 가지고 있지만, 훈련 과정과 관련된 충분하지 못한 투자로 인해서 효과적이지 못한 모습을 나타낼 수 있다. 대안으로, 근로자 교체는 숙련된 직원들이 효과적인 모습을 나타날 때에 떠나게 된다는 것을 의미한다.
- **일정 계획 손실.** 직원이 수요와 관련하여 지나치게 큰 수용력을 갖추고 나태해지는 경우가 존재한다. 또한, 어떤 경우에는 수용력과 관련하여 더 큰 수요가 나타나는 경우도 존재한다. 이는 수요의 모습이 이해되지 않거나 너무 변동적이거나 직원의 업무 패턴 선호도가 비즈니스 요구에 맞지 않는 경우에 종종 발생한다.
- **복잡성의 비용.** 조직이 더 큰 범위의 서비스를 다룰수록, 일상적인 업무의 일부라고 할 수 없는 더 큰 수준의 업무를 직원이 다룰 가능성이 높아진다. 이와 같은 잠재적인 '재학습'은 비효율성과 재작업을 증가시킬 수 있다.
- **품질 실패 사례.** 품질 실패 사례는 명백히 실패한 공급능력이라고 할 수 있다. 물론, 콜센터가 이행하는 역할의 일부는 조직 내의 다른 곳에서 발생할 수 있는 낮은 품질에 대처하는 것이다. 이와 같은 재작업의 정도가 이해되고 적절한 위치로 배정되는 것이 중요하다.

13.7.4 공급능력 가동률을 위한 조직의 지원

기업의 관리자는 변화하는 환경에서 가동률을 이해해야 한다. 대다수의 문제는 서비스를 전달하는 과정상의 문제로 단순히 한정되기보다는 조직의 전체적 측면에서 해결될 필요가 있다. 이와 같은 조직적 지원의 측면에는 다음과 같은 내용이 포함된다.

- **서비스 개념은 어떻게 변하고 있는가?** 어느 정도까지 기업의 관리자는 조직의 미래 전략 방향과 관련하여 '가시성'을 유지할 수 있는가? 이와 같은 사항을 전략의 개발 과정에 포함시키지 않으면, 공급능력 계획 및 가동률과 개발은 효과적으로 이행되지 않을 것이다. 종종 자원을 관리하는 관리자는 변하는 개념 때문에 적절하지 않은 공급능력 계획을 개발해야 한다. 예를 들면, 정보 기술과 관련된 수리 및 보수 지원 서비스를 제공하는 다수의 서비스 기업은 자사 서비스 개념을 장비에 대한 서비스에서 고객을 지원하는 서비스로 전환했다. 고객 거래의 특성 및 기간은 완전히 바뀌었고, 이와 같은 전략적 방향에서 나타나는 변화와 해당 변화가 이행되는 자원 계획 사이에서 연관성이 요구된다.
- **내부 인터페이스는 얼마나 잘 관리되는가?** 기업의 관리자가 맡은 주요한 역할은 고객과의 관계 및 내부적인 관계를 모두 관리하는 것이다. 마케팅 촉진 및 새로운 서비스의 적용 사이에서 조화가 이루어져야 하며, 품질과 관련된 실패의 사례 및 장기적인 품질 비용 사이

의 조화도 중요하다. 성공적인 조직은 내부적인 관계를 잘 관리한다. 이것은 모든 사람이 항상 동의한다는 것을 의미하지는 않지만, 주요한 내부적인 논의가 존재한다는 사실을 나타낸다. 실제로, 어느 정도의 분쟁을 겪지 않는 조직은 학습 효과를 누리지 못하고 발전할 수 없다고 한다.

- **기업의 문화적인 측면에서 자원의 관리는 얼마나 중요한가?** 어떤 측면에서 볼 때, 자원의 관리는 낮은 수준의 업무처럼 보인다. 기업의 '스타'는 최종적인 대처를 이행하거나 최종적인 위기를 해결하는 사람들로 간주된다. 자원의 관리는 장기적인 계획을 세우고 자원의 관리에 대해서 조직이 다르게 생각하도록 설득할 수 있는 다른 형태의 '영웅'을 필요로 한다.

13.8 요약

자원 및 공급능력 관리란 무엇인가? 자원 및 공급능력 관리는 예상되거나 예상되는 서비스 수요를 처리하기 위해 자원을 최대한 활용하는 계획을 수립하는 것이다. 서비스 공급능력은 정상 작동 조건에서 서비스 프로세스가 일정 기간 동안 지속적으로 달성할 수 있는 최대 부가가치 활동 수준으로 정의할 수 있다. 그러나 공급능력 측정은 간단하지 않다. 서비스 믹스, 입지, 무형성, 자원 제약을 비롯한 다양한 요인에 영향을 받는다. 공급능력 관리는 장기, 중기, 단기의 일정 계획 기간을 통합하기 위한 일종의 계층적 계획 및 통제 절차를 고민하는 것이다.

장기적 자원 및 공급능력 관리란 무엇인가? 장기적으로 자원과 역량을 계획하는 것은 주로 운영의 물리적 특성에 관한 것이다. 이 수준에서 필요한 전략적 의사 결정에는 수요 예측에 아주 의존적인 전체 운영의 전반적인 스케일, 이들 사이에 공급능력이 분배될 여러 사이트의 수와 크기, 운영 '초점'으로 얻어질 잠재적 혜택에 의존하는 각 사이트에 할당되는 특정 활동들, 그리고 공급 측면 요인과 수요 측면 요인 간의 균형에 의해 영향을 받는 각 사이트의 위치 같은 이슈들이 포함된다. 이 모든 의사 결정은 서로 관련되어 있다.

중기적 자원 및 공급능력 관리란 무엇인가? 많은 조직이 세 가지 접근법을 혼용하지만 중기적으로 수요와 공급 간의 불일치를 처리하는 세 가지 기본 접근 방식—평준화 전략, 추종 전략, 수요 관리—이 있다. 평준화 전략은 부족하거나 값비싼 자원을 일정 수준으로 유지하고 조직은 고객 만족 및 운영 서비스 품질을 관리한다. 추종 전략에서 조직은 운영에 유연성을 구축하여 수요와 공급을 일치시키려고 노력한다. 주요 목표는 가장 효율적인 방식으로 높은 수준의 서비스 가용성 또는 신속하게 대응하는 것이다. 수요관리 접근법은 서비스 운영의 공급능력을 변경하는 대신 수요 프로파일에 영향을 주어 자원에 가해지는 부하를 완화하려고 한다.

단기적 자원 및 공급능력 관리란 무엇인가? 단기 자원 및 공급능력 관리는 중기적 공급능력 관리의 시간 단위, 일일 단위의 수요 및 공급능력 변동에 대처하는 것이다. 또한 수요 변동에 대처하기 위한 자원의 고급 일정 계획보다 수요 변동에 대응하는 것에 중점이 있다. 중기 계획에서 설정한 자원의 제약 내에서 수요에 즉시 대응하기 위해 조정하는 것을 포함한다. 이것은 각 활동이 몇 시에 시작되고 끝나는지 보여 주는 활동 시간표를 만들고(스케줄링) 직원, 고객, 장비, 시설을 활동에 할당(자원 로드)하고 어떤 순서로 작업을 수행할지(시퀀싱)를 계획한다.

서비스 운영은 병목 현상과 대기행렬을 어떻게 관리하는가? 병목 현상은 서비스 프로세스의 공급능력을 정의한다. 서비스 운영에서 대기행렬은 반드시 존재한다. 적절한 대기행렬 완화 전략은 고객의 잠재적 불만을 줄일 수 있다. 대기행렬에서 풀링은 장점을 갖는다. 왜냐하면 여러 서비스 제공자가 동일한 대기행렬에서 풀링하는 시스템은 대기시간을 단축함과 더불어 고객이 별도의 대기행렬에 참여하는 시스템과 동일한 수준의 활용률을 제공하기 때문이다.

관리자가 수요에 대처할 수 없으면 어떻게 되는가? 거의 모든 서비스 운영에는 수요가 공급을 초과하는 지점이 있다. 고객은 품질 저하를 인지할 수 있고 직원은 압박감을 느낄 수 있다. 서비스는 모든 작업이 이 지점에 도달한다는 점을 고려하여 대응 전략을 개발해야 한다.

조직은 어떻게 공급능력 가동률을 개선할 수 있나? 공급능력 가동률을 개선하기 위한 네 가지 방법이 있다. 수율 관리 기법을 사용하면 사라지기 쉬운 공급능력(호텔 객실, 항공사 좌석)을 사용하여 수익을 극대화할 수 있다. 범위와 대응 측면에서 시장 수요를 충족하는 데 필요한 유연성의 특성을 정의하는 것이 중요하다. 유연성을 구축하는 방법은 유연한 고용 계약, 초과 근무, 아웃소싱, 메뉴 중심 서비스 개발 및 팀워크가 있다. 공급능력 누수는 수요 충족을 위한 운영 역량에 유의한 영향을 미칠 수 있다. 자원 관리를 위한 조직의 지원을 이해하고 개발하는 것은 운영 관리자의 중요한 직무이다.

토론 및 연습

1. 다음 세 가지 경우에 대한 서비스 운영 방식을 제안하시오. (a) 식물과 원예 용품을 판매하는 가든 센터, (b) 병원, (c) 온라인 패션 소매 업체.

2. '런던 지하철 수요 변동' 사례에서 Transport for London은 성수기의 수요를 어떻게 분산시킬 수 있나?

3. 풀링은 대기행렬의 효율성을 높이는 방법이다. 하지만 슈퍼마켓에서 사용하지 않는 이유는 무엇일까?

4. 대기행렬이 항상 적용되지 않는 곳은 고객이 서비스 제공자의 관심을 끌기 위해 경쟁하는 바이다. 바에서 대기 줄을 건너뛰는 사람들은 (의도하지 않더라도) 다른 고객에게 상당한 좌절감을 준다. 이를 해결하는 방법으로 안면 인식 기술을 사용한다. 이 방법은 분주한 바에서도 대기 순서가 지켜진다. 이 기술은 고객을 '가상' 대기행렬로 구성하고 가장 오래 기다린 고객을 식별한다. 뿐만 아니라 보안 시스

템은 미성년 고객을 식별하기 위해 신분증 제시를 요구할 수 있으며, 신분증 확인이 된 고객은 직원에게 알려주어 고객이 더 빨리 서비스를 받을 수 있도록 해 준다. 이런 기술을 사용하는 바의 장단점은 무엇일까?

5. 최근 신문 기사[13]는 바쁜 시간에 블록버스터 전시회에 더 높은 가격을 부과하는 가격 전략을 도입한 런던예술공연장을 비판했다. 이 기사는 Royal Academy of Arts, National Portrait Gallery와 같은 곳도 주말과 성수기에 방문객에게 최대 22%의 추가 비용을 지불하도록 요구한다고 밝혔다. 다른 갤러리들은 관광객이 몰리는 8월 내내 전시 프리미엄을 운영하고 있다. 우버 등 택시 호출 서비스가 택시 수요가 가장 많을 때 수익을 극대화하기 위해 사용하는 '가격 전략' 정책을 연상시킨다는 것이다. 이런 가격 전략을 유지하는 것에 찬성한다면 이를 어떻게 옹호할 수 있을까?

6. 시카고의 오헤어 국제공항에서 피투성이가 되어 의식을 잃은 남자가 유나이티드 항공의 비행기에서 내리는 장면이 나왔을 때 소셜 미디어와 뉴스 매체에서 센세이션을 일으켰다.[14] 유나이티드 항공이 좌석을 초과 예약을 받은 후 4명의 승객을 비행기에 태우지 않는 것으로 결정한 것이 사건의 시작이었다(좌석이 초과 예약된 경우의 일반적 해결책으로 관행임). 이 항공사는 승객들에게 다음 비행기를 탈 수 있도록 금전적 보상을 제공했다. 우선 400달러와 호텔 숙박 1박 및 익일 비행편을 제공했다. 하지만 승객들은 수락하지 않았고, 항공사는 보상금을 800달러로 올렸다. 여전히 아무도 이 제안을 수락하지 않았기 때문에 항공사 매니저는 비즈니스 클래스 승객을 제외한 나머지 승객들 중에 다음 비행편을 이용할 승객을 선택할 것이라고 발표했다. 처음 선택된 두 사람은 다음 비행편을 이용하기로 했고, 세 번째로 선택된 승객도 동의했다. 하지만 네 번째 선택된 남자 승객은 자신은 의사이고 아침에 환자를 봐야 한다며 거절했다. 목격자들은 그 남자가 '매우 화가 났고' 변호사에게 전화를 걸었다고 말했다. 항공사 측은 다른 승객을 선택하거나 보상을 높이는 대신(최대 1,350달러를 제안할 수 있음) 보안 직원을 호출했다. 보안 직원들에 의해 남자가 좌석에서 바닥으로 넘어진 후 얼굴에 피가 묻은 채 복도로 끌려 내려갔다. (a) 항공사는 이 상황을 어떻게 처리했어야 하나? (b) 이 사건이 부정적인 여론을 불러일으킨 후, 항공사는 좌석을 포기하는 데 동의하는 승객에게 보상금으로 10,000달러의 새로운 상한선을 발표했으며, 불편한 고객을 목적지로 안내하기 위해 '고객 솔루션 팀'을 구성하여 에이전트에게 창의적인 솔루션을 제공할 예정이다. 이에 관해 어떻게 생각하는가?

사례 문제: 트리그로브 할리데이 빌리지

우리는 마을과 농장을 매우 크게 변화시켰다. 내가 유산을 물려받았을 때 이곳은 대부분의 사람이 농장에서 일하거나 은퇴한 농사꾼들이었다. 하지만 상황이 바뀌었다. 농장은 많은 사람을 필요로 하지 않았다. 은퇴한 사람들은 세상을 떠났거나 지역의 보호 시설로 이사했고 마을의 대부분의 집은 임대되었다. 동시에 농장의 경제도 변했다. 우리는 큰 젖소 떼와 몇 마리의 양을 가지고 있었고 나머지는 곡물을 재배하는 경작지였다. 그러나 낙농은 수익성이 떨어졌고 재정적으로 레저와 농업 관광에 기반해야 한다는 것이 분명해졌다.

— 트리그로브 할리데이 빌리지 주인 로즈메리 마크햄

로즈메리는 국내외 많은 여행자가 방문하는 영국의 매력적인 시골인 코츠월즈(Cotswolds)에 위치한 부동산을 물려받았다. 그녀는 5년 동안 젖소와 우유 생산량을 2/3으로 줄이고 곡물 재배 면적을 줄였으며 농장에 캐러밴 스타일의 목조 오두막 20개를 짓는 데 투자했다. 이 오두막들은 주 단위(주로 여름 기간) 또는 주말 단위(주로 추운 달)로

〈그림 13-13〉 트리그루브 빌리지 지도

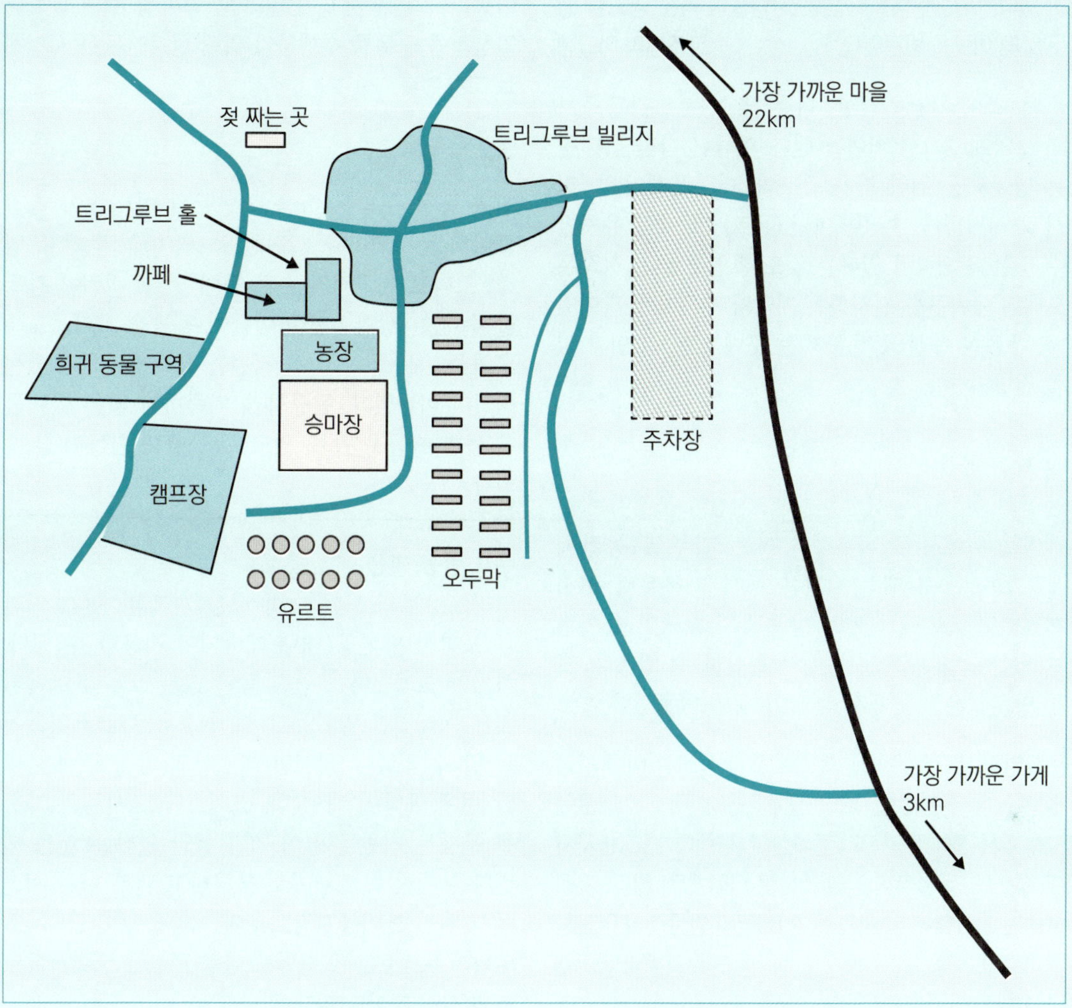

임대하였다. 또한, 마을 주택의 임대 기간이 만료됨에 따라, 그녀는 이를 단기 휴가용으로 개조했다. 그녀는 10개의 유르트(중앙 아시아 유목민이 사용하는 텐트)를 설치하고 캐러밴과 캠프장으로 농장 지역을 개발했다. 전체 부지와 마을에 3~5명을 수용할 수 있는 15채의 집, 최대 3명을 수용할 수 있는 20개의 목조 오두막, 3~4명을 수용할 수 있는 10개의 유르트가 있다. 캠핑과 캐러밴 사이트에는 '일반' 텐트 또는 캐러밴을 위한 24개의 공간이 있었지만 일부 대형 캠핑 밴에는 2개의 공간이 필요했다(일반 요금의 두 배). 〈그림 13-13〉은 마을 지도이다.

사업에서 숙박 부문을 확장하면서 방문객에게 다른 서비스를 제공할 기회가 있다는 것이 분명해졌다. 고객에게 필요한 기본 음식을 판매하는 작은 상점도 시작했고, 고객이 현지 공급 업체의 농산물을 사전에 주문할 수도 있다. 다음 단계는 가게를 확장하여 피자, 토스트 샌드위치, 스낵을 제공하는 카페를 만드는 것이었다. 여름에는 점심시간만 영업을 했었는데 인기가 많아지면서 점차 영업시간을 연장하게 되었다. 이제는 그 자체로 매력이 있다. 마을에 머물지 않는 사람들이 다른 명소를 방문할 때 이곳을 방문한다. — 로즈메리 마크햄

로즈메리가 언급한 '다른 명소'는 트리그로브의 수익에 중요한 기여를 했다. 이들은 마을에 머무는 방문객을 위한 작은 규모의 '디스플레이'와 '전시'로 시작했다. 손님이 아닌 (유료)방문객을 유치할 수 있는 잠재력이 있다는 것도 확인하였다. 시작은 오래된 농기구를 전시하는 지역의 작은 박물관이었다. 다음은 농장의 젖을 짜는 곳에 있는 더 인기 있을 전망지였다.

젖 짜는 공간

농장의 젖소들이 성장한 무렵, 천천히 움직이는 턴테이블 위에서 젖소의 젖을 짜는 '카루셀' 농장에 투자했다. 우유 짜는 시간은 15시 30분부터 18시까지였고, 그 시간 동안 방문객은 12명이 들어갈 수 있는 특별 제작된 룸에서 관람할 수 있었다. 보통 방문객은 이곳에서 약 10분 동안 머물렀다.

토요일과 일요일은 방문객으로 조금 붐비며 어떤 사람들은 우유 짜는 것을 보고 집에 가고 싶어하기 때문에 오후 3시 전에 대기자가 증가한다. 불행하게도, 종사자도 젖소도 더 일찍 시작할 준비는 되어 있지 않다. 가장 붐비는 시간대에 한 시간 동안 80명의 방문객이 이곳을 돌아다녔다. — 로즈메리 마크햄

승마장

로즈메리는 어렸을 때부터 말을 길렀고, 숙박 시설을 확장하기도 전에 농장에서 말을 안정시키기를 원하는 지역 말 주인들에게 '야드' 시설을 제공했다. 거기서부터 자신의 말을 가지고 오고 싶어하는 사람들과 마당에 있는 마구간에서 말을 빌리고 싶어하는 사람들 모두에게 1~3일간 승마 경기를 준비하였다. 그 행사는 보통 트레킹, 스쿨링 그리고 말 훈련과 관리에 대한 세션으로 구성되었다. 승마장을 이용하는 대부분의 고객은 마을 숙소에 머물고 있는 방문객이었다. 승마장의 활동은 예약제로 운영되었다. 1년 내내 두 명의 직원이 말을 돌보았지만, 승마 손님을 트레킹으로 데려가야 하는 바쁜 여름이나 훈련 세션이 열리면, 승마장 주변에서 더 일상적인 업무를 수행하기 위해 현지인들을 시간제로 고용했다.

희귀 동물 구역

희귀 동물 구역은 마을을 방문한 아이들이 가장 좋아하는 구역이다. 희귀한 양, 몇 마리의 돼지, 염소, 그리고 이국적인 수탉 등이 있다. 직원이 감독할 수 있는 상황이면 아이들이 동물을 쓰다듬도록 도와줄 수도 있다. 마을 직원들 사이에서 인기 있는 직업이 아니었다. 동물에게 익숙하지 않은 아이들은 돌발 행동을 할 수 있고, 동물들도 힘들어 할 수 있다.

수요 변동 대응

트리그로브의 모든 숙박 시설은 크리스마스 기간을 포함하여 연중 내내 개방되어 이용할 수 있다. 하지만 크리스마스 연휴 동안 많은 오두막 예약된 것은 이례적인 일이었고, 예약된 유르트가 있는지는 알 수 없었다. 하지만 대부분의 마을 주택은 몇 달 전에 예약이 꽉 찼다. 크리스마스 시즌의 가장 큰 문제는 직원들이 이 기간 동안 일하는 것을 꺼린다는 것이다. 그럼에도 불구하고 일부 다른 시설에서 직원을 이동시킴으로써 예약을 처리할 수 있었다. 〈표 13-2〉에 전년도 마을 주택, 오두막, 유르트의 사용률이 나타나 있다.

수요의 계절 변동에 대처하는 것이 가장 큰 문제이다. 임시직을 고용하여 이런 상황에 부분적으로 대처하고 있다. 이는 트리그루브의 백 오피스에서는 큰 문제는 아니다. 예를 들어, 운영 중인 세탁소에서는 바쁜 시간에 직원을 추가하는 것이 상대적으로 쉽다. 하지만 리셉션, 승마 스태프 등 투숙객과 직접적으로 접촉하는 호텔 부분에서 어려운 문제이다. 신입 직원이 원활하게 고객 응대를 하기 어렵기 때문에 신입 직원은 백 오피스에서 경력을 쌓게 하고 숙련된 직원이 고객과 상호작용을 맡는다. 예를 들어, 카페에서 주문을 받고 음식을 서빙하고 접시를 치워야 하는 직원은 붐비는 시간 동안에는 주문

〈표 13-2〉 유형별 트리그루브 숙소 사용률(단위별 평균 사용률 %)

유형	1월	2월	3월	4월	5월	6월	7월	8월	9월	10월	11월	12월
빌리지	26	21	29	34	48	69	94	99	64	32	24	78
오두막	11	8	13	32	39	74	88	99	57	29	23	46
유르트	<1	<1	5	30	32	68	82	95	41	18	4	<1

〈표 13-3〉 일일 방문객 수(가장 가까운 100까지)

	1월	2월	3월	4월	5월	6월	7월	8월	9월	10월	11월	12월
방문객	900	1700	2700	3400	2800	3900	4100	4300	2200	1100	600	700

과 음식 서빙에만 집중한다. 사용한 접시를 치우는 일은 신입 직원에게 맡기면 된다. 또 다른 문제는 주로 주말에 손님이 몰린다는 것이다. 매주 60% 이상의 손님이 주말에 방문한다. — 로즈마리 마크햄

〈표 13-3〉은 전년도의 월별 일일 방문객 수를 나타낸다.

향후 계획

트리그루브의 가장 두드러진 발전은 일상적 방문객의 증가였다. 로즈메리는 서로 다르지만 관련이 있는 두 시장에 음식을 제공하고 있다는 사실을 깨달았다. 트리그루브의 숙소에 머무는 손님들은 2박 3일만 머무는 이들도 '컨트리 스타일' 분위기를 원했다. 이 날 방문객은 주로 젖 짜는 곳, 희귀 동물 지역, 승마장의 말을 보기 위해 방문했다. 그들에게 '컨트리 스타일' 분위기는 부수적인 것이었다. 로즈메리가 직면한 것은 숙소에 머무는 손님들이 중시하는 '컨트리 스타일' 분위기를 유지하면서 당일 고객을 유치하고 서비스하는 것이었다.

예를 들어, 낮 시간에 방문객 수를 늘리려면 더 많은 명소를 개발해야 하며, 주차장도 필요하다. 방문객은 마을 인접 도로, 큰 길가, 들판에 주차한다. 우리는 방문객을 위한 제대로 된 주차장이 필요하다. 주차장을 위한 적당한 부지도 있고, 계획도 인가받았지만 얼마나 큰 주차장을 건설할지는 정확히 모르는 상황이다. 너무 크지 않았으면 좋겠다. 너무 크면 숙소를 이용하는 손님에게 방해가 될 수도 있다. — 로즈마리 마크햄

그럼에도 불구하고 일일 방문객에 의한 수익이 중요하기 때문에 로즈메리는 일일 방문객에게 매력적인 아이디어를 생각하고 있었다.

나는 우리의 우선순위를 다시 생각해 보았다. 지난 몇 년 동안 우리는 주로 숙박에만 초점을 맞추었다. 하지만 숙박에서 오는 수익은 한계가 있다. 지역개발계획 규정 때문에 마을에 집을 더 지을 수도 없고, 오두막과 유르트를 더 지을 공간도 부족하다. 그리고 농장에 더 많은 오두막과 유르트를 건설하는 것이 평화로운 시골 분위기를 해칠 수 있다. 아마도 일일 방문객을 더 유치하는 것이 앞으로 가야 할 길인 것 같다. — 로즈마리 마크햄

주차장을 건설하는 것 외에도 더 많은 일일 방문객를 유치하려면 더 많은 명소에 대한 투자가 필요하다. 로즈메리는 희귀 동물 구역과 카페를 확장하고 지역 농산물을 '고급' 매장으로 개발하고 싶었다. 로즈메리와 그녀의 팀은 사업 확장을 위한 두 가지 아이디어를 고려하고 있었다. 첫 번째는 웨딩홀 사업이다. 개정된 영국법에 의해 '적절한' 장소에서 결혼식을 진행할 수 있도록 허가를 받을 수 있게 되었다. 트리그루브의 마을 회관은 시설이 잘 갖춰져 있었고 약간의 보수 공사를 거쳐 멋진 결혼

식 장소로 만들 수 있을 것 같았다. 이를 통해 마을 주택(또는 오두막과 유르트)의 손님을 위한 홀과 숙박 시설을 모두 포함하는 '웨딩 패키지'를 제공할 수 있다. 또 다른 아이디어는 학교 행사에 '농업에 관한' 방문 프로그램이었다. 이는 지역 초등학교(5~11세 어린이)를 대상으로 하며 마을 회관에서 설명을 진행하고 희귀 동물에게 먹이를 주는 활동으로 구성되어 있다.

질문

1. 로즈메리가 직면한 공급능력 제약은 무엇인가?
2. 현재 트리그루브는 수요 변동에 어떻게 대처하고 있으며 무엇을 더 할 수 있는가?
3. 로즈메리가 언급한 미래를 위한 세 가지 제안(일일 방문객 확대, 웨딩 패키지 홍보, 학교 방문 홍보)이 서비스 운영 역량 관리에 미치는 영향은 무엇인가?
4. 로즈메리가 계속해서 주차장을 건설한다면 얼마나 많은 주차 공간이 필요한가?

심화 자료

Adenso-Díaz, B., González-Torre, P. and García, V. (2002) 'A capacity management model in service industries', *International Journal of Service Industry Management*, 13 (3), 286–302.

Bittencourt, O., Verter, V. and Yalovsky, M. (2018) 'Hospital capacity management based on the queueing theory', *International Journal of Productivity and Performance Management*, 67 (2), 224–238.

Johnston, R. and Jones, P. (2004) 'Service productivity: towards understanding the relationship between operational and customer productivity', *International Journal of Productivity and Performance Management*, 53 (3), 201–213.

Kimes, S.E. and Wirtz, J. (2003) 'Has revenue management become acceptable? Findings from an international study on the perceived fairness of rate fences', *Journal of Service Research*, 6 (2), 125–135.

Klassen, K.J. and Rohleder, T.R. (2001) 'Combining operations and marketing to manage capacity and demand in services', *Service Industries Journal*, 21 (2), 1–30.

Kwortnik, R.J. Jr. and Thompson, G.M. (2009) 'Unifying service marketing and operations with service experience management', *Journal of Service Research*, 11 (4), 389–406.

Lantz, B. and Rosén, P. (2017) 'Using queueing models to estimate system capacity', *Production Planning & Control*, 28 (13), 1037–1046.

Nguyen, T-H. and Wright, M. (2015) 'Capacity and leadtime management when demand for service is seasonal and lead-time sensitive', *European Journal of Operational Research*, 247 (2), 588–595.

Pullman, M.E. and Thompson, G.M. (2003) 'Strategies for integrating capacity with demand in service networks', *Journal of Service Research*, 5 (3), 169–183.

Sebastiano, A., Belvedere, V., Grando, A. and Giangreco, A. (2017) 'The effect of capacity management strategies on employees' well-being: a quantitative investigation into the long-term healthcare industry', *European Management Journal*, 35 (4), 563–573.

Thompson, G.M. (2011) 'Cherry-picking customers by party size in restaurants', *Journal of Service Research*, 14 (2), 201–213.

미주

1 Economist (2015) 'Squeezing in: what the London Underground reveals about work in the capital', *The Economist*, Print Edition, 23 May.

2 Slack, N., Chambers, C. and Johnston, R. (2010) *Operations Management*, 6th edition, FT/Prentice Hall, Harlow.

3 Slack, N., Chambers, C. and Johnston, R. (2010) *Operations Management*, 6th edition, FT/Prentice Hall, Harlow.

4 The information on which this example is based is taken from the Port Aventura Corporate website, https://www.portaventuraworld.com/en/about-us [accessed 20 April 2020] and personal observation.

5 McKinsey Global Institute (2016) 'Independent work: choice, necessity, and the gig economy', McKinsey and Company, October.

6 The information on which this example is based was shown in the video 'Time Based Competition' from Harvard Business School.

7 Katz, K.L., Larson, B.M. and Larson, R.C. (1991) 'Prescription for the waiting-in-line blues: entertain, enlighten, and engage', *Sloan Management Review*, 32 (2), 44-53.

8 Davis, M.M. and Vollmann, T.E. (1990) 'A framework for relating waiting time and customer satisfaction in a service operation', *Journal of Service Marketing*, 4 (1), 61–69.

9 Katz, K.L., Larson, B.M. and Larson, R.C. (1991) 'Prescription for the waiting-in-line blues: entertain, enlighten, and engage', *Sloan Management Review*, 32 (2), 44-53.

10 The ten principles include: principles 1–8 developed by Maister, D.H. (1985) 'The psychology of waiting lines' in John A. Czepiel, Michael R. Solomon and Carol F. Surprenant (eds) *The Service Encounter*, D.C. Heath & Company, Lexington, MA, 113–123; principle 9 by Davis, M.M. and Heineke, J. (1994) 'Understanding the roles of the customer and the operation for better queue management', *International Journal of Operations and Production Management*, 14 (5), 21–34; and principle 10 by Jones, P. and Peppiatt, E. (1996), 'Managing perceptions of waiting times in service queues', *International Journal of Service Industry Management*, 7 (5), 47–61.

11 The information on which this example is based was taken from The Economist (2018) 'Border line ridiculous: passport queues vex airlines', *The Economist*, Print Edition, 18 August.

12 See, for example, Armistead, C.G. and Clark, C. (1994) 'The "coping" capacity management strategy in services and the influence on quality performance', *International Journal of Service Industry Management*, 5 (2), 5–22; Clark, G. and James, K. (1997) 'The "coping" zone: stress and quality', in Jaume Ribera and Julia Prats (eds) *Managing Service Operations: Lessons from the Service and Manufacturing Sectors*, IESE, Barcelona, 385–390.

13 See https://www.thetimes.co.uk/article/art-lovers-seered-at-surge-pricing-p5w786hrp [accessed 20 April 2020].

14 See https://www.theguardian.com/us-news/2017/apr/10/united-airlines-video-passenger-removed-overbookedflight [accessed 20 April 2020].

4부 | 서비스 운영 개선

성공적인 운영은 멈춰 있지 않고 배우고 혁신하고 개선한다. 서비스 운영도 다르지 않다. 그들은 모든 유형의 작업에 사용할 수 있는 많은 개선 방법과 기술을 채택할 수 있다. 고객과의 긴밀한 관계는 특히 강력한 개선 기회를 제공한다.
이 파트는 4개 장(번역서는 3개 장)으로 구성되어 있다.

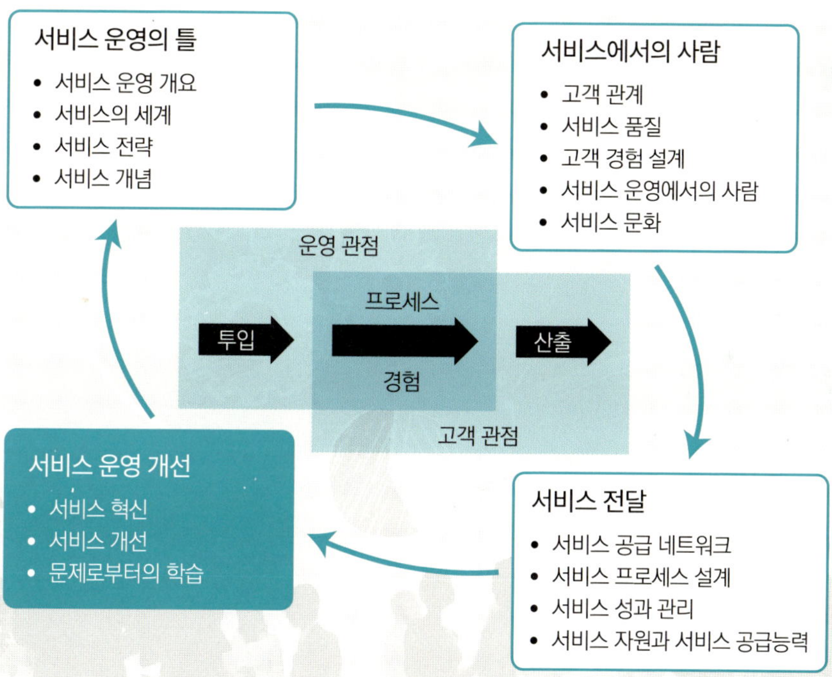

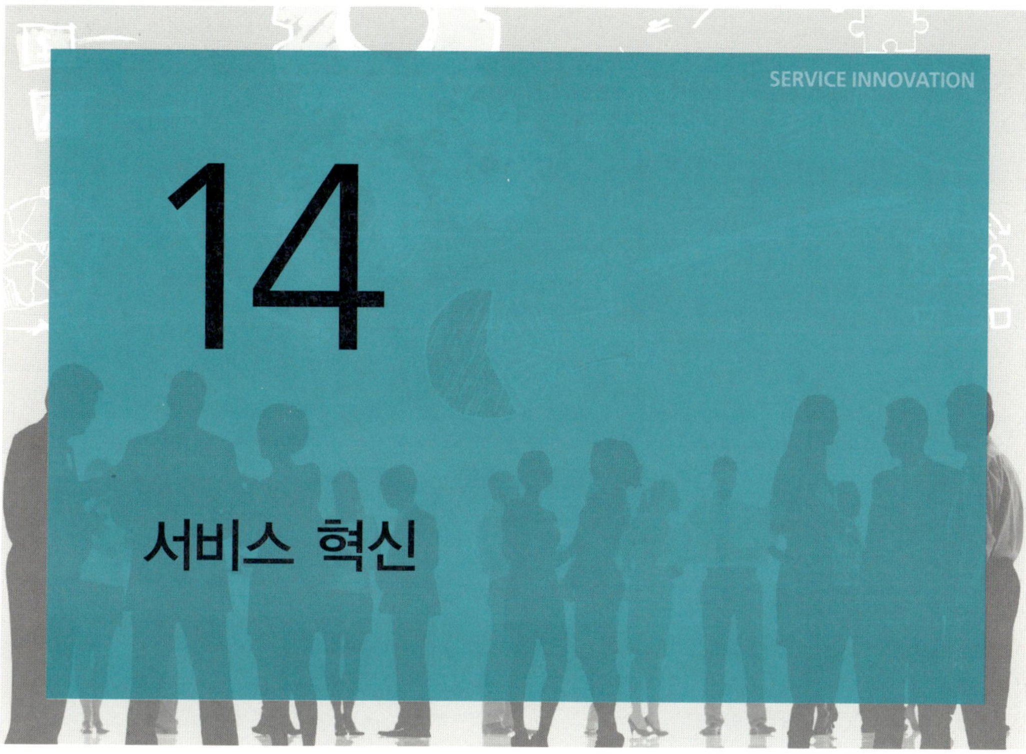

SERVICE INNOVATION

14 서비스 혁신

이 장에서는 혁신의 본질과 새로운 서비스와 수정된 서비스의 개발에 대해 살펴본다. 여기에는 혁신의 중요성에 대한 논의가 포함되어 있으며 혁신 과정에 대해 설명할 것이다. <그림 14-1>은 이 주제가 서비스 운영 관리의 모델의 어디에 위치하는지 보여 준다.

학습 목표

- 혁신의 의미를 설명할 수 있다.
- 서비스 혁신의 본질과 중요성을 이해한다.
- 서비스 혁신 프로세스의 단계를 식별할 수 있다.
- 서비스 혁신에 필요한 자원을 이해한다.

〈그림 14-1〉 이 장에서는 서비스 혁신에 대해 살펴본다

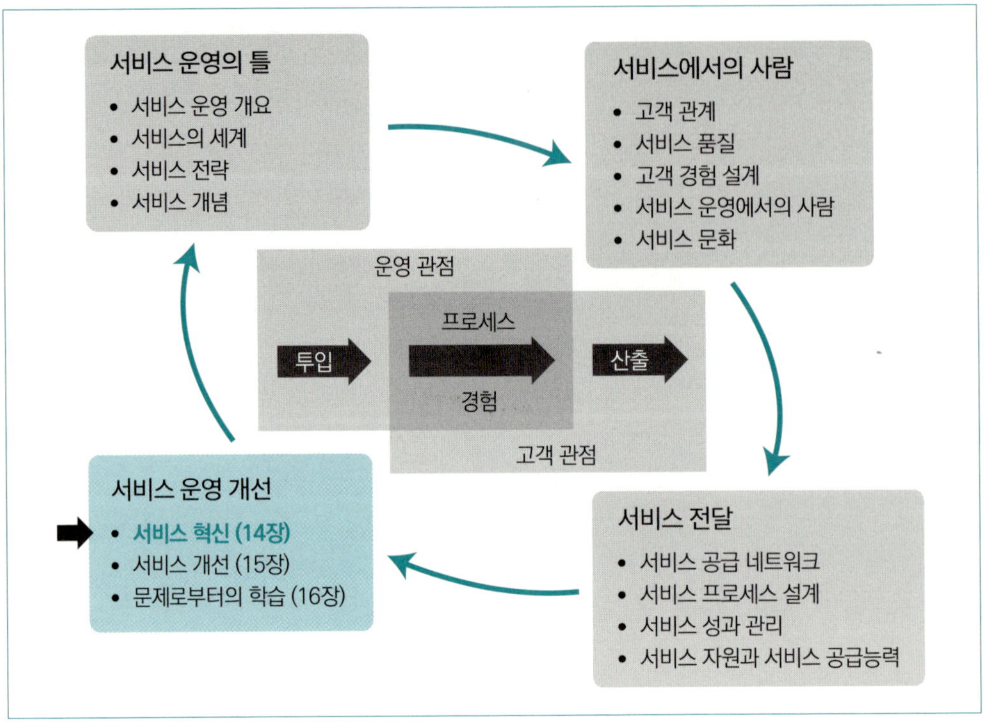

서론

모든 서비스 조직이 장기적으로 경쟁 우위를 유지하는 것은 새로운 서비스의 개발 및 도입에 달려 있다. 이 때문에 새로운 서비스를 개발하는 방법에 시간과 노력을 투자하는 것이 항상 합리적이었다. 기업이 서비스를 개발하는 방법과 시장에서 얼마나 성공적인지 사이에는 연관성이 있다. 그러나 서비스 혁신은 대부분의 조직에서 관리하기가 까다롭다. 첫째, 서비스 혁신은 본질적으로 다양한 분야에 걸쳐 있다. 혁신에는 기업의 모든 내부 자원이 투입되어야 한다. 시장 전문가, 운영 스태프, 기술 개발자, 전문가 도움 등 사실상 조직 전체가 참여해야 한다.

둘째, 혁신적 서비스를 개발하는 것은 공식화되어야 하고 기회를 포착하는 프로세스이다. 행운에 맡기기에는 너무 중요한 과정이며, 혁신을 창출할 수 있는 공식 조직이 필요하다. 그러나 시장과 기술이 빠르게 변화하고 예측이 어려운 상황에서 조직은 기회가 나타날 때 이를 인식하고 활용할 수 있도록 충분히 민첩해야 한다.

셋째, 혁신을 장려하고 새로운 제품을 개발하는 방법에 대한 아이디어는 제조 부문의 경험에 초점을 맞추고 있다. 이러한 편향됨은 우리가 처음 두 개 장에서 지적한 것처럼 제조 및

서비스 부문의 경제적 중요성 측면에서 합리적이지 못하다. 이는 아마도 대부분의 혁신이 기술과 관련이 있고 대부분의 기술이 제조 기업에서 비롯되기 때문일 수 있다. 하지만 두 가지 가정 모두 더 이상 유효하지 않다. 서비스 혁신에 대한 기술의 중요성은 인터넷 기반 소매업의 성장, 경제 플랫폼 공유, 인공 지능 사용 증가, 모바일 앱 같은 사례에서도 충분히 발견할 수 있다.

14.1 혁신이란 무엇인가

서비스 운영에 관한 다양한 서적들처럼 우리는 새로운 서비스 개발과 관련하여 '혁신', '창의성', '디자인'이라는 용어를 최대한 활용한다. 이러한 용어들 사이의 관계는 무엇인가? '혁신'이 의미하는 것부터 시작해 보자. 비즈니스 간행물, 기업, 대중 언론 및 학술 간행물에서 사용하는 혁신에 대한 많은 정의가 있다. 이 용어는 모호하기로 악명이 높으며 단일 정의나 척도가 부족하여 주제에 관심이 있는 사람들 사이에 상당한 혼란도 야기한다. 대부분의 정의에는 '새로운 방법', '새로운 것을 도입하는 행위', '새로운 지식' 등과 같은 의미를 포함한다. 모든 정의가 공통적으로 포함하는 것은 어느 정도의 참신함과 변화에 대한 생각이다. 혁신은 새로운 것을 하는 것이다. 그러나 혁신이라는 개념이 단순히 '발명'이라는 개념보다 더 광범위하고 완전하다는 점에 주목할 필요가 있다. 물론 '발명'도 참신하지만 반드시 참신한 방법이 실용적이거나 경제적이거나 사업화할 수 있다는 것을 의미하지 않는다. 혁신은 참신한 아이디어뿐만 아니라 아이디어를 고객과 혁신가에게 수익을 제공하는 것으로 변환하는 프로세스를 의미한다. '혁신'이라는 용어를 사용하여 독창적인 아이디어에서 시장에 이르기까지 새로운 서비스를 제공하는 전체 프로세스를 의미한다.

혁신의 중심이 되는 또 다른 특히 중요한 속성은 창의성이다. '창의성'은 의미 있는 새로운 아이디어를 창출하기 위해 기존의 아이디어, 규칙 또는 가정을 뛰어넘는 능력과 과정이다. 그렇다면 혁신 아이디어를 보다 구체적인 것으로 변환하는 프로세스는 무엇일까? 우리는 그 프로세스를 '디자인'이라고 부른다. 서비스 디자인은 아이디어와 발명품을 실제하는 서비스로 바꾸는 창의적인 결정과 활동을 모두 포함하는 프로세스다. 서비스 디자인은 혁신의 의도가 실현되도록 자원과 프로세스가 배열되는 방법을 의미한다. 디자인은 실제로 작동하는 솔루션을 제공해야 한다.

〈그림 14-2〉는 창의성, 혁신 그리고 우리가 여기서 사용하는 용어로써의 디자인 사이의 관계를 보여 준다.

〈그림 14-2〉 창의성, 혁신 및 디자인 간 관계

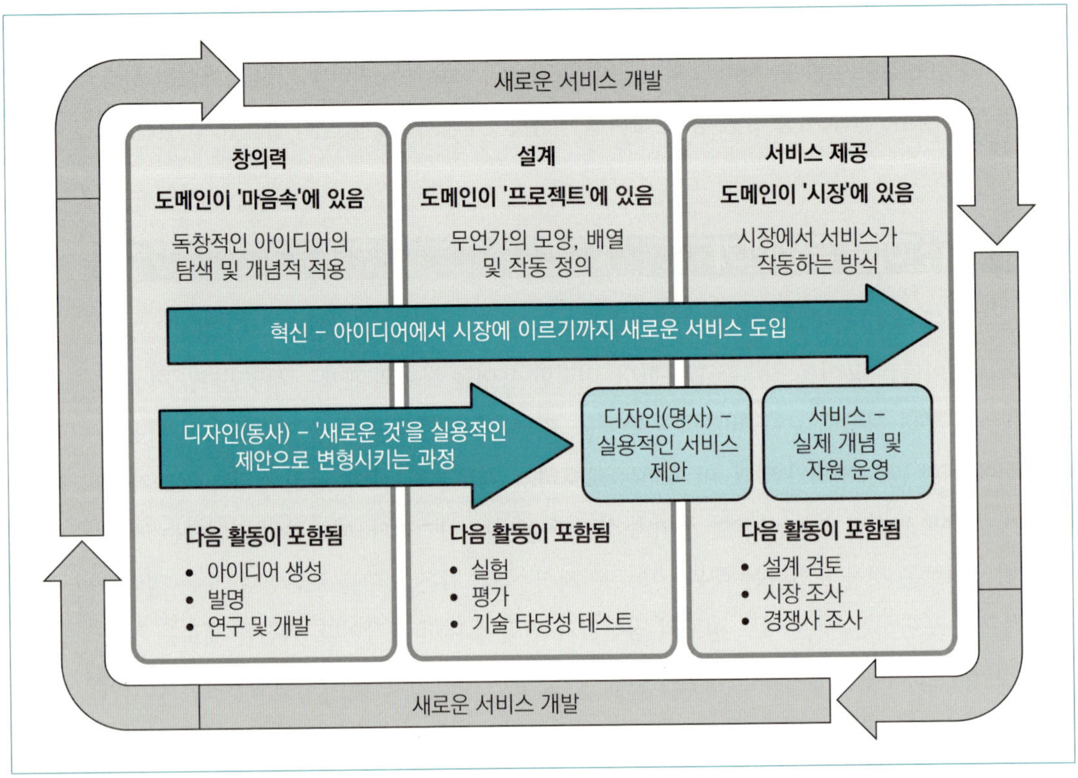

CASE example

사례

IDEO, 서비스 혁신과 디자인[1]

창의성, 혁신, 디자인 및 새로운 서비스 개발 간의 상호작용은 연구의 가치가 있다. 그러나 비즈니스 실무에서 네 가지 영역 모두에서 성공하려면 체계적이고 실용적인 접근 방식이 필요하며, 세계에서 가장 성공적인 디자인 컨설팅 회사 중 하나인 IDEO의 성공이 이를 잘 보여 준다. 이 기업은 Apple의 첫 번째 마우스 같은 획기적인 기술 기반 및 엔지니어링 제품을 설계한 것으로 세상에 알려지게 되었다. 그러나 IDEO가 개발한 접근 방식은 서비스에도 적용할 수 있고 서비스 디자인은 기업 활동의 큰 부분을 차지한다. 그리고 '디자인 사고'로 알려지게 된 인간 중심의 혁신 프로세스인데, IDEO는 디자인을 프로세스로 본다.

IDEO는 사람의 요구 사항, 기술의 가능성 및 비즈니스 성공을 위한 요구 사항을 통합하기 위해 혁신에 대한 인간 중심 접근 방식을 취한다. 이 기업은 디자인 사고가 기업이 서비스와 제품을 개발하는 방식, 프로세스 및 전략도 변화시킬 수 있다고 믿는다. 이 접근 방식은 많은 아이디어를 생성하고 사람들의 실제 요구 사항에 기반한 혁신적인 새 솔루션을 만드는 데 도움이 된다. 즉, 인간 중심의 디자인은 다양한 문제, 특히 사회적으로 어려운 문제(예: 빈곤, 양성평등, 깨끗한 물)까지도 디자인을 통해 해결할 수 있다는 믿음을 담고 있다.

예를 들어, IDEO는 Ascensia Diabetes Care와 함께 제2형 당뇨병 문제에 인간 중심 설계 접근 방식을 적용했다. 보통은 약물, 식이요법, 운동으로 치료하지만 제2형 당뇨병 환자의 문제 중 하나는 생활 습관 변화를 통해 자신의 상태를 관리하는 정보에 접근하는 것이다.

Asensia는 컨텍스트의 중요성을 인식하고 IDEO에 의뢰하여 물리적 측정 장치의 제공을 넘어 당뇨병 관리를 위한 지원 컨텍스트 또는 서비스를 제공했다. 서비스 패키지에는 환자에 대한 교육 및 모니터링이 포함되지만 환자의 건강에 지속적으로 영향을 미치는 라이프스타일 요인에 대한 능동적인 관심도 포함한다. 인간 중심 설계 접근 방식을 통해 Ascensia는 환자 데이터, 실시간 지원/멘토링 및 맞춤형 교육 콘텐츠를 통합하는 스마트폰 앱 기반 서비스를 만들 수 있었다. 그러나 서비스의 모든 것이 자동화되는 것은 아니다. 환자가 서비스를 호출하면 개별 환자 상황에 따라 전담 치료 프로그램을 만드는 인증된 당뇨병 교육자가 함께 대응한다. 치료 프로그램은 환자에게 건강한 식습관과 요리, 정신 건강, 상태 자가 관리 등에 관한 정보를 제공한다. 앱과 서버는 조합하여 운동 시계 및 혈당 모니터와 같은 클라이언트 측의 많은 데이터 소스를 활용하고, 데이터는 상태에 대한 진행 상황 추적과 같은 앱 피드백을 환자에게 알리고 더 많은 정보를 제공한다. IDEO 설계 팀에는 당뇨병 환자가 몇 명 있었고, 그들은 서비스와 관련 제품을 직접 테스트했다.

14.1.1 변화의 분류 - Henderson-Clark 혁신 모델

연구원인 Henderson과 Clark[2]는 일부 기존 기업이 겉보기에 명백해 보이는 점진적 혁신을 활용하지 못하는 이유에 대해 조사했다. 그들은 새로운 서비스(및 제품)를 개발하는 데 필요한 기술 지식을 '지식 구성 요소에 대한 지식'과 '지식 구성 요소가 어떻게 연결되는지에 대한 지식'으로 구분하였다. 그들은 후자의 지식을 '구조적 지식'이라고 불렀다. 〈그림 14-3〉은 1차 의료에 적용된 Henderson-Clark 모델을 보여 준다. 이 모델은 점진적 혁신과 급진적 혁신 사이의 구분을 설명하고 있다. 이 모델에서 점진적 혁신은 기존 구성 요소와 아키텍처 지식을 기반으로 구축되지만 급진적 혁신은 구성 요소와 아키텍처 지식을 모두 변경한다. 모듈식 혁신은 기존 구조적 지식에 기반하지만 하나 이상의 구성 요소에 대한 새로운 지식이 필요하다. 대조적으로 구조적 혁신은 구성 요소(또는 구조)의 연결에 큰 영향을 미치지만 단일 구성 요소에 대한 지식은 변하지 않는다. 진료가 새로운 진단용 심장 스캐너에 투자하는 경우 진단 작업의 해당 요소가 변경되었으며, 새로운 지식이 필요할 수 있지만 서비스의 전체 구조는 변경되지 않았다. 따라서 이 혁신은 '모듈'로 분류한다. 구조적 혁신의 한 사례로 지역 도심에 '워크인(방문 서비스)' 시설을 예로 들 수 있다. 일반 수술과 거의 동일한 서비스를 제공하지만(새로

〈그림 14-3〉 Henderson-Clark 모델 – 일차 의료 서비스 사례

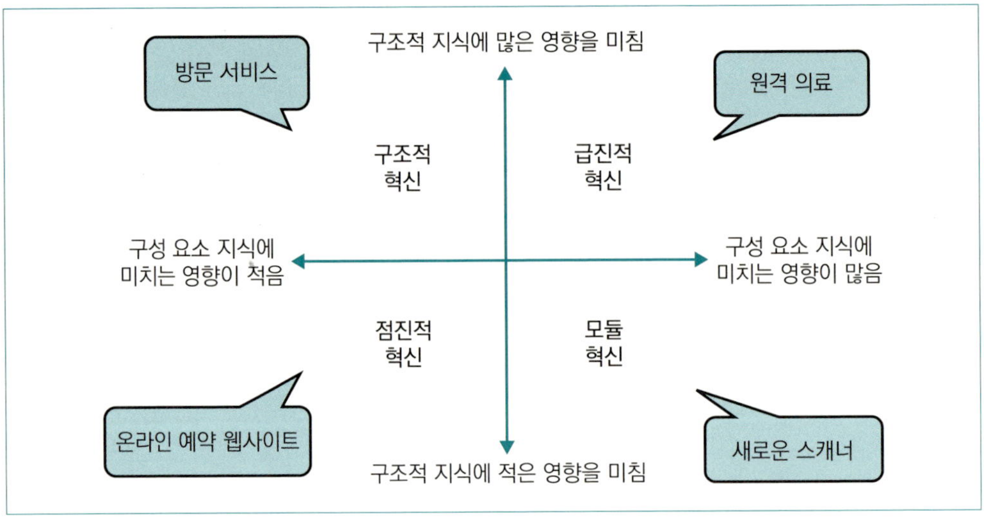

운 구성 요소 없음) 서비스와 환자 간의 관계는 변경되었다. 마지막으로 환자의 징후를 모니터링하고 환자 상태의 중요한 변화에 대응할 수 있는 '원격 의료' 기술을 채택한다면 이는 급진적인 혁신이 될 것이다. 서비스의 전반적인 구조(원거리 진단)와 마찬가지로 구성 요소도 참신하다(모니터).

14.1.2 변화의 정도

서비스 개발의 본질은 단순히 변화하는 것이 아니라 더 빠르게, 더 근본적으로 변화하는 것이다. 시장의 관점에서 볼 때 글로벌 경쟁은 점점 치열해지고 있다. 서비스 사양의 작은 장점도 경쟁력에 큰 영향을 미칠 수 있다. 이러한 변화로 인해 고객은 자신의 선택을 보다 정교하게 실행하고 특정 요구 사항에 맞는 서비스를 원한다는 측면에서 매우 까다로워졌다. 또한 시장은 더욱 세분화되었다. 기업이 상대적으로 좁은 틈새 시장에 집중하지 않는 한 다양한 시장에 다양한 방식으로 적용할 수 있는 서비스를 개발해야 하는 상황에 직면하게 된다. 이것이 충분하지 않으면 서비스 수명 주기가 짧아진다. 경쟁 우위를 점하기 위한 방법은 개선된 서비스를 도입하는 것이다. 경쟁사도 같은 방식으로 대응할 것이며, 경쟁은 더욱 치열해진다. 모든 산업이 엔터테인먼트 산업과 같이 수명 주기가 짧은 것은 아니지만 B2B 시장에서도 새로운 서비스 도입이 더 빈번해지는 추세다.

또 다른 중요한 점은 급격한 기술 변화가 서비스 부문에 상당한 영향을 미쳤다는 것이다.

최근 인터넷 기반 기술은 모든 산업의 거의 모든 서비스에 놀라운 새로운 가능성(및 불확실성)을 가져왔다. 인공 지능, 알고리즘 의사 결정, 안면 인식 및 기타 여러 신기술은 모두 잠재적인 새로운 형태의 가능성을 제공해주었다. 부분적으로는 그러한 기술 개발의 규모와 속도로 인해 효과적인 서비스 개발이 비즈니스의 모든 부분에 책임을 부여한다는 것이 점점 더 명백해지고 있다. 마케팅, 구매, 회계, 운영은 좋든 싫든 효과적이고 효율적으로 서비스를 개발하는 모든 조직의 능력에 필수적인 부분이다. 비즈니스의 모든 부분은 이제 '더 나은 또는 다른 서비스를 개발하기 위해 우리의 역량과 기술을 어떻게 활용할 수 있을까?'라는 질문에 직면해 있다. 새로운 서비스 개발은 이제 비즈니스의 모든 부분, 특히 서비스 운영이 해당 기능을 시장에 활용하는 메커니즘으로 간주된다.

14.1.3 경로 변경 - '서비스 특성' 혁신 및 '프로세스 특성' 혁신

서비스의 '기술적' 사양 특성에서의 혁신을 그것을 전달하거나 (공동) 창조하는 프로세스와 분리하여 취급하는 것은 두드러지게 극단적인 단순화이다. 그럼에도, 이러한 극단적인 단순화를 수용하면서, (일시적으로) 서로 다른 혁신 궤적을 묘사하기 위해 이렇게 하는 것은 유용하다. 다음에서 설명을 쉽게 하기 위해 '서비스 특성' 혁신과 '프로세스 특성'을 완전히 분리된 것으로 취급하자. 우리는 두 가지가 별도로 구성되어야 한다고 제안하는 것은 아니다. 서비스를 창출할 프로세스의 제약과 기능을 고려하지 않고 서비스를 개발하는 것은 어리석은 일이다. 마찬가지로 새로운 기술이나 프로세스 방법을 활용하기 위한 프로세스 개발은 향후 서비스 개발에 영향을 미칠 것이다.

'서비스 특성' 혁신의 정도

서로 다른 수준의 서비스 특성 혁신 간에 일정 수준의 차별을 주는데 도움이 되는 개념적 척도를 생각해 보자. 이는 한 극단에서 상대적으로 작은 수정에서 '선구자' 서비스가 보여 주는 참신하고/또는 급진적인 변화의 범위까지를 생각해 볼 수 있다. 예를 들어,

- **제품 수정.** 전달하는 메커니즘이 변경되더라도 고객은 거의 변화를 느끼지 못함
- **제품 확장.** 고객은 몇 가지 눈에 띄는 변경 사항과 함께 추가 기능을 감지함.
- **제품 개발.** 고객은 원래의 제공 방법 또는 기술을 광범위하게 재설계하여 구별되는 '차세대' 기능을 감지함.
- **제품 개척자.** 고객은 기능에 대한 새롭거나 급진적인 변경 사항을 즉시 감지함.

'프로세스 특성' 변화의 정도

서비스 특성 혁신 정도를 이해하는 것이 중요하듯이 서비스의 '프로세스 특성' 측면의 변화 정도를 이해하는 것도 중요하다. 서비스를 창출(또는 공동 창출)하는 것은 '수정'에서 '확장' 및 '개발'을 거쳐 소위 '선구자' 수준의 변화를 살펴보자.

- **프로세스 수정.** 프로세스 내 활동의 순서나 배열의 세부 사항에 약간의 재배열이 있더라도 프로세스 내 활동의 특성이 거의 동일하게 유지되는 비교적 작은 변경
- **프로세스 확장.** 활동 간의 순서 또는 '라우팅' 재설계, 가능하면 사소한 활동의 변화
- **프로세스 개발.** 활동의 목적이나 역할에 대한 일부 재정의, 프로세스 내에서 핵심 방법론 또는 기술의 변경
- **프로세스 개척자.** 프로세스에서 수행되는 작업과 수행 방법 모두에 근본적으로 다르거나 적어도 작업에 새로운 유형의 변경을 채택하는 것을 의미한다.

15장에서 개선에 대해 논의할 때 지속적인 개선이라는 개념은 일반적으로 프로세스에 대한 '수정' 또는 '확장'으로서 제한된 범위의 프로세스 변경을 의미한다. 근본적인 개선은 일반적으로 우리가 '개발' 또는 '선구적' 프로세스 변화라고 부르는 것을 의미한다. 가장 중요한 문제는 첫째, 프로세스 변화의 정도가 클수록 변화를 성공적으로 관리하기가 더 어렵다는 것이다. 둘째, 많은 작은 변화는 소수의 상대적 큰 변화와 다른 방식으로 관리해야 한다.

서비스 특성과 프로세스 특성 혁신이 반드시 함께 발생하지 않음

서비스 특성 및 프로세스 특성 혁신은 동시에 발생할 수 있지만 그렇지 않을 수도 있다. 예를 들어, 〈그림 14-4〉는 산업 장비에 서비스를 제공하고 유지 관리하는 현장 서비스 조직이 제공하는 서비스의 혁신 궤적을 보여 준다. 원래는 미리 정해진 일정에 따라 고객을 방문하여 합의된 서비스 작업을 수행하고 장비의 명백히 비정상적인 가치 저하를 보고하는 기본적인 서비스를 제공했다. 이 기업의 첫 번째 혁신은 장비에 대한 간단한 진단 절차를 실행하는 일부 표준 소프트웨어에 투자하는 것이었다. 이 소프트웨어는 각 고객(위치 A)에 대한 보고서의 기초를 만드는 역할이었다.

그런 다음 처음에는 고객에게 명확하지 않았던 기업의 프로세스를 혁신하는 두 단계를 수행했다. 그중 첫 번째는 엔지니어의 진단 장비를 홈 기반 진단 알고리즘에 무선으로 연결하는 것으로, 이 알고리즘에서 얻은 데이터는 엔지니어 직원(위치 C) 간의 내부 기술 논의의 기초를 구성했다. 시간이 지남에 따라, 이 데이터는 고객의 장비(위치 D)에 대한 엔지니어의 이해를 크게 향상시킨 더 정교한 인공지능 기반 예측 알고리즘에 대한 입력을 형성했다. 이러한 내

〈그림 14-4〉 서비스 혁신에서 '제품'과 '프로세스' 혁신의 관계는 가깝지만 서로 구분될 수 있음

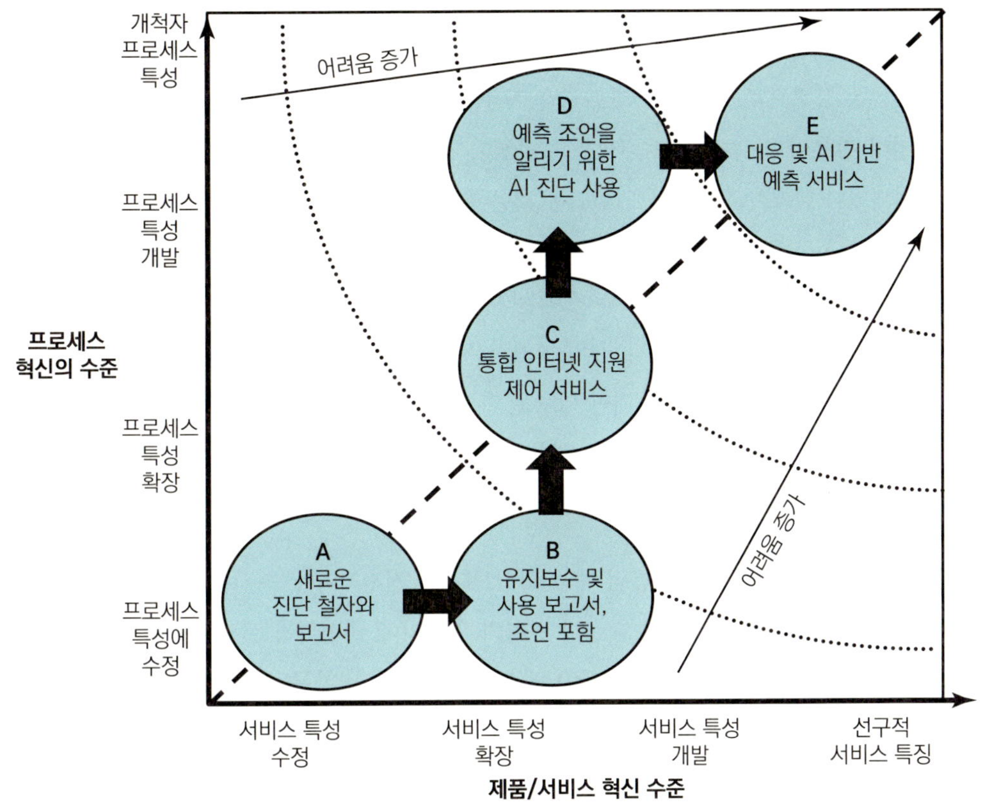

부적으로 개발된 시스템을 사용한 경험뿐만 아니라 지식과 전문성이 만족스러웠을 때, 기업은 새롭고 근본적으로 향상된 서비스 세트를 제공했다, 장비 성능의 정교한 예측과 기업이 모든 장비 관련 운영 및 관리를 책임지는 완벽한 서비스 제공(위치 E)을 포함한다.

14.2 서비스 혁신은 무엇이 다른가

서비스 혁신은 제조업이나 농업과 같은 다른 분야의 혁신과 다른가? 언제나처럼 답은 '예'이면서도 '아니오'이기도 하다. 창의성, 참신함, 그리고 일종의 디자인 프로세스를 통해 이러한 것들을 실용적 서비스로 변환하는 것은 모든 종류의 혁신에 공통적이다. 일부 권위자들은 모든 종류의 혁신을 주로 기술 변화에 관한 것으로 보고 있다. 따라서 서비스 혁신은 근본적으로 제조 혁신과 유사하다고 볼 수 있으므로 제조의 이론, 기술 및 개념을 사용하여 고려해야 한다. 제

조업과 마찬가지로 서비스 혁신은 완전히 새로운 것이거나 기존 제품의 개선품일 수도 있다.

앞에서 언급했듯이 혁신의 정의는 다양하다. 일반적으로 혁신에는 실제로 아이디어를 실현하는 것이 포함된다는 합의가 있다. 서비스 혁신을 정의할 때 일부에서는 서비스 혁신을 개발하려는 노력으로 설명하여 새로움의 조건을 한정하기도 한다. 이미 발명된 요소로 실용적인 상업적 활용이 가능하다.[3] 즉, 혁신은 발명이 사회적 또는 조직적 맥락에서 채택되는 것이다. 실현되거나 더 일반적으로 상업화되는 것은 혁신으로 간주되기 위해 시장에 새롭지 않아도 되지만 주어진 상황이나 조직에서는 새로운 것일 수 있다.

이전 장에서 설명했듯이 서비스에는 서비스 활동의 영역을 이해하려고 할 때 고려해야 하는 몇 가지 고유한 특성이 있다. 서비스 혁신은 어떤 측면에서는 제조와 크게 다르다. 따라서 서비스 상황에서 혁신을 이해하려면 새로운 이론, 기술, 구성이 필요하다. 많은 서비스들은 IHIP 특성(무형성, 이질성, 비분리성, 소멸성, 1장 참조)을 지니고 있다. 서비스 혁신을 위해 제안된 서비스 혁신의 특징은 다음과 같다.

- **서비스 혁신은 종종 전통적 제품 혁신보다 더 점진적이다.** 혁신은 단일 고객의 문제를 해결하기 위해 도입된 작은 혁신과 변화의 혼합이다. 마찬가지로 서비스 혁신은 서비스 자체의 핵심 특성보다는 서비스 제공 또는 구성 방식의 변화를 수반하는 경우가 더 많다.
- **서비스 혁신은 기술 의존도가 낮고 공식적 R&D에 크게 의존하지 않는다.** 서비스 혁신은 R&D 연구소가 아닌 실제 시장에서 테스트한다. 그러나 이는 컨설팅과 같은 일부 지식 집약적 서비스의 경우에는 해당하지만 대량 서비스(예를 들어 모바일 앱)를 통해 가치를 제공하는 서비스의 혁신 관행을 완전히 반영하지는 않는다. 마찬가지로 리소스 계획 및 제어 소프트웨어 또는 클라우드 기반 '서비스형 소프트웨어'와 같은 대규모 엔터프라이즈 애플리케이션은 '현장'에서 테스트할 수 없지만 시뮬레이션된 수요 환경에서 철저한 로드 및 보안 테스트를 거쳐야 한다.
- **서비스 혁신에서는 제품, 프로세스 및 조직 혁신을 분리하기가 더 어렵다.** 이는 흔한 가정이며, 논증할 수 있는 일이지만 약간의 타당성을 가진다. 그러나 우리가 앞에서 보였듯이 '제품'과 프로세스 혁신을 별도로 보는 것은 가능하며, 때로 바람직하다.
- **서비스 혁신은 내부 행위자(마케팅 및 기술 직원, 백 오피스 및 프런트 오피스 직원 등)와 외부 행위자(공급자, 규제 기관, 특히 고객) 모두의 참여를 포함한다는 점에서 상호작용적이다.** 따라서 새로운 서비스를 도입하는 과정은 더욱 복잡하다. 실제로 서비스 디자인에 대한 현대적인 접근 방식(이 장 앞부분의 IDEO 사례 참조)은 혁신 프로세스의 초기 단계부터 고객에게 몰입하는 정도가 높다

- **이 아이디어를 더욱 발전시키면서 일부 조직은 서비스 설계와 제공 과정에서 고객의 공동 창조를 활용한다.** 공동 창조는 혁신을 지속적으로 만들고, 공동 창조 서비스를 모니터링하고 새로운 잠재력을 구현하고 활용해야 하는 서비스 운영 관리자의 측면에서 혁신 '큐레이션' 역할을 촉진한다. 공동 창조와 고객의 서비스 디자인에 대한 참여는 서비스 부문에만 국한된 것은 아니지만 두 접근 방식 모두 제품 혁신과 디자인 보다 더 넓은 의미에서 사용한다.
- **서비스 혁신은 모방하기 쉽고 보호하기 어렵다.** 고객이 서비스의 상당 부분을 '볼 수 있는' 가시성이 높은 서비스는 보기를 원하는 모든 사람이 검사할 수 있는 가능성이 더 높다. 서비스 업체가 경쟁 업체에서 제공하는 서비스를 '샘플링'하는 것은 관행이다. 신제품에 내장된 특정 기술은 특허법을 통해 보호받을 수 있지만 서비스에 내장된 기능은 보호하기 쉽지 않다.

14.2.1 서비스 혁신이 중요한 이유는 무엇인가

개별 서비스 조직 차원에서 서비스 혁신은 방어와 공격 측면에서 장점을 모두 지니고 있다. 서비스 혁신의 방어적 역할을 설명하기 위해서는 서비스를 모방이 쉽고 보호하기가 어렵다는 관점으로 돌아가야 한다. 서비스 혁신이 중요한 이유에 대한 설득력 있는 주장 중 하나는 빈번한 서비스 혁신이 경쟁자가 자신의 제품을 모방할 가능성을 줄여준다는 것이다. 즉, 서비스 혁신은 쉽게 모방할 수 있기 때문에 경쟁 우위를 제공하는 기간이 제한된다. 서비스 혁신에서 지적 재산을 보호할 수 있는 수단은 거의 없다. 특허는 서비스 혁신의 유형적 측면에만 적용할 수 있다. 그러나 서비스 혁신이 복잡할수록 경쟁자가 이를 이해하고 재현하기 어려울 것이다. 점진적 서비스 혁신은 개발하기 더 쉬울 것이며 일반적으로 적은 투자가 필요하지만 모방되기는 쉬울 것이다. 이것이 서비스 혁신의 딜레마이다.

보다 공격적인 의미에서, 서비스 혁신은 고객과 사용자에게 지금까지 경험하지 못한 장점을 줄 수 있다. 서비스 부문처럼 한 부문이 경제 활동의 많은 부분을 차지할 때 혁신 주도 성장은 일반적으로 경제 성장에 중요하다. 결국 어떤 서비스(또는 제품)도 영원하지 않다. 고객 요구, 선호도는 항상 변화한다. 핵심 기술 또는 조직적 원칙의 개발은 서비스의 우수한 성능을 위한 잠재력을 제공하며 혁신의 필수 요소로 작용한다. 경쟁자들은 끊임없이 시장점유율을 확보할 새로운 방법을 모색한다. 혁신이 발생하는 유인은 서비스가 운영되는 환경에서 시작된다는 측면에서 외부적이다. 서비스 혁신은 경제 전체에서 성장과 구조적 변화의 원동력이 된다. 새로운 서비스의 꾸준한 개발과 가끔 급진적 혁신을 달성하는 것이 이러한 외부 압력을 모두 만족시 킬 수 있다.

- **사회적 변화.** 소비자의 시장 지배력이 점점 강해지고 있다. 고객의 피드백은 서비스 및 프로세스 특성 모두에서 혁신 재료로 사용된다. 예를 들어, '패스트 패션' 소매업에 대한 환경적 영향으로 인해 해당 산업의 공급 관행이 변화하기도 하였다.
- **기술적 변화.** 일부 기술 변화는 급진적인 혁신을 촉진한다. 가장 좋은 사례는 인터넷 기술이다. 신기술이 상당한 이점을 제공할 때 서비스 조직은 이를 채택하는 것 외에는 선택의 여지가 거의 없을 것이다
- **지속 가능한 변화.** 서비스가 자연 환경에 미치는 영향에 대한 인식이 높아지면서 혁신의 동인이 된다. 냉난방 시설의 에너지 효율에 대한 정부 규제로 인해 국내 및 산업 환경 모두에서 새로운 유지 관리 및 제어 서비스 개발이 촉진되었다.
- **경제적 변화.** 투입 비용의 변화는 제품이나 서비스의 일부 구매 공급을 경제적으로 만들고 즉각적인 혁신을 가져올 수 있다. 전통적으로 조직 내에서 수행하던 역할을 전문 서비스를 제공하는 기업에 아웃소싱할 수 있다. 혁신 기술을 사용하는 전문 법의학 서비스는 소규모 경찰서에서는 어렵겠지만, 중앙 집중식으로 서비스 한다면 경제적으로 유리하다.

서비스 혁신은 공급망을 재구성할 수 있다

서비스 운영은 공급망에서 역할을 수행하고 공급망에 가치를 추가하여 서비스를 창출하고 고객에게 가치를 제공한다. 실제로 성공적인 조직은 가치를 추가 하는데 그치지 않고 이를 재창조 한다. 지난 몇 년 동안 많은 서비스가 재창조되었다. 인터넷과 모바일 뱅킹은 은행이 제공하고 고객이 받는 가치를 근본적으로 변화시켰다(Monzo Bank 사례 참조).

혁신 프로젝트의 포트폴리오

이 장의 앞부분에 서비스 혁신의 딜레마를 소개했다. 점진적 혁신에 집중할지 아니면 급진적 혁신에서 잠재력을 찾을지 여부이다. 이 딜레마에 대한 일반적인 해결책은 기업이 점진적이고 급진적 서비스 혁신의 균형을 맞추는 것이다. 즉, 다양한 프로젝트에 걸쳐 혁신 위험을 분산시키는 혁신 프로젝트 포트폴리오를 개발해야 한다. 포트폴리오 접근 방식이 쉬운 것은 아니다. 서비스 혁신에 관한 위험은 새로운 서비스를 도입하기 전에 고객 반응을 완전히 측정하는 것이 어렵다는 것과 관련있다. 그럼에도 불구하고 다양한 혁신이 이러한 위험을 분산시키는 데 도움이 된다. 예를 들어, 놀이 공원은 시간이 지남에 따라 약간의 개선부터 일부 놀이기구(프리미엄 고객을 위한 '빠른 트랙'에서 대기할 수 새로운 IT 시스템을 통해), 주요 현장 호텔 숙박에

CASE example

사례

몬조 은행[4]

몬조 은행(Monzo Bank Ltd)는 새로운 콘셉트로 출범했다. 출범 당시(원래는 디지털 모바일 서비스만 제공) '다르게 일을 하고 있다'고 말했으며 너무 오랫동안 은행 업무는 '필요 이상으로 어려웠다'고 했다. 몬조는 영국의 소규모 '도전자' 소매 은행 그룹 중 하나였으며, 대형 은행이 서비스를 제공하지 못하는 지역에서 특별 서비스를 제공함으로써 영국의 기존 은행과 경쟁하였다. 많은 평론가는 소규모 금융 분야가 수십 년 동안 서비스 혁신을 필요로 하는 영역이었다고 주장한다. 업계는 지사 네트워크에서 중앙 집중화 및 자동화로 점진적 전환을 시도하였고 이는 일부 혁신을 촉발했다. '지점 없는' 은행인 First Direct는 고객과 운영 측면에서 모두 큰 성공을 거두었다. 서비스 개념은 값비싼 지점 네트워크에 전혀 의존하지 않았다. 인터넷과 전화로 접근할 수 있는 높은 수준의 연중무휴 고객 서비스에 중점을 두었다. 서비스 콘셉트의 핵심은 '직원이 재치 있고 따뜻하며 직설적이며 정확한 정보를 제공하는, 평범하지 않은 개성 있는 은행'이었다. First Direct는 고객 서비스 부문에서 많은 찬사를 받았으며 고객 서비스 설문 조사에서 정기적으로 1위를 차지했다. 그러나 모기업인 HSBC의 구조조정 이후 평판이 떨어졌다.

그러나 높은 수준의 고객 상호작용을 기반으로 하는 소매 금융 서비스에 대한 아이디어는 여전히 유효했다.

몬조의 목표는 스마트폰용으로 구축되고 젊은 고객이 선호하는 방식으로 설계된 새로운 종류의 은행 서비스를 제공하는 것이었다. 원래 몬조 서비스는 모바일 앱과 선불 직불 카드로 제한되었다. 그러나 2년 이내에 영국 은행 라이센스 제한이 풀렸고 몬조는 '기존' 당좌(수표) 계좌를 제공할 수 있었다. 몬조는 해외 무료 카드 결제, 앱 기반 예산 책정 및 저축 도구, 젊은 소비자를 겨냥한 커뮤니케이션 방법인 연중무휴 채팅 서비스 처럼 기존 은행에서 제공하지 않는 기능을 제공했다.

M4OS Photos/Alamy Stock Photo

몬조의 인기 있는 혁신 중 하나는 '냄비(pot)'였다. 이를 통해 고객은 휴일이나 특별 구매를 위해 저축할 수 있다. 예를 들어, 그들의 돈을 '냄비'에 넣음으로써 말이다. 이로 인해 고객이 선택하는 경우 고객이 1년 동안 해당 저축액에 액세스하지 못하도록 하는 '잠긴 냄비'라는 아이디어가 탄생했다. 이 서비스 옵션은 실제로 고객이 할 수 있는 것을 제한하는 것처럼 보였지만, 실제로는 고객이 원하는 것이었다. 영업점망, 텔레뱅킹, 기존 모바일 앱을 사용하던 경쟁사들과 뱅킹 서비스의 핵심 요소는 어찌 보면 큰 변화가 없었지만, 운영 지원과 부가 서비스 모두의 변화로 인해 서비스 개념이 크게 바뀌었다.

고객의 관점에서 볼 때 몬조는 은행에 대한 새로운 가치를 제공했다. 특히 몬조는 서비스 제공자와 고객이 반드시 같은 공간에서 서비스를 주고 받아야 한다는 틀을 깼다. 고객은 밤낮 언제든지 계좌를 관리하고 자금을 이체할 수 있다. 몬조의 고객은 기존 은행이 제공하는 서비스보다 더 많은 일을 하고 있다고 볼 수도 있다. 그러나 고객은 액세스 속도, 액세스 범위 증가 및 전반적인 서비스 비용 절감을 통해 충분한 절충이 가능했다.

〈그림 14-5〉 혁신 프로젝트 유형

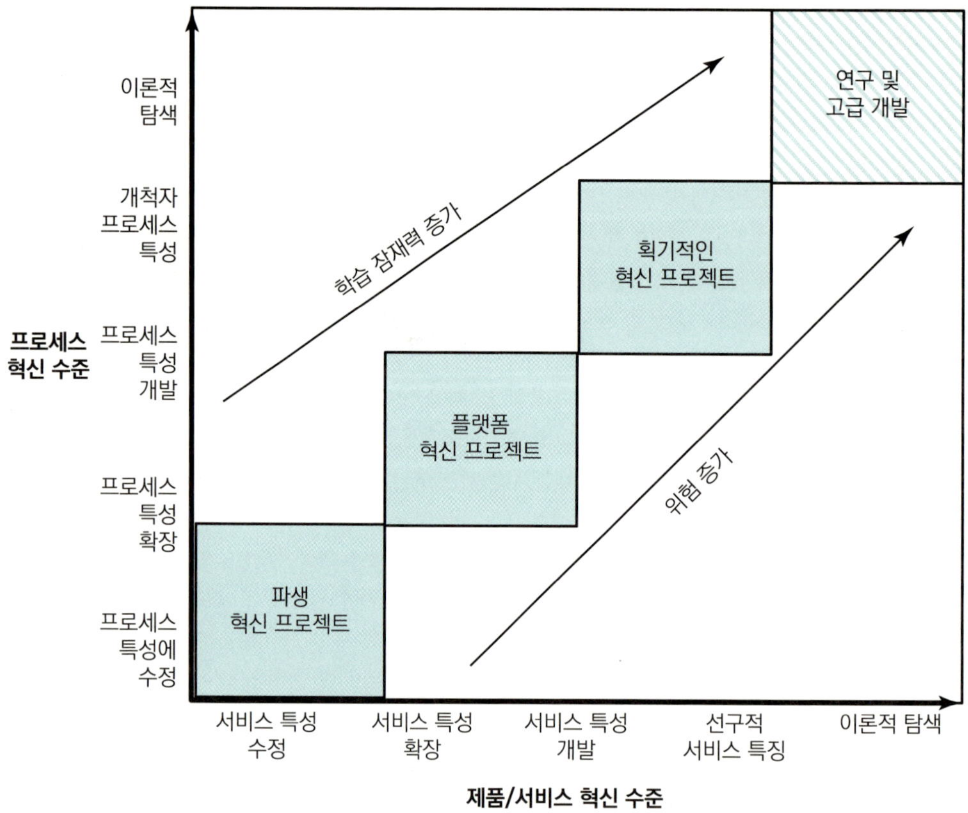

이르기까지 다양한 혁신을 도입할 수 있다. 마찬가지로, 4장 사례 문제의 주제였던 C&L 그룹은 기존 서비스를 약간 변화시킨 일부 서비스와 소수의 급진적 개념을 개발하여 위험 포트 폴리오를 효과적으로 관리한다.

혁신 위험을 나타내는 수준은 〈그림 14-4〉에서 표시된 것처럼 서비스 및 프로세스 특성의 변화 정도와 관련있다. 이러한 서비스 변경 및 위험의 개념화는 혁신을 분류하는 방법을 제공하며 〈그림 14-5〉에 나타나 있다.[5]

- **파생 혁신 프로젝트.** 이는 서비스 자체의 특성 또는 서비스를 생성하는 프로세스에 대한 작은 변경 또는 점진적 개선이다. 예를 들어, 대학은 교육 출판사의 e-러닝 제품을 채택하고 일상적인 과정 관리에 통합하여 교육 및 평가를 한다.
- **플랫폼 혁신 프로젝트.** 서비스 자체의 특성 또는 서비스를 생성하는 프로세스에 대한 상

당한 변경 또는 상당한 개선이 포함된다. 예를 들어, 한 대학교는 온라인 모듈, 개인화된 피드백 및 안내가 포함된 평가, 학생의 질문에 답하는 챗봇 등 모든 직접 학습 리소스를 제공하는 자체 학습 플랫폼을 개발한다.

- **획기적인 혁신**(breakthrough) **프로젝트**. 서비스 자체의 특성 또는 서비스를 생성하는 프로세스에 근본적인 변화 또는 근본적 개선이 이루어진다. 예를 들어, 한 대학은 개별 학생의 성취도를 추적하는 인공 지능(AI) 기반 학습 시스템을 채택하고 맞춤형 교정 학습 및 평가를 제공한다.
- **연구 및 고급 개발**. 이전 서비스 또는 프로세스 특성의 기반이 된 근본적인 기본 원칙에 대한 탐구와 도전이 수반된다. 이 영역의 활동은 혁신으로 이어지는 지식을 구축할 수 있지만 반드시 그렇게 해야 하는 것은 아니다. 이 부분의 목적은 서비스 또는 프로세스 특성을 직접적으로 변경하는 것이 아니라 두 가지 모두에 영향을 미칠 수 있는 지식을 파악하는 것이다. 예를 들어, 여러 분야의 연구팀은 AI 기반 학습이 학습자의 정신적, 신체적 웰빙에 미치는 영향의 심리적, 사회적 영향에 대한 종적 연구를 수행한다.

서비스 조직의 결정은 이러한 유형의 혁신 간에 시간, 노력 및 리소스를 어떻게 배분할 것인가이다. 장기적인 이점을 위해 획기적인 혁신에 투자하는 것이 바람직할 수 있지만 단기적인 '파생' 혁신의 흐름 없이는 기업은 장기적으로 이 목표를 이룰 수 없다. 해결책은 단기 파생상품, 중기 플랫폼, 장기 혁신 프로젝트 간에 투자를 분산하는 것이다. 연구 및 고급 개발과 관련하여 소규모 조직이 매우 장기적으로만 혜택을 볼 수 있는 벤처에 투자하는 것이 항상 가능한 것은 아니다. 이에 대한 예외는 국가 또는 지역의 미래 이익을 위해 정부의 보조금을 받는 조직, 연구 기반 지식을 활용할 수 있는 대기업이 구매하는 소규모 '창업' 벤처, 또는 심각하게 파괴적인 기술을 기반으로 하는 서비스(예: 처음 10년 동안의 Amazon)이다.

각 유형의 혁신 프로젝트에 할당되어야 하는 서비스의 전체적 혁신 노력과 리소스의 특정 비율을 지정하는 것은 아마도 현명하지 않을 것이다. 자원 할당은 전략적 목표와 개별 조직의

CASE example

사례

아이스호텔[6]

때때로 혁신은 처음에는 제약으로 보이는 것을 극복하려는 노력에서 나올 수 있다. 예를 들어, Jukkas AB는 급류 래프팅, 낚시, 순록 및 개썰매 투어, 크로스컨트리 스키, 스노모빌 사파리, 가이드투어 같은 다양한 야외 활동을 제공하는 회사로 시작했다. 스웨덴 라플란드의 작은 마을인 Jukkasjårvi에 본사를 둔 이 회사는 Torne 강 옆 북극권에서 북쪽으로 200km 떨어져 있다.

Jukkasjårvi의 문제는 기온이 -40°C까지 떨어지는 길고 어두운 겨울철에 방문객이 거의 없다는 것이다. 그러나 Jukkas의 매니저인 Yngve Bergqvist는 일본 얼음 예술가 그룹을 Jukkasjårvi에 초대하여 Torne강의 순수한 물에서 형성되는 맑고 투명한 얼음으로 조각품을 조각할 때 이러한 제약을 기회로 보았다. 그런 다음 Yngve는 조각품을 보호하기 위해 투명한 얼음 블록으로 만든 60제곱미터의 실린더 모양 이글루를 만들었다. 방문객은 그의 '아이스 갤러리'에 있는 전시물을 보기 위해 몰려들었고, 어느 날 밤 마을에 방이 없을 때 Yngve는 좋은 친구에게 10명의 동료를 위한 숙소를 구하라는 압력을 받았다. Yngve가 방문객에게 제공할 수 있는 것이라고는 순록 가죽에 침낭이 있는 그의 '아이스 갤러리' 공간뿐이었다. 아침부터 방문객은 '따뜻하고 강렬한 경험'에 열광했다. 아이스호텔(The Icehotel)이 탄생했다.

침실의 온도는 (상대적으로) 따뜻한 -5°C이다. 투숙객은 매우 따뜻한 침낭 안에 있는 따뜻한 단열 순록 가죽 침대에서 잘 수 있다. 아침에는 이른 아침 사우나를 즐기고 조식을 먹을 수 있다. 화장실은 아이스호텔에 인접한 작은 난방 건물에 있다. 저녁에는 방문객이 Torne강의 순수한 얼음으로 조각된 'Iceglasses'의 'Icebar'에서 술을 마신다. 낮에는 100m 떨어진 레스토랑에서 식사를 하고 개썰매와 스노모빌 사파리와 같은 모험 활동에 참여하실 수 있다.

겨울에 아이스호텔이 약 5,000제곱미터의 면적에 30,000톤의 눈과 4,000톤의 얼음으로 지어진다. 호텔에는 약 150개의 콜드룸과 스위트룸, 리셉션 및 바가 있다. 아이스호텔에는 자체 Iceart 전시회와 'Icechurch'도 있다. 그리고 호텔은 매년 봄에 녹기 때문에 객실 수와 전시품은 해마다 다르다. 이는 매년 12월 중순에 첫 손님이 도착하기 전에 약 30명의 예술가와 건축업자가 새로운 아이스호텔을 건설한다는 것을 의미한다. 스노우 캐논은 아치형 강철 섹션의 프레임에 눈을 날리는 데 사용되며 추가 지원을 위해 얼음 기둥이 추가된다. 벽은 무게가 거의 2톤에 달하는 거대하고 투명한 얼음 블록으로 만들어지며, 특

lenisecalleja.photography/Shutterstock

수 톱만으로 얼어붙은 강에서 절단하고 전방 적재 트랙터로 이동한다. 내부 작업은 조각가가 얼음을 자르고 작업하여 창문, 문, 기둥, 침대, 램프 및 얼음 조각품을 만드는 12월 초에 시작된다. 게스트 아이스 아티스트는 매년 일부 객실의 얼음 장식을 디자인하도록 초대된다. 매년 아이스호텔은 'Iceart' 설치에 대한 약 120개의 제안을 받고 6월에는 약 15명의 성공적인 아티스트 목록을 발표한다.

4월이 되면 아이스호텔의 지붕에서 물이 떨어지기 시작한다. 호텔은 문을 닫고, 눈은 천천히 다시 녹는다. 예외는 '아이스호텔 365'이다. 2016년 말, Jukkas는 아이스호텔 부지에 새로운 영구 얼음 체험을 열었다. 아이스호텔 365에는 각각 사우나와 욕실이 있는 9개의 럭셔리 스위트룸과 엄선된 예술가들이 조각한 11개의 '아트 스위트룸'이 있다. 아이스호텔 365에는 대형 아이스 바와 아이스 갤러리도 있다. 여름 동안 Icehotel 365를 차갑게 유지하는 냉장 장치는 태양 전지 시설의 에너지로 작동한다. 태양 전지는 여름 동안 거의 연속적인 일광을 이용하기 때문에 에너지 효율적이다. 이는 4월부터 9월까지 대략 75킬로와트를 생산할 수 있음을 의미하며, 이는 레스토랑, 사무실 및 따뜻한 방과 같은 기존 건물을 운영하는 데 사용할 수 있는 에너지 잉여분을 제공한다.

아이스호텔은 처음부터 아이스호텔 서비스 개념을 혁신하고 새로 고치며 향상시켜 왔다. Jukkas는 또한 전 세계 대부분의 대도시에 위치한 Asolut Vodka Ice Bars와 같은 브랜드 확장을 통해 개념을 확장했다. 2019년에는 캐나다, 핀란드, 일본, 노르웨이, 루마니아, 스위스에 12개의 유사한 호텔이 생겨났다.

역량, 특히 조직의 경쟁 목표에 따라 달라진다. 참신함을 강조하는 전략에 대해 명시적으로 경쟁하는 조직은 후속 조직보다 플랫폼과 획기적인 프로젝트에 더 중점을 두는 경향이 있다. 예를 들어, 최신 식품 및 준비 방법을 제공하기 위해 경쟁하는 식품 서비스 회사는 단순히 표준 냉동 야채를 제공하는 회사보다 급진적인 혁신에 더 많은 투자를 해야 한다.

14.3 서비스 혁신 프로세스

서비스 혁신을 특징짓는 방법에는 두 가지 극단이 있다. 극단적으로 보면 서비스 혁신은 서비스와 관련된 메커니즘에 대한 기술적 이해가 상상력, 독창성 및 감각과 결합되는 순전히 창의적인 프로세스로 간주된다. 이러한 관점에서 강조점은 순전히 독창성, 신규성 및 발명에 있어야 한다. 이 모든 일이 일어나려면 관련된 사람들에게 창의적일 수 있는 공간과 시간이 주어져야 한다. 물론 활동을 관리해야 하지만 독창성을 방해할 정도는 아니다. 일반적으로 서비스 개발에 대한 이러한 관점은 활동을 때로는 상호 의존적인 프로젝트의 모음으로 간주한다. 그리고 프로젝트 관리의 일부 측면이 활동을 안내하는 데 관련이 있을 수 있지만 이를 '프로세스'로 간주해서는 안 된다. 프로세스는 일상적으로 서비스를 창출하는 반면 서비스 혁신은 독창적인 일회성의 창출이다. 따라서 서비스 혁신은 그 결과에 집중해야 하며 그 결과가 어떻게 달성되는지에 대해 너무 걱정하지 않아도 된다.

하지만 반대론자들은 모든 것과 마찬가지로 결과가 프로세스에 달려 있다고 주장한다. 서비스에 대한 훌륭한 아이디어는 서비스를 훌륭하게 만드는 과정에서 나온다. 따라서 서비스 개발 과정을 살펴봐야 하는 것은 당연하다. 2개의 혁신 프로젝트가 완전히 똑같지는 않지만 이러한 모든 프로젝트에는 혁신 프로세스를 모델링하고 전반적인 성과를 개선하기 위해 노력할 수 있는 충분한 공통점이 있다. 더욱이 그러한 프로세스는 생성하는 혁신의 고유성 또는 적절성뿐만 아니라 혁신적인 아이디어를 생성하는 방법의 속도 및 신뢰성, 프로세스가 수행할 수 있는 유연성과 같은 프로세스 성능의 보다 일상적인 측면에서도 판단되어야 한다. 변화된 상황과 혁신적인 아이디어를 창출하는 비용에 적응해야 한다. 따라서 다른 프로세스와 마찬가지로 서비스 혁신 프로세스 개선에 유사한 접근 방식을 적용하는 것이 좋다.

14.3.1 서비스 혁신 프로세스의 '단계'

여기서 우리가 취하는 접근 방식은 두 극단 사이 어딘가에 있지만 후자에 더 가깝다. 새로운 서비스 개발에 대한 대부분의 연구는 기업이 프로세스를 공식적으로 효과적으로 구성할 수 있는 방법에 초점을 맞추었다.[7] 프로세스를 공식화하면 효율성과 효과가 증가한다는 가정이 필요하다. 이 때문에 학계와 실무자 모두 새로운 서비스를 창출하기 위해 서비스 혁신과 개발이 어떻게 구성되고 구성되어야 하는지를 보여 주려고 시도하는 많은 대안 모델을 제안했다. 그리고 모든 프로세스와 마찬가지로 모델은 다음과 같은 경향이 있다.

- 프로세스의 단계를 정의한다.
- 미래의 서비스 아이디어가 어떻게 작용하는지 리소스를 통해 '흐름'을 조사한다.
- 잠재적으로 성공적인 아이디어 개발을 방해하는 '억제 요소'와 병목 현상을 찾는다.
- 프로세스의 각 단계에서 필요한 리소스를 설명한다.
- 실행 가능성, 타당성, 호소력 등에 대한 테스트 또는 필터를 적용한다.

지금까지는 제품 또는 서비스 혁신을 다루고 있는지 여부에 관계없이 모든 혁신 프로세스와 매우 유사하다. 그렇다면 서비스 혁신 프로세스는 어떻게 다른가? 몇 가지 차이점이 존재한다.

- 서비스 혁신에서 프로세스는 전통적인 제품 혁신보다 덜 형식적인 경향이 있으며 프로세스에서 별도의 개별 단계를 식별하기가 더 어렵다.[8]
- 이로 인해 서비스 혁신 프로세스가 덜 규범적이다. 실제로 과도한 형식화는 서비스 혁신에 부정적인 영향을 미칠 수 있다.
- 서비스 혁신은 제품 혁신보다 고객 주도적이며 기술 기반이 적다. 제품 혁신에서 고객 특성이 중요하지 않거나 서비스 혁신에서 기술 특성이 중요하지 않다는 것이 아니라, 공동 창조의 중요성은 필연적으로 고객의 역할을 증가시킨다.
- 수정, 회귀 및 재사용의 정도는 제품 설계 프로세스보다 더 큰 경향이 있다.

서비스 아이디어에서 서비스 설계까지 조직

조직마다 서로 다른 프로세스를 채택하기 때문에 서비스를 개발하는 방식에 대해 설명하는 것은 문제의 소지가 있다. 또한 기업이 공식적인 서비스 혁신 절차를 규정하는 것과 현실에서 일어나는 일은 매우 다를 수 있다. 그리고 서비스 혁신 프로세스에 대해 제안된 많은 모형이 있지만 모형에는 다음과 같은 몇 가지 공통된 특징이 있다.

- 이들이 사용하는 개별 단계는 잠재적인 서비스 개념 및 아이디어 생성을 통해 광범위한 목표 설정에서 타당성과 수용가능성을 테스트하는 단계에서 세부 서비스 설계를 실행 및 구현하는 최종 단계로 이루어진다.

〈그림 14-6〉 서비스 혁신 프로세스의 4단계

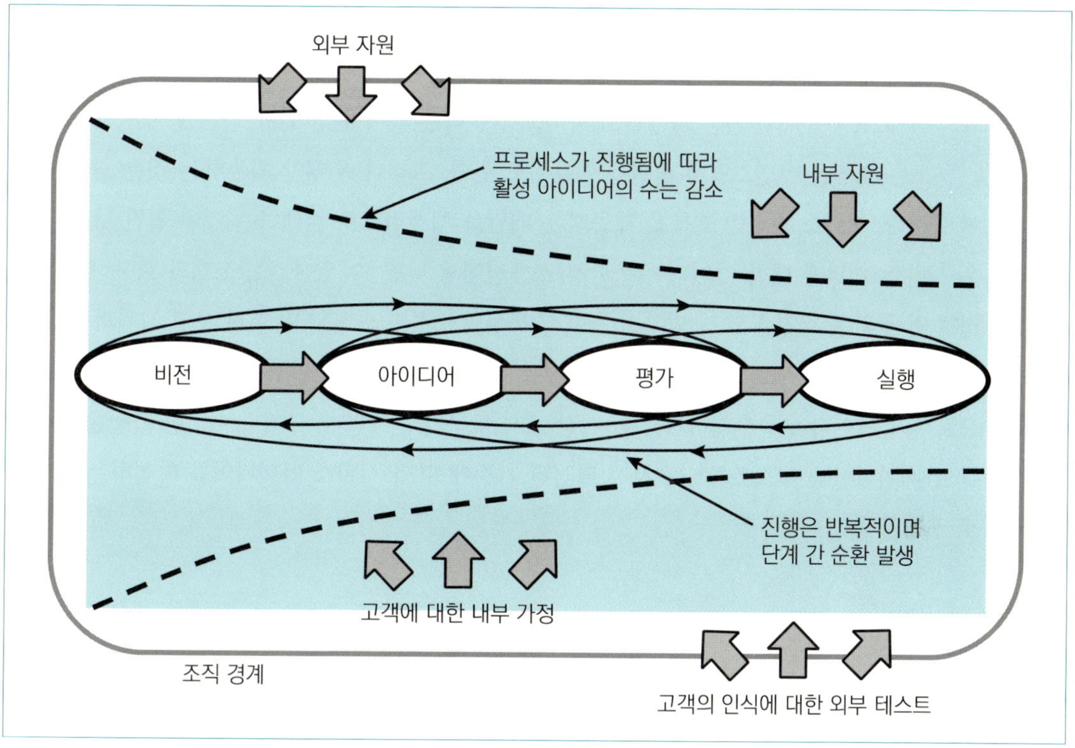

- 프로세스가 이러한 단계를 거치면서 활발히 진행되고 있는 개별 서비스 아이디어의 수를 줄여나갈 수 있고 각 아이디어에 투입할 수 있는 자원 집중도는 증가한다.
- 아이디어가 개발되고 변경되고, 새로운 아이디어를 재평가하거나 '촉진'한다.
- 혁신 프로세스에 필요한 자원은 혁신 조직 내부와 외부 모두에서 나온다.
- 프로세스 초기부터 고객 행동 및 수용에 대한 가정이 있을 수 있지만 결국 서비스 아이디어는 실제 고객에게 테스트 해야 한다.

혁신 프로세스 모형은 〈그림 14-6〉에 나와 있다. 서비스 혁신 활동을 순차적인 4단계로 구분한다. 혁신을 위한 비전과 목표를 설정하는 단계, 서비스 아이디어가 나오는 '생각' 단계 생성된 아이디어를 평가하는 '평가' 단계, 세부 설계를 수행하는 '실행' 단계.

비전 단계

서비스 조직이 달성하고자 하는 비전 없이 혁신 프로세스를 시작하는 경우는 드물다. 지속적인 혁신의 경우 잠재적인 혁신을 평가하기 위한 명확한 목표와 기준이 있다. 그리고 불연속적인 혁신이더라도 유익한 혁신을 구성하는 것에 대한 어떤 종류의 비전이나 추상적 이미지는 잠재 아이디어의 전략적 의도의 형태로 표현할 가치가 있다. 이 단계의 핵심은 목표 시장을 지정하는 것이다. 이는 잠재적인 혁신을 평가해야 하는 고객이 누구인지를 정의한다. 최소한 이 시장의 잠재 고객에 대한 기본 가정을 조사하고 질문하는 것이 현명하다.

모든 조직은 우연스럽게 혁신을 이루기도 한다. 그러나 운에만 의존하는 것은 좋은 생각이 아니다. 서비스 혁신의 흐름을 제공하는 개념을 체계적으로 검색하는 것이 훨씬 낫다. 새로운 서비스 개념에 대한 아이디어는 환경 스캐닝에서 나올 수 있다. 즉, 고객의 요구 사항이나 경쟁 업체 활동과 같은 조직 외부 소스에서 생성되거나 영업 직원 및 현장 운영 직원과 같은 조직 내부 소스에서 생성된다. 설문지와 인터뷰를 포함하여 공식적이고 구조화된 방식으로 고객으로부터 아이디어를 수집하기 위한 시장 조사 도구가 존재한다. 그러나 이러한 기술은 일반적으로 아이디어를 테스트하거나 사전 결정된 기준에 따라 서비스 아이디어를 확인하는 방식으로 구성된다.

아이디어 상상 단계

아이디어 상상 단계는 아이디어가 형성되는 과정을 의미한다. 따라서 창작 과정의 중심에 있다. 이 과정에서 브레인스토밍 같은 기법이 활용된다. 브레인스토밍의 '규칙'은 잘 알려져 있으며 중요한 두 가지는 다음과 같다. (a) 말이 안되는 아이디어라도 비난받아서는 안 되기 때문에 즉각적인 판단은 피한다. (b) 가능한 한 많은 아이디어를 제시한다. 혁신 전문가들은 학습이 필요한 경우에도 특정한 특성을 의도적으로 선택하는 것을 이 과정의 중요한 요소로 보고 있다. 그들은 우리 모두가 친숙한 사고 패턴을 고수하는 경향이 있으며 종종 문제 해결을 위해 동일한 '레시피'를 사용할 것이라고 주장한다. 과거의 경험과 상관없이 아이디어 구상에 관련된 모든 사람은 뛰어난 혁신적 아이디어를 생성할 가능성이 있다는 개인의 특성을 인식하고 이를 받아들여야 한다. 이러한 특성은 '올바른' 아이디어를 제시하기 위한 것이 아니라 가장 광범위한 가능성을 생성하는 데 도움된다.[9] 정확히 무엇인지는 목록을 작성하는 사람에 따라 다르지만 일반적으로 다음 내용들이 포함된다.

- 새로운 정보가 나타날 때 자신의 생각을 바꾸고 적응시키는 능력
- 새로운 아이디어를 생성하기 위해 관련 없어 보이는 아이디어나 주제 사이의 패턴이나 관계를 연결하고 보는 능력
- 정통 관습을 재구상하기 위해 일반적인 가정이나 규칙에 도전하는 능력
- 불편하거나 '바보 같은' 질문을 할 수 있는 능력

- 대안적 현실의 함의를 탐구할 수 있도록 현실에 대한 다른 '관점'을 표현하는 능력
- 명확하지 않은 아이디어를 테스트하여 새로운 가능성에 관심을 갖고 탐구하는 능력
- 새롭고 다른 것을 탐구하고 배울 수 있는 능력

평가 단계

아이디어 상상 단계가 중요한 만큼 잠재 가치가 높은 아이디어를 찾는 것은 모순(paradox)을 포함한다. 아이디어를 탐색하면 합리적으로 추가로 개발하거나 구현할 수 있는 것보다 잠재적으로 응용 가능한 개념이 생성되는 경우도 있다. 모든 아이디어가 평가 초기 단계에서 완전히 평가될 수 있는 것은 아니다.

모든 콘셉트나 콘셉트 안의 다양성이 시장 출시를 통해 개발될 가능성이 있는 것은 아니다. 위험이라는 것은 혁신에 가치를 두는 조직조차도 예산에 문제가 생기면 급진적인 아이디어를 포기할 수 있다. 이것은 좋은 아이디어가 혁신 프로세스의 초기 단계에서 실수로 버려질 운명이라는 것을 의미한다. 특히 불연속적인 혁신이 이런 경우에 포함된다. 지속적인 혁신 프로젝트를 고려할 때 기존의 평가를 사용할 수 있지만 근본적으로 새로운 개념의 경우 근본적으로 새로운 아이디어를 기존 방식에 통합할 수 없기 때문에 평가가 더 어렵다.

평가의 목적은 구상 단계에서 떠오르는 아이디어를 취하여 실행 가능한 서비스 설계로 개발될 가능성을 평가하는 것이다. 공식적인 혁신 프로세스를 사용하는 대규모 조직에서는 개념이 다양한 스크린을 거쳐야 할 수 있으며 여러 기능이 관련될 수 있다. 각 기능은 제안을 스크린하기 위해 서로 다른 기준을 사용한다. 심사는 시장 포지셔닝, 운영/기술적 의미 및 재무 평가와 관련된 세 가지로 나눌 수 있다.

- 제안된 서비스가 그 자체로 매력적이고 조직의 전반적인 마케팅 전략과 일치하는 시장 위치를 점하고 있는가?
- 제안된 제품 또는 서비스가 기존 운영 자원의 기능을 활용하거나 도움이 되는가?
- 제안된 제품 또는 서비스에 대한 투자가 가능하며, 이 투자에서 얻을 수 있는 수익은 합리적인가?

평가 단계에서 사용할 수 있는 검증된 기법은 충분하다. 위의 비즈니스 분석 질문 외에도 시뮬레이션 모델링 및 서비스 프로세스 매핑(서비스 청사진이라고도 함)과 같은 기법을 통해 서비스가 실제로 작동하는 방식을 보다 자세히 이해할 수 있다. 시나리오 계획 및 실패 분석과 같은 다른 기술은 가능한 미래 상태에 대한 서비스 개념의 복원력을 테스트하는 데 유용하다. 그리고 프로토타이핑은 일반적으로 실제 제품과 연관되지만 서비스 프로토타이핑은 잠재적인

서비스 혁신의 '유형'을 만들어 낼 수 있다. 그 목적은 모든 이해 관계자를 위한 서비스 개념에 대한 이해를 공유하는 것이다. 이를 통해 보다 폭넓은 참여를 보장할 수 있으므로 제안에 대한 보다 효과적인 평가가 가능하다.

실행 단계

새로운 서비스에 대한 개념을 개발한 후 새로운 서비스를 구현할 수 있는 단계까지 개념을 추가로 개발할 수 있다. 이 단계는 서비스 디자인에 대한 세부 작업의 시작을 나타낸다. 여기에는 서비스에 들어갈 내용을 정의하는 것이 포함된다. 이를 위해서는 서비스 패키지를 구성하는 구성 요소 부품과 같은 정보 수집이 필요하다. 그러나 이러한 개발이나 세부 설계가 항상 구현 전에 발생하는 것은 아니다. 서비스 제공자가 구현하는 동안 서비스가 세부 설계의 대상이 될 수 있다는 것은 상상할 수 없는 일이 아니다. 많은 소비자가 평가 또는 시장 테스트 목적으로 시험 서비스에 노출된다. 따라서 세부 디자인 프로세스는 형식적이거나 암시적일 수 있으며 디자인 프로세스의 결과는 각각 전체 디자인 또는 서비스 자체가 될 수 있다.

상세한 서비스 설계에는 '오퍼링' 또는 제공된 서비스의 사양, 고객 경험 및 의도된 서비스 결과, 가치 및 가격에 대한 설명이 포함된다. 즉, 세부적인 서비스 디자인은 서비스 개념의 각 요소를 '구체화'하는 것이다. 마지막 섹션에서 언급했듯이 새로운 서비스가 독립적으로 작동하는 경우는 드물다. 새로운 서비스는 일반적으로 기존 서비스와 함께 작동해야 하며 서비스 개념을 실현하기 위해 일반적인 리소스 제품군을 활용한다. 따라서 이전 섹션에서 다룬 평가 작업의 일부는 세부 서비스 디자인에서도 이루어져야 한다.

따라서 세부 서비스 설계의 주요 구성 요소는 새로운 서비스가 모든 기존 리소스와 지원하는 서비스에 미치는 영향을 평가하는 것이다. 이러한 작업은 새로운 서비스의 실행 단계에서 여러 단계를 통합한다. 처음에는 소개 단계가 있을 것이다. 새로운 서비스는 일반적으로 익숙하지 않은 학습 곡선 효과로 인해 과도한 일반 리소스를 사용한다. 점차적으로 서비스가 안정된 상태의 운영으로 정착함에 따라 요구 사항이 줄어들 것이다. 따라서 상세한 서비스 설계는 서비스 도입의 초과 요구를 예상해야 한다. 11장에서 살펴본 프로세스 설계 및 가치 흐름 매핑 접근 방식은 새로운 서비스가 조직 리소스를 활용하는 방법을 예상하는 데 유용할 수 있다.

실행 단계에서 해결해야 할 관련 문제는 규모와 확장성이다. 100명의 고객에게 작동하도록 설계된 서비스와 수천 명의 고객에게 작동하도록 설계된 서비스가 반드시 동일한 것은 아니다. 본질적으로 동일한 서비스가 볼륨 스펙트럼의 극단에서 매우 다른 제공 리소스 및 프로세스에 의존하는 것을 보는 것은 드문 일이 아니다. 이상적으로는 새로운 서비스가 의도한 규모로 작동하도록 설계되지만 실제로는 최소한 성공적인 시장 테스트 없이는 대량 서비스 제공에

CASE example
사례

맥도날드 혁신 센터[10]

1940년에 설립된 이래로 맥도날드는 매출 기준으로 세계 최대의 패스트푸드 레스토랑이 되었으며 100개국에서 매일 약 7천만 명의 고객에게 서비스를 제공하고 있다. 맥도날드의 성장과 장수는 제품, 서비스 및 전달 방식에 대한 변화하는 소비자 요구에 어떻게 대처해 왔는지에 대한 증거이다. 최초의 드라이브 스루를 도입한 순간부터 최신 레스토랑 디자인에 이르기까지 맥도날드는 패스트푸드의 혁신을 계속 주도하고 있다. 신제품 및 매장 디자인과 같은 일부 혁신은 고객에게 분명하지만 주방 장비 및 요리 방법에 대한 혁신과 같은 일부 혁신은 눈에 띄지 않는다.

맥도날드를 '혁신'과 즉시 연관시키지는 않겠지만, 수년에 걸쳐 많은 참신한 메뉴 항목과 프로세스를 도입했다. 미래에도 혁신은 계속해서 기업의 필수 요소가 될 것이다. 인공지능(AI) 기반 음성 주문(고객 대기 시간을 줄이고 직원의 작업을 보다 간단하게 만들기 위한 목적), 튀김 로봇 및 자동화된 음료 장비와 같은 잠재적으로 유익한 기술의 통합을 시험하는 것과 관련이 있다. 또한 복잡한 작업 없이 메뉴 항목을 추가하는 방법과 같은 중요한 작업 문제에 대한 솔루션을 찾는 노력도 포함된다.

기업의 혁신 노력의 중요한 부분은 시카고 교외의 '혁신 센터'이다. 이곳은 세계적으로 상징적인 기업 중 하나의 미래가 세부적으로 표시되는 곳이며, 새로운 메뉴 항목이 생성되는 곳이며, 레스토랑이 설계되는 곳이다. 레스토랑 레이아웃이 모형화되고 잠재적인 맥도날드 메뉴 항목에 대한 레시피가 조정되는 곳이다. 센터 내에는 혁신 프로세스가 어떻게 작동해야 하는지에 대한 확고한 아이디어가 있다. 맥도날드의 혁신은 명확한 목표와 성공 기준에서 시작된다(신제품은 맛이 좋고 비용 효율적이며 주방에서 쉽게 준비할 수 있어야 함). 맥도날드는 단순히 재미있을 만한 아이디어를 찾는 '푸른 하늘' 혁신을 추구하지 않는다. 소위 '알파 단계'에서는 아이디어의 프로토타입이 신속하게 제작되고 디자인이 개발되며 명확한 목표 프레임워크 내에서 개발팀이 잠재적으로 실질적인 이점이 있는 새로운 아이디어를 만들고 테스트한다. 잠재적인 메뉴 혁신은 신속하게 준비하고(준비 시간이 긴 음식 없음) 기업의 공급망 제약 조건에 맞고 확장 가능하며 운영 목표에 부합해야 한다.

고객 피드백은 혁신에 매우 중요하다. 맥도날드에서는 잠재적인 새로운 식품을 테스트하기 위해 실제 고객을 포커스 그룹 참가자로 데려올 수 있다. 이러한 테스트의 데이터는 제품을 추가로 개발할지 여부를 결정하는 데 중요하다. 논리적으로 보이고 내부적으로 인기가 있더라도 일부 혁신은 실제 고객의 호의를 얻지 못하기 때문에 고객 피드백에 대해 '조기 및 자주' 접근 방식을 취한다. 새로운 메뉴 항목이 이 첫 번째 테스트를 통과하면 추가 테스트 및 피드백을 위해 일부 선택된 매장에서 파일럿 테스트를 거친다. 그래야만 다음 단계로 진행할 수 있다. 그러나 외부 이해관계자의 영향은 고객에게만 국한되지 않는다. 기업의 가맹점도 외부 디자인 업체와 마찬가지로 혁신 과정에서 중요한 존재다. 또한 맥도날드는 혁신 전략에 도움이 될 수 있는 자산 인수를 꺼리지 않는다. 이 회사는 3억 달러를 들여 Dynamic Yield를 인수했는데, 이 회사는 맥도날드가 야외 디지털 드라이브 스루 메뉴 디스플레이를 하루 중 시간, 날씨, 현재 레스토랑 트래픽 및 트렌드 메뉴 항목을 기반으로 음식을 보여줌으로써 좀 더 개인화된 경험을 만들 수 있는 기회를 제공했다.

잠재적인 혁신이 혁신 센터에서 철저하게 테스트되면 베타 단계를 거쳐 빠른 현장 테스트를 위해 대상 시장으로 보내진다. 여기에서 비디오 분석 및 실험 기법을 사용하여 혁신 프로세스의 이 단계를 가속화할 수 있다. 그러나 혁신 센터의 테스트는 새로운 메뉴 오퍼링과 운영 성능에 미치는 영향에 국한되지 않는다. 또한 인지 부하와 스트레스를 최소화하면서 최적의 성과를 제공하는 직원 직무 설계, 장비 설계 및 배치, 정보 시스템 설계 및 사용자 인터페이스, 서비스 시스템이 광범위한 운영 조건에서 효과적으로 작동하도록 설계될 수 있는 방법에 대해서도 고민하고 있다.

대한 자본 요구 사항이 승인되지 않으며 내부 및 외부 파일럿 서비스를 통해 지속적인 성공을 거둘 가능성이 더 크다.

타당성 및 실행 가능성 평가의 상당 부분을 서비스 혁신의 사전 구축/평가 단계로 전환하는 것이 바람직하지만 실제로는 새 서비스의 실질적인 결과에 대한 학습의 대부분은 출시 후에 이루어진다. 새 서비스의 출시 후 검토는 새 서비스가 안정적으로 제공되는 것으로 간주된 후 어느 시점에 조직 일정에 포함되도록 설계되어야 한다. 학습곡선에 있는 시기 동안 성능을 평가하는 것은 무의미하다.

재활용 및 단계 간 상호작용

〈그림 14-6〉에서 우리가 혁신 프로세스를 특징 지은 방법의 중요한 특징은 재활용의 확산이라는 점이다. 혁신이 단순히 중단 없는 순서로 프로세스의 각 단계를 통해 순서대로 진행되는 것이라고 생각하는 것은 비현실적이고 오해의 소지가 있다. 프로세스는 그것보다 훨씬 덜 구조화되어 있다. 한 단계에서 작업하려면 종종 이전 단계로 다시 돌아가야 한다. 2개 이상의 단계에서 동시에 작업을 진행하면서 단계가 겹칠 수 있다. 한 번 결정된 디자인 결정도 근본적인 측면에서 변경될 수 있다.

또한 본질적으로 서비스 혁신은 고도로 상호작용하는 경향이 있으며(비록 제조 혁신보다

다른 견해

서비스 혁신 프로세스를 일련의 단계로 공식화하는 것은 새로운 서비스 개발에 전념할 수 있는 자원과 전문성을 갖춘 대기업에게는 적절할 수 있지만, 더 제한된 수단을 가진 기업에게는 반드시 실현 가능한 것은 아니다. 이는 특히 공식적으로 정의된 신규 서비스 개발(NSD) 프로세스가 혁신의 전제 조건이라고 가정하는 경우 소규모 회사에 문제를 제기한다. 더욱이 NSD에 대한 방대한 양의 연구는 공식적인 개발 과정을 가정한다. NSD의 형식적 단계 모델에 대한 대안 개념은 '브리콜라주(bricolage)'이다.[11] 브리콜라주 이면에 깔린 흥미로운 아이디어는 개발 리소스가 부족하기 때문에 많은 회사가 사용 가능한 리소스가 무엇이든 '일을 해야' 한다는 것이다. 사실 브리콜라주 관점에서 기업은 희소성을 문제라기보다 기회로 간주할 수 있다.

이 아이디어는 원래 엔지니어와 같은 공식 전문가의 행동을 '브리콜뢰르(bricoleurs)'와 대조하기 위해 도입되었다. 엔지니어는 자신의 작업을 수행하기 위해 명시적인 조치를 따르도록 훈련을 받는 반면 브리콜뢰르는 '손에 있는 모든 것'을 사용하는 것이다. 개별 기업가 또는 전체 조직의 개발 행동을 이해하는 데 사용할 수 있는 개념이다. 조직 차원에서 브리콜라주는 기존 자원을 창의적으로 결합하여 새로운 서비스를 창출하는 것으로 볼 수 있다. 이는 서비스 혁신에 대한 보다 공식적인 접근 방식을 무시하려는 것이 아니라 브리콜라주 아이디어가 자원이 풍부한 대규모 조직만이 혁신적인 새 서비스를 개발할 수 있다는 인상을 바로잡는 역할을 한다.

점진적이고 덜 형식적이지만) 서비스 운영 직원과 고객 간의 상호작용이 특히 중요하다. 이러한 맥락에서 상호작용이란 서비스 운영 직원 과 서비스 혁신이 발생하는 환경 간의 일종의 참여를 의미한다. 그러나 전통적으로 서비스 혁신에서 고객의 역할과 고객 기반 발전은 내부 아이디어와 같은 다른 것과 결합되어야 하는 혁신의 한 가지 원천으로만 여겨졌다. 결국 대부분의 고객 상호작용은 고객에 대한 서비스 직원의 경험에서 비롯되며 상호작용을 관리하는 능력에 따라 달라진다. 그러나 서비스 혁신에 대한 최근의 관점은 고객의 역할을 더 강조하고 있다. 이는 서비스를 고객을 위해 그리고 고객의 협력으로 개발된 '자원'으로 보는 서비스 중심 논리(2장 참조)와 같은 개념이다. 따라서 서비스 혁신은 고객과 서비스 운영의 상호작용을 통해 고객에게 제공되는 신선한 자원이 된다. 또한 서비스의 가치는 서비스 자체에 내재되어 있는 것이 아니라 고객이 자원을 사용함으로써 창출된다.

점진적으로 옵션 축소

서비스 혁신 프로세스를 설명하는 일반적인 방법은 깔때기에 비유하는 것이다. 깔때기의 넓은 입구는 서비스를 위한 다양한 대체 디자인을 수용할 수 있다. 실제로 이론적으로는 서비스에서 요구되는 이점을 제공할 수 있는 방법은 항상 무한히 많다. 일부는 서로에 대한 사소한 변형일 뿐이다. 혁신 프로세스가 진행됨에 따라 일부 옵션은 폐기된다. 일부 옵션을 제외하는 것이 유일한 목적인 깔때기의 다양한 지점에서 '필터링'을 할 수 있다. 이러한 필터는 앞서 언급한 바와 같이 시장 수용성, 기술 능력, 재정적 수익 등의 기준에 대해 대안 아이디어를 평가하는 '스크린'을 나타내는 경우다. 결국 하나의 옵션만 남아 최종 형태로 개발된다. 전체 프로세스는 깔때기의 한쪽 끝에서 무한한 해석이 가능한 광 범위한 개념에서 다른 쪽 끝의 완전히 형성되고 지정된 디자인으로 이동한다.

14.3.2 서비스 개념의 역할

4장에서 우리는 서비스 개념을 개략적으로 설명했다. 우리는 그것을 제공하고 받는 서비스의 본질에 대한 공유되고 명료한 이해라고 설명했다. 고객을 위해 수행해야 할 작업과 이를 달성하는 방법에 대한 자세 한 설명을 제공해야 한다. 기존 서비스의 수정 및 개발, 그리고 보다 근본적인 서비스 혁신에 특히 유용한 장치이다. 이는 서비스 개념이 혁신의 전략적 의도와 혁신이 고객에게 미치는 영향 사이, 그리고 서비스 운영 목표와 서비스 설계 세부 사항 사이에 '다리'를 제공하기 때문이다. 서비스 개념의 구조는 서비스의 사소하거나 급진적인 혁신이 내포하는 변경 사항을 '매핑'하는 데 사용할 수 있다. 실제로 이것은 서비스에 대한 변경 사항이 일관

〈그림 14-7〉 서비스 개념은 서비스 개발에서 변화를 도시할 수 있다

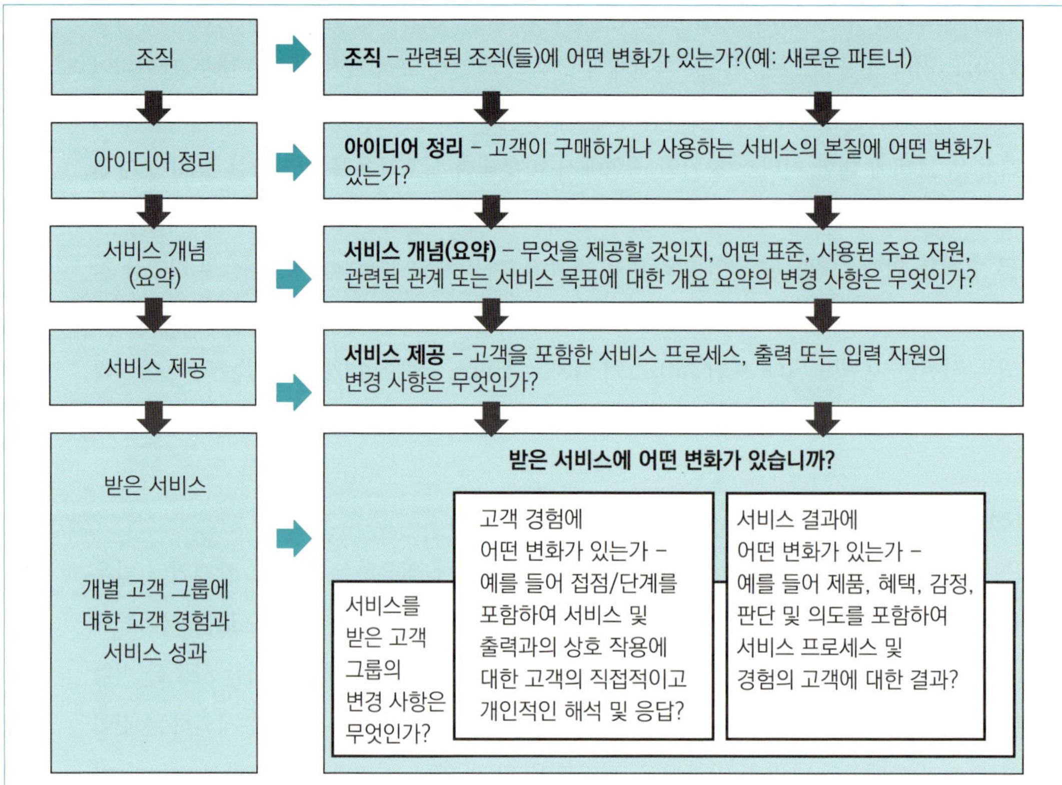

되게 실행되는지 확인하는 체크리스트 역할을 한다. 〈그림 14-7〉은 이 아이디어를 보여 준다.

서비스 개념은 현상 유지에 도전하기 위한 이상적인 수단을 제공할 수 있다. 서로 다른 고객 그룹에 대한 각 서비스 개념의 핵심 요소를 기록하는 단순한 프로세스는 서비스 관리자가 개념에 함축되어 있을 수 있는 주요 가정을 살펴보도록 장려할 것이다.

잠재적인 새로운 '구성 아이디어'를 넘어 프로세스, 결과 및 경험에 대한 변경 사항을 식별하면 서비스 운영 관리자가 새로운 서비스의 실행 가능성/바람직함을 평가할 수 있다. 이 세부 사항은 관리자가 비즈니스를 이해하는 데 도움이 될 뿐만 아니라 다른 조직과 차별화할 수 있는 방식으로 비즈니스를 보도록 도전할 수 있다. 운영의 핵심 역량에 대한 심층적인 이해와 함께 시장, 다양한 고객 부문 및 해당 부문 고객의 요구에 대해 신중하게 생각함으로써 관리자는 큰 호소력을 가진 새롭고 혁신적인 개념을 개선하고 개발할 수 있다. 고객에게 제공하고 조직에 상당한 경쟁 우위를 제공한다.

싱가포르 동물원의 개발 사례는 서비스 개념과 이것이 내포하는 운영 현실이 어떻게 다

른 조직이 모방하기 어려운 방식으로 개발되었는지를 보여 준다. 개발은 외국인 방문객, 특히 매우 크고 수익성이 좋은 시장인 싱가포르에서 사업차 방문하는 방문객의 요구에 대한 인식과 함께 현재 운영 역량에 대한 이해에서 비롯된다.

CASE example

사례

싱가포르 동물원[12]

싱가포르 동물원은 혁신에 낯설지 않다. 40년 전 동물원은 새로운 서비스를 제공하기 시작했다. 바로 Ah Meng이라는 이름의 오랑우탄과 함께하는 아침 식사이다. 이 아침 식사는 '야생동물과 함께하는 정글 아침 식사'로 발전했다. 아침 명소(매일 오전 9시부터 오전 10시 30분까지 개최)는 코끼리의 아침 목욕 루틴을 관찰하는 것으로 시작하여 엄선된 과일을 먹일 수 있는 기회가 이어진다. 그런 다음 방문객은 Ah Meng Restaurant(2008년 48세의 나이로 사망한 Ah Meng의 이름을 따서 명명)에서 아침 식사를 하고 인접한 '숲 개간지'에서 타마린드, 비단뱀, 오랑우탄을 가까이에서 만날 수 있다.

Wildlife Reserves Singapore(WRS)는 싱가포르 정부가 소유한 공개 유한 회사다. 싱가포르 동물원, 주롱 새공원, 세계적으로 유명한 나이트 사파리 등 수상 경력에 빛나는 3개 명소의 모회사이다.

WRS의 목표는 야생동물 보호 및 교육에 중점을 두고 방문자에게 기억에 남을 야생 생활 경험을 제공하는 것이다. WRS의 비전은 세계 최고의 야생동물 기관이 되는 것이지만, 사명은 흥미롭고 의미 있는 야생동물 경험을 통해 자연에 대한 인식을 고취시키는 것이다. WRS는 또한 자연 서식지에 있는 야생동물, 특히 멸종 위기에 처한 종을 보호하는 데 도움이 된다. WRS 방문자는 친구 및 가족과의 훌륭한 경험과 비용 대비 가치만을 찾는 것이 아니다. 그들 중 많은 사람이 야생동물 보호에 기여하기를 원한다. 따라서 WRS는 통역 보드, 레인저 대화 및 시연, 방문객을 공원 주변으로 안내하는 트램 해설자 등 상호작용을 통해 방문객을 교육하려고 한다. WRS는 식품 및 음료 직원과 같은 비동물학 직원도 교육하여 방문객과 동물 및 보존에 대해 흥미로운 토론을 할 수 있다.

YUI MOK/AFP/Getty Images

싱가포르 동물원은 '열린 동물원' 개념의 선구자이다. 여기에서 동물들은 자연 서식지를 재현하기 위해 매우 넓고 조경된 울타리 안에서 지낸다. 이곳에서는 자신의 영역을 확보하려는 동물의 본능이나 물과 같은 요소에 대한 본능적인 두려움 등 심리적 구속 기술을 사용하여 동물을 방문객과 분리한다. 예를 들어, 물의 해자는 초목으로 가려져 있거나 시선 아래로 떨어진다. 이의 성과는 개방감이다. 전통적인 동물원의 전형인 억압적인 우리는 사용되지 않는다. 심리적 구속을 사용하려면 관련 동물의 행동에 대한 건전한 지식이 필요하다. 올바른 서식지, 프라이버시, 자극, 음식 및 사회 구조를 제공함으로써 동물들은 그 공간을 자신의 집으로 바꾸고 일부는 탈출할 수 있지만 그렇지 않다. 야생의 자연스러운 스트레스를 재현하고 동물의 자연스러운 본능과 반사 작용을 이끌어 내어 자극을 제공한다. 예를 들어, 키퍼는 잘게 다진 고기 덩어리를 큰 고양이에게 던지는 대신 건초와 피가 묻은 '거니 자루'에 고기 덩어리를 넣고 나무에 매단다. 고양이는 자루를 차지하기 위해 서로 경쟁해야 하고 보상을 받기 전에 자루를 부수어야 한다. 다른 동물들은 자연 서식지의 어려움을 반영하는 방식으로 자극을 받는다.

예를 들어 북극곰과 고기잡이 고양이는 먹이를 얻기 위해 낚시하러 가야 한다. 한 가지 주요 혁신은 나이트 사파리이다. 세계적 수준의 동물원을 성공적으로 운영했음에도 불구하고 관리자들은 동물원 방문객의 대다수가 지역 주민이라는 점에서 '일반 동물원'의 매력이 제한적이라는 것을 알고 있었다. 단기 기착을 하는 많은 관광객과 출장자에게 집에서 쉽게 할 수 있는 동물원 방문은 우선순위가 아니었다. 또 다른 방문 의욕을 꺾는 것은 싱가포르 날씨가 낮에는 덥고 많은 동물들이 낮에 잠을 자거나 무기력하다는 사실이다. 이러한 잠재적인 방문객에게 동물원은 싱가포르의 유명한 쇼핑몰과 훌륭한 음식에 비해 약간의 흥분을 제공했다. 동물원에는 새로운 서비스 개념이 필요했다.

동물원에서 진행된 몇 차례의 야간투어에 대한 열광적인 반응에 이어 4년의 계획과 3년의 건설 끝에 Singapore의 Night Safari는 1994년 5월 $6,300만 달러로 개장했다. 오늘날 여러 유사 동물원이 있지만 나이트 사파리는 세계 최초의 야간 야생동물 공원이었다. 동물원과 인접한 나이트 사파리는 자체 입구와 시설을 갖추고 있으며 연간 130만 명이 찾는다.

방문객은 '우림의 마을'을 통해 입장하면서 자신이 특별한 세계로 들어가고 있다는 것을 즉시 느낀다. 모든 감각을 목표로 하는 음악, 춤, 연주자들이 있다. 방문객은 음악을 듣고, 공연자들을 보고, 열대우림과 음식의 냄새를 맡는다. 그들은 정글 환경에서 촛불로 식사를 한 다음, '자연스러운' 환경에서 야생과 동물들을 경험하기 위해 나이트 사파리에 들어갈 수 있다. 나이트 사파리는 또한 키퍼들이 동물과 그들의 서식지, 그리고 보존 노력에 대해 이야기하는 '크리처즈 오브 더 나이트 쇼'에서 길들여진 동물들과 가까운 만남을 가질 수 있는 기회를 제공한다. 기억에 남는 경험들은 종종 이러한 작고 개인적인 만남들로부터 온다.

모든 시설은 사파리 테마와 일치한다. 주차장에서 트램 정류장까지의 통로는 나무판자와 난간으로 구성되어 있다. 방문객들이 유명한 칠리 크랩과 같은 다양한 현지 인기 요리를 먹을 수 있는 Ulu Ulu Safari 레스토랑은 기둥 천장과 소박한 등나무 부채로 정글의 느낌을 유지한다. 레스토랑에는 또한 매미, 개구리 및 기타 밤 생물의 소리 속에서 식사를 할 수 있는 야외 식사 공간이 있으며 근처에서 안콜 소 떼가 풀을 뜯고 있다. 대안인 Bongo Burger Bar는 고품질 버거와 부족 무용수들과 가까운 야외 식사를 제공한다. 심지어 화장실도 사파리 느낌이 난다. 이곳은 하늘을 향해 열려 있고 세면대는 정글 식물로 둘러싸인 돌로 된 노두에 있다.

조용한 전기 트램은 약 45분이 소요되는 3.2km 트레일 주변의 방문객을 위한 가이드 사파리를 제공한다. 트램의 해설자는 사파리 가이드가 하듯이 방문객이 승차를 즐기면서 교육하고 정보를 제공한다. 트램을 타는 동안 풍경은 히말라야 산기슭의 암석 노두에서 적도 아프리카의 초원에 이르기까지 동물에게 적절한 환경을 제공하기 위해 8개의 지리적 구역을 통해 변화하며 동남아시아의 숲으로 끝난다. 총 2.8km에 달하는 3개의 산책로는 잘 표시되어 있으며 가까운 거리에서 모든 동물을 볼 수 있는 기회를 제공한다.

'열린 개념'은 엄청난 효과를 내기 위해 사용된다. 실제로 어둠이 덮일 때 해자는 그물과 그늘을 사용하여 매우 효과적으로 위장할 수 있다. 사슴과 같은 덜 위험한 동물은 가축 격자로 둘러싸인 넓은 지역을 자유롭게 돌아다닌다. 때때로 전차는 정차하고 동물이 길을 비켜줄 때까지 기다려야 한다.

적절한 종류의 조명은 나이트 사파리 디자인의 핵심 요소였다. 방문객이 동물들을 볼 수 있도록 충분한 빛을 제공할 필요가 있었지만 그들을 방해하거나 분위기를 훼손하지는 않았다. 그 결과는 높은 기둥에 장착된 수은과 백열등의 조합을 사용하여 부드러운 달빛을 닮은 조명이다. 어두운 배경이 대기를 더해주고 전경을 비추면 자유로운 모습의 효과를 망칠 수 있기 때문에 선택된 지역만 '달빛'이다. 동물들이 방해받지 않도록 플래시 사진 촬영은 금지되어 있다.

14.4 서비스 혁신에 필요한 자원

운영 관점에서 서비스 혁신은 운영이 혁신 프로세스를 지원하기 위한 적절한 리소스와 프로세스를 갖도록 보장하는 것과 관련된다. 예를 들어 운영 혁신 프로세스의 역량은 장기적으로 관리해야 하며 일부 혁신 활동을 사내에서 수행할지 아니면 하도급으로 수행할지 선택해야 하며 혁신 프로세스의 구성도 중요한 문제이다. 또한 이러한 각 결정 뒤에는 조직의 역량을 육성하고 활용한다는 일반적인 목표가 있다.

서비스 혁신 역량

다른 프로세스와 마찬가지로 용량 관리에는 운영이 지원할 수 있는 전반적인 활동 수준을 결정하고 예상되는 수요 변화에 대응하기 위해 해당 지원 수준을 조정할 수 있는 방법을 결정하는 작업이 포함된다. 13장에서 우리는 전체 작업의 맥락에서 용량을 살펴보았다. 모든 용량 관리와 마찬가지로 핵심 문제는 고르지 않은 수요에 대처하는 방법이다. 아주 큰 회사에서도 새로운 서비스의 도입 비율은 일정하지 않다. 서비스 혁신의 필요성은 여러 복잡 하고 상호 관련된 시장 요인에 의해 결정될 가능성이 높다. 이로인해 일부 새로운 제품이 시장에 밀접하게 도입 되는 반면 다른 경우에는 거의 개발이 필요하지 않아 리소스 조달 문제가 발생할 수 있다. 기업의 혁신 역량은 유연성을 발휘하기 어려울 수 있다. 혁신에 필요한 전문 지식 중 일부는 디자이너, 기술자, 시장 분석가 등에 내장되어 있다. 필요할 때 일부 전문 지식을 고용하는 것이 가능할 수 있지만 많은 혁신 리소스는 사실상 고정되어 있다.

이러한 다양한 수요와 상대적으로 고정된 혁신 역량의 조합으로 인해 일부 조직은 혁신 역량을 충분히 활용되지 않는 자원으로 간주하기 때문에 혁신 역량에 대한 투자를 꺼리게 된다. 이것은 혁신 자원에 대한 단기적 필요가 있음에도 불구하고 많은 혁신 자원(예: 숙련된 직원)을 단기적으로 고용할 수 없기 때문에 기업이 이러한 자원에 투자하지 못하는 악순환으로 이어질 수 있다. 과도한 프로젝트가 진행되거나 적절한 기술 솔루션을 제공하지 못할 가능성이 높아지면서 리소스가 부족한 혁신 프로젝트에 대해 설명한다. 이로인해 기업은 사업을 잃거나 시장에서 어려움을 겪게 될 수 있으며, 기업은 혁신 자원에 대한 투자를 꺼리게 된다.

서비스 혁신 네트워크

10장에서 서비스 네트워크를 살펴보았지만 서비스 혁신 지식을 교환하고 공급 업체를 혁신 프로세스에 통합하는 것이 목적인 동등한 네트워크도 있다. 이 지식 교환 네트워크는 때때로 '혁신 네트워크'라고 불리며 여러 면에서 기존 공급 네트워크와 관련된 운영 결정도 혁신 네트워크에 반영된다. 특히 두 가지 결정은 혁신 네트워크의 효율성을 결정하는 데 많은 역할을 한다. 첫 번째는 수직적 통합의 범위이다. 즉, 사내에서 얼마나 많은 개발을 수행하고 얼마나 많은 하청을 계약할지 결정한다. 두 번째는 네트워크에서 '플레이어'(특히 고객과 공급 업체) 간의 관계를 관리하는 방법이다.

조직은 공급 업체와 다양한 수준의 혁신 참여를 지속할 수 있다. 한 극단에서는 기업이 필요한 모든 혁신 기능을 내부에 보유하고 다른 쪽 끝에서는 모든 혁신을 아웃소싱하여 프로세스 조정을 위한 초점 역할만 할 수 있다. 이러한 극단 사이에는 다양한 수준의 내부 및 외부 혁신 기능을 가진 옵션이 있다. 그러나 일반적으로 이 연속체의 극단에서 운영되는 기업은 거의 없다(그림 14-8 참조).

혁신 자원은 기업의 정상적인 조직 구조와 밀접하게 연결되어 있기 때문에 사내에 보관하면 제어하기 쉽지만 친숙한 동료와 함께 일할 때 추가 신뢰가 있기 때문에 제어가 상대적으로 느슨해야 한다. 아웃소싱된 혁신은 더 큰 통제가 필요하고, 원거리에서 적용해야 하기 때문에 계약이 필요하다. 그러나 계약은 장기적인 파트너십 관계를 구축하는 데 도움이 되지 않는다. 사내 혁신은 기업의 나머지 서비스 범위 및 시장 요구 사항에 대한 강한 친숙성 때문에 이점이 있다. 반대로 아웃소싱 혁신은 단기적으로는 이해가 약할 수 있지만 장기적인 관계가 발전하면 서비스 친숙성이 더 강해질 것이다. 혁신 활동을 통해 구축된 기본 기능은 일반적으로 사내에서 수행될 때 쉽게 액세스할 수 있다고 가정한다. 조직 외부에 보관되어 있는 암묵적 지식에 대

〈그림 14-8〉 혁신에서 사내-아웃소싱의 연속 개념

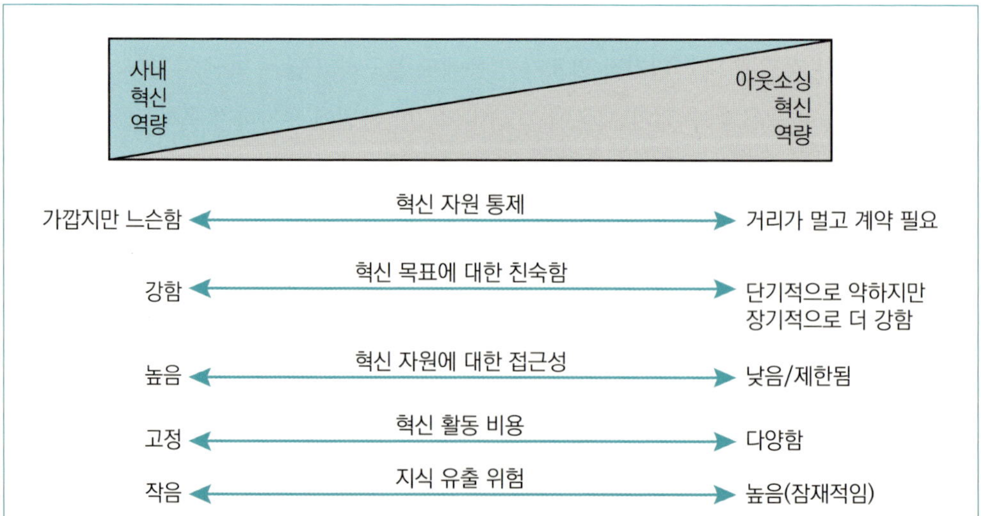

한 액세스를 제공하는 것은 더 어렵다. 사내 혁신과 아웃소싱 혁신의 전체 비용은 기업 및 개발 프로젝트에 따라 다르다. 그러나 중요한 차이점은 외부 혁신이 가변 비용으로 간주되는 경향이 있다는 것이다. 외부 자원을 많이 사용할수록 비용이 높아진다. 사내 혁신은 고정 비용에 가깝다. 실제로 고정된 혁신 비용이 너무 크다고 보기 때문에 아웃소싱으로의 전환이 발생할 수 있다.

마지막으로 이러한 결정의 주요 동인은 지식 유출의 위험이다. 기업은 혁신 전문지식 공급 업체와의 협업을 통해 얻은 경험이 경쟁 업체로 이전될 수 있다는 점을 우려하게 된다. 다시 말하지만 여기에 역설이 있다. 기업은 일반적으로 다양한 고객과 협력하여 전문 지식을 축적한 공급 업체의 역량 때문에 주로 혁신을 아웃소싱한다. 이러한 지식 '누설'이 없다면 공급자가 축적한 혁신 역량의 혜택도 존재하지 않을 것이다.

서비스 혁신의 조직

다양한 조직 형태의 효율성을 평가하는 데 사용되는 기준 중 특히 두 가지가 서비스 혁신에 중요하다. 바로 전문화와 통합이다. 전문화는 혁신 프로세스 중에 집중된 형태로 요구되는 지식과 기술적 이해의 깊이를 장려하기 때문에 중요하다. 서비스 혁신에 허용되는 (일반적으로) 유한한 시간 때문에 기술 지식은 제한된 기회의 창에서 집중적으로 배치되어야 한다. 기술 전문가 주변의 자원 클러스터링은 이러한 집중된 지식의 개발을 장려한다. 서비스는 더 작은 구성요소 또는 하위 시스템으로 구성되기 때문에 통합이 중요하다. 프로젝트의 여러 부분에서 개발자의 노력을 조정하고 혁신 프로젝트 내에서 시장 우선 순위를 반영하는 방식으로 기술 솔루션을 통합하는 것은 분명히 모든 조직 구조의 중요한 측면이다.

조직의 여러 부분이 최종 서비스를 형성할 결정에 참여하는 것이 가능하다. 그러나 모든 혁신 프로젝트는 자체적으로 존재한다. 조직적 질문은 혁신에 기여하는 다양한 조직 기능 또는 혁신 프로젝트 자체 중 어느 것이 개발 활동이 관리되는 방식을 지배해야 하는가이다.

순전히 기능적인 조직에서 혁신 프로젝트와 관련된 모든 직원은 명확하게 기능 그룹에 기반을 둔다. 프로젝트 기반 그룹은 전혀 없다. 다른 극단에서는 프로젝트에 참여하는 각 기능의 모든 개별 직원이 해당 기능에서 벗어나 프로젝트 전용 '태스크 포스'로 물리적으로 재배치될 수 있다. 디자인 프로젝트에 할당된 전체 예산을 보유하고 있는 프로젝트 관리자가 태스크 포스를 이끌 수 있다. 혁신팀의 일부 구성원은 다른 기업 출신일 수도 있다. 이 두 가지 극단 사이에는 다양한 유형의 '매트릭스' 조직이 있으며, 이 두 가지 측면을 다양하게 강조한다. 일반적으로 연속체의 기능적 끝보다는 프로젝트에 적합한 구조에 대한 광범위한 지원이 있다. 소위 '대규모' 프로젝트 관리자 구조와 전담 프로젝트 팀이 짧은 리드 타임과 기술 효율성을 위한 가장

효율적인 조직 형태라는 주장이 자주 제기된다.[13]

다른 연구에서는 때때로 더 모호하지만 개발 프로세스에서 최상의 전체 결과 측면에서 균형 매트릭스에서 프로젝트팀에 이르는 구조가 모두 높은 성공률을 제공할 수 있음을 보여 주었다. 아마도 더 흥미로운 것은 다양한 유형의 서비스 개발 프로젝트에 대한 대체 구조의 적합성이다. 매트릭스 구조는 일반적으로 단순 프로젝트와 매우 복잡한 프로젝트 모두에 적합한 것으로 간주된다. 반면 전담 프로젝트팀은 매우 복잡한 프로젝트에서 자체적으로 참여하는 것으로 보인다.

14.4.1 개방형 혁신

수십 년 동안 학계와 실무자들은 혁신 프로세스가 외부 지식과 아이디어를 더 수용해야 한다고 주장해 왔다. 그렇게 함으로써 조직은 내부 아이디어와 독점 지식 중 일부가 외부 혁신 파트너에게 전달되도록 해야 한다. 종종 '개방형 혁신'이라고 하는 혁신에 대한 이러한 접근 방식은 1장에서 살펴본 포용적 공동 창조 접근 방식과 많은 유사점이 있다. 개방형 혁신의 기본 원칙 중 하나는 혁신, 혁신 프로세스 및 독점 기술의 노출이다. 혁신, 기술 및 프로세스는 외부 당사자에 의해 도전을 받을 수 있으며 외부 파트너 및 잠재적 경쟁자가 원래 조직과 파트너 조직 모두에게 이익이 되도록 혁신을 수정/재혼합할 수 있는 범위가 있다. 보다 일반적으로, 파괴는 조직이 파괴를 받아들일 수 있는 경우 피곤하고 오래된 프로세스와 솔루션에서 벗어나는 데 도움이 된다는 점에서 유익하다는 생각이 있다. 개방형 혁신은 조직에 다음과 같은 몇 가지 다른 이점을 제공한다.

- 혁신의 노출은 고객과 경쟁사가 혁신을 위한 대체 시장 또는 응용 프로그램을 탐색할 수 있게 한다.
- 파트너가 기본 프로세스 및 기술(즉, 가장 광범위한 의미의 '지식의 응용' 기술)을 활용할 수 있는 경우 서비스를 업데이트할 수 있다.
- 개방형 혁신은 또한 고객 참여를 거의 '팬덤' 수준으로 지원할 수 있는 혁신 커뮤니티를 구축하는 데 도움이 된다. 5장의 할리 오너 그룹 사례는 그러한 공동체 중 하나를 보여 준다.

분명히 프로세스, 기술 및 특히 특정 혁신을 노출하는 것과 관련된 위험이 있다. 서비스 부문에서 특허, 상표 및 저작권과 같은 법적 수단을 통해 독점 접근 방식을 보호하는 것은 매우 어렵다. 그러나 개방형 혁신 관행에 참여하는 조직은 어느 정도 자신감이 있는 조직인 경향이 있다. 즉, 그들은 외부 공급자와 공유하는 모든 것이 쉽게 모방될 수 있다는 것을 이해하지

CASE example
사례

NHS 혁신 챌린지상 – Breathe Arts Health Research[15]

영국 NHS(National Health Service) 혁신 챌린지상은 의료 분야의 혁신을 장려하고 보상한다. 이 상은 원래 NHS 직원을 위해 고안되었지만 수년에 걸쳐 NHS와 외부 파트너 간의 혁신 공유 및 확산을 장려하는 공개상이 되었다. 한 혁신 챌린지 우승자인 Breathe Arts Health Research는 상금과 편마비(신체 한쪽 마비)가 있는 젊은이들을 위한 'Breathe Magic 집중 치료 프로그램'을 개발하기 위한 전용 멘토링 패키지를 받았다. 이 프로그램은 여름에 2주 동안 진행되며 일상 기능에서 양팔의 사용과 조정을 개선하는 것을 목표로 하는 확립된 '손-팔 양손 집중 치료(HABIT)' 접근 방식을 기반으로 한다. 호흡 접근법은 집중적인 양손 훈련을 포함하지만 차이점은 그 프로그램이 마술 훈련 과정으로 제공된다는 것이다. 이 프로그램은 효과적이고 재미있으며 많은 젊은이가 손과 팔 기능이 80% 향상되는 것을 확인했다.

Breath Arts Health Research는 사회적 기업이다. 이 기업은 Guy's and St. Thomas 자선단체의 스핀아웃 조직으로 가이즈 앤 세인트 토마스 NHS 재단 신탁에 걸쳐 공연 예술 프로그램을 설계하고 제공한다. 기업의 비전은 예술의 영감과 힘을 사용하여 건강과 웰빙을 개선하는 것이다. Breathe는 의료 분야에서 예술과 창의성을 사용하여 임상 결과, 모든 참가자를 위한 의료 환경을 개선하고 건강과 웰빙에 대한 개인 및 지역 사회 참여를 개발하는 혁신적인 방법을 설계했다. Breathe의 작업은 HABIT과 같은 견고하고 확립된 방법에 의해 뒷받침되지만 재미의 필수 요소도 포함한다. 이 프로그램은 부분적으로 치료적 접근에 대한 높은 수준의 참여를 보장하기 위해 설계되었다. HABIT 방법은 치료 운동에 참여하고 작업하려는 환자의 의지에 결정적으로 의존한다. Breathe Magic Intensive Therapy 프로그램은 개방형 혁신의 산물이었다. NHS 트러스트에는 알고 있고 기존 접근 방식과 프로세스를 기꺼이 공유할 수 있는 파트너가 있었다. Breathe는 의료 환경에서 예술과 창의성을 사용한 경험을 파티에 가져왔다.

만 혁신을 탐색하는 데 이미 몇 단계 앞서 있다는 것도 알고 있다. 이 문제는 17장에서 다시 다룬다. 일반적으로 실천 벤치마킹을 기꺼이 공유하고 수행하려는 서비스 조직이 가장 자신 있는 경향이 있다.

개방형 혁신의 예로는 비디오 스트리밍 서비스인 넷플릭스가 영화에 대한 사용자 등급을 예측하는 최고의 필터링 알고리즘을 만든 'Netflix Prize'가 있다. 이 알고리즘은 영화에 대한 고객의 이전 등급을 사용할 수 있어야 하지만 영화나 고객에 대한 다른 정보는 없다. 또한 고객을 식별할 수 없다. 넷플릭스는 상금을 놓고 경쟁하는 누구에게나 기존 기술과 데이터베이스를 공개해야 했다. 보상은 성공적이었고, 이 알고리즘은 매우 성공적인 것으로 판명되었다.[14]

14.4.2 혁신에 고객 참여

아무리 창의적이고 혁신적인 새로운 서비스라도 고객의 니즈를 충족시키지 못하면 시장에서 성공할 수 없다. 따라서 혁신 프로세스의 필수 부분은 잠재 고객의 참여이다. 더욱이 대부분의 권위자들은 고객 참여가 잠재적인 서비스 기능에 대한 '고객 반응'이 테스트되는 혁신 프로세스의 마지막 단계에 국한되어서는 안 된다고 강조한다.[16] 고객 참여는 프로세스의 초기 단계에서도 중요한 역할을 한다. 고객은 혁신적인 서비스에 대한 아이디어를 제안할 수 있다. 그러나 이러한 참여는 서비스 혁신의 유형에 따라 난이도가 달라지는 혁신 프로세스에 의도적으로 설계되어야 한다. 결국, 서비스를 사용하는 고객보다 서비스의 장점과 한계를 더 잘 아는 사람은 거의 없다.

그렇다면 서비스 성능에 대한 피드백의 확실한 출처는 서비스를 정기적으로 사용하는(또는 사용을 중단한) 사람들이 될 것이다. 서로 다른 유형의 고객은 서로 다른 유형의 정보를 제공할 가능성이 있다. 새로운 사용자는 더 매력적인 서비스 기능을 정확히 찾아낼 수 있다. 경쟁사의 제안으로 전환한 사람들은 그 문제를 드러낼 수 있다. 특히 흥미로운 고객 그룹은 소위 '리드 사용자'이다.[17] 리드 사용자는 시장에서 보다 일반화될 서비스(또는 제품)에 대한 요구 사항을 가지고 있지만 이러한 요구 사항을 다른 사람들보다 훨씬 앞서 알고 있다. 그들은 또한 요구 사항에 대한 솔루션을 찾는 데 상당한 이점을 얻을 수 있는 사용자이다. 이로 인해 서비스가 상업적으로 제공될 때까지 기다리지 않고 서비스를 직접 개발하거나 수정하도록 유도할 수 있다.

높은 수준의 고객 상호작용이 있는 일부 서비스는 고객으로부터 배우고 영감을 얻기 위해 빈번한 개별 상호작용을 잠재적으로 사용할 수 있다. 그러나 두 가지 조건으로 인해 정기적 및 비공식 고객 참여가 더 어려워질 수 있다. 첫 번째는 고객과의 직접적인 접촉이 서비스에 '내장'되지 않은 경우이다. 예를 들어 비동기식 서비스(예: 대부분의 온라인 소매 업체)는 근본적으로 다른 새로운 서비스 아이디어로 이어질 수 있는 친밀한 상호작용 유형에 쉽게 참여할 수 없다. 둘째, 서비스가 '서비스로서의 소프트웨어' 제공과 같이 기술 기반인 경우 고객은 기술지식이 제한적일 수 있으므로 가치 있는 혁신적인 서비스 유형을 설명할 수 없다. 이러한 조건에서 보다 공식적인 유형의 상호작용이 구성되어야 할 것이다.

사용자 툴킷

고객을 혁신 프로세스로 끌어들이는 실용적인 방법 중 하나는 사용자 툴킷을 사용하는 것이다. 사용자 툴킷은 잠재적인 서비스 디자인의 기능을 사용자가 자신의 필요에 맞는 기능을 선택할 수 있는 쉽게 이해할 수 있는 모듈로 '번들'을 만든다. 사용자는 필요에 맞는 시퀀스 및 특정 구성으로 모듈을 번들로 묶을 수도 있다. 기능은 실제적이거나 잠재적일 수 있다. 서비스 모듈이 인기가 있는 것으로 판명되면 아직 개발되지 않았더라도 개발을 지원하기 위한 자원 할당에 대한 설득력 있는 주장이 제공된다. 효과적인 사용자 툴킷은 잠재적인 사용자가 시행착

CASE example

사례

만약 한 고객이 원한다면, 다른 고객들도 원할까?[18]

1970년대 초, 미국 코네티컷주 그리니치에 거주하는 Patricia Love Joy는 런던의 Heywood Hill 서점에 전화를 걸어 정기적으로 미국에 있는 그녀의 집으로 몇 권의 책을 보낼 수 있는지 물었다. 놀랍게도 40년이 지난 지금도 Patricia는 Heywood Hill에서 한 달에 한 권의 책을 받는다. 그녀는 평소라면 결코 읽지 않았을 책을 발견하는 것을 좋아하고, 서점의 서비스에 너무 만족하여 때때로 그녀는 한 달에 두 권 또는 세 권의 책으로 독서량을 늘린다. 그녀는 Heywood Hill 서점의 선택에 지속적으로 놀라고 기뻐했다고 말한다. 그러나 Patricia는 가게에 두 번밖에 가지 않았다. 1999년에 한 번은 그녀의 어린 아들 Donald(그녀는 서점에서 잠이 들었다고 한다. Patricia는 아무도 신경쓰지 않는다는 사실을 좋아했다)와 2012년에 한 번 방문했다. 마지막 방문은 현재 서점 직원들에게 지난 40년 이상 동안 서점이 그녀에게 얼마나 큰 의미가 있었는지 알려주기 위한 것이었다.

그러나 Patricia는 단순히 매우 만족한 고객 이상으로 판명되었다. 그녀는 서점에 아이디어를 제공했다. 그들이 Patricia(때때로 다른 고객)를 위해 한 일을 공식화하고 맞춤형 도서 구독 서비스를 제공하는 것은 어떻겠냐고 제안한 것이다. 고객이 읽고 싶은 책을 결정하는 대신 Heywood Hill의 직원이 원하는 책을 권하도록 할 수 있다. 결국, 직원들은 1년에 500

David Bleeker – London/Alamy Stock Photo

권 이상의 책을 읽고 올바른 책을 올바른 사람과 맞추는 것의 중요성을 이해하는 헌신적인 서지 애호가들이다. 이 서비스는 'A Year in Books'라고 불리며 Heywood Hill은 이 서비스가 세계에서 가장 개인화된 도서 구독 서비스라고 말한다. 이것이 작동하는 방식이다. 첫째, 고객은 책 수, 양장본 또는 페이퍼백, 책 배송 빈도 등 원하는 구독 유형을 선택할 수 있다. 양장본은 문고판보다 연간 비용이 더 많이 든다. 둘째, 고객은 온라인, 전화 또는 매장에서 개인 서점과 대면하여 '독서 상담'을 받는다. 이를 통해 고객의 관심사와 독서 선호도를 탐색한다. 셋째, 고객 한 사람 한 사람의 개인 서점에서 취향에 맞는 책을 골라 예쁘게 포장하여 고객의 집으로 보낸다. 이는 고객이 다른 방법으로는 찾지 못했을 책 모음을 만들 수 있음을 의미한다.

오를 통해 자신의 필요에 맞는 서비스를 구성할 수 있도록 하는 것이다. 따라서 분명히 툴킷 내의 모듈/도구 번들은 해당 사용자 그룹에 대한 대부분의 잠재적 요구를 포함해야 한다. 툴킷은 고객의 비즈니스 언어를 존중해야 하므로 설계 언어도 존중해야 한다. 즉, 사용자 툴킷은 사용자가 참여하기 전에 큰 학습 부담이 없어야 한다는 점에서 '사용자 친화적'이어야 한다. 사용자 툴킷의 아이디어는 이상적으로는 툴킷을 통해 사용자가 대규모 모듈 라이브러리에서 선택하여 전체 기능을 구축할 수 있다는 점에서 소프트웨어 설계에서 많이 차용한다. 마지막으로, 말할 필요도 없이 툴킷은 서비스 공급자의 능력을 존중해야 한다. 모든 기능을 즉시 사용할 수 있어

CASE example

사례

DHL 혁신 워크숍[19]

DHL은 다른 기업과 소비자를 위해 '움직이는' 기업이라고 생각할 수 있다. DHL은 이 작업에 매우 능숙하고 물류에 매우 능숙하다. 점점 더 DHL은 고객이 자체 공급망을 개선하고 결과적으로 비즈니스 성과를 개선하는 데 물류 전문 지식을 활용하기를 원한다는 사실을 알게 되었다. DHL은 혁신이 고객 중심적이어야 한다는 것을 이해한다. DHL에서 고객의 자체 공급망으로 내보낼 수 있는 '단일 솔루션'은 없다. DHL이 고객 중심의 혁신 지원을 보장하는 한 가지 방법은 고객과 네트워크 파트너를 특별히 지어진 혁신 센터에 모으는 것이다. 센터에서 DHL은 서비스 재설계를 위한 워크숍을 운영한다. 워크숍은 실습이며 사용자가 기술 툴킷을 활용할 수 있도록 한다. 또한, 워크숍은 가능한 경제적, 사회적 정치적, 문화적 변화를 반영할 수 있는 공학적 맥락 내에서의 탐구를 허용한다. 설계 워크숍은 고객 공급망이 어떻게 발전할 수

Guido Schiefer/Alamy Stock Photo

있는지에 대해 매우 장기적으로 살펴보는 것으로 시작된다. 장기적 관점에는 시나리오 계획 및 흡수가 포함된다. 그런 다음 워크숍 팀은 가능한 새로운 서비스 모듈, 비즈니스 동향, 새로운 역량 등의 조합을 탐색하기 위해 조정하는 과정을 거친다. 거기에서 개발팀은 사용 가능한 서비스 번들을 사용하여 솔루션과 접근 방식을 설계한다.

다른 견해

한 연구팀에 따르면 고객을 혁신 프로세스에 참여시키는 것이 항상 좋은 것은 아니라고 한다.[20] 기업이 고객과 협력하는 것이 점차 인기를 얻고 있지만 급진적 혁신이 필요한 경우에는 효과적인 접근 방식이 아닐 수 있다. 이 연구에서 연구원들은 284개의 실제 개발 프로젝트를 선택하여 두 가지 주요 그룹으로 나누었다.

- **점진적 혁신.** 207개 프로젝트는 제품 또는 서비스의 사소한 개선을 다루었다.
- **근본적인 혁신.** 나머지 77개의 프로젝트는 이전에 시장에 알려지지 않은 근본적으로 새로운 제품 또는 서비스의 개발을 다루었다.

제품 및 서비스의 소소한 개선을 위해서는 고객과 자주 대화하고 기업과 고객 간의 양방향 커뮤니케이션이 가능한 것이 유리했다. 연구원들은 또한 사용자가 자신을 더 만족시키기 위해 필요한 것이 무엇인지 종종 더 잘 알 것이기 때문에 고객이 실제로 말한 것에 주의해서 듣는 것이 현명하다고 보았다. 또한 고객은 어떤 유형의 개선 비용을 지불할 의사가 있는지 알려줄 수 있다.

그러나 기업이 시장에 완전히 새로운 서비스(또는 제품)를 개발하는 것을 목표로 할 때('급진적 혁신'으로 분류되는 프로젝트), 약간 다른 접근 방식이 필요하다. 고객의 구체적인 제안에 너무 귀를 기울이지 않는 한 고객과 자주 대화하는 것이 여전히 유리할 수 있다. 연구원들은 고객의 말을 너무 많이 들은 기업들이 대화 내용에 중점을 덜 둔 기업들보다 급진적인 혁신으로 덜 성공적이라는 것을 발견했다. 이는 고객이 이전의 경험을 바탕으로 자신의 견해를 상당 부분 반영하고 있기 때문일 수 있지만, 현재의 제품에 대한 경험을 바탕으로 한 근본적인 솔루션은 사전에 상상하기가 어렵다.

야 하는 것은 아니지만 서비스 조직의 개발 기능 내에 있어야 한다.

사용자 툴킷은 서비스 설계에서 흔히 발생하는 어려움, 즉 서비스 사용자의 요구 사항을 정확하고 자세하게 이해해야 하는 난관을 해결하는 하나의 방법이다. 서비스의 특성과 서비스를 받는 각 사람이 자신의 요구 사항을 표현하는 고유한 방식을 고려할 때 서비스 디자이너는 이러한 복잡성에 대처하는 데 어려움을 겪는 경우가 많다. 사용자 툴킷은 요구 평가와 관련된 일부 혁신 작업을 사용자에게 효과적으로 아웃소싱할 수 있다.

서비스 및 제품 설계에서 고객을 사용하는 것은 새로운 것이 아니다. 마케팅 전문가는 고객 브레인스토밍 세션 및 포커스 그룹과 같은 장치에 익숙하다. 마찬가지로 기술적으로 유능한 고객, 특히 비즈니스 고객은 혁신 프로세스에 정보에 입각한 유용한 정보를 제공할 수 있다. 문제는 B2B 맥락에서 소매 고객과 어느 정도 사용자(관리자보다는)가 새로운 서비스 디자인의 개요를 완전히 구상하거나 스케치할 수 있는 자세한 기술 지식이 없을 수 있다는 것이다.

14.5 요약

혁신이란 무엇인가? 혁신에 대한 많은 정의가 있다. 이 용어는 악명이 높고 단일 정의가 없다. 그러나 대부분의 정의에는 참신함이라는 개념이 포함된다. 서비스 개발은 혁신, 디자인 및 창의성이라는 세 가지 유사하고 상호 의존적인 문제의 관리에 의존한다. 이러한 개념 간의 관계를 이해하는 것이 중요하다. 창의성은 상상력이나 독창적인 아이디어를 사용하는 것이다. 그것은 단순히 새로운 일을 한다는 것을 의미하는 혁신의 필수 요소다. 혁신은 서비스의 모양, 배열 및 작동을 정의하는 디자인에 의한 실용적인 제안으로 변환된다. 혁신의 한 모델(Henderson-Clark 모델)은 지식 구성 요소에 대한 지식과 건축 지식을 구분한다. 다른 모델은 특성과 관련된 변화의 정도, 서비스 특성의 혁신, 서비스를 제공하는 프로세스의 특성과 관련된 변화의 정도를 구별한다.

서비스 혁신은 무엇이 다른가? 일반적으로 혁신과 특히 서비스 혁신 사이에는 상당한 유사점이 있지만 몇 가지 차이점도 있다.

- 서비스 혁신은 종종 전통적인 제품 혁신보다 더 점진적이고 덜 급진적이다. 서비스 혁신은 기술에 의해 덜 주도되고 공식적인 연구 및 개발 자원에 의존하지 않는다.
- 서비스 혁신에서는 제품을 분리하는 것이 더 어렵다(그러나 확실히 불가능하지는 않다).
- 서비스 혁신은 대부분의 내부 행위자(마케팅 및 기술 직원, 백 오피스 및 프런트 오피스 직원 등)와 외부 행위자(공급자, 규제 기관, 특히 고객)의 참여를 포함한다는 점에서 보다

상호작용적이다

- 서비스 혁신은 모방하기는 더 쉽고 보호하기는 더 어렵다.

서비스 혁신이 중요한 이유는 빈번한 서비스 혁신은 경쟁자가 자신의 제품을 모방할 가능성을 줄이기 때문이다. 서비스에 대한 작은 변화도 경쟁력에 영향을 미칠 수 있다. 이는 영리 및 비영리 맥락 모두에서 이점을 얻을 수 있는 새로운 기회를 창출한다.

서비스 혁신 프로세스는 어떻게 되는가? 서비스 혁신에 대한 한 가지 관점은 순전히 창의적인 프로세스이다. 대조적으로 또 다른 견해는 단계 사이에 상당한 재활용이 있더라도 명확하게 인식할 수 있는 단계가 있는 규율 있는 프로세스라는 것이다. 그리고 서비스 개발 프로세스의 단일 모델은 없지만 프로세스에 포함되어야 하는 다양한 단계를 정의하고 설명하는 단계 모델이 많이 있다. 이러한 단계의 전형적인 예는 혁신을 위한 비전 또는 목표의 수립이다. 즉, 서비스 아이디어가 나오는 '아이디어 상상' 단계, 생성된 아이디어를 평가하는 평가 단계 및 세부 설계를 제공하는 실행 단계다. 혁신이 이러한 단계를 거치면서 서비스 혁신 프로세스를 설명하는 일반적인 방법은 깔때기에 비유하는 것이다. 넓은 깔때기의 입구는 서비스를 위한 다양한 대체 디자인을 수용할 수 있다. 실제로 이론적으로는 서비스에서 요구되는 이점을 제공할 수 있는 방법은 항상 무한히 많다.

서비스 혁신에 필요한 자원은 무엇인가? 운영 관점에서 서비스 혁신은 운영이 혁신 프로세스를 지원하기 위한 적절한 자원과 프로세스를 갖추도록 보장하는 것과 관련된다. 예를 들어, 조직의 전반적인 개발 역량은 변동하는 개발 활동 수요를 반영하도록 관리되어야 한다. 혁신 및 개발 활동의 일부 또는 전부의 아웃소싱과 개발 '공급자'와의 관계 특성에 관한 결정을 내려야 한다. 그리고 개발에 사용되는 자원은 조직 구조의 어떤 형태로 클러스터링되어야 한다. 그러나 모든 혁신 자원이 전적으로 조직 내부에 있는 것은 아니다. 고객은 혁신 아이디어의 중요한 원천이 될 수 있다.

토론 및 연습

1. 싱가포르 동물원 사례를 다시 읽어 보라. 싱가포르 동물원의 최고 경영자는 동물원을 계속 발전시키고자 한다. 동물원에 대한 새로운 서비스 개념을 개발하라.

2. Icehotel의 경우 서비스에 대한 영감은 어디서 얻었는가? 이 예는 다른 서비스 조직의 서비스 혁신 프로세스에 대해 어떤 교훈을 주는가?

3. 〈그림 14-4〉의 다이어그램을 사용하여 콜센터 사용을 통해 기존 지점 뱅킹에서 인터넷 뱅킹 및 모바일 뱅킹 앱에 이르기까지 소매금융 서비스의 발전을 어떻게 특징지을 수 있는가?

4. 프로세스의 효율성을 판단하는 기존의 방법은 서비스 품질, 응답 속도, 응답의 신뢰성, 유연성 및 비용/효율성을 평가하는 것이다. 새로운 서비스 혁신 프로세스의 효율성을 판단하기 위해 이러한 성능 측면을 어떻게 사용할 수 있는가?

5. Heywood Hill 서점의 사례를 다시 읽어 보라. 이 서비스는 Amazon과 같은 많은 온라인 소매 업체에서 사용하는 알고리즘 기반 추천과 어떤 점에서 다른가?

사례 문제: 카운티 워크하우스 개발

이것은 우리가 지금까지 관여했던 것 중에서도 매우 흥미로운 발전 중 하나였다. 이것은 여러 가지 측면에서 도전적이었다. 첫째, 그것은 우리가 관여했던 것 중 가장 큰 프로젝트였다. 둘째, 우리는 다른 기관들과 하위 파트너가 되기보다는 주도적인 역할을 많이 맡았다. 셋째, 우리는 사이트가 완성되면 사이트를 운영하기로 했다. 마지막으로, 그것은 사회에 관심이 있는 모든 사람에게 서비스를 제공할 완전히 새로운 시설을 만드는 것이다.

— 데일 트리몬트, 카운티 워크하우스 이사

카운티 워크하우스(County Workhouse)가 대중에게 공개될 때 데일은 연설을 하였다. 그녀는 건물 복원 개발(1단계라고 함)을 감독했으며, 영국 남서부에서 재정적으로 지속 가능한 큰 '교육 명소'로 중 하나로 시설(건물 및 주변 공원)을 시작하고 운영하기를 기대했다(2단계라고 함). 고고학자인 데일은 영국역사복원협회(BHRS)에 의해 특별히 카운티 워크하우스의 복원을 관리하기 위해 채용되었다. BHRS는 역사적 명소를 영구적으로 보존하는 데 도움이 되는 전문 지식을 제공하는 것을 목표로 1947년에 설립되었다. 원래 연구를 즐기는 학술 역사학자와 애호가들의 네트워크였던 이 협회는 1980년대 초부터 역사적 건물의 복원을 돕기 위해 다른 비영리 단체 및 지방정부 단체와 협력하기 시작했다. 데일은 BHRS의 감독위원회(고위 임원으로, 기금 기관 및 지방정부에서 뽑은 구성원)에 보고했다.

카운티 워크하우스

카운티 워크하우스는 BHRS의 흥미로운 프로젝트 중 하나였다. 원래 1835년 영국 남서부의 데본 카운티에 있는 Enoch Hanwell 목사가 지은 이 건물은 이 지역의 가난한 사람들을 돌보는 데 중요한 역할을 했다. 1834년 이전에 영국에서 가난한 사람들은 음식과 의복을 사기 위해 돈을 기부한 지주와 다른 부유한 사람들의 지원을 받았다. 1834년, 가난한 법 개정법은 어떤 건강한 사람도 직업이나 집이 없는 가난한 사람들이 사는 특별한 작업장에서 살지 않는 한 가난한 사람들이 가난한 구제를 받을 수 없도록 했다. 그 아이디어는 가난한 사람들이 음식과 숙소를 대가로 워크하우스에서 일함으로써 스스로를 부양하는 데 도움을 받았다. 또한 워크하우스에는 고아, 버려진 아동, 심신미약자, 장애인, 노약자, 미혼모 등이 있었다. 워크하우스 제도는 요즘의 눈으로 바라보면 잔인했다. 워크하우스의 분리된 구역에서 여성, 남성, 아동이 생활하고 일하면서 가족들은 분리되어 있다. 아동 교육은 초보적이거나 존재하지 않았으며 처벌은 가혹할 수 있었다. 주민들은 제복을 입도록 하여 외부에 출입이 허용된 사람은 누구나 가난한 작업장의 거주민으로 식별될 수 있었다.

상황이 개선되기는 했지만 구빈법 제도가 종료된 1929년이 되어서야 대부분의 워크하우스가 지방정부 당국의 통제로 이전되었다. 많은 곳이 노숙자와 노인을 위한 병원이나 요양원으로 사용되었다. 카운티 워크하우스의 경우 1980년대 중반까지 지방자치단체에서 노약자 임시 거처 및 주거용 주택으로 사용하다가 그 이후에는 사용하지 않고 있었다. 주거용 아파트로 전환하는 것을 포함하여 이 부지를 개발하기 위한 몇 가지 제안이 지방 당국에 제출되었다. 그러나 주택개발계획에 대한 지역적 반대가 있었고 2012년 익명의 출처로부터 거액의 기부금이 제공되었을 때 '사회사의 중요한 부분을 현대 세대에 제공하겠다'는 약속을 한 컨소시엄에 부지가 매각되었다.

우리의 임무는 이 세대와 미래 세대를 위한 빈곤에 대한 이해를 돕기 위해 카운티 워크하우스를 보존하는 것이었다. 우리의 비전은, 원래 아무도 들어가고 싶지 않은 건물을 가져와 누구나 방문하고 싶어하고 모두가 환영받는 유산 시설을 만드는 것이었다. — 데일 트리몬트

복원 프로젝트

원래의 기부금에 첨부된 사업의 다른 파트너들(지방정부 및 국가정부, 역사협회 및 각종 자선단체 등)의 지원을 받는 조건은 그 부지를 복원하되 거액의 지속적인 자금이 필요하지 않은 교육 기반 명소로 운영해야 한다고 규정했다.

우리는 우리의 핵심 이슈가 방문객에게 진정한 교육 경험을 제공하고 다양한 기금 단체를 '옆에' 유지하면서 역사적 사명감으로 부지를 복원하고 운영하는 방법이라는 것을 알고 있었다. 후원자들은 잊힐 수 없다. 이 프로젝트는 자금을 제공하는 동기가 미묘하게 다른 다양한 출처에서 자금을 지원한다. 주요 기부자와 마찬가지로 자금 제공 기관은 우리가 사이트를 개발하거나 운영하는 방법에 대한 직접적인 행정 통제권을 가지고 있지 않지만, 단순히 그들의 견해와 상관없이 그들의 자금을 가져가면서 우리가 원하는 것을 하는 것은 비윤리적일 뿐만 아니라 어리석은 짓이다. — 데일 트리몬트

복원 프로젝트는 매우 잘 진행되었다. 데일이 개발에 다양한 이해 관계자를 참여시킨 방식 덕분에 성공을 거두었다. 초기 기술 조사 작업이 수행되는 동안에도 데일과 그녀의 팀은 프로젝트가 진행됨에 따라 프로젝트에 참여해야 할 사람과 프로젝트에 대한 열정으로 누구를 설득해야 할지에 대한 목록을 작성했다. 이 목록에는 다음 그룹이 포함되어 있다.

- 자금 조달 기관
- 일단 시작되면 사이트 운영에 도움을 줄 수 있는 자원봉사자
- 지역 주민
- BHRS 멤버
- 교통 당국 및 도로 건설업자
- 지역 미디어 조직
- 시청각 및 기타 장비 공급 업체
- 지방정부
- 프로젝트에 자문을 제공하는 기타 유산 그룹
- 건물을 복구하고 부지를 준비하는 건설업자들

1단계는 문자 그대로 대체할 수 없는 건물의 섬세한 복원을 포함했다. 역사적 무결성과 상업적 생존 가능성을 조화시키는 방법에 대한 명확한 비전이 필요했고 자원봉사자, 회원 및 커뮤니티의 지원에 의존할 수 있는지 확인해야 했다. 프로젝트 전반에 걸쳐 모든 이해 관계자를 참여시켜야 한다는 것은 놀라운 일이 아니다.
— 데일 트리몬트

1단계 동안 이해 관계자 관리

1단계 동안 데일과 그녀의 팀은 지역 사람들을 회의에 초대하고 비전을 설명하고 부지를 둘러보게 했다. 이러한 회의에서 그들은 사이트의 역사에 대한 지식이 있고 때로는 건물과 개인적인 관계가 있는 사람들을 만났다. 90대 여성이 1940년대에 그곳에서 조수로 일했다. 더 놀라운 것은 그녀의 가족이 노숙자였던 1980년대까지 한 여성이 그곳에 살았다는 것이다. 이러한 링크를 찾음으로써 프로젝트 팀은 건물에 대한 해석을 재검토하고 실제 사람들의 이야기를 건물의 역사 표현에 통합할 수 있었다.

종종 기술적으로 어려운 건축 작업이 너무 많이 필요하기 때문에 또 다른 주요 이해 관계자 그룹은 건축업자였다. 작업이 시작되기 전에 데일은 자금을 제공한 다양한 VIP 그룹과 동일한 사이트 투어에 모든 건물 직원을 데려갔다.

건축업자를 프로젝트에 참여시키면 프로젝트와 유적지의 고고학적 역사에 대한 실질적인 관심이 촉발되었다. 종종 그들은 흥미로운 것을 발견하고 고고학자를 개입시켜 파괴되었을 수 있는 인공물을 보존할 것을 감독

에게 말했다. 그들은 자신의 일에 진정한 관심을 보였고 소속감을 느꼈다.

데일은 1단계를 통해 어려움을 피하고 성공 가능성을 극대화하기 위해 각 이해 관계자 그룹이 프로젝트와의 연결에 관계 없이 모두 동일하게 대우받는 것이 아니라 적절하게 대우되어야 한다고 확신했다. 그녀가 각 그룹을 관리하기 위해 취한 접근 방식은 프로젝트에 영향을 미치는 그들의 힘과 그렇게 하는 것에 대한 그들의 관심을 구별하는 것이었다. 프로젝트에 큰 영향력을 행사할 수 있는 권한을 가진 그룹을 결코 무시해서는 안 된다. 적어도 그들의 관심의 본질과 그들의 동기를 잘 이해할 필요가 있었다. 그러나 프로젝트에 영향력을 행사할 수 있는 권한이 있는 모든 이해 관계자가 반드시 그렇게 하는 데 관심이 있는 것은 아니며 프로젝트에 관심이 있는 모든 사람이 영향력을 행사할 수 있는 권한이 있는 것도 아니다.

우리는 권력-이익 연결망이라고 부르는 것에 따라 각 그룹을 분류하려고 노력했다.[21] 관심이 있고 영향력이 있는 그룹을 참여시키는 데 가장 많은 노력을 기울인 반면, 그렇지 않은 그룹은 단순히 모니터링했다. 우리는 잠재적으로 프로젝트에 해를 끼칠 수 있지만 항상 관심이 있는 것은 아닌 사람들이 만족할 수 있도록 했다. 힘은 거의 없지만 그럼에도 불구하고 관심이 있는 사람들은 우리는 정보를 잘 유지했다. 사람들을 계속 참여시키는 방법으로 그것은 효과가 있는 것 같았다.

— 데일 트리몬트

프로젝트는 원래의 예산 범위에서 정해진 날짜에 완료되었다. 그러나 데일은 완성된 프로젝트의 '품질'에 특히 만족했다.

특히 요구 사항과 이해 관계가 상충되는 것처럼 보일 때 프로젝트 전체에 모든 이해 관계자를 참여시키는 것은 시간이 많이 걸리고 비용이 많이 드는 활동처럼 보일 수 있다. 그러나 많은 프로젝트와 마찬가지로 노력할 가치가 있다. 돌이켜보면 이해 관계자를 식별하고 참여시킴으로써 프로젝트를 시간과 예산 내에서 완료할 수 있었을 뿐만 아니라 우리가 예상할 수 없었던 방식으로 최종 품질이 향상되었다.

2단계

물론 우리는 처음부터 개발의 2단계에 대해 생각해 왔다. 그것은 '좋아, 그것은 1단계였고, 이제 2단계이다!'의 문제가 아니다. 예를 들어, 건물 자체의 복원은 개장 후 고객 경험을 위한 서비스 스케이프'를 제공할 것이다. 우리는 아직 실제 콘텐츠를 의뢰하지 않았음에도 불구하고 이미 일부 공간에 시청각 장비를 설치하고 있다. 설치하는 것이 더 편리했다. — 데일 트리몬트

2단계는 1단계보다 다르고 더 어려울 수 있다는 것이 항상 알려져 있었다. 데일은 2단계가 일련의 매우 다른 도전을 던질 것임을 깨닫기 시작했다. 건물 외부 부지의 규모(15헥타르의 대부분 야생 초원)와 개발의 특성(BHRS는 '공원 지역'이 아닌 당당한 주택을 다루는 데 사용됨) 모두 2단계를 복잡하고 불확실하게 만들었다. 더욱이 더 많은 이해 집단이 공원을 어떻게 개발해야 하는지에 대한 의견을 표명했다. 2단계가 진행됨에 따라 공원 개발에 관한 몇 가지 결정을 내려야 한다는 것이 분명했다.

사실 2단계가 시작되면서 이미 종료 방법에 대한 다양한 견해는 명확해졌다. 다양한 견해가 있었지만 복원을 완료해야 한다는 긴박감 때문에 어느 정도는 가려졌다.

복원 과정에서 발생한 문제는 대부분 기술적인 문제였으며, 데일과 그녀의 건설자 및 복구자 팀에게 해결책을 맡기는 것을 기쁘게 생각했다. 2단계를 둘러싼 논의는 전체 프로젝트가 무엇을 나타내야 하는지에 대한 핵심으로 이동하며, 많은 이슈가 있음을 알게 해주었다.

— 감독 위원

자금을 지원하는 대부분의 기관은 주로 카운티 워크하우스의 미래가 재정적으로 안정적일 것인지를 걱정했다. 그들은 수익을 창출하는 방식으로 공원을 개발하는 것을 선호하는 경향이 있었다.

후원자들은 찻집, 선물 가게, 식물 판매를 원하고, 만약 가능하다면 관람차와 놀이기구를 원하게 될 것이다.

— 감독 위원

BHRS 담당자는 전체 개발이 소위 '민감한 복원' 범위 내에서 유지되도록 하는 데 가장 열심이었다. 그들은 공원이 건물과 유사한 방식으로 복원되기를 원했으며 지역 농부들이 환경적으로 지속 가능한 방식으로 토지를 경작하기를 원했다. 지방정부 대표들은 전체 사이트의 주요 강조점이 교육에 있기를 원했다.

> '살아있는 역사'를 보여 줄 수 있는 특별한 기회이다. 우리는 학교를 위한 '학습 영역'에 할당된 공간, 아마추어 고고학자와 역사 애호가를 위한 과정, 그리고 일부 커뮤니티 활동을 보고 싶다. — 지방자치단체 대표

데일은 2단계가 일련의 매우 다른 도전을 던질 것임을 깨닫기 시작했다.

질문

1. 이 서비스 개발의 주요 이해 관계자는 누구이며, 그들의 관심은 무엇인가?
2. 당신이라면, 데일의 권력-이익 연결망에서 각 이해 관계자 그룹을 어떻게 배치하겠는가?
3. 개발 2단계가 더 어려워 보이는 이유는 무엇인가? 잠재적인 문제를 줄이기 위해 무엇을 할 수 있는가?
4. 당신이라면, 구체적으로, 2단계 개발에 지역 주민을 어떻게 포함시키겠는가?

심화 자료

Bettencourt, L. (2010) *Service Innovation: How to Go From Customer Needs to Breakthrough Services*, McGraw-Hill Professional, New York.

Bowen, D.E. and Schneider, B. (2014) 'A service climate synthesis and future research agenda', *Journal of Service Research*, 17 (1), 5–22.

Chesbrough, H. (2011) *Open Services Innovation: Rethinking Your Business to Grow and Compete in a New Era*, John Wiley & Sons, Chichester.

Edvardsson, B., Frow, P., Jaakkola, E., Keiningham, T.L., Koskela-Huotari, K., Mele, C. and Tombs, A. (2018) 'Examining how context change fosters service innovation', *Journal of Service Management*, 29 (5), 932–955.

Goffin, K. and Mitchell, R. (2010) *Innovation Management: Strategy and Implementation Using the Pentathlon Framework*, 2nd edition, Palgrave Macmillan, Basingstoke.

Jurgens-Kowal, T. (2013) *Product Development Innovation Teams: Organizing For Success in New Product Development*, Get to the Point Books, Dallas, TX.

Polaine, A., Løvlie, L. and Reason, B. (2013) *Service Design: From Insight to Implementation*, Rosenfeld Media, New York, NY.

Rose, D. (2015) *Enchanted Objects: Innovation, Design, and the Future of Technology*, Scribner Book Company, New York, NY.

Steiber, A. (2014) *The Google Model: Managing Continuous Innovation in a Rapidly Changing World*, Springer, New York.

Tidd, J. and Bessant, J. (2013) *Managing Innovation: Integrating Technological, Market and Organizational Change*, 5th edition, John Wiley & Sons, Chichester.

미주

1 Information taken from IDEO website, see https://www.ideo.com/case-study/a-holistic-human-centered-approachto-managing-diabetes-care [accessed 20 April 2020].

2 Henderson, R.M. and Clark, K. B. (1990) 'Architectural innovation: the reconfiguration of existing product technologies and the failure of established firms', *Administrative Science Quarterly*, 35 (1), 9–22.

3 Sundbo, J. and Toivonen, M. (eds) (2011) *User-Based Innovation in Services*, Edward Elgar, Cheltenham.

4 The information on which this example is based is taken from: Goodwin, R. (2019) 'The bank manager will see you now: is Monzo ready to grow up?', *The Observer*, 11 August; and the Monzo Bank website, https://monzo.com [accessed 20 April 2020].

5 These categories are based on an early investigation by Professors Steve Wheelwright and Kim Clark, see Wheelwright, S.C. and Clark, K.B. (1992) 'Creating project plans to focus product development', *Harvard Business Review*, March–April. Although it was an investigation into product development, the categorisations have frequently been used in a more general sense to distinguish between types of innovation.

6 The information on which this example is based is taken from: Martin, L. (2019) 'Sweden's Icehotel, 30 years on: what it's really like to spend the night on ice', *inews*, 20 December, https://inews.co.uk/inews-lifestyle/travel/swedens-icehotel-30-years-on-travel-advice-1346810 [accessed 20 April 2020]; and the company website, www.icehotel.com

7 See, for example, Jaaron, A.A.M. and Backhouse, C.J. (2018) 'Operationalisation of service innovation: a systems thinking approach', *The Service Industries Journal*, 38 (9–10), 561–583.

8 DeJong, J.P.J., Bruins, A., Dolfsma, W. and Meijaard, J. (2003) 'Innovation in service firms explored: what, how and why?', Strategic study B200205, EIM Business & Policy Research, Zoetermeer, Holland.

9 Attributed to Hasso Plattner of the Institute of Design at Stanford University.

10 The information on which this example is based is taken from: Fleming, M. (2019) 'McDonald's turns to tech to build the future of fast food', *Marketing Week*, 30 October; The Economist (2010) 'McDonald's, innovation machine', The Economist, Print Edition, 20 October; and McDonald's corporate website, https://corporate.mcdonalds.com

11 Proposed in Witell, L., Gebauer, H., Jaakkola, E., Hammedi, W., Patricio, L. and Perks, H. (2017) 'A bricolage perspective on service innovation', *Journal of Business Research*, 79, 290–298, from a concept originally explored in Levi-Strauss, C. (1966) *The Savage Mind*, University of Chicago Press, Chicago, IL.

12 This example is based on visits to Singapore Zoo, discussions with staff and material from the zoo's website: www.zoo.com.sg [accessed 20 April 2020].

13 Clark, K.B. and Fujimoto, T. (1991) *Product Development Performance*, Harvard Business School Press, Cambridge, MA.

14 The idea of an open innovation prize is not new; in fact, one could argue that Archimedes' discovery of displacement was a response to an open innovation prize challenge. Then we have the longitude prize, which was set by the British Government in the early 1700s. The Royal Navy wanted a mechanism to establish a ship's location using a sextant and a clock. Roll forward to the twenty-first century, and we have service sector innovation prizes such as El Pomar Foundation's Awards for Excellence. The award is designed to encourage the creation of high-performing non-profit service networks.

15 The information on which this example is based is taken from https://breatheahr.org/ [accessed 20 April 2020].

16 For example, see Kristensson, P., Matthing, J. and Johansson, N. (2008) 'Key strategies for the successful involvement of customers in the co-creation of new technology-based services', *International Journal of Service Industry Management*, 19 (4), 474–491.

17 Von Hippel, E., Churchill, J. and Sonnack, M. (1998) *Breakthrough Products and Services with Lead User Research*, Oxford University Press, Oxford, UK.

18 The information on which this example is based is taken from: the Heywood Hill website, www.heywoodhill.com [accessed 20 April 2020]; and Marriott, J. (2020) 'What happened when I took my friends to Heywood Hill for a books consultation service', *The Times*, 15 January.

19 The information on which this example is based is taken from the DHL website, https://www.dhl.com/gb-en/home/insights-and-innovation/innovation/innovation-centre.html [accessed 20 April 2020].

20 Gustafsson, A., Kristensson, P. and Witell, L. (2012) 'Customer co-creation in service innovation: a matter of communication?', *Journal of Service Management*, 23 (3), 311–327.

21 In fact, the power–interest grid is a common method of classifying stakeholders in development projects.

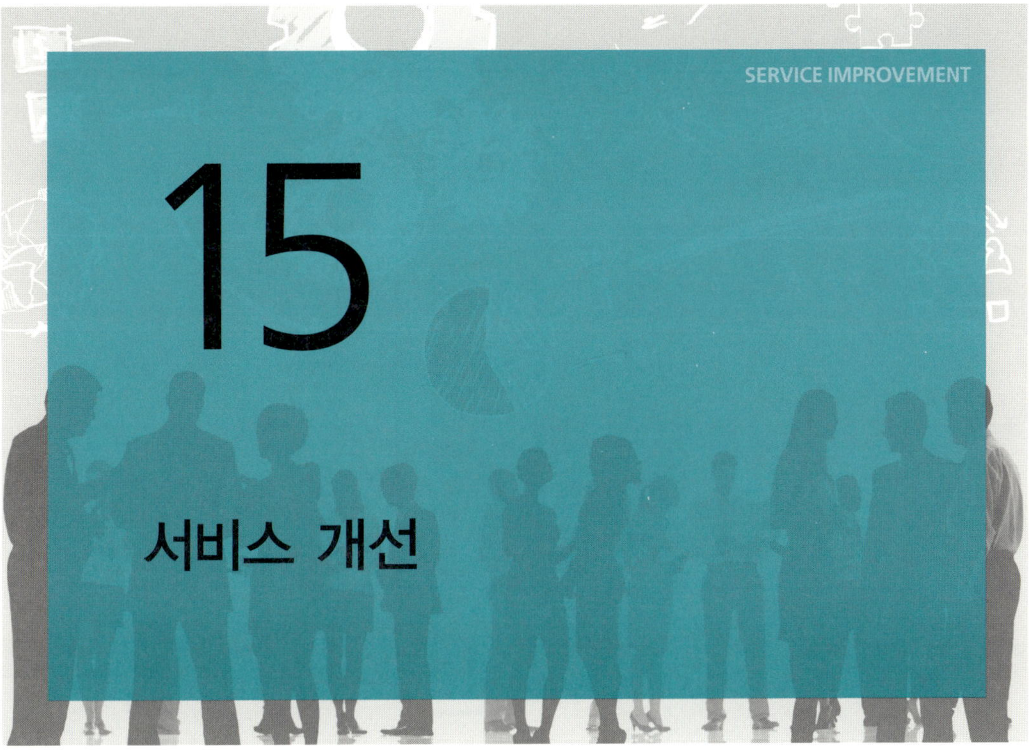

SERVICE IMPROVEMENT

15

서비스 개선

이 장에서는 서비스 개선의 중요성을 제시한다. 개선의 기초로서 '가치'에 대한 언급을 기반으로 진행되며 서비스를 개선하여 경쟁 우위를 가지고자 하는 기업과 단순하게 차별적 서비스를 제시하고자 하는 기업을 구분하게 된다. 서비스 운영에서의 구체적인 개선의 특징이 일반적인 개선 접근법과 함께 제시된다. 서비스 운영 관리에서 이러한 개선과 관련된 주제는 <그림 15-1>에 제시되어 있다.

학습 목표

- 어떻게 '가치'가 개선의 기초가 되는지 이해한다.
- 경쟁 우위를 위한 개선과 차별성을 가지기 위한 개선을 구분할 수 있다.
- 개선과 차별, 그리고 지속적 개선과 급진적 개선 간의 연계성을 설명할 수 있다.
- 지속적 개선을 위한 주요 접근법을 확인한다.
- 어떻게 개선이 지속화될 수 있는지를 기술한다.

〈그림 15-1〉 이 장에서는 서비스 개선에 대해 살펴본다

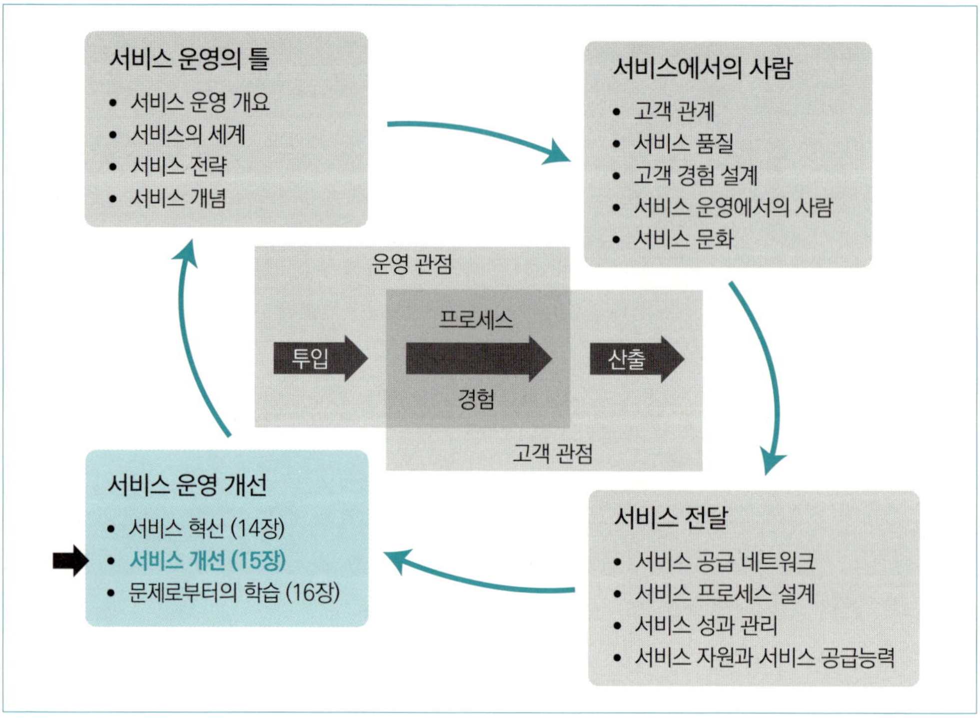

서론

어떤 서비스 기업의 관리자가 자사의 서비스 개선을 바라지 않겠는가? 개선은 고객에게 더 나은 서비스를 제공하거나 기업이 더 나은 서비스를 만들어 내는 것 혹은 이 둘을 모두 포함하는 개념일 것이다. 바로 이 점이 단순히 최고를 지향하는 것이 아니라, 서비스 운영 과정에서 고객 혹은 기업 한 부분에만 긍정적이라고 하여도 서비스 개선을 바라는 이유가 될 것이다. 서비스 개선을 가장 우선시하면서 활동을 진행함에 있어 문제점은 관리자가 너무 바쁘다는 것이다. 다시 말하면, 개선할 부분이 많아서 개선을 생각하기 어렵다고 말할 수 있는 것이다. 그래도 시간과 노력의 투입은 투자이며, 그나마 다행스러운 것은 어떠한 서비스 운영도 지금보다 개선될 수 있다는 것이다.

서비스 운영 관리를 학습하는 가장 큰 이유는 서비스 운영 활동을 어떻게 개선할 것인가에 있다는 점은 논란의 여지가 있다. 놀랍게도 서비스 개선 활동이 항상 서비스 관리자의 핵심적 활동이라고 볼 수 없다. 단순히 서비스 활동을 수행하고 현상을 유지하며 현재 수준을 유지하는 것이 그들의 역할로 본 적도 있었다. 그러나 오늘날에는 최고 서비스를 위해 서비스 개선

이 서비스 운영 관리의 핵심적 대응 능력으로 빠르게 진화하고 있다. 경쟁 강도가 점점 더 강해지면서이기도 하고 새로운 기술의 사용으로 서비스 개선의 기회가 확대되기 때문이기도 하다. 개선을 위해 무엇이 실제로 가능할 것인지에 대한 낙관적 입장이 필요하며, 아울러 현재에도 서비스 개선을 위한 다양한 도구와 방법이 제시되어 있다. 그러나 서비스 개선에 대한 문제점도 존재하는데, 그것은 너무 다양하고 많은 도구, 방법, 절차, 믿음 등이 있다는 점이다. 모든 산업에서 이러한 경향을 확인할 수 있으며, 어떻게 서비스를 개선해야 할 것인가에 대해 실행 과정에서의 과부하와 혼란스러움이 존재한다고 할 수 있다.

이러한 점이 서비스 개선 활동이 중요하면서도 혼란스럽게 여기도록 하게 된다. 그러나 서비스 운영은 운영 관리자가 어떻게 개선 활동이 적절히 관리되어야 할 것인가에 대해 생각하지 않고서는 개선되지 않는다. 우연하게 서비스 개선이 이루어지는 기업은 성장을 기대하기 어려울 것이다. 본 장에서는 서비스 개선 활동에 대해 관심을 가져야 하는 몇 가지 사항을 설명할 것이다. 이러한 점이 개선 활동이 관료적이거나 과도한 노력이 필요하다는 의미는 아니다. 오히려 그것보다는 서비스 기업의 상황에 맞게 개선의 필요성과 적용 방법을 제시한다고 보는 것이 옳을 것이다.

서비스 운영 개선 활동에 대한 주요 주제를 언급하기 전에, 개선의 목적이 무엇인지를 생각해 보는 것이 중요하다. 그 목적은 바로 가치를 높이기 위함이다.

15.1 어떻게 '가치'가 개선을 유도할 수 있는가

개선에 대한 다양한 접근법에 대해 논의하는 가운데 생각할 수 있는 한 가지 쟁점은 '개선이 '가치'를 제고시킬 수 있는가?'일 것이다. 이를 위해서 우선 단어에 대한 정의가 필요하다. 가치라는 개념은 많은 학술 영역에서 논의의 주제가 되어 왔다. 윤리학, 철학, 경제학, 사회학에서 가치에 대한 나름의 시각을 가져왔다. 여기에서는 서비스 운영 관리 측면에서의 간단명료한 정의를 내리는데, '값어치(worth of something)'로 본다. 이러한 해석에도 두 가지 의문점을 가지게 된다. '우선 우리가 값어치를 어떻게 측정할 것인가?'와 '누가 이 값어치와 가치 결정의 주체인가?'이다.

가치의 평가와 관련해서는 서비스 성과는 다양한 방법으로 측정될 수 있음을 이미 제시하였다. 1장에서 '제품'과 대비하여 서비스 성과를 정의하였으며 서비스가 제공할 수 있는 효익과 감정, 판단 및 의도로 보았다. 영리적 측면에서 본다면 결국 고객(서비스를 왜 지속적으로 구매하는가?)과 서비스 기업(왜 서비스를 지속적으로 창출하는가?)의 재무적 효익으로 볼 수 있을 것이다. 비영리적 측면에서는 가치의 측정이 좀 더 복잡한 면이 있겠지만 서비스를 창출한다는 것은 해당 이해 관계자에게 값어치가 있다고 보아야 할 것이다. 두 번째 쟁점인 가치 혹은 값어치의 결정 주체가 누구인가에 대해 생각해 보면, 결국 이해 당사자일 것이다. 서비스 개선이 성공적이라고 평가되기 위해서는 고객, 이해 당사자, 기업 내 관계자, 공급 업체, 외부 환경 그리고 사회 전반에 효익이 있어야 한다는 것이다.

이상적으로 본다면, 서비스 개선은 이 모든 이해 당사자에게 효익을 제공할 것이다. 그러나 그것은 그야말로 이상이다. 실제로는 서비스 개선은 모든 이해 당사자에 대한 가치를 어떻게 배분할 것인가의 문제가 될 수 있다. 예를 들어, 철도 회사의 경우에 고객의 편의를 위해 좌석과 각종 편의 시설을 업그레이드 할 수 있다. 그러나 과연 이러한 조치가 '가치'를 높일 수 있을 것인가? 승객은, 가격은 높아지지 않으면서 더 높은 서비스를 제공받게 된다면 그 가치를 높게 평가할 것이다. 그러나 고객 편의 시설이 개선되면서 가격이 높아진다면 일부 고객은 예전 시설을 더 선호하고 오히려 불편해 할 수 있으며 더 싸구려 서비스를 보게 되어, 가치가 낮아졌다고 평가할 수 있을 것이다. 서비스 기업의 입장에서도 매출이 증가되면 서비스 개선 활동을 가치 있는 활동으로 인식하게 될 것이다.

고객과 서비스 기업의 시각에서 서비스 개선을 논의하면서, 가치는 이해 관계자가 지각하는 개선을 위해 투입된 시간, 노력, 원가와 투자 간의 비교에 의해 판단된다. 일반적으로 서비스의 목적은 다음의 두 가지 중 하나가 된다.

- 이해 관계자에 대해 받아들일 수 없는 노력, 원가, 투자수준 없이 효익을 제고하는 것
- 이해 관계자에 대해 효익의 감소 없이 노력, 원가, 투자를 감소시키는 것

〈그림 15-2〉는 서비스 운영과 고객의 이러한 시각을 보여 주고 있다(다른 이해 관계자들에게도 유사하게 적용해 볼 수 있으며 대부분의 서비스 개선 과정에서의 주요 쟁점 사항이 되고 있다). 서비스 개선 활동은 지식과 다양한 자원을 필요로 한다. 서비스 개선 과정에서는 고객들의 직·간접적인 참여도 필요로 한다. 성공적 서비스 개선 활동의 결과물은 가치가 상승한 서비스 개선이 될 것이다. 고객에게 가치는 매출에 긍정적 영향을 미칠 수 있는 고객 만족도를 유지 및 상승시키는 결과를 보이게 된다. 서비스 운영 측면에서 가치의 상승은 이익 수준과 관련된 원가 수준에 영향을 미치게 되고 결국 효율성에 긍정적인 영향을 미치게 된다. 결국 가치는 고객과 서비스 기업에 모두 효익을 제공한다고 볼 수 있다.

15.1.1 원가 기반 가치와 기능 기반 가치

가치에 대한 이해를 하기 위해 첫 번째 단계는 가치를 원가 기반 가치와 기능 기반 가치로 구분

〈그림 15-2〉 서비스 기업과 고객에 대한 서비스 개선 과정과 가치에의 영향

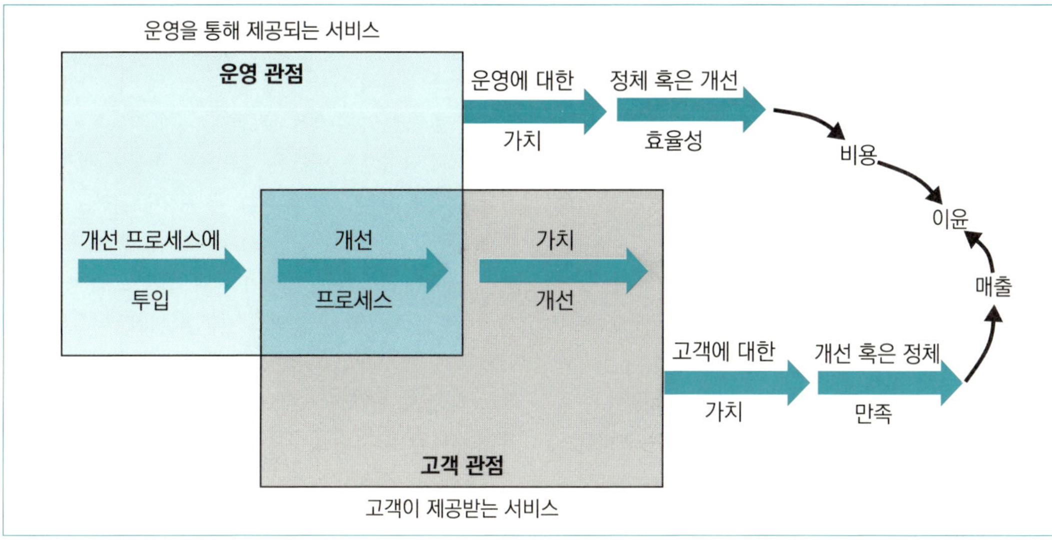

CASE example

사례

항공기 승객별 공간 확보하기

항공기 내에 승객의 수를 정하는 것은 항상 어려운 문제이다. 어느 정도의 승객 등급을 제공해야 할 것인가? 각 승객 등급에 대해 어느 정도의 공간을 제공해야 할 것인가? 각 등급의 개별 좌석에 대해 어느 정도의 공간을 제공해야 할 것인가? 마지막으로, 각 등급의 좌석에 대한 가격을 어느 수준으로 할 것인가? 이러한 모든 문제는 가치를 통해 설명할 수 있다. 각 승객에게 넓은 공간을 제공한다는 것은 고객의 가치가 높지만 좌석 수가 적다는 것을 의미하며 항공사에 대해서는 매출 가치는 상대적으로 낮다고 볼 수 있다. 좌석 등급의 수가 많을수록 수요를 세분화하는 것은 더욱 용이해지나, 각 등급에 대한 원가와 유지보수 관리는 더욱 어려워진다는 것을 의미한다. 대부분의 항공사는 2단계 등급—퍼스트 클래스와 이코노미 클래스—을 운용하였다. 비즈니스 클래스는 이 둘의 중간 정도의 서비스를 제공하고 있다. 사업 목적으로 퍼스트 클래스와 이코노미 클래스를 이용하던 승객에게 매력적 등급이라고 할 수 있었다. 영국항공(BA)의 전략은 여느 항공사들처럼, 세 가지 수준의 승급 등급을 제공하고, 퍼스트 클래스와 비즈니스 클래스는 장거리 노선인 대서양 횡단 노선에서 특히 인기가 있었다. 1990년대 중반에 퍼스트 클래스에 대한 수요가 감소하게 되고 항공사들은 비즈니스 클래스에 서비스를 강화하거나 비즈니스 클래스와 퍼스트 클래스의 중간에 해당하는 클래스로, 애틀란틱 항공의 어퍼 클래스(upper class)와 같은 등급을 제시하

Feodora Chiosea/Alamy Stock Vector

게 된다.

서비스 운영 관리에서 경쟁 우위를 확보하기 위해 가치의 재포지셔닝을 시도하기도 한다. 이러한 점은 퍼스트 클래스와 비즈니스 클래스의 좌석에 대해 플랫베드를 처음 도입한 항공사에서 확인할 수 있다. 이들 항공사는 이 등급의 고객이 가지는 주된 관심사는 공간의 확보라고 생각하였다. 기존 항공기 내부 상황에서 최대한의 승객 확보 공간을 만들어 내는 것이 관건이었으며, 동시에 이들 등급으로부터 매출을 극대화할 필요성도 있었다. 이러한 상황에서 완전히 펼 수 있는 스카이 베드(bed in the sky)로 불리는 변형 좌석을 홍보하게 된다. 객실 내 공학적 도움을 바탕으로 승객은 좌석에 앉아 다양한 버튼을 통해 비디오, 조명, 엔터테인먼트 서비스를 제어할 수 있게 된 것이다. 서비스 수준과 식사 품질 등이 향상되기는 하였지만 다양한 기능이 추가된 시트의 크기가 커질수록 실제 승객이 착석하는 공간은 줄어드는 현상이 생기게 된다. 서비스 품질이 향상되었으나 승객당 원가는 높아지게 된다. 서비스 개선으로부터 매출을 높이기 위해서는 좌석 가동률을 높여야 한다. 실제로 이 항공사들은 시장점유율을 높이고 일등석과 비즈니스 클래스의 매출을 높였다. 서비스 품질에 대한 원가 효율성 간의 상충 관계를 보일 수 있으나 매출의 확대를 통해 상쇄할 수 있는 것이다.

해 보는 것이다. 예를 들어, 내부 프로세스의 낭비를 제거하고 원가를 줄이면서 동일한 수준의 서비스를 제공을 통해 고객 가치를 증가시키는 것이다. 또 다른 경우로 서비스에 추가의 기능과 효익을 부가할 수도 있다. 이러한 서비스 개선을 통해 고객의 구매를 유도할 수는 있으나 항상 기대할 수 있는 바는 아니다. 가치를 이해하기 위해 전체 시스템적 접근을 고려할 필요도 있다. 쓰레기 처리와 관련된 지방정부의 경우를 생각해 보자. 시민의 입장에서는 쓰레기 처리 비용을 세금으로 이미 지불했다고 생각할 수 있을 것이다. 따라서 지방세 납부자들은 매주 일반 쓰레기를 버리고 지방자치단체의 재활용 차량 서비스를 이용할 수 있다. 지역의 쓰레기 처리 서비스의 비용 절감을 위해 다른 지역과의 상거래를 통해 발생한 쓰레기를 처리하거나 재활용을 원하는 고객에게 비용을 청구할 수 있을 것이다.

이러한 추가의 비용 청구 상황은 상거래에서 발생한 쓰레기를 적절하지 않은 곳에 투기하도록 장려하는 부작용을 낳을 수 있다. 그렇다면 전체 시스템적인 관점에서 지역 간 상거래에서 발생한 폐기물 처리 정책은 가치라는 측면에서는 적다라고 볼 수 있다. 이는 부적절하게 폐기물과 쓰레기를 투기하는 행위가 지방자치단체의 추가적 비용을 발생시키기 때문이다. 다시 말해 전체 시스템적인 관점에서의 쓰레기 처리 방법에서의 가치에 대한 이해가 필요한 것이다.

일부에서는 가치에 대한 재정의가 필요하다는 입장도 있다. 의료 서비스의 경우에 환자에게 시행된 상당의 치료 행위가 가치가 낮거나 없다고 볼 수 있다는 것이다.[1] 따라서 상당수의 의료 행위는 불필요하며 환자에게 부정적으로 영향을 미칠 수 있는 많은 행위가 없어져야만 한다는 것이다. 또 많은 의료 행위는 직접적으로 가치에 기여하지 않지만 필요성은 있을 수 있다. 예를 들어, 혈액검사의 경우를 보자. 누가 혈액을 검사했는지는 환자에게 별로 중요하지는 않을 것이다. 환자는 정확한 검사 결과에만 관심이 있을 것이며 결과를 정확히 설명해 주는 전문의가 필요한 것이고 이를 통한 적절한 처방에만 관심이 있을 것이다. 따라서 검사실로 이동하고 전문의를 기다리고 검사 결과를 기다리는 등의 활동은 전체 가치와는 관계없는 것이다. 이러한 활동의 일부는 분명 필요한 활동이지만 없어질 수도 있다는 점을 고려하여 재검토가 필요할 것이다.

15.1.2 고객 가치 확인하기

고객 가치가 무엇인지 확인하는 것은 아주 간단할지 모르지만 여기에는 잠재적인 함정이 있다. 바로 질의에 대한 것이다. 서비스에 대해 무엇을 원하는지 다양한 방법으로 질의를 할 수 있다. 서베이라든지 포커스 그룹 인터뷰 등이 예가 될 것이다. 고객에게 서베이하는 방법은 비교적 체계화되어 있는 편이어서 여기서 추가의 언급은 필요하지 않다. 그러한 한 가지 함정이 될 수 있는 점은 '어느 고객을 대상으로 서베이를 할 것인가?'하는 것이다. 현재 서비스를 이용 중인 고객을 대상으로 해당 서비스에 대한 가치를 조사하는 것은 비교적 용이할 것이지만 잠재적 고객에 관심이 있는 서비스 기업의 입장에서는 이러한 서베이 결과는 그리 높은 관심을 가지지 않을 것이다. 기존 고객은 현재 제공되는 서비스에 관심이 있을 것이고 따라서 장기적으로 이들을 만족시킨다는 것은 의도하지 않은 결과로 이어질 수 있다. 흔히 '혁신가의 딜레마'[2]로 알려져 있는데 현재의 고객에 의한 매출에 사로잡혀 잠재적 고객의 미래 매출에 대해 간과하는 것을 의미한다.

잠재 고객에게 왜 지금 서비스를 이용하지 않느냐고 물어 볼 수 있는데, 이러한 과정을 통해 기존의 서비스에 수정을 하여 새로운 서비스로 변화를 주게 된다. 이러한 과정에서의 또 다른 함정은 '비전의 실종'이다. 고객은 새로운 서비스가 제공하는 가치에 대해 인식하지 못하는 경우가 있어, 기업의 입장에서는 새로운 서비스를 출시하는 경우에 '파일럿 서비스'를 개발, 제공하여 고객의 반응을 미리 확인하는 과정이 필요하다.

15.2 서비스 개선은 개선과 차별, 점진적과 극단적 중에 어느 것에 방향을 두어야 하는가

개선 노력을 어떻게 실행할 것인지에 대한 전략적 목적 수립에 따라서 근본적인 차이가 있다. 향상하고자 하는 성과의 다양한 면으로 표현하지 않더라도, 조직 내 다양한 영역과의 관계성에 대해서는 확인할 필요가 있다. 다른 경쟁 기업들과 동일한 방식으로 운영 활동을 수행하면서 더 나은 성과를 꾀하는 것과 차별적 운영 활동을 수행하는 것은 본질적인 차이가 있다.

CASE example

사례

포시즌 호텔과 자라[3]

포시즌 호텔 그룹(Four Seasons Hotel Group)과, 인디텍스(Inditex) 그룹의 자회사인 자라(Zara)는 성공적인 서비스를 운영 중인 기업이다. 그러나 이들은 서비스 운영 접근은 조금 다르다.

포시즌 호텔 그룹

전 세계의 포시즌 호텔이 성업 중이다. 서비스 품질의 명성으로 수많은 성과를 보여 주고 있다. 바로 "품질을 통한 경쟁력 확보" 전략이 핵심이다. '받고 싶은 서비스를 고객에게 제공하자'라는 철칙으로 운영되며 서비스 품질 관리를 진행 중이다. 고객을 위해 항상 새로운 서비스 접근법을 찾고 있으며, 고객에게 더 나은 서비스를 제공할 수 있도록 현장의 종업원들은 재량권을 부여받고 있다. 포시즌 호텔은 가장 중요한 자산을 '사람'이라고 보고 있다. 기업 내부적으로 고객에게 긍정적 서비스를 제공할 수 있는 종업원을 채용하고 교육하는 데 노력을 기울이고 있다. 아울러 기존 고객에 대한 데이터베이스를 통해 선호 사항과 제공된 서비스에 대한 반응과 경험을 확보하고 있다. 이를 활용해 향후 고객의 재방문 시 선호도 높은 서비스를 제공하고 있다.

자라

이 패션 브랜드는 수직적 통합으로 잘 알려져 있다. 전체 공급망을 통합하여 비용을 줄이는 구조를 가진다. 이 공급망에는 디자인, 소매, 유통, 자재 구입 과정을 포함하고 있다. 점포 내 낮은 재고 수준은 새롭게 디자인 의류를 신속하게 보충하고 있다는 것을 의미한다. 과잉 재고의 위험을 최소화하고 있는데, 그것은 시즌이 시작되는 시점에서 생산 수량을 최소화하면서 트랜드에 즉각적으로 대응하는 전략을 취하고 있다. 디자인은 본사에서 진행되는데 점포 현장의 고객 반응을 일부 반영하고 있다. 현 시점에서의 디자인을 바탕으로 고객의 반응을 바탕으로 지속적으로 업데이트하면서 다음 시즌의 제품을 디자인한다. 자라는 공장 네트워크를 활용해 경쟁 기업에 비해 다양한 제품을 신속히 생산하고 있다. 전체 통합 물류 시스템에서의 가장 큰 관심사는 속도라고 할 수 있다.

개선(better)과 차별(different)

포시즌 호텔은 매우 성공적인 기업이라고 할 수 있지만, 경쟁 기업들과 기본적으로 동일한 사업 성격을 가진다고 보아야 할 것이다. 포시즌 호텔을 방문하고 느끼게 되는 세련되고 만족스러운 서비스는 다른 호텔에서도 느낄 수 있는 것이다. 그러나 포시즌 호텔은 고객이 무엇을 바라고 있으며, 훌륭한 서비스가 고객에게 어떤 의미인지를 알고 있다. 단순하게 급격한 차별화를 통해 경쟁 우위를 확보했다기보다는 일반적인 서비스 운영 과정을 세련되게 함으로써 성과를 이루었다고 할 수 있다.

반면에 자라의 경우에는 서비스 운영의 구조화를 통해 경쟁 우위를 확보했다고 볼 수 있다. 자라의 경우에는 일반적인 서비스 운영 관행을 탈피함으로써 성과를 보인 것이다. 차별화를 진행한 점을 확인할 수 있다. 전체 캐쥬얼 패션 업계에 자라가 큰 영향을 미쳤다면, 기존에 어떤 패션 업체도 실행하기 못한 패션 공급망의 통합화를 진행했기 때문일 것이다.

15.2.1 서비스 개선 과정을 설계하기

개선(better)과 차별(different)의 차이는 전략적 측면과 서비스 운영 실행 과정을 설계하는 부분에서 중요한 의미를 가진다. 어떤 서비스 기업이 초기에 경쟁 기업에 대해 개선 혹은 차별에 대한 어떠한 입장도 취하는 않는 경우를 상상해 보자. 이 경우에 두 가지 선택이 가능할 것이다. 첫 번째는 경쟁 기업과의 차별화에 초점을 두는 것으로 급속한 변화가 필요하며 어떤 서비스 조직을 구조화하고 자원과 공정을 어떻게 운영할 것인지에 대한 모델을 구축할 것인지에 대한 접근이 필요하다. 두 번째는 지속적 개선 활동을 진행하는 것으로 기존 기본적 작업 방법을 변화 없이 받아들이지만 자원과 공정의 개선을 통해 점진적인 성장을 추구하는 것이다.

물론 대부분의 급속한 변화에도 위험이 따르게 된다. 앞에서 언급한 자라의 경우에 새로운 서비스 운영 모델을 만들어 성공한 것을 알 수 있으나 그 이전에 상당한 실패가 있었을 것이다. 즉 그들의 급속한 변화 방법은 실패한 것이다. 급격한 변화에 의해 성취 가능한 성과를 지속적 개선 과정을 통해 성취할 수 있었을 지도 모른다. 이 경우에 지속적 개선은 위험을 크게 들이지 않고 급격한 개선을 통해 이루고자 한 목표를 달성하게 한 것이다.

15.2.2 신중한 지속적 개선 또는 급격한 혁신적 개선

서비스 기업의 전반적인 전략적 목적이 경쟁 우위를 확보하는 것이라고 한다면, 지속적 개선 방향이라고 할 수 있으며 이는 상대적으로 소규모 변화를 지향하는 것이다. 반면에 차별화를 추구한다면 급격한 변화를 의미하는 것으로 상대적으로 큰 변화를 지향하는 것이다.

신중하며 지속적 개선

지속적 개선은 흔히 카이젠(Kaizen)으로 불린다. 카이젠은 개선의 일본식 표현이다. 서비스 운영 상황에서 카이젠은 지속적인 개선 활동을 의미한다. 카이젠은 2차 세계대전 이후 등장한 개념이지만 1990년대 초반까지는 개선을 위한 도구로서 각광받지는 못했었다. 지속적 개선은 기존 시스템의 지속적인 변화를 필요로 하는 것으로 급격한 변화를 통해 성과의 향상을 추구한 입장에서는 주목을 받지 못한 것이다. 점진적인 지속적 개선의 효익은 장기간에 걸쳐서 서서히 나타날 것인데, 이는 중·단기 내에 성과를 기대해야 하는 급격한 개선과는 다른 것이다.

만약에 서비스 기업이 점진적 개선을 진행하기로 하였다면 단지 소심한 접근을 선호해서라고 볼 수 없다. 오히려 작은 개선들이 상당한 효익이 있다는 점을 알고 있기 때문일 것이다. 지속적인 개선을 진행하기로 하였다면 현재 서비스 운영에 큰 무리를 주지 않으며 개선하는 것을 선택한 것이다. 더 나은 성과 실현에 대해 그러한 작은 움직임이 확실하게 기여한다는 보장이 있는 것은 아니지만 지속적 개선 노력에의 철학만은 유효한 것이라고 보아야 한다. 이러한 움직임 자체가 중요한 것이다. 지속적 개선이 소규모라는 점은 중요하지 않으며 매 순간 지속적 개선 활동이 진행된다는 것이 중요한 것이다. 이미 확보하고 있는 자원과 프로세스의 잠재성을 구체화하는 것은 개선 형태일 것이다. 바로 이점 때문에 지속적 개선은 기존 전략과 조화도 잘 되며, 운영에 따른 효익은 즉각적이며 예측 가능한 것이다.

급진적이며 혁신적 개선

급진적이며 혁신적 개선 노력을 선택한다는 것은 전혀 다른 접근법이다. 개선 과정은 대규모이며 극적인 변화를 추구한다는 전제를 기반으로 한다. 이러한 개선의 영향력은 상대적으로 갑작스러우며 업무 절차의 변화를 의미하기도 한다. 서비스 기업의 입장에서는 운영 활동과 관련하여 새로운 가능성에 대한 호기심과 함께 접근 방법과 새로운 마음가짐에 대한 염원이 있을 것이다. 대부분의 경우에 상당한 투자를 필요로 하며 새로운 운영 기술과 프로세스 기술을 필요로 하기도 한다. 실험적 접근이면서 동시에 리스크를 내포하고 있기도 한다. 대규모 변화는 새로운 서비스 운영으로의 움직임을 의미하며 불확실성이 높아지고 잠재적 어려움이 있을 수 있다는 점을 의미하기도 한다. 노력의 성과는 장기적으로 보아야 하며 그 수준을 예측하는 것도 어려울 것이다.

〈표 15-1〉 지속적 개선과 급격한 개선의 주요 차이점

항목	지속적 변화	급격한 변화
기존 프로세스	미미한 변화	재설계 수준
기대되는 개선 수준	적절한 수준	상당한 개선
얻게 될 효익	장기적	단기적
변화의 동력	노동자	경영층
경영층의 노력	소규모	핵심적
위험 수준	소규모	대규모
자금 지출	소규모	대규모
정보 기술의 활용	거의 없음	중요

지속적인 개선은 운영상의 변화에 대한 점진적이며 급진적 접근과는 대조되는 의미를 가진다. 급격한 변화는 혁신적인 접근법으로 프로세스를 수정하는 것이 아니라 전체적으로 재창조하는 것이다. 〈표 15-1〉이러한 두 접근법의 차이를 제시하고 있다.

15.2.3 지속적 개선과 급격한 개선은 함께 진행될 수 있는가

서비스 기업이 이러한 두 가지의 대조적 접근법을 수행할 수 있는가? 순수한 지속적 개선과 혁신적 개선 접근법은 분명 극단적이라고 할 수 있다. 서비스 기업이 동시에 이 두 가지의 극단적인 접근법을 수행할 수 있을까? 상당한 논란이 있을 수 있는데 어렵지만 가능하다라는 것이 정답일 것이다. 점진적이며 지속적인 노력을 통해 성과를 도출할 때 필요한 기술, 태도 그리고 능력은 혁신적이며 대규모로 진행되는 접근법에서의 그것들과는 차이가 있다. 개선에 대한 이

해에 있어서도 차이가 있다.

지속적 변화는 기존 서비스 프로세스의 작은 변화의 연속인 반면, 단계적 변화는 근본적으로 재설계를 통해 주요 기능 향상과 같은 변화를 이루게 된다. 급격한 변화에 비하여 지속적 개선은 기업 경영진의 시간과 노력이 전적으로 투입되지는 않는다. 경영진의 참여는 전체 서비스 프로세스 재설계의 위험이 크기 때문에 많은 자본을 필요로 한다. 자원과 관리자의 태도에 있어서 두 접근법은 차이가 있는 것이다. 그렇다면 두 가지 접근법을 함께 진행하는 것은 불가능한 것인가? 이는 서비스 조직의 양면성에 대한 이해가 필요한 부분이다.

서비즈 기업 스위치히터

스위치히터의 의미는 두 개의 서로 상충할 수 있는 목적을 균형되게 활용할 수 있는 조직의 능력을 의미하는 용어로 사용된다. 서비스 조직의 경우에는 기존의 서비스 프로세스를 점진적인 접근법으로 관리하면서 개선을 위해 급격한 개선 노력을 수행하는 것을 의미한다.[4] 예를 들어, 성숙기에 접어든 서비스 시장의 경우에는 원가상의 경쟁력을 확보하기 위해 기존 서비스 프로세스에 대한 관리가 필요하다. 동시에 새로운 서비스 시장에 대한 혁신적이며 실험적 접근도 필요한 것이다. 세 가지 방법이 점진적이며 혁신적 접근법을 함께 수행하기 위해 필요한 것으로 제시되고 있다(그림 15-3).

- **서비스 운영에서의 개선 노력의 차이 받아들이기.** 서비스 스위치히터의 모습을 보인 성공

〈그림 15-3〉 서비스 조직의 스위치히터 달성을 위한 세 가지 접근법

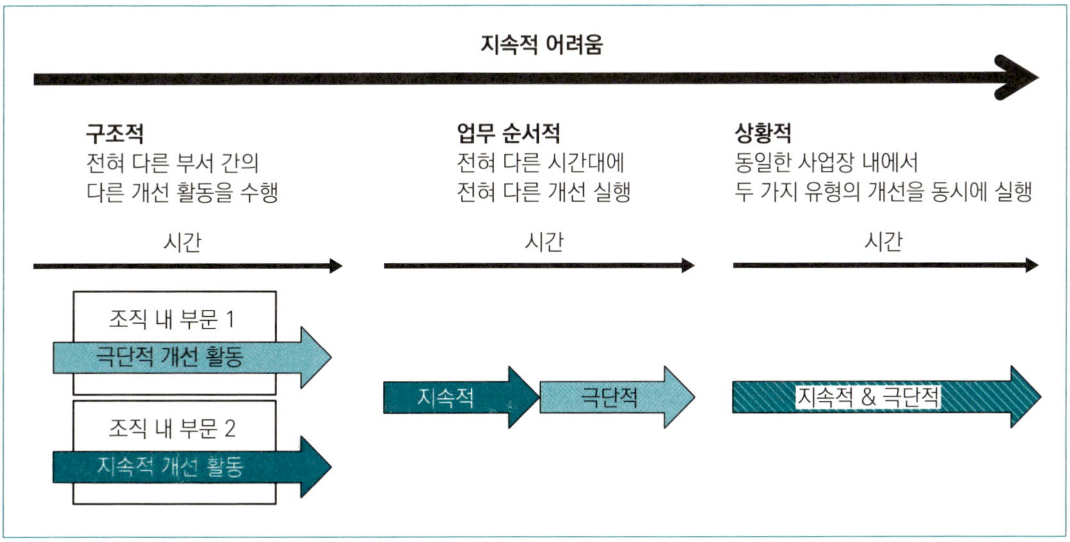

적인 서비스 기업들에게서 상이한 전략, 구조, 프로세스, 문화를 가진 서비스 운영 활동을 진행하고 있으며 각각 극단적 접근과 점진적 접근을 통해 이루어지고 있음을 확인해 볼 수 있다. 이를 '구조적 스위치히터'라고 부른다.

- **시기별 상이한 개선 노력의 차이를 받아들이기**. 서비스 개선 노력의 적용이 시기에 따라서 달라진다는 것을 의미한다. 어떤 경우에는 서비스 시장과 경쟁을 고려할 때 혁신적 접근을 필요로 하기도 하고, 어떤 경우에는 안정적이며 점진적인 개선을 필요로 한다. 예를 들어 제품과 서비스의 수명 주기 상에서, 도입기와 성장기에는 혁신적이며 실험적인 개선 노력이 필요할 것이지만 성숙기에 접어들면 안정적이며 원가를 줄이기 위한 점진적 개선을 필요로하게 된다.
- **점진적이며 혁신적인 개선의 혼합 전략 실행**. 앞의 두 가지 개선 노력 접근법은 서비스 조직과 시간에 대한 개선을 명확하게 구분하면서 진행된다. 세 번째 방법은 '상황적 스위치히터'라고 불리는 데 활용되는 자원과 기술 면에서 명확하게 구분되는 부분은 많지 않으며 기업은 이러한 부분을 받아들여야 한다는 것이다. 자원의 할당이라든지 태도 등에 대해 갈등을 야기할 수 있는데, 자연스럽게 받아들이는 것을 강조하는 것이다. 이러한 모호성과 역설적인 면을 받아들이는 것은 창의적 개선을 실행하는 데 도움을 줄 수 있다.

15.3 서비스 운영의 차별성

서비스 운영 관리의 많은 주제와 마찬가지로 서비스 운영 개선 영역은 생산 운영 관리 개선과 유사한 부분이 많다. 나중에 다시 언급되지만 대부분의 개선 활동은 서비스와 다른 분야가 거의 유사하다고 할 수 있다. 그러나 서비스의 특징을 반영한 독특한 면을 확인하고 서비스 개선에 대해 시사점을 확인하는 것도 의미가 있을 것이다. 〈표 15-2〉는 IHIP 특징을 보이고 각 서비스의 특징에 따른 도전점과 개선에 관련된 사항을 제시하고 있다.

- 무형성. 서비스 영역을 명확하게 규정하는 것은 어려우며 이에 따라 무엇을 개선할 것인지도 어렵게 된다. 무엇이 서비스에 포함될지 혼돈스러운 경우에 무엇을 개선할지 혼돈스러워지는 것이다. 따라서 서비스에 포함되어야 할 것과 포함되지 않아야 할 것의 경계는 그것 자체로 개선의 중요 쟁점이 될 수 있다. 예를 들어, 잔디깍기 서비스는 정해진 수수료를 정하고 연간 4회 정도 통상적인 서비스를 제공하는데 잔디 정리 후 작업자의 조언에 대해 수수료를 정하는 경계를 명확히하기 어렵다. 잔디를 너무 짧게 정리했다는 수준의 조언과 잔디 컨설팅 수준의 조언에 대해 값어치를 정하는 것의 명확한 기준을 확인하는 것은 어

〈표 15-2〉 IHIP 특성과 도전 과제, 개선 관련 사항

IHIP 특성	도전 과제	개선을 위한 시사점
무형성 — 대부분 물리적 실체가 없다	• 서비스의 영역을 정하기 어려워 개선의 어려움이 있다. • 개선을 통한 서비스 개선을 기대하는 것이 어렵다	• 상황에 따라서 서비스 영역을 정해야 한다. • 유형적 요소와 무형적 요소에 대해 무엇이 가장 큰 영향을 미치는지 확인하는 것이 필요하다.
이질성 — 표준화의 어려움으로 다양성이 존재	그렇지만 일부 표준화의 필요성이 제기된다	개선에 대한 기본적 원칙은 표준화를 전제로 한다
비분리성 — 생산과 소비가 동시에 이루어진다	서비스를 이용하기 위한 고객들의 역할을 기대하는 것이 어렵다	수요와 공급의 균형을 바탕으로 개선이 진행된다.
소멸성 — 결과물을 보관하는 것이 어렵다	개선을 위한 재작업, 수정의 어려움이 있다.	가동률이 가장 중요한 이슈이다.

려운 것이다. 이러한 문제를 명확히 하는 것이 바로 서비스 개선인 것이다.

- **이질성.** 고객이 지각하는 서비스 수준이 상이하다는 것은 서비스 개선에 어떤 의미를 가지는 것일까? 서비스의 개선은 고객마다 상이하게 받아들여지는 것인가? 어느 정도는 그렇다고 할 수 있다. 어떤 고객은 예상하기 어려운 요구를 하기도 하고 어떤 경우는 서비스 제공자 능력 밖의 것을 요구하기도 한다. 고객의 기대를 관리함으로써 서비스에 대한 고객의 시각을 서비스 기업 시각과 유사하게 만들 필요가 있다. 동시에 서비스 제공자는 다양한 고객의 요구 사항에 대응할 수 있는 능력을 확보하기 위해 훈련이 필요하다. 비표준화된 고객을 서비스에 맞도록 변환시킬 능력이 필요하기 때문이다. 이러한 경우에는 표준화에 따른 원가상의 효익을 기대하기 어렵게 된다.
- **비분리성.** 생산과 소비가 동시에 이루어질 때, 서비스 만족 수준은 어느 정도는 서비스에 대한 수요와 운영 간의 균형에 의존한다고 볼 수 있다. 이것이 의미하는 바는 고객에 의해 지각된 서비스는 대부분의 경우에 개별 서비스 제공자의 기술이나 능력에 영향을 받지 않는다는 것을 의미한다. 예를 들어, 은행 창구 직원의 경우에 전문 역량과 고객 응대 능력을 확보하고 있지만, 갑작스런 수요의 증가는 고객의 대기시간이 길어지는 결과를 낳게 된다. 지각된 서비스는 단순한 거래 하나에 의해 설명할 수 있는 함수가 아니라 생산 능력을 함께 고려해야 폭넓은 접근이 필요한 부분이다.
- **소멸성.** 서비스가 소멸성을 가지는 경우에, 개선 활동은 유연성을 강조하게 된다. 결국 서비스 제공 과정에서의 개선은 실현하기 어렵다는 것을 말한다. 예를 들어, 고급 호텔이 투숙률을 높이기 위해 노력하고 있다고 하자. 이 경우에 밤늦게까지 예약 부서가 업무를 하게되고 이 경우 고객은 할인 혜택을 받게 된다. 이렇게 직원들의 의사 결정 유연성 확보는

투숙률을 올릴 수 있는 가능성을 높이게 된다. 그러나 개선 활동은 단순한 거래 공정의 설계가 아니라 운영상의 실행 영역이라는 점을 기억할 필요가 있다.

15.3.1 서비스 개선의 시사점

서비스 개선 수준을 더욱 분명히 하는 것은 IHIP 특징에 따른 영향뿐만 아니다. IHIP에 따른 또 다른 요소들을 함께 고려하여야 한다.

고객 접촉에의 대응

대부분의 서비스에서 볼 수 있는 높은 수준의 고객 접촉은 서비스 개선에 영향을 미치게 된다. 식품 제조와 같이 고객 접촉 수준이 낮은 서비스의 경우에는 직접적으로 고객에 영향을 미치지 않는 내부 프로세스의 개선에 더욱 관심을 기울이게 된다. 반면에 높은 고객 접촉 수준을 가지는 서비스는 프로세스의 변화를 바로 확인할 수 있다는 점에서 낮은 고객 접촉 서비스의 경우와는 차이를 가진다. 서비스 개선에 대하여 두 가지 중요한 시사점을 가진다.

첫 번째는 개선 과정에 대한 것이다. 〈그림 15-2〉처럼, 어떠한 서비스 개선도 운영 활동과 고객의 양측 입장을 함께 반영하여 평가되어야 한다는 것이다. 서비스 운영의 효율성을 반영하지 않고 오로지 고객의 입장에서만 개선 활동을 평가한다는 것과 반대로 고객에 대한 영향 수준을 고려하지 않고 서비스 기업의 효율성만을 평가하는 위험은 모두 너무 클 수밖에 없다. 백오피스 개선에 따른 고객에게의 영향 수준은 식품 제조 과정의 경우보다 클 것이다.

두 번째는 고객은 발생될 변화에 대해 충분히 알고 있다는 것이다. 고객은 서비스 기업이 개선을 위해 노력하고 있다는 것을 바로 알 수 있다. 바로 고객이 서비스 기업의 모든 노력을 확인하는 증인 역할을 하게 된다는 것이다. 낮은 고객 접촉을 가지는 식품 서비스의 경우에 서비스 개선 활동을 하다가 실수를 할 수도 있다. 고객이 서비스 개선 활동 중 발생한 실수라는 것을 안다면, 서비스 관리자는 두 가지 행동을 할 필요가 있다. 첫째는 고객의 지각이 중요하다는 것을 인식하는 것이다. 불편함을 제공한 것에 대해 사과하고 명확하게 그 상황을 설명하는 것은 고객의 불만족을 막을 수 있을 것이다. 둘째는 서비스 개선 실행 이전에 준비가 부족했다는 것을 보이지 않아야 한다는 것이다. 고접촉 서비스에서의 개선 변화는 상대적으로 더욱 효과적인 실행 계획이 필요하다.

상충 관계의 관리

고객과 서비스 기업 시각을 함께 통합해야 하는 목적의 이중성은 서비스 개선 활동이 운영 활동 입장과 고객 입장의 가치 간에 어떤 상충 관계를 포함하고 있다는 것을 의미한다. 대부분의 서비스 운영 관리자는 운영 효율성과 서비스의 부가가치 실현을 함께 이루기를 희망한다. 이것은 투자나 지출을 줄이면서 고객 경험 수준을 향상시킬 때 가능할 것이다. 예를 들어, 자동차 보험회사의 경우에는 사고를 당한 운전자가 바로 사고 상황을 알려주길 바랄 것이다. 이러한 과정을 통해 고객과 파손된 차량에 즉각적인 서비스를 제공하려고 할 것이다. 이러한 과정은 보험회사 보상팀의 비용을 줄여주고 고객에 대한 서비스 대응성도 높이게 된다.

그러나 상당수의 서비스 운영에 대한 개선 활동은 관리가 필요한 상충 관계가 있을 수 있다. 이러한 내용이 〈그림 15-4〉와 〈그림 15-5〉에 나와 있다. 〈그림 15-4〉에서는 흔히 '가치 프론티어'라 불리는 것이 소개되어 있다. 이상적으로 본다면 서비스 개선은 서비스 기업과 고객 모두에게 가치가 있는 것이어야 한다. 그러나 자원과 프로세스의 제약으로 모든 서비스 운영은 개선이 가치의 증가에 대한 영향 수준에 한계가 있을 수 밖에 없다. 프론티어 양 끝부분에서 상충 관계라고 볼 수 있는 다른 가치의 희생을 필요로 하는 서비스 개선을 볼 수 있는데, 약한 고객의 희생을 통해 서비스 기업 가치의 상승 혹은 약한 서비스 기업 희생을 통한 고객 가치의 높은 상승을 볼 수 있다. 바로 이것이 서비스 운영 관리자가 운영과 고객 가치 간의 균형을 찾

〈그림 15-4〉 가치 프론티어의 재포지셔닝

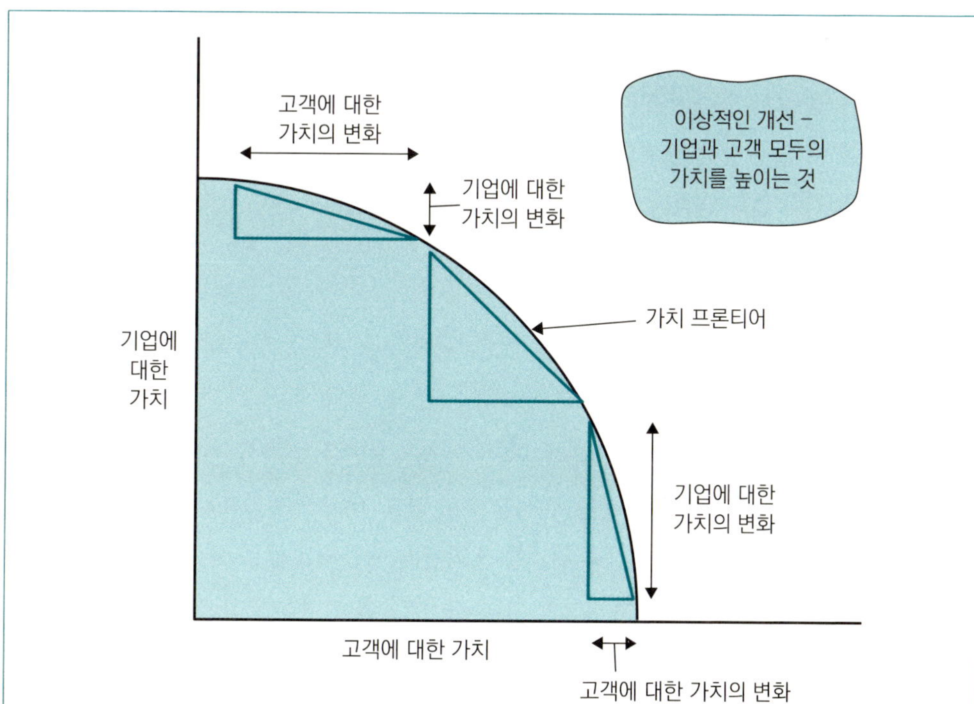

〈그림 15-5〉 대규모 개선 활동과 점진적 개선을 통한 상충 관계의 극복

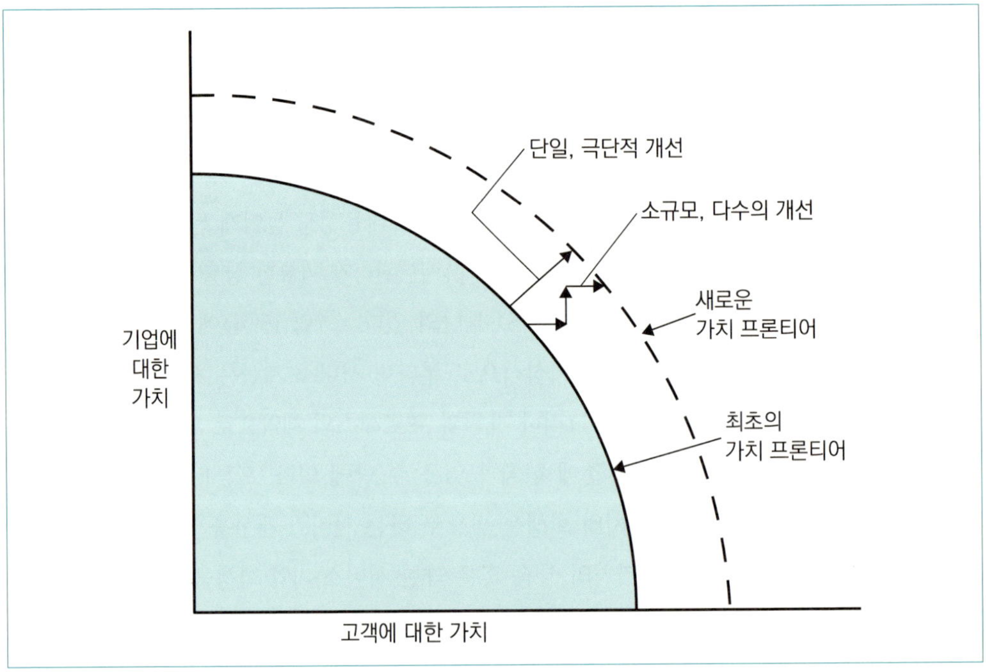

으려고 하는 이유가 될 것이다. 이러한 과정을 통해 가치 프론티어는 포지셔닝이 새롭게 된다.

반대로, 〈그림 15-5〉처럼, 가장 이상적이며 긍정적인 접근법은 대규모 개선 활동이나 점진적 개선 활동을 통해 양측의 가치를 동시에 실현하는 것일 것이다. 이러한 접근은 효율적 프론티어에서 볼 수 있는 상충 관계를 극복하는 것이며 단순히 리포지셔닝과는 다른 것이다. 앞에서 언급한 것처럼 일부 영역의 극적인 개선과 점진적 개선을 구분하는 것 만큼이나, 프론티어에 가치 프론티어에 위치하는 것과 서비스 운영 유효성을 높인다는 것의 구분은 중요한 면이 있다.

노동 집약성에의 대응

대부분의 서비스 운영 활동은 노동 집약적이라는 특징을 보인다. 따라서 변동성이 더욱 뚜렷하게 나타나기도 하지만 서비스 차별성을 부각할 수도 있다. 서비스 제공자와 고객 간의 원활한 관계 형성을 통해, 앞에서 언급한 상충 관계를 조화롭게 해결하고 있는 서비스 기업을 찾아볼 수 있다. 즉 현장에서 고객의 중요한 정보를 획득하는 역할을 한다는 점을 강조할 수 있는 것이다. 싱가폴 항공과 젯블루 항공에서는 현장 서비스 직원들을 통해 개선을 위한 중요한 아이디어를 획득하고 있다. 개선을 위한 아이디어를 획득하고 실행하기 위해서는 당연히 기업의 지원

이 필요하다. 현장 서비스 제공자의 입장에서는 활동에 대한 가치와 복지에 대해 서비스 기업이 적극적인 지원 의지를 가지고 있음을 인식할 필요가 있다. 그리고 자신의 기여가 가치 있고 실제적 개선을 이끌 수 있다는 점을 믿을 수 있어야 한다. 조직 문화는 새로운 서비스 아이디어와 제안 그리고 해결책에 대해 지지하고 가치 있다고 인정해 주는 것이 필요하다.[5]

15.3.2 변동성

서비스 개선과 관련하여 변동성은 특히 중요한 서비스 특징이다. 앞에서 언급한 것처럼, 노동집약적인 서비스의 특징은 서비스 행위와 성과에 대한 변동성에 영향을 미치게 된다. 서비스가 제공되는 현장에 고객이 위치하는 경우에는 서비스 실패와 실수를 숨길 수도 없는 것이다. 서비스 자체가 비가시성을 가지고 있어서 고객은 변동성을 지각할 수도 있다. 따라서 이질성은 모든 고객과 서비스 제공자 간의 상호작용은 어느 정도 변동성을 가진다는 것을 말하며, 이 경우는 고객이 기대한 서비스에 미치지 못하는 결과로 나타날 수 있다는 점에서 고객에게는 중요한 부분이다. 또한 변동성은 관리의 어려움과 함께 일정한 범위를 벗어나는 경우에 고객 불만족을 야기할 수도 있다. 예를 들어, 은행 지점이나 소매 유통점과 같이 다수의 플랫폼을 바탕으로 서비스 전달의 복잡성이 높은 서비스의 경우에 일정한 서비스 수준을 유지하는 것은 어려울 수밖에 없다.

서비스 변동성이 고객의 서비스 지각 수준에 대한 불확실성을 야기하기 때문에, 서비스 품질과 서비스 가치에 대한 고객의 부정적 시각을 형성하는 데 영향을 미친다고 볼 수 있다. 기대에 미치지 못하는 서비스 결과 변동은 효용 함수상에서 수익보다는 손실 함수의 기울기가 더욱 급격하다는 점에서 문제가 더 심각하다고 할 수 있다.[6] 기대에 미치지 못하는 서비스는 기대 이상의 서비스에 따른 긍정적 영향에 비하여 기대 이하의 서비스에 대한 부정적 영향이 더욱 크다는 것을 의미한다. 이러한 점은 서비스 개선을 위해서 변동성을 통제한다는 것이 얼마나 중요한지를 보여 주는 것이다. 또한 이 점이 개선을 위해 변동 통제의 중요성을 강조하는 접근법이 서비스에 더욱 적합한지를 보여 주는 것이다.

서비스 변동성이 긍정적인 경우

어떤 경우에는 서비스 변동성이 오히려 선한 것으로 나타날 수 있다. 즉 고객화된 서비스가 고객에게 매력적으로 나타나는 경우도 일부 존재한다는 것이다. 예를 들어, 어떤 테라피 클리닉의 경우에 돌마사지 서비스와 함께 다양한 부가 서비스를 제공하고 있는데 표준화된 테라피 서비스만 제공받는다고 하면 고객은 오히려 불만을 가질 것이다. 테라피 서비스를 받기 위해 예약 시스템을 표준적으로 활용해야 하는 경우에도 일부 고객들은 즉각적인 서비스를 원하며 불만을 가질 수 있을 것이다. 서비스 변동성에서 프로세스 변동성은 개인 간 접촉 영역의 성격이 강하다. 변동성이 반드시 부정적인 것만은 아닌 것이다. 변동성은 서비스의 설계 과정에 반영되어야 하며 의도치않게 발생하는 것은 막아야 할 것이다. 서비스 프로세스를 면밀하게 살펴 변동성을 통제해야 할 부분과 그 정도를 파악해야 할 것이다.

변동성에의 대응

식스시그마 등 다양한 방법을 통해 변동성을 줄이기 위한 대응 노력에 대해 살펴볼 것인데, 이 경우에 비용이 발생하게 된다. 오히려 단기적으로는 변동성을 받아들일 때 발생하는 비용이 더 적을 수도 있다. 그러나 변동성이 통제되어야 한다고 본다면 일반적으로 표준화가 대표적인 대응책이 된다. 표준화는 프로세스를 단순화하고 관리의 용이성을 높인 경우일 것이다. 이것을 달성하는 가장 보편적인 방법은 일상적 서비스 운영 활동을 제시하고 있는 매뉴얼을 활용하는 방법일 것이다. 이것은 서비스 프로세스의 표준화를 달성하기 위한 가장 비용이 적게 드는 방법이다.

서비스 성과의 일관성을 높인다는 면에서 서비스 매뉴얼 활용의 긍정적인 면이 분명하지만, 매뉴얼이 잘못 설계된 경우에는 부정적인 면도 클 것이다. 즉 일정한 수준의 업무 유연성이 필요한 것이다. 결국은 서비스 제공자에게 어느 정도의 업무 유연성을 제시할 것인가의 문제가 남는다. 자동화된 해결책이 선호되고 절차에 의해 문제를 해결하는 알고리즘적 접근이 더욱 적절할 것이다. 대부분의 서비스 기업은 서비스 자동화를 통해 프로세스 표준화를 실행하고 있다. 항공권을 키오스크를 통해 발권하고 ARS 서비스를 이용하는 것은 서비스 제공자의 비용을 줄이고 생산성을 높이면서 서비스 제공 과정의 표준화를 실행하는 사례이며 프로세스의 변동성을 줄이기 위한 기업의 노력이 된다.

15.4 개선을 위한 핵심 접근법

서비스 개선에 대한 관심을 가지면서 나타날 수 있는 현상 중의 한 가지는 많은 조언이 난무하여 오히려 서비스 운영에 혼란을 야기할 수 있다는 것이다. 이러한 혼란의 상당 부분은 다음 세 가지의 잘못된 적용에 따른 것이다.

- **너무 큰 폭의 개선 접근.** 이러한 면은 어떻게 개선 활동이 이루어져야 하는가에 대한 분명한 믿음에 기초하고 있다. 예를 들어, 식스시그마 활동과 린 사고가 이에 해당한다. 나중

〈그림 15-6〉 다양한 개선 도구가 가지는 유사한 요소와 기법

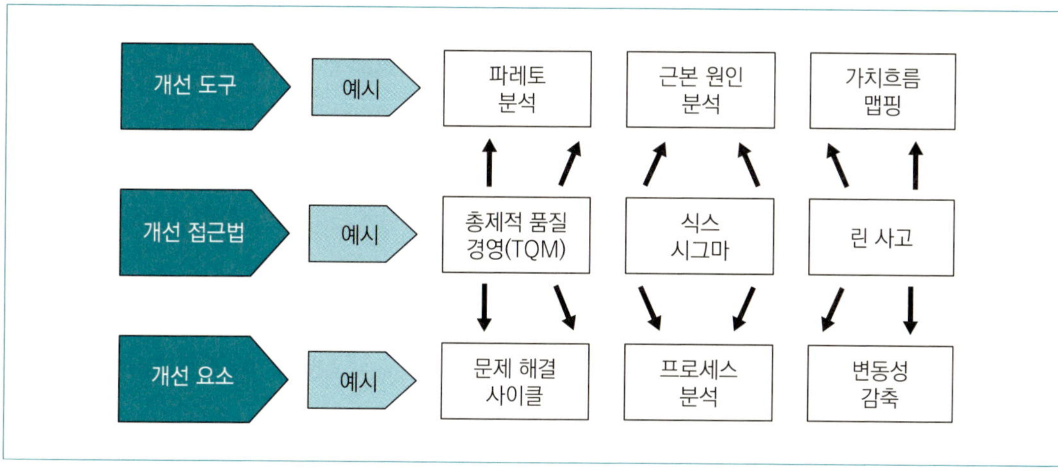

에 살펴보겠지만, 이러한 활동들은 상호 배타적일 수 없는 것이다. 대부분의 경우는 유사한 접근법이라고 보아야 한다.

- **개선 도구의 개별적 중요성에 너무 집중하는 인식.** 흔히들 '빌딩 블록'이라고 불리는 것인데, 프로세스의 변동을 줄인다든지 프로세스 흐름을 통합하거나 문제 해결 사이클의 활용, 낭비 요소의 확인이 이에 해당한다.
- **개선 도구.** 업무 개선을 위해 활용할 수 있는 상당수의 순차적 도구와 기법들이 있다. 이들 중의 일부는 수학적 기법이기도하지만 대부분의 경우는 특성 요인도라든지 브레인스토밍과 같은 정성적 기법으로 쉽게 활용 가능하다.

다양한 개선 접근법에 대한 차이점이 항상 뚜렷하다고 할 수 없다. 실제로, 어떤 접근법은 상당히 보편적일 수 있으며 서로 높은 연관성을 가지고 있을 수 있다. 그러나 여러 접근법이 유사한 도구나 요소를 보인다고 하여도, 각 접근법은 개선에서 무엇이 중요한지에 대한 고유의 태도를 가진다고 할 수 있다. 다음에는 일반적인 개선 도구라고 할 수 있는 TQM, 식스시그마, 비즈니스 프로세스 리엔지니어링, 린 사고, 린 식스시그마에 대해 설명할 것이다. 각 개선 접근 도구에 대해 깊이 있는 내용을 전달하는 것은 본서의 범위를 벗어나는 것이지만 서비스 개선에 폭넓게 활용되고 있기 때문에 개괄적으로 살펴보는 것은 의미가 있을 것이다.

15.4.1 총체적 품질 경영

총체적 품질 경영(total quality management: TQM)은 최근 몇 년간은 큰 관심을 받지 못한 측

면이 있기는 하지만, 고객 중시라는 특징을 기반으로 지속적인 개선에 접근하는 가장 유명한 방법이며, 품질을 결정하고 향상하는 데 큰 영향을 미쳐 왔다.[7] TQM은 1950년대 Armand Feigenbaum에 의해 개발되었다. 방법론적 가치에 대한 이해 부족으로 부정적 면이 시각이 있었지만 그렇다고 TQM 자체를 부정하는 것은 옳지 않을 것이다. 특히 경영 활동을 전사적으로 보고 있다는 점은 상당히 매력적 접근이라고 할 수 있다. 서비스 운영 개선에 대한 분명한 체크리스트를 제시하고 있으며 이해하기 쉬운 방법으로 현장 중심의 실행 방법을 제시하고 있다.

TQM은 명확하게 시작과 끝이 정해져 있으며 아주 구체적 체계를 가진 활동이라기보다는 실행책에 가깝다고 할 수 있다. TQM은 기업 경영에서 '사상의 혁명'을 요구한다.[8] TQM의 두 가지 중요한 사상적 주춧돌은 고객에 대한 초점(customer focus)과 전사적 참여이다.

- **고객에 대한 초점.** TQM은 이론적으로 고객을 중심에 둔다. 고객의 기대에 부응하는 서비스 제공은 현 고객을 유지하고 다른 고객을 끌어들여 수익성을 향상시키며 조직의 전략적 수요를 충족시킨다. 이로서 어떤 고객에게 서비스 제공을 해야 하며 그들의 기대를 이해해 전체적 시스템, 프로세스, 서비스 활동과 그 문화가 고객의 욕구를 충족시킬 수 있게 한다.
- **전사적 참여.** 품질에 접근하는 많은 전통적 방식과 TQM의 주된 차이는 '전사적'에 있다. TQM은 지속적인 개선의 문화에 기반을 두고 있다. 이는 조직의 모든 사람에 의해 공유되고 벌어지는 것으로, 그들이 무엇을 개선해야 하는지를 한 가지 목표로 세워 같이 일하는 것을 의미한다.

지속적인 개선 활동으로써 TQM은 서비스 기업이 많이 활용하고 있다. 대부분 요소는 굳이 TQM이 아니라고 하더라도 성공적 서비스 운영을 위해 전통적으로 필요하다. 〈그림 15-7〉에서 TQM의 중요 요소가 소개되어 있다.

TQM의 세 가지 중요 요소는 서비스 제공자, 프로세스, 조직 문화이다. 서비스 제공자, 즉 직원은 시스템의 변화를 추진해야 할 책임이 있으며, 이러한 사고는 종업원 중심의 지원과 개선 중심의 문화에 의해 더욱 공고히 될 수 있다. 종업원은 개선에 대한 책임이 있으며 그들이 기여해야 할 프로세스에 대해 전반적으로 이해해야 한다. 이를 지원하기 위해서 품질 도구와 기술의 사용에 대한 훈련이 이루어진다. 예를 들어, 프로세스 맵핑과 통계를 통한 프로세스 통제가 있다(11, 12장). 성과 관리 시스템은 활동에 따른 적절한 피드백을 제공하고 정보는 현장에 적절하게 제공된다. 최고경영층의 관심과 참여는 전사적이며 협조적인 조직 문화 변화를 구축한다는 면에서 성공적인 TQM에 주요인이 된다.

〈그림 15-7〉 TQM의 중요 요소

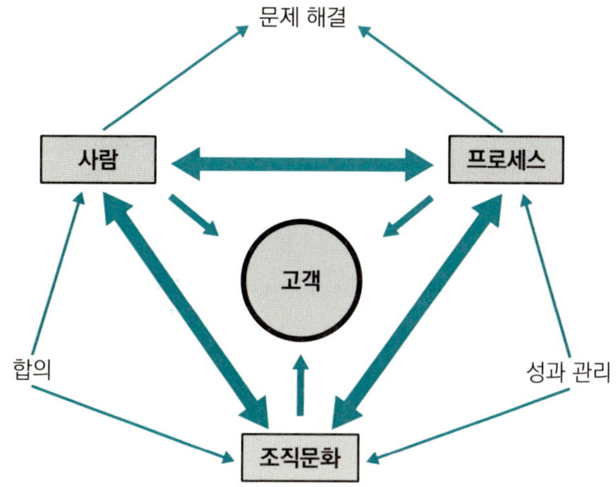

15.4.2 식스시그마

모토롤라사가 식스시그마를 시작한 것으로 알려져 있다.[9] 모토롤라 통신사업부의 엔지니어였던 Bill Smith는 증가하는 품질보증 관련 문제에 대응하기 위해 이것을 고안하게 된다. 후에 모토롤라의 CEO인 Bob Galvin을 통해 지속적 개선에 바탕으로 둔 식스시그마는 직원 교육과정을 통해 기업 문화의 한 부분을 차지하게 되었다. GE의 Jack Welch는 식스시그마 철학의 열렬한 신봉자 중 한 명이었다. 이 초기 실행자들은 오류와 결함을 줄이는 가장 좋은 방법은 설계 규격이 엄격히 관리되고 공정 중의 변동성이 크지 않도록 하는 것이라는 것을 알고 있었다. 공정 변동 수준은 설계 규격 공차의 절반 수준이어야 한다는 점에서 식스시그마라는 용어를 초기에 사용하게 된다. 이러한 통계적 접근이 아니라 문제 해결을 위한 과학적 해결책 제시하는 점이 더욱 매력적이라고 할 수 있다.

제조업에서 먼저 시작하였지만 서비스 영역에서도 폭넓게 사용되고 있다. 예를 들어, 지방정부에서 건설 관련 허가 절차를 간소화하고 시간을 단축하게 되었는데, 그것은 업무 변동성을 줄이고 불필요한 단계를 줄이는 방식으로 온라인 절차를 간소화하여 이룬 것이다. 절차는 더욱 속도감 있게 진행되고 복잡성은 줄어들며 품질은 향상되고 원가는 절감되었다. 본질적으로 식스시그마는 서비스 프로세스의 변동성을 줄이는 데 초점을 둔다. 식스시그마의 주요 목적은 3.4 DPMO를 실현하는 것이다. 콜센터에서 하루에 응대하는 고객이 6,000명이라고 가정한다면 1%의 사소한 수준의 문제 발생은 60명을 화나게 한다는 것을 의미한다. 이론상으로

〈그림 15-8〉 프로세스 변동 — 3시그마와 식스시그마의 비교

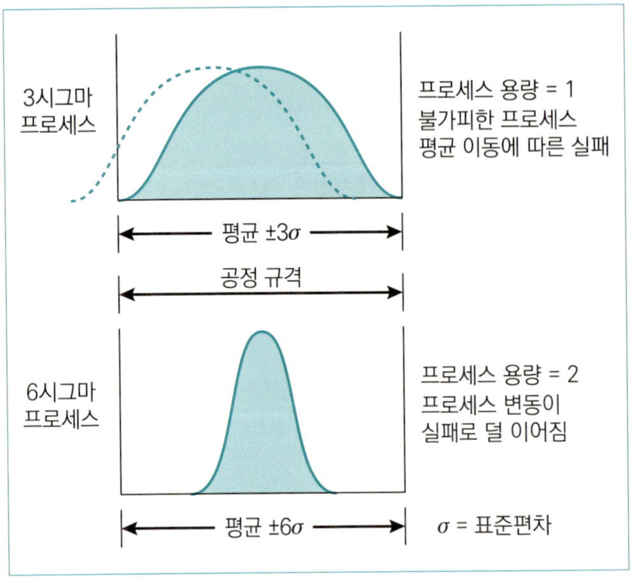

식스시그마 수준은 1년에 단 한 사람의 고객을 화나게 하는 수준이라고 할 수 있다. 깊게 설명할 수는 없지만 대략적인 의미는 〈그림 15-8〉에서 소개하고 있다.

각 공정에는 공정 규격이 있기 마련이다. 예를 들어, 어느 호텔의 아침 룸서비스는 정확하게 아침 7시 10분에 제공되기보다 7시에서 7시 15분 사이에 제공하는 것으로 제시할 것이다. 이는 공정의 변동성과 수요와 공급의 변동을 인정하는 것이다. 〈그림 15-8〉처럼, 3시그마 수준은 단지 공정 규격에 일치하는 수준이라고 보아야 한다. 새로운 메뉴가 생겨나거나 새로운 직원의 고용으로 인하여 공정 분포가 변화할 수 있다는 점에서 이 정도로는 충분한 수준이라고 할 수 없다.

분명한 것은 식스시그마의 이상적 수준을 달성한다는 것은 기술적으로나 물리적으로 불가능할 수 있다는 문제점이 제기되기도 한다. 아울러 식스시그마에 대해 비판적인 사람들은 경제적으로 불가능하다는 점을 강조하기도 한다. 따라서 고객 만족에 중요한 영향을 미칠 수 있는 고객-중요 프로세스에 초점을 두고 접근하는 것이 중요할 것이다. 이러한 접근이 이루어지고 있는 서비스 운영 활동은 금융업의 백 오피스 업무와 같이 표준화된 프로세스로 진행되는 경우가 일반적이다.

무엇보다도 식스시그마 프로그램은 프로세스를 이해하고 향상시키는 데 목적을 둔 일련의 도구와 기법의 집합체라고 할 수 있다. 구조화된 실행 절차와 교육훈련 프로그램을 통해 그 자체만으로도 하나의 산업이라고 할 수 있을 정도이다. TQM에 비하여 사업 성과 지향적이라고 할 수 있으며 마스터블랙벨트(상당한 수준의 식스시그마 프로젝트 경험을 가진 전문 컨설턴트) , 블랙벨트(최소 2건의 프로젝트 경험을 가진 프로세스 및 교육훈련 전문가), 그린벨트(블랙벨트에 의해 훈련된 파트타임 전문가)와 같이 인증된 전문 인력들에 운용된다는 특징을 가진다.

식스시그마 프로그램은 단순한 통계적 공정 관리(SPC) 그 이상이라고 할 수 있다. 모토롤라는 기업 전략 실행을 위해 4단계의 성과 실현을 위한 절차를 제시하였다. 4단계는 다음과 같다.

CASE example

사례

Wipro에서의 식스시그마[10]

식스시그마를 통한 개선 활동을 통해 긍정적 효과를 보인 기업이 많이 있지만, 전문 역량을 외부에 알릴 수 있는 기업은 그리 많지 않다고 할 수 있다. Wipro가 이에 해당을 한다. Wipro는 전 세계 60개 국가 900개 도시에서 145,000명의 인력이 근무하는 글로벌 종합 정보통신 기업이다. 이 기업은 '비즈니스 어웃소싱'과 '소프트웨어 개발', '정보 기술 컨설팅', '클라우드 컴퓨팅'까지 사업 영역을 확보하고 있다(이 회사는 놀랍게도 1945년 인도에서 식물성 오일 회사로 출발하였다). Wipro는 IT 및 컨설팅 분야에서 가장 효과적으로 식스시그마 프로그램을 운영하고 있는 기업으로 알려지고 있으며, 특히 프로세스 간 데이터 이동 시간의 단축과 고장을 줄이고 네트워크 다운에 따른 손실을 줄이는 것이 과제라고 할 수 있는 소프트웨어 개발 분야에서는 독보적인 기업으로 알려지고 있다. Wipro사 입장에서는 식스시그마의 의미는 완벽한 가까운 품질 수준이라고 할 수 있다.

구체적으로 다음과 같이 정리된다.

- 세계적 수준의 제품과 서비스를 확보
- 기업 내 로버스트(robust) 공정의 확보
- 고객 기대 수준을 상회하는 성과의 실현
- 전사적 품질 문화의 구축

개별 식스시그마 프로젝트는 성공 가능성을 고려하여 선정되고 상대적으로 신속하게 완료하는 편이다. 이러한 과정을 통해 성공 과정과 발생하는 문제점을 평가하게 된다. 프로젝트는 경영 성과에 영향을 미치는 점을 고려하여 공정 중에 발생하는 문제점을 통해 최초에 확인된다. Wipro사는 고객 입장에서 품질을 정의하고 있어서 식스시그마 실행은 고객의 입장에서 중요하게 고려되는 영역에서 진행된다. 고객의 요구 사항을 반영하여 정확한 양적 측면을 반영한 개선된 성과를 통해 확인된다. Wipro 입장에서는 식스시그마를 통해 고객 만족, 내부 성과 실현, 주주 가치의 증가라는 측면에서 확실한 성과를 실현한 것으로 보고 있다.

인도 내에서의 식스시그마에 대한 선도적 역할을 수행한 기업으로서 Wipro의 노력이 전혀 어려움이 없었던 것은 아니다. 아울러 이러한 어려움을 극복하면서 성장하였다고 할 수 있다. 우선, 최고경영층의 지지를 이끌기 위한 기반을 구축하고 현장에서의 실행 가능성을 높일 수 있는 조직 구조를 재구축하는 데 노력을 기울였다. 특히, 식스시그마 실행 첫 해에는 매우 어려운 상황이었는데, 식스시그마를 실행하는 데 필요한 조직 단계와 자원의 수준이 다양하였기에 더욱 그러하였다. 또한 성공적 프로그램 운영을 위해 교육과 훈련에 대해서도 노력을 기울였다. 다양한 단계의 구성원들이 성공적으로 식스시그마를 실행할 수 있도록 팀을 구축하는 것은 어려운 과업이었다. 그럼에도 불구하고, 각 프로젝트에 대한 정기적이며 시의적절한 검토 과정은 프로젝트의 성공 가능성을 높이게 되고 의도한 프로젝트 성공 가능성을 높일 수 있는 전문적 프로젝트 팀을 확보할 수 있게 되었다.

1. Align. 식스시그마 프로젝트는 기업 내 현장 상황을 반영한 BSC에 입각하여 진행되어야 한다.
2. Mobilise. 고객 지향 프로젝트팀은 구체적 활동 실행을 위해 권한이 위임되어야 하고 상

위 경영층으로부터 지원과 지지를 받을 수 있어야 한다.

3. Accelerate. 프로젝트팀은 프로젝트가 무계획적으로 운영되는 것이 아니라 구체적 지침과 지표에 부합되도록 지원받아야 할 것이다.
4. Govern. 리더는 능동적으로 프로젝트를 지원하고 우수 사례를 전사적으로 공유할 수 있어야 한다.

식스시그마의 가장 핵심적 요소는 지속적 개선을 위한 문제 해결형 과정이라고 할 수 있는 DMAIC이다.

- 문제의 정의(**D**efine)
- 현재 상태에 대한 측정(**M**easure)
- 성과 차이에 대한 원인 분석(**A**nalyze)
- 식스시그마 도구를 통한 프로세스의 개선(**I**mprove)
- 해결안의 장기적 지속가능성에 대한 통제(**C**ontrol)

식스시그마 혹은 유사한 지속적 개선 활동을 서비스 운영 활동에 실행하는 기업들이 직면한 도전 과제 중 하나는 변화를 유도하기 위한 교육훈련이 서비스 운영 문화에 스며들 수 있도록 하는 것이다. 이러한 측면에서 일부 식스시그마 프로그램 실행 기업이 무술 세계에서의 벨트 자격 제도를 적용하고 있는 데 상당히 효과적이라고 할 수 있다. 벨트 제도를 적절히 운영하기 위해서는 종업원들이 각 벨트 단계에 맞는 훈련을 받아야 하고 프로젝트 향상 수준에 맞도록 금전적 보상을 받을 수 있어야 하는 것이다.

15.4.3 비즈니스 프로세스 리엔지니어링

많이 알려진 개선과 변화를 위한 급진적 변화 방법이 바로 비즈니스 프로세스 리엔지니어링(business process re-engineering: BPR)이다.[11] BPR은 성과의 극적인 향상을 위해 비즈니스 프로세스에 대한 기본적인 재사고와 급진적 재설계를 의미한다. BPR의 기본적인 원칙은 다음과 같다.

- **다기능적 접근**(cross functional approach). 성과의 향상을 위해서는 대부분의 프로세스는 전통적 기능적 영역을 벗어나 다기능적으로 운영되어야 한다. 따라서 BPR에서 이러한 프로세스를 함께 협력하여 운영할 수 있는 다기능팀을 조직하는 것이 극적인 재설계가 될 수 있는 것이다.

- **혁신적 사고**(out of the box thinking). BPR은 의미 그대로 급진적 사고를 필요로 한다. 이를 위해 전통적 믿음과 입장은 백지에서 시작하는 전반적 재설계를 받아들여야 할 것이다. BPR은 전통적 관습과 가정을 배제하고 전혀 새로운 차별적인 것을 창조하는 것이다.
- **단순화**(simplification). BPR은 낭비적 활동을 제거하고 단순함과 논리적 절차에 초점을 둔다. 급격한 변화를 위한 IT의 활용은 개선을 퇴보시킬 수 있는 복잡성을 높이는 부작용이 있을 수 있다.

BPR의 실행은 활동을 조정할 수 있는 챔피언을 포함한 수준 높은 팀의 구성이 필수적이다.[12] 현 프로세스에 대한 명확한 이해가 필요하고 프로세스 매핑(11장에서 소개)을 통해 강화될 수 있다. 비전을 제시하고 활동성과에 대한 관심을 기울이면서 프로세스의 효율성을 높이고 성과를 개선하는 것과 함께, 프로세스 재설계는 팀의 주요 활동이다.

현재 프로세스를 바꾸어야 한다는 점과 상당한 자본 지출이 필요하다는 점, IT에 대한 의존이 높다는 점에서 난관이 있는 활동임에 틀림없다. 따라서 상당의 BPR 활동이 최초 설정한 목표 수준에 미치지 못한 것이 사실이다.[13] 비즈니스 프로세스, 시스템, 구조에 초점을 맞추다 보니 인적자원에 대한 무관심과 소홀이 목표 달성 실패의 중요 요인이 되고 있다.[14] 급격한 변화에 따른 일자리 상실 문제 때문에 BPR은 조직 다운사이징과 동의어로 생각되고 있다.

15.4.4 린 사고

린 사고 혹은 린 운영은 개선 활동이 일어날 수 있는 조직의 중요한 상징이 되고 있다. 'Just in time'으로 알려진 린 운영은 제조업을 기반으로 일본을 넘어서 TQM과 동시대적 특징으로 서구에도 널리 알려지게 되었다. 그 명성이 TQM에 미치지 못할지 모르지만, 상당한 관심을 받는 경우도 있었다. 그러나 최근에는 비제조업 분야라든지 내부 운영 활동에 적용되면서 새로운 르네상스를 맞고 있는 것으로 평가된다.

린 사고의 핵심은 고객이나 조직을 위해 무엇이 가치를 높이는지를 명확히 하는 것이며, 그 외의 활동은 제거하는 것이라고 할 수 있다. 실제로 린 접근은 낭비 제거와 동의어로 해석되기도 한다. 목표는 비생산적인 지연을 없애고 고객 혹은 고객을 대신하여 수행된 활동이 가능한 빨리 시스템을 통해 움직이도록 하는 것이며 이를 통해 원가를 절감하고 고객 만족을 향상시키는 것이다.

이 접근법을 성공적으로 적용한 것이 가계 대출 업무의 경우이다. 기존의 대출 프로세스는 대출을 요청하는 시점에서 이체가 완료되는 시점까지이다. 전체적으로 8주 정도 소요되고 이 중에서 부가가치 시간(value adding time)은 2시간 정도인 것으로 확인되었다. 예를 들어, 단

CASE example

사례

세인트 괴렌 병원[15]

Jose Luis Pelaez Inc/DigitalVision/Getty Images

린 활동은 특히 헬스케어 분야에 특히 영향을 미친다. 여기서는 Capio사에 의해 운영되는 사립 병원인, 스톡홀름에 위치한 세인트 괴렌(St. Göran) 병원을 사례로 제시하고자 한다. 성공적인 린 시스템 운영 병원으로 늘 손꼽히는 병원 중에 한 곳이다. 병원장인 Britta Wallgren은 의과대학을 다니던 중에는 '린'이라는 단어를 들어보지도 못했다. 그러나 현재는 이 병원의 모든 의료 행위에는 '린'을 기반으로 한다고 볼 수 있다. 이 병원에서의 '린' 활동은 품질과 흐름을 강조하고 있다. 수율 향상을 통해 환자의 대기시간을 줄였다. 수율 극대화를 최선의 목표로 두고 있기 때문에 원가를 절감할 수 있으며 가성비 좋은 의료 서비스를 제공할 수 있게된 것이다. 호텔과 다른 병원 서비스의 특징을 언급하며 입원에 따른 시간을 절감할 수 있도록 하고 퇴원 후 의료 서비스를 적절히 제공받을 수 있는 지원이 가능하다고 얘기를 하고 있다. 린 운영을 하기 전에는 의사와 간호사가 환자를 대상으로 병렬 구조에 기반한 개별적 운영으로 이루어졌다고 한다면, 현재는 팀 활동을 통해 운영되고 있다. 이제 의료진은 자신의 전문 분야만 시술하는 것이 아니며, 전체 의료 서비스의 질적 개선을 위해 협업한다고 볼 수 있다. 원가를 절감하는 노력은 환자에 대한 치료로 이어진다. 저가항공사의 원가절감 활동을 의료 활동에도 적용하고 있다. 예를 들어, 사용 가능한 장비를 찾기 위해 의료진은 항상 분주했는데, 대기 장소를 노란색 테이프로 정해 둠으로써 장비의 활용 가능성을 높인 경우도 있었다.

순히 기다리거나 검토가 이루어지고 있어 특별한 활동이 이루어지지 못하는 시간이 존재하게 된다. 가계 대출 프로세스에서 고객의 불만이 급격하게 증가하였기 때문에, 업무 처리 시간이 단축하고 고객에 대한 신뢰감이 높아진다면 고객의 불만이 줄어들게 되고 종업원의 입장에서도 소모적인 활동을 줄일 수 있게 될 것이다. 린 사고를 채용하여 전체 대출 프로세스를 4주로 단축할 수 있었고 부가가치 시간은 1시간 수준으로 감축할 수 있게 되었다.

인터넷 관련 서비스 제공자의 경우에도 린 활동을 통해 유사한 효익을 기대할 수 있다. 고객의 설치 요청에서 실제 설치에 이르기까지 린 사고를 적용함으로써 리드 타임을 극적으로 줄일 수 있게 되는 것이다. 린 사고를 통해 기대할 수 있는 효익은 다음과 같다.

- 프로세스 타임과 리드 타임의 단축
- 생산성 향상에 따른 품목별/고객별 프로세스 타임의 단축
- 고객 만족을 통한 재작업의 감소와 구전 효과의 기대
- 완료율(중도 고객 이탈률의 감소)의 향상에 따른 비용의 절감

CASE example

사례

픽사의 린 원칙 적용[16]

린 시스템의 철학적 배경이나 개선 도구 등은 일본 제조 기업에서 시작되었지만 다양한 창의적 산업군에서 활용되고 있다. 실제로 프로세스에 의해 업무가 진행되지 않을 것 같은 산업에서도 린 시스템은 적용되고 있다. 여기에는 픽사(Pixar) 스튜디오도 포함된다. 이 기업은 아카데미상을 수상한 컴퓨터 애니메이션 제작 기업으로, 새로운 기법을 적용하여 토이스토리 1~4편과 니모를 찾아서, 몬스터즈 등을 빅히트시킨 기업이다. 컴퓨터 그래픽에 기반한 사업 영역을 시작하면서 최신 기술과 창의적 방법으로 한계를 뛰어넘는 성과를 보이고 있다. 이러한 지식 기반의 창의적 활동은 그만큼 관리의 어려움이 있으며 프로세스의 흐름을 따르고 있지 않으면서 린 시스템을 적용한 경우이다. 창의성을 관리한다는 것은 창의적 아이디어의 자유로움을 지원하면서 동시에 구조화된 체계 내에서의 업무 활동을 지원해야 하는 것이다.

픽사는 도요타 자동차가 사용한 린 시스템을 적용하였는데, 특히 도요타가 현장 직원에 대한 지속적인 당근과 채찍을 함께 사용한 부분을 적극적으로 적용하였다. 픽사는 전사적인 접근을 통해 일본 기업들이 자동차를 생산하는 것을 확인하게 된다. 또한 창의적 환경 조성에 대한 일본 기업들의 노력도 알게 된다. 애니메이션 캐릭터를 만드는 것과 동일하다고 본 것이다. 지속적인 피드백을 제공하는 것은 문제가 심각해지기 전에 드러날 수 있도록 해 주며 팀 활동이 도전적일 수 있도록 돕는다는 것도 알게 되었다. 다수의 스태프가 함께 창의적 활동을 할 수 있도록 지원하였다. 현재 진행 중인 프로젝트에의 협업 문화를 확산하고 책임 있는 역할을 강조하였다. 진행 중인 역할에 대한 지속적인 피드백을 다른 구성원들로부터 받도록 하여 성과 창출에 기여토록 하였다.

Jose Luis Pelaez Inc/DigitalVision/Getty Images

- 서비스 제공 체인상의 의사 소통 증대
- 고객 근심의 감소
- 낮은 수준의 불만과 질문으로 인한 비용 감소

낭비 제거

린 사고는 일본 도요타 자동차의 도요타와 오노에 의해 고안된 것으로 알려지고 있다.[17] 도요타 제조 시스템은 비용 절감뿐만 아니라 공급 체인을 통한 지속적 개선 가능성을 믿는 조직 문화의 혜택을 누리고 싶어하는 제조 기업과 서비스 기업에 의해 전 세계에 걸쳐 연구되고 모방되었다. 린 사고의 핵심은 일본어로 무다(Muda, 낭비를 의미하는 일본어), 즉 고객을 위해 가치를 창출하지 못하는 어떤 것이라고 정의되는 무다를 몰아내는 데 있다. 오노는 무다의 일곱 가지 원천을 다음과 같이 제시하였다.

- 수요에 앞선 과대 생산
- 후속 프로세스에 대한 대기
- 불필요한 자재의 이동
- 기술과 프로세스 설계의 한계로 인한 과도한 부품 프로세싱 발생
- 과잉 재고
- 종업원의 불필요한 이동
- 불량 조업

이것은 제조 운영을 위해 개발되었지만, 수많은 서비스 운영, 특히 공장형 백 오피스 부서의 특징을 보이는 기업에서 활용되고 있다. 또한, 오노의 분류에 따르면 고객을 자재 단위 형태로 활용하는 서비스 프로세스에도 적용할만한 가치가 있다. 이것은 특정 서비스 제공자를 다룰 때, 고객 비용을 시간 또는 돈으로 생각하도록 고무시킨다. 고객을 위한 비용의 절감은 거의 확실히 가치의 증가와 일치한다는 것이 린 사고의 핵심이다.

린 접근 방식 또는 이 장에서 다루는 도구와 기술 중 일부를 적용하여 얻을 수 있는 주된 혜택 중 하나는 종업원을 프로세스와 연계시킬 수 있는 기회이다. 사실, 도요타 제조 시스템의 당초 철학은 원재료의 효율적 사용과 업무의 인간화에 중점을 두었다. 두 번째 측면은 서양에서 '적시 생산 방식(just-in-time)'으로 해석되면서 간과된 부분이 있으며 최근에 재조명을 받고 있다.

린 사고의 다섯 가지 원칙

린 사고에는 다섯 가지 원칙이 있다.[18]

1. 가치를 구체화하기. 이 장의 처음에 언급되었듯이, 최종 고객이 가치를 정의해야 한다. 공급자는 기본적으로 '제품이 좋다'라고 생각하기 때문에, 생산자가 가치를 정의하는 것보다는 고객에 의한 가치 정의가 중요하다. 예를 들어, 항공사는 우수 고객을 위한 라운지 운영이라든지 비행 중 특별한 서비스를 제공하는 것으로 가치를 생각할 수 있지만, 승객이 정말로 원하는 것은 공항에서의 기다림 없이 그들의 목적지까지 빠르고 안전한 여행하는 것이다.
2. **가치 흐름 확인하기.** 가치 흐름은 고객에 대한 서비스 제공 시 필요한 일련의 행동이다. 어느 누구도 (원재료) 투입의 확보에서부터 서비스 배달 및 고객의 사용에 이르기까지 공급

망 전체의 개요를 알지 못하기 때문에, 실제 공급망에서 특정 지점의 활동이 고객을 위해 어떠한 가치를 제공하는데 확인될 필요가 있다. 전체 가치 흐름을 분석하면 다음 세 가지 타입의 활동이 발견된다.

- 고객을 위해 가치를 창조하는 것
- 고객을 위해 가치를 창조하지는 못하지만 현 기술이나 프로세스 제약 때문에 제거할 수 없는 것
- 가치를 창조하지 못하면서 제거될 수 있는 것

이러한 활동의 분류 중 두 번째, 즉 고객을 위해 가치 창조는 못하지만 현 기술이나 프로세스 제약 때문에 제거할 수 없는 것은 이 가정이 정확한지 신중히 검토되어야 한다. 활동이 단순히 '우리가 항상 이 방법으로 일을 해 왔기 때문에'를 고집되어 왔다면 그 활동이 제거되어야 할 수도 있다.

3. 흐름을 창조하기. 린 사고의 핵심은 작업/고객이 '파이프라인'을 통해 멈추지 않고, 끊임없이, 유연하게 흘러가는 것이다. 다시 말하자면, 부서에서 부서로의 이동이 잘 관리되지 않을 때, 발생하는 작업/고객의 묶음을 줄어야만 한다. 이러한 작업 흐름의 단절은 실수의 가능성을 창출한다. 그들은 고객의 요구에 느리게 반응하고, 피할 수 있는 업무를 수행해야 하는 부가적 노력이 생긱게 된다. 묶음화된 작업/고객은 대기를 발생시키고 나중에는 더욱 긴급하게 될 업무를 지연시키는 악영향을 일으키게 된다.

   이러한 업무 흐름적 사고는 상당수 금융회사의 백 오피스 업무에 적용되어 뛰어난 성과를 창출하고 있다. 특히 고객 프로세스를 재조직해 왔으며, 전통적 부서 개념이나 '사일로(silo)' 사고방식(같은 회사 내에서 다른 부서와 정보를 공유하기를 원하지 않는 부서나 팀의 사고방식)을 타파해 왔다.

4. **풀 시스템의 적용.** 전통적 제조 시스템은 판매가 될 것이다는 기대를 바탕으로 생산하게 된다 이것은 과잉생산으로 무다(낭비)를 만들게 되며 결과적으로 과대 비용을 낳게된다. 린 사고의 도전은 생산의 밀어냄보다는 수요에 바탕을 두고 당김에 의해 운영 일정이 수립되도록 해야 한다는 것이다. 풀 시스템은 '하나를 팔면 하나를 만든다'는 보충 시스템을 기반으로 한다. 고객이 햄버거를 사면, 햄버거가 다시 보충되는 것은 맥도날드가 제공하는 한 사례이다. 수요 패턴이 다양화됨에 따라서 서비스 기업이 해야 하는 업무는 보충 수준을 확인하고 조정하는 것이다.

   풀 시스템은 제공품 재고(work-in-progress)가 크게 줄어들기 때문에 조직 문화의 큰 변화를 필요로 한다. 제조업과 마찬가지로 서비스 기업의 입장에서도 전체 공급망을 대상으로 관리 방법을 찾는 것이 도전 과제가 되고 있다.

5. **완벽을 위한 노력**. 린 사고의 다섯 번째 원칙은 다른 네 가지로부터 생성된다고 할 수 있다. 전체 공급망 내의 파트너들이 린 사고를 적용하기 때문에, 비록 많은 문제가 나타날 수 있지만, 더욱 중요한 것은 충분하면서도 지속적인 개선이라고 할 수 있다.

CASE example

사례

Kaiten-zushi 일식당

전통 초밥 레스토랑은 수요 중심의 서비스 제공에 대한 완벽한 예이다. 레스토랑은 컨베이어 벨트를 중심으로 구성되어, 위에는 일반적으로 많이 요구되는 초밥이 가격별로 색이 다른 접시에 담겨 돌아간다(그림 15-9). 고객은 컨베이어 벨트 밖에 위치하고 그들이 원하는 초밥을 골라 먹을 수 있다. 식사가 끝난 뒤, 고객은 자신이 먹은 접시 수에 따라 비용을 지불한다. 요리사는 컨베이어 벨트 안에 위치하여, 인기 있는 요리나 인기 없는 요리를 즉시 판단하고, 즉각적으로 고객의 요구를 충족시킨다. 몇몇 레스토랑에서는 특별 요리를 주문할 수 있지만, 요리가 나오는 시간이 오래 걸리며 금액도 높아진다.

규모가 큰 레스토랑에서는 가격표 또는 다른 방법을 이용하여 주문된 접시가 오랫동안 컨베이어 벨트에 머무르지 않도록 주의한다. 스시 레스토랑은 절감에 대한 완벽한 예이다. 이는 고객들의 요구 사항을 충족시켜 불필요한 음식이 벨트에 돌아가지 않도록 하므로 최소한의 재료를 사용할 수 있다. 생산에서 소비까지 걸리는 '완료 시간'이 감소하였기에, 고객의 만족도가 높아지고, 생선이 신선하고 비용은 절감될 수 있다. 또한, 요리사는 새로운 요리에 대한 반응을, 많은 비용이 들지 않고 위험 감수를 최적화하여 알아볼 수 있다.

david pearson/Alamy Stock Photo

〈그림 15-9〉 Kaiten-zushi 일식당의 배치

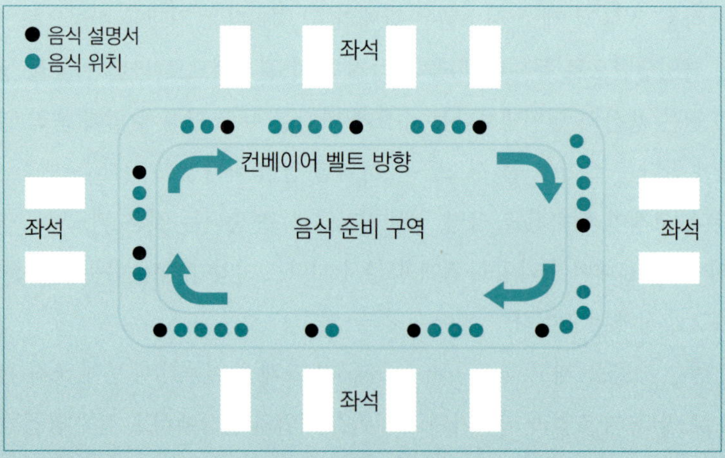

일부 관리자는 린 원칙이 쉽게 서비스 조직으로 전이되지 않는다고 불평한다. 이건 종종 핑곗거리로 사용되긴 하지만, 실제로는 거의 근거 없는 얘기라고 할 수 있다. 대부분의 서비스 조직은 단기간 내에 고객의 요구를 맞추기 위해, 운영에서의 유연성을 키움으로써 혜택을 얻게 될 것이다. 이러한 점은 Kaiten-zushi 사례를 통해 확인할 수 있다.

가치 흐름 맵핑

가치 흐름 맵핑(value stream mapping: VSM)은 아주 유용한 린 사고의 도구이다. 팀은 시스템을 통해 프로세스와 추적 업무 또는 고객을 도식화하여 시스템의 총소요시간을 알아 내고 부가가치 활동이 일어나는 몇 가지 순간을 발견한다. 'as-is(현 상황 인식)' 프로세스의 추적은 'to-be(앞으로 가야 할 방향이나 목표)' 프로세스 리너(leaner: 린을 실시하는 자)를 만들어 내는 유용한 시작 지점이다. 가치 흐름 매핑은 대개 프로세스 매핑(11장)보다 더 넓은 단계에서 실시되며, 낭비를 발견하고 프로세스의 원인을 인지하는 유익한 시작점이다.

가치 흐름 맵핑을 구축하는 다섯 가지 핵심 단계는 다음과 같다.

1. 지도 작성을 위한 가치 흐름을 발견하기. 이것은 영업, 프로세스 또는 공급망이 될 수도 있다.
2. 정보, 원료 및 고객 흐름을 보여 주는 프로세스를 도식화하기. 업무와 고객을 위해 진행한 모든 단계에서 수행된 시간과 완료기간을 문서화한다. 이것이 'as-is' 단계이다.
3. 어디에서 가치가 부가되고 낭비(무다)가 발생하는지 확인하기. 시간은 낭비의 유용한 지표가 될 수 있다.
4. 프로세스 수행자들과 'to-be'에 대해 의논하고 프로세스를 창조하기.
5. 프로세스/운영/네트워크가 요구 개선을 가져다 주는지를 이행하고 체크하기.

린 식스시그마와 그 외 다른 접근

여기에서 간단히 언급된 방법들 외에도 개선을 위해 활용되는 다른 접근법이 있다. 예를 들어, 어떤 기업은 린 사고와 식스시그마를 결합하여 '린 식스시그마'를 실행하기도 한다. 이렇게 하는 이유는 서비스 전달에서의 변동을 줄여서 더 좋은 품질을 향한 의지(식스시그마)와 더불어 더 빠른 처리(린 운영)를 통해 더 좋은 결과를 얻기 위함이다. 여러 가지 이점이 있다고 하여도, 기존의 다른 접근 방식 중 또 다른 프로그램으로 치부되어 충분한 관심을 받지 못할 것이라는 위험은 늘 존재한다. 도전 과제는 이론을 이해하지 못하는 것이 아니라, 조직 내 어떻게 효율적으로 사용되도록 하는 것이다.

상당수의 서비스 기업에서 극복해야 할 중대한 장애물이 있었다는 것을 보여 주고 있다. 이러한 장애물로는 다음과 같은 것이 있다.

- **시행을 위한 충분한 자원을 예산으로 설정하지 않기.** 실현되어야 할 주된 혜택이 반드시 사전에 확인되고 이에 필요한 핵심적인 자원은 반드시 효율적으로 사용될 수 있도록 배정되어야 한다.
- **측정 시스템이 올바른 행동을 촉진할 것이라는 믿음.** 관리자가 전적으로 단기 목표에 집중하기 때문에 린 식스시그마의 적용으로 인한 효익을 실현하지 못하고 있는 기업들을 주위에서 확인할 수 있다.
- **너무 많은 미팅.** 많은 프로젝트 미팅, 소통 이벤트 등을 갖고자 하는 충동에 빠지게 된다. 통상적으로는 뭐라도 할 시간이 없다는 것이다. 프로세스 현장에서 확인하고 검토하는 일본식 접근 방식이 적절한 원칙이며 '현실'과 동떨어진 장시간의 미팅은 사실상 불필요한 것이다.
- **표준 업무 절차 실행의 도전.** 린 식스시그마의 기본적인 목표는 변동를 줄이는 것이다. 일관된 프로세스를 만들고 종종 표준 업무 절차서(SOP)를 이용하는 것은 유익할 수 있지만 상당한 저항을 불러올 수 있다.

15.5 어떻게 지속적 개선을 관리할 수 있는가

지속적 개선 접근 방식을 통하여 아무것도 얻지 못한 조직은 거의 없다. 하지만 현실적 성과에 중대하고 지속 가능한 영향을 줄 지속적 개선의 정도는 상황에 따라 다양할 것이다. 개선에 대한 다수의 최근 학문적 연구 문헌에서는 지속가능성의 문제에 관심을 보이고 있다. 대개 다수 기업이 지속적 개선 방법을 성공적으로 이행하지 못하여 발생한 부정적 측면 때문이다. 기존 연구에서 파악된 결과의 일부에는 다음과 같은 것이 있다.[19]

- 조사된 100개 영국기업 중 오직 5개만이 그들의 품질 프로그램이 의미 있는 결과에 도달하였다고 응답하였다.
- 500개 미국기업 중 1/3 수준만이 품질 프로그램(TQM)이 기업 경쟁력에 유의한 영향력을 미친다고 인식하였다.
- 2년 이상 실시된 품질프로그램에 대하여, 2/3의 기업이 원하는 품질 수준을 실현하지 못해 중단한 것으로 파악되었다.

15.5.1 품질 개선 지속성은 무엇으로 촉진되는가

품질 개선 활동이 지속적으로 진행되어 현장에서 유의한 성과 실현에 영향을 미치는 경우에 매우 다양한 양상으로 나타나게 된다.[20] 어떤 학자들은 장기적 계획에 기반한 전문 인력 개발 프로그램에 따라서 다양하게 나타난다고 주장하기도 한다. 예를 들어, 기업들은 기본적 문제 해결 능력에 대한 교육, 지속적 개선 도구에 대한 교육, 개선 인력 팀 구성과 아이디어 도출 방법에 대한 교육 필요성이 있을 수 있다. 이들 각각은 단순해 보이지만, 상당한 시간을 필요로 한다. 하루 이틀 만에 성과를 이루기보다는 지속적 개선을 위한 장기적 문화에 기반하여 이루어져야 한다.

조직 문화와 개선 활동은 분명히 관련되어 있다. 개선 방안을 지속적으로 탐색하는 수용적 조직은 개선을 촉진하게 된다. 동시에 개선에 대한 조직의 시각은 문화에 대한 중요한 가늠자가 되기도 한다. 개선 문화에서 중요한 것은 무엇이겠는가? 개선 문화와 관련된 중요한 연구 중의 하나로 1990년대에 브라이튼 대학의 Bessant와 Caffyn[21]은 지속적 개선에 대한 연구를 진행하면서, '조직적 능력(organisational abilities)'과 '구성적 행동(constituent behaviors)', 그리고 '실행자(enablers)'를 구분하였다. 지속적 개선에 대한 연구를 진행하면서 동시에 조직 전반에 대한 연구로 확대하였다. 다섯 가지 본원적 조직 능력을 제시하고 구성적 행동의 각 요소로 보았다. 개선의 습관화, 조직 내 확산, 시스템으로의 개선 정착, 현장 중심으로 진행, 그리고 학습 조직화로 정리하였다.

15.5.2 다시, 서비스는 차별적인가

이 장의 초반에 상당수의 서비스 운영의 특징은 개선 활동을 실행하기 위해 몇 가지 구체적인 도전 과제가 있음을 제시하였다. 이와 유사하게 Bessant와 Caffyn에 의해 언급된 개선의 지속성에 대하여 분석할 수 있다. 〈표 15-3〉은 두 가지 유형의 서비스 운영에 대하여 제시하고 있다. 한 가지는 'closed system'으로 낮은 고객 접촉과 제품 생산과 유사한 공정 관리 특징을 가지고 백 오피스 성격을 가진 시스템이며 다른 한 가지는 'open system'으로 고객에게 노출되고 고객 접촉도가 높으며 프런트 오피스의 성격을 가진다.

〈표 15-3〉을 통해서 높은 고객 접촉 특성이 개선 활동을 더욱 더 어렵게 한다고 볼 수도 있다. 대체로 이러한 경우는 현장 물류 직원의 경우가 된다. 개선을 어떻게 실행할 것인지 알고 있는 직원이라면 고객과 떨어져 있는 시간도 없고 할 수도 없을 것이다.

〈표 15-3〉 Bessant와 Caffyn의 'closed' 및 'open' 서비스 운영 활동의 비교

조직적 능력	colsed 운영 활동	open 운영 활동
개선의 습관화 공식적 문제 해결 사이클과 개선 도구 및 기법을 활용하여 지속적 개선을 이룰 수 있는 능력을 개발	개선을 위해 일상적이며 직접적 활동으로부터 계획을 수립하고 문제 해결 도구의 활용	고객이 볼 수 있는 개방적 작업 환경이 많으며 동료들과 떨어져 있는 경우에 가능하며, 함께 개선 활동을 진행해야 하는 경우에는 어려움이 있을 수 있음
조직 내 확산 조직 전반에 걸쳐 지속적 개선을 이룰 수 있는 능력을 확산	내부 공급 네트워크 필요성으로 인해 공식화가 요구	동일하게 내부 공급 네트워크의 관계성이 확인되면 공식화가 요구
시스템으로의 개선 정착 개선 시스템이 지속적으로 모니터링되고 개발되며 전략적으로 관리	관리층이 참여하고 일상적 활동 수행으로부터 성과를 도출하려는 욕구가 있다면 가능	동일하게 관리층이 참여하면 실행 가능하며, 일상적 업무에서 벗어나서 동료들과 함께 개선 활동을 진행해야 하는 경우에는 어려움이 있을 수 있음
현장 중심으로 진행 개선에 대한 전사적으로 이루어질 수 있는 관리 스타일 구축	관리층이 참여한다면 가능	관리층이 참여한다면 가능
학습 조직화 운영 경험으로부터 조직 구성원들이 학습	중요하며 대부분의 활동이 일상적이고 학습에 의해 개선되는 경우가 많기 때문에 가능	중요하지만 고객 접촉이 높아 이질적 가능성이 높다는 점에서 더욱 어려움

15.5.3 안정성과 개선

서비스 기업이 지속적인 개선 능력을 확보하는 준비 단계에서 필요한 것은 조직적 안정성이라고 할 수 있다. 만약 전략, 우선순위, 조직 구조가 수시로 바뀐다면 어떠한 학습을 실행하는 것도 어려울 것이다. 판매 활동의 불확실성과 최고 경영층의 변경, 대규모의 구조 조정은 개선 프로그램의 잠재적 성공에 부정적 영향을 미치게 될 것이다. 이와 마찬가지로 서비스 현장에서 공정의 불안정성, 재작업 등으로 나타나는 프로세스 변동은 개선 활동을 시행하기에 앞서 엄격하게 통제될 필요가 있다.

또 다른 불안정성은 개선 그 자체에 대한 우려하고 할 수 있다. 새로운 아이디어와 콘셉트는 항상 나타나게 되고 새롭고 더 뛰어난 방법으로 알려져 퍼지게 된다. 물론 새로운 아이디어는 독창적이며 차별적이라는 점에서 매력적이라고 할 수 있다. 개선 활동이 복잡하고 어려운 과제인 경우에 독창적 아이디어는 종종 당황스러운 열정으로 보이게 된다. 유행이라는 것을 무의식적으로 음악이나 패션, 영화 등으로 접하게 된다. 어느 누구도 면역되어 있지 않은 것이다. 이러한 것은 개선 활동에도 그대로 적용된다. 그렇다고 일시적 유행을 너무 부정적으로 보는 것은 옳지 않다. 새로운 개선 아이디어의 문제라기보다는 경영자가 이를 어떻게 적용하는가의

문제인 것이다. 새로운 개선 아이디어를 도입하면서 그 전의 모든 것을 대체하고자 할 것이다. 바로 이것이 일시적 유행의 희생자가 되는 것이다.

다른 견해

지난 수십 년간 비즈니스 관련 특성을 정의내리기 위한 분야에서 개선과 관련된 접근법에 대한 부분이 가장 이슈가 되고 있다. 상당수의 개선 접근법은 경영층의 관심을 받기에 충분하였다. 그러나 이러한 접근법에는 최소한 두 가지의 위험이 있는데 첫 번째는 서비스 운영 전략의 대체제로 사용될 수 있다는 것이다. 만약 서비스 운영 전략이 무엇인가에 대한 질문의 대답으로 가능한 린 운영이라든지 리엔지니어링을 추구한다고 대답할 상황이라면 주의해야 한다. 이러한 것들은 개선의 목적이며 서비스 운영 전략 실행과 잘 맞는 것 같지만 그것 자체가 전략이 될 수는 없는 것이다. 3장에서 언급한 것처럼, 서비스 운영 전략은 기본적 고려 사항 그 이상이라고 할 수 있다. 서비스 개선 활동 접근이 서비스 개선 전략과 혼돈되는 것은 다음과 같은 이유 때문이다. (a) 복잡한 최근 운영 활동에 비해 쉽게 이해되고 단순하기 때문, (b) 다른 서비스 기업 내에서도 운영되기 때문, (c) 뭔가 새롭게 보여 과거의 것에 비하여 더 나은 것으로 보이기 때문, (d) 컨설턴트들에 의해서 많이 소개되고 다른 프로그램들이 개선을 유도하는 데 실패하였기 때문이라고 할 수 있다. 두 번째 위험은 유행에 따라서 특정 접근법이 실행된다는 것이다. 즉 일시적 유행을 따른다는 것이다.

한 연구[22]에 의하면 대부분의 경영 관련 문헌에서 일시적 유행을 대상으로 하고 있으며 시간이 경과하면서 그 양상이 어떠한지를 다루고 있다고 제시하였다. 문헌에서는 여덟 가지의 특징을 통해 단기적 유형을 경고하고 있다.

- 일시적 유행은 단순하다. 간단명료하며 상호 소통이 쉽고 이해하기 쉬우며 몇 가지 중요 속성으로 축약하여 설명할 수 있다. 단순한 해결책이 제시된다.
- 일시적 유행은 결과를 약속한다. 일시적 유행은 통제가 되고 효율적이라고 약속을 하며 동기부여되며 생산성 높은 노동자와 만족스러운 고객, 그 외 바라는 결과를 약속한다.
- 일시적 유행은 포괄적이다. 일시적 유행은 모든 유형의 운영 활동과, 부서, 업무, 문화에 적용되는 해결책을 제시한다. 광범위한 적절성을 제시하는 것이다.
- 일시적 유행은 하방식 접근법을 제시한다. 일시적 유행은 단순한 방식으로 실행될 수 있는데, 경우에 따라서 기업에 큰 무리를 주시 않으면서 실행되기도 한다.
- 일시적 유행은 시대정신과 함께 한다. 대부분의 경우에 일시적 유행은 경향과 당시의 비즈니스 문제들과 함께 나타난다. 폭넓게 퍼져 있고 회자되는 도전 과제에 대응하는 방식으로 나타나게 된다.
- 일시적 유행은 새로운 것이지만 급진적이지는 않다. 일시적 유행은 기존의 가정이라든지 폭넓게 퍼진 실행에 대해 비판적이며 새로운 시도책을 제시한다. 그러나 이러한 독창성은 과거의 아이디어나 접근법을 재포장해 나타나기도 한다.
- 일시적 유행은 특정 학자라든지 사례에 기반하여 구축된 경우가 많다. 일시적 유행은 특정 학자라든지 성공적 사례를 통해 지지되며, 상당한 실증 증거에 기반하지는 않는다
- 일시적 유행은 생생하면서 흥미로운 경향이 있다. 일시적 유행은 안정적이며 탄탄한 기반 위에 대담하고 기억하기 쉬운 방법으로 기술된다. 대부분의 경우에 구호라든지 축약어, 일화 등을 통해 알려지게 된다.

15.5.4 서비스 운영 개선은 자원과 프로세스의 관계에 기반한다

서비스 운영 개선의 초점은 개선을 위한 메커니즘, 기법, 접근법 등이라고 볼 수 있다. 그러나 1장에서 언급한 더욱 관념적인 영향력을 상기해 볼 필요가 있다. 1장에서 서비스 운영 활동을 자원과 프로세스를 서비스 운영에 나타내는 것이라고 하였다. 서비스 개선을 더욱 중요하게 만드는 것은 바로 이것이 모든 서비스 조직에서 두 가지 핵심적인 요소에 영향을 미치기 때문이다. 자원은 서비스 운영에서 필요한 자산이며 프로세스는 어떻게 이러한 자산을 활용하는가를 나타낸다. 기업이 어떻게 가치를 창출하는가에 대하여 이들 두 가지는 가장 핵심적이라고 할 수 있다. 자원과 프로세스는 물리적으로 떨어져 있지 않으며 서비스 운영에서 무엇을 수행할 것인가에 대한 사고의 방식이라고 할 수 있다. 이들 둘은 상호 지지하면서도 제약이 되기도 한다. 서비스 운영의 자원은 프로세스를 제약할 수도 있다. 서비스 운영 과정에서 얻은 이러한 경험은 자원의 능력을 더욱 배가시켰다고 할 수 있다.

개선은 자원과 프로세스의 속성과 수준에 영향을 미치는 것뿐만 아니라 이들 간의 상호관계에도 영향을 미치게된다(그림 15-10). 자원의 변화는 프로세스의 역할에 영향을 미치게 된다. 부적절한 능력과 기술을 가진 기술, 인력과 시스템은 프로세스의 역할을 제약하게 된다. 서비스 운영 개선 수요와 관련해 볼 것은 프로세스의 변화가 자원의 변화를 일으킬 수 있는가

〈그림 15-10〉 개선은 자원과 프로세스의 변화를 의미한다. 각각은 서로를 강화하기도 제약하기도 한다.

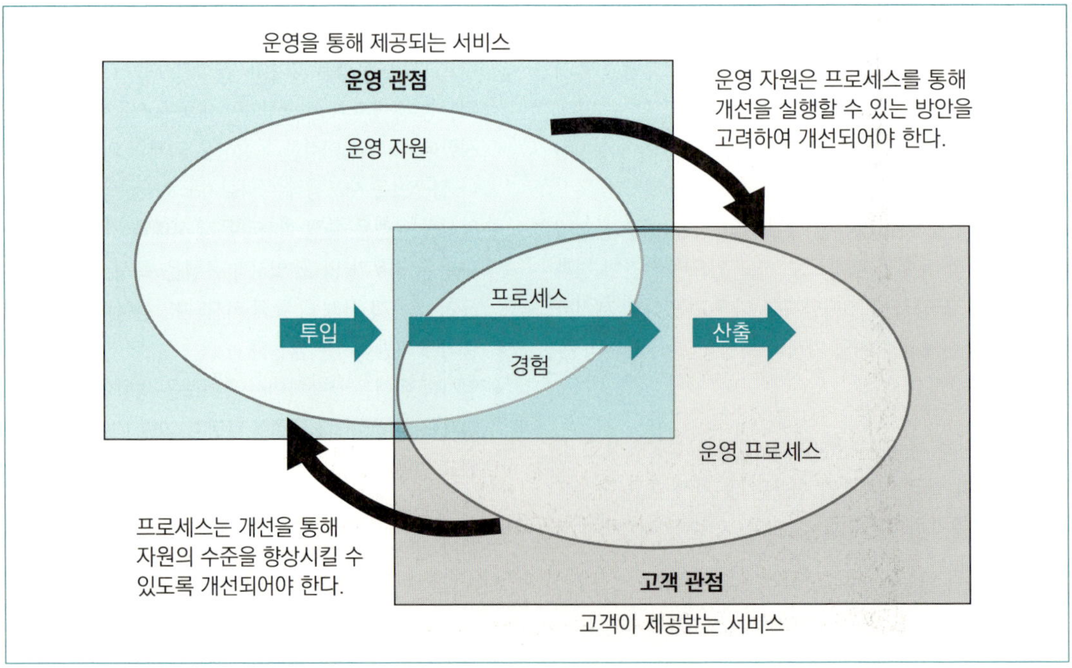

이다. 프로세스는 학습없이 단순히 기존의 방식을 고집하는 것이 아니다. 모든 프로세스는 학습의 기회라고 보아야 한다. 모든 거래 활동은 일련의 원인-결과 활동이다. 따라서 원인-결과를 연계하는 것은 학습 그 자체라고 할 수 있다. 모든 개선은 이 각각을 강화하기 위한 자원과 프로세스의 능력을 고려해야만 한다.

15.6 요약

어떻게 가치가 개선을 이끌어낼 수 있는가? 개선은 가치를 높일 수 있어야 하며, 따라서 원가절감뿐만 아니라 무엇이 고객과 기업의 가치를 높이는 데 기여하고 대응성을 높이기 위해 무엇이 강조되어야 하는지에 초점을 두는 것은 중요하다. 가치는 단순하게 '무언가의 값어치'라고 할 수 있다. 영리적 상황에서 가치는 고객과 기업 모두에게 재무적 효익으로 전환된다. 비영리적 상황에서 가치의 측정은 더욱 복잡하지만, 여전히 서비스의 창출은 이해 당사자들에게는 가치가 있다는 점을 바탕으로 한다. 이러한 점은 고객 가치가 무엇인지를 이해하는 것과 잠재적 고객 가치를 확인하는 데도 도움이 된다. 일반적으로 서비스 개선의 목적은 무리한 노력 , 비용, 투자없이 이해 관계자들의 효익을 증대시키거나 받아들일 수 없을 정도로 효익이 감소하지 않는 수준에서 그들의 노력, 비용, 투자를 줄이는 데 있다.

개선이 우월(better)과 차별(different), 어느 것에 목표를 두어야 하는가? 점진적 혹은 급진적이어야 하는가? 기업이 다른 서비스 운영 활동과 유사한 방식으로 운영하는 것에 대하여 우월적으로 개선하기를 원하는가와 다른 방식으로 운영 활동을 수행하길 원하는가는 전혀 다르다고 할 수 있다. 우월과 차별을 구분하는 것은 전략적 차원에서도 중요하지만 어떻게 개선 활동이 진행되고 개선 과정을 이해하는 데도 중요하다. 만약 차별적으로 운영된다면 급진적 경로를 걷게 되고 어떻게 운영 활동을 조직화하고 자원과 프로세스를 구조화하는 모형 구축과 수행에 관심을 기울여야 할 것이다. 반면에 점진적인 방식으로 변화를 추구한다면 기존의 구조하에서 서서히 자원과 프로세스의 효율적 활용에 더욱 관심을 기울여야 한다. 우월의 전략적 목적은 점진적 유형의 개선을 담고 있지만 차별의 전략적 목적은 급진적이며 혁신적인 개선 의미를 담고 있다. 순수한 지속적 개선과 순수한 급진적 개선은 스펙트럼의 양 극단이라고 할 수 있다. 그렇다면 서비스 기업이 이 두 가지를 동시에 운용할 수 있을 것인가? 조직 양손잡이(organizational ambidexterity)로 불리는 것으로 세 가지 방법을 통해 가능하다고 보고 있다. 서비스 운영에 따라서 다른 유형의 개선 방법을 적용, 시간대별로 상이한 개선 도구를 적용, 그리고 동시에 두 가지 개선 도구를 도전적으로 적용하는 것이다.

서비스 운영 차별은 어떻게 개선되는가? 대부분의 개선 도구는 서비스뿐만 아니라 다른 분야에서도 잘 활용된다. 그러나 어떻게 개선이 이루어지는지는 차이가 있는데, 이 점은 IHIP를 통해 확인할 수 있다. 우선 비가시성(intangibility)는 서비스 제공 과정에서 무엇이 수행될 것인지 혼란스럽다는 의미이다. 이질성(heterogeneity)은 고객은 서비스를 상이하게 인식한다는 것으로 서비스 개선은 고객마다 다르게 받아들여진다는 것이다. 비분리성(inseparability)은 고객이 받은 서비스 수준은 서비스 제공자의 제공 능력과 기술과는 독립적이라는 것을 의미한다. 소멸성(perishability)은 서비스 개선을 하기에는 시간이 너무 촉박하다는 의미가 된다. 서비스 개선에 대한 시사점은 직접적인 변화를 감지한 고객은 개선에 대한 평가를 하게 되고 고객 서비스와 변동성을 고려한 효율성 간의 상충 관계에 대해서도 평가를 한다는 것이다.

무엇인 개선을 위한 주된 접근법인가? 개선과 관련된 다양한 접근법은 적절히 구분되어야 한다. 일반적 개선은 어떻게 개선이 이루어져야 하는지에 대한 유사한 철학을 공유하고 있다. 개선 도구는 개선 활동이 충실히 수행될 수 있도록 도움을 주는 단계별 도구의 성격을 가진다. 다른 접근법은 상이한 도구들을 사용한다는 잘못된 인식이 있으나 일반적으로 공통의 도구와 기법을 사용하고 있다. 일반적으로 사용되는 개선 도구는 다음과 같다.

- TQM으로 고객초점과 전사적 참여를 강조한다.
- 식스시그마로 높은 수준의 공정 통제와 문제 해결을 위한 시스템적 접근 그리고 무술 관련 체계와 용어를 강조한다.
- BPR로 다기능적이며 급진적, 창의적 단순화를 강조한다.
- 린 사고로 부가가치 활동과 낭비의 제거, 풀 시스템과 동기화된 공정 흐름을 중요시한다.

어떻게 관리자는 지속적 개선을 유지할 수 있는가? 상당수의 개선 활동은 높은 기대를 안고 시작되지만 성과 창출에는 기대에 미치지 못하고 있다. 지속가능성은 문제 해결 능력과 기술과 기법 교육을 포함한 장기적 인력 개발 문화를 바탕으로 더욱 공고히된다. 그 외에 습관화와 조직 내 확산, 시스템의 개선, 현장 중심의 운영, 학습 조직화 구축이 필요하다. 이러한 활동은 고객 접촉이 높은 서비스에서는 더욱 어려운 경우가 많다. 조직의 안정성도 개선의 지속가능성을 가능하게 해 준다.

토론 및 연습

1. 클리닉, 호텔, 레스토랑 같은 서비스를 바탕으로 서비스 프로세스를 조사하고 어떤 요소가 높은 통제가 필요한지 결정해 보자. 통제되지 않지만 통제되어야 하는 요소가 있는가? 왜 그런지 설명해 보자.

2. 운수 업체의 서비스 수준이 높으며 명성도 있는 것으로 알려지고 있다. 이 기업의 CEO는 다음과 같이 언급하였다.

우리는 서비스를 제공함에 있어 지속적으로 혁신적인 방법을 찾고 있는데, 지속적인 개선이야말로 기업을 더욱 효율화하는 유일한 방법이기 때문이다. 품질위원회를 통해 중요 프로세스를 확인하고 각각 담당자를 임명하고 있다. 이 위원회는 process excellence index를 통해 도움을 받게 되는데, 이것은 프로세스의 설계, 통제, 개선에 대한 지표라고 할 수 있다. 프로세스 관리자에 의해 100점 만점을 기준으로 작성되며 품질 담당 부서에서 등록하게 된다. 이 지표를 통해 각 프로세스 비용, 신뢰성, 품질 수준을 파악할 수 있게 되어 프로세스 간 비교를 진행할 수 있게 된다. 측정을 통한 개선의 시작이라고 할 수 있다. 만약 적절한 측정 방법을 알 수 없다면 종업원들의 인식 수준을 바탕으로 측정할 수 있을 것이다. 제안 제도를 통해 종업원들이 평가될 수 있는 아이디어를 제출할 수 있도록 설계되어 있다. 실행이 모두 완료되면 모든 개별 제안은 마지막에 평가된다. 팀 구성원들에게 동등하게 혹은 기여도에 따라서 점수가 배분된다. 이러한 종업원 대상 평가 체계는 기업의 훈련 시스템을 통해 이루어지고 이를 통해 고객초점이 이루어질 수 있도록 한다.

(a) 이 기업의 개선을 위한 접근에 있어 중요 요소는 무엇이라고 보는가? (b)이러한 접근법이 모든 서비스 기업에 적절할 것이라고 평가하는가?

3. TQM과 같이 잘 알려진 개선 프로그램들은 일련의 공통적 요소를 바탕으로 만들어진 패키지화된 해결 방법이라고 일부 기업들은 믿고 있다. 따라서 누구라도 단순하게 자신의 기업에 맞는 요소들을 골라서 나름의 개선 접근법을 구축할 수 있다고 할 수 있는가?

4. 앞에서 살펴본 포시즌 호텔과 자라 기업의 사례를 바탕으로 IKEA와 Amazon 기업을 탁월함과 차별함의 입장에서 어떻게 분류할 수 있겠는가?

5. Lucy는 상당수 기업의 백 오피스 업무를 담당하는 기업의 COO로 활동을 하고 있다. 그녀의 개선과 관련된 믿음은 다음과 같다.

수행하는 모든 것은 프로세스로 세분화할 수 있다. 제조 활동에서는 그렇지만 프로세스 개선의 개념은 서비스에서 더욱 확실하다고 할 수 있다. 이러한 접근법을 통해 블랙벨트들은 6개월 동안 30% 생산성 향상을 실현하였다. 나는 식스시그마는 프로세스 성과를 고객 요구사항과 비교한다는 점에서 강력한 프로그램이라고 생각한다. 3. 4DPMO를 실현한다는 것은 완벽에 가깝게 노력해야 한다는 것을 의미하며 그 목표를 정하는 것은 바로 고객이다. DPO를 측정한다는 것은 여러분이 실제로 인적자원 프로세스를 대금 청구, 자료 수집 프로세스와 비교하는 것이다.

(a) 인적자원 프로세스에서의 결함 수준을 대금 청구와 자료 수집 프로세스와 비교하는 것은 어떤 효익이 있는가? (b) 3.4DPMO 이하를 보인다는 것이 Lucy에게는 왜 의미가 있는가? (c) 블랙벨트를 훈련시킬 때의 효익과 문제점은 무엇이며 현재 업무에서 개선 프로그램으로 전환 배치할 경우의 문제점은 무엇이겠는가?

사례 문제: Fermat Numérique[23]

Fermat Numérique(FN)은 남부 프랑스 지역의 유무선 전화 서비스와 광역 인터넷 서비스를 제공하는 기업이다. Toulouse에 본사가 있으며 1990년대 소규모 기업으로 출발하여 현재는 종합 디지털 미디어 기업으로 성장하였다. 프랑스의 통신 산업 분야는 완전히 규제가 철폐된 것은 아니어서 France Telecom이 유일한 유선통신 사업자이다. 그렇지만 기존 가입자는 인터넷 서비스도 마찬가지로 다른 사업자로의 이동은 가능한 상황이다. 다른 사업자로 이동한 뒤에도 동일한 전화번호를 사용하며 통신망을 사용하기 위해서는 France Telecom에 사용료를 지불해야 하는 시스템이다.

이러한 통신 서비스의 재판매 관련 분야에서 성장한 기업이 FN이다. 고객 서비스에 뛰어난 수준을 보이며 특히 고객과의 원활하지 못한 기존 France Telecom의 한계를 뛰어넘는 고객 접촉성을 보인 것으로 알려지고 있다. 2019년에 FN은 소규모 케이블 TV기업인 Editions Audrey Pradier(EAP)를 인수하였다. 프랑스 남부 Occitanie지역외 Gers, Tarn-et-Garonne 지역에서 90,000명 정도의 고객에게 스카이스포츠라든지 넷플릭스 같은 채널 구독 서비스를 제공하고 있었다.

EAP는 Equipe25사의 지분 49%를 확보하고 있었다. Equipe25사는 작지만 사이클링이라든지 배구, 유도, 배구같은 인기 있는 스포츠를 국내 혹은 국제적으로 방송하는 알차고 영향력 있는 기업이었다. EAP는 또한 프랑스 내에서 스포츠 이벤트 개최 역량이 높은 기업이었다.

뚜르 드 프랑스 사이클 대회라든지 파리-다카르 랠리, 프랑스 오픈 골프 대회 등에서 EAP를 쉽게 찾아볼 수 있었다. Equipe25의 대부분의 주주는 EAP사에 인수된 이후에 그대로 Audrey Pradier 의 주주가 되었다.

EAP 인수 자체가 위험이 없었던 것은 아니다. EAP는 일시적으로 미국의 필라델피아 미디어 기업에 인수된 이후 어려움을 겪고 있었다. 필라델피아사는 2015년에 EAP사를 인수하였으며 그 즉시 인수 비용을 회수하려고 하였다. EAP는 수십 년간 훌륭하게 고객 서비스를 제공해 오고 있었다. 당시 케이블 시장은 침체기였으나 우수한 고객 서비스를 바탕으로 시장에서 높은 성과를 보이고 있었다. 필라델피아사가 EAP를 인수하였을 때 첫 번째 행보는 프랑스 내 콜센터를 중지하는 것이었으며 필리핀과 인도로 고객 서비스 센터를 이전하였다. 당시 프랑스 기업들은 과거 식민지 지역이었던 북아프리카 등에서 아웃소싱을 했었는데 필라델피아사의 결정은 당시 산업계에서 의아해 하는 수준이었다.

고객의 불만은 즉각적이었다. 5분 내 이루어지던 서비스가 20분이 소요된 것이다. 설치와 고객 선호 채널의 구성, 유지보수 적절성 등 다양한 분야에서 서비스 문제가 발생하였다. 가장 큰 문제는 프랑스 억양에 대한 이해도가 떨어지는 것이었으며 지역적 특성에 대한 이해도 부족이라고 할 수 있다. 콜센터 직원은 대게 정해진 스크립트를 기반으로 고객에게 대응하는데, 상대적으로 정교하게 작성되어 있지 못한 문제가 있었다. 이에 필라델피아 미디어사는 프랑스로 옮겨 2개 센터를 운영하게 된다. 이런 상황에서 필라델피아 미디어사가 단지 Equipe25 확보를 위해 EAP 지분을 인수했다는 소문이 퍼지고 외국 기업의 프랑스 통신사 소유 관련 규정을 위반하는 문제도 발생하게 되었다. 따라서 추가의 기업 인수가 난간에 봉착하게 된다. 얼마 지나지 않아서 상당한 손실을 보이며 EAP를 FN사에 되팔게 된다. FN의 CEO였던 Cindy Moreau는 EAP 인수는 케이블 TV 시장 진출과 확장을 위한 좋은 기회가 될 것으로 생각하였다.

EAP의 사업 영역은 매출 실현과 네트워크 사업, 설치 수익으로 구성되었다. 운영 담당자인 Alain은 FN 매출팀이 Toulouse의 EAP와 인수가 완벽히 이루어지는 데 대하여 안도하였다. FN은 EAP가 그랬던 것처럼, 분명히 매출 활동에는 강점이 있었다. 네트워크와 설치 운영은 FN의 입장에서는 새로운 사업 영역이었다. 미디어 제작은 전혀 새로운 것이었으며 Equipe25팀은 비교적 성공적으로 성과를 실현하였고 기존의 팀 운영도 지속화할 수 있었다.

그런데 EAP는 네트워크 성과에 대하여 고객의 불평이 많았다. 광대역 통신망, 케이블 TV, 전화 관련 고객의 불만은 주변 경쟁 기업인 Alice, Bouygues Telecom에 비하여 높은 수준이었다. Alain은 네트워크 사업 운영 상황을 가급적 빠른 시일 내 검토하기 시작하였다. 이러한 과정에서 고객의 불평이 단지 네트워크뿐만 아니라 설치 과정에서도 크게 나타난다는 것을 알게되었다.

설치 예약. Toulouse 매출팀은 신규 고객을 확보하여 해외 설치 예약팀에 고객 정보를 넘기게 되고 이메일이나 문자, 전화를 통해 설치 예약을 하게 된다. 벽에 구멍을 내고 잔디밭에 구덩이를 파는 등 고객 자산에 대한 접근이 이루어져야 하기 때문에 설치 과정 중에는 어른이 입회해야만 했다. 설치 작업은 일반적으로 2시간 정도 소요되나 변동성이 꽤 발생하는 것으로 알려진다.

설치팀에 대한 불평. 고객의 불평은 설치 능력이나 일상적인 것에 대한 불평이 대부분이었다. 디지털 전화에 대한 고객의 지식이 상당히 낮지만 기술적인 오류에 대한 불평이 꽤 있다는 것이다. 고객은 케이블 설치라든지 전파 방해에 대한 불만과 잔디, 통로 등에 케이블을 보관하는 문제 등을 지적하게 된 것이다. 경우에 따라서 흙이 묻은 신발을 신고 현관에 출입하는 문제를 제기하기도 하였다. 작업 후 케이블 조각을 마루에 방치하거나 벽에 구멍을 뚫고 정리하지 않는 문제가 발생하기도 하였다.

이론적으로는 장비의 사용을 통해 케이블 설치 작업을 한다면 상당한 수준의 고객 불만을 줄일 수 있지만 장비 사용은 한계가 있어 항상 사용할 수 없다는 한계가 있다. 또 다른 문제점은 작업용 케이블을 개인 사유지나 도로에 방치하는 몰상식에 대한 부분이다. 남부 프랑스의 더운 여름 날씨를 생각한다면 이러한 방치는 도로 상황을 방해하는 요소가 될 수도 있다. 겨울에는 큰 비가 내리는데 방치된 케이블에 빗물이 스며들어 고장이나 보수 작업이 필요한 상황이 발생할 수 있는 것이다.

태도. 태도와 관련된 부분으로 정리될 수 있는 고객의 불만도 있다. 고객의 불만 중에는 작업 중에 담배를 피거나 현관 출입 시에 담배를 피우기도 하고 무례하게 군다는 점이 있었다. 경우에 따라서 전체 작업 인력이 협력하지 않는 모습이거나 일부만 작업을 하는 경우도 문제 삼기도 하였다.

Alain은 설치 작업에 대한 개선이 필요하다는 결론을 내리게 되었다. FN 내부의 개선 담당 팀에 설치팀에 대한 현상 파악을 의뢰하게 되었다. 그 팀은 설치 작업과 관련된 사전 지식이 없었으나 Alain은 이런 상황이 오히려 개선을 위해서는 더욱 나은 것이라고 생각하였다.

서비스 운영 개선팀은 60건의 설치를 검토하였다. 가치흐름도를 작성하고 설치 단계별 부가가치 활동이 어떻게 진행되는지 구성하였다. 또한 각 활동에서의 낭비적 부분을 확인하였다.

약 15건의 설치를 검토한 후에 설치에 대한 두 영역으로 분류할 수 있다고 제시하였다. 카테고리 A는 일상적이며 간단한 설치이며 대부분의 경우는 이에 해당하였다. 이러한 설치의 대부분은 기존 케이블 연결을 그대로 활용할 수 있으며, 거리에 위치한 케이블 분배함에서 각 가정으로의 송전이 이에 해당한다고 볼 수 있다. 반면에 카테고리 B는 다소 복잡하며 지상작업이 대규모로 이루어진다든지 고층건물에서의 케이블 작업이 이에 해당하였다. 지상 작업에는 다양한 지면 형태에 대형 케이블을 적재하는 작업을 포함하고 있었다. 고층 건물에서의 작업에서는 기존 케이블을 활용하는 것이 일반적이었지만 항상 가능한 것은 아니었다. 지상 작업을 위해서는 특수 장비가 필요한 경우도 있었으며 EAP 엔지니어들이 사용함에 있어 큰 주의를 기울이지는 않았다. 고층 건물에서의 작업을 위해서도 특수 장비가 필요하였고 건물주로부터 허가를 받기도 하였다.

〈표 15-4〉와 〈표 15-5〉에서는 카테고리 A, B 각각에 대한 가치흐름도를 보여 주고 있다.

질문

1. Alain이 전략적 개선을 위해 먼저 수행해야 할 활동은 무엇인가?
2. EAP와 Equipe25의 인수는 FN의 전략적 입장에서 보았을 때 의도된 기업 정책이라고 할 수 있다. 이 인수에 따른 불리한 점은 무엇인가?
3. 설치와 관련된 카테고리 A와 카테고리 B 활동의 가치흐름도를 평가하라. Alain에게 어떤 개선을 권하겠는가?

〈표 15-4〉 카테고리 A에 대한 가치흐름도

단계	활동	활동 주체	평균 시간(분)	표준 편차	비고	가치 예/아니오/일부	소모 영역
	설치 이전						
PI1	설치 조사(전화)	마닐라CCC/하이드라바드 CCC와 고객	4	0.2	초기 조사에 기반하여 설치 일정을 잡거나 현장 방문을 정하고 이후 복잡한 설치 절차에 돌입한다.	예	
	설치 당일						
ID1	준비(일정 점검)	설치 엔지니어	5	4	다수 설치에 따른 시간 조절	예	
ID2	설치 도구 준비	설치 엔지니어	45	5	설치 엔지니어는 여러 곳의 설치를 위해 본인의 트럭에 설치 도구를 준비할 것이 요구된다.	일부	전문 지식
ID3	설치 도구 싣기	설치 엔지니어	10	1		일부	전문 지식
	현장						
OS1	케이블 연결	설치 엔지니어	10	1		예	
OS2	필요 시 케이블 절단	설치 엔지니어	15	10	대략 25% 정도의 설치 과정에서 설치 엔지니어 업무 영역을 벗어날 수 있어서 주위의 도움이나 매뉴얼을 참고한다. 도움 받을 수 없다면 설치를 중단하고 일정을 다시 잡는다.	예	
OS3	케이블 연결	설치 엔지니어	10	5		예	
OS4	접지함 준비	설치 엔지니어	4	1		예	
OS5	네트워크 케이블 해제하고 접지함 연결	설치 엔지니어	2	1		예	
OS6	내부 연결 준비	설치 엔지니어	4	1		예	
OS7	벽면에 천공	설치 엔지니어	8	6		예	
OS8	케이블 설치	설치 엔지니어	4	3		예	
OS9	공유기 설치	설치 엔지니어	2	1	일부 고객은 다수의 DVR을 주문하기도 하므로 단계 10~15는 반복적으로 실행한다. 설치 시간과 표준편차는 하나의 DVR 설치를 기준으로 한다.	예	
OS10	내부 케이블 연결 및 케이블 박스 위치 선정	설치 엔지니어	10	7		예	
OS11	케이블 고정	설치 엔지니어	10	2		예	
OS12	내부 벽에 연결 잭 맞추기	설치 엔지니어	10	2		예	
OS13	내부 벽의 잭에 케이블 연결	설치 엔지니어	1	1		예	
OS14	DVR를 벽면 잭에 연결	설치 엔지니어	1	1		예	

〈표 15-4〉 카테고리 A에 대한 가치흐름도 〈계속〉

단계	활동	활동 주체	평균 시간 (분)	표준 편차	비고	가치 예/아니오/일부	소모 영역
OS15	DVR 설치	설치 엔지니어와 마닐라CCC/하이드라바드CCC	10	7	모든 DVR은 CCC에 의해 작동되어야 한다. 시간의 변동은 CCC에의 연결 시간의 변동성 때문이다.	일부	시간
OS16	고객 앞에서 시연	설치 엔지니어	10	8		예	
	현장 합계		111				

〈표 15-5〉 카테고리 B에 대한 가치흐름도

단계	활동	활동 주체	평균 시간 (분)	표준 편차	비고	가치 예/아니오/일부	소모 영역
	설치 이전						
PI1	설치 조사 (전화)	마닐라CCC/하이데라바드 CCC	4	0.2	초기 조사에 기반하여 설치 일정을 잡거나 현장 방문을 정하고 이후 복잡한 설치 절차에 돌입한다	예	
PI2	현장 조사	지역 담당자와 고객	18	14		예	
PI3	필요 시 케이블 매설 예약	지역 담당자와, 마닐라CCC 또는 하이드라바드CCC	5	4	모든 설비 예약은 마닐라CCC와 하이드라바드CCC를 통해 이루어진다. 지역 담당자는 2~3분간 기다린다.	일부	시간
PI4	필요 시 리프트 플랫폼 예약	지역 담당자와, 마닐라CCC 또는 하이드라바드CCC	5	4	모든 설비 예약은 마닐라CCC와 하이드라바드CCC를 통해 이루어진다. 지역 담당자는 2~3분간 기다린다.	일부	시간
	설치 당일						
ID1	준비 (일정 점검)	설치 엔지니어	5	4	다수 설치에 따른 시간 조절		
ID2	설치 도구 준비	설치 엔지니어	45	5	설치 엔지니어는 여러 곳의 설치를 위해 본인의 트럭에 설치 도구를 준비할 것이 요구된다.	일부	전문 지식
ID3	설치 도구 싣기	설치 엔지니어	10	1		일부	전문 지식
ID4	굴착 예약 확인	설치 엔지니어	5	4	설치 엔지니어 파견은 이론적으로 마닐라CCC와 하이드라바드CCC를 통해 이루어진다. 실제로는 설치 담당 센터로부터 명령을 받는다.	아니오	검사
ID5	리프트 플랫폼 예약의 확인	설치 엔지니어	5	4	설치 엔지니어 파견은 이론적으로 마닐라CCC와 하이드라바드CCC를 통해 이루어진다. 실제로는 설치 담당 센터로부터 명령을 받는다.	아니오	검사

〈표 15-5〉 카테고리 B에 대한 가치흐름도 〈계속〉

단계	활동	활동 주체	평균 시간 (분)	표준 편차	비고	가치 예/아니오/일부	소모 영역
	현장						
OS1	케이블 연결	설치 엔지니어	10	1		예	
OS2	필요 시 케이블 절단	굴착 기사와 설치 엔지니어	60	50		예	
OS3	필요 시 리프트 플랫폼 준비	플랫폼 기사와 설치 엔지니어	20	10		예	
OS4	케이블 연결	기사와 설치 엔지니어	60	20	설치 단계에서 다양한 부가 사항이 발생할 수 있으며 외부에서 케이블이 연결되어야 하는 경우에 리프트 기사는 실내에 케이블이 연결될 때까지 기다려야 한다.	일부	시간과 전문 지식
OS5	접지함 준비	기사와 설치 엔지니어	10	8	접지함 설치와 관련해 높이 문제로 어려움이 발생할 수 있다.	일부	시간과 전문 지식
OS6	네트워크 케이블 해제하고 접지함 연결	기사와 설치 엔지니어	2	2		일부	시간과 전문 지식
OS7	실내 연결을 위해 케이블 준비	기사와 설치 엔지니어	8	3		일부	시간과 전문 지식
OS8	벽면에 천공	기사와 설치 엔지니어	20	8		일부	시간과 전문 지식
OS9	케이블 설치	기사와 설치 엔지니어	15	5		일부	시간과 전문 지식
OS10	케이블 공유기 설치	설치 엔지니어	2	1	일부 고객은 다수의 DVR을 주문하기도 하므로 단계 10~15는 반복적으로 실행한다. 설치 시간과 표준편차는 하나의 DVR 설치를 기준으로 한다.	예	
OS11	내부 케이블 연결 및 케이블 박스 위치 선정	설치 엔지니어	20	10		예	
OS12	케이블 고정	설치 엔지니어	10	2		예	
OS13	내부 벽에 연결 잭 맞추기	설치 엔지니어	20	2		예	
OS14	내부 벽의 잭에 케이블 연결	설치 엔지니어	1	1		예	
OS15	DVR를 벽면 잭에 연결	설치 엔지니어	1	1		예	

〈표 15-5〉 카테고리 B에 대한 가치흐름도 〈계속〉

단계	활동	활동 주체	평균 시간 (분)	표준 편차	비고	가치 예/아니오/일부	소모 영역
OS16	DVR 설치	설치 엔지니어	10	7	모든 DVR은 CCC에 의해 작동되어야 한다. 시간의 변동은 CCC에의 연결 시간의 변동성 때문이다.	일부	시간
OS17	고객 앞에서 시연	설치 엔지니어	10	8		예	
	현장 합계		279				

심화 자료

Cribb, A. (2018) 'Improvement science meets improvement scholarship: reframing research for better healthcare', *Health Care Analysis*, 26 (2), 109–123.

De Feo, J. and Barnard, W. (2004) *Juran Institute's Six Sigma: Breakthrough and Beyond*, McGraw-Hill, New York, NY.

Hammer, M. and Champy, J. (2004) *Reengineering the Corporation: A Manifesto for Business Revolution*, Harper Collins, New York, NY.

Harrington, H.J. (2007) *Business Process Improvement: The Breakthrough Strategy for Total Quality, Productivity, and Competitiveness*, McGraw-Hill, New York, NY.

Heikkinen, S. and Jäntti, M. (2019) 'Studying continual service improvement and monitoring the quality of ITSM', in M. Piattini, P. Rupino da Cunha, I. García Rodríguez de Guzmán and R. Pérez-Castillo (eds) *Quality of Information and Communications Technology*, QUATIC 2019, Communications in Computer and Information Science, vol 1010, Springer, Cham

Imai, M. (1997) *Gemba Kaizen: A Commonsense Low-Cost Approach to Management*, McGraw-Hill, New York, NY.

Kelly, W. (2007) 'Deployment: 7 stumbling blocks to overcome', *Six Sigma Forum Magazine* (www.asq.org), 6 (4), August, 16–21.

Namin, A. (2017) 'Revisiting customers' perception of service quality in fast food restaurants', *Journal of Retailing and Consumer Services*, 34, 70–81.

Tennant, C. and Wu, Y-C. (2005) 'The application of business process reengineering in the UK', *The TQM Magazine*, 17 (6), 537–545.

Womack, J.P. and Jones, D.T. (2003) *Lean Thinking*, Free Press, New York, NY.

Womack, J.P., Jones, D.T. and Roos, D. (2007) *The Machine That Changed the World*, Simon & Schuster Ltd, London.

미주

1 Hagan, P. (2011) 'Waste not, want not: leading the lean health-care journey at Seattle Children's Hospital', *Global Business and Organizational Excellence*, 30 (3), 25–31.

2 Christensen, C.M. (1997) *The Innovator's Dilemma: When New Technologies Cause Great Firms to Fail*, Harvard Business School Press, Boston, MA.

3 The information on which this example is based is taken from: Four Seasons Hotels and Resorts (2018) 'The story of Four Seasons' [online] https://press.fourseasons.com/news-releases/the-story-of-four-seasons/ [accessed 20 April 2020]; the Four Seasons company website, press releases and personal experience; and Slack, N. and Brandon-Jones, A. (2018) *Operations and Process Management: Principles and Practice for Strategic Impact*, 5th edition, Pearson, Harlow; all data from public sources.

4 It is an idea popularised in O'Reilly, C. and Tushman, M. (2004) 'The ambidextrous organization', *Harvard*

Business Review, 82 (4), 74–83.

5 For example, see Berry, L.L., Shankar, V., Turner Parish, J., Cadwallader, S. and Dotzel, T. (2006) 'Creating new markets through service innovation', *MIT Sloan Management Review*, 47 (2), 56–63; and Rhoades, L. and Eisenberger, R. (2002) 'Perceived organizational support: a review of the literature', *Journal of Applied Psychology*, 87 (4), 698–714; (cf. Eisenberger et al. 1986, Rhoades and Eisenberger 2002).

6 A classic finding by Kahneman, D. and Tversky, A. (1979) 'Prospect theory: an analysis of decision under risk', *Econometrica*, 47 (2), 263–292.

7 Feigenbaum, A. (1986) *Total Quality Control*, McGraw-Hill, New York, NY.

8 Kaoru, I. (1991) *What is Total Quality Control? The Japanese way*, Prentice Hall, Englewood Cliffs, NJ.

9 Barney, M. (2002) 'Motorola's second generation', *Six Sigma Forum Magazine*, 1 (3), 13–16.

10 Some of the information on which this example is based is taken from: Rastogi, A. (2013) 'Managing change the Six Sigma way', Wipro, www.wipro.com [accessed 20 April 2020]; blogs; and Sharma, M., Pandla, K. and Gupta, P. (2020) 'A case study on Six Sigma at Wipro Technologies: thrust on quality', Jaipuria Institute of Management, viewed January 2020.

11 Hammer, M. (1990), 'Re-engineering work: don't automate, obliterate', *Harvard Business Review*, 68 (4), 104–112.

12 Harrington, H.J. (2007) *Business Process Improvement: The Breakthrough Strategy for Total Quality, Productivity, and Competitiveness*, McGraw-Hill, New York, NY.

13 See, for example, Hammer, M. and Champy, J. (2004) *Reengineering the Corporation: A Manifesto for Business Revolution*, Harper Collins, New York, NY; and Tennant, C. and Wu, Y-C. (2005) 'The application of business process reengineering in the UK', *The TQM Magazine*, 17 (6), 537–545.

14 Clark, J. (1995) *Managing Innovation and Change: People, Technology and Strategy*, Sage Publications, Thousand Oaks, CA.

15 Sources include The Economist (2013) 'Schumpeter, Sweden is leading the world in allowing private companies to run public institutions', *The Economist*, 18 May.

16 The information on which this example is based is taken from: Iwerks, L. (2007) *The Pixar Story* [Film], Disney Studios; and Berkley Haas (2020) 'Pixar Co-founder Ed Catmull in conversation with Prof. Henry Chesbrough' [online video], available at: https://www.youtube.com/watch?v=CVLk_HZ4Jfg [accessed 20 April 2020].

17 Ohno, T. (1988) *The Toyota Production System: Beyond Large-Scale Production*, Productivity Press, Portland, Oregon.

18 Womack, J.P. and Jones, D.T. (2003) *Lean Thinking*, Free Press, New York, NY.

19 The Economist (2000) 'Was it all worth it?', *The Economist*, 24 April.

20 Bessant, J. and Francis, D. (1999) 'Developing strategic continuous improvement capability', *International Journal of Operations and Production Management*, 19 (11), 1106–1119.

21 Bessant, J. and Caffyn, S. (1997) 'High involvement innovation through continuous improvement', *International Journal of Technology Management*, 14 (1), 7–28.

22 Miller, D. Hartwick, J. and Le Breton-Miller, I. (2004) 'How to detect a management fad – and distinguish it from a classic', *Business Horizons*, 47 (4), July–August, 7–16.

23 The name, location and details of this company have been disguised.

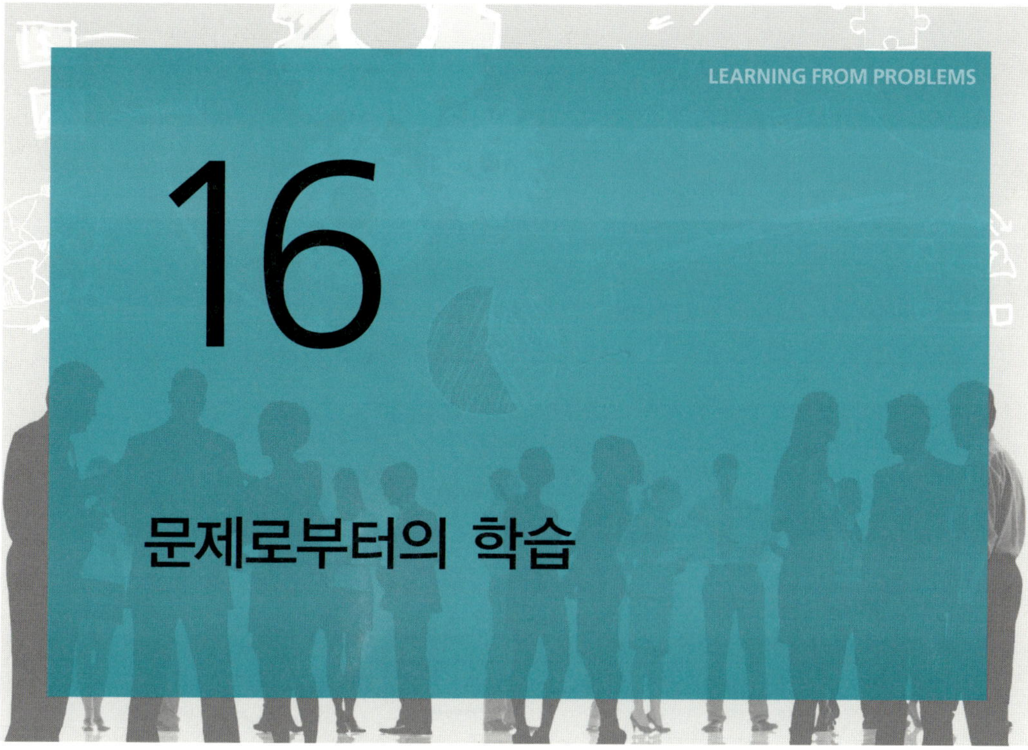

16 문제로부터의 학습

이 장에서는 어떻게 서비스 현장에서의 일상적으로 봉착하는 여러 문제로부터 개선을 유도하고 성과를 향상시키며 개발될 수 있는지에 대하여 학습할 것이다. <그림 16-1>은 서비스 운영 관리 모형에서 이러한 내용이 어느 부분에 해당하는지를 보여 주고 있다.

학습 목표

- 서비스 문제의 주원인을 이해한다.
- 고객 불평을 다루기 위한 프로세스를 기술할 수 있다.
- 어떻게 문제를 통해 개선을 이룰 수 있는지를 이해한다.
- 서비스 운영 관리자가 문제 발생을 막을 수 있는 주된 방법을 확인할 수 있다.

〈그림 16-1〉 이 장에서는 문제를 통한 학습에 대해 살펴본다

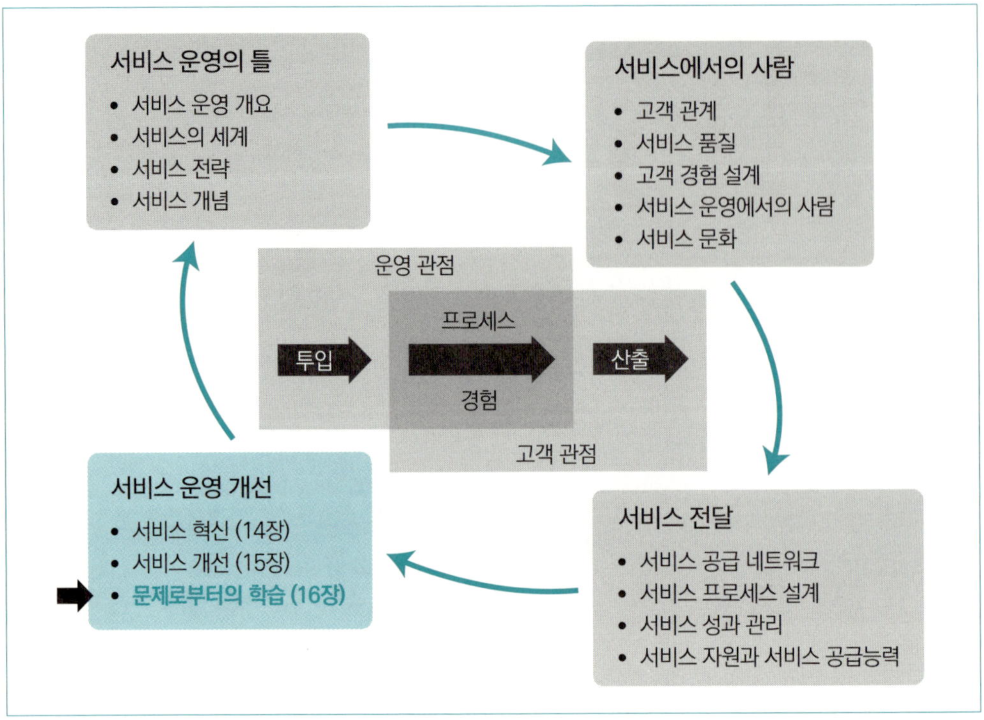

서론

원하는 모든 서비스를 문제없이 취할 수는 없을 것이다. 아무리 운영이 잘 되고 있는 서비스라 하더라도 문제가 발생하고 실수는 범해진다. 문제 자체를 부정적으로 보는 것보다는 해결책이 필요한 문제는 서비스 운영 상황에서 자연스럽게 발생할 수 있는 것이며, 이를 통해 개선이 필요하다는 점과 어떻게 실현할 것인가에 대한 시사점을 제공한다고 보아야 할 것이다.

여기서 중요한 점은 문제는 개선이 반드시 필요하다는 것이다. 그러나 애석하게도, 다수의 기업은 문제를 통한 학습할 능력이 없고 공포 문화를 가지고 있거나 문제가 은폐되어 신뢰를 잃어버렸다. 이러한 상황에서 문제는 개인이나 기업 학습, 개선에 관계없이 지속적으로 재발할 것이다.

16.1 문제는 왜 발생하는가

서비스 활동은 복잡하기 마련이다. 인력, 기술, 설비, 그 외 다양하며 대규모 자원이 투입되며

통제할 수 없는 고객이 참여한다는 점에서 복잡하다. 따라서 서비스 운영에 대한 설계가 아무리 훌륭하게 이루어졌다고 하더라도 오류, 실수와 같은 문제는 어쩔 수 없이 발생하기 마련이다. 그리고 이러한 문제는 두 가지 유형의 결과, 즉 운영상 결과와 고객 결과로 나타난다. 악화되는 문제의 운영상 결과는 가벼운 지연 또는 비용 발생에서 심각한 피해까지 다양하다. 업무를 지연시키는 직원은 일부 단시간 서비스 지연을 야기할 것이다. 컴퓨터 키보드에 음료수를 엎지른 직원은 추가 금액이 발생할 것이다. 그러나 은행 컴퓨터 보안을 위반하거나, 병원에서 발견된 전염성이 강한 질환은 상당히 심각한 결과를 야기할 것이다. 이러한 운영상 결과는 서비스 지연에 따른 고객 불만에서 법적 조치와 환자 죽음에 걸친 고객 결과로 이어지게 된다.

문제가 발생하게 되면, 불만 또는 다른 조치를 취하고자 하는 고객의 의지는 점차 늘어나게 된다. 최근 여행사, 철도 회사, 경찰서, 공공 의료 서비스와 지방정부와 같은 기관들은 전년에 비해 대폭적으로 불만이 증가하고 있다고 보고되고 있다.

이러한 증가세에는 몇 가지 예상 가능한 이유가 있다. 일부 서비스 품질 수준은 기업이 운영비 감축으로 기존에 비해 떨어졌을 수도 있다. 또한 고객이 기대하는 서비스 수준이 점차 증가하고 서비스 불량에 더욱 예민하여 고객이 인지하는 서비스 품질이 감소하였다. 이는 돈과 밀접한 관련이 있는 실무와 고객 창출, 가용할 수 있는 자금 또는 시간에 대한 압력이 커짐에 따라 발생할 것이다. 게다가 고객의 움직임, 소셜 미디어, 비교 웹사이트 등과 지방정부의 노력이 확대되면서 양질의 서비스를 전달함에 있어 고객은 고객 권리와 기업의 의무를 주장하게 되었다. 어떤 이유든, 우리가 서비스 회복을 위해 다양한 문제의 발견과 대응은 서비스 기업의 중요한 업무로 자리 잡고 있다.[1]

16.1.1 서비스 문제의 유형

배송 프로세스의 오류라든지 의사의 지체된 치료, 항공사의 수하물 분실, 슈퍼마켓의 재고 부족, 고객에 대한 부적절한 대응 등 서비스 프로세스 자체의 문제로 인해 일부 서비스 문제라든지 실패가 발생하게 된다.

또 다른 서비스 문제는 제품이나 서비스 기술에 기인하는 것으로, 파손된 제품이 배송된다든지 잘못된 배송 시간을 문자로 보내거나 웹사이트 오류, 탑승교의 고장으로 직원과 고객에게 문제를 야기할 것이다. 여기서 주목해야 할 점[2]은 고객이 문제를 야기하는 경우이다. 실제로 서비스 실패에 의한 문제는 가장 비율이 낮으며, 대부분의 서비스 실패는 고객으로부터 야기된다(그림 6-2). 고객 실패는 '문제 고객'에서 야기되는 문제와 고객 실수에 의한 문제, 두 가지 유형으로 나눌 수 있다. 문제 고객이란, 직원 모욕 또는 만취와 같이 심각한 공격 행위가 포

〈그림 16-2〉 서비스 실패 유형

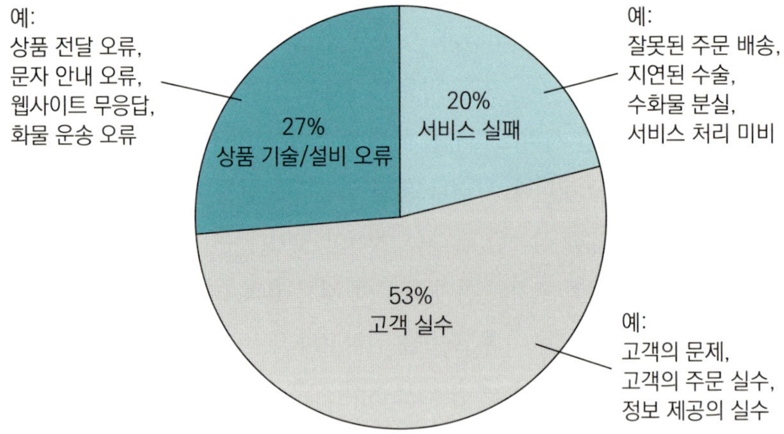

함된 고객이다.[3] 반면에, 고객 실수는 흔히 시간 또는 장소를 잘못알거나 내용을 일부 잊어버리는 것과 같이 단순하고 의도치 않은 오류로 발생한다.

고객의 관점에서, 실패는 책임 소재에 관계없이 악화된 모든 상황이다. 예를 들어, 택배 직원이 소포를 늦게 전달했다면, 기업(고객)은 택배 직원을 비난할 것이다. 택배 직원은 도로공사(그리고 지방정부를 비난한다) 또는 발송회사 측의 문제(발송 회사 측 결함)로 늦어졌을 수도 있다. 발송은 제조 절차등의 이유로 지연되었을 수도 있다. 중요한 점은 비난은 거부 반응을 일으키고, 거부 반응은 문제로부터 학습의 방법을 방해한다는 것이다. 고객의 입장에서 상당수 서비스 문제의 근본적 원인은 서비스 제공 과정에서 기업에 의해 통제되는 영역에서의 문제라기보다는 다른 원인이 있다는 것이다.

여기에서 중요하게 지적해야 할 사항이 두 가지 있다. 우선 모든 서비스 문제의 근본적인 원인이 고객 혹은 서비스 기업 한 측면의 직접적인 서비스 실패 때문이라고 주장하는 것이다. 예를 들어, 웹사이트가 고장이 난 경우에 서비스 기업의 내부 미디어 기술 직원 혹은 외부 서비스 제공자의 직접적인 서비스 실패 때문이라는 것이다. 이와 유사하게 웹사이트에 고객들이 잘못된 정보를 입력하여 오류가 발생하는 경우도 있으며 오류 방지를 위한 시스템의 문제로 설명할 수 있을 것이다. 두 번째는 비난을 누구에게 보내는가와 관련된 서비스 문제 분류에 대한 부분이다. 비난은 거부 반응을 일으키고, 거부 반응은 문제로부터 학습 방법을 방해한다는 것이다. 문제를 통해 학습하고 문제를 해결하며 미래에 개선을 시도하는 노력이 훨신 중요하다고 할 수 있다.

16.2 고객 불만에 어떻게 대응할 것인가

문제 발생에 따른 고객 반응 정도는 문제의 심각성에 달려있다. 또한 고객의 유형, 불만에 대한 고객의 태도, 적절한 보상의 인지 가능성과 고객의 연령과 성별에 따라서도 달라질 것이다.[4]

−5~0으로 나눠진 고객 불만족도 지수에서(6장의 만족에 따른 연속체 또한 참조할 수 있다) 0은 만족을 뜻하고, 매우 화가 난 고객은 매우 불만족스럽다는 것을 통해 예상되는 실패에 따른 반응의 그림을 얻을 수 있다(그림 16-3).[5] 여기서 주목해야 할 점은 그 외 많은 연결이 가능하다는 점이다. 예를 들어, 매우 불만족스러운 고객은 반응이 약하거나 강하거나 둘 중의 하나로 나타날 것이다.

〈그림 16-3〉 고객의 불평 행동

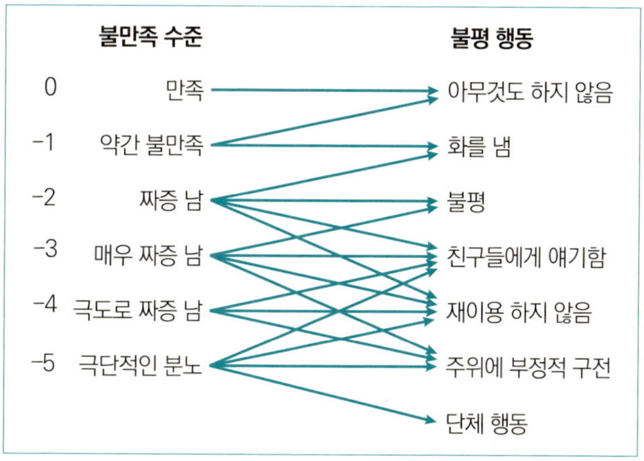

고객은 불만족스러울수록 고객이 취할 것으로 예상하는 불평 행동이 더 늘어날 것이다. 경미한 문제를 경험한 경우에, 고객의 경우 참거나 낮은 서비스 수준을 평가할 것이다(레벨 1). 문제가 조금 더 심각한 레벨 2의 고객은 문제가 발생할 경우 향후 리콜 가능성을 더욱 높이게 될 것이다. 불평은 문서 형태의 불만 표시가 없고 경고성 발언을 많이 할 것이다.

불만족스러운 고객은 친구와 동료에게 불만을 얘기할 것이다. 실제로는 서비스를 이용하지 않도록 적극적으로 설득시킬 것이다. 고객은 '고객 테러리스트(레벨 5)'가 되고 공식적인 문제 제기, 웹사이트에 불만을 제기, 법률상 보상책과 간혹 법적 조치를 취함으로써 기업 불매 운동을 하는 등 극단적 행위를 취할 것이다. (영국의 한 농부는 은행의 업무 처리에 매우 격분한 나머지 은행 마당에 10톤의 거름을 버렸다.)

16.2.1 구전과 word of mouse

불만을 표하는 고객의 수는 고객 불만족 수준에 따라 달라짐을 수치를 통해 확인할 수 있다.[6] 불만이 약간 있다는 고객은 평균 3명에게 부정적으로 구전(word of mouth)을 하지만, 매우 짜증 난 고객은 매우 화가 난 고객을 포함하여 15명 이상에게 알리게 된다.

기업에 대해 부정적인 이야기를 다른 사람에게 말하는(구두) 불만 고객의 범위는 거리상으로 제한적일 수 있다. 그러나 요즘엔 많은 수의 고객이 word of mouse(이메일, 채팅방, 인터넷 게시판 등 컴퓨터 수단을 통한 정보의 전파)로 불만을 나타낸다. word of mouse는 훨씬 강력하다. 인터넷에 게시된 이야기는 전 세계적이고 백만까지는 아니더라도 수백의 사람(고객과 잠재 고객들)이 공유할 것이다. 그리고 반복해서 언급되고 볼 수 있어 더욱 지속된다. 또한 인터넷은 서면이 아닌 다른 매체를 사용할 기회를 제공한다. 즉, 끔찍한 서비스를 제공했던 기업에 대한 고객의 이야기는 그림, 노래, 비디오 등으로 캡처될 수 있다는 것이다

최근에 특정 서비스 기업에 대한 불만을 가진 고객이 모여 있는 웹사이트와 소셜 미디어 채널이 많다. 또한 책, 호텔, 식당 등에 대한 공식/비공식적 논평이 있는 웹사이트도 많다. 다음 에 제시된 예는 4성급 호텔에 머문 고객이 자신의 생각을 쓴 글이다.

> 카페트는 얼룩이 져 더럽고, 천장에서는 물이 뚝뚝 떨어진다. 아침은 일회용 플라스틱 컵에 오렌지 분말을 넣은 주스가 나왔다. 커피숍은 우중충한 느낌이다. 호텔 위치는 도심이나 제대로 된 쇼핑센터에서 너무 멀었다. 낡은 TV와 전화기는 작동하지 않았다. 침대 시트는 이상한 냄새가 나고 서비스도 엉망이었다. 그리고 어댑터를 요청했으나 받지 못했다.

페이스북과 같은 소셜 네트워크와 유튜브와 같은 비디오 공유 사이트를 통해 불만족스런 서비스 경험으로 억울한 고객의 이야기를 쉽게 찾을 수 있다.

16.2.2 고객은 왜 불평하는가

불만 고객을 대응하는 방법에 대한 이해 중 중요한 부분은 '왜 고객은 불만을 제기하는가?'라는 질문으로부터 나온다. 그렇다. 문제는 악화되고 고객은 문제에 부딪혔지만, 불만 제기는 단순히 고객에게 공개된 한 가지 경로일 뿐이다. 고객은 다음과 같은 이유로 불만을 제기하는 경향이 있다.

- 수정/해결해야 하는 문제가 있는 경우
- 다른 사람에게 발생하는 문제를 예방하기 위함 (조사 및 변화되어야 하는 절차를 가지는 경우)
- 해명이 필요한 경우
- 누군가의 훈련이 필요하다고 생각되는 경우
- 재무적 보상을 얻기 위함
- 기분을 더 좋게 하기 위함

여기서 흥미로운 점은, 재무적 보상이 고객이 불만을 제기하기 위한 이유가 된다는 점이다. 실제로, 한 연구에서는 불만족스런 서비스에 따른 무료 제품 또는 서비스의 제공이 중요하다고 생각한 고객은 5% 미만임을 발견하였다.[7] 고객이 불만을 제기하는 주된 이유는 해결해야 하는 문제가 있는 경우이고(고객의 경우), 문제로부터의 학습을 통해 기업이 문제가 재발되지 않음을 보장하는 것을 중요하게 여긴다. 중요한 부분은 향후 다시 논의할 필요가 있다.

16.2.3 불평하는 고객을 다루기

문제, 실수와 오류 발생은 불가피한 부분이지만, 이로 인해 고객 불만이 발생하는 것은 아니라는 점이 중요하다. 즉, 일반적으로 문제 자체가 불만족을 야기하는 것은 아니라는 것이다. 물론 문제가 발생하면 화를 내고 짜증을 낸다. (문제가 재발할 경우엔 이를 용서하기는 어려울 것이다.) 그러나 문제에 대한 기업의 대응 과정에서 적절하게 대응하지 못한다면 고객이 불만스러워하게 되며, 반대로 적절한 대응으로 고객이 만족하게 되기도 한다. 그러나 흥미로운 점은, 항상 양질의 서비스를 받은 고객보다 불만을 제기하여 기업의 대응을 받은 고객의 만족도가 더 높았다(즉, 아주 기뻐함)는 것이다. 이것을 서비스 회복 역설이라 부른다.

서비스 회복 역설

서비스 실패 후 서비스 회복의 중요성은 서비스 회복 역설(service recovery paradox: SRP)을 통해 강조되어 왔다. 서비스 회복 수준이 높은 경우에, 서비스 회복 이후의 고객의 만족(충성도)은 서비스 실패 이전보다 더욱 높다는 것이다. 즉 서비스 회복이 적절히 이루어진다면 서비스 실패 이전보다 만족도가 더욱 높다는 것이다. 1980년대 후반에 제시된 개념이며 Etzel과 Silverman은 불평을 제기하는 고객들이 적절한 서비스 회복 과정을 경험하게 되면 최고 수준의 충성도를 보이는 고객이 된다는 점을 사례를 통해 제시하였다.[8] 〈그림 16-4〉와 같이 서비스 회복 역설을 설명하기도 한다. 이를 통해 서비스 실패가 없는 경우와 효과적/비효과적 서비스 회복에 대한 고객의 반응 차이를 보이고 있다.

좋은 불만 대응은 다음과 같은 세 가지 운영상 활동을 반드시 포함한다. 고객 대응, 고객이 가진 문제를 해결 그리고 기업 자체의 문제 발생으로부터의 학습이다.

고객 대응엔 다음과 같은 다섯 가지 주요 활동이 있다.

- **인정.** 문제 발생 시 이를 인정하는 것이다. 일부 고객의 경우, 직원이 문제 발생을 묵살한다면 불만족을 야기하고 상황이 악화될 것이다.
- **공감.** 문제를 인지함에 따라 고객의 관점에서 문제를 이해하고 공감을 표현하는 것이다.

〈그림 16-4〉 서비스 회복 역설

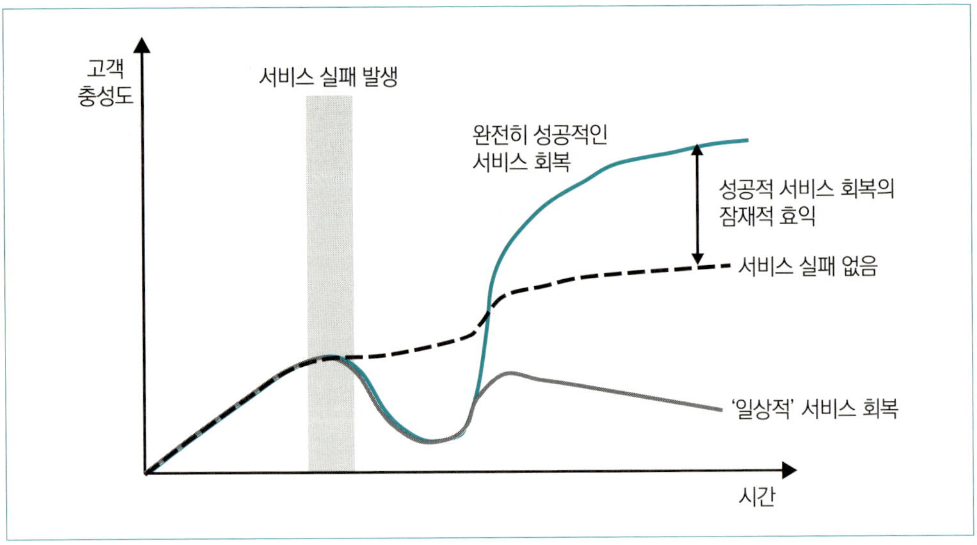

- **사과.** 레벨 1, 2, 3 수준의 불만족 수준을 가진 고객의 경우, 사과야말로 고객을 만족시키기에 충분한 행동이다. 그러나 일부 관리자는 사과를 통한 인정이 소송으로 이어질 것을 우려하여 직원에게 사과시키는 것을 꺼려한다. 이러한 상황에서 '문제가 발생하여 죄송합니다'와 같은 말은 혼란을 야기할 것이다. 그리고 서면 또는 후속 전화로 사과를 표현하는 것은 순간적으로 불만족도를 낮출 수는 있으나 결국엔 불만족도가 다시 높아질 것이다.
- **문제에 대한 적극적 태도.** 직원은 고객에게 문제 전담 및 적극적 태도를 통한 불만 대응 과정에서 고객에게 신뢰를 심어줄 수 있다. 고객이 느끼는 신뢰는 만족도 수준이 올라감과 동시에 직원이 기울인 노력에 감사를 표하는 것으로 이어질 것이다.

다른 견해

서비스 회복 역설이 의미 있고 실제적이기는 하지만, 예외 없이 받아들여질 수 있는 것은 아니다. 서비스 실패에 대응하는 서비스 회복의 역할과 의미를 강조한다는 면에서는 의미가 있지만 서비스 회복 역설은 다양한 실제 상황을 보여 주고 있다. 일부 연구에서는 서비스 회복 역설이 실제로 존재하거나 부분적으로 받아들일 수 있다는 점을 보이고 있다. 예를 들어, 뛰어난 서비스 회복은 고객 만족에 실제로 긍정적 영향을 미치기는 하지만, 서비스 구매 의사 결정이라든지 구전이나 기업의 명성에 대한 영향력은 유의하지 않는 것으로 제시되기도 한다.[9] 이러한 면 때문에, 서비스 기업 입장에서는 뛰어난 서비스 회복 능력보다는 최초 서비스 제공 과정에서 실패를 줄이기 위한 부분에 관리자의 노력이 집중되길 강조할 것이다.

- **경영진의 참여.** 일부 문제가 심각한 경우(고객 불만족도가 레벨 −3 이하) 고객은 더 높은 직위의 직원이 문제를 처리해 줄 것이라고 예상한다. 비록 초기 직원이 문제를 만족할 만큼 완벽하게 처리를 했더라도, 관리자는 고객 대응 과정에 포함되어야 할 것이다.

고객 문제 해결 과정엔 다음과 같은 두 가지 주요 활동이 있다.

- **고객이 가진 문제를 해결.** 이 활동은 적어도 문제를 해결하기 위한 시도를 행하는 것을 의미한다. 불만족도 레벨 -3 이하인 고객의 경우, 직원은 문제 해결을 위해 고생을 한다는 것을 보여 주어야 할 필요가 있다. 레벨 −5인 경우에는 문제 해결은 적어도 더 높은 권한을 가진 직원의 통제하에 진행된다는 것을 보여 주어야 한다.
- **보상 제공.** 일부 기업은 고객 불만 해소를 위해 보상 또는 상품권을 지급하는 것을 상당히 꺼려 하는 경향이 있다. 대부분 고객은 문제가 재발하지 않도록 처리하며 문제를 해결해 줄 것을 원한다. 그러나 문제 해결 없는 보상은 더 큰 불만족으로 이어질 수 있음을 유의해야 한다. 그리고 상품권 보상은 레벨 −1에서는 필요가 없고 레벨 −2, −3인 경우에 적당하다. 레벨 −3과 레벨 −4는 환불과 상품권 전환과 같은 동등한 보상을 요구할 것이다. 그러나 레벨 −5는 현금, 현물, 서비스 보상 또는 경영진의 사과와 같은 '큰 보상'이 필요할 것이다.

16.2.4 불만을 제기하지 않는 고객에 대한 대응

애석하게도 문제는 악화되어 가는데 고객이 불만을 제기하지 않으면, 결국 문제는 발견되지 않거나 기업에 의해 해결되지 않을 것이다. 불만을 제기하지 않은 고객의 비율은 기업 사이에서 상당한 차이가 있다. 또한 사람의 성격, 문제의 삼각도와 불만족의 정도에 따라 달라진다. 한편, 고객은 문제를 해결하고 고객을 달래 줘야 할 기업 직원에게 문제점을 말하는 것보다 다른 사람에게 말하는 경향이 있다. 한 조사[12]에서 고객은 불만을 제기하더라도 실제 기업은 바뀌지 않아 헛수고라고 느끼고 있음이 나타났다(표 16-1).

〈표 16-1〉 불평하지 않는 이유

불평하지 않는 이유	비율
아무것도 변하지 않을 것이라 생각해서	50
너무 많은 노력이 들어서	17
문제를 만들고 싶지 않아서	17
너무 바빠서	8
너무 스트레스 받아서	8

고객에게 유용한 제안, 불만, 피드백을 장려하기 위해서, 기업은 고객을 편하게 해줄 필요가 있다. 즉, 기업이 심각하게 피드백을 받아들이고 개선을 위한 행동을 하는 등 변하는 모습을 보여 주어 고객의 신뢰를 얻어야 한다. 홍콩의 MTR은 고객 피드백을 얻기 위해 모든 노력을

CASE example

사례

내 가방은 어디에?

항공기를 타고 여행을 하는 경우에, 당신이 컨베이어벨트에서 위탁 수하물을 기다리는 마지막 승객이었으며 짐이 나타나지 않음을 알게 되었다. 화가 나는 일이면서 동시에 얼마나 자주 발생하는지 궁금하기도 하다. 수하물 관련 연간 보고서를 발간하는 SITA의 보고에 의하면, 항공 서비스 이용객 수는 증가하고 있지만, 분실 혹은 지체되는 수하물의 수는 점차 감소하고 있는 것으로 보고되고 있다. 2007년부터 분실 수하물 수준은 절반으로 줄었으나 글로벌 승객 수는 30% 정도 상승하여 20억 달러 정도의 원가 절감을 보이는 수준이다.[10]

그렇지만 왜 수하물이 사라지는 것일까? 본 보고서에 의하면 전체 분실 수하물 중 47%는 연계 비행편을 이용할 때 이른바 전달 과정 중 분실인 것으로 파악되고 있다. 16%는 항공기에 탑재하는 과정에서 발생하며 15%는 티켓팅 오류이며 꼬리표를 잘못 붙인다든지 항공기 출발 오류 등의 원인에 따른 것으로 파악되고 있다. 4% 정도는 도착 후 수송 과정에서의 오류 때문으로 파악된다. 전체 오류 발생 수하물 중 일부인 7% 정도만 분실로 확인되고 최종적으로 수하물 주인에게 인도되지 못하는 것으로 파악되었다. 그렇지만 단순한 지체 문제가 발생하는 경우에도 승객에게는 화가 발생하는 요소가 된다. 바로 이러한 점 때문에 대부분의 항공사가 수하물과 관련한 고객의 불편 사항을 줄이기 위한 구체적인 프로세스를 운용한다. 그러나 아무리 고객 불평 관련 프로세스가 잘 운영된다고 하더라도 개별 고객에 대한 세심한 배려가 진행되지 않는다면 불평에 대한 대응 수준은 더욱

Neustockimages/E+/Getty Images

악화될 것이다. 예를 들어, 영국항공의 경우에는 화가 난 고객에 대응하기 위해 전체 분실 수하물 수준을 파악하기 위한 노력을 기울였다.[11] 소셜 미디어를 통해 분실 수하물 고객에게 대응을 하면서, 1월부터 6개월간 전체 1500만 개 수하물을 확인하였으며 1% 정도가 분실 혹은 지체되는 것으로 고객에게 안내하였다. 이러한 수치적 정보를 확인한다는 것 자체가 분실이나 지체 수준을 경감시키는 것은 아닐 것이다. 그렇지만 소셜 미디어를 통해 다수의 고객에게 정보를 제공한다는 것 자체가 의미가 있는 것이다. 아주 드물지만 수하물이 지체된 점에 대해 고객에게 사과를 하고 대부분 몇 시간 내로 고객에게 전달되도록 하였다.

영국항공의 사례가 의미하는 바는 크다. 실제로 분실되는 수하물의 수는 아주 일부라고 할 수 있다. 그러나 석 달이 경과한다면 발견된 수하물과 실제 고객을 연결해 주는 것은 아주 힘든 일이 될 것이다. 그 시점에서는 경매를 통해 가방과 내용물을 처리하고 자선단체에 기부하게 되는 절차를 밟게 된다.

기울이고 있다(MTR 사례 참조)

피드백 장려엔 다음과 같은 다양한 방법이 있다.

- **의견 카드.** 이 방법은 서비스에 대한 고객 관점(무엇을 좋아하는가? 어떤 점이 잘못되었나?), 고객이 생각하는 서비스 개선점 요청(우리가 보강해야 하는 것은 무엇인가?), 고객의

CASE example

사례

홍콩 MTR[13]

MTR 법인은 홍콩에서 10개의 철도 노선을 운영하고 있다. 더불어 경전철은 툰먼과 위엔롱에 위치하고 버스 서비스로 간선 노선 서비스를 제공하고 있다. 또한, 이 법인은 공항 리무진을 운영하고, 홍콩 국제공항과 도시의 전시관 및 컨퍼런스 센터, 아시아 월드 엑스포와 가장 빠르게 연결을 제공하는 전용 고속철도를 운영한다. 1975년에 설립되었으며 홍콩의 대중교통 서비스를 담당하기 위한 목적을 사명으로 한다. 열차는 매우 많이 이용되는 대중교통 시스템 중 하나로, 주중 평균 590만 명이 탑승한다. 대중교통 시스템 운영 외에, 법인은 적극적으로 새로운 라인 확장에 따라 기존 역 주변의 주거지역과 상업 프로젝트 개발에 참여하고 있다.

MTR은 세계적으로 안정성, 신뢰성, 고객 서비스 및 비용 효율성과 지속적인 고객의 네트워크 서비스를 개발하기 위한 철도로 인정받고 있다. 이 법인의 임무는 홍콩의 삶의 질을 향상시키기 위해 철도를 세계 최고 수준으로 개발하고 관리하여 이에 대한 재산 및 기타 관련 사업을 향상시키는 것이다. 고객 서비스는 회사의 핵심 가치 중 하나이다. 회사 입장에서 개선되어야 할 점을 알기 위해서는 고객의 요구와 우려를 귀담아 들어야 한다. 관리자는 연간 승객 설문조사, 홈 인터뷰 조사, 일 년에 두 번의 고객 서비스에 대한 설문조사 및 포커스 그룹 토론을 실행한다. 또한, 고객을 위한 전화 상담 서비스를 운영하고, 역내에 제안함을 설치하고 가끔 휴대전화 통화를 통한 의견 청취와 커피 제공 이벤트를 개최한다. MTR은 고객이 어떻게 생각하는가와 그들의 요구를 충족하기 위한 서비스와 시설에 대한 개발에 노력을 기울인다. "우리는 듣고, 행동으로 보여 준다."

picturelibrary/Alamy Stock Photo

재방문 의사와 같은 정보(재이용 의사가 있는가? 주위에 우리 가게를 추천할 것인가?)와 같은 내용을 확인할 기회를 가질 수 있다. 또한 일부 기업은 긍정 또는 부정적 피드백을 장려하기 위해 보상과 같은 우대책을 사용하고 있다.

- **공지.** 공지는 불만 또는 의견을 얻기 위해 고객에게 설명하기에 유용한 방법이다. 무료 전화번호는 피드백을 제공하지 않은 고객에게 홍보하는 데 도움이 될 것이다. 기업 일부는 고위 관리자 또는 심지어 최고 책임자의 전화번호 또는 이메일 주소를 제공하여 얼마나 피드백을 중요하게 받아들이는지 입증하고 있다.
- **웹사이트.** '비공식적' 웹사이트 수가 점차 증가하는 동안(기업에 대해 많은 불만을 가진 고객의 '소리'가 있는 곳) 몇몇 기업은 이 웹사이트를 통해 피드백을 포착하여 사전 대책을 강구하는 단계를 취하고 있다.
- **직원 피드백.** 프런트 직원은 흔히 작은 의견 또는 넋두리 등을 접수하고 관리자들에게 이

를 전달하는 역할을 가지고 있다. 그러나 애석하게도, 부서회의, 서면 또는 전산 기반의 시스템을 통해 공식 또는 비공식 피드백과 이의 개선을 도출하는 메커니즘을 가짐으로써 정보를 활용하는 기업은 많지 않다.

온라인/컴퓨터화된 불만 관리 시스템

기업 운영 관련 지속적 운영을 위한 다른 일상적 절차와 마찬가지로 고객 불평 관리 시스템은 정보 기술에 의해 도움을 받게 된다. 컴퓨터화된 고객 불만 관리 시스템은 불만 관리 프로세스의 일부분으로 운용된다. 고객 불만 관리 시스템을 컴퓨터화하는 경우의 장점은 다양한 경로에서 발생하는 고객의 불만을 효과적으로 관리할 수 있다는 것이다. 특히 규모가 큰 서비스 기업의 경우에는 고객 대면 상황이나 소셜 미디어 운영, 전화, 온라인 대응 등 다양한 상황에서 고객 불만이 발생할 수 있다. 어느 경우든지 문제의 발생에서 해결까지의 전 과정이 기록되어야 하며 기업의 공식적 절차에 의해 운용되어야 한다. 이러한 일련의 과정을 자동화한다는 것은 모든 불만이 하나의 시스템 내에서 수집되고 저장되며 분석되어 통합 관리된다는 것을 의미하며 이를 통해 추세를 분석하고 미래 불만을 관리할 수 있다는 것을 의미한다. 아울러 기업의 어느 영역에서 고객 불만을 효과적으로 관리하고 있는가를 확인할 수 있어서 즉각적인 서비스 대응을 할 수 있다는 장점이 있다. 고객 불만의 분류를 통해 우선 대상을 확인하고 긴급한 상황에 대한 적절한 관리도 가능해진다.

온라인 불만 관리

컴퓨터화된 고객 불만 관리 시스템의 중요한 부분은 다양한 고객에게 다양한 서비스를 제공해야 하는 상황에서 더욱 효과적일 수 있다. 국가 혹은 지방자치단체에서 적절한 사례를 찾을 수 있다.

예를 들어 지방정부 서비스 운영 관리자는 도로 공사가 지체된다든지 도로 불량 혹은 쓰레기 수거 문제에서 세금 산정에서의 문제 제기 등 시민의 의견이나 불만 사항을 접하게 된다. 서비스의 다양함과 이해 관계자의 다양함에도 불구하고 불만 처리 시스템을 바탕으로 반드시 준수되어야 하는 절차가 있게 된다. 이러한 상황에서 효과적 온라인 불만 처리 시스템은 분명히 장점이 있다고 할 수 있다. 일부 지방자치단체에서 '시민알림시스템'을 통해 효과적으로 처리 과정을 제공하고 있다.[14] 이러한 시스템 운영을 통해 효과적인 공공 서비스를 제공하는 것과 함께 지역민의 지역에 대한 관심과 삶의 질 개선을 강조하는 환경을 조성하는 데 기여하고 있다.

다른 견해

고객 불만 관리 시스템을 운영하기 위해 반드시 주의해야 할 부분이 있다. 대부분의 경우에는 자동화되고 표준화된 불만 관리 시스템이 효과적이지만, 고객의 시점에서 더욱 중요한 부분은 서비스 실패 이후에 보이는 기업의 공감성과 반성이라고 할 수 있다. 자동화된 시스템이 서비스 스태프의 행동에 영향을 미치게 되는데, 고객의 니즈를 반영하여 고객화된 서비스를 제공하는 것이 아니라 단순히 정해진 절차에 따라 서비스 대응을 한다면 기대한 성과를 얻기 힘들어질 수 있다.

16.3 관리자는 개선을 위해 서비스 문제를 어떻게 이용할 것인가

항상 문제가 발생하고 고객의 불만이 제기된다는 점을 고려할 때, 기업은 문제를 통한 학습과 개선 도출을 위한 구조적 방법으로써 문제점이라는 정보를 이용할 수 있어야 한다. 이 활동을 서비스 회복이라고 일컫는다.

16.3.1 서비스 회복

문제 발생 후 고객 대응, 즉 고객에게 사과, 문제 해결과 보상 제공과 같은 것을 의미하는 '서비스 회복'을 이용한다(앞에서 간단히 설명하였다). 서비스 회복은 기업 성과를 향상시키기 위해 서비스 제공 과정에서 발생하는 문제와 실패의 원인을 찾고 대응하는 것을 의미한다. 그리고 고객, 직원과 기업의 세 가지 핵심 주체를 위해 문제 해결 및 운영상 절차 개선을 추진하여 문제를 바로 잡고 이러한 실패가 고객 불만족으로 이어지기 전에 우선적으로 실패와 잠재적 실패를 발견하는 활동을 통해 관리상 발생하는 불만을 피하는 것까지 의미가 확장될 수 있다.

물론 실패를 회복시키려는 활동은 고객 만족은 물론 고객을 기쁘게 한다. 결과적으로 유지율이 높아지므로 긍정적 구두 의견을 도출할 뿐만 아니라 수익(장기 수익 흐름과 비용 절감 등)을 제공한다. 서비스 회복의 주목적은 고객 만족 자체(즉, 고객 회복)에 있지 않고, 특정 문제 영역에서 관리적 부분에 초점을 맞춤으로써 기업을 통한 개선 추진을 위해 실패와 그 결과로 얻은 정보를 사용하는 것이다. 만일 서비스 회복의 초점이 고객 만족에만 치우쳐져 있다면, 고객 불만 예방과 비용 절감과 같이 재발 방지를 위한 잠재성을 찾기 어렵다. 중요한 점은 문제 대응과 실패 회복은 운영상 개선으로 이어져야 한다는 것이다. 그래야만 향후 문제 대응 등에 발생하는 비용 감소와 문제 재발 방지 등의 긍정적 효과가 발생할 것이다. 또한 고객 만족과 절차 개선, 문제 대응은 직원의 입장에서도 직장 생활을 윤택하게 만든다는 점에서 좋은 영향을 미친다. 그래서 양질의 서비스 회복은 직원 만족도 수준을 높여 직원 근속률을 올리게 되고 결

〈그림 16-5〉 서비스 회복과 영향력

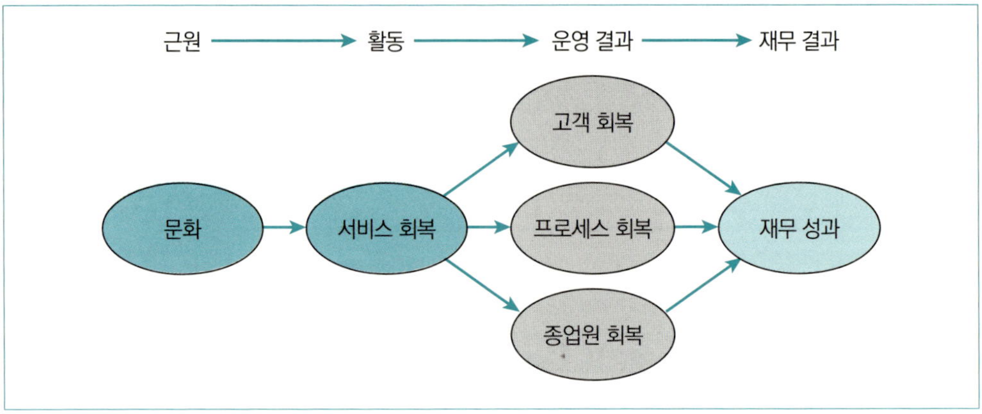

국 비용절감으로 이어지게 된다.

고객 회복(적절한 불만 고객 대응), 절차 회복(운영상 절차 개선)과 직원 회복(더 나은 업무 환경 제공)은 서비스 회복의 주요 결과이다. 그리고 이런 결과는 기업의 재무적 성과 개선으로 이어질 것이다(그림 16-5 참조). 한 조사에서 발견한 흥미로운 점은 재무적 성과 개선에서 가장 약한 부분은 고객 회복이고 가장 강한 부분은 절차 회복이라는 점이다.[15] 그러나 절차 회복 없이 고객 회복에 초점을 맞춘 기업들은 문제 재발을 방지하지 못할 뿐만 아니라 재무적 개선 성과도 줄어든다는 것이다. 불행히도, 실제 많은 기업이 이 결과로 수익을 얻지 못하고 단순히 불만 고객을 달래는 수단으로써 서비스 회복을 바라보고 있다.

올바른 문화의 구축

진지하게 문제를 통한 학습을 이행하고자 하는 모든 기업은 올바른 서비스 문화를 가져야 한다. 즉, 흔히 말하는 '비난 받지 않는 회사'가 되어야 한다는 것이다. 이는 문제 또는 실패가 발생할 경우, 직원이 비난받는 것이 아니라 문제 자체에 초점을 맞춰 향후 이를 해결할 수 있다는 것을 의미한다. 그러나 직원은 동일 실수를 되풀이하기도 한다. 이는 겉보기엔 쉬울지 모르지만 실제론 놀라울 정도로 달성하는 데 어려움이 따를 수 있다. 달성을 위해선, 상당한 경영상의 지원, 비난보다는 학습을 강조, 모든 실무 관리자와 상급 관리자는 바람직한 지원, 독려, 개선 활동으로 본보기가 되어야 한다. 또한 문제 대응과 절차 개선을 위해 양질의 메커니즘과 함께 솔직한 문제 전달을 통한 직원 지원과 훈련에 힘을 쏟아야 한다.

고객 회복

뭔가 일이 잘못되어 갈 때, 기업은 고객에게 무언가를 해줄 수 있는 기회를 가진다. 기업의 경우, 직원이 고객과 직접 마주치며 업무를 진행하는 과정에서 문제 또는 실패가 발생하곤 한다. 문제 대응과 인식에 대한 의지가 없는 직원은 고객 불만족의 주원인으로 알려져 있다.[16] 고객 회복은 고객 불만을 적절하게 대응하는 것과 동시에 문제 발생을 기다리기보다 문제에 대한 고객 피드백을 통해 사전 대책을 강구하는 과정을 포함한다.

적절한 불만 관리는 고객 유지를 증가시킬 것이며, 상호 호혜적 상황으로 갈 수도 있다. 왜냐하면 기업은 고객의 어려움을 해결하기 위해 문제를 제거하는 과정을 취하는데, 이 과정에서 고객은 서비스를 지속적으로 이용할 뿐만 아니라 기업을 옹호하고 다른 사람에게 추천을 하는 것과 같이 노력에 대한 보답을 해야 하는 과정이 나타날 수 있기 때문이다.

프로세스 회복

놀랍게도 제조 기업과는 달리 일부 서비스 기업은 서비스 문제에 대한 정보 입수, 문제를 통한 학습, 문제 개선에 능숙하다. 그럼에도 일부 서비스 기업은 고객 불만을 진정시켜야 할 고객 서비스 센터를 외진 곳에 위치시킴으로서 서비스 제공을 어렵게 만들기도 한다. 그럼에도 절차 회복은 중요한 활동이다.

절차 회복은 몇 가지 단계를 거친다. 첫째, 문제는 조사, 데이터 수집, 분석이 이루어져야 한다. 그런 다음 문제 발생의 근본 원인 확인 및 개선 사항을 생각하고 실행해야 한다. 개선의 어려움 또는 발생 비용은 문제로 인한 불편함과 그에 따른 비용보다 큰 것으로 간주될 경우, 상황을 다루기 위해 직원에게 노하우를 전수해야 한다. 변화가 적절하고 필수적이라는 가정하에 문제의 모든 원인을 뿌리 뽑아야 한다. 그런 다음 해결책이 실제로 문제를 해결했다는 것을 보증하기 위해 확인 절차를 거쳐야 한다. 그 후에 문제에 초점을 맞춘 직원 또는 고객에게 문제가 어떻게 해결 되었는지를 설명해 주는 것이 적절하다. 이런 절차를 통해서 고객/직원은 만족하게 되고, 그들의 행동이 인정되며 기업에게 긍정적인 방향의 피드백 제공을 더욱 활성화하도록 독려하게 된다.

고객 불만과 다른 실패 또는 문제 상황을 통한 정보는 관리자가 개선해야 할 것과 향후 고객뿐만 아니라 고객에게 동일한 실패를 발생 시키지 않기 위해 정기적으로 숙달해야 하는 직원에 이르기까지 더 좋은 개선점을 수립해야 한다는 의미(동기부여)를 기업에게 부여할 것이다.

CASE example

사례

슬랙의 서비스 회복 접근법[17]

슬랙(Slack)사는 직장 메시징 플랫폼이며 개인과 팀간 함께 업무를 수행할 수 있는 협업 허브이다. 회사명은 모든 대화(All Conversation)와 지식(Knowledge)의 탐색 로그(Searchable Log)의 약자이다. 수백만 명의 활동적인 일일 사용자가 작업 공간 내에서 활동을 하고 있다. (작업 공간은 모든 대화와 지식의 공유 허브로 이곳에서 함께 업무를 수행하게 된다.) 2013년 출시 이후, 슬랙사는 직장 커뮤니케이션을 간소화하는 데 도움을 주었다. 직원 간의 협업을 개선하였으나 여느 플랫폼 기반 작업과 마찬가지로 가장 큰 위협은 사용자가 플랫폼에 액세스할 수 없는 시스템 중단이었다. 실제로 이러한 중단 사태가 발생하게 되었을 때 서비스 기업이 어떻게 대처하는가 하는 것은 서비스 손실에 대한 고객의 반응에 있어 큰 차이를 일으키게 된다.

슬랙사는 이러한 상황에 상대적으로 잘 대응하는 기업으로 알려져 있다. 우선 커뮤니케이션의 중요성을 잘 이해하고 있다. 플랫폼을 통해 문제점을 신속하게 파악하고 트위터를 통해 정규적, 비정규적 자료 업데이트를 알리며, 동시에 불평하는 고객에 대응하는 소셜 미디어 대응팀을 운영하고 있다. 둘째, 즉각적인 사과와 함께 고객이 경험한 문제점을 개선하기 위한 투자 활동을 진행하고 시스템 업데이트를 진행한다. 셋째, 고객 대응에서 친절하며 관대하고 개별화된 의사소통을 진행한다. 서비스 제공 과정에서 상당한 주의를 기울이며 서비스 제공이 이루어지고 있지만 무엇보다 중요한 것은 서비스 중지 상황에서 당황하지 않는 것이다. 그와 같은 문제점 발생이전에 충분한 계획과 자원의 할당, 조직 구조의 체계가 갖추어져 있는 것이 중요하다.

직원 회복

운영상 프로세스를 개선시키고 고객을 만족 시키는 문제를 통한 학습은 직원에게도 더 나은 개선점을 제공할 것이다. 그리고 불만 고객이 감소하는 것을 직접적으로 느낄 것이고 운영상 절차 또한 쉽고 더 나아질 것이다. 그러나 문제점은 여전히 발생하고, 관리자는 일부 프런트 직원이 문제 발생 시 좌절감과 짜증을 낸다는 것을 인식할 필요가 있다. 또한 불만 원인을 개선시키고자 하는 의지가 없거나 이를 듣지 않는 관리자가 있는 기업에서 고객을 대응하는 과정에서 스트레스가 가중될 것이다. 불만족스럽고 환멸을 느끼는 고객뿐만 아니라 문제를 해결하거나 도움을 주는 데 무력함을 느끼는 종업원도 불만족 또는 환멸을 느끼게 된다. 무력함이라고 알려진 이러한 감정[18]은 직원으로 하여금 쓸모없음 또는 의욕 저하, 비창조적으로 움직이는 것과 같이 수동적이고 순응성 행동이 일어나게끔 할 것이다. 그리고 이러한 무력함에 관련된 직원 소외는 관리자가 무력함으로부터 직원을 회복시킬 노력을 하지 않을 경우 악화될 것이다. 그래서 고객과 동일하게 직원도 감독자 또는 관리자에 의해 '회복'되어야 할 것이다.

직원 회복은 인정, 공감, 문제 해결 등 고객 회복과 같은 과정을 거치고 절차상 직원을 대상으로 문제 조사 및 해결 과정이 포함될 것이다.

다른 견해

어떻게 서비스 기업이 불만 혹은 비판에 대응할 것인가 하는 것은 쉽게 진부화할 수 있다. '고객의 피드백은 우리에게 매우 중요합니다'라든지 '조사 중입니다.' 또는 '귀하의 피드백을 소중하게 생각합니다'와 '이 내용을 기업의 정책에 반영할 것입니다' 등은 의미가 없는 것으로 보일 수 있다. '귀하의 피드백에 감사드립니다', '이를 관련 팀에 피드백하도록 하겠습니다' 등은 로봇처럼 단순 알고리즘에서 나온 것처럼 들릴 수 있다. 경우에 따라서는 이러한 기업들의 대응에 대하여 의심스러운 관행을 은폐하기 위한 목적으로 진행되는 것으로 보일 수도 있다. 예를 들어, 영국 열차 운영 회사가 분실된 지갑에서의 현금 10%를 보관하는 것에 대하여 사람들의 분노를 소셜 미디어를 통해 볼 수 있었다. 이에 정책을 바꿔서 언론에 공표하게 된다. '고객의 피드백이 중요하며 이를 반영하여 정책을 바꾸고자 합니다.' 논평가들은 고객의 불평에 대해 대응할 때 진부하게 대응하는 것을 자제할 것을 권고한다. 또 다른 이야기는 애플 컴퓨터를 이용하던 장애인 사용자의 경우이며, 애플 컴퓨터의 CEO인 스티브 잡스에게 연락하여 전통적인 컴퓨터 사용의 문제점을 얘기하게 된다.[19] 장애로 인하여 전통적 태블릿을 이용하는데 어려움을 겪게 되고 컴퓨터 개발에의 노력을 계속 기울여 줄 것을 요청하게 된다. 이에 스티브 잡스는 고객대응팀에 이 내용을 전달하고 장애 사용자에게 직접적인 응답을 하는 대신, 지구상에서 가장 훌륭한 컴퓨터를 개발하겠다는 의지를 표명하게 된다.

16.3.2 서비스 회복 테스트

서비스 회복 능력을 평가하기 위해 기업에 적용할 수 있는 여섯 가지 척도를 다음과 같이 요약하였다.

1. 개선을 이끌 문제를 통한 학습 문화가 정착되어 있는가?
2. 고객 만족도가 증가하고 있는가? (적어도 기업이 유지하고자 하는 고객을 대상으로 한다.)
3. 고객 유지율이 향상되고 있는가?
4. 절차 개선을 추진하고 있는가?
5. 직원에게 더 나은 환경을 제공하고 있는가?
6. 위의 결과를 통해, 재무적 성과가 향상되었는가?

결국 효과적인 서비스 회복은 기업의 재무적 성과 향상에 직접적으로 기여할 것이다. 그리고 더 높은 수준의 고객 유지율과 만족을 느낀 고객으로부터 긍정적인 의견을 통해 기업의 수익은 향상되고, 지속적인 운영 개선을 통한 비용 절감과 불만족 고객 대응을 위한 비용(재무적 및 감정적)도 감소할 것이다. 실제로, 이렇게 정의된 서비스 회복은 이익 센터로 간주될 것이다. 애석하게도, 많은 기업이 서비스 회복 또는 더 많은 불만 관리를 필요악 또는 매몰 비용으로 간주하고 있다. 불만/회복과 재무적 성과 사이의 관계를 더 많이 이해하기 위해, 기업은 서비스 회복의 가치를 부정적으로 생각하는 관리자에게 도움을 주는 데이터 수집 및 분석이 필요하다.

16.4 관리자는 발생하는 문제를 어떻게 예방할 것인가

서비스 회복은 서비스 운영 및 기업 성과를 개선하기 위해 서비스 제공 과정에서 발생하는 문제 및 실패를 발견하고 대응하는 조치로 정의하였다. 서비스 회복에서 한 가지 중요한 부분은 문제를 발견하고 우선적으로 문제 발생을 방지하는 것이다. 15장에서 지속적 개선을 위해 관리자가 수행해야 할 몇 가지 도구를 제공하였다. 여기서는 문제를 발견하고 감소시키는 데 확실한 도움을 주는 두 가지 도구를 소개한다.

16.4.1 실수 예방

실수 예방은 서비스 제공 과정에서 실수 가능성을 줄이기 위한 수단을 의미한다.[20] 일본에서는 포카요케(poka yoke. 일본어로 yokeru는 예방, poka는 부주의로 인한 오류)로 불리고 Shigeo Shingo에 의해 고안되었다. 포카요케는 실패로 이어지는 수많은 불가피한 실수를 예방하기 위해 설정된 단순한 자동 실수 예방 장치이다. 일반적으로 포카요케는 비용이 적게 들고 간단하다는 장점을 가지고 있어 고객과 직원의 문제 발생을 예방하기 위해 사용되었다.

포카요케는 고객을 올바른 방향으로 이끌어 고객 실패 발생을 줄이는 데 사용될 수 있다. 간단하지만 효과적인 사례로는 사용을 위해 문이 닫히면 전등이 켜지는 항공기 화장실 문이 있다. 그리고 가게 상품에 붙어 있는 전자 태그는 무심코 또는 고의로 가게 밖으로 상품을 들고 가지 못하도록 한다. 휴대전화는 가방 안에서 갑자기 통화키가 눌리는 것을 방지하도록 잠금을 할 수 있다. 그리하여 배터리 낭비를 방지할 수 있다.

운영의 관점에서, 포카요케는 직원이 서비스 실패를 없애거나 줄이기 위해 절차를 준수한다는 것을 보증하기 위해 사용될 수 있다. 예를 들어, 일부 컴퓨터화된 작업 절차에서는 실수를 없애기 위해 모든 정보가 이전 화면에서 제공되어야 다음 화면으로 넘어가도록 하는 것이다. 기차의 '자동 제어 핸들'은 운전자가 핸들 아래쪽을 잡을 경우 기차를 자동적으로 멈추게 한다. 고장이 났을 때 닫히지 않는 자동문과 신호등이 고장 났을 때 모든 방향에서 노란색으로 나타나게 하여 장비의 고장을 알리는 방법도 있다. 그리고 병렬 배선 장치 또는 예비 부품 또는 시스템은 장비 실패 가능성을 상당히 줄일 수 있다.

실수 예방에는 다음과 같은 4단계가 있다.

CASE example

사례

의료 산업의 포카요케

의료 분야 교육에서 가장 중요한 원칙으로 삼는 것은 라틴어 primum non nocere이다. '처음부터 해를 끼치지 말라'라는 의미이다. 달리 표현한다면 의심스럽다면 위험을 감수하고 무엇인가를 조치하는 것보다는 아무것도 하지 않는 것이 더 낫다는 의미이다. 특히 치료의 결과에 따라서 삶과 죽음이 결정되는 의료 분야에서는 더욱 분명하게 받아들여질 수 있다. 이러한 점이 선도적인 의료기관의 의료진들에 대하여 생명을 위협할 수 있는 치료를 막기 위해 포카요케가 적용되는지를 설명해 준다. 아래에서는 몇 가지 사례를 소개하고자 한다.

- 혈액형 오류 수혈은 환자의 생명을 위협할 수 있는 치명적 실수이다. 일부 병원에서는 플라스틱 자물쇠 장치를 사용하여 환자의 손목에 있는 세 자리 코드가 정확히 맞지 않으면 혈액 케이스에의 접근을 막도록 한다. 이 코드는 혈액은행에 보관되며 환자마다 다른 코드가 부여된다. 따라서 혈액 업무를 수행하고자 하는 누구든지 환자 혈액 관련 코드를 부여받으면 업무를 수행할 수 있게 된다. 코드가 사용될 수 있는 곳에서만 사용 가능한 방법이기는 하다. 또한 코드와 관련된 내용은 환자 의료 차트나 정보 시스템에서 배제된다.
- 병원 내에서 휠체어는 중요한 도구이다. 물리적으로 이동에 어려움을 겪는 많은 사람이 이를 이용하고 있다. 그렇지만 물리적으로 이동이 어려운 사람들은 그만큼 휠체어로 인한 사고에 노출되어 있다. 이러한 사고를 막기 위해 어떤 휠체어는 자동 브레이크 시스템이 설치되어 있어 환자가 앉지 않으면 자동으로 작동하게 된다. 오직 환자가 앉거나 핸들이 당겨지면 브레이크가 풀리게 된다.
- 급격히 사용량이 늘어나고 있는 의료용 가스에 대하여 의료진이 통제할 수 있도록 의료용 가스 라인이 설치되어 있다. 예를 들어, 질소산화물, 산소 등 의료용 가스 주입을 위해 벽에 판넬을 통해 관리하게 된다. 이렇게 관리하는 것은 편리하지만 가스 주입과 관련된 연결 작업에서의 오류를 범할 수 있다. 이를 막기 위해 가스 라인이 잘못된 주입구와 연결되지 못하도록 디자인되며, 이러한 간단히 과정을 통해 가스 배송 시스템이 재설계되는 비용을 줄일 수 있게 된다.
- 카테터(catheter)는 가느다란 튜브로 몸 속에 삽입되어 다양한 역할을 하게 된다. 주로 몸 내외로의 액체류 이동을 위해 사용된다. 소변 카테터는 방광을 비우고 소변을 모으기 위한 목적으로 사용된다. 외과 수술을 하기 전후의 소변 흐름을 원활하게 하기 위한 목적으로도 사용된다. 이러한 경우에 단일 방향으로의 흐름은 아주 중요하며 이를 위해 카테터에는 단일 방향으로의 흐름을 제어하기 위한 밸브가 달려 있다.
- 병원 운영을 위해서는 상당한 규모와 비용이 수반되는 장비가 필요하다. 복잡하고 어려운 외과 수술을 진행하는 중에 이러한 설비가 이동 중에 충돌이 일어날 수 있는 위험이 있다. 자동 충돌 방지 시스템은 경고가 나오게되고 충돌이 긴박한 경우에는 움직임을 중지시킬 수도 있다.

포카요케는 복잡하거나 비용이 꼭 많이 수반될 필요는 없다. 대부분의 경우는 저렴하고 간단히 실행할 수 있다. 물리적 모든 위험을 방지할 수 없을지 몰라도, 실수라든지 사람에 미치는 악영향은 줄일 수 있을 것이다. 병원 바닥에 표시된 점은 좋은 예가 된다. 상당수 MRI 설치 병원에서는 라인을 통해 자기장의 크기가 큰 구역을 표시하고 있다. 또한 일부 병원에서는 간호사들이 환자에게 약물 투입하는 공간을 별도로 두어 타인으로부터 간섭받지 않고 집중할 수 있도록 배려하고 있다.

1. 실제 또는 잠재적으로 절차상 약한 부분을 확인한다. 이는 불만 데이터 분석 또는 7, 11장(절차 도표 제작, 현장 실사, 고객 경험 분석 또는 감정 도표 제작)에서 도입한 도구를 사용하여 수행할 수 있다.
2. 오류를 예방 또는 줄일 수 있는 다양한 방법을 브레인스토밍한다.
3. 가장 적절한 포카요케를 선정, 설정 및 실행한다. 실패가 예방되지 않을 경우, 실패 발생 시 상황을 다룰 노하우를 직원에게 전달한다.
4. 필요하다면 위의 단계를 반복 시행하고 이에 따른 효과를 평가하고 주기적으로 관찰한다.

16.4.2 서비스 보증

서비스 보증은 서비스 회복이 겉으로 보이는 구조적 형태이다. 즉, 문제가 발생하면 기업은 문제를 인식하고 대응하도록 고객에게 문제를 전달하고 보상과 개선을 위한 시스템을 제공할 것이라는 사실을 인정한다는 것이고, 일정 수준을 충족하는 데 실패한 고객 서비스를 보상한다는 조항을 뜻한다. 양질의 보증은 조항 내용 및 불충족 시 조치 사항과 고객이 받을 수 있는 보상 범위를 설명한다. 일부 기업의 경우 서비스 보증은 고객 중심 전략에서 핵심적인 부분이다.

보증을 위해 기업은 서비스 회복 절차를 공식화해야 한다. 서비스 보증 내용은 적용된 보증을 다루는 직원의 권한 부여 및 훈련 진행뿐만 아니라 보증 이행을 위해 고객을 초청하는 분명한 절차 등의 내용이 포함된다. 또한 실패에 대한 보상도 명시한다. 그리고 보증은 사전 대책 강구에도 사용될 수 있는데, 예를 들어, 피자 전문점에서 확실한 회복 절차를 개발했는데, 그 내용엔 고객을 대신하여 보증을 실행하는 프런트 직원이 피자가 늦게 도착할 경우, 사과와 동시에 피자 상품권을 무료로 고객에게 제공한다는 내용이 포함되어 있다.

16.4.3 서비스 보증 수준을 측정하기 위한 여섯 가지 척도

서비스 회복과 마찬가지로 보증에서도 아래와 같이 적용 가능한 여섯 가지 척도가 있다.

1. 문제 개선을 통한 학습 문화가 정착되어 있는가?
2. 고객 만족도가 증가하고 있는가? (적어도 기업이 유지하고자 하는 고객을 대상으로 한다.)
3. 고객 유지율이 향상되고 있는가?
4. 절차 개선을 추진하고 있는가?
5. 직원에게 더 나은 환경을 제공하고 있는가?
6. 위의 결과를 통해, 재무적 성과가 향상되었는가?

CASE example

사례

비행공포에 대한 보증[21]

항공기를 이용하는 것은 가장 안전한 방법이다. 특별히 위험한 지역에 사는 것이 아니라면 항공기를 이용하는 것이 차량으로 이동하는 것에 훨씬 안전할 것이다. 그럼에도 고소공포증이라든지 비행공포증은 일반적인 공포에 속한다. YouGov조사에 의하면 비행에 대해 약하게라도 두려움을 느끼는 사람은 3명 중의 1명인 것으로 나타났으며 16%는 꽤 큰 두려움을 느끼는 것으로 파악되었다.[22] 비행공포증에 대한 몇 가지 원인은 항공기 사고에 대한 지난친 보도와 공항에서의 신체 검사, 보안 검사, 엑스레이 스캔과 같은 절차가 두려움을 느끼게 하는 도화선이 되며 개인적으로 과거 비행에서 경험한 난기류에서의 공포가 원인이라고 보고 있다.

이러한 이슈는 분명 항공사에 중요한 사항이다. 버진애틀란틱 항공사가 특정 날짜에 예약을 하는 고객에 대하여 '두려움 없는 비행' 이벤트로 공짜 좌석을 제공하는 것도 이러한 점을 반영한 것이다. 비행 중에 비행공포와 관련된 만족이 실현되지 않으면 항공료를 반환하는 것이다. 이러한 프로그램을 통해 새로운 목적지로의 이동을 독려하고 버진애틀란틱 항공사가 제공하는 차별적 서비스에의 만족도가 높아지길 바라게 된다. 실제로 이 프로그램을 통해 매년 2,000~3,000명의 항공 고객이 비행공포로부터 벗어난 것으로 파악되고 있다. 항공사에서는 수많은 사람이 재참여를 하고 있으며 비행공포를 벗어나기 위해 여러 사람과 함께 동참한다고 얘기한다. 비행공포를 잊고 극복하기 위한 목적으로 참여한 고객이 주말여행이나 출장을 편안하게 다닐 수 있게 된 것이다. 4세부터 87세까지 비행공포를 가진 많은 사람이 이를 극복하고 편안하게 여행을 다닐 수 있게 된 것이다. 항공사에 따르면 98%의 고객이 성공적으로 극복한다고 말하고 있다. 매년 20회 넘게 프로그램이 진행되며 비행에 대해 새롭게 생각할 수 있는 기회를 제공하고 있다. 비행공포가 극복되지 않은 고객은 전문가에 의해 확인하는 과정을 거친 이후, 항공료를 환불해 주고 있다.

AndreyPopov/iStock/Getty Images Plus/Getty Images

학습문화

학습 문화가 정착되지 않으면 보증은 성공하기 어려울 것이다. 실제로, 일부 기업은 잘못된 부분을 말할 경우 즉시 보상(상품권, 환불 또는 보상이 가능한 모든 형태)을 제공한다는 내용을 분명히 명기하였지만 문제가 기록되거나 문제에 따른 후속 조치가 전혀 이루어지지 않는다는 것이다.

고객 만족

주문 후 10분 내에 고객에게 점심을 전달하겠다고 보증한 식당은 고객이 중요시 하는 신속한 배달에 초점을 맞출 뿐만 아니라 고객이 감지하는 위험(예를 들어 고객은 빠른 점심식사를 요구한다)을 줄이는 데도 중점을 둔다. 또한 서비스 보증은 문제점을 인식한 고객이 불만 토로 없이 서비스를 이탈하는 것을 방지하여 고객의 문제를 해결하고 서비스 프로세스를 개선할 수 있는 기회를 제공한다.

주요 장점은 다음과 같다.

- **고객 만족에 초점을 맞춘다.** 보증은 고객 요구 사항을 충족시키기 위한 서비스 기업과 직원의 초점을 구축하는 데 도움을 준다. 그리고 고객 만족 사항을 분명하게 하여 요구 사항을 끊임없이 상기시키는 인자로 작용한다.
- **감지된 위험을 감소시킨다.** 고객의 경우, 보증은 구입하여 경험하지 않고는 사전에 미리 알 수 없는 위험을 줄여주는 데 기여한다. 그리고 서비스 보증은 달성되어야 할 성과 기준을 분명하게 함으로써 고객 위험을 줄일 수 있고 서비스 실패가 발생한 경우 기대되는 회수와 재작업의 수준을 사전에 예측할 수 있다.
- **긍정적 태도 창출.** 합리적 조치에 따라, 서비스 구매가 양호하게 이어질 것이라는 신뢰 증가는 구매에 더욱 호의적인 태도를 형성하게끔 고객을 유도할 것이고, 결과적으로 구매 의사가 더 증가할 것이다. 그래서 구매의도의 강화는 고객 신뢰, 태도, 구매 의사와 실제 구매하려는 고객의 수에 긍정적 영향을 미친다.
- **불만족 대응.** 잘 설정된 보증은 서비스 성과를 평가하기 위한 분명한 기준을 고객에게 제공한다. 또한 보증 기준을 충족하지 못할 경우 고객에게 보상을 보장한다. 그러므로 고객으로부터 받아들여질 수 있는 불평과 피드백을 권장하게 되고 직원에게는 불만족을 다룰 수 있는 체계를 제공하게 된다. 결과적으로, 고객 만족과 기업 학습으로 회복 기회를 증가시킨다.

고객 유지

서비스 보증의 결과로 불만을 해결함으로써 고객 유지도 증가하게 된다. 그리고 적절한 서비스 보증 제공을 통해서, 다른 곳에서 구매하는 경우 발생할 수 있는 위험 증가로 인해 다른 기업으로 옮기려는 고객을 막아 유지시켜 줄 것이다. 더 나아가 잘 설정된 서비스 보증은 그 자체로 높은 의사소통 품질을 있어서 보증에 대한 고객과의 대화를 유도하게 된다.

프로세스 개선

서비스 회복처럼 서비스 보증은 기업의 서비스 실패 부분을 확인하는 데 도움을 준다. 흔히 보증 설정 단계에서, 운영 관리자는 서비스 절차의 약점을 확인하고 요구 기준을 충족할 수 있는 시스템 구축을 진행해야 한다. 실제 실행 단계에서는, 서비스 보증은 낮은 성과에 대한 데이터를 제공하고 오류를 추적하여 기업들에게 실패 부분을 없애고 확인하는 데 도움을 준다.

직원 성과

서비스 보증은 문제와 불만을 대응하는 직원의 스트레스를 줄여 줄 수 있다. 보증 실행을 위한 절차를 분명하게 설정한 서비스 보증의 경우, 직원은 무엇을 해야 하는지 정확하게 알고 있고 고객 또한 예상하는 보증 내용을 정확하게 알고 있다. 그로 인해, 서비스 보증은 고객이 중요하게 여기는(희망하는) 부분에 초점을 맞춤으로써 처음부터 완전한 서비스 제공의 필요성을 높이는 효과가 있다.

재무 성과

적절하게 설계되고 실행되는 서비스 보증은 서비스 만족으로 이어지므로 장기 수익 흐름과 고객 유지를 창출한다. 서비스 구매시점에서의 위험 감소는 기존 고객을 만족시킬 뿐만 아니라 기업의 신규 고객을 유치하는 데 도움을 줄 것이다. 향상된 프로세스 성과도 새로운 고객을 유치할 뿐만 아니라 기존 고객 유지에 도움을 줄 것이다. 그리고 초기에 보증 도입으로 인한 동기부여가 형성되지 않더라도, 얼마 지나지 않아 상당한 비용 절감으로 나타날 수 있고, 직원 비용 또한 감소할 것이다. Hampton Inns사는 서비스 보증을 도입한 후 직원 설문 조사에서 보증이 직원 사기를 상승시켰음을 보여 주었다. 또한 사원 이직률도 3년 내 117%에서 50%로 감소하였다.[23]

그러나 보증에 명시된 보상 비용이 추가적으로 발생한다. 만일 보증이 고객에게 의미 있는 것이라면, 일반적으로 기업 입장에서 감축 대상이라고 평가되는 내부 실패 비용임에도 불구하고 보상 비용도 큰 문제는 되지 않을 것이다. 더 나아가 서비스는 실시간 성과이므로 서비스 실패를 완벽하게 막을 수는 없다. 그러나 적지 않은 고객은 보증의 존재를 높이 평가하고 보상 감소를 위한 피드백을 흔쾌히 제공한다.

16.4.4 서비스 보증의 단점

서비스 보증은 필요한 것이지만 단점 또한 가지고 있다. 보증의 존재로 고객은 서비스 성과에 민감하여 심지어 서비스가 나쁘다고 여길 수도 있기 때문에 서비스를 쉽게 실패로 인식할 수 있다. 역으로, 보증상 구축한 기준이 고객의 요구 또는 기대하는 부분보다 더 높아 불필요한 서비스 비용 증가를 야기하기도 한다.

자주 인용되는 우려 사항은 고객이 속이는 행위를 한다는 점이다. 잘 알려진 사례로 학생들이 보증된 배달 시간을 초과시켜 무료로 피자를 먹기 위해 주문 후 문과 통로를 잠근 일이 있다. 한 조사에서는 기업의 의도와는 달리, 전액 환불과 같은 보증 상황이 자주 발생한다는 것이다. 서비스를 다시 이용하고자 하는 고객은 속이는 행위를 하지 않기 때문에 서비스 보증은 재방문 고객에 우선하여 진행될 필요가 있다는 의견도 있다.[24]

16.4.5 서비스 보증 설계

서비스 보증의 설정에는 세 가지 주요 고려 사항이 있다. 조항 설계, 보증 실행 절차의 설계와 개선 시스템의 설계이다.

조항 설계

조항 설계에는 다음과 같은 다섯 가지 주요 요소가 있다.

- **의미가 있어야 한다.** 조항은 고객의 요구를 근거로 하고 실패 또는 성공의 주된 결정 요인으로 다뤄야 한다. 만일 보증이 고객의 입장에서 중요하지 않은 사항을 포함시켰다면 보증의 가치 또한 떨어질 것이다. 그래서 기업은 보증을 시행하기 전에 고객 요구 사항을 이해하기 위한 시장 조사를 수행해야 한다.
- **이해하기 쉬어야 한다.** 보증은 이해하기 쉽고 의사소통에 무리가 없어야 한다. 너무 세부적인 항목을 포함한 보증은 의심의 눈초리로 볼 가능성이 높다. 실제 면밀한 검토를 필요로 하는 제약 조건을 포함한 보증의 경우 고객이 오해할 소지가 높고 특정 서비스 및 기업에 대한 전반적 불만적으로 나타날 수 있다.
- **내용이 분명해야 한다.** 영향력 있는 보증의 형태는 보증 사항과 실패로 인한 보상 내용을 분명하게 나타낸 것이다. 페덱스는 환불 보증을 최초로 도입한 운송 회사인데, 이 보증엔 '정시 배달 또는 환불'에 대한 내용이 명기되어 있다.[25] 전문 서비스를 제공하는 기업은 묵시적 보증, 즉 어떤 문제든지 보증될 수 있다는(무조건적 보증) 점을 활용할 필요가 있다.
- **무조건적이어야 한다.** 가장 영향력 있는 조항은 조건이 없는 보증을 충족하는 것이다. 영향력이 적은 보증은 편법을 사용하면서 환불 조건이 있는 것이다. 지연 시간에 대해 보증을 제공하는 항공사는 회사 과실이 아닌 경우, 보증을 제공하지 않고 있다. 왜냐하면 항공기가 태풍 또는 운행 경로상 문제로 인해 늦어질 수도 있기 때문이다.
- **보상 금액을 명시해야 한다.** 서비스 조항은 적정 수준의 보상 금액 조항을 가지고 있을 필

요가 있다. 피자 배달이 늦으면 1,000파운드를 보상한다와 같이 너무 높은 수준의 보상 금액은 고객이 기업을 속이는 행위를 유발시키고 심지어 고객을 믿지 못하게 할 수도 있다. 그러나 또 너무 작은 보상 또한(피자 배달 지연 시 0.01파운드 보상) 고객을 모욕하는 것처럼 보여 기업에 서비스 문제를 알릴 가치를 못 느낄 것이다.

보증 실행 절차 설계

보증 실행 또는 실행을 위한 절차는 간단하고 쉬워야 한다. 만일 고객이 제3의 단체로부터의 진술서와 서비스 문제와 관련된 모든 단체의 서명을 받고 어렵게 서비스 보증 요구서를 작성해야 한다면, 보증은 신뢰성과 잠재성을 잃어버릴 것이다. 그래서 시스템은 쉽고 위협적이지 않고 분명하며 잘 알려진 것이어야 한다.

개선 시스템 설계

마지막이자 가장 중요한 설계 부문인, 개선 시스템 설정은 간혹 서비스 보증에 대한 과장된 시장 광고로 인해 본래의 목적을 잃어버리긴 하지만, 이 부문의 중요하고 주된 목적 중 하나는 기업을 통한 개선 추진 및 학습이 이루어지도록 도움을 주는 것이다. 만일 보증이 개선 촉진과 실패에 대한 정보 제공과 같은 시스템 없이 보상 금액에 관련된 부분만 절차화되어 있는 경우, 가치가 거의 없는 것으로 간주한다

16.5 요약

왜 문제가 발생하는가? 일반적으로 서비스 운영이 복잡하거나 노동 집약적인 상황에서 흔히 발생하게 된다. 문제가 발생하면 고객은 불평을 하거나 다른 형태의 표출을 하게 된다. 서비스 프로세스는 다양한 투입 요소가 있는데, 직원과 기술, 설비뿐만 아니라 고객 입장에서 미리 예측하는 것이 불가능한 추가적 요소가 포함되기도 한다. 서비스 설비 혹은 고객의 문제로 인한 서비스 실패가 발생하기도 하지만, 어떠한 서비스 문제든지 적절히 관리하는 것은 서비스 운영 개선의 중요 요소가 된다.

불평하는 고객들을 어떻게 대할 것인가? 문제를 찾아 분류하고 다른 고객에게 동일한 문제가 반복되지 않으며 설명의 기회를 가지고 누군가에 대해 징계와 보상을 위해 고객은 불만을 제기하게 된다. 훌륭한 불만 관리 시스템은 다음의 세 가지 활동을 포함하고 있다. 고객을 관리하고 문제를 해결하고 마지막으로 조직 내 문제 해결을 통한 학습 과정이다. 고객을 관리한다는 것은 다섯 가지 활동을 포함한다. 문제 인식, 공감, 사과, 주체적 태도와 관리로 볼 수 있다.

고객에 대한 문제를 해결한다는 것은 두 가지 활동을 포함하게 되는데, 고객이 직면한 문제의 수정과 보상의 제공이다. 여기에서 서비스 회복 역설(SRP)이 작동하게 된다. 이것은 사후적 서비스 회복 활동을 통한 만족 수준이 서비스 실패 이전보다도 높다는 이론이다. 일반적으로 고객의 서비스 회복에 대한 피드백을 고취하기 위한 다양한 방법이 있다. 의견 카드라든지 알림, 웹사이트, 직원들의 피드백이 이에 해당한다.

개선을 위해 관리자들은 문제를 어떻게 이용할 것인가? 서비스 회복 활동은 서비스 제공 과정에서 발생하는 문제를 찾고 실패를 관리하여 서비스를 개선하고 기업 성과를 높이기 위한 활동이다. 서비스 개선을 위해 문제를 이용하기 위해서는 올바른 문화, 고객 회복, 프로세스 회복, 종업원 회복을 필요로 한다. 올바른 문화를 만든다는 것은 중요하며 종업원에 대한 지원과 교육에 대한 합의를 기반으로 촉진 활동과 개선에 대한 경영층의 참여형 행동에 기반하는 높은 지원형 관리자 스타일을 필요로 한다. 서비스 회복은 세 가지 요소로 구성된다고 할 수 있다. 첫째, 고객 회복은 고객을 대하고, 고객에 대한 문제를 대하고 조직 내 문제로부터의 학습을 포함한다. 둘째 프로세스 회복은 문제를 조사하고 자료를 수집하며 분석하게 되고 문제의 근원을 확인하며 대안의 탐색과 프로세스 변화를 내용으로 한다. 세 번째, 종업원 회복은 문제를 관리하는 종업원이 있는 경우에 경영층이 이들을 어떻게 회복시킬 것인가에 대한 내용이다.

문제가 재발하는 것을 어떻게 막을 것인가? 포카요케라고 불리는 문제 예방 활동은 서비스 제공 과정에서의 실패를 줄이는 데 유용하다. 포카요케는 단순한 실수 예방 활동으로서 어쩔 수 없이 발생하는 실수가 서비스 실패로 이어지는 것을 막을 수 있도록 도움을 준다. 서비스 보증은 서비스 회복에 대한 정형화된 절차이다. 문제의 발생을 인식하고 시스템적 접근을 통해 보상하고 고객이 용이하게 문제를 알릴 수 있도록 유도하여 서비스 기업이 문제를 확인하고 관리할 수 있도록 진작시켜 준다.

토론 및 연습

1. 은행 서비스를 이용하는 고객은 간혹 보안 문제라든지 시스템 자체 문제로 디지털 뱅킹 시스템 오류와 고장으로 어려움을 겪게 된다. 이런 문제가 발생할 때 은행이 입게 되는 평판 관련 영향과 이러한 상황에 따른 학습 효과와 최소화하기 위한 방안은 무엇인가?

2. 앞서 '다른 견해' 내용에서 어떻게 서비스 기업이 불만 혹은 비판에 대응할 것인가 하는 것은 쉽게 진부화할 수 있다는 점을 살펴보았다. 이러한 시각이 얼마나 타당하며 이를 막기 위해서 기업이 할 수 있는 활동은 무엇이 있는지 기술하라.

3. 개별 서비스 기업이 아닌 공공 서비스 기관이 제시하는 서비스 보증은 서비스 기업의 일반적 보증에 비하여 어떤 점이 달라야만 하는가?

4. Viz2XHealth 기업은 두바이에 본사를 둔 헬

스케어 분야 B2B 기업으로 걸프지역 국가들의 대형 병원을 고객으로 두고 있다. 직원들이 시스템에 접근하여 사용자 편의적 인터페이스가 되도록 허용되어 있었는데 문제가 발생하였다.

지금까지 해오든 모든 작업이 연기 속으로 사라져 버렸다.

이 기업의 서비스 관리자는 한탄하게 되었다.

가장 중요한 대형 병원에 대하여 적절하게 대응하지 못하면 다른 고객도 잃어버리게 될 것이다.

심각한 수준이지만 치료 가능한 심장질환을 겪고 있어서 과거 같으면 수술을 통해 치료될 수 있었겠지만 신규 시스템을 통해 치료받지 못하고 사망하는 환자를 통해 문제가 불거지게 되었다. 당연히 입원 처리 되었어야 하지만, 잘못된 병상 관리 시스템으로 인하여 적시에 입원이 되지 못하였다. 입원 대기 중에 사망한 것이다. 6개월이면 설치 완료될 것으로 보였던 시스템은 2년이나 소요되었으며 예산도 훨씬 많이 발생하였다고 기업 당국자는 언급하였다. 추가 비용 없이 시스템의 수정이 이루어지고 사망한 환자로부터의 소송에 대한 적절한 대응이 이루어지길 바랬다.

시스템 관리자는 기존의 일상적인 절차를 따라서 운영하였으나 몇 가지 문제가 발생하였다고 말하였다. 운영 인원의 적절한 대응이 없었고 사후 조치도 적절하지 않았음을 언급하였다. 시스템 관리팀의 구성원들은 각자 업무에만 관심 있고 그 외에는 관심을 두지 않았다. 시스템 상황을 점검하는 사용자 그룹에서도 시스템 문제를 해결하는 데 큰 관심을 두지 않은 것으로 나타났다. 한 달 전에 시스템 규격 교체를 병원에서 요구하였으나 이것도 묵살된 것으로 확인되었다. 병원 CEO는 비용을 절감하기 위해 도중에 프로젝트를 변경하기도 하였다. Viz2XHealth 시스템 개발 담당자의 발언이다.

우리는 기존 프로세스를 매핑하고 고객의 요구 사항을 확인하기 위해 시간과 자금을 지출하였다. 그런 다음에 종업원들에게 확인하였을 때 직원들이 원했던 부문이 반영되지 못한 것을 알게 되었다. 그래서 시스템 초기 버전이 나오고 난 다음에야 비로소 직원들은 우리가 개발하는 데 초점을 둔 인터페이스 부분이 아니라 기존 시스템의 개선을 요구하게 되었다. 이러한 과정 때문에 개발 원가가 늘어나고 실행 시기도 늦어지게 되었다.

그는 계속 말을 이어 나갔다.

Viz2XHealth 시스템은 몇 년간 운영되었다. 시작 시점에는 모든 것이 순탄해 보였다. 우리 인터페이스를 강화하였고 사용자는 이 부분을 고마워하였다. 이제 시스템은 안정화 단계에 진입하고 다양한 문제를 해결해 줄 수 있을 것으로 사용자는 기대하고 있다. 이렇게 되다 보니 시스템 개선 과정에서 원가의 상승, 시스템 복잡도 증가가 발생하게 되고, 이에 따른 문제점과 불만이 증가하게 되었다.

(a) 어떻게 Viz2XHealth 병원이 직면한 문제에 대응하였는가? (b) 이러한 문제들을 회피하기 위해 Viz2XHealth는 무엇을 해야 하는가?

5. Froden은 전 세계에 매장을 가진 의류 및 악세서리 관련 선도적이며 국제적인 소매 기업이다. 스리랑카, 방글라데시, 인도, 베트남과 같은 국가들로부터 제품을 생산하고 있다. 영국 신문을 통해 인도 델리 지역에서 미성년자의 노동력을 활용하고 있다는 보도가 나면서 충격을 주었다. 이에 Froden은 다음과 같이 즉각적인 논평을 발표하였다.

이번주 초에 인도 델리 지역에서 어린이들의 노동력을 착취하여 제품을 생산한다는 보도를 접하게 되었습니다. 이에 즉각적인 조사를 진행하였습니다. 이러한 과정을 통해 우리의 승인 없이 재하청 단계에서 비인가 기업에서 극히 일부 주문 내용에 대해 사실로 확인되었습니다. 이러한 점은 납품관련 규범(Code of Vendor Conduct)을 위반한 것입니다.

이에 Froden의 CEO는 다음과 같이 언급하였다.

우리는 엄격하게 어린이 노동력 착취를 금지하여 왔다. 이러한 점은 타협의 여지가 없는 것이다. 이러한 규범의 위반을 반영하여 20개 공장의 영업 중지 시켰다. 우리는 납품 관련 규범을 확인하기 위한 목적으로 90명의 직원을 고용하여 운영하고 있다. 규범을 준수하지 못하였음을 인지한 그때부터 주문을 중지하고 해당 제품이 판매되는 것을 금지하였다. 이러한 위반은 아주 드문것이기 때문에 공급자들을 대상으로 즉시 회의를 소집하여 기업의 방침을 재천명하였다. Froden은 노동자의 권리를 지키기 위한 부문에 있어 동종 업계의 선두에 위치한 기업이다. 우리는 어린이 노동력 착취를 막기 위해 관계자들과 지속적으로 함께 협력할 것이다.

(a) 윤리적 기업이 된다는 것은 중요한 사항이다. 오늘날 선도적 브랜드 기업들은 이 점을 직시하고 있는 것으로 판단된다. 이러한 점이 Froden에 어떤 의미인가? (b) 문제점을 발견하고나서 Froden이 보인 서비스 회복 노력은 적절한가?

6. 당신이 개인적으로 제공하는 서비스에 대하여 서비스 보증을 제시하는 것은 어떤 영향을 미치는가?

사례 문제: 원스톱 보호 서비스

Executive Bank plc는 통상적으로 해외 여행객을 고객으로 유치하는 은행이다. 이 은행의 독점적인 서비스이자 고급 서비스인 골드카드(Gold Card) 서비스의 일환으로 소액의 추가 연회비를 낸 고객에게 카드 보호책인 원스톱 보호 서비스(OPS)를 제공한다. OPS는 1982년부터 시작되었으며 1990년 접어들면서 보호 대상을 신용카드, 현금, 개인 ID로 확대하였다. 그 내용은 간단하게 말하면 절도와 신용카드 도용에 대한 보장을 제공하는 것이다(신용카드는 어느 은행이나 신용기관에서 발급받을 수 있다). 또한, OPS 서비스는 다른 회사에서 시행하고 있는 카드 보호법과는 전혀 다른 광범위한 혜택을 제공한다.

- 24시간 전 세계 무료 통화 번호
- 전화 한 통화로 카드 취소나 주문 변경
- 신고 전 도용 시 2,000유로까지 보장
- 신고 후 도용 시 무제한 보장
- 고객이 해외에 발이 묶이게 되는 경우 2,000유로까지 무이자로 현금 서비스
- 분실된 열쇠와 수하물 회수 서비스
- 운전 면허증과 여권 긴급 대체 시 지원
- 비상 시 1,500유로까지 호텔 청구서 지불
- 비상 시 2,000유로 이하의 비행기나 페리 티켓 제공
- 비상 시 자동차 대여 지원

OPS 서비스는 모든 고객에게 사용하기 쉽고 효용성 있는 완벽한 서비스를 제공한다. 평균 10초 안에 회신 전화가 갈 것이며 전화 후 20초 안에 카드 발급자에게 발생된 손실을 보고할 것이다. 또한 취해진 조치에 대한 확인이 신속하게 이루어질 수 있도록 고객에게 이메일이나 문자 메시지로 보낼 것이다. 다음은 서비스를 경험한 고객이 보낸 편지 내용이다.

2월 6일
Executive Bank plc 골드카드
고객 서비스부 매니저
Daniel Payne 씨에게

나는 귀사에서 제공한 서비스에 깊은 실망감을 가지고 이 글을 씁니다.

나는 1월 17일 오전 9시 30분, Warsaw 공항으로 가기 귀해 Warsaw 기차역 근처에서 버스를 타려다 강도를 당했습니다. 도둑 맞은 내 지갑 안에는 신용카드와 후불카드, 그리고 소지품 몇 개가 있었습니다. Warsaw 공항에 도착해서 오전 11시에 당신들의 카드 보호 서비스 센터에 분실 신고했습니다. 무료로 신고 전화를 걸 수 있어서 고마웠습니다.

나는 내 모든 카드를 사용 중지해 달라고 신청했고 카드 교체를 부탁했습니다. 지갑 안에는 40유로가 들어 있었는데 상담원이 현금 소지 유무를 물어 그렇다고 답변했습니다. 상담원이 그 날 저녁 연락 가능한 번호를 물어 연락처를 남겼습니다.

1월 19일에 새로 교체된 Executive Gold Card를

수령할 수 있었고 빠른 일처리에 감명을 받았습니다.

1월 24일 수요일쯤 카드 교체가 모두 이루어졌는데 Standard4 Bank의 직불카드는 받지 못했습니다. 이 카드는 현금 인출 카드여서 굉장히 중요했습니다. 일주일 동안 이 카드를 교체 발급 받지 못하게 되면서 문제가 생겼습니다.

1월 25일 저녁 8시에 퇴근 후 집에 돌아와 카드가 아직 도착하지 않은 걸 알았습니다. 나는 Standard4Bank의 폰뱅킹서비스에 전화를 걸어 언제쯤 카드를 수령할 수 있는지 물었습니다. 상담원은 카드 사용은 중지된 상태이나 교체 신청은 안 되어 있다며 해당 지점 전화번호를 알려줄테니 다음날 직접 전화해 보라고 하였습니다. 그리고 다음날 나는, 카드 교체 미신청 이유를 알기 위해 귀사에 전화를 걸었습니다. 나는 James Creek이라는 사람과 통화를 했는데 그 사람 말에 의하면 Standard4 Bank은 고객 본인이 아니면 카드 교체 신청이 안 된다며 내가 직접 은행과 전화했어야 한다는 것입니다. 나는 일이 잘되고 있을 거라고 믿으며 일주일이나 기다렸는데 왜 이 사실을 미리 말해 주지 않았느냐고 항의했습니다. James는 사고 접수 시 상담원이 이야기했었어야 한다며 사과를 하더군요. James에게 분실된 지갑 안에 있던 현금은 보상이 되는 거냐고 묻자 James는 보상 청구서 양식을 보내 준다는 겁니다. 나는 그때 직원은 왜 이런 사항에 대해 체크하지 않았는지 물었습니다. James는 그녀가 확인했어야 했는데 놓친 것 같다며 다시 한 번 사과하며 청구서 양식을 바로 보내 주겠다고 약속했습니다. 나는 여기서 당신 회사의 서비스에 대해 매우 실망했습니다. 이번에 교체 발급 받은 카드 중 하나는 카드 수령 시 받은 카드 보호 구조에 대한 안내 책자를 보니 가족 구성원에게도 무상 보장을 제공한다고 하더군요. 나는 James에게 이 부분을 지적하며 타 회사와 비교해 볼 수 있게 귀사의 카드 보호 구조에 대한 정보를 보내 달라고 요청했습니다. 그는 보내 주겠다고 하며 내가 겪은 불편함에 대한 사과의 의미로 내 아내에게 1년 동안 무상 보장을 해주겠다고 했습니다. 또 그는 카드 교체가 잘 해결될 수 있도록 은행과 접촉해 보겠다며 모든 문제에 대해 진심으로 사과했습니다.

1월 26일 나는 은행 측으로부터 직불카드 교체 신청이 접수되었다는 전화를 받았고(분실 후 2주가 지난) 30일에 도착할 것이라는 것을 알았습니다. 나는 그 카드가 현금 인출 기능이 있는 카드라서 매우 불편하다고 하자 도와줄 수 있는 일이 없다고 하더군요.

1월 30일 직불카드가 도착했으나 새로운 PIN number가 발급되기를 기다려야 했습니다. 게다가 당신 회사로부터 현금 보상 지급이 안 되어 콜센터에 전화했는데 서류 신청이 빨리 진행되었기 때문에 지금쯤은 도착했어야 한다며 사과를 해서 며칠만 더 기다려보기로 했습니다.

오늘은 2월 6일입니다. 나는 직불카드 PIN number를 방금 받아 카드를 사용할 수 있게 되었습니다. 강도 사건 이후 거의 3주만입니다. 나는 아직도 귀사가 약속한 현금 보상을 받지 못한 상태입니다.

나는 귀사가 다음 질문에 답변을 주시면 감사하겠습니다.

1. 상담원은 왜 내 직불카드가 본인이 직접 신청하지 않으면 교체 신청이 안 된다는 사실을 말해주지 않았나요?
2. 상담원은 왜 분실된 지갑 안에 있던 현금을 보상받기 위해서는 귀사의 규정이나 나에게 보상 신청서를 보내 준 직원에 의해서만 가능하다는 말을 하지 않았나요?
3. 상담원은 왜 직불카드와 관련한 문제나 실행된 지시사항에 대한 보고를 전화나 이메일로, 혹은 문자 메시지로라도 하지 않았나요? 나는 그런 확인 절차에 굉장히 고마워했을 겁니다.
4. James는 25일에 교체 신청을 했는데 상담원은 17일에 왜 그렇게 하지 못했나요? 내가 직접 은행에 전화하는 게 필요한 것은 맞나요?
5. James는 왜 그가 약속한 보상금을 받았는지, 그리고 모든 일이 잘 되었는지 확인 전화를 하지 않았나요? 예를 들면 27일경에 말이죠.
6. 왜 나는 아직도 보상금을 받지 못한 건가요?
7. 왜 당신들은 고객이 진절머리가 나서 일처리를 해달라고 요청할 때까지 기다리는 건가요? 나는 지금까지 5통의 전화와 지금 이 한 통의 편지를 쓰고 있습니다. 나는 아직도 귀사로부터 단 한 통의 전화도 어떤 서신도 받지 못했습니다. 그래서 나는 당신 회사

는 고객을 신경쓰지 않는다라고 생각할 수 밖에 없습니다.

8. 왜 당신들은 분개한 고객을 대하는 데 있어 최선을 다하지 않습니까?

내가 왜 Executive Gold Card에 비싼 연회비를 내야 하고 이런 형편없는 서비스를 제공하는 카드 보호 서비스에 추가금까지 지불해야 하는지 부디 답변해 주길 바랍니다.

David Smith로부터

질문

1. 당신은 이 편지에 무엇이라고 답변하겠는가?

심화 자료

Cambra-Fierro, J., Melero-Polo, I. and Sese, F.J. (2016) 'Can complaint-handling efforts promote customer engagement?', *Service Business*, 10 (4), 847–866.

Cunliffe, M. and Johnston, R. (2008) 'Complaint management and the role of the chief executive', *Service Business*, 2 (1), 47–63.

Harrison-Walker, L.J. (2019) 'The critical role of customer forgiveness in successful service recovery', *Journal of Business Research*, 95, 376–391.

Istanbulluoglu, D. (2017) 'Complaint handling on social media: the impact of multiple response times on consumer satisfaction, *Computers in Human Behavior*, 74, 72–82.

Johnston, R. and Michel, S. (2008) 'Three outcomes of service recovery: customer recovery, process recovery and employee recovery', *International Journal of Operations and Production Management*, 28 (1), 79–99.

Joosten, H., Bloemer, J. and Hillebrand, B. (2017) 'Consumer control in service recovery: beyond decisional control', *Journal of Service Management*, 28 (3), 499–519.

Lidén, S.B. and Skålén, P. (2003) 'The effect of service guarantees on service recovery', *International Journal of Service Industry Management*, 14 (1), 36–58.

McColl-Kennedy, J.R. and Sparks, B.A. (2003) 'Application of fairness theory to service failures and service recovery', *Journal of Service Research*, 5 (3), 251–266.

Michel, S., Bowen, D. and Johnston, R. (2009) 'Why service recovery fails: tensions among the customer, employee, and process perspectives', *Journal of Service Management*, 20 (3), 253–273.

Michel, S. and Meuter, M. (2008) 'The service recovery paradox: true but overrated?', *International Journal of Service Industry Management*, 19 (4), 441–457.

Namkung, Y. and Jang, S. (2010) 'Service failures in restaurants: which stage of service failure is the most critical?' *Cornell Hospitality Quarterly*, 51 (3), 323–343.

Ogbeide, G.C.A., Böser, S., Harrinton, R.J. and Ottenbacher, M.C. (2017) 'Complaint management in hospitality organizations: the role of empowerment and other service recovery attributes impacting loyalty and satisfaction', *Tourism and Hospitality Research*, 17 (2), 204–216.

Priluck, R. and Lala, V. (2009) 'The impact of the recovery paradox on retailer–customer relationships', *Managing Service Quality*, 19 (1), 42–59.

Schaefers, T. and Schamari, J. (2016) 'Service recovery via social media: the social influence effects of virtual presence', *Journal of Service Research*, 19 (2), 192–208.

Simons, J.V. Jr and Kraus, M.E. (2005) 'Analytical approach for allocating service recovery efforts to reduce internal failure', *Journal of Service Research*, 7 (3), 277–289.

Wang, Y. and Chaudhry, A. (2018) 'When and how managers' responses to online reviews affect subsequent reviews', *Journal of Marketing Research*, 55 (2), 163–177.

Wirtz, J. and Kum, D. (2004) 'Consumer cheating on service guarantees', *Journal of the Academy of Marketing Science*, 32 (2), 159–174.

미주

1 Hocutt, M.A., Bowers, M. and Donavan, D.T. (2006) 'The art of service recovery: fact or fiction?', *Journal of Services Marketing*, 20 (3), 199–207.

2 Johnston, R. (1995) 'Service failure and recovery: impact, attributes and process' in T.A. Swartz, D.A. Bowen and S.W. Brown (eds) *Advances in Services Marketing and Management: Research and Practice*, 4, 211–228.

3 Bitner, M.J., Booms, B.H. and Moh, L.A. (1994) 'Critical service encounters: the employee's viewpoint', *Journal of Marketing*, 58 (4), 95–106.

4 See, for example: Blodgett, J.G., Granbois, D.H. and Walters, R.G. (1993) 'The effects of perceived justice on complainants' negative word-of-mouth behavior and repatronage intentions', *Journal of Retailing*, 69 (4), 399–428; and Hedrick, N., Beverland, M. and Minahan, S. (2007) 'An exploration of relational customers' response to service failure', *Journal of Services Marketing*, 21 (1), 64–72.

5 Prakash, V. (1991) 'Intensity of dissatisfaction and consumer complaint behaviors', *Journal of Consumer Satisfaction, Dissatisfaction and Complaining Behavior*, 4, 110–122.

6 Johnston, R. (1998) 'The effect of intensity of dissatisfaction on complaining behaviour', *Journal of Consumer Satisfaction, Dissatisfaction and Complaining Behavior*, 11, 69–77.

7 TNS Survey 2004, http://www.tnsglobal.com/

8 Etzel, M.J. and Silverman, B.I. (1981) 'A managerial perspective on directions for retail customer dissatisfaction research', *Journal of Retailing*, 57 (3), 124–136.

9 De Matos, C.A., Henrique, J.L. and Rossi, C.A.V. (2007) 'Service recovery paradox: a meta-analysis', *Journal of Service Research*, 10 (1), 60–77.

10 Edwards, R. (2017) 'What on Earth happens to lost luggage?', The Telegraph, 22 August 11 Johnston, N. (2019) 'British Airways loses 150,000 bags this year', *The Times*, 22 August.

12 Johnston, R. and Fern, A. (1999) 'Service recovery strategies for single and double deviation scenarios', *Service Industries Journal*, 19 (2), 69–82.

13 The information on which this example is based is taken partly from: Keegan, M. (2019) 'How public transport actually turns a profit in Hong Kong', *The Guardian*, 19 March; and the company website, www.mtr.com.hk [accessed 20 April 2020].

14 For example, the city of San Jose has an app called San Jose Clean, which among other things allows people to report graffiti by taking a photo of it with their phone.

15 Michel, S., Bowen, D. and Johnston, R. (2009) 'Why service recovery fails: tensions among the customer, employee, and process perspectives', *Journal of Service Management*, 20 (3), 253–273.

16 Bitner, M.J., Booms, B.H. and Tetreault, M.S. (1990) 'The service encounter: diagnosing favorable and unfavorable incidents', *Journal of Marketing*, 54 (1), 71–84.

17 The information on which this example is based is taken from: Webb, K. (2019) 'It wasn't just you – Slack suffered from an outage on Monday that affected thousands of users', *Business Insider*, 29 July; and Reichert, C. (2019) 'Slack explains last week's hours-long outage', www.cnet.com, 1 July.

18 Martinko, M.J. and Gardner, W.L. (1982) 'Learned helplessness: an alternative explanation for performance deficits', *Academy of Management Review*, 7 (2), 195–204.

19 As reported in Margolis, J. (2018) 'Customer feedback is a myth forged in the digital age', *Financial Times*, 4 October.

20 Chase, R. and Stewart, D. (1994) 'Make your service failsafe', *Sloan Management Review*, 35 (3), 35–44.

21 The information on which this example is based is taken partly from: Millington, A. (2018) 'Virgin Atlantic is offering a full refund on flights booked today if it can't cure a passenger's fear of flying', *Business Insider*, 9 January https://www.businessinsider.in/virginatlantic-is-offering-a-full-refund-on-flights-bookedtoday-if-it-cant-cure-a-passengers-fear-of-flying/articleshow/62429398.cms [accessed 20 April 2020].

22 Cowley, G. (2017) 'Fear of flying (aviophobia): how to defeat it', *Medical News Today*, 18 July.

23 Greising, D. (1994) 'Quality: how to make it pay', *Business Week*, 8 August.

24 Wirtz, J. and Kum, D. (2004) 'Consumer cheating on service guarantees', *Journal of the Academy of Marketing Science*, 32 (2), 159–174.

25 See www.fedex.com [accessed 20 April 2020].

| 찾아보기 |

ㅍ

ㅎ

기타

|저자 소개|

고(故) Robert(Bob) Johnston은 Warwick Business School에서 운영 관리 교수였다. 그는 University of Aston에서 경영학 학위를, 그리고 University of Warwick에서 Ph.D.를 받았다. 학계로 오기 전에, Bob은 공공 및 사적 부문 모두에서 다수의 서비스 조직을 거치며 라인 및 고위 경영 지위를 가졌었다. 그는 연구, 경영 훈련 및 컨설팅 활동 등을 통해 많은 대규모 및 소규모 조직과 가깝고 능동적인 연계를 유지했다. Bob은 학부와 대학원 과목을 가르쳤고, 유력한 기업들의 경영자 교육에서 글로벌 경험을 가졌다.

그의 연구 관심은 서비스 전환, 서비스 우수성 및 리더십, 서비스 회복, 불만 경영, 성과 경영, 서비스 디자인 및 서비스 전략을 포함하였다. 그는 150편 이상의 논문, 책을 출판하였고, 100개 이상의 사례 연구를 저술하였다. Bob은 Business School의 Deputy Dean, Warwick MBA의 Academic Director 그리고 Operations Management Group의 Head로 봉사하였다. 그는 또 열 개의 선두 저널의 편집위원으로 봉사하였다. 그는 다수의 국제 자문 위원회의 멤버였으며, European Operations Management Association의 Honorary Fellow, Institute of Customer Service의 Vice President를 역임했다.

Michael Shulver는 Bath School of Management의 온라인 티칭 Director이면서 Information, Decision and Operations Division의 Senior Lecturer이다. Michael은 University of London에서 천체물리학 학위를, 그리고 University of Warwick에서 MBA와 Ph.D.를 받았다. 학계에 들어오기 전에, Michael은 항공기 엔지니어였다. Michael은 또 UN, Syngenta and BP 등의 성과 경영 컨설턴트로 일하기도 하였다. Michael의 티칭 포트폴리오는 운영 관리, 서비스 경영, 성과 경영 및 서비스 부문 혁신/디자인 경영을 포함한다. Michael은 Warwick Business School과 Birmingham Business School에서 Executive, MBA 및 학부 수준의 강의와 워크숍을 주관하였으며, Stockholm School of Economics, Vlerick Gent Management School, Danish Technology University, Templeton College, Oxford 그리고 UBS Business University에서 방문 강사로 가르쳤다. Michael은 University of Birmingham에서 세계 최초로 인정된 전적으로 온라인 MBA 프로그램을 설립하여 운영하였고 Bath School of Management에서 온라인 티칭에 대한 관심을 지속하고 있다.

Nigel Slack는 Warwick Business School의 운영 관리와 전략의 명예교수이며, Bath University의 명예직 교수이다. 그는 Cambridge University에서 Service and Support Management의 Royal Academy of Engineering 교수, 런던의 Brunel University에서 운영 전략 교수, Oxford University에서 경영학 연구의 강사였다. 초기에 그는 도구 산업에서 도제로 일했으며, 후에 엔지니어링 및 소비자 내구재 산업에서 생산 엔지니어, 생산 관리자, 배송 관리자 및 운영 감독자로 일했다. 그는 재무 서비스, 오일과 가스 산업, 발전, 소매업, 전문 서비스, 일반 서비스, 항공우주산업, FMCG 및 엔지니어링 제조업을 포함한 많은 부문에서 경험이 있는 컨설턴트, 연구자, 선생이다.

그는 The Manufacturing Advantage, Making Management Decisions, Service Superiority, Cases in Operations Management, Operations Strategy (Michael Lewis와 함께), Operations and Process Management: Principles and Practice for Strategic Impact 등 운영 관리 영역에서 많은 책을 집필하였다. 그의 가장 유명한 책은 시장을 리드하는 교재 Operations Management (Alistair Brandon-Jones와 공저)로 2019년 현재 9판으로 Pearson 출판이다. 최근 Essentials of Operations Management(Peason), The New CFO and The Operations Advantage(Kogan Page)도 집필하였다. 그는 European Operations Management Association의 공인 엔지니어이며 명예 특별회원이다.

Graham Clark는 Cranfield School of Management의 방문 Fellow이며 거의 30년 이상 Operations Management Faculty의 멤버였다. 그는 12년에 걸쳐 Cranfield의 MBA programme의 Director로 봉사하였다. 그는 Leeds University에서 기계공학 학사 학위를, Imperial College London에서 Operations Research and Management의 석사 학위를 받았다. 1986년에 Cranfield University로 이적하기 전에, Graham은 항공우주산업과 전력 엔지니어링 부문에서 제조 및 고객 지원 운영을 관리하였다.

그는 Bob Johnston과 Service Operations Management의 1~4판을 공동 저술하기 전에, Customer Service and Support(Colin Armistead와 공저)와 Inspired Customer Service (David Clutterbuck and Colin Armistead와 공저)를 저술하였다. Graham의 열정은 서비스 리더십과 조직에 효과적인 서비스 전략을 만들어 실행하도록 돕는 컨설팅에 있었다. 그는 UK의 Institute of Customer Service에서 전략의 변화가 상당한 시기에 non-executive director로 봉사하였다. Graham의 일차적인 초점은 Cranfield의 고객들에게, 유럽과 중동에 걸친 가장 최신의 운영 전략과 리더십 개발 프로그램을 전달하는 데 있다. 그는 또 자원봉사자로, 지역 지점 감독자로, 그리고 자선 네트워크를 통해 훈련과 개발을 제공하며, Samaritans과 함께 일한다.

|역자 소개|

성백서 bsseong@konkuk.ac.kr

건국대학교 경영대학 명예교수

서울대학교 공과대학 산업공학과에서 공학 학사, 한국과학기술원 산업공학과에서 공학 석사, 경영과학과에서 공학 박사를 취득하였다. 건국대학교에서 조교수, 부교수, 정교수를 지내고 정년 후 명예교수로 있다.

캐나다의 University of British Columbia, 미국의 New Mexico State University에서 객원교수를 지낸 바 있다. 한국경영학회, 한국경영과학회, 한국품질경영학회, 한국환경경영학회 등 다수 학회의 회원으로, 한국환경경영학회의 회장, 한국경영과학회의 편집위원장을 역임하였다.

주요 연구 관심사는 품질 경영, 서비스 경영, 환경 경영, 사회책임 경영 등이다.

김대철 dckim@hanyang.ac.kr

한양대학교 경영대학 교수

고려대학교 공과대학 산업공학과에서 학사, 석사를, 미국 펜실베이니아주립대 산업공학과에서 박사를 취득하였다. LG CNS 컨설팅 부분에서 책임 컨설턴트, AspenTech 한국지사에서 SCM 컨설팅담당 이사를 역임하였다. 한국SCM학회, 한국경영과학회, 한국생산성학회, 한국프로젝트경영학회 등 다수 학회의 회원, 임원 및 회장을 지낸 바 있다.

주요 연구 관심사항은 공급사슬 경영, 서비스 경영, 프로젝트경영 등이다.

권영훈 pomguy@kyungnam.ac.kr

경남대학교 경영대학 교수

한양대학교 경영학과 학사, 서강대학교 경영학과 경영학 석사, 서강대학교 경영학과 경영학 박사를 취득하였다. 경남대학교에서 전임강사, 조교수, 부교수, 현재 경영대학장으로 재직중이다.

미국 University of North texasy에서 객원교수를 지낸 바 있다. 한국경영학회, 한국생산관리학회, 한국품질경영학회, 한국서비스경영학회 등 다수 학회의 정회원이며 다수 학회의 편집활동을 진행하였다

주요 연구 관심사는 품질 경영, 서비스 경영, 창업 경영, 소셜벤처 경영 등이다.

박진한 morepond@kyungnam.ac.kr

경남대학교 경영학부 교수

금오공과대학교에서 경영학 학사, 석사 학위를 받았고, 서강대학교에서 LSOM 전공으로 경영학 박사 학위를 받았다.

SK플래닛 마케팅테크놀로지본부에서 차장을, 한국과학기술정보연구원 데이터분석본부에서 선임연구원으로 근무하였다.

주요 관심 분야는 운영관리, 기술경영, 중소기업R&D, 빅데이터 기반 R&D 플랫폼, 소상공인 창업 등이다.

이인태 intaelee@kyungnam.ac.kr
경남대학교 경영학부 조교수

서강대학교에서 경영학 학사, 석사를 취득하였으며, 동 대학원에서 LSOM(Logistics, Service & Operations Management) 전공으로 경영학 박사를 취득하였다. 현대카드와 푸르덴셜생명보험에서 과장으로 근무하였 으며, 한국서비스경영학회, 한국컨설팅학회, 한국인터넷전자상거래학회, 한국경영교육학회, 한국산업경영학회 등에서 편집위원 및 이사를 맡고 있다.

최근 관심 분야는 스마트팩토리, 디지털 트랜스포메이션, 친환경 자동차, 공급사슬 전략 등이다.

이평수 pyoungsoo@kgu.ac.kr
경기대학교 교수 경영학부 조교수

인하대학교 공과대학 산업공학과에서 공학 학사, 고려대학교 경영대학에서 경영학 박사 학위를 취득하였다. 한국생산관리학회, 한국로지스틱스학회, 한국기업경영학회 등의 학회 이사로 봉사하고 있으며, 한국생산관리학회의 학술위원장을 지낸 바 있다.

주요 연구 관심사는 제품 및 서비스 프로세스 설계, 서비스 품질, 공급망관리 등의 주제로 연구하고 30여 편의 논문을 게재하였다.

임병학 bhleem@bufs.ac.kr
부산외국어대학교 국제마케팅학과 교수

UTA(University of Texas at Arlington)에서 산업공학 박사 학위를, KAIST(한국과학기술원)에서 경영정보공학 석사 학위를, 그리고 고려대학교에서 산업공학 학사 학위를 취득하였다. 삼성SDS와 삼성전자(컴퓨터 부분) 기술기획 부문에서의 전문적인 실무 경험도 갖추고 있다.

현재, 학문적 연구와 산업 현장 경험을 융합하여 다양한 분야에서 학생들에게 지식을 전달하고 있다. 또한, 다양한 산업 및 기업들과의 협력을 통해 실무 중심의 교육과 연구를 지향하고 있으며, 특히 공급망관리, 생산관리, 서비스운영관리, 디지털마케팅, SNS 마케팅, 마케팅 빅데이터 분석 등 분야에서 학생들에게 현실 세계에서의 문제해결 능력을 길러 주고 있다.